Propyläen
Geschichte Deutschlands

Sechster Band

Propyläen
Geschichte Deutschlands

Herausgegeben von Dieter Groh

unter Mitwirkung von
Johannes Fried
Hagen Keller
Heinrich Lutz †
Hans Mommsen
Wolfgang J. Mommsen
Peter Moraw
Rudolf Vierhaus

Sechster Band

PROPYLÄEN VERLAG
BERLIN

James J. Sheehan

Der Ausklang
des alten Reiches

Deutschland seit dem Ende des
Siebenjährigen Krieges bis zur
gescheiterten Revolution
1763 bis 1850

Ins Deutsche übertragen von
Karl Heinz Siber

Janice Bielas
2005

PROPYLÄEN VERLAG
BERLIN

Titel der englischen Originalausgabe: »German history 1770-1866«
© by Oxford University Press
Alle für die »Propyläen Geschichte Deutschlands« notwendigen Kürzungen des Textes und
die Aktualisierung der Bibliographie erfolgten mit dem Einverständnis des Autors.

Text- und Bildredaktion: Wolfram Mitte
Assistenz: Gisela Hidde
Landkarten und Graphiken: Erika Baßler
Register: Gregor Strick

Gesamtgestaltung: Andreas Brylka
Herstellung: Karin Greinert

Satz: Utesch Satztechnik GmbH, Hamburg
Offsetreproduktionen: Haußmann Reprotechnik, Darmstadt
Druck und Verarbeitung: Spiegel Buch GmbH, Ulm

© 1994 by Verlag Ullstein GmbH,
Frankfurt am Main · Berlin,
Propyläen Verlag

Printed in Germany 1994
ISBN 3 549 05816 0

Inhalt

Danksagung   9

Politik im 18. Jahrhundert

Reich und Staat   12
Herrschaft und Verwaltung   24
Österreich   39
Preußen   52

Gesellschaft im 18. Jahrhundert

Merkmale der traditionellen Sozialordnung   64
Landwirtschaft und ländliche Sozialverhältnisse   79
Städte, Märkte, gewerbliche Produktion   95
Alte und neue Eliten   114

Kultur im 18. Jahrhundert

Populäre, elitäre und literarische Kultur   134
Sprache und Literatur   147
Philosophie und Religion   160
Die Anfänge einer politischen Öffentlichkeit   174

Die Deutschen und die Französische Revolution: Konfrontation und Niederlage

Anfängliche Reaktionen   191
Eine neue Art von Krieg: von Valmy bis Jena   198
Das Ende des alten Reiches und die Umgestaltung Mitteleuropas   215

Die Bewältigung der Revolution

Deutschland unter dem Zepter Napoleons: »Verbündete und Opfer«   232
Österreich: Agonie und Überlebenskampf   251
Preußen: Demütigung und Erneuerung   266
Das Ende der napoleonischen Hegemonie   285

Kultur in der Epoche der Revolution

Romantik   299
Philosophie und Religion   314
Die Intellektuellen und die Politik   329
Nationalismus: Ideen und Bewegungen   342

Politik der Restauration (1815–1830)

Der Wiener Kongreß und die »deutsche Frage«   359
Verfassungskonflikte   376
Die Konsolidierung des Beamtenstaates   391
Energien für eine politische Teilhabe   406

Wachstum und Stagnation in der deutschen Gesellschaft

Leben im Wandel   417
Landwirtschaft und ländliche Gesellschaft   434
Städte, Märkte, Gewerbe   449
Aristokraten, Unternehmer und Beamte   469

Die kulturelle Elite und ihre Kritiker

Öffentliche Kultur, privates Kulturmilieu   488
Der Triumph der Geschichte   503
Religion und Radikalismus   514
Entfremdungs- und Bekenntnisliteratur   530

Politik im Vormärz

Konservativismus und Liberalismus 546
Die Deutschen und die Revolution von 1830 560
Die Entwicklung einer politischen Opposition 576
Die Krise der Gesellschaft 591

Nachbetrachtung

Die Revolution 1848/49 608
Revolutionen und die deutsche Geschichte 619

Bibliographie · Personen- und
Ortsregister · Quellennachweise der Abbildungen 625

Danksagung

Es ist mir ein Vergnügen, denen meinen Dank abzustatten, die mir geholfen haben, die englischsprachige Originalfassung dieses Buches zu schreiben. Das American Council of Learned Societies und das National Endowment for the Humanities haben mir vier Urlaubssemester finanziert. Das Wolfson College in Oxford, das mir ein Semester lang den Status eines Visiting Fellow gewährte, bot mir die denkbar besten Voraussetzungen für das Recherchieren. Forschungsstipendien von der Pew Foundation und von der School of Humanities and Sciences in Stanford erlaubten mir die Beschäftigung von Forschungsassistenten und redaktionellen Helfern. Für diese Zuwendungen und viele andere Großzügigkeiten möchte ich mich bei den Dekanen Norman Wessells und Ewart Thomas sowie bei James F. Dickason bedanken.

Inez Drixelius, Iris Massion und Jim Saliba haben die Bibliographie zusammengestellt. Richard Wetzell und Douglas Klusmeyer haben das gesamte Manuskript mit großer Sorgfalt und Hingabe gelesen. Priscilla Hayden Roy verdanke ich einige wertvolle Hinweise für den Abschnitt über die Romantik. Robert Kunath und Dirk Rotenberg halfen beim Korrekturlesen und bei der Registererstellung. Paul W. Schroeder ließ mich an seinem bemerkenswerten Wissensschatz in bezug auf die internationalen Beziehungen im 19. Jahrhundert teilhaben. Dan Davin und nach ihm Ivon Asquith vom Verlag Oxford University Press bewiesen sowohl Aufmerksamkeit als auch Geduld. Alan Bullock, dessen Hitler-Biographie einst eines der ersten Bücher über deutsche Geschichte war, die ich zu lesen bekam, war ein redaktioneller Betreuer, wie er im Buch steht, ermunternd, großmütig und anspruchsvoll. Ron Davies leistete eine herkulische Lektoratsarbeit, ohne je die gute Laune zu verlieren und ohne mir mehr von den Mysterien des Computers zu verraten, als ich wissen wollte.

Insgesamt dreimal nahmen die Mitglieder der Stanford European History Discussion Group Teile des Buches auseinander und taten ihr Bestes, mich vor zuviel Selbstgewißheit zu bewahren. Ich verdanke vielen meiner Kollegen, sowohl denen von der Northwestern University als auch denen in Stanford, eine Menge, aber besonders hervorheben möchte ich Gordon Craig und Gordon Wright, die seit drei Jahrzehnten wichtige Impulsgeber für mich sind. Margaret Lavinia Anderson, Felix Gilbert, Van Harvey, Hans-Ulrich Wehler und Robert Wiebe haben das Manuskript gelesen, mich taktvoll auf die zahlreichen Fehler hingewiesen und zahlreiche kluge und nützliche Anregungen für Verbesserungen gegeben. Viel wichtiger jedoch als ihre sachliche Hilfe waren und sind ihre Zuneigung und ihr Zuspruch.

Nicht versäumen möchte ich es, meine Trauer darüber auszusprechen, daß zwei Gelehrte die Fertigstellung dieses Buches nicht mehr haben erleben können:

Hans Rosenberg, der nach einer langen und produktiven akademischen Laufbahn gestorben ist, und James Allen Vann, der nicht alt genug wurde, um das Potential, das in ihm steckte, voll auszuschöpfen. Beide haben mit ihrer Freundschaft mein Leben bereichert und es durch ihren Tod um vieles ärmer gemacht.

Die hier vorliegende Übertragung ins Deutsche, die mir aus Berlin kapitelweise zugänglich gemacht worden ist, findet in ihrer Form meine volle Zustimmung. Ich bin Herrn Wolfram Mitte vom Propyläen Verlag für seine Arbeit bei der Vorbereitung des Manuskripts zu Dank verpflichtet. Für die textintegrierten Karten und Diagramme sowie für die Bilddokumentation zeichnet der Propyläen Verlag verantwortlich.

Stanford, Kalifornien   James J. Sheehan

Politik im 18. Jahrhundert

In der Einleitung zu seiner 1768 erstmals erschienenen »Osnabrückischen Geschichte« wies Justus Möser darauf hin, daß das zeitgenössische politische Vokabular auf die traditionellen Einrichtungen und Zustände, die er darzustellen versuchte, nicht recht paßte. »Oft hat daher meine Empfindung mit den Worten gekämpft«, klagte er. Besonders problematisch waren Ausdrücke wie Freiheit und Eigentum, weil sie nicht mehr jenes Geflecht von Bedeutungen übermittelten, das Möser für die Darstellung der Vergangenheit seines Vaterlandes gebraucht hätte. Möser wurde klar, daß diese Divergenz zwischen Sprache und Verhältnissen eine Folge der politischen Umwälzungen war, die er von Osnabrück aus beobachtete, dem kleinen norddeutschen Stadtstaat, in dem er den größten Teil seines Lebens zubrachte. Mit einer Flächenausdehnung von 115 Quadratkilometern und mit rund 125.000 Einwohnern hatte Osnabrück sich ein institutionelles Gefüge bewahrt, über das Friedrich Meinecke schrieb, es sei die ideale Verkörperung all dessen, was am Deutschen Reich nicht mehr zeitgemäß sei. Außerhalb der mit Argusaugen gehüteten Grenzen solcher Reliktstaaten waren freilich machtvolle Kräfte dabei, die Grundlagen für eine neue Art von Politik und für eine neue politische Sprache zu schaffen. Möser, Jurist in den Diensten seiner Stadt, registrierte diese Veränderungen höchst aufmerksam und wußte um ihre Gefährlichkeit für all das, was er liebte und bewunderte. Seine »Osnabrükkische Geschichte« war der kämpferische Versuch, eine Daseinsform zu bewahren – wenigstens auf dem Papier –, deren Tage, wie er wohl spürte, sehr bald gezählt sein würden.

Wie Möser, bleibt auch uns nichts anderes übrig, als mit Hilfe eines modernen Vokabulars eine ferne Vergangenheit zu beschreiben. Unsere modernen Vorstellungen von Souveränität und Staatlichkeit machen es uns schwer, die Politik des Heiligen Römischen Reiches und der es konstituierenden Gebietseinheiten zu verstehen und zutreffend zu bezeichnen. Ähnliches gilt für andere, uns selbstverständlich erscheinende Konzepte wie das der Eindeutigkeit politischer und institutioneller Zuständigkeiten und Kompetenzen; sie vernebeln unsere Sicht auf eine Welt, in der politische, gesellschaftliche und wirtschaftliche Macht einen undifferenzierten, fließenden und zutiefst personalen Charakter hatte. Vielleicht am wichtigsten ist es, sich stets zu vergegenwärtigen, wie leicht einen Wörter in die Irre führen können, die vertraut klingen, sich aber im geschichtlichen Kontext auf völlig andere Zustände beziehen, als sie es in ihrer jetzigen Bedeutung tun. So stammt zum Beispiel der Staat, wie wir ihn heute kennen, sicherlich von den Staatseinrichtungen des 18. Jahrhunderts ab, doch waren diese weit weniger durchgebildet und entschieden schwächer als die des modernen Staates. Wenn wir die Politik einer vergangenen Epoche verstehen wollen, müssen wir daher versuchen, uns in Begriffe hineinzudenken, die in einem untergegangenen Ensemble von Institutionen und Denkweisen ihren festen Platz hatten. Sich eine Sprache vorzustellen, schrieb Ludwig Wittgenstein, bedeute, sich eine Form des Lebens vorzustellen. In Analogie dazu gilt nicht weniger: Sich in eine Lebensform hineinzudenken, bedeutet, sich in deren Sprache hineinzudenken.

Reich und Staat

Unter allen politischen Gebilden des alten Europa gibt es keines, von dem wir uns so schwer ein zutreffendes Bild machen können wie vom Heiligen Römischen Reich. Keine unserer politischen Kategorien scheint darauf zu passen. Es war keine Nation, kein Staat, aber auch keine internationale Organisation. Unsere Vorstellungen von politischer Souveränität sind auf dieses Reich nicht anwendbar, ebensowenig wie die uns selbstverständlich erscheinende Unterscheidung zwischen Innen- und Außenpolitik. Wenn man diese moderneren Kategorien, Vorannahmen und Unterscheidungen auf das Reich anwendet, wie es Generationen von Historikern im 19. Jahrhundert getan haben, verleihen wir ihm den Anschein des Grotesken, Mitleiderregenden, Unbegreiflichen. Wenn wir es dagegen aus der anderen Richtung betrachten, als letzte Entäußerung einer langen universalistischen Tradition im öffentlichen Leben Europas, können wir den besonderen Charakter des Reiches erahnen und die Gründe dafür zu würdigen beginnen, daß so viele Menschen ihm so lange ihre Loyalität bewahrten. Das Reich war ein Vermächtnis einer vergangenen Welt, in der Nationalität ein Begriff ohne politische Bedeutung war und die Staatsmacht noch weit davon entfernt, totale Souveränität auszuüben. Anders als Nationen und Staaten, forderte das Reich weder Machtvollkommenheit noch bedingungslose Unterordnung. Sein Daseinszweck bestand nicht darin, zu klären und zu herrschen, sondern darin, zersplitterte Institutionen und vielfältige Loyalitäten zu ordnen und ins Gleichgewicht zu bringen.

Viele Deutsche des 18. Jahrhunderts sahen im Reich ihr zweites Vaterland; »das Reich« war das verbreitetste Synonym für »Deutschland«. Nun hatte das Reich zwar seinen Kern im deutschsprachigen Mitteleuropa, aber es war deswegen nicht eigentlich etwas Deutsches, anders als das Französische jenseits des Rheins. Zum einen umfaßte es eine erhebliche Zahl nicht-deutscher Volksgruppen: Flamen und Wallonen in den österreichischen Niederlanden, Italiener im Süden, Tschechen in Böhmen und Slowenen an seinem südöstlichen Rand. Ausländische Monarchen, darunter die Könige von England, Dänemark und Schweden, waren dank ihrer Besitzungen im Reich berechtigt, in Reichsdingen mitzureden. Dazu kam, daß sehr viele Deutsche außerhalb der Grenzen des Reiches lebten, namentlich im Osten. Während Antwerpen und Prag Reichsstädte waren, galt das für Danzig und Königsberg nicht. Kein Wunder, daß diejenigen, die den Nationalstaat für die »normale« politische Organisationseinheit hielten, über solche Anomalien den Kopf schüttelten.

Auch diejenigen, die das Reich am besten kannten und sich mit ihm identifizierten, fanden es bedenklich, daß es den politischen Kategorien des Aristoteles offenbar nicht genügte. So nannte Samuel Pufendorf, ein Mann des 17. Jahrhunderts, das Reich ein »Monstrum« und gab damit seinen Feinden ein Schlagwort an die Hand, das sie gegen es verwenden konnten. Die Institutionen des Reiches bildeten ein Labyrinth überlappender Zuständigkeiten und gewohnheitsrechtlicher Sonderprivilegien. Sie hatten kein definiertes Zentrum, so wie es auch keine Reichshauptstadt gab und keine Instanz, die als alleinige Quelle legitimer Souveränität fungiert hätte. Das waren die Gründe, die den Autor eines 1787 verfaßten Leitfadens für englische Besucher zu der Feststellung bewogen, das Reich sei, »wenn man es als Einzelmacht oder -staat betrachtet, ... in Europa nicht von großem politischem Gewicht«. Die »Ungleichheit und schwache Verbundenheit seiner Teile« verhinderten, daß es zu einer »geeinten, kompakten und einheitlichen« Macht werden könne. Je überzeugter einer war, daß Geeintheit, Kompaktheit und Einheitlichkeit zu den Definitionsmerkmalen politischer Macht gehörten, desto schwerer mußte es ihm fallen, das Reich zu verstehen und zu akzeptieren.

Vom 15. Jahrhundert an entzündete sich zwischen den Traditionen und Institutionen des Reiches einerseits und den Werten und Bestrebungen seiner Mitgliedsstaaten andererseits eine Serie komplizierter Konflikte. Diese Konflikte verschärften sich im Verlauf des 16. und 17. Jahrhunderts und legierten sich zuletzt mit religiösen Spannungen und europaweiten dynastischen Rivalitäten. Religiöse Ressentiments und dynastische Bestrebungen spalteten das Reich im Innern und verleiteten seine Glieder zugleich zu Bündnissen mit äußeren Mächten, vor allem mit den direkten Nachbarn des Reiches: Frankreich, dem Kirchenstaat, dem Osmanischen Reich und Schweden. Diese Antagonismen kulminierten im Dreißigjährigen Krieg, der in der ersten Hälfte des 17. Jahrhunderts Mitteleuropa verwüstete. Der Westfälische Friede, der dieser Abfolge von Katastrophen 1648 ein Ende bereitete, bekräftigte die Existenz des Reiches, brachte aber auch eine wesentliche Stärkung der Einzelglieder durch Anerkennung ihrer eigenständigen Souveränität und ihres Rechts, in militärischen und außenpolitischen Angelegenheiten selbständig zu handeln. Man kann somit sagen, daß im Friedensschluß von 1648 die geschichtlichen Konflikte zwischen Universalität und Partikularismus, zwischen dem Reichsideal und der Wirklichkeit einzelstaatlicher Macht festgeschrieben wurden, ohne daß der Versuch einer Auflösung der Widersprüche gemacht worden wäre.

In diesen Konflikten stand nicht in erster Linie das Reich gegen seine äußeren

Gft.
Schwarzbg.

lhausen

Hzm.   Hzm.
Sachsen-
Weimar   Altenburg

Sachsen-

Gotha Gft.   Sachsen-

Schwarz-
burg

Hzm.   Fsm.
Sachsen-   Brand.
Coburg

einfurt   Bayreuth

Bm.

Bamberg

K f s m.   S a c h s e n

Elbe

K g t. B ö h m e n

indsheim

Nürnberg

nsbach

kelsbühl

Weißenberg   Bm.
Eichstätt   Regensburg   Bm.
ördlingen   Passau
ngen) Pfalz-
Neuburg   Donau

Augsburg   Isar

K f s m.
Bm.
Freising   Inn

B a y e r n   Ehzm.
Österr.
ob der
mingen   Enns
Kaufbeuren

E b m.
Saalach

Gft.
Gef. Gft. Werdenfels Tirol   S a l z b u r g

- - - Grenze des Deutschen Reiches

⊠ Preußen

⊘ Österreich

▤ Reichsstädte

⣿ Geistliche Gebiete

▨ Ordensgebiete

▦ Reichsritterschaften

⦙ Bayern, Kurpfalz, Pfalz-Neuburg,
Pfalz-Sulzbach, Jülich und Berg
seit 1777 vereinigt

Feinde; sie tobten vielmehr auch zwischen den Institutionen des Reiches selbst. Der Kaiser war der oberste Vollzugsbeamte, das zeremonielle Oberhaupt und der höchste Lehnsherr des Reiches. Zugleich war er aber regierender Fürst eines Bestandteils des Reiches. Mit Ausnahme eines kurzen Zwischenspiels von 1742 bis 1745 kamen die Kaiser stets aus dem regierenden Zweig der Dynastie Habsburg; in einem Fall heiratete der Kaiser in sie ein. Während des ganzen 17. und 18. Jahrhunderts kam es immer wieder zu Konflikten zwischen den beiden Rollen, die der Kaiser verkörperte. Zunehmend trat bei den Habsburgern eine Neigung hervor, die Autorität des kaiserlichen Amtes zur Förderung ihrer eigenen Fürstenmacht und ihrer dynastischen Bestrebungen zu nutzen. Kaiser Joseph II. spielte in den achtziger Jahren des 18. Jahrhunderts ernsthaft mit dem Gedanken, seine Kaiserkrone um handfesterer politischer Ziele willen preiszugeben. Kaum nötig zu sagen, daß in dem Maße, wie die partikularistischen Aspirationen des Kaisers zunahmen, rivalisierende Reichsfürsten ihm das kaiserliche Amt streitig zu machen versuchten und Verteidiger der alten Reichsideale sein Verhalten kritisierten.

Als Gegenpol zum Kaiser diente innerhalb des Reichssystems traditionell der Reichstag, eine lose Gruppierung von Vertretungskörperschaften, die sich zusammensetzte aus dem Kollegium der Kurfürsten – der sieben oder acht Reichsfürsten, die das Recht hatten, den Kaiser zu wählen –, dem Rat der anderen Fürsten – der nach komplizierten Regeln unterteilt war und dem die Herrscher der zum Reich gehörenden Territorien, mit Ausnahme der Ritter, angehörten – und dem Kollegium der Städte. Zu Zeiten des Westfälischen Friedens hegten einige Anhänger der Reichsidee die Hoffnung, der Reichstag könne zu einem Motor der Reform und Erneuerung werden. Doch der Kaiser, aus Angst vor unerwünschter Konkurrenz, berief den Reichstag in den eineinhalb Jahrzehnten nach 1648 nur zweimal ein. Beim zweiten Mal, 1663, weigerten sich die Versammelten, auseinanderzugehen, und beschlossen, den Reichstag in Permanenz tagen zu lassen. Dies ermöglichte es den diversen politischen Elementen im Reich, erstens den Kaiser und zweitens, nicht weniger wichtig, einander im Auge zu behalten. Doch die Machtbefugnisse des Reichstages in Reichsangelegenheiten nahmen nicht wesentlich zu. In dem Maße, in dem die gewichtigeren Einzelstaaten ihre Macht festigten, wurde der Reichstag zu einem Resonanzboden für ihre Sonderinteressen und Antagonismen. Das Tagesgeschäft wurde von Gesandten erledigt, die ihre Tatkraft mehr in gesellschaftliche und symbolische als in legislative Aufgaben investierten. In manchen Debatten, bei denen es um Feinheiten in der Auslegung des Reichsrechts ging, saßen nur fünfundzwanzig Delegierte im Saal und kämpften gegen die Müdigkeit. Außer einer Neufassung der Reichsmatrikel, der Militärverfassung des Reiches im Jahr 1681 und der 1731 verabschiedeten Reform der Zunftordnung leistete der »immerwährende Reichstag« auf dem Gebiet der Gesetzgebung nichts Großartiges.

Verwaltungsmäßig war das Reich in zehn Kreise eingeteilt. Wie alle Dinge des Reiches war auch diese Einteilung eine komplizierte und unsystematische Angelegenheit. Es gab Territorien, wie Böhmen und Schlesien, die keinem Kreis angehörten; andererseits gab es Fürstentümer, deren Territorium durch mehrere Kreisgrenzen zerschnitten wurde. Die Bedingungen für die Mitgliedschaft in den Vertretungskörperschaften der Kreise entsprachen in etwa, aber nicht zur Gänze, denen der Zugehörigkeit zum Reichstag. In bezug auf die institutionelle Vitalität und die praktische Wirksamkeit bestanden große Unterschiede zwischen den Kreisen. Manche, besonders im Süden und Westen, boten ihren Mitgliedern praktische Unterstützung und schufen Voraussetzungen für ein aktives Wirtschaftsleben. Diese Kreise versuchten der Matrikelreform von 1681 gerecht zu werden, die ihnen die Hauptverantwortung für die Bereitstellung von Rekruten und Nachschub aufgebürdet hatte. Sie stellten Streitkräfte auf, zu ihrem eigenen Schutz sowie als Beitrag zur Verteidigung des Reiches. Andere Kreise waren Schablonen ohne Inhalt und Leben. Kreise, in denen Staaten das Sagen hatten, die über eigene Streitkräfte verfügten, wie Brandenburg-Preußen, ignorierten schlichtweg die Militärverfassung von 1681. Als im Verlauf des 18. Jahrhunderts das stehende Heer eine zunehmende Bedeutung als Symbol sowohl für das Staatsein als auch für dessen Substanz erlangte, fielen die politischen Konsequenzen der unzulänglichen militärischen Ausstattung des Reiches immer schwerer ins Gewicht.

Es waren nicht irgendwelche legislativen, administrativen oder militärischen Kompetenzen, die den besonderen Charakter und die eigenartige Stärke des Reiches ausmachten, sondern seine Rolle als Symbol und als Rechtsprechungsorgan. In der Tat war das Reich vor allem eine symbolische Gemeinschaft, die das Bedürfnis ihrer Mitglieder nach zeremoniellen Symbolen und Ritualen befriedigte, welche ihnen halfen, den engen Horizont des Partikularismus zu überwinden oder auszuweiten. Dem britischen Gesandten beim Reichstag wurde in den sechziger Jahren des 18. Jahrhunderts die Warnung mit auf den Weg gegeben, Regensburg sei »so voller Feierlichkeit, daß Sie nicht aus dem Fenster spucken können, ohne das Haupt oder die Bagage eines Würdenträgers zu treffen... Man betrachtet das Zeremonielle dort als wesentlich und macht einen Wettbewerb daraus.« Die Wahl und Krönung des Kaisers, der Zusammentritt des Reichstages und die Verhandlungen der Reichsgerichte waren von ausgefeilten Ritualen geprägt, deren Hauptzweck darin bestand, die Aufgaben und die Identität des Reiches zu unterstreichen. Die hohe Autorität des Kaisers im Reich resultierte nicht zum geringsten aus seiner Befugnis, neue Adelstitel zu verleihen und eine ganze Reihe von Ehrenämtern zu besetzen, die bei den Angehörigen des Hochadels begehrt waren. So konnte etwa die Ernennung zum Hofpfalzgrafen einen Durchschnitts-Aristokraten über seine Standesgenossen erheben, ebenso wie die Wahl einer Stadt zum Schauplatz einer Reichszeremonie für die betreffende Stadt gleichsam den Anschluß an die große Welt bedeutete. Goethes berühmte Schilderung der Krönung Josephs II. zum König der Römer im Jahr 1764 veranschaulicht aufs beste, wie der feierliche Anlaß Frankfurt in die Lage versetzte, über sich hinauszuwachsen, ohne seine Selbständigkeit einzubüßen: »(Frankfurts) Stallmeister eröffnete den Zug, Reitpferde mit Wappendecken ... folgten ihm, Bediente und Offizianten, Pauker und Trompeter, Deputierte des Rats, von Ratsbedienten in der Stadtlivree zu Fuße begleitet.« Für kurze Zeit konnten die Frankfurter sich in dem Gefühl sonnen, im Brennpunkt der europäischen Politik zu stehen; während der Abglanz des universalen Reiches auf sie fiel, feierten sie ihre eigene Souveränität.

Auf der einen Seite eine symbolische Gemeinschaft, war das Reich auf der anderen eine »Rechtsgemeinschaft«. Alle seine Institutionen, einschließlich des Kaisers und des Reichstages, hatten jurisdiktive Kompetenzen. Zwei Institutionen waren dabei von hervorragender Bedeutung: Der Reichshofrat tagte in Wien und wurde bisweilen als der »Kaiserhof« bezeichnet. Er nahm sowohl gesetzgeberische als auch administrative Aufgaben wahr, mit besonderer Verantwortung für die Reichsstädte, gegenüber denen er ermittelnd und prüfend tätig werden durfte. Einen anderen, jedoch teilweise überlappenden Zuständigkeitsbereich hatte das Reichskammergericht, das zunächst in Speyer zusammentrat und dann nach Wetzlar umzog. Seinen »Unterhalt« verdankte es einer von den Mitgliedsstaaten des Reiches aufgebrachten Steuer, und die Amtszeit seiner Mitglieder endete, anders als die der Reichshofräte, nicht mit dem Tod des amtierenden Kaisers.

Das Bild, das wir von den Reichsgerichten haben, geht in den meisten Fällen auf die von Goethe hinterlassene Schilderung zurück; er verbrachte zu Beginn der siebziger Jahre ein paar Monate in Wetzlar. »Man begreift oft nicht«, schrieb er in »Dichtung und Wahrheit«, »wie sich nur Männer finden konnten zu diesem undankbaren und traurigen Geschäft. Aber was der Mensch täglich treibt, läßt er sich, wenn er Geschick dazu hat, gefallen, sollte er auch nicht gerade sehen, daß etwas dabei herauskomme. Der Deutsche besonders ist von einer solchen ausharrenden Sinnesart.« Sicher hatte die Tätigkeit an diesen Gerichten, die chronisch unterbesetzt waren und von denen, über die sie urteilen sollten, oft mit Häme beworfen wurden, etwas Undankbares und Melancholisches. Auch nachdem die Verfahrensregeln in den achtziger Jahren reformiert worden waren, gingen Prozesse manchmal so langsam voran, daß man meinen konnte, sie seien im Sand verlaufen. Ein berühmt gewordener Fall, bei dem es um die Vermögensverhältnisse eines Reichsgrafen ging, zog sich über fast zwei Jahrhunderte hin – ein Exempel für eine extrem schleppende Rechtspflege, an dem sich vielleicht sogar die rechtsuchenden Kontrahenten aus Dickens' Roman »Bleak house« hätten aufrichten können. Trotz solcher mit Händen zu greifenden Unzulänglichkeiten bot die Reichsgerichtsbarkeit kleineren Staaten die Chance, rechtlichen Schutz vor ihren mächtigeren Nachbarn zu erhalten, und es konnten sogar Untertanen gegen ihre Grundherren klagen. Wie so oft in Rechtsdingen, galt auch für die Institutionen des Reiches, daß ihr größtes Verdienst nicht so sehr darin lag, etwas herbeizuführen, als darin, etwas zu verhindern. Die langsam, gravitätisch, vielleicht lethargisch mahlenden Mühlen der Reichsjustiz waren darauf ausgelegt, einen Ausgleich zwischen konkurrierenden politischen Kräften zu schaffen und diese in ein Netz förmlicher Regeln und formloser Verabredungen, geschriebener Gesetze und ungeschriebener Bräuche, aktenkundiger Gerichtsverfahren und inoffizieller Beratungen einzubinden. H. A. L. Fisher erfaßte den Sinn dieses Arrangements, als er feststellte, man habe, um ein guter Beamter des Reiches zu sein, nicht über die Gaben eines modernen Politikers verfügen müssen, sondern eher über die eines »geschickten Anwalts, der bis in feinste Einzelheiten hinein mit den Verhältnissen einer großen vermögenden Familie vertraut ist«.

Die höchste Wertschätzung genossen die rechtsprechenden Institutionen des Reiches bei den kleineren Reichsfürsten, bei den Patriziern der großen Städte und bei den Inhabern von Reichslehen. Denjenigen, die im Falle einer Konsolidierung der Macht am meisten zu verlieren gehabt hätten, erschien der Universalismus des Reiches als die bestmögliche Garantie für den Fortbestand ihrer Partikular-Autonomie, als bestes Bollwerk gegen Habgier und Aggression. In den kleinen Fürstentümern und selbständigen Reichsstädten bejahte man das Reich, sah es als Ehre und Souveränitätsbeweis an, Gesandte zum Reichstag entsenden zu dürfen, betrachtete den Reichsverband als vernünftige Organisationsform für den gegenseitigen Schutz und die Reichsgerichte als Rettungsanker gegen eroberungswütige Nachbarn. Die geistlichen Fürsten zum Beispiel verließen sich darauf, daß das Reich sie vor den Übergriffen größerer Fürstentümer, vor protestantischen Einflüssen diverser Art oder auch vor päpstlichen Einmischungen schützte. Die Reichsgrafen und Reichsritter, die kleinsten und daher verwundbarsten Inhaber souveräner Feudalmacht, wußten, daß das einzige, das sie von gewöhnlichen Feudalherren unterschied, ihre Reichsunmittelbarkeit war, der Umstand also, daß keine weitere fürstliche Autorität zwischen ihnen und dem Kaiser stand. Die fünfzig offiziell anerkannten freien Reichsstädte schließlich unterstrichen ihre Unabhängigkeit durch ihre separate Vertretung beim Reichstag und ihre Sonderbeziehungen zum Reichshofrat. Darüber hinaus gab es mehr als hundert weitere Städte, die ihre dem Reich abgerungenen Sonderrechte und Immunitäten mit Zähnen und Klauen verteidigten. Wie Mack Walker treffend formuliert hat, war das Reich der »Brutkasten«, ohne den die oft zerbrechlichen politischen Organismen in einer zunehmend feindseligeren Umgebung nicht hätten überleben können.

John Gagliardo hat die These vertreten, die Anhänglichkeit der Mitgliedsstaaten ans Reich habe »in umgekehrtem Verhältnis zur Größe und Macht des jeweiligen Territoriums« gestanden. Je größer ein Fürstentum, desto eher war es in der

Lage, auf den Schutz des Reiches und auf seine Rituale zu verzichten. An den Höfen der neuen absolutistischen Staaten orientierte man sich ohnehin bei der Gestaltung von Symbolen und Zeremonien lieber an Versailles als an Wien oder Regensburg. Von Mitte des 18. Jahrhunderts an legten die Herrscher der weltlichen Fürstentümer des Reiches keinen gesteigerten Wert mehr auf eine förmliche Investitur durch den Kaiser. Gleichzeitig zeigten sich die wichtigeren Reichsfürsten bestrebt, selbst Adelstitel zu verleihen und so eine nur von ihnen abhängige soziale Feudalhierarchie zu errichten. Ferner begannen sie mit der Erarbeitung von Gesetzen, die, überall in ziemlich gleichartiger Weise, gegen bestehende lokale Gewohnheitsrechte sowie gegen reichsrechtliche Vorschriften zeitgemäßere Rechtsverhältnisse durchsetzen sollten. Diese Kodifizierungsprojekte, sowohl von Österreich als auch von Preußen im Schlußdrittel des 18. Jahrhunderts in Angriff genommen, waren eine Kampfansage an den Anspruch des Reiches, eine Rechtsgemeinschaft zu sein.

Diejenigen deutschen Staaten, die auf die Erweiterung ihres Territoriums oder ihres Einflusses aus waren, empfanden die Institutionen des Reiches oft als unnötige, ärgerliche Hemmschuhe. In den Jahrzehnten nach dem Westfälischen Frieden betrieben mehrere Staaten eine Außenpolitik, die sich schlecht mit ihrer Verantwortung gegenüber dem Reich vertrug. So traten zum Beispiel zwischen 1658 und 1667 einige im Westen Deutschlands gelegene Fürstentümer – zeitweise gehörte auch Brandenburg-Preußen dazu – einer eng an Frankreich angelehnten Rheinischen Allianz bei. Auch Bayern, das liebend gern in den Rang einer Großmacht aufgestiegen wäre, düpierte das Reich durch ein Bündnis mit Frankreich. Diese zentrifugalen Tendenzen verloren gegen Ende des 17. und zu Beginn des 18. Jahrhunderts an Kraft, als das Reich sich unter dem Druck der im Osten aufmarschierenden Türken und der Expansionspolitik Ludwigs XIV. im Westen wieder enger zusammenschloß. Doch dann brach wieder eine Serie von Konflikten und Gegensätzen auf, als 1740 der neue preußische König, Friedrich II., das österreichische Schlesien überfiel und besetzte. Im Verlauf der dynastischen Kriege in den folgenden dreiundzwanzig Jahren wurde die Unfähigkeit des Reiches, den Frieden zu bewahren, auf schmerzliche Weise sichtbar. Beide Kriegsparteien zeigten offen ihre Verachtung für die Institutionen und Ideale des Reiches, indem sie sie entweder ignorierten oder zu ihrem eigenen Vorteil zu manipulieren versuchten. Womöglich markierte das Jahr 1757 den Höhepunkt dieser Entwicklung, als die kaiserlichen Truppen, in einer unpopulären Allianz von Frankreich unterstützt, bei Roßbach von den Preußen schwer geschlagen wurden. Auch nach dem Ende des sogenannten Siebenjährigen Krieges 1763 bestanden zwischen Preußen und Österreich Mißtrauen und Feindseligkeit fort; jeder Schritt des einen rief, dessen konnte man sicher sein, eine Gegenmaßnahme des anderen hervor. Als beispielsweise die Habsburger in den siebziger Jahren die Voraussetzungen für einen Rechtsanspruch auf die bayerischen Besitzungen der Wittelsbacher zu schaffen versuchten, konterkarierten die Hohenzollern dies mit mehreren Gegenoffensiven. Der Preußenkönig rief, nachdem er 1778/79 einen konzeptlosen Krieg geführt hatte, den sogenannten Fürstenbund ins Leben, dem anfänglich die Kurfürsten von Brandenburg, Sachsen und Hannover angehörten und dem später etliche weitere deutsche Staaten beitraten. Einige Jahre lang beherrschte der Fürstenbund die deutsche Diplomatie; dann verlor er an Bedeutung, als Preußen sich auf ein Bündnis mit England einließ und Österreich abermals gegen die Türken in den Krieg zog. Zu einer drastischen Veränderung der Lage kam es 1790, als neu inthronisierte Herrscher in Wien und Berlin sich mit neuen Herausforderungen konfrontiert sahen, zuerst in Polen und anschließend im revolutionären Frankreich.

Die dynastische Rivalität zwischen Habsburgern und Hohenzollern war nicht die erste Runde in dem langen »Kampf um die Vorherrschaft in Deutschland«, der Generationen deutscher Historiker in seinen Bann geschlagen hat. Zum einen ist zu konstatieren, daß der österreichisch-preußische Konflikt ein Geschehen nicht auf deutscher, sondern auf europäischer Bühne war; keiner der Kontrahenten sah sich als deutscher Staat. Soweit es in dem Konflikt um das Reich ging, war das, was sich abspielte, weniger eine Stellprobe für die Zukunft als ein erneuter Ausbruch tief wurzelnder, historisch begründeter Gegensätze zwischen Kaiser und Reich, zwischen Katholiken und Protestanten sowie zwischen den Ambitionen einzelner Dynastien und den durch Institutionen des Reiches aufgerichteten Hemmnissen. In einer Beziehung barg der Konflikt jedoch etwas Neues: Zum ersten Mal waren an einem Machtkampf innerhalb des Reiches zwei Staaten beteiligt, die, obzwar einander in bezug auf Größe und Gewicht keineswegs gleichwertig, beide willens und in der Lage waren, eine selbständige Rolle auf der europäischen Bühne zu spielen. Nachdem Preußen zu einer zweiten Großmacht innerhalb des Reiches herangewachsen war, gab es nun zwei potentielle Hegemoniezentren. In dieser Situation hatten die anderen Staaten allen Grund zu der Befürchtung, bei einem Konflikt zwischen den beiden Vormächten zertreten zu werden, besonders wenn darin Reichsinstitutionen verwickelt wurden, wie es nach 1770 tatsächlich geschah. Während also die österreichisch-preußische Rivalität einerseits die Schwäche des Reiches bloßlegte, machte sie zugleich sehr deutlich, wie dringend ein Instrumentarium benötigt wurde, das imstande war, die Interessen der Schwachen vor den Bestrebungen der Starken zu schützen. Aus dieser Einsicht resultierte eine Reihe von Reformvorschlägen, die von den kleineren Staaten des Reiches im Verlauf der achtziger Jahre vorgelegt wurden.

Daß der Machtkampf zwischen Wien und Berlin das Reich in eine Krise stürzte, ist offenkundig, doch nicht weniger bedeutsam ist es, daran zu erinnern, daß die Institutionen des Reiches diese Krise, wie schon so viele andere zuvor, überstanden. Der Fürstenbund, so sehr er im Grunde mit der Theorie und Praxis des Reiches im Widerspruch stand, verpflichtete seine Mitglieder ausdrücklich auf die Bewahrung desselben. Friedrich II. räumte die Unverzichtbarkeit des Reiches ein, wie zynisch und egoistisch seine Motive auch immer gewesen sein mögen. Andere wollten im Fürstenbund einen potentiellen Jungbrunnen für das Reichsideal sehen. Jedenfalls gingen fast alle, ob Anhänger oder Kritiker des Reiches, davon aus, daß es in dieser oder jener Form weiterhin den Rahmen für die politische Entwicklung Deutschlands bilden werde. Wie Ernst Moritz Arndt aus seiner Jugendzeit in den achtziger Jahren wußte, war den Menschen damals »das alte Reich«, auch wenn sie sich fragten, was aus ihm geworden war, noch durchweg ans Herz gewachsen.

Das gesamte 18. Jahrhundert hindurch mangelte es dem Reich nie an Fürsprechern. Jean Jacques Rousseau zum Beispiel stellte in seinem »Project de paix perpetuelle de Monsieur l'Abbé de Saint-Pierre« das Reich als eine der wesentlichen Stützen des Gleichgewichts dar, auf dem das europäische Staatensystem ruhte. Das Reich halte jede andere Macht in Schach, schrieb er, und könne vielleicht für die Sicherheit anderer noch mehr bewirken als für seine eigene. Solange das Reich fortbestehe, sei »das europäische Gleichgewicht unzerstörbar, und kein Herrscher muß befürchten, von einem anderen entthront zu werden«. Der Schweizer Rechtsgelehrte Johannes von Müller glaubte ebenfalls, das Reich stabilisiere das europäische Gleichgewicht. Deutschland sei, schrieb er, »frei durch seine Zerteilung«. Die beredtesten Plädoyers für das Reichsideal flossen jedoch aus den Federn vieler aufeinander fußenden Rechtsgelehrten, von Hermann Conring im 17. bis zu Johann Pütter am Ende des 18. Jahrhunderts. Sie bemühten sich darzulegen, wie das Reich kraft seiner staatsrechtlichen Grundlagen das individuelle Machtstreben in Schach halten könne. In Werken wie Johann Jakob Mosers monumentalem Opus »Teutsches Staatsrecht«, das zwischen 1766 und 1775 in zwanzig Bänden erschien, versuchten diese Gelehrten, das komplizierte Gewebe von Gesetzen und ungeschriebenen Regeln zu entwirren, das lokale Institutionen mit denen des Reiches verknüpfte. Noch 1795, als das Reich schon in den letzten Zuckungen lag, konnte Christoph Martin Wieland erklären, jeder, der das Reich kenne, wisse sehr genau, daß die Machtbefugnisse jedes Amtsinhabers in Deutschland, »vom gewählten Monarchen bis zum Bürgermeister, zu den Beamten, Räten und Gemeindemitgliedern der Reichsstadt Zell am Hammersbach«, durch reichsunmittelbare Gesetze, Bräuche und Verfahrensweisen begrenzt seien.

Nach dem Untergang des Reiches im Jahr 1806 waren diese Loyalitätsbekundungen rasch vergessen. Die Autoren des 19. Jahrhunderts porträtierten das Reich rückblickend als ein bemitleidenswertes oder absurdes Relikt. Die Konservativen beklagten seine Schwäche, die Liberalen seine Irrationalität, die Protestanten seine Kirchennähe, die Nationalisten seine Heterogenität. Heinrich von Treitschke sprach für die gesamte nationalistische deutsche Historikerschule, als er das Reich eine »Lüge« nannte, die die Habsburger einem widerstrebenden

Volk aufgebürdet hätten. Erst in jüngerer Zeit ist den Historikern klar geworden, daß die Kritiker des Reiches ihm übelnahmen, daß es keine Nation und kein Staat war; dies zu sein oder sein zu wollen, hatte es jedoch zu keiner Zeit vorgegeben. Heute, da wir eine aus hundert oder mehr Jahren gewonnene Erfahrung mit Nationalstaaten haben, ist es kaum verwunderlich, daß wir dem Reich wieder mit mehr Sympathie und Verständnis gegenübertreten können.

So hoch wir die universalen Ideale und dezentralen Institutionen des Reiches schätzen und so sehr wir bedauern mögen, daß sie die Kräfte, die die alte europäische Ordnung sprengten, am Ende nicht zu bändigen vermochten, so wenig läßt sich daran zweifeln, daß im Verlauf des 18. Jahrhunderts ein relativer Bedeutungsschwund des Reiches einsetzte. Die Macht verlagerte sich auf die Einzelstaaten, insbesondere auf die, wie ein Zeitgenosse sie nannte, »Räuberstaaten« wie das Preußen Friedrichs II. Wichtiger noch als jene räumliche Verlagerung der Macht war die sich gleichzeitig vollziehende Veränderung ihres Wesens und ihres Zwecks. Der tiefste Grund für den Niedergang des Reiches lag wohl darin, daß all das, was es am besten zu gewährleisten vermochte – Mäßigung, Abschreckung und Versöhnung –, weniger wünschenswert schien als das, was die Staaten verhießen: Konsolidierung, Expansion, Initiative. Während es die Stärke des Reiches war, Konflikte zu bremsen und abzufedern, bestimmte Arten von Streitigkeiten zu schlichten und kleineren Fürstentümern bei der Verteidigung ihrer Integrität zu helfen, kehrten die Staaten ihre Fähigkeit hervor, zu dirigieren, zu erobern und zu kontrollieren. Das Reich beruhte auf Gewohnheitsrecht und Komplexität, die Staaten versprachen Kodifizierung und Rationalität. Die Institutionen des Reiches waren heterogen und undefiniert, die Staaten versuchten die ihren ganzheitlich und in sich schlüssig zu konstruieren. Am Ende blieb das Reich auf der Strecke, weil es nicht leisten konnte, was die Menschen von ihren politischen Institutionen zu fordern begannen. Es ging unter, weil die Vorstellungen davon, was erfolgreiche Politik bedeutete, sich radikal geändert hatten. Deshalb ist die Geschichte des Reiches untrennbar mit einem anderen Thema verbunden: mit dem langwierigen, komplizierten Ringen zwischen den Vertretern der alten Ständeordnung und den Vorkämpfern neuer politischer Formen und Werte. Vor dem Hintergrund dieses Ringens läßt sich am besten nachvollziehen, warum und wieso das Reich, manchmal als Kombattant und manchmal als Statist, manchmal als mißbrauchtes Instrument und zuletzt als Opfer, eine zentrale Rolle beim Nieder- und Untergang des alten Europa spielte.

»Staatsgewalt, Staatsgebiet und Staatsvolk«, so schrieb Otto Brunner, »sind die drei Zentralbegriffe der modernen Staatslehre.« Der Staat hat die Oberhand über konkurrierende Instanzen innerhalb und jenseits des eigenen Territoriums; er beugt sich weder supranationalen noch nationalen Organisationen. Wir gewähren ihm ein Monopol für die gesetzmäßige Anwendung von Gewalt zum Zweck der Verteidigung gegen äußere Feinde sowie zur Durchsetzung seines Willens gegenüber widerständigen Elementen im Innern. Damit nicht genug, setzen wir als selbstverständlich voraus, daß die ganze Welt aus eindeutig definierten souveränen Staaten besteht, deren Grenzen Vorrang vor irgendwelchen anders gearteten Grenzziehungen haben. Ausnahmen von dieser Regel wie das Berlin der Nachkriegsjahrzehnte finden wir zutiefst irritierend; jedes Stückchen Land sollte, so glauben wir, eindeutig zu irgendeinem Staat gehören. Auf unseren Landkarten und in unseren Köpfen hat der Staat einen ungefährdeten Platz als die Organisationseinheit schlechthin für das politische Denken und Handeln erlangt.

Um verstehen zu können, was Politik im alten Mitteleuropa war, müssen wir uns eine Welt vorstellen, in der es einen souveränen Staat noch nicht gab. Die grundlegende Organisationseinheit war nicht der Staat, sondern das Land. Dieser Begriff entstammt jenem politischen Vokabular, dessen Verschwinden Möser beklagte; ein modernes Äquivalent dafür gibt es nicht. Ein Land war zunächst einmal eine territoriale Einheit, ein bestimmter Landstrich, ausdrücklich unterschieden von der Stadt, die einer anderen soziopolitischen Welt zugerechnet wurde, und von der unkultivierten Naturlandschaft, deren Zugehörigkeit überhaupt nicht definiert war. Ein Land war auch eine Ansammlung von unverwechselbaren Institutionen, Gesetzen und Bräuchen oder Konventionen. Im Unterschied zum modernen Staat machte ein Land zwar seine Identität geltend, nicht aber seinen Vorrang; es stand in vielfältiger Beziehung zu einer Vielzahl von Institutionen innerhalb und jenseits seiner Grenzen, ohne sich diese unterordnen zu wollen. Das Land besaß, wie Henry Strakosch geschrieben hat, keine Souveränität im heutigen Sinn, weil es sich aus »sozialen Körpern, die nach ihren eigenen besonderen Gesetzen lebten«, zusammensetzte und weil es »offen« war für eine »Integration in ein System von universalerem Zuschnitt«. Herrschaft war in einem Land diffus verteilt; eine Reihe halbautonomer Körperschaften partizipierte daran, so etwa Zünfte oder adlige Grundherren oder definierte Sondergemeinschaften wie die Juden. Die Grenzen eines Landes waren porös und konnten von fremden Elementen wie der katholischen Kirche oder dem Heiligen Römischen Reich ohne weiteres durchdrungen werden.

In den Ländern des alten Mitteleuropa war die Unterscheidung zwischen öffentlichen und privaten Institutionen weit unschärfer, als sie es in der Welt der souveränen Staaten werden sollte. Familien, Zünfte, Stadtbürger und Grundbesitzer, sie alle vereinigten Funktionen auf sich, die heute teils von staatlichen, teils von privaten Instanzen wahrgenommen werden. Ähnlich untrennbar vermengt waren wirtschaftliche und politische Macht. Ein Vater hatte Macht über seine Kinder, ein Meister über seine Lehrlinge, ein Grundherr über seine Bauern, und das nicht bloß dank ihrer Verfügungsgewalt über die wirtschaftlichen Ressourcen, sondern auch, weil ihnen eine besondere Art von Autorität zukam, die oft das Recht einschloß, ihren Willen mit Gewalt durchzusetzen. Mit Otto Brunner kann man diese Art von Autorität als Herrschaft bezeichnen – ein Begriff, der ebenso ein politisches wie ein wirtschaftliches, soziales und persönliches Verhältnis bezeichnet und den »Herrn«, den individuellen Meister oder Lehnsherrn, als Träger von Autorität ausweist. Herrschaft war etwas, das mehr zu einer Person gehörte als zu einem Amt, etwas, das man eher besaß, als es sich von einer höheren Macht verleihen zu lassen. Zwar wußte jedermann, daß Autorität in unterschiedlichen Portionen verabreicht und für unterschiedliche Zwecke benutzt werden konnte, doch man ging davon aus, daß es im gesamten Spektrum der gesellschaftlichen Ordnung Personen gab, die legitime Herrschaft ausübten. F. J. Greneck verfolgte mit seinem 1752 veröffentlichten Werk »Theatrum iurisdictionis Austriae« das Ziel, die Rechte »eines jeden Standes vom mächtigsten Landesfürsten bis zum bescheidensten Hausvater« zu beschreiben. Landesfürst und Hausvater waren für Greneck Angehörige ein und desselben Komplexes von Institutionen, eingeknüpft in dasselbe Gewebe aus Konventionen, Traditionen und Gesetzen und durch dieses miteinander sowohl ver- als auch gebunden.

Im Gegensatz zu dem von konservativen Sozialtheoretikern des 19. Jahrhunderts gezeichneten Bild prämoderner Stabilität war die durch Herrschaft definierte Welt von innen heraus auf Streit angelegt. Weil jegliche Grenzen porös und unbestimmt waren, kam es ununterbrochen zu Besitzstreitigkeiten. Die Bischöfe von Mainz und Würzburg beispielsweise führten eine lange währende Auseinandersetzung um ein Waldgebiet; zwischen Meiningen und Coburg kam es einmal fast zum Krieg um das Städtchen Wasungen. Da auch die Herrschaftsverhältnisse diffus und undefiniert waren, entbrannten oft Konflikte um Rechte und Pflichten. Fürsten und geistliche Herren, Stadtverwaltungen und Zünfte, Beamte und Grundbesitzer stritten darum, wer die Befugnis hatte, was mit wem zu tun. Im Verlauf des 18. Jahrhunderts, als Herrschaft neu definiert und Machtbefugnisse neu verteilt wurden, nahmen die diversen Konflikte an Schärfe zu, so daß sowohl die ständischen Körperschaften innerhalb der Länder als auch die Reichsgerichte mit Klagen überschwemmt wurden.

In einer Atmosphäre beständiger Rechtsunsicherheit und Konfliktgefahr bot der Status der Reichsunmittelbarkeit – wer ihn besaß, unterstand direkt der Autorität des Reiches – enorme Vorteile. Dieser Status erlaubte es einem »Herrn«, seinen Vorrang gegenüber konkurrierenden Herrschaftsinstanzen geltend zu machen. Außerdem konnte derjenige, der direkt dem Kaiser untertan war und von Gesetzes wegen Sitz und Stimme in einer Reichsinstitution hatte, die Autorität des Reiches in Anspruch nehmen, um Ansprüche, die er gegen einen Ranggenossen oder einen seiner Untertanen hatte, zu untermauern. Je verbissener die Politik im 18. Jahrhundert wurde, desto heftiger klammerten sich manche Fürsten an den Fetisch der Unabhängigkeit. Der Bischof von Olmütz beharrte zum Beispiel auf seinem Recht, Münzen zu schlagen, die richterliche Gewalt auszuüben und eine bewaffnete Garde zu unterhalten, sehr zum Ärger der Habsburger Monarchie, deren Territorium sein kleines Herrschaftsgebiet umschloß. So winzig es war, verkündete der Bischof doch durch seine Münzen und Gardesoldaten seine rechtliche Gleichrangigkeit mit den mächtigsten Fürsten im Reich. Ohne solche Symbole reichsunmittelbarer Souveränität wäre er auf den Status eines gewöhnlichen Gliedes in der Herrschaftskette, irgendwo zwischen dem Kaiser und dem Hausvater, reduziert gewesen.

Nirgends wurden die mit der Unmittelbarkeit verbundenen Privilegien heftiger verteidigt als auf den Gütern des Reichsadels. Es gab im 18. Jahrhundert weit über tausend Reichsgrafen und Reichsritter; sie waren vorwiegend in Schwaben, Franken und Teilen des Rheinlandes zuhause und herrschten über rund 5 Prozent des Reichsgebiets und der Reichsbevölkerung. Ihre Güter waren in der Regel recht klein. So besaß die Familie Stein rund 650 Hektar Land links des Rheins; da die Familie dieses Land im Laufe der Zeit erworben hatte und zwischendurch zum Verkauf von Teilen davon gezwungen war, bestanden ihre Besitzungen aus zwei Dutzend verstreut liegenden Parzellen. Die Steins bewohnten ein bescheidenes Schlößchen in Nassau, das auch Sitz ihrer Verwaltung war, des Freiherrlich Steinschen Amtes. Sie erkannten zwischen sich und dem Kaiser keine Autorität an und beanspruchten die souveräne Herrschaft über ihre Besitzungen und die darauf lebenden Menschen. Sie oder ihre Beamten fungierten als Richter und Polizisten, Steuereinnehmer und kirchliche Oberhirten. Im 18. Jahrhundert gerieten Familien wie die Steins häufig unter Druck, weil mächtigere Nachbarn ihnen ihre Herrschaft streitig machten und deren Legalität aus berufenem Munde angezweifelt wurde.

Die meisten Rechtstheoretiker anerkannten jedoch weiterhin die politische Unabhängigkeit des Adels. Johann Georg Kerner etwa definierte 1786 die Reichsritterschaft als einen »Staatskörper, der aus vielen kleinen Partikularstaaten besteht«. Diese Definition mag von Kerner als ein Argument für den Adel gemeint gewesen sein, doch es hatte etwas Absurdes, ihre Besitzungen zu souveränen Kleinstaaten zu erklären. Denn weder in der Theorie noch in der Praxis ließ sich ihre Herrschaft in die Kategorien von Staatlichkeit und staatlicher Souveränität übertragen. Reichsgrafen und Reichsritter gehörten der herrschaftlichen Welt an, der Welt des Reiches. Innerhalb von dessen institutionellem Gefüge konnten sie gedeihen, konnten im Reichstag – dem die Reichsgrafen automatisch angehörten – und in den ständischen Organen ihrer Kreise ihre Interessen vertreten, konnten in der Reichsverwaltung ihre Ämter und Pfründen annehmen und hatten die Chance, für ihre Söhne die Mitgliedschaft in einem Domkapitel oder sogar die Anwartschaft auf den Thron eines kirchlichen Fürstentums zu ergattern.

Die Kirchenfürstentümer waren, wie der Reichsadel, den sie als Personalreservoir und Rückhalt brauchten, auf Gedeih und Verderb an das Reich gekettet. Es gab sie in einer enormen Schwankungsbreite von Gebietsgröße und Bedeutung. Die Abtei St. Georg in der kleinen schwäbischen Reichsstadt Isny mit 1.300 Einwohnern beanspruchte Reichsunmittelbarkeit und hatte trotz ihrer Winzigkeit Sitz und Stimme im Reichstag. Im Vergleich dazu war Mainz ein bedeutender Kleinstaat von 6.000 Quadratkilometern Ausdehnung, die allerdings auf fünf nicht zusammenhängende Gebietsteile entfielen. Der Erzbischof und Kurfürst von Mainz war als Reichskanzler eine wichtige Figur auf der politischen Bühne Mitteleuropas und stand als Herrscher einem großen und prunkvollen Hof vor. Aber auch kleinere kirchliche Fürstentümer konnten beträchtliches Gewicht in die Waagschale werfen: Die Habsburger berappten 1780 fast eine Million Gulden in Geschenken und Schmiergeldern dafür, Maria Theresias vierundzwanzigjährigem Sohn Max Franz die Wahl zum Bischof von Köln-Münster zu sichern; dort war ihm die Aufgabe zugedacht, ein weiteres Vordringen des preußischen Einflusses nach Westen zu verhindern.

Zusammen mit dem Adel und den kirchlichen Reichsständen verkörperten die freien Reichsstädte das politische und moralische Rückgrat des alten Reiches. Es gab im 18. Jahrhundert einundfünfzig Reichsstädte unterschiedlichster Größenordnung, von international anerkannten Großstädten wie Frankfurt und Hamburg bis zu Provinznestern wie Bopfingen, Pfullendorf und Überlingen. Zusätzlich zu diesen Reichsstädten, deren Status eindeutig definiert war und die zwangsläufig im Reichstag vertreten waren, hatten viele andere Städte ein mehr oder weniger großes Maß an Selbständigkeit errungen, das sie gegenüber größeren Nachbarn eifersüchtig verteidigten. Ob groß oder klein, ob mit verbriefter oder gewohnheitsrechtlicher Autonomie gesegnet, alle diese Städte kämpften um die Bewahrung ihrer Selbständigkeit und um das Recht, selbst zu entscheiden, wen sie als Bürger in ihre Mauern aufnahmen. Als die Stadtväter von Nördlingen ihre öffentlichen Gebäude mit dem Wahlspruch »Senatus populusque Nordlingensis« verzierten, wollten sie damit der Welt bekanntgeben, daß sie sich als Inhaber legislativer Macht auf einer Stufe mit dem größten aller Staaten sahen.

In bezug auf die politische und soziale Struktur der freien Städte gab es eine ebenso große Variationsbreite wie hinsichtlich ihrer Größe und ihrer Wirtschaftskraft. In manchen, wie in Nürnberg, regierte eine geschlossene Patrizierkaste, in anderen, wie in Hamburg, eine etwas durchlässigere wirtschaftliche Oligarchie, und in einigen wenigen, so in Frankfurt, eine, wie ein Chronist es nannte, »gemäßigte Aristokratie, eine Kombination aus Demokratie und Aristokratie«. In vielen kleinen und mittleren Städten leitete eine relativ große Gruppe von Bürgern die Geschicke; ihr Einfluß auf die Stadtpolitik resultierte aus ihrer Stellung innerhalb der Zünfte und dem persönlichen Ansehen, das sie sich in der Einwohnerschaft erworben hatten. Es war charakteristisch für die Welt der »Herrschaft«, daß in diesen Städten die politische, gesellschaftliche und wirtschaftliche Elite und die bestehenden Institutionen zu einer jeweils individuell geprägten Spielart der Selbstverwaltung zusammengewachsen waren, die zum einen äußerst beständig und zum anderen für Außenseiter praktisch undurchschaubar war.

Die Entwicklung in den Städten Mitteleuropas war das ganze 18. Jahrhundert hindurch gekennzeichnet von Auseinandersetzungen über Verfassungsfragen und Zuständigkeiten. In Frankfurt beispielsweise kam 1725 ein innerstädtischer Konflikt zum Ausbruch, als eine Bürgerabordnung sich beim örtlichen Repräsentanten des Kaisers darüber beschwerte, daß der aristokratisch dominierte Magistrat die Rechte der Klageführer mit Füßen trete. Obwohl der Kaiser sich zunächst unzugänglich zeigte und der Magistrat unbeirrt auf Konfrontationskurs blieb, gelang es den Bürgern schließlich, das Reich für sich einzuspannen. Nach Ermittlungen, Prozessen und Manipulationen, die sich über mehr als ein Vierteljahrhundert hinzogen, kam unter Mithilfe von Institutionen des Reiches etwas zustande, das ein Historiker »eine Art Gleichgewicht zwischen der städtischen Aristokratie und den führenden Elementen der Bürgerschaft« genannt hat, ein Kompromiß, der für den Rest des Jahrhunderts Bestand hatte. Auf einer sehr viel kleineren Bühne spielten sich etliche Konfrontationen zwischen Nördlingen und einer größeren Zahl von Kleinstaaten, freien Städten und kirchlichen Reichsständen ab, die an dem territorialen Flickenteppich im Nordosten Schwabens teilhatten. Innerhalb der eigenen Stadtmauern war die Autorität der Nördlinger Stadtväter verhältnismäßig unangefochten, doch die Stadt hatte, wie viele andere auch, Besitzansprüche auf einzelne in der Umgebung verstreute Gebiete. Eines davon war das Dorf Pflaumloch, dessen sechsunddreißig Bauernhöfe zu sieben verschiedenen Grundherrschaften gehörten. Wessen Untertanen waren die Menschen, die auf diesen Höfen lebten? Wessen Gerichte waren für sie zuständig? Nach wessen Gesetzen sollten sie heiraten und beerdigt werden? Kaum nötig zu sagen, daß solche Verhältnisse ein unerschöpfliches Potential für Zwistigkeiten bargen.

Die große Mehrheit der Bewohner des Reiches, rund 80 Prozent, lebte in den fünfzig dynastischen Staaten. Bei vielen dieser Staaten fällt die Unterscheidung zwischen einer größeren Reichsstadt und einer bedeutenden reichsunmittelbaren Grundherrschaft schwer; einige waren so klein, daß sie, wie Justus Möser einmal anmerkte, ausschließlich aus Grenzen zu bestehen schienen. Nassau-Weilung zum Beispiel war eigentlich nicht mehr als eine Reichsgrafschaft, deren Inhaber 1737 einen Fürstentitel gekauft hatte; mit seinen 35.000 Einwohnern entsprach es in etwa einer mittleren Reichsstadt. Lippe hatte einen glaubhaften Anspruch auf Souveränität, wenn auch keine wesentlich größere Einwohnerzahl; ein beschwerlicher Reisetag genügte, um sein Territorium zu durchqueren. Da gehörte Ansbach-Bayreuth mit seinen 400.000 Einwohnern und seinem 116 Quadratmeilen umfassenden Territorium schon eindeutig einer anderen Kategorie an, obwohl es noch viel zu klein war, um auf der europäischen Bühne jene selbständige Rolle zu spielen, wie Bayern, Sachsen, Hannover oder die Pfalz sie anstrebten. Alle jene Staaten verfügten über genügend Ressourcen oder hatten einmal über sie verfügt, um sich deutlich über ihre kleinen Nachbarn erheben zu können, doch keinem gelang der Sprung in den Rang der Großmächte. Diese bildeten spätestens von der Jahrhundertmitte an eine geschlossene Gruppe, in die sich nur zwei deutsche Staaten einzureihen vermochten: die Länder der Habsburger Dynastie und Brandenburg-Preußen.

Mit Unglücken standen die Staaten des 18. Jahrhunderts auf vertrautem Fuß. Der Westen Deutschlands, in der frühen Neuzeit einer der großen europäischen Kriegsschauplätze, wurde mehrfach verwüstet. Die Pfalz zum Beispiel erlitt zunächst im Dreißigjährigen Krieg und wenig später in den Auseinandersetzungen zwischen dem Reich und Frankreich irreparable Verheerungen. Ist sie das ganze 17. Jahrhundert hindurch noch ein bedeutsamer politischer Faktor gewesen, so sank sie bis zur Mitte des 18. Jahrhunderts fast zur Bedeutungslosigkeit herab. Konfessionelle Leidenschaften konnten ebenfalls jederzeit wieder aufbrechen. Sowohl in Sachsen als auch in Württemberg löste der Übertritt eines Herrschers zum Katholizismus lähmende Religionskonflikte aus. Dazu kam, daß jede Dynastie, ob bedeutend oder obskur, mit den schnöden Realitäten einer prämodernen Kontinuitätssicherung leben mußte. Wenn ein Herrscher keinen Erben hervorbrachte oder nicht lange genug lebte, um eine unangefochtene Nachfolge sicherstellen zu können, waren sogleich aggressive Kräfte von außen und eifersüchtige Mitglieder seiner eigenen Familie zur Stelle und brachten mit ihren Bestrebungen die Integrität seines Staates in Gefahr. Nur wenigen Staaten blieb im 17. und 18. Jahrhundert das Trauma einer Erbfolgekrise erspart, und einige überlebten sie nicht. Wenn wir uns die Fährnisse, mit denen Herrscher es damals zu tun hatten, vergegenwärtigen, fühlen wir uns versucht, über die traditionelle Staatskunst dasselbe zu sagen, was Moltke einmal über die Kriegskunst sagte: Auch nur mittelmäßig zu sein, war schon eine ganz gute Leistung.

Viele deutsche Herrscher begnügten sich mit Mittelmäßigkeit. Sie lebten in wenn nicht blendenden, so doch bequemen Verhältnissen und zogen so viel Lustgewinn, wie sie konnten, aus den diversen Vergnügungen, die eine traditionsverhaftete Gesellschaft für ihre privilegiertesten Mitglieder bereithielt. Einige Fürsten wollten mehr Ansehen, Ruhm, Land, Macht für sich selbst und ihre Dynastie. Die Macht ihres Staates war für sie untrennbar mit ihrer eigenen Herrschaft verbunden; der Staat war in ihren Augen lediglich eine Erweiterung ihrer eigenen dynastischen Besitzungen. Ihr Drang nach persönlichem Ruhm und dynastischer Expansion trug freilich dazu bei, politische Kräfte zu mobilisieren, die schließlich der Gleichsetzung von Herrscher und Staat ein Ende bereiteten und an deren Stelle eine neue Theorie und Praxis der Politik, eine neue Art von Staat entstehen ließen.

Zum Ende des 17. Jahrhunderts erfuhren die Lebenshaltungskosten deutscher Fürsten eine erhebliche Steigerung, als sie, wie ihre Standesgenossen im übrigen Europa, neue, an König Ludwig XIV. von Frankreich orientierte Maßstäbe dafür entwickelten, wie ein Monarch sich präsentieren und wie er leben sollte. Die Standards, die der Sonnenkönig setzte, waren sehr hoch; der Versuch, es den Bourbonen gleichzutun, endete für viele kleinere Dynastien im Ruin. Dem Beispiel Ludwigs zu folgen, bedeutete zunächst einmal, daß man bestimmte äußere Voraussetzungen schaffen mußte: ein Schloß, groß und prächtig genug für höfische Zeremonien und eine adäquate dynastische Selbstdarstellung, errichtet in sicherer Entfernung vom Schmutz und Lärm der Hauptstadt. Demgemäß entstanden allerorten Kopien von Versailles: in Schönbrunn, Potsdam, Mannheim, Schleißheim, Rastatt. Einmal fertiggestellt, füllten sich diese neuen Prachtbauten mit Getreuen und Höflingen, die gut unterhalten und fürstlich verpflegt werden wollten. Hunderte, manchmal Tausende von Bediensteten waren vonnöten, um eine solche Hofhaltung zu ermöglichen. Dabei stand die reale Macht eines Fürsten oft in keinem Verhältnis zu ihrer symbolischen Ausgestaltung und dem Aufwand, mit dem sie zelebriert wurde. So konnte Casanova noch zu einem Zeitpunkt, als es mit dem machtpolitischen Gewicht des sächsischen Königreiches rapide abwärts ging, den Eindruck gewinnen, Dresden sei »der glanzvollste Hof in Europa«. Mätressen fanden sich als unerläßliches Statussymbol an allen Höfen, und sie stellten oft hohe Anforderungen sowohl an die fürstliche Geldbörse als auch an andere königliche Ressourcen. Es gab sicher Fürsten, die dem zwanghaften Trend zur Vielweiberei skeptisch begegneten – Casanova klagte sogar heftig über die moralische Strenge, die am Dresdener Hof herrschte –, aber andere betätigten sich als leidenschaftliche Mätressensammler. Von Karl Eugen von Württemberg hieß es, er habe so viele uneheliche Kinder gezeugt, daß er auf die Idee gekommen sei, ein ganzes Regiment nur mit Offizieren aus der Schar seiner illegitimen Söhne zu bestücken.

In vielen Staaten bildeten die Ausgaben für das Militär eine weitere schwere Belastung für den fürstlichen Finanzhaushalt. Natürlich hatten Herrscher auch schon früher Truppen unterhalten, genauso wie sie zuvor in Schlössern gelebt hatten. Im Verlauf des 17. Jahrhunderts hatten sich jedoch die Truppenstärken erhöht, und Weiterentwicklungen der Militärtaktik bedingten einen höheren Ausbildungsstand und eine bessere Disziplin der Soldaten. Die Versorgung und Beschäftigung der stehenden Heere erforderte einen organisatorischen Apparat. Dazu kam die Beschaffung von Waffen, Uniformen und vielem Zubehör. Das

Beispiel Preußens zeigte, welche tiefgreifenden Auswirkungen die Schaffung solcher militärischen Institutionen auf einen Staat haben konnte. Auch kleinere Fürstentümer leisteten sich ein stehendes Heer, manchmal um sich international mehr Geltung zu verschaffen, manchmal auch nur zum Vergnügen des Herrschers. Karl August von Weimar zum Beispiel hielt sich ein Heer, das seine Mittel und Bedürfnisse weit überstieg; am Ende war er gezwungen, sich mit dem Kommando über ein preußisches Regiment zu begnügen. Dem Fürsten von Zerbst bereitete es großes Vergnügen, seine einhundertundfünfzig Fußsoldaten und dreißig Husaren exerzieren zu lassen; er machte sie mobil, als er sein Land durch Preußen bedroht glaubte. Ein deutsches Trinklied erzählt die Geschichte des stehenden Heeres von Lippe-Detmold, das aus einem einzigen Soldaten bestand, dessen mannhafter und vorzeitiger Tod zur schlagartigen Beendigung eines kleinen Krieges führte.

Die vergrößerten stehenden Heere der deutschen Fürsten waren, wie ihre neu errichteten Versailles-Kopien, sowohl von praktischer als auch von symbolischer Bedeutung. Die charakteristische Schloßarchitektur mit einer geometrischen Anordnung um einen Hof herum symbolisierte die Zentralität der Herrschermacht, und in der Abstufung der Gebäudehöhen spiegelte sich die soziale Hierarchie der fürstlichen Herrschaft. Das Heer war nicht nur ein Machtinstrument des Souveräns, sondern verkörperte zudem ein ideales Modell des Staates. Schließlich waren die wichtigsten Tugenden einer kämpfenden Truppe – Disziplin, Loyalität, vernünftige Organisation – genau dieselben, die man sich für ein gut funktionierendes Staatswesen wünschte. Die Tatsache, daß immer mehr Monarchen dazu übergingen, sich in militärischer Uniform zu zeigen, illustriert, in welch hohem Grad das Militärische Eingang in die Theorie und Praxis der Staatsführung fand. Die militärische Disziplin sei, hat Max Weber einmal geschrieben, die Mutter jeder Disziplin. Schlösser, stehende Heere und all die anderen teuren Requisiten fürstlicher Herrschaft kosteten eine Menge Geld. Johann Justi, der im Dienst Friedrichs II. von Preußen stand, erklärte 1767: »Das Geld ist das Blut des Staats, so wie die Regierung das Herz desselben ist. Durch die Abgaben wird das Blut in das Herz geführt; und ein wohleingerichteter Aufwand der Regierung treibet das Blut wieder in die Ader zurück.« Eine auf den ersten Blick bestechende, doch nicht ganz treffende Metapher: Das Herz wälzt die lebenswichtige Körperflüssigkeit um, vergießt sie aber nicht. Dagegen begnügten sich die Regierungen typischerweise nicht damit, die lebenswichtigen Ressourcen ihres Landes in Schwung zu halten, sondern verbrauchten einen guten Teil davon; sie entzogen der Gesellschaft produktive Mittel und Begabungen und setzten sie zu ihrem eigenen Nutzen ein anstatt zu dem der Gesellschaft.

Geld war die treibende Kraft hinter der Entwicklung des modernen Staates. Für welchen Zweck auch immer, ob um sich gegen Aggressionen von außen zu wappnen, um sich eine prächtige kulturelle Fassade zuzulegen oder um die eigenen weltlichen Genüsse zu finanzieren, die Fürsten brauchten mehr Geld als jemals zuvor. An Mitteln, es in ihre Kasse zu bringen, hatten sie nur eine begrenzte Auswahl. Sie konnten versuchen, die Erträge aus ihren persönlichen Besitzungen zu steigern. Diverse Fabrikationsbetriebe wie die großen königlichen Porzellanmanufakturen Sachsens und Preußens konnten zusätzlich Geld in die Kasse bringen. Häufiger war jedoch der Fall, daß Fürsten Kredite aufnehmen mußten; der Aufstieg der internationalen Bankhäuser, bei denen sie dies taten, ging oft Hand in Hand mit dem »Staatmachen« ihrer Gläubiger. Solche Kunstgriffe mochten kurzfristig ihren Zweck erfüllen, auf längere Sicht genügten sie nicht. Um ihr höfisches Leben und ihre Truppen finanzieren zu können, brauchten die Herrscher laufend unerschöpfliche Einkünfte, und die ließen sich allein durch eine Erhöhung ständiger Abgaben erzielen, die sie der Gesellschaft selbst auferlegten. Natürlich hatte es in allen Staaten auch früher schon irgendwelche Steuern gegeben, doch das Aufkommen war durch ein Gewirr von Sonderprivilegien und gewohnheitsrechtlichen Steuerbefreiungen begrenzt worden. Durch die Filter der Herrschaftspyramide geschleust, war von dem Geld oben, in den chronisch leeren Staatsschatullen, nur ein Bruchteil angekommen. Eine allgemeine Besteuerung setzte freilich voraus, daß der Staat so dicht wie nie zuvor an die Einwohner seines Territoriums heranrückte, unter Umgehung oder Penetrierung des Gewebes von Institutionen, das bis dahin den Herrscher vom Untertanen getrennt hatte. Die Folge war ein sich über ein rundes Jahrhundert erstreckender Machtkampf zwischen den zentralistischen Bestrebungen der Fürsten und den Verteidigern des alten »herrschaftlichen« Systems.

Die deutschen Fürsten des 17. und 18. Jahrhunderts traten nicht an, ein Staatswesen neuer Art zu errichten und gewiß auch nicht einen Staat von der Art, wie sie ihn mit ihrer Politik am Ende erzeugten. Die meisten Fürsten besaßen weder den Edelmut noch die Voraussicht, die ihnen von patriotischen Historikern hin und wieder angedichtet werden, sondern waren vollauf damit beschäftigt, sich von Tag zu Tag durchzuhangeln, Soldaten für ihre Streitkräfte und Geld zur Tilgung ihrer Schulden aufzutreiben; sie hatten keine großen Visionen. Im Laufe der Zeit arbeiteten jedoch die Ratgeber der Fürsten eine politische Theorie aus, die eine Rechtfertigung für ihren Anspruch liefern sollte, daß die Macht des Staates eine gänzlich andere Qualität hatte als alle anderen Herrschaftsinstanzen und -privilegien in der Gesellschaft und diesen wesensmäßig übergeordnet war. Anders als die diffusen und porösen Grenzen, die so typisch für die herrschaftliche Welt waren, sollten nach dem Willen der theoretischen Wegbereiter des Staatsgedankens klare Abgrenzungen zwischen der Macht eines Fürsten und den Untertanen, zwischen öffentlichen und privaten Institutionen und schließlich zwischen Staat und Gesellschaft gezogen werden. Jede dieser institutionellen Sphären hatte ihren besonderen Charakter und war mit Rechten ausgestattet, doch der Staat sollte ihnen allen übergeordnet sein, als das Werkzeug legitimer

Das Krönungsmahl Josephs II. im Römer zu Frankfurt am Main am 3. April 1764 in Abwesenheit der weltlichen Kurfürsten. Gemälde aus der Schule des Martin van Meytens, 1764. Wien, Schloß Schönbrunn

Der Friede zu Teschen vom 13. Mai 1779: König Friedrich II. von Preußen mit Iustitia und
Bellona als Friedensstifter im Bayerischen Erbfolgekrieg. Vorderseite einer Silbermedaille von
Daniel Loos, 1779. München, Staatliche Münzsammlung

Herrschaftsausübung schlechthin und als Quelle sozialer Regulierung und Reform.

Wenn die Theoretiker über den neuen Staat schrieben, griffen sie auf bestimmte Metaphern zurück, um dessen besondere Eigenschaften und Vorzüge zu umschreiben. Im Gegensatz zu den Bildern aus dem Bereich der animierten Natur, die zur Charakterisierung der traditionellen politischen Formen verwendet wurden, nahmen diese Metaphern häufig Anleihen bei der Mechanik auf. Johann Justi verglich den »wohlorganisierten Staat« mit einer Maschine, deren Zahnräder exakt ineinandergreifen mußten, und den Herrscher mit einem Meistermechaniker oder gar mit dem Hauptantrieb oder der Seele der Maschine, die das Ganze in Bewegung hielt. Die von Justi gewählte Sprache bezeugt, daß er der Meinung war, Staaten könnten geschaffen werden, müßten sich nicht unbedingt langsam über große Zeiträume hinweg entwickeln. Sie waren in seinen Augen etwas, das man, wie ein Werkzeug oder eine Maschine, unabhängig von der Beschaffenheit der Menschenwelt zusammenbauen konnte. Da der Staat jedoch ein Produkt des menschlichen Erfindergeistes war, hatte er ein kompliziertes, aber erforschliches, unübersichtliches, aber rational funktionierendes »technisches« Innenleben. Um das Wesen eines Staates zu begreifen, bedurfte es keiner gründlichen und breiten Kenntnisse seiner Geschichte, vielmehr einer wissenschaftlichen Analyse seiner inneren Logik.

Wenn das erstrebte Produkt der Staatsmaschinerie in den meisten Fällen Geld war, so war Information ihr wichtigstes Schmiermittel. Um die Gesellschaft kontrollieren zu können, mußte ein Herrscher über Land und Leute mehr wissen als je zuvor. Er mußte wissen, wieviele junge Männer zur Einberufung in die Streitkräfte zur Verfügung standen, wieviel Getreide requiriert werden konnte, wieviel Geld durch die Hände eines Kaufmanns ging. Solche Informationen mußten erhoben, festgehalten, weitergegeben werden. Zählungen, Aktenbestände, Formulare, Statistiken nahmen an Zahl und an Bedeutung für die fürstlichen Entscheidungsprozesse zu. An einem bestimmten Punkt dieser Entwicklung wurde die Pflege der vom Staat benötigten Informationen zu einer Vollzeit-Aufgabe, wahrgenommen von Spezialisten, die sich ganz der Erhebung und Verwaltung der Daten widmeten. Während der Besitz dieser Informationen die Herrschaft des Staates über die Gesellschaft absichern sollte, machten die Hüter der Daten sich ihn zunutze, um sich eine stärkere Stellung innerhalb der Leitungsgremien des Staates zu verschaffen. Wissen ist das innerste Geheimnis bürokratischer Macht, wie Max Weber es formuliert hat.

Die Entwicklung eines professionellen Kaders von Informationshütern verlief langsam und ungleichmäßig. Am Anfang rekrutierten die meisten Fürsten dafür irgendwelche gerade verfügbaren zuverlässigen Personen: Höflinge, Offiziere, lokale Beamte und dergleichen. Das Ausmaß, in dem die sich bildende zentrale Staatsmacht mit traditionellen Institutionen überlappte und sich ihrer bediente, wurde und wird von Historikern, die den Staat zu glorifizieren versuchen, oft unterschätzt. Allmählich indes legten sich die Staaten einen Stab professioneller Verwaltungsbeamten zu, und das Wachstum dieses Beamtenkörpers läßt sich als Maßstab für die Größe der Ambitionen eines Staates nehmen. Diese Entwicklung beschränkte sich keineswegs auf große Staaten wie Preußen; gegen Ende des 18. Jahrhunderts beschäftigte sogar ein kleines Fürstentum wie Leiningen mit einer Einwohnerzahl von 70.000 nicht weniger als 50 Räte, 18 Sekretäre und 54 subalterne Beamte. Max Franz vom Erzbistum Köln war, nicht weniger als Friedrich II. von Brandenburg-Preußen, der Überzeugung, die Pflichten eines Fürsten erforderten den Aufbau einer möglichst gut funktionierenden Verwaltung. Am Ende des 18. Jahrhunderts waren die Beamten zu den wichtigsten Werkzeugen staatlicher Herrschaft und zu den personifizierten Wahrzeichen des modernen Staates geworden. Die »eigenen Machtinteressen« der Bürokratie, schrieb Weber, verleihe dem »an sich keineswegs eindeutigen Ideal« der Staatsräson »meist einen konkret verwertbaren Inhalt und in zweifelhaften Fällen den Ausschlag«.

In fast jedem deutschen Staat führte die Entwicklung einer zentralisierten Staatsmacht zum Konflikt zwischen dem Fürsten und den privilegierten Ständen in seinem Herrschaftsbereich. Der unmittelbare Streitanlaß war typischerweise fiskalischer Art: Stand dem Herrscher das Recht zu, eine bestimmte gesellschaftliche Gruppe, eine Region oder eine wirtschaftliche Betätigung zu besteuern? Beide Seiten wußten freilich, daß es um mehr ging als um Geld. Für den Fürsten und seine Beamtenschaft war das Recht, Steuern zu erheben, die Raison d'être der Staatsmacht, das wesentliche Ziel und Resultat des Staatsbaus. Für die Gegenpartei waren finanzielle Verpflichtungen fester Bestandteil eines komplexen Systems von Rechten und traditionell gewährten Privilegien, das ihren Status als eine besondere Gruppe innerhalb der feudalen Gesellschaft ausmachte. Indem der Staat die herkömmlichen Verpflichtungen durch etwas Neues zu ersetzen versuchte, rüttelte er nicht nur an den wirtschaftlichen Interessen einer Gruppe, sondern auch an den Grundfesten ihrer sozialen Identität und ihrer politischen Stellung. Kein Element innerhalb der herrschaftlichen Welt blieb von der Unersättlichkeit des Staates auf Finanzmittel verschont, doch der grundbesitzende Adel war die Gruppe mit dem größten Widerstandspotential dagegen. Seine traditionelle Machtstellung und seine Privilegien machten ihn zu einem ernstzunehmenden Widersacher, genauso wie sein Wohlstand ihn andererseits zu einem verlockenden Beuteobjekt stempelte.

Die Arenen, in denen die Kämpfe zwischen der Zentralgewalt und der herrschaftlichen Welt ausgetragen wurden, waren die Landstände, Vertretungskörperschaften der traditionell anerkannten Stände, wie sie seit dem 14. oder 15. Jahrhundert in fast allen Ländern Mitteleuropas existierten. Zu den herkömmlichen Rechten der Stände gehörte es, die Fürsten zu beraten, bestimmte Verwaltungs- und Rechtsprechungsaufgaben wahrzunehmen und neue Steuern zu bewilligen. Nach Wesen und Zusammensetzung gab es zwischen den Ständen von Land zu Land, wie nicht anders zu erwarten, große Unterschiede. Hier und da blieb die klassische Dreiereinteilung in Adel, Klerus und städtisches Bürgertum erhalten, während anderswo der geistliche Stand abtrat. Mancherorts kam es auch vor, daß der Adel das Feld räumte und den Städten die führende Rolle zufiel. In den meisten Fällen konnte jedoch der Adel seinen vorherrschenden Einfluß behaupten. In einigen Ländern traten die Stände regelmäßig zu Landtagen zusammen, in anderen mußten sie warten, bis der Fürst sie einberief; in einigen tagte jeder Stand für sich, in anderen hatten sie ein gemeinsames Forum gefunden. Nur wenige Landstände gebärdeten sich kämpferisch. Die Ständeverfassung war jeweils an ein bestimmtes Land gebunden, doch da dynastische Staaten oft mehrere Länder umfaßten, hatten sie sich mit jenen Unterschieden abzufinden beziehungsweise auf Egalisierung zu drängen.

So vielfältig die Stände nach Charakter und Zusammensetzung waren, so unterschiedlich verlief ihre Geschichte. In mehreren Staaten, darunter in einigen der tragenden Säulen des Reiches, war der Triumph der Herrscher über die Stände fast total. Nach einigen heftigen Scharmützeln gelang es der Zentralgewalt, neue Steuern einzuführen und einzutreiben – in der Regel Verbrauchssteuern –, ohne Zugeständnisse an ständische Rechte und Privilegien zu machen. Dank dieser neuen Geldquellen konnten die Fürsten ihre stehenden Heere ausbauen und die Zahl der ihnen direkt unterstellten Beamten erhöhen. Manchmal kam es vor, daß die Landstände, nachdem sie ihre fiskalischen und administrativen Befugnisse eingebüßt hatten, einfach zu bestehen aufhörten; häufiger war der Fall, daß sie eindeutig untergeordnet weiterexistierten. In Bayern zum Beispiel sahen sich die Stände zu Beginn des 17. Jahrhunderts gezwungen, nicht mehr formell zusammenzutreten, selbst wenn ihre Mitglieder individuell weiterhin Einfluß auf die Regierungsgeschäfte nahmen. Die sächsischen Landstände konnten sich etwas länger halten; sie erlitten ihre entscheidende Niederlage erst in den neunziger Jahren, als es dem Kurfürsten gelang, eine Akzise einzuführen. Das beginnende 18. Jahrhundert fand sie auf eine untergeordnete Rolle reduziert.

In den Kirchenfürstentümern überlebten ständische Institutionen vielleicht nur deshalb, weil sie immer wieder für die Wahl eines neuen Herrschers gebraucht wurden. Solche Wahlen waren gewöhnlich Sache des Domkapitels, eines Gremiums adliger Kirchenmänner, das einen beträchtlichen verbrieften Einfluß besaß und einen guten Teil des Kirchenvermögens kontrollierte. Im Interregnum zwischen dem Tod eines Herrschers und der Wahl seines Nachfolgers fungierte das Domkapitel praktisch als Regierung. Doch selbst die erheblichen verbrieften und praktischen Daseinsberechtigungen konnten nicht verhindern, daß viele Domkapitel ihre Kompetenzen an ihren Fürsten und seine Verwaltung abtreten mußten. In Mainz beispielsweise lagen die politischen Angelegenheiten von Mitte des 18. Jahrhunderts an völlig in den Händen der Kurfürst-Bischöfe und ihrer

Chefminister. Kanzlei und Rat, die beide unter der direkten Gewalt des Herrschers standen, rissen die Kompetenzen des Kapitels an sich und untergruben dessen Autorität. Als der fortschrittlich denkende Kurfürst Emmerich Joseph neue politische Wege beschritt und damit den heftigen Widerstand seines Domkapitels herausforderte, fiel es ihm daher gar nicht schwer, die Oberhand zu behalten.

Besser als anderswo konnten sich die Stände in der Regel in den nordwestlichen Teilen des Reiches behaupten; dort gab es Gebiete, die Fürsten unterstanden, deren Kernland außerhalb dieser Region lag. Das galt für die westlichen Besitzungen der Hohenzollern, für einige Kleinfürstentümer, die dem Erzbischof von Köln gehörten, für einen im Besitz der dänischen Krone befindlichen Kleinstaat und, bedeutsamer als alle anderen, für Hannover, dessen Fürstenhaus von 1714 an den König von England stellte. In den meisten dieser Gebiete, die Rudolf Vierhaus als Nebenländer bezeichnet hat, hatten die Herrscher weder das Bedürfnis noch die Neigung, die Stände völlig zu entmachten. Selbst ein so energischer Staatserbauer wie der Große Kurfürst von Brandenburg-Preußen ließ sich in seinen Nebenländern zu Kompromißregelungen herbei, die in seinen Stammländern undenkbar gewesen wären. Der in absentia regierende Kurfürst von Hannover erlaubte eine eigenartige Mischung aus bürokratischer und ständischer Regierung; deren Wesen bestand darin, daß einige wenige aristokratische Familien sowohl in den Ständen als auch in den oberen Rängen der Beamtenschaft dominierten.

Mecklenburg war zwar kein Nebenland, doch hielt sich auch hier das ganze 18. Jahrhundert hindurch eine ständische Ordnung. Die mecklenburgischen Stände befanden sich unter dem beherrschenden Einfluß einer geschlossen auftretenden aristokratischen Elite, der es mit Hilfe des Reichshofrates gelang, alle Anläufe des Herzogs zur Einschränkung ihrer Macht zu durchkreuzen. 1755 zwangen die mecklenburgischen Stände ihren Herrscher, ihnen die »vollständige Sicherheit und Erhaltung ihrer Rechte, Freiheiten, Privilegien, Bräuche und Traditionen« zu garantieren. Das bedeutete praktisch, daß die Herrschergewalt des Herzogs sich auf seine eigenen Domänen beschränkte, während der Rest des Staatsgebiets unter der Kontrolle des Landadels blieb.

Besonders kompliziert war die Verfassungswirklichkeit in Württemberg. Obwohl der dortige Adel in vielfältiger Weise auf die Regierungstätigkeit Einfluß nahm, lehnte er unter Berufung auf seine Reichsunmittelbarkeit die Mitgliedschaft in einer Ständevertretung ab. Daher gaben in den württembergischen Landständen Lokalhonoratioren, Geistliche, das Bürgertum der Städte und Landräte den Ton an. Im Laufe des 17. Jahrhunderts lieferten sich diese Gruppen etliche Auseinandersetzungen mit dem Herrscher, dem es um eine Steigerung seiner Macht und seiner Einkünfte zu tun war, und dem Kronrat, der, anfänglich ein administratives Instrument des Herrschers, inzwischen zu einem halbwegs unabhängigen Element in einem, wie James Vann es genannt hat, »antagonistischen Dreieck« geworden war. Das Verhältnis zwischen dem Fürsten, den Ständen und dem Kronrat verschlechterte sich während der späten fünfziger und der sechziger Jahre des 18. Jahrhunderts, als Herzog Karl Eugen ein ehrgeiziges Programm der »kulturellen Aufrüstung« in Gang setzte und sich in außerpolitische Abenteuer stürzte. Da seine Exzesse den anhaltenden Protest seiner Untertanen hervorriefen und schließlich sogar zu einer Intervention des Kaisers führten, sah er sich 1770 gezwungen, in den sogenannten Erbvergleich einzuwilligen, der die verfassungsmäßigen Rechte der Stände wiederherstellte und dem Kronrat bestimmte administrative Befugnisse zuerkannte. Von da bis zum Untergang des alten Regimes ein Vierteljahrhundert später regierte in Württemberg eine zumeist unfriedliche Koalition aus fürstlicher Macht, ständischer Interessenvertretung und bürokratischer Kompetenz.

Die Lage in Württemberg macht deutlich, daß man die Staatsbildung nicht überall als einen gleichartig und linear verlaufenden Prozeß betrachten sollte. Gleichwohl gilt für die meisten deutschen Fürsten, daß es ihnen im Verlauf des 17. und 18. Jahrhunderts gelang, einen gewissen Grad der finanziellen Unabhängigkeit von ihren Ständen zu erreichen. Deshalb konnten die Organe der Zentralregierung eine größere Rolle im politischen Leben des Staates erringen. Die Beamtenschaft begann schriftliche Maßregeln, manchmal sogar vollständige Gesetzbücher herauszugeben, die an die Stelle der komplizierten Gewohnheitsrechte und Traditionen traten, auf denen die herrschaftliche Welt beruht hatte. Besteuerung, Verwaltung und rechtliche Kodifizierung ergaben im Zusammenwirken die Grundlage für eine neue Art staatlicher Macht, eine neue Art von Souveränität. Ausgestattet mit diesen Herrschaftsinstrumenten, konnten die Staaten ihre Unabhängigkeit gegen die Zugriffsversuche des Reiches und den subversiven Einfluß konkurrierender Herrschaftsinstanzen im eigenen Land behaupten. Grenzen wurden abgeklärt, Schlupflöcher verstopft, institutioneller Kompetenzwirrwarr wurde beseitigt. Auf dem Territorium des alten Reiches begannen die Umrisse moderner souveräner Staatsformen Gestalt anzunehmen.

Man sollte sich freilich von den sich abzeichnenden Umrissen der Zukunft nicht so sehr gefangennehmen lassen, daß man die hartnäckig fortlebenden Konturen des alten Regimes übersieht. Gerade im Südwesten hatte die Konsolidierung des modernen Staates gerade erst begonnen. Das Schwabenland blieb ein Alptraum für Kartographen: Auf seinen 2.300 Quadratkilometern drängten sich die überlappenden und zersplitterten territorialen Besitzungen von vier kirchlichen und dreizehn weltlichen Fürstentümern, von neunzehn Prälaturen und Klöstern, sechsundzwanzig Grafschaften und Rittergütern sowie von einunddreißig freien Reichsstädten. Das größte und politisch kompakteste kirchliche Fürstentum, Mainz, bestand aus fünf räumlich getrennten Gebietseinheiten, die zumeist noch kleinere selbständige Fürstentümer einschlossen. Und selbst Preußen, der modellhafte deutsche Staat des 18. Jahrhunderts, war im Grunde eine Ansammlung räumlich auseinandergerissener, über ganz Mitteleuropa verteilter Territorien. Eigentlich war der Ausdruck »Preußen« nicht mehr als ein diplomatisches Kürzel für die »Kronlande und Provinzen Seiner Majestät des Königs von Preußen«, und nicht immer waren die Grenzen, die preußisches Gebiet vom Herrschaftsbereich anderer Fürsten trennten, klar erkennbar. Noch 1794 war im »Allgemeinen Landrecht« von den »preußischen Staaten« die Rede. Der drei Jahre später unternommene Versuch, innerhalb der preußischen Monarchie die Handelsfreiheit einzuführen, erwies sich als undurchführbar. Wie die meisten ihrer Standesgenossen, herrschten auch die Hohenzollern über einen Flickenteppich von Ländern, in den souveräne Enklaven eingewoben waren und der noch längst nicht zu einem politisch einheitlichen Gebilde zusammengewachsen war.

Die staatliche Souveränität blieb bruchstückhaft. Zwar befanden sich die Landstände auf dem Rückzug, aber viele andere überkommene Institutionen waren nach wie vor aktiv. Das lag manchmal daran, daß der Fürst kein Interesse an ihrer Abschaffung hatte; viele Herrscher waren willens, sich mit Zünften, städtischem Bürgertum, kirchlichen Machthabern und grundbesitzendem Adel zu arrangieren, solange diese die vom Staat benötigten Einkünfte herbeischafften. Und selbst dort, wo Fürsten gewillt waren, diesen Gruppen den Kampf anzusagen, hatten sie in vielen Fällen nicht die Mittel dazu. Da qualifizierte Beamte schwer zu finden und teuer waren, blieben die Verwaltungsapparate klein, viel zu klein, um aufgesplitterte Besitzungen wirksam kontrollieren zu können, noch dazu beim notorisch schlechten Zustand der Verkehrsverbindungen. Je näher man also den bodenständigen Realitäten des Lebens kam, desto eher war es angezeigt, auf die Hilfe traditioneller Institutionen zurückzugreifen. Die Staatstheoretiker mochten sich noch so vehement für ein zentralisiertes System der Erziehung und Bildung, der Rechtsprechung und der sozialen Kontrolle aussprechen, Tatsache war, daß dort, wo es um Schulen, Rechtsverstöße und polizeiliche Aufgaben ging, meistens noch lokale Eliten die Dinge nach altgewohnter Manier handhabten. Justis Staatsmaschine war ein theoretisches Phantasiekonstrukt, kein Abbild der institutionellen Wirklichkeit. Die Staatsregierung schwebte weiterhin, wie Treitschke es einmal ausdrückte, »hoch über dem Volk«.

Während man einerseits den Zusammenhalt und die Macht des vorrevolutionären Staates nicht überschätzen sollte, besteht andererseits kein Zweifel daran, daß der Aufbau einer zentralen vollziehenden Gewalt in Gestalt eines Verwaltungsapparats die wichtigste Entwicklung in der deutschen Politik war. Während des gesamten 18. Jahrhunderts sahen sich lokale Institutionen von einer bürokratischen Zentralmacht infiltriert und aus den Angeln gehoben; fast überall mußte die Welt der »Herrschaft« allmählich den Kräften der Verwaltung weichen. Den Pionieren des bürokratischen Staates kam bei ihrem langen, sprunghaft verlaufenden Kampf um die Usurpierung der gesellschaftlichen und politischen Ordnung eine Reihe wichtiger Vorteile zugute. Die Institutionen, die ihnen zu Gebot standen, waren nach heutigen Maßstäben zwar klein und ineffizient, gleichwohl konnten sie sich, wenn sie Gelegenheit bekamen, sich mit den diffusen und systemlosen Organen des alten Regimes zu messen, als machtvolle Werkzeuge des Wandels entpuppen. Die herrschaftliche Welt war definitionsgemäß lokal verwurzelt, regionalspezifisch und sozial differenziert. Nur wenige ihrer Institutionen waren in der Lage, den für eine koordinierte Arbeit erforderlichen Organisationsgrad oder ein entsprechendes Selbstverständnis zu entwickeln. Daher konnten die geistigen Vorreiter des Staates den Anspruch erheben, im Namen der Einheitlichkeit, der Ordnung und der Initiative zu sprechen, und ihren Widersachern vorwerfen, sie stünden für Partikularismus, Irrationalität und Untätigkeit. Wie die Institutionen des Reiches verloren auch die Institutionen der traditionellen Ordnung deswegen an Bedeutung, weil immer mehr Deutsche zu der Überzeugung kamen, daß sie den Anforderungen nicht genügten. Um den neuen politischen Zielvorstellungen gerecht zu werden – Sicherung des höfischen Lebensstandards, an den die Herrscher sich gewöhnt hatten, Aufstellung und Unterhalt eines ausreichenden Militärapparats, Bewahrung der gesellschaftlichen Ordnung und Steigerung des allgemeinen Wohlstands –, bedurfte es anscheinend einer neuen Generation politischer Institutionen. Mit dem Charakter und den Zielen politischer Macht änderte sich auch deren Sitz und räumlicher Aufbau: weg vom Reich und hin zu den Territorialstaaten, weg von den lokalen Institutionen und hin zu einer zentralen Verwaltung, weg von den zersplitterten Landesteilen im Westen und hin zu den größeren Flächenstaaten des Nordens und Ostens.

Österreich

Als Philipp Wilhelm von Hörnigk 1684 seine Abhandlung »Österreich über alles, wenn es nur will« veröffentlichte, bezeichnete er mit dem Begriff »Österreich« die Gesamtheit der von den Habsburgern regierten Gebiete: die »Erblande«, – die Ferdinand I. 1519 von seinem Bruder Karl V. übernommen hatte, die 1526 hinzuerworbenen böhmischen und ungarischen Kronlande und die im 16. und 17. Jahrhundert den Türken abgenommenen Territorien. Im Laufe des 18. Jahrhunderts fügten die Habsburger ihrem bereits weitläufigen Herrschaftsgebiet noch einen erheblichen Teil der Niederlande und Norditaliens hinzu. Somit umfaßte das Habsburger Reich auf dem Höhepunkt seiner Ausdehnung die »Erblande« – das Erzherzogtum Österreich, die Herzogtümer Steiermark, Kärnten und Krain, die Grafschaften Tirol, Istrien, Vorarlberg und Görz-Gradisca sowie die Stadt Triest –, die böhmischen und ungarischen Kronlande – Böhmen, Mähren, Schlesien, Ungarn, Kroatien, Siebenbürgen, die Militärgrenze und Fiume –, eine Handvoll kleinerer Länder im westlichen Teil des Reiches, die österreichischen Niederlande, die Lombardei und Mantua, Galizien und einige weitere polnische Gebietsteile sowie die Bukowina.

Die Habsburger herrschten über ein Dutzend Völkerschaften; ihr Reich erstreckte sich über eine verblüffende Vielfalt sozialer und kultureller Landschaften, ihr Personal kam aus ganz Europa. Kein einheitliches institutionelles Gefüge, kein einzelner idealer Staatszweck wäre in der Lage gewesen, die divergierenden Elemente zusammenzuhalten. Zwar erwiesen sie alle gegenüber der herrschenden Dynastie ihre Loyalität, doch interpretierten sie diese jeweils unterschiedlich und brachten sie durch ein jeweils unterschiedliches System von Institutionen zum Ausdruck. Kein Wunder, daß der Barock mit seinem Ideal der »Concordia discordantium, der Einheit des Uneinheitlichen, der Versöhnung der Gegensätze« zum bevorzugten und wirkungsvollsten Medium für die Selbstdarstellung der Dynastie wurde. Deutsche Sprache, italienische Musik, spanisches Zeremoniell erfüllten die Tage der Habsburger und addierten sich zu einem facettenreichen Vermächtnis, das es zu genießen, zu manipulieren und zu bewahren galt. Gerade nachdem überall in Europa das Nationalstaatsprinzip Fuß gefaßt hatte, blieb den Habsburgern keine Wahl, als weiterhin die Fahne einer multinationalen oder, wie man vielleicht treffender sagen müßte, supranationalen Politik und Kultur hochzuhalten.

Da es sich hier hauptsächlich um die deutschsprachigen Bewohner des Habsburger Reiches handelt, soll die Bezeichnung »Österreich« in ihrem engeren, moderneren Sinn verwendet werden, als Name für das von Inn und Donau durchflossene alpine Kernland der Dynastie. Gleichwohl muß man sich die Gesamtausdehnung des habsburgischen Reiches stets vor Augen halten, weil nur unter dieser Prämisse ihr problematisches Verhältnis zur deutschen Geschichte verständlich wird. Stets zu den wichtigsten Akteuren dieser Geschichte gehörend, waren die Habsburger zugleich diejenigen, die beständig über deren Beschränkungen hinauswiesen; immer ein Faktor der deutschen Politik, waren sie doch nie eine deutsche Dynastie. Zu oft schon ist die österreichische Geschichte dadurch verfälscht worden, daß man sie im einengenden Rahmen eines Kampfes um die Vorherrschaft in Deutschland gedeutet hat. Eine solche Deutung verfehlt den wesentlichen Charakter der historischen Situation der Habsburger, die Bandbreite ihrer Interessen und Verpflichtungen, die die Grundlage für ihre historische Aura war sowie die Ursache ihres späteren Scheiterns.

Im 16. und 17. Jahrhundert versuchten die Habsburger, ihr Reich mit Hilfe familiärer Bindungen und religiöser Loyalitäten zu beherrschen. Dynastie und Kirche würden, so hofften sie, institutionelle Bande knüpfen, die flexibel genug sein würden, Auseinanderstrebendes zusammenzuhalten, dennoch einheitsstiftend genug, um ein Chaos zu verhüten. Unglücklicherweise ließen sich die Habsburger durch dynastische Interessen und katholische Frömmigkeit dazu verleiten, über ihre Grenzen hinauszugreifen. Darüber gerieten sie in Konflikte, die an ihren Ressourcen zehrten und ihre Versuche, eine stabile politische Ordnung zu schaffen, lähmten. In den zwei Jahrhunderten zwischen der Aufteilung des Familienbesitzes im Jahr 1519 und dem Spanischen Erbfolgekrieg ließ die Dynastie ihre Untertanen mit Blut und Gut für die Ausweitung der habsburgischen Macht bezahlen. In ähnlicher Weise bediente sich die katholische Kirche der Nachreformationszeit der von ihr selbst geschürten universalistischen Aspirationen der Habsburger, um gegen christliche Ketzer und türkische Ungläubige den rechten Glauben zu verteidigen. Ihren Höhepunkt erreichte die österreichische Geschichte womöglich 1683, als die Habsburger die vor Wien liegenden türkischen Belagerer zurückschlugen und das christliche Europa in einen neuen Kreuzzug gegen den alten Erzfeind im Osten führten. Die Siege, die hier errungen wurden, waren jedoch kostspielig, weil sie die Dynastie in eine endlose Folge von Konflikten entlang ihrer weitläufigen Ostgrenzen verwickelten.

Gegen Ende des 17. Jahrhunderts begannen einige Ratgeber der Habsburger zu erkennen, daß höfisches Zeremoniell, dynastische Bindungen und Frömmigkeit allein nicht ausreichen würden, um das Reich zusammenzuhalten. Der Monarch brauchte nach Überzeugung dieser Männer stärkere Institutionen, um seine Autorität ausüben, und schlagkräftigere Streitkräfte, um seinen Willen durchsetzen zu können. Sie wollten die dem Hof untergeordneten Institutionen – die Kanzlei, die Hofkammer, den Hofkriegsrat – in ebenso viele Instrumente für die Konsolidierung der Macht der Zentrale in allen administrativen, fiskalischen und militärischen Dingen verwandeln. Der leidenschaftlichste Befürworter einer solchen Politik war Prinz Eugen von Savoyen, einer der größten Feldherren seiner Zeit und eine Habsburger Heldenfigur par excellence. Im Unterschied zu vielen anderen, die sich als Kämpfer für die Dynastie hervortaten, fühlte er sich weder irgendeinem universellen Ideal verpflichtet noch verfolgte er lediglich eng egoistische Ziele. Seine Loyalität galt vielmehr vorrangig dem Staat und damit der Dynastie als dessen wahrer Verkörperung. Er wollte, daß die Monarchie als Totum anerkannt würde, als Einheit, für deren Zusammenhalt eine durchorganisierte Verwaltung und ein schlagkräftiges stehendes Heer sorgen sollte. Eugen und seine zentralistisch denkenden Mitkämpfer konnten im späten 17. und frühen 18. Jahrhundert einige ihrer Ziele erreichen, aber noch lag viel Arbeit vor ihnen, als den Habsburgern das Gefährlichste zustieß, was einer Dynastie passieren kann: eine Thronfolgekrise.

Im Jahr 1711 starb Kaiser Joseph I. ohne männlichen Erben, und der Thron ging an seinen Bruder Karl VI., der sogleich daranging sicherzustellen, daß die Thronfolge an seine Kinder übergehen würde statt an eine der Töchter Josephs. Die sogenannte Pragmatische Sanktion, zunächst 1713 auf einer geheimen Ratssitzung verkündet und erst fünf Jahre später öffentlich bekanntgemacht, postulierte die Unteilbarkeit des habsburgischen Territoriums und stellte sicher, daß es an die Erben Karls fallen würde. Als sich abzeichnete, daß Karl ebenfalls ausschließlich weibliche Nachkommen hinterlassen würde, drang er darauf, den verschiedenen Ständen des Reiches die Einwilligung zur Pragmatischen Sanktion abzuringen; sie ließen sich am Ende dazu herbei, meist jedoch unter der Bedingung, daß ihre eigenen Sonderrechte und Privilegien festgeschrieben wurden. Während der Kaiser unermüdlich daran arbeitete, den Thronanspruch seiner Tochter zu sichern, versäumte er es, ihr hinreichende Mittel zur Durchsetzung dieses Anspruchs zu hinterlassen. Er ließ sich vielmehr auf einige Kriege ein, die sehr viel kosteten und wenig einbrachten. Unter den Augen eines Europa, das die Schwäche des Habsburger Reiches aufmerksam registriert hatte, starb Karl im Oktober 1740, Opfer entweder eines Herbstfrostes oder der unfachmännisch ausgewählten Zutaten für eine Pilzsuppe.

Des Kaisers älteste Tochter Maria Theresia war erst dreiundzwanzig, als ihr, der ersten Frau in den fünfhundert Jahren der Habsburger Geschichte, der Thron zufiel. Von Jesuiten erzogen, die ihr das Hirn mit nutzlosen Wissensversatzstücken aus antiquierten Texten vollgestopft hatten, von ihrem Vater beharrlich aus allen Staatsangelegenheiten herausgehalten und mit dem charmanten, aber schwächlichen Franz Stephan von Lothringen verheiratet, war Maria Theresia auf ihr Amt schlecht vorbereitet. Bei ihrer Thronbesteigung war sie schwanger; sie sollte es in den ersten zwanzig Jahren ihrer Ehe nicht weniger als sechzehn Mal sein. Wegen ihrer erstaunlichen Fruchtbarkeit, ihrer liebevollen Treue zu ihrem Gatten und ihres sanften Naturells ist Maria Theresia oft als Kontrastfigur zu Elisabeth Tudor und Katharina der Großen porträtiert worden, deren jede, obwohl aus unterschiedlichen Gründen, die damals herrschenden Maßstäbe häuslicher Tugend ganz und gar mißachtete. Hugo von Hofmannsthal schrieb zu Maria Theresias zweihundertstem Geburtstag, ihre Qualitäten als Herrscherin seien nicht von denen ihrer Weiblichkeit zu trennen: »Sie war eine große Herrscherin, indem sie eine unvergleichliche, gute und ›naiv-großartige‹ Frau war.« In Wirklichkeit hatten die Stärken Maria Theresias kaum etwas mit ihrem Geschlecht zu tun. »Sie war eine große Herrscherin«, weil sie tief und unerschütterlich an die Legitimität ihrer Herrschaft glaubte, über bemerkenswert viel Mut und Entschlossenheit verfügte, einen scharfen Blick für die Fähigkeiten anderer und ein hochentwickeltes Gespür für wirkungsvolle Gesten hatte.

Sie bedurfte all dieser Eigenschaften, um das erste Jahrzehnt ihrer Herrschaft zu überstehen. Wenige Wochen nach ihrer Thronbesteigung marschierten die Preußen in Schlesien ein, besiegten mühelos die habsburgischen Truppen und besetzten die wichtigsten Städte. Gleichzeitig drangen die Streitkräfte des Kurfürsten von Bayern, der aus einer entlegenen Verwandtschaftsbeziehung Erbansprüche ableitete, von Westen her nach Österreich vor. Unterstützt wurden die bayerischen Ansprüche von Frankreich, dem alten Rivalen der Habsburger, und von oppositionellen Gruppen innerhalb der Monarchie selbst. Im Zusammenwirken bedeuteten beide Herausforderungen die schwerste Bedrohung für die habsburgische Macht zwischen dem Dreißigjährigen Krieg und den europäischen Revolutionen von 1848. Am Ende behielt Maria Theresia die Oberhand, vor allem dank der Zerstrittenheit und Unfähigkeit ihrer Widersacher. Den Bayern ging die Puste aus, das von Frankreich zusammengebastelte Bündnis zerfiel und die Oppositionellen im Reich wurden teils bekehrt, teils ausgeschaltet. Als 1748 die Kampfhandlungen eingestellt wurden, standen zwar die Preußen nach wie vor in Schlesien, und Parma war an Spanien verlorengegangen, ansonsten aber war die Monarchie intakt, und Franz Stephan trug unangefochten die Krone des Heiligen Römischen Kaisers.

Die Auseinandersetzungen der vierziger Jahre machten der Kaiserin und ihren Ratgebern deutlich, daß, wenn die Monarchie überleben sollte, grundlegende Reformen nötig waren. In einem allmählichen Prozeß wurden traditionelle dynastische und religiöse Bindungen zunehmend von Loyalitäten zu anderen Macht- und Autoritätsinstanzen abgelöst und manchmal verdrängt. An diesem Punkt begann die Politik der Habsburger eine neue Richtung einzuschlagen, hin zu dem, was R. J. W. Evans den »Übergangsbereich zwischen Provinzialität und Kosmopolitismus« genannt hat. Definiert war dieser Bereich durch eine sich konsolidierende Bürokratie, einheitliche Rechtsgrundlagen und ein stehendes Heer, mithin durch die Grundlagen, auf denen überall in Mitteleuropa Staaten errichtet wurden. Maria Theresia machte sich die institutionellen Imperative der neuen Situation ohne Anpassungsprobleme zu eigen; nur in bezug auf religiöse Fragen zeigte sie sich etwas zögerlich. Selbst zeit ihres Lebens eine überzeugte, fromme Katholikin, reservierte sie ihre letzte und höchste Loyalität immer und unbeirrt für Gott und seine Kirche. Das hinderte sie nicht daran, in ihren politischen Visionen weltliche Prioritäten zu setzen: »Pflichterfüllung« und »die beste Wohlfahrt für meine Länder« waren, wie sie ihren Kindern einschärfte, ihre »zwei Hauptmaximen«. Diese leiteten sich für sie zwar von Gott her, erforderten aber, damit sie durchgesetzt werden konnten, die Errichtung eines mächtigen, durchorganisierten Staates.

Sein Fundament waren die Streitkräfte. Wenngleich das Militär in Österreich niemals einen so beherrschenden Einfluß auf Politik und Gesellschaft erlangte wie in Preußen, bildete es einen Eckstein der Reformpolitik Maria Theresias. Sie erkannte, daß militärische Stärke eine unerläßliche Voraussetzung für die Erhaltung der Monarchie war. Ihr Sohn und Thronerbe, Joseph II., der erste Habsburger, der regelmäßig in Uniform auftrat, erklärte auf dem Totenbett, das wichtigste Ziel in seinem Leben sei es gewesen, die Stärke, die Tapferkeit und das Prestige der Armee zu erhöhen. Seit den vierziger Jahren rang die Regierung in der Tat um eine qualitative Verbesserung der Streitkräfte. Sie richtete eine Akademie ein, ließ neue Uniformen entwerfen und rationalisierte die Kommando-struktur. Sie versuchte die Moral des Offizierskorps zu heben, indem sie sein gesellschaftliches Image steigerte und diejenigen, die dreißig Jahre als Offiziere dienten, mit einem Adelstitel belohnte. Vor allem aber brauchte die Armee gut ausgebildete, gut bewaffnete und marschbereite Männer; die Ratgeber Maria Theresias rechneten damit, daß sie bis Ende der vierziger Jahre über 108.000 Mann gebieten würde. Die Männer zu rekrutieren und auszurüsten würde sehr viel Geld kosten, und das wiederum bedeutete, daß grundlegende Reformen des fiskalischen Systems durchgeführt, die Grundlagen des Staatswesens moderni-siert und die Verwaltung neu organisiert werden mußten.

Das fiskalische Instrumentarium des habsburgischen Staates war bis zur Mitte des 18. Jahrhunderts ein Konglomerat aus unscharfen Zuständigkeiten, regiona-len Besonderheiten und ungeregelten Verwaltungsabläufen – ein Spiegelbild der Verhältnisse im Land als Ganzem. Zwei Dinge galten freilich überall: Die wohl-habendste gesellschaftliche Gruppe, der grundbesitzende Adel, zahlte in der Regel am wenigsten Steuern, und die Stände, für gewöhnlich Sprachrohre der Ansichten des Adels, waren willens und gerüstet, sich jeder Bedrohung ihres Wohlstands und ihrer Macht entgegenzustellen. 1748 legte Friedrich Wilhelm von Haugwitz, Sohn eines sächsischen Offiziers und maßgeblicher Architekt der ersten Phase der theresianischen Reformen, einen Plan mit dem Ziel vor, den Adel stärker zu besteuern und die Mitspracherechte der Stände bei der Erschließung neuer Staatseinnahmen einzuschränken. Er stieß auf heftige und entschlossene Gegenwehr, zunächst in Wiener Regierungskreisen und dann in den Ständever-tretungen in allen Teilen der Monarchie. Es war nicht das erste Mal, daß die Habsburger mit den Ständen ihres Reiches aneinandergerieten. Dieses Mal je-doch konfrontierte die Krone die Stände mit Vorstößen in neue Bereiche. Die Dynastie agierte, wie Otto Hintze es ausgedrückt hat, im Zeichen und Interesse eines Verwaltungs- anstelle eines Konfessionsstaates. Maria Theresia gab, auch als der Konflikt sich zuspitzte, nicht nach. Sie zeigte sich hier und da bereit, einer Region einen Sonderstatus einzuräumen, aber ihre grundlegenden Forderungen ließ sie sich nicht abhandeln. Einer nach dem anderen wurden die Stände entwe-der überredet oder gezwungen, sich ihrem Willen zu beugen; alle taten es früher oder später, ausgenommen die Kärntner, deren hartnäckiger Widerstand die Zen-tralgewalt nötigte, sie mittels Erlassen zu disziplinieren.

Wenn die Regierung die den Ständen mühsam abgerungenen neuen Regelun-gen in die Tat umsetzen wollte, brauchte sie unmittelbare Informationen über die soziale und politische Existenz ihrer Untertanen. Die Beamten in Wien konn-ten sich nicht darauf verlassen, daß die Stände oder deren Vertreter ihnen mit-teilten, welche besteuerungsfähigen Werte vorhanden waren, wieviel an Steuern tatsächlich eingenommen worden war und ob diese Einnahmen den Weg in die kaiserliche Schatulle gefunden hatten. In einem so großen und mannigfaltigen

Herrschaftsgebiet wie dem der Habsburger waren solche Daten schwer zu erlangen, doch sie waren lebenswichtig, wenn der Staat die Mittel, die er benötigte, auftreiben wollte. Das bestmögliche Instrument für die Ansammlung von Wissen und die Ausübung von Kontrolle war, das lag auf der Hand, eine herrschertreue Verwaltung. Unter Maria Theresia wurden daher die Erblande und das böhmische Kronland in Bezirke aufgeteilt, verwaltet jeweils von einem königlichen Beamten, in dessen Zuständigkeit zahlreiche Aufgaben fielen, die vorher von lokalen Notabeln und ständischen Körperschaften wahrgenommen worden waren. Gleichzeitig wurden die administrativen Funktionen der Regierung von ihrer jurisdiktiven Gewalt getrennt. Die wichtigsten Rechtsprechungsaufgaben erhielten staatliche Gerichte. Ein Direktorium überwachte die Angelegenheiten eines jeden Landes, während zentrale Institutionen Verwaltung und Recht im Reich als Ganzem koordinierten. Kaum nötig zu sagen, daß diese kurze Zusammenfassung einen komplizierten und langwierigen Prozeß stark vereinfacht darstellt. Wie immer bei Bürokratien, muß man sorgfältig darauf achten, nicht Absichten mit Ergebnissen oder formelle Verkündungen mit real Erreichtem zu verwechseln. Die Zentralisierung von Autorität und Kontrolle wurde im 18. Jahrhundert noch längst nicht vollständig erreicht; die Verwaltung der habsburgischen Länder blieb unsystematisch und unordentlich. Die Behörden waren in aller Regel personell unterbesetzt und überfordert, die Beamten nicht immer loyal; es kam im Gegenteil vor, daß sie ihre ablehnende Haltung zu königlichen Erlassen durch demonstratives Zerreißen derselben bekundeten. Auf lokaler Ebene bewahrten sich die alten Eliten häufig ein hohes Maß an formellem und informellem Einfluß. Trotzdem konnte Graf Haugwitz in seinem Bemühen, die von Maria Theresia mit mildem Tadel als »ungeschäftsmäßige Methoden« bezeichnete Vorgehensweise der Stände zu überwinden, für einen stetig steigenden Grad an zentraler Kontrolle über die traditionelle soziale und politische Ordnung sorgen.

Die Gegner von Haugwitz hofften auf eine Kursänderung, als Wenzel Anton von Kaunitz, der außenpolitische Chefberater der Kaiserin, in den späten fünfziger Jahren sein Augenmerk der Innenpolitik zuwandte. Aber so heftig Kaunitz zuvor gegen Haugwitz polemisiert hatte, so geringfügig waren seine Korrekturen an der Politik seines Vorgängers; die reformistische Tendenz und Richtung blieb dieselbe. »Ich kann«, schrieb Kaunitz an seine Fürstin, »nicht dafür stimmen, den Adel und die Stände wieder in die Höhe zu heben. Ich selbst bin vom böhmischen Adel und bin Gutsbesitzer, aber meine Pflicht gegen Euer Majestät steht obenan.« Vier Jahrzehnte lang, von den fünfziger Jahren bis in die neunziger Jahre, diente Kaunitz der Kaiserin und ihren Nachfolgern. Ihm zur Seite stand eine nicht zufällig international besetzte Mannschaft von Ratgebern: Ignaz Koch, ein Österreicher von bescheidener Herkunft, fungierte als Sekretär Maria Theresias; Graf Tarouca, ein Portugiese, leitete ihren Hofstaat; Gerard van Swieten,

ein holländischer Arzt, setzte maßgebliche Impulse im Bereich der Bildungsein-
richtungen.

In den sechziger Jahren lag die Leitung der österreichischen Staatsangelegenheiten bei folgenden Behörden: der Staatskanzlei, die für Außenpolitik und dynastische Belange zuständig war; der Obersten Justizstelle, die als zentrales
Rechtspflegeorgan und höchste Berufungsinstanz fungierte; einer mit unterschiedlichen Namen bezeichneten zentralen Verwaltungsbehörde, am besten bekannt als Vereinigte österreichisch-böhmische Hofkanzlei; der Hofkammer und
der Hofrechnungskammer, die beide mit der Verwaltung der Staatsfinanzen zu
tun hatten; und des Hofkriegsrates, der die militärischen Entscheidungen traf.
Kaunitz setzte ein jenen Institutionen übergeordnetes Gremium ein, den sogenannten Staatsrat, bestehend aus führenden Beamten und Hocharistokraten. Er
wurde im Bedarfsfall einberufen, um aktuelle Staatsangelegenheiten zu debattie-
ren und die Krone zu beraten. Das politische Gewicht des Staatsrates war zeitlichen Schwankungen unterworfen, doch die bloße Tatsache seiner Existenz verweist auf Unterschiede zwischen der staatlichen Entwicklung in Österreich und
in Preußen: Maria Theresia und ihre Thronerben stützten sich weitaus stärker
auf Berater als Friedrich Wilhelm I. oder Friedrich II., die nie zugelassen hätten,
daß ein beratendes Gremium ihre höchstpersönliche Machtvollkommenheit in
Frage stellte.

In den letzten fünfzehn Jahren ihrer Regierungszeit, zwischen dem Tod Franz
Stephans 1765 und ihrem eigenen Tod 1780, war Maria Theresias wichtigster
Mitarbeiter ihr Sohn Joseph, der seinem Vater im Amt des Heiligen Römischen
Kaisers nachfolgte. Die vom plötzlichen Tod ihres Mannes tief getroffene und
von vier Jahrzehnten des Ringens und sich Abmühens erschöpfte Kaiserin teilte
sich die Herrschaft nur zu gerne mit Joseph, den sie offenbar mit einer Mischung
aus Bewunderung und Sorge betrachtete. Es scheint, als sei Joseph von Kindheit
an ein schwieriger und mutwilliger Mensch gewesen. Der frühe Tod seiner ersten
Frau und eine unglücklich verlaufende zweite Ehe trugen nichts zur Glättung der
scharfen Kanten seiner Persönlichkeit bei. Er bewahrte stets ein hartes und kaltes
Naturell; alles, was er tat, hatte etwas Aggressives. »Ich hoffte«, schrieb seine
Mutter 1776 an ihn, »nach meinem Tod in Deinem Herzen weiterzuleben, so daß
Deine zahlreiche Familie, Deine Staaten nichts durch meinen Heimgang verlieren
würden, sondern im Gegenteil gewinnen. Kann ich darauf hoffen, wenn Du Dich
bis zu solchem Ton gehen läßt, der alle Zärtlichkeit und Freundschaft verbannt?«
Doch Freundschaft und Zärtlichkeit waren Joseph fremd; für ihn zählten nur
Vernunft und Wissen. Ein großer Souverän mußte nicht geliebt werden, er mußte
nur das Richtige tun.

Anders als seine Mutter, die im Halbdunkel barocker Frömmigkeit und höfischer Kultur aufgewachsen war, wurde Joseph II. von Männern geprägt, die der
Idee des neuen Staates verpflichtet waren. Christian August Beck zum Beispiel

belehrte seinen königlichen Schüler über die grundlegende Bedeutung von Naturrecht und bürgerlichem Recht für ein Verständnis menschlicher Institutionen. Glaube und Offenbarung gehörten für Beck in eine rein religiöse Sphäre, notwendig zwar, um der christlichen Lehre gemäß zu leben, aber von Staat und Gesellschaft sorgfältig zu trennen. Joseph II. sah sich dementsprechend nicht als gesalbtes Haupt einer gottgewollten Ordnung, sondern eher als erster Diener eines weltlichen Staatswesens, als Hüter von dessen Gesetzen und Chef von dessen Verwaltung. Er blieb Katholik, stellte jedoch kaum Zusammenhänge zwischen seinem persönlichen Glauben und seinen öffentlichen Pflichten her. Wenig Interesse hatte er auch an zeremoniellen Ausgestaltungen seiner Macht, also an jenen Ritualen und Spektakeln, die im Zeitalter des Barock so bedeutsam für die Herrschaft der Habsburger gewesen sind. Er kleidete sich schlicht, gewöhnlich in Uniform, hielt sich nur einen kleinen und bescheidenen Hof und machte seine Schloßanlagen der Öffentlichkeit zugänglich. Eine Zeitlang spielte er sogar mit dem Gedanken, das Hofarchiv verbrennen zu lassen, um Geld zu sparen. Religion, Ritus und dynastische Tradition bedeuteten ihm weniger als organisatorische Effizienz, Klarheit und Konsequenz. Das waren die Tugenden, die er auf seinen Staat übertragen zu können hoffte.

Manche Zeitgenossen und viele Historiker haben an Joseph II. die Schlichtheit seiner Ansprüche gepriesen. Verglichen mit der Luxus- und Prunksucht, die bei den Monarchen des 18. Jahrhunderts sonst so verbreitet war, wirken seine Selbstbeschränkung und sein Pflichtgefühl in der Tat auf sympathische Weise demokratisch. Man sollte darüber jedoch nicht vergessen, daß Joseph II. die religiösen und zeremoniellen Säulen seines Königtums vor allem deshalb stürzte, weil er seine reale Macht straffen wollte. Er wollte einen politischen Apparat errichten, der es ihm erlauben würde, die Länder seines Reiches zu einen und zu ordnen und einen direkteren Zugriff auf alle seine Untertanen zu erhalten. Wenn er seine Sätze gelegentlich mit »wir Beamten« begann, war das nicht einfach der Versuch, den Herrscher in eine Reihe mit den übrigen Staatsdienern zu stellen, sondern eine Formel, welche ihm einen Platz an der Spitze einer Institution zuwies, die nichts Geringeres anstrebte als ein Monopol legitimer Herrschaft über Staat und Gesellschaft und damit eine Machtfülle, von der selbst die ehrgeizigsten unter seinen Vorläufern nicht zu träumen gewagt hätten.

So unterschiedlich Joseph II. und Maria Theresia in ihrem persönlichen Stil und Naturell waren, in ihren politischen Zielen waren sie sich einig. Beide ließen sich von dem Wunsch leiten, die habsburgische Herrschaft auf ein festes bürokratisches Fundament zu gründen. Vieles von dem, was der Sohn tat, war eine bloße Fortsetzung oder Forcierung der von seiner Mutter betriebenen Politik. Das galt zum Beispiel für die vertrackte Frage des Verhältnisses zwischen Kirche und Staat. Maria Theresias tiefe Religiosität hielt sie nicht davon ab, den Staat auf Bereiche zugreifen zu lassen, die traditionell die Kirche als ihr Terrain reklamiert hatte. Sie wußte, daß die Kirche, wie die anderen privilegierten Stände ihres Reiches, der Fähigkeit des Staates Abbruch tat, der Gesellschaft die für sein Funktionieren erforderlichen Ressourcen abzuzapfen. Daher unterstützte sie Kaunitz in seinem Bemühen, den Einfluß der Kirche auf die geistlichen Dinge einzuschränken und den Ausbildungsbereich, die Wohlfahrtseinrichtungen und andere kulturelle Bereiche stärker der politischen Steuerung zu unterwerfen. Als 1770 ein Kardinal Protest gegen die staatliche Bildungspolitik erhob, erwiderte die Kaiserin lapidar: »Die Schule ist und bleibt ein politicum.« In den siebziger Jahren entzog die Regierung der Geistlichkeit gewisse fiskalische Vorrechte, schloß einige Klöster und verbannte die Jesuiten, die geistige Elitetruppe der Katholiken. Joseph II. trieb nach dem Tod seiner Mutter den Säkularisierungsprozeß weiter voran, zunächst durch Auflösung der Mönchsorden, dann indem er eine großzügige Reorganisation der Kirchenbezirke und Diözesen erzwang, und schließlich indem er die Ausbildung der Geistlichen in staatliche Regie nahm. Im Zusammenwirken führten diese Maßnahmen zu einer Schwächung jenes Bündnisses zwischen Dynastie und Kirche, das im 16. und 17. Jahrhundert eine zentrale Rolle für das Herrschaftssystem der Habsburger gespielt hatte.

In einem wichtigen Punkt ging Joseph II. über seine Mutter hinaus: Er entzog der Kirche nicht nur Privilegien, sondern versuchte zudem, sie daran zu hindern, weiterhin ihre Lehren auch glaubensunwilligen Untertanen aufzuzwingen. 1781 erließ der Kaiser das berühmte »Toleranzpatent«, das zwar den Katholizismus ausdrücklich in seiner Rolle als »offizielle« Religion des Reiches bestätigte, den Angehörigen der beiden protestantischen Konfessionen und der griechisch-orthodoxen Kirche aber die völlige Freiheit der Religionsausübung zugestand. Mit einem weiteren, ein Jahr später erlassenen »Toleranzpatent« legte Joseph den Grundstein für die Besserstellung der österreichischen Juden. Alle Untertanen, ohne Ansehen ihrer Nationalität oder Religion, sollten, so wollte es das Patent von 1782, an der öffentlichen Wohlfahrt teilhaben. Dieser Erlaß zerriß das Gewebe von Sondergesetzen, die bis dahin das Leben der Juden reglementiert hatten, riß viele gesellschaftliche Schranken nieder und eröffnete den Juden eine Reihe von Bildungsmöglichkeiten. Der Kaiser hoffte, durch Verringerung des Abstandes zwischen Juden und Christen erstere zu nützlicheren Gliedern des Staatswesens machen zu können.

Joseph II. war der Überzeugung, Religion müsse Privatsache sein, aber er glaubte nicht an den Wert der Freiheit an sich. Er fand nichts dabei, Ansichten zu unterdrücken, die nicht in sein Toleranzspektrum fielen. So erteilte er 1783 den Befehl, eine Gruppe böhmischer Deisten so lange auszupeitschen, bis sie ihren ketzerischen Auffassungen abschworen. Er rief auch Einrichtungen zur Überwachung und Disziplinierung seiner Untertanen ins Leben. Die politische Polizei, in den achtziger Jahren unter Leitung des Staatsministers Johann Anton Graf von Pergen aufgebaut, spannte ein Spitzelnetz über die Gesellschaft, mit

Demnach die leidige Erfahrung gegeben, daß einige Zeit her die allhiesige Bürger und Innwohner von dem frevel= und boßhaften Diebs= und Jauners=Gesindel theils wirklich bestohlen/ theils mit gewaltthätigen Einbrüchen und Einsteigen beunruhiget worden, sothane Diebstähle und Vergwaltigungen aber entweder gar nicht, oder wenigstens nicht specifique und ordentlich angezeiget, dadurch aber die Obrigkeit außer Stand gesezt worden, zu Aufhebung dergleichen liederlichen Gesindels die benöthigte Anstalten zu treffen, und bey wirklicher Habhaftwerdung solcher Diebs= und Jauner= Leuthen auf den Grund ihrer sträflichen Verbrechen und Unternehmungen, auch ihrer Helfer hinlänglich zu inquiriren.

Als werden die allhiesigen Bürger und Innwohner alles Ernst erinnert, die von Zeit zu Zeit vorgehenden würklichen Diebstähle und Diebs= Unternehmungen mit allen bekannten Umständen jedesmahl sogleich in den Burgermeister= Aemtern anzuzeigen, die entwendeten Sachen genau zu specificiren und zu beschreiben, nicht weniger den Werth, wie solcher benöthigten Falls auf Erfordern beschwohren werden kann, behörig anzugeben.

Welcher obrigkeitliche Entschluß zu Beförderung der geheiligten Justiz sowohl als zum Behuff der durch dergleichen sträfliche Angriffe und Frevel beschädigten und beunruhigten Bürger und Innwohner durch gegenwärtigen offenen Anschlag zu männiglichs Achtung kund zu machen oberherrlich verordnet worden.

Decretum in Senatu
den 8. Junii 1769.

Ein Hochedler und Hochweiser Rath der des Heiligen Römischen Reichs Freyen Stadt Augsburg, findet sich bey gegenwärtigen bedenklichen Zeitläuften veranlasset, gesamte Burger= und Einwohnerschaft, nicht nur überhaupts an die jährlich am Schwörtag eidlich bestättigte allgemeine Polizeygesetze und Ordnungen, ernstlichst anzuweisen, sondern auch dieselbe nachdrücklichst zu erinnern, sich aller unziemlicher Discourse, unbescheidener Raisonnements, voreiliger und anstößiger Beurtheilung Hoher Häupter und Mächte Absichten und Unternehmungen, leichtgläubiger Ausbreitung ungegründeter und verfänglicher Nachrichten und Zeitungen, und Debitirung anzüglicher Schriften zu enthalten, mit dem Beysatze, daß alle diejenige, welche sich hierinn ungehorsam und straffällig erfinden lassen werden, ohne Ansehung der Person mit schärfester Strafe beleget werden sollen. Wornach sich männiglich zu achten, und vor Verantwortung/ Strafe und verdrüßlichen Folgen zu hüten wissen wird.

Decretum in Senatu,
den 30. Julius, 1778.

Dekrete des Rats der reichsfreien Stadt Augsburg gegen Diebe und Gauner sowie gegen das Politisieren der Bürger. Maueranschläge vom 8. Juni 1769 und 30. Juli 1778. Augsburg, Stadtarchiv

Sinnbild für das von Joseph II. am 13. Oktober 1781 erlassene Toleranzpatent zur Bestimmung der (partiellen) Gleichstellung der Konfessionen in den habsburgischen Erblanden: Lutheraner, Calvinisten, Griechisch-Orthodoxe und Juden in dankbarer Anerkennung vor dem kaiserlichen Bildnis. Kupferstich eines Unbekannten, 1781. Berlin, Staatsbibliothek Preußischer Kulturbesitz

dessen Hilfe sie Informationen sammelte und Oppositionsverdächtige in Haft nahm. Für das Verständnis des Josephinismus ist diese Polizeitruppe genauso wichtig wie die beiden »Toleranzpatente«, als einander ergänzende, authentische Elemente seines Regimes. Ihre Gleichzeitigkeit hilft zu verstehen, warum sowohl Liberale als auch Absolutisten ihre Wurzeln in die Regierungszeit Josephs II. zurückverfolgten und weshalb manche Historiker ihn als Befreier loben und andere ihn als Despoten verurteilen. Er war tatsächlich ein Urvater des Liberalismus sowie des Absolutismus; seine Politik war tolerant und repressiv zugleich, eine Quelle sowohl der Emanzipation als auch der Unterjochung. Wie in den anderen Varianten eines aufgeklärten Despotismus waren im Josephinismus neue Freiheiten untrennbar mit neuen Tabus verbunden.

Die Sozial- und Wirtschaftspolitik Maria Theresias und Josephs II. läßt dieses Wechselspiel von Freiheit und Tabuisierung deutlich erkennen. 1749 rief die Regierung das Universalkammerdirektorium ins Leben, eine für Handelspolitik, produzierendes Gewerbe, Transport und Verkehr zuständige Zentralbehörde. Um die wirtschaftliche Produktivität anzustacheln, den Lebensstandard der Untertanen zu erhöhen und dem Staat mehr Ressourcen zu erschließen, versuchte die Kaiserin die Macht der Zünfte zu beschneiden und neue, dynamische Unternehmen zu fördern. Joseph führte diese Politik fort, die im Grunde nur staatliche Vorschriften an die Stelle von Zunftverfassungen, zentrale Aufsicht an die Stelle lokaler Selbstkontrolle setzte. Außerdem erhöhte er die Zollmauer, die seine Mutter um ihre Länder herum aufgerichtet hatte, damit einheimische Industrien gegenüber ausländischer Importware konkurrenzfähiger werden konnten.

Da die Landwirtschaft der wichtigste Wirtschaftssektor war, lag der Schlüssel zum Wohlstand Österreichs in den verwickelten Beziehungen zwischen Grundbesitzern und Bauern. Hier, so erkannten Maria Theresia wie Joseph II., war das Problem, das ihre Regierung früher oder später lösen mußte. In ihrem »Politischen Testament« von 1750/51 stellte die Kaiserin fest, daß Verwaltungsreformen dem Monarchen die Chance eröffneten, »die wahre Kenntnüß von der Beschaffenheit seiner Länder sich selbsten beizulegen, ... mithin einen justizmäßigen, gottgefälligen Fürgang zwischen Obrigkeiten und Untertanen zu befördern, fürnehmlich aber ein wachtsames Auge zu führen, damit die Armen und besonders die Untertanen von den Reichen und Obrigkeiten nicht unterdrückt werden«. Weder Mutter noch Sohn wollten die Bindung der Bauern an den Boden und den Grundherrn völlig abschaffen und damit die Grundlage für die Privilegien des Adels beseitigen. Doch um eine wohlhabende, zufriedene ländliche Produzentenschicht heranzuziehen, mußten sie Eingriffe in die herrschaftliche Ordnung vornehmen. Die ganze zweite Hälfte des 18. Jahrhunderts hindurch rangen die Regierenden in Wien um einen akzeptablen Kompromiß zwischen ihren eigenen Bestrebungen und den Interessen der Aristokratie. Es war ein zunächst stockend und ungleichmäßig verlaufender Prozeß, der durch das komplizierte Filtersystem lokaler Bedürfnisse und Wechselbeziehungen geschleust werden mußte. Nach schrittweisen Änderungen in den sechziger und siebziger Jahren versuchte Joseph eine konsequent rationale Politik durchzusetzen. Mit seinen Edikten von 1781 und 1782 grenzte er die grundherrliche Gerichtsbarkeit ein und hob einige der für Bauern geltenden Einschränkungen, etwa des Rechts auf Wegzug, Heirat oder Berufswechsel, auf. Dafür wurde von den Bauern freilich erwartet, daß sie dem Staat Gehorsam leisteten, Steuern zahlten und Wehrdienst absolvierten. In dem Maße, wie die Lasten des alten Herrschaftssystems abgeschafft wurden, steigerten sich die Ansprüche des bürokratischen Staates.

Der Aufbau des Staatswesens erforderte neben rechtlichen auch fiskalische, administrative und konstitutionelle Reformen. Um die von Kirche, Zünften und Grundbesitzern verteidigten Gewohnheitsrechte und Bräuche zerstören oder aber umfunktionieren zu können, mußte die Regierung den Primat des allgemeinen Rechts durchsetzen, eines Rechts, das allein sie in Gesetze zu fassen, zu interpretieren und durchzusetzen vermochte. Ein wichtiger Schritt in diese Richtung wurde in der ersten Phase der theresianischen Reformen getan: Rechtsprechung und Verwaltung wurden voneinander getrennt, und das Gerichtswesen wurde neu strukturiert. 1753 setzte die Kaiserin eine Kommission ein, die für den größten Teil des Reiches – die dynastischen Besitzungen in den Niederlanden, in Italien und Ungarn blieben davon ausgenommen – einen zivilen Gesetzeskodex erarbeiten sollte. Die Kommission rang mit dieser mühseligen Aufgabe bis 1766 und legte die Ergebnisse ihrer Arbeit dann in Form von acht dicken Bänden vor, die weit über achttausend Rechtsvorschriften enthielten – ein bemerkenswertes Kompendium, das den Versuch verkörperte, einen Ausgleich zwischen dem Respekt vor bestehenden Regelungen und dem Bedürfnis nach Klarheit und Knappheit herbeizuführen. Konservative sowie fortschrittliche Kräfte attackierten diesen Kompromiß in den letzten Jahren Maria Theresias; er wurde schließlich von Joseph II. endgültig gekippt, der sich in den Kopf gesetzt hatte, seinem Land ein von der Vernunft diktiertes Gesetzessystem zu geben. Dessen erster Teil, das sogenannte Josephinische Gesetzesbuch, kam 1786 heraus. Die achtziger Jahre brachten zudem mehrere bedeutsame Neuerungen sowohl im System der Rechtspflege als auch im Recht selbst, zum Beispiel die Einführung der Zivilehe.

Josephs II. letztes Ziel war es, eine maschinenhafte Uniformität zu erreichen. Es war sein Traum, seine verschiedenen Herrschaftsgebiete in »une province égale dans toutes les dispositions et charges« zu verwandeln. Wild entschlossen trieb er diese Reform voran, zentralisierend und regulierend, wo und wann immer es möglich war. Regionale Besonderheiten, die seine Mutter geduldet hatte, gerieten jetzt unter Beschuß; die für die Verwaltung der Niederlande und der Lombardei zuständigen Ministerien sollten nach dem Willen Josephs in eine Standardschablone gezwängt werden. Das neue Regierungssystem, das er für die ungarischen Kronländer vorgesehen hatte, untergrub die Vorherrschaft des magyarischen Adels in Staat und Gesellschaft.

Der Drang zu administrativer Uniformität rief sprachliche Probleme hervor, die in der herrschaftlichen Welt mit ihrer lokalen Beschränktheit und ihren personalisierten Beziehungen kaum aufgetreten waren. Plötzlich konnten sich die Menschen nicht mehr der Sprache ihrer Wahl bedienen, sondern mußten, je nach den Erfordernissen der Situation, von einer zur anderen wechseln. Die Staatsbürokratie mit ihren Vorschriften und ihrem Berichtswesen erforderte eine Amtssprache, ein einheitliches Medium für amtliche Mitteilungen und Akten; die Mehrdeutigkeit und Flexibilität mündlicher Kommunikation konnte nicht mehr geduldet werden. So wurde 1784 das Deutsche offiziell zur Verwaltungssprache des Habsburger Reiches erklärt. Nur wenige erkannten damals, welche schicksalsschwere Verbindung zwischen Zentralisierung und Germanisierung damit hergestellt war. Die österreichische Politik würde nie wieder dieselbe sein.

Man sollte sich von den Neuerungen, die Joseph II. im Innern durchsetzte, nicht so sehr blenden lassen, daß man seine Versuche, äußeren Ruhm zu ernten, aus dem Blick verliert. »L'empereur«, schrieb ein Beobachter 1784, »croît que le plus grand prince pour l'histoire, comme pour ses contemporains, sera toujours celui qui aura le plus accru son territoire.« So bemühte sich Joseph II., die Stellung der Habsburger im deutschen Kräftefeld zu stärken, indem er die Abtretung der Niederlande im Tausch gegen das Kurfürstentum Bayern betrieb. Zur gleichen Zeit ließ er sich auf ein Bündnis mit den Russen gegen die Türken ein. Beide Projekte schlugen fehl. Nachdem er zunächst von dem bayerischen Tauschhandel Abstand nehmen mußte, sah er sich bald darauf mit einem Aufstand in den Niederlanden konfrontiert, den seine europäischen Rivalen förderten. Und der türkische Krieg erwies sich als ebenso teuer wie unfruchtbar. Zu den außenpolitischen Rückschlägen gesellten sich innenpolitische Niederlagen. Das ehrgeizigste Reformprojekt Josephs, die Edikte von 1789, mit denen er die Unterscheidung zwischen adligem und nicht-adligem Landbesitz hatte beseitigen wollen, mußte angesichts wütender Proteste der Aristokratie und sporadischer Gewaltaktionen enttäuschter Bauern abgeblasen werden. Im Januar 1790 sah der Kaiser sich gezwungen, die Reorganisation der ungarischen Kronlande rückgängig zu machen und dem Magyarenadel eine Sonderstellung zuzugestehen. Der große Vorstoß in Richtung Gleichförmigkeit und Einheitlichkeit der Verwaltung war zum Stillstand gekommen. Die auf regionale Autonomie drängenden Kräfte waren wieder auf dem Vormarsch.

Zu diesem Zeitpunkt war Joseph II. bereits schwer krank, gebeutelt von einem Fieber, das ihn im Verlauf des glücklosen Türkenfeldzugs befallen hatte. In seinen letzten Wochen legte er eine Art tragischer Größe an den Tag: Von einem Wust an Problemen belagert und von der Krankheit gezeichnet, kettete er sich eisern an seine Pflichten, aufrecht gehalten nur noch von zur Gewohnheit gewordener Disziplin und von seiner unbeugsamen Willenskraft. Er starb im Februar 1790, gegen Ende seines neunundvierzigsten Lebensjahrs und traurig darüber, daß sein jahrelanges Ringen seinen Untertanen so wenig Glück beschert und ihm so wenig Dank eingebracht hatte. Noch während er auf dem Totenbett lag, nicht mehr fähig, die Ereignisse zu steuern, entzündete sich überall im Land der Funke der Rebellion. Als sein Tod verkündet wurde, gab es etliche, die Dankgebete zum Himmel schickten.

C. A. Macartney bezeichnet in seiner Geschichte der Habsburger Monarchie den 28. Januar 1790 als den Tag, an dem die Geschicke sich gegen die Dynastie zu wenden begannen. Auf Josephs an diesem Tag getroffene Entscheidung, vor dem Widerstand der Ungarn zurückzuweichen, führt Macartney den politischen Niedergang der Habsburger zurück, der mit dem Abgang der Monarchie 1918 enden sollte. Man fragt sich unwillkürlich, ob »Niedergang« das richtige Wort für eine Entwicklung ist, die so lange dauerte. Die Habsburger herrschten immerhin noch mehr als zwölf Jahrzehnte lang. Gewiß, sie verschwanden am Ende in der Versenkung, jedoch erst, nachdem sie den Ersten Weltkrieg verloren hatten. In der Politik ist freilich, wie in der Natur, Bewegung ein relativer Zustand, und relativ gesehen erlebten die Habsburger von 1790 an tatsächlich einen Niedergang, gemessen sowohl an ihrer eigenen ruhmreichen Vergangenheit als auch an der bevorstehenden Karriere ihrer Erzrivalen in Mitteleuropa: der in Brandenburg-Preußen herrschenden Hohenzollern.

Preußen

Als Joseph Riesbeck 1780 die Großmächte auflistete, erwähnte er Preußen nicht. Wohl nur die wenigsten seiner Zeitgenossen hätten ihm diese Auslassung angekreidet, so beeindruckt sie von der Persönlichkeit und den Leistungen des großen preußischen Königs Friedrich II. sein mochten. Intelligente Kenner der Politik des 18. Jahrhunderts wußten, daß ein großer Monarch noch keine Großmacht verkörperte. Schweden hatte unter Gustav Adolf eine bedeutende Rolle auf der europäischen Bühne gespielt, war danach aber rasch wieder auf den Stand einer zweitrangigen Randmacht zurückgefallen. Ein verlorener Krieg, eine unglückliche Allianz, ein unfähiger Thronerbe oder eine umstrittene Thronfolge, all dies konnte die »Karriere« eines aufstrebenden Staates knicken. So sahen viele Europäer in Preußen selbst am Ende der Amtszeit Friedrichs II. allenfalls eine potentielle Großmacht.

Man brauchte nur Berlin mit Wien zu vergleichen, um den Qualitäts- und Bedeutungsunterschied zwischen Habsburgern und Hohenzollern ermessen zu können. Wien hatte eine Geschichte, die bis in die Römerzeit zurückreichte; im

17. Jahrhundert war es eine Stadt von Weltruf, die einzige in Mitteleuropa, die Paris oder London das Wasser reichen konnte. In den Straßen Wiens begegnete man auf Schritt und Tritt den Relikten einer reichen und mannigfaltigen Vergangenheit; außerhalb der Stadtmauern entstanden neue Vorstädte, die sich allmählich um die Paläste herum vergrößerten, welche von Aristokraten aus ganz Europa, die es an den Habsburger Hof gezogen hatte, erbaut worden waren. Berlin war dagegen eine viel jüngere und kleinere Stadt. Während Wien auf einer Donau-Festung der Römer gründete, ging Berlin auf eine Fischersiedlung an der Spree zurück. Kaum ein Bauwerk von historischem oder architektonischem Rang fand sich in Berlin, als die Hohenzollern die Stadt zur kleinen, übersichtlichen Hauptstadt eines zweitrangigen Fürstentums machten. Noch 1804 monierte Madame de Staël, in Berlin seien keine Spuren früherer Zeiten zu erblicken. Eine ganz und gar moderne Stadt mache aber, so schön sie sein mochte, »keinen Eindruck«; sie offenbare keine Muttermale der Geschichte des Landes, nicht den Charakter seiner Bewohner. Während dem Wien-Besucher die Zeugnisse einer reichen Vergangenheit in die Augen sprangen, reflektierte Berlin allenfalls den Glanz eines einzigen bedeutenden Monarchen und die Begabung einiger weniger großer Baumeister.

Der Kontrast zwischen Berlin und Wien verwies auf einen wichtigen Unterschied in der historischen Position der beiden Dynastien. Die Habsburger, die ein ausgedehntes, schwer zu bändigendes ererbtes Reich zu verteidigen hatten, mußten Mittel und Wege finden, ihre territorialen Besitzungen zu konsolidieren und zusammenzuhalten, sich in ihren historischen Bestrebungen zu bescheiden. Die Geschichte der Habsburger im 18. und 19. Jahrhundert ist die Geschichte widerwillig getroffener, aber unvermeidlicher Wahlentscheidungen zwischen der universalen Mission der Dynastie und ihrem engeren Eigeninteresse, zwischen einer einflußreicheren Rolle im mittleren und einer im südlichen Europa, zwischen Feinden im Osten und solchen im Westen. Die Hohenzollern gingen von einem viel bescheideneren Ansatz aus: Sie mußten auf keinerlei universale Mission Rücksicht nehmen, keiner ruhmreichen dynastischen Vergangenheit gerecht werden. Ohne das belastende Vermächtnis vergangener Größe konnten sie ihre Geschichte gestalten, ihre Ideale selbst definieren, mithin dem Kampf ums Überleben ihres Staates die Würde einer sinngebenden Zielsetzung verleihen. Ihren vielleicht gelungensten Ausdruck fand diese Entwicklung in Andreas Schlüters prachtvollem Reiterstandbild des Großen Kurfürsten, das früher die Lange Brükke in Berlin zierte und heute im Hof des Charlottenburger Schlosses steht. Dem Bildhauer ist es gelungen, die bemerkenswerte persönliche Kraft und Energie des Porträtierten einzufangen. Allerdings kontrastiert dazu die der Marc-Aurel-Statue auf dem römischen Kapitol nachempfundene Kostümierung.

Ursprünglich verdankten die Hohenzollern die Verbindung zu Brandenburg der Tatsache, daß ihr Vorfahr Friedrich I., im frühen 15. Jahrhundert Burggraf von Nürnberg und Herrscher über das Kleinfürstentum Ansbach-Bayreuth, auf Bitten seines alten Freundes und Waffengefährten, des Kaisers Sigismund, für diesen die Verwaltung des Kurfürstentums Brandenburg übernommen hatte. Friedrichs Söhne hatten das Lehen geerbt und es in den Besitz ihrer Dynastie eingegliedert. 1539 bekannten sich die Hohenzollern zum Lutheranertum und unterstützten die Reformation seitdem mit der Vorsicht und Zurückhaltung, die ihre mageren Machtmittel ihnen vorschrieben. Was sie im Verlauf des folgenden Jahrhunderts an territorialen Zugewinnen verzeichneten, resultierte aus Heirat oder Kauf, nicht aus Eroberungen. Ihr Herrschaftsraum umfaßte danach zusätzlich die Grafschaften Kleve, Mark und Ravensberg am Niederrhein und das Herzogtum Preußen im Osten, das sie als Vasallen des polnischen Königs regierten. In derart verstreuten Besitzungen sah die regierende Dynastie ihre Machtvollkommenheit stark eingeschränkt durch die Stände, die eifersüchtig ihre politischen und fiskalischen Vorrechte hüteten. Der Dreißigjährige Krieg war für die Hohenzollern, wie für viele andere deutsche Herrscher, eine Katastrophe. Ihre Länder hatten 1640 die Hälfte aller Bewohner verloren, große Teile der Landschaft lagen brach und verwildert; in Berlin lebten nicht mehr als 6.000 unglückliche Seelen. Ausländische Soldaten tauchten allerorten auf: Holländer im Westen, Schweden im Norden, Polen in Preußen. Der Fortbestand der Dynastie stand auf dem Spiel.

Man kann kaum umhin, den Aufstieg Preußens aus den wenig versprechenden Anfängen bewunderungswürdig zu finden. Franz Schnabel, den man gewiß nicht zu den unkritischen Verehrern der Hohenzollern zählen kann, nannte die Erschaffung Preußens die größte politische Tat in der deutschen Geschichte. Drei Faktoren sind zu nennen, die den Hohenzollern günstigere Voraussetzungen verschafften, als ihre weniger glücklichen Konkurrenten sie vorfanden. Zunächst der Umstand, daß ihr Land, obzwar weder von enormer Ausdehnung noch mit üppigen Bodenschätzen gesegnet, doch groß und fruchtbar genug war, um mächtige politische und militärische Institutionen hervorzubringen und zu tragen. Zum zweiten die Tatsache, daß das Kernland der Hohenzollern nicht im Brennpunkt der geopolitischen Interessen des späten 17. und frühen 18. Jahrhunderts stand. Das bewahrte Brandenburg-Preußen zum einen vor so schlimmen Verheerungen, wie sie etwa die Pfalz heimsuchten, und ermöglichte seinen Kurfürsten zum anderen eine flexible Außenpolitik. Während Österreich sich in außerordentlich kostspielige Kriege gegen Frankreich und das Osmanische Reich verwickelte, konnte Brandenburg-Preußen gegenüber einer weit weniger furchterregenden Front von Feinden im Norden seine Stellung konsolidieren. Zum dritten brachten die Hohenzollern zwischen 1640 und 1786, entgegen aller biologischen Wahrscheinlichkeit, eine ununterbrochene Folge männlicher Erben hervor, deren jeder alt genug wurde, um eine ordnungsgemäße Thronfolge sicherzustellen. Keiner anderen bedeutenden Dynastie war dergleichen beschieden. Namentlich drei der Hohenzollern zeichneten sich durch bemerkenswerte Herrscherqualitäten aus.

Friedrich Wilhelm, der Große Kurfürst, hinterließ bei seinem Tod 1688 ein schlagkräftiges stehendes Heer von 35.000 Mann; 1640 hatte er eine 5.000 Köpfe starke, ungebärdige und unzuverlässige Truppe übernommen. Fortüne bewies er nicht zuletzt mit seiner Weigerung, die schwedische und die polnische Königskrone anzunehmen, die beide ihm angeboten wurden. Er bewahrte damit seinen Staat vor den nachteiligen Folgen einer schweren Belastung, wie sie beispielsweise in der Geschichte Sachsens deutlich hervortritt. Der Sohn des Großen Kurfürsten, Friedrich I., wucherte mit dem ihm hinterlassenen Pfund und erhandelte sich als Gegenleistung für die militärische Unterstützung der Habsburger im Spanischen Erbfolgekrieg den Titel eines »Königs in Preußen«. Friedrich Wilhelm I., der 1713 den Thron bestieg, konsolidierte die in Unordnung geratenen Staatsfinanzen und schuf damit die materielle Grundlage für den weiteren Ausbau des Heeres zu einer maßgeblichen Kraft in Staat und Gesellschaft.

Friedrich Wilhelm nutzte jede Gelegenheit, um das gesellschaftliche Prestige des Offizierskorps zu stärken. Offiziere beherrschten das höfische Leben, dienten in den lokalen Verwaltungen, waren in königlichen Kommissionen vertreten und bekleideten wichtige Ministerposten. Sogar auf den unteren Ebenen der Beamtenschaft hielt militärischer Stil Einzug, weil ausgemusterte Soldaten überall bei Einstellungen und Beförderungen bevorzugt wurden, sogar im Schuldienst. Wichtiger aber als die innige Verflechtung von militärischen und administrativen Institutionen waren zwei Maßnahmen, die der König ergriff, um das Militär stärker in den Alltag auf dem Land zu integrieren. Als erstes untersagte er es seinen Adligen, sich in fremden Streitkräften zu verdingen; er tat statt dessen alles Erdenkliche, um ihnen einen Wehrdienst auf Zeit im preußischen Heer schmackhaft zu machen. Indem er die Querverbindungen zwischen Offizierskorps und Aristokratie verdichtete, hoffte er dem ersteren zu höherem Prestige verhelfen und letztere zu größerer Loyalität verpflichten zu können. Sodann reformierte er 1733 das Einberufungswesen, und zwar mittels des sogenannten Kantonalsystems. Er ließ seine östlichen Territorien in Kantone einteilen, deren jeder für die Bereitstellung einer bestimmten Truppenzahl verantwortlich war. Eingezogen werden sollten künftig nicht mehr anderswo unerwünschte Taugenichtse und Söldnertypen, aber auch nicht die unglücklichen Beuteopfer skrupelloser Requirierungs- und Werbebrigaden, sondern gesunde, leistungsfähige Bauernsöhne. Da der König eine Beeinträchtigung der Landwirtschaft vermeiden wollte, durften die Rekruten im Rahmen des neuen Systems in ihren Kantonen bleiben und in der Aussaat- und Erntezeit, in der sie am dringendsten gebraucht wurden, auf den Höfen ihrer Familien mitarbeiten. Das bedeutete, daß das Heer zu einem integralen Bestandteil der Sozialstruktur wurde. Wenn zum Beispiel in einem Dorf die Kirchenglocken läuteten, zum Zeichen, daß ein Soldat desertiert war, hatte das Dorf die Pflicht, ihn zu suchen und zu seiner Einheit zurückzubringen. Es war das Kantonalsystem, das dem für Preußen charakteristischen Zusammenspiel von Staatsmacht und aristokratischem Privileg eine militärische Dimension verlieh. So wie der adlige Offizier durch den Militärdienst seine Loyalität zum König bekräftigte, demonstrierte der einfache bäuerliche Soldat seine Unterordnung unter einen militärischen Vorgesetzten, der in der gesellschaftlichen Hierarchie über ihm stand.

Nach allem, was man über das Naturell Friedrich Wilhelms I. und seinen persönlichen Stil weiß, ist es nicht verwunderlich, daß er ein außerordentlich problematischer Vater war. Kaum stand fest, daß sein ungeduldig erwarteter Sohn und Stammhalter Friedrich wohlbehalten dem Säuglingsalter entwachsen würde, da begann Friedrich Wilhelm, das Kind zu einem Abbild seiner selbst zu erziehen. Doch ausgerechnet bei dem so Wichtigen schaffte er es nicht, seinen königlichen Willen durchzusetzen. Der Prinz verabscheute die Gewohnheiten seines Vaters, zeigte sich religiös uninteressiert, übte sich in höfischen Manieren und elegantem Auftreten, war körperlich empfindlich und geistig anspruchsvoll. Alle seine Steckenpferde und Manierismen schienen einzig darauf berechnet zu sein, seinen Vater vor den Kopf zu stoßen, widersprachen sie doch diametral dessen Vorstellungen, wie ein künftiger Hohenzollern-König auftreten mußte. Immer wieder warnte der »Soldatenkönig« seinen sechzehnjährigen Sohn vor »effeminierten, lasziven, weiblichen Occupationes, so einem Mann höchst unanständig wären«. 1730 mündete der Konflikt zwischen den beiden in eine Krise. Friedrich versuchte heimlich aus Preußen zu fliehen, wurde jedoch ergriffen, eingesperrt und mußte schließlich zusehen, wie sein wegen Fluchthilfe zum Tode verurteilter Freund und Gefährte, Leutnant Katte, geköpft wurde. Der Prinz überlebte nur, weil er sich bereit fand, künftig den Befehlen seines Vaters zu gehorchen und sich durch den Erwerb praktischer Verwaltungskenntnisse auf sein künftiges königliches Amt vorzubereiten. Als Friedrich Wilhelm zehn Jahre später im Alter von zweiundfünfzig Jahren starb, ein kranker und von seinem unermüdlichen Einsatz erschöpfter Mann, hatten er und sein Sohn sich ausgesöhnt. Doch bei Friedrich hatten die unglückliche Kindheit und die traumatischen Ereignisse von 1730 spürbare Narben hinterlassen. Er hatte gelernt, sich eisern zu disziplinieren, sich mutig gegen widrige Umstände zu stellen und aus einem tiefen Selbstvertrauen Kraft zu schöpfen, hatte aber auch dunklere Charakterzüge entwickelt: Verschlagenheit, einen gründlichen Zynismus und eine Verschlossenheit, die ihn zu einem ewig Einsamen machen sollte.

Wie immer die Persönlichkeit Friedrichs sich aus dem komplexen Zusammenwirken von Anlage und Umwelt, Begabung, Ausbildung und geschichtlicher Chance erklären lassen mag, sie faszinierte seine Zeitgenossen und sicherte ihm eine prägende Rolle in der Geschichte seines Staates. Spätestens in der zweiten Hälfte seiner langen Regierungszeit wurde er zu einer Art Touristenattraktion:

Reisende besuchten Berlin in der Hoffnung, ihn sehen oder gar ansprechen zu können. James Boswell etwa beobachtete ihn im Sommer 1764 beim Spazierengehen in Potsdam und war tief beeindruckt von der Einfachheit seines Auftretens und von seiner Aura »eisernen Selbstvertrauens«. Goethe war kein Freund seiner Politik, zeigte sich aber von seiner Persönlichkeit höchst eingenommen und pries ihn als eine wahrhaft heroische Gestalt. Bald nach seinem Tod wurde der Große Friedrich zur Legende. Georg Friedrich Rebmann, der sich später in die Dienste des revolutionären Frankreich stellte, erlebte bei einem Besuch in der preußischen Hauptstadt 1793 mit tiefer Bewegung Momente der Erinnerung an Friedrich, eine Erfahrung, die er mit dem Besuch von Schauplätzen klassischer Heldentaten in Rom verglich. Der praktische Beitrag, den Friedrich der Große zur »Karriere« seiner Dynastie leistete, war sicherlich geringer als der des Großen Kurfürsten, und um den Aufschwung preußischer Institutionen machte er sich nicht so verdient wie Friedrich Wilhelm I. Doch als Symbol und Personifizierung seines Staates war er der Bedeutendste von allen. Seine Heldentaten und, wichtiger noch, deren historische Aufbereitung gab den Preußen endlich ein Gefühl für Sinn und Richtung. Friedrich der Große wurde für sie zum Beweis wie zur Verheißung ihrer eigenen Größe. Dennoch war das Vermächtnis, das Friedrich hinterließ und das die weitere Geschichte nachhaltig prägte, facettenreich und zwiespältig. Wie so oft bei Nationalhelden, gerieten auch in seinem Fall die Bewunderer in Streit über das historische Wesen und die aktuelle Bedeutung seines Heldentums. Als die Zeit kam, ihm und seinen Errungenschaften ein Denkmal zu setzen, stritten sich die Nachfahren Friedrichs heftig darüber, ob er als aufgeklärter Denker, als politischer Reformer oder als militärischer Eroberer dargestellt werden sollte.

Zu Beginn seiner Amtszeit hegten nachdenkliche Leute die Hoffnung, Friedrich II. werde sich zum Vorreiter der Werte der Aufklärung machen. Von Kindesbeinen an hatte er sich für Literatur und Philosophie interessiert; nach seiner Eheschließung im Jahr 1735 hatte sich der Kronprinz für vier Jahre auf sein Schloß Rheinsberg zurückgezogen und dort viel gelesen, über verschiedene Themen geschrieben und mit einigen der besten Köpfe seiner Zeit korrespondiert. Voltaire deutete in seinem ersten Brief an den neuen König die Hoffnungen und Erwartungen aufgeklärter Denker an, indem er die Anrede »Votre majesté ou votre Humanité« benutzte und hinzufügte: »Die Franzosen sind alle Preußen geworden.« Auch nach 1740, als König, schrieb Friedrich noch eine ganze Menge, und bei aller Skepsis gegenüber Wilhelm Diltheys übermäßig enthusiastischer Einschätzung, Friedrich habe zu den vier größten Autoren seiner Generation gehört, kann man ihm attestieren, daß er außerordentlich gut schrieb, vor allem wenn man bedenkt, wieviele andere Dinge er zu tun hatte. Als König förderte Friedrich das Geistesleben in allen Teilen seines Reiches, hauchte der Preußischen Akademie neues Leben ein, verbesserte das Bildungswesen und förderte verschiedene kulturelle Einrichtungen. Er wurde in ganz Europa wegen seiner Toleranz gerühmt, vielleicht weil er sich besonders tolerant gegenüber Ausländern zeigte. Jean Jacques Rousseau hatte in seinem Zimmer ein Bild des Preußenkönigs hängen und flüchtete einmal in die preußische Enklave Neuenburg, überzeugt, dort sichere Zuflucht zu finden. Neuenburg war auch der Ort, wo das sprichwörtlich gewordene Produkt der Aufklärung aufgelegt wurde: die Encyclopédie. »In diesem Betracht«, verkündete Immanuel Kant, »ist dieses Zeitalter das Zeitalter der Aufklärung, aber das Jahrhundert Friedrichs. Ein Fürst, der es seiner nicht unwürdig findet, zu sagen: daß er es für Pflicht halte, in Religionsdingen den Menschen nichts vorzuschreiben, sondern ihnen darin volle Freiheit zu lassen, der also selbst den hochmütigen Namen der Toleranz von sich ablehnt: ist selbst aufgeklärt und verdient, von der dankbaren Welt und Nachwelt als derjenige gepriesen zu werden, der zuerst das menschliche Geschlecht der Unmündigkeit, wenigstens von seiten der Regierung, entschlug, und jedem freiließ, sich in allem, was Gewissensangelegenheit ist, seiner eigenen Vernunft zu bedienen.« Der Staatsbegriff Friedrichs des Großen war von aufgeklärten Ideen geprägt. Für die zeremoniellen Aspekte des Königtums hatte er noch weniger übrig als sein Vater. Da die Religion ihn kalt ließ, konnte er mit einem Verständnis von gottgegebener Pflicht und Verantwortung, wie Friedrich Wilhelm es gepflegt und zu einem Grundstein seiner Staatsauffassung gemacht hatte, nichts anfangen. Er schien zudem keinen großen Wert auf die Zukunft der Dynastie zu legen, gab sich jedenfalls wenig Mühe, einen direkten Thronerben zu zeugen. Wie sein Bewunderer und Rivale, Joseph II., glaubte Friedrich, seine Autorität resultiere aus dem Staat selbst, nicht aus Ritualen oder aus dem Willen Gottes oder auch nur aus dem königlichen Blut, das in seinen Adern floß. Monarch und Volk waren in seinen Augen durch die Gesetze des Staates gebunden, mußten diesem nach besten Kräften dienen und sich seinen Zwecken unterordnen.

Friedrich tat manchmal Dinge, die den Eindruck vermittelten, er sehe in der Verbesserung der Lebensumstände seiner Untertanen die wichtigste Aufgabe des Staates. Wie könnten schließlich, fragte er einmal, Menschen ihr Land lieben, wenn es nichts für sie tue? So verwendete er einen Teil seiner Zeit und Energie darauf, die materiellen Lebensbedingungen in seinen Ländern zu verbessern, besonders nach den schrecklichen Verheerungen des siebenjährigen Krieges. Er förderte Unternehmensgründungen, finanzierte wirtschaftliche Innovationen und startete eine massive Besiedlungskampagne, die 30.000 Neubürger in die preußischen Provinzen strömen ließ. Auf seinen Privatdomänen stellte er vielen seiner Bauern Landparzellen zur Verfügung und befreite sie von ihren Fron- und Abgabepflichten. Doch bei all jenen Errungenschaften ließ sich schwerlich behaupten, Friedrich habe im Staat bloß ein Werkzeug zur Verbesserung der öffentlichen Wohlfahrt gesehen. Oft genug machte er deutlich, daß die Menschen sich in den Dienst der Ziele des Staates zu stellen hatten und nicht umgekehrt.

Er betrachte seine Untertanen wie eine Herde auf dem Gut eines Adligen, schrieb er einmal an Voltaire. Ihre einzige Aufgabe bestehe darin, sich zu vermehren und den Raum zu besiedeln – sowie nötigenfalls, hätte er hinzufügen können, für den Staat zu kämpfen und zu sterben, wenn sie zu den Waffen gerufen wurden.

Aller zeremoniellen, religiösen und dynastischen Funktionen entkleidet, stellte sich der friderizianische Staat als ein sich selbst reproduzierendes Machtinstrument dar. »Das erste Augenmerk eines Fürsten muß sein, sich zu halten«, schrieb Friedrich 1768 in seinem Testament, »das zweite, sich zu vergrößern.« Aufklärung und öffentliche Wohlfahrt standen mit auf seinem Programm, doch im innersten Kern seiner Herrschaft wirkten Motive, so alt wie die menschliche Gesellschaft: das Verlangen nach Macht, Ruhm und Eroberung. Wenige Monate nachdem er König geworden war, führte Friedrich II. seinen ersten Krieg, indem er seine Armeen in Schlesien einmarschieren ließ und seinem Herrschaftsbereich eine wohlhabende Provinz einverleibte, womit sich die Zahl seiner Untertanen auf einen Schlag von 2,5 auf 4 Millionen erhöhte. Schlesien war eine leicht zu erjagende Beute, doch es festzuhalten, kostete schmerzhafte Anstrengungen. Zweimal in den vierziger Jahren und dann noch einmal im Siebenjährigen Krieg von 1756 bis 1763 suchten die Habsburger den Kampf, um sich die verlorene Provinz zurückzuholen; jedesmal wurden sie besiegt, unter hohen Kosten.

In den drei Kriegen zeigte sich Friedrich als begabter Stratege und glänzender Feldherr. Dank seiner Bereitschaft, von der konventionellen Kampfweise mit ihrer Betonung auf Ordnung, Linie und Manöver abzugehen und statt dessen auf zügige, energische Angriffsaktionen zu setzen, konnte er etliche imposante Siege erringen. So fügte er bei Roßbach einer gemischten französisch-österreichischen Streitmacht schwere Verluste zu, während die eigenen Truppen fast unversehrt blieben. Einen Monat später lieferte er bei Leuthen nach dem Urteil Napoleons »ein Meisterstück an Bewegung, Manövern und Auflösung« ab und besiegte eine allerdings schlecht geführte kaiserliche Streitmacht. Friedrichs kühnste Schlachten eröffnen durch einige ihrer Phasen einen Ausblick auf die strategische Revolution, die sich in den Jahrzehnten nach seinem Tod vollziehen sollte. In seinem strategischen Denken verharrte er freilich weitgehend im Rahmen der herkömmlichen Kriegführung und akzeptierte deren Annahmen über die natürlichen Obergrenzen für den Umfang von Streitkräften und ihre Mobilität. Derartige Beschränkungen verhinderten häufig, daß Friedrich seine auf dem Schlachtfeld errungenen Siege in gewonnene Kriege umsetzen konnte; nach den Siegen von Roßbach und Leuthen zum Beispiel zogen sich die Kriegshandlungen noch weitere fünf Jahre hin. Ebensowenig vermochten dadurch Friedrichs Gegner, den vollen Nutzen aus seinen häufigen Niederlagen zu ziehen.

Die zentrale Bedeutung des Krieges für den friderizianischen Staat prägte die Weltsicht des Königs, etwa sein Verständnis von gesellschaftlicher Ordnung. Seine einfachen Untertanen würden, so war er überzeugt, nur kämpfen, wenn man sie dazu zwang; deshalb mußten die Soldaten einer eisernen Disziplin unterworfen und beständig eingeschüchtert werden. Dagegen waren die Offiziere durch Appell zu motivieren, ihre persönliche Ehre und ihr Streben nach Ruhm im Auge zu behalten, Qualitäten also, die sich nur in den Reihen des Adels fanden. Eine starke, loyale Aristokratie war ein Gebot der militärischen Notwendigkeit. Friedrich II. ging, um seine adligen Gefolgsleute zu stärken, so weit, daß er ihnen Kredite gewährte, das ausschließliche Recht auf Großgrundbesitz einräumte und ihnen ihre feudalen Privilegien gegenüber der Bauernschaft beließ. Zugleich versuchte er die Kluft zwischen dem Adel und der übrigen Gesellschaft zu verbreitern, indem er ersterem alle »nicht standesgemäßen« wirtschaftlichen und unternehmerischen Betätigungen untersagte. Im preußischen Offizierskorps war ein Adelsprädikat Voraussetzung für eine Karriere. Am Ende von Friedrichs Regierungszeit bestand sein Offizierskorps zu neunzig Prozent aus Aristokraten; die Nicht-Adligen, die im Verlauf des Siebenjährigen Krieges ein Offizierspatent erhalten hatten, waren entweder zwangspensioniert oder zu ungeliebten Artillerie-, Mineurs- oder Versorgungseinheiten versetzt worden. Dank der ihnen großzügig gewährten Zuwendungen und Privilegien, dank ihrer Karrierechancen im Heer und in der Zivilverwaltung, am meisten aber vielleicht dank des gemeinsamen Erlebnisses von Gefahr, Tod und Sieg auf dem Schlachtfeld entwickelten die Mitglieder der preußischen Adelskaste eine starke Loyalität zum König und zu dem von ihm verkörperten Staat. Gewiß hielten sich Gegensätze zwischen Staat und Ständen, ebenso der von altersher entwickelte Interessenegoismus der grundbesitzenden Elite. Gleichwohl eignete sich der preußische Adel unter Friedrich dem Großen eine von Pflichterfüllung geprägte Haltung zum Staatsdienst an, die Bestandteil seiner kollektiven Identität blieb, solange er als gesellschaftliche Gruppe Bestand hatte.

Friedrichs Vorliebe für Aristokraten machte sich auch im zivilen Verwaltungsapparat bemerkbar, wo Titel und Familienbeziehungen die Beförderungschancen eines Beamten verbesserten. Anders jedoch als im Heer oder in der Lokalverwaltung, stieß der Adel innerhalb der Staatsverwaltung auf mächtige Gegenkräfte. In der zweiten Hälfte des 18. Jahrhunderts umfaßte das, was zuweilen die preußische »Kernverwaltung« genannt wird, mehrere hundert Beamte. Unter Friedrich nahm sie an Umfang und Bedeutung zu. Der Erwerb neuer Territorien, das zunehmende Engagement des Staates im Bildungsbereich und in der Wirtschaft und die mit den beständigen Feldzügen einhergehenden außerordentlichen Anforderungen führten dazu, daß immer mehr Beamte und immer neue bürokratische Organisationsformen gebraucht wurden. Obwohl persönliche, gesellschaftliche und aufgabenbezogene Rivalitäten zahlreiche Bruchlinien innerhalb der Beamtenschaft entstehen ließen, verband die Gesamtheit der Staatsdiener ein Gefühl kollektiver Identität, erzeugt und vermittelt durch die Art ihrer Rekrutierung, Ausbildung und Erfahrung. Diese Identität konnte in manchen Fällen und bei manchen Gelegenheiten stärker sein als gegenläufige Werte und Interessen. Es war, kurz gesagt, eine Bürokratie mit einem sich entwickelnden gesellschaftlichen und politischen Eigeninteresse entstanden.

Friedrich II. begriff, daß eine selbstbewußte Bürokratie zu einer Gefahr für seine eigene Autorität werden konnte. Die Verwandlung »königlicher Diener« in »Staatsdiener« registrierte er, der seinen Drang nach persönlicher Herrschaft von seinem Vater geerbt hatte, als Bedrohung. Anders als Friedrich Wilhelm machte Friedrich jedoch gar nicht erst den Versuch, den expandierenden Verwaltungsapparat durch eine Zentralisierung der Verantwortlichkeiten an die kurze Leine zu nehmen. Er rief statt dessen neue Abteilungen ins Leben, übersprang bestehende Kommandostrukturen und ließ sogar die Abtretung gewisser Befugnisse an lokale Institutionen zu. Das hatte zur Folge, daß die gesamte Verwaltung fragmentarische und unsystematische Züge entwickelte. Einem Mann von der Intelligenz und Tatkraft Friedrichs gelang es zeitweise, diese Maschinerie zum Laufen zu bringen, doch hatte er sie längst nicht so gut im Griff, wie konventionelle Darstellungen seines Regierungsstils es glauben machen wollen. Oft mußte er, um Dinge erledigt zu bekommen, seine Spitzenbeamten entweder persönlich bearbeiten oder aber umgehen, und selbst wenn sie mitzogen, war es angesichts eines dünnen Netzes schlecht ausgebildeter und überarbeiteter Subaltern-Beamter, von denen sich viele dieser oder jener weit von Berlin entfernten Gruppe oder Gemeinde verbunden fühlten, alles andere als selbstverständlich, daß seine Anweisungen befolgt wurden. Was lokal und regional an tatsächlicher Politik gemacht wurde, verrät häufig, daß die Weisungen des Königs umgedeutet, auf die lange Bank geschoben oder einfach ignoriert wurden. Ein Beamter hielt 1749 die Bemerkung fest, die königlichen Verordnungen liefen immer Gefahr, in den Sphären einer »platonischen Republik« hängen zu bleiben, »gut auf dem Papier, aber unmöglich in die Tat umzusetzen«.

Welche Reibungsverluste zwischen Anweisung und Vollzug, zwischen Theorie und Praxis entstanden, läßt sich an Friedrichs bedeutendster und dauerhaftester politischer Reform erkennen: an der Neuordnung des preußischen Rechtswesens. Wie Joseph II. wollte Friedrich einen neuen Rechtsprechungskörper ins Leben rufen, ein vom Staat abgespaltenes und seiner Oberaufsicht unterliegendes Organ. Er begann mit dem Gerichtswesen, das unter Leitung von Samuel von Cocceji reorganisiert und erheblich verbessert wurde. Von Cocceji, ein altgedienter Jurist, trat 1746 an die Spitze des Justizministeriums und blieb dort, bis er neun Jahre später im Alter von achtundsiebzig Jahren starb. Friedrich wollte außerdem ein neues Gesetzbuch, ein »Meisterstück des menschlichen Geistes« in der Art einer Uhr, »in der alle Zahnräder nur einem einzigen Zweck dienen«. Die Erstellung eines Codex' erwies sich freilich in Preußen, wie in Österreich, als eine Aufgabe von immenser Komplexität, nicht nur wegen der Vielzahl von Tatbeständen, die es abzudecken galt, und wegen der Vielfalt der zu berücksichtigenden Interessen, sondern auch weil Friedrich und seine juristischen Berater mit zwiespältigen Absichten und unvereinbaren Zielsetzungen an die Sache herangingen. Sie wollten einerseits einen uhrwerkartigen, systematischen Rechtscodex, andererseits bestehende Sonderrechte und gesellschaftliche Privilegien bewahrt sehen. Das Ergebnis ihrer Bemühungen, das 1794, acht Jahre nach dem Tod des Königs, in Kraft getretene »Allgemeine Landrecht«, bekannte sich in seinen allgemeinen Teilen zum Grundsatz der Einheitlichkeit und Rechtsgleichheit, verletzte dieses Prinzip aber im einzelnen unablässig durch zahllose Ausnahmen, Sonderklauseln und Einschränkungen. Wie Günter Birtsch geschrieben hat, war das, was im preußischen Landrecht zum Ausdruck kam, ein Zwitter aus absolutistischem Staatsverständnis und Bewahrung ständischer Rechte.

Wilhelm Dilthey hat in seinem faszinierenden Aufsatz über das »Allgemeine Landrecht« darauf hingewiesen, daß das 18. Jahrhundert bestrebt war, seinen aufklärerischen Geist gerade auf dem Gebiet des Rechts in die Praxis zu übersetzen, genau wie die frühe Kirche den Geist ihrer Religion in die konkrete Form des Dogmas zu gießen versuchte. Diltheys Einsichten sind tief wie immer, obwohl er unterschätzt, welche internen Spannungen und Beschränkungen die rechtlichen Errungenschaften des politischen Geistes beeinträchtigten. Im Streben nach einer Reform des Rechts kam das Verlangen des Staates zum Ausdruck, die traditionelle rechtliche Autarkie universalistischer Einheiten wie des alten Reiches und einzelner lokaler Inseln zu überwinden, die einen auf Gewohnheit oder gewährten Privilegien beruhenden Sonderstatus genossen – Zünfte, Städte, ständische Gremien und religiöse Gemeinschaften. Darüber hinaus wollten die Rechtsreformer einen neuen Typ des Untertanen kreieren, einen Staatsbürger, wie es im Deutschen bezeichnenderweise heißt, der sich unabhängig von den partikularistischen Zugehörigkeiten zu Familie, Kaste oder Gemeinde definieren sollte. Der Staat verhieß diesem Bürger Freiheit von den Beschränkungen seitens der überkommenen Institutionen und verlangte von ihm die Bereitschaft, seine Gesetze zu achten, Steuern zu bezahlen und in den Streitkräften zu dienen.

Kein vorrevolutionärer Staat war in der Lage, diese emanzipatorischen Verheißungen zu erfüllen oder das anvisierte Maß an staatlicher Kontrolle zu erreichen. Sowohl das alte Reich blieb Realität als auch die aus der feudalen Welt der Herrschaft stammenden Zwischeninstanzen; während ersteres die Souveränität der neuen Staaten von außen einschränkte, schwächten letztere sie von innen her. Die meisten Staaten waren nach wie vor aus Ländern zusammengefügt, die sich in manchen Dingen eigenständige Macht bewahrt hatten. Und jeder Staat, ob groß oder klein, verfügte noch über ständische Institutionen, denen die Zentralgewalt ihren Willen nicht aufzwingen wollte oder konnte. Die uneingelösten Ambitionen und impliziten Kompromisse, die im preußischen »Allgemeinen Landrecht« einen deutlichen Niederschlag fanden, hatten ihre Entsprechungen in allen anderen Staaten Mitteleuropas.

Gesellschaft im 18. Jahrhundert

Als Goethe 1765 von Frankfurt nach Leipzig umzog, um Jura zu studieren, verrieten ihn seine Kleider, seine Sprache und seine Manieren als »Ausländer«; einige weibliche Begleiterinnen gaben ihm, nicht allzu galant, zu verstehen, er sehe aus wie einer aus einer anderen Welt. Karl Heinrich Ritter von Lang erlebte Ähnliches, als er in den siebziger Jahren mit seiner Familie von einem schwäbischen Dorf in ein anderes übersiedelte; obwohl sie nicht länger als vier Stunden unterwegs waren, fanden die Langs sich auf einer »Insel von anderer Sitte, Sprechart und menschlicher Sippe« wieder. Dasselbe erlebte Georg Forster 1791 auf seiner Reise durch das Rheinland. Er registrierte, daß selbst die Einwohner benachbarter Städte wie Boppard und Andernach sich in ihrer Sprache und ihrem Verhalten deutlich unterschieden. Nirgendwo, schrieb Adolf von Knigge, sei es schwieriger, sich richtig zu benehmen, als in Deutschland, denn »nirgends vielleicht herrscht zu gleicher Zeit eine so große Mannigfaltigkeit des Conversationstons, der Erziehungsart, der Religions- und anderer Meinungen, eine so große Verschiedenheit der Gegenstände, welche die Aufmerksamkeit der einzelnen Volks-Classen in den einzelnen Provinzen beschäftigen«.

Die Diversität des Sozialverhaltens war sowohl Ausdruck der rückständigen Verkehrs- und Kommunikationsverhältnisse in Mitteleuropa als auch ein diesen Zustand perpetuierendes Moment. Goethes Reise von Frankfurt nach Leipzig war eine einzige Abfolge von Verspätungen und Beschwerlichkeiten. Trotzdem konnte er sich noch glücklicher schätzen als Casanova, der einmal drei lange Tage benötigte, um eine Wegstrecke von rund siebzig Kilometern zurückzulegen. Im günstigsten Fall brauchte man von Berlin nach Frankfurt am Main neun Tage, von Augsburg nach München zwei. Aber das ließ sich höchst selten bewerkstelligen, am wenigsten auf jenen legendären Schreckensetappen, die die erfahrenen Reisenden zu fürchten gelernt hatten. Dazu gehörte die steile und gefährliche Paßstraße zwischen Böhmen und Sachsen, auf der Lady Montagu 1716 in Todesangst geriet und die sich nicht merklich gebessert hatte, als Nathaniel Wraxall sechzig Jahre später dieselbe Reise machte. Reisen per Schiff waren Überlandfahrten in der Regel vorzuziehen, obwohl auch die Flußschiffahrt unter verkehrstechnischen Unwägbarkeiten und politischen Schikanen zu leiden hatte. Eine Fahrt rheinabwärts von Mainz nach Köln dauerte dreißig Stunden; in der Gegenrichtung mindestens drei Tage. Um auf der Donau von Regensburg nach Wien zu gelangen, brauchte man fast sechs Tage. Denjenigen, die ohne die Bequemlichkeiten auskommen mußten, die sich allein die wirklich Reichen leisten konnten, kam zuweilen sogar eine Reise, die zügig vonstatten ging, wegen mangelnder Qualität der Fahrzeuge und Unterkünfte unerträglich lang vor. Boswell beschrieb die deutsche Postkutsche als ein »barbarisches« Vehikel. »Sie ist nichts weiter als eine große, auf sehr hohen Rädern montierte Karre, die die wunderbarsten Sprünge vollführt. Sie hat keine Abdeckung, und drei oder vier querliegende Dielenbretter dienen als Sitzbänke.« Nach einem Reisetag auf einem solchen Gefährt fand der Fahrgast Unterkunft in einem schmuddeligen, unhygienischen Gasthof, dessen Küche den zähesten Magen auf eine schwere Probe stellte. Kein Wunder, daß deutsche Abenteuerschriftsteller sich nicht bemüßigt fühlten, ihre Protagonisten in exotische Länder zu schicken. Ein Autor wie Johann Hermes konnte das Mägdelein Sophie auf der Reise von Memel nach Sachsen mehr als genug Kalamitäten erleben lassen.

Die kläglichen Verkehrsverbindungen der traditionellen Gesellschaft hielten die Menschen nicht vom Reisen ab. Die Reichen suchten in der Fremde Zerstreuung und Abenteuer, die Armen Arbeit und Brot. Die mit dem Reisen verbundenen Beschwerlichkeiten hemmten jedoch die Entstehung dauerhafter, über das Dorf, die Stadt oder die Region hinausreichender Verbindungen. Ohne solche war aber an einen reibungslosen Austausch von Kapital, Arbeit oder Gütern nicht zu denken, konnte keine eng verflochtene Gesellschaft oder Wirtschaft entstehen. Austauschbeziehungen, die über den lokalen Umkreis hinausreichten, entwickelten sich erst allmählich im Verlauf des 18. Jahrhunderts. Der Anstoß dazu kam teilweise von Handel und Gewerbe, teilweise von den politischen Kräften und teilweise von den kulturellen Entwicklungen. Alles in allem gab es am Ende des 18. Jahrhunderts allenfalls erste Anfänge eines institutionalisierten, die verschiedenen deutschen Länder verbindenden Verkehrsnetzes. Die meisten Deutschen waren nach wie vor zu einem provinziellen Insulanerdasein verurteilt oder sahen sich gezwungen, auf der verzweifelten Suche nach einer Welt, die einen Platz für sie bereithielt, die Wanderstiefel zu schnüren.

Merkmale der traditionellen Sozialordnung

»Die Erinnerung an die Geburt und die Erwartung des Todes«, hat Edward Morgan Forster einmal geschrieben, »sind in jedem menschlichen Wesen immer latent gegenwärtig; sie helfen ihm, sich als separates Individuum zu definieren, und verleihen ihm daher auch die Fähigkeit zum Umgang mit ihnen.« In der traditionellen Gesellschaft waren Geburt und Tod gesellschaftliche Ereignisse, die eher die Zusammengehörigkeit der Menschen bekräftigten als ihre Individualität. Fruchtbarkeit und Sterblichkeit, namentlich das zwischen ihnen bestehende Zahlenverhältnis, waren Ausdruck und Wirkfaktor des einer Gemeinschaft vorgezeichneten Schicksals. Ein Rückgang der Geburtenzahl oder ein unnatürlicher Anstieg der Todesfälle waren Indizien einer Notlage durch Hunger, Pest oder Krieg. Ein Bevölkerungsrückgang konnte allerdings auch neue Zukunftschancen bringen, etwa für verwaiste Äcker, die der Bebauung harrten, verwitwete Frauen, die einen neuen Mann suchten, Meister, die Lehrlinge brauchten. Umgekehrt galt: Eine Steigerung der Geburtenrate und ein Rückgang der Sterblichkeit waren Anzeichen aktuellen Wohlstands, zugleich jedoch Vorboten zukünftigen Mangels. Irgendwann würden zu viele Menschen da sein und nicht genug Land, Lebensmittel oder Arbeit für alle. Die zweite Hälfte des 18. Jahrhunderts war gekennzeichnet vom Bemühen der Gemeinwesen, auf diese unregelmäßige Abfolge von Entbehrung und Überfluß zweckmäßig zu reagieren. Wenn infolge einer Katastrophe der Wettbewerb um die vorhandenen Ressourcen sich entspannte, erhöhten sich die Geburtenzahlen, weil mehr Menschen es sich leisten konnten zu heiraten, oder weil mehr Menschen früh heirateten. Wenn der Wettbewerb hingegen sehr scharf wurde, ging die Anzahl der Heiraten zurück; mehr Menschen zogen fort, die Bevölkerung schrumpfte. Hinter allen Zahlen über Eheschließungen und Wanderungsbewegungen, hinter den auf den Diagrammen eingezeichneten Fruchtbarkeits- und Sterblichkeitskurven verbirgt sich die weitgehend ungeschriebene Geschichte von Hoffnungen und Enttäuschungen, Kämpfen und Rückschlägen, Glück und Elend zahlloser Menschen.

Zu Beginn des 17. Jahrhunderts lebten in deutschen Landen zwischen 15 und 20 Millionen Menschen; fünfzig Jahre später war ihre Zahl um bis zu 30 oder 40 Prozent geschrumpft. Der Dreißigjährige Krieg mit seinen Kämpfen, Verwüstungen, Hungersnöten und Seuchen hinterließ in der sozialen Landschaft Narben, die erst nach Jahrzehnten verheilt waren. In Pommern, Brandenburg und der Pfalz wurden ganze Städte weitgehend entvölkert, ganze Dörfer aufgegeben, Felder nicht mehr bestellt. Augsburg hatte im Jahr 1600 rund 50.000 Einwohner gehabt; fünfzig Jahre später waren es nicht einmal mehr 20.000, und erst im 19. Jahrhundert erreichte die Stadt wieder ihre frühere Größe. Noch dramatischere Einbrüche gab es in Württemberg. Das Fürstentum zählte 400.000 Bewohner, als es in den dreißiger Jahren vom Krieg heimgesucht wurde; am Ende des Jahrzehnts war von dieser Bevölkerung nicht einmal der vierte Teil übrig. Die vom Krieg verursachten Verheerungen waren sehr ungleich verteilt. Manche Gebiete, zum Beispiel die Alpentäler, Teile Sachsens und das Rheinland, blieben nahezu unversehrt. Andere Gegenden profitierten sogar vom Krieg. Hamburg zum Beispiel wuchs im Verlauf der ersten Jahrhunderthälfte von 40.000 auf 50.000 Bewohner.

Wie im übrigen Europa, brach auch in den deutschen Ländern um die Mitte des 18. Jahrhunderts eine neue demographische Ära an. Fast überall kam es damals zu einer merklichen Beschleunigung des Bevölkerungswachstums. Zum ersten Mal in der Menschheitsgeschichte hielt dieser Wachstumstrend langfristig an, ungebrochen durch größere Krisen und Katastrophen.

Während die Sozialgeschichtler sich über die große Bedeutung dieser »demographischen Revolution« einig sind, gibt es bei der Frage nach den Ursachen

Meinungsverschiedenheiten und Unklarheiten. Die meisten räumen heute ein, daß die Revolution nicht in erster Linie durch einen Wandel im Bereich der Fruchtbarkeit oder der Geburtenrate hervorgerufen wurde; die verfügbaren Daten lassen nicht den Schluß zu, daß etwa die Frauen nach 1750 mehr Kinder gebaren, früher heirateten oder zu einem höheren Prozentsatz heirateten als vorher. Wenn dies der Fall war, dann nicht in einem ausreichenden Ausmaß, um einen signifikanten demographischen Trend auszulösen. Wenn Fruchtbarkeit und Geburtenrate als Ursachen ausgeschlossen werden können, muß des Rätsels Lösung in einer beachtenswerten Veränderung der Sterblichkeitsrate liegen. Nach modernen Maßstäben blieb die durchschnittliche Lebenserwartung zwar bis weit ins 19. Jahrhundert hinein erschreckend niedrig, doch seit 1750 scheint sich in der Tat eine »Stabilisierung der Sterblichkeit«, wie Michael Flinn es genannt hat, konstatieren zu lassen. Über die Ursachen dafür herrscht keine Klarheit. Aus irgendeinem Grund trat die Beulenpest nicht mehr als Geißel der west- und mitteleuropäischen Bevölkerung auf. Hinzu kam eine Reihe für sich genommen unscheinbarer Verbesserungen im Hygiene- und Ernährungsbereich, die die Lebenserwartung der Menschen ein wenig erhöhten. Welche Faktoren für die »demographische Revolution« wirklich entscheidend waren, bleibt jedoch nach wie vor ein Geheimnis. Louis Henry, einer der bedeutendsten Demographen unserer Zeit, war bescheiden genug, einzuräumen, daß »wir noch immer nicht wissen, ob dieser Rückgang der Katastrophen ein Verdienst des Menschen war, beispielsweise eine Folge des wirtschaftlichen Fortschritts, oder einfach eine glückliche Fügung«.

Die »demographische Revolution« vollzog sich, wie kaum anders zu erwarten, ungleichmäßig. In Österreich und Preußen stieg die Bevölkerung ziemlich rasch an, mit einer Jahresrate von 0,84 beziehungsweise 0,86 Prozent; in Bayern herrschte dagegen Stagnation oder sogar ein leichter Bevölkerungsrückgang. Innerhalb Preußens gab es bedeutsame regionale Diskrepanzen. Die Bevölkerung Pommerns wuchs im Laufe des 18. Jahrhunderts um 138 Prozent, die Schlesiens um 100 Prozent, die Ostpreußens um 132 Prozent; in den von Anfang an dichter besiedelten westlichen preußischen Besitzungen fiel das Wachstum weit geringer aus. Solche erheblichen regionalen Unterschiede waren fast immer das Ergebnis von Wanderungsbewegungen. Dazu kamen allerdings bedeutsame Unterschiede in bezug auf Fruchtbarkeit und Sterblichkeit. So führte in Bayern eine verbreitete Abneigung gegen das Stillen zu einer mörderisch hohen Säuglingssterblichkeit. In Preußen war die durchschnittliche Kinderzahl pro Familie etwas höher als im Süden Deutschlands. Das Heiratsalter und die relative Ehehäufigkeit – in einer Zeit ohne Empfängnisverhütung zwei sehr wirksame demographische Faktoren – konnten ebenfalls stark variieren. Wie Jacques Hudaille festgestellt hat, schwankte der Anteil der unverheirateten Erwachsenen zwischen 19 und 29 Prozent in Bayern und zwischen 3 und 11 Prozent in Hessen.

Hinter diesen geographischen Unterschieden und Ungleichzeitigkeiten verbarg sich eine fundamentale Tatsache, der sich alle Europäer des 18. Jahrhunderts zu stellen hatten: Mit dem Tod mußte man in jedem Lebensalter rechnen. Die früheste Kindheit war die gefährlichste Zeit im Leben eines Menschen. In manchen Gegenden starb jedes dritte Kind vor Vollendung des ersten Lebensjahrs; nur wenig mehr als die Hälfte aller geborenen Kinder wurde zehn Jahre alt. Das bedeutete, daß die Lebenserwartung eines Zehnjährigen beträchtlich höher war als die eines Neugeborenen: 39,9 gegenüber 33,5 Jahre nach den berühmt gewordenen Berechnungen Edmond Halleys auf der Grundlage von Daten aus dem Breslau des späten 17. Jahrhunderts. Hungersnöte, Epidemien und Krankheiten, Arbeitsunfälle oder Komplikationen bei der Kindsgeburt lichteten die Reihen jeder Altersgruppe. Der Anteil derjenigen, die älter als sechzig wurden, lag irgendwo zwischen 5 und 10 Prozent. Nur die wenigsten erreichten das Alter, das nach heutigen Maßstäben den Beginn des Lebensabends markiert.

Oft genug traf der Tod ein Gemeinwesen oder eine Region in Form einer Seuche. Der Krieg hatte zwar im Vergleich zum 17. Jahrhundert etwas von seinem Schrecken für die Zivilbevölkerung verloren, sorgte aber noch immer für Notlagen und Verwerfungen. So litt Preußen sehr unter den Auswirkungen des Siebenjährigen Krieges, der stellenweise für eine Umkehrung des demographischen Trends sorgte, zum Beispiel in Pommern, dessen Einwohnerzahl von 368.996 im Jahr 1734 auf 339.947 im Jahr 1766 sank. Die Armeen des 18. Jahrhunderts traten zweifellos disziplinierter auf als die Landsknechte Wallensteins, aber oft genug zogen in ihrem Gefolge ebenfalls Hunger und Krankheiten ein. Noch immer taten die Städter gut daran, sich hinter schützenden Mauern zu verschanzen, und die Bauern, ihre Höfe in sicherer Entfernung von potentiellen militärischen Marschrouten zu bauen. Und auch jene andere apokalyptische Geißel, der Hunger, blieb für die meisten Europäer eine reale Bedrohung. Da so viele hautnah am Existenzminimum lebten, konnten Mißernten wie die nach den furchtbaren Wintern von 1708/09 und 1740/41 eine allgemeine Hungersnot hervorrufen. Angesichts der nach wie vor äußerst mangelhaften Verkehrsverbindungen hatten lokale Versorgungsprobleme häufig fatale Folgen. Im Erzgebirge führten mehrere schlechte Ernten dazu, daß 1771/72 der Roggenpreis auf das Zehn- und der Brotpreis auf das Sechsfache stieg. Diejenigen, die schon in guten Zeiten so einigermaßen satt geworden waren, sahen sich gezwungen, ihre gesamte Habe zu verkaufen, um ihr Leben zu retten. Wer nichts zu verkaufen hatte, mußte sich entweder aufs Betteln oder Stehlen verlegen oder verhungern. Kein Wunder, daß die Kurven für die Entwicklung der Nahrungsmittelpreise und die für die durchschnittliche Sterberate oft Parallelitäten aufweisen. Doch selbst ohne Krieg oder Hungersnot als Auslöser konnten Seuchen plötzlich und verheerend zuschlagen. In Berlin zum Beispiel starben 1751 binnen kürzester Zeit fünfhundert Kinder an einer schweren Masernepidemie. Die Windpocken forderten in den siebziger

Jahren in Württemberg das Leben jedes dreizehnten Kindes. Für die Menschen war damals der Tod nicht ein langsam auf den Einzelnen zukommendes Schicksal, sondern ein ständiger Weggefährte.

Vielen Gefährdungen des Lebens standen die Armen beträchtlich wehrloser gegenüber als die Reichen. Die Armen konnten keine Lebensmittelvorräte horten und erst recht keine Goldreserven für den Fall einer Teuerung; sie hatten weder Mauern, hinter denen sie sich zu verstecken, noch einflußreiche Verwandte, deren Hilfe sie in Anspruch zu nehmen vermochten. Ihre Söhne konnten einem Soldatenwerber in die Hände fallen und auf irgendeinen fernen Kriegsschauplatz in die Schlacht geschickt werden. Ihre Töchter liefen Gefahr, irgendeinem hohen Herrn zu gefallen, der sie nach »Gebrauch« hinauswarf und es ihnen überließ, mit dem Geschändetsein ins reine zu kommen. Die Armen waren den Launen der Mächtigen ausgeliefert. Mit den ihnen abgepreßten Steuern finanzierten sie deren Wohlleben. Ohnmächtig und schweigend mußten sie zusehen, wie die Herrschaften bei der Jagd kreuz und quer über ihre Felder ritten.

Manchen Gefahren waren die Reichen ebenso ausgeliefert wie die Armen. Feuer zum Beispiel war eine stets gegenwärtige Bedrohung; ein Brand konnte im Nu ein Dorf oder Stadtviertel einäschern, sogar eine ganze Stadt, wie Neuruppin im Jahr 1797. Der Einzelne konnte kaum etwas tun, um sich gegen Feuer zu schützen. Auch im Krankheitsfall nützte Reichtum nicht viel. Die Kinder der Wohlhabenden wiesen eine fast gleiche Sterblichkeitsquote auf wie die der Armen. In den europäischen Fürstenfamilien des 18. Jahrhunderts, wo das Überleben der Kinder einen denkbar hohen Stellenwert hatte, wurden von je 1.000 Kindern 29 tot geboren, weitere 47 starben während der ersten Woche nach ihrer Geburt, weitere 106 vor Vollendung des ersten Lebensjahrs. Der große österreichische Staatsmann Kaunitz hatte zehn Brüder, von denen keiner das Erwachsenenalter erreichte. Wer an einer schweren Krankheit litt, konnte sich mit Geld sicherlich Erleichterung verschaffen, aber keine Heilung kaufen. Selbst bei den besten Ärzten kam es häufig vor, daß sie ihren Patienten mehr schadeten als halfen, und ihre Therapien waren, ob erfolgreich oder nicht, oft außerordentlich schmerzhaft. Schlechte Zähne, ein falsch verheilter Knochenbruch, nachlassende Sehkraft, schlechte Verdauung, diese und zahlreiche andere Schmerzensquellen oder Beschwerlichkeiten gehörten für viele, vielleicht sogar die meisten Menschen fest zum täglichen Leben.

Ebenso wie in Natur und Gesellschaft, bekamen es die Menschen auch am eigenen Leibe mit Kräften zu tun, die sie weder verstanden noch kontrollieren konnten. Über viele grundlegende Dinge wußten die Europäer zu Beginn des 18. Jahrhunderts offenbar nicht sehr viel mehr als die Bewohner der antiken Welt. Für Medizinstudenten gehörte nach wie vor Galen zur Pflichtlektüre, für Stabsoffiziere Caesar, für angehende Architekten Vitruvius. Man reiste auch noch wie zur Römerzeit auf Straßen, die in manchen Fällen schlechter als die der Römer sein mochten. Im Ackerbau hatte es seit dem Mittelalter kaum Fortschritte gegeben; in anderen Bereichen gab es zwar durchaus eindrucksvolle technische Neuerungen, die jedoch erst vereinzelt und sporadisch zum Einsatz kamen. So blieb der durchschnittliche Europäer des 18. Jahrhunderts, wie Fernand Braudel geschrieben hat, »ein Gefangener, denn eine scharfe Grenze trennt das Mögliche vom Unmöglichen. Vor dem 18. Jahrhundert ist dieser Bereich des Möglichen sehr eng; was der Mensch auch unternimmt, er kann diese Grenze nicht überschreiten, meistens nicht einmal erreichen.«

Die wichtigste Aufgabe der traditionellen Institutionen bestand darin, den Menschen ein Leben innerhalb dieser Begrenzungen und damit ein Überleben in einer feindseligen, unberechenbaren und weitgehend unbeherrschbaren Welt zu ermöglichen. Die Menschen erwarteten nicht etwa, daß die Institutionen der Gesellschaft ihnen halfen, gesund, glücklich und erfolgreich zu werden; solche Erwartungen gehören ausschließlich der modernen Zeit an, sind aus den Ideen des 18. und den Institutionen des 19. Jahrhunderts hervorgegangen. Im traditionellen Europa waren die Menschen schon zufrieden, wenn die gesellschaftliche Ordnung ihnen die schlimmsten Katastrophen ersparte oder zumindest deren Schockwirkung ein Stück weit abfing und Trost und Hilfe spendete, wenn das Schlimmste vorbei war. Man könnte sagen, daß die Institutionen der Gesellschaft dazu da waren, ihre Angehörigen durch die Errichtung wirklicher oder symbolischer Mauern zwischen sich und den draußen lauernden Gefahren und Feinden zu schützen. Unter »Freiheit« war in diesem Kontext nicht ein generelles Recht des Einzelnen zu verstehen, sich in seiner Umwelt nach seinem Belieben zu betätigen, sondern das Recht, eine Reihe genau definierter, an Bedingungen geknüpfter Privilegien sowie den Schutz des Gemeinwesens zu genießen. Diese Rechte oder Freiheiten – in einem bestimmten Waldbezirk Brennholz zu sammeln, eine bestimmte Bodenparzelle zu bebauen, für die Bewohner einer Stadt Schuhe anzufertigen, für einen Fürsten zu musizieren – wurden immer nur den Mitgliedern einer bestimmten Gruppe gewährt; wären sie jedermann zugestanden worden, hätten sie ihre Bedeutung verloren.

Den Kern der traditionellen Sozialordnung bildete die intimste und solidarischste aller menschlichen Einrichtungen: die Familie. In ihr begann und endete, wenn man Glück hatte, das Leben. Wenn jemand außerhalb des Familiendomizils geboren wurde oder starb, zumal in einer öffentlichen Arena oder Einrichtung, ließ das fast immer auf einen Fall von Vertreibung oder Schande schließen. Die Familie sollte dem Einzelnen als innerster und zuverlässigster Schutzwall gegen die Außenwelt dienen. Wie jedes Refugium, bot die Familie nicht nur Schutz, sondern forderte von denen, die ihn in Anspruch nahmen, Gehorsam und Unterordnung. Die Gesellschaftstheoretiker des 19. und 20. Jahrhunderts konstatierten oft den Unterschied zwischen der wirklichen oder vermeintlichen Stabilität der traditionellen Familie und der Instabilität moderner Ehen. Wie so oft bei der Rückschau auf die prämoderne Welt gilt auch für diese Gegenüberstellung, daß sie eher ein Reflex heutigen Unbehagens als eine Anerkenntnis historischer Realitäten ist. Die referierten demographischen Daten machen deutlich, weshalb die traditionelle Familie alles andere als stabil war: Der Familienverband wurde immer wieder erschüttert und auseinandergerissen, vor allem durch den Tod von Kindern, aber auch durch den von Mutter und Vater. Hinzu kam, daß in den meisten Familien die Kindheit kurz war; spätestens im Alter von zwölf oder dreizehn Jahren mußten Knaben wie Mädchen aus dem Haus, um zu arbeiten. Ältere Kinder, die noch beide Elternteile hatten, verließen oft das Zuhause, während ihre Mutter noch weitere Geschwister zur Welt brachte. Diese Instabilität konnte nicht ohne Auswirkungen auf das Gefühlsklima in der Familie bleiben. Wiewohl es sicherlich viele Häuser gab, in denen Kinder und Eltern ein hohes Maß an Liebe und Zuneigung erfuhren, suchte man jene tiefen emotionalen Bindungen und affektiven Projektionen, die man mit der heutigen Kleinfamilie assoziiert, in den damaligen häuslichen Gemeinschaften vergeblich. Der sentimentale Kult um das Kind, der in der Kultur der Romantik und des Biedermeier eine maßgebliche Rolle spielte, war dem traditionellen Denken fremd.

Die meisten Haushalte im westlichen und mittleren Europa gruppierten sich um die sogenannte Kernfamilie, bestehend aus einem Elternpaar und seinen Kindern. Nur selten kam es vor, daß Großeltern oder verheiratete Kinder mit unter dem Familiendach lebten. Von reichen Familien einmal abgesehen, waren die Haushalte in der Regel ziemlich klein; sie umfaßten neben den Eltern und einigen jüngeren Kindern allenfalls noch einige wenige Logisgäste und/oder Bedienstete. Lutz Berkner hat auf die von ihm als »Stammfamilie« bezeichnete, auf eine häufig in ländlichen Gebieten anzutreffende Lebensform, wo das unbewegliche Familienvermögen vollständig einem einzigen Erben und Stammhalter zufiel, hingewiesen. Es trat hier mehrfach die Situation ein, daß es zweckmäßig erschien, dem Erben Haus und Hof zu überschreiben, während der Vererbende noch lebte; letzterem wurde dann ein mehr oder weniger bescheidener Altersruhesitz zugewiesen und ein Lebensunterhalt gewährt, der sogenannte Altenteil. Berkner läßt keinen Zweifel daran, daß dieses Arrangement zumeist wenig mit den idyllischen Vorstellungen von familiärer Eintracht und Solidarität gemein hatte, denen man in nostalgischen Darstellungen des prämodernen Familienlebens zuweilen begegnet; oft genug war das Familienleben von Reibungen und Spannungen zwischen dem Erben und seinen Eltern sowie zwischen ihm und seinen Geschwistern belastet.

Wie groß eine Familie war und welche Atmosphäre in ihr herrschte, hing von wirtschaftlichen und demographischen Faktoren ab. Viel stärker als in moderner Zeit unterlag die traditionelle Familie formenden Einflüssen von außen. Das konnten wirtschaftliche Regelungen sein, unterschiedliche bäuerliche Eigentumsformen oder Pachtmodelle sowie erbrechtliche Bestimmungen; demgegenüber spielten sexuelle Anziehung und persönliche Bedürfnisbefriedigung eine untergeordnete Rolle. Die Familie war weniger eine emotionale als eine wirtschaftliche Gemeinschaft. Der Begriff »Ökonomie« geht bezeichnenderweise auf die griechische Wurzel »Oikos«, »Haus«, zurück und meint die geschlossene Hauswirtschaft. In seinem 1682 erschienenen Werk »Georgica curiosa« behauptete Wolf Helmhard von Hohberg, Ökonomie sei nichts anderes als die kluge Umsicht, derer es bedürfe, um einen Haushalt erfolgreich zu führen. In diesem Buch, das Hohberg als »Oeconomica, Hausbuch, und Wirtschaftsbuch« charakterisierte, widmete er sich den Fragen der Gutsverwaltung, der landwirtschaftlichen Praxis und der Haushaltsführung im weitesten Sinne. Für ihn hingen jene Bereiche insofern eng zusammen, als sie vor allem mit dem Prinzip des sparsamen Wirtschaftens zu tun hatten. Erst allmählich drang der Ausdruck »Familie« in seiner modernen Bedeutung in den Sprachgebrauch ein, parallel zum Bedeutungswandel des Begriffs »Ökonomie«, der am Ende nicht mehr auf den familiären Haushalt angewendet wurde, sondern auf die wirtschaftliche Betätigung unter den Bedingungen eines Marktes. Die sich zwischen Wirtschaft und Familie auftuende terminologische Kluft verweist auf die sich parallel dazu vollziehende Trennung zwischen den produktiven und den reproduktiven Aufgaben der Familie, zwischen Heimstätte und Arbeitsstätte, Zuneigung und Interesse, privatem und öffentlichem Leben.

Im traditionellen Haushalt dominierte der Hausvater. Die Autorität des Vaters, der selbstverständlich »Herr im Haus« war, war ein analoger Teil der übergreifenden gesellschaftlichen Hierarchie, die über den adligen Grundherrn bis zum Fürsten an der Spitze des Staates und weiter bis zu der göttlichen Instanz reichte, die als Quelle aller legitimen Herrschaft galt. Wie andere irdische konnte der Vater seinen Willen kraft seiner elterlichen Gewalt über die Kinder und die anderen Mitglieder seines Haushalts durchsetzen. In allen wichtigen Angelegenheiten war sein Wort Gesetz. »Wacker, der Mann und Hausvater, stellt das wirklich vor, was er von Natur ist – das Haupt seiner Familie, den Herrn in seinem Hause ... Er theilt die sämtlichen häuslichen Geschäfte ein, gibt Acht, ob Jeder sein Pensum verrichte, und hält mit Ernst darauf, daß es geschehe. Er ist deshalb, so viel seine Welt- und Berufslage ihm verstattet, gern zu Hause, um das häusliche Ganze immer vollkommen zu übersehen und zu leiten« (J. M. Miller). Wer in der Außenwelt etwas gelten, im Leben der Gemeinschaft oder seines Standes etwas zu sagen haben wollte, mußte Hausvater sein, allenfalls, aber weit seltener die Witwe eines solchen. Die meisten Zünfte nahmen nur Männer als Vollmitglieder auf, und politische Ämter sowie viele Arbeiten und Berufe waren per Gesetz oder Tradition ebenfalls für Männer reserviert.

Die Hausfrau, die ihre Identität und Autorität von der ihres Mannes ableitete, spielte im Haushalt eine wichtige Rolle. Sie war die Hauptverantwortliche für die Erfüllung der reproduktiven Aufgaben der Familie. Anders als die moderne

Frau, verbrachte sie den größten Teil ihres Erwachsenenlebens mit der Betreuung ihrer oder fremder Kinder. Ihr oblag die Besorgung und Zubereitung des Essens, die Pflege des Heims, die Herstellung und Ausbesserung der Kleider. Viele lebensnotwendigen Gebrauchsgüter wie Seife, Kerzen und andere Utensilien stellte sie entweder selbst oder in Gemeinschaft mit anderen Frauen her. Nur wohlhabende, in der Stadt lebende Familien hatten die Mittel und die Chance, Fertigwaren und zubereitetes Essen zu kaufen. Zusätzlich zu ihren häuslichen Aufgaben beteiligte sich die Hausfrau an den produktiven Aufgaben des Haushalts, nicht nur indem sie etwa für Lehrlinge oder Taglöhner mitkochte, sondern auch durch Übernahme bestimmter Arbeiten. Die Art und Weise ihres produktiven Beitrags variierte von Gewerbe zu Gewerbe und von Ort zu Ort, denn was als »Frauenarbeit« galt, war je nach örtlicher Notwendigkeit und nach Brauchtum unterschiedlich definiert. In manchen Gegenden war beispielsweise das Spinnen Frauensache, nicht aber das Weben. Wo die Hacke das wichtigste Ackergerät war, pflegten die Frauen mit den Männern aufs Feld zu gehen; der Pflug hingegen wurde ausschließlich von Männern bedient. Überall wurde von den Frauen erwartet, daß sie einsprangen, wenn sich das Arbeitspensum erhöhte. Zur Erntezeit arbeiteten sie, wie alle arbeitsfähigen Familienmitglieder, auf dem Feld mit, ohne daß sie darüber ihre anderen Pflichten vernachlässigen durften. Wie Arthur Imhof gezeigt hat, wirkte sich dieser jahreszeitliche Rhythmus auf alle Aspekte des Familienlebens aus. In dem von ihm studierten Dorf wurden in der arbeitsintensivsten Phase des landwirtschaftlichen Jahreslaufs regelmäßig erheblich weniger Kinder gezeugt als in den übrigen Monaten.

Von wohlhabenden Familien abgesehen, war es normal, daß Kinder in einem sehr frühen Alter zu arbeiten begannen. Johann Baptist Schad und seine Geschwister wurden von klein auf mit Aufgaben betraut, deren Schwierigkeitsgrad in gut berechneten Schritten zunahm; als Achtjähriger half Schad bereits beim Einbringen der Ernte. Das liebevolle Bild, das er von seiner Kinderzeit zeichnet, offenbart, welche familiäre Qualität die Arbeit in einem funktionierenden häuslichen Verband bekommen konnte. Darüber sei jedoch nicht vergessen, daß der Haushalt als produktive Einheit die familiären Beziehungen auch den Anforderungen von Disziplin und Leistung unterwarf. Kinderarbeit war ein wesentlicher Bestandteil des traditionellen Wirtschaftslebens, nicht etwa eine Erfindung des Fabrikzeitalters. Was Kinderarbeit in den Augen der Reformer des 19. Jahrhunderts so verurteilenswert machte, waren der veränderte Charakter dessen, was den Kindern zugemutet wurde, und gewandelte Anschauungen über die Natur des Kindes und der Kindheit.

Weil die traditionelle Familie eine wirtschaftliche Einheit bildete, setzte die Gründung eines Haushalts den Zugang zu Produktionsmitteln irgendwelcher Art voraus, etwa die Verfügung über ein Stück Land oder das Recht, ein Handwerk auszuüben. Aus dieser Restriktivität resultierte das, was J. Hajnal den

»europäischen Heiratsmodus« genannt hat, eine Kombination aus einem relativ hohen Heiratsalter und einem relativ hohen Anteil Unverheirateter. In der badischen Stadt Durlach zum Beispiel blieb das durchschnittliche Alter der Erstheiratenden das ganze 18. Jahrhundert hindurch bei 27 Jahren für Männer und 25 für Frauen. In Nördlingen lagen die entsprechenden Durchschnitte im späten 17. und frühen 18. Jahrhundert bei 29 und 30 Jahren. Ähnlich war die Situation auf dem Land: In der österreichischen Gemeinde Abtenau heirateten nur ein Drittel der Männer und zwei Fünftel der Frauen vor ihrem dreißigsten Lebensjahr. Fast jede zweite Frau und über die Hälfte der Männer waren mit fünfunddreißig unverheiratet, und nicht wenige von ihnen blieben es. Die meisten Haushalte brauchten, um zu funktionieren, zwei tätige Erwachsene. Nur die wenigsten Männer oder Frauen waren stark genug, es ohne Partner zu schaffen, besonders solange noch kleinere Kinder da waren. Angesichts der hohen Sterblichkeitsraten bedeutete dies, daß in vielen Fällen eine zweite oder gar dritte Ehe geschlossen werden mußte, damit die Familie weiterexistieren konnte. Die Stiefmutter, jene aus der volkstümlichen Überlieferung vertraute Figur, war eine wirtschaftliche und demographische Notwendigkeit. In der österreichischen Marktgemeinde Stockerau war an mehr als der Hälfte aller zwischen 1670 und 1709 beurkundeten Eheschließungen mindestens ein Partner beteiligt, für den es nicht die erste Ehe war. Da Männer häufiger wirtschaftlich selbständig waren, fanden sie leichter als Frauen einen Ersatzpartner; es kam daher öfter vor, daß Witwer jüngere, noch ledige Frauen heirateten.

Zu vielen Haushaltungen gehörten Personen, die mit der Familie nicht verwandt waren. Es handelte sich zumeist um Logiergäste, etwa alleinstehende Taglöhner, die anderswo arbeiteten, aber bei der Familie schliefen und mit ihr aßen. Für ledige Lohnarbeiter beiderlei Geschlechts blieb diese Art der Unterkunft das ganze 19. Jahrhundert hindurch die Regel. In der traditionellen Gesellschaft kam es allerdings weit häufiger als in späterer Zeit vor, daß familienfremde Haushaltsmitglieder in irgendeiner Funktion dem häuslichen Wirtschaftsverband angehörten, als Bedienstete, Lehrlinge, Gesellen oder Erntehelfer. In den zunftmäßig organisierten Handwerkssparten war das Lehrverhältnis genauestens durch Verträge geregelt, die das ganze Spektrum der wirtschaftlichen und häuslichen Rechte und Pflichten sowohl des Meisters als auch des Lehrlings abdeckten. In vielen Gewerben freilich, zumal in den ländlichen Gebieten, war das Verhältnis zwischen Meister und Lehrling oder zwischen Herr und Knecht nicht klar definiert. In einem 1781 herausgekommenen Handbuch ist pauschal von »Gesinde oder Domestiques und Arbeitsleuten« die Rede, was darauf schließen läßt, daß die betreffenden Personen wohl zugleich häusliche und wirtschaftliche Funktionen erfüllten: Kinderbetreuung, Hausarbeit samt Mitarbeit im Rahmen des häuslichen Gewerbes. Auch in einem Haushalt, der weder einen bäuerlichen Betrieb noch einen Handwerksbetrieb sein eigen nannte, konnten Logiergäste zu diversen Tätigkeiten herangezogen werden, etwa als Hausgehilfen oder als hauseigene Näherinnen, Bäcker oder Mädchen für alles. Es ist zu vermuten, daß die meisten jungen Menschen, die in solcher Position in einen Haushalt eintraten, dies in der Hoffnung taten, es sei nur eine vorübergehende Phase, die sie durchlaufen mußten, bis sie Mittel und Wege fanden, eine eigene Familie zu gründen. Viele schafften dies, fanden einen Heiratspartner und befreiten sich aus der Obhut von Hausvater und Hausfrau. Andere dagegen verblieben in Abhängigkeit und brachten ihr ganzes Leben damit zu, auf fremder Leute Äckern zu arbeiten, fremder Leute Haus zu putzen und deren Kinder zu füttern.

Das Heiraten war eine Angelegenheit, die keineswegs nur den beiden unmittelbar Betroffenen überlassen blieb. Da jede Familie eine potentielle Belastung für ihre Verwandten, ihre Nachbarn, vielleicht sogar für den Staat bedeutete, nimmt es nicht wunder, daß sie alle mitentscheiden wollten, ob und wann ein neuer Hausstand gegründet werden konnte. In ländlichen Gegenden war das wirksamste Kontrollinstrument die Zuteilung von Grund und Boden. So kam es vor, daß ein Grundherr je nachdem, wie er seine Interessen einschätzte, diese oder jene Heiraten im Kreis seiner Hintersassen förderte oder aber zu verhindern suchte. Mancherorts übernahmen die Bauern diese Steuerung selbst, indem sie mehr oder weniger komplizierte Erbschaftsgesetze zur Anwendung brachten. Auch Zünfte versuchten Eheschließungen zu kanalisieren, nicht nur um die Zahl selbständiger Handwerksmeister zu begrenzen, sondern auch um ihre Mitglieder vor unstandesgemäßen oder unmoralischen Verbindungen zu bewahren. In jenen Teilen Mitteleuropas, wo die Regierungen eine Überbevölkerung fürchteten, wurde von Staats wegen versucht, die Heiratshäufigkeit zu senken; das geschah gewöhnlich dadurch, daß man von heiratswilligen Paaren den Nachweis einer Existenzgrundlage verlangte.

Im Rahmen der traditionellen Sozialordnung erlebten der Einzelne und seine Familie in jeder Phase ihres Lebens die Eingriffsmacht der Gemeinschaft. Geburt, Heirat und Tod waren stets Anlaß öffentlicher Rituale, bei denen die Menschen zusammenkamen und ihre gegenseitige Abhängigkeit dokumentierten. Über die Regeln der Brautwerbung wachten streng beobachtende Erwachsene ebenso wie die gleichaltrigen Freunde der Brautleute, und Regelverstöße wurden mit ausgeklügelten Demütigungsritualen bestraft. Zugleich griff in den meisten Fällen noch eine höhere Instanz bei der Brautwerbung und Verheiratung ein, sei es der Grundherr, die Kirche, das Rathaus oder zuweilen auch der Staat. Derartige Bemühungen und Mechanismen der steuernden Einflußnahme auf sexuelle Partnerschaft und Partnerwahl führten so lange zum Erfolg, wie die Betroffenen keine andere Wahl zu haben glaubten, als sich zu beugen. Angesichts der Realitäten gehörte schon eine enorme persönliche Stärke oder aber sehr viel Torheit dazu, gegen die Regeln zu verstoßen und damit den Entzug jener Solidarität zu riskieren, auf der die eigene Geborgenheit in der Gemeinschaft beruhte. An wen sonst als an ihre unmittelbare Umgebung konnten die Menschen sich in Augenblicken der Not wenden, wenn es galt, ein Feuer zu löschen, eine Scheune zu bauen, eine Niederkunft zu bewältigen, einen Toten zu waschen, für eine dahingeschiedene Seele zu beten? So gesehen, hatte die für die traditionelle Gesellschaft charakteristische Solidarität ihren tiefsten Grund in den nackten und einfachen Notwendigkeiten des Lebens.

Welche menschlichen Opfer diese Solidarität möglicherweise kostete, darüber ist leider sehr wenig bekannt. Die verfügbaren Zahlen über Familien, Haushalte und lokale Gemeinschaften sagen etwas über deren Größe und Struktur, nicht viel dagegen über ihre emotionale Verfassung und das psychische Klima, das in ihnen herrschte. Wie fühlte man sich als Angehöriger eines traditionellen Haushalts? War in einem Dorf Freundschaft ebenso selbstverständlich wie gegenseitige Hilfe? Entschärften die Zünfte bestehende Konkurrenzverhältnisse, und halfen sie mit, die Kluft zwischen Familie und Arbeit zu überbrücken? Wie nahe an der Wirklichkeit bewegten sich jene idealisierten Darstellungen des prämodernen Daseins, wie man sie in den Werken konservativer Sozialtheoretiker wie Justus Mösers findet? Die Antworten auf solche Fragen variieren sicherlich in Abhängigkeit von den in jedem Einzelfall gegebenen Bedingungen: der psychischen Verfassung derjenigen Männer und Frauen, die gezwungen waren, auf wesentlich engerem Raum, als die meisten Heutigen es aushalten könnten, zusammenzuleben und zu arbeiten, oft ohne ausreichende Nahrung und ärztliche Versorgung. Wenn die Zeiten gut und die Mitmenschen anständig waren, war der traditionelle Haushalt vermutlich ein Ort, an dem man das Leben ertragen konnte; doch wenn schlechte Zeiten kamen, infolge einer Mißernte oder einer Truppeneinquartierung, wenn Menschen unter der Last der Überarbeitung oder der Unterernährung zusammenbrachen, wenn Krankheiten oder Enttäuschungen unerträglich wurden, dann konnte die Beengtheit der häuslichen Verhältnisse das Familienleben zur Hölle werden lassen. In den Romanen und Lebenserinnerungen aus dieser Zeit finden sich lebendige Beispiele für solche Situationen. Der Protagonist von Karl Philipp Moritz' autobiographischem Roman »Anton Reiser« zum Beispiel mußte mit einem leicht geistesgestörten Hutmacher zurechtkommen, der in einem Moment geniale Einfälle hatte und im nächsten in einen gefährlichen Wutanfall geraten konnte. Johann Probst litt unter einem brutalen, primitiven Meister, der seine Frau schlug, als sie es nicht schaffte, ihr Kind zu stillen; die häßlichen Gewaltausbrüche zogen sich über Wochen hin, bis das Kind schließlich starb – und all das spielte sich inmitten eines Haushalts ab, dessen sämtliche Mitglieder in diese Tragödie hineingezogen wurden.

Wer in eine solche Situation geriet, dem blieben nur wenige und wenig verlockende Alternativen. An wen konnte sich ein ausgebeuteter und mißbrauchter Lehrling wenden? Wo konnte eine verprügelte Frau Hilfe finden? Von den Behörden war Hilfe schwerlich zu erwarten; sie schickten die Opfer meistens wieder nach Hause. Weglaufen war gleichbedeutend mit dem Überschreiten der am klarsten gezogenen Grenze, die es in der traditionellen Sozialordnung gab: der Grenze zwischen denen, die ein Zuhause hatten, und denen, die keines hatten. Größer als die Distanz zwischen Adligem und Gemeinem, zwischen Stadtbürger und Bauer, zwischen Freiem und Leibeigenem, vielleicht sogar als zwischen Mann und Frau, teilte dieser Gegensatz die Bevölkerung in zwei streng geschiedene Gruppen. Die schützende Hülle eines Haushalts, einer Zunft oder eines Gemeinwesens zu verlassen, bedeutete das Abrutschen in die Reihen derjenigen, die keinen Platz hatten, wo sie hingehörten, eine letzte Zuflucht, keinen Rettungsanker gegen das Verhungern.

Manche Leute akzeptierten Heimatlosigkeit als einen zumindest vorübergehend unausweichlichen Zustand. Lange Zeit war es üblich, daß sich in jedem Frühjahr in der Schweiz Jungen und Mädchen zwischen zehn und vierzehn Jahren aus ihren überfüllten Dörfern aufmachten und rheinabwärts wanderten; wenn sie in eine Stadt kamen, stellten sie sich auf den Marktplatz und warteten darauf, von einem Bauern mitgenommen zu werden, der gerade einen Kuhhirten oder eine Magd brauchte. Aus denselben Dörfern kamen kräftige junge Männer, die unter dem alten Regime in vielen europäischen Armeen dienten. Manche Menschen gingen von Zuhause weg, um anderswo bessere Entfaltungsmöglichkeiten zu finden. In den großen Städten Europas war die Sterblichkeitsrate so hoch, daß sie zu ihrem wirtschaftlichen Überleben Zuwanderer benötigten. Adlige ungarische Großgrundbesitzer schickten Werber aus, um fähige Landwirte, vor allem aus Südwestdeutschland, in ihre von den langen Kriegen gegen die Türken entvölkerten Landstriche zu holen. Andere Deutsche lockten die böhmischen Bergbaureviere in den Osten, wieder andere die florierenden Handelsstädte entlang der Ostsee oder die neu erschlossenen Ackerbaugebiete Südrußlands. Sowohl die Habsburger als auch die Hohenzollern förderten die Kolonisierung nach Kräften. Friedrich der Große lockte 300.000 Neubürger nach Preußen; fast 60.000 Familien waren es, die sich in rund 900 neu angelegten Ortschaften niederließen. Kleiner war die Zahl der Deutschen, die es noch weiter in die Ferne zog, übers Meer. Bis zum Ende des 18. Jahrhunderts waren es rund 200.000 Menschen, die sich für die Neue Welt entschieden hatten. Fast alle, die fortzogen, ob aus Notwendigkeit oder aus freien Stücken, ob nur ein Tal weiter oder in die Wildnis Amerikas, taten es in der Hoffnung, für sich und ihre Familien ein sichereres und besseres Auskommen zu finden.

Es gab aber auch Leute, für die die Heimatlosigkeit ein Dauerzustand war. Wenn ein Hausmädchen schwanger wurde und keinen Mann fand, der sie nahm, konnte es leicht sein, daß sie ihre Stelle verlor und auf der Straße stand, bloß einen Schritt von der Prostitution oder der Kleinkriminalität entfernt. Damit konfrontiert, griffen viele Mädchen zum Mittel der Säuglingstötung, einem Verbrechen, das die Zeitgenossen zugleich erschreckte und faszinierte. Mancher wurde vor die Tür gesetzt, einfach weil er zu alt war. Johann Hechenberber, dessen Lebensschicksal Lutz Berkner dem historischen Vergessen entrissen hat, verbrachte seine ersten sechzig Lebensjahre als Knecht in einem oberösterreichischen Dorf; als seine Arbeitskraft nachließ, mußte er gehen und hatte keine andere Wahl als Bettler zu werden. Es gab im alten Europa wohl Hunderttausende, denen es ähnlich erging wie ihm: ältere Männer und Frauen ohne Kinder, die sich um sie hätten kümmern können, verwaiste Kinder, entlassene Dienstboten, kriegsversehrte ehemalige Soldaten, geschändete Frauen. Die Liste derer, die Gefahr liefen, heimatlos zu werden, ist so lang und so breit gefächert wie jene der Katastrophen, die das Leben damals bereithielt. Die Gestrandeten lebten entweder in städtischen Armenvierteln oder wanderten auf der Suche nach zeitweiliger Beschäftigung durch die Lande. Sie endeten als Prostituierte oder Diebe, Bettler oder Hilfsarbeiter. Wenn sie zu schwach wurden, um sich noch weiter durchzuschlagen, starben sie irgendwo in einer Gosse oder an einer Landstraße oder in einem öffentlichen Obdachlosenheim. Ihr Schicksal macht verständlich, weshalb das Wort »Elend« in seiner etymologischen Wurzel »weit weg von Zuhause sein« bedeutet.

Das 18. Jahrhundert war fasziniert von Menschen, die außerhalb der Gesellschaft lebten. Der »Robinson Crusoe«, jene archetypische Geschichte der Vereinzelung, wurde im deutschsprachigen Europa weithin gelesen und fand zahlreiche literarische Nachahmer. Auf einer anderen Ebene waren Landstreicher, Abenteurer und solche, die eine eigenständige Randexistenz fristeten, die Helden vieler Volkssagen und literarischen Massenerzeugnisse. Mit dieser Faszination ging jedoch auch die Furcht vor den Armen und Heimatlosen einher, die als Wegelagerer in einer dunklen Gasse oder auf einer einsamen Landstraße ahnungslosen Passanten auflauern mochten. Hinzu kam die Angst vor eigener Verarmung und Heimatlosigkeit, die für alle außer den Reichsten und Mächtigsten eine nie ganz auszuschließende Perspektive war. In der zweiten Hälfte des 18. Jahrhunderts nahmen die Ängste vor Heimatlosigkeit zu, vor allem weil die »demographische Revolution« die unmittelbare und sichtbare Folge hatte, daß die Zahl der Ausgestoßenen und der Randexistenzen anstieg. Zwischen der Mitte des 18. und der Mitte des 19. Jahrhunderts – fast überall in Europa eine Zeit nie dagewesener gesellschaftlicher Umbrüche – wuchs die Bevölkerung in höherem Tempo als die Wirtschaft. In ländlichen Gebieten, die ohnehin schon dicht besiedelt waren, wurde es auf den Bauernhöfen noch enger, und ein Unterkommen zu finden, wurde immer schwieriger. In Württemberg wuchs die Bevölkerungsdichte trotz einer großen Zahl von Auswanderern von 51,8 Personen pro Quadratkilometer im Jahr 1712 auf 54,8 sechzig Jahre später; das war ein dreimal so hoher Wert wie in einem östlichen deutschen Land, etwa in Pommern. Die Einwohnerzahl Berlins nahm im Verlauf der zweiten Jahrhunderthälfte um rund 60 Prozent zu, die Zahl der Bedürftigen in der Stadt wuchs sogar auf das Neunfache. Je rascher die Bevölkerung zunahm, desto schwerer taten sich die lokalen Verwaltungen mit der Aufrechterhaltung der Ordnung. Das relative Schwinden gesellschaftlicher Kontrolle war offenkundig ein ursächlicher Faktor hinter dem drastischen Anstieg der Zahl unehelicher Geburten, eines weiteren rätselhaften demographischen Phänomens, das sich in ganz Europa manifestierte. In der traditionellen Gesellschaft ein eher seltener Ausnahmefall, wurde das Phänomen seit 1750 zunehmend alltäglicher. In manchen Gebieten stieg der Anteil unehelicher Geburten, bezogen auf jeweils hundert Lebendgeburten, von 2,5 in den Jahren vor 1750 auf 11,9 zwischen 1780 und 1820; der Anteil vorehelicher Schwangerschaften kletterte in der gleichen Zeit von 13,4 auf 23,8 Prozent.

Die Wachstumsraten der »demographischen Revolution« strapazierten die institutionellen Strukturen der alten Gesellschaft und überforderten sie schließlich, so daß die Zeitgenossen begriffen, daß mit den gewohnten Formen der Betreuung und Überwachung die Entwicklung nicht mehr in den Griff zu bekommen war. Familie, Dorfgemeinschaft und Zunft waren mittlerweile außerstande, den Vielen eine Heimat zu geben, die danach verlangten. Das bedeutete, daß die Zahl der Heimatlosen weiter zunehmen und daß Landstreicherei, Verbrechen, Prostitution und Säuglingstötung epidemische Ausmaße annehmen würden. Etliche Deutsche erkannten, daß die neue Dimension von Armut und Heimatlosigkeit neue Gegenmaßnahmen erforderten. Christliche Wohltätigkeit und gelegentliches hartes Zuschlagen würden auf Dauer nicht genügen, um das Los der Unglücklichen zu lindern und die gesellschaftliche Ordnung aufrechtzuerhalten. In mehreren deutschen Staaten wurden deshalb Kommissionen ins Leben gerufen, die die Aufgabe hatten, das explosive Potential der Armen durch Fürsorge und Kontrolle zu entschärfen. Arbeitshäuser, in denen die Mittellosen Aufnahme finden und auch ein Stück weit erzogen werden sollten, entstanden überall in Mitteleuropa. In Berlin kam im Dezember 1774 ein königlicher Erlaß heraus, der sowohl das Betteln als auch das Almosengeben untersagte. Die Armen sollten, statt zu betteln, in eines der neuen Arbeitshäuser gesteckt werden, wo »die Hülfs-Bedürftigen und Mitleiden verdienenden Armen besser als zeithero versorget, die muthwilligen Bettler aber mit Nachdruck zur Arbeit angehalten werden«. In dem königlichen Erlaß findet sich, wie in vielen anderen theoretischen und praktischen Aussagen über die Armut der zweiten Hälfte des 18. Jahrhunderts, eine charakteristische Kombination aus erzieherischen und repressiven Ansätzen, aus Wohltätigkeit und Zwang. Zugleich läßt sich die bloße Tatsache der Existenz öffentlicher Institutionen zur Betreuung sozialer Problemfälle als Indiz dafür werten, daß es der traditionellen Sozialordnung immer weniger gelang, die am schlechtesten weggekommenen Mitglieder der Gesellschaft zu beaufsichtigen, zu bessern oder auch nur unterzubringen. Allmählich, oft jedoch mit großem Widerwillen tasteten sich Sozialtheoretiker und praktische Reformer an die Formulierung der von einer späteren Generation als »soziale Frage« bezeichneten Aufgabe heran.

Landwirtschaft und ländliche Sozialverhältnisse

Für Friedrich den Großen war die Landwirtschaft »die vornehmste unter allen Künsten«; seiner Überzeugung nach konnte wirklicher Wohlstand nur der Erde entstammen. Wie für alle anderen Völker im Europa des 18. Jahrhunderts, war auch für die Deutschen die Erde Quelle aller Lebensmittel und Rohstoffe; der landwirtschaftliche Jahreszyklus war die Basis ihrer religiösen Rituale und lieferte ihnen Bildsymbole und literarische Mythen. 80 Prozent aller Mitteleuropäer lebten auf dem Land, mindestens jeder zweite verdankte seinen Lebensunterhalt unmittelbar der Landwirtschaft. Auch in den Städten blieb die bäuerliche Welt stets sichtbar. Im Innern vieler Städte gab es erstaunlich große Ackerflächen, die von den Einwohnern bestellt wurden. Nutztierhaltung war in den Städten ebenfalls üblich. Die Einwohner von Hannover, das in den siebziger Jahren rund 20.000 Köpfe zählte, teilten ihre Straßen mit fast 400 Kühen und Ochsen. Da auch Handwerks- und Manufakturbetriebe häufig mit landwirtschaftlich produzierten Rohstoffen arbeiteten – Holz für den Möbelbau, Wolle für Textilien, Leder für Zaumzeug, Gerste und Hopfen für Bier –, bestand zwischen städtischem Gewerbe und den Bauern des Umlandes eine enge Wechselbeziehung. Wohlhabende Stadtleute erwarben Grundbesitz auf dem Land, als Geldanlage oder Statussymbol, Bankiers gewährten Landwirten Kredite, Kaufleute lebten sehr oft vom Handel mit Agrarprodukten. Von keinem anderen Wirtschaftsbereich gingen so mächtige und unmittelbare Impulse für das gesellschaftliche Leben aus wie von der Landwirtschaft.

Das Land mußte den Menschen Brennstoffe, Viehfutter und Nahrungsmittel liefern. Dem entsprach die gewöhnliche Einteilung in Wald, Weide und Äcker. Im deutschsprachigen Europa des 18. Jahrhunderts waren noch rund 25 Prozent der Gesamtfläche mit Wald bedeckt, genug, um die waldspezifischen Produkte zu liefern, die die Menschen benötigten, genug auch, um das Wild zu tragen, das der Adel in seiner Freizeit gerne jagte. In einigen dichter besiedelten Gegenden, wo Holz knapp zu werden begann, hatte sich das alte Recht, Reisig und Bruchholz zu sammeln, zu einem begehrten Privileg verengt. Anderswo gab es noch ausgedehnte Baumbestände, deren Holzertrag den expandierenden Märkten im Westen zugeführt werden konnte. Fast zu jedem Bauernhof gehörte ein Gehölz oder eine Baumgruppe, sei es in einer feuchten Senke, wo der Boden sich nicht ohne weiteres pflügen ließ, oder entlang der Grenze zwischen zwei Flurstücken. Rund 20 Prozent der Gesamtfläche entfielen auf Weiden oder Wiesen. Die meisten Bauern hatten neben Acker- auch Weideland. In einigen Regionen war die Viehzucht ihr Haupterwerb. So wurde etwa in Schleswig und in der ungarischen Tiefebene extensive Rinder- oder Pferdezucht betrieben; das heißt, die Tiere weideten auf ausgedehnten freien Flächen und wurden zu bestimmten Zeiten zusammengetrieben, auf einen zentralen Markt gebracht und verkauft. Anderswo wurde die Tierzucht intensiv betrieben, auf Weideflächen, die eigens für diesen

Die Bevölkerungsentwicklung Deutschlands 1760 bis 1850 (Jutta Wietog nach Ott/Schäfer, Henning, Marschalck 1984 und Köllmann)

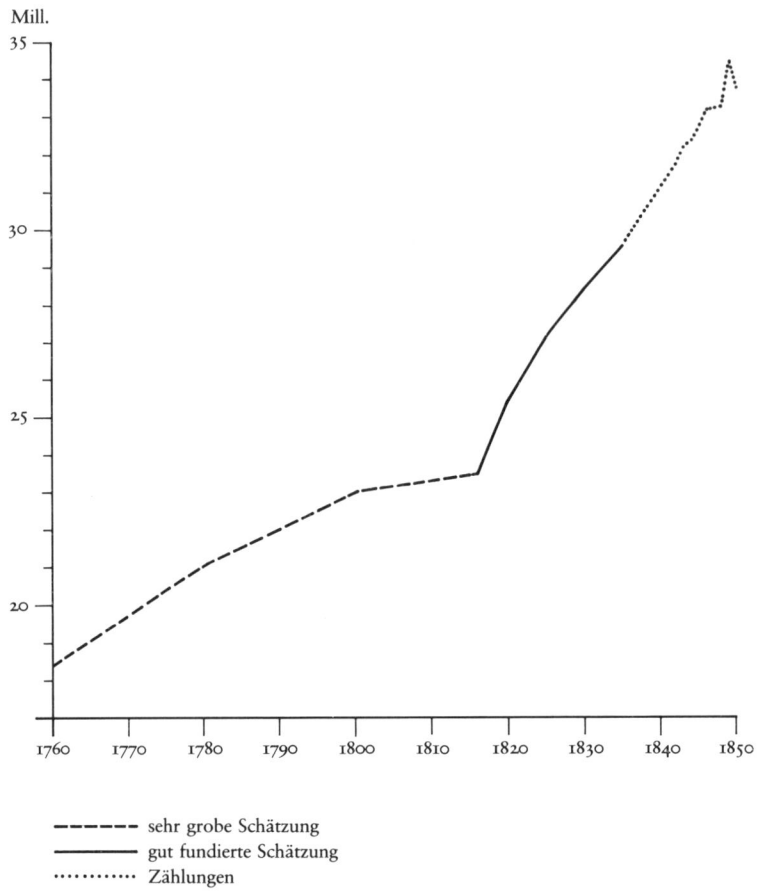

Zweck geschaffen worden waren und im Hinblick auf einen optimalen Ertrag gepflegt wurden. Die intensive Tierzucht diente normalerweise der Erzeugung marktgängiger Produkte wie Milch und Käse oder Wolle und Leder.

Jeder Bauernhof, der etwas auf sich hielt, brauchte ein paar Tiere, doch den Haupterwerb bildete in den meisten Fällen der Ackerbau. Rund 40 Prozent der Landfläche wurden bebaut, zum Teil in langfristigen Monokulturen gebietstypischer Nutzpflanzen, wie beim hochentwickelten Weinbau in den Tälern des Rheins und der Mosel, oder bei Gartenbaukulturen, die dem Anbau bestimmter Gemüsearten dienten. Der Großteil des Ackerbaus – fast zwei Drittel der landwirtschaftlichen Gesamtproduktion im 18. Jahrhundert – entfiel jedoch auf den Getreideanbau. Dort, wo das Klima mild und die Erde fruchtbar war, wurde

Weizen angebaut, in großen Teilen des Nordens und Ostens hingegen mußten die Bauern sich mit Roggen begnügen. Wo die Winter kalt waren und das Land wenig hergab, bauten die Menschen Hafer, Gerste oder Buchweizen an, Getreidearten, aus denen sich zwar kein Brot backen ließ, die aber genügend Stärke enthielten, um sich zu Klößen, Fladen oder Brei verarbeiten zu lassen, den Grundnahrungsmitteln der bäuerlichen Massen.

Die meisten deutschen Bauern praktizierten die eine oder andere Variante der Dreifelderwirtschaft, was bedeutete, daß in jedem Jahr mindestens ein Drittel der Fläche brach lag. In besonders ungünstigen Gegenden war sogar ein zweijähriger Brachezyklus notwendig, wogegen die Bauern an der Ostseeküste und in Sachsen Fruchtwechselfolgen gefunden hatten, die es ihnen erlaubten, eine Vier- oder gar Fünffelderwirtschaft zu betreiben. Nur dort, wo genügend Dung anfiel und eine hohe Nachfrage herrschte, konnten die Bauern ganz auf eine Brachephase verzichten. Im großen und ganzen lag zu jedem beliebigen Zeitpunkt ein reichliches Drittel der bebaubaren Flächen – rund fünf von knapp dreizehn Millionen Hektar – brach. Ackerland war meistens offenes Land; wo die Grenzen zwischen Flurstücken nicht durch Feldwege, Gräben oder Bachläufe definiert waren, konnten sie durch Grenzsteine markiert sein. Der Acker oder das Feld bildete die kleinste Einheit für Anbau und Fruchtwechsel. Ein Gewann bestand aus einer Anzahl räumlich zusammenhängender und mit jeweils derselben Frucht bepflanzter Äkker. Auf Äckern, die lang genug waren, benutzte man in der Regel den schweren sogenannten sächsischen Pflug; die kürzeren Feldlängen im Rahmen der sogenannten Blockflur erforderten dagegen den Einsatz des leichteren Hakenpflugs. Wie die Formen und Verfahren des Ackerbaus, variierten auch die Siedlungsformen in Abhängigkeit von den örtlichen Gegebenheiten. Im Schwarzwald und in den Weidegebieten des Nordens siedelten die Menschen auf Einzelgehöften oder in kleinen, oft nur aus drei oder vier Anwesen bestehenden Weilern. Im Westen setzte sich als Siedlungsform das große, umfriedete Haufendorf durch, von dem aus die Bauern täglich zur Bearbeitung ihres Landes hinausfuhren. In den erst relativ spät kolonisierten Ostgebieten wiesen die Dörfer oft einen regelmäßigen Grundriß auf und umschlossen ein Herrengut, dessen Inhaber das Dorf politisch und wirtschaftlich beherrschte. Die Bauweise der Bauernhäuser, ihre Dachformen und die Art ihrer Einrichtung hingen von der Verfügbarkeit der Baustoffe und von den örtlichen Gepflogenheiten ab. Wer das deutschsprachige Europa durchreiste, konnte feststellen, daß die Häuser, wie die Mundarten und die Trachten der Bewohner, von ebenso großer Vielfalt geprägt waren wie die Landschaft selbst.

Hinter einer solchen Vielfalt verbarg sich jedoch eine bedrückende Einförmigkeit: Fast überall gab die Erde gerade so viel her, daß die Menschen auf einem schmalen Grat zwischen Subsistenz und Mangel wandelten. Von einigen wenigen fruchtbaren und wohlhabenden Gebieten abgesehen, konnten die landwirt-

Preisindizes für Roggen, Fleisch und Kartoffeln 1760 bis 1850 (Jutta Wietog nach Elsas, Gerhard, Köhler)

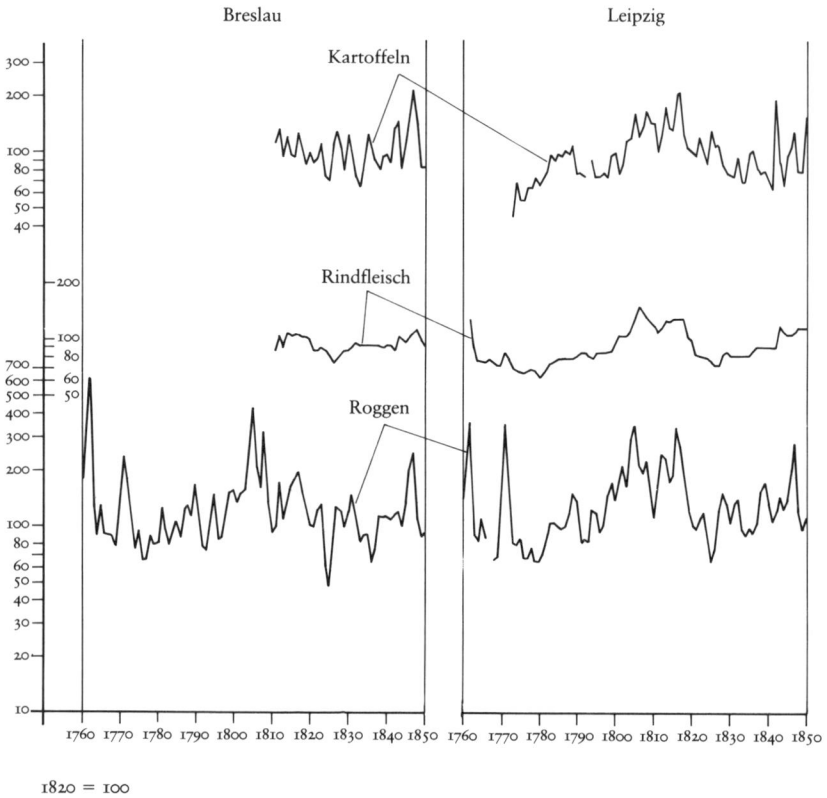

schaftlichen Erträge zwischen dem Ende des Mittelalters und dem Beginn des 18. Jahrhunderts nicht nennenswert gesteigert werden. Den meisten Ackerbauern fehlte es an den Mitteln und Kenntnissen für eine nachhaltige Bodenverbesserung. Es war ihnen zudem nicht möglich, etwa durch die verstärkte Nutzung von Weiden und Wiesen höhere Einkünfte zu erzielen; das scheiterte nicht nur daran, daß diese Flächen oft im Gemeinbesitz waren, sondern auch daran, daß die darauf weidenden Tiere für die Feldarbeit und als Dunglieferanten gebraucht wurden. Das probateste Mittel zur Steigerung des Ernteertrags war die Urbarmachung neuen Bodens durch Trockenlegung von Feuchtwiesen und Sumpfgebieten, durch Landgewinnung aus dem Meer oder durch Rekultivierung von Brachflächen. Doch die Gewinnung fruchtbarer Böden auf diese Art war äußerst aufwendig und ließ sich gewöhnlich nur von wohlhabenden Großgrundbesitzern oder im Rahmen staatlicher Reformprojekte durchführen.

So stabil die Ernteerträge im langjährigen Mittel waren, so drastisch konnten

Göttingen   Berlin

1820 = 100

sie von einem Jahr zum anderen schwanken. Dafür war häufig das Wetter verantwortlich. Im 18. Jahrhundert hatte man durchschnittlich jedes vierte Jahr mit einer durch einen ungünstigen Witterungsverlauf bedingten Mißernte zu rechnen. Das Wetter war jedoch nur einer unter mehreren Risikofaktoren: Eine Ernte konnte durch Schädlinge oder Pflanzenkrankheiten vernichtet, der Viehbestand durch Seuchen dezimiert werden. Kriegerische Ereignisse, soziale Unruhen, Unfälle oder Krankheiten im Familienverband, all das konnte das empfindliche Gleichgewicht stören, auf dem das Überleben bäuerlicher Familien und Gemeinschaften beruhte. Um mit solchen Problemen fertig zu werden, mußten die Menschen sich auf ihren Lebenswillen und den ihrer Tiere verlassen, mußten Regen- und Flußwasser sowie Dung aus menschlicher und tierischer »Produktion« nutzen. Zu diesen natürlichen Hilfsmitteln gesellten sich einige relativ primitive Werkzeuge sowie ein großes Arsenal des in Generationen angesammelten und überlieferten Erfahrungswissens.

Landwirtschaft und ländliche Sozialverhältnisse   83

Die Fixkosten der bäuerlichen Produktion blieben hoch. Da das Mengenverhältnis zwischen Ernte und Aussaat kaum irgendwo höher als 4 zu 1 lag, mußte der Ackerbauer ein Viertel seines Ernteertrags als Saatgut zurücklegen, wenn er gleichbleibende Mengen erzeugen wollte. Aus den verbleibenden drei Vierteln hatte er die Ernährung seines Haushalts und seines Viehs sicherzustellen sowie einen Geldertrag zu erwirtschaften, der ausreichte, um allfällige Schuldzinsen, Abgaben und Pachtgebühren zu bezahlen. Da die meisten Ackerbauern völlig auf den lokalen Markt angewiesen waren, sahen sie sich diesem wehrlos ausgeliefert. Wenn eine schlechte Ernte sie etwa zum Zukauf von Saatgut zwang, mußten sie die durch den allgemeinen Mangel bedingten hohen Preise bezahlen, während nach einer üppigen Ernte das nachfolgende lokale Überangebot die Preise drückte, so daß sie keinen erhöhten Erlös erzielen konnten.

Wie die direkt von der Landwirtschaft abhängenden Menschen unter derart prekären Bedingungen überlebten, hing ab von der Qualität und Lage ihrer Äcker, von ihrem eigenen Geschick und Glück, am meisten jedoch vielleicht von der Größe der von ihnen bewirtschafteten Fläche und dem Ernteanteil, den sie für den Eigenverbrauch übrig behielten. Wer hatte die Verfügungsgewalt über Grund und Boden? In bezug auf das traditionelle Europa erweist sich diese Frage als äußerst schwierig zu beantworten. Land, ein auf den ersten Blick so handfestes und sichtbares Gut, war hier stets mehr als ein Stück Eigentum, das man hatte oder nicht. Die Verfügungsgewalt über Grund und Boden ging vielmehr stets einher mit einem, wie Henry Sumner Maine es genannt hat, Bündel von Besitzrechten, Anspruchsrechten und Verpflichtungen. Wenn zum Beispiel eine Familie Grundbesitz hatte in dem Sinne, daß sie darüber verfügen, das heißt ihn verkaufen oder vererben konnte, war es durchaus möglich, daß einem Dritten das Recht zustand, das betreffende Land zu bebauen und einen Teil des Ertrags zu behalten. Die meisten von denen, die einen Bauernhof bewirtschafteten, waren nicht dessen Eigentümer in moderner Auffassung, sondern hatten lediglich bestimmte Nutzungsrechte. Weil das Land als Grundlage allen Wohlstandes galt, als wichtigster »Arbeitgeber«, als Mittel der Lebenssicherung, sind sein Besitz und seine Nutzung jahrhundertelang Gegenstand wirtschaftlicher, sozialer und politischer Auseinandersetzungen und Kodifizierungen gewesen. Auf dem Besitz sowie auf dem Nießbrauch lagen daher eine Reihe unterschiedlicher Steuern, Pachtzinsen und anderer Verpflichtungen, die teilweise von oben verordnet, teilweise gewohnheitsrechtlicher Natur waren. Als die Reformer des 18. Jahrhunderts darangingen, das ländliche Bodenrecht zu systematisieren, verzweifelten sie in vielen Fällen an dem Dickicht von Sonderverpflichtungen und Sonderrechten, das sie vorfanden, und kapitulierten oft genug davor. So entdeckte Johann von Justi in einer preußischen Provinz nicht weniger als acht unterschiedliche Pachtarten, deren jede wiederum mit einer von fünf Varianten im Status der Bauern kombiniert sein konnte, und weder aus der Zugehörigkeit des Bauern zu einer der fünf

Kategorien noch aus der Art seines Pachtverhältnisses ließen sich sichere Rückschlüsse auf seine wirtschaftliche Lage ziehen.

Hinsichtlich der Rechtsverhältnisse auf dem Land lassen sich leicht zwei Kategorien von Bauern, die es im Deutschland des 18. Jahrhunderts gab, feststellen: diejenigen, die über genug Grund und Boden verfügten, um ein Auskommen zu haben, und diejenigen, bei denen das nicht der Fall war. An der Spitze der ersten Gruppe befanden sich Großbauern – in Schleswig, in Oberbayern, im Schwarzwald und in Teilen Thüringens –, deren Höfe groß genug waren, um ihnen eine sichere und selbständige Existenz zu ermöglichen. Manche Großbauern waren reich: Ewer Iwerson besaß auf dem Haderslebener Damm in Schleswig 77 fruchtbare Hektar Weide- und Ackerland, aus denen er einen jährlichen Bruttobetriebsgewinn von 1.200 Talern erlöste. Seinen Knechten zahlte er zwischen 12 und 17 Taler pro Jahr. Familien wie die Iwersons hatten ein gutes Auskommen, ein beheiztes Haus mit Glasfenstern, Fleisch auf dem Teller und eine gute Sonntagsgarderobe für den Kirchgang. Sie konnten ihre Töchter mit einer Mitgift und ihre Söhne mit etwas Startkapital ausstatten; wenn ihre Arbeitskraft im Alter schwand, zogen sie sich zurück und überließen die Leitung des Betriebs ihren Erben. Aber solche erfolgreich wirtschaftenden Landwirte waren selbst in den wohlhabendsten Gebieten Deutschlands selten; sie stellten, aufs Ganze gesehen, eine winzige Minderheit dar. Eine größere Gruppe von Bauern war in der Lage, ihrem Grund und Boden ausreichende, wenngleich nicht üppige Erträge abzuringen. Zu dieser Gruppe gehörten allerdings, selbst großzügig definiert, weniger als die Hälfte aller bäuerlichen Haushalte. Nach Schätzung von Friedrich W. Henning lag in Preußen der Anteil derjenigen Familien, die über genug Grund und Boden verfügten, um als Bauern gelten zu können, bei rund 37 Prozent. Im Fürstentum Paderborn besaßen 21 Prozent der bäuerlichen Familien eine ganze oder eine halbe Parzelle Land, was einer Schwankungsbreite zwischen 5 und 20 Hektar entsprach. In Sachsen hatten 51 Prozent aller Bauern Parzellen in dieser Größenordnung, während in Bayern nur 28 Prozent mehr als 10 Hektar bewirtschafteten. Die nackten Zahlen lassen keine eindeutigen Schlüsse zu, da man wegen der beträchtlichen Unterschiede in bezug auf Bodenqualität und Nutzungsart nicht allgemein und genau festlegen kann, wo das Existenzminimum begann. Gleichwohl läßt sich sagen: Je kleiner ein Bauernhof, desto größer war die Gefahr, daß die Familie zu wenig erwirtschaftete, um alle Haushaltsmitglieder ernähren zu können. Diejenigen, auf die das zutraf, hatten, falls sie nicht fortziehen wollten, keine andere Wahl, als ihr Einkommen aufzubessern, indem sie sich bei anderen Leuten verdingten oder sich neben der Landwirtschaft eine zweite Erwerbstätigkeit schufen.

Wie vermochten jene, welche an der Subsistenzgrenze wirtschafteten, den Fortbestand ihrer Familie im bestehenden Rahmen ihrer bäuerlichen Existenz zu sichern? Bauern, die mit dieser Frage konfrontiert waren, hatten nur eine Alternative. Sie konnten versuchen, ihr Land zusammenzuhalten, indem sie es einem einzigen Erben vermachten und ihre übrigen Kinder leer ausgehen ließen. Oder sie konnten Grund und Boden aufteilen, mit der Gefahr, daß die Erbteile zu klein wurden, um den Kindern ein Auskommen zu ermöglichen. Die ungeteilte Vererbung war, grob gesprochen, im Norden und Osten üblich, während die Erbteilung in den westlichen Landesteilen überwog. Lutz Berkners Studie zweier Hannoverscher Teilgebiete illustriert, wie sich diese unterschiedliche Lösung auf die Verteilung des ländlichen Grundeigentums auswirkte. In den Dörfern um Calenberg, wo die ungeteilte Vererbung Gewohnheit war, wuchs die Zahl der Bauernhöfe zwischen 1664 und 1766 um 18 Prozent. In der Region Göttingen sorgte die Erbteilung im gleichen Zeitraum für einen Anstieg von über 400 Prozent. Klar ist, daß beides unerfreuliche Konsequenzen hatte. Das eine zwang die nachgeborenen Kinder einer Familie, die nichts erbten, fortzuziehen oder ihr Leben als abhängig Beschäftigte zu fristen, das andere führte früher oder später zur Zersplitterung und Unwirtschaftlichkeit des Grundbesitzes. Kaum nötig zu sagen, daß es den Betroffenen kaum je freistand, sich so oder so zu entscheiden. Sehr oft schrieb der Grundherr den Vererbungsmodus vor, und er hatte gewöhnlich ein Interesse daran, daß die Parzellen zusammenblieben. Von der Mitte des 18. Jahrhunderts an unternahmen manche Regierungen Versuche, das Erbrecht zu regulieren; es scheint jedoch, als sei es ihnen nur in eingeschränktem Umfang gelungen, Regelungen durchzusetzen, die gegen die Interessen lokaler Grundherren oder gegen die althergebrachten Bräuche in einem Gemeinwesen gerichtet waren.

Unter beiden Vererbungsmodi blieb der Anteil derer, die mit dem Grundbesitz, den sie hatten, eine Familie ernähren konnten, ziemlich konstant. Bei steigender Bevölkerungszahl wuchs zwangsläufig die Zahl derjenigen, die unter die Subsistenzgrenze abrutschten. In Sachsen schrumpfte zwischen Mitte des 16. und Mitte des 18. Jahrhunderts die Zahl der Bauernhöfe, während die Zahl der Kleinpächter und Pächter sich von 4.000 auf 36.000 erhöhte. Die Sprache der Zeitgenossen kannte eine ganze Reihe von Ausdrücken, die verschiedene Kategorien von Pächtern bezeichneten: Brinksitzer, Gärtner, Kotter, Häusler, Warfsleute. Ihre rechtliche und materielle Lage war von Region zu Region unterschiedlich. Brinksitzer waren in vielen Fällen, wie der Name es suggeriert, Pächter, deren Parzellen am Rand der Gemeinweide, der Allmende, lagen, in bergigem oder steinigem Terrain, auf dem der Ackerbau so schwierig war, daß niemand es ihnen streitig machte. Manchmal besaßen sie aber auch ein paar Felder in der offenen Flur und waren reguläre Mitglieder der Dorfgemeinschaft; in der Mehrzahl der Fälle bildeten sie jedoch eine soziale und wirtschaftliche Randgruppe. In der Praxis ließen sich die Brinksitzer kaum von Taglöhnern unterscheiden, die ihren Lebensunterhalt mit Lohnarbeit für andere bestritten. Ebenso fließend waren die Unterschiede zwischen den Taglöhnern und dem Gesinde, den im Haushalt ihrer bäuerlichen Arbeitgeber lebenden Bediensteten, Knechten, Mägden, Hirten. Gemeinsam war Brinksitzern, Taglöhnern und Gesinde der Status der Abhängigkeit. Sie alle waren darauf angewiesen, daß bei ihren besser situierten Nachbarn etwas Land und/oder Arbeit für sie abfiel, vielleicht auch ein Platz an deren Eßtisch. Alle nahmen eine mehr oder weniger prekäre Stellung in der Gemeinschaft ein; in schlechten Zeiten waren sie diejenigen, die als erste und am längsten leiden mußten. Im badischen Bezirk Hochberg waren in den achtziger Jahren 45 Prozent aller Bauern entweder besitzlos oder hatten lediglich noch eine Kleinstparzelle zur Bewirtschaftung, weitere 40 Prozent hatten nicht einmal 3 Hektar. Im Kreis Paderborn hatten knapp über 40 Prozent eine kleine Parzelle, 18 Prozent waren Taglöhner und 5 Prozent Schafhirten. In Ostpreußen war weniger als die Hälfte der Landbevölkerung in der Lage, sich aus eigenen Mitteln zu ernähren.

Selbst von den wohlhabendsten Bauern des 18. Jahrhunderts hatte nur eine Minderheit das Recht, ihren Hof zu kaufen, zu verkaufen oder zu verpachten. Solche auch rechtlich selbständige Bauern fanden sich entlang der Grenze zu Frankreich, in einigen Ostprovinzen, wo ein Teil der Nachfahren deutscher Kolonisten sich deren Rechte zu bewahren verstanden hatte, und in jenen Regionen der Alpen, wo sich feudale Verhältnisse nie durchgesetzt hatten. Erbpächter genossen gewöhnlich weitgehend dieselben Rechte wie Freie, obwohl ihr Land ihnen de jure nicht gehörte. Ihr Pachtverhältnis war durch ein kompliziertes System von Rechten und Verpflichtungen definiert, dem sogenannten Meierrecht, das die Beziehungen zwischen Pächtern und Grundherren regelte. Vom Freisassen über den Erbpächter ging es auf der Stufenleiter der Pachtverhältnisse schrittweise und mit fließenden Übergängen bergab. Es gab lebenslange sowie zeitlich begrenzte Pachtverhältnisse, Naturalpächter, einjährige, nach Gutdünken des Grundherrn oder seines Verwalters verlängerbare oder kündbare Pachtverträge. Die Abstufungen im Pachtverhältnis überlappten, allerdings auf eine keineswegs streng analoge Weise, mit der Größe und Qualität des gepachteten Grund und Bodens und dem persönlichen Status des Pächters.

Freisassen und bestimmte Pächter waren de jure unabhängig, wobei letztere, weil sie nicht Eigentümer ihres Bodens waren, oft in ein Gewebe von Dienstverpflichtungen eingeflochten waren. Viele deutsche Bauern jedoch, wahrscheinlich die Mehrzahl, waren persönlich einem oder mehreren Grundherren untertan. Der Status der Erbuntertänigkeit oder Leibeigenschaft, in dem sie lebten, bedeutete, daß ihr Recht, den Wohnsitz zu wechseln, zu heiraten, einen Beruf ihrer Wahl zu ergreifen und anderes mehr, eingeschränkt war. Westlich einer imaginären Linie, die von Flensburg aus zunächst südwärts und dann entlang der Elbe verlief, war die Zahl der Erbuntertänigen oder Leibeigenen im Verlauf der frühen Neuzeit zurückgegangen; im Osten hingegen hatten während des 15. und 16. Jahrhunderts adlige Grundherren alle Möglichkeiten genutzt, um eine einstmals verhältnismäßig freie und wohlhabende Bauernschaft in den Stand der Erbuntertänigkeit zu drücken. Enklaven der Leibeigenschaft blieben an verstreuten Stellen Mitteleuropas bis ins 18. Jahrhundert erhalten. Im großen und ganzen standen jedoch die Bauern in den westlichen Gebieten rechtlich freier und oft wirtschaftlich besser da als ihresgleichen im Osten.

Als Entgelt für die Nutzung des Bodens mußten die meisten Bauern Pacht entrichten, entweder in Geldform oder in Naturalien, entweder jährlich oder zu bestimmten Anlässen. Sie hatten darüber hinaus für den Grundherrn bestimmte Arbeitsleistungen zu erbringen, sei es auf dessen Feldern oder auf irgendeinem besonderen Arbeitsgebiet. Ferner mußten sie ihm in der Jagdsaison als Helfer, Treiber oder Hundeführer zur Verfügung stehen, seine Wege und Brücken instandsetzen, die auf seinen Feldern geernteten Früchte abtransportieren, ihr Korn in seiner Mühle mahlen lassen, ihm das Recht auf den Verkauf bestimmter Erzeugnisse einräumen und so fort. An einem Ort umfaßte die Liste der Dienstpflichten nicht weniger als hundertachtunddreißig Einzelposten, wobei jeder Dienst seine eigene Bezeichnung hatte und genauestens definiert war. Wie schwer diese Verpflichtungen wogen und wie streng sie eingefordert wurden, das variierte von Region zu Region und oft sogar von einem Gutsbezirk zum anderen. Was jedoch in diesem Zusammenhang ebenso ins Auge fällt wie bei der Betrachtung der persönlichen Stellung der Bauern, ist der signifikante Kontrast zwischen Ost und West. Westlich der Elbe war es weitgehend üblich geworden, daß die Bauern ihre Verpflichtungen gegenüber dem Grundherrn durch Geldzahlungen oder Naturallieferungen abgolten; ihre leiblichen Dienstpflichten waren in der Regel von geringem Umfang und ließen sich leicht in Geld umrechnen. Während die daraus resultierenden Zahlungen in manchen Gegenden minimal waren, konnten sie sich anderswo auf bis zu 50 Prozent der bäuerlichen Bruttoerträge summieren. In den vier von Diedrich Saalfeld untersuchten Braunschweigischen Dörfern mußten die Pächter zwischen 32 und 52 Prozent ihres Ernteertrags abliefern, um diverse Pachtzinsen, Gebühren, Steuern und abgelöste Dienstpflichten zu begleichen. Je größer die von einem Bauern bewirtschaftete Fläche war, desto niedriger waren in der Regel seine Betriebskosten pro Hektar, desto besser demnach seine Aussichten, sich mit Geld von Dienstpflichten freizukaufen. Im Osten bot sich ein ganz anderes Bild. Hier arbeiteten die Bauern, besonders die erbuntertänigen, oft die längste Zeit für den Grundherrn, manchmal sechs Tage in der Woche. Die Vielfalt war allerdings auch östlich der Elbe groß. Bei der Überprüfung einer ausgewählten Gruppe ostpreußischer Güter stellte Friedrich W. Henning fest, daß 7 Prozent der Bauern praktisch keine Dienstverpflichtungen hatten, daß etwa die Hälfte weniger als 15 Prozent einer durchschnittlichen Tagesarbeit dafür aufwendeten, daß aber jeder dritte Bauer mehr als 40 Prozent seiner Arbeitszeit für den Grundherrn tätig war.

Die über Generationen weitervererbte Verpflichtung, Gratisarbeit zu leisten, erregte den besonderen Zorn der Kritiker der traditionellen ländlichen Gesellschaft. Karl Biedermann, der die Verhältnisse aus der Perspektive eines Liberalen des 19. Jahrhunderts sah, illustrierte seine Position mit einem Zitat aus einer zeitgenössischen Abrechnung mit den feudalen Lehnspflichten: »Was soll man sagen…, wenn der Bauer eine fremde vorjährige Ernte über Land fahren muß, während die jetzige eigene dringend seine Gegenwart erfordert; wenn er ein Prunkgebäude aufführen helfen muß, indeß seine nutzbare Hütte verfällt; wenn er, oft eines leeren Höflichkeitsbriefes wegen, als Bote ausgeschickt wird, indeß vielleicht seine sterbende Mutter nach ihm verlangt; …wenn er auf der Frohne bleiben soll, unterdessen sein Haus brennt?« Von dem letztgenannten Beispiel versichert Biedermann, es beziehe sich auf eine wirkliche Begebenheit am 18. März 1790, als es Bauern, die auf den Feldern ihres Grundherrn arbeiteten, nicht erlaubt wurde, ein in ihrem Dorf ausgebrochenes Feuer zu bekämpfen. Solche törichten und empörenden Fälle eines engstirnig egoistischen, irrationalen Mißbrauchs seigneuraler Macht dürften sehr häufig vorgekommen sein. Doch man sollte hieraus nicht den Schluß ziehen, daß Dienstverpflichtungen bloß noch die lächerlich gewordenen Überreste eines untergehenden Systems waren; für Grundherren, die sie voll zu nutzen und geschäftstüchtig einzusetzen wußten, waren sie viel wert. Als beispielsweise das in Brandenburg gelegene Gut Wustrau 1696 einer Steuerschätzung unterworfen wurde, wurde der Wert seiner Felder, seines Viehs samt Wild und seiner Weingärten auf 2.434 Taler geschätzt; bei der Bewertung der Dienste und Abgaben, die dem Gutsherrn seitens »seiner eigenen und fremden Untertanen« zustanden, kamen die Schätzer auf einen Betrag von 3.001 Talern. Als in der zweiten Hälfte des 18. Jahrhunderts immer mehr Grundherren sich dem kommerziellen Ackerbau zuwandten, versuchten bezeichnenderweise viele, den Umfang der ihnen von ihren Untertanen geschuldeten leiblichen Dienste zu vergrößern.

Ob in Form direkter Zahlungen oder in Gestalt geleisteter Dienste, die Landbevölkerung finanzierte und ernährte einen Wust von Institutionen. Goethe verglich die Bauern einmal mit Blattläusen, deren Daseinszweck scheinbar nur darin bestand, von anderen Insekten leergemolken zu werden. Wie er 1782 schrieb, stellten sich die Verhältnisse mancherorts so dar, daß »oben« an einem Tag mehr verbraucht wurde, als »unten« an einem Tag erzeugt werden konnte. Was die Belastung des Einzelnen anging, so gab es natürlich eine sehr große Schwankungsbreite. Ein freier Bauer mußte lediglich Steuern an den Staat entrichten, wohingegen manche Erbuntertänigen fast ausschließlich für ihren Grundherrn arbeiteten. Die meisten Bauern lagen irgendwo zwischen den beiden Extremen. Weder freie Landwirte noch völlig rechtlose Leibeigene, mußten sie sich mit einer breiten Palette übergeordneter Instanzen auseinandersetzen: mit ihrem Grundherrn, dem sie ein Nutzungsentgelt für die von ihnen bewirtschafteten Flächen und gewöhnlich auch für das von ihnen bewohnte Haus schuldeten; mit ihrem Leibherrn, wenn sie im Status persönlicher Unfreiheit lebten; mit ihrer Kirche, die ihnen Beiträge zur Finanzierung des Gemeindelebens und manchmal zusätzliche Sonderzahlungen abverlangte; mit der Dorfgemeinschaft, die von allen ihren Mitgliedern erwartete, daß sie zur Finanzierung des Schulwesens, der Armenhilfe, der Pflege des Gemeinbesitzes und dergleichen beitrugen. In dem Maße, wie die Zentralregierung ihre Kompetenzen erweiterte und damit teurer wurde, reihten sich deren Vertreter in die Phalanx der Tributforderer ein. Sehr viele der Konflikte, die für Zwietracht in der ländlichen Gesellschaft sorgten, entzündeten sich an der Streitfrage, wer Anrecht auf den Löwenanteil an dem hatte, was die oberen Stände mit vereinten Kräften den Bauern abpreßten.

Einige Historiker fordern in jüngster Zeit nachdrücklich, die Bauern nicht bloß als passive Zuschauer dieser Konflikte zu betrachten. Winfried Schulze hat das Augenmerk auf Phänomene des sozialen Protests gelenkt, die eine ständige Begleiterscheinung im Leben der traditionellen Gesellschaft waren und von individuellen Akten der Ungehorsamkeit bis zum organisierten Aufruhr reichten. Wo institutionalisierte Möglichkeiten für gemeinschaftliches Handeln existierten, machten die Bauern natürlich davon Gebrauch, um ihre Interessen gegenüber staatlichen und lokalen Mächten zur Geltung zu bringen. Wie Peter Blickle mit überzeugendem Detailreichtum nachgewiesen hat, wirkten in den südwestlichen Gebieten des Reiches Gemeine in ständischen Vertretungskörperschaften mit, um Einspruch erheben zu können gegen ungerechte Steuern, gegen eine Beschneidung ihrer hergebrachten Rechte oder ihrer persönlichen Freiheit. Nicht einmal in Brandenburg-Preußen waren die Bauern jeder Einflußmöglichkeit beraubt. So extensiv nutzten sie die Möglichkeit rechtlicher Einsprüche gegen überbordende Forderungen ihrer Grundherren, daß König Friedrich Wilhelm II. sich 1787 bemüßigt sah, einen Erlaß herauszugeben, in dem er sein höchstes Mißfallen darüber äußerte, daß in seinem Herrschaftsbereich in jüngster Zeit Klagen und Zank zwischen Gutsherren und ihren Untertanen erschreckend zugenommen hätten. Das, was der König zu beklagen hatte, mag in der Tat dazu geführt haben, daß die Versuche von Grundherren, die Dienstpflichten ihrer Untertanen auszuweiten, abgeblockt werden konnten.

Unter einem Grundherrn stellt man sich gewöhnlich eine aristokratische Einzelpersönlichkeit vor, doch so verhielt es sich keineswegs in allen Fällen. Grundherr konnte auch ein Pächter sein, der im Auftrag eines adligen Lehnsgebers handelte, oder ein Mönchsorden oder eine andere kirchliche Körperschaft, sogar eine Stadt oder eine wohltätige Organisation. Zu den größten individuellen Grundbesitzern in Mitteleuropa zählten die herrschenden Häupter bedeutender Staaten. Die Hohenzollern zum Beispiel besaßen riesige Ländereien in allen Teilen ihres Herrschaftsbereichs. In Brandenburg gehörte ihnen ein rundes Drittel der Bodenfläche, in Ostpreußen saßen über die Hälfte aller Bauern auf königlichem Grund und Boden. Die traditionelle Sozialordnung hatte zwischen den privaten Domänen des Monarchen und staatlichen Liegenschaften noch keinen Unterschied gemacht; in der herrschaftlichen Welt waren keine klaren Grenzlinien zwischen privater und öffentlicher Sphäre gezogen. In der zweiten Hälfte des 18. Jahrhunderts gingen immer mehr Herrscher zu einer Sichtweise über, die das Grundvermögen des Herrscherhauses als Eigentum des Staates betrachtete, als Quelle staatlicher Einkünfte und als Bereich, innerhalb dessen der Staat seine politischen Vorhaben unmittelbar durchsetzen konnte. Die Besitzungen des Landesherrn wurden von dessen Beauftragten verwaltet. Dabei handelte es sich häufig um Pächter mit befristeten Verträgen; sie kamen zumeist nicht aus den Reihen der Aristokratie. Des öftern waren es fortschrittliche Unternehmer, die an ihrer neuen Wirkungsstätte moderne landwirtschaftliche Verfahren und einen dynamischen Führungsstil einführten und sich von einem ausgeprägten Profitmotiv leiten ließen. Von ihnen gingen zuweilen wichtige Impulse für Reformen auf lokaler und regionaler Ebene aus.

Auch der Kirche gehörten große Ländereien. So hatte das Reichsstift Weingarten in Süddeutschland eine Fläche von 160 Quadratkilometern, auf der 50.000 Menschen lebten. Um das friedliche Klosterareal, das den religiösen Kern des Stiftsgebiets bildete, erstreckte sich ein großes, ertragreiches Landgut, das das Kloster mit allem materiell Notwendigen versorgte und darüber hinaus Produkte hervorbrachte, die sich mit gutem Gewinn verkaufen ließen. Die Mönche bewirtschafteten 200 Hektar selbst und verpachteten den Rest im Rahmen langfristiger Verträge. Ihre Pächter waren zugleich Untertanen, da Weingarten, wiewohl völlig von habsburgischen Besitzungen eingeschlossen, ein souveränes, reichsunmittelbares Territorium war. In Bayern befanden sich 50 Prozent aller Bauernhöfe in Kirchenbesitz, während auf den Adel nur 24 und auf das Herrscherhaus lediglich 13 Prozent entfielen. Ein großer Teil dieses Kirchenbesitzes verteilte sich auf einige wenige kirchliche Fürstentümer. So war der Bischof von Freising allein kraft seines Gutes Massenhausen Grundherr und Lehnsgeber für über tausend Bauern.

Auf das ganze deutsche Reich bezogen, besaß der Adel jedoch den größten Teil des Grund und Bodens. Von den knapp 5.000 Dörfern, die es zum Ende des 18. Jahrhunderts in Schlesien gab, gehörten etwas mehr als 3.500 zum Eigentum fast durchweg adliger Großgrundbesitzer, 340 unterstanden dem Staat oder dem Landesherrn, 250 waren im Besitz von Städten, und rund 840 waren Bestandteil von Kirchengütern. Auch der adlige Grundbesitz unterlag nach Menge und Art enormen Variationen. Einige wenige Großmagnaten herrschten über riesige Ländereien, während zahlreiche Rittergutsbesitzer eher schlecht als recht über die Runden kamen. In manchen Fällen, so besonders oft in den kolonisierten Ostgebieten, bildete adliger Grundbesitz kompakte Einheiten, die sich als landwirtschaftliche Einzelbetriebe führen ließen. Vielfach jedoch stand der Begriff »Gut« gleichsam beschönigend für ein Sammelsurium verstreut liegender Besitzungen und ererbter Rechte. In der Steiermark gehörten nur 10 Prozent der Dörfer jeweils einem einzelnen Grundbesitzer; bei den übrigen teilten sich mehrere individuelle und korporative Grundherren in den Besitz. Deren Rechte mußten einander in ihrer Zusammensetzung keineswegs entsprechen. Da jeder Grundherr die Möglichkeit hatte, einen Teil seiner Rechte zu verkaufen oder an andere zu vermachen, konnte es vorkommen, daß er Nutznießer eines anderen Teils der auf dem Dorf lastenden Verpflichtungen war.

Die komplizierten Strukturen und unentwirrbaren Interdependenzen der alten ländlichen Gesellschaft waren ein fortschrittshemmender Faktor. So erpicht viele aristokratische Grundeigentümer darauf waren, ihre Erträge zu erhöhen, so sehr fehlte es ihnen in aller Regel an Buchhaltungsmethoden, die ihnen festzustellen erlaubt hätten, was ihr Besitz wert war und welche Erträge notwendig beziehungsweise möglich waren. Da ihnen die Voraussetzungen für wirtschaftlich rationale Entscheidungen über Investitionen und Entnahmen fehlten, fanden viele es bequemer, sich immer weiter zu verschulden, solange sie jemanden fanden, der bereit war, ihnen Geld zu leihen. Bauern verfügten noch viel weniger über genügend Wissen oder Kapital, um Neuerungen einführen zu können, und die wenigen, die dazu in der Lage waren, mußten mit mächtigem Widerstand seitens ihrer Nachbarn und der ihnen übergeordneten Mächte rechnen. Offene Fluren und Gemeinweiden begünstigten die gemeinschaftliche Feldarbeit und machten dadurch individuelle Experimente mit neuen Geräten oder Verfahren praktisch unmöglich. Aus dem Geflecht von Einstellungen und Institutionen, dem entscheidenden Merkmal der ländlichen Gemeinwesen, resultierten Gewohnheiten, die, wie ein Agrarreformer es ausdrückte, »lange Zeit mit unwiderstehlicher Kraft über Kunst und Wissenschaft herrschten«. Jerome Blum kam nach dem Studium von fünfhundert Jahren Agrargeschichte zu dem Schluß, daß das ländliche Europa um die Mitte des 18. Jahrhunderts »weitgehend dasselbe Gesicht hatte wie im Mittelalter ... Die große Masse der Menschen ... lebte am schmalen Rand des Existenzminimums, Versorgungskrisen ebenso wehrlos ausgeliefert wie ihre Vorfahren im 13. Jahrhundert.«

Seit 1750 gerieten die Dinge in Bewegung. Während der Agrarpionier Johann Georg Leopoldt es noch für unmöglich gehalten hatte, daß jemand sich aus der um die Jahrhundertmitte vorhandenen Literatur ein landwirtschaftliches Grundwissen anlas, verbreiteten wenige Jahrzehnte später Bücher, Zeitschriften und lokale Landwirtschaftsvereine nützliche Informationen über die gesamte deutschsprachige Welt. Albrecht Daniel Thaers zu Recht berühmte »Einleitung zur Kenntnis der englischen Landwirtschaft in Rücksicht auf Vervollkommnung deutscher Landwirtschaft«, erstmals 1798 publiziert, stand stellvertretend für eine breite, blühende agronomische Literaturszene, die westliche Ideen über landwirtschaftliche Produktionsmethoden in Deutschland heimisch zu machen versuchte. Saatgut und Getreidesorten, Pflugformen und Düngemethoden wurden als Gesprächsthemen salonfähig und an den wissenschaftlichen Instituten zum Gegenstand von Forschungsprojekten. Johann Christian Schubart erhielt für seinen Aufsatz über den Nutzen des Klees einen Preis der Berliner Akademie und später einen Adelstitel von Kaiser Joseph II., wonach er sich Edler von dem Kleefeld nennen durfte. Wissen ist sicherlich eine notwendige, aber für sich allein nicht hinreichende Vorbedingung für Innovation und Fortschritt. Wissen macht Veränderungen möglich, bewirkt jedoch kaum etwas, solange nicht die Menschen das Verlangen und die Fähigkeit haben, es anzuwenden.

Viele deutsche Historiker haben die Rolle des Staates bei der Schaffung von Voraussetzungen für Fortschritte in der zweiten Hälfte des 18. Jahrhunderts hervorgehoben. So manche Regierung bemühte sich in der Tat, durch diverse soziale Reformen die Lebensbedingungen ihrer Untertanen zu verbessern und zugleich die Staatseinnahmen zu erhöhen. In etlichen Fällen unterstützten Behörden die Verbreitung nützlichen landwirtschaftlichen Wissens. Darüber hinaus wurden in staatlicher Regie Sümpfe trockengelegt, Landgewinnungsprojekte an der Küste durchgeführt, die Rekultivierung brachgefallener Flächen gefördert und diejenigen, die gewillt waren, neue Verfahren auszuprobieren, mit Krediten begünstigt. Dank solcher direkten Maßnahmen spielte der Staat häufig eine fortschrittsfördernde Rolle. Viele Regierungen wollten aber noch mehr tun. Aufgeklärte Herrscher und ihre Ratgeber waren der Überzeugung, eine Erneuerung der Landwirtschaft setze Veränderungen in der ländlichen Sozialordnung voraus. Manche sahen im Gemeineigentum an Grund und Boden ein Produktivitätshemmnis und traten für die Aufteilung und Privatisierung der Fluren ein. Andere glaubten, Bauern könnten sich nie zu produktiven Landwirten entwickeln, ehe man sie nicht von den unzweckmäßigen Lasten der Erbuntertänigkeit befreite. So gelangte der eine oder andere deutsche Staatslenker schließlich zu der Überzeugung, daß ein gewisses Maß an gesellschaftlicher Befreiung für Fortschritte in der Wirtschaft notwendig sei.

Die staatlichen Versuche, freiheitliche Tendenzen zu fördern, sind sehr schwer zu interpretieren. Wie immer bei der Beurteilung politischen Zweckstrebens, muß man sich vorsehen, nicht das, was tatsächlich geschah, mit dem zu verwechseln, was beabsichtigt war. Dafür lieferte Friedrich der Große ein Beispiel. Er versuchte mit Erfolg, auf seinen eigenen Domänen die gesellschaftliche Stellung der Bauern zu verbessern und sie zu höherer Produktivität anzuleiten. 1763 verzichtete er auf die bis dahin von seinen Verwaltern geltend gemachten grundherrlichen Rechtsansprüche auf leibliche Dienste. Vierzehn Jahre später wandelte er alle bäuerlichen Lehnsbeziehungen in erbliche Pachtverhältnisse um. Doch was Friedrich außerhalb der königlichen Domänen an Reformen zu bewirken versuchte, war in Ausmaß und Erfolg begrenzt. Gesetze, die die Enteignung von Bauern durch ihre Grundherren einschränken sollten, wurden in weiten Teilen des preußischen Ostens ignoriert oder umgangen. Joseph II., der Friedrichs hohen Respekt vor dem grundbesitzenden Adel nicht teilte und in seiner Reformpolitik weniger Rücksichten nahm, erlitt mit seinen Plänen zur Umformung der ländlichen Gesellschaft ebenfalls Schiffbruch. Zwar wollte er mit seinen Erlassen vom September 1781 die Bauern vor bestimmten traditionellen Vorrechten der Grundherren schützen und ihnen Freizügigkeit und das Recht gewähren, andere

Berufe zu ergreifen; zwar sah ein Patent von 1789 vor, die steuerliche Gleichstellung adligen und bäuerlichen Grundeigentums herbeizuführen, den Bauern die rechtliche Möglichkeit zu eröffnen, Grunddienstbarkeiten mit Geld abzulösen, und Obergrenzen für jedwede Verpflichtung gegenüber einem Grundherrn festzusetzen. Aber diese Maßnahmen, sicherlich die fortschrittlichsten, die im vorrevolutionären Europa aufs Tapet kamen, traten nie in Kraft. Im Habsburger Reich war und blieb, wie in den meisten deutschen Staaten, der grundbesitzende Adel mächtig genug, um gesetzliche Regelungen, die ihm gegen den Strich gingen, unwirksam zu machen oder zumindest zu entschärfen.

Die wirksamsten Impulse für eine Erneuerung der Landwirtschaft kamen nicht von oben, sondern von unten, nicht von Monarchen und Regierungen, sondern von einer großen Zahl aus den Kreisen der Edelleute, Grundstücksmakler und Bauern, die für sich neuartige wirtschaftliche Erfolgschancen sahen. Das machte sich besonders in der ansteigenden Kurve der Agrarpreise in der zweiten Hälfte des 18. Jahrhunderts bemerkbar. Bei einem Vergleich der Roggenpreise in ausgewählten deutschen Städten für die Zeiträume 1721 bis 1745 und 1750 bis 1799 stellte Slicher van Bath Preissteigerungen zwischen 20 und 57 Prozent fest. Auch die Grund- und Bodenpreise zogen scharf an. In Schlesien verdoppelte sich der Verkehrswert landwirtschaftlicher Güter zwischen den fünfziger Jahren und der Wende zum 19. Jahrhundert. In Braunschweig stieg der Durchschnittspreis für einen Morgen Land von 48,5 Talern in den fünfziger Jahren auf 120 Taler in den neunziger Jahren. Ebenso beeindruckend war der Anstieg der Zahl der Grundstücksgeschäfte, der Klagen laut werden ließ, die Adligen verschacherten nunmehr ihren Boden so, wie sie zuvor Pferde verschachert hätten. Schlagwörter wie Ackersucht oder Ackergier wurden kreiert, um das Verlangen zahlreicher Zeitgenossen nach fruchtbarem Boden zu beschreiben. Wie Hartmut Harnisch gezeigt hat, beteiligten sich in den letzten Jahrzehnten des 18. Jahrhunderts selbst die abhängigen Bauern östlich der Elbe zunehmend aktiver am expandierenden landwirtschaftlichen Marktgeschehen und halfen dadurch mit, grundlegende Veränderungen der sozialen und wirtschaftlichen Ordnung in Gang zu setzen. Je mehr kommerzielle Gesichtspunkte, marktstrategische Überlegungen und das Streben nach Gewinn auf deutschen Bauernhöfen Einzug hielten, desto mehr bekehrten sich die ländlichen Grundeigentümer zu der für das Werk Albrecht Daniel Thaers grundlegenden These, der Zweck der landwirtschaftlichen Tätigkeit sei die Erzielung eines Gewinns. Die landwirtschaftliche »Gewerbs-Lehre« müsse, schrieb Thaer, »den möglich höchsten Erwerb aus jenem Betriebe als Ideal und oberstes Prinzip aufstellen und entwickeln, wie man den, unter den jedesmaligen besonderen Verhältnissen und Umständen, höchst möglichen Gewinn dadurch erreiche«.

Die Auswirkungen der Kommerzialisierung auf die landwirtschaftliche Produktivität waren sehr eindrucksvoll. Manche Bauern bauten versuchsweise neue Feldfrüchte an. In Brandenburg stiegen die Kartoffelerträge von 5.200 Tonnen

1765 auf 103.000 Tonnen 1801. Verbesserte Methoden beim Futtermittelanbau ermöglichten die Haltung größerer Viehherden. In einigen Teilen Preußens nahm der Viehbestand zwischen 1750 und 1800 um über 150 Prozent zu. Mehr Nutztiere erzeugten mehr Dung, was wiederum, im Verein mit verbesserten Fruchtfolgen, den Bauern eine Verlängerung der Brachezyklen und damit eine Steigerung der Gesamtproduktivität ihrer Felder erlaubte. In manchen Regionen begannen Landwirte sich zu spezialisieren; anstatt möglichst alles anzubauen, was sie für die Eigenversorgung brauchten, verlegten sie sich auf die auf ihren Böden am besten gedeihenden oder kommerziell lukrativsten Feldfrüchte. Am Ende des Jahrhunderts wurden aus Danzig, Elbing und Königsberg Jahr für Jahr 300.000 Tonnen Getreide verschifft.

Man sollte das Tempo und das Ausmaß des Wandels in der deutschen Landwirtschaft nicht überschätzen. Selbst wenn die traditionelle Sozialordnung bröckelte, die traditionellen Eliten, Einstellungen und Werte verloren nur langsam an Einfluß. Jenes einengende Geflecht von Institutionen, das die große Mehrheit der mitteleuropäischen Landbevölkerung an den Rand des Existenzminimums fesselte, hatte gerade erst begonnen sich aufzulösen. Gleichwohl erkannten viele scharfsichtige Beobachter, daß das Zusammenwirken von Bevölkerungswachstum, sozialreformerischen Bemühungen von oben und Produktivitäts- wie Bodenwertsteigerungen auf dem Lande einen Transformationsprozeß eingeleitet hatte, der zu einer gründlichen Neuordnung der Beziehungen zwischen Landwirtschaft und gewerblicher Wirtschaft, zwischen Land und Stadt führen würde.

Städte, Märkte, gewerbliche Produktion

Im Deutschland des 18. Jahrhunderts gab es über 2.000 Städte. Manche gingen auf römische, die meisten jedoch auf mittelalterliche Gründungen zurück. Die Daten aus dem Preußen des 19. Jahrhunderts lassen darauf schließen, daß die Mehrzahl der Städte mit weniger als 3.500 Einwohnern recht klein war. In vielen Städten hatte man im Mittelalter zu ihrem Schutz Mauern errichtet; fremde Besucher wurden selbst in Friedenszeiten aufmerksam beäugt, wenn sie durch eines der in den Nachtstunden geschlossenen Stadttore hereinkamen. Wie andere Institutionen der traditionellen Gesellschaft, glichen die Städte introvertierten Wesen, die ihre Ressourcen hüteten und die ihnen gewährten Privilegien verteidigten. Wohlhabende und einflußreiche Bürger wohnten bevorzugt in der Stadtmitte, wo sich das wirtschaftliche und politische Leben der Gemeinschaft konzentrierte, möglichst weit weg von den Gefahren, die außerhalb der Mauern lauerten. Es sollte noch lange dauern, bis die Städte ihre Mauern niederrissen und die städtischen Eliten ihre Häuser in die expandierenden Siedlungsgürtel verlegten. Vor der Wende zum 19. Jahrhundert neigten nur wenige deutsche Städte zu jenem Wachstum, das sich mit modernen Ballungszentren assoziieren läßt.

Bei aller vorsätzlichen Abschottung unterhielten die Städte des 18. Jahrhunderts rege und enge Beziehungen zu ihrem Umland. Keine war autark, alle mußten gleichsam einen Pakt mit dem Umland schließen, von dem ihre Versorgung mit Lebensmitteln, Brenn- und Rohstoffen abhing, aus dem die Kundschaft und die Neubürger kamen. Viele Elemente der ländlichen Welt waren in den Städten gegenwärtig. Selbst in einer Großstadt stieß man auf bäuerliche Geräusche, Gerüche und Verhaltensweisen. Für das Verständnis des städtischen Lebens ist, wie Fernand Braudel festgestellt hat, »das wesentliche Problem stets das gleiche: Ländliche Gebiete und städtische Siedlungen nehmen eine Arbeitsteilung vor, die immer wieder erneuert wird und sich im Lauf der Zeit aufgrund eines ständigen Positionswandels der Partner häufig verändert.« Um zu einem hinreichenden Verständnis sowohl der Stadt als auch ihres Umlandes zu gelangen, bleibt nur, von der harten Dichotomie zwischen der urbanen und der ländlichen Welt Abstand zu nehmen.

Zwar pflegten alle Städte den Austausch mit ihrem Umland, doch die wenigsten verfügten über die Voraussetzungen für weit über die unmittelbare Umgebung hinausreichende Handelskontakte. Dieselben zählebigen natürlichen und künstlichen Schranken, die es den Menschen innerhalb Deutschlands schwer machten, zueinander zu kommen, lähmten die Beweglichkeit der Städte: schlechte Straßen, tückische Flüsse, politische Zersplitterung, sozialer Zündstoff, ein Dickicht von Wege- und Grenzzöllen und eine solche Vielfalt von Währungen, daß es, wie ein ratloser Reisender klagte, »einer gründlichen Ausbildung in der Rechenkunst bedürfte, um ohne Einbußen von Düsseldorf nach Mainz zu gelangen«. Der Aktions- und Einflußradius einer Stadt deckte sich mit der Wegstrecke, die ein Mensch zu Fuß an einem Tag zurücklegen konnte. Innerhalb dieses Umkreises von selten mehr als 20 Kilometern kauften die Stadtbewohner das meiste von dem ein, was sie brauchten, und verkauften das meiste von dem, was sie herstellten. Handelswaren, die in der Gegend nicht erzeugt wurden – ob Lebensnotwendiges wie Salz, ob Luxusdinge wie Kaffee oder Schmuck –, waren oft nur auf regionalen Messen erhältlich. Deren nach wie vor große Bedeutung war ein Zeugnis für die Zersplitterung des mitteleuropäischen Wirtschaftsgebiets und die unterentwickelten Handelsbeziehungen. Noch lange nachdem die Blütezeit der Handelsmessen im Westen zu Ende war, florierten sie in den deutschen Staaten. In den Städten entlang des Rheins zum Beispiel fanden zu Beginn des 19. Jahrhunderts Jahr für Jahr sechshundert Messen statt.

Da die städtische Wirtschaft überall vom lokalen Marktgeschehen geprägt war, diente die gewerbliche Produktion zum größten Teil unmittelbar der Sättigung des alltäglichen Bedarfs der Stadt und ihres Umlands. Für Fürth etwa, das um die Mitte des 18. Jahrhunderts knapp 9.000 Einwohner hatte, führen die

Metallverarbeitung in einem Hüttenwerk. Gemälde von Benedikt Werkstätter aus seinem
Zyklus über den Bergbau, um 1770. Salzburg, Museum Carolino Augusteum

Kaufmann im Kontor seines Handelshauses. Lavierte Zeichnung eines Unbekannten, um
1800. Nürnberg, Germanisches Nationalmuseum. – Flachshecheln. Radierung von Johann
Rudolf Schellenberg in dem 1774 in Berlin erschienenen pädagogischen Elementarwerk von
Johann Bernhard Basedow. Schloß Homburg, Museum des Oberbergischen Landes

Zunftregister aus jener Zeit siebzig in der Stadt vertretene Berufe auf. Die zahlenmäßig bei weitem stärksten Berufsgruppen waren Bäcker, Metzger, Schneider, Bierbrauer, Gastwirte und Schuhmacher; sie alle belieferten eine einheimische Kundschaft. Nur in einigen wenigen spezialisierten Branchen wie der Goldschmiede- und Glasbläserkunst sowie im Textilgewerbe deutet die für eine Stadt von der Größe Fürths ungewöhnlich hohe Zahl von Betrieben darauf hin, daß hier für einen größeren Markt produziert wurde. In Nördlingen, das während der frühen Neuzeit als Zentrum der Stoffherstellung bekannt war, bildeten die Weber die stärkste Berufsgruppe, doch auch hier waren Metzger, Bäcker, Gastwirte und Schuhmacher so zahlreich und als Wirtschaftsfaktor so bedeutsam wie in Fürth. In beiden Städten waren, wie im gesamten Mitteleuropa, kleine Betriebsgrößen der Normalfall. Oft bestand ein Betrieb lediglich aus einem allein arbeitenden Meister, manchmal kamen ein Geselle und ein oder zwei Lehrlinge hinzu. In den meisten Handwerken brauchte man zur Gründung eines Betriebs nur wenig Kapital; einige einfache Werkzeuge reichten aus, dazu ein kleiner Vorrat an Rohmaterial und vielleicht ein paar fertige Produkte als Muster. Da die Handwerker sowohl mit ihren Zulieferern als auch mit ihren Kunden direkt verkehrten, hatten sie Vermarktungsaktivitäten oder eine aufwendige Buchhaltung nicht nötig. Die lokale Orientierung der städtischen Wirtschaft bestimmte nicht nur, was produziert wurde, sondern beeinflußte auch den Umfang und Charakter der geschäftlichen Beziehungen.

Im größten Teil des Deutschen Reiches waren die städtischen Gewerbetreibenden und Kaufleute in Zünften organisiert. Eine Zunft war ein berufsständischer Verband, der Regeln für Ausbildung und Qualifikationsnachweise seiner Mitglieder festlegte, über die Zulassung zu der betreffenden Berufsgruppe entschied und Qualitätsmaßstäbe für deren Produkte setzte. In Fulda mußte jeder, der sich in der Stadt als Schuhmacher niederlassen wollte, neben anderen Qualifikationsnachweisen sein Können vor der Schuhmacherzunft vorführen. Diese Verbände verteidigten auch die ihren Mitgliedern gewährten »Freiheiten«, das heißt deren berufsständische Rechte und Privilegien. Sie wachten zum Beispiel darüber, daß nur Zimmerleute mit Eisennägeln arbeiteten, was Möbelschreiner nicht durften, oder daß kein Betrieb mehr als die ihm zugestandene Anzahl von Brotlaiben buk oder von Schwertern schmiedete. Die Zünfte verfolgten nicht das Ziel, ihren einzelnen Mitgliedern zur Gewinnmaximierung zu verhelfen; sie wollten vielmehr sicherstellen, daß zwischen Nachfrage und Angebot ein Gleichgewicht gewahrt blieb, das der ganzen Berufsgruppe, die zahlenmäßig in Grenzen gehalten wurde, für Gegenwart und Zukunft eine auskömmliche Existenz garantierte.

Zünfte waren nicht bloß berufsständische Interessengruppen. Als Bestandteile der herrschaftlichen Welt kannten sie keinen Unterschied zwischen Beruf und Familie, Wirtschaft und Politik, öffentlicher und privater Sphäre. Sorgfältig ge-

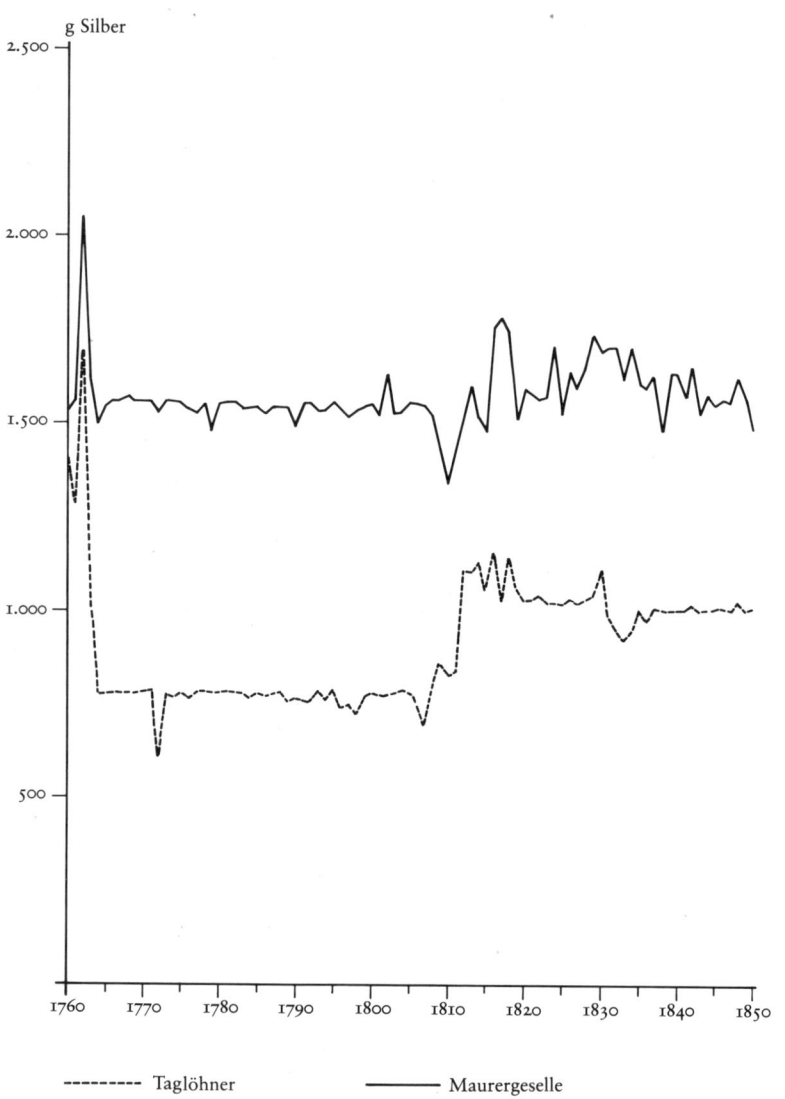

Der Jahresverdienst Göttinger Maurergesellen und Taglöhner bei 240 Arbeits-
tagen (Jutta Wietog nach Gerhard)

-------- Taglöhner   ———— Maurergeselle

plante und nach ausgeklügelten Ritualen durchgeführte Zeremonien sicherten
die beherrschende Rolle der Zunft in jedem Lebensabschnitt des Mitglieds, vom
ersten Tag seiner Lehre an bis zu seinem Tod. Die Zunft verschaffte ihren Mitgliedern das Gefühl der Geborgenheit und Zugehörigkeit. Sie bot den Menschen
den Rahmen, in dem sie Feiertage und andere festliche Gelegenheiten »zünftig«
begehen konnten. Sie gab Trost und Zuspruch in Zeiten der Trauer, Schutz,
materielle Hilfe und moralische Unterstützung in Zeiten der Not. Sie übte aber

Die Diensteinkommen von drei Göttinger Offizianten 1760 bis 1850
(Jutta Wietog nach Gerhard)

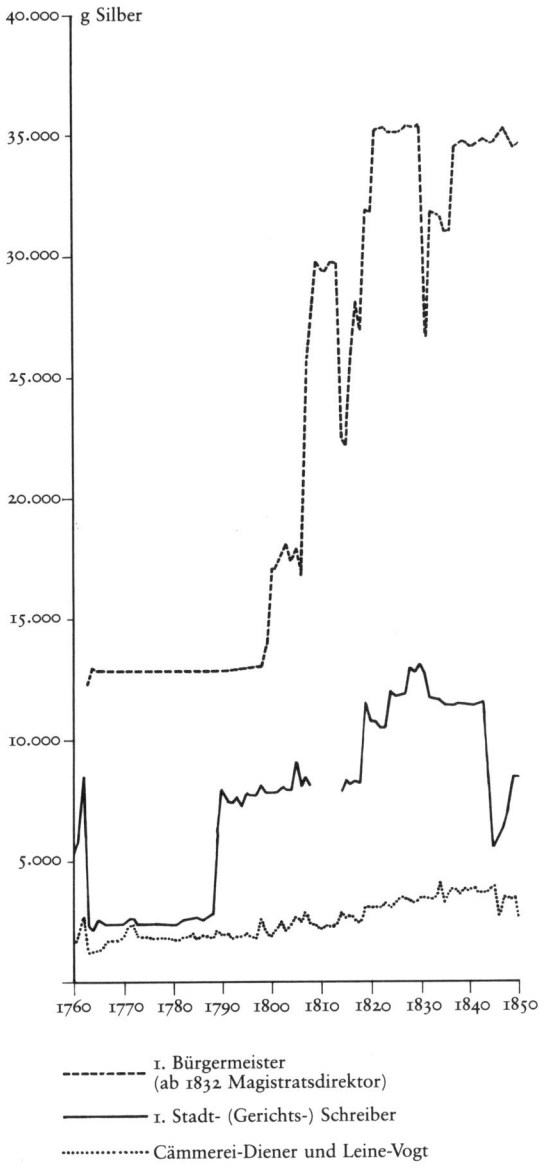

auch Herrschaft aus und erzwang Konformität. Lehrlinge lebten in der familiären Obhut ihrer Lehrherrn, der für sie Arbeitgeber sowie Hausvater war. Von
jedem Zunftmitglied wurde erwartet, daß es die von der Zunft vorgegebenen
moralischen Maßstäbe hochhielt, ein achtbares Leben führte und eine Familie
gründete. Wer gegen die Regeln seiner Zunft verstieß oder ihre Bräuche mißach-

tete, zog damit einen Wust von Sanktionen auf sich, vom subtilen sozialen Anpassungsdruck bis zum Ausschluß aus der Solidargemeinschaft.

Die Zünfte waren in den Augen ihrer Bewunderer die exemplarische Verkörperung der Stabilität und Harmonie der traditionellen Gesellschaftsordnung. So glaubte C. W. Dohm fest daran, daß der Handwerksmeister in einzigartiger Weise das ideale Miteinander von Sicherheit und Zufriedenheit darstellte. Die Seele des Handwerksmeisters werde weder von nagenden Ängsten noch von illusorischen Zukunftshoffnungen gequält, schrieb Dohm 1781. Und ein anderer Zeitgenosse erklärte den Handwerker zum »wahren Stadtbürger; das Gesetz, das ihn bindet, schützt ihn zugleich; sein Platz ist in der Mitte der Gesellschaft, hier ist er sicher, und weil er überall gebraucht wird, ist er auch frei; Ehre und Wert stehen in vollkommener Übereinstimmung«. Privileg und Schutz, Freiheit und Sicherheit, Ehre und Wert – in den Zünften fanden sich viele der typischsten Kennzeichen des traditionellen gesellschaftlichen Lebens. Das aus der Sprachwelt der Zünfte stammende Wort »Geselle« lieferte die Wurzel für den Begriff »Gesellschaft«, und zunfttypische Rituale wurden von so unterschiedlich orientierten Organisationen wie den Freimaurern und den Pionieren der Arbeiterbewegung übernommen.

Solange eine Zunft so funktionierte, wie sie sollte, konnte sie ihren Mitgliedern in der Tat eine ziemlich gesunde Mixtur aus Stabilität und Mobilität bieten. Das durchschnittliche Maß an Zufriedenheit und Zusammenhalt, das sie zu gewähren vermochte, sollte aber nicht überschätzt werden. Das familiäre Miteinander von Meister und Lehrling konnte ebensogut Ausbeutung und Erbitterung erzeugen wie Zusammenarbeit und Zuneigung. De facto waren die Zünfte höchst streitbare Gebilde. Sie verwickelten sich in endlose Rechtshändel mit städtischen Behörden, Staatsregierungen oder mit anderen Zünften. Selbst bei jenen zünftigen Zeremonien, auf denen ausdrücklich Eintracht und Zusammenhalt demonstriert werden sollten, konnte es ohne weiteres zur Konfrontation mit denen kommen, die eine der geheiligten Privilegien der Organisation bedrohten oder ihre Freiheiten in Frage stellten. Wenn die Ehre eines Zunftmitglieds, von der letzten Endes seine Stellung in der Gemeinschaft abhing, besudelt wurde, konnte dies die gesamte Zunft zu genau austarierten Akten der Vergeltung oder Bestrafung veranlassen. Als 1786 ein Maurergeselle einem Kollegen von einer anderen Zunft eine tote Katze in den Kalkeimer warf, stellte der Beleidigte die Arbeit ein und brachte seine Zunftbrüder dazu, sich ihm anzuschließen. Bald darauf ließen in ganz Berlin Maurergesellen ihre Baustellen im Stich, und es folgte eine Woche gewalttätiger Auseinandersetzungen und Agitationen, zu deren Niederschlagung zuletzt militärische Kräfte eingesetzt werden mußten. Ähnliche Ausbrüche ereigneten sich häufig innerhalb der komplizierten ständischen Gesellschaft: zwischen Meistern und Gesellen, zwischen Berufsverbänden und politischer Obrigkeit, zwischen Zunftleuten und Studenten, zwischen Mitgliedern verschiedener Zünfte.

Die am wenigsten gesicherten und damit am leichtesten beeinflußbaren Angehörigen der Zunftstruktur waren die Gesellen. In den meisten Gewerben mußte ein Lehrling zur Abrundung seiner Ausbildung für eine bestimmte Zeit seine Heimatstadt verlassen und in der Fremde »Lehrgänge« bei diversen Meistern absolvieren. Nach diesen Wanderjahren durfte er nach Hause zurückkehren und sich um die Aufnahme in seine Zunft als Vollmitglied bewerben. Die Institutionen, Regeln und Bräuche der Zünfte fesselten die Gesellen in ein engmaschiges Netz. Vom Augenblick ihrer Ankunft in einer fremden Stadt bis zum Tag ihrer Abreise folgte alles, was sie sagten und taten, einem sorgfältig ausgeklügelten Regelwerk. Natürlich waren sie als künftige Meister am Funktionieren dieses Systems stark interessiert. Andererseits ließen die Mittelstellung zwischen Lehrling und Meister während ihrer Wanderschaft und die dabei geknüpften überörtlichen Verbindungen ein Solidaritätsgefühl zwischen den Gesellen entstehen, das sich quer zur vertikalen Struktur der Zünfte entwickelte. Ihren institutionellen Ausdruck fand diese Solidarität in Vereinigungen, die sich der praktischen Bedürfnisse der Gesellen annahmen und ihre Sonderinteressen vertraten. In dem Maße, wie die Zünfte an Bedeutung verloren und die Chancen der Gesellen, Meister zu werden, schrumpften, legten die Gesellen zunehmend radikalere Neigungen und ihre Organisationen eine wachsende Bereitschaft zu gewalttätigen Protestaktionen an den Tag. Kaum verwunderlich, daß etliche Historiker die Wurzeln der Arbeiterbewegung des 19. Jahrhunderts bis zu diesen Organisationen zurückverfolgt haben, die sicher ein Bestandteil der alten ständischen Ordnung waren, aber auch ein Stück weit aus ihr herausragten.

Von allen Institutionen, aus denen sich die herrschaftliche Welt zusammensetzte, waren die Zünfte diejenigen, die dem neuen staatlichen Verwaltungsapparat, der sich mehr und mehr Kompetenzen aneignete, am meisten zu schaffen machten. Anders als der grundbesitzende Adel, verfügten die Zünfte nicht über jene Verbündeten bei Hofe, Familienbeziehungen und »Wahlverwandtschaften«, die es ihnen ermöglicht hätten, einer aggressiven Beamtenschaft zu trotzen. Und ebensowenig konnten sie die weltanschaulichen und institutionellen Druckmittel zum Einsatz bringen, die beispielsweise die Kirche nutzte, um die Politik der Regierungen in ihrem Sinne zu beeinflussen. Da viele Beamte in den Zünften lediglich Instrumente der staatlichen Fiskalpolitik sahen, waren sie ohne weiteres bereit, deren Autorität zu umgehen oder zu untergraben, wenn sich andere steuerliche Einnahmequellen auftaten. Provozierten die Zünfte soziale Unruhen oder gelang es ihnen nicht, sie im Keim zu ersticken, nahm die Verwaltung dies gerne zum Anlaß, ihre Zuständigkeiten zu beschneiden und einen Teil ihrer Aufgaben zu übernehmen. Das Gewicht und die Entscheidungsmacht der Zünfte wie anderer Institutionen der kommunalen Selbstverwaltung schrumpfte in dem Maße, in dem die Staatsapparate sich konsolidierten und ihre Kompetenzen zentralisierten.

Ein wichtiger rechtlicher Meilenstein im Prozeß der zunehmenden staatlichen

Aufsicht über die Zünfte war der »Reichsbeschluß« von 1731 »gegen die Miß-
bräuche im Handwerk«, eines der letzten bedeutsamen Reichsgesetze überhaupt.
Ziel der Verordnung war es, die Vorrangigkeit der politischen Obrigkeit gegenüber dem Zunftwesen festzuschreiben. Dabei wußten die Autoren des Gesetzes
sehr wohl, daß auf die Rolle, die die Zünfte im wirtschaftlichen und gesellschaftlichen Leben spielten, nicht einfach verzichtet werden konnte. Es standen keine
Institutionen bereit, um ihre Stelle einzunehmen. Das Gesetz räumte daher den
Meistern weiterhin eine »weise und gesunde Macht« über die Gesellen ein, deren
rebellische Umtriebe es im übrigen ausdrücklich verurteilte. Entscheidend war,
daß das neue Recht sowohl den Spielraum der Meister für die Ausübung von
Herrschaft als auch die Widerstandsmöglichkeiten der Gesellen einschränkte.
Beschimpfungen in der Öffentlichkeit wurden ebenso verboten wie Arbeitsver-
weigerung und Scherbengerichte. Die Zünfte wurden verpflichtet, sich zwecks
Schlichtung von Rechtsstreitigkeiten an die politische Obrigkeit zu wenden. Ob
sie dies dann auch taten, hing allerdings von der politischen Stärke und dem
Charakter derjenigen ab, die die lokale Obrigkeit verkörperten. Dort, wo die
Staatsgewalt darauf erpicht war, sich als Entscheidungsinstanz zwischen Zunft
und Individuum zu schieben, förderte der »Reichsbeschluß« die Tendenz, die
ständischen Organisationen zu Werkzeugen staatlicher Macht zu machen. Dort,
wo der Staat nicht willens oder fähig war, die Rolle der Zünfte zu übernehmen,
blieb das neue Recht ohne Einfluß auf die realen Verhältnisse, wofür neue gesetzgeberische Anläufe des Reiches in den Jahren 1764 und 1772 versteckt Zeugnis
ablegten.

Brandenburg-Preußen ist das beste Beispiel eines Staates, der seine Hegemonie
über die Zünfte forcierte. Die preußische Regierung veröffentlichte den »Reichsbeschluß« von 1731 unverzüglich und zog mit einer Reihe von Ausführungsge-
setzen nach, die die Funktionen der Zünfte im Herrschaftsbereich der Hohenzollern umschrieben. Der Zunftzwang wurde in diesen Statuten ebenso bestätigt wie
das Recht der Meister, ihre Angestellten zu bevormunden und zu kontrollieren,
doch die letzte Entscheidungsbefugnis lag bei den staatlichen Stellen. Das »Allgemeine Landrecht« von 1794 erkannte die Zünfte nach wie vor als privilegierte
Stände an, stellte sie jedoch zugleich eindeutig unter die direkte und vollständige
Kontrolle des Staates. Damit war jene für die herrschaftliche Welt charakteristische Diffusität der Machtstrukturen beseitigt; die Trennlinie zwischen Wirtschaft
und Politik war klarer gezogen. Von da an wurden Zunftvertreter, die sich beim
Staat um Schutz vor wirtschaftlicher Konkurrenz, welche sich außerhalb der
Zunftstruktur entwickelte, bemühten, oft abgewiesen. Als sich zum Beispiel die
Berliner Kattundrucker 1783 beim König darüber beschwerten, daß Textilma-
nufakturen ohne Rücksicht auf Zunftregeln und unter Ausnützung des herrschenden Überangebots an Arbeitskräften Gesellen einstellten, erhielten sie zur
Antwort: »Daß da kein Cattun Drucker dem Entrepenneur vorschreiben kann

welche Gesellen er behalten soll welche Arbeit er jedem geben und wie viel Lehrburschen er zulernen soll, sondern dieses alles von dem Willkühr des Entreprenn-
eurs abhänget.« Die unternehmerische Freiheit, in diesem Fall mit der ganzen
Macht des preußischen Staates im Rücken, verstieß gegen die grundlegenden
gesellschaftlichen und wirtschaftlichen Anschauungen und Konventionen, auf
denen die Welt der Zünfte beruhte.

In den Städten des Südens und Westens herrschte ein für die Zünfte wesentlich
günstigeres institutionelles Klima. Hier gab es keine externe Machtinstanz, auf
die die Kompetenzen der Zünfte hätten übertragen werden können. In diesen
autonomen oder halb autonomen Gemeinwesen waren die Zünfte ein Element
der Selbstregierung, untrennbar in die politische, gesellschaftliche und vor allem
wirtschaftliche Ordnung eingewoben. Handwerksmeister gehörten dank ihrer
Stellung als Hausbesitzer und Bürger zu den führenden Kräften im politischen
Leben der Städte. Familiäre Bindungen, seit langem bestehende persönliche Beziehungen und ein relativ homogenes Wertesystem waren die Merkmale einer
nach Funktionen differenzierten, nicht starr hierarchischen Sozialstruktur. Natürlich gab es in diesen Städten Abstufungen und Diskrepanzen in bezug auf
Wohlstand, Status und Weltanschauung, aber die Eigenart des öffentlichen Lebens sorgte dafür, daß solche Unterschiede etwas verschwammen und sich jedenfalls nicht zu dauerhaften Klüften verfestigten. Politische Unabhängigkeit, lokale
wirtschaftliche Autarkie und sozialer Zusammenhalt wirkten somit in den Städten des Südens und Westens zusammen und verstärkten sich wechselseitig, mit
dem Ergebnis, daß die Strukturen der städtischen Selbstverwaltung gegen Eingriffe von außen resistent wurden und blieben.

Anders als die vielen kleinen, waren die wenigen großen Städte, die es in Mitteleuropa gab, von Vielfalt im Innern und Weitläufigkeit in den Außenbeziehun-
gen geprägt. Um ein von Edward Fox vorgeschlagenes Bild aufzugreifen, hatten
die kleinen freien Städte einen flächigen Einzugsbereich, der nicht sehr weit über
die Stadtmauern hinausreichte, wogegen der Einzugsbereich der großen Städte
eine zusätzliche »lineare Dimension« aufwies, gegeben durch Beziehungen zu
entfernten Märkten, Kulturen und politischen Einheiten. Der Übergang zwischen
beiden Typen war, wie immer, fließend, und es gab Überschneidungen. So konnte
eine Kleinstadt Anteil an überörtlichen Handelsströmen haben, und keine Großstadt konnte ohne einen funktionierenden lokalen Markt leben. Gleichwohl gab
es zwischen einer Großstadt wie Hamburg und einer freien Reichsstadt wie Goslar wenig Gemeinsamkeiten, so sehr beide äußerlich urbane Züge trugen.

Die linearen Beziehungsvektoren, die von deutschen Großstädten ausgingen,
bildeten nicht einfach konzentrische Strahlen, sondern zeigten starke Verästelungen. Oft reflektierten sie die Reaktion städtischer Wirtschaftsgruppen auf Anreize aus fortgeschritteneren Regionen oder ihre Rolle als Vermittler zwischen West
und Ost. Eine Karte der Handelsströme in Mitteleuropa würde sowohl regionale

als auch internationale Verbindungen zeigen, auf keinen Fall aber so etwas wie einen abgegrenzten deutschen Wirtschaftsraum. Viele Städte an der Ostseeküste, von Lübeck bis Memel, trieben Handel mit Getreide, Salz, Fisch, Holz, Flachs und Hanf; ihre Schiffe befuhren den dänischen Sund, die Nordsee und sogar die hohe See. Im Hamburger Hafen wurden sowohl Getreidelieferungen für den Export umgeschlagen, die auf Elb-Frachtern ankamen, als auch für Mitteleuropa bestimmte Einfuhrgüter aus dem atlantischen Handelsraum. Der große Viehmarkt von Wedel, unweit von Hamburg, versorgte Hannover, Sachsen und noch weiter südlich gelegene Märkte mit Rindfleisch und Häuten. Die beiden bedeutenden Inlandsmetropolen Leipzig und Frankfurt am Main waren Standorte berühmter Messen und an ein Netz von Verkehrswegen angebunden, das südwärts nach Italien und westwärts nach Frankreich sowie südostwärts nach Schlesien, Polen und Böhmen wies. Manchmal nahmen die in einer Stadt umgeschlagenen Güter einen naturgegebenen Weg, wie im Fall der Frachtschiffahrt zwischen Köln und den Niederlanden, manchmal eine durch lokale Bedürfnisse und materielle Ressourcen bestimmte Route, wie im Fall des Kupferhandels zwischen den thüringischen Bergwerken und den Aachener Messinghütten.

Städte mit Anschluß an einen internationalen Markt waren nicht nur größer als jene, die ihn nicht hatten, sondern zeichneten sich auch durch qualitativ andere wirtschaftliche und soziale Strukturen aus. Der Fernhandel erforderte agierende Personen, die über die Fähigkeit und die Mittel verfügten, große Mengen wertvoller Güter zu kaufen, zu lagern und zu verfrachten. Demgemäß brachten große Städte Bankiers, Kaufleute und Spediteure hervor, die die nötigen Kapitalreserven und Verbindungen einbringen konnten und wollten. In ihrer Gesamtheit stellten sie eine komplex strukturierte wirtschaftliche Elite, die sich nach Interessen und Erfahrungen deutlich von den Eigentümern lokal orientierter, kleiner Gewerbebetriebe unterschied. Die sozialen Unterschiede waren in einer Großstadt häufig größer und ausgeprägter als in einer Kleinstadt. David Hume erschrak über die große Kluft zwischen reich und arm, die er im Wien des mittleren 18. Jahrhunderts vorfand, einer Stadt, die seinem Eindruck nach »zur Gänze aus Adligen einerseits und Lakaien, Soldaten und Priestern andererseits« bestand. Vierzig Jahre später charakterisierte Georg Friedrich Rebmann Berlin als »Schauplatz menschlicher Pracht und menschlichen Elends«, als »Vereinigungspunkt, wo äußerster Reichtum und äußerste Armut durcheinander und nebeneinander sichtlich sind«. Schon damals registrierte Rebmann etwas, das heute zum Inbegriff modernen großstädtischen Lebens geworden ist: »das Gefühl, unter dieser Menge allein zu sein«. Das Phänomen der Vereinsamung war unter den institutionellen und atmosphärischen Bedingungen einer Kleinstadt nicht existent.

Was es in Großstädten nicht gab, war ein Gemeinschaftsleben unter potentieller Beteiligung eines großen Teils der Einwohnerschaft. Die Größe und Heterogenität ihrer gesellschaftlichen Institutionen schlossen von vornherein jenen informellen Verkehr und jene persönliche Vertrautheit aus, auf denen in den Kleinstädten der Zusammenhalt der Gemeinschaft beruhte. Das öffentliche Geschehen in den urbanen Zentren war fragmentiert, verteilt auf einander überlappende, aber eindeutig separate Organisationen und Gruppen. Die großstädtischen Eliten zum Beispiel schotteten sich normalerweise von der übrigen Einwohnerschaft ab, manchmal durch förmliche Ver- und Gebote, öfter durch ihren Lebensstil und ihren beruflichen Lebensinhalt. In vielen Großstädten gab es mehrere Eliten, jede durch die Zugehörigkeit zu einem bestimmten Bereich – Wirtschaft, Hof oder Regierung – definiert. Auch hier gab es Zünfte verschiedener Größe und Art, die ihren Mitgliedern Geborgenheit boten, aber sie leisteten, anders als in den Kleinstädten, keinen Beitrag zur kommunalen Selbstregierung. Schließlich konnte es in der Großstadt abgegrenzte Einwohnergruppen geben, etwa die Juden, die häufig in eigenen Wohnvierteln lebten und deren Beziehungen zur übrigen städtischen Gesellschaft durch besondere Gesetze bis in Einzelheiten geregelt waren.

In den meisten Großstädten begegnete man einer großen Zahl von Menschen, die keinem organisierten Stand angehörten und gar nicht oder nur als Randgruppen am gesellschaftlichen, wirtschaftlichen und politischen Leben der Stadt teilnahmen. In Mainz zum Beispiel erfüllte die Hälfte der Einwohner nicht die beruflichen oder gesellschaftlichen Voraussetzungen, um Mitglied der ständischen Hierarchie zu werden. Solchen Leuten blieb normalerweise nichts anderes übrig, als sich um Lohnarbeit zu bemühen; damit waren sie den Launen des Markts preisgegeben. Sie verdingten sich als Boots- und Schauerleute, Lastenträger, Stalljungen, Küchenarbeiter, Hausbedienstete, waren Taglöhner ohne jede Absicherung, die zu manchen Zeiten nicht arbeiten konnten, zu anderen nicht genug Arbeit hatten, immer aber von anderen abhängig. In Mainz verteilte sich das Heer der städtischen Armen auf Keller und Dachböden in der ganzen Stadt; in Koblenz drängten sie sich in separaten Wohnquartieren entlang der Stadtmauer und in Bruchbuden am Flußufer. Überall war ihre Unterkunft feucht und kalt, ihre Ernährung mangelhaft, ihre Lebenserwartung niedrig.

In enger Verbindung zur Gruppe der Taglöhner standen diejenigen, die in der Einwohnerstatistik als »Gesinde« bezeichnet wurden. Dieser Berufsgruppe gehörten oft mehr als 10 Prozent der erwerbsfähigen Erwachsenen an. In ihren Reihen herrschte eine Hierarchie, die ein Abbild der gesamten Sozialstruktur war. An der Spitze rangierten die Verwalter großer Besitzungen, gefolgt von der auserlesenen Dienerschaft der Reichen und Mächtigen; danach kam das Personal der durchschnittlich wohlhabenden Familien; die unterste und bei weitem größte Gruppe bildeten diejenigen, die eine Vielfalt von Diensten für Leute verrichteten, denen es lediglich ein bißchen besser ging als ihnen selbst. Wie auf dem Lande, oblag auch in der Stadt dem Hauspersonal mehr als nur die Hausarbeit im engeren Sinn. Häufig wurde von den Dienstboten erwartet, daß sie stundenweise im familiären Wirtschaftsbetrieb mitarbeiteten. In seiner überwältigenden Mehrheit war das Gesinde weiblichen Geschlechts; denn nur ziemlich große Häuser konnten sich einen Hausverwalter, Kutscher oder Diener leisten. Einige der Dienstboten schafften es, einen eigenen Hausstand zu gründen, aber die meisten waren zu einem lebenslangen abhängigen Dasein verurteilt.

Von einer abhängigen, immerhin gesicherten Existenz führten viele Wege in Schlimmes. Dienstboten liefen, wenn sich die Dinge für sie oder ihre Herren schlecht entwickelten, leicht Gefahr, an den Rand einer geordneten Existenz oder in jene düstere Welt der Bettler, Huren und Diebe abzurutschen, die sich in jeder größeren europäischen Stadt fand. Parallel zum beschleunigten Bevölkerungswachstum in der zweiten Hälfte des 18. Jahrhunderts nahm die Zahl der sozialen Randexistenzen zu, und sie begannen eine immer wichtigere Rolle im sozialen Problembewußtsein des »respektablen« Teils der Bevölkerung zu spielen. Die geheimnisvolle, »sündige« Seite des Stadtlebens erschreckte und faszinierte die Zeitgenossen überall in Europa; sie wurde zum emotional am stärksten besetzten Aspekt der »sozialen Frage«.

Die meisten deutschen Städte wuchsen im 18. Jahrhundert nicht so schnell wie jene in den westlichen Nachbarländern, und auch der Anteil der in großen Städten lebenden Deutschen hielt mit der Rate des Bevölkerungswachstums nicht ganz Schritt. In absoluten Zahlen nahm sich die Zunahme der Stadtbevölkerung dennoch beeindruckend aus. Im Jahr 1800 hatten 61 deutsche Städte eine Einwohnerzahl von mehr als 10.000 erreicht; zusammen zählten sie über 1,6 Millionen Bewohner. Berlin mit 150.000 und Wien mit 231.000 Einwohnern waren an der Jahrhundertwende die beiden größten Städte im deutschsprachigen Europa. Andere Haupt- und kleinere Residenzstädte, die vom Trend zur Staatenbildung und monarchischen Selbstaufblähung profitierten, verzeichneten zwischen 1700 und 1800 ebenfalls ein beachtliches Wachstum. München nahm von 21.000 auf 34.000 Einwohner zu, Stuttgart von 13.000 auf 20.000, Mannheim von 13.000 auf 22.000, Dresden von 40.000 auf 55.000, Hannover von 11.000 auf 17.000. Viele der traditionsreichen europäischen Handelszentren hatten an dieser beschleunigten Verstädterung nicht teil, ein paar schrumpften sogar. Die Einwohnerzahl Nürnbergs sank von 40.000 im Jahr 1700 auf 30.000 im Jahr 1750 und weiter auf 27.000 im Jahr 1800. Unter den am schnellsten wachsenden Städten waren zahlreiche neue Wirtschaftsstandorte wie Barmen und Elberfeld, deren addierte Einwohnerzahl sich im genannten Zeitraum von 5.000 auf 23.000 nahezu verfünffachte.

Als einzige unter den mitteleuropäischen Städten hielt Berlin mit den außerordentlichen Wachstumsraten Schritt, wie sie bei den städtischen Metropolen des Westens zu verzeichnen waren. Die größte deutsche Stadt war nach wie vor Wien, doch in der Wachstumsdynamik lag Berlin an der Spitze. Die preußische Hauptstadt, in der trostlosen Zeit des Dreißigjährigen Krieges auf 12.000 Einwohner geschrumpft, verdoppelte ihre Bewohnerzahl zwischen 1650 und 1700 und wiederum zwischen 1700 und 1750. In der zweiten Hälfte des 18. Jahrhunderts verlangsamte sich ihr Wachstum zwar etwas, aber die Zunahme von 90.000 auf 150.000 Einwohner war noch immer beachtlich. Dieses rasante Tempo schlug sich im Charakter und Aussehen der Stadt nieder. John Owen, ein englischer Reisender, der Berlin 1792 besuchte, beklagte sich über die bedrückende Verkommenheit und Schmutzigkeit der Stadt. Ein Einheimischer äußerte sich wenige Jahre später ähnlich kritisch über die düsteren und gefährlichen Straßen, das Fehlen ordentlicher Brücken und über den schlechten Zustand der Gehsteige, die er als so uneben beschrieb, daß man als Fußgänger in der Nacht ständig Gefahr laufe, zu stürzen und sich ein Bein zu brechen. Die soziale Struktur Berlins war, wie das Tempo seines Wachstums, Folge und Ausdruck des Aufstiegs Preußens zur erstrangigen europäischen Macht. Über 30.000 seiner Bewohner, also 20 Prozent, waren entweder Soldaten oder deren Angehörige. 20.000 Handwerker und Kaufleute bildeten, zusammen mit ihren Angestellten, Lehrlingen und Bediensteten den Kern des Berliner Wirtschaftslebens. In Politik und Regierung der Stadt spielten sie keine Rolle. Der Magistrat der Stadt setzte sich seit den zwanziger Jahren des 18. Jahrhunderts aus Beamten zusammen, die unter Aufsicht eines vom König ernannten Präsidenten arbeiteten. Der Magistrat wählte die Mitglieder eines Rates, der im großen und ganzen nur beratende Funktionen innehatte. So existierten zwar noch Zünfte und privilegierte Stände, aber die Grundlage, auf der die Stadt regiert wurde, war, um mit Friedrich Nicolai zu sprechen, die Unterdrückung der traditionellen, ständisch geprägten kommunalen Selbstregierung. Darüber hinaus zählten viele der wohlhabendsten und einflußreichsten Einwohner Berlins zur Gruppe der »Eximierten«, der Aristokraten, Höflinge und Beamten, die nicht den örtlichen Institutionen oder der städtischen Gerichtsbarkeit unterstanden, sondern der Autorität und rechtlichen Zuständigkeit des Staates.

Mainz war sehr viel anders geprägt und strukturiert. Der territoriale Besitz des Mainzer Erzbischofs und Kurfürsten konnte sich mit dem Staat der Hohenzollern nicht messen. In der Hauptstadt des Kurfürsten, die von einer nicht eben furchteinflößenden, 3.000 Mann starken Truppe verteidigt wurde, gab es weder eine militärische noch eine bürokratische Kaste. Andererseits war Mainz das Zentrum des größten und reichsten Kirchenfürstentums in Mitteleuropa, Schauplatz kirchlicher und höfischer Zeremonien und insofern Magnet für solche Adelsfamilien, die auf der Suche nach prunkvollen Festen und lukrativen Posten waren. Verwaltet wurde die Stadt, wie das Kurfürstentum als Ganzes, von den 24 Kanonikern des Domkapitels, die ihre Aufgaben mit Hilfe einer wachsenden Schar von Beamten erfüllten. Die dominierenden Elemente der Mainzer Sozialstruktur waren der erzbischöfliche Hof und die lokale Aristokratie. Dazu kamen die Handwerker und Kaufleute, die die materiellen Bedürfnisse der Oberen erfüllten. Im Wirtschaftsleben gaben weiterhin die Zünfte den Ton an; ihre Vertreter im Magistrat wirkten an der Gestaltung der örtlichen Verhältnisse mit. In der zweiten Hälfte des 18. Jahrhunderts trat indes eine neue Gruppe von Unternehmern auf den Plan, die die strategisch günstige Lage von Mainz am Zusammenfluß von Main und Rhein für sich zu nutzen begann. Viele von ihnen waren Außenseiter ohne Bindungen an die Mainzer Ständehierarchie, ohne Verpflichtungen ihr gegenüber. Wenn sie mit Erfolg neue Unternehmen aufbauten und das wirtschaftliche Gewicht der Stadt vergrößerten, ging dies zwangsläufig auf Kosten der alten Zünfte, mit deren wirtschaftlicher Rolle und politischem Einfluß es stetig bergab ging.

Der Sprung von Kurmainz nach Hamburg macht augenfällig, wie viele unterschiedliche soziale Welten im 18. Jahrhundert nebeneinander existierten. In Hamburg spielte eine der eindrucksvollsten Erfolgsgeschichten des Jahrhunderts. Die Stadt, wichtigste deutsche Teilnehmerin an einem expandierenden atlantischen Handelsmarkt, der sich in einem weiten Bogen von Dänemark bis Cadiz erstreckte, wuchs zwischen 1700 und 1800 von 70.000 auf 100.000 Einwohner. Ausländische Besucher wie Charles Burney zeigten sich beeindruckt von dem Klima der »Fröhlichkeit, Geschäftigkeit, Wohlhabenheit und Freiheit«, das sie dort antrafen, und fortschrittliche Deutsche äußerten sich bewundernd über die Offenheit der sozialen und politischen Strukturen der Stadt. Die hamburgische Elite war bewußt antiaristokratisch eingestellt. Adlige waren von der Teilnahme am öffentlichen Leben ausgeschlossen, den politischen Führern der Stadt standen keine Sonderprivilegien zu. Treffend formulierte ein Bewohner der Stadt kurz nach der Wende zum 19. Jahrhundert: »Alle wirklichen Hamburger kennen und haben nur einen einzigen Stand, den Stand eines Bürgers.« Man sollte diesen häufig zitierten Satz freilich nicht zu wörtlich nehmen. Das hamburgische Bürgerrecht stand nur Personen zu, die bestimmte Qualifikationen erfüllten, und war für Neuankömmlinge schwer zu erlangen; in den fünfziger Jahren des 18. Jahrhunderts wurden weniger als 400 Neubürger pro Jahr registriert. Das bedeutete auch, daß in der Stadt sehr viele Menschen lebten, denen die Teilnahme am öffentlichen Leben völlig verwehrt blieb: Juden, neu Zugezogene, Tausende von Taglöhnern, Dienstboten und Armen. Der Kreis derjenigen, die aktiv am politischen Leben teilhatten, war noch kleiner. Von 1710 an durften bloß noch diejenigen Bürger, die in der Stadt Vermögenswerte in Höhe von mindestens 1.000 Reichstalern oder ländliches Eigentum im Wert von mindestens 2.000 Reichstalern nachweisen konnten, an den Bürgerversammlungen teilnehmen, auf denen die kommunalen Amtsinhaber gewählt wurden. Die Stadt wurde von rund 350 ehrenamtlichen Funktionären regiert, denen 20 juristisch ausgebildete Beamte und vielleicht 50 Schreib- und Hilfskräfte zur Seite standen. Der Aufstieg in diese Elite war zwar nicht rechtlich beschränkt, aber praktisch einer relativ kleinen Zahl von Kaufmannsfamilien vorbehalten, deren Namen in den Registern der wichtigsten Abteilungen der Kommunalregierung immer wieder auftauchen. »Die Verfassung des hamburgischen Staates«, schrieb Johann Jacob Rambach 1801, »ist weder ganz aristokratisch, noch ganz demokratisch, noch ganz repräsentativ, sondern ist alles dieses.«

Dieselben Leute, die Loblieder auf Hamburg sangen, verwiesen häufig auf Nürnberg als Beispiel für all das, was in vielen deutschen Städten falsch lief. Karl Biedermann zum Beispiel nannte Nürnberg »das Eldorado des Patriziertums«. Anders als Hamburg mit seinem dynamischen Wachstum, war Nürnberg seit seiner Blütezeit in der Renaissance stark geschrumpft; gegen Ende des 18. Jahrhunderts hatte es deutlich weniger Einwohner als dreihundert Jahre zuvor. Zeitgenössische Kritiker führen diesen Rückgang auf den kläglichen Zustand der politischen Institutionen Nürnbergs zurück, der es einigen wenigen Patrizierfamilien erlaubt hatte, sich ein Machtmonopol zu sichern und sich an dem in der Stadt erarbeiteten Wohlstand zu bereichern. Diese korrupte und exklusive Elite bildete die Spitze einer starren Standeshierarchie, die sich gegen jede Erneuerung sperrte und abweichende Meinungen nicht zuließ. Die Probleme Nürnbergs waren allerdings nicht nur institutioneller Art. Die Stadt hatte schrecklich unter den Auswirkungen der Kriege des 17. Jahrhunderts gelitten, und anschließend hatte die Handels- und Wirtschaftspolitik ihrer Nachbarn eine nachhaltige Erholung behindert: Österreich, Preußen und Bayern hatten in den zwanziger und vierziger Jahren des 18. Jahrhunderts ihre Grenzen für Handelsgüter aus Nürnberg dichtgemacht. Selbst das fortschrittlichste politische System hätte sich schwer getan, mit derart geballten Schwierigkeiten fertig zu werden. Die politisch erstarrte herrschende Oligarchie Nürnbergs glitt unter diesen Problemen in einen Zustand des wirtschaftlichen und politischen Bankrotts ab, der sich am anschaulichsten in den Versuchen der Stadt offenbarte, sich 1796 von Preußen annektieren zu lassen.

Daß die Historiker zu sehr unterschiedlichen Aussagen über die Rolle der Städte in der deutschen Wirtschaftsentwicklung gelangt sind, kann angesichts des breiten Spektrums historischer Beispiele, aus dem sie auswählen mußten, nicht überraschen. Eine Schule vertritt, gestützt auf die traditionelle Denkfigur, daß Kultur und fortschrittliche Ideale zusammengehören, die These, die Städte seien Werkzeuge und zugleich Produkte des wirtschaftlichen Wachstums gewesen. Manche Autoren schmelzen gar Verstädterung, Industrialisierung und »Modernisierung« zu einem einzigen Prozeß zusammen. Andere Gelehrte haben, als Reaktion auf die oft fatale Rolle von Großstädten in vielen Teilen der nicht-westlichen Welt im 20. Jahrhundert, den parasitären Charakter städtischer Ballungsräume hervorgehoben, die allem Anschein nach die Ressourcen des Landes an sich saugen und davon aufgeblähte bürokratische Apparate und privilegierte Eliten ernähren. Wie häufig bei solchen Kontroversen, besteht auch hier keine Notwendigkeit, sich kategorisch für eine der Positionen zu entscheiden; denn jede beinhaltet ein Element der Wahrheit. »Städte«, hat Jan DeVries unlängst geschrieben, »stellten nicht an und für sich einen überlegenen Wirtschaftsbereich dar, dessen relatives Wachstum für eine Transformierung der Gesellschaft sorgen würde.« Manchmal waren sie Entwicklungshindernisse, manchmal Quellen der Innovation. Wie eine Stadt wirtschaftlich funktionierte, hing von ihren sozialen und politischen Strukturen sowie, wichtiger noch, von der Leistungsfähigkeit des regionalen Systems ab, innerhalb dessen sie operierte. Der Zusammenhang zwischen Verstädterung und Entwicklung erschließt sich am besten, wenn man untersucht, wie die städtische Wirtschaft mit den diversen Elementen – Landwirtschaft, ländliches Gewerbe, Handel – in ihrer Umgebung interagierte.

Ein wichtiger erster Schritt ist die Erkenntnis, daß Städte niemals ein Monopol auf gewerbliche Produktion hatten; auf das städtische Gewerbe entfiel selbst in seiner Blütezeit nur ein kleiner Teil der gesamten Güterproduktion. Da die meisten Familien, zumindest auf dem Land, sich mit möglichst vielen Dingen selbst versorgen wollten oder mußten, fanden sich etliche einfache Fabrikationsvorgänge bereits auf der Haushaltsebene. Wenn die Mitglieder einer bäuerlichen Familie über genug Zeit, Fertigkeiten und Gerätschaften verfügten, um Dinge auch für ihre Nachbarn herzustellen, konnte daraus eine bescheidene Form dörflicher Industrie entstehen. Dachdecker, Schmiede, Schuhmacher, Weber und dergleichen, die ihren Beruf im Voll- oder Teilzeiterwerb ausübten, fanden sich in den meisten Dörfern. Unter günstigen Bedingungen konnten die ländlichen Handwerker ihre Dienste auch auf einem größeren Markt anbieten. Ein anderer Typus nicht-städtischer Güterproduktion umfaßte Gewerke, die auf der Ausbeutung ortsgebundener Bodenschätze beruhten. Steinmetze, Köhler, Bergleute und viele in der Metallverarbeitung Tätige mußten ihre Arbeit dort verrichten, wo sie das dafür nötige Gestein, Holz und Erz fanden. Diese Branchen unterhielten zwar vielfältige Beziehungen zu Städten, operierten aber, wie die Träger der dörflichen Industrien, auf einem regional begrenzten Markt.

Wirtschaftliches Wachstum war im 18. Jahrhundert weder ausschließlich ein städtisches noch ein rein ländliches Phänomen; es vollzog sich sowohl in den Städten als auch auf dem Land und hing von den hier wie dort jeweils herrschenden Bedingungen ab. In den Städten waren es Eliten und Institutionen, die im Zusammenwirken die Grundlagen und Mittel für die Entwicklung neuer Unternehmen sowie die Mechanismen für deren Vermarktung bereitstellten, doch die Produkte der Landwirtschaft waren für jedweden wirtschaftlichen Aufschwung ebenso unerläßlich. Verarbeitendes Gewerbe und Handel waren auf Agrarprodukte angewiesen, und landwirtschaftliche Überschüsse wurden gebraucht, um eine wachsende Bevölkerung zu ernähren und jenen größer werdenden Sektor der ländlichen Gesellschaft zu versorgen, der sich auf nicht-agrarische Erwerbszweige spezialisierte. Regionale Wirtschaftsverbände funktionierten dann am besten, wenn die diversen Elemente mobilisiert und koordiniert wurden. Das zu tun, war oft Sache eines Unternehmers, der über das Kapital und die Geschäftsverbindungen verfügte, die ländliche Produzenten benötigten, um eine regelmäßige Fabrikation aufziehen und ihre Erzeugnisse vermarkten zu können. Je größer der Markt – und je größer die Entfernung zwischen Produzent und Abnehmer –, desto wichtiger war es, jemanden zu haben, der einerseits die Rohstoffe lieferte und andererseits die Endprodukte abnahm. Aus diesen sogenannten Verlegern wurden oft dadurch richtige Unternehmer, daß sie Handwerker unter einem Dach versammelten und sie unter ihrer Regie arbeiten ließen. Häufiger entschieden sie sich jedoch für das Verlagssystem, in dessen Rahmen Hand- und Heimwerker dem Unternehmer das, was sie herstellten, zu einem vereinbarten Preis verkauften. Dieses System eignete sich vor allem für das Textilgewerbe, in dem eine Ware mehrere sehr unterschiedliche Fertigungsschritte durchlief. Im typischen Fall stellte ein Textilverleger einem Weber Garn zur Verfügung, kaufte ihm das gewobene Tuch ab und verkaufte es dann entweder weiter oder ließ daraus Bekleidungsstücke fertigen.

Wenn ein Unternehmer eine wachsende Nachfrage für ein Erzeugnis witterte, versuchte er, so große Mengen davon aufzukaufen, wie er bekommen konnte, und dies zu einem möglichst geringen Preis. Solche Unternehmer hatten kein Interesse am Fortbestand der Zünfte; wo immer diese ihnen in die Quere kamen, wichen sie an Orte aus, wo traditionelle Zunftbeschränkungen nicht existierten. In Aachen zum Beispiel herrschten, wie ein Zeitgenosse feststellte, »äußerst unvorteilhafte« Zunftbeschränkungen, die »der Industrie die Flügel lähmen«, wogegen in der ländlichen Umgebung der Stadt ein Unternehmer frei entscheiden konnte, welche Arbeiter und wieviele er in seinem Betrieb beschäftigen wollte. So kam es, daß im Verlauf des 18. Jahrhunderts die zunfthandwerkliche Produktion stagnierte, während die gewerbliche Erzeugung auf dem Land Zuwächse verzeichnete. Um das Jahr 1800 lebte und arbeitete rund die Hälfte aller preußischen Handwerker »frei« in Dörfern oder auf dem Land. In dem Maße, wie die Produktion sich aus den Städten hinausverlagerte, entstanden verschlungene Verbindungsnetze, durch die ländliche Produzenten sowohl untereinander als auch mit regionalen und zuweilen sogar internationalen Märkten verknüpft waren.

Die Zunahme der gewerblichen Produktion auf dem Land, ein Prozeß, der in der Wissenschaft zuweilen als Protoindustrialisierung bezeichnet wird, war von ausschlaggebender Bedeutung für die gesellschaftliche Organisation. Indem sie eine gewisse Arbeitsteilung ins Dorf hineintrug, befreite sie Teile der ländlichen Handwerkerschaft von der Notwendigkeit der landwirtschaftlichen Selbstversorgung. Überkommene Beschränkungen in bezug auf Heirat und Vermehrung lockerten sich, und die altgewohnten Zyklen von Mißernte, Hunger und Tod verloren an Schärfe. Die demographischen Folgen waren dramatisch. Manche Historiker haben jene vorindustriellen ländlichen Handwerker als die ersten authentischen Proletarier porträtiert, weil sie praktisch keinen Grundbesitz hatten, ihre Produktionsmittel nicht mehr selbst kontrollierten und sowohl den Marktkräften als auch den Interessen eines Unternehmers ausgesetzt waren. Es läßt sich jedoch ebensowenig übersehen, daß der protoindustrielle Handwerker der traditionellen Ordnung verbunden blieb, zum einen als Mitglied der Dorfgemeinschaft, zum anderen als Vorstand einer familiären Produktionseinheit. Die Protoindustrialisierung ist daher im typischen Fall als Übergangsphänomen zu charakterisieren, bei dem sich Reste handwerklicher Praktiken mit Vorboten einer neuen industriellen Ordnung vermischten.

Die meisten der großen gewerblichen Produktionsbetriebe, die sich im 18. Jahrhundert entwickelten, verbanden traditionelle und innovative Elemente. Normalerweise arbeiteten in den Manufakturen Handwerker zwar unter einem Dach, aber jeder für sich. Der Größe nach konnte die Manufaktur sich mit einer modernen Fabrik messen, doch in der Organisation der Arbeitsabläufe herrschten gewöhnlich handwerkliche Techniken vor. Als besonders vorteilhaft erwies sich das Manufaktursystem, das in der zweiten Jahrhunderthälfte einen beträchtlichen Aufschwung nahm, in den letzten Stadien der Textilverarbeitung sowie im Schiffbau und in einigen Bereichen der Metallverarbeitung, wo die Waren eine längere Reihe von Fertigungsschritten durchliefen. Viele Staatsbetriebe entsprachen diesem Typus, etwa das sogenannte Lagerhaus in Berlin, das Uniformen für die preußischen Truppen lieferte, oder die königlichen Porzellanmanufakturen in Wien und Berlin.

Die wichtigsten wirtschaftlichen Innovationen im Mitteleuropa des 18. Jahrhunderts betrafen weniger die technische als die organisatorische Seite der Produktion. In dem Maße jedoch, in dem die Wirtschaft expandierte, hielten die Unternehmer Ausschau nach verbesserten Maschinen, die einen erhöhten Warenausstoß ermöglichen würden. Manche Betriebe setzten als Energiequelle für Drahtziehanlagen und Stanzereien Wasserräder ein, Textilfabrikanten schafften neue Spinnräder mit Tretkurbeln, holländische Webstühle und englische Wirkstühle an. 1753 nahm ein Bleibergwerk in Lintorf bei Duisburg eine Dampfmaschine englischer Bauart in Betrieb. Der erste koksbefeuerte Hochofen arbeitete von 1796 an in den königlichen Eisenwerken von Gleiwitz. Im großen und ganzen hielt sich jedoch der technische Wandel bis zur Jahrhundertwende in engen Grenzen. Der Mangel an geschulten Kräften und an risikofreudigen Unternehmern hemmte, im Verein mit dem heftigen Widerstand der Zünfte gegen jede für sie bedrohliche Neuerung, vorderhand noch die Entwicklung jener brisanten Mischung aus Technik und Unternehmergeist, die später zu einem bestimmenden Faktor für das Erblühen der deutschen Wirtschaftsmacht werden sollte.

Nicht viele Betriebe im 18. Jahrhundert verfügten über die Maschinenausstattung oder die Arbeitsorganisation, die normalerweise mit einer Fabrik zu assoziieren ist. Zwar verwendeten Zeitgenossen gelegentlich diesen Begriff, wenn sie von großen Manufakturen sprachen, doch wie bei so vielem aus dem Vokabular

Johann Bernhard Basedow während einer Vorlesung in dem von ihm gegründeten
Philanthropinum zu Dessau in Anwesenheit der fürstlichen Familie von Anhalt-Dessau.
Radierung von Daniel Chodowiecki, 1776, für das Titelkupfer zu Basedows Gesangbuch.
Hannover, Galerie J. H. Bauer

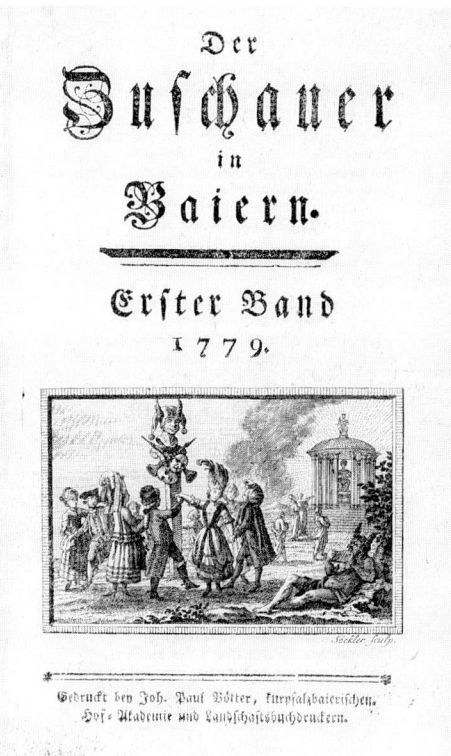

Beschuß Münchens mit Flugschriften: Anspielung auf die durch das Verbot der geheimen Orden in Bayern massenweise publizierte illuminatische Literatur. Lavierte Zeichnung eines Unbekannten, um 1785. München, Stadtmuseum. – Monatsschrift gegen kulturelle und politische Mißstände. Titelseite der ersten Nummer der von Josef Anton Milbiller und Ignaz Schmidt in München herausgegebenen Zeitschrift. München, Bayerische Staatsbibliothek. – Ein beliebter Roman der Aufklärung. Titelseite der erstmals 1779 in München erschienenen Erzählung des Lorenz von Westenrieder mit Reformabsichten in Justiz, Armenpflege und Volkserziehung. München, Bayerische Staatsbibliothek

jener Periode, hatte das Wort »Fabrik« etwas Verschwommenes, eine Bedeutungsvielfalt, die die Unbestimmtheit der sozialen Realität spiegelte. Die Zeitgenossen sprachen auch von »Arbeitern«, wenngleich damals nur die wenigsten von ihnen der klassisch gewordenen marxistischen Definition des Proletariers entsprachen. Immerhin gab es eine große, heterogene Gruppe von Menschen, die nicht mehr der alten ständischen Ordnung angehörten. Sie umfaßte die Unterschichten der größeren Städte, die Taglöhner sowohl auf dem Land als in der Stadt und die Mehrheit derjenigen, die in Betrieben der Protoindustrie arbeiteten. Zum Teil waren diese Menschen bettelarm, zum Teil konnten sie sich mit Gelegenheitsarbeiten einigermaßen über Wasser halten; die wenigstens von ihnen hatten ein gesichertes Auskommen. Da der Preisanstieg für Agrarprodukte, der die ganze zweite Jahrhunderthälfte hindurch anhielt, einer Senkung der Reallöhne gleichkam, dürfte sich die Lage dieser Gruppen verschlechtert haben, namentlich seit 1770. In mancher Hinsicht lebten sie alle bereits außerhalb jener schützenden und restriktiven Ordnung, die das Gerüst der traditionellen Gesellschaft bildete. Diese Männer und Frauen waren auf eine neuartige Weise frei und verwundbar: Sie konnten gehen, wohin sie wollten, konnten heiraten oder ein Gewerbe eröffnen; andererseits waren sie schutzlos sowohl den rohen Kräften der wirtschaftlichen Konjunktur als auch der regulierenden Gewalt des bürokratischen Staates ausgesetzt.

In ihrem Bemühen, den Niedergang althergebrachter Institutionen und den Aufstieg neuer wirtschaftlicher und gesellschaftlicher Kräfte zu erklären, haben mehrere Generationen deutscher Historiker die Rolle des Staates als industrieller Auftraggeber und als Förderer technischer Neuerungen und unternehmerischer Tatkraft hervorgehoben. Gustav Schmoller, einer der Gründerväter dieser Denkschule, vertrat die Position, angesichts des Stagnierens der alten Ordnung sei nur der Staat – und natürlich hatte er dabei Preußen im Auge – stark genug gewesen, um einen Wandel herbeizuführen. Als kleindeutscher Patriot, Wirtschaftshistoriker und Herausgeber einer Veröffentlichungsreihe des preußischen Staatsarchivs war Schmoller einer Anschauung verhaftet, die im Staat vor allem ein Werkzeug des sozialen Fortschritts und der nationalen Größe sah.

Es ist in der Tat nicht zu übersehen, daß die Politik aufgeklärter Staaten mithalf, die Zünfte zu schwächen, und daß sie manchmal der Förderung innovativer neuer Unternehmen diente. Firmen wie Splitgerber und Daum in Berlin prosperierten, indem sie für den unablässig wachsenden preußischen Militärapparat produzierten. Anderswo entstanden dank königlicher Patronage Porzellanmanufakturen, Seidenwebereien, Eisengießereien, Kohlebergwerke, Schiffswerften und Textilfabriken. Die staatliche preußische Handelsgesellschaft, die sogenannte Seehandlung, förderte mittels Investitionen und direkter Intervention eine breite Palette von Branchen. Der Bergbau an der Ruhr, in dessen Diensten der Freiherr vom Stein sich seine ersten bürokratischen Sporen verdiente, verdankte seine Existenz ganz wesentlich staatlichen Subventionen. Es wäre jedoch ein Fehler, die fördernden Wirkungen staatlicher Politik auf die wirtschaftliche Entwicklung zu überschätzen. Es sind nicht hinreichend Daten bekannt, um die Ergebnisse staatlicher Wirtschaftspolitik bilanzieren zu können, und wären sie es, käme wohl unter dem Strich heraus, daß der Staat in diesem Bereich mehr Schaden als Nutzen stiftete. Zwar wurden zuweilen produktive Unternehmungen von den Behörden gefördert, doch ebenso oft wurden unproduktive beschützt, aus Ignoranz, Schlamperei oder Eigeninteresse. In Schlesien opferte Friedrich der Große die Interessen der Leinenweber den Privilegien einer Handvoll mächtiger Kaufleute; er praktizierte eine Politik, die langfristig katastrophale Konsequenzen für die Textilindustrie der Region zeitigte. Die Bemühungen Friedrichs um die Förderung der Berliner Seidenindustrie waren nur von vorübergehendem Erfolg gekrönt, erst recht wenn man deren Leistungen mit denen der Krefelder Seidenindustrie vergleicht, die trotz staatlicher Behinderungen blühte und gedieh. Im großen und ganzen galt, daß im Mitteleuropa des 18. Jahrhunderts das wirtschaftliche Wachstum dort am kräftigsten und anhaltendsten war, wo autonome soziale Kräfte am Werk waren und Zugang zu einem expandierenden internationalen Markt bestand. Die von solchen Wachstumsbranchen ausgehenden Impulse wirkten sich, oft im Verein mit unscheinbaren Fortschritten im Lebensstandard und in der landwirtschaftlichen Produktivität, stimulierender auf die wirtschaftliche Aktivität aus als die ambivalente staatliche Subventionspolitik. Von den in Krefeld hergestellten Seidenstoffen gingen zum Beispiel 80 Prozent an Abnehmer in den Niederlanden, in Skandinavien, Großbritannien und sogar in Amerika. Trotz allem bleibt zu konstatieren: Auf unterschiedliche Weise und zu unterschiedlichen Zeiten taten Staat und Markt das ihre, um traditionelle soziale Werte auszuhöhlen, bestehende Institutionen zu schwächen und die Macht etablierter Eliten in Frage zu stellen.

Alte und neue Eliten

Zu Beginn des 18. Jahrhunderts waren die führenden Stellungen im gesellschaftlichen, politischen und wirtschaftlichen Leben Deutschlands noch fest in adliger Hand. Als privilegierte Kaste etabliert, besaß die Aristokratie praktisch ein Monopol auf die politische Macht sowie, dank ihrer Verfügungsgewalt über Grund und Boden, auf die wirtschaftlichen Ressourcen des Landes. Ihre Macht war auf allen Ebenen der Gesellschaftsordnung spürbar, vom Dorfplatz bis hinauf zum Herrscherhof, von der Gemeindekapelle bis zum Prälatenpalast, von der Handwerkerbude bis zum Offizierskasino. Aber das 18. Jahrhundert brachte, im Gefolge der Expansion des bürokratischen Staates und der Handelsströme und

Märkte, Herausforderungen neuer Art, die die Vorherrschaft der Aristokratie in Zweifel zogen. Es entstanden Spannungen innerhalb der Adelskaste selbst, insbesondere zwischen alteingesessenen Grundbesitzer-Dynastien und den Teilen des Adels, die es in den Staatsdienst oder ins Wirtschaftsleben verschlagen hatte. Dazu kamen Reibungen entlang der verschlungenen Grenze zwischen dem Adel und dem Rest der Gesellschaft, zwischen alten und neuen Eliten, deren jede unterschiedliche Werte, Vorstellungen und Ansprüche auf Status und Macht reklamierte. In den letzten Dekaden des Jahrhunderts begannen manche Deutsche von einer Krise der Aristokratie zu sprechen. Sicher hätten sich nur wenige eine Welt ohne Adlige vorstellen können, außer vielleicht in einem weit entfernten Land wie Amerika. Aber immer mehr nachdenkliche Leute frugen sich, ob vererbliche Privilegien mit der modernen Zeit überhaupt vereinbar seien. »In einem aufgeklärten Zeitalter«, hieß es 1774 in einem Artikel des renommierten »Teutschen Merkur«, »bei einer verfeinerten Nation sollte aller Rang und Stand der Bürger nicht erblich, sondern persönlich; nicht zufällig, sondern verdienstlich... eingerichtet... sein.«

In der alten Sichtweise war das wesentliche Merkmal des Adligenstatus gerade seine keines Verdienstes bedürfende Erblichkeit. Weil die Privilegien des Adels unverdient waren, waren sie unveräußerlich. Daher die Überzeugung des Wilhelm Meister, daß nur der Adlige es zu universaler und persönlicher Kultur bringen könne. Definiert und verbürgt war der adlige Status durch einen Kanon mittelalterlicher Gesetze, der im Laufe der Jahrhunderte um zahlreiche Zusätze und Erklärungen erweitert worden war. In der Theorie konnten nur der Kaiser und die Fürsten unabhängiger, souveräner Staaten neuen Adel verleihen; in der Praxis bemühten sich auch andere Fürsten nach Kräften, dieses Rechts teilhaftig zu werden, und ebenso bildeten sich adlige Verbände, die ihre Kaste gegen Emporkömmlinge abzuschotten versuchten. Wie alles im alten Reich, war auch das System der adligen Rangstufen außerordentlich kompliziert und Gegenstand endloser politischer und juristischer Auseinandersetzungen. Die Aristokratie war eine äußerst heterogene Bevölkerungsgruppe. Ihr gehörte ebenso ein Graf Kaunitz an, dessen Macht sich über ganz Mitteleuropa erstreckte, wie ein Friedrich Gabriel von Clausewitz, der sein Dasein als schlechtbezahlter Steuereinnehmer fristete und dessen Adelstitel sogar fragwürdig war, ebenso ein Fürst Wallenstein, der in einem 800 Quadratkilometer großen Gebiet über 36.000 Untertanen herrschte, wie eine Ottilie von Pogwisch, die, hochgeboren, aber verarmt, als Kammerzofe diente und deren einzige Domäne ihr kleines Dachzimmer unweit des Weimarer Hofs war. Sie alle hatten theoretisch Anspruch auf Rechte und Privilegien, die sie von der übrigen Gesellschaft abhoben. In den meisten Staaten waren sie zum Beispiel der unteren Gerichtsbarkeit entzogen und hatten im Fall einer Anklage ein Anrecht darauf, daß ihr Fall vor einem besonderen Gericht verhandelt wurde, für das ein anderer Urteils- und Strafrahmen galt. Wenn es zum Allerschlimmsten kam, konnten sie sich entscheiden, enthauptet und nicht gehenkt zu werden. In Kirchen, Theatern und Universitätshörsälen saßen sie getrennt von den Gemeinen. Sie durften ein Schwert und eine bestimmte Art von Hüten tragen. Sie legten Wert auf Anredeformen – »Hochwohlgeborener«, »Edelgestrenger«, »Gestrenger Herr« –, die gestelzt genug klangen, um sowohl ihre normalsterblichen Mitmenschen zu verunsichern als auch ausländische Besucher zu amüsieren.

Der Anspruch des Adels auf die politische Macht wurzelte in seinem traditionellen Monopol auf Herrschaft, einem Konzept, in dem sich verschiedene Arten und Aspekte von Autorität vereinigten, stets gekoppelt an einen individuellen Menschen oder »Herrn«, der damit »begabt« war. Herrschaft in ihrer reinsten Form wurde von denjenigen Aristokraten ausgeübt, die unmittelbar dem Kaiser unterstanden: Reichsfürsten, Kirchenfürsten, Reichsgrafen. Unter den Inhabern einer mehr oder weniger souveränen Macht standen jene landbesitzenden Adligen, die zunächst und vor allem einem ihnen direkt übergeordneten Fürsten Loyalität schuldeten. In ihrer Eigenschaft als Grundherren konnten Adlige unmittelbare Macht über ihre Untertanen ausüben. Außerdem hatten sie ein ganzes Sortiment weiterer Rechte und Privilegien. Sie waren in repräsentativen Organen vertreten, traten als Kirchen- und Schulpatrone auf, amtierten als Deich- und Straßeninspektoren, leiteten wohltätige Stiftungen und befehligten als Offiziere lokale Miliztruppen. Herrschaft und Adel blieben, auch wenn sich manchmal die eine oder die andere Institution dazwischenschob, untrennbar miteinander verbunden.

Zusätzlich zu diesen vielfältigen lokalen Pfeilern ihrer Herrschaft standen den Aristokraten aus altem Gewohnheitsrecht einflußreiche Ämter in kirchlichen, administrativen und militärischen Einrichtungen offen. Die nachgeborenen Söhne katholischer Familien hatten es besonders leicht, im kirchlichen Bereich einträgliche und einflußreiche Posten zu finden. So übten, um nur ein Beispiel zu nennen, gegen Ende des 17. Jahrhunderts fünf Mitglieder der Familie Fürstenberg hohe Ämter aus: Einer war Bischof von Münster, einer Dekan von Salzburg, die drei übrigen Inhaber von Pfründen in den Bistümern Mainz und Paderborn sowie im Deutschritterordensbezirk Mühlheim. Dazu brachten es vier ihrer Schwestern zu Kanonissen. Ein hochgeborener Katholik konnte schnell und ohne große Mühe zum kirchlichen Würdenträger aufsteigen. Franz Ludwig, Sohn des pfälzischen Kurfürsten, war mit neunzehn Jahren Bischof, erlangte bald darauf das Hochmeisteramt des Deutschritterordens und wurde anschließend Erzbischof von Mainz. Die Kanoniker des Mainzer Domkapitels, die ausschließlich aus adligen Familien rekrutiert wurden, verfügten über nicht weniger als ein Fünftel aller im Kurfürstentum vorhandenen Vermögenswerte und konnten, wenn es wieder einmal an der Zeit war, einen neuen Erzbischof zu wählen, auf beträchtliche Bestechungsgelder zählen.

Die meisten Fürsten holten sich ihre Minister und hohen Militärs aus den Reihen der Aristokratie, oft aus Familien mit internationalen Bindungen und Loyalitäten. Bis weit ins 19. Jahrhundert hinein war es üblich, daß deutsche Adlige gleichzeitig mehreren Fürsten dienten. Die Bennigsens hatten ihren Familiensitz zwar in Hannover, doch Angehörige ihrer Dynastie waren an zahlreichen Orten Mitteleuropas aktiv. Die Gagerns kämpften sowohl für den König von Schweden als auch für den Kaiser, ehe sie sich schließlich im Rheinland etablierten. Alle bedeutenderen Staaten auf deutschem Boden zogen Sprößlinge der aristokratischen Elite aus Irland, Schottland, Italien und Spanien ins Land, junge Männer auf der Jagd nach Ruhm, Reichtum und Macht. Selbst die Könige von Preußen holten, so sehr sie sich bemühten, den einheimischen Adel in den Staatsdienst zu locken, einige ihrer herausragenden Staatsdiener von außerhalb. Stein, Hardenberg und Moltke sind die bekanntesten Beispiele hierfür. Natürlich wurden viele der zugewanderten Aristokraten, nachdem sie sich im Dienst der Hohenzollern bewährt hatten, zu Preußen gemacht. So geschah es im Fall der Familie Boyen. Ursprünglich als Söldner ins Land gekommen, ließen sie sich später in Preußen nieder, erwarben Grund und Boden und verheirateten ihre Töchter mit der Elite des eingesessenen Landadels.

Für vermögenslose Familien, zu denen einst die Boyens gehörten, war der Staatsdienst Notwendigkeit und Sprungbrett. Für Großgrundbesitzer wie die Kaunitz-Dynastie stellte die Übernahme hoher Ämter eine Verpflichtung dar, eine Gelegenheit, im großen politischen Spiel mitzumischen, und einen Vorwand, um das vergnügungsreiche Leben in der Hauptstadt und bei Hofe mitmachen zu können. Die diversen Sprößlinge der Kaunitz-Dynastie, die in den habsburgischen Staatsdienst eintraten, behielten als Standbein ihre Besitzungen in Mähren und nutzten ihre politische Stellung, wenn möglich, auch zur Förderung ihrer wirtschaftlichen Interessen. Wenzel Anton von Kaunitz empfand sich allerdings nicht primär als Grundherr; sein Einfluß und sein Selbstwertgefühl resultierten aus seinem Amt und seiner Nähe zum Kaiserthron. Manche Aristokraten kamen sogar auf die Idee, im Streben nach hohen Staatsämtern das probateste Mittel zur Verteidigung ihrer Privilegien zu sehen. »Ich kann nicht genug den Satz wiederholen«, schrieb Max Franz Habsburg an einen adligen Freund, »daß, da die Praestigia, so ehemals unsern Stand umwölbten und erhöhten, täglich mehr verschwinden, Klerus und Adel desto mehr Mühe anwenden müssen, durch wirkliche und wesentliche Verdienste sich über die andern Stände emporzuschwingen.« Und der Autor des Stichwortartikels »Adel« in der 1778 erschienenen »Deutschen Encyclopädie« definierte den Begriff als »eine vorzügliche Ehre und Würde, die nicht nur der Geburt, sondern auch dem Amte folget«. In der Praxis waren freilich Geburt und Amt, Einfluß und Fähigkeit, verbriefter Status und persönliche Leistung oft schwer zu unterscheiden.

Aristokraten nutzten Ämter, die sie bei Hofe bekleideten, häufig zur Erweiterung ihrer politischen Macht, gab ihre Stellung ihnen doch die Chance, Entscheidungen des Herrschers und seiner Entourage zu beeinflussen. Der Hof war sowohl der reale als auch der symbolische Mittelpunkt der politischen Macht und funktionierte somit, wie ein Zeitgenosse es ausdrückte, als das »Theater, in dem jedermann sein Glück zu machen versucht«. An den Höfen scharten sich Adlige um die Person ihres Fürsten, dessen Rolle als Zentralfigur des Staates sie in immer wieder zelebrierten Ritualen bekräftigen. Der Hof sorgte seinerseits für die Durchsetzung einer strengen Hierarchie in den Reihen der Aristokratie, mit der Herrscherfamilie an der Spitze und den hohen Würdenträgern und Inhabern von Ehrenämtern in feinen Abstufungen darunter. Höfische Zeremonien dienten nicht nur rituellen Huldigungszwecken gegenüber dem Fürsten, sondern auch der demonstrativen Bekräftigung der Stellung, die die Einzelnen in der sozialen Hierarchie dieser kleinen Welt innehatten. Es kam vor, daß Männer hübsche Summen dafür bezahlten, mit einem funktionslosen Posten bedacht zu werden, der sie einen Rang näher an den Thron heranbrachte. Unter ihren Ehefrauen konnte es zu heftigen Rangverteidigungskämpfen kommen; wer sich nicht blamieren wollte, durfte vor einer als niederrangig eingeschätzten Rivalin auf keinen Fall auch nur einen Zentimeter zurückweichen. Die meisten Reisenden stimmten in dem Eindruck überein, daß die Wiener sich am leidenschaftlichsten an zeremoniellen Nuancen festbissen. Lady Montagu berichtete 1716 aus der österreichischen Hauptstadt über zwei adlige Damen, deren Kutschen einander in einer schmalen Gasse begegneten; weil beide darauf bestanden, die Vorfahrt zu haben, verharrten sie eigensinnig an Ort und Stelle, bis sie am folgenden Morgen von der kaiserlichen Garde fortkomplimentiert wurden. Auch an Höfen, wo es weniger streng zuging, waren die für die Fragen des Vorrangs geltenden Regeln außerordentlich kompliziert. Goethe, der es nie zu souveräner Meisterschaft im höfischen Spiel Weimars brachte, lieferte in seinen »Leiden des jungen Werthers« eine klassische Schilderung der Undurchschaubarkeit dieser aristokratischen Regeln für einen Normalsterblichen.

Bei Hofe konnten sich Adlige im Widerschein des fürstlichen Glanzes sonnen, aber auf ihren eigenen Besitzungen konnten sie die Rolle kleiner Monarchen spielen. Grundbesitz blieb das ganze 18. Jahrhundert hindurch die solideste und respektabelste Basis für den Wohlstand eines Aristokraten und für die Ehre seiner Familie. Das magische Wörtchen »von«, das die Zugehörigkeit zur Adelskaste verriet, hatte immerhin ursprünglich auf die Herkunft der Familie verwiesen. Wenn ein adliger Patriarch in seiner Dorfkirche auf der Herrschaftsbank saß und die Grüße seiner bäuerlichen Untertanen erwiderte, oder wenn er als oberster Richter oder Polizist seines Fürstentums agierte, verlieh ihm dies eine Autorität, wie sie seinen Standesgenossen, die nur Höflinge und Beamte waren, in keinem Fall zukam. Für viele Adlige war es die Jagd, die jene ihrer Kaste so wichtige Aura der Macht und Überlegenheit am besten zur Schau stellte. Die Jagd bot Gelegenheit, reale Privilegien mit den Symbolen früheren Ruhms zu verzieren. Beritten und bewaffnet, weckte und genoß der Jäger Erinnerungen an die Kriegszüge der Feudalzeit, während die zum Treiberdienst zwangsverpflichteten Bauern symbolisch die braven Leibeigenen jener verflossenen Ära repräsentierten. Kein Wunder daher, daß der Adel sein exklusives Recht auf das Jagen bestimmter Wildtiere mit schwersten Strafandrohungen verteidigte und diese aristokratischste aller Sportarten ohne Rücksicht auf die Kosten betrieb.

Es gab natürlich viele Adlige ohne Grundbesitz. Andere besaßen lediglich ein bescheidenes Landhaus mit Garten, kaum mehr als ein wohlhabender Bauer. Im Nordosten scheinen mittelgroße Landgüter die Regel gewesen zu sein. In Brandenburg brachte ein Gut seinem Besitzer jährlich bis zu 5.000 Taler Ertrag, was ungefähr dem Gehalt eines höheren Beamten entsprach. Manche Großgrundbesitzer bezogen sogar fürstliche Einkünfte aus ihren Ländereien. Das Gut der Familie Reventlow im östlichen Schleswig-Holstein, seit dem 15. Jahrhundert im Familienbesitz, umfaßte 5.000 Hektar fruchtbaren Bodens, dessen üppige Erträge es den Besitzern erlaubten, ein prächtiges Schloß zu unterhalten, das nach französischen Vorbildern gestaltet und von Kunsthandwerkern aus Italien ausgeschmückt worden war. Zum Schloß Hardenberg bei Göttingen im Hannoverschen gehörten 14 Dörfer, 3.000 Morgen Wald, weitläufige Getreidefluren und große Weideflächen. Der zweiundzwanzigjährige Leopold Freiherr von Reichenbach erwarb 1727 ein schlesisches Landgut, das 5 Dörfer, eine Marktgemeinde und 5 große Bauernhöfe umfaßte. In den Folgejahren rundete der Freiherr und spätere Graf seinen Besitz durch den Erwerb von weiteren 8 Gütern und einer freien Stadt ab, vergrößerte seine Anbaufläche durch die Rodung von Waldstücken, baute eine Papierfabrik, erweiterte seine Fischzucht und nutzte jede erdenkliche Gelegenheit, seine Erträge zu steigern. Die Reichenbachs wohnten in einer prächtigen Rokokovilla, gaben aufwendige Gesellschaften und beanspruchten sämtliche traditionellen Rechte und Privilegien der adligen Grundbesitzerelite.

Was die Beziehung des adligen Grundherrn zu seinem Land und dessen Bewohner betraf, so herrschte in groben Zügen dieselbe Zweiteilung in Ost und West wie bei den gesellschaftlichen Verhältnissen auf dem Land. Westlich der Elbe galt das Hauptinteresse der Grundherren den Pachten und anderen Geldeinkünften, die sie von ihren Untertanen erlösten. Wenn sie es sich leisten konnten, lebten sie in einem Stadthaus, gewöhnlich in der Nähe eines Fürstenhofes; ihren Landsitz suchten sie nur auf, wenn die Jagdsaison lockte oder wenn das Stadtleben sie langweilte. Ganz anders stellte sich die Lage in weiten Teilen des Nordostens dar. Hier war der adlige Besitzer nicht nur Grundherr, also Verfügungsberechtigter über den Boden, auf dem die Menschen lebten, sondern auch Gutsherr und damit Vorsteher einer sozialen und wirtschaftlichen Einheit. Teils wegen ihrer kolonistischen Ursprünge und teils infolge der aggressiven territorialen Zuerwerbspolitik ihrer Besitzer im 17. und 18. Jahrhundert waren die

Landgüter des Ostens in der Regel eher konsolidierte Agrarbetriebe als lose Gruppierungen verstreuter Bauernhöfe und Ackerfluren. Der Gutsherr bewirtschaftete seinen Grund und Boden unter Ausnutzung der Arbeitskraft seiner bäuerlichen Untertanen und lebte von dem, was die Vermarktung seiner Erzeugnisse einbrachte. Im Gegensatz zu den häufig abwesenden Grundherren im Westen unterhielten die östlichen Gutsbesitzer eine dauerhafte Beziehung zu ihrem Eigentum, übten persönliche Herrschaft über die von ihnen Abhängigen aus und betätigten sich als Anbieter auf dem Agrarmarkt.

Die grundbesitzende Elite Preußens hatte nach 1650 ihren verbrieften ständischen Einfluß auf den Monarchen allmählich eingebüßt, auf lokaler Ebene jedoch ihre beherrschende Rolle weitgehend bewahrt. Bei den Junkern war es nicht selten, daß sie sich gerade mit der Unterwerfung unter die Staatsmacht den Fortbestand ihrer politischen Herrschaft auf lokaler Ebene erkauften. Die militärische Durchdringung der ländlichen Gesellschaft durch das sogenannte Kantonalsystem erleichterte ein Arrangement, das einerseits die Aristokraten als Offiziere an die Dynastie band und andererseits ihre persönliche Herrschaft über ihre Bauern-Soldaten bekräftigte. In ähnlicher Weise diente der Landrat zum einen dem Staat und wahrte zum anderen die Interessen der Adelskaste, der er in aller Regel selbst angehörte. Im Unterschied zu ihren Standesgenossen in den meisten anderen deutschen Staaten begründeten die preußischen Junker eine Tradition des Mitwirkens im Staatsdienst, ohne ihre persönliche Rolle und Stellung als Gutsherren aufzugeben. Auch diejenigen unter ihnen, die nicht selbst ein Gut leiteten und zugleich ein Amt ausübten, waren meist durch den Militärdienst oder durch familiäre Verbindungen in lokale wie in staatliche Hierarchien eingebunden. Ihr Selbstverständnis als gesellschaftliche Gruppe war von den Erfahrungen der Zugehörigkeit zu einer Reihe von Institutionen geprägt. Zudem waren sie willens, alle diese Institutionen zur Förderung ihrer individuellen Interessen und ihrer kollektiven Selbsterhaltung zu nutzen.

Trotz der Bemühungen Friedrichs des Großen, die Junker als geschlossene Grundbesitzerkaste zu erhalten, fielen nach 1750 immer weitere Teile ihres Bodenvermögens an Nicht-Adlige. Auch großzügige Subventionen und rechtliche Bevorzugungen konnten unfähige, unrentabel wirtschaftende Aristokraten nicht daran hindern, ihren Grund und Boden an wohlhabende Unternehmer, rationell eingestellte Agrarkapitalisten oder aggressive Spekulanten zu verkaufen. In Schlesien teilten sich in das Eigentum an Grund und Boden am Ende des Jahrhunderts rund 1.350 adlige und 250 nichtadlige Familien, in Brandenburg waren im Jahr 1800 13 Prozent des Bodens in bürgerlichem Besitz, in Pommern 4 bis 10 Prozent. Außerhalb Preußens war die Entfremdung der Aristokratie von ihrer agrarischen Basis noch ausgeprägter. So nahm im sächsischen Landtag die Zahl der Gemeinen stetig zu, als Folge der Tatsache, daß sie Landgüter aus ehemals adligem Besitz aufkauften. Schon in den zwanziger Jahren des 18. Jahrhunderts befanden sich 32 von 58 Landgütern in der Umgebung Leipzigs in bürgerlicher Hand.

Das Eindringen von Nicht-Adligen in die ländlich-herrschaftliche Welt der Aristokratie war nur eine von mehreren Bedrohungen ihrer Stellung durch aufstrebende andere Gruppen. Auch anderswo, bei Hofe, in Amtszimmern und städtischen Salons, in Universitäten und Redaktionsstuben, sahen die alten Eliten sich mit Leuten konfrontiert, die nicht bereit waren, traditionelle Rangordnungen und Privilegien einfach zu akzeptieren. Solche Leute leiteten ihre Ansprüche auf Macht und Prestige aus anderen Kriterien ab: Wohlstand, politische Kompetenz, bessere Ausbildung, moralische Überlegenheit. Sie kamen aus sehr unterschiedlichen Bereichen der Gesellschaft: aus Handel und Gewerbe, öffentlichem Dienst und freien Berufen, aus dem Bildungsbereich oder dem Verlagswesen. Es mag etwas hölzern klingen, diese Gruppe als »nicht-adlige Elite« zu bezeichnen, aber es scheint keinen positiveren Begriff zu geben, der sie angemessen benennen würde. »Bürgertum« paßt auf ihre Nachfolger im 19. Jahrhundert, mutet jedoch für das 18. Jahrhundert inadäquat an, weil die fraglichen Gruppen damals noch starke Bindungen an die ständische Welt der freien Städte und Reichsstädte aufwiesen. »Mittelklasse« wäre sicher irreführend, da es diesen Gruppen sowohl an einer einheitlichen Stellung zum Marktgeschehen als auch an einem kollektiven Selbstverständnis fehlte. Der Begriff »Bourgeoisie« mit seinen partizipatorischen, ja revolutionären Anklängen ist in bezug auf die deutsche Realität völlig fehl am Platz. Es könnte sogar ein Fehler sein, diese Eliten zu einer sozialen Schicht zusammenzufassen, wenn man sich darunter eine eindeutig definierte Menschengruppe »zwischen« Aristokratie und gemeinem Volk vorstellt. Vielleicht läßt sich ihre Stellung am besten mittels einer geologischen Metapher beschreiben: Weder Klasse noch Schicht, glichen die nicht-adligen Eliten am ehesten einer sich durch die sozialen Schichtungen ziehenden Erzader, diskontinuierlich, von wechselnder Beschaffenheit und Stärke, oft quer zu deutlich sichtbareren Schichten verlaufend und manchmal sich in ihnen verlierend.

Die Heterogenität dieser Eliten ist selbst dann noch gut zu erkennen, wenn man ausschließlich auf jene deutschen Stadtbewohner blickt, die ein konservativer Sozialtheoretiker wie Justus Möser als »Bürger« bezeichnet hätte. In manchen Städten gaben Patrizier den Ton an, die sich praktisch in nichts als dem Namen von der traditionellen Aristokratie unterschieden. In Nürnberg zum Beispiel gab es Ämter, auf die die führenden Familien der Stadt so etwas wie ein erbliches Anrecht hatten; sie ließen sich als »Euer Gnaden« anreden und beanspruchten für sich das alleinige Recht, Waffen und bestimmte Kleidungsstücke zu tragen. Dagegen bildeten die führenden Familien kleinerer Städte einen vergleichsweise offenen Kreis von Handwerkern und Kaufleuten, die bescheiden und ohne Dünkel lebten. Weder die Nürnberger Patrizier noch die kleinstädtischen Honoratioren hatten viel mit den ostentativ bürgerlichen Patriziern Hamburgs gemein, die sich etwas auf ihre Abneigung gegen aristokratische Werte zugute hielten und Adlige ausdrücklich von der Teilnahme am politischen Leben ihrer Stadt ausschlossen. Derartige Unterschiede repräsentieren jedoch keinesfalls die ganze städtische Vielfalt. Nicht weniger wichtig war der Kontrast zwischen freien, unabhängigen Städten und solchen, die einem Territorialstaat angehörten. So verfügten im Gegensatz zu den führenden Familien Hamburgs oder Nürnbergs die nicht-adligen Eliten Hannovers, Münchens oder Berlins über keine eigenständige politische Macht. Das änderte nichts daran, daß in allen diesen Städten eine Gruppe fest etablierter und wohlhabender Kaufleute, Anwälte, Ärzte und Geistliche wichtige Rollen im gesellschaftlichen und wirtschaftlichen Leben spielten, den angesehensten Vereinigungen angehörten, Ämter in religiösen und wohltätigen Einrichtungen bekleideten und sich an dem beteiligten, was der Staat ihrer Stadt an Selbstverwaltung beließ.

Die unternehmerischen Eliten überschnitten sich mit den städtischen, deckten sich aber nicht mit ihnen. Finanziers, Bankiers und Geschäftsleute, die von Staatsaufträgen lebten, pflegten direkte Verbindungen zum Hof oder zur Staatsverwaltung; sie nahmen oft wenig Anteil an städtischen Dingen. David Hirsch war ein Potsdamer Jude, der ein Vermögen verdiente, nachdem König Friedrich Wilhelm I. ihm das Monopol auf die Erzeugung von Samtstoffen in Preußen verliehen hatte. Ohne sich um die Zünfte zu scheren, holte Hirsch fähige Textilhandwerker ins Land und deckte seinen Bedarf an Hilfskräften aus der Klientel örtlicher Wohltätigkeitseinrichtungen. Johann Heinrich Schüle war zwar Christ, aber kein geringerer Außenseiter als Hirsch. Gegen seine Textilmanufaktur opponierten die Augsburger Stadtväter, weil er gewobene Halbfabrikate aus Ostindien bezog. Am Ende obsiegte er in einem Verfahren vor den Reichsgerichten gegen die Stadt und baute seine Firma zu einem Großunternehmen aus, das in den siebziger Jahren 3.500 Arbeitskräfte beschäftigte. Tatkräftige Familien wie die Schüles oder die von der Leyens in Krefeld brachen mit der alten bürgerlichen Welt oder zeigten ihr einfach die kalte Schulter. Kaum verwunderlich, daß diese Pioniere einer neuen Wirtschaftselite häufig aus Außenseiter- oder Randgruppen der städtischen Gesellschaft stammten, Juden, Mennoniten oder Hugenotten waren. Der wirtschaftliche Aufbruch eröffnete solchen Unternehmern neue Möglichkeiten und schwächte ihre Bindungen an die ständische Tradition weiter, ohne daß man sie als Vorhut einer im Aufstieg begriffenen Bourgeoisie begreifen sollte. Denn sowohl die von der Leyens als auch die Schüles wurden geadelt und schmückten sich mit den Insignien der grundbesitzenden Elite. Ihr gesellschaftlicher Ehrgeiz richtete sich, wie der vieler ähnlicher Aufsteiger in Mitteleuropa, auf den Eintritt in die aristokratische Kaste, von der sie Grundbesitz und Ämter erwarben, um einerseits ihre Eitelkeit zu befriedigen und andererseits ihre Investitionen zu diversifizieren. Das war im übrigen kein ausschließlich deutsches Phänomen. Jan DeVries hat darauf hingewiesen, daß in den meisten europäischen Volkswirtschaften bürgerliche Aufsteigerfamilien »aus der Bourgeoisie heraus- und in die Aristokratie hineinwuchsen«.

Die Unternehmer des 18. Jahrhunderts sahen sich Gravitationskräften ausgesetzt, die von verschiedenen gesellschaftlichen Sphären herrührten: von der Aristokratie, von der ständischen Welt mit ihren restriktiven Regeln und von den Chancen und Risiken, die in gewerblichen Investitionen oder im internationalen Handel lagen. Manche entschieden sich dafür, in der einen oder anderen Sphäre zu verharren; andere lebten in mehreren zugleich, bewegten sich zwischen Herrscherhof, Landgut und Firmenkontor. Paradoxerweise bewahrten just jene deutschen Unternehmer am klarsten und durchgängigsten ihren bürgerlichen Charakter, die eine starke lokale Verwurzelung mit einer ansehnlichen internationalen Verflechtung verbanden: die Kaufleute von Hamburg oder Danzig zum Beispiel, die ihre Häuser im englischen Stil einrichteten, ihre Frauen mit Kleidern aus Paris ausstaffierten und ihre Konversation mit französischen Ausdrücken würzten, sich dabei jedoch ihrer lokalen Traditionen und ihrer Loyalität zur Heimat zutiefst bewußt blieben. Thomas Mann fing die feinen Schattierungen des kosmopolitischen Provinzialismus in der wunderbaren Eröffnungspassage seiner »Buddenbrooks« ein, in der die langjährige Verbindung der Familie mit Lübeck durch ein Gedicht des stadtbekannten Poeten Jean Jacques Hoffstede gefeiert wird. Eine ähnliche Konstellation, obwohl aus andersartigen Elementen bestehend, hätte sich ebenso in Frankfurt oder Leipzig wie in Mailand, Barcelona oder Amsterdam finden lassen. Überall in Europa waren Unternehmer, wie die Volkswirtschaften, in deren Rahmen sie operierten, regional verankert, aber international orientiert. Eine »deutsche« Wirtschaftselite existierte nicht.

Die zweite Hauptkategorie nicht-adliger Eliten im 18. Jahrhundert hob eher auf die individuelle Befähigung zu einem öffentlichen Amt oder zu einem kulturellen Beitrag ab als auf den Wohlstand oder die wirtschaftliche Tatkraft einer Familie. Die Angehörigen der Beamten- und Bildungselite entstammten, gleich den Unternehmern und Kaufleuten, der ständischen Ordnung. Schreiber, Geistliche, Ärzte und Advokaten waren schon in der traditionellen Gesellschaft vertraute Figuren. Seit Beginn des 18. Jahrhunderts eröffnete ihnen die Expansion des bürokratischen Staates neue Chancen und Verpflichtungen. In der Folge wuchsen sie über die begrenzte Rolle hinaus, die sie innerhalb der alten gesellschaftlichen und politischen Strukturen gespielt hatten. So wie das wirtschaftliche Wachstum die Restriktionen der ständischen Ordnung ad absurdum führte, indem es neue Wege zum Wohlstand wies, erschütterten die Staaten die ständische Ordnung als Ganze, indem sie neue Karrieremöglichkeiten zu Prestige und Macht schufen, wobei das Bildungssystem gleichsam den Nährboden hergab.

Die meisten Schulen im Deutschland des 18. Jahrhunderts waren schlecht ausgestattet, schlecht geführt und schlecht besucht. Ein Dorfschulmeister konnte ein pensionierter Unteroffizier oder ein nicht ausgelasteter Handwerker oder der

örtliche Kirchendiener sein. Da Lehrer fast nie von den Schulgeldern oder frei-
willigen Zuwendungen leben konnten, die sie von ihrer knauserigen Gemeinde
erhielten, mußten sie sich mit Zusatztätigkeiten über Wasser halten. Ein eigenes
Domizil hatte eine Schule nur selten; meist trafen sich die Schüler im Haus des
Lehrers, in einem Nebenraum der Kirche oder sonstwo in einem improvisierten
Quartier. Im preußischen Burg, dem Städtchen, in dem Carl von Clausewitz seine
Kindheit verbrachte, wurden siebzig Schüler zwischen sechs und sechzehn Jahren
mit den Grundbegriffen der Grammatik, Arithmetik und Religion konfrontiert,
zwischendurch mit etwas Latein. Selbst in einer relativ wohlhabenden und aufgeklärten Stadt wie Mainz kam nur rund die Hälfte der Kinder in den Genuß
eines irgendwie gearteten Unterrichts. Gewiß verbesserte sich das Schulwesen in
den meisten deutschen Regionen im Laufe der zweiten Jahrhunderthälfte in dem
Maße, wie die Regierungen sich bemühten, die Lehrerausbildung zu formalisieren, die Lehrpläne zu systematisieren und für einen regelmäßigeren Schulbesuch
zu sorgen. Doch die Reformen kamen nur langsam voran, teilweise weil es überall an materiellen Ressourcen und qualifiziertem Personal fehlte, teilweise weil
sich nur wenige für das Schulwesen interessierten. Die Armen konnten es sich
nicht leisten, auf die Arbeitskraft ihrer Kinder zu verzichten, und die Reichen
konnten ihren Kindern Privatlehrer bieten oder sich persönlich ihrer Erziehung
widmen.

Die am besten ausgestatteten Schulen waren im 18. Jahrhundert diejenigen,
die einem speziellen Ausbildungszweck oder einer bestimmten gesellschaftlichen
Gruppe dienten. Junge Adlige besuchten zum Beispiel häufig eine der sogenannten Ritterakademien. Gegründet im späten 17. und frühen 18. Jahrhundert, vermittelten diese Schulen höfische Umgangsformen, ritterliche Kriegskünste und
ein Potpourri klassischen Bildungsguts. In Priesterseminaren wurden junge Männer auf die geistlichen Berufe vorbereitet. Kadettenschulen bildeten Offiziere aus.
In den meisten Städten gab es eine sogenannte Lateinschule, in die Handwerker
und Kaufleute ihre Söhne für einige Jahre schickten, bevor sie auszogen, einen
Beruf zu lernen. Was an den Lateinschulen geboten wurde, war oft erbärmlich.
Als Anton Büsching 1766 seine Stellung als Rektor des Grauen Klosters in Berlin
antrat, fand er Klassenzimmer vor, die alle »wie Verliese« aussahen, finster und
ungesund. Die Schreibklasse verfügte nicht einmal über Tische, und es gab zwar
ein paar Kerzen, aber keine Kerzenständer, so daß die Schüler die Kerzen in der
Hand halten mußten. Im Laufe der Zeit konnten Schulreformer wie Büsching
bescheidene Verbesserungen durchsetzen. In einigen Städten gab es Schulen, die
versuchten, den jungen Leuten mehr beizubringen als Grundkenntnisse im Lesen,
Schreiben, Rechnen und im auswendigen Aufsagen von Bibelstellen. Doch solche
Schulen waren die große Ausnahme.

Die Schulen in Deutschland wiesen enorme Unterschiede nach Lehrstoff und
Unterrichtsqualität auf. Es gab keine festgelegten und allgemein akzeptierten

Lehrpläne und keine definierten Wege von einem Bildungsniveau zum nächst höheren. Nur die wenigsten Kinder besuchten die Schule mehrere Jahre lang. Clausewitz zum Beispiel ging im Alter von zwölf Jahren ab, um Soldat zu werden. Sehr wenige fanden den Weg an die Universität. Es scheint sogar, daß die Zahl der Universitätsstudenten im Verlauf des 18. Jahrhunderts zurückging: von 4.180 im Jahr 1700 auf 3.700 im Jahr 1780. Von den 30 Universitäten, die es im deutschsprachigen Europa gab – 6 in Österreich, 24 in den anderen deutschen Staaten –, waren die meisten ziemlich klein. Die von Leipzig beispielsweise hatte in den achtziger Jahren einen durchschnittlichen Jahresbestand von 360 Studierenden. In Halle waren es rund 400, an der Göttinger Universität, einer der dynamischsten im Land, 1787 immerhin 810 Studierende. Rostock gehörte mit lediglich rund 40 Studenten zur tiefsten akademischen Provinz.

Man braucht nur ein paar Schilderungen studentischen Lebens im 18. Jahrhundert zu lesen, um zu verstehen, weshalb viele Familien zögerten, ihre Söhne an eine Universität zu schicken. Trinkgelage, Duelle und Raufereien gehörten vielerorts zum Alltag. Studenten waren sprichwörtlich bekannt für ihre exzentrische Art, sich zu kleiden, ihre lockere Moral und ihren unverantwortlichen Übermut. Jegliches Bemühen, ihnen Disziplin aufzuerlegen, krankte daran, daß die Universitäten ihrem Selbstverständnis nach so etwas wie einen eigenen Staat im Staate darstellten, das Privileg der Selbstverwaltung genossen und ihre jeweils eigenen Konventionen hatten. Wie alle anderen traditionellen Institutionen legten die Universitäten größten Wert darauf, sich gegen Eingriffe von außen zu verwahren; oft waren sie eher bereit, neue Chancen zu opfern, als alte Privilegien aufs Spiel zu setzen. Die notorischen Konflikte zwischen Stadt und Professorenschaft waren, gleich den gelegentlichen Handgreiflichkeiten zwischen Studenten und Gesellen, eine natürliche Folge der Reibungen, die entstehen, wenn autonome Institutionen auf engem Raum nebeneinander bestehen. Bis zur Jahrhundertmitte gelang es den meisten deutschen Staaten, ein Mindestmaß an Kontrolle über die auf ihrem Territorium befindlichen Universitäten zu erreichen. Da es offenkundig im Interesse des Staates lag, die Heranziehung einer Bildungselite zu überwachen, möglichst sogar zu monopolisieren, versuchte die Verwaltung, ein geregeltes Mitspracherecht bei Berufungen durchzusetzen, sich die Prüfungshoheit zu sichern und bestimmte Verhaltensregeln zu erzwingen. Doch ähnlich wie für die Versuche der Staaten, Einfluß auf die Kommunalverwaltung, die ländliche Gesellschaft, die Kirchen oder die Zünfte zu gewinnen, galt auch für die staatliche Universitätsaufsicht, daß sie in der Realität weniger effizient war, als die Lektüre der einschlägigen Satzungen es suggerieren mag. Die traditionellen akademischen Freiräume ließen sich nicht von heute auf morgen beseitigen.

Gegen Ende des 18. Jahrhunderts lehrten in Deutschland rund 800 Universitätsprofessoren. Die meisten von ihnen wurden dürftig bezahlt; wahrscheinlich übte die Mehrzahl von ihnen noch eine zweite Erwerbstätigkeit aus oder verfügte

Die Entwicklung der Studentenzahlen an deutschen Universitäten 1761 bis 1850
(Jutta Wietog nach Eulenburg und Titzen)

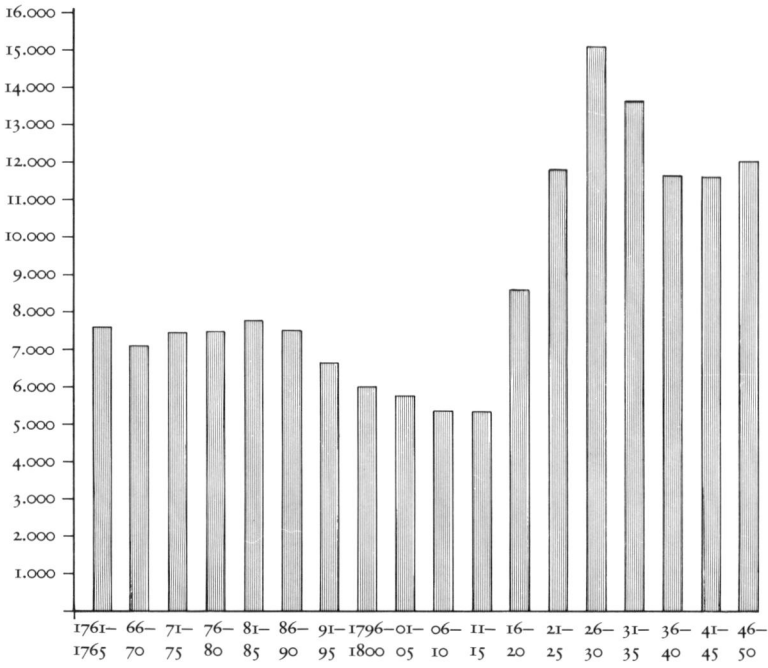

über zusätzliche Einkommensquellen. Wenn eine Neuberufung anstand, interessierte sich die betreffende Fakultät, wie ein Zeitgenosse klagte, häufig mehr für die Religions- oder Burschenschaftszugehörigkeit des Kandidaten als für seine wissenschaftliche Qualifikation. Verwandte und persönliche Freunde seien bevorzugt worden, und es sei nur »ein glücklicher Zufall« gewesen, wenn einmal ein wirklich fähiger Mann auf einem Lehrstuhl landete. Die Vetternwirtschaft ist insofern nicht verwunderlich, als es weder akademische Standesorganisationen noch klare Definitionskriterien gab, die für eine Festlegung und Bewertung akademischer Qualifikationen hätten sorgen können. Kaum nötig zu sagen, daß man keinen definierten Ausbildungsweg hin zu einer akademischen Laufbahn kannte. Die Anstöße zu einer besseren akademischen Qualifizierung der Professorenschaft kamen denn auch nicht von den Fakultäten, sondern von den Verwaltungsreformern. Zuerst in Halle und dann in Göttingen ging die staatliche Kultusbürokratie dazu über, vielversprechende Akademiker an die Universität zu holen, was sie häufig dadurch bewerkstelligte, daß sie ihnen genug Gehalt anbot, um sie zu einem Stellen- oder Ortswechsel zu bewegen. Die Professoren wurden angehalten, zu forschen und zu veröffentlichen, auf daß ihr wissenschaftliches Ansehen weitere führende akademische Köpfe sowie mehr und besser qualifizierte Studenten an die betreffende Universität locken möge. In den Universitäten zu Halle und Göttingen lassen sich Vorreiter jener führenden Stellung erblicken, die das deutsche Hochschulwesen das ganze 19. Jahrhundert hindurch innehaben sollte.

Aber auch wenn das, was die Hochschulreformer in Halle und Göttingen zuwege brachten, auf künftige akademische Entwicklungen hinwies, lagen die Motive dafür in den unmittelbaren örtlichen und zeitlichen Gegebenheiten. Alexander von Münchhausen investierte zum Beispiel erhebliche Mittel in die Göttinger Universität, weil er den Ehrgeiz hatte, die Söhne wohlhabender und mächtiger Familien anzulocken. Tatsächlich gelang es sowohl in Halle als auch in Göttingen, den Anteil der Aristokraten in der Studentenschaft zu erhöhen. Es war eine überall im deutschsprachigen Europa beobachtbare Tendenz, daß immer mehr junge Adlige als Vorbereitung auf eine Karriere im Staatsdienst Jura studierten. Selbst ein junger Mann aus so reicher und mit guten Verbindungen ausgestatteten Familie, wie Kaunitz es war, studierte in den dreißiger Jahren einige Semester in Leipzig. Gleichwohl blieben die Aristokraten stets eine studentische Minderheit; selbst in Göttingen stellten sie nie mehr als 15 Prozent aller Studenten. Das größte Reservoir für Studenten war die akademische Elite selbst. Von denen, die in den achtziger Jahren in Halle studierten, stammten 17 Prozent aus Beamten- und Anwaltsfamilien, 31 Prozent aus Professoren-, Pfarrers- und anderen Akademikerfamilien. Ein Universitätsstudium war außerdem ein Vehikel des sozialen Aufstiegs: Rund 40 Prozent der in Halle Studierenden waren Söhne von kleinen Beamten, Schullehrern, Geschäftsinhabern und Handwerkern. Dieser Weg in höhere Gefilde der Gesellschaft war freilich steil und steinig und nur von denen zu bewältigen, die über ungewöhnliche Begabung und Ausdauer verfügten. Es dauerte mehrere Generationen, bis eine Familie den Aufstieg in die akademische Sphäre geschafft hatte. Der Urgroßvater des Freiherrn von Lang zum Beispiel war Wildhüter, sein Großvater kleiner Beamter, sein Vater und seine Onkel waren Pastoren und Professoren. Der Großvater von Ernst Moritz Arndt war Schäfer, sein Vater ein wohlhabender Grundstücksmakler. Ohne einen erheblichen finanziellen Rückhalt der Familie oder einen zuverlässigen Förderer war ein Universitätsstudium außerordentlich schwer zu durchlaufen. »Der Stand des geringsten Lehrburschen«, stöhnte Karl Philipp Moritz' Romanheld Anton Reiser, »ist ehrenvoller, als der eines jungen Menschen, der um studieren zu können, von Wohltaten lebt.« Moritz hatte die beschwerliche Reise durch die gesellschaftliche Hierarchie selbst absolviert und sie in seinem vielgelesenen Buch verarbeitet; er wußte also, wovon er sprach.

Da die meisten Studierenden die Universität mit dem Ziel besuchten, die Qualifikation für eine Tätigkeit im ärztlichen oder theologischen Bereich oder aber im Staatsdienst zu erwerben, kam den philosophischen Fachrichtungen geringeres Gewicht zu. Hier lagen die Professorengehälter besonders niedrig, und die

Studenten wählten oft rasch einen anderen Studiengang. Sowohl in den Geistes- als auch in den Naturwissenschaften galt, daß der Großteil dessen, was man heute als wissenschaftliche Forschung bezeichnen würde, von Mitgliedern einer akademischen Fakultät oder einer königlichen Akademie geleistet wurde. Zu den bedeutsamsten der in Göttingen durchgeführten Reformen gehörte der Versuch, das Lehrangebot in den Bereichen Geschichte, Sprachen und Mathematik so weit zu verbessern, daß die philosophische Fakultät aufhörte, bloß eine Durchgangs-station für Unentschlossene oder anderswo Abgewiesene zu sein. Doch selbst nachdem die Dinge sich gegen Ende des Jahrhunderts zu bessern begonnen hat-ten, blieb die Universitätslaufbahn eine riskante Sache. Die meisten Akademiker mußten sich als Privatlehrer, Seminarkräfte oder Bibliothekare durchschlagen, ehe sie eine Anstellung an einer Universität erhielten.

Die kleinste aller akademischen Fakultäten war die medizinische. In Halle lag der Durchschnittsbestand an Medizinstudenten in den fünfziger Jahren bei rund dreißig. Die Medizin hatte auch den schlechtesten Ruf unter den Fakultäten. Nach Meinung eines hannoverschen Beamten diene das Medizinstudium lediglich dazu, zehn oder fünfzehn jungen Todesengeln zu ermöglichen, Menschen mit Methode ins Grab zu bringen. Einige wenige Ärzte standen allerdings in höchstem Ansehen, vielleicht mehr dank der hohen Stellung ihrer Patienten als aufgrund der Qualität ihrer Behandlungskunst. Die meisten Mediziner arbeiteten für den Staat und sahen sich im Wettbewerb um Patienten und Prestige mit einem komplexen Spektrum anderer Heilkünstler konfrontiert, etwa mit Hebammen, wandernden Wunderheilern, Apothekern, Kräuterkundlern, Badern und dergleichen.

Die Theologie hatte größeres quantitatives Gewicht als die Medizin – in Halle waren zwischen 1750 und 1774 durchschnittlich 250 Theologiestudenten imma-trikuliert – und galt als die stärkere intellektuelle Herausforderung. In protestan-tischen Gegenden gehörten die Geistlichen dank ihres gesellschaftlichen Her-kommens, ihrer Ausbildung und ihres Status als Staatsbedienstete zur akademi-schen Elite. Im Gegensatz zur katholischen Priesterschaft, die sich zu großen Teilen aus Männern bescheidener Herkunft rekrutierte, stammten protestanti-sche Geistliche häufig aus gebildeten Familien. So waren zum Beispiel von den 44 Pastoren, die an der Wende zum 19. Jahrhundert im Kreis Sondershausen tätig waren, 22 Pastorensöhne, 8 hatten einen Beamten als Vater, 7 einen Lehrer, 6 einen Handwerker, einer einen Arbeiter. Wer über Talent und Verbindungen verfügte, für den hielt die geistliche Laufbahn zahlreiche Möglichkeiten bereit. In ländlichen Gegenden war der Pastor häufig ein angesehener und einflußreicher Mann, und der Dekan einer wichtigen städtischen Kirche konnte damit rechnen, sich in den höchsten gesellschaftlichen Kreisen zu bewegen. Doch die Zahl der Pastoren war eher gering – in Preußen wurden zwischen 1786 und 1806 nur rund 584 neue Pastoren berufen –, so daß beileibe nicht jeder studierte Theologe eine Berufung erhielt. Friedrich Schleiermacher, ein begabter, aber mittelloser junger

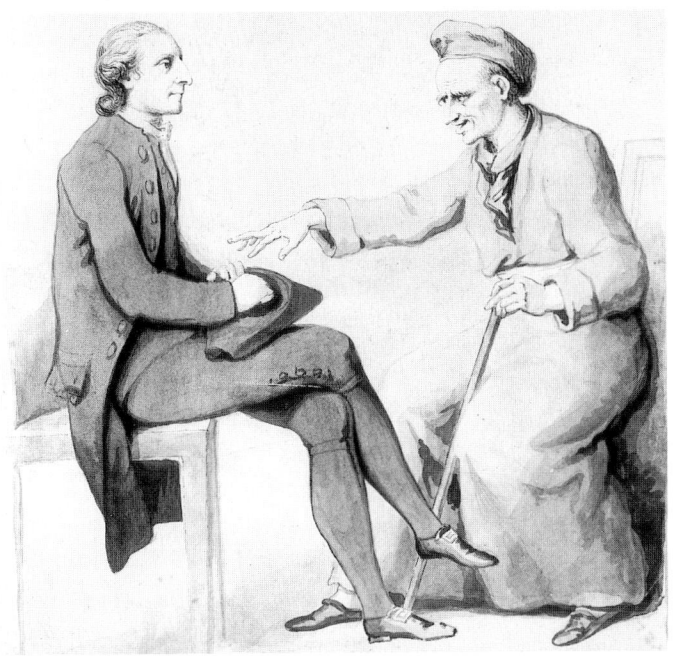

Johann Caspar Lavater und Johann Jakob Bodmer im Gespräch. Aquarellierte Zeichnung von Johann Heinrich Wilhelm Tischbein, um 1781. Oldenburg, Landesmuseum. – Joachim Heinrich Campe. Gemälde von Friedrich Georg Weitsch, 1797. Braunschweig, Landesmuseum. – Christoph Friedrich Nicolai. Gemälde von Anton Graff, um 1795. Leipzig, Universitätsbibliothek

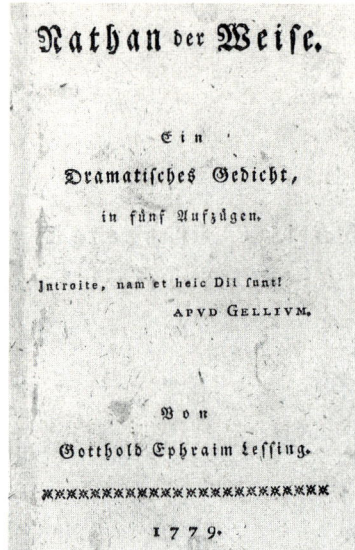
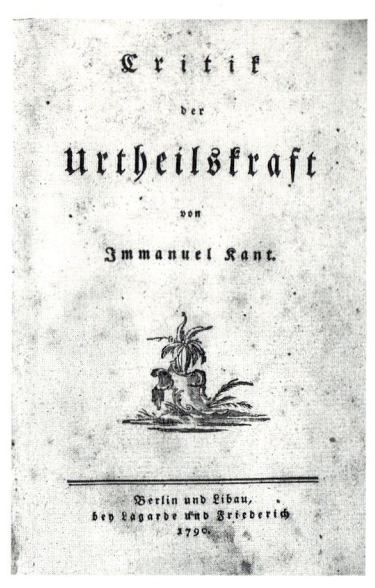

Gotthold Ephraim Lessings Schlüsselwerk zur Toleranzfrage. Titelseite der 1779 in Berlin erschienenen Erstausgabe. Berlin-Museum. – Die letzte der großen Kritiken Immanuel Kants. Titelseite der 1790 in Berlin und Libau erschienenen Erstausgabe. Marbach am Neckar, Schiller-Nationalmuseum und Deutsches Literaturarchiv. – Johann Gottfried Herders »Ideen zur Philosophie der Geschichte der Menschheit«. Eigenhändiger, wohl 1782 entstandener Entwurf des fünften Kapitels zum achtzehnten Buch im vierten Teil. Berlin, Staatsbibliothek Preußischer Kulturbesitz. – Anselm von Feuerbach an Gottlieb Hufeland. Erste Seite eines eigenhändigen Briefes vom 13. September 1804: Die in Landshut »grassirende moralische Pest läßt … keine wahren gesellschaftlichen Freuden aufkommen«. München, Bayerische Staatsbibliothek

Mann, brauchte mehrere Jahre, von denen er einen Teil als Privatlehrer im Haus einer Adelsfamilie überstand, bis er in Landsberg eine Pfarrerstelle fand.

Der attraktivste Studiengang für junge Männer aus gesicherten Verhältnissen, die nach Höherem strebten, war die Jurisprudenz. Münchhausen wußte, daß bei allen seinen Bemühungen um die Verbesserung des gesellschaftlichen und akademischen Niveaus in Göttingen der Jurisprudenz erstrangige Bedeutung zukam: Daß die juristische Fakultät sich mit berühmten und ausgezeichneten Männern füllen möge, sei vor allem deswegen notwendig, weil die Fakultät viele reiche und angesehene Leute zu einem Studium in Göttingen bewegen müsse. Tatsächlich waren 1777 fast vier Fünftel der an der Göttinger Universität studierenden Adligen an der juristischen Fakultät immatrikuliert. Ähnlich lagen die Verhältnisse in Halle, wo die Söhne von Großgrundbesitzern und hohen Beamten im Fach Jura überrepräsentiert waren. Daß das Jurastudium bei »reichen und angesehenen Leuten« so populär war, ergab sich vor allem aus dessen enger Verknüpfung mit dem Staatsdienst. Im Verlauf des 18. Jahrhunderts gingen immer mehr deutsche Verwaltungen dazu über, ein abgeschlossenes Jurastudium als unerläßliche Voraussetzung für die Aufnahme in den höheren öffentlichen Dienst zu erachten. Das war ein wichtiger Schritt in Richtung auf eine Personalpolitik, die eine akademische Ausbildung, zumeist ein Jurastudium, zum Eignungsnachweis für den Zutritt zur politischen Elite machte.

Der Nachdruck, der auf eine ordnungsgemäße Ausbildung gelegt wurde, war nur eines von mehreren Mitteln, mit denen die Staaten sicherzustellen versuchten, daß ihre Bediensteten über die Kenntnisse, Fähigkeiten und persönlichen Qualitäten verfügten, die sie brauchte, um einen zunehmend komplexer werdenden Verwaltungsapparat am Laufen zu halten. Manche Staaten versuchten darüber hinaus, formale Verfahren zur Messung einschlägiger Qualifikationen zu entwickeln. Ludwig von Hagen schrieb 1770, die preußische Staatsverwaltung müsse junge, fähige und lebhafte Menschen einstellen und im Dienst ausbilden. Bevor sie dann zur Verbeamtung vorgeschlagen würden, müßten sie gründlich geprüft werden, ob sie sich »wissenschaftliche Grundkenntnisse« erworben hätten. Hagen führte Prüfungen sowohl vor der Ersteinstellung als auch vor der Übernahme ins Beamtenverhältnis ein. Keiner, der nicht die Prüfung auf vorgeschriebene Weise bestanden habe, dürfe zugelassen werden, und keiner, gleich welchen Standes und Herkommens, dürfe von der Prüfungspflicht befreit werden.

Nicht etwa, daß Prüfungsergebnisse damit zu wichtigeren Faktoren in der politischen Machtgleichung geworden wären als Status und Herkommen. In zunehmendem Maße jedoch mußte ein Beamter damit rechnen, daß neben seinem ererbten Status auch sein persönliches Bildungsniveau und seine nachweislichen dienstlichen Leistungen in die Waagschale seiner Bewertung gelegt wurden. Laut dem Begriff eines Historikers war die Folge ein »System des beschränkten Wettbewerbs«, in dem neben Familienbeziehungen und persönlichen Verbindungen auch Begabung und Bildung darüber entschieden, wer auf der bürokratischen Erfolgsleiter nach oben kletterte. Die Auswirkungen dieses Systems auf den gesellschaftlichen Charakter der Beamtenschaft variierten von Staat zu Staat und in Abhängigkeit von der Zeit. In der Frühzeit der preußischen Staatsentwicklung hatten die Hohenzollern ihre höheren Beamten gern aus den Reihen juristisch ausgebildeter Normalbürger rekrutiert, die in manchen Fällen fähiger waren als die Söhne des einheimischen Adels, in jedem Fall aber wesentlich zuverlässiger. Friedrich der Große hatte diesen Trend umgedreht und bevorzugt Adlige in den öffentlichen Dienst aufgenommen. Doch ebenso wie der Adel vor 1740 in bestimmten Bereichen eine maßgebende Rolle gespielt hatte, gab es danach Nischen und Verwendungsmöglichkeiten für Nicht-Adlige. So wählte Friedrich seine direkten Ratgeber aus einem nicht-adligen Kreis »neuer Männer«, die vollständig von ihm abhängig und ihm daher absolut ergeben waren. Außerdem blieb die Justiz als eigenständiger bürokratischer Zweig weiterhin eine bürgerliche Domäne. Von denen, die zwischen 1786 und 1800 in den Preußischen Justizdienst eintraten, waren nur rund 10 Prozent Träger eines Adelstitels. Der Anteil der Blaublütigen wurde allerdings auf den höheren Ebenen der Justizhierarchie immer größer.

Regiert wurden fast alle deutschen Staaten von einer zusammengesetzten Gruppe aus Angehörigen der Geburts- und der Bildungselite. Es gab Variationen in bezug auf das relative Gewicht und den konkreten Typus dieser Eliten. In manchen Fällen erwarben Nicht-Adlige mit Jurastudium im Verlauf ihrer Karriere einen Adelstitel und konnten so zwanglos in die Reihen der alten Aristokratie aufrücken. In anderen Fällen blieben die Trennlinien zwischen neuem Dienst- und altem Geburtsadel scharf gezogen. Während beispielsweise in Württemberg die staatlichen Spitzenbeamten, die meist Träger reichsunmittelbarer Adelstitel waren, das Leben bei Hofe offenbar ignorierten, waren in Gotha hochrangige Beamte gerngesehene Mitglieder der Entourage des Fürsten. Ein frisch geadelter preußischer Beamter konnte eine unschöne Szene heraufbeschwören, wenn er etwa versuchte, sich auf einer für die Aristokratie reservierten Kirchenbank niederzulassen. Andererseits konnte eine bürgerliche Beamtentochter in eine so altehrwürdige Familie wie die Bismarcks einheiraten.

Wichtiger als diese Einzelheiten ist indes die Tatsache, daß überall in Mitteleuropa eine neue bürokratische Elite Gestalt annahm. Mancherorts bildeten sich in ihr komplexe familiäre Querverbindungen heraus. So war Johann Jakob Moser mit der Tochter eines württembergischen Beamten verheiratet. Während er im Dienst dieses Staates stand, brachten seine Söhne es zu hohen Ämtern in Hessen-Darmstadt und Baden-Durlach. Eine seiner Töchter heiratete einen Professor, drei andere heirateten Geistliche und Beamte. Auch wo solche »dynastischen« Verbindungen fehlten, gab es zwischen Beamten das einigende Band einer gleichartigen Ausbildung und ähnlichen Laufbahnerwartung. Vor allem aber einte sie ihre Loyalität zum und ihre Identifikation mit dem Staat. Dennoch waren sie nach wie vor Diener ihrer Fürsten und von deren Gunst und Laune abhängig, wie Johann Jakob Moser feststellen mußte, als ein Akt der Ungehorsamkeit ihm fünf Jahre Haft eintrug. Aber sie begannen bereits, ein Selbstverständnis als Staatsdiener zu entwickeln und den Staat als die Instanz zu sehen, die die eigentliche Quelle ihrer Autorität und zugleich das von ihnen gehandhabte Werkzeug zur Förderung des Gemeinwohls war. In dem Maße, in dem die theoretische und praktische Macht des Staates zunahm, entwickelten dessen Diener ein immer klareres Bewußtsein ihrer eigenen Bedeutung und ihrer Zusammengehörigkeit als gesellschaftlicher Gruppe.

Wie Geschäfts- und Kaufleute und städtische Bürger standen die Angehörigen der Verwaltungs- und Bildungselite gleichsam noch mit einem Bein in der Sphäre der ständischen Institutionen. Staatsbeamte in einem Kleinfürstentum, Anwälte, deren Mandanten aristokratische Stände waren, Ärzte, die bei Hofe praktizierten, Professoren an unreformierten Universitäten, sie alle lebten in zutiefst traditionellen sozialen Welten. Hinzu kam, daß erfolgreiche Beamte und Akademiker, nicht anders als erfolgreiche Unternehmer, häufig den Ehrgeiz hatten, in den Kreis der alteingesessenen Aristokratie aufgenommen zu werden. Im Staatsdienst wie in der Wirtschaft war sozialer Aufstieg zumeist gleichbedeutend mit dem Übertritt in eine andere Gesellschaftsschicht. Auf der unteren Ebene standen kleine Beamte, Schullehrer und manche Provinzärzte, die sich im Status kaum von den Handwerkern und kleinen Geschäftsleuten unterschieden, die ihre Klientel waren und in deren Welt sie lebten. Und natürlich lag eine beträchtliche soziale Distanz zwischen dem kleinen Beamten und dem königlichen Minister wie zwischen den Honoratioren einer Kleinstadt und den Kaufmannsfürsten von Augsburg oder Krefeld.

Bei aller Vielfalt der Zusammensetzung und Entwicklung begannen die nichtadligen Eliten, einen gemeinsamen Fundus an Einstellungen und Werten zu schaffen, der schließlich zum moralischen Kern einer neuen Gesellschaftsordnung heranwachsen sollte. Das fing damit an, daß die Angehörigen der Wirtschafts- und der Verwaltungselite ein auf die individuelle Leistung gegründetes Ethos zu entwickeln begannen: auf Wissenserwerb, Aufgabenerfüllung, Ideenverwirklichung. Sie glaubten daran, daß sich der persönliche Leistungseinsatz in den Gewinnen niederschlage, die man machte, oder in den Beförderungen, die man sich verdiente. In ihrer Leistungsbereitschaft äußerte sich zudem ein Motiv der Berufung; sie war ein Zeichen der Hingabe und des Engagements. In diesem Sinne entstammen, wie Otto Hintze einmal geschrieben hat, Raison d'état und Raison d'économie denselben historischen Wurzeln und erzeugen ähnliche soziale Formationen. Das berufliche Leben dieser Eliten verband sich jetzt oft mit einem neuen privaten Beziehungssystem. Der alte Zusammenhang zwischen

Haushalt und Wirtschaft begann sich abzuschwächen, besonders bei der Bildungselite, bei der Arbeit und Familienleben gewöhnlich in getrennten Sphären stattfanden. Eine Folge hiervon war ein Bedeutungszuwachs der emotionalen Aspekte des Familienlebens, ein stärker werdendes Gespür für die Gefühlsbeziehung zwischen Mann und Frau sowie zwischen Eltern und Kindern. Schließlich operierten diese Eliten in Beziehungssystemen, die über die örtliche soziale Welt hinausreichten, auf die sich die traditionellen Institutionen zumeist beschränkt hatten. Dank ihrer Ausbildung, ihrer Stellung innerhalb einer bürokratischen Hierarchie und ihrer wirtschaftlichen Verbindungen konnten sie einen weiteren gesellschaftlichen Gesichtskreis gewinnen und sich ihrer politischen Identität bewußter werden. In den Reihen der neuen Besitz- und Bildungseliten fanden sich die maßgeblichen Schöpfer und wichtigsten Konsumenten einer neuen, nationalen Kultur, einer Kultur, die sich zum einen aus den sozialen Erfahrungen, zum andern aus privaten Empfindungen dieser Eliten speiste und ihnen zugleich half, ein klareres Bewußtsein von beiden zu erlangen.

Kultur im 18. Jahrhundert

Johann Gottfried Herder, Lehrersohn aus dem ostpreußischen Mohrungen, hatte keine Mühe, das wenige an geistiger Kost, das die kleine Stadt und die örtliche Schule ihm boten, sehr schnell in sich aufzunehmen. Schon als Zehn- oder Elfjähriger war er auf der Suche nach ihm unbekanntem Lesestoff durch die Straßen gezogen, um sich Bücher auszuleihen. In seinen letzten Lebensjahren, längst zu einer hochgeehrten Persönlichkeit auf der kulturellen Bühne avanciert, erzählte er versammelten Schuljungen, wie sehr ihn seine frühesten Begegnungen mit neuerer wie alter Literatur bezaubert hatten: »Kaum reicht in meinen späten Jahren etwas an diese Freude, an dies süße Erstaunen.« Wir, die wir in einer Kultur des Überflusses auch an Druckerzeugnissen leben, vermögen uns nur noch schwach vorzustellen, in welches Entzücken Bücher Intellektuelle aus Herders Generation versetzen konnten. Für sie war das geschriebene Wort etwas Heiliges. Auf jede Stunde, die Herder damit zubrachte, Bauern beim Tanzen zu beobachten und ihre Lieder aufzuschreiben, kamen Hunderte Stunden, in denen er die neuesten Veröffentlichungen durchblätterte, zustimmende oder kritische Stellungnahmen verfaßte und über das, was er gelesen oder geschrieben hatte, debattierte.

Herder, 1744 geboren, gehörte einer Generation an, die als eine der ersten das gedruckte Wort als vorrangiges Kommunikationsmittel benutzen konnte. Die Zahl der Publikationen, der Leser und Autoren, erreichte in deutschen Landen in der Mitte des 18. Jahrhunderts eine Größenordnung, die es erlaubte, eine weltliche Leseöffentlichkeit kontinuierlich zu »ernähren«. Das Schwergewicht des kulturellen Lebens hatte sich zu diesem Zeitpunkt eindeutig von der mündlichen Verständigung zum schriftlichen Austausch zwischen Autor und Publikum verlagert. Das geschriebene Wort hatte nicht nur symbolische Kraft, sondern auch politische Bedeutung gewonnen. Erkenntnisse und Regeln zu notieren, Ideen zu skizzieren und Gefühle zu beschreiben hieß, ihnen ein hohes Maß an Legitimität und Authentizität zu verleihen. Man kennt dasselbe Phänomen aus dem politischen Bereich, in dem die Entwicklung bürokratischer Institutionen einen zunehmenden Fundus an geheimen Akten und für die Öffentlichkeit bestimmten Verlautbarungen, Vorschriften und Gesetzessammlungen entstehen ließ. Ein auf den ersten Blick ähnlicher Prozeß vollzog sich in der privaten Sphäre, wo immer mehr Menschen dazu übergingen, ihr Innenleben in Tagebüchern, Aufzeichnungen und Autobiographien zu objektivieren. Wer seine persönlichsten Gedanken und Empfindungen dem Papier anvertraute, sie in handschriftlicher oder gedruckter Form niederlegte, machte sie, so schien es, zugleich lebendiger und kontrollierbarer. Ein Zeitalter war angebrochen, das ein Gelehrter das »Jahrhundert des Briefes« genannt hat, eine Ära, in der viele Menschen weder

Zeit noch Energie scheuten, um Entfernungen mit Geschriebenem zu überwinden und, wie Heinrich Heine spöttisch bemerkte, ihr »Herzblut ins Briefcouvert« zu träufeln. Der Roman, zunächst häufig einem Tagebuch oder einem Briefwechsel nachempfunden, schälte sich allmählich als das für die neue Kultur des gedruckten Wortes charakteristischste literarische Genre heraus. Kein Wunder, daß die Intellektuellen des 18. Jahrhunderts der Faszination der Sprache erlagen, die, wie Johann Gottlieb Fichte es ausdrückte, den Einzelnen »in die geheimsten Tiefen« seines Ichs begleitete und dort »die ganze Masse der sprechenden Menschen« vereinigte. Das 18. Jahrhundert war die große Zeit der Gesetzessammlungen, Wörterbücher, Grammatiken, der linguistischen Theorien, Autobiographien, Romane und Erzählungen.

Populäre, elitäre und literarische Kultur

Indem Gustav Freytag die deutsche Kultur des 18. Jahrhunderts als eine »wundersame Schöpfung« bezeichnete, nämlich eine »Seele ohne Leib«, brachte er die Verwunderung eines Nationalisten des 19. Jahrhunderts darüber zum Ausdruck, daß eine Nation sich kulturell auszeichnen konnte, ohne politisch geeint zu sein. Tatsächlich sind kulturelle und politische Grenzziehungen in der Geschichte der Menschheit fast nie deckungsgleich gewesen; eine Kultur benötigt keine Nation und keinen Staat, um zu gedeihen. Was dagegen jede Kultur braucht, ist ein institutionelles Fundament. Da Kultur sich immer durch ein Ensemble gemeinsamer Werte und Symbole definiert, setzt sie ein funktionierendes Beziehungsgeflecht voraus, innerhalb dessen Gemeinsamkeit hergestellt werden kann. Kultur ist daher stets zugleich Geist und Institution, Inhalt und Kontext, Botschaft und Medium. Das Medium ist nicht Botschaft, aber jede Botschaft setzt ein Transportmedium voraus. Die Botschaft ist untrennbar mit der Art und Weise ihrer Übermittlung verbunden, und beide zusammen konstituieren das, was L. K. Frank die »Tätigkeit der Kultur« genannt hat. So gesehen, ist eine »Seele ohne Leib« nicht lebensfähig.

Im 18. Jahrhundert gab es in deutschen Landen zahlreiche Kulturen im Sinne unterschiedlicher Beziehungsgeflechte, innerhalb derer man Ideen und Vorstellungen über die Welt austauschte. Dieselben Schranken, die Deutschland in getrennte wirtschaftliche, politische und soziale Einheiten zerschnitten, bewirkten auch eine kulturelle Abschottung. Da die kulturelle Aktivität vorwiegend in mündlicher Form erfolgte, konnte sich kulturelle Identität immer nur innerhalb überschaubarer Gruppen herstellen, in denen eine direkte Kommunikation möglich war. Die Abschottung funktionierte jedoch nicht hermetisch; es gab immer Personen, die zwischen den einzelnen kulturellen Gruppen pendelten oder sogar in mehreren zugleich lebten. Aktivitäten und Bindungen bestimmter, namentlich religiöser Art schlugen Brücken zwischen isolierten kulturellen Gemeinschaften. Gleichwohl sollte man sich hüten, in bezug auf das 18. Jahrhundert von einer einheitlichen deutschen Kultur zu sprechen; das wäre ebenso irreführend, wie für diese Zeit eine einzige deutsche Gesellschaft oder Volkswirtschaft vorauszusetzen.

Über die kulturellen Aktivitäten der meisten Deutschen des 18. Jahrhunderts ist sehr wenig bekannt. Es existieren einige zufällig erhalten gebliebene Relikte ihres Lebens: Gebäude, Einrichtungsgegenstände, Musikinstrumente, Werkzeuge. Aber im wesentlichen beruht das heutige Bild von ihrem Leben auf indirekten Zeugnissen: auf Berichten von Reisenden, Pfarrern oder Beamten, die Dinge beschrieben, die ihnen festhaltenswert erschienen, wie etwa Festlichkeiten oder Sitten und Gebräuche. Was diese Beobachter mit manchmal wohlwollendem, manchmal herablassendem, aber selten fachmännischem Blick registrierten, bringt nicht viel mehr als Details aus der Kultur der großen Bevölkerungsmehrheit. Ein solcher Beobachter war Charles Burney, ein Engländer, der in den frühen siebziger Jahren durch Europa reiste, um Material für sein Werk über zeitgenössische Musik zu sammeln. Burney interessierte sich hauptsächlich für Opern und Kirchenmusik, aber hin und wieder gewähren seine Reiseberichte Einblick in ganz andere Sphären als die der Fürstenhöfe und Kathedralen, denen er den überwiegenden Teil seiner Erkundungsarbeit widmete. Als er beispielsweise in Jülich anhielt, um die Pferde zu wechseln, erlebte er folgendes: »Auf meinem Weg durch diese Stadt ... unterhielten mich ... zwei Vagabunden, die in gegenüberliegenden Ecken der Schenke der Poststation, im Zwiegespräch, alle Arten von Holzblasinstrumenten imitierten, mit nichts als einer Spielkarte und einer Kante ihres Huts; es klang so echt, daß ich, wäre ich außer Sichtweite gewesen, die Nachahmung nicht vom Original hätte unterscheiden können, besonders bei der Klarinette, dem Waldhorn und dem Fagott, die ausgezeichnet wiedergegeben wurden.« Männer und Frauen wie diese beiden Gesellen hat es allerorten in Europa gegeben: Sänger und Geschichtenerzähler, Akrobaten und Musikanten, Schauspieler und Vaganten, die sich ihres Talents bedienten, um müde Reisende wie Charles Burney zu zerstreuen oder einfache Gemüter zu unterhalten. Gewiß waren nicht alle Spielarten volkstümlicher Kultur schön oder harmlos. In Wien wurde Burney zu einem grausamen Spektakel eingeladen. Vor den Augen Tausender Zuschauer wurde dort ein wilder ungarischer Ochse mit Feuer gequält und dann von Bluthunden zerfleischt. Solche an niedrigste Instinkte appellierenden Tierhetzen, bei denen die Zuschauer sich betranken und ihre gewalttätigen Gelüste befriedigten, gehörten ebenso zur Alltagskultur der Menschen wie Volksmusikanten, Geschichtenerzähler und Wanderprediger.

Da die meisten Menschen am Rand des Existenzminimums lebten, konnten sie für Unterhaltung oder für Nebensächliches kaum Geld erübrigen. Ein oder zwei Heiligenbilder, dazu vielleicht eine Bibel und ein paar Wertgegenstände waren ihre ganze Habseligkeit. Das wenige, das sie sich vom Mund abzusparen vermochten, gaben sie normalerweise nur bei wichtigen persönlichen oder öffentlichen Gelegenheiten aus: für Feiern anläßlich von Kindsgeburten, Hochzeiten oder Todesfällen, von Aussaat und Ernte, von Namenstagen ihrer Heiligen oder von hohen kirchlichen Festtagen, kriegerischen Erfolgen und königlichen Besuchen. Ein Lehrer aus Altenburg namens Friedrich Friese war einer der ersten Deutschen, die Informationen über solche Festivitäten sammelten. Aus dem von ihm hinterlassenen Werk kann man ein Bild jener komplizierten Rituale und Symbole zusammenstückeln, die die Menschen sich in dem Versuch, ihr Dasein zu erklären und zu verschönern, einfallen ließen. In Hochzeitszeremonien wurde der Übergang der Braut von einer Familie zur anderen symbolisch nachgestellt und die neue wechselseitige Abhängigkeit zwischen den einzelnen Familien und ihrer Gemeinschaft bekräftigt. Die Nachbarn des Paares nahmen als Beobachter und Gäste an der Feier teil, aber auch als diejenigen, die die erwünschte Zustimmung und Unterstützung der Gesellschaft stellvertretend zum Ausdruck brachten. Ähnliche Zeremonien prägten die wichtigen Etappen im Leben eines Handwerkers: den Beginn seiner Lehre, seinen Eintritt in die Welt als Geselle und, im glücklichsten Fall, die Verleihung der Meisterwürde an ihn. Hier waren die Rituale wiederum etwas Öffentliches und Privates zugleich, Wendepunkte im Leben des Einzelnen und symbolische Bekräftigungen der Macht und Legitimität der Gemeinschaft.

Die Religion spielte bei allen diesen Feiern wie überhaupt in der volkstümlichen Kultur eine zentrale Rolle. Noch war, wie Helmut Möller geschrieben hat, das ganze Leben der einfachen Menschen in die Kirche eingebettet. Die Gemeinde war die unverzichtbare Einheit bei Trauungen und Beerdigungen; in der Kirche versammelten sich die Bauern, um für eine gute Ernte zu beten; die Zünfte huldigten ihren Schutzheiligen und unterhielten teilweise eigene Kapellen; keine geschäftliche Vereinbarung wurde abgeschlossen, keine Schlacht geschlagen, ohne daß nicht vorher der göttliche Beistand beschworen worden wäre. Heilige und Schreine, kirchliche Dienstleistungen und Wanderprediger, die Tröstungen des Gebets und die Hoffnung auf ein ewiges Leben, alle diese Dinge waren für die überwältigende Mehrheit der Bevölkerung von äußerster Wichtigkeit. Da der deutsche Katholizismus auf das öffentliche Ritual größeren Wert legte als auf das persönliche Gebet, konnten katholische Pfarrgemeinden ihre Mitglieder unter enormen Druck setzen, regelmäßig den Gottesdienst zu besuchen und die Sakramente zu empfangen; nur wenige besaßen die Widerborstigkeit, die geforderte Anpassung zu verweigern. In manchen katholischen Gegenden veranstaltete man zu kirchlichen Festen sorgfältig arrangierte »Volksaufmärsche«, beispielsweise in Wien vier oder fünf Kilometer lange Prozessionszüge, deren Teilnehmer Choräle zu Ehren der Jungfrau Maria sangen. Die großen Wallfahrtskirchen Süddeutschlands, wie der Rokoko-Bau der Wieskirche, wurden an Stellen errichtet, wo die Gläubigen heilige Reliquien verehrten oder um wundersame Heilung von ihren Krankheiten beteten.

Die kirchliche und staatliche Obrigkeit beäugte die religiösen Verhaltensweisen der Masse oft mit beträchtlichem Unbehagen, konnte doch eine zu leidenschaftliche Frömmigkeit, gleich ob in evangelischen oder katholischen Gebieten, leicht zu Abspaltungen vom rechten Glauben und zu Zerwürfnissen führen. Bei so manchem tief verwurzelten Volksglauben handelte es sich um den theologisch fragwürdigen Überrest einer vorchristlichen Religion oder eines lokalen Brauchtums anstatt um Äußerungsformen orthodoxen Glaubens im herkömmlichen Sinne. Bayerische Dorfbewohner glaubten lange, der beste Schutz vor Gewitterschäden bestehe darin, die Kirchenglocken zu läuten; von Blitzableitern wollten sie bis weit ins 19. Jahrhundert hinein nichts wissen. In Ostpreußen schützten Bauern ihre Tiere vor bösen Geistern, indem sie im Stall ein aus bestimmten Blumen gefertigtes Kreuz aufhängten. Gegen Schlangenbisse, Kopfschmerzen und Nasenbluten, Unfruchtbarkeit und Schwachsinn sowie gegen Hunderte weiterer Beschwerden gab es jeweils magische Heilmittel, die jeder kannte. So verächtlich die Behörden auf einige Auswüchse volkstümlichen Aberglaubens herabschauen mochten, in einigen Bereichen fiel es auch ihnen möglicherweise schwer, die Trennlinie zwischen Gebet und magischer Beschwörung, zwischen Glauben und Aberglauben zu ziehen. 1749 mußte Daniel Schleiermacher, Großvater des bedeutenden Theologen, aus seiner Gemeinde fliehen, weil man ihn dort für einen Hexer hielt. Im selben Jahr wurde die Oberin eines Klosters in Würzburg unter dem Vorwurf, Umgang mit dem Teufel zu haben, zum Tode verurteilt und enthauptet; ihren Leichnam verbrannte man. Die letzte Hinrichtung einer Hexe auf deutschem Boden fand 1775 statt.

Im traditionellen Europa war das Christentum die große einigende Kraft. In seiner protestantischen wie auch katholischen Ausprägung verkörperte es das stärkste Bindeglied zwischen den auf das gesprochene Wort angewiesenen kulturellen Gemeinschaften der einfachen Leute. Freilich gab es im Religiösen, genau wie in der Sprache und im Brauchtum, lokale Ausgestaltungen. Alle Katholiken beteten die Jungfrau Maria an, aber daneben verehrte man in den meisten Dörfern eine besondere Schutzheilige oder einen besonderen Schutzpatron und befolgte eigentümliche liturgische Bräuche. Die meisten Menschen glaubten, von übernatürlichen Gefahren und Zauberkräften umgeben zu sein, doch die Mittel, mit denen sie diesen begegneten, variierten von Region zu Region. Hochzeiten wurden allerorten gefeiert, aber die Inszenierung war unterschiedlich, und überall wurden dazu andere Lieder gesungen und andere Geschichten erzählt. Im Bereich der Volkskultur galt, wie in bezug auf die ungeschriebenen Gesetze des Gemeinschaftslebens, daß jede Gemeinschaft ihre eigene Sprache hatte, die sorgfältig von Generation zu Generation weitergegeben wurde, die schwierig zu erlernen und unmöglich zu vergessen war.

Im Gegensatz zur lokal verwurzelten Kultur der einfachen Leute wies die Kultur der aristokratischen Elite eine internationale Orientierung auf. Während etwa die Einrichtung einer Bauernkate von einem Kundigen unschwer einer bestimmten Region zugeordnet werden kann, ließen die Häuser von Adligen gewöhnlich europaweite Stile und Moden erkennen. Dorfkinder erwarben und erlernten die Traditionen ihrer Gemeinschaft, Aristokratensprößlinge hingegen wurden in den internationalen Verhaltenscode ihrer Kaste eingewiesen und dann auf eine große Rundreise geschickt, bei der sie Standesgenossen in ganz Europa kennenlernen konnten. Die internationale Orientierung der Kultur der Elite verstärkte sich im Verlauf des 17. Jahrhunderts noch im Zeichen des zunehmenden Einflusses, den ausländische Kulturelemente an den meisten deutschen Fürstenhöfen gewannen: italienisches Musik- und Sprechtheater, französische Literatur, Architektur und Mode. Im Jahr 1721 hielten sich vierhundert ausländische Adlige für kürzere oder längere Zeit am sächsischen Hof auf, und in Braunschweig holte sich der regierende Herzog so viele Franzosen in sein Schloß, daß einer von ihnen sich zu der Bemerkung bemüßigt fühlte: »Euer Gnaden sind der einzige Ausländer hier.«

Prägend für die höfische Kultur des Barock war die Überzeugung, daß politische Macht und gesellschaftliche Hierarchie nicht als selbstverständlich vorausgesetzt werden durften, sondern immer wieder zum Ausdruck gebracht werden mußten, mit Zeremonien und Symbolen, mit architektonischen Monumenten und ostentativem Prunk. Das Theatralische spielte daher im Leben des Höflings eine wesentliche Rolle. Der Hof selbst war gleichsam Kulisse für Macht- und Prestigedemonstrationen, ähnlich der barocken Kirche, in der das heilige Drama der Messe aufgeführt werden konnte. Jeder bei Hofe, wie in der Kirche, war aufgefordert, sich an den Ritualen zu beteiligen, die zur Bekräftigung der gesellschaftlichen, politischen und göttlichen Ordnung zelebriert wurden. Das Leben bei Hofe war angefüllt mit Empfängen und Paraden, Banketten und Bällen, eine endlose Abfolge von Festlichkeiten, die der höfischen Gesellschaft zur Erbauung und dem Herrscher zur Demonstration seines Reichtums und seiner Macht dienten. Aus der Vielzahl der höfischen Festlichkeiten ragten diejenigen heraus, die auf die Person des Herrschers abgestellt waren, Rituale, die den Beteiligten komplizierte und oft anstrengende Bekundungen der Demut und Hochachtung abverlangten. Als David Hume in Wien Maria Theresia vorgestellt wurde, ergab sich beim Üben des Zeremoniells, daß die üblichen Rituale für seine stattliche Leibesfülle zuviel waren und er sich von der Pflicht befreien lassen mußte, sich im Rückwärtsgang von der Kaiserin zu entfernen, sehr zur Erleichterung seiner Gefährten, die Angst hatten, er könne hinfallen und sie unter sich begraben.

Die charakteristischste unter den an barocken Fürstenhöfen gepflegten Künsten war das Theater. Es war fast so etwas wie ein abstrahiertes und intensiviertes Abbild des höfischen Lebens. Inszenierungen auf dem Theater boten grenzenlose

Möglichkeiten für die spektakuläre Verausgabung fürstlicher Gelder sowie für die direkte Ausübung fürstlicher Herrschaft. Die Handlung der aufgeführten Stücke und Opern, in denen zumeist entweder griechische Mythen nacherzählt oder klassische Tugenden gefeiert wurden, bezweckte nicht etwa eine Infragestellung des gesellschaftlichen oder kulturellen Status quo. Im Laufe des 18. Jahrhunderts entwickelten viele Herrscher immer weitergehende kulturelle Ambitionen, mit der Folge, daß das höfische Theater zunehmend extravaganter und zu einer immer größeren Belastung für die öffentliche Schatulle wurde. So ließ der Herzog von Württemberg 1750 auf dem Gelände seines Residenzschlosses in Ludwigsburg ein Theater erbauen, dessen ins Parkgelände ausweitbare Bühne groß genug war, um eine Schwadron Kavallerie aufmarschieren zu lassen, und auf einem nahegelegenen See konnten aufwendige nautische Manöver veranstaltet werden. Als Charles Burney einige Jahre später Württemberg besuchte, war er überwältigt, wieviel Geld hier für Dramen-, Opern- und Musikaufführungen ausgegeben wurde. Vielleicht konnten, vermutete Burney, solche Dinge zur Sucht werden, wenn ein Staat zur Hälfte aus »Schauspielern, Geigern und Soldaten« bestand.

Die meisten barocken Herrscher sahen in den Autoren, Komponisten, Bühnenbildnern, Architekten und Schauspielern nichts grundlegend anderes als in den Handwerkern, die Luxusgüter für den Hof anfertigten. So gesehen, war Johann Christian von Mannlichs beruflicher Aufstieg vom Goldschmied zum Hofmaler des Herzogs von Zweibrücken gar nicht ungewöhnlich. Mit dem nötigen Ehrgeiz und Glück konnte ein begabter Mensch seine gesellschaftliche und wirtschaftliche Stellung erheblich verbessern. Karl Ditters von Dittersdorf nutzte sein musikalisches Können, um vom Hofschneider zum Aristokraten zu avancieren. Joseph Haydn, der die längste Zeit seiner Karriere in den Diensten der ihn sehr schätzenden Familie Esterházy zubrachte, kam als eines von zwanzig Kindern eines verarmten Stellmachers zur Welt. Erfolgreiche Hofkünstler wie Mannlich, Ditters von Dittersdorf oder Haydn nahmen eine mittlere Stellung in der gesellschaftlichen Hierarchie ein, weit über dem Rang eines Dienstboten, aber auch eindeutig unterhalb des erlauchten Kreises der adligen Höflinge. In den letzten Dekaden des Jahrhunderts, als die Nachfrage nach Begabungen ebenso anwuchs wie die materiellen Anreize, war vielen ehrgeizigen jungen Künstlern diese Mittelstellung ein Dorn im Auge. Es befriedigte sie nicht, daß das, was sie leisteten, bloß als Kunsthandwerk eingestuft wurde; außerdem waren sie ihrer eigenen Einschätzung nach mehr als nur Diener des Hofes. So empfand es nicht zuletzt Wolfgang Amadeus Mozart. Sein Vater Leopold, ein Hofmusikant der herkömmlichen Art, hatte noch mit der Dienerschaft seines Fürsten gespeist, während Mozart selbst alles daransetzte, mehr zu sein als lediglich ein weiterer Lieferant von Luxusgütern. Obwohl seine Kunst die von Hof und Kirche auferlegten Grenzen transzendierte, war es Mozart nie vergönnt, für sich persönliche Unabhängigkeit oder finanzielle Sicherheit zu erlangen.

Eine breite gesellschaftliche Kluft lag zwischen einem Hofmusikanten und jenen anonymen Vaganten, die Charles Burney in der Postschenke zu Jülich ihre Kunst vorführten, in der Hoffnung, er werde ihnen einen Krug Wein spendieren. Welten trennten die derben Vergnügungen solcher Wandermusikanten und die prunkvollen Veranstaltungen, die zur Erbauung des Herzogs Karl Eugen in Ludwigsburg gegeben wurden. Doch so augenfällig die Unterschiede zwischen der Kultur der Elite und jener der Masse waren, so fraglos ist es, daß zwischen ihnen immer Berührungspunkte bestanden. Die Elite brauchte das gemeine Volk als staunende Staffage bei ihren prunkvollen Auftritten, als jubelnde Masse für die Feier ihrer Siege und als gläubige Gemeinde, die um die Errettung ihrer Seele betete. Die jubelnden Menschenmengen auf den Straßen Frankfurts waren ein fast ebenso unverzichtbares Element der Kaiserkrönungen wie die Würdenträger, die sich um den Kaiserthron scharten. Wenn Mitglieder des kaiserlichen Hofes zur Feier der Krönung eigens geprägte Münzen in die Menge warfen, war das nicht bloß eine amüsante Begleiterscheinung – amüsant allerdings nur für die Beobachter, nicht für die Unglücklichen, die im Handgemenge um eines dieser wertvollen Souvenirs oft verletzt und manchmal totgetrampelt wurden –, sondern auch ein symbolischer Ausdruck ihrer Macht und ihres gesellschaftlichen Vorrangs. Es gab Momente, in denen die Elite sich in der Welt der Volksbelustigungen blicken ließ. Im Karneval zum Beispiel konnte sich jedermann, der es wollte, in die sonst allein bei Hofe praktizierte theatralische Lebensweise stürzen, die dann für eine begrenzte Zeit so etwas wie einen Schmelztiegel der gesellschaftlichen Gruppen bildete. Die »Komödie des Kölner Karnevals«, wie ein Beobachter sich ausdrückte, rekrutierte ihre Akteure aus allen Schichten, Altersgruppen und aus beiden Geschlechtern; ihre Bühne war die ganze Stadt, nicht nur die Straßen und Plätze, sondern auch die Häuser, in denen öffentliche und private Bälle stattfanden.

Wenn es mithin Gelegenheiten gab, bei denen ein Wandern zwischen den Kulturebenen möglich war, so bedeutete das nicht, daß diejenigen, die diese Chancen wahrnahmen, zu Gleichen wurden. Die Aristokraten, die sich im Karneval maskiert in der Menschenmenge bewegten, wußten, daß sie Eindringlinge waren; das gerade machte die Sache spannend und amüsant. Die lärmenden Zuschauer bei königlichen Festen hatten sicher Spaß an dem, was ihnen geboten wurde, wußten aber zugleich, daß sie ihrer Obrigkeit als Staffage dienten. In den Barockkirchen wie in den ihnen in gewisser Weise ähnlichen Theatern erlebten Elite und einfaches Volk ein und dasselbe, doch sie taten es von getrennten Plätzen aus und hatten zu denen, die vor dem Altar beziehungsweise auf der Bühne agierten, ein unterschiedliches Verhältnis. Traditionelle Kulturen waren, wie die gesellschaftlichen Institutionen, von denen sie geprägt wurden, restriktiv. Die genau definierten Bedingungen, die über die Zugangsberechtigung entschieden – adlige Geburt, Beherrschung eines örtlichen Dialekts, Kenntnis bestimmter ungeschriebener Regeln und Gebräuche –, errichteten Barrieren. Traditionelle Gemeinschaften – Dörfer, Zünfte, Städte, Universitäten oder Fürstenhöfe – bezogen ihren Zusammenhalt aus dem, was ihre Mitglieder gemeinsam hatten, und aus dem, was sie von den anderen unterschied. Zusammenhalt und Abschottung waren zusammengehörende Elemente desselben gesellschaftlichen Prozesses.

Im Verlauf des 18. Jahrhunderts schälte sich in Mitteleuropa eine »literarische Kultur« heraus, eine Kultur von Lesern und Schreibern, für die das gedruckte Wort zum wesentlichen Kommunikationsmittel und zum wichtigsten Vermittler und Gegenstand kultureller Betätigung geworden war. Es ist gewiß richtig, daß eine solche Kultur schon im 16. Jahrhundert Gestalt anzunehmen begonnen hatte. Wie Elisabeth Eisenstein und andere gezeigt haben, spielte das gedruckte Wort sowohl für die Renaissance als auch für die Reformation eine wichtige Rolle. Aber Bücher und andere Druckwerke waren nur die notwendige, nicht die hinreichende Voraussetzung für den Siegeszug der literarischen Kultur, wie sie hier verstanden wird. Ebenso wichtig waren hierfür Neuerungen, die sich im deutschsprachigen Europa erst nach 1700 durchsetzten. Das Lesen ist zuvor eine intensive Tätigkeit gewesen; die meisten Leute hatten gewöhnlich nur wenige Werke besessen und in diesen immer wieder gelesen. In einer literarischen Kultur hingegen lasen die Menschen extensiv, das heißt, sie verwendeten sehr viel Zeit und Mühe darauf, mit neuen Veröffentlichungen Schritt zu halten und sich zu möglichst vielen Büchern Zugang zu verschaffen. Zugleich veränderte sich die gesellschaftliche Funktion des Lesens. In den ersten beiden Jahrhunderten nach der Erfindung des Buchdrucks hatten die meisten Leute das Buch zunächst einmal als Anleitung oder Ergänzung zur mündlichen Kommunikation verwendet, indem sie etwa laut vorgelesen hatten. Jetzt wurde das Lesen immer mehr zu einer privaten Angelegenheit, das Buch damit, wie David Riesman es einmal ausgedrückt hat, zu einer Tür, mit der man sich gegen die Welt abschloß. Riesmans Formulierung erinnert daran, daß die Entstehung einer Leseöffentlichkeit mit einer im Hausbau zu beobachtenden Tendenz zur Privatisierung des Wohnens zusammenfiel, also zur Schaffung von Räumen, in denen der Einzelne ungestört lesen konnte. In einer literarischen Kultur sind der Vorrang des gedruckten Wortes und dessen spezifische soziale Funktion wesentliche Elemente sowie auffallende Unterscheidungsmerkmale zu den mündlichen Kommunikationsmustern, die für die sowohl elitäre als auch plebejische Kultur im traditionellen Europa kennzeichnend gewesen ist.

Einen eindeutigen Maßstab für die Entwicklung einer literarischen Kultur in Deutschland liefert die Verlagsstatistik. Der Katalog der Leipziger Buchmesse von 1700 verzeichnete 987 Titel; davon entfiel nahezu die Hälfte auf theologische Themen. Achtzig Jahre später wurden bereits über 2.600 Buchtitel angeboten, und der Anteil der religiösen Werke war stark zurückgegangen. Das Verhältnis zwischen Büchern in lateinischer und solchen in deutscher Sprache änderte sich im selben Zeitraum von etwa 1 zu 2 auf 1 zu 10. Von der Jahrhundertmitte an etablierten sich in vielen deutschen Städten große Buchläden. Gleichzeitig fand ein Übergang vom traditionellen Tauschhandel, der bis dahin die Möglichkeiten eines Buchhändlers, kapitalistisch zu wirtschaften, stark eingeschränkt hatte, zum Geldpreissystem statt. Als deutlich wurde, daß sich mit den Bedürfnissen der sich entwickelnden literarischen Öffentlichkeit Geld verdienen ließ, warfen sich etliche tatkräftige und ehrgeizige Unternehmer auf das Verlagswesen. Natürlich war das verlegerische Geschäft riskant, wie im 18. Jahrhundert alle anderen kaufmännischen Unternehmungen auch. Zum einen ließ sich der Publikumsgeschmack nur schwer voraussagen, zum anderen war es unter den Bedingungen eines noch kaum wirksamen Urheberrechtsschutzes schwierig, selbst mit erfolgreichen Büchern Geld zu verdienen. Unaufhörlich klagten angesehene Verleger über die Raubgierigen, die ihnen mit Nachdrucken ihre wohlverdienten Gewinne streitig machten. Dennoch gab es Verleger, deren Geschäft florierte. In Österreich wurde Johann Thomas Edler von Trattner zu einer einflußreichen Persönlichkeit des öffentlichen Lebens, indem er dem interessierten Wiener Lesepublikum die literarischen Werke der Aufklärung zugänglich machte. Friedrich Nicolai, Autor einiger vielgelesener Romane und Reisebücher, beherrschte die Berliner Verlagsszene. Johann Jakob Kanter war der Gründer eines berühmten Königsberger Buchgeschäfts. Georg Joachim Göschen, der 1785 mit geliehenem Geld ein Druck- und Verlagshaus gründete, herrschte am Ende über ein prosperierendes Unternehmen, dessen tragende Säulen die Weimarer Klassiker waren. Verlage wie Schott in Mainz, gegründet 1770, André in Offenbach, der Mozarts unveröffentlichte Werke erwarb, und Simrock in Bonn, der seit 1796 Beethovens Verleger war, verdienten gutes Geld mit Noteneditionen, die von zahlreichen deutschen Orchestervereinigungen und Amateurmusikern sehr gefragt waren.

Die Verleger erweiterten ihr Angebot um Zeitungen, Zeitschriften und Literaturführer. Eines der ersten Indizien für den Umfang, den der literarische Markt erreicht hatte, war der außerordentliche Erfolg der sogenannten moralischen Wochenschriften, die nach englischen Vorbildern gestaltet waren und eine Mixtur von belehrenden, unterhaltenden und erbaulichen Inhalten boten. In den Jahren 1700 bis 1740 tauchten innerhalb von jeweils fünf Jahren durchschnittlich 10 neue moralische Wochenschriften auf dem Markt auf. Zwischen 1741 und 1745 waren es 28, zwischen 1746 und 1750 noch 27, zwischen 1751 und 1755 sogar 44; danach ließ ihre Beliebtheit wieder nach. 1721 begann die lange Karriere der berühmten »Vossischen Zeitung«, die in ihrer Anfangszeit »Berlinische privilegierte Zeitung« hieß. Ihr Beispiel ahmten risikofreudige Unternehmer in anderen deutschen Städten rasch nach, so daß in den siebziger Jahren des 18. Jahrhunderts auf deutschem Boden über 70 Periodika erschienen, während es zu Beginn des Jahrhunderts gerade 58 gewesen sind. Eine der wichtigsten und einflußreichsten dieser Publikationen waren darauf ausgerichtet, die Leser über das Geschehen in der Welt der Bücher und Autoren zu informieren. Heinrich A. O. Reichard gab zwischen 1770 und 1800 einen »Theater-Kalender« heraus, in dem die jeweils neueste dramatische Literatur besprochen wurde. Friedrich Nicolai, der immer eine Nase für Marktlücken hatte, brachte die »Allgemeine deutsche Bibliothek« heraus, in der zwischen 1765 und 1805 rund 80.000 literarische Werke besprochen wurden. Georg Christoph Hamberger stellte 1767 eine Liste deutscher Autoren zusammen, die 800 Seiten lang wurde und sieben Jahre später von Johann Meusel bereits wieder ergänzt werden mußte. In der zweiten Hälfte des 18. Jahrhunderts schlug somit die Geburtsstunde der deutschen Literaturkritik, und das war vielleicht das sicherste Anzeichen dafür, daß tatsächlich eine literarische Kultur entstanden war. Bücher als solche setzten schließlich nur ein Lesevermögen voraus, während Bücher über Bücher einen gemeinsamen Fundus literarischer Geschmäcker, Interessen und Kenntnisse erforderten.

Das Lesen befreite die Menschen aus der Abhängigkeit von der mündlichen Kommunikation mit allen ihren unvermeidlichen Mängeln und half ihnen, neuartige Beziehungen zu knüpfen. Alles deutet darauf hin, daß im 18. Jahrhundert in außerordentlichem Umfang Korrespondenz betrieben wurde, sowohl zwischen den Autoren und ihrer Leserschaft als auch im Kreis der Autoren selbst. Briefe hatten Vorbildfunktion für andere literarische Genres, am unmittelbarsten für den Briefroman und für Pamphlete zu unterschiedlichsten Sachthemen, die sich direkt an den Leser richteten. Bücher erwiesen sich zudem als hilfreich für persönliche Interaktionen. Manches davon entwickelte sich in informellem Rahmen, wie die täglichen Zusammenkünfte in der Kanterschen Buchhandlung zu Königsberg, wo sich am Morgen die Stammkunden einfanden, um einen Blick auf die mit der Post gekommenen neuen Bücher und Zeitschriften zu werfen, wo ihnen Erfrischungen und Schreibpulte zur Verfügung standen. An den Wänden seiner Buchhandlung hingen Porträts berühmter Schriftsteller, darunter ein Bild von dem berühmtesten Kunden, seinem Nachbarn Immanuel Kant. Es entstanden auch formelle Organisationen, die sich der Förderung der literarischen Kultur widmeten, etwa Leihbüchereien und Lesegesellschaften, die in sich Elemente eines Vereins, einer Bibliothek und eines Debattierklubs vereinigten. An der Wende zum 19. Jahrhundert gab es im deutschsprachigen Europa über 300 Institutionen dieser Art, und viele von ihnen waren Stätten, an denen sich Menschen einfanden, um sich Bücher auszuleihen, Zeitungen zu lesen, ein Glas Wein zu trinken oder sich einen Vortrag über eine bemerkenswerte Neuerscheinung anzuhören und darüber zu diskutieren.

Anders als die traditionellen Kulturen der Eliten und der einfachen Leute, hatte die literarische Kultur keinen von Haus aus restriktiven Charakter. Praktische Beschränkungen, wie sie für die mündliche Kommunikation galten, kannte sie ebensowenig wie soziale Statusbarrieren. Theoretisch und potentiell war die

Kultur des Lesens und Schreibens jedermann zugänglich. Sie war nicht an einen bestimmten regionalen Dialekt gebunden, unterlag nicht den geheimen Regeln einer Zunft und spielte sich nicht hinter den Mauern eines fürstlichen Schlosses ab. Sie war offen, aufgrund ihres Selbstverständnisses begrifflich eine Kultur für die Öffentlichkeit. Der Souverän in dieser öffentlichen Sphäre war das Publikum, eine selbstbestimmte Gruppe, deren Geschmäcker und Meinungen über Erfolg und Mißerfolg eines literarischen Produkts entschieden. Die Zugehörigkeit setzte weder adlige Geburt noch einen formalen Bildungsgang voraus. Wie es in der Satzung der 1784 gegründeten Stuttgarter Lesegesellschaft stolz hieß, spielten bei ihr gesellschaftliche Stellung und äußerliche Gesichtspunkte keine Rolle; was vor allem zähle, seien »Qualitäten des Herzens und des Geistes«.

In der Wirklichkeit genügten freilich »Qualitäten des Herzens und des Geistes« nicht, weder für die Stuttgarter Lesegesellschaft, die hohe Beiträge forderte und ihre Mitgliederzahl begrenzte, noch für die literarische Kultur als Ganze. Bücher waren teuer und oft schwer erhältlich. Bibliotheken und Lesegesellschaften waren private Institutionen, in die einzutreten sich die meisten Leute nicht leisten konnten. Vor allem jedoch setzte die Teilnahme an der literarischen Kultur Fähigkeiten voraus, über die lediglich eine Minderheit verfügte. Über die Verbreitung der Lese- und Schreibfähigkeit im Deutschland des 18. Jahrhunderts existieren wenig Daten, so daß sich keine genauen Vorstellungen von der Größe der lesenden Öffentlichkeit gewinnen lassen. Bekannt ist jedoch, daß die Qualität des Schulunterrichts bescheiden war, daß die Lehrer unzureichend ausgebildet und schlecht bezahlt und die Schüler ungebärdig und lernunwillig waren. Selbst von denen, die freiwillig und gern zur Schule gingen, dürften die wenigsten genug gelernt haben, um sich ohne Schwierigkeiten in die neue Kultur einklinken zu können. Denn dazu bedurfte es wesentlich mehr als bloß der Fähigkeit, den eigenen Namen ins Kirchenbuch zu schreiben oder eine allgemein bekannte Passage aus der Familienbibel vorzulesen. Der Zugang zur literarischen Kultur setzte die Beherrschung einer komplexen Sprache voraus, die mit einem eigenen Spezialvokabular angereichert war. Es ist nicht einmal ausgeschlossen, daß, ungeachtet der schrittchenweisen Verbesserungen, die das Grundschulwesen im Verlauf des 18. Jahrhunderts erfuhr, die Kultur des gedruckten Wortes infolge einer zunehmenden Komplexität der literarischen Sprachkonventionen vom einfachen Volk am Ende des 18. Jahrhunderts weiter entfernt war als an dessen Beginn. Der Ausdruck »Publikum« spiegelt die bestehenden Zweideutigkeiten in bezug auf die Öffentlichkeit der literarischen Kultur: Auf der einen Seite bezog sich das Wort auf die Gesamtheit der potentiellen Leser oder Zuschauer, auf der anderen bezeichnete es die konkrete Gruppe derer, die ein Buch oder eine Eintrittskarte für eine Veranstaltung kauften.

An der literarischen Kultur des 18. Jahrhunderts nahm lediglich eine kleine Minderheit der Deutschsprachigen teil. Nach den Schätzungen der Zeitgenossen

»Die Räuber« von Friedrich Schiller in der Mannheimer Uraufführung am 13. Januar 1782:
August Wilhelm Iffland als Franz Moor. Gemälde von Heinrich Anton Melchior, um 1790.
Mannheim, Städtisches Reiß-Museum. – »Iphigenie« von Johann Wolfgang Goethe in der
Aufführung im Weimarer Redoutensaal im Jahr 1779: Goethe als Orest und Corona Schröter
als Iphigenie. Gemälde von Georg Melchior Kraus. Weimar, Goethe-Nationalmuseum

Joseph Haydn. Gemälde von John Hoppner, 1791. London, Buckingham Palace. – Wolfgang Amadeus Mozart. Gemälde von Thaddäus Helbling, 1768. Salzburg, Mozart-Museum

waren es zwischen 20.000 – so schätzte Friedrich Nicolai 1773 –, und 300.000 – so meinte Jean Paul zwei Jahrzehnte später. Die beste, wenngleich noch sehr ungenaue Meßlatte sind Auflagenhöhen und Abonnentenzahlen. In den Augen der Zeitgenossen war jedes Druckwerk, das mehr als tausend Leser fand, ein eindrucksvoller Erfolg. Nicolais »Allgemeine deutsche Bibliothek« erreichte zum Höhepunkt ihrer Verbreitung 1777 2.500 Abonnenten; ihre Hauptkonkurrentin, die »Allgemeine Literarische Zeitung«, schaffte zu keiner Zeit mehr als 2.000. August Ludwig Schlözers »Staatsanzeiger«, wahrscheinlich die erfolgreichste Zeitschrift der Periode, brachte es in den achtziger Jahren auf rund 4.000 Abonnenten. Auflagen in dieser Höhe waren selbst bei Einzeltiteln selten. Nicolais »Sebaldus Nothanker«, für seine Zeit ein Bestseller, erreichte über vier Auflagen rund 12.000 Exemplare. Die »Xenien« Goethes und Schillers, die herauskamen, als beide Autoren bereits berühmt waren, verkauften sich rund dreitausendmal. Von der 1787 bis 1790 erschienenen ersten Ausgabe der gesammelten Werke Goethes wurden wesentlich weniger verkauft. Gewiß war die Zahl der Leser größer, als diese Angaben es suggerieren mögen. Da Bücher nach wie vor teuer waren, kann man davon ausgehen, daß fast jedes verkaufte Buch von mehreren Personen gelesen wurde. Wenn man Rolf Engelsings Schätzung akzeptiert, derzufolge auf jedes Exemplar rund 20 Leser kamen, hatte die literarische Öffentlichkeit 100.000 bis 200.000 Köpfe; das waren nicht einmal 5 Prozent der Gesamtbevölkerung. Die überwältigende Mehrzahl der Deutschen blieb mithin von dieser »nationalen Kultur« ausgeschlossen, entweder weil sie zu den literarischen Analphabeten zählte oder weil sich ihre Lektüre auf religiöse Traktate, die Bibel und vielleicht das eine oder andere primitiv gedruckte Pamphlet beschränkte, wie fliegende Händler sie auf Straßenmärkten wie dem am Berliner Mühlendamm feilboten.

Der Kern des literarischen Publikums bestand aus Lehrern, Pfarrern, Beamten und anderen Mitgliedern der Bildungselite. Von den 300 Autoren, die im letzten Drittel des 18. Jahrhunderts in der »Berlinischen Monatsschrift« zu Wort kamen, liegen die Berufsbezeichnungen vor. Rund 80 von ihnen, die bei weitem größte Berufsgruppe, waren Lehrer und Erzieher, rund 60 höhere Beamte, 50 waren Geistliche oder Angehörige der kirchlichen Hierarchie; dazu kamen 10 Offiziere, 5 Geschäftsleute, 2 Buchhändler, ein Handwerksmeister und 15 weitere Autoren, über deren sonstige Erwerbsquellen nichts bekannt ist. Unter diesen 300 Autoren waren 45 mit einem Adelstitel und 5 Frauen. Eine ähnliche Repräsentanz der Berufsgruppen findet sich laut einer Studie von Johanna Schultze in den Reihen der Autoren moralischer Wochenschriften oder der Verfasser von Artikeln zur sozialen Frage. Aus Gründen, die auf der Hand liegen, läßt sich die soziale und berufsmäßige Zusammensetzung derer, die schrieben, leichter ermitteln als die des Lesepublikums. Das wenige, das sich über letzteres in Erfahrung bringen läßt, deutet jedoch darauf hin, daß auch hier die Bildungselite dominierte. Beamte, Theologen, Professoren, Autoren und Privaterzieher stellten zusammen die Mehrheit derjenigen, die Vorausexemplare von Nicolais »Reisebeschreibung« bestellten. Dasselbe Mischungsverhältnis galt allem Anschein nach für die Mitgliederschaft der meisten literarischen Vereinigungen. Auch in Mainz, wo die Präsenz eines aktiven Fürstenhofes dafür sorgte, daß Adlige und kirchliche Würdenträger eine überdurchschnittliche Rolle im städtischen Leben spielten, waren Beamte und Akademiker unter den Mitgliedern der örtlichen Lesegesellschaft überrepräsentiert. Wie die verfügbaren Daten zeigen, nahmen Geschäftsleute fast nirgendwo regen Anteil am literarischen Leben; selbst der Hofadel scheint sich relativ aktiver engagiert zu haben als sie.

Bei der Bewertung dieser Zahlen sollte man sich vergegenwärtigen, daß die Angaben über Autoren, Abonnenten und Mitglieder von Gesellschaften wahrscheinlich lediglich die wohlhabenderen und namhafteren Gruppen innerhalb der literarischen Kultur erfaßt haben. Aus dem, was an nackten Daten zur Verfügung steht, läßt sich vermutlich nichts über jene Personen in Erfahrung bringen, die aus relativ bescheidenen Verhältnissen stammten und dennoch maßgebliche Beiträge zu geistigen Entwicklung Deutschlands leisteten. Für Männer wie Herder, Kant, Winckelmann und viele andere eröffnete die lesende und schreibende Teilnahme an der literarischen Kultur Wege aus der geistigen und materiellen Beengtheit ihrer sozialen Lage. »Die Welt ist zu klein für mich«, schrieb Ulrich Bräker, ein verarmter Stoffhändler aus Toggenburg. »Deshalb werde ich mir in meinem Kopf eine neue erschaffen.« Solche Vorhaben glückten indes nur den wenigsten; sozialer Aufstieg dank literarischer Meriten war die seltene Ausnahme. Wie aus den Lebensbeschreibungen derjenigen, die es schafften, eindeutig hervorgeht, waren mit dem Betreten der literarischen Arena ohne auskömmliches Vermögen und entsprechende Familienunterstützung harte physische wie psychische Belastungen verbunden.

Die Zugehörigkeit zur literarischen Kultur ging gewöhnlich mit einer Entfremdung von den angestammten dörflichen und zunftbestimmten Kulturen einher. Um einen Zugang zur Volkskunst oder zur mündlichen literarischen Überlieferung zu finden, benötigten die Anhänger der kulturellen Elite die Dienste von Übersetzern und Führern wie Herder oder, im 19. Jahrhundert, der Gebrüder Grimm. Entfremdung empfanden die gebildeten Eliten aber auch gegenüber der höfischen Kultur, die ihnen korrupt, trivial und seicht erschien. Er hoffte, »nicht von der halbunangekleideten Schöne am Nachttische« gelesen zu werden, verwahrte sich Nicolai im Vorwort zu seinem »Sebaldus Nothanker«, »nicht von dem piruettirenden Petitmaiter...; nicht von dem Hofmanne...; nicht von dem Spieler; nicht von der Buhlschwester«. Falls sich aber »irgendwo ein hagerer Magister...; ein feister Superintendent...; ein weiser Schulmann...; ein Student mit der Kennermine...; ein belesener Dorfpastor« finde, so seien sie ihm als Leser seines Buches herzlich willkommen. Herder bediente sich einer ähnlichen Mischung aus sozialen und moralischen Kategorien und verlieh ihr eine bezeichnend nationale Färbung, als er ein Loblied derjenigen über die deutschen Provinzen verstreuten Leser anstimmte, die »ohne Französische Eitelkeit, ohne Englischen Glanz, gehorsam, oft leidend, Dinge thun, deren Anblick jedermann schönen und großen Muth einspräche, wenn sie bekannt wären«. Diese tapferen Seelen, fuhr Herder fort, wolle er weder an den Hof noch in die Hauptstadt versetzen; er wünsche ihnen als Wirkungsstätte »einen Altar der Biedertreue…, an dem sie sich mit Geist und Herzen versammeln. Er kann nur im Geist existieren, d. i. in Schriften.« Die Publikationen solcher Männer würden den Menschen zu Herzen gehen und ihre Seelen so entflammen lassen, daß der »Deutsche Namen, den jetzt viele Nationen gering zu halten sich anmaßen, vielleicht als der erste Name Europa's erscheinen würde, ohne Geräusch, ohne Anmaßung, nur in sich selbst stark, vest und groß«.

Die gebildeten Eliten gaben in der literarischen Kultur die Richtung an, weil sie die Meister des geschriebenen Wortes waren, die Hüter der geheiligten Texte, die Chronisten des öffentlichen Lebens, die Wächter der sprachlichen Tugend. Auf ihre Fähigkeiten mußten sich viele der neuen Entwicklungen in Politik, Gesellschaft und Kultur stützen. Die großen deutschen Schriftsteller und Philosophen des 18. Jahrhunderts sahen in diesen Eliten ihr eigentliches Publikum und bezogen daraus ihre wichtigsten Themen und Anliegen. Die Hochblüte der neuen deutschen Literatur und der philosophischen Aufklärung sowie die Entwicklung der politischen Ideologien im folgenden Jahrhundert wären ohne sie und die von ihnen geschaffenen kulturellen Institutionen undenkbar.

Sprache und Literatur

In den »Leiden des jungen Werthers« läßt Goethe seinen Helden während eines am Horizont heraufziehenden Gewitters, das er und seine Geliebte beobachten, zum ersten Mal die volle Wucht seiner tragischen Verblendung erleben: »Wir traten ans Fenster. Es donnerte abseitwärts, und der herrliche Regen säuselte auf das Land, und der erquickendste Wohlgeruch stieg in aller Fülle einer warmen Luft zu uns auf. Sie stand auf ihren Ellenbogen gestützt, ihr Blick durchdrang die Gegend; sie sah gen Himmel und auf mich, ich sah ihr Auge tränenvoll, sie legte ihre Hand auf die meinige und sagte: ›Klopstock!‹« Werther wußte, wie die meisten zeitgenössischen Leser des Romans, auf Anhieb, daß Lotte auf Klopstocks Ode »Die Frühlingsfeier« anspielte, die 1759 entstanden und später, kurz bevor Goethe mit der Niederschrift des »Werthers« begann, in einem Klopstock-Sammelband wiederveröffentlicht worden war. Werther und Lotte, die sich durch Anspielungen und Symbole verständigten, beschrieben auch ihre Natureindrücke mittels einer gemeinsamen Sprache und bekräftigten damit ihre Zugehörigkeit zur literarischen Kultur. Die zitierte Passage gewinnt eine zusätzliche illustrative Kraft aus der Tatsache, daß die Goetheschen Protagonisten selbst bald darauf in den rasch anwachsenden Fundus an literarischen Charakteren und Bezugsgrößen des 18. Jahrhunderts eingingen. Während nur wenige Deutsche Werthers verhängnisvolle Spielart der Liebe konsequent nachlebten, imitierten viele seine Art, sich zu kleiden, und seine Manierismen. Werther wurde für sie zur Verkörperung einer Sensibilität besonderer Art, zum Inbegriff von Gefühlen und Sehnsüchten, die mehr oder weniger ihre eigenen waren. Solches nahtlose Einfließen literarischer Erfahrungen in das emotionale Alltagserleben kündete, wie die statistischen Daten über Buchproduktion und Lesegewohnheiten, von der Heraufkunft einer nationalen Literatur.

Spätestens mit Veröffentlichung des Goetheschen Frühwerks ging »die Zeit der deutschen Nicht-Literatur«, wie Friedrich Schlegel sie einmal genannt hat, zu Ende. Von den siebziger Jahren des 18. Jahrhunderts an konnten die Deutschen auf eine muttersprachliche literarische Tradition, vergleichbar der französischen und englischen, bauen, weil ihr maßgebliche gesellschaftliche Gruppen und kulturelle Institutionen dazu verholfen hatten. Eine nicht weniger wichtige Voraussetzung war die Verfügbarkeit einer literarischen Sprache, die in der Lage war, jene sozialen Situationen und emotionalen Zustände zu beschreiben und wachzurufen, die die Zeitgenossen als realistisch und für ihr eigenes Dasein als relevant anerkennen konnten. Eine solche Sprache mußte einerseits im streng grammatischen Sinn präzise und einheitlich sein, andererseits reich und schöpferisch genug, um über das bloß Konventionelle hinauszuweisen und eine tragfähige Grundlage für neue Genres, Ausdrucksweisen und Vorräte an Zitaten und Bezügen zu bilden.

Die meisten Bücher über die Geschichte der deutschen Literatursprache fangen bei Luther an, der das Fundament bereitstellte, auf dem das Gebäude der deutschen Sprache errichtet werden konnte. Doch an das, was Luther leistete, schloß sich nicht unmittelbar eine bruchlose literarische Entwicklung an. Anders als in England und Frankreich, gab es im Deutschland des 16. und 17. Jahrhunderts keine literarischen Bewegungen, die einen glänzenden Schatz an eigenständigen muttersprachlichen Schöpfungen hinterließen. Dieser Mangel hatte seine Ursache zweifellos in der politischen Zersplitterung, den inneren Konflikten und sozialen Umwälzungen. Erst im späten 17. und frühen 18. Jahrhundert findet man Anzeichen für eine Weiterentwicklung der sprachlichen Pionierarbeit Luthers. Neue Ansätze in der Philosophie erschlossen zugleich der deutschen Sprache neue Ausdrucksmöglichkeiten im Bereich der Spekulation, während neue religiöse Bewegungen, namentlich der Pietismus, eine emotionsgeladene Sprache voller Hingabe und Introspektion hervorbrachten. In den zwanziger und dreißiger Jahren des 18. Jahrhunderts war es Johann Christoph Gottsched, Professor der

Morallehre und Metaphysik in Leipzig, der sich um die Popularisierung und Kodifizierung einer reformierten deutschen Sprache verdient machte. Er bemühte sich, seine Zeitgenossen zu einer klaren, unverschnörkelten, aber eleganten Prosa anzuhalten, gereinigt von Affektiertheit und Pathos und darauf angelegt, ein möglichst großes Publikum zu erreichen.

In Kontakt mit dieser reformierten Sprache kamen gebildete Deutsche in Universitätshörsälen, wo die Professoren immer mehr vom Lateinischen zum Deutschen als Unterrichtssprache überzugehen begannen, und in einer Reihe neuer Zeitschriften wie der sich zunehmender Beliebtheit erfreuenden moralischen Wochenschriften. Die Übersetzung fremdsprachiger Werke, vor allem aus England, trug zur Geschmacksentwicklung der Deutschen bei. Daniel Defoes »Robinson Crusoe« wurde kurz nach seiner Erstveröffentlichung 1719 in England ins Deutsche übersetzt und machte sogleich Furore. Einer der vielen Deutschen Defoe-Imitatoren war Johann Gottfried Schnabel, dessen Roman »Insel Felsenburg«, 1731 bis 1743 in vier Bänden ediert, vielleicht der erste deutsche Bestseller, bis zum Ende des Jahrhunderts populär blieb. Schnabels beredtes Plädoyer für häusliche und handwerkliche Tugenden, für die sein Held auch unter widrigsten äußeren Bedingungen eintrat, markierte einen bedeutsamen Wandel im öffentlichen Empfinden: weg von den höfischen Liebesdichtungen und Kolportagegeschichten, wie sie für die barocke Literatur kennzeichnend gewesen sind.

Viele Leser, die sich für die tugendhafte Selbstbescheidung des Schnabelschen Protagonisten begeisterten, fühlten sich auch den frühen religiösen Dichtungen Friedrich Gottlieb Klopstocks verbunden. Aus einer Familie von Advokaten und Pastoren stammend, besuchte Klopstock die Schulpforta, die berühmte sächsische Akademie, zu deren späteren Absolventen Leopold Ranke und Friedrich Nietzsche gehören sollten. Während seines Studiums faßte Klopstock den Entschluß, das Leben eines Literaten zu führen; seinen Lebensunterhalt verdiente er eher schlecht als recht, indem er Privatstunden erteilte. Sein Gedichtzyklus über das Leben Jesu erschien in den vierziger Jahren unter dem Titel »Der Messias« und wurde zu einem großen Erfolg. Christian Friedrich Daniel Schubart, der als Zwölfjähriger die Gedichte las, verglich ihre tiefe Wirkung auf ihn mit jener religiösen Erweckung, die eine so zentrale Rolle im pietistischen Denken spielte. Obgleich das meiste von dem, was Klopstock später veröffentlichte, weder künstlerische Anerkennung noch populären Erfolg brachte, verging sein Ruhm nicht. Samuel Taylor Coleridge zum Beispiel sah in Klopstock den »ehrwürdigen Vater der deutschen Dichtung« und stattete ihm bald nach seiner Ankunft auf dem Festland 1798 einen Wallfahrtsbesuch ab. Und Eric Blackall hat geschrieben, Klopstock habe »die Grundlagen eines neuen großen Stils geschaffen und der deutschen Sprache eine ganz neue Stimmlage erschlossen«. Ohne von der Suche nach Harmonie und Selbstbescheidung abzugehen, erweiterte er in seinen besten Gedichten die emotionale Reichweite literarischer Ausdruckskunst, in dem Bemühen, bei seinen Lesern tiefempfundene Gefühle für Gott, die Natur oder die Liebe zu wecken. Indem er dies tat, verhalf er zum Entstehen eines neuen Bildes vom Dichter als Typus und gesellschaftliche Figur. Wenn er schrieb, geschah es, wie seine erste Frau sich später erinnerte, mit dem »würdigsten Ausdruck der Hingabe, blaß vor innerer Bewegung und mit Trännen in den Augen«. Dieser Mann war kein unterhaltsamer Hofpoet, keiner, der im Schnellgang wirkungsvolle Schnörkel oder elegante Kunstgebilde fabrizierte, sondern ein Künstler, der sich als Hüter einer heiligen Flamme verstand, als Verkörperung und Inbegriff emotionaler Tiefe und Authentizität. Kein Wunder, daß Goethe, der in seiner Jugend Klopstock gelesen hatte, auf dessen Ode zurückgriff, um die fatale Leidenschaft des armen Werther für die liebliche Lotte zu besiegeln.

Im Jahr 1748, als Klopstocks »Messias« sich gerade herumsprach und Gottscheds »Grundlegung einer deutschen Sprachkunst« erstmals erschien, ließ Gotthold Ephraim Lessing sein Medizinstudium und einige drückende Schulden in Leipzig zurück und verschrieb sich statt dessen in Berlin einer literarischen Karriere. Er war nicht ganz zwanzig Jahre alt, als er in der preußischen Hauptstadt ankam. Der Sohn eines armen Pastors aus der sächsischen Kleinstadt Kamenz hatte viel Talent, Energie und Ehrgeiz, aber wenig Mittel und Beziehungen. Seine Schriftstellerei sollte ihm am Ende Ruhm, aber keine materielle Sicherheit einbringen. Er arbeitete als Journalist, Privatlehrer und Theaterdirektor, ehe er schließlich in Wolfenbüttel als Königlicher Bibliothekar unterkam. Wie so viele seiner schreibenden Zeitgenossen, sah auch Lessing sich gezwungen, um des Überlebens willen die fragwürdigen Segnungen der Patronage in Anspruch zu nehmen. In seinem Fall galt zweifellos, daß seine eigenen praktischen Lebensprobleme seinem kulturellen Anliegen, die Grundlagen für eine blühende nationale Literatur zu schaffen, eine besondere Eindringlichkeit verliehen. Von Anbeginn seiner Tätigkeit als literarischer Journalist für die »Berlinische Privilegirte Zeitung« bemühte Lessing sich darum, die gesunden Elemente in der deutschen Literatur von den ungesunden zu trennen. Mit seinen Freunden Friedrich Nicolai und Moses Mendelssohn arbeitete er daran, den literarischen Geschmack seiner Landsleute zu verbessern, just zu einem Zeitpunkt, da das deutsche Publikum dringend der Orientierung und Führung bedurfte. Gleichzeitig sammelte Lessing Material für ein deutsches Wörterbuch und studierte Etymologie und Grammatik, in der Überzeugung, die Literatur bedürfe einer verfeinerten, von ausländischen Einflüssen und strukturellen Fehlern befreiten Sprache. Eine Hebung des Geschmacksniveaus und eine Reform der Sprache würden, so hoffte er, im Zusammenwirken die Voraussetzungen für eine nationale Kultur schaffen, wie sie anderswo einen Sophokles oder einen Shakespeare hervorgebracht hatte. Mit seiner harschen Kritik an französischen Einflüssen verfolgte Lessing sowohl ein ästhetisches als auch ein patriotisches Ziel; in seinen Augen war die französische Literatur nicht bloß steril und starr, sondern auch ein unseliger Hemmschuh auf dem Weg Deutschlands zu einer kulturellen Identität.

Im Einklang mit vielen seiner Zeitgenossen betrachtete Lessing das Theater als das geeignetste Mittel zum Aufbau einer nationalen literarischen Kultur. Das dramatische Geschehen auf der Bühne wirkte unmittelbar auf das Publikum; es war in der Lage, die Menschen emotional aufzurühren, an ihre moralische Empfindsamkeit zu appellieren und ihre Alltagssprache zu prägen. Mit seinen eigenen Stücken wollte Lessing die Zuschauer einerseits aufklären, andererseits unterhalten. »Miss Sara Sampson« (1755) war eine häusliche Tragödie über die Zerstörung der Unschuld. In seinem Meisterstück »Minna von Barnhelm« (1767) setzte er sich mit dem Verhältnis von Liebe zu Ehre auseinander. »Emilia Galotti« (1772), ebenfalls eine Tragödie über zerstörte Unschuld, übte indirekt Kritik an höfischen Moralbegriffen. Und mit »Nathan der Weise«, in den letzten, unglücklichen Jahren seines Lebens entstanden, hinterließ er sein berühmtestes Plädoyer für Toleranz und Verständnis. Diese Dramen, besonders die ersten beiden, beeindruckten Lessings Zeitgenossen tief. »Miss Sara Sampson«, ein »bürgerliches Trauerspiel«, wie es in der Unterzeile heißt, mag einem heute rührselig vorkommen, doch das zeitgenössische Publikum empfand es als realistisch und lebensnah. In einem einfachen Gasthof angesiedelt, wie er so oder ähnlich allen Zuschauern vertraut war, handelte die Tragödie von Menschen, mit denen viele sich identifizieren konnten. »Bürgerlich« war das Stück nicht nur in bezug auf seinen Schauplatz und die soziale Charakteristik, sondern auch im Hinblick auf das Moralische und Emotionale. Wenn die Zuschauer um Sara Sampson weinten, taten sie es, weil sie sich in ihr wiedererkannten und mit ihr empfinden konnten.

Als Lessing 1781 starb, hatte es eine neue Generation unternommen, seinen Kampf um eine nationale Literatur fortzusetzen. Unter den jüngeren Kritikern und Schriftstellern verdient es am ehesten Johann Gottfried Herder als Nachfolger Lessings apostrophiert zu werden. Als Kind einer armen und frommen Lehrer- und Handwerkerfamilie geboren, konnte er die Fesseln seiner bescheidenen Herkunft vor allem deshalb abstreifen, weil er einen Mäzen fand, einen russischen Wundarzt, der ihm den Besuch jener Eliteschule in Königsberg ermöglichte, die wenige Jahre vor ihm Immanuel Kant durchlaufen hatte. Herder studierte anschließend an der Königsberger Universität Medizin und danach Theologie, hörte die Vorlesungen Kants und durchstöberte in Kanters Buchhandlung die neuesten Bücher und Zeitschriften. 1769 übernahm er den Posten eines Predigers für die deutschsprachigen Einwohner der Stadt Riga. Doch er packte bald wieder seine Sachen, bereiste Frankreich, arbeitete für kurze Zeit als Privatlehrer, amtierte dann als Hofprediger in Schaumburg-Lippe und zog schließlich nach Weimar, wo er von 1776 bis zu seinem Tod 1803 blieb. Herder war einer der polyglottesten Männer der Aufklärung, in sieben Sprachen und Literaturen zu Hause, aktiv an den Künsten und Naturwissenschaften interessiert und Autor bedeutender Werke auf so unterschiedlichen Gebieten wie Geschichte, Literaturkritik, Theologie, Philologie und Philosophie.

Nicht lange nach seinem Amtsantritt in Riga hielt Herder einen Vortrag mit dem Titel: »Haben wir noch jetzt das Publikum und Vaterland der Alten?« Er kam zu dem Ergebnis, daß es in Deutschland nichts gab, das der Öffentlichkeit der Antike entsprach, sehr wohl aber ein Vaterland, womit er jede einzelne der kleinen Gemeinschaften meinte, die Justus Möser so bewahrenswert erschienen waren, im spezifischen Fall sein Riga. Im Laufe der folgenden Jahre erfuhr Herders Vaterlandsbegriff eine Erweiterung auf die Gesamtheit der von Deutschen bewohnten Lande, und über seinen Begriff »Öffentlichkeit« schob sich die Vorstellung des »Volkes« als einer nationalen Gemeinschaft, durch die Geschichte, Kultur und das Leben des Einzelnen überhaupt erst einen Sinn erhielten: »Doch bleibts immer und ewig, daß wenn wir kein Volk haben, wir kein Publikum, keine Nation, keine Sprache und Dichtkunst haben.« Wie Lessing verfolgte Herder das Anliegen, die Voraussetzungen für eine neue soziale Kultur zu schaffen, worin er ebensosehr ein gesellschaftliches wie ein geistiges Unterfangen sah. Herders »Volk« war allerdings sozial weiter gefaßt und geistig vielschichtiger als die aufgeklärte Öffentlichkeit, die Lessing herbeigesehnt hatte. Für Herder war das Volk »das unsichtbare, verborgene Medium, das Geister durch Gedanken, Herzen durch Neigungen und Triebe, die Sinne durch Eindrücke und Formen, bürgerliche Gesellschaften durch Gesetze und Anstalten, Geschlechter durch Beispiele, Lebensweise und Erziehung … knüpft«. Von allen konzentrisch angeordneten Verbänden, denen der Einzelne angehörte – Familie, Sippe, Gemeinde, Stamm, Volk, Menschheit –, war das Volk in Herders Augen der wichtigste, nämlich derjenige, aus dem die Menschen ihre Identität und ihre Zweckbestimmung bezogen.

Herder zufolge ist das Volk ein lebendiger Organismus und läßt sich daher am besten mit Kategorien der Entwicklung beschreiben. Sein Wesen hat sich in seiner Geschichte niedergeschlagen, und es ist daher die Aufgabe des Historikers, die Evolution des jeweils besonderen Charakters eines Volkes entlang der Zeitachse herauszuarbeiten und seine einzigartige Morphologie und Daseinsbestimmung zu ergründen. Ihre wichtigsten Untersuchungsthemen findet die Geschichte nicht auf dem Feld der Politik und Diplomatie – Herder stand dem Staat sehr argwöhnisch gegenüber –, sondern in Kunst, Religion und Literatur. Herder bezeichnete die Kultur eines Volkes einmal als die Blüte ihres Daseins und die Künstler als diejenigen, die diese Blüte am farbigsten und wirkungsvollsten in Szene setzen konnten.

Die Sprache betrachtete Herder als Schlüssel zur Entwicklung und Identität einer Gruppe. Sprache ermöglichte sowohl Persönlichkeit als auch Gemeinschaft. Sie schuf die Verbindung zwischen den Individuen und richtete zugleich Grenzen zwischen den Völkern auf; vor allem aber unterschied sie die Menschheit vom Rest der Schöpfung. In seinem berühmten preisgekrönten Aufsatz über die Ursprünge der Sprache, 1770 geschrieben und zwei Jahre später veröffentlicht, heißt es: »Der Mensch ist in seiner Bestimmung ein Geschöpf der Heerde, der Gesellschaft: die Fortbildung einer Sprache wird ihm also natürlich, wesentlich, nothwendig.« Wie Klopstock, der jede nationale Sprache als einen »das Wesen des Volkes enthaltenden Schrein« betrachtete, sah Herder in der Sprache die eindeutigste Manifestation nationaler Identität. Wie Johann Georg Hamann, für den die Sprache ein Spiegel der nationalen Geschichte war, suchte Herder in der Literatur, in den überlieferten Volkssagen und in der Entwicklung der Sprache selbst die Grundlagen zum Verständnis der nationalen Vergangenheit und die visionäre Verheißung für die Zukunft der Nation.

An die zentrale Rolle der Sprache zu glauben war für jene eine Selbstverständlichkeit, die als Mitglieder einer Elite ihre kulturelle Identität und gesellschaftliche Bedeutung der Beherrschung der den neuen grammatischen Regeln gehorchenden Hochsprache und der Symbolsprache der neuen Literatur verdankten. Die Sprache schuf das Band, das die Eliten zusammenhielt, und war zugleich die Schranke, die sie von der ungebildeten Masse einerseits und der französisierten Aristokratie andererseits trennte. Die großen literarischen Würfe der siebziger und achtziger Jahre schienen zu bestätigen, daß Sprache die Macht hatte, an die Gefühle der Menschen zu rühren, ihre Empfindsamkeit zu schärfen und ihr Zusammengehörigkeitsgefühl zu stärken. »Es war das wirklich eine poetische Epoche«, erinnerte sich Ernst Moritz Arndt, »wo das liebe Deutschland nach einem langen, matten Traum wieder zu einem eigentümlichen literarischen und poetischen Dasein erwachte.«

Es war, mehr als alles andere, die Epoche des jungen Goethe. Er ist, wie anderswo Dante, Shakespeare oder Cervantes, ein Nationaldichter, dessen Werk tiefe und dauerhafte Spuren in der Sprache und Literatur seines Volkes hinterlassen hat. Ohne Goethe wären die Deutschen, wie Friedrich Meinecke einmal geschrieben hat, nicht das, was sie sind. Johann Wolfgang von Goethe wurde 1749 in das, wie er es selbst gern nannte, Frankfurter Patriziertum hineingeboren. Was die väterliche Seite seiner Familie betraf, so verdankte sie den Patrizierstatus der Einheirat seines Vaters in eine angesehene Frankfurter Familie. Von früher Kindheit an offenbarte Johann Wolfgang Witz und Verspieltheit, eine Vorliebe für Scharaden und Eingebildetes, Egoismus und Unbeständigkeit, Eigenschaften, die für seine Persönlichkeit wesentlich bleiben sollten. Als Sechzehnjähriger ging er zum Jurastudium nach Leipzig, wo er das Theater besuchte, Gedichte schrieb und sich in der zeitgenössischen Literaturszene umtat; um sein Jurastudium kümmerte er sich wenig. Als er 1768 nach Frankfurt zurückkehrte, hatte er außer einer angeschlagenen Gesundheit noch nicht viel vorzuweisen. Nach zwei Jahren im Elternhaus, in denen er sich auskurierte, viel schrieb und alchemistische Experimente anstellte, raffte er sich zu einer Fortsetzung seines Studiums auf, diesmal an der Straßburger Universität. Für Goethes akademische Laufbahn als Jurist brachte Straßburg nichts Nennenswertes, sehr wohl aber für seine Entwicklung als Künstler. Denn hier wurde er sich im Umgang mit einer Gruppe begabter, gleichgesinnter junger Leute erstmals der Wirkungsmöglichkeiten einer literarischen Kultur bewußt. Der für Goethe mit Abstand wichtigste unter diesen Gefährten war Herder, der sich in Straßburg von einer schmerzhaften Augenoperation erholte, nachdem er einen zuvor ge-hegten Plan, mit einem jungen Adligen auf Reisen zu gehen, aufgegeben hatte. Lange Gespräche in Herders abgedunkeltem Zimmer und die aufmerksame Lektüre seiner Abhandlungen versetzten Goethe in die Lage, die eigenen künst-lerischen Ambitionen in einen breiteren kulturellen Kontext zu stellen. Er lernte, in der Poesie ein »Geschenk an die Welt und die Völker« und nicht das private Eigentum einiger kultivierter Persönlichkeiten zu sehen. Jenes neue Verständnis der Kunst, ihrer Wurzeln und Aufgaben, durchzieht Goethes Aufsatz über das Straßburger Münster, das er als erstrangiges Beispiel gotischer Architektur fei-erte, eines entschieden deutschen Stils. Erwin von Steinbach, die schattenhafte Gestalt, die Goethe als den eigentlichen Schöpfer des Münsters würdigt, wird in dem Aufsatz zum nationalen deutschen Genie gekrönt, das mit der Fähigkeit gesegnet ist, die tiefsten Empfindungen und Bestrebungen des Volkes in Stein zu meißeln.

Nach seiner Heimkehr aus Straßburg begann Goethe mit der Niederschrift des »Götz von Berlichingen mit der eisernen Hand«, eines auf der Lebensgeschichte eines Ritters aus dem 16. Jahrhundert beruhenden Dramas. Götz verkörperte einen Typus des deutschen Helden, der zu einer vertrauten Figur werden sollte, einen Mann von großer Tatkraft und Tapferkeit, der in einen hoffnungslosen Kampf gegen böse Mächte und gegen das eigene Schicksal hineingezogen wird. Dem Stück wohnt eine emotionale Intensität inne, wie sie bis dahin im deutschen Drama kaum erreicht worden war. Anders als Sara Sampson, beugt Götz sich nicht demütig dem Verhängnis, sondern kämpft bis zum Ende wütend gegen seinen Untergang. Die Welt erleidet, diesen Eindruck gewinnt man, durch seinen Tod einen Verlust. 1774, ein Jahr nach der Erstveröffentlichung des »Götz«, erschien Goethes Briefroman über eine zwanghaft unglückliche Liebe: »Die Lei-den des jungen Werthers«. Wie Götz, wird auch Werther zum Spielball von Kräften, die er nicht steuern kann, doch sind es in seinem Fall nicht feindliche äußere Mächte, sondern innere Impulse. Im Gegensatz zu den meisten anderen deutschen Romanen, die um diese Zeit entstanden – zum Beispiel Johann Timo-theus Hermes' »Sophiens Reise von Memel nach Sachsen« – ist beim »Werther« die Seele des Protagonisten Schauplatz des Geschehens, die Welt, die er in seinem Inneren findet. Diese Innenwelt, in die der Held durch einen quasi-pietistischen, aber säkularisierten Prozeß der Introspektion gelangt, ist der eigentliche Ort und Hauptgegenstand des Romans.

Etliche namhafte Kritiker fanden an beiden Werken wenig Gefallen. Lessing tat den »Götz« als »Wischiwaschi« ab, und Friedrich der Große, der 1774 in Berlin einer Aufführung beiwohnte, hatte den Eindruck, es handle sich um eine recht klägliche Adaption eines mittelmäßigen englischen Dramas. Friedrich Nicolai machte sich in einer bissigen Parodie mit dem Titel »Die Freuden des jungen Werthers« über die Gefühlsexzesse des Protagonisten lustig, und Lessing bemängelte die Unfähigkeit Werthers, sich zu beherrschen. Für viele jüngere Leser bedeuteten die Werke Goethes jedoch eine Befreiung von den Fesseln der höfischen Etikette und der durch sie erzwungenen Gefühlsabstumpfung. Sie begrüßten die lockere Struktur und die leidenschaftliche Sprache des »Götz« und begeisterten sich für Werthers intensive Beschäftigung mit der eigenen Psyche. Mit unheimlicher Treffsicherheit hatte Goethe dem Zeitgeist eine Tür geöffnet. Die jungen Dramatiker des Sturm und Drang – Jakob Michael Lenz, Johann Heinrich Merck und Friedrich Maximilian Klinger – übernahmen seine Begeisterung für das Leidenschaftliche und teilten seine Kritik am Konventionellen, und die Autoren spiritueller Autobiographien – Karl Philipp Moritz, Johann Heinrich Jung-Stilling und Ulrich Bräker – folgten dem von ihm gewiesenen Weg ins Innerste der Gefühle. Der noch nicht einmal dreißigjährige Goethe muß bereits geahnt haben, welcher kulturelle Übervater er einmal werden würde: »Man weiß erst, daß man ist«, schrieb er, »wenn man sich in andern wiederfindet.« Anders jedoch als die meisten seiner Bewunderer und Nachahmer, hütete sich Goethe, an den Themen und am Stil der siebziger Jahre festzuhalten. Er schritt vielmehr voraus, wie er es im Verlauf seines langen Lebens noch oft tun sollte, bereit, auf der Suche nach neuen Herausforderungen und Erfahrungen alles aufzugeben, was ihm zu früheren Erfolgen verholfen hatte.

Im Dezember 1774 lernte Goethe den jungen Herzog von Weimar kennen, als dieser auf einer großen Europa-Reise in Frankfurt Station machte. Nach zwei kurzen, aber herzlichen Unterredungen nahm er die Einladung des Herzogs an, in dessen Dienste zu treten. Bei seiner Ankunft in Weimar im November 1775 hatte Goethe noch keine klare Zielvorstellung, abgesehen davon, daß er als »Günstling« des Herzogs eine Art Verpflichtung hatte, den Souverän gut zu unterhalten. Der junge Frankfurter befand sich in einer schwierigen Lage: Der angesehenste Intellektuelle des Herzogtums, Christoph Martin Wieland, hatte sich über eine von Goethe im Jahr 1774 veröffentlichte freche Satire auf sein Werk verständlicherweise geärgert, und die Würdenträger bei Hofe, die um Einfluß auf den Herzog wetteiferten, begegneten dem Ankömmling mit Mißtrauen und Abneigung. Trotz der Frustrationen, die ihm das Leben am Hof manchmal vergällten, war Goethe von der neuen Umgebung fasziniert:

> »Was weiß ich, was mir hier gefällt
> in dieser engen kleinen Welt
> mit leisem Zauberband mich hält.«

Zu jedermanns Überraschung begnügte sich Goethe nicht damit, die Rolle eines amüsanten Begleiters für den Herzog zu spielen; er befaßte sich vielmehr intensiv mit der Verwaltung des Herzogtums und wurde daraufhin im Juni 1776 zum Geheimen Legationsrat ernannt. In den folgenden zehn Jahren publizierte er wenig und stellte kein bedeutendes literarisches Werk fertig; er kümmerte sich statt dessen mit aller Energie um die Probleme des winzigen Weimarer Heeres und der unbefestigten Straßen, brachliegenden Bergwerke und chaotischen Finanzen des Herzogtums. Bis September 1786 dauerte seine »Liebschaft mit der Wirklichkeit«. Dann floh er nach Italien, die unerträglich gewordene Bürde seiner staatsmännischen Pflichten und persönlichen Verwicklungen hinter sich lassend. Zwei Jahre verbrachte er südlich der Alpen, eine Zeit, in der er seinen Geist erfrischte und Kraft für eine neue, diesmal längere Phase künstlerischer Kreativität sammelte. Als die neunziger Jahre anbrachen, hatte er begonnen, liegengebliebene literarische Projekte zu Ende zu führen und neue, ehrgeizigere Werke niederzuschreiben. Bei all dem profitierte er in unermeßlicher Weise von der Freundschaft mit Friedrich Schiller, der für ihn, laut T. J. Reeds, zum »praktischen Verbündeten, wohlwollenden Zuhörer und gleichzeitig zum scharfsinnigen Analytiker seiner Arbeit wurde, sowohl im feinsten Detail als auch in bezug auf ihre übergreifende kulturelle Bedeutung«.

Schiller war 1759 in Marbach zur Welt gekommen, als Sohn eines rangniedrigen Beamten in den Diensten Karl Eugens von Württemberg. Die Familie zog später nach Ludwigsburg, dem Sitz des herzoglichen Hofes und Schauplatz von dessen großspurigen Selbstdarstellungsorgien. Karl Eugen überließ in seinem Machtbereich nichts dem Zufall, nicht einmal die Lebensplanung des begabten Sohns eines subalternen Beamten. Während Friedrich am liebsten Theologie studiert hätte, ließ der Herzog ihn mit vierzehn Jahren in die Karlsschule stecken, wo er, gleichsam direkt unter den Augen des Schirmherrn dieser Einrichtung, eine siebenjährige Ausbildung durchlaufen sollte. Gelangweilt von dem dort erteilten Unterricht und unter der erzwungenen quasi-militärischen Disziplin leidend, suchte und fand Schiller Erbauung in ein paar leidenschaftlichen Freundschaften, einem tief empfundenen pietistischen Glauben und in der neuen deutschen Literatur. Während seines letzten Jahres an der Schule schrieb er sein erstes Stück, »Die Räuber«, das 1782 in Mannheim erstaufgeführt wurde, kurz nachdem Schiller seinen Dienst als Regimentswundarzt angetreten hatte. Als er entgegen den Anweisungen des Herzogs seinen Posten verließ, um einer Vorstellung beizuwohnen, ließ Karl Eugen ihn verhaften und untersagte ihm, über irgend etwas anderes als medizinische Themen zu schreiben. Die Alternative war klar und unausweichlich: auf der einen Seite militärische Disziplin, Gehorsam, Sicherheit, auf der anderen künstlerische Freiheit, Aufbegehren und Risiko. Am späten Abend des 22. September 1782 floh Schiller aus Stuttgart und verlegte sich, ohne jegliches Vermögen oder Stellenangebot, auf das dornenreiche Leben eines

Schriftstellers. »Das Publikum«, schrieb er drei Jahre später, »ist mir jetzt alles, mein Studium, mein Souverain, mein Vertrauter... Vor diesem und keinem andern Tribunal werd ich mich stellen.« Seine Existenz konnte die Öffentlichkeit freilich nicht sichern. Wie die meisten seiner schreibenden Zeitgenossen hangelte er sich von Stellung zu Stellung, bis er 1789 dank der Fürsprache einflußreicher Freunde eine Geschichtsprofessur an der Universität Jena erhielt.

Zwischen seinem zwanzigsten und achtundzwanzigsten Lebensjahr schrieb Schiller vier bemerkenswerte Dramen, die durchweg Konflikte thematisierten, wie er selbst sie in seiner Jugend durchlebt hatte, Konflikte zwischen dem brüchigen Glanz des Hofes und der schützenden Häuslichkeit des Familienheims, zwischen der machtlosen Autorität seines Vaters und dem schrecklichen Paternalismus des Herzoges, zwischen dem moralischen Imperativ des individuellen Strebens und der zermalmenden Kraft äußerer Umstände. Obwohl sie sich nach Handlung, Schauplatz und Tonart unterscheiden, lassen sich die »Räuber«, der »Fiesco«, »Kabale und Liebe« und der »Don Carlos« als Variationen zu den Themen Intrige, Verrat und Rebellion deuten. In drei der vier Dramen steht eine gestörte Vater-Sohn-Beziehung im Mittelpunkt. Alle vier enden damit, daß menschliches Versagen und blinder Glaube im Zusammenwirken Tod und Zerstörung heraufbeschworen haben. Schiller ließ keinen Zweifel daran, daß er die Schmerzen der Rebellion und den schrecklichen Preis der Freiheit kannte.

Ihm fiel nichts in den Schoß, weder im Leben noch in der Kunst. Er kam nicht in den Genuß einer so behüteten Kindheit wie Goethe und besaß weder dessen robuste Gesundheit noch dessen Selbsterhaltungswillen. Nirgendwo in Schillers Werken findet man jene scheinbar mühelosen, atemberaubend schönen Passagen, wie sie Goethe gelungen sind. Doch das Ineinander von Leiden und Disziplin ergab im Fall Schillers ein Genie eigener Art, eine Tiefe und Echtheit des Gefühls, eine Untrüglichkeit des moralischen Urteils und ein intellektuelles Engagement von seltener Kraft. Als Dichter wie als Philosoph fühlte er sich der Wahrheit und der Schönheit verpflichtet, wohl wissend, daß solche Verpflichtungen schwer durchzuhalten und schwer miteinander vereinbar waren. »Gewöhnlich übereilte mich der Poet, wo ich philosophieren sollte, und der philosophische Geist, wo ich dichten wollte«, gestand er Goethe in einem Brief vom August 1794. Wenngleich es Schiller nicht vollkommen gelang, sein Streben nach Wahrheit mit dem nach Schönheit auf einen Nenner zu bringen, übte seine Programmatik einen prägenden Einfluß auf eine ganze Generation von Künstlern und Philosophen aus, die in den neunziger Jahren des 18. Jahrhunderts heranwuchs.

Schiller erwählte sich die antike Welt zum Vorbild. In ihr waren, so seine Überzeugung, Kunst und Denken, Ästhetik und Philosophie aus einer gemeinsamen Quelle geflossen und hatten den Nährboden für eine ganzheitliche Kultur gebildet. Es seien, schrieb er 1788 in einem seiner großen Gedichte, glücklichere Zeiten gewesen, als noch die Götter Griechenlands die »schöne Welt« regiert hätten:

»Da der Dichtung zauberische Hülle
Sich noch lieblich um die Wahrheit wand –
Durch die Schöpfung floß da Lebensfülle,
Und was nie empfinden wird, empfand.«

Ähnliche Gefühle der Ehrfurcht und Wehmut gegenüber der klassischen Zivilisation hatten viele deutsche Autoren des 18. Jahrhunderts. Johann Joachim
Winckelmann, der bemerkenswerte Autodidakt, Kenner und Verehrer der klassischen Antike, war der festen Überzeugung, daß nur derjenige Größe und Unsterblichkeit erlangen könne, der den alten Griechen und Römern nacheiferte.
Lessing stand den Theorien Winckelmanns zwar kritisch gegenüber, zweifelte
aber nicht an der Bedeutung der großen Gestalten der Antike für die moderne
Zeit. Und selbst Herder, der eigentlich jedes kulturelle Epigonentum ablehnte,
anerkannte das alte Griechenland als Vorbild aller Schönheit, Anmut und Einfachheit. Auch Goethe machte unter dem Eindruck seiner Italien-Reise eine klassische Phase durch, die am deutlichsten in seinem 1787 erschienenen Schauspiel
»Iphigenie auf Tauris« aufscheint.

So dominierend war die Begeisterung für das klassische Altertum, daß manche Gelehrte die Endphase des 18. Jahrhunderts als Epoche des »Neoklassizismus« bezeichnet haben. Als stilistische Kategorie ist dieser Begriff allerdings nur
von begrenztem Nutzen. Selbst in der bildenden Kunst und der Architektur, wo
sich der Einfluß antiker Vorbilder gar nicht übersehen läßt, war der klassische
Stil Träger einer komplexen Vielfalt von Empfindungen und Absichten. Robert
Rosenblum fühlte sich nach dem Studium der mannigfachen klassischen Einflüsse auf die Malerei und Baukunst des späten 18. Jahrhunderts zu der Frage
bemüßigt, ob man »den Neoklassizismus überhaupt sinnvollerweise als Stil bezeichnen kann und ihn nicht vielmehr, um mit Giedion zu sprechen, eine ›Färbung‹ nennen sollte«. Auf die Literatur bezogen, wäre vielleicht auch »Färbung« noch ein zu starkes Wort für die Kennzeichnung der von der Antike
ausgehenden Einflüsse oder der unterschiedlichen Spielarten, in denen klassische Themen und Motive aufgegriffen wurden. Es ist nicht leicht, unter den
deutschen Intellektuellen des 18. Jahrhunderts einen zu finden, der nicht die
Antike bewundert und sich von ihr ein Motiv, eine Figur oder ein Stilmittel
ausgeborgt hätte.

Die Bewunderung der Deutschen für die alte Kultur des mediterranen Raumes
hatte weniger mit Stil und künstlerischer Form zu tun als mit moralischem Pathos
und künstlerischer Funktion. Im Gegensatz zu den Konventionen und Empfind-
samkeiten des Barock und des Rokoko mutete die Kunst der klassischen Antike
harmonisch, ernst und authentisch an. Griechische Tragödien waren nicht für
das Amüsement einer privilegierten Elite geschrieben worden, sondern in dem
Bestreben, das ganze Volk zu erbauen und zu inspirieren. Griechische Statuen
waren nicht bloß Dekorationsstücke, sondern dienten religiösen und politischen

Zwecken. Was die Deutschen faszinierte, war die »organische« Qualität der alten Welt, einer Welt, in der allem Anschein nach Kunst und Leben, Dichtung und öffentliches Wollen eine Einheit bildeten. Winckelmanns Darstellung der Griechen schien dieselbe Botschaft zu vermitteln wie Herders Analyse des Volkes: Die Kunst solle ein Sprachrohr der Bestrebungen eines Volkes sein, Produkt und Garant seiner kollektiven Identität. Es war daher ohne weiteres möglich, Sophokles gleich hoch zu schätzen wie Shakespeare, oder die Homerschen Epen gleich hoch wie die nordischen Sagen, weil sowohl die einen wie die anderen ihre Größe aus ihrem lebendigen Zusammenhang mit dem Volk bezogen und weil sich daraus die Verheißung ableiten ließ, daß auch das deutsche Volk eines Tages Dichter hervorbringen werde, die seiner würdig sein würden. »Wenn wir es erlebten, eine Nationalbühne zu haben«, schrieb Schiller 1784, »so würden wir auch eine Nation. Was kettete Griechenland so fest aneinander? Was zog das Volk so unwiderstehlich nach seiner Bühne? – Nichts anders als der vaterländische Inhalt der Stücke, der griechische Geist, das große überwältigende Interesse des Staats, der besseren Menschheit.«

In den Jahrzehnten zwischen 1740 und 1780, zwischen dem Erscheinen von Klopstocks »Messias« und dem von Goethes »Werther«, spürten manche Deutschen, daß sie Zeugen der Geburt einer nationalen Literatur wurden. Lesende und Schreibende stimmten in dem Bewußtsein überein, einer kulturellen Gemeinschaft anzugehören, die über die engen Grenzen ihrer Staaten oder Städte hinausreichte. Justus Möser schrieb, alle Deutschen besäßen nun zusätzlich zu einer Heimatstadt ein »literarisches Vaterland«. Zu solchen Hoffnungen und Bestrebungen gesellten sich aber auch Enttäuschungen und Ängste. Die Öffentlichkeit für die Literaten war ein unerläßlicher, oft jedoch unzuverlässiger Partner. Kaum ein Autor konnte von seiner schreibenden Tätigkeit leben, was Wieland 1776 beklagte. Es litten wohl die deutschen Schriftsteller besonders unter der Unzuverläßlichkeit des Publikums und unter dem Umstand, daß der literarischen Kultur in Deutschland die politische Basis fehlte. »Wir arbeiten in Deutschland wie in jener Verwirrung Babels«, schrieb Herder 1767. »Secten im Geschmack, Partheien in der Dichtkunst, Schulen in der Weltweisheit streiten gegeneinander: keine Hauptstadt, und kein allgemeines Interesse: kein großer allgemeiner Beförderer und allgemeines Gesezgeberisches Genie.« Über ganz Mitteleuropa verstreut und frei zwischen einer frankophilen Aristokratie und einer ungebildeten Masse schwebend, sahen sich Lesende wie Schreibende in Deutschland gezwungen, eigene Beziehungsnetze zu knüpfen und ihre kulturelle Mission aus eigener Kraft voranzutreiben.

Aus dieser historischen Situation erwuchsen zwei der deutschen literarischen Kultur innewohnende Impulse: einmal die in den Reihen der deutschen Schriftsteller weit verbreitete Überzeugung, öffentliche Personen zu sein, deren Arbeit einen zutiefst moralischen Sinn und große Bedeutung für die nationale Zukunft besaß, und zum zweiten ein ebenso durchdringendes Gefühl der schriftstellerischen Isolation und kulturellen Zersplitterung. Diese Mischung aus Sendungsbewußtsein und Selbstzweifeln war eines der Erbteile, die das 18. Jahrhundert der modernen deutschen Literatur hinterlassen hat. Manchmal im Widerstreit miteinander liegend, öfter jedoch zusammenwirkend, blieben diese Motive ein untrennbarer Bestandteil der Art und Weise, wie deutsche Schriftsteller sich selbst, ihre Arbeit und ihr Publikum einschätzten.

Philosophie und Religion

Dieselben gesellschaftlichen Gruppen und kulturellen Institutionen, die die Träger der neuen deutschen Literatur waren, bildeten auch das Substrat für neue Entwicklungen im philosophischen und religiösen Bereich. Ebenso wie deutsche Dichter und Literaturkritiker eine literarische Sprache kreierten, in der sie ihre Gefühle und Erfahrungen zum Ausdruck bringen konnten, legten sich die Philosophen und Theologen, um ihre Ideen über Glauben und Vernunft adäquat auszudrücken, eine besondere Fachsprache zurecht. Literatur und Philosophie des 18. Jahrhunderts hatten eine Menge gemein. Beide standen zum Beispiel stark unter dem Einfluß des Pietismus. Einige Autoren, wie Lessing und Herder, spielten in dieser wie in jener Entwicklung eine bedeutsame Rolle. Die wichtigste Gemeinsamkeit war vielleicht die, daß die Schöpfer der modernen deutschen Literatur und die der Philosophie ein gleichartiges Verständnis ihrer eigenen Stellung in der Geschichte hatten. Kant war, wie Goethe, überzeugt, er leiste einen Beitrag zur Schaffung von Voraussetzungen für ein geistiges Werk, das seiner Zeit und seinem Land in ganz besonderem Maße angemessen sei. Die meisten Schriftsteller und Denker des 18. Jahrhunderts waren, auch wenn man zuweilen das Gegenteil liest, an der Vergangenheit interessiert und respektierten sie. Auf der anderen Seite waren sie der festen Meinung, den Anbruch eines neuen, andersartigen Zeitalters mitzuerleben, das, wie Johann Christoph Adelung kurz vor dem Jahrhundertende schrieb, »ohne Zweifel ... wichtigste und glänzenste in der ganzen Geschichte der Cultur«. Und dafür wollten sie arbeiten, schreiben und lehren.

In stärkerem Maße als die deutsche Literatur stand die deutsche Philosophie des 18. Jahrhunderts mit den internationalen Entwicklungen in einem so engen Zusammenhang, daß sie sich eigentlich nicht von den geistigen Strömungen im übrigen Europa trennen läßt. Kant wurde entscheidend von den Ideen David Humes und Jean Jacques Rousseaus geprägt. Auch in Deutschland strebte die Aufklärung eine, um Denis Diderot zu zitieren, »Revolution in den Köpfen der Menschen« an, mit dem Ziel, »sie vom Vorurteil zu befreien«. Den meisten

Zum Wohl des edlen Menschentums. Frontispiz in dem 1779 in Berlin und Leipzig erschienenen »Compaß der Weisen«, einer Geschichte der Freimaurerei von Ketmia Vere. München, Bayerische Staatsbibliothek. – Personifikation der Aufklärung. Kupferstich von Clemens Kohl nach einer Zeichnung von Hans Veit Schnorr von Carolsfeld als Illustration in dem 1797 erschienenen Traktat »Über den freien Gebrauch der Vernunft in Glaubenssachen« von Christoph Martin Wieland. Stiftung Weimarer Klassik

Vorlesung des medizinischen Aufklärers Franz Anton Mai im Konzertsaal des Mannheimer Nationaltheaters. Gemälde von Sebastian Staasens, 1793. Mannheim, Städtisches Reiß-Museum

aufgeklärten Deutschen galt, wie ihren Gesinnungsgenossen in Frankreich und Großbritannien, die Religion als die allgegenwärtigste und gefährlichste Quelle von Vorurteilen. Für Kant zum Beispiel war die »religiöse Unreife« die bösartigste und verwerflichste unter den Kinderkrankheiten, von denen ein aufgeklärtes Volk sich befreien müsse.

Doch so sehr die deutschen Denker die Abneigung des aufgeklärten Europa gegen Dogmatismus und Intoleranz teilten, so wenig hatten die meisten von ihnen gegen die Religion an sich einzuwenden. Tatsächlich fällt es schwer, östlich des Rheins antikirchliche Pamphletisten wie den Baron von Holbach zu finden; selbst stille Nicht-Christen wie David Hume waren hier eher selten. Die deutschen Aufklärer akzeptierten gewöhnlich die Bedeutsamkeit der Religion für Kultur und Gesellschaft. Viele von ihnen hatten enge Beziehungen zu protestantischen Geistlichen, und diese bildeten als Gruppe einen wesentlichen Bestandteil der neuen Bildungselite. Pastorensöhne, theologische Studienabbrecher und ordinierte Pfarrer waren unter den führenden Köpfen der deutschen Aufklärung ebenso häufig anzutreffen wie in den Reihen der neuen literarischen Bewegungen. Weit davon entfernt, das Christentum abschaffen zu wollen, traten sie dafür ein, es zu verbessern, seine Unzulänglichkeiten auszumerzen, es zu modernisieren. Ihr Ziel war die Schaffung eines geistigen Raums, in dem Glaube und Vernunft koexistieren, einander befruchten und voneinander profitieren konnten. Es ging ihnen, wie Ernst Cassirer geschrieben hat, nicht um die Auflösung der Religion, sondern um deren transzendentale Rechtfertigung und Begründung. Die Erklärung für die enge Beziehung zwischen aufklärerischen Zielen und religiösen Überzeugungen läßt sich in der Geschichte der beiden Hauptquellen der Aufklärung finden: im Pietismus und im frühen rationalistischen Denken.

Der Pietismus war die deutsche Spielart jener zutiefst personalen, oft mit Auflehnung gegen die weltliche Obrigkeit verbundenen christlichen Frömmigkeit, die sich im späten 17. und im 18. Jahrhundert überall im protestantischen Europa zu Bewegungen formierte. Die Pietisten hatten wenig für die Zeremonien, Hierarchien und dogmatischen Dispute der Amtskirchen übrig. Sie betrachteten all dies als unwichtig oder sogar schädlich für das echte religiöse Erleben, das sich nach ihrer Auffassung auf die unmittelbare, höchst gefühlsgeladene Beziehung des einzelnen Gläubigen zu Gott gründete. Philip Spener hatte die geistlichen Grundzüge des Pietismus formuliert, doch es bedurfte der organisatorischen Talente des August Hermann Francke, um den pietistischen Ideen überall in Mitteleuropa Gehör zu verschaffen. Francke gründete Schulen und Waisenhäuser, schickte Wanderprediger auf die Reise und machte die von ihm gegründete Universität Halle zu einem bedeutenden Zentrum pietistischer Gelehrsamkeit und Hingabe. Wie so oft, wenn eine von religiöser Begeisterung getragene Bewegung sich eine institutionelle Basis verschafft, nahm auch in diesem Fall die erfolgreiche Aufbautätigkeit Franckes dem Pietismus etwas von seiner ursprünglichen Kraft und Leidenschaft. Mancherorts entwickelten pietistische Gemeinden Ähnlichkeit mit den orthodoxen Kirchen, gegen die sie einmal angetreten waren. Wie auch immer, der Einfluß pietistischer Ideen und Einstellungen wurde überall im deutschen Protestantismus spürbar, von eigenständigen Gemeinden wie den Herrnhuter Brüdern des Grafen Zinzendorf bis in Tausende von Pfarrgemeinden hinein, wo sie mehr oder weniger stark die emotionale Färbung und den theologischen Gehalt der alltäglichen Religionsausübung beeinflußten.

Wiewohl Karl Biedermann mit seiner Feststellung, die pietistische Bewegung sei »zugleich Vorspiel und Herold« der deutschen Aufklärung gewesen, viele überzeugte Pietisten gegen sich aufgebracht hätte, lag er damit zweifellos richtig. Das Beharren der Pietisten auf der Unmittelbarkeit der religiösen Erfahrung des Einzelnen und seiner Beziehung zu Gott bereitete nämlich den Weg für die säkulare Überzeugung von der Autonomie und Unabhängigkeit des Individuums sowie für jenen ausstrahlenden introspektiven Impuls, der auf die deutsche Literatur einwirkte. Thomas Mann hat einmal geschrieben, Goethes »Werther« wäre ohne die lange Tradition pietistischer Innerlichkeit undenkbar gewesen. Dasselbe ließe sich über Kants kritische Philosophie sagen. Dazu kam, daß der Pietismus, indem er seine Anhänger dazu anhielt, ihre Gefühle schriftlich zum Ausdruck zu bringen, deren Teilnahme an der sich entwickelnden literarischen Kultur Vorschub leistete. Damit soll nicht behauptet werden, die pietistische Erziehung habe das Freidenkertum propagiert; das tat sie ganz und gar nicht. Wer indes durch die pietistische Schule ging, den wurde gelehrt, seine geistige Empfindsamkeit zu kultivieren und die Ergebnisse der Selbsterforschung in Form von Tagebucheinträgen, autobiographischen Notizen, Briefen oder theologischen Stellungnahmen zu beschreiben. Nicht wenige Deutsche, die sich in solchen Spielarten der Selbstdarstellung übten, erlernten dadurch eine neue Sprache der poetischen Sensibilität und animierten andere zu einer persönlichen Suche nach Wahrheit.

Die rationalistische Philosophie trat, wie die pietistische Theologie, an, die Christenheit von institutionellen Auswüchsen zu befreien und den christlichen Glauben wieder auf seine, wie sie es sah, eigentliche Basis zurückzuführen: auf die Verwurzelung im autonomen Gewissen des Einzelnen. Christian Thomasius war im Verlauf seines langen Schaffens als Philosophieprofessor in Leipzig und anschließend in Halle tief in die religiösen Auseinandersetzungen seiner Zeit verwickelt. Er predigte noch vor dem 18. Jahrhundert eine aufgeklärte Religion, die keinen Platz für Hexenjagden und abergläubische Riten ließ, für Folter im Namen des Gesetzes und Intoleranz im Namen der rechten Lehre. Er war ein Verfechter des rationalen Diskurses, verschloß sich dabei aber nicht der Einsicht, daß Glaube und Offenbarung zu höheren Formen der Wahrheit führen konnten. Christian Wolff, geboren 1679, in Halle eine Zeitlang Fakultätskollege von Thomasius, trat ebenfalls für eine Versöhnung von Logik und Theologie ein. Wolff stand unter dem Einfluß sowohl eines Gottfried Wilhelm Leibniz als auch unter dem der mittelalterlichen Scholastik und verband beides mit einer thomistischen Zuversicht in die Vereinbarkeit von Glauben und Vernunft. In seinem 1720 veröffentlichten Hauptwerk mit dem Titel »Vernünftige Gedanken von Gott, der Welt, und der Seele der Menschen« erhöhte er die Vernunft zur »göttlichsten« Eigenschaft des Menschen, dank derer es allen möglich war, zu Gott zu finden, der höchsten Form der Vernunft. Wolff kleidete seine Ideen in eine kraftvolle und klare Sprache, die ihm viele Bewunderer eintrug. Friedrich Nicolai zum Beispiel war bezaubert von der, wie er schrieb, »außergewöhnlichen Ordnung, Klarheit und Direktheit, die in diesen Werken herrscht«. Wie Thomasius, der als erster deutscher Philosophieprofessor die Absicht verkündete, seine Vorlesungen auf deutsch zu halten, trug auch Wolff zur Popularisierung rationalistischer Denkweisen und zur Schaffung eines deutschen philosophischen Fachvokabulars bei. Damit handelte Wolff sich die Feindschaft der pietistischen Fakultät in Halle ein, die ihn schließlich zwang, Preußen zu verlassen und eine Stellung in Marburg anzunehmen. Von dort kehrte er am Ende im Triumph zurück, als Friedrich II. König wurde und eine Politik der religiösen Toleranz verkündete.

Zu dem Zeitpunkt, als Wolff auf seinen Lehrstuhl in Halle zurückkehrte, begannen sich die geistigen Konturen und die gesellschaftlichen Träger der Aufklärung bereits abzuzeichnen. In der Philosophie wie in der Literatur waren die vierziger und fünfziger Jahre die Phase, in der die aufklärerischen Geister der ersten Generation ihre Errungenschaften konsolidierten und die Vorläufer einer neuen Generation ihre ersten wichtigen Werke vorlegten. Die jungen Leute, die um die Jahrhundertmitte volljährig wurden, standen unter dem Einfluß sowohl des Pietismus als auch des Rationalismus, zweier Lehren, die, jede auf ihre Weise, die bequemen Gewißheiten der etablierten Kirchen in Frage stellten. Das galt für Lessing, einen Pastorensohn mit tiefschürfendem Interesse an der Theologie, der sich vom orthodoxen Glauben seiner Familie lossagte, weil er ihm geistig und emotional unbefriedigend erschien. Pietistische und rationalistische Argumente aufgreifend, erklärte er, der Einzelne könne seine Religion nicht einfach erben, als gehöre sie zum Familienbesitz; jeder müsse seinen eigenen Weg zu Gott finden. Lessing hörte nie auf, nach einem rational begründbaren und ethisch zwingenden Bündel von Glaubensinhalten zu suchen, das sein Bedürfnis nach Orientierung und moralischem Rückhalt zu erfüllen vermochte. In seinen letzten Lebensjahren, die von familiären Problemen, Krankheit und theologischen Kontroversen überschattet waren, verfaßte er 1779 sein Manifest »Die Erziehung des Menschengeschlechts«, das den christlichen Glauben als eine wichtige, aber nicht als die letzte Stufe in der unaufhaltsam fortschreitenden Erziehung der Menschheit erkennt. In einer Sprache, die Rationalismus und Frömmigkeit in sich vereinigte, beschwor Lessing die Verheißung einer neuen, aufgeklärten Welt, von der er wußte, daß er sie nicht mehr erleben würde.

Eine ähnliche Kombination aus Rationalität und Religiosität läßt sich in den

Schriften eines Freundes und Bewunderers von Lessing finden. Moses Mendelssohn, 1729 als Sohn des jüdischen Lehrers und Mitarbeiters an der Dessauer Synagoge geboren, zog in jungen Jahren nach Berlin und blieb dort bis zu seinem Tod 1786. Ende der fünfziger Jahre war er zu einem bekannten Autor, Kritiker und im Berliner Kulturleben geschätzten Inspirator avanciert. Er schien von Herkunft und Erfahrung her ganz und gar nicht zu den gebildeten Kreisen zu passen, in denen er schließlich verkehrte. Nach seiner Schulausbildung, die weitgehend im Zeichen der Religion stand, arbeitete er zunächst als Privatlehrer bei einer wohlhabenden jüdischen Familie, um sich danach seinen Lebensunterhalt als Direktor einer Seidenmanufaktur zu verdienen. Doch seine Schriften zur Theologie, Literatur und Politik gründeten, wie die seiner Freunde aus dem Kreis der Gebildeten, auf der Überzeugung, daß in Erziehung und Aufklärung die Schlüssel zum sozialen, wirtschaftlichen und letztlich politischen Fortschritt lägen. Die Bedeutung, die Mendelssohn erlangte, resultierte nicht so sehr aus seinen Beiträgen zum Denken des 18. Jahrhunderts als aus der Rolle, die er verkörperte. Für die gebildete Schicht unter den deutschen Juden personifizierte er jene Mischung aus kultureller Identität und Assimilation, die David Sorkin als »die deutsch-jüdische Subkultur« bezeichnet hat. Diese Gruppe erkannte in seinen Werken, vielleicht noch mehr in seiner Biographie, ihre eigene Geschichte und ihr eigenes Dasein. Mendelssohns Leben und Werk waren zudem für seine nicht-jüdischen Zeitgenossen von erheblicher Bedeutung. Die Aktivitäten im Leben der Berliner Kulturelite verhießen eine gesündere Beziehung zwischen Juden und Nicht-Juden in allen Bereichen der deutschen Gesellschaft. Es war nicht zuletzt Mendelssohn, der Christian Wilhelm Dohm zur Abfassung seines berühmten Pamphlets »Über die bürgerliche Verbesserung der Juden« aus dem Jahr 1781 inspirierte, eines Plädoyers für die Beseitigung der Schranken, die den Zugang der Juden zu zentralen Bereichen des deutschen Lebens behinderten. Die Biographie Mendelssohns ist freilich ein ebenso bedeutsames Zeugnis für die Grenzen jüdischer Assimilation. Trotz seines Ansehens und seiner Leistungen erfuhr er seitens des friderizianischen Staates keinerlei offizielle Anerkennung; den Vorschlag, ihn in die Preußische Akademie aufzunehmen, verwarf der König mit Entschiedenheit. Hinzu kam, daß es sogar einigen von Mendelssohns engsten Freunden schwerfiel, sein Judentum zu akzeptieren; manche hörten nie auf zu hoffen, er werde zum Christentum übertreten, wie es seine Kinder später taten, andere ignorierten einfach seinen Glauben und behandelten ihn gleichsam wie ein Ehrenmitglied der Christenheit.

Wäre Immanuel Kant gegen Ende der siebziger Jahre gestorben, hätte man ihn als einen von mehreren aufgeklärten Autoren des späten 18. Jahrhunderts in Erinnerung behalten, nicht ganz so einflußreich wie Lessing oder Mendelssohn, nicht ganz so volkstümlich wie Nicolai, nicht ganz so poetisch wie Thomas Abbt. Doch zwischen 1781 und 1790 veröffentlichte er einige Werke, die ihm einen

Rang unter den größten Philosophen aller Zeiten sichern sollten: 1781 erschien »Die Kritik der reinen Vernunft«, die sechs Jahre später in überarbeiteter Fassung neu aufgelegt wurde, 1783 die »Prolegomena zu einer jeden künftigen Metaphysik«, eine Zusammenfassung und teilweise Revision der Vernunftkritik, 1785 die »Grundlagen der Metaphysik der Sitten«, 1788 die »Kritik der praktischen Vernunft« und 1790 die »Kritik der Urteilskraft«. »Kein Jahrzehnt im Leben irgendeines Philosophen«, hat Lewis White Beck geschrieben, »kommt dem, was Kant in diesen neun Jahren vollbrachte, im Hinblick auf Quantität, Vielfalt und Bedeutung auch nur nahe.«

Kant war 1724 als Sohn eines frommen Sattlers zur Welt gekommen. Der Gemeindepfarrer seiner Eltern, der in Halle Pietismus und rationale Philosophie studiert hatte, erkannte die Begabung des Knaben und ermöglichte ihm den Besuch des Fridericianums, eines ausgezeichneten Gymnasiums in Königsberg, an dem sich geistige Disziplin und religiöse Intensität die Waage hielten. Von dort aus ging Kant an die Universität und überbrückte nach dem Studium die Zeit bis zu seiner ersten akademischen Berufung als Privatlehrer. An der Universität lehrte er zunächst als Privatdozent und von 1770 an als ordentlicher Professor. In seiner frühen Schaffensphase veröffentlichte er eine Reihe von Büchern und Beiträgen zu Themen, wie sie seine aufgeklärten Zeitgenossen interessierten: Newtonsche Weltsicht, Logik, Ästhetik. Sein Professorengehalt von jährlich 236 Talern ermöglichte dem Junggesellen eine angenehme, doch keineswegs opulente Lebenshaltung. Stets gut gekleidet und mit den besten Familien der Stadt verkehrend, liebte er anregende Gespräche und gutes Essen, unterwarf sich aber einem rigorosen Arbeitsrhythmus von Lesen und Schreiben. Mit zunehmendem Alter wurde sein Stundenplan immer strenger, und die Pünktlichkeit seines täglichen Spaziergangs wurde legendär. »Eine friedliche und gerade meinem Bedürfnis angemessene Situation, abwechselnd mit Arbeit, Spekulation und Umgang besetzt«, schrieb er 1778 einem Freund, »ist alles, was ich gewünscht und erhalten habe.« Zu seinem starken Bedürfnis nach Harmonie im Äußeren kam die Entschlossenheit, sich mit den größten intellektuellen Herausforderungen und vertracktesten Fragen seiner Zeit auseinanderzusetzen. »Sapere aude!« – wage zu wissen – lautete das Motto, das Kant seinem berühmten Aufsatz »Was ist Aufklärung?« voranstellte.

Wie Kant in seinen »Prolegomena« offenbarte, war es die Lektüre der Werke David Humes, die ihn aus seinem »dogmatischen Schlaf« riß und seiner Denkarbeit eine völlig neue Richtung gab. Humes schneidender Skeptizismus zersetzte die metaphysischen Vorannahmen, auf denen die Aufklärung zu fußen schien. Nachdem Kant Hume gelesen hatte, sah er sich nicht mehr in der Lage, das abgeklärte Vertrauen in die logische Ordnung der Dinge, wie es bei rationalistischen Philosophen wie Wolff hervortrat, für das Maß aller Dinge zu halten. Andererseits erkannte Kant – und das war der Schlüssel zu seinen größten Würfen –, daß Humes Attacke auf die Metaphysik mit Leichtigkeit auch gegen den eigenen Ansatz zurückgewendet werden konnte und damit latent die Möglichkeit zur Verneinung jeglichen Wissens und moralischen Handelns in sich barg. Da Kant sich aber eine Welt ohne Wissen und Moral nicht vorstellen konnte, nahm er sich vor, für die menschliche Vernunft einen sicheren Weg zwischen den Klippen der rationalistischen Metaphysik und des Skeptizismus zu finden, von denen erstere zuviel versprach und einem exzessiven Optimismus Vorschub leistete, während letztere zu wenig verhieß und zu düsterer Verzweiflung verleitete. Das Bild einer Durchfahrt zwischen Klippen ist nur eine von vielen ähnlichen Metaphern, die Kant benutzte, um die selbstgestellte Aufgabe zu beschreiben, die er an manchen Stellen mit der Suche nach einem »sicheren Pfad« oder mit der Rodung und Einebnung eines bis dahin unwegsamen Geländes verglich. Wie diese aus der Geographie entlehnten Bilder suggerieren, half Kant mit, die Philosophie zu einer, wie Richard Rorty es genannt hat, »begründenden Disziplin« zu machen, deren Hauptanliegen es ist, den Menschen die Grundlagen und Grenzen des Wissens aufzuzeigen.

Jede von Kants drei Kritiken – die reine Vernunft, die praktische Vernunft und die Urteilskraft – beginnt mit der Frage, wie Wissen über die Welt, moralische Entscheidungen und ästhetischer Genuß möglich sind. Wie können wir bestimmen, was wahr, rechtens und schön ist? Die Lektüre Humes hatte Kant zu der Überzeugung gebracht, daß Erfahrung allein uns keine Erkenntnisse über eine Welt jenseits von uns selbst vermitteln könne, daß die Regelhaftigkeit in den von uns als Natur bezeichneten Erscheinungen eine von uns selbst in die Dinge hineingetragene sei. Kein Handeln sei an und für sich gut, kein Gegenstand an und für sich schön. Daraus folgte, daß die Philosophie nicht mit der äußeren Ordnung der Dinge, sondern mit dem Bewußtsein des Einzelnen beginnen müsse, mit einer Wendung zur Innerlichkeit, die ebenso eindeutig auf Kants pietistische Wurzeln verweist wie auf die späteren Bewegungen der Romantik und des Idealismus. Introspektion war für Kant allerdings immer nur ein Mittel, kein Zweck. Er versuchte den Fallstricken sowohl des Skeptizismus als auch der Subjektivität auszuweichen, indem er universelle erkenntnistheoretische, ethische und ästhetische Prinzipien aufstellte. Sie bildeten eine tragfähige Grundlage für Wissen, moralisches Handeln und vernünftiges Urteilen. Ohne sich mit dem Rückgriff auf eine der menschlichen Erfahrung entzogene, göttliche Ordnung aus der Affäre zu ziehen und ohne zu metaphysischen Höhenflügen anzusetzen, bemühte sich Kant, die Aufklärung zu überwinden, aber sie nicht zu negieren, dem Glauben ebenso die Treue zu halten wie der Vernunft, dennoch dem einen oder der anderen kritisch das Wort zu reden. »Zwei Dinge«, schrieb Kant in seiner »Kritik der praktischen Vernunft«, erfüllten ihn mit »immer neuer und zunehmender Bewunderung und Ehrfurcht ...: Der bestirnte Himmel über mir, und das moralische Gesetz in mir.«

Noch größer als sein Bestreben, den Glauben an eine im physikalischen Universum waltende Ordnung wiederzufinden, war Kants Bedürfnis, eine tragfähige philosophische Basis für das moralische Handeln der Menschen zu errichten. Der große Morallehrer seiner Zeit war in seinen Augen Rousseau, den er einen »anderen Newton« nannte und dessen Bild die Wand seines Studierzimmers zierte. Das Werk Rousseaus weckte in Kant die Hoffnung, wir könnten durch die Erforschung unserer verborgenen Persönlichkeit die transzendenten Grundsätze entdecken, auf die sich eine wissenschaftliche Morallehre würde gründen lassen. Bei Rousseau fand Kant auch das feste Fundament für das Gebäude des religiösen Glaubens: »Moral also«, argumentierte er im Vorwort zu »Die Religion innerhalb der Grenzen der bloßen Vernunft«, »führt unumgänglich zur Religion, wodurch sie sich zur Idee eines machthabenden moralischen Gesetzgebers außer dem Menschen erweitert, in dessen Willen dasjenige Endzweck (der Weltschöpfung) ist, was zugleich der Endzweck des Menschen sein kann und soll.« Von der ethischen Natur des Menschen leitete Kant den Glauben an Gott und die Unsterblichkeit der Seele ab. Kühnere Schlußfolgerungen traute er sich jedoch nicht zu. So sah er zum Beispiel bei aller Bewunderung für die ethischen Lehren der Bibel keine Möglichkeit, deren historische Echtheit nachzuweisen. Vieles von dem, was die Kirchen predigten, namentlich das, was Kant als geistige »Spinnweben« um den Kern der offiziellen Lehre herum bezeichnete, war in seinen Augen einem aufgeklärten Glauben abträglich. Er empfand es, zumindest für sich, als ausreichend, an einen göttlichen Gesetzgeber zu glauben, der den Menschen moralische Orientierung für diese Welt und Hoffnung auf eine kommende bescherte.

Die ersten Reaktionen auf Kants kritische Philosophie waren enttäuschend, besonders angesichts seiner eigenen Überzeugung, das philosophische Denken revolutioniert zu haben. Erst allmählich wurde die Bedeutung dessen, was Kant geschaffen hatte, klar, obschon die einzelnen Rezipienten sich sehr unterschiedliche Teile seines Werkes aussuchten. Friedrich Schiller opferte in den achtziger Jahren eine lange Zeit dem Studium Kantscher Schriften, in dem Bemühen, sich geistige Ordnung und Disziplin anzueignen. Jung-Stilling berauschte sich an dem freiheitlichen Tenor der Schriften Kants, die ihn lehrten, sich vom strengen Determinismus eines Leibniz oder Wolff zu lösen. Goethe, der der kritischen Philosophie anfänglich wenig Interessantes abzugewinnen vermochte, entdeckte später bedeutsame Parallelen zwischen den Kantschen Schriften und seinen eigenen. Am Ende der achtziger Jahre war Kant zu einer führenden kulturellen Kraft geworden. In ganz Mitteleuropa nahmen akademische Philosophen in den Universitätshörsälen zu seinen Ideen Stellung, und in Lesezirkeln, literarischen Salons und sogar bei aristokratischen Tischgesellschaften diskutierte man über die Bedeutung und die Meriten der Kantschen Lehre. Reisende, die aus Königsberg zurückkamen, wurden mit Fragen zu den Lebensgewohnheiten und Ansichten des großen Philosophen bedrängt, und Besucher der Stadt versuchten einen Blick auf den Spaziergänger Kant zu erhaschen oder, wenn sie kühn genug waren, ein paar Stunden in seiner Gesellschaft zu verbringen. Bis 1802 erschienen fast dreitausend Veröffentlichungen, die sich mit dem Leben und Denken Kants befaßten.

Die beiden letzten Jahrzehnte seines Lebens verbrachte Kant, unterstützt von einer wachsenden Zahl seiner Anhänger und Schüler, damit, seine Ideen gegen zwei Gruppen von Kritikern zu verteidigen. Parteigänger Wolffs und anderer Rationalisten warfen ihm vor, er habe Verrat an der Sache der Vernunft begangen, indem er die Grenzen für das, was Vernunft bewirken konnte, zu eng gezogen habe. Von Halle aus versuchte Johann August Eberhard, ein Bewunderer von Leibniz und Wolff, zu zeigen, daß das Kantsche Denken nichts Neues enthalte: Das Beste davon hätten bereits die Rationalisten gesagt, das Übrige sei Sophisterei. Eberhard gründete 1789 die Zeitschrift »Philosophisches Magazin«, deren Hauptanliegen es war, Widerlegungen der Kantschen Ideen abzudrucken. Kant sah sich freilich auch aus der entgegengesetzten Richtung attackiert, von denen, die seine Ideen für zu rational, seine Rhetorik für zu kalt, seine Religiosität für blutleer hielten. Während Eberhard in Kant einen Verräter an der Aufklärung erblickte, betrachteten diese Kritiker ihn als deren Personifizierung. Während Eberhard der Vernunft eine breitere Arena öffnen wollte, als Kant es zuließ, bezweifelten diese Kritiker, daß Vernunft zur Wahrheit führen konnte. Sie hielten nach einer tieferen, authentischeren Art von Erkenntnis Ausschau, unangekränkelt von den hochmütigen Anmaßungen und falschen Verheißungen der Aufklärung.

Einer der ersten Vertreter dieser antirationalistischen Opposition gegen Kant war Johann Georg Hamann. 1730 in Königsberg geboren, arbeitete er zeitweise als Publizist und veröffentlichte Aufsätze, die denen seiner Freunde Lessing und Mendelssohn ähnelten. Dann durchlebte er eine religiöse Bekehrung, die ihn zur gefühlsbetonten Frömmigkeit seiner frühen Jahre zurückfinden ließ. Nur das Gefühl, so seine neu gewonnene Überzeugung, verleihe den Abstraktionen und Hypothesen der Philosophen Hände, Füße und Flügel. Sein Gott war nicht das abstrakte Vernunftwesen Wolffs und auch nicht der distanzierte Kantsche Gesetzgeber. Für Hamann war Gott vielmehr der große universale Dichter, der in poetischen, an die Sinne appellierenden Worten zu den Menschen sprach und nicht in einer für die Gelehrten bestimmten abstrakten Sprache. Hamann zollte der Kraft des Humeschen Skeptizismus keinen geringeren Tribut als Kant, fühlte er sich durch ihn doch in seiner intuitiven Überzeugung bestätigt, daß die Rationalität eine Illusion und die Logik eine Sackgasse sei. Kant versuchte Hamann die Fehlerhaftigkeit seines Denkens nachzuweisen, stellte aber fest, daß es praktisch unmöglich war, mit ihm zu kommunizieren. »Wenn Sie, werter Freund, meinen Begriff... zu verbessern finden, so bitte mir Ihre Meinung zu einigen Zeilen aus; aber womöglich in der Sprache der Menschen«, ersuchte Kant ihn

1774. »Denn ich armer Erdensohn bin zu der Göttersprache der anschauenden Vernunft gar nicht organisiert.« In gewissem Sinne sprachen die beiden Männer tatsächlich eine unterschiedliche Sprache: der eine die der Vernunft und Aufklärung, der andere die der Intuition und des poetischen Mystizismus. Kant sah schließlich ein, daß Hamann für ihn ein hoffnungsloser Fall war, und ließ ihn seinen exzentrischen Weg weitergehen.

Größeren Kummer bereitete Kant der Frontenwechsel seines früheren Freundes und Anhängers Herder. Dieser durchlief kurze Zeit nach Kant das Fridericianum und hörte Kants Vorlesungen an der Universität. Zu dem Zeitpunkt, als er seine Stellung in Riga antrat, hatte er einen festen Platz im wachsenden Kreis der Bewunderer Kants. Allmählich jedoch drifteten die beiden Männer auseinander. Kant spürte die Entfremdung erstmals bei der Lektüre von Herders »Fragmenten über die neue deutsche Literatur« in den späten sechziger Jahren. 1774 war Herder so weit, daß er die offene Auseinandersetzung mit der Aufklärung suchte, »glühende Kohlen auf die Stirn des Jahrhunderts schüttete«, um seine eigenen Worte zu gebrauchen. Die Beziehung zwischen Lehrer und Ex-Schüler zerbrach endgültig, als Kant 1784 eine kritische Besprechung von Herders »Ideen zur Philosophie der Geschichte der Menschheit« veröffentlichte. Herder hatte sich mittlerweile dem Hamannschen Lager angenähert: Intuition und Poesie, nicht Vernunft und Philosophie waren für ihn die Wege zur Wahrheit. Die Beschränktheiten der Subjektivität ließen sich für Herder nicht mit dem Mittel der kritischen Analyse überwinden, sondern nur durch die Sprache der Poesie und der Metaphorik. Das ganze Leben sei eine Dichtung, behauptete er, und die Menschen schüfen sich Bilder, anstatt zu sehen. Man sollte allerdings nicht unterschätzen, wieviel Herder Kant und der Aufklärung schuldete. Cassirer hat darauf hingewiesen, daß sein Feldzug gegen die Aufklärung auch ein Feldzug gegen sich selbst gewesen sei. Gleichwohl trugen seine Hymnen auf Kunst und Intuition, im Verein mit seinen Attacken auf Kant und die Besitzansprüche der Rationalität, dazu bei, den Boden für die eine Generation später ausgerufene, rigorosere und konsequentere Revolte gegen die Aufklärung zu bereiten.

Mit dem Einsetzen der »Gegenaufklärung«, wie Isiah Berlin sie genannt hat, enden die meisten Darstellungen der vorrevolutionären deutschen Philosophie. Anhand einer Entwicklungslinie, die vom Pietismus und Rationalismus über Kant bis zu dessen Kritikern führt, wird die Geschichte der deutschen Philosophie des 18. Jahrhunderts gewöhnlich als ein in Ursprung und Entwicklung protestantisches, die deutsche Aufklärung gar als ein ausschließlich protestantisches Phänomen dargestellt. Diese Sicht der Aufklärung ist tief verwurzelt. »Es war Ein Licht«, schrieb Friedrich Karl von Moser 1787, »das uns allen zur Zeit der Reformation leuchtete, die Protestanten ließen sich von diesem Licht weiter führen, die Catholischen nicht, sie fürchten sich davor und flohen es.« Im 19. Jahrhundert gerann dies zur allgemein akzeptierten Überlieferung, zu einem Sym-

ptom der zunehmenden kulturellen Hegemonie des Protestantismus im deutschsprachigen Europa. Für eine solche Auffassung vom 18. Jahrhundert gilt, wie für
die ganze kleindeutsche Geschichtsschreibung, daß sie eine Menge unbeachtet
ließ. Es gab sehr wohl eine katholische Aufklärung. Deutsche Katholiken lasen
Wolff und Kant, Klopstock und Lessing, Goethe und Schiller und blieben nicht
unbeeinflußt. Viele der Bücher, die in Berlin Furore machten, fanden auch in
München oder Wien eifrige Leser. Die katholische Aufklärung war, wie ihr protestantisches Gegenstück, Teilelement eines europäischen Phänomens und mit
Entwicklungen in Italien, Frankreich und anderen katholischen Ländern verquickt. Auch die katholischen Aufklärer rangen darum, ein Gleichgewicht zwischen Religion und Vernunft zu finden, zwischen den Traditionen ihres Glaubens
und den Anforderungen des neuen Zeitalters.

Die katholische Aufklärung setzte zögernd ein, weil sie ohne den kraftvollen
Beistand auskommen mußte, den protestantische Aufklärer von akademischen
Institutionen und Eliten erhielten. Es gab zu Halle und Göttingen keine katholischen Äquivalente, und nichts konnte sich mit dem Prestige von Kants Königsberg
messen. Während an diesen Universitäten mit neuen Lehrplänen experimentiert
und neue Ideen gefördert wurden, arbeiteten die meisten katholischen Schulen
und Hochschulen mit überholten Texten und hielten an einem rigiden, nerven-
zehrenden Studiengang fest, dem sogenannten Ratio studiorum. Moser machte
die Jesuiten für jene Situation verantwortlich; »sie glauben, Paraguay sei überall«.
Andere wiesen auf den unguten Einfluß der kirchlichen Fürstentümer und auf die
korrumpierende Macht des Papsttums hin. Was immer die Gründe sein mochten,
das protestantische Bildungswesen war dem katholischen weit voraus, wie selbst
manche deutsche Katholiken eingestanden. Warum sonst hätten katholische
Adelsfamilien wie die Kaunitz' als Hauslehrer für ihren begabten Sohn Wenzel
einen Absolventen der Universität Halle engagiert? Kardinal Garampi, der in den
sechziger Jahren des 18. Jahrhunderts im päpstlichen Auftrag die deutschen Staaten bereiste, gewann dabei die Erkenntnis, daß die katholischen Universitäten sich
in einem Zustand wissenschaftlicher Stagnation befanden.

Just zu der Zeit, da Garampi derart negativ urteilte, hatte im Bildungswesen
zumindest einiger katholischer Staaten gerade eine Wende zum Besseren eingesetzt. Die vierzigtausend Einwohner Speyers zum Beispiel konnten sich eines
Schulwesens rühmen, das zu den besten in Europa gehörte und vierzig Schulen
mit qualifizierten Lehrern hatte. In Mainz führte Friedrich Karl von Erthal, Kurfürst von 1774 bis 1802, eine Reihe aufgeklärter Reformen durch und gab beträchtliche Geldmittel für eine Besserstellung der Universität aus. Im Herrschaftsbereich der Habsburger brachte die Amtszeit Maria Theresias Ansätze für eine
Bildungsreform, die unter Joseph II. an Dynamik gewann. 1773 unterzeichnete
die Kaiserin widerstrebend ein Gesetz, das die Entmachtung der Jesuiten zum
Ziel hatte und damit die Grundlage für Lehrplanreformen an den bis dahin

jesuitisch beherrschten Universitäten schuf. Die siebziger und achtziger Jahre waren auch in den katholischen Regionen Deutschlands eine Blütezeit der Zeitschriften, Lesegesellschaften und anderer Medien und Organisationsformen, die die Verbreitung neuer literarischer Veröffentlichungen und aufgeklärter Ideen förderten. Zeitschriften wie das »Journal von und für Deutschland« aus Fulda oder »Der Freymüthige« aus Freiburg veröffentlichten Artikel, in denen für religiöse Toleranz und theologische Erneuerung geworben wurde.

In der ersten Hälfte des 18. Jahrhunderts hatten allenfalls sporadisch Autoren wie der tschechische Jansenist Ferdinand Graf Sporck oder der italienische Aufklärer Ludovico Antonio Muratori die deutschen Katholiken aufgefordert, sich von der sterilen Orthodoxie der Kirchenhierarchie zu lösen. Der Ruf nach Erneuerung wurde gegen Ende der vierziger Jahre lauter, nicht zuletzt dank der Schriften Christian Wolffs, dessen Spielart des aufgeklärten Christentums sich recht gut in den eklektischen Thomismus einfügte, der zu dieser Zeit von vielen katholischen Philosophen gepflegt wurde. In Benediktinerklöstern von Innsbruck bis Melk, an Höfen wie dem des Fürstbischofs von Salzburg und an den fortschrittlichsten Universitäten des deutschen Westens diskutierten junge Männer über die Bedeutung Wolffs für ihren Glauben. Nicht einmal die Jesuiten waren gegen den Rationalismus völlig immun. Benedikt Sattler, der an mehreren katholischen Universitäten lehrte, bediente sich der Schriften Wolffs, um gegen die verknöcherten Lehrer einer, wie ein Historiker sie genannt hat, »barocken Scholastik« anzukämpfen. Sattlers »Philosophia methodo scientiis propria explanata« aus den Jahren 1769 bis 1772 war ein beredtes Plädoyer für die Gedankenfreiheit und deren Vereinbarkeit mit dem wahren Glauben. Die siebziger Jahre sahen die barocke Scholastik in vollem Rückzug begriffen: fast überall stand sie im Kreuzfeuer aufgeklärter Ideen aus sowohl katholischen wie protestantischen Quellen. Es gebe, schrieb Marcus Anton Wittola am 2. Januar 1789 in der Wiener »Kirchenzeitung«, Anlaß zu der Hoffnung, daß diese Ideen die Kirche zu »lang vergessenen Wahrheiten« zurückführen und ihr wieder zu ihrer »ursprünglichen Schönheit und Würde« verhelfen würden.

Das vielleicht eindrucksvollste Zeugnis der katholischen Aufklärung war die Rezeption der Ideen Kants durch katholische Denker. Zwei Benediktiner, Maternus Reuß und Conrad Stang, lasen in Würzburg vor aufmerksamen Zuhörerschaften über Kant. Reuß' Abhandlung »Soll man auf katholischen Universitäten Kants Philosophie erklären?«, veröffentlicht 1789, war ein bewegendes Verteidigungsplädoyer für die kritische Philosophie aus katholischer Perspektive. Es seien »so gar unsre Damen jetzt für sie eingenommen«, schrieb Pater Reuß an den Meister in Königsberg, »auch ich bekomme jetzt von mancher Dame ein freundlicheres Gesicht, als zuvor«. Anderswo stießen die Befürworter Kants auf weitaus größeren Widerstand. Als in Heidelberg ein Priester unter Berufung auf Kant darlegte, daß die Existenz Gottes sich nicht rational beweisen lasse, wurde er erst zum Schweigen vergattert und dann seines Postens enthoben. In Bayern und Österreich waren die Bücher von Kant schwer zu bekommen, und seine Ideen standen unter heftigem Beschuß von seiten der akademischen Philosophen. Offenkundig war das Kantsche Denken mit der traditionellen katholischen Weltsicht sehr viel schwieriger zu versöhnen, als der Wolffsche Rationalismus es gewesen ist.

In der katholischen Aufklärung vermischten sich philosophische Fragen zum Verhältnis von Glauben und Vernunft oft mit der Infragestellung religiöser Institutionen und Obrigkeiten. Anders als in den protestantischen Ländern, wo es eine akzeptierte Tatsache war, daß der Staat die Kirche kontrollierte, war in katholischen Staaten die Stellung der Kirche staatsrechtlich ungeklärt. Der Papst beanspruchte zwar, in Fragen des Glaubens und der Moral die höchste Instanz zu sein, doch dieser Anspruch wurde angefochten, nicht nur von den Staaten, die mehr Einfluß auf die kirchlichen Institutionen im eigenen Territorium gewinnen wollten, sondern auch von den deutschen Bischöfen, die ein größeres Mitspracherecht in Kirchenangelegenheiten anstrebten. In den Augen aufgeklärter Katholiken galten der Papst und seine Jesuiten als die Hauptwidersacher jeder Religionsreform, die Staaten und die deutschen Bischöfe daher als potentielle Verbündete im Kampf um eine Erneuerung.

Wie unmittelbar sich die geistigen Auseinandersetzungen um die katholische Aufklärung in kirchenpolitische Konflikte umsetzten, läßt sich am Beispiel des Febronianismus erkennen, der vielleicht einflußreichsten Reformbewegung innerhalb des deutschen Katholizismus in der zweiten Hälfte des 18. Jahrhunderts. Justinus Febronius war ein Pseudonym, unter dem Johann Nikolaus von Hontheim publizierte, dessen Buch »De statu ecclesiae« bald nach seinem Erscheinen 1763 im ganzen katholischen Europa Aufsehen erregte. Wie viele junge deutsche Aristokraten, die für ein hohes Kirchenamt bestimmt waren, hatte Hontheim eine kosmopolitische Ausbildung durchlaufen. Er hatte in Louvain, wo er mit dem Jansenismus in Berührung gekommen war, Leyden, Wien und Rom studiert. Er war in die Dienste des Erzbischofs von Trier getreten und rasch aufgestiegen, erst zum Geheimrat, dann zum Weihbischof und schließlich zum Generalvikar. Nebenbei hatte er an der Trierer Universität gelehrt. Sein Buch – dessen vollständiger Titel sich so übersetzen läßt: »Buch des Febronius über den Zustand der Kirche und die legitime Autorität des römischen Papstes, geschrieben zu dem Zweck, andersdenkende Christen in der Religion zu vereinen« – war die Frucht von mehr als zwei Jahrzehnten des Studiums und der praktischen Erfahrung in Kirchenangelegenheiten. Sein streitbares Fazit lautete, daß die päpstliche Monarchie die Hauptursache für Korruptionserscheinungen in der Kirche und das Haupthindernis für eine Versöhnung mit dem Protestantismus sei. Er empfahl, das Papsttum durch einen Rat der Bischöfe zu ersetzen, der die Kirche als Ganze repräsentieren würde. Hontheim setzte sich nicht mit Fragen der kirchlichen Lehre auseinander, abgesehen davon, daß er die Scholastik der Jesuiten verurteilte und sich vom Standpunkt einer rationalen und historischen Kritik aus bemühte, dem Katholizismus eine Rückkehr zu seiner wahren Mission nahezulegen. Er sprach sich für eine Zusammenarbeit mit weltlichen Instanzen beim Ringen um eine Kirchenreform aus. Nicht verwunderlich, daß der Vatikan »De statu ecclesiae« auf den Index der verbotenen Bücher setzte, kaum daß dort ein Exemplar eingetroffen war. Die staatliche Zensur war nachlässiger, Übersetzungen erschienen alsbald und waren überall erhältlich. Hontheim, dem es angesichts der Berühmtheit, die sein Werk erlangte, nicht möglich war, sein Incognito zu wahren, geriet unter enormen Druck, einen Rückzieher zu machen. Er gab diesem Druck 1778 nach – auf eine Weise, die seine wahren Überzeugungen im unklaren ließ –, doch die Diskussionen über seine Ideen sorgten weiter für Unruhe innerhalb des deutschen Katholizismus, bis ihr der Vatikan fast hundert Jahre später durch die Verkündung der päpstlichen Unfehlbarkeit ein Ende setzte.

Auch wenn man die katholische Aufklärung als eine breite und vitale Bewegung kennzeichnen kann, blieb sie qualitativ und quantitativ hinter den geistigen Entwicklungen in den protestantischen Ländern zurück. Keine katholischen Kants oder Herders traten auf den Plan, und insgesamt waren die Reihen der katholischen Aufklärer dünner. »Ich kann immer zehn protestantische Korrespondenten gegen einen katholischen rechnen«, klagte der Herausgeber einer sich an beide Konfessionen richtenden Zeitschrift. Eine Ursache für die große Diskrepanz lag sicherlich in den Gegensätzen zwischen den führenden katholischen und protestantischen Staaten. Wenngleich man sich hüten sollte, Preußen schlichtweg mit der Aufklärung zu identifizieren, ist es eine Tatsache, daß Friedrich der Große just zu dem Zeitpunkt eine Politik der Toleranz – Indifferenz wäre vielleicht der passendere Begriff – in Kraft setzte, als die deutsche Literatur und Philosophie in eine entscheidende Phase ihrer Entwicklung traten. Der Kontrast zu Österreich ist unübersehbar. Dort wurde an einem schwerfälligen, oft ineffektiven, aber immer Ärgernis erregenden Zensursystem festgehalten. Joseph II. strich zwar die Liste der verbotenen Bücher von 4.500 auf 900 Titel zusammen, doch viele Klassiker, darunter mehrere Werke von Goethe und Lessing, blieben im Reich der Habsburger tabu. Für ganz Mitteleuropa galt, daß protestantische Staaten der literarischen Kultur gewöhnlich positiver gegenüberstanden als katholische, auch wenn sie in anderen Dingen um keinen Deut aufgeklärter oder fortschrittlicher sein mochten.

Ein weiterer Grund für die größere Aufgeschlossenheit der Protestanten gegenüber der Aufklärung lag in der sozialen Stellung ihrer Geistlichen. Pastoren zählten häufiger zur Bildungselite als Priester, die sich mehr dem Verkehr mit den sozialen Extremen widmeten: der Aristokratie auf der einen, dem gemeinen Volk auf der anderen Seite. Nach Herkunft, Ausbildung und Erfahrung gehörten die meisten katholischen Geistlichen der traditionellen, mündlich basierten Kultur der Fürstenhöfe beziehungsweise der Dörfer an, nicht der literarischen Kultur der Beamten, Professoren und Publizisten. Katholische Intellektuelle erzielten nicht so viel Öffentlichkeitswirkung. Die Benediktiner diskutierten über den Rationalismus in ihren Klöstern in Innsbruck und Melk, nicht in den Hörsälen von Halle und Göttingen. Sattler und Hontheim, deren Hauptwerke zuerst in lateinischer Sprache erschienen, hatten keinen direkten Zugang zu dem Publikum, an das sich Lessing, Mendelssohn und Kant wandten. Während die Kultur des gedruckten Wortes zunehmend Bedeutung im Leben der Deutschen erlangte, blieb der Katholizismus eine Religion der Riten, in Treue fest zur universalen Sprache und zu den geheiligten Traditionen der lateinischen Messe. Für die Protestanten war die Luther-Bibel ein konstitutiver Text, Gutenberg eine Art Nationalheld. Die katholische Kirchenhierarchie stand dem gedruckten Wort mißtrauisch gegenüber; eine päpstliche Bulle von 1713 verurteilte ausdrücklich die Ansicht, »das Lesen der Bibel sei für jedermann«. Zum Pietismus mit seinem Nachdruck auf der individuellen Erfahrung und der autobiographischen Reflexion gab es kein katholisches Gegenstück. Was die autonomen geistigen Bewegungen innerhalb des Katholizismus hervorbrachten, waren Wallfahrten und religiöse Gruppenerlebnisse. Ihr architektonisches Vermächtnis hinterließen sie in Gestalt einer letzten Hochblüte des süddeutschen Rokoko.

Wären der katholischen Aufklärung noch einige Jahrzehnte mehr beschieden gewesen, sie hätte vielleicht die Kluft zwischen den beiden Konfessionen schließen können. Mächtige politische, gesellschaftliche und geistige Kräfte innerhalb des deutschen Katholizismus waren in den achtziger Jahren auf dem besten Weg, alte Beschränktheiten aufzubrechen. Der Rückzug der Zensur im Habsburger Reich, die Entwicklung einer lesenden Öffentlichkeit in allen katholischen Ländern, bedeutsame Verbesserungen im Bildungsbereich sowie etliche schöpferische Aktivitäten in Philosophie und Theologie, all dies deutete darauf hin, daß der Katholizismus sich neuen Ideen öffnete. Doch diese innovativen Tendenzen wurden ein Opfer der Schockwirkung durch die Französische Revolution auf das übrige Europa. Wie so viele andere Bestandteile der deutschen Wirklichkeit im 18. Jahrhundert, wurde auch die katholische Aufklärung von Krieg und Revolution hinweggefegt.

Die Anfänge einer politischen Öffentlichkeit

Zwei Minister der preußischen Krone, denen einige kritische Beiträge im »Journal von und für Deutschland« mißfallen hatten, schrieben im Dezember 1784: »Eine Privatperson ist nicht berechtigt, über die Handlungen, das Verfahren, die Gesetze, die Maßregeln und Anordnungen der Souverainen und Höfe, ihrer

Staatsbedienten, Kollegien und Gerichtshöfe öffentliche, sogar tadelnde Urtheile zu fällen.« Ihr Argument, daß Privatleute nicht genug über die Politik und deren Protagonisten wüßten, um sich eine diskutable Meinung zu bilden, beruhte auf einer überkommenen Denkweise, derzufolge die »öffentlichen«, das heißt politischen Angelegenheiten zu komplex, subtil und empfindlich waren, als daß man sie an die Öffentlichkeit zerren dürfe. Solche öffentlichen Angelegenheiten mußten Staatsgeheimnisse bleiben. Doch in den achtziger Jahren hatte ein Bedeutungswandel des Begriffs der Öffentlichkeit eingesetzt. Innerhalb der literarischen Kultur galt das Gebot, daß der öffentliche Raum notwendigerweise für jedermann zugänglich sein müsse. Nach Überzeugung der meisten aufgeklärten Deutschen gehörten Ideen, und zwar auch gerade solche über politische Verhältnisse und Angelegenheiten, in den öffentlichen Raum, wo sie von der »öffentlichen Meinung« in freier Debatte bewertet werden konnten. Wie Kant im Vorwort zu seiner »Kritik der reinen Vernunft« schrieb, empfand er seine Zeit als die Ära »der Kritik, der sich alles unterwerfen muß«. Religion und Gesetz mochten versuchen, sich der Kritik zu entziehen, doch sie konnten dann auch nicht jene aufrichtige Achtung für sich beanspruchen, »die die Vernunft nur demjenigen bewilligt, was ihre freie und öffentliche Prüfung hat aushalten können«. Ein paar Jahre zuvor hatte Friedrich Gabriel Resewitz es als den Zweck der bürgerlichen Erziehung bezeichnet, die Menschen davon zu überzeugen, daß sie sich mit den öffentlichen Angelegenheiten befaßten und sich ein kritisches Urteil bildeten, da dies ihre eigenen Angelegenheiten seien. Eine neue Bedeutung des Begriffs »Öffentlichkeit« und damit eine neue Art der Politik nahmen allmählich Gestalt an.

In der zweiten Jahrhunderthälfte, namentlich nach 1770, wurde für diejenigen, die an der literarischen Kultur in Deutschland aktiv teilnahmen, die Sorge um die öffentlichen Angelegenheiten zunehmend wichtiger. Autoren wie Friedrich Karl von Moser, Thomas Abbt und Friedrich Nicolai veröffentlichten vielgelesene Bücher über Politik. Zeitschriften wie Wielands »Teutscher Merkur«, gegründet 1773, Schubarts »Deutsche Chronik«, gegründet 1774, Schlözers »Briefwechsel meist historischen und politischen Inhalts«, gegründet 1776, oder seine »Staatsanzeigen«, gegründet 1783, lieferten Informationen über Politik und Persönlichkeiten des öffentlichen Lebens in den deutschen Staaten und anderswo. Auch viele Bücher und Zeitschriften, die vordergründig Themen aus dem Bereich der Landwirtschaft oder der Theologie gewidmet waren, behandelten politische Dinge, und sei es nur, weil der Staat so direkt und tief ins wirtschaftliche und kirchliche Leben eingriff. Derartige politische Schriften lieferten, wie die literarischen und philosophischen, Stoffe für eine um sich greifende öffentliche Diskussion, die teils informell in Kaffeehäusern und Buchhandlungen, teils institutionalisiert in Leihbüchereien und Lesegesellschaften stattfand. Die Grenze zwischen literarischen und politischen Anliegen war oft nur schwer zu ziehen, ging es doch beiden, wie die Begründer der Kulturzeitschrift »Deutsches Museum« 1776 verkündeten, darum, »die Deutschen mit sich selbst bekannter und auf ihre eignen Nationalangelegenheiten aufmerksamer zu machen«. Die ersten Vorformen einer partizipatorischen politischen Kultur bildeten sich mithin innerhalb der literarischen Kultur. Die öffentliche Meinung war untrennbar mit der literarischen Öffentlichkeit verbunden.

Nicht nur Einrichtungen der literarischen Öffentlichkeit, sondern auch viele andere Institutionen trugen wesentlich zur politischen Meinungsbildung bei. Preußische Beamte nutzten in den achtziger Jahren die »Mittwochsgesellschaft«, einen kleinen, informellen Gesprächszirkel einflußreicher Bürger, um die öffentliche Meinung in Sachen Rechtsreform auszuloten und zu beeinflussen. In Hamburg gründeten 1765 gleichgesinnte Akademiker, Juristen und Verwaltungsbeamte die Gesellschaft zur Beförderung der Manufakturen, Künste und nützlichen Gewerbe, auch »Patriotische Gesellschaft« genannt, mit dem Ziel, Neuigkeiten über öffentliche Angelegenheiten auszutauschen und gute Werke zu fördern. Im Kreis der wirtschaftlich aggressiven Textilunternehmer des Rheinlands bildeten sich erste rudimentäre Ansätze zu einem auf die Beeinflussung der staatlichen Wirtschaftspolitik gerichteten organisierten Interessenverband. Das vielleicht signifikanteste Phänomen war jedoch die große Zahl von Geheimgesellschaften mit entschieden politischer Orientierung. Das Freimaurertum verbreitete sich, kurz nachdem es in den späten dreißiger Jahren des 18. Jahrhunderts, aus England kommend, in Hamburg Eingang gefunden hatte, über ganz Mitteleuropa. Manche Logen waren gesellschaftlich elitär und politisch konservativ, andere identifizierten sich mit der Aufklärung. »Freiheit zu denken ... ist der Geist unserer königlichen Kunst; und sie haßt allen Zwang in Sachen des Kopfes und des Herzens, verabscheut die Intrigen, wodurch man uns das edelste Vorrecht der Menschheit rauben will, und verschließt den Feinden gesunder Vernunft und wahrer Aufklärung ihr Heiligtum«, erklärte eine Gruppe Berliner Freimaurer 1786. Wie Mozart in der »Zauberflöte« glanzvoll demonstriert hat, ließen sich freimaurerische Rituale und Ideale sehr wohl in die Partitur eines Hohelieds auf die Freiheit einfügen. Die Illuminaten, eine 1776 von Adam Weishaupt in Ingolstadt gegründete Geheimgesellschaft, die für die Werte der Aufklärung eintrat, erfreute sich in Bayern äußerster Beliebtheit und dehnte sich in der Folge unter der Führung Adolfs von Knigge nordwärts aus.

In den neunziger Jahren verfügten alle größeren und viele kleinere deutsche Städte über eine mehr oder weniger große Zahl von öffentlichen Institutionen, Lesegesellschaften, Diskussionszirkeln und Freimaurerlogen. Nicht alle standen dem Status quo kritisch gegenüber; manche waren in der ausdrücklichen Absicht angetreten, Kritik mit Gegenkritik zu beantworten und die Aufklärung zu bekämpfen. Doch ihre bloße Existenz bedeutete eine radikale Abkehr von der Vergangenheit. Es gab für die Vereinigungen, die sich im 18. Jahrhundert bildeten,

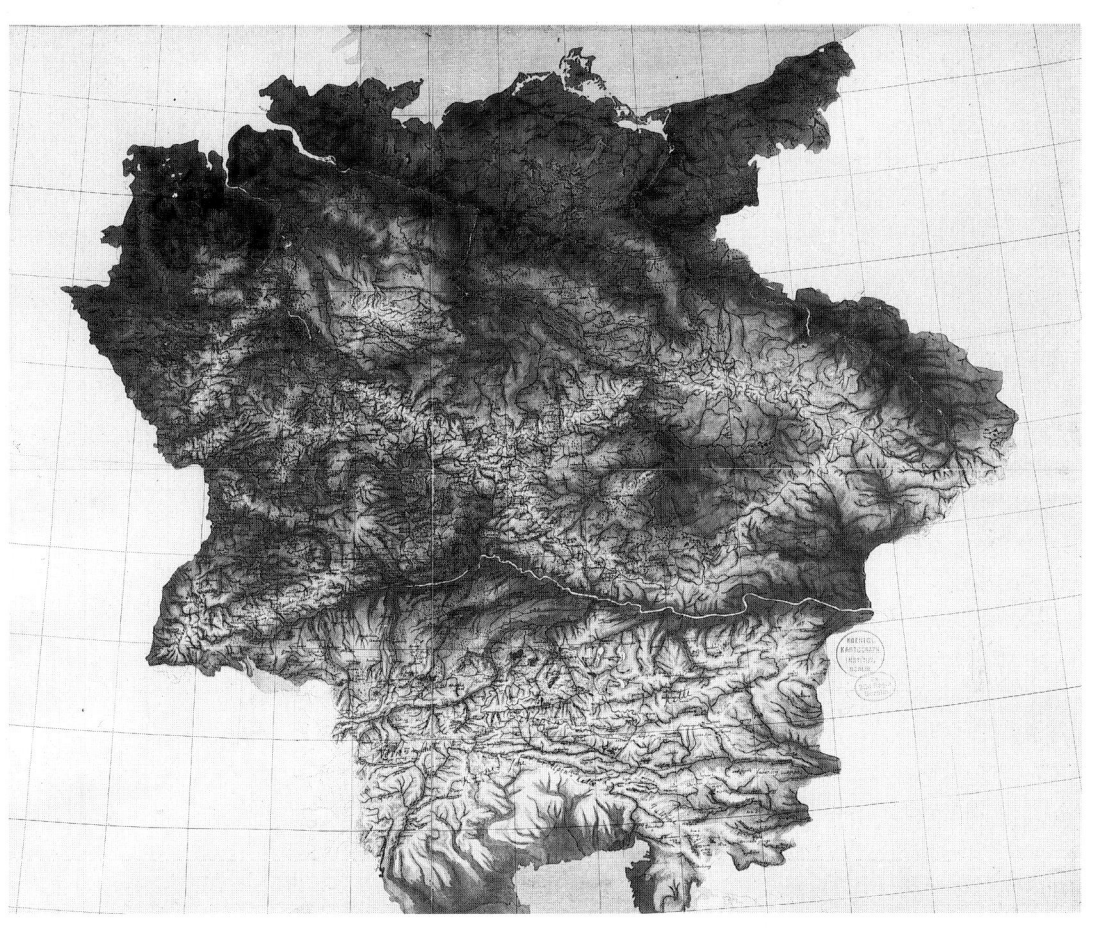

Reliefkarte von Deutschland. Mehrfarbige Zeichnung von Carl Ritter, 1803. Berlin,
Staatsbibliothek Preußischer Kulturbesitz

Allegorie auf die Vorbilder Johann Gottfried Schadows und Beispiele aus seinem Œuvre: das
Grabmal des Grafen von der Mark, die Statuen Friedrichs II., Luthers, Blüchers, Zietens,
Leopolds von Anhalt-Dessau und der Königin Luise. Federlithographie von Adolph Menzel
zum hundertsten Geburtstag des Bildhauers am 20. Mai 1864. Berlin, Staatliche Museen
Preußischer Kulturbesitz, Kupferstichkabinett

keine historischen Vorbilder. Im Gegensatz zu Pfarrgemeinden und Dorfgemeinschaften beruhten sie auf freiwilliger Mitgliedschaft; anders als Zünfte oder Gesellenvereine standen sie Menschen aus unterschiedlichen gesellschaftlichen Gruppen offen, und anders als Klöster waren sie nicht von der Welt abgeschottet. Als öffentliche Vereinigungen privater Personen befanden sich diese Organisationen auf einer Ebene zwischen Staat und Gesellschaft. Als Klubs gleichberechtigter Bürger boten sie ihren Mitgliedern eine neuartige, nicht an die ständige Ordnung gebundene Art des geselligen Verkehrs. Als kulturelle Foren für Lesende und Schreibende förderten sie eine neue Form der politischen Debatte.

In solchen Debatten spielten, wie in den verwandten Bereichen der literarischen und philosophischen Diskussion, gebildete Eliten eine tonangebende Rolle. Gewiß zogen die verschiedenen in der öffentlichen Sphäre wirkenden Organisationen Mitglieder aus vielen gesellschaftlichen Gruppen an: Grundbesitzer, Kaufleute, auch einige wenige ehrgeizige Handwerksmeister und kleine Geschäftsleute. Das wichtigste Element, quantitativ sowie qualitativ, waren jedoch die Akademiker, höheren Beamten und Geistlichen, also die Träger der literarischen Kultur insgesamt. Sie hatten die Ausbildung, die Erfahrung und die Chance, aktuelle Vorstellungen zu Politik und Gesellschaft zu entwickeln. Dank ihrer Bildung konnten sie geistige Entwicklungen im In- und Ausland verfolgen. Aufgrund ihrer sozialen Stellung waren sie den traditionellen Sphären des Dorfes, der Zunft oder des Hofes entrückt. Infolge ihrer Rolle im Staat hatten sie direkten oder indirekten Zugriff auf potentiell höchst wirksame Instrumente für die gesellschaftliche Veränderung, für die politische Praxis wie für die politische Theorie.

Bürokratien in Aktion zu sehen ermunterte die Menschen zu dem Glauben, die Politik lasse sich kodifizieren, standardisieren und unter bestimmte allgemeine Regeln subsumieren. Was dies theoretisch implizierte, lag auf der Hand: Die Politik folgte Gesetzmäßigkeiten, die man studieren, formalisieren und künftigen Praktikern beibringen konnte. Die Kameralistik, die Wissenschaft von der Verwaltung, war im 18. Jahrhundert zu einer akademischen Disziplin geworden. Lehrstühle für Kameralistik wurden 1727 in Halle und Frankfurt an der Oder eingerichtet. In Göttingen, Königsberg und später auch an vielen anderen deutschen Universitäten wandten Gelehrte, die traditionelle Fächer wie Jura oder auch neuere wie Polizeiwissenschaft oder Nationalökonomie lehrten, ihr Augenmerk dem Handwerk des Staatsmanns zu. »Politik«, schrieb August Ludwig Schlözer 1793, »hob sich im 17. Saeculum, ihrer Würde gemäß, als eine eigene weitschichtige Klasse hochwichtiger Kenntnisse hervor, wie die Jurisprudenz im 12., die Medizin im 16. Jahrhundert.« Die Kameralistik war, wie Keith Tribe gezeigt hat, die Lehre vom politischen Management, ein Versuch, Gesetzmäßigkeiten zu definieren, die es der Verwaltung ermöglichen würden, das Leben der Gesellschaft zu regulieren und deren Fortschritte zu fördern.

Die theoretischen Formulierungen der Kameralistik hingen von Anfang an untrennbar mit den praktischen Problemen des Staatsaufbaus zusammen. Im Wien des späten 17. Jahrhunderts verfaßten Philipp Wilhelm von Hörnigk, der Autor von »Österreich über alles, wenn es nur will«, und sein Schwager Johann Joachim Becher Abhandlungen über Politik, während sie zur gleichen Zeit im habsburgischen Staatsdienst Karriere machten. Johann Heinrich von Justi, dessen 1759 veröffentlichter »Grundriß einer guten Regierung« einen weiteren wichtigen Meilenstein in der Entwicklung der Verwaltungswissenschaft darstellte, war ebenfalls Staatsdiener. Justi vertrat die Überzeugung, der Staat habe die Aufgabe, das »Gemeinwohl« zu fördern, worunter er in einem rein weltlichen Sinn Wohlstand und Glück der Menschen verstand. Das Allgemeinwohl war in seinen Augen allerdings untrennbar mit dem Wohlergehen des Staates verbunden. »Alle Gesetze eines Landes müssen dahin abzielen, dem Staate so viel Stärke, Macht und Glückseligkeit zu verschaffen, als er nach seinen Umständen nur immer erreichen kann.« Analog dazu hingen Freiheit und Gehorsam ebenfalls untrennbar zusammen. »So lange aber die Bürger nur denen zu der gemeinschaftlichen Glückseligkeit gegebenen Gesetzen zu gehorchen haben, so sind sie wirklich frei. Dieses ist der wesentliche Charakter der bürgerlichen Freiheit.« Gleich Hörnigk und Becher war Justi ein Außenseiter, ein aufstrebender junger Mann, der sein eigenes Bedürfnis nach Status und Macht mit der expandierenden Rolle des Staates im gesellschaftlichen und politischen Leben identifizierte. Ambitioniert, tatkräftig und rücksichtslos, war Justi ein Typ wie aus einem Balzac-Roman. Er starb im Gefängnis, wohin ihn ein noch problematischerer Herr und Meister, ein prototypischer Staatserbauer, Friedrich der Große, mit dem ungerechtfertigten Vorwurf finanzieller Verfehlungen gebracht hatte.

Dem österreichischen Autor Joseph von Sonnenfels blieb es vorbehalten, der Vollender der Kameralistik des 18. Jahrhunderts zu werden. Sein Großvater ist Oberrabbiner in Brandenburg gewesen. Sein Vater war, um der Chance einer akademischen Karriere willen, zum Katholizismus übergetreten und hatte 1745 einen Ruf an die Wiener Universität als Professor für orientalische Sprachen erhalten; ein Jahr später war er geadelt worden. Joseph studierte nach einer bewegten Jugend Jura, betätigte sich aktiv in der österreichischen Literaturszene und wurde 1763 Professor für Polizeiwissenschaft in Wien. In den fünfzehn Jahren, die folgten, war er einer der einflußreichsten Männer im Habsburger Reich. Er bildete Dutzende hoher Beamte aus, beriet die Kaiserin und ihre engsten Mitarbeiter und prägte mit wissenschaftlichen Abhandlungen und seiner vielgelesenen Wochenschrift »Der Mann ohne Vorurteil« die öffentliche Meinung. Wie Justi propagierte Sonnenfels ein rein weltliches und pragmatisches Politikverständnis. Nach seiner Überzeugung hatte die Staatsmacht allein die Aufgabe, Wohlstand und Glück der Bürger zu ermöglichen und zu fördern. Dafür mußten sich die Bürger jedoch dem Staat verschreiben. In der Monarchie, schrieb er, erscheine dem Bürger das Zentrum der Macht auf eine Person konzentriert, als das Zentrum der Wohlfahrt. Mehr als die meisten anderen Kameralisten befaßte sich Sonnenfels mit der Notwendigkeit einer Hebung der Moral. In seiner Zeitschrift verurteilte er die unmoralischen Exzesse der Aristokratie ebenso wie die barbarischen Elemente der Volkskultur. Der Libertinismus müsse als politisches Verbrechen geahndet werden, forderte er 1767. Sowohl im Kampf um moralische Fortschritte als auch in bezug auf die Förderung des materiellen Wohlstands erwartete Sonnenfels vom Staat wirksame Führung.

Zu den wichtigsten Leistungen der Kameralistik gehörte ihre Erkenntnis, daß die Größe und der Wohlstand der Bevölkerung für den politischen Erfolg eines Staates ebenso wichtig waren wie die Persönlichkeit des Herrschers und die Verfassung seiner Streitkräfte. Johann Joachim Becher definierte den Wohlstand eines Volkes weniger in monetären als in produktiven Kategorien und leistete damit einen wichtigen Beitrag zum Verständnis der Tatsache, daß der Staat für das materielle Wohlergehen der Bevölkerung einerseits verantwortlich, andererseits davon abhängig ist. Auch Justi anerkannte die Bedeutung einer florierenden Volkswirtschaft als Instrument sowie als Ziel der Staatskunst. Wie viele seiner Zeitgenossen trat er dafür ein, die in die traditionelle Gesellschaftsordnung eingebauten Schranken ein Stück weit abzubauen. Er war bereit, das Zunftsystem beizubehalten, wollte aber die Machtbefugnisse der Zünfte beschnitten und die unternehmerische Betätigung erleichtert sehen. Jedem Begabten, forderte er, solle es möglich sein, einen Meisterbrief zu erwerben. Der Staat müsse darüber hinaus alles Erdenkliche tun, die gewerbliche Produktion anzukurbeln, zusätzlich Boden urbar zu machen und das Bevölkerungswachstum zu fördern. Sonnenfels pflichtete all dem bei. Er verurteilte die Leibeigenschaft als gesellschaftlich entwürdigend und wirtschaftlich abträglich, mißtraute den Zünften und war gegen jede Beeinträchtigung der unternehmerischen Initiative. Wirtschaftlicher Wohlstand und staatsbürgerliche Freiheit gingen für ihn Hand in Hand.

Die Wirkung, die die französischen Physiokraten und die klassischen britischen Nationalökonomen in Deutschland auslösten, läßt sich zutreffender als eine Erweiterung der herrschenden kameralistischen Lehrmeinungen beschreiben denn als deren Gegenbewegung. Die von den Ökonomen erarbeitete Analyse der systematischen Beziehungen zwischen Produktion, Konsumtion und Handel fand den Beifall zahlreicher deutscher Theoretiker und Praktiker. Adam Smiths Werk »The wealth of nations« wurde bald nach seinem Erscheinen 1776 von J. F. Schiller, einem Vetter des Dichters, ins Deutsche übersetzt. 1777 schrieb Johann Georg Feder für den »Göttinger Gelehrten Anzeiger« eine ausführliche Besprechung des Buches. In Göttingen, wo Feder Professor war, wurden die Lehren der britischen Ökonomen einer wohlwollenden und einflußreichen Zuhörerschaft aus zukünftigen Staatsbeamten nahegebracht, ebenso in Königsberg unter der Ägide von Christian Jakob Kraus. Das westliche Denken mit seiner Betonung auf den Vorzügen der wirtschaftlichen Freiheit lieferte eine machtvolle theoretische Waffe gegen die alte Ordnung. Aufgeklärte Denker und reformorientierte Bürokraten konnten sich dieser Ideen bedienen, um die Zünfte, die ständische Obrigkeit in den Kleinstädten und die Privilegien des grundbesitzenden Adels zu diskreditieren. Die hartnäckigsten Befürworter wirtschaftlicher Freiheit in Deutschland waren daher nicht etwa Unternehmer, die das Joch staatlicher Kontrolle abwerfen wollten, sondern Beamte der Staatsverwaltung, die die Staatsmacht als Werkzeug der sozialen und wirtschaftlichen Emanzipation gebrauchen wollten. Das führte dazu, daß die ökonomischen Lehren französischer und britischer Provenienz unter den deutschen Rahmenbedingungen insofern eine subtile Abwandlung erfuhren, als die deutschen Theoretiker nicht die völlige Staatsunabhängigkeit des Marktes forderten, sondern weiterhin die wichtige Rolle des Staates als lenkende Kraft des wirtschaftlichen Geschehens akzeptierten.

Deutsche Denker neigten oft dazu, in der wirtschaftlichen Emanzipation einen die Staatsmacht stärkenden Faktor, manchmal auch ein Ergebnis ihres Wirkens, zu sehen. Ebenso gern verbanden sie die Erörterung der individuellen Freiheit mit Überlegungen zur politischen Autorität. Christian Thomasius war sehr beeindruckt von John Lockes Axiom, daß es unveräußerliche, jedem staatlichen Zugriff entzogene Menschenrechte gebe. Dieser Grundsatz ließ sich allerdings, gleich den Ideen der klassischen britischen Ökonomen, sehr schwer in die deutsche Theorie oder Praxis übertragen. Thomasius stellte zunehmend engere Verknüpfungen zwischen Menschenrechten und Macht, Freiheit und Unterordnung her. Er endete letztlich bei der These, die freieste Entscheidung des Einzelnen sei die zum Gehorsam, und schaffte es damit, wie Leonard Krieger scharfsinnig bemerkt hat, den Menschenrechtsbegriff zu einem Argument für anstatt gegen den absoluten Herrschaftsanspruch des Staates zu machen. Christian Wolff, neben Thomasius der zweite große Vermittler der Ideen des westlichen Rationalismus nach Deutschland, war zu Beginn seiner Laufbahn als politischer Theoretiker ebenfalls ein entschlossener Verfechter der Freiheit des Einzelnen. Er blieb in seinen Schriften auch ein beredter Anwalt der Freiheit, der Tugenden der Demokratie und sogar des Rechts auf Widerstand gegen illegitime Herrschaft. Seine Darlegungen zur Macht des Staates sind freilich umfassender und überzeugender als seine Erörterung der Rechte des Einzelnen. In seinem 1721 veröffentlichten Buch »Vernünftige Gedanken von dem gesellschaftlichen Leben der Menschen« stellte Wolff die wesentlichen Elemente eines aufgeklärten Absolutismus vor. Da der Staat dazu da sei, die allgemeine Wohlfahrt und Sicherheit zu fördern, dürfe und müsse er seine Bürger zu einem mit diesen Zielen in Einklang stehenden Verhalten zwingen. Ihre Grenze fänden die Autorität des Staates und die Gehorsamspflicht seiner Bürger lediglich in der Rationalität der Staatsziele.

Während Thomasius und Wolff im Rationalismus nach stichhaltigen Rechtfertigungen für die Freiheit des Einzelnen und für die Lehre von den Naturrechten suchten, wollte Johann Jakob Moser Orientierung im Pietismus und in der traditionellen Ständeordnung finden. Moser entstammte einer württembergischen Juristen- und Beamtenfamilie. Im Laufe seines langen Lebens diente er einigen deutschen Fürsten, darunter Friedrich Wilhelm von Preußen, bekleidete mehrere akademische Stellungen und brachte ein außerordentlich breites und vielschichtiges Œuvre von Schriften über Recht und Staatskunst hervor. Infolge seiner Verwicklung in die Machtkämpfe zwischen dem Herzog von Württemberg und seinen Ständen mußte Moser fünf Jahre im Gefängnis verbringen – ein Zeugnis für seinen unbändigen Mut und seine pathetische Unnachgiebigkeit. Als überzeugter Christ war Moser entsetzt über die moralische Korruption, die er an vielen Fürstenhöfen antraf, und über die geistige Armut der Staatsapparate. »Nun aber leben wir in einem Jahrhundert«, schrieb er 1772, »darinnen manche große Herren Lust bekommen, sich nicht nur, auch ohne Noth, zu ihrem Vergnügen, in eine starke militar-Verfassung zu setzen, sondern auch ihre Lande auf militärisch zu regieren.« Dem militärischen Modell setzte Moser sein Ideal eines deutschen Kleinfürstentums entgegen, in dem der Fürst die ihm zustehenden Privilegien und die Untertanen die ihnen gebührende Freiheit genießen würden. Repräsentative Institutionen, wie sie sich in Württemberg noch erhalten hatten, stellten den besten Schutz vor despotischen Tendenzen dar. Naturrechte und rationale Grundsätze waren nach Überzeugung Mosers theoretisch ohne Grundlage und praktisch ohne Nutzeffekt.

Friedrich Karl von Moser, Johann Jakobs Sohn, stand als Beamter ebenfalls im Dienst einiger deutscher Staaten und verfaßte wichtige Schriften zur zeitgenössischen Politik. Wie sein Vater verabscheute er die Forderung des militärischen Staates nach einem »blinden und unumschränkten Gehorsam«, verurteilte die Perversion der Macht und rühmte die in die traditionelle Ordnung eingebauten Kontrollen und Gegengewichte. Der jüngere Moser stand freilich den Idealen des aufgeklärten Absolutismus weitaus näher als sein Vater. »Ein würcklich freier Mensch ist«, schrieb er 1763, »der nicht weiter untertan ist, als die Ordnung und Erhaltung der Regierungsform erfordert, in welcher er lebt.« Im Kampf um einen Fortschritt zum Besseren setzte er seine größte Hoffnung auf eine allmähliche geistige Umwälzung. In seiner Abhandlung »Der Herr und der Diener«, 1759 geschrieben und 1761 ediert, als sein Vater in einer Gefängniszelle schmachtete, artikulierte er die Sehnsucht nach einem Herrscher, der in sich das nötige Maß an religiöser Sensibilität und aufgeklärten Anschauungen vereinte, um die materielle und moralische Verbesserung seiner Untertanen voranzubringen. Aus einer ähnlichen Wurzel stammte Mosers Überzeugung, daß die politischen Ordnungsprobleme in Mitteleuropa sich am besten durch eine moralische Erneuerung würden lösen lassen. In seinem vieldiskutierten Pamphlet von 1765, »Von dem deutschen Nationalgeist«, beklagte er den Niedergang der Institutionen des Reiches, die damals unter dem Konflikt zwischen Habsburgern und Hohenzollern schwer litten, empfahl aber zur Lösung der Probleme eher pädagogische und personelle als institutionelle Veränderungen. Um eine Stärkung des deutschen Nationalgeists zu erreichen, bedürfe es, so mahnte Moser, einer besseren Vermittlung rechtskundlichen Wissens und eines höheren Maßes an gutem Willen seitens der deutschen Territorialfürsten.

Justus Möser veröffentlichte eine kritische Besprechung des Moserschen Nationalgeists-Traktats, in der er den Gedanken zurückwies, fürstliche Macht oder professorale Beredtsamkeit könnten eine geistige Umwälzung herbeiführen. Möser war, wie die Mosers, Jurist und ein Mann, der energisch am öffentlichen Leben teilnahm. Er war jedoch kein wandernder Verwaltungsfachmann, kein Diener vieler Staaten und Berater von Königen und Kaisern. Sein Vaterland war Osnabrück, und sein politisches Universum endete an den Markungsgrenzen der Stadt. Der deutsche Geist, so belehrte er Moser, hause nicht in Universitätshörsälen und an Fürstenhöfen, sondern in den organischen bäuerlichen Lebensgemeinschaften, in der intakten Gesellschaft der Kleinstädte und in den freien Zusammenschlüssen von Menschen, die sich zur Verteidigung ihrer Heimat zusammentaten. Die politische Weisheit sei in der reichen Fülle dieser Institutionen zu Hause, nicht in den Köpfen der Gelehrten, die mit »akademischen Theorien« Staaten regieren wollten. Die Politik auf solche Theorien zu reduzieren, kam nach Mösers Auffassung einem Vergehen an der Natur und einer Annäherung an den Despotismus gleich, der immer wieder versuche, dem Leben mit Regeln eine Zwangsjacke anzulegen. Möser übte mit seinem Eintreten für regionale Vielfalt, traditionelle Freiheiten, menschliche Maßstäbe und für die Weisheit der Antike außerordentlichen Einfluß auf seine Zeitgenossen und auf nachfolgende Generationen aus. Goethe und Herder fanden seine Ideen über Kunst und Kultur bewundernswert, Barthold Georg Niebuhr und Friedrich Karl von Savigny lernten aus seinen historischen Schriften, von der Marwitz und der Freiherr vom und zum Stein zogen ideologische Lehren aus seiner Kritik am aufgeklärten Absolutismus. Welche Strategien zur Überwindung dessen, was ihm mißfiel, Möser vorschwebten, blieb indes unklar; die emotionale Kraft seiner Schriften resultierte teilweise aus dem Gespür, daß die Welt, der seine ganze Bewunderung galt, im Aussterben begriffen war, daß die Zukunft Wien und Berlin gehörte, nicht Osnabrück.

Zu den Bewunderern Mösers gehörte eine Gruppe von Autoren, deren politische Anschauungen durch die Nähe zu Hannover mit dessen Beziehungen zu England und den dort fortdauernden ständischen Traditionen geprägt war. Der bekannteste Kopf dieser Gruppe war August Ludwig Schlözer, Geschichtsprofessor in Göttingen und Herausgeber zweier wichtiger politischer Zeitschriften. Wie Möser war Schlözer ein Erzfeind allen Despotismus, der selbsternannte Quälgeist aller Duodeztyrannen im deutschsprachigen Europa. In der Auseinandersetzung mit Problemen seiner engeren Umgebung gab er sich allerdings moderater. Nachdem er sich für einen kritischen Artikel über den Hannoverschen

Postdienst einen Verweis eingehandelt hatte, enthielt er sich öffentlicher Äußerungen über seinen eigenen Staat. Es ist äußerst schwierig, aus Schlözers monumentalem, komplexem und vielfach widersprüchlichem Werk seine persönlichen Überzeugungen herauszufiltern. In vielen seiner Zeitschriftenartikel schien er für eine rationale, aufgeklärte Regierung einzutreten, befreit von der schäbigen Possenreißerei, wie sie in den kleineren Staaten verbreitet war. In manchen seiner Vorträge und theoretischen Schriften schien dagegen eine Neigung zu einer Art Mischverfassung anzuklingen, innerhalb derer Fürst und Stände zusammenarbeiten würden. In seiner »StatsGelartheit« schrieb Schlözer: »Kein Ein-Herscher regire one Stände: er stelle sie her, wo sie durch Tyrannei oder Zufall unterdrückt worden; er erschaffe sie, wo sie nie gewesen sind. – Diese Stände seien auf gehörige Art organisirt: der überwiegende Teil von ihnen sei vom Volke, nach einem Felerfreien RepräsentationsSystem, gewält; und alle ihre Verhandlungen geschehen mit legaler Publicität, one die kein GemeinGeist, kein Zutrauen des Volkes zu seinen Repräsentanten denkbar ist.« Nirgendwo jedoch sprach Schlözer sich ausdrücklich für die Einführung einer solchen Verfassung in deutschen Landen aus; wie so viele Kritiker der herkömmlichen Ordnung, zog er es vor, Alternativen allenfalls anzudeuten.

Die kritische Auseinandersetzung mit Despotismus und Korruption, die im Denken Schlözers, Mösers und der Mosers eine zentrale Stelle einnahm, wurde von einer Reihe wichtiger deutscher Autoren der zweiten Jahrhunderthälfte weitergeführt und verschärft. Lessings »Emilia Galotti« basierte auf einem im alten Rom spielenden Stück spanischer Herkunft, doch er verlegte die Geschichte in das Italien seiner Zeit, um so die Aufmerksamkeit seines Publikums auf die Mißstände der höfischen Gesellschaft im eigenen Land lenken zu können. Die Autoren des Sturm und Drang ritten in den siebziger Jahren stimmgewaltige Attacken auf die Tyrannei, während in Wien Dramatiker wie Paul Weidmann Kritik an Folterjustiz und Privilegienmißbrauch übten. Selbst Goethe, der in vieler Hinsicht unpolitischste der großen deutschen Dichter, siedelte seinen »Egmont« in der politisch aufgeladenen Atmosphäre des holländischen Befreiungskampfes gegen Spanien an und ließ seinen Protagonisten in diesem Kontext um seine persönliche Erfüllung ringen. Wiewohl in diesen Dramen die Frustrationen und Sehnsüchte ihrer Gegenwart zum Ausdruck kamen, blieb ihre politische Bedeutung auf typische Weise vage. In »Emilia Galotti« werden böswillige Ratgeber an den Pranger gestellt, während der Fürst selbst und mit ihm das politische System als Ganzes relativ unversehrt bleiben. Im »Egmont« verschwinden Goethes politische Absichten bald hinter seiner Sorge um die persönlichen Geschicke seines Helden. Dessen Handeln mag politische Konsequenzen haben, doch sie liegen außerhalb des dramatischen Rahmens. Was aufscheint, sind die für das Schicksal Egmonts ursächlichen Faktoren, gegen die er einen aussichtslosen Kampf führt.

Eine tiefreichende Unsicherheit durchzieht auch das Werk Schillers, der meist als der politischste Kopf unter den bedeutenden deutschen Dichtern des 18. Jahrhunderts angesehen wird. Das für seine frühen Dramen zentrale Motiv der Rebellion spiegelt seine eigenen unglücklichen Erfahrungen als Kadett im Dienst eines kleinmütigen Tyrannen wider. Wie ihr Schöpfer rebellieren die Protagonisten Schillers gegen ungerechte Machthaber und rennen gegen gesellschaftliche Schranken an. Viele von Schillers Zeitgenossen identifizieren sich vermutlich mit der Rastlosigkeit des Dichters, die ihren Ausdruck in den tragischen Kämpfen seiner Heldenfiguren gegen die finsteren Kräfte der Intrige fand. Der politische Sinn dieser Kämpfe bleibt dennoch offen. »Die Räuber« spielen in einer vorgeschichtlich anmutenden Welt ohne politisches System. Im »Fiesco« bleibt unklar, welchen Zweck der Held mit seinem Komplott verfolgt; man begreift lediglich, daß sein Schicksal besiegelt ist, als er sich für die öffentliche Tat und gegen die persönliche Verpflichtung entscheidet. Für »Kabale und Liebe« liefert zwar das politische System den Rahmen, aber die Handlung läßt das System als solches unverändert. Der Herzog, unsichtbar und doch im Brennpunkt der Intrige stehend, geht aus dem Unheil, das er anrichtet, offenbar unversehrt hervor. Anders als in griechischen Tragödien oder in denen von Shakespeare, steht bei Schiller der Tod des Helden nicht für eine Reinigung des politischen Systems, die die Voraussetzung für eine neue, bessere Ordnung schafft. Die einzige positive Wirkung, die das Geschehen zeitigt, besteht darin, daß der Bösewicht, Ferdinands Vater, moralische Läuterung erfährt, allerdings auf Kosten seiner politischen Macht.

In den Werken Schillers, wie in denen seiner Zeitgenossen, spielen sich die zentralen Konflikte nicht im Gesellschaftlichen und Institutionellen, sondern im Geistigen und Moralischen ab. »Kabale und Liebe« zeigt, wie der Titel bereits andeutet, das Aufeinanderprallen zweier gegensätzlicher Sensibilitäten: einer manipulativen, negativen, bösen und einer echten, aufrichtigen, das Gute wollenden. »Meine Begriffe von Größe und Glück«, erklärt Ferdinand seinem Vater in der siebten Szene im zweiten Bild des ersten Aufzugs, sind »nicht ganz die Ihrigen ... Mein Ideal von Glück zieht sich genügsamer in mich selbst zurück. In meinem Herzen liegen alle meine Wünsche begraben.« Schiller hatte indes keineswegs die Absicht, mit seinen Stücken den Rückzug aus der Öffentlichkeit zu predigen. Wie er 1784 in seinem Vortrag über »Das Theater als moralische Anstalt« deutlich machte, hatte die Kunst seiner Meinung nach eine außerordentlich wichtige öffentliche Aufgabe zu erfüllen. Indem das Theater die ganze Bandbreite des menschlichen Daseins zwischen Pracht und Elend darstelle, lehre es die Menschen, die Tugend zu lieben und das Laster zu hassen, den Mut zu schätzen und die Schwäche zu überwinden, die Weisheit zu suchen und die Torheit zu meiden. Das Theater sei »eine Schule der praktischen Weisheit, ein Wegweiser durch das bürgerliche Leben, ein unfehlbarer Schlüssel zu den geheimsten

Zugängen der menschlichen Seele«. Aus heutiger Perspektive gesehen mag einem das wie ein Rezept für Politik-Ersatz vorkommen, doch für Schiller gehörten politische Veränderung und moralische Reform untrennbar zusammen, weil ein Staat seiner Auffassung zufolge im wesentlichen eine auf Religion, Recht und Kultur basierende sittliche Gemeinschaft war.

Schillers Version des Poeten als eines Bannerträgers war nur eine von mehreren Varianten, mit denen die Intellektuellen des 18. Jahrhunderts das öffentliche Anliegen und die gesellschaftliche Funktion der Kultur zu definieren versuchten. Herder betrachtete seine wissenschaftliche Tätigkeit als eine Ausweitung seines Predigerberufes, den er ursprünglich gewählt hatte, weil sich, wie er 1768 in einem Brief an Kant erklärte, »nach unsrer Lage der bürgerlichen Verfassung von hieraus am besten Kultur und Menschenverstand unter den ehrwürdigen Teil der Menschen bringen lasse, den wir Volk nennen«. Herders Eintreten für eine deutschsprachige Literatur war zugleich ein Beitrag zur Hebung des politischen Bewußtseins und des moralischen Niveaus der Bevölkerung. Sein 1788 geschriebener Essay »Idee zum ersten patriotischen Institut für den Allgemeingeist Deutschlands« setzt beim Problem der Zersplitterung Deutschlands an und fragt nach Möglichkeiten ihrer Überwindung. Nach einer euphorischen Übersicht über die politischen und kulturellen Errungenschaften der Gegenwart – er vergleicht sie mit Lichtstrahlen, die in alle deutschen Provinzen eingedrungen seien – wendet er sich der Sprache zu, die als »ein gelehrtes oder politisches Werkzeug« anzusehen sei, das den »Vereinigungspunkt« der verschiedenen Provinzen abgeben könne. Ein Institut zur Förderung der Spracherziehung und Sprachreform würde daher die Deutschen näher zusammenrücken lassen, die politische Zusammenarbeit fördern und zur Verbreitung sittlicher Werte beitragen. Die Implikationen eines solchen Projekts für die Zukunft der Nation waren für Herder unermeßlich: »Die Geschichte zeigt, daß alle herrschenden Völker der Weltperioden nicht durch Waffen allein, sondern vielmehr durch Verstand, Kunst und durch eine ausgebildete Sprache, über andre Völker oft Jahrtausende hin geherrschet haben.« Kulturelle Reform war für Herder weder ein Ersatz noch eine Vorbedingung für politische Stärke; beide gingen Hand in Hand, sich aufeinander stützend und voneinander profitierend.

Kant faßte die wechselseitige Abhängigkeit zwischen Kultur und Politik in seiner berühmten Antwort von 1784 auf die Frage »Was ist Aufklärung?« in eine leicht abweichende, aber eindeutig analoge Formel. Seinem Argument zufolge war Aufklärung weder eine Qualität noch ein Zustand, sondern eine Art des Denkens. Aufgeklärt sein hieß willens und fähig sein, kritisch und selbständig zu denken – etwas, wozu selbst im Zeitalter der Aufklärung nur die wenigsten in der Lage seien. Falls deren Zahl zunehmen solle, müßten die Menschen die Freiheit haben, ihre Ansichten vorzutragen und über die sie beschäftigenden Fragen zu diskutieren. Die Sphäre der Öffentlichkeit müsse daher für jedermann offenstehen und von jeder staatlichen Beschränkung frei sein. Kant hoffte offenbar, eine vermehrte Anzahl aufgeklärter Köpfe im öffentlichen Kreis werde wichtige Konsequenzen für Politik und Gesellschaft nach sich ziehen, die, wie er wohl wußte, noch Domänen der Ungerechtigkeit und der Irrationalität waren. Konkrete Aus- und Vorhersagen über die institutionellen Folgen des Übergangs zu einer aufgeklärteren Öffentlichkeit machte Kant nicht. Er sprach sich sogar dafür aus, die institutionellen Herrschaftsstrukturen intakt zu lassen, solange der Prozeß der Aufklärung andauerte. Nur in der privilegierten Sphäre der literarischen Debatten herrsche uneingeschränkte Freiheit. Ein Pastor zum Beispiel dürfe als Schriftsteller herrschende Lehren in Frage stellen, aber in seinen sonntäglichen Predigten müsse er auf der Linie der orthodoxen Lehrmeinungen bleiben. Diese Kombination aus geistiger Freiheit und politischer Unterordnung war, wie Kant glaubte, die spezifische Stärke Preußens unter Friedrich II.: »Aber auch nur derjenige (Fürst), der, selbst aufgeklärt, sich nicht vor Schatten fürchtet, zugleich aber ein wohldiszipliniertes zahlreiches Heer zum Bürgen der öffentlichen Ruhe zur Hand hat, – kann das sagen, was ein Freistaat nicht wagen darf: räsonniert, so viel ihr wollt, und worüber ihr wollt; nur gehorcht!«

Eine ganze Reihe von Intellektuellen des 18. Jahrhunderts war sich mit Kant in dem Vorsatz einig, öffentliche Kritik mit praktischer Unterordnung zu verbinden. Herder beispielsweise verurteilte einerseits jegliche Inquisition als schädlich für die »Republik des Lernens«, räumte andererseits ein, daß Zügellosigkeit und moralische Gleichgültigkeit nicht zugelassen werden könnten. Des weiteren äußerte er die Überzeugung, daß Freiheit dann unterdrückt werden müsse, wenn sie »das Rad des Staates« zum Stehen brachte. Der oft als radikaler Aufklärer eingestufte Carl Friedrich Bahrdt sagte es noch unverblümter, so daß ihm moralischer Libertinismus vorgeworfen wurde, der seiner Lehr- und Predigttätigkeit in Leipzig und anschließend in Erfurt sowie in Gießen ein Ende bereitete. Die deutschen Intellektuellen hatten sich auf breiter Front mit der Staatsmacht abgefunden und arrangiert. Viele Deutsche des 18. Jahrhunderts setzten gerade in den Staat große Reformhoffnungen und sahen in ihm das denkbar beste Bollwerk gegen die Reaktion einerseits und die Gewalttätigkeit des Pöbels andererseits. Dazu kam die Tatsache, daß viele Schriftsteller in direkter oder indirekter wirtschaftlicher Abhängigkeit von der Staatsmacht standen, was ihre Neigung, dieselbe herauszufordern, bremste. Da Schriftsteller kaum von ihrer Arbeit leben konnten, übten die meisten ein besoldetes Amt aus oder lehrten an einer Universität oder mußten sich nach einem hochgestellten Mäzen richten. Die kritische Selbstbescheidung, wie sie exemplarisch im Denken und Sein Kants existierte, spiegelte sehr genau die schwierige Lage eines Intellektuellen wider, der völlig in die herrschende politische Ordnung eingebunden war und sich dabei nicht besonders wohl fühlte. In engem Zusammenhang mit ihrem gespaltenen Verhältnis zur politischen Obrigkeit stand die Gesellschaftsauffassung der deutschen Intellektuellen. Viele Autoren beschworen auf der einen Seite das Volk als das eigentliche Substrat aller Kultur und priesen die Universalität der neuen deutschen Literatur als eine ihrer größten Stärken, um sich auf der anderen Seite, angewidert von dem, wie Herder einmal schrieb, »Gesindel auf der Straße«, abzuwenden, das nie singe oder erschaffe, sondern bloß brülle und verstümmle. In der Literatur jener Zeit kam das gemeine Volk meist nur in Gestalt niederen Pöbels vor. Im »Götz von Berlichingen« erscheinen die Bürger, die im vierten Aufzug auftreten, als feige und verräterisch, und in Schillers »Fiesco« wirkt das Volk wie eine Masse ohne Orientierung und Disziplin, vom Protagonisten verdientermaßen mit Verachtung gestraft. Kant glaubte nicht, daß seine kritische Philosophie sich auf die Religiosität des Volkes auswirken würde, da die einfachen Menschen nicht in der Lage seien, so subtile Gedankengänge zu verstehen. Begriffe wie Aufklärung und Kultur gehörten, wie Moses Mendelssohn schrieb, der »Büchersprache« an, die vom Pöbel so gut wie gar nicht verstanden werde. Wie ihr Verhältnis zur politischen Obrigkeit, spiegelte auch diese Haltung zum Volk die historische Stellung der deutschen Intellektuellen des 18. Jahrhunderts wider, die sich etwas darauf zugute hielten, zum einen die wahren Vertreter des Volkes zu sein, zum anderen eine neue, der unaufgeklärten Masse weit entrückte Elite darzustellen.

Mendelssohn verknüpfte in seiner Antwort auf die Frage »Was ist Aufklärung?« die Begriffe der Aufklärung und der Kultur mit dem der Bildung. Alle drei seien Variablen des gesellschaftlichen Lebens, Früchte des Bemühens der Menschen um die Verbesserung ihrer sozialen Verhältnisse. Der Begriff der Bildung mit seiner Herkunft aus dem Pietismus und seinen Assoziationen zu solchen zentralen Anliegen des 18. Jahrhunderts wie Kunst, Erziehung und Kultur brachte die Bemühungen der Intellektuellen um die Hebung der allgemeinen Moral am besten zum Ausdruck. Der Begriff wurde in vielfältiger Weise verwendet und mit unterschiedlichen philosophischen und emotionalen Färbungen versehen. Für Kant und Mendelssohn war Bildung gleichbedeutend mit aufgeklärtem Denken; für Herder und Schiller hatte der Begriff einen eher kultur- und kunstbezogenen Charakter. Bildung war ein politisch und sozial »vielwertiges« Element, das sich mit Protest und Gehorsam, mit Kritik und Anpassung vertrug. Bildung repräsentierte universale Werte, aber auch die spezifischen Ansprüche einer neuen Elite. Bildung barg, in welcher besonderen Ausprägung auch immer, die Hoffnungen und Bestrebungen der Intellektuellen des 18. Jahrhunderts für sich selbst und ihre Gesellschaft.

Aufs Ganze gesehen, deckte sich die politische Diskussion in Deutschland mit der politischen Erfahrung der gebildeten Eliten, die sie führten. Die Kameralistik lieferte den Dienern des bürokratischen Staates nicht nur eine wissenschaftliche Verwaltungstheorie, sondern auch die Mittel zur Legitimierung ihrer politischen Herrschaftsansprüche. Bildung in allen Varianten des Begriffes diente den Intellektuellen zur Untermauerung ihrer Ambitionen auf die Übernahme der moralischen Führungsrolle in ihrem Gemeinwesen. In der Regel war die Theorie dort am schwächsten, wo die Erfahrung am geringsten war. Nur wenige deutsche Denker machten den Versuch, den Charakter und die Grenzen der politischen Herrschaft zu definieren oder institutionelle Alternativen zur bestehenden Ordnung aufzuzeigen. Das hatte zur Folge, daß diejenigen staatsrechtlichen Fragen, die das politische Denken und Handeln des 19. Jahrhunderts beherrschen sollten, vor 1789 kaum gestellt wurden. Die Deutschen interessierten sich zumeist nicht sehr für Fragen wie die nach dem Ursprung der Souveränität, dem legitimen Ausmaß staatlicher Macht oder dem Grad demokratischer Teilhabe. Das bedeutete nicht, daß sie so unpolitisch waren, wie manche Historiker behaupten. Viele Denker des 18. Jahrhunderts waren politisch durchaus engagiert, doch ihr Engagement war von der politischen Welt geprägt, in der sie lebten. In Anbetracht der ihnen zur Verfügung stehenden Handlungsoptionen dachten und handelten sie zwangsläufig eher wie Bürokraten und Publizisten denn wie Parteiführer und Parlamentarier.

Man kann den Entwicklungsstand des deutschen politischen Denkens im späten 18. Jahrhundert ganz gut aus der Reaktion der Deutschen auf das Aufbegehren der amerikanischen Kolonien gegen ihr englisches Mutterland ablesen. Trotz der weiten Entfernung und der Komplexität des Geschehens nahmen diese Ereignisse auf der anderen Seite des Atlantischen Ozeans die Phantasie vieler politisch informierter Deutschen gefangen. Wie Johann Heinrich Voß 1782 schrieb, waren die politischen Zeitungen »voll von Amerika«. Die meisten deutschen Beobachter schienen mit den rebellischen Kolonisten zu sympathisieren, erkannten sie doch in deren Kampf ihre eigenes Bemühen wieder, gegen Despotismus und Privilegienherrschaft aufzustehen. Doch auch den entschiedensten Sympathisanten fiel es schwer, die staatsrechtlichen Fragen, um die es ging, zu erfassen. Nur wenige verstanden das amerikanische Konzept des Föderalismus; niemand erkannte die theoretische und praktische Bedeutung der Volkssouveränität.

Im Zusammenwirken mit den unübersehbaren Anzeichen für politische, gesellschaftliche und kulturelle Wandlungsprozesse in der engeren Umgebung bestärkte die Amerikanische Revolution einige Deutsche in der Überzeugung, daß die Welt nie wieder dieselbe sein würde. In Amtsstuben und Geschäftskontoren, in Freimaurerlogen und Lesegesellschaften, auf Landgütern und in Universitätshörsälen debattierten die Menschen über Art und Richtung des sich vollziehenden Wandels. Veröffentlichungen zu vielen unterschiedlichen Themen lieferten Handreichungen für das, was ihre Autoren oft »Verbesserung« nannten – Verbesserungen, wie Christian Wilhelm Dohm sie den Juden und Theodor von Hippel sie, sehr viel radikaler, den Frauen verhieß. Damit Verbesserungen möglich wurden, bedurfte es sowohl des gegenseitigen Verständnisses als auch der Tat, sowohl der Erkenntnis der Welt, wie sie war, als auch konkreter Schritte in die

Richtung, in die sie sich entwickeln sollte. Rudolf Zacharias Becker schrieb in seinem vielgelesenen »Noth- und Hülfs-Büchlein«, »daß man mit Verstand, Ge-schicklichkeit und Fleiß alles in der Welt verbessern und selbst immer besser und dadurch glücklicher werden kann, wenn man will«. Becker war in keiner Weise ein politisch radikaler Kopf, obwohl die Botschaft seines Büchleins auf zutiefst radikalen Annahmen beruhte. Weil die gesellschaftliche und die politische Ord-nung nicht bloß Produkte der Vorsehung oder des Zufalls waren, ließ sie sich beobachten, analysieren sowie verbessern. Und weil Verbesserungen der gesell-schaftlichen und politischen Ordnung womöglich ein verborgenes Potential an Fortschritt und Glück freisetzen mochten, konnten diejenigen, die sich den Ver-besserungen widersetzten, für die Fortdauer von Stagnation und Elend verant-wortlich gemacht werden. Diese für das politische Bewußtsein und Handeln zentralen Einsichten hatten im deutschsprachigen Europa Fuß gefaßt, noch ehe die Ereignisse in Frankreich die Konturen der politischen Debatte und die Bedin-gungen des öffentlichen Lebens radikal veränderten.

Die Deutschen und die Französische Revolution:
Konfrontation und Niederlage

Heinrich Steffens war im Sommer 1789 ein sechzehnjähriger Schuljunge und lebte in Kopenhagen. Sein Vater, ein vom Glück verlassener Militärarzt, erzählte ihm vom Sturm auf die Bastille und sagte seinen Sprößlingen unter Tränen: »Kinder, ihr seid zu beneiden, welch eine schöne glückliche Zeit liegt vor euch!« Auf diese Weise, wie Heinrich sich später erinnerte, »trat ich, ein innerlich bewegtes, ja begeistertes Kind der Zeit, aus der stillen Einsamkeit meiner ersten Jugend heraus«. Noch lange nachdem Steffens seine Illusionen über die Revolution verloren hatte, erinnerte er sich seines anfänglichen Enthusiasmus als einer reinen, fast heiligen Empfindung. Johanna Schopenhauer, die junge Ehefrau eines wohlhabenden Geschäftsmannes, erfuhr von der Bastille durch ihren Mann, der mit der Nachricht in ihre Villa in einem Vorort von Danzig gestürzt kam. Wie Steffens wurde auch Frau Schopenhauer von den Ereignissen des Jahres 1789 in den Bann der Politik gezogen. Von da an, so schrieb sie in ihren Memoiren, »ging ein neues Leben in mir auf, unerhörte Hoffnungen eines durchaus veränderten Zustandes der Welt wurden in mir rege... Nur wenige meiner Zeitgenossen mögen jener jetzt fast vergessenen Ereignisse sich noch lebhaft erinnern, aber dann gedenken sie auch gewiß der glühenden Begeisterung, des hohen, alles wagen, alles willig aufs Spiel setzen wollenden Freiheitssinnes, der damals im Gemüt der edelsten Jugend sich entzündete.« Für Steffens, Schopenhauer und Tausende andere Deutsche markierte der Ausbruch der Revolution in Frankreich die Morgendämmerung einer neuen Zeit.

Daß die Revolution die politische Phantasie der Europäer ganz besonders entzündete, lag nicht zuletzt daran, daß sie sich in Frankreich ereignete. Frankreich war damals für sehr viele Menschen der Nabel der Welt, das Vorbild der Mode, des Geschmacks und neuer Ideen. Was in Paris geschah, mußte, so schien es, für die Menschheit bedeutsamer sein als die interessanten, aber weit entfernten Ereignisse in Amerika oder die immer wieder aufflammenden Revolutionen an der Peripherie Europas. Doch das Drama, das 1789 begann, sollte nicht auf Frankreich beschränkt bleiben; im Verlauf von rund fünfundzwanzig Jahren wirbelte es ganz Europa durcheinander. Die Langlebigkeit und Reichweite der Revolution, ihre scheinbar grenzenlose Energie und ihr unermüdlicher Vorwärtsdrang sorgten dafür, daß sich ihre Schockwellen über den ganzen Globus ausdehnten. Nicht weniger bedeutsam war der unmittelbare Einfluß, den die Kunde von der Französischen Revolution auf lokaler Ebene entfaltete, in jenen Tausenden von Dörfern und Städten, die für die meisten Bewohner die Welt ausmachten. Hier erschütterten die Kräfte der Umwälzung vertraute Institutionen und traditionelle Loyalitäten. Hier wurde der Tribut für die Veränderungen eingefordert und entrichtet, beispielsweise in Form von mehr Steuern, die die immer anspruchsvoller werdenden Staaten erhoben, oder in Form von Requisitionen für die Ausrüstung und Ernährung unersättlicher Armeen oder mittels des Blutes junger Männer, die eingezogen und auf entfernte Kriegsschauplätze geschickt wurden.

Anfängliche Reaktionen

Mannigfaltige Echos der Französischen Revolution hallten weit durch die deutsche Geisteswelt, so wie das Echo der Brandung auch noch weit vom Meer entfernt aus einer ans Ohr gehaltenen Muschel zu hallen scheint, um ein von Heinrich Heine verwendetes Bild zu zitieren. »Der einsamste Autor«, schrieb Heine, »der in irgendeinem abgelegenen Winkelchen Deutschlands lebte, nahm teil an dieser Bewegung; fast sympathetisch, ohne von den politischen Vorgängen genau unterrichtet zu sein, fühlte er ihre soziale Bedeutung und sprach sie aus in seinen Schriften.« Klopstock, der einstige Pionier der lyrischen Sensibilität, der mittlerweile eine Pension aus der königlich dänischen Staatskasse erhielt, nannte die Revolution die edelste Tat des Jahrhunderts und beklagte die relative Passivität seines eigenen Landes: »Ach, du warest es nicht, mein Vaterland, das der Freiheit Gipfel erstieg, Beispiel strahlte den Völkern umher; Frankreich war's!« Wieland, der dank seiner Position als Chefredakteur des »Teutschen Merkur« einer der einflußreichsten Publizisten in Mitteleuropa war, äußerte sich ähnlich enthusiastisch. Es sei ein Segen, schrieb er 1790 an einen Freund, dieses größte und interessanteste aller Dramen miterleben zu dürfen. In einem im selben Jahr im »Merkur« veröffentlichten Essay ermahnte er seine Leser, nicht voreilig zu urteilen. Gewisse Exzesse seien bei der Verfolgung großer Ziele unvermeidlich. Kant sprach privat unentwegt positiv über die Revolution; doch seit er 1787 mit der königlichen Zensur aneinandergeraten war, ließ er in seinen öffentlichen Verlautbarungen noch größere Zurückhaltung walten als früher.

Nicht alle deutschen Intellektuellen gerieten ob der Nachrichten aus Frankreich in Verzückung. Justus Möser zweifelte daran, daß dramatische Umwälzungen etwas Gutes bewirken könnten. In seiner Analyse der ersten französischen Verfassung vertrat er die These, Ungleichheiten seien in jeder Gesellschaftsordnung angelegt; deshalb würden mit dem Gerede über abstrakte Rechte, auf die jeder Einzelne Anspruch habe, nur gefährliche Illusionen geschürt. Goethe stand der Revolution zunächst mit mäßiger Abneigung gegenüber, ohne sich allzusehr für die Geschehnisse zu interessieren. In einem Epigramm von 1790 nörgelte er: »Alle Freiheitsapostel, sie waren mir immer zuwider; Willkür suchte doch nur jeder am Ende für sich. Willst du viele befrein, so wag es, vielen zu dienen. Wie gefährlich das sei, willst du es wissen? Versuch's!« Mit seinen Gedanken vor allem bei den Studien zur Natur der Farben und des Sehens und mit seinen neuen Amtspflichten als Direktor des Weimarer Hoftheaters arg belastet, erübrigte Goethe nicht viel Zeit und Energie auf die Beschäftigung mit auswärtigen politischen Dramen. Ende 1791 vermerkte er, es sei ein ruhiges Jahr gewesen, sowohl für ihn als für die Stadt. Etwas verwunderlicher ist, daß Schiller, der später zum Ehrenbürger der französischen Nation ernannt werden sollte, der Revolution offenbar von Anfang an skeptisch gegenüberstand. Wie Goethe mußte er sich 1789 und 1790 um eigene Angelegenheiten kümmern: eine neue Stellung in Jena, seine Heirat, eine schwere Krankheit. Als er mit seinen bedeutenden Aufsätzen von 1795 wieder in die Arena der öffentlichen Debatte stieg, wiederholte er seine vorrevolutionären Thesen von der politischen Bedeutung der Kunst.

Nach allem, was erschlossen werden kann, waren Möser, Goethe und Schiller in der Minderheit; die meisten deutschen Künstler und Intellektuellen scheinen zumindest anfänglich der Revolution viele Sympathien und oft sogar ungezügelte Begeisterung entgegengebracht zu haben, zumal die Jüngeren, die den sich in Paris abzeichnenden Auftakt einer neuen Ordnung mit dem Beginn einer Ära neuer Lebenschancen für sich gleichsetzten. Für Friedrich Gentz, der einmal bei Kant studiert hatte und jetzt preußischer Beamter war, war die Revolution der »erste praktische Triumph der Philosophie … die Hoffnung und der Trost für so viele alte Uebel, unter denen die Menschheit seufzt. Sollte diese Revolution zurückgehen, so würden alle diese Uebel zehnmal unheilbarer.« So schrieb er am 5. Dezember 1790 an Christian Garve. Johann Georg Forster, der wenig später ins Räderwerk der Revolutionswirren in Mainz geriet, feierte den Sturm auf die Bastille mit ähnlichen Worten wie Gentz: »Schön ist es aber zu sehen«, formulierte er in einem Brief vom Juli 1789 an seinen Schwiegervater, »was die Philosophie in den Köpfen gereift und dann im Staate zustande gebracht hat.« Dem preußischen Offizier Hermann von Boyen, der gerade eine Regimentsschule in Königsberg besuchte, erschien die Revolution als ein Akt praktizierten Christentums: »Was wir mit so vielem Pompe in neueren Zeiten Menschenrechte nannten«, glaubte er, »sind nichts mehr und nichts weniger als die Pflichten gegen unsere Nächsten in politischer Hinsicht.« Wie die meisten seiner Mitschüler verfolgte Boyen die Ereignisse in Paris aufmerksam und beurteilte sie positiv.

Ähnlich war die Stimmung im Tübinger Stift, das 1789 eine bemerkenswerte Troika von Genies zu seinen Schülern zählte: die späteren Philosophen Hegel und Schelling und den Dichter Hölderlin. Lehrer und Schüler des Tübinger Stifts hatten schon lange mit dem Gedankengut der Aufklärung sympathisiert; unter ihren Kutten hatten sie verbotene Werke von Rousseau und Voltaire eingeschmuggelt. Deren Ideen schienen mit dem Sturm auf die Bastille ihre historische Verwirklichung zu finden. Hegel schilderte rückblickend den Ausbruch der Revolution als einen »herrlichen Sonnenaufgang«, den alle denkenden Menschen

Bürgeraufstand gegen die französische Besatzung in Frankfurt am Main am 2. Dezember 1792.
Stich eines Unbekannten in der »Revue de Paris«, 1792. Privatbesitz. – Studenten der Jenaer
Universität bei einer Demonstration für Denk- und Publikationsfreiheit am 23. Juli 1792.
Kolorierte Zeichnung von F. Schenk, 1792. Marbach am Neckar, Schiller-Nationalmuseum
und Deutsches Literaturarchiv

Sitzung der Mainzer Klubisten im Akademiesaal des kurfürstlichen Schlosses im Jahr 1792, einige Monate vor Beginn des Rheinischen Konvents zum Zweck der Vereinigung des linken Rhein-Ufers mit Frankreich. Lavierte Zeichnung von Jakob Hoch, nach 1792. Privatbesitz. – Ausgabe von Quartierzetteln an französische Infanteristen, Husaren und Dragoner im Rathaus von Nördlingen im Jahr 1796. Aquarell eines Unbekannten, nach 1796. Nördlingen, Stadtmuseum

gefeiert hätten: »Eine erhabene Rührung hat in jener Zeit geherrscht, ein Enthu-
siasmus des Geistes hat die Welt durchschauert, als sei es zur wirklichen Versöh-
nung des Göttlichen mit der Welt nun erst gekommen.« Im Frühjahr 1793 lasen
Hegel und seine Mitschüler noch immer mit Begeisterung revolutionäre
Pamphlete und sangen bei heimlichen Zusammenkünften eine deutsche Fassung
der »Marseillaise«. Diese Erfahrungen fanden in Friedrich Hölderlins frühen
Gedichten ihren ausdrucksstarken Niederschlag, etwa in seiner Hymne »An die
Freiheit«, die im Herbst 1791 entstand:

> »Wonne säng ich an des Orkus Toren,
> Und die Schatten lehrt ich Trunkenheit,
> Denn ich sah, vor Tausenden erkoren,
> Meiner Göttin ganze Göttlichkeit;
> Wie nach dumpfer Nacht im Purpurscheine
> Der Pilote seinen Ozean,
> Wie die Seligen Elysens Haine,
> Staun ich dich, geliebtes Wunder! an.
>
> Ehrerbietig senkten ihre Flügel,
> Ihres Raubs vergessen, Falk und Aar,
> Und getreu dem diamantnen Zügel
> Schritt vor ihr ein trotzig Löwenpaar;
> Jugendliche wilde Ströme standen,
> Wie mein Herz, vor banger Wonne stumm;
> Selbst die kühnen Boreasse schwanden,
> Und die Erde ward zum Heiligtum.«

Hölderlins reiche Komposition aus Klassiker-Zitaten und Revolutions-Euphorie
illustriert ebenso wie die philosophischen Formulierungen von Gentz und Forster, wie die deutschen Intellektuellen ihre Eindrücke von der Revolution in die
vertraute Idiomatik von moralischer Verbesserung und geistiger Erneuerung
übersetzten. Die komplizierte, chaotische Abfolge von Umwälzungen in ihrem
westlichen Nachbarland mußten diese Menschen innerhalb ihres eigenen Bezugs-
feldes deuten, und das war die emotional aufgeladene, aber institutionell unent-
wickelte politische Öffentlichkeit in Deutschland.

Welche Art von Analyse unter diesen Bedingungen herauskam, zeigt beispielhaft Wielands Aufsatz »Betrachtungen über die gegenwärtige Lage des Vaterlandes«, der im Januar 1793 niedergeschrieben wurde, als die revolutionäre Begeisterung des Autors bereits abzukühlen begann. Einleitend versuchte Wieland, die
jüngsten Ereignisse in einen angemessenen geschichtlichen Kontext einzubetten:
»Kultur und Ausbildung der Menschheit, die seit dreihundert Jahren in dem
größern Teile von Europa von einer Stufe zur andern emporgestiegen ist«, seien
die Protagonisten von 1789 bestrebt gewesen, auf eine neue Stufe zu heben. Sie

hätten dabei einige unschöne Dinge getan, doch die Gegenrevolution könne den Fortschritt der Freiheit nicht aufhalten. Jeder gewaltsame Versuch, den Vorwärtsdrang des menschlichen Geistes zu bremsen, werde sich als moralisch verwerflich und praktisch undurchführbar erweisen. Nur die Vernunft vermöge die Mißstände zu beseitigen, die durch deren Mißbrauch entstanden seien. Nicht verwunderlich demnach, daß Karl Leonhard Rheinhold die Überzeugung äußerte, Deutschland sei »unter allen übrigen europäischen Staaten am meisten zu Revolutionen des Geistes, am wenigsten zu politischen aufgelegt«.

Indem die deutschen Intellektuellen 1789 als den Beginn eines neuen Kapitels in der Geschichte des Kulturfortschritts deuteten, konnten sie den Triumph, den die Freiheit in Frankreich feierte, bejubeln, ohne daraus praktische Folgerungen für die Zukunft ihrer eigenen politischen Institutionen zu ziehen. Joachim Heinrich Campe zum Beispiel, der sich im Sommer 1789 in Paris aufhielt und mit eigenen Augen erlebte, wie der tödliche Stoß ins »Herz des Drachen« geführt wurde, verkündete, der Tod dieses Ungeheuers habe ihm den »glücklichsten Tag« seines Lebens verschafft. Seinem Bericht über die Revolution setzte Campe freilich ein Vorwort voran, in dem er lobende Worte für seinen Fürsten, den Herzog von Braunschweig, fand und einen Aufstand als einen schrecklichen Akt bezeichnete, den nur die allerschwerste Unterdrückung rechtfertigen könne. Georg Friedrich Rebmann, der später in den Dienst der französischen Besatzer treten sollte, beteuerte 1793, trotz seines Engagements für die Ideale der Freiheit, Gleichheit und Brüderlichkeit gehöre er nicht zu denen, die für einen Volksaufstand in Deutschland seien. Kant stand noch lange, nachdem die meisten Deutschen sich gegen Frankreich gestellt hatten, loyal zur Revolution, beharrte jedoch mit gleicher Konsequenz auf seinem Standpunkt, der Bürger habe nicht das Recht aufzubegehren. »›Ist Aufruhr ein rechtmäßiges Mittel für ein Volk, die drückende Gewalt eines so genannten Tyrannen... abzuwerfen?‹ Die Rechte des Volks sind gekränkt, und ihm (dem Tyrannen) geschieht kein Unrecht durch die Entthronung; daran ist kein Zweifel. Nichts desto weniger ist es doch von den Untertanen im höchsten Grade unrecht, auf diese Art ihr Recht zu suchen, und sie können eben so wenig über Ungerechtigkeit klagen, wenn sie in diesem Streit unterlägen und nachher deshalb die härteste Strafe ausstehen müßten.« Revolutionsfreundlich mit Blick auf Frankreich, aber revolutionsfeindlich im eigenen Land, lieferte Kant mit dieser Aussage eine bemerkenswert kompakte Beschreibung der politischen Paralyse, zu der sein Kurs der »kritischen Anpassung« leicht führen konnte. Um Albert Sorels denkwürdige Formulierung zu zitieren: »(Kant) führte seine Schüler in die schwindelnden Höhen hinauf, in denen seine Kritik Hof hielt, damit sie um so besser das Gewirr aus Balustraden, Mäuerchen und Geländern bewundern konnten, das er so sorgsam errichtet hatte, um sie vor dem Abgrund zu bewahren.«

Wie die Bewunderer der Revolution, neigten auch ihre Gegner dazu, sie in geistigen Begriffen zu deuten. So machte ein Minister in Trier für die »furchtbaren Ereignisse in Frankreich« die Aufklärung verantwortlich, durch die die Menschen zu klug und zu sensibel für die kleinen Sünden der Regierungen und die Irrtümer der Behörden geworden seien. Ein ehemaliges Mitglied der Illuminaten warnte 1791 in einem Aufsatz vor den Gefahren, die den Thronen, den Staaten und der Christenheit seitens der Aufklärung und ihrer »sogenannten Philosophen, Geheimgesellschaften und Sekten« drohten. Ein Jakobiner sei, hieß es 1792 in einem Artikel der »Wiener Zeitschrift«, nicht mehr und nicht weniger als ein praktizierender Illuminat. Seit es Lesegesellschaften gebe, so die These eines anderen Autors, habe in den Köpfen der Menschen eine Revolution nach der anderen stattgefunden. Manche Intellektuellen begannen sich Sorgen über etwas zu machen, das sie als »Lesesucht« bezeichneten, eine Art geistiger Epidemie, die zu physiologischen, psychologischen und sozialen Defekten führe und für die respektlose Dienstboten, überqualifizierte Lehrer, nervöse junge Leute und zügellose Frauen besonders anfällig seien. Solche Ängste bewirkten, daß die repressiven Tendenzen, die sich in Teilen Mitteleuropas schon vor 1789 bemerkbar gemacht hatten, sich erheblich verschärften. Mancherorts wurden Geheimgesellschaften verboten, Zeitschriften eingestellt und Zeitungen zensiert.

Die Angst der Konservativen vor den zersetzenden Auswirkungen der Aufklärung auf die gesellschaftliche Ordnung wurde durch die Erschütterungen, zu denen es unter dem Eindruck von 1789 in mehreren mitteleuropäischen Staaten kam, noch verstärkt. Ein Unruheherd war das Rheinland, Frankreichs nächster Nachbar, besonders anfällig für revolutionäre Ideale. Wenige Wochen nach dem Sturm auf die Bastille versammelten sich in Saarbrücken Bauern und Bürger, protestierten gegen hohe Steuern sowie feudale Unbotmäßigkeiten und legten dem Herzog schließlich eine Liste mit vierzig konkreten Reformforderungen vor. Im selben Sommer sah sich der Erzbischof und Kurfürst von Trier mit einer Abordnung wütender Bürger aus Boppard, einer seiner Besitzungen am Rhein, konfrontiert; er hatte mit ihnen seit langem eine Auseinandersetzung über die Besitzrechte an einem Wald. Im Oktober kam es in Trier selbst zu Unruhen, als die Schneider der Stadt erfuhren, daß Wäscherinnen Näh- und Stopfarbeiten verrichteten und damit die wohlgehüteten Vorrechte ihrer Zunft aushöhlten. In Aachen führte die nach 1789 einsetzende Welle der Aufsässigkeit zur Verschärfung des Konflikts, der seit der heftig umkämpften Bürgermeisterwahl von 1786 geschwelt hatte. Hingegen herrschte in Mainz, dem größten Rhein-Fürstentum, 1789 Ruhe. Als jedoch Gerüchte über aufrührerische Aktivitäten den Kurfürsten Anfang 1790 veranlaßten, Truppen nach Aschaffenburg zu entsenden, rieben sich die braven Bürger der Stadt überrascht die Augen. Dann kam es im Sommer 1790 auch in Mainz zu schweren Unruhen, als Studenten und Gesellen sowohl aufeinander losgingen als auch gegen die Obrigkeit aufbegehrten. Die Ordnung mußte schließlich mit Waffengewalt wiederhergestellt werden. Im großen und ganzen galt für die sporadischen Unruhen der Jahre 1789 und 1790, daß sie für die Regierungen hin und wieder ein Ärgernis und in einzelnen Momenten vielleicht sogar beängstigend waren, trotzdem keine wirkliche Bedrohung darstellten. Selbst die Unruhen in Mainz waren nach dem Eindruck eines wohlwollenden Beobachters wie Johann Georg Forster nicht mehr als eine »Farce«.

Ernster war die Lage in Sachsen, wo die Nachrichten über die Entwicklung in Frankreich eine bereits brodelnde Stimmung weiter aufheizten. Seit Jahrzehnten schon begehrten die sächsischen Bauern gegen die ihnen von ihren adligen Grundherren zugemuteten Belastungen auf. Ihr Unmut steigerte sich gegen Ende der achtziger Jahre, als eine Schlechtwetterserie im Zusammenwirken mit einer außergewöhnlichen Zunahme der Wildbestände für magere Ernten sorgte. Was im Frühjahr 1790 mit vereinzelten Protestkundgebungen begann, weitete sich bis Anfang August zu einer das ganze Kurfürstentum erfassenden Bewegung aus. Eine aus den Reihen dieser Bewegung hervorgegangene Flugschrift, die den Anspruch erhob, die Meinung von zwanzigtausend sächsischen »Verschwörern« wiederzugeben, offenbart die Intensität des Unmuts der Bauern, aber zugleich die Grenzen ihres politischen Bewußtseins. Das Dokument beginnt mit einem Gebet für »unseren teuren Kurfürsten Friedrich August« und seine Freunde und Angehörigen, kommt dann jedoch rasch auf die Aristokratie zu sprechen, auf jene Grundherren, die sich wie »Götter auf Erden« aufspielten und sich als »Herrschaften in unserem Land« bezeichneten. Falls diese anmaßenden Herren nicht ihre Untertanen von allen Abgaben, Pachten und Pflichten freistellten, würden die Bauern, so die unmißverständliche Drohung, die Adelsgüter dem Erdboden gleichmachen, ihre Bewohner gefangennehmen und »diesen Hunden... die Zunge aus dem Mund reißen«. Die Bauern waren zweifellos revolutionär gestimmt; ihr Zorn war heftig und echt, ihre Sprache herausfordernd, doch ihre Mixtur aus konkreten Forderungen und apokalyptischen Drohungen hatte mehr Ähnlichkeit mit den Sprüchen während der Bauernaufstände des frühen 16. Jahrhunderts als mit den revolutionären Debatten und Parolen, wie sie um diese Zeit in Paris aktuell waren. Es gelang der sächsischen Regierung denn auch, durch den klug kombinierten Einsatz von bewaffneter Gewalt und vagen Versprechungen die Aufstandsbewegung binnen weniger Wochen zu ersticken.

Trotzdem schärften die Ereignisse in Frankreich bei vielen Deutschen das politische Bewußtsein und trugen damit zur Entstehung eines Klimas bei, das der öffentlichen Anprangerung von Mißständen förderlich war. Etliche der Berichte über die Umtriebe revolutionärer Geheimagenten mögen der Phantasie übereifriger Beamten entsprungen sein, aber unzweifelhaft ist, daß es in Deutschland viele wie den sächsischen Seiler Christian Benjamin Geissler aus Liebstadt gab, der revolutionäre Ideen und Taktiken aus Frankreich auf Deutschland übertragen wollte. Aufs Ganze gesehen waren jedoch die Unruhen von 1789, 1790 und 1791 eher Nachklänge vorrevolutionärer Entwicklungen als Resonanzen dessen, was sich in Frankreich an Umwälzungen anbahnte. Das galt mit Gewißheit für die Vorgänge in rheinischen Städten. In Boppard und Aachen heizten die Nachrichten aus Paris lediglich lange schwelende lokale Konflikte neu an. Die Gegensätze, die in Mainz zu den gewalttätigen Ausbrüchen des Sommers und Herbstes 1790 führten, wurzelten ebenfalls in den traditionellen ständischen Strukturen der Stadt, die Konflikte zwischen Handwerksgesellen und Studenten, Bürgerschaft und Universität, noch verbreiteter Frömmigkeit und vordergründig säkularisierter Öffentlichkeit provozierten. Sowohl in den rheinischen Städten als auch in den ländlichen Gebieten Sachsens resultierten die sozialen Zwiespalte aus den Bestrebungen einzelner Gruppen, entweder Zunftvorrechte zu verteidigen oder feudale Lasten abzustreifen; beides waren vertraute, das ganze 18. Jahrhundert hindurch wirksam gewesene Streitmotive. Zankäpfel waren in diesen Auseinandersetzungen die von der alten, ständischen Ordnung garantierten »Freiheiten«, nicht die Freiheit, für die die Menschen auf der anderen Seite des Rheins stritten, kämpften, töteten und starben. Aus diesem Grund konnten sich aufmerksame und scharfsichtige Beobachter bis weit in das Jahr 1792 hinein in dem Glauben wiegen, die Französische Revolution werde, so mächtig ihre Impulse für das deutsche Geistesleben auch sein mochten, lediglich begrenzte, mithin kontrollierbare politische Auswirkungen zeitigen.

Im Juli 1793 äußerte sich Adolf Freiherr von Knigge im »Schleswigschen Journal« zu der Frage, weshalb Deutschland »vorerst wohl keine gefährliche politische Haupt-Revolution zu erwarten« habe. Als bekannter Schriftsteller, prominentes Mitglied der Illuminaten und Bewunderer der Französischen Revolution war Knigge offenkundig kein neutraler Beobachter. Er verfolgte mit seinem Aufsatz die Absicht, die Ängste zu zerstreuen, die sich in nicht wenigen deutschen Regierungskreisen breitzumachen begannen, und auf diese Weise den lauter werdenden Forderungen nach Zensur und Unterdrückung den Wind aus den Segeln zu nehmen. Knigge war indes auch ein scharfsinniger Gesellschaftsanalytiker, der einige bedeutsame Unterschiede zwischen der Situation in Frankreich und der im deutschsprachigen Mitteleuropa herausarbeitete. So stellte er die These auf, in den meisten deutschen Fürstentümern würden die Menschen nicht mit so harter Hand regiert, daß sie zur Rebellion getrieben würden, zumal sie an ein gewisses Maß an Armut und Unterordnung gewöhnt seien. Falls es trotzdem zu Aufständen komme, werde die Zersplitterung Deutschlands den Ausbruch einer regelrechten Revolution verhindern, so daß die Herrschenden jede Chance hätten, die lokalen Rebellionen zu isolieren und niederzuschlagen. Ferner wies Knigge darauf hin, daß es kein deutsches Gegenstück zum »Dritten Stand« in Frankreich gebe, der die Revolution bewerkstelligt und die Massen mobilisiert habe. Der Dritte Stand in Deutschland bestehe aus Beamten, Höflingen, Hoflieferanten, Advokaten und Ärzten, die allesamt mehr oder weniger von den Brosamen lebten, die von den Tischen der Mächtigen abfielen. Diese Leute seien viel zu sehr in die bestehende Ordnung eingebunden, als daß sie sich an die Spitze einer Revolution setzten. Schließlich und endlich sei das deutsche Volk wesentlich »vernünftiger« als das französische, weniger angekränkelt von den zersetzenden Wirkungen der Aufklärung, weniger abenteuerlustig und stärker von einer »vernünftigen Frömmigkeit« beseelt, besonders in protestantischen Gebieten. Eine Revolution, so Knigges Fazit, sei östlich des Rheins vermeidlich, besonders wenn die deutschen Fürsten aus den Ereignissen in Frankreich lernten und Reformen durchführten, solange dafür noch Zeit war. Ein Thema anschlagend, das er in den darauffolgenden Jahrzehnten mit zunehmend heftigerer Intensität variieren sollte, forderte Knigge Reformen von oben als Vorbeugung gegen eine Revolution von unten.

Knigge traf mit seiner Diagnose der deutschen Politik und Gesellschaft ziemlich genau ins Schwarze. Was sich in Deutschland zwischen 1789 und 1792 an Aufständen entwickelte, war verstreut, leicht abriegelbar, schlecht organisiert und ohne breiten Rückhalt. Mit seinen Prognosen hingegen hätte er falscher nicht liegen können. Was er übersah, war die Tatsache, daß viele jener deutschen Eigenarten, die eine Revolution im Innern verhinderten, die deutschen Staaten verwundbar für Angriffe von außen machten. Was er die »phlegmatische Veranlagung« des deutschen Volkes nannte, mochte auf der einen Seite die Zündfähigkeit revolutionärer Parolen beeinträchtigen, hemmte auf der anderen Seite aber die Mobilisierbarkeit der Bevölkerung für nationale Verteidigungszwecke. Dieselbe politische Zersplitterung, die Volksaufstände leicht isolierbar machte, erschwerte die militärische Zusammenarbeit ungemein. Die kleinen Armeen, die sich im »Kampf« gegen rheinische Handwerksgesellen und sächsische Bauern ausgezeichnet bewährt hatten, waren, wie sich zeigen sollte, für die von Frankreich ins Feld geschickten revolutionären Truppen keine ernsthaften Gegner. Kaum war Knigges Versuch, seine Zeitgenossen zu beruhigen, im Druck erschienen, da hatte sich vieles von dem, was er zu sagen hatte, überholt. Als die Revolution das deutschsprachige Europa erfaßte, brachte sie kein geistiges Erwachen und keine soziale Umwälzung mit sich, sondern ein Eroberungsheer.

Eine neue Art von Krieg: von Valmy bis Jena

In den Jahren unmittelbar nach dem Sturm auf die Bastille rechnete kaum jemand mit einem französisch-deutschen Waffengang und erst recht nicht mit einem Krieg, der sich über mehr als zwei Jahrzehnte hinziehen würde. Noch im April 1792, als Frankreich dem Reich bereits den Krieg erklärt hatte, schrieb Erzherzog Karl, in Brüssel halte niemand einen Krieg für wahrscheinlich. Die deutschen Staatsmänner sahen, wie die deutschen Intellektuellen, die Ereignisse von 1789 im Kontext ihrer eigenen, unmittelbaren Bedrängnisse. Und da gab es genug, worüber sie sich mehr Gedanken machten als über die inneren Machtkämpfe im Nachbarland. Die kleineren deutschen Staaten, noch von der reichsinternen Krise gebeutelt, die durch die Rivalität zwischen Habsburgern und Hohenzollern entstanden war, versuchten abzuschätzen, was der Tod Friedrichs des Großen für die deutsche Politik bedeutete und welchen Kurs sein Thronerbe, Friedrich Wilhelm II., der preußischen Monarchie vorgeben würde. Die habsburgische Monarchie sah sich 1789 mit politischen Turbulenzen in den österreichischen Niederlanden und in Ungarn konfrontiert, wo die ehrgeizigen Reformmaßnahmen Josephs II. leidenschaftliche Proteste ausgelöst hatten. Ebenso beunruhigend waren die Anzeichen für eine wachsende Instabilität im östlichen Europa, wo Österreich und Rußland gegen das Osmanische Reich Front machten und wo Polen, das weiterhin ständig für Spannungen unter den Großmächten sorgte, einer erneuten Verfassungskrise entgegenschlitterte. Wenn deutsche Staatsmänner 1789 mit Unheil rechneten, dann erwarteten sie es nicht aus dem Westen, sondern aus dem Osten.

Auch nach dem Tod Friedrichs des Großen blieb die Konkurrenz zwischen Österreich und Preußen ein Dreh- und Angelpunkt der mitteleuropäischen Machtpolitik. Kaunitz, der nach wie vor die österreichische Außenpolitik leitete, hoffte, die unübersehbare Schwäche des neuen preußischen Königs ausnützen und Preußen wieder zu einer Macht zweiten Ranges degradieren zu können. Friedrich Wilhelm II. hatte indessen die politischen Berater seines Onkels behalten, die ihm zur Fortführung von dessen aktiv antiösterreichischer Politik rieten. 1787 entsandte Preußen Truppen in die Vereinigten Provinzen, nachdem die aufständischen holländischen Patrioten Wilhelmina, die Frau des Statthalters Wilhelm von Oranien, in ihre Gewalt gebracht hatten, die eine Schwester des preußischen Königs war. Parallel dazu unterzeichneten preußische Diplomaten, erpicht darauf, aus den innenpolitischen und militärischen Schwierigkeiten der Habsburger Kapital zu schlagen, einen Bündnisvertrag mit England und schmiedeten Pläne für eine breite antiösterreichische Koalition. Auch in Polen wurden die Preußen aktiv. Hier schürten sie die politische Unruhe, die nach dem Abzug der russischen Truppen 1788 eingesetzt hatte. Doch diese Entwicklung, die in den Augen vieler auf einen neuen Bruderkrieg in Deutschland zulief, wurde durch den Tod Josephs II. im Februar 1790 gestoppt. Sein Thronerbe Leopold II. wollte zunächst seine Stellung sowohl im Innern als auch nach außen konsolidieren und betrieb daher eine versöhnliche Politik, wozu der Versuch eines Ausgleichs mit Berlin gehörte. Im August 1790 ratifizierten Preußen und Österreich die Konvention von Reichenbach, in der Wien sich verpflichtete, den Türkischen Krieg ohne Annexionen zu beenden und die territoriale Integrität Polens zu respektieren, wofür Berlin sich mit der Wiederherstellung der habsburgischen Herrschaft in Belgien einverstanden erklärte. Diese Annäherung zwischen Österreich und Preußen setzte sich 1791 mit diversen weiteren Vereinbarungen fort, darunter der im August proklamierten Erklärung von Pillnitz, in der sich beide Staaten zur Verteidigung monarchischer Grundsätze gegen revolutionäre Umtriebe verpflichteten.

Wiewohl die Konvention von Pillnitz eine Intervention gegen Frankreich zu beabsichtigen schien, war weder Wien noch Berlin daran gelegen, ihre eloquenten Bekundungen monarchischer Solidarität in die Tat umzusetzen. Beide Regierungen interessierten sich mehr für das, was in den Niederlanden, im Reich und im Osten passierte, wo die polnische Krise sich zuspitzte. Als der französische König im September 1791 die neue Verfassung anerkannte, waren die Staatsmänner in Wien und Berlin erleichtert; eine potentiell gefährliche Situation schien sich verzogen zu haben. Auch die übrigen deutschen Staaten wollten keinen Krieg. Selbst im Rheinland, wo französische Emigranten emsig für die Bildung einer gegenrevolutionären Koalition trommelten, waren die meisten Regierungen nicht geneigt, sich zu einem Konflikt gegen Frankreich drängen zu lassen. Fürst Klemens Wenzeslaus von Trier, dessen Territorium unter starkem politischen Druck seitens Frankreichs und der Emigranten stand, schrieb im Januar 1792 an Kaiser Leopold II., das Schlimmste scheine nun vorüber zu sein. Einen Monat später ließ Österreich die deutschen Fürsten im Westen wissen, daß sie nur im Falle eines unprovozierten französischen Angriffs mit österreichischer Hilfe rechnen könnten.

In Paris jedoch beobachtete eine zunehmend einflußreiche Gruppe in der Nationalversammlung die Entwicklung in Deutschland mit Sorge. Diese Männer, deren Wortführer Jacques Pierre Brissot war, fanden die Rhetorik der Pillnitzer Erklärung empörend, die Annäherung zwischen Österreich und Preußen bedrohlich und die Aussicht auf eine gegenrevolutionäre Verschwörung zwischen dem französischen König und seinen Anhängern in der Emigration unheimlich. Schon Ende 1791 und Anfang 1792 kam es zum Austausch aggressiver Vorwürfe, Gegenvorwürfe und Vergeltungsdrohungen zwischen der französischen und der österreichischen Regierung. Am 24. Januar 1792 ratifizierte die Nationalversammlung ein Ultimatum, in dem Österreich aufgefordert wurde, jedweden gegen die Sicherheit Frankreichs gerichteten Vertrag zu annullieren. Den Österreichern blieb nichts anderes übrig, als in gleicher Münze zurückzuzahlen. Sprache und Inhalt ihrer Note vom 17. Februar waren Wasser auf die Mühlen der Pariser Kriegspartei. Österreichs neuer Bündnispartner Preußen hatte gegen eine Eskalation mit Aussicht auf Krieg ganz und gar nichts einzuwenden, vor allem weil die Berater Friedrich Wilhelms II. überzeugt waren, Preußen könne Gebietsgewinne auf Kosten Frankreichs machen. So waren es teils herkömmliche Großmachtrivalitäten, teils neue ideologische Antagonismen und teils grundlegende Fehlkalkulationen auf beiden Seiten – wobei dies der vielleicht wichtigste Faktor war –, die zum Krieg zwischen dem revolutionären Frankreich und den beiden deutschen Großmächten führten. Wie so oft in der Geschichte bewaffneter Konflikte, konnte sich auch jetzt, als Frankreich am 20. April den Krieg erklärte, niemand vorstellen, wie lange er dauern und welche gravierenden Folgen er nach sich ziehen würde.

Inmitten der kritischen Phase, die in die Kriegserklärung mündete, starb Leopold II. plötzlich. Sein Sohn und Nachfolger Franz II. wurde im Juli 1792 mit traditionellem Pomp gekrönt, während sich die preußischen und österreichischen Truppen bereits zum Vorstoß nach Frankreich sammelten. Wenige Tage nach seiner Krönung traf Franz in Mainz mit Friedrich Wilhelm II. zusammen, um militärische und politische Angelegenheiten zu besprechen und nebenbei jene Konzerte, Theateraufführungen und Bankette zu genießen, die im alten Regime zu den schönen Dingen des öffentlichen Lebens gehörten. Zum Feiern schien aller Anlaß zu bestehen: Zu den habsburgischen Truppen, die einige Zeit zuvor in den österreichischen Niederlanden eine desorganisierte und unmotivierte französische Streitmacht mühelos in die Flucht geschlagen hatten, stieß noch eine respektable preußische Armee unter dem Befehl des Herzogs von Braunschweig, der weithin als der beste Heerführer seiner Zeit galt. Das von den französischen Emigranten inspirierte »Manifest«, das der Herzog am 25. Juli an das französische Volk richtete, stimmte alle Beteiligten auf den gegenrevolutionären Kreuzzug ein, der nun beginnen sollte. Für den Fall, daß der königlichen Familie Frankreichs ein Haar gekrümmt werde, drohte der Herzog von Braunschweig mit nie dagewesenen und »unvergeßlichen« Vergeltungsmaßnahmen gegen Frankreich und namentlich gegen die Stadt Paris.

Das österreichisch-preußische Bündnis war nicht ganz so stabil, wie die rauschenden Feste und euphorischen Deklamationen im Juli es vermuten ließen. Alte Widersprüche und neue Ambitionen spalteten Wien und Berlin. Österreichische und preußische Politiker hatten in Mainz auch die Probleme erörtert, die sich aus den habsburgischen Ansprüchen in Bayern und aus den Aspirationen der Hohenzollern auf weitere Teile Polens ergaben. Der Herzog von Braunschweig war ungeachtet seines kämpferischen »Manifests« nicht sehr erfreut darüber, zu einem so späten Zeitpunkt des Jahres und mit so hastig zusammengetrommelten und schlecht vorbereiteten Truppen einen Feldzug zu beginnen. Als umsichtiger Stratege hätte er sich gerne mit ein paar Auftaktgefechten begnügt und seine Truppen dann in ihre Winterquartiere gelegt. Doch Franz II. und Friedrich Wilhelm II. drängten ihn zu Taten; sie träumten von einem triumphalen Durchmarsch zur französischen Hauptstadt. Wäre der Herzog zügig und entschlossen vorgestoßen, hätte er die Franzosen vielleicht wirklich vernichtend schlagen können und dann freie Bahn nach Paris gehabt. Sein Vormarsch gestaltete sich jedoch schleppend, wozu neben schlechtem Wetter unnötige Streitereien zwischen seinen Unterführern, Versorgungsmängel und eine Ruhr-Epidemie beitrugen.

Am 20. September kam es zur ersten Berührung mit dem Feind, der unter dem

Befehl von General Charles François Dumouriez in der Nähe des Städtchens Valmy Stellung bezogen hatte, in einer hügeligen Landschaft zwischen den Flüssen Bionne und Auve, rund 160 Kilometer vor Paris. Nachdem sich der Morgennebel verzogen hatte, begann ein Artillerieduell. Keine Seite wagte einen Angriff mit fliegenden Fahnen auf die feindlichen Stellungen, obwohl der Herzog von Braunschweig vom preußischen König dazu gedrängt wurde. Bei hereinbrechender Dämmerung erlosch das Geschützfeuer, und die Schlacht war praktisch vorbei. Goethe, der in Begleitung Karl Augusts von Weimar den Feldzug mitmachte, gesellte sich an diesem Abend zu einer Gruppe um ein Lagerfeuer versammelter, frustrierter preußischer Offiziere. Seine Erinnerungen an diese Episode, erst nahezu dreißig Jahre später veröffentlicht, lieferten den berühmtesten »Gedenkspruch« zur Kanonade von Valmy. »Endlich rief man mich auf, was ich dazu denke«, schrieb Goethe in seiner »Campagne in Frankreich«, und »diesmal sagte ich: ›Von hier und heute geht eine neue Epoche der Weltgeschichte aus, und ihr könnt sagen, ihr seid dabeigewesen.‹« War dies eine richtige Einschätzung? Aus militärischer Sicht war die Schlacht von Valmy gewiß nichts Besonderes. Bei einer Gesamtzahl von 70.000 Kombattanten gab es auf beiden Seiten 500 Tote, weniger, als im Laufe der voraufgegangenen Woche an der Ruhr gestorben waren. Dennoch waren die Folgen dieses vergleichsweise harmlosen Waffenganges bedeutsam genug, um ihn mit einem eigenen Kapitel in J. C. F. Fullers Werk »Decisive battles« zu würdigen. Die Kanonade von Valmy stoppte den Vormarsch der Verbündeten und gab den Franzosen damit Gelegenheit, sich neu zu formieren und ihre Reserven zu mobilisieren. Valmy war, um General Fullers etwas abgenutzten, aber klassischen Vergleich zu bemühen, das Marathon der Revolution. Der gegenrevolutionäre Vorstoß nach Paris, den sich viele im Spätsommer 1792 als »Spaziergang« vorgestellt hatten, wurde um zweiundzwanzig Jahre vertagt.

Die Zeit unmittelbar nach Valmy bot einen Vorgeschmack auf das, was die Jahre danach bringen sollten. Nach kurzem Waffenstillstand vollzog der Herzog von Braunschweig einen friedlichen und geordneten Rückzug entlang seiner Vormarschlinie, wobei er die von ihm wenige Wochen zuvor eroberten Festungen preisgab. Mitte Oktober räumten die letzten deutschen Soldaten den Boden Frankreichs. Die Truppen der Revolution jedoch gingen in die Offensive. Im Süden stießen Einheiten unter dem Befehl des Generals Adam Philippe Custine auf Reichsgebiet vor, eroberten am 30. September Speyer, am 4. Oktober Worms und am 20. Oktober Mainz. Dumouriez marschierte derweil mit seiner Armee nordwärts in Richtung auf die Niederlande, besiegte bei Jemappes eine österreichische Streitmacht, besetzte einen Großteil Belgiens und stieß auf das Territorium der benachbarten deutschen Staaten vor. Die Expansion nach draußen ging einher mit einer Radikalisierung der Revolution im Inneren. Einen Tag nach Valmy erklärte der neu gewählte Nationalkonvent die Monarchie für abgeschafft; zwei Tage später begann das Jahr 1 des neuen, republikanischen Zeitalters. Im Verlauf der folgenden Wochen erging von Paris aus ein Dekret nach dem anderen, mit Unterstützungsversprechen für die Sache der Freiheit in aller Welt. In den ersten Monaten des Jahres 1793, nach der Aburteilung und Hinrichtung Ludwigs XVI., erklärten die Franzosen halb Europa den Krieg.

Die Gegner Frankreichs, aufgeschreckt durch die militärischen Siege der Revolution und ihre Exzesse im Inneren, taten sich zur sogenannten Ersten Koalition zusammen, zu einem potentiell übermächtigen, aber, wie sich zeigen sollte, zerbrechlichen Bündnis. Die ersten Monate des Jahres 1793 brachten für Frankreich eine Verschlechterung der Lage. In den Niederlanden besiegten die Österreicher Dumouriez und drangen wiederum nach Frankreich ein. Der Prinz von Sachsen-Coburg bedrohte Paris von Norden her mit einer Streitmacht von 100.000 Mann. Gleichzeitig vertrieben die Preußen Custine aus seinen Bastionen im Rheinland und nahmen am 23. Juli Mainz wieder in Besitz. Hätten die verbündeten Befehlshaber ihren Vorteil entschlossen genutzt, hätten sie dem Revolutionsregime vermutlich den Garaus machen können. Doch sie waren den orthodoxen Lehren der traditionellen Kriegskunst verhaftet, die nicht so sehr auf Entscheidungsschlachten und totale Siege ausgerichtet war als auf gründlich vorbereitete Manöver und kleine Vorteile. Das hatte zur Folge, daß die Revolution erneut überlebte und die Chance erhielt, nicht nur den langsamen Vormarsch seiner äußeren Feinde zu stoppen, sondern parallel dazu auch noch die Volksaufstände in der Vendée niederzuschlagen.

Mit einer bemerkenswerten Kombination aus physischem Zwang und patriotischem Enthusiasmus operierend, gelang es der bedrängten Regierung in Paris, enorme Ressourcen zu mobilisieren. Zum ersten Mal zeigte sich hier, wieviel latente Energie dem neuen Regime zu Gebot stand. Es schien keine Grenzen für das zu geben, was der Staat dem Volk abverlangte. Hinter den neuen französischen Streitkräften, die an Umfang und kämpferischer Hingabe nicht ihresgleichen hatten, standen zivile Institutionen, die mit vollster Überzeugung und allen Kräften den Krieg gegen die allgegenwärtigen Feinde der Revolution unterstützten. Mit einer derartig geballten Ladung nationaler Energie und politischen Willens konfrontiert, wichen die Armeen des alten Regimes zurück. Die Franzosen eroberten die Niederlande, tummelten sich im Nordwesten Deutschlands und hißten ein weiteres Mal die Trikolore über Schlüsselfestungen entlang des Rheins.

Ein Moment, das die gegenrevolutionäre Koalition von Anfang an schwächte, war die Polen-Frage, die ablenkend und entzweiend zwischen den wichtigsten Bündnispartnern Österreich und Preußen stand. Beide Mächte hatten, im Verein mit Rußland, schon das ganze Jahrhundert hindurch auf Polens Angelegenheiten eingewirkt. 1772 hatten sie ein rundes Drittel des polnischen Königreiches unter sich aufgeteilt. Im Mai 1792, just als sich der Krieg im Westen anbahnte, hatte im Osten eine neue Runde des Konflikts zwischen denen eingesetzt, die zu den Hauptnutznießern der erwarteten weiteren Zerstückelung Polens gehören wollten. Zwischen der zweiten polnischen Teilung 1793 und der endgültigen Auflösung des polnischen Staates vergiftete die Polen-Frage das Verhältnis zwischen Österreich und Preußen, band einen beträchtlichen Teil der Streitkräfte beider Staaten und veranlaßte schließlich im Sommer 1794 Friedrich Wilhelm II. zur Entsendung einer 50.000 Mann starken Truppe nach Polen, um seinen territorialen Ansprüchen Nachdruck zu verleihen. Als im Herbst 1794 in Berlin Gerüchte über eine heimliche Verständigung zwischen Österreich und Rußland aufkamen, rang sich der Preußenkönig angesichts der nach wie vor unentschiedenen militärischen Lage mit erheblichem Widerwillen zu dem Entschluß durch, aus der Koalition auszuscheiden und im Westen einen Frieden anzustreben. Somit leistete Polen, wie Georges Lefebvre geschrieben hat, einen Beitrag zur Rettung der Revolution und zahlte dafür mit dem Verlust seiner Unabhängigkeit.

Die Verhandlungen zwischen Frankreich und Preußen begannen im November 1794 und zogen sich bis zum Frieden von Basel im April 1795 hin. Wie bei allen wichtigen politischen Weichenstellungen im nachfriderizianischen Preußen, herrschte auch hier innerhalb der Regierung tiefe Uneinigkeit im Hinblick sowohl auf die Verhandlungsziele als auch auf die Mittel zu ihrer Erreichung. Die älteren Ratgeber des Königs, von denen die meisten schon seinem Onkel gedient hatten, hielten an der Überzeugung fest, die Hauptinteressen Preußens lägen im Osten, so daß man mit Frankreich möglichst schnell handelseinig werden müsse. Einige der Jüngeren hingegen, etwa Karl von Hardenberg, Statthalter der Hohenzollern in deren fränkischen Besitzungen, hielten ein Ausscheiden aus dem antifranzösischen Krieg für bedenklich, weil Preußen damit riskieren würde, seinen Einfluß auf die kleineren deutschen Staaten im Westen und Südwesten einzubüßen. Am Ende obsiegte Friedrich Wilhelms Sehnsucht nach Frieden. Preußen anerkannte in Basel nicht nur die Legitimität der Revolutionsregierung, sondern fand sich auch mit der französischen Besetzung des Rheinlandes ab, womit die endgültige Entscheidung über das Schicksal dieser Gebiete bis zum Abschluß eines Friedensvertrages zwischen Frankreich und dem Reich vertagt wurde. In einem geheimen Zusatz zum Baseler Vertrag vom Mai 1795 versprach Preußen, sich für französische Annexionen im Westen einzusetzen; als Gegenleistung sollte es sich Gebiete am rechten Rhein-Ufer einverleiben dürfen. In einer weiteren Geheimklausel wurde eine neutrale Zone definiert, die sich in etwa von Friesland bis Main-Franken erstreckte und so lange von französischen Truppen unbehelligt bleiben sollte, wie Preußen dafür garantierte, sich nicht an frankreichfeindlichen Akten zu beteiligen. Preußen schaltete somit 1795 auf einen neutralen Kurs um und verleibte sich dabei, in flagrantem Verstoß gegen die Reichsverfassung, eine Gruppe von Kleinstaaten ein, die ihm von den französischen Eroberern dargeboten wurden.

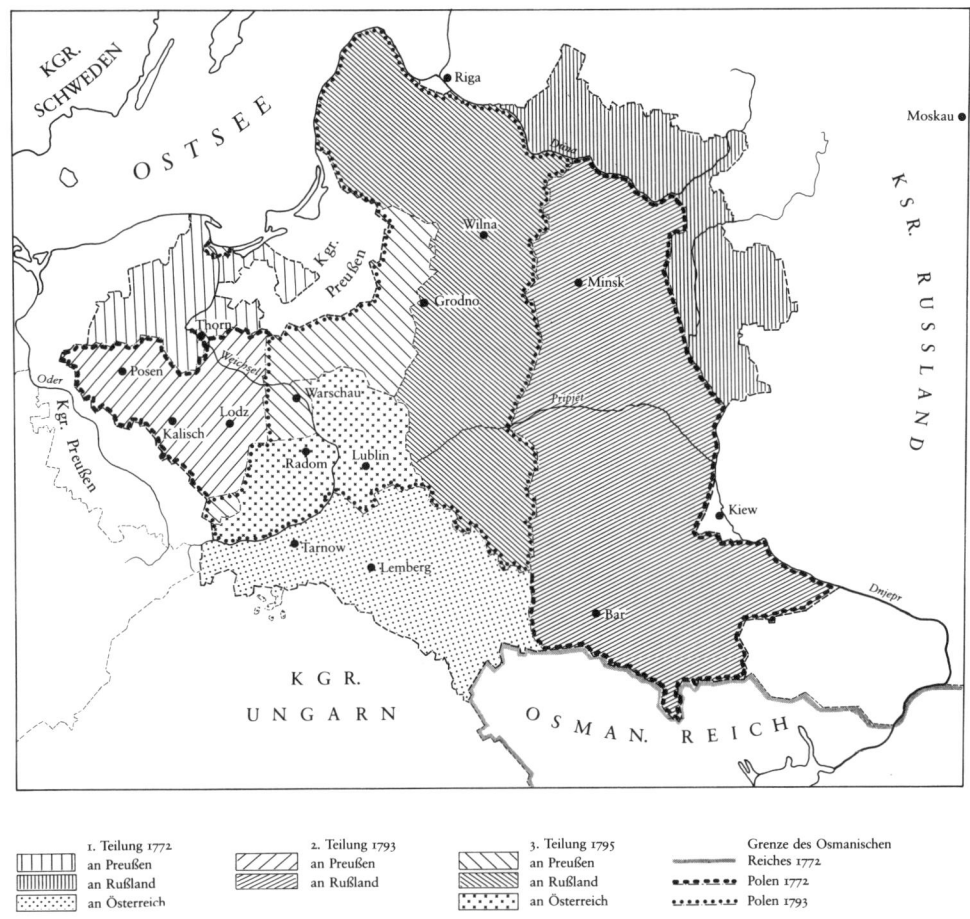

KGR.
SCHWEDEN

OSTSEE

Riga

Moskau ●

KSR. RUSSLAND

Wilna

K.Gr. Preußen

Grodno

Minsk

Thorn

Posen

Weichsel

Warschau

Oder

Lodz

K.Gr. Preußen

Kalisch

Radom

Lublin

Tripet

Kiew

Tarnow

Lemberg

Bar

Dniepr

K G R.
UNGARN

OSMAN. REICH

▥	1. Teilung 1772 an Preußen	▨	2. Teilung 1793 an Preußen	▨	3. Teilung 1795 an Preußen	Grenze des Osmanischen Reiches 1772
▥	an Rußland	▨	an Rußland	▨	an Rußland	Polen 1772
⠿	an Österreich			⠿	an Österreich	Polen 1793

Nach dem Rückzug Preußens aus dem Krieg ging das gesamte Gewicht des gegenrevolutionären Kampfes auf dem Festland zu Lasten Österreichs. Im Verlauf des darauffolgenden Jahrzehnts brodelte der Krieg entlang der habsburgischen Vorposten im Westen, die sich von den Niederlanden den Rhein aufwärts bis nach Oberitalien erstreckten. Die Hauptkriegsschauplätze lagen zunächst im Westen, doch in der zweiten Jahreshälfte 1796 sorgte Napoleon Bonaparte, mit siebenundzwanzig Jahren gerade General geworden, dafür, daß sich der Brennpunkt des Geschehens nach Oberitalien verlagerte, wo er eine Reihe verblüffender Siege gegen die Österreicher errang. Nachdem Napoleon seine Stellung in Italien konsolidiert hatte, überwand er im März 1797 die Alpen und stand wenige Wochen später 150 Kilometer vor Wien. Da weder Franzosen noch Österreicher willens waren, die totale Konfrontation zu riskieren, einigten sie sich hier auf die Einstellung der Feindseligkeiten. Nach erheblichen Verzögerungen und komplizierten Verhandlungen kam im Oktober 1797 der Friede von Campo Formio zustande. Doch ein Jahr später waren die Habsburger bereits wieder Kriegspartei, dieses Mal als Mitglieder der sogenannten Zweiten Koalition, der neben England und Rußland auch die Reichskreise Schwaben, Bayern und Franken angehörten. Anfänglich liefen die Dinge für die Verbündeten gut, aber dann waren es wiederum politische Zwistigkeiten und militärische Inkompetenz, die verhinderten, daß sie den vollen Nutzen aus ihren Erfolgen zu ziehen vermochten. Die Russen erwiesen sich als schwierige Partner, die Briten nahmen, schon weil sie kaum nennenswerte Bodentruppen ins Feld schickten, wenig Einfluß auf den Gang der Dinge, und die Österreicher litten unter den für sie typischen logistischen Mängeln und strategischen Unschlüssigkeiten. Während die Koalition zu zerfallen begann, kehrte Napoleon aus Ägypten zurück, fegte das Direktorium beiseite, warf sich zum Ersten Konsul der Republik auf und brachte neuen Schwung in die französische Kriegführung. Im Herbst 1800 errangen die Franzosen eine Reihe von Siegen, mit dem krönenden Abschluß am 3. Dezember, als sie im Wald von Hohenlinden, wenige Kilometer östlich von München, ein schlecht geführtes österreichisches Heer vernichtend schlugen. Der von Österreich und Frankreich im Februar 1801 unterzeichnete Friede von Lunéville besiegelte die Vertreibung der Habsburger aus ihren Einflußsphären im Westen des Reiches.

Trotz einer Serie kostspieliger Niederlagen blieb die Habsburger Monarchie eine Großmacht mit enormen Ressourcen. In den Jahren nach 1801 unternahmen die Habsburger große Anstrengungen, ihren Militärapparat funktionstüchtiger zu machen. Geleitet wurde diese Reform von Erzherzog Karl, dem einzigen österreichischen Truppenführer, der die Blamagen des Jahres 1800 ohne Ansehensverlust überstanden hatte. Die Zeit, die die Reform gebraucht hätte, um zu greifen, war ihr allerdings nicht vergönnt. 1805 trat Franz II. der Dritten Koalition bei, die Großbritannien und Rußland ins Leben gerufen hatten, um den Kontinent vom Joch des neu errichteten napoleonischen Imperiums zu befreien. Er entsandte seinen Bruder Karl, der vor einer verfrühten Wiederaufnahme der Kampfhandlungen gewarnt hatte, als Oberbefehlshaber nach Italien und unterstellte seine nördlichen Truppen dem Kommando des Generals Karl von Mack. Dieser Freiherr war eine schlechte Wahl; ungeachtet des hohen Ansehens, das er genoß, war er weder ein guter Stratege noch ein geborener Truppenführer. Ohne ein klares Operationsziel und durch einige in letzter Minute unternommene Reorganisationsversuche eher verwirrt als gestärkt, zogen die Armeen Habsburgs im Spätsommer gegen Napoleon zu Felde, dessen Truppen sich gerade dem Höhepunkt ihrer Kampfbereitschaft näherten. Die deutschen Verbündeten Österreichs, die herannahende Katastrophe ahnend, zogen ihre Truppen so weit wie möglich zurück, noch ehe der Feldzug richtig begonnen hatte. Ihre schlimmsten

Befürchtungen bewahrheiteten sich: Nach dreiwöchigem sinn- und ziellosen Lavieren in der Region um Ulm ergab sich Mack kampflos. Die Franzosen besetzten im November Wien und besiegten anschließend bei Austerlitz eine vereinigte österreichisch-russische Streitmacht. Angesichts ihrer am Boden zerstörten Armee und ihrer in die Knie gegangenen Verbündeten blieb der Monarchie nichts anderes übrig, als den ihr von Napoleon diktierten Frieden von Preßburg im Dezember 1805 zu akzeptieren.

Wie stellten die Franzosen es an, in dem Jahrzehnt nach dem Vertrag von Basel derart imposante Siege zu erringen? Wie die meisten Sieger in der Geschichte, hatten sie das Glück, es mit unfähigen Gegnern zu tun zu haben. Die diversen Koalitionen, die gegen Frankreich zusammengeschmiedet wurden, waren in sich zutiefst zerstritten. Ihre Truppen wurden schlecht geführt. Der Herzog von Braunschweig und der Prinz von Sachsen-Coburg waren allenfalls durchschnittliche Soldaten, und beide hatten zu dem Zeitpunkt, als sie den militärischen Oberbefehl über den Kampf gegen die Revolution übernahmen, den Zenit ihrer Tatkraft überschritten. Mack war eine regelrechte Katastrophe. Erzherzog Karl war von allen noch der fähigste, aber es gelang ihm zu keinem Zeitpunkt, sich jene Ressourcen und Kompetenzen zu sichern, die er gebraucht hätte, um einen Feldzug ausreichend vorzubereiten und erfolgreich durchzuführen. Doch selbst unter tauglicherer Führung und besserer Koordination hätten die Koalitionsheere die Franzosen, die gelernt hatten, auf neue Art Krieg zu führen, nicht bezwingen können.

Anders als spätere Fortschritte der Kriegskunst, war die militärische Revolution, die sich zwischen 1792 und 1815 vollzog, nicht die Folge technischer Neuerungen. Es ereigneten sich in jenem Zeitraum keine drastischen Verbesserungen im Melde- oder Transportwesen, in der Waffen- oder Verteidigungstechnik. Die Truppen Napoleons marschierten in die Schlacht, wie ihre Vorgänger es seit Jahrhunderten getan hatten. Sie schossen mit glattläufigen Musketen und fochten mit Säbeln und Bajonetten. Die bedeutsamen Innovationen in der Artillerie waren bereits unter dem alten Regime zum Tragen gekommen. Was sich jetzt änderte, war nicht die Maschinerie des Krieges; es waren vielmehr die Motivation und Organisation der Männer, die die Schlachten schlugen. Ähnlich wie in den meisten anderen Prozessen, die in dieser Periode die politischen und gesellschaftlichen Verhältnisse in Europa umwandelten, spielten auch bei der Entstehung einer neuen Art der Kriegführung Veränderungen in bezug auf Dimension und Tempo ebenso eine Rolle wie Neuerungen in Stil und Substanz. Offenkundig war, daß die Kriege immer größer wurden und daß sie, wie die Waffengänge von 1805 zeigten, außerordentlich schnell entschieden werden konnten. Die gut ausgebildeten, sehr teuren Berufsheere des alten Regimes sind vergleichsweise klein gewesen; bei einer Schlacht waren selten mehr als 50.000 Mann zum Einsatz gekommen. Napoleon hingegen hatte über 180.000 Mann unter Waffen, als er bei Ulm den unglückseligen General Mack demütigte, und mit einer dreimal größeren Truppe zog er später gen Rußland, seiner eigenen Demütigung entgegen. Bei Waterloo kämpften schließlich eine halbe Million Soldaten.

Die Franzosen hatten diese Massenheere durch eine allgemeine Wehrpflicht zustande gebracht. In dem berühmten Dekret vom 23. August 1793 hieß es: »Von dieser Stunde an bis zu dem Augenblick, da die Feinde vom Boden der Republik verjagt sein werden, sind und bleiben alle Franzosen zum Armeedienst einberufen.« Sobald sich zeigte, daß die Wehrpflichtigenarmee ihren professionellen Widersachern keineswegs hoffnungslos unterlegen war, begannen etliche deutsche Militärs und Politiker, die Mobilisierung der eigenen Bevölkerung zu fordern. So gab Friedrich von Bock, Offizier im Heer des westfälischen Reichskreises, 1794 die Parole aus, die von Frankreich kommende Gefahr erfordere die Aufstellung einer neuen deutschen Reichsstreitmacht, getragen von der Bevölkerung des gesamten Reiches. Die Serie französischer Siege ließ immer mehr Stimmen laut werden, die auf eine Abkehr von den »Fesseln der Tradition und Gewohnheit«, wie Bock es ausdrückte, drängten. Die meisten deutschen Regierungen hatten jedoch keinerlei Neigung, dem französischen Beispiel zu folgen. Nur wenige Fürsten fühlten sich in der Lage, ihren Untertanen jene Opfer abzuverlangen, die in Frankreich die Mobilmachung von 500.000 Soldaten allein in der zweiten Jahreshälfte 1793 möglich gemacht hatten. Dazu kam, daß die Vorstellung, der Bevölkerung wahllos Musketen auszuhändigen, vielen politisch gefährlich und militärisch sinnlos erschien.

Die meisten der auf die herkömmliche Kriegführung gedrillten Generale hielten es gar nicht für möglich, riesengroße Heere zu verpflegen und zu befehligen; sie befürchteten unkontrollierbare Plünderungen und massenhaftes Desertieren. Was die Kampfweise selbst betraf, so verlangte die traditionelle Taktik, daß die Soldaten in Reih' und Glied vorrückten und dabei Salve auf Salve abschossen, ohne sich vom gegnerischen Artilleriefeuer oder von heranpreschender Kavallerie beirren zu lassen. Die Mehrzahl der Militärexperten war überzeugt, daß lediglich lang dienende Berufssoldaten, die einen jahrelangen Drill durchlaufen hatten und unter drakonischen Strafandrohungen standen, das Zeug hatten, sich im chaotischen Schlachtgetümmel als disziplinierte »bewegliche Geschützbatterien« zu bewähren, wie Friedrich der Große sich ausgedrückt hatte. Ein Feldherr wie der Herzog von Braunschweig wollte keine aus unausgebildeten Zivilisten zusammengewürfelte Truppe. Er setzte alles auf eine überschaubare professionelle Streitmacht, die sich geordnet bewegen, zielgenau steuern, auf ausgewählte Stellungen verteilen und entlang gesicherter Linien in Marsch setzen ließ, so daß die Kosten niedrig gehalten und die Unwägbarkeiten des Schlachtgeschehens minimiert werden konnten. Das strategische Bestreben der Feldherren alter Schule bestand darin, die Operationen einer Schlacht möglichst weitgehend dem anzugleichen, was zuvor auf dem Exerzierfeld geübt worden war.

Die Franzosen waren von diesen Geboten der konventionellen Kriegführung

Karikatur auf die Säkularisation in Bayern. Aquarell eines Unbekannten, um 1803. Nürnberg, Stadtgeschichtliches Museum. – Erhebung der Augsburger Weber gegen den Magistrat der Stadt am 25. Februar 1794. Kolorierte Radierung von F. Th. Weber, 1819. Augsburg, Städtische Kunstsammlungen

Karikatur auf die Folgen der Dreikaiserschlacht bei Austerlitz am 2. Dezember 1805. Kolorierte Radierung französischer Herkunft, 1806. Paris, Bibliothèque Nationale. – Ironisierung der Kurzsichtigkeit und Selbstüberschätzung der preußischen Monarchie nach der Niederlage in der Doppelschlacht bei Jena und Auerstedt am 14. Oktober 1806. Kolorierte Radierung französischer Herkunft, 1806. Münster, Westfälisches Landesmuseum für Kunst und Kulturgeschichte

abgerückt, weil sie keine andere Wahl gehabt hatten. Ihre Revolutionsheere, zusammengestellt aus einer Masse von Wehrpflichtigen und einem Kern hochqualifizierter Militärs aus den Armeen des alten Regimes, verfügten nicht über den Drill und die Disziplin, die erforderlich waren, um in der Konfrontation mit erfahrenen gegnerischen Truppen die vorgegebene Gefechtsordnung beizubehalten. Sie verstanden es hingegen, flexible, offene taktische Ordnungen zu entwickeln, in denen neben Linienformationen auch offensive Speerspitzen, Kommandotrupps und leichte Kavallerie ihren Platz hatten. Die Offiziere der Revolutionsheere arbeiteten gern mit kleinen kämpfenden Verbänden, die sich durch große Beweglichkeit und Selbständigkeit auszeichneten. Wie die folgende Beschreibung der preußischen Infanterie bei Jena zeigt, konnten reguläre Truppen einem Gegner, der sich nicht an die Regeln hielt, zuweilen geradezu hilflos ausgeliefert sein: »Diese prächtige Infanterie, ungefähr zwanzigtausend Mann stark, stand volle zwei Stunden draußen, ganz dem gnadenlosen Kartätschen- und Schützenfeuer der Franzosen ausgesetzt, die, verschanzt hinter Gartenmauern, keinerlei Ziel für eine Feuererwiderung boten. An manchen Stellen waren im Vorderfeld der Kompanien nur noch vereinzelte Linien zu sehen, die weiter nachluden und feuerten, während um sie herum alle ihre Kameraden tot und sterbend lagen.«

Die Bedeutung Napoleons lag in seiner Fähigkeit, die Chancen zu nutzen und die Probleme zu lösen, die sich aus den veränderten Größenordnungen und Tempi des Krieges ergaben. Wie Friedrich der Große sah Napoleon in der Schlacht den eigentlichen Zweck und Höhepunkt eines Feldzugs und nicht, wie so viele Berufsmilitärs des 18. Jahrhunderts, ein notwendiges, aber nach Möglichkeit zu vermeidendes Übel. Doch während für Friedrich das Ziel einer Schlacht darin bestanden hatte, den Gegner aus seinen Stellungen zu verdrängen und diese selbst einzunehmen, bedeutete für Napoleon ein Sieg nichts Geringeres als die Schwächung des Gegners bis zu dem Punkt, daß seine Fähigkeit und sein Wille zur Gegenwehr erlahmten. Napoleon sah sich, um seine Riesenheere zu entscheidenden Siegen führen zu können, mit der Aufgabe konfrontiert, enorme Probleme im Bereich der Logistik und Kommandostruktur zu lösen. Die Versorgung einer so großen Truppe erforderte ein gut organisiertes Nachschubsystem, breit gefächerte Vormarschwege – 1805 bewegten sich seine Armeen auf einer 160 Kilometer breiten Front vorwärts – und rücksichtslose Requisitionen. Solche Armeen zu koordinieren und im entscheidenden Augenblick konzentriert einzusetzen, war nicht ohne Flexibilität, Selbständigkeit der Einheiten und eigenverantwortlich, aber nicht undiszipliniert handelnde Untergebene zu bewerkstelligen. Die wichtigste Voraussetzung war freilich Napoleons enorme Tatkraft, Konzentrationsfähigkeit und persönliche Ausstrahlung.

Schon bevor Napoleon die volle Tragweite der neuen Art von Kriegführung demonstrierte, hatten andere Militärs Versuche unternommen, sich damit auseinanderzusetzen. Erzherzog Karl, der sich nach den schmerzhaften Waffengängen von 1794 vorübergehend passiv verhalten hatte, war in einer seiner Abhandlungen der Frage nachgegangen, wie es möglich gewesen sei, daß eine gut ausgerüstete, austarierte und disziplinierte Armee von einem Gegner mit ungeschulten Soldaten, ohne Kavallerie und mit unerfahrenen Generalen besiegt wurde. Wenige Jahre später hatte sich Heinrich Dietrich von Bülow in seinem Buch »Geist des neueren Kriegssystems« mit demselben Problem beschäftigt. Bülow entstammte dem niederen Adel und verfügte über eher begrenzte militärische Erfahrungen, dafür aber über das Flair des Literaten; er war ein typischer Mann der Übergangsperiode, in dessen Werk sich glänzende Analysen mit hoffnungslos exzentrischen Ansichten verbanden. Immerhin hatte er begriffen, daß die neue Qualität in der Größenordnung des Krieges veränderte Strategien verlangte. Er steuerte zudem etliche scharfsinnige Aussagen zu taktischen Neuerungen bei und leistete Bemerkenswertes zur später zum Allgemeingut gewordenen begrifflichen Unterscheidung zwischen Strategie und Taktik. Unglücklicherweise krönte er diese Einsichten mit einer Kriegslehre, die den Sieg von der Anwendung einer Reihe geometrischer Formeln abhängig machte.

Eine gediegenere und überzeugendere Begründung für die französischen Triumphe lieferte Gerhard Johann David von Scharnhorst, der in seinem 1797 erschienenen Aufsatz »Die Entwicklung der allgemeinen Ursachen des Glücks der Franzosen in dem Revolutionskriege und insbesondere in dem Feldzuge von 1794« die politischen und psychologischen Vorteile einer Revolutionsarmee herausstrich. Scharnhorst hatte seine Laufbahn im hannoverschen Heer begonnen, 1801 jedoch ein preußisches Kommando übernommen. Bald nach seiner Ankunft in Berlin tat er sich mit einigen Militärkollegen und Zivilisten zur »Militärischen Gesellschaft« zusammen, die sich die Erörterung und Propagierung neuer Ideen im militärischen Bereich zum Ziel gesetzt hatte. In ihrer Schriftenreihe veröffentlichte die Gesellschaft Werke wie die des jungen Offiziers Hermann von Boyen, der während seiner Dienstzeit als Kompaniechef in einer preußischen Provinzgarnison den Kriegs- und Schlachtenverlauf aufmerksam studiert hatte. Scharnhorst war auch maßgeblich an der Förderung der Karriere von Carl von Clausewitz beteiligt, der als Student in die preußische Kriegsakademie eintrat, kurz nachdem Scharnhorst deren Leitung übernommen hatte.

Clausewitz war 1780 als Sohn eines ehemaligen preußischen Offiziers geboren, der eine untergeordnete Stellung in der Finanzverwaltung bekleidete. Als Zwölfjähriger wurde der junge Clausewitz Soldat und blieb von da an bei diesem Beruf, der zu seiner großen Leidenschaft wurde. Er war dennoch nie ein typischer preußischer Offizier. Die Unsicherheit seiner Herkunft – sein Adelstitel war vermutlich illegitim – und die Komplexität seiner Persönlichkeit machten ihn zum Außenseiter im Kreis seiner Kameraden. Nachdem er als dreizehnjähriger Fähnrich im französischen Feldzug erste Schlachtenerlebnisse hatte, leistete er fünf Jahre lang Garnisonsdienst in Neuruppin, wo er viel las und sich an diversen

Bildungsaktivitäten beteiligte, bis er 1801 zum Besuch der Scharnhorstschen Kriegsakademie zugelassen wurde. Vier Jahre später publizierte er seinen ersten theoretischen Aufsatz, eine scharfe Kritik an den strategischen Schriften Bülows. Der Aufsatz erschien in der »Neuen Bellona«, einer von dem badischen Offizier und Publizisten Heinrich Philipp von Porbeck herausgegebenen Zeitschrift. Das nächste Vierteljahrhundert hindurch tat Clausewitz, wenn er nicht gerade im aktiven Kriegsdienst stand, nichts anderes, als über die Natur des Krieges zu lesen, nachzudenken und zu schreiben. Er lebte nicht lange genug, um sein Lebenswerk abschließen zu können, doch selbst im unfertigen Zustand waren und sind seine Schriften, die unter dem Titel »Vom Kriege« postum veröffentlicht wurden, das Beste, das über Natur und Bedeutung der revolutionären Kriegführung geschrieben worden ist.

Wie viele seiner begabtesten Zeitgenossen versuchte Clausewitz mit den Mitteln der Vernunft, etwas zu ergründen, das er als eine völlig unvernünftige Welt erkannt hatte. Sein Stil war unterkühlt und zupackend zugleich, sein Ton bescheiden und abwägend. Von allem idealistischen Pathos und rhetorischen Klimbim entkleidet, reduziere sich der Krieg, so Clausewitz, auf eine schrecklich simple Sache: einen Akt der Gewalt, mit dem wir unseren Gegnern unseren Willen aufzwingen wollen. Diese gewalttätigste und gefährlichste aller menschlichen Aktivitäten lasse für humanitäre Rücksichten keinen Platz. Die aus Menschenfreundlichkeit resultierenden Fehler seien die allerschlimmsten. Ehre sei ein psychologisch interessantes Motiv, habe aber keinen inneren Wert als Ideal. Mut sei eine gute Sache, Tollkühnheit nicht. Clausewitz hielt nichts von denen, deren Vorstellung vom Krieg sich im Bild eines mit gezücktem Schwert heransprengenden Husaren erschöpfe. Eine rationale Sicht des Krieges setze ein Verständnis für die Grenzen der Rationalität voraus. In keiner anderen menschlichen Aktivität spiele der Zufall eine so kontinuierliche und allgegenwärtige Rolle wie im Krieg. Im Verlauf einer Schlacht ergäben sich unzählige Gelegenheiten für Irrtümer und Fehlkalkulationen, unzählige Anlässe für körperliche Erschöpfung und psychischen Zusammenbruch. Im Krieg sei alles sehr einfach, aber selbst das Einfachste sei schwierig. Aus diesen Gründen müsse jede Theorie des Krieges einen Faktor berücksichtigen, den Clausewitz »Friktion« nannte, den Widerstand der Wirklichkeit gegen das menschliche Verstehen und Wollen. Clausewitz verglich das Studium des Krieges mit Schwimmunterricht auf dem Trockenen: Auch wenn man die Bewegungen perfekt auszuführen lerne, müsse man wissen, daß im Wasser alles anders sein wird.

Clausewitz berührte in »Vom Kriege« fast alle Aspekte des militärischen Geschehens, von speziellen Detailproblemen bei der Heeresversorgung bis zu den allgemeinsten strategischen Erwägungen. Die berühmtesten Passagen seines Werks sind jedoch die, die sich mit dem Verhältnis zwischen Krieg und Politik beschäftigen. Auf die für ihn charakteristische Weise bemühte er sich, jenes Verhältnis in die eindeutigste und allgemeinste Formulierung zu kleiden: »So sehen wir also, daß der Krieg nicht bloß ein politischer Akt, sondern ein wahres politisches Instrument ist, eine Fortsetzung des politischen Verkehrs, ein Durchführen desselben mit anderen Mitteln…Die politische Absicht ist der Zweck, der Krieg ist das Mittel, und niemals kann das Mittel ohne Zweck gedacht werden.« Clausewitz erkannte, daß diese Einsicht in seiner Gegenwart von besonderer Bedeutung war, weil sich die neue Qualität der revolutionären Kriegführung zutreffender in politischen als in militärischen Kategorien beschreiben ließ: »Die ungeheuren Wirkungen der französischen Revolution nach außen sind aber offenbar viel weniger in neuen Mitteln und Ansichten ihrer Kriegführung als in der ganz veränderten Staats- und Verwaltungskunst, in dem Charakter der Regierung, in dem Zustand des Volkes usw. zu suchen.« Die wichtigsten unter diesen Veränderungen waren jene, die den Staat in die Lage versetzten, die Kräfte der Gesellschaft möglichst vollständig für die Kriegführung zu mobilisieren. Weil die Leidenschaft und das Temperament eines Volkes einen signifikanten Beitrag zur politischen, militärischen und kämpferischen Stärke der Nation leisten könnten, bemesse sich die Kriegführungsfähigkeit eines Staates nicht allein nach der Stärke seiner stehenden Heere, sondern nach der Summe der verfügbaren Kräfte. Wenn der revolutionäre Staat diese Kraftquellen für sich mobilisiere, müßten seine Feinde dasselbe tun; andernfalls müßten sie weiterhin mit Niederlagen rechnen, wie die alten Regime sie gegen die französischen Armeen erlitten hatten. In einer besonders ernüchternden Passage räumte Clausewitz ein, was dies für die Zukunft bedeutete: »Gehört der Krieg der Politik an, so wird er ihren Charakter annehmen. Sobald sie großartiger und mächtiger wird, so wird es auch der Krieg, und das kann bis zu der Höhe steigen, wo der Krieg zu seiner absoluten Gestalt gelangt.«

Im Verein mit den anderen begabten Jungoffizieren, die Scharnhorst in den Jahren nach der Jahrhundertwende um sich scharte, erarbeitete Clausewitz ein Verständnis der Bedeutung der Revolution für die Kriegführung und erkannte, welche Aufgaben sich daraus für die Feinde der Revolution ergaben. Mit Unterstützung gleichgesinnter Männer in der Staatsverwaltung drängten sie die preußische Regierung, Reformen einzuleiten, ehe es zu spät war. Nur auf der Basis einer von Grund auf erneuerten gesellschaftlichen und politischen Ordnung konnte ihrer Überzeugung nach eine Militärmacht aufgebaut werden, die stark genug sein würde, den unvermeidlichen Konflikt mit Frankreich zu bestehen. Die preußischen Reformer sahen voraus, was ihrem Land drohte, hatten aber nicht die Macht, es abzuwenden. Das Preußen Friedrich Wilhelms II. beziehungsweise, nach 1797, Friedrich Wilhelms III., war für Forderungen nach radikalen Reformen unempfänglich. Unschlüssigkeit bei Hofe, Widerstand gegen Veränderungen beim grundbesitzenden Adel und ein irregeleitetes Vertrauen in die eigene militärische Stärke sorgten im Zusammenwirken dafür, daß der Einfluß der Reformkräfte gering blieb.

Die überaus herbe Kritik, die Generationen patriotischer Historiker an dem preußischen Abseitsstehen nach 1795 geübt haben, ist eigentlich unbegründet, es sei denn, man hielte es für ausgemacht, daß Preußen mit seiner Neutralität gegen eine von oben verordnete historische Mission verstieß. Neutralität war keine an und für sich schlechte Politik. Gemessen an seinen Möglichkeiten in der Situation, war Preußen im Vertrag von Basel nicht schlecht gefahren, und in Anbetracht der Qualität und des Schicksals der antifranzösischen Koalitionen mutet die preußische Entscheidung, sich von deren Machenschaften fernzuhalten, keineswegs unklug an. Das Problem der preußischen Außenpolitik nach 1795 war nicht ihre Neutralität, sondern die Willensschwäche und Perspektivlosigkeit, die sich mehr schlecht als recht dahinter verbargen. In Kriegszeiten erfordert eine Politik der Neutralität vielleicht mehr Entschlossenheit und klarere Zielvorstellungen als andere diplomatische Varianten; sie darf nicht als Resultat von Unentschlossenheit zustande kommen oder ein Vorwand für Untätigkeit sein. Genau das traf jedoch auf die Politik Berlins nach der Jahrhundertwende zu. Die Regierung war in sich völlig zerstritten, sich ihrer wirklichen Interessen nicht sicher und nicht in der Lage, die für ihre Selbstverteidigung erforderlichen Kräfte zu mobilisieren. Verwirrung, Wankelmut und Zwietracht erreichten ihren Höhepunkt in den Monaten vor dem Entscheidungskampf zwischen Napoleon und der Dritten Koalition im Jahr 1805. König Friedrich Wilhelm III. sah sich von beiden Seiten umworben und bedroht, konnte sich aber zu keiner Bündniszusage durchringen. Mit seiner Verzögerungstaktik gewann er wenig; seine Unschlüssigkeit trug zur Niederlage der Koalition bei, ohne die Beziehungen zu Frankreich zu verbessern. Nach Austerlitz wurde die Forderung Napoleons nach preußischer Unterstützung massiver. Er wollte keinen Kampf mit Preußen, legte vielmehr Wert darauf, Berlin als fügsamen Juniorpartner für die neue kontinentale Ordnung zu gewinnen, die aufzubauen er im Begriff war. Doch die Kompromißbereitschaft Friedrich Wilhelms III. begann abzubröckeln, nachdem Napoleon ihm im Februar 1806 ein demütigendes Abkommen aufgezwungen hatte. Eine allmähliche Kursänderung setzte im Sommer ein, als der König einer teilweisen Mobilmachung seiner Truppen zustimmte und damit entsprechende Gegenmaßnahmen Frankreichs herausforderte. Am 13. September marschierten preußische Verbände in Sachsen ein, und der Krieg war da.

Aus preußischer Sicht war der Herbst 1806 kein günstiger Zeitpunkt für eine militärische Konfrontation mit Frankreich. Die Österreicher, in ihrem jüngsten Waffengang schmählich geschlagen, waren noch nicht wieder in der Lage zu kämpfen. Die Russen hatten ihre Truppen zurückgezogen. Die Briten, eigentlich Napoleons unversöhnlichste Feinde, hatten nach dem Einmarsch der Preußen in Hannover Berlin den Krieg erklärt. Im Grunde wären sowohl die Russen als auch die Briten willens gewesen, eine neue antifranzösische Koalition zu bilden, aber Napoleon hatte nicht die Gewohnheit, seinen Feinden viel Zeit zu lassen, wenn ein Krieg erst einmal unvermeidlich geworden war. Seine gut ausgerüsteten und mit neuen Wehrpflichtigen aufgefüllten Armeen tauchten sogleich in Mitteleuropa auf. Gegen sie mußte Preußen zunächst alleine antreten, und das mit Streitkräften, die als Erbstücke einer ruhmreichen Vergangenheit nicht viel mehr als ein trügerisches Selbstbewußtsein und ein überholtes taktisches Konzept vorzuweisen hatten. Scharnhorst und andere, die voraussahen, was kommen würde, vermochten sich im dissonanten Konzert der königlichen Berater kein Gehör zu verschaffen.

Nachdem die preußischen Truppen die Elbe überquert hatten, um den Gegner zur Schlacht herauszufordern, kamen sie bald mit den drei französischen Armeen in Berührung, die Napoleon mit bemerkenswertem Tempo durch den Frankenwald und den Thüringer Wald nordwärts geführt hatte. Am frühen Morgen des 14. Oktober stießen die Franzosen auf einem Plateau in der Nähe von Jena auf die Hauptmacht der preußischen Truppen, so glaubte Napoleon jedenfalls. Über den Ausgang der Schlacht gab es keinen Zweifel: Am späten Nachmittag stand die klare Niederlage der zahlenmäßig unterlegenen und obendrein ausmanövrierten Preußen fest. Zwanzig Kilometer weiter nördlich hatte sich unterdessen eine noch größere Katastrophe angebahnt. Während Napoleon seine Schlacht bei Jena gewann, stellte und schlug Marschall Louis Nicolas Davout bei Auerstedt den Rest der preußischen Streitmacht. Bei hereinbrechender Nacht trafen die in die Flucht geschlagenen Überlebenden mit den versprengten Resten der bei Jena besiegten Truppen aufeinander, das Chaos noch vergrößernd. Hermann von Boyen, selbst schwer verwundet und von seiner Einheit abgeschnitten, mußte erleben, wie preußische Soldaten ihre Waffen wegwarfen, verwundete Kameraden im Stich ließen und das Feld kampflos den französischen Verfolgern preisgaben. »Das mühsam und, wie es schien, unerschütterlich begründete Kriegs-Gebäude«, erinnerte sich Boyen, »ward hier plötzlich biß in seine Grund-Fugen erschüttert.« Clausewitz, der ebenfalls an der Schlacht teilnahm, äußerte sich auf einigen Seiten seines Hauptwerkes zu dieser Niederlage, für die er eine unüberbietbare Einfallsarmut auf preußischer Seite verantwortlich machte. Bei Jena und Auerstedt sei die preußische Militärmacht »wie nie eine Armee auf dem Schlachtfelde selbst zugrunde gerichtet worden«.

Sein militärischer Bankrott nahm Preußen die Fähigkeit, in dem weiterschwelenden Krieg zwischen Frankreich und Rußland eine selbständige Rolle zu spielen. Von Mitte Oktober 1806 bis zum Juni 1807 war Friedrich Wilhelm III. nur mehr Juniorpartner des Zaren, und nachdem Napoleon die Russen am 14. Juni 1807 bei Friedland besiegt hatte, konnte Preußen nichts mehr tun, als ungeduldig darauf zu warten, was Napoleon und Alexander I., die sich zur Beratung auf einem am Ufer des Flusses Njemen verankerten Floß trafen, in bezug auf die Zukunft Preußens beschließen würden. Der am 9. Juli unterzeichnete Friede von Tilsit beraubte Preußen aller seiner Gebiete westlich der Elbe sowie des größten

Teils seiner polnischen Besitzungen. Auf nur noch vier Provinzen geschrumpft, von französischen Truppen besetzt, zur Zahlung einer großen Kriegsentschädigung veranlaßt und zum Eintritt in ein antibritisches Bündnis gezwungen, schien Preußen in jene politische Zweitrangigkeit zurückzufallen, aus der mehrere Generationen von Hohenzollernherrschern das Land herauszuführen versucht hatten. Napoleon hingegen fühlte sich als Triumphator: Er hatte Rußland als Verbündeten gewonnen, Österreich besiegt und vorläufig ruhiggestellt, Preußen am Boden zerstört. Niemand mehr konnte ihn jetzt daran hindern, seine Pläne für eine neue europäische Ordnung in die Tat umzusetzen.

Das Ende des alten Reiches
und die Umgestaltung Mitteleuropas

Am Morgen des 6. August 1806 ritt der Herold des Deutschen Reiches, angetan mit seinem reichbestickten Wappenrock, durch die Straßen Wiens, um seine letzte dienstliche Aufgabe zu erfüllen. Vor der Kirche »Neun Chöre der Engel« ließ er die Fanfare blasen und verlas dann eine Proklamation, die besagte, daß Franz II., »von Gottes Gnaden erwählter römischer Kaiser, zu allen Zeiten Mehrer des Reichs, Erbkaiser von Oesterreich…, König in Germanien« die Kaiserkrone niedergelegt und die Mitgliedstaaten des Reiches aus ihren verbrieften Verpflichtungen entlassen habe. Dieser ebenso unvermittelte wie ungesetzliche Akt markierte das Ende eines Systems von Institutionen, das den deutschen Ländern jahrhundertelang ein gewisses Maß an Ordnung beschert hatte. Jene historische Kontinuität reichte bis zu den Friedensschlüssen von 1648 und noch weiter zurück, verwies auf die Kaiserdynastien des Mittelalters und hielt die Erinnerung an das Römische Reich der Antike wach. Bedenkt man das ehrwürdige Alter dieses Reiches und die Gefolgschaft, über die es einst geboten hatte, so erscheint es verwunderlich, welch rasches und unbeweintes Ende es nahm. Goethe, der sich im August 1806 auf Reisen befand, schrieb in sein Tagebuch: »Zwiespalt des Bedienten und Kutschers auf dem Bock, welcher uns mehr in Leidenschaft versetzte als die Spaltung des römischen Reichs.«

Historiker, die mit Lord Bryce der Meinung waren, das Reich sei ohnehin nur noch eine Mumie gewesen, »wie aus irgendeinem ägyptischen Grab herbeigeschleppt, bereit, bei der ersten Berührung zu Staub zu zerfallen«, fühlten sich nicht bemüßigt, seinen plötzlichen Untergang 1806 zu erklären, und waren auch nicht überrascht, daß er mit so viel Gleichgültigkeit hingenommen wurde. Sehr viel später vertraten die akademischen Fürsprecher des Reiches die These, dessen Dahinscheiden sei eher die Folge der umwerfenden Kraft der Revolution gewesen als die seiner eigenen Schwäche. »Die Französische Revolution«, schrieb T. C.

W. Blanning, »war keineswegs der Sturm, der die vertrockneten Blätter der feudalen Ära hinwegfegte, sondern ähnelte einer Kettensäge, die einen uralten, verwachsenen, aber noch immer knospenden Eichenbaum fällte.« Diese Einschätzung liegt sicherlich näher an der Wahrheit als die Meinung derer, die die Vitalität des Reiches seit jeher unterschätzt haben. Gleichwohl sollte man nicht vergessen, daß die Zunahme staatlicher Macht im 18. Jahrhundert die Institutionen des Reiches sowie die Loyalität zu ihm schwächte. Dieser über lange Zeiträume ablaufende Prozeß legte die Wurzeln der »Reichseiche« frei und trocknete sie aus, so daß sie nach 1789 um so leichter abgeholzt werden konnte.

Am Vorabend der Französischen Revolution hatten einige der treuesten Bewunderer des Reiches ihre Besorgnis ob dessen Zukunft geäußert. Das Reich sei eine schlecht zusammengehaltene, träge Masse, klagte Johannes von Müller 1788, in der die Starken täten, was sie wollten, die anderen unterließen, was sie sollten. Ein Jahr später zeichnete ein Augsburger Bürger das folgende düstere, aber ahnungsvolle Bild von der Zukunft: »Fällt eine Reichsstadt, so fallen mehrere, fallen mehrere, so fallen alle. Fallen die Reichsstädte, so fallen die kleinen Fürstentümer, fallen die, so hat Deutschland nur zwei Regenten, und diese sind dann ewige Nebenbuhler, so lange, bis nur einer regiert.« Im Jahr 1792, als sich bereits abzeichnete, daß es dem Reich schwerfallen würde, sich gegen äußere Bedrohungen und innere Zwietracht zu behaupten, publizierte Friedrich Karl von Moser, der seit Jahrzehnten zu den beredtesten Fürsprechern des Reichsideals zählte, eine Neuausgabe seines berühmten Pamphlets von 1765 über den deutschen Nationalgeist. In einem äußerst pessimistischen Vorwort zu dieser Neuausgabe schrieb er, die Zeit für eine Reform sei vorbei, die Deutschen müßten ein Jahrhundert oder länger warten. Doch in einer Geschichtsepoche wie der, die 1789 begonnen hatte, war für Mosers gelassenen Fatalismus weder Platz noch Zeit: Nie wieder würde eine Institution wie das Deutsche Reich Hunderte von Jahren zur Verfügung haben, sich um eine Selbsterneuerung zu bemühen.

Zur ersten Konfrontation zwischen dem Reich und der Revolution kam es im Elsaß, einem jener Gebiete, in denen die vielfach geschichteten Rechtsverhältnisse des alten Regimes noch Bestand hatten. Als die französischen Stände in ihrer Nachtsitzung vom 4. August 1789 den »Feudalismus« für abgeschafft erklärten, strichen sie damit die grundherrlichen Rechte jener deutschen Aristokraten, deren elsässische Besitzungen einmal auf Reichsgebiet gelegen hatten, jetzt aber zum Territorium der französischen Monarchie gehörten. Da die Eigner dieser Güter nach wie vor zum Reichsadel zählten, wandten sie sich um Schutz und Entschädigung an den Kaiser. Sie stießen jedoch mit ihren Problemen auf wenig Interesse. Der Kaiser gab sich unzugänglich, und die übrigen Institutionen des Reiches handelten zu behäbig, als daß sie wirksam helfen konnten. Bald nahmen die mächtigeren unter den betroffenen Grundherren, etwa der Herzog von Württemberg, direkte Verhandlungen mit Paris auf. Im Grunde lief der Konflikt zwischen dem revolutionären Frankreich und den sogenannten Reichsenklaven auf eine verschärfte Neuauflage des alten Machtkampfes zwischen staatlicher und lokaler Autorität hinaus. Er markierte, so gesehen, den Beginn eines neuen, des letzten Kapitels in der Geschichte des alten Reiches und seiner Kraft, die »herrschaftliche« Welt vor dem totalen Machtanspruch des Zentralstaates zu schützen.

Niemand hatte mehr Grund zur Sorge über die nachlassende Selbstbehauptungsfähigkeit des Reiches als die Fürsten der entlang der westlichen Reichsgrenze gelegenen Kleinstaaten. So gut sie in der Lage sein mochten, die Ordnung im Inneren aufrechtzuerhalten, so schlecht waren sie dafür gerüstet, sich gegen Angriffe von außen zu verteidigen. Die militärischen Institutionen des Reiches in ihrer Schwerfälligkeit und Ineffizienz taugten vielleicht zur Bekämpfung krimineller Räuberbanden, doch für große und langanhaltende militärische Operationen waren sie ungeeignet. Die nüchterne Einschätzung der militärischen Potenz des Reiches, die Johann Jakob Moser in den sechziger Jahren des 18. Jahrhunderts lieferte, galt dreißig Jahre später immer noch: »Die bei einem Reichskrieg und einer Reichsarmee sich äußernden Gebrechen sind so groß, auch viel und mancherlei, daß man solange das Teutsche Reich in seiner jetzigen Verfassung bleibt, demselben auf ewig verbieten sollte, keinen (sic!) Reichskrieg zu führen.« Im Jahr 1790 spielten einige Regierungen im Westen Deutschlands mit dem Gedanken, die adligen französischen Émigrés um Hilfe anzugehen, die sich in großer Zahl aus Frankreich abgesetzt hatten. Das konnte angesichts deren politischen und militärischen Niveaus bloß eine aus der Verzweiflung geborene Idee sein. »Wir deutschen Fürsten haben nur Gesetze, Verträge, feierliche und beschworene Zusage der sich über alles dieses hinaussetzenden Macht entgegenzusetzen«, schrieb Kurfürst Max Franz von Köln, »nur Moralität kann uns retten.«

Wenn die kleinen deutschen Staaten militärischen Beistand suchten, lag es auf der Hand, daß sie sich an Preußen und Österreich wandten, an die beiden einzigen mitteleuropäischen Staaten, die groß genug waren, es mit einer Macht wie Frankreich aufzunehmen. Andererseits hatten die meisten deutschen Fürsten allen Grund, den Regierungen in Wien und Berlin zu mißtrauen. Ein hannoverscher Diplomat unterstellte der preußischen Politik in einem im Mai 1791 angefertigten Vermerk, sie erachte die imperialen Bindungen nur so lange für wichtig und pflegenswert, wie dadurch die Stellung des Hauses Brandenburg gegenüber Österreich gestärkt werde. Einige Monate später berichtete ein in Dresden akkreditierter Beobachter, die sächsische Regierung interpretiere jede Initiative Österreichs zugunsten des Reiches als bloßen Vorwand für die Förderung egoistischer Ziele. Das Bündnis zwischen den beiden deutschen Großmächten trug nur wenig zur Linderung der Ängste bei, die ihre Politik bei ihren kleineren Nachbarn hervorrief. Seit Jahrzehnten hegten deutsche Politiker die Befürchtung, ihre Staaten könnten im Wettstreit zwischen Habsburg und Hohenzollern zerrieben werden; dazu gesellte sich jetzt die Sorge, eine preußisch-österreichische Allianz könnte eigene Vorteile auf ihre Kosten suchen. »Ganz Deutschland ist in Aufregung«, schrieb Max Franz im Juni 1792, »man fürchtet weniger die Franzosen als diese zwei Mächte, und man findet allgemein die Arznei schlimmer als das Übel.«

Bedroht von einer unberechenbaren neuen politischen Kraft im Westen, mißtrauisch gegenüber den Großmächten östlich von ihnen, zu schwach, um aus eigener Kraft zu handeln, und zu zerstritten, um sich zusammenzutun, hatten die deutschen Kleinstaaten im Grunde lediglich eine realistische Option: nichts zu tun und zu hoffen, die Krise würde vorübergehen. Viele Regierungen waren erleichtert, als Frankreich in seine Kriegserklärung an Österreich und Preußen im April 1792 das Reich ausdrücklich nicht einschloß. Sie hatten kein Verlangen danach, eine Invasion mitzufinanzieren, bei der sie nichts gewinnen konnten. Österreich und Preußen wiederum legten keinen gesteigerten Wert auf ein militärisches Engagement des Reiches; denn sie wollten ihre erhoffte Kriegsbeute nicht mit Verbündeten teilen, auf die sie nicht angewiesen waren. Die im Herbst 1792 eher halbherzig unternommenen Bemühungen um eine Mobilmachung des Reiches blieben folgenlos, und selbst als sich die militärische Lage geändert hatte, klammerten sich viele Staaten im deutschen Westen an die Hoffnung, sich aus dem Konflikt heraushalten zu können. Im Februar 1793 stimmte der Reichstag einer beschränkten finanziellen Unterstützung der kriegerischen Aktivitäten zu, unter der Bedingung, daß Reichstruppen nur für defensive Operationen eingesetzt werden dürften. Viele Menschen in diesen Staaten sperrten sich gegen die Erkenntnis, daß sie in eine kritische Lage geraten waren. So weigerten sich die kurkölnischen Stände, die für die Kriegführung erforderlichen Steuern zu bewilligen. In Zweibrücken war Herzog Karl August II. vollauf mit den anstrengenden Vergnügungen des Hoflebens beschäftigt, so daß ihn die Operationen eingedrungener fremder Truppen nicht interessierte, bis die ersten französischen Soldaten vor den Toren seines Schlosses standen.

Der Reichstag erklärte schließlich im März 1793 Frankreich den Krieg, lange nachdem französische Truppen die westlichsten Teile des Reiches überrannt hatten. Fast vom ersten Tag an fanden die meisten Regierungen das Risiko und die Kosten des Krieges unerträglich. Selbst diejenigen, die die französischen Eroberer zu hassen gelernt hatten, mißtrauten weiterhin ihren österreichischen und preußischen Bündnispartnern. Weder die Siege von 1793 noch die Niederlagen von 1794 machten den Krieg in ihren Augen annehmbar. Max Franz von Köln, ein Reichspatriot, wie man ihn loyaler im Rheinland nicht hätte finden können, klagte, er habe sich schon den siegreichen Vormarsch der Koalitionsheere in die Niederlande kaum leisten können und würde gewiß bankrott gehen, falls sie geschlagen würden und sich zurückziehen müßten. In dem Maße, in dem die revolutionären Armeen an Elan gewannen, breitete sich auf deutscher Seite Defätismus aus. »Es ist unbegreiflich, wie die Franzosen auf allen Seiten so glückliche Fortschritte machen; wenn das so fortgeht, so sind sie das Frühjahr zu Wien«, schrieb ein rheinischer Politiker im Oktober 1794. Die Antwort des Reiches auf diese Entwicklung bestand in dem Bemühen, den Krieg so schnell wie möglich zu Ende zu bringen. Im Oktober konnte der Kurfürst von Mainz, in seiner Eigenschaft als Reichskanzler agierend, für seine Friedensvorschläge eine Reichstagsmehrheit mobilisieren. Zwei Monate später forderte eine ähnliche Mehrheit den Kaiser förmlich auf, in Zusammenarbeit mit dem König von Preußen ein Ende der Feindseligkeiten auszuhandeln. Unglücklicherweise hatte das Reich nicht die Macht, einen Frieden zu erzwingen. Und über die militärischen Aktionen im Westen entschieden nicht Reichstagsbeschlüsse, sondern die Eigeninteressen der beiden deutschen Großmächte.

Die Bestimmungen des Baseler Vertrages vom Mai 1795 zeigten, wie groß die Bereitschaft Berlins war, um der territorialen Gewinne und des eigenen Vorteils willen kleinere Staaten zu opfern und damit das Reich zu kompromittieren. Preußen stellte mit der Bildung einer neutralen Zone, die es unter seinen Schutz nahm, sowohl die Souveränität der norddeutschen Staaten als auch die Autorität der Reichsinstitutionen direkt in Frage. Ein Beobachter konstatierte im August 1795, es gebe, nachdem Preußen den Kurs des Waffenstillstandes eingeschlagen habe, kein Reich »in corpore« mehr, das am Krieg gegen Frankreich teilnehmen könne. Andere Bestimmungen des Vertrages bargen noch tiefere Gefahren für das Reich. Indem Preußen die französischen Annexionen westlich des Rheins anerkannte und dafür Kompensationen auf Kosten deutscher Staaten einforderte, tat es den ersten Schritt in eine Richtung, die schließlich einen völligen Strukturwandel der Politik in Mitteleuropa nach sich zog. Einmal vom Zaun gebrochen, erwies sich dieser sich selbst reproduzierende Prozeß von Annexion und Kompensation als ständige Einladung zur Aggression, indem er Staaten dazu ermunterte, sich auszudehnen, bestehende Grenzen zu mißachten und sich kleinere Staaten einzuverleiben. In einer Situation, in der die Schwachen den Starken ausgeliefert waren, büßte das Reich die Fähigkeit ein, seine Mitglieder in Schranken zu halten. »In dem Augenblick, wo mehr als je Zusammensicht höchst nötig ist«, klagte Max Franz im September 1796, »läßt sich jeder (Staat) durch die Furcht, die sich aller bemeistert hat, auf eigene besondere Wege herumtreiben, nur des augenblicklichen, nicht des zukünftigen Zustandes eingedenk. Gott weiß, was daraus wird.«

Schon im Sommer 1795, nachdem die Fürsten von Hessen-Kassel und Braunschweig Separatfriedensverträge mit den Franzosen unterzeichnet hatten, schieden etliche kleinere deutsche Staaten aus dem Reichskrieg aus, sei es aus Angst oder aus Vorteilserwägungen. Im August 1796 trafen Baden, Bayern und Württemberg Vereinbarungen mit Frankreich, in denen das Muster, französische Annexionen im Rheinland mit Entschädigungen aus Kirchenbesitz für die deutschen Partner zu koppeln, erneut zur Anwendung kam. Österreich kämpfte derweil im

Namen des Reiches weiter, unternahm aber wenig, um die Zusammenarbeit zwischen den deutschen Staaten zu fördern. Die habsburgischen Generale behandelten ihre Verbündeten mit Geringschätzung, mißachteten ihre materiellen Interessen und beuteten ihre Territorien aus. Schon vor den militärischen Desastern von 1797 stand für viele deutsche Patrioten fest, daß Wien und Berlin die Skylla und Charybdis des Deutschen Reiches seien. Doch im Unterschied zu Preußen stieg Österreich nicht einfach aus dem Krieg mit Frankreich aus, um andere Ziele zu verfolgen, sondern wurde von einem siegreichen Feind, der nur wenige Tagesmärsche von seiner Hauptstadt entfernt stand, zum Frieden gezwungen. Aber wie der Vertrag von Basel, offenbarte auch der von Campo Formio deutlich den Willen seiner Unterzeichner, den eigenen Vorteilen die Interessen des Reiches zu opfern. Im Gegensatz zu ihren öffentlichen Beteuerungen, die Grenzen des Reiches unangetastet zu lassen, billigten die Verhandlungspartner in Campo Formio heimlich die französischen Annexionen entlang des Rheins, einschließlich der Belegung der Schlüsselstellungen Mainz, Ehrenbreitstein und Mannheim mit französischen Garnisonen. Österreich ließ sich hierfür mit Salzburg und einigen bayerischen Gebieten entschädigen.

Der Vertrag von Campo Formio stipulierte, über das endgültige Schicksal des Reiches solle in direkten Verhandlungen zwischen Frankreich und kaiserlichen Unterhändlern entschieden werden. Die Debatten hierüber begannen im November 1797 in Rastatt und dauerten bis April 1799. Der Kongreß von Rastatt gehört zu jenen geschichtlichen Ereignissen, bei denen sich die Wege vieler bekannter Persönlichkeiten kreuzten. Napoleon hielt sich kurze Zeit hier auf, ebenso der Dichter Hölderlin. Goethe begleitete seinen Herzog dorthin. Klemens Metternich kam mit seinem Vater, dem Leiter der österreichischen Delegation. Der ältere Metternich, von Ritter von Lang als »ein stattlicher, wohlbeleibter und bordierter altdeutscher Herr« beschrieben, tat sein Bestes, um den Kongreß nach vorrevolutionären Normen ablaufen zu lassen. Er ordnete die siebzig Repräsentanten des Reiches nach ihren Rängen, bestand auf der Einhaltung eines korrekten Protokolls, gab Gesellschaften und sah darauf, daß zu den wichtigen Themen ausführliche Denkschriften abgefaßt wurden. Die kleine französische Delegation kam offensichtlich aus einer anderen Welt. Einfach gekleidet, die Schuhe unpoliert und die Haare ungepudert, schockierte sie mit ihrem Aussehen und Auftreten das ausgeprägte Form- und Modebewußtsein des jungen Metternich. »Großer Gott«, schrieb er, »wie hat diese Nation sich geändert!« Der Leiter der französischen Abordnung erinnerte Lang an einen Notar in einem Theaterstück, der kommt, um das Testament eines der Akteure aufzusetzen. Das entsprach recht genau der Aufgabe, die er in Rastatt zu erfüllen hatte. In aller Ruhe, ohne Zeremoniell oder ausgiebige Beratungen, brachten die Franzosen ihre territorialen Ansprüche vor, für die sie kircheneigene Gebiete als Entschädigung anboten. In den Augen Langs gaben sie damit »das Signal zur Plünderung«. Kein Wunder, daß die Franzosen ihre deutschen Verhandlungspartner verachteten.

Vielen Deutschen, die die Verhandlungen in Rastatt verfolgten, wurde dabei zum ersten Mal klar, wie ohnmächtig die Institutionen des Reiches geworden waren. Bei den Reichspatrioten löste diese Erkenntnis Niedergeschlagenheit und Wut aus. Mit dem Rastatter Kongreß begann eine lange Trauerperiode. Von Joseph Görres stammt der folgende bittere Nachruf: »Am 30. Dezember 1797, am Tage des Übergangs von Mainz, nachmittags um 3 Uhr, starb zu Regensburg in dem blühenden Alter von 955 Jahren, 5 Monaten und 28 Tagen sanft und selig an einer gänzlichen Entkräftung und hinzugekommenem Schlagfluß, bei völligem Bewußtsein und mit allen heiligen Sakramenten versehen, das heilige römische Reich schwerfälligen Angedenkens.«

Für Hegel, der von Frankfurt aus mit heißem Herzen den Gang der Dinge verfolgte, lieferte Rastatt den Beweis dafür, daß die alte Welt abgedankt hatte. In seinem ersten politischen Aufsatz, der zwischen Ende 1798 und Anfang 1799 entstand, konstatierte er, der Kongreß von Rastatt habe den deutschen Patrioten die Hoffnung geraubt, daß eine Reform möglich sei. Deutschland sei, so formulierte er es in einer späteren Fassung desselben Essays, kein Staat mehr, da es die Fähigkeit verloren habe, sich zu verteidigen. Die Glieder der deutschen Nation müßten infolgedessen eigentlich dem Wahnsinn verfallen, was nichts anderes sei als die »vollendete Entfremdung des Einzelnen von seiner Art«. Kurfürst Max Franz von Mainz, der sein Territorium verloren hatte und auch seine Stellung als Souverän einzubüßen schien, mußte einräumen, daß das Reich nicht mehr in der Lage war, seine Untertanen zu schützen. Er liebäugelte mit dem Gedanken, daß die Zeit der Kleinstaaten vorbei und es für Deutschland besser sei, wenn Preußen und Österreich auch in Mitteleuropa eine Lösung »à la polonaise« praktizierten.

Der Rastatter Kongreß war noch im Gang, als Frankreich erneut dem Reich und Österreich den Krieg erklärte. An den nachfolgenden Feldzügen von 1799 beteiligten sich die Kleinstaaten, eingedenk der weitreichenden französischen Ambitionen und angespornt von den anfänglichen Erfolgen der österreichischen Truppen, mit kaum erwartetem Enthusiasmus. Der Reichstag bewilligte ausreichende Kriegsanleihen, und im Sommer 1799 konnten kaiserliche Truppen eine französische Streitmacht unter Marschall Pierre François Augereau über den Rhein zurückschlagen. Doch die Anfangserfolge ließen sich nicht fortsetzen. Nach den Niederlagen von Marengo und Hohenlinden blieb Franz II. keine andere Wahl, als den Bedingungen zuzustimmen, die im Frieden von Lunéville am 9. Februar 1801 festgeschrieben wurden. Franz unterzeichnete zwar diesen Frieden für sich selbst und im Namen des Reiches, aber da er es ablehnte, in der abschließenden Verhandlungsrunde als Generalbevollmächtigter des Reiches zu fungieren, ernannte der Reichstag eine Delegation, die vom Sommer 1802 an bis zum Februar des Folgejahres beratschlagte.

Diese Reichsdeputation setzte sich zusammen aus dem Kurfürsten von Mainz, dem Hochmeister des Deutschritterordens und Vertretern Böhmens – damit der Habsburger –, Brandenburg – damit des preußischen Königs –, Württembergs, Sachsens, Bayerns, Hessens und Würzburgs. Der Abschlußbericht der Deputation, genannt Reichsdeputationshauptschluß, vom Reichstag mit nie gekanntem Pflichteifer verabschiedet und vom Kaiser am 27. April 1803 als Gesetz verkündet, füllt in Ernst Rudolf Hubers Sammlung staatsrechtlicher Dokumente sechsundzwanzig eng bedruckte Seiten. Der »Hauptschluß« beurkundete eine der größten Gebietsumverteilungen in der europäischen Geschichte, besiegelte das Schicksal so manches nicht unbedeutenden Staatswesens und stellte den Versuch dar, eine verwirrende Vielfalt von Ansprüchen Dutzender Kleinfürsten zu erledigen. Die Mittelstaaten, die die deutsche Geschichte im 19. Jahrhundert entscheidend prägen sollten, erhielten hier ihre Grundgestalt. Zugleich wurden etwa den Fürsten von Hohenlohe 600 Gulden – je zur Hälfte für die Schilligsfürst- und die Bartenstein-Linie – zugesprochen, als Entschädigung für ihren bisherigen Anteil an den Einnahmen des rheinischen Zollamts in Boppard. Mit einem einzigen Federstrich wurde die Zahl der Reichsstädte auf 6 reduziert. Nur Hamburg, Bremen, Lübeck, Frankfurt, Nürnberg und Augsburg bewahrten ihre Selbständigkeit; alle anderen gingen, zusammen mit ihrem ganzen Territorialbesitz, in den Nachfolgestaaten auf. Nicht weniger dramatisch war die gleichzeitige Amputation der kirchlichen Fürstentümer, von denen nur 3 übrigblieben: ein umgestaltetes Kurfürstentum Mainz mit Regensburg als Verwaltungssitz sowie die Lehen des Deutschritter- und des Johanniterordens. Die anderen kirchlichen Fürstentümer, vom Kurbistum Köln bis zum winzigen Kloster Guttenzell, wurden liquidiert. Auf der rechten Rhein-Seite verschwanden 3 Kurfürstentümer, 19 Bistümer und 44 Abteien von der Landkarte, Gebiete mit rund 10.000 Quadratkilometern Gesamtfläche und etwa 3 Millionen Bewohnern.

Der »Reichsdeputationshauptschluß« wurde zwar in Regensburg niedergeschrieben und in Wien verkündet, aber seine Autoren saßen in Paris; denn dort wurden die Weichen für die Zukunft Deutschlands gestellt. Unter den Gewinnern der territorialen Umverteilung von 1803 befanden sich vor allem jene Mittelstaaten, die groß genug waren, um separat mit Frankreich verhandeln und sich die Entschädigungen sichern zu können, die die Eroberer für ihre Annexionen anboten. Preußen etwa verlor einige seiner Enklaven westlich des Rheins, vergrößerte sich aber beträchtlich auf Kosten von Kirchenfürstentümern und Reichsstädten. Für den Verlust von 48 Quadratmeilen mit 127.000 Bewohnern hielt es sich mit dem Zugewinn von 234 Quadratmeilen, auf denen über 500.000 Menschen lebten, schadlos. Diese Gebiete mußte Preußen nach der Niederlage von 1806 wieder abtreten, erhielt sie jedoch 1815 zurück. Somit nahm der »Hauptschluß« die spätere Ausdehnung Preußens über die Nordhälfte Deutschlands vorweg. Im Süden konnte Bayern durch die Neuordnung von 1803 seine

Stellung als drittstärkste deutsche Macht festigen. Der Staat der Wittelsbacher mußte 255 Quadratmeilen und 730.000 Untertanen abgeben, erhielt aber im Gegenzug 290 Quadratmeilen mit 880.000 Bewohnern, darunter die reichen Domänen der Bischöfe von Würzburg, Bamberg, Freising, Augsburg und Passau. Württemberg mußte sich nur von 7 Quadratmeilen und 14.000 Menschen trennen, bekam dagegen 29 Quadratmeilen und über 100.000 neue Untertanen hinzu. Baden machte, relativ gesehen, einen noch besseren Abschluß. Einem Verlust von 8 Quadratmeilen und 25.000 Menschen standen als Zugewinne gegenüber: die bis dahin unabhängig gewesenen Bistümer Konstanz, Basel, Speyer und Straßburg, dazu Teile der Pfalz mit Mannheim und Heidelberg, insgesamt 59 Quadratmeilen mit 237.000 Bewohnern. Territoriale Zugewinne verbuchten auch Hessen-Kassel, Hessen-Darmstadt und die Fürstentümer Nassau, Oldenburg und Hannover.

Daß die kirchlichen Fürstentümer die Hauptleidtragenden der Umverteilung von 1803 sein würden, stand bereits fest, bevor die Reichsdeputation ihre Beratungen aufnahm. Seit Jahrzehnten hatten aufgeklärte Deutsche diese Kirchenstaaten attackiert, weil sie in ihren Augen Brutstätten moralischer Korruption, geistiger Rückständigkeit und politischer Ineffizienz waren. Die Wehrlosigkeit, die sie gegenüber der französischen Aggression an den Tag gelegt hatten, schien zu bestätigen, daß sie von den kraftvollen neuen Strömungen in Politik und Philosophie, die das moderne Zeitalter prägten, hoffnungslos isoliert waren. Offenbar fiel es weltlichen Staaten nunmehr relativ leicht, die Hände auf Kirchenbesitz zu legen, wenn sie nur vorgeben konnten, damit das Urteil der Geschichte zu vollstrecken und die Sache des Fortschritts voranzubringen. So schrieb Graf Montgelas 1802 über die Klöster in Bayern, sie hätten den Fortbestand des Aberglaubens und haarsträubender Irrlehren gefördert, die Ausbreitung aufgeklärter Einsichten behindert und Mißtrauen gegen Einrichtungen ausgestreut, die im Sinne einer wahrhaft moralischen Erziehung tätig gewesen seien. Mindestens ebenso wichtig war freilich der Aspekt – über den Politiker wie Montgelas allerdings nicht viele Worte verloren –, daß die kirchlichen Fürstentümer reich, ihre Böden fruchtbar und ihre Schatullen mit Edelmetall und Juwelen gefüllt waren. Sie verfügten genau über das, was die Regierungen brauchten, um ihre Rechnungen bezahlen und die unersättlichen Forderungen der Franzosen erfüllen zu können. Gegen den Ansturm ihrer weltlichen Feinde konnten die kirchlichen Mächte lediglich rhetorisch vorgehen. Eine Säkularisierung und Einverleibung ihrer Gebiete würde, so lautete ihr stärkstes Verteidigungsargument, die gesamte Struktur des Reiches untergraben, das Prinzip der Legitimität durchlöchern und die Institutionen des Reiches ihrer treuesten Gefolgsleute berauben. All dies traf zu, aber es hatte gegenüber den politischen Ambitionen, der moralischen Selbstgerechtigkeit und der Habgier der Mittelstaaten zu wenig Gewicht.

Die Säkularisierung schwächte die politische Stellung des Katholizismus im deutschsprachigen Europa erheblich. Unter den bedeutenderen Staaten gab es nur noch in Österreich und Bayern eine katholische Bevölkerungsmehrheit unter einem katholischen Herrscherhaus. Weil die kirchlichen Fürstentümer im gesellschaftlichen, kulturellen und religiösen Leben der deutschen Katholiken eine große Rolle gespielt hatten, zeitigte ihr Untergang Folgen, die über das rein Politische weit hinausgingen. So fiel ein großer Teil jener Ämter ersatzlos weg, die traditionell den Sprößlingen katholischer Adelsfamilien offengestanden hatten; damit erloschen die bis dahin engen Beziehungen zwischen Kirchenhierarchie und grundbesitzender Aristokratie. Die Führungsrollen innerhalb der Kirche, zuvor von klerikalen Höflingen wahrgenommen, die in ihren Ämtern religiöse mit weltlicher Autorität verbunden hatten, übernahmen kirchliche beziehungsweise staatliche Herren; sowohl die einen als auch die anderen bemühten sich verbissen, den jeweils eigenen Tätigkeitsbereich abzugrenzen und zu kontrollieren. Darüber hinaus lähmte die Säkularisierung viele der bis dahin aktivsten geistigen Zentren der Kirche, zumal jene Seminare, Hochschulen und Klöster, in denen die katholische Aufklärung Wurzeln geschlagen hatte. Das bedeutete, daß gleichzeitig mit der politischen Stellung des Katholizismus auch dessen geistige Ressourcen geschwächt wurden, wodurch sich die kulturelle Kluft zwischen Protestanten und Katholiken, die in den siebziger und achtziger Jahren des 18. Jahrhunderts schmaler geworden war, wieder verbreiterte.

Der Verlust der Kirche war der Gewinn des Staates, ein Zugewinn nicht nur an Boden und Menschen, sondern auch an Kontrolle über Vermögenswerte, Organisationen und soziale Beziehungen. Die Staaten hatten wenig Hemmungen, kirchliche Immobilien in Beschlag zu nehmen, das Gold aus den Sakristeien zu holen oder klösterliche Ackerflächen zu verkaufen. Als weitaus problematischer erwies sich die Aufgabe, für die Leistungen der Kirche im gesellschaftlichen und kulturellen Leben Ersatz zu finden oder sie unter staatliche Aufsicht zu bringen. Noch fast ein Jahrhundert lang sollten Kirche und Staat sich einen kostspieligen Kampf um die Kompetenzen liefern. Das Ringen gewann dadurch an Schärfe, daß die Umverteilung von 1803 jene ungefähre Übereinstimmung konfessioneller und politischer Grenzen beseitigte, die im 16. Jahrhundert erzwungen worden war. Die meisten der neu zugeschnittenen Staaten hatten jetzt sowohl katholische als auch protestantische Bewohner. Im weiteren Verlauf des 19. Jahrhunderts sollte der konfessionellen Kohabitation eine gravierende politische Bedeutung zuwachsen, weil vor allem katholische Minderheiten sich zur organisierten Verteidigung ihrer kulturellen Werte und religiösen Institutionen gegen die in ihren Augen illegitime Fremdbestimmung durch weltliche Mächte zusammentaten.

Gemäß Artikel 28 des »Reichsdeputationshauptschlusses« sollte der reichsunmittelbare Adel bestehen bleiben, doch die Frage, wie er für verlorenen Grundbesitz entschädigt werden könne, wurde auf unbestimmte Frist vertagt. Eine

CONFEDERATION
DU RHIN
MDCCCVI.

BRENET F.   DENON D.

Der Rheinbund: vierzehn der sechzehn deutschen Fürsten in Rittertracht am Fascesbündel,
dem Symbol der Eintracht. Rückseite einer Silbermedaille von Nicolas Guy Antoine Brenet,
1806. München, Staatliche Münzsammlung

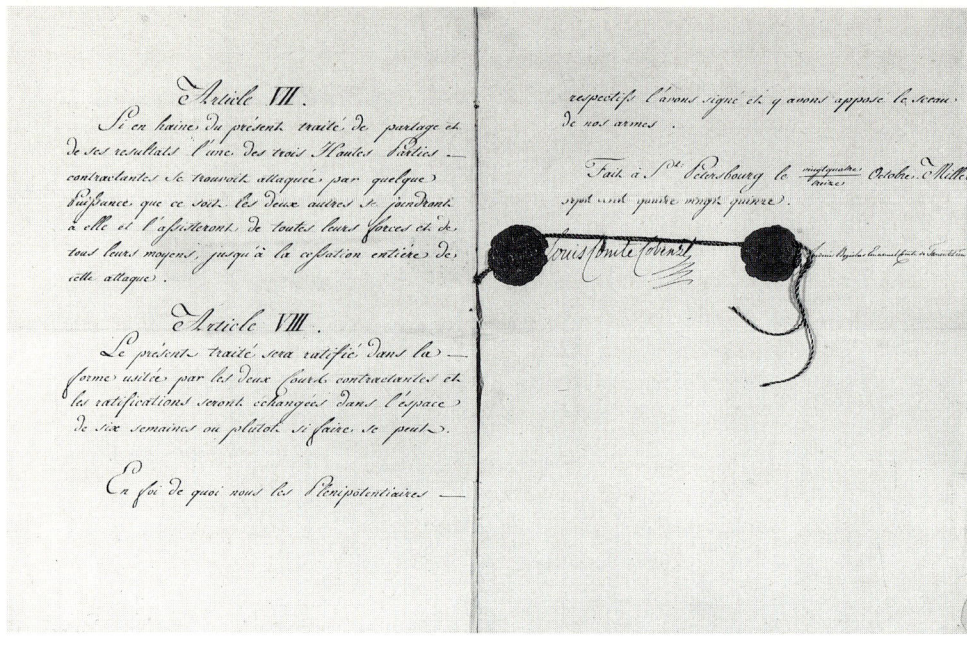

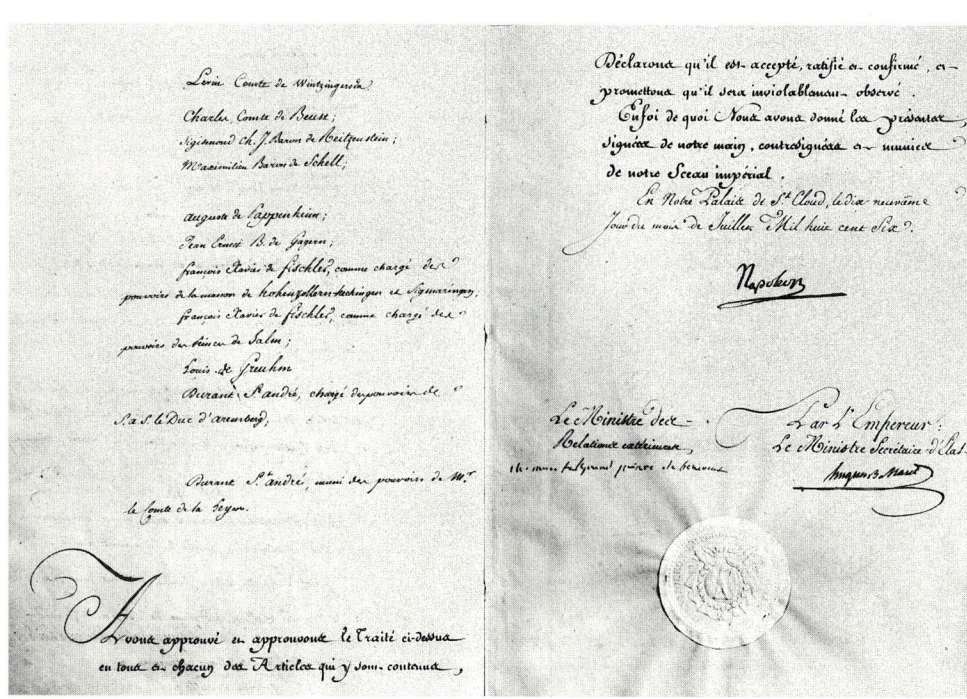

Die dritte Teilung Polens. Schlußseiten des österreichisch-preußischen Vertrags vom Oktober 1795 in der für Österreich bestimmten Ausfertigung. Wien, Haus-, Hof- und Staatsarchiv. – Die Gründung des Rheinbundes. Schlußseiten des von Kaiser Napoleon I. am 19. Juli 1806 ratifizierten Vertrags. Sigmaringen, Staatsarchiv

Zeitlang schien der Reichsadel die letzte verbliebene Bastion der alten Ordnung zu sein, obwohl jedermann wußte, daß seine Lage äußerst prekär war. Wie die katholische Kirche waren auch die Reichsritter von den Publizisten der Aufklärung beständig attackiert worden, während gierige Fürsten auf ihren Grundbesitz geschielt hatten. In Ansbach und Bayreuth hatte bereits zehn Jahre vor dem »Hauptschluß« die neu etablierte preußische Verwaltung die Rechte und Privilegien des einheimischen Adels stark beschnitten. Im Westen Deutschlands litten die Rittergüter unter den zerstörerischen Einwirkungen von Krieg und Revolution. Nach 1803 begannen die Staaten gegen den Reichsadel vorzugehen, was manchmal so weit praktiziert wurde, daß sie dessen Güter von Truppen besetzen ließen, um demonstrativ jeden Anspruch auf grundherrliche Souveränität zunichte zu machen. Die Adligen suchten Schutz beim Reich, und dieses versuchte tatsächlich, etwas zu unternehmen. Es sollte allerdings das letzte Mal sein, daß das Reich sich zu einer Anstrengung aufraffte, die Schwachen vor den Starken zu schützen. 1805 schaffte es der Kaiser, die Privilegien des Reichsadels wenigstens in Bayern wiederherzustellen, wo die Angriffe auf ihn besonders brutal und ungeniert gewesen sind. Doch dann schwemmten die Niederlagen der österreichischen Heere bei Ulm und Austerlitz die letzten Barrieren hinweg, die dem Untergang des Adels noch im Weg gestanden hatten. Im Januar 1806 erklärte Napoleon drei Repräsentanten des Reichsadels, er werde die Besitzrechte an ihren Ländereien im Sinne bürgerlichen Privateigentums garantieren, nicht aber ihre darüber hinausgehenden Rechte und Privilegien als quasisouveräne Grundherren. Damit war eine weitere Bastion der »herrschaftlichen« Welt der expandierenden Souveränität des modernen Staates zum Opfer gefallen.

Selbst noch in den letzten Tagen des Reiches, als dessen Institutionen von allen Seiten unter Beschuß lagen, gab es in Deutschland Stimmen, die Pläne für eine Erneuerung und Reform des Reiches formulierten. Einer von ihnen war Johann Gottfried Pahl, der an die mit der Ausarbeitung des Friedensvertrages von Lunéville befaßten Delegierten eine Denkschrift schickte, in der er einen Umbau des Reiches zu einem geordneteren, effizienter funktionierenden System nationaler Institutionen vorschlug. Kurze Zeit später kam von Karl von Soden der Vorschlag, die alten Reichskreise zur Basis für die Konsolidierung der politischen und militärischen Macht des Reiches zu machen und so die deutsche Vielfalt zu bewahren. Selbst ein dem Reich sehr kritisch gegenüberstehender junger Radikaler wie Hegel benutzte das Reich noch als Bezugsrahmen, wenn er über die Zukunft Deutschlands nachdachte. Nachdem Rastatt ihn zu der Überzeugung gebracht hatte, daß Deutschland kein Staat mehr sei, blieb ihm nur noch die Hoffnung auf einen Eroberer, der stark genug sein würde, die im Inneren des Reiches wirksamen Kräfte der Zwietracht zu versöhnen, zugleich aber klug genug, seine Macht mit dem von ihm zur Einheit gezwungenen Volk zu teilen.

Obwohl solche Gedankenspiele den Schluß zulassen, daß in der politischen

Rheinbund bei seiner Gründung Juli 1806
Rheinbund 1812
Die Jahreszahlen bezeichnen das Jahr des Beitritts zum Rheinbund

XXXXXXXX Grenze der 1810 in das französische
Kaiserreich inkorporierten Gebiete
Nordwestdeutschlands und Hollands

Phantasie einiger Deutschen das Reich noch eine maßgebliche Rolle spielte, standen die Chancen für eine Reform und den Fortbestand des Reiches um die Jahrhundertwende denkbar schlecht. Seine Institutionen existierten zwar nach wie vor, erwiesen sich aber als unfähig, die ihnen aufgezwungenen massiven Neuerungen zu realisieren. Der Reichstag vertat den größten Teil seiner letzten drei Jahre mit Debatten darüber, wie die konfessionelle Parität, die durch den Untergang der kirchlichen Fürstentümer arg gestört war, durch ein neues Wahlsystem wiederhergestellt werden könne. Die Reichskreise hatten keine sinnvolle Funktion mehr; nur in Schwaben kam es noch zu einer kurzen, turbulenten Sitzungsperiode des Kreistages. Nördlich der Waffenstillstandslinie war Preußen vollauf mit der Verfolgung seiner eigenen Interessen beschäftigt, während die Mittelstaaten des Südens und Westens alle ihre Kräfte darauf konzentrierten, sich ihre territorialen Neuerwerbungen einzugliedern. In Wien war die seit langem schwelende Rivalität zwischen österreichischen Interessen und der Loyalität zum Reich in ihr Endstadium getreten. Als Franz II. sich 1804 zum erblichen Kaiser von Österreich erklärte, tat er dies in der Hoffnung, einen Anspruch auf eine vom Reich unabhängige Kaiserwürde begründen zu können. Nach den Niederlagen von 1805 gelangten die österreichischen Staatsmänner immer stärker zu der Überzeugung, daß die Kosten der traditionellen Bindung an das Reich in keinem Verhältnis mehr zum Nutzen standen. Johann Philipp Graf von Stadion verfaßte im Mai 1806 eine Denkschrift zu der Frage, ob es unter den vorwaltenden Bedingungen ratsam sei, an der römisch-deutschen Krone festzuhalten. Er vertrat die Auffassung, die Krone sei an und für sich nichts mehr wert, allenfalls noch als Mittel zur Durchsetzung habsburgischer Eigeninteressen. Österreich könne und solle demzufolge vom Reich Abstand nehmen, wann immer dies vorteilhaft erscheine. Angesichts eines Kaisers, der es eilig hatte, sich vor seiner kaiserlichen Verantwortung dem Reich gegenüber zu drücken, eines orientierungslosen Reichstages und einer abtrünnigen Klientel eigensüchtiger Einzelstaaten erschien es plötzlich, als bleibe dem Reich nur noch Frankreich als potentieller Verbündeter.

Der Erzbischof und Kurfürst von Regensburg-Aschaffenburg unternahm im Frühjahr 1806 den Versuch, Napoleon zur Annahme der deutschen Kaiserkrone zu überreden. Zum Zeitpunkt dieses letzten, verzweifelten Anlaufs, wenigstens die Hülle des alten Reiches zu retten, hatte sich Karl Theodor von Dalberg bereits als enthusiastischster Gefolgsmann Napoleons in Deutschland profiliert. Im Lebenslauf des 1744 als Sprößling einer vornehmen Dynastie des deutschen Reichsadels geborenen Dalberg vermischten sich viele der wichtigsten politischen und kulturellen Strömungen des späten 18. Jahrhunderts. Der studierte Jurist hatte dem Kreis der Illuminaten angehört, kannte Herder, Goethe und Schiller, bewunderte Febronius und machte eine höchst erfolgreiche Karriere als kirchlicher Staatsmann. Nach seiner Ordinierung trat er 1772 in den Dienst des Kurfürsten von Mainz. Rasch stieg er nacheinander zum kurmainzischen Statthalter in Erfurt, zum Rektor der Würzburger Universität und schließlich zum Koadjutor unter Kurfürst Friedrich Karl von Erthal auf, in dessen lange Regierungszeit sowohl die letzte kulturelle Blüte des alten Regimes als auch die Krisen der Revolutionszeit fielen. Als Friedrich Karl Mitte 1802, kurz vor der Zerstückelung seines Furstentums, starb, trat Dalberg an seine Stelle. Es gelang ihm, seine Kurfürstenwürde und sein Amt als Reichskanzler zu retten, indem er den Umzug von Mainz nach Regensburg-Aschaffenburg bewerkstelligte, ein im Rahmen des »Reichsdeputationshauptschlusses« eigens für ihn geschaffenes Territorium. Fasziniert von der Persönlichkeit Napoleons, geblendet von dessen militärischer Macht und überzeugt von dessen guten Absichten, hegte Dalberg die Hoffnung, der französische Eroberer könne ein Reich, »wie es unter Karl dem Großen war«, wiedererstehen lassen – ein Reich, bestehend aus Italien, Frankreich und Deutschland. Er war überzeugt, daß die südlichen und östlichen deutschen Staaten in einer engen Bindung an Frankreich besser aufgehoben sein würden als in einem von Preußen und Österreich dominierten Reich.

Napoleon scheint die Aufforderung Dalbergs, die römische Krone zu übernehmen, erwogen zu haben, doch er entschied sich am Ende dagegen. Er rief statt dessen am 12. Juli 1806 den Rheinbund ins Leben, eine Föderation von sechzehn eng mit Frankreich liierten deutschen Staaten. Napoleon sah im Rheinbund einen Puffer zwischen Frankreich und seinen potentiellen Feinden weiter im Osten, groß genug, um ihre Unabhängigkeit verteidigen zu können, aber zu klein, um eine Bedrohung für Frankreich zu sein. Als Gegenleistung für ihre vorbehaltlose Loyalität zu Frankreich einschließlich ihrer Militärhilfe erhielten die Rheinbund-Staaten die volle Souveränität über ihr Territorium, dem die Besitzungen des ehemals selbständigen Reichsadels zugeschlagen wurden. Seinen wichtigsten Verbündeten in diesem Kreis verlieh Napoleon neue Titel: Die Fürstentümer Bayern und Württemberg wurden Königreiche, Baden wurde Großherzogtum. Außerdem arrangierte Napoleon dynastische Verbindungen zwischen diesen Herrscherhäusern und seiner eigenen weitläufigen Familie und brachte als Mitgift einige weitere Gebietsteile ein. Dalberg erhielt den Titel eines »Fürstprimas« und die Herrschaft über ein neu zugeschnittenes Fürstentum mit der Hauptstadt Frankfurt, wurde zum Sprachrohr Napoleons im Rheinbund und amtierte als Vorsitzender des Gremiums, das über Details zu dessen zukünftiger Ausgestaltung entscheiden sollte. Artikel II der Rheinbund-Charta konstatierte das Ausscheiden der Mitgliedstaaten aus dem Deutschen Reich und erzwang damit die Abdankung des Kaisers, die am 6. August in Wien verkündet wurde.

In der Folgezeit gesellten sich weitere dreiundzwanzig Staaten zu den ursprünglich sechzehn Mitgliedern des Rheinbundes. Damit umfaßte dieser fast das gesamte Altreich, mit Ausnahme Preußens, Österreichs, des dänisch gewordenen Holsteins und des von Schweden verwalteten Pommerns. Es gab Deutsche, die im Rheinbund den legitimen Erben des Reiches sahen, einen Garanten der Ordnung und Unabhängigkeit für die Kleinstaaten auf deutschem Boden. Nikolaus von Gönner, Rechtsgelehrter und überzeugter Reichspatriot, glaubte, der Rheinbund habe die Lage Deutschlands verbessert, das ohne ihn vielleicht zur »Provinz eines fremden Staates« herabgesunken wäre. Eine nicht geringe Zahl von Gelehrten akzeptierte die Schöpfung Napoleons, in abgestuften Graden der Begeisterung, als ein tragfähiges neues Fundament für die politische Weiterentwicklung Deutschlands. Alles, so die Überzeugung dieser Leute, war besser als die heftigen Großmachtrivalitäten, die das Reich zerrüttet und schließlich zerstört hatten. Doch der Rheinbund erfüllte die Hoffnungen seiner Anhänger nicht. Sein Bundestag trat nie zusammen, seine übergreifenden Institutionen standen lediglich auf dem Papier. Zwischen den raffgierigen Anforderungen der französischen Militärmaschinerie und dem unablässigen Ringen der neuen Staaten um eigene Souveränität blieb nur wenig Raum für deutsche Gemeinsamkeit.

Mit der Umgestaltung Mitteleuropas veränderte Napoleon einschneidend die politischen Verhältnisse in Deutschland. Von den Hunderten souveräner und quasi-souveräner Fürstentümer des alten Reiches überlebten nur rund vierzig die Erschütterungen und Umwälzungen von Revolution, Krieg, Säkularisierung und Fremdherrschaft. Viele Historiker haben diesen Vorgang der Konsolidierung als einen integralen Bestandteil der Entwicklung zur Nation interpretiert. Das Deutschland, das die politische Landkarte des Jahres 1806 zeigt, mag äußerlich wie eine Zwischenstufe auf dem Weg vom alten Reich zur geeinten Nation ausgesehen haben, doch ob es eine solche war, ist durchaus fraglich. Die Schaffung mehrerer mittelgroßer, relativ fest zusammengefügter Staaten, deren jeder willens war, seine Identität zu bewahren, machte die Begründung eines Nationalstaates um keinen Deut leichter. Das Arrangement von 1806 hat einen Platz unter den wenigen epochemachenden Wendepunkten in der deutschen Geschichte nicht deshalb verdient, weil es einen tastenden Schritt in Richtung auf den Nationalstaat verdeutlicht hätte, sondern weil es einen entscheidenden Schritt weg von der traditionellen politischen Ordnung markierte. Das Erbe des Reiches und der »herrschaftlichen« Welt fiel 1806 einer losen Gemeinschaft deutscher Mittelstaaten zu, nicht dem keimfähigen Kern einer künftigen deutschen Nation.

Die Bewältigung der Revolution

Fast sechzig Prozent der in Deutschland lebenden Menschen erlebten in der Epoche der Revolution einen Herrscherwechsel. Zu ihnen zählten die Einwohner des Dorfes Hausen, das zu den westlichen Besitzungen der Habsburger gehörte, bis Napoleon es Friedrich von Württemberg schenkte, als Gegenleistung für dessen Militärhilfe in den Feldzügen des Jahres 1805. Zur Feier des Anlasses ordnete Friedrich Gottesdienste und andere Festivitäten in allen Teilen seines abgerundeten Herrschaftsgebietes an. So kam es, daß die Bewohner Hausens sich am 19. Januar 1806 versammelten und dem Gebet ihres Pfarrers Knoblauch für ihren neuen Monarchen lauschten: »Franz, Er der Allerdurchlauchteste Kaiser, war unser Vater, mit kindlicher Liebe hingen wir an ihm... Auch Friedrich, Er der glorreiche gnädigste Landesvater, wird Euch Vater, mit Huld und Gnade wird Er Euch als seinen Kindern gewogen sein... Einen Vater haben wir verlohren, Gott schenkt uns in ihm, unserem Friedrich, einen andern.« Vielleicht ließen sich die Leute von Hausen durch die vertrauten patriarchalischen Bilder, die der Pfarrer verwendete, verleiten zu glauben, die politische Welt von 1806 sei bloß eine Neuauflage der alten. Doch bald sollten sie, wie ihre deutschen Landsleute anderswo, herausfinden, daß sie jetzt einer größeren Welt angehörten und Kräften unterworfen waren, deren Wirken weit über ihren dörflichen Horizont hinausreichte. Neunundzwanzig Hausener marschierten mit der Grande Armee nach Rußland, sechzehn von ihnen – der Zahl nach fast zwei komplette Jünglingsjahrgänge des Dorfes – kehrten nicht zurück. »Grimmige Kälte und Mangel an Brot übergab uns in Rußland dem Todt«, lautet der Spruch über ihren in der Friedhofskapelle eingravierten Namen.

Kein deutscher Politiker zweifelte 1806 daran, daß eine neue politische Ära angebrochen war, trächtig mit neuen Gefahren und Chancen. Die militärischen Erfolge der französischen Revolutionäre und ihres Testamentsvollstreckers Napoleon hatten keinen deutschen Staat, von Justus Mösers Osnabrück bis zum Preußen Friedrichs des Großen, unbehelligt gelassen. Jede deutsche Regierung mußte Mittel und Wege finden, mit der Expansion Frankreichs zurechtzukommen, den Forderungen Napoleons nachzukommen und den destruktiven Nachwirkungen seiner Politik zu widerstehen. Die originellsten Köpfe in Deutschland begriffen jedoch, daß das politische Überleben mehr voraussetzte als nur Nehmerqualitäten. Wer im Zeitalter der Revolution bestehen wollte, mußte die Revolution selbst bewältigen und versuchen, sich die Macht der Revolution anzueignen, indem er die von ihr entfesselten Kräfte für sich nutzte. »Die Gewalt dieser Grundsätze«, schrieb Karl von Hardenberg 1807, »ist so groß, sie sind so allgemein anerkannt und verbreitet, daß der Staat, der sie nicht annimmt, entweder seinen Untergang oder der erzwungenen Annahme entgegensehen muß.«

Die deutschen Staaten reagierten auf die französische Bedrohung in mannigfaltiger Weise, doch ihre Reaktionen wiesen bei aller Verschiedenheit bestimmte gemeinsame Kennzeichen auf. Während der Grad der Beeinflussung von außen sehr stark variierte – zwischen den annektierten Gebieten im Westen und den selbständig gebliebenen Großmächten im Osten –, bestimmte der von den siegreichen französischen Armeen ausgeübte Druck überall maßgeblich die innenpolitische Entwicklung. Die Kosten der Kriegsführung und die Lasten der Niederlage schufen eine Reihe von Problemen, denen sich alle Regierungen zu stellen hatten. Ebenfalls überall galt die Regel, daß diese Probleme den vergleichsweise wenigen Reformkräften in die Hände spielten, die dem relativ kleinen Kreis der herrschenden Elite angehörten und keine ausgeprägten Bindungen zu breiteren sozialen Bewegungen unterhielten. Die meisten der Reformer waren erfahrene Verwaltungsbeamte, die vielfach von anderswo in die Staaten gekommen waren, denen sie dienten. Angehörige des Reichsadels wie Stein und Stadion, Emigranten aus deutschen Staaten wie Hardenberg und Scharnhorst, Aristokraten europäischen Zuschnitts wie Montgelas, sie alle waren willens und fähig, in Krisenzeiten Verantwortung zu übernehmen, zögernde Fürsten von ihren Konzepten zu überzeugen und zumindest vorübergehend über den hartnäckigen Widerstand der etablierten Eliten zu triumphieren. Gerade der Umstand, daß die gesellschaftliche Basis der Reformkräfte äußerst schmal war, bietet eine teilweise Erklärung für ein weiteres gemeinsames Merkmal ihres Wirkens: für den ständigen Zwang, Kompromisse zu schließen und Abstriche an ihren Zielen zu machen. Fast überall zeigte sich, daß die traditionellen Eliten, namentlich die grundbesitzende Aristokratie, zählebiger, hartnäckiger und in der Verteidigung ihrer Privilegien wirkungsvoller waren, als viele ihrer Gegner es erwartet hatten. Nicht zuletzt deshalb fiel es allen reformorientierten Verwaltungen schwer, jene repräsentativen Institutionen zu schaffen, die nahezu jede von ihnen gerne errichtet hätte. Sie fanden dafür nicht die Unterstützung der gesellschaftlichen Gruppen, deren Interessen solche Institutionen eigentlich wahrnehmen sollten. All das trug dazu bei, daß die Reformer ihre Bestrebungen lediglich stückweise verwirklichen konnten, daß ihr Werk unvollendet und ihr Vermächtnis zwiespältig blieb. Die noch am besten funktionierenden und sich am längsten bewährenden Reformen waren diejenigen, die mit den im deutschsprachigen Europa schon vor 1789 wirksam gewesenen historischen Strömungen besonders gut im Einklang standen: mit der Expansion der weltlichen Staatsmacht, mit dem Bedeutungsschwund mittlerer feudaler Instanzen, mit der Konsolidierung bürokratischer Herrschaft. Die Formulierung Alexis de Tocquevilles, die französischen Revolutionäre hätten die Trümmer der alten Ordnung für den Aufbau der neuen verwendet, beschreibt treffend die Leistungen der deutschen Reformkräfte wie die in ihnen gesetzten Grenzen.

Deutschland unter dem Zepter Napoleons:
»Verbündete und Opfer«

Wie Albert Sorel einmal geschrieben hat, hatte Napoleon Mitte 1807 in Europa »nur Verbündete und Opfer«. Sorel hätte hinzufügen können, daß der Unterschied zwischen beiden manchmal ein sehr feiner war. Es ist symptomatisch für die dominierende Rolle Napoleons, daß die Historiker, wenn sie über jene Epoche schreiben, die Länder des zerfallenen Heiligen Römischen Reiches gewöhnlich nach ihrem Verhältnis zu Frankreich beurteilen. Das betrifft zum einen die beiden von Frankreich direkt annektierten Territorien, nämlich die westrheinischen Gebiete, die seit Mitte der neunziger Jahre französisch besetzt gewesen sind und in denen seit 1802 französisches Recht galt, und die von Napoleon 1810 angeschlossenen Gebiete entlang der deutschen Nordküste, zum zweiten die drei nach den Siegen von 1806 errichteten Satellitenstaaten, also das von Napoleons Bruder Jérôme regierte Königreich Westfalen, das Großherzogtum Berg – regiert zunächst von Napoleons Schwager Joachim Murat, dann von Napoleon selbst als Regent für seinen Neffen, Prinz Louis Napoléon – und das für den Fürstprimas des Rheinbundes, Karl Theodor von Dalberg, geschaffene Großherzogtum Frankfurt. Das gilt zum dritten für Mittelstaaten im Süden und Westen, mit Bayern, Württemberg, Baden und Hessen-Darmstadt an der Spitze, durchweg stark vergrößerte, einer schon vorher bestehenden Dynastie zugeschlagene und von deutschen Napoleon-Statthaltern regierte politische Gebilde, viertens für etliche Kleinstaaten, zumeist in Norddeutschland gelegen, die keine nennenswerte territoriale Veränderung erfahren hatten, kraft ihrer Mitgliedschaft im Rheinbund jedoch eng an Frankreich gebunden waren, und schließlich für die beiden deutschen Großmächte im Osten, Preußen und Österreich, beide ein wenig amputiert und zeitweise mit Frankreich verbündet.

Daß Frankreich von seinen Verbündeten und Opfern wirtschaftliche und militärische Unterstützung forderte, ist nicht anders zu erwarten gewesen. Siegreiche Mächte pflegten das fast immer zu tun. Weshalb sonst wäre ein Sieg erstrebenswerter als eine Niederlage? Was diesen Fall von anderen unterschied, war nicht die Tatsache der Ausbeutung, sondern deren Größenordnung und Dauer. Der Wandel in der Dimension des Krieges hatte zur Folge, daß die Anforderungen des Siegers an die Besiegten sich erheblich gesteigert hatten. Dem Rheinland beispielsweise war in den neunziger Jahren die Unterbringung und Verpflegung einer Besatzungstruppe zugemutet worden, die sich, einschließlich der Familien, auf eine runde Viertelmillion Menschen belief. Die Gründungscharta für den Rheinbund enthielt eine detaillierte Liste der militärischen Dienstleistungen, welche die Verbündeten Frankreichs im Kriegsfall zu erbringen hatten. Österreich und Preußen wurden nach ihren Niederlagen von 1805 und 1807 mit enormen Reparationszahlungen belegt; von Preußen verlangten die Franzosen darüber hinaus über 200 Millionen Francs Zuschuß für den Unterhalt der im Land stationierten französischen Besatzungstruppen. Schließlich erließ Napoleon im November 1806 vom besetzten Berlin aus ein Dekret, in dem er das sogenannte Kontinentalsystem verkündete. Das bedeutete eine Verschärfung der Wirtschaftspolitik, die Frankreich schon seit über einem Jahrzehnt verfolgte: eine gegen England gerichtete Handelsblockade, gekoppelt mit dem Versuch, die gesamte europäische Wirtschaft den Bedürfnissen des französischen Militärapparats zu unterwerfen.

Fast ebenso gravierend wie diese materiellen Forderungen wirkte sich der politische Konformitätsdruck aus, den zunächst die französischen Revolutionsregierungen und dann Napoleon ausübten. Anders als die meisten Eroberer in der europäischen Geschichte, begnügten sich die Franzosen nicht damit, ihre Eroberungen durch Garnisonen und Verträge abzusichern. Sie waren über solche traditionellen militärischen und diplomatischen Sicherungsmaßnahmen hinaus bestrebt, in den eroberten Ländern institutionelle Veränderungen durchzusetzen oder anzustoßen, die geeignet waren, ihre Verbündeten und Opfer nach dem französischen Vorbild zu modeln. Der Nationalkonvent hatte in seiner Proklamation vom 15. Dezember 1792 die wieder einmal siegreichen französischen Truppen angewiesen, »im Namen der französischen Nation die Volkssouveränität (und) die Abschaffung aller Herrschaftsverhältnisse... sowie allgemein aller Privilegien« zu verkünden, also die militärische Eroberung mit der politischen Revolution zu verbinden. Napoleon ließ die demokratischen Ideale von 1792 fallen, hielt jedoch an der Überzeugung fest, militärische Bündnisse müßten auf politischer Gleichartigkeit beruhen. Er beharrte deshalb darauf, daß in den Satellitenstaaten der »Code Napoléon« eingeführt wurde, und versuchte auch seine anderen Verbündeten im Rheinbund zur Übernahme dieses Gesetzeswerkes zu überreden. Das Verwischen der Trennlinie zwischen Außen- und Innenpolitik sollte sich als eines der langlebigsten und gefährlichsten Vermächtnisse der Revolutionsperiode erweisen.

Frankreich hielt für die von ihm eroberten deutschen Gebiete von Anfang an neben Verheißungen der Reform und Befreiung auch Forderungen nach materieller und militärischer Unterstützung bereit. In der Frühzeit des Nationalkonvents glaubten wohl die französische Regierung und einige ihrer deutschen Bewunderer an einen unauflöslichen Zusammenhang zwischen Befreiung und Unterstützung in dem Sinne, daß die eine durch die andere gefördert und gestärkt würde. Doch es dauerte nicht lange, bis deutlich wurde, daß die beiden Merkmale französischer Besatzungspolitik nicht ohne weiteres miteinander in Einklang zu bringen waren. Sowohl die Einstellung der Menschen in Deutschland als auch die sich steigernden Ansprüche des französischen Militärapparats erschwerten es den Armeen der Revolution, die Rolle von Befreiern zu spielen, die Arm in Arm mit den unterjochten Völkern Europas gegen die reaktionären Feinde kämpfen konnten. Das emanzipatorische Element ging zwar nie ganz verloren – die Franzosen förderten überall, wo sie Einfluß gewannen, Reformen –, aber auch das Element des bewaffneten Zwangs war allgegenwärtig, als Drohung und oft als Realität. Dies konnte das Verhältnis zwischen Eroberern und Beherrschten vergiften. Nirgendwo kam der Gegensatz zwischen Befreiung und Ausbeutung deutlicher zum Vorschein als im Rheinland, dem Teil Deutschlands, den die Armeen der Revolution als ersten eroberten und am längsten besetzt hielten.

Nach ihren Siegen im Herbst 1792 hatten französische Truppen Teile des Rheinlandes besetzt, sich 1793 gezwungenermaßen wieder zurückgezogen, um ein Jahr später erneut auf den Plan zu treten. Schließlich hatten sich die Franzosen gemäß den Österreich und dem Reich in Campo Formio und Lunéville oktroyierten Friedensbedingungen in diesem Teil Deutschlands häuslich eingerichtet. Von 1794 bis 1814 lebte eine runde Million ehemaliger deutscher Reichsuntertanen unter französischer Herrschaft, darunter die Bewohner der Erzbistümer Köln, Trier und Mainz, der Bistümer Worms und Speyer, der Kurpfalz, der Herzogtümer Cleve, Geldern, Jülich, Simmern und Zweibrücken, der Grafschaften Sponheim und Saarbrücken, der Reichsstädte Aachen, Köln, Worms und Speyer und diverser weiterer kleiner Gebietseinheiten. Davon betroffen waren alle, die westlich einer parallel zum Rhein verlaufenden Linie wohnten, die von Cleve im Norden bis zur Schweizer Grenze im Süden reichte. Schon vor der Konsolidierung ihrer militärischen Stellung im Jahr 1797 war die Revolutionsregierung bestrebt, mehr zu tun, als diese reichen Gebiete bloß besetzt zu halten. Sowohl ideologischer Eifer als auch praktische Erfordernisse ließen den Ruf nach strukturellen politischen und gesellschaftlichen Veränderungen laut werden. Im weiteren Verlauf wurden feudale Verpflichtungen abgelöst, Zehntrechte und andere Privilegien abgeschafft, Zünfte aufgelöst, Gewerbefreiheiten eingeführt, die Kirchen gemäß dem französischen Zivilrecht reorganisiert, ihr Grund und Boden säkularisiert und verkauft, Zölle und andere Gebühren, die entlang der Verkehrsader des Rheins erhoben worden waren, aufgehoben und die Zollgrenzen neu gezogen. 1804 trat im Rheinland der »Code Napoléon« in Kraft, zeitgleich mit einer neuen Verwaltungsstruktur. Bei allen Veränderungen gab es auch Kontinuitäten. So wurden dem Adel zwar seine rechtlichen Privilegien aberkannt, aber als gesellschaftliches Potential blieb er bestehen. Viele Adlige konnten ihr Vermögen zusammenhalten, manche sogar durch den Aufkauf kirchlichen Grundbesitzes ihre wirtschaftliche Stellung ausbauen. Auch ein überraschend großer Teil der Verwaltung blieb erhalten. Mehr als die Hälfte der 900 Beamten in Justiz und Verwaltung der von Frankreich annektierten Rhein-Bezirke hatten bereits vor dem Einmarsch der Franzosen eine vergleichbare Stellung bekleidet; höchstens 15 Prozent der Verwaltungsbeamten und nur eine Handvoll Richter und Notare kamen von auswärts.

So mancher Bewohner des Rheinlandes kam unter französischer Herrschaft zu

Wohlstand. Bestimmte Industriebranchen, wie das metallverarbeitende Gewerbe in der Eifel oder die Textilindustrie im Raum Aachen und Krefeld, profitierten von ihrer nunmehrigen Zugehörigkeit zu Frankreich. Ein kleiner Teil der Bauernschaft zog kurzfristig, die Mehrzahl langfristig Nutzen aus der Aufhebung des Feudalismus. In den Städten begann eine neue Elite aus Fabrikanten, Juristen, Publizisten und höheren Beamten das gesellschaftliche, politische und kulturelle Vakuum zu füllen, das durch die Vertreibung der Fürstenhöfe des alten Regimes und ihres aristokratischen Anhangs entstanden war. Diese positiven Auswirkungen wurden jedoch um einen sehr hohen Preis erkauft. Die Zünfte trauerten ihren verlorenen Privilegien bitter nach, die Lieferanten von Luxusgütern beklagten das Verschwinden ihrer besten Kunden, manche Branchen gerieten, der schützenden Zollschranken des Reiches beraubt, in Schwierigkeiten, andere büßten wichtige Märkte oder Rohstoffquellen ein. Noch wichtiger war, daß die Kosten der militärischen Besetzung – und oft auch das Verhalten der Besatzungstruppen – antifranzösische Ressentiments schürten. Viele Stadtbewohner wurden gezwungen, in ihren Privathäusern Zimmer für ungehobelte Soldaten zur Verfügung zu stellen. Bauern stellten fest, daß Abgaben, die sie früher an ihren Grundherrn geleistet hatten, jetzt für den Unterhalt der französischen Garnisonen erhoben wurden. Die Religionspolitik der Franzosen war ebenfalls ein bedeutsamer Anlaß für Animositäten. In Aachen verweigerten 1793 etliche Bürger den Eid, den sie auf die französische Republik ablegen sollten, und schworen statt dessen, sie würden die katholische Religion in ihrer ganzen Reinheit bewahren und mit allen ihren Kräften die Souveränität, Freiheit und Wohlfahrt der Bewohner der Stadt fördern. Engagierte Protestanten und Katholiken leisteten aktiven oder passiven Widerstand gegen alle französischen Versuche, ihnen Vorschriften für ihren Gottesdienst zu machen. Mönche weigerten sich, ihr Kloster zu räumen, Gläubige veranstalteten illegale Prozessionen, und Priester betreuten unter vorsätzlichem Verstoß gegen antiklerikale Gesetze ihre Gemeinden.

1792 und 1793 hatten etliche Rheinländer die Franzosen als Befreier willkommen geheißen. Die Mitglieder des Mainzer Jakobinerklubs, den Heinrich Scheel sorgfältig dargestellt hat, schlossen sich einer, wie sie hofften, europaweiten demokratischen Revolution begeistert an. Doch wie einer ihrer besten Köpfe, Johann Georg Forster, bald erkennen mußte, repräsentierten sie nur »eine winzig kleine Gruppe«, die von einer gleichgültigen oder gar feindseligen Bevölkerung umgeben war. Nicht lange, und viele der leidenschaftlichsten Fürsprecher der Revolution machten sich skeptische Gedanken über die Herrschaft der Franzosen. Zahlreiche andere Bewohner des Rheinlandes waren den Franzosen von Anfang an feindlich gesinnt und blieben es, obwohl es hier nie zu einer Guerillabewegung gegen die Besatzer kam, wie sie etwa in Tirol und Spanien entstand. Die Bevölkerungsmehrheit zeigte weder begeisterte Unterstützung für die Revolution noch heftigen Widerstand dagegen. Die meisten versuchten lediglich, unter dem neuen Regime zu überleben, wie sie es schon unter dem alten getan hatten, besonders als sich abzeichnete, daß die Franzosen nicht so schnell wieder abziehen würden. Angesichts der altgewohnten Probleme bei der Sicherung der materiellen Existenz und der zusätzlichen Ansprüche der Besatzer war das Überleben schwierig genug. Wie Hansgeorg Molitor nach sorgfältigem Studium der allgemeinen Stimmungslage festgestellt hat, war die relative Ruhe in den Gebieten entlang des Rheins nicht Ausdruck einer breiten, aktiven Zustimmung, sondern eher ein Symptom der Passivität und Konformität – Einstellungen, die große Ähnlichkeit mit denen in den letzten Jahrzehnten des alten Regimes aufwiesen.

Die zweite Welle größerer französischer Gebietserwerbungen in Deutschland kam gegen Ende der Glanzzeit Napoleons und unterschied sich in ihrem Charakter stark von den ideologisch befrachteten und verheißungsgeladenen Eroberungen am Rhein. 1810 annektierte Napoleon im Zuge seines Aufmarsches für den Entscheidungskampf gegen Rußland zu Lande und gegen England zur See einen Gürtel von Staaten im Bereich der norddeutschen Tiefebene, der sich von der Rhein-Mündung aus ostwärts bis Osnabrück, Münster und Lüneburg erstreckte und eine Landverbindung nach Lübeck im Nordosten herstellte. Das geschah in dem Bemühen, die französische Herrschaft über die wichtigsten norddeutschen Handelsplätze zu festigen, dem in Finanznöte geratenen Imperium neue Mittel zu erschließen und die Aussperrung englischer Waren aus den kontinentaleuropäischen Häfen effektiver zu überwachen. Am schwersten zu leiden hatten unter diesen Annexionen Hamburg, Bremen und Lübeck, denen die Auswirkungen der Blockade gegen England und der französischen Pressionen ohnehin sehr zu schaffen machten. Eine aus drei hohen Funktionären des napoleonischen Staates bestehende Kommission, an der Spitze Davout, Napoleons härtester und kompromißlosester Marschall, widmete sich das ganze Jahr 1811 hindurch der Aufgabe, die gewachsenen lokalen Verwaltungsstrukturen zu zerschlagen und napoleonische Rechtsverhältnisse und Institutionen an ihre Stelle zu setzen. In jenen Monaten offenbarte die französische Politik unmißverständlich ihren Ausbeutungswillen. Unter Davout wurden die Hansestädte ihrer alten Institutionen beraubt, ohne voll in die französische Volkswirtschaft integriert zu werden. Die Großherzogtümer Berg und Frankfurt und das Königreich Westfalen waren zwar nominell selbständige Staaten, aber in Wirklichkeit ebenfalls Geschöpfe der napoleonischen Hegemonie und Werkzeuge seiner Herrschergewalt über Deutschland. Unter den drei Satellitenstaaten verdient Westfalen die besondere Aufmerksamkeit, nicht nur wegen seiner Größe – seine Flächenausdehnung 1807 entsprach ungefähr der Preußens nach Tilsit –, sondern auch wegen seiner Rolle als Modellstaat.

Napoleon baute das Königreich Westfalen aus Gebieten zusammen, die vorher zu Preußen, Hannover und einem Dutzend kleinerer Staaten gehört hatten; es sollte eine starke nördliche Flanke des Rheinbundes bilden. Wie stets darum bemüht, einträgliche Ämter für die Mitglieder seiner großen Familie zu finden, machte der Kaiser seinen jüngeren Bruder Jérôme zum König des neu geschaffenen Staates. Jérôme war 1807 dreiundzwanzig Jahre alt; zuvor hatte er sich jahrelang rast- und rücksichtslos um Abenteuer, militärischen Ruhm und schöne Frauen gekümmert. Zum Zeitpunkt seiner Krönung zum König von Westfalen hatte er seine erste Frau, eine junge Dame aus Baltimore in Maryland, bereits wieder von sich gewiesen und durch die Heirat mit Prinzessin Katharina von Württemberg seinen Beitrag zur Konsolidierung des napoleonischen Bündnissystems geleistet. Gemessen an seinem Naturell und seiner Vergangenheit, nahm er seine königlichen Aufgaben besser wahr, als man es hätte erwarten können. Er blieb zwar seinem unsteten Lebenswandel und seiner Unberechenbarkeit treu, konnte aber auch großzügig, tapfer und raffiniert sein. Viele seiner Untertanen scheinen ihn mit einer Mischung aus Zuneigung und Belustigung betrachtet zu haben. Nachdem Napoleon 1809 die Österreicher besiegt hatte, wurde das Staatsgebiet Westfalens nach Norden hin erweitert, nach den Annexionen von 1810 dann wieder verkleinert. 1812 kamen Gerüchte auf, der Kaiser wolle Jérôme zur Abdankung zwingen, vielleicht um ihn zum König eines neuen polnischen Staates zu machen, den Napoleon aus eroberten russischen Gebietsteilen zusammenzufügen gedachte. Doch schon ein Jahr später begann das gesamte französische Imperium zu zerbröckeln. Von Osten her drangen Kosaken auf westfälisches Gebiet vor, von Norden her schwedische Truppen. Als Napoleon sich nach der Völkerschlacht von Leipzig 1813 über den Rhein zurückzog, erlosch das Königreich Westfalen wie die anderen französischen Satellitenstaaten. Jérôme allerdings überlebte; er wurde alt genug, um noch einen anderen Bonaparte auf dem Thron zu sehen.

Westfalen war für Napoleon nicht nur als Baustein für seine dynastischen Bestrebungen wichtig, sondern auch als Demonstrationsobjekt für seinen tief verwurzelten Glauben an die politische Überlegenheit des französischen Systems. Er wollte aus diesem Königreich einen Modellstaat machen, einen Brückenkopf für die Bekehrung der Mitteleuropäer. Westfalen, so erklärte ein Vertreter des neuen Regimes, sei ein Staat ohne Vergangenheit, »eine Schöpfung, wie das Universum selbst, bei der der Schöpfer Rohstoffe zu einem fertigen Werkstück zusammensetzt«. Die Institutionen des Königreiches entstanden auf der Basis der ersten in einem deutschen Land überhaupt in Kraft getretenen Verfassung, die, im November 1807 per Dekret verkündet, die emanzipatorischen Verheißungen des revolutionären Zeitalters pries: Gleichheit vor dem Gesetz, Religionsfreiheit, Auflösung der Zünfte, Abschaffung der Leibeigenschaft und der Adelsprivilegien, Einführung des französischen Straf- und Zivilrechts, Öffentlichkeit der Gerichtsverhandlungen, Urteilsfindung durch Geschworene. Mit einer funktionierenden Verwaltung, einer freien Gesellschaftsordnung und einer der Rationalität verpflichteten politischen Führung würde Westfalen, davon war Napoleon überzeugt, ein stabiles und prosperierendes Staatswesen sein, den Bonapartes loyal ergeben und willens, einen Beitrag zur Ausweitung ihres Imperiums zu leisten. »Welches Volk würde sich eine Rückkehr unter preußische Willkürherrschaft wünschen«, schrieb der Kaiser an seinen königlichen Bruder, »nachdem es die Vorzüge einer klugen und freiheitlichen Regierung erlebt hat. Die Völker Deutschlands, Frankreichs, Italiens und Spaniens fordern Gleichheit vor dem Gesetz und geistige Freiheit.« Leider war es so, daß Gleichheit und Freiheit in dem Augenblick, da sie mit den Anforderungen der französischen Außenpolitik kollidierten, äußerst eingeschränkt wurden. Die in der westfälischen Verfassung vorgesehenen repräsentativen Körperschaften traten nur zweimal zusammen und hatten kaum Kompetenzen. Militärisch abgesicherte Machtpolitik und bürokratische Kontrolle, nicht politische Teilhabe und bürgerliche Freiheit waren die Markenzeichen des Jérôme-Regimes. Anstelle des verheißenen Wohlstandes sahen sich die Bewohner Westfalens mit Steuereinnehmern konfrontiert, die Gelder für die Finanzierung militärischer Abenteuer eintreiben mußten, mit Rekrutierungsbrigaden, die mehr Soldaten pro Kopf der Bevölkerung aushoben als in jedem anderen europäischen Land, und mit habgierigen Politikern und Militärs, die sich als Lohn für ihre zugunsten Frankreichs geleisteten Dienste beschlagnahmte Vermögenswerte aneigneten. Die einst kein Königreich gewesene Region, deshalb zu Beginn als Chance für eine freiheitliche Entwicklung gefeiert, verkam schnell durch Manipulation und Ausbeutung.

Wie reformerische Impulse von anderen Interessen in den Hintergrund gedrängt wurden, läßt sich besonders deutlich am Beispiel der westfälischen Landwirtschaftspolitik zeigen. Ein königliches Dekret vom Januar 1808 befreite die Bauern von einigen ihrer drückendsten Feudalverpflichtungen und räumte ihnen das Recht auf Eigentum an Grund und Boden, Freizügigkeit sowie freie Schul- und Berufswahl für ihre Kinder ein. Diese rechtlichen Neuerungen reformierten das System der Grundherrschaft, ohne es zu zerstören. Einige Dienstbarkeiten wurden nicht abgeschafft; es wurde lediglich die Möglichkeit geschaffen, sie durch Geldzahlungen abzulösen. Viele wichtige Fragen, wie die Behandlung von Schulden oder die Regelung der Bodennutzung oder der Pacht- und Zinszahlungen, blieben dem Gutdünken der Grundherren überlassen. So erhielten die Bauern zwar die Freiheit hinzugehen, wo sie wollten, aber es stand ihren Grundherren frei, die ihnen verbliebenen Privilegien zu ihrem größtmöglichen Vorteil zu nutzen, indem sie etwa verschuldete Bauern von Haus und Hof jagten. Hinzu kam, daß Napoleon denen, die ihm zu Diensten waren, große Landgüter zu übereignen pflegte und ihnen als Zugabe Steuerbefreiungen und andere Sonderprivilegien gewährte, was zu einer Erhöhung der allgemeinen Belastungen und zu einer Einschränkung der Rechte vieler Bauern führte. Die Folge war, daß die agrarischen Strukturen in Westfalen, im Gegensatz zu denen westlich des Rheins, die Revolution verhältnismäßig unbeschadet überstanden. In der Landwirtschaftspolitik fällt, wie in vielen anderen Reformbereichen, eine Diskrepanz zwischen Verheißung und Verwirklichung ins Auge, die sich mehr oder weniger ausgeprägt auch sonst im napoleonischen Deutschland zeigte. Wenn Jérômes kurzlebiges Königreich ein Modell für die anderen deutschen Staaten war, dann eher aufgrund der ihm innewohnenden Widersprüche und Beschränkungen als wegen seiner Errungenschaften.

Der größte und wichtigste der konsolidierten Rheinbund-Staaten war Bayern. Im letzten Drittel des 18. Jahrhunderts bestanden Unsicherheiten in bezug auf die Thronfolge der Wittelsbacher, die die Habsburger auf den Gedanken brachten, ihre Besitzungen in den Niederlanden gegen Bayern einzutauschen. Der französische Einfall in die Niederlande entzog diesen Plänen den Boden, doch da Kurfürst Karl Theodor ohne Thronerben blieb, stellte sich die Frage nach der Zukunft Bayerns nach wie vor. Nach dem Tod Karl Theodors 1799 gelang es seinem Vetter, Max Joseph von Zweibrücken, seinen Anspruch auf den bayerischen Thron durchzusetzen. Der neue Kurfürst hatte klar erkannt, daß die Zukunft Frankreich gehörte. In den Folgejahren profitierte Max Joseph erheblich von seinem freundschaftlichen Verhältnis zu Paris. Zwischen 1803 und 1810 kamen die kirchlichen Fürstentümer Augsburg, Bamberg, Eichstätt, Freising, Passau und Regensburg zu Bayern, dazu die Städte Augsburg, Lindau, Nördlingen, Nürnberg, Regensburg und Rothenburg, die Grafschaften Ansbach und Bayreuth sowie eine Anzahl kleinerer Fürstentümer. Auf der Basis dieser Erwerbungen konnten die Wittelsbacher ihren Herrschaftsbereich über den kurbayerischen Kern hinaus erheblich erweitern, von den Alpen bis an den Main. 1806 wurde Bayern Königreich, Max Joseph sein erster König.

Während Bayern in Deutschland schon immer eine bedeutende, obgleich nie erstrangige Macht gewesen ist, gelang Baden ein beispielloser Aufstieg vom politisch unbedeutenden Kleinfürstentum zur gewichtigen Mittelmacht. 1771 hatte Markgraf Karl Friedrich von Baden-Durlach die Ländereien des katholischen Zweiges seiner Familie geerbt und damit Baden-Baden hinzugewonnen. In Karlsruhe residierend, dessen am Reißbrett entworfener Stadtgrundriß die Vorliebe des Markgrafen für Ordnung und Strenge symbolisierte, hatte Karl Friedrich seinen kleinen Staat zu einem Vorbild an administrativer Effizienz und aufgeklärter Verwaltung gemacht. Freilich war sein Land, das einen nord-südlich orientierten Streifen entlang der Westgrenze des Reiches bildete, der französischen Macht- und Expansionspolitik der Jahre nach 1793 besonders stark ausgesetzt. Es war ein Glück für Baden, daß es in Gestalt des Freiherrn Sigismund von Reitzenstein, eines jungen Beamten, über einen außerordentlich tüchtigen Gesandten in Paris verfügte, dem es gelang, seinen Staat ins Fahrwasser des französischen Aufstiegs zu bringen. Unter Führung Reitzensteins verbuchte Baden größere Gebietszugewinne als jeder andere deutsche Staat; es verleibte sich das bis dahin österreichische Breisgau ein, die Fürstentümer Fürstenberg, Leiningen und Löwenstein-Wertheim, die östlich des Rheins gelegenen Teile der Pfalz und des Bistums Straßburg, das Bistum Konstanz, die Abtei St. Blasien und die Städte Offenburg, Gengenbach und Zell. Zum Großherzog aufgestiegen, herrschte Karl Friedrich nunmehr über einen Gebietsgürtel, der vom Bodensee bis an den Main reichte. Die schmale Form seines Landes reflektierte nicht so sehr dynastische Gegebenheiten als vielmehr das Bestreben Napoleons, zwischen Frankreich und den strategisch wichtigen Marschrouten nach Osten keine breite Zone zu haben.

Württemberg hatte im 18. Jahrhundert nicht den Weg der anderen deutschen Staaten in Richtung auf einen bürokratischen Absolutismus beschritten, sondern eine komplizierte Kompromißentwicklung genommen, in deren Rahmen die Stände sich einen bedeutsamen Anteil an der Macht bewahrten. Herzog Karl Eugen hatte im Verlauf seiner langen und stürmischen Regierungszeit die Stände herausgefordert, ihnen Denkzettel verpaßt, gegen sie gewütet, schließlich jedoch die Notwendigkeit eines Arrangements mit ihnen eingesehen. Seine beiden Brüder, die nach seinem Tod jeweils kurz regieren, rüttelten nicht an diesem konstitutionellen Kompromiß. Als 1797 Friedrich II. den Herzogsthron bestieg, befand sich die bestehende Ordnung gerade von zwei Seiten unter Beschuß: Von außen bedrohte sie die französische Militärmacht, von innen eine Gruppe von Radikalen, deren Reformpartei die Macht der Stände ausweiten wollte. Hätte Frankreich sich auf die Seite dieser Reformer geschlagen, wäre eine politische Erneuerung in Württemberg möglich gewesen; so aber gelang es Friedrich mit Unterstützung Frankreichs, seine Regierung zu säubern, die in sich gespaltene und verzagte Opposition auszuschalten und seinen Staat auf den Weg der administrativen Zentralisierung zu führen. Wie die Herrscher Bayerns und Badens, konnte auch der württembergische Herzog sein Staatsgebiet vergrößern, indem er ihm die früheren österreichischen Enklaven in Schwaben einverleibte und dazu jene freien Reichsstädte, Grafschaften und anderen Kleinfürstentümer übernahm, die bis dahin der politischen Landkarte Südwestdeutschlands ihren kleinkarierten Charakter verliehen hatten. Weder in seinen neu erworbenen Gebietsteilen noch in seinem dynastischen Kernland ließ Friedrich als Herzog beziehungsweise seit 1806 als König zu, daß die Stände ihre gewohnte Rolle weiterspielten. Wie so viele Elemente im traditionellen Deutschland, überlebte auch das »gute alte württembergische Recht« die Umwälzungen der Revolutionsepoche nicht.

Von Friedrichs Württemberg einmal abgesehen, lag in den meisten Rheinbund-Staaten die politische Initiative in den Händen leitender Beamten, die manchmal ohne die volle Rückendeckung oder Zustimmung ihres Souveräns handeln mußten. Wenn einer dieser bürokratischen Reformer besondere Aufmerksamkeit verdient, so ist es Maximilian Joseph Graf Montgelas, nicht nur wegen seiner Bedeutung für die Entstehung des modernen bayerischen Staates, sondern auch weil seine Laufbahn anschaulich illustriert, welche Kräfte das Han-

Das Monarchentreffen in Tilsit Anfang Juli 1807: Kaiser Napoleon I. beim Empfang von
Königin Luise und König Friedrich Wilhelm III. vor Abschluß des Friedens mit Preußen. Aus
dem Gemälde von Nicolas Louis François Gosse. Versailles, Musée National des Châteaux

Feierliche Einführung der Berliner Stadtverordnetenversammlung in der Nikolaikirche am 6. Juli 1809. Lavierte Zeichnung von Friedrich August Calau, 1809. Berlin, Märkisches Museum

deln vieler Staatsmänner seiner Zeit bestimmten und beeinflußten. Montgelas kam 1759 zur Welt und gehörte mithin jener wichtigen Politikergeneration an, die alt genug war, um schon vor 1789 etwas politische Erfahrung zu sammeln, dennoch jung genug, um die außerordentlichen Chancen zu erkennen und zu nutzen, die sich in der Epoche der revolutionären Umbrüche boten. Wie Reitzenstein, Metternich, Stein, Gagern und viele andere, entstammte auch Montgelas einer Aristokratenfamilie mit staatenübergreifender dynastischer Verwurzelung. Seine Vorfahren sind französischsprachige Grundbesitzer aus Savoyen gewesen, sein Vater hatte als Soldat sowohl den Habsburgern als auch den Wittelsbachern gedient. In der frankophilen Atmosphäre der Fürstenhöfe lernte Montgelas erst in den achtziger Jahren, fehlerfreies Deutsch zu schreiben. Nach Schulbesuch in Nancy und Straßburg trat er in den bayerischen Staatsdienst ein und machte schnell Karriere, bis seine Mitgliedschaft bei den Illuminaten den Argwohn und Zorn seines Herrschers, des Kurfürsten Karl Theodor, weckte. Montgelas wurde daraufhin an den Hof des Herzogs von Zweibrücken versetzt, des mutmaßlichen Thronerben. In Zweibrücken genoß er das höfische Leben, das Mannlich in seinen Memoiren sehr lebhaft geschildert hat, und wurde zu einem fähigen Verwaltungsbeamten und vollendeten Höfling. Als Günstling des Herzogs kehrte Montgelas mit dessen Hofstaat nach München zurück, nachdem Max Joseph 1799 das wittelsbachische Erbe zugesprochen bekommen hatte.

Montgelas hatte den Stil und das Auftreten eines Höflings, gepaart mit den Wertmaßstäben und dem politischen Kalkül eines aufgeklärten Beamten. Seine Loyalität zu »ma patrie«, wie er Bayern nannte, war unabhängig von seiner Zuneigung zum Kurfürsten und von seiner Treue zu dessen Dynastie. »Ma patrie« war mehr als eine Ansammlung dynastischer Gebiete, von einer herrschenden Familie nach und nach durch Kriegsglück oder durch Geburt und Erbschaft zusammengerafft. Es fiel Montgelas daher überhaupt nicht schwer, die rheinischen Besitzungen der Wittelsbacher abzuschreiben, als sie an Frankreich abgetreten werden mußten. Für ihn hing sein Vaterland auch nicht am Faden historischer Traditionen, wie die beamteten bayerischen Geschichtsschreiber sie nach der Erhebung zum Königreich 1806 zu konstruieren versuchten. Abhandlungen mit dem Zweck, die Herrschaft der Wittelsbacher durch eine angebliche Abstammung von Karl dem Großen zu legitimieren, beeindruckten einen Mann wie Montgelas kaum. Ein Staat definierte sich seiner Auffassung nach durch ein stabiles Ensemble von Institutionen und ein geschlossenes Wertesystem, an das sich die »Staatsbürger« aus Gründen sowohl der gefühlsmäßigen Loyalität als auch des nüchternen Eigeninteresses gebunden fühlten. Beide Motive werden gelegentlich mit den Begriffen »Nationalgeist« und »Nationalinteresse« umschrieben. In der durch die napoleonischen Eroberungen geschaffenen außergewöhnlichen Situation erhielt der Bedarf an solchen Institutionen eine neue Dringlichkeit. Wenn ein Staat wie Bayern überhaupt überleben wollte, mußte er stark genug sein, um seine Gebietserwerbungen integrieren, ihre Ressourcen absorbieren und die Grundlagen für eine gemeinsame Zukunft schaffen zu können. Eine aufgeklärte, zentralisierte Verwaltung mochte zwar schon unter dem alten Regime eine realisierbare Chance gewesen sein, aber für Montgelas und seine Amtskollegen in den anderen aufgewerteten Staaten des deutschen Südens und Westens war sie nun zu einem Muß geworden.

Ohne homogene dynastische Loyalitäten und religiöse Institutionen und in Ermangelung bruchloser historischer Traditionen mußten sich diese Staaten eine neue Legitimitätsgrundlage verschaffen. Dem Beispiel der absolutistischen Staaten des 18. Jahrhunderts sowie der französischen Eroberer folgend, sahen die Rheinbund-Staaten eine derartige Grundlage in einer Verfassung und einem modernen Straf- und Zivilrecht. So erließ im Mai 1808 König Max Joseph eine Verfassung für Bayern, die der französische Botschafter als »die erste ihrer Art« in Europa pries, weil sie zwar auf dem französischen Vorbild fußte, aber ohne direkte Anleihen daraus erarbeitet worden war. König Friedrich von Württemberg dagegen setzte die alte württembergische Ständeverfassung Ende Dezember 1805 eigenmächtig und gesetzeswidrig außer Kraft und erklärte in einem Manifest die alten und neuen Bestandteile seines Herrschaftsgebietes zu einem einheitlichen Staatswesen. Baden, der am wenigsten konsolidierte der neuen Staaten und zugleich der am stärksten dem Einfluß Frankreichs ausgesetzte, übernahm den »Code Napoléon«, der in seiner übersetzten und leicht abgeänderten Fassung von 1809 bis 1900 Grundlage des badischen Rechtswesens blieb. Das Ziel, das die Reformer mit diesen Verfassungen, Dekreten und Gesetzbüchern verfolgten, war die Beseitigung aller zwischengeschalteten Loyalitäten und Zuständigkeiten, die den Bürger vom Staat trennten. Die Bande zwischen dem Herrscher und seinen Bürgern sollten fest verknotet werden, wie es in einem Verfassungsentwurf aus Baden hieß. Die meisten Reformer hofften, die neue verfaßte Ordnung im Laufe der Zeit durch Einberufung repräsentativer Körperschaften weiter aufwerten zu können, wie die bayerische Verfassung von 1808 sie bereits vorsah. Aber wie im »Modellkönigreich« Westfalen hatte in Bayern das Parlament keine reale politische Bedeutung. Hier wie überall im Rheinbund waren Reformen nicht das Ergebnis breiter Bürgerbeteiligung, sondern staatliche Vorhaben, die von und oft auch für Bürokraten durchgezogen wurden. Ernst Rudolf Huber hat zu Recht festgestellt: »Die Staatsbildung in den süddeutschen Ländern war eine ausgesprochene Verwaltungsleistung; sie war ein Prozeß administrativer Integration.« Allgemein bestand daher der erste Schritt zu einer Reform des Staates in einer Reform des Verwaltungsapparats.

Schon vor seiner Rückkehr nach München als Chefberater Max Josephs hatte Montgelas erkannt, wie wichtig eine Reform des Verwaltungsapparats war. In einer Denkschrift an den Herzog wies er im September 1796 darauf hin, daß die mangelhafte Organisation in den Ministerien eine der größten Schwächen des bayerischen Staatswesens sei. Bald nach seiner Amtsübernahme im Jahr 1799 ersetzte Montgelas die bis dahin bestehenden, regional verwurzelten Verwaltungsorgane durch vier, später fünf Ministerien, die nach dem Ressortprinzip gegliedert und jeweils für den Gesamtstaat verantwortlich waren. In den darauffolgenden Jahren reformierten er und seine Mitarbeiter auch die Lokalverwaltungen nach dem Grundsatz der zentralisierten Verwaltung und förderten zugleich die Heranziehung eines professional ausgebildeten, integeren, fleißigen Beamtentums. Anstelle schlecht bezahlter, mangelhaft ausgebildeter Günstlinge, die um Einfluß buhlten, Schmiergelder annahmen und sich in ihrer eigenen Inkompetenz wohlfühlten, wollten die Reformer eine ordentlich und effizient arbeitende Verwaltung aufbauen, die sich an eindeutig definierten Aufgaben orientieren und mit den besten zur Verfügung stehenden Leuten besetzt werden sollte.

Ähnliche Anstrengungen wurden in den anderen Mittelstaaten unternommen. Johann Friedrich Brauer, seit den neunziger Jahren einer der Köpfe der badischen Staatsverwaltung, zeichnete für mehrere Reformerlasse verantwortlich, die der Großherzog 1803 und 1807 bis 1809 in Kraft setzte. Brauer verfügte indes nicht über die Weitsicht, Tatkraft und Leidenschaft eines Montgelas, die in einem so zerbrechlichen und überbeanspruchten Staat wie Baden besonders notwendig gewesen wären. Und so setzte eine Entwicklung zum Besseren erst nach dem Mai 1809 ein, als Reitzenstein in Karlsruhe eine maßgebliche Rolle zu spielen begann. Er umgab sich mit engagierten Leuten, die sich mit ihm in dem Ziel einig waren, einen konsolidierten Einheitsstaat mit einer ressortmäßig organisierten Verwaltung zu errichten. Anstelle der vier Provinzen, die Brauer als Verwaltungseinheiten hatte bestehen lassen, um regionale Traditionen am Leben zu erhalten, teilte Reitzenstein den Staat in zehn Kreise ein, vergleichbar den französischen Departements. An der Spitze eines jeden Kreises stand ein Direktor mit fast unbegrenzten Vollmachten.

In Württemberg wurde das Ringen um die Zentralisierung der Verwaltung durch den Umstand geprägt, daß nicht eine Gruppe reformorientierter Beamten, sondern der Fürst selbst die Federführung hatte. Aus diesem Grund erlangten in Stuttgart die Zentralministerien nicht dasselbe Gewicht wie in München und Karlsruhe; das letzte Wort hatten stets der König und seine persönlichen Berater. Außerhalb der Hauptstadt jedoch folgte die Verwaltungsreform in Württemberg dem neuen Standard: Das Staatsgebiet wurde in zwölf Verwaltungseinheiten aufgeteilt, deren Grenzen ohne Rücksicht auf regionale Traditionen oder gesellschaftliche Prägung gezogen wurden. An ihrer Spitze standen Landvögte, deren Kompetenzen sich mit denen der Generalkommissare in Bayern oder der Kreisdirektoren in Baden vergleichen ließen.

Wie schon für die Zentralisierungstendenz in den Staaten des alten Regimes, galt auch für die Verwaltungsreform in den Rheinbund-Staaten, daß sie mit dem steigenden Finanzbedarf der Staaten untrennbar zusammenhing, der durch die

Anforderungen der Franzosen und die Kosten der politischen Konsolidierung eine weitere erhebliche Steigerung erfuhr. Der bayerische Staat war 1811 mit fast 120 Millionen Gulden verschuldet, der badische 1806 mit 8 Millionen und zwölf Jahre später mit 18 Millionen. Um ihre Finanzen in Ordnung zu bringen, brauchten diese Staaten zuverlässige Besteuerungsgrundlagen und ehrliche Steuereinnehmer, ferner ein ordentliches Haushaltsverfahren und gesetzlich umrissene, wirtschaftlich leistungsfähige Kreditgeber. Die Reformmaßnahmen in den Zentral- wie in den Lokalverwaltungen sollten Mittel zu diesem Zweck sein. Zur Bestandsaufnahme und Ausschöpfung der in der Gesellschaft schlummernden Ressourcen bedurfte es zusätzlich funktionierender Verwaltungsstrukturen vor Ort. Eine sinnvolle Regulierung der staatlichen Ausgaben erforderte rationale politische Entscheidungsprozesse, und die Ausgabe und Vermarktung von Staatsanleihen setzte eine loyale und vertrauensvolle Klientel von Zeichnern voraus. Außerdem erkannten die Reformer, daß das finanzielle Wohlergehen des Staates letztlich vom wirtschaftlichen Gedeihen des Landes abhing. Dies war ein weiteres Axiom der kameralistischen Lehre, das in die kritischen Jahre der napoleonischen Vorherrschaft herübergerettet und ausgefeilt worden war. Die Rheinbund-Staaten versuchten deshalb, wirtschaftliches Wachstum sowie politische Integration voranzubringen, indem sie innere Zollschranken abbauten, die Befugnisse von Zünften und anderen herkömmlichen Standesorganisationen beschnitten und produktive und innovative Unternehmen förderten. – Das Streben nach finanzieller Sicherheit verwickelte, wie das nach politischer Integration, die Staaten in etliche Konflikte mit Institutionen des Ständewesens, die ihre Autonomie behaupten wollten. Wie die Befürworter bürokratischer Reformen in der vorrevolutionären Zeit, vertraten auch Montgelas und seine reformorientierten Mitstreiter die Überzeugung, der Staat müsse auf Souveränität pochen, dürfe also, wie ein Zeitgenosse es ausdrückte, keinen konkurrierenden Staat in seinem Innern dulden. Schon der Begriff des Staates schließe, so argumentierte dieser Autor weiter, jeden selbständigen Verband, jeden staatsfremden Zweck, jede vermittelnde Autorität aus.

Die mächtigste mit dem Staat konkurrierende Institution war in Süddeutschland die katholische Kirche. Spannungen zwischen Kirche und Staat waren nichts Neues. Montgelas ging in einem 1796 verfaßten Aufsatz in der Definition der Ziele des aufgeklärten Staates einen Schritt weiter als seine Vorläufer, indem er für die Errichtung eines Religionsministeriums eintrat, das für die Durchsetzung der Rechte des weltlichen Machthabers gegenüber der katholischen und protestantischen Geistlichkeit sorgen müsse. Das Aufsichtsrecht des Staates habe sich ebenso auf die Verwaltung von Spitälern, Armenhäusern, Klosterschulen und anderen kirchlichen Einrichtungen zu erstrecken wie auf alle innen- und außenpolitisch tätigen Organe. Montgelas hatte bereits mit der Umsetzung dieses Programms begonnen, als sich die politische Stellung der katholischen Kirche infolge

der napoleonischen Territorialreform grundlegend veränderte. Die neu zugeschnittenen Staaten mußten nach 1803 die der Kirche aberkannten Gebiete absorbieren; gleichzeitig mußten sie rechtliche und institutionelle Vorkehrungen
treffen, um mit der entstandenen konfessionellen Vielfalt zu Rande zu kommen.
Bayern handelte sich zum Beispiel außerhalb seines katholischen Kernlandes
große, überwiegend protestantische Gebiete in Franken ein, und in Baden sah
sich eine protestantische Dynastie und Staatsverwaltung unversehens mit einer
katholischen Bevölkerungsmehrheit konfrontiert. Unter solchen Vorzeichen
wurde die Säkularisierung unumgänglich.

Ein besonderer Aspekt staatlicher Religionspolitik war der Streit um die
Gleichberechtigung der Juden. Das stellte kein neues Problem dar. Unter dem
Eindruck der Ideen der Aufklärung und der veränderten gesellschaftlichen und
wirtschaftlichen Situation der Juden waren in Deutschland schon seit den siebziger Jahren des 18. Jahrhunderts Stimmen laut geworden, die eine rechtliche
Besserstellung dieser Minderheit forderten. Vor 1789 hatte sich jedoch kaum
etwas zu ihren Gunsten getan. Das berühmte Edikt Josephs II. von 1782 hatte in
der Praxis ebenfalls nicht viel bewirkt. Nach 1806 war es den deutschen Staaten
jedoch nicht mehr ohne weiteres möglich, dem Problem auszuweichen. Konfrontiert mit einem Gewirr die Juden betreffender gesetzlicher Vorschriften in ihren
neu erworbenen Gebietsteilen, wissend um die potentiellen wirtschaftlichen Vorteile einer Parität der Juden und überzeugt von der Notwendigkeit eines säkularen, auf dem Prinzip der Rechtsgleichheit beruhenden Staatswesens, hatten die
Reformer allen Grund, die volle Anerkennung der Juden auf ihre Liste vorrangi-
ger Reformmaßnahmen zu setzen. Doch die Abneigung gegen die Juden war in
der deutschen Kultur und Gesellschaft so tief verwurzelt, daß es keine leichte
Aufgabe sein würde, ihre Parität durchzusetzen. Nur in den von Frankreich
annektierten rheinischen Regionen und in den Satellitenstaaten Berg und Westfalen wurden die Juden völlig gleichgestellt, und selbst hier brachte Napoleons
restriktives Dekret schon bald einen Rückschritt. Unter den deutschen Staaten
war es Baden, das die fortschrittlichsten Maßnahmen zugunsten der Juden ergriff, aber auch hier rang man sich nicht zu ihrer vollen bürgerlichen Gleichrangigkeit durch. Bayern, das in der Vergangenheit überhaupt keine jüdischen Bürger geduldet hatte, erließ 1813 ein Gesetz, das Juden den Erwerb der bayerischen
Staatsbürgerschaft ermöglichte, ihre Betätigungsmöglichkeiten aber in nicht un-
bedeutendem Maße einschränkte. Von einigen nachrangigen Ausnahmen abgesehen, brauchten die anderen Staaten noch länger, um in der »jüdischen Frage«
etwas zu bewegen.

Ein solches Zögern und Lavieren war in der Frage des Verhältnisses zwischen
Staat und katholischer Kirche nicht möglich. Artikel 63 des »Reichsdeputationshauptschlusses«, der vordergründig den Bestand des kirchlichen Vermögens garantierte, schloß von dieser Garantie ausdrücklich das Vermögen ehemals selb-

ständiger kirchlicher Fürstentümer, religiöser Ordensgemeinschaften und solcher wohltätigen Stiftungen aus, die aus einst kirchlicher unter weltliche Aufsicht gekommen waren. Nach 1803 erließen alle süd- und westdeutschen Staaten Verordnungen, in denen sie ihren Anspruch nicht allein auf die Machtbefugnisse der Kirchen, sondern auch auf deren Besitztümer unterstrichen. Statthalter des Staates übernahmen die Kontrolle über Bistümer, Abteien und Klöster. Ländereien aus klösterlichem Besitz oder aus Ordensbesitz wurden beschlagnahmt oder verkauft. Mönche und Nonnen wurden aus ihren Heimstätten verjagt und, wenn möglich, einer anderen geistlichen oder wohltätigen Aufgabe zugeführt. Hin und wieder wurden Kunstgegenstände aller Art aus enteignetem Kirchenbesitz versteigert; dabei kam es vor, daß kostbare Kleidungsstücke, weil sie wenig praktischen Nutzen versprachen, zu absurd niedrigen Preisen losgeschlagen wurden. Bücher und Manuskripte schaffte man tonnenweise fort; sie bildeten teilweise den Grundstock für neue staatlich verwaltete Bibliotheken. Viele solcher Aktionen konnten ohne Schwierigkeiten durchgezogen werden, da die meisten religiösen Einrichtungen ohnmächtige kleine Gemeinschaften waren, bestehend aus wenigen in frommem Elend hausenden Nonnen oder Mönchen. Ab und an aber flammten beim Eintreffen staatlicher Vertreter Proteste auf, zuweilen sogar gewalttätige. Als württembergische Beamte die Besitzungen des Hochmeisters vom Deutschritterorden für beschlagnahmt erklärten, begehrten die in der Umgebung lebenden Menschen auf und mußten am Ende mit Truppenhilfe zur Räson gebracht werden. Im allgemeinen gebärdeten sich katholische Regime bei der Säkularisierung unnachsichtiger als protestantische, und niemand ging härter vor als Montgelas in Bayern. Hier hatten die Kirchen weitläufige, landwirtschaftlich genutzte Flächen besessen, dazu Mühlen, Brauereien und andere Unternehmen. Bezeichnenderweise zog weder Bayern noch einer der anderen Staaten großen Nutzen aus der Säkularisierung. Zu viel Grund und Boden kam in zu kurzer Zeit auf den Markt, so daß das verfügbare Kapital nicht ausreichte und die Preise rapide sanken. Die auf lange Sicht vielleicht wertvollste Erwerbung waren die Wälder, die die Staaten gewöhnlich gar nicht zu verkaufen versuchten. Ein Drittel der heutigen bayerischen Staatsforste resultiert aus den Akquisitionen der napoleonischen Ära und befand sich davor in kirchlichem Besitz.

Nicht genug damit, daß der Staat sich die Kirche unterwarf, betrieb er auch die Entmachtung der kommunalen Selbstverwaltungsorgane. Hierbei wirkten ebenfalls politische und fiskalische Erwägungen zusammen: Wollte man die Städte besteuern, so mußte man sie verwalten; um die Kosten dieser Verwaltung aufzubringen, mußte man sie besteuern. Bei den ehemaligen freien Reichsstädten war die Oktroyierung staatlicher Macht gleichbedeutend mit der Zerstörung von Institutionen, die jahrhundertelang selbständig tätig gewesen sind. Das läßt sich seht gut an Augsburg demonstrieren, einem souveränen Stadtstaat mit ruhmreicher Vergangenheit, konfliktbeladener Gegenwart und ungewisser Zukunft.

Dank heftiger diplomatischer Bemühungen und großzügiger Schmiergelder konnte die Stadt zwar 1803 ihre Unabhängigkeit behaupten, doch anschließend fand sie sich in einen kostspieligen und endlos scheinenden Konflikt mit Bayern verstrickt, das mit dem Vermögen des Bistums Augsburg auch dessen im Stadtgebiet gelegene Besitzungen übernommen hatte. Als im Dezember 1805 bayerische Truppen Augsburg besetzten, hatten viele seiner Bürger bereits eingesehen, daß die Unabhängigkeit ihrer Stadt ein teurer Anachronismus war. Nicht lange, und die von Montgelas dirigierten Beamten hatten in der Stadt das Heft in die Hand genommen und die alte Ständeverfassung mit allen ihren Sonderklauseln, Privilegien und Freiheiten in Stücke gerissen. Augsburg teilte jetzt das Schicksal zahlreicher Reichsstädte in ganz Deutschland.

In einer Stadt wie Augsburg mit ihren klar strukturierten Institutionen und wohl definierten politischen Parteiungen fiel es dem Staat vergleichsweise leichter, die Kontrolle zu übernehmen, als in den Kleinstädten mit ihrer engeren inneren Verzahnung. Kurz nachdem Dutzende dieser Städte 1803 ihre Unabhängigkeit eingebüßt hatten, verkündeten mehrere Regierungen Dekrete, die auf die Beschneidung der Autonomie aller städtischen Gemeinwesen abzielten. Die heilig gehaltenen politischen und institutionellen Eigenarten der Kleinstädte, in Tradition und kollektivem Gedächtnis verankert, gerieten ins Visier staatlich ernannter Beamten, die den Kommunalverwaltungen einheitliche Rechtsgrundlagen und Verfahrensweisen überzustülpen versuchten. Den von auswärts kommenden Leuten bedeuteten die persönlichen Beziehungen und feinen Abstufungen, die das kleinstädtische Leben prägten, nichts. Sie konnten wenig mit dem Argument der kommunalen Wortführer anfangen, eine Stadt müsse weiterhin die rechtliche Möglichkeit haben, über ihre eigene Entwicklung zu entscheiden. Der Staat machte geltend, daß es im Bereich seiner Souveränität jedem Bürger freistand, sich niederzulassen, wo er wollte, einen Beruf seiner Wahl zu ergreifen oder ein Amt zu übernehmen, ferner, daß alle Bürger gleichermaßen verpflichtet seien, den Staat zu unterstützen, Steuern zu zahlen und Wehrdienst zu leisten. Als die Reformkampagne nach den napoleonischen Siegen von 1805 und 1806 ihren Höhepunkt erreichte, legten sich die Repräsentanten der neuen Staaten gewaltig ins Zeug, um den vielen widerstrebenden Gemeinden ihren Willen aufzuzwingen. Als aber sieben Jahre später die französische Machtstellung abbröckelte, häuften sich die Anzeichen dafür, daß die Staatsgewalten noch keineswegs über die zählebigen Komplexitäten in der Provinz triumphiert hatten. Die bayerische Regierung zum Beispiel fand einfach keine Mittel und Wege, die rund zehntausend auf bayerischem Boden aktiven Zünfte in den Griff zu bekommen; der Versuch, es mit amtlicher Aufsicht oder staatlicher Lizenzierung zu bewerkstelligen, scheiterte. In Bayern wie anderswo machte die »schreckliche Vielfalt« in Stadt und Land die Reformbemühungen zunichte. Der eloquente Historiker der Kleinstädte, Mack Walker, hat es überzeugend formuliert: »Gesetzbücher konnten nicht alle möglichen Fälle abdecken, und so kam es zu einer... Flut von Rechtsstreitigkeiten und Untersuchungen, bis das ganze Getriebe... zum Stillstand kam. Die Ressourcen der Bürokratie reichten nicht aus, um die lokalen Verhältnisse in allen ihren Verästelungen zu durchdringen; es gelang den Staatsdienern weder lokale mit allgemeinen politischen Belangen zu versöhnen noch die lokalen Verhältnisse in eine einheitliche Schablone zu zwängen.«

Außerdem hatte der Staat seine Schwierigkeiten mit Vereinnahmung der bisherigen Domänen des grundbesitzenden Adels, dessen lokale hoheitliche Rechte den Befürwortern einer uneingeschränkten staatlichen Souveränität schon lange ein Dorn im Auge waren. Die Umverteilungen von 1803 und 1806 schienen zunächst den Adel ebenso hart zu treffen wie die Kirche, gingen doch die Ländereien der bis dahin souveränen oder quasi-souveränen Reichsgrafen und Reichsritter, genau wie die der kirchlichen Fürstentümer, in den Besitz der von Napoleon abhängigen Staaten über. Der Reichsadel büßte indes lediglich seine politischen Hoheitsrechte ein, während er als Gruppe seinen herausgehobenen Status bewahren konnte, definiert durch bestimmte ihm nach wie vor gewährte und von der Charta des Rheinbundes garantierte Rechte und Privilegien. Der wichtigste Aspekt war, daß der Adel, anders als die Kirche, sein Vermögen behalten durfte. Auf dieser Grundlage konnte er es alsbald wieder zu altem Wohlstand und Ansehen bringen und seine herausragende Position in den lokalen Gemeinwesen verteidigen. Die Angehörigen des alten Reichsadels, von nun an auch »Standesherren« genannt, brachten es fertig, sich und ihren Besitz mehr oder weniger der bürokratischen Kontrolle und der vollen Steuerpflicht zu entziehen; in Baden gehörten ihnen fast 25 Prozent allen Grund und Bodens. Darüber hinaus nutzte der grundbesitzende Adel seine immer noch starke Stellung bei Hofe und seinen Einfluß auf dem flachen Land, um die Zentralisierung und die Verwaltungsreform zu behindern. In Bayern half eine aristokratische Fronde 1808 mit, die Einführung des »Code Napoléon« abzuwehren, und dieselbe Kamarilla erzwang drei Jahre später eine sie begünstigende Revision der Verfassung. In den neuen Landesteilen Badens konnten sich hundert Großgrundbesitzer einen Sonderstatus sichern, der sie der Jurisdiktion der örtlichen Richter entzog, ihnen bestimmte polizeiliche und richterliche Kompetenzen zusprach und sie zur Ernennung von Pfarrern und Lehrern ermächtigte. König Friedrich von Württemberg entmachtete zwar die Stände, rührte aber nicht an die grundherrlichen Rechte und die lokale Machtstellung seiner Adligen. Im großen und ganzen überstand der grundbesitzende Adel die Epoche der Revolution und Reform glimpflich. Er büßte seine politische Autonomie ein, konnte sich jedoch seinen Wohlstand weitgehend und seine Privilegien teilweise bewahren. Im Rheinbund wie in großen Teilen des übrigen Deutschlands führte der Niedergang der »herrschaftlichen« Welt eher zu einer Modernisierung der Eliterolle des Adels als zu deren Abschaffung.

Es sollte niemanden verwundern, daß den Preis für die Selbstbehauptung der Aristokratie die Bauernschaft zu zahlen hatte, die noch immer den weitaus größten Teil der deutschen Bevölkerung ausmachte. In Bayern war Montgelas mit dem Ziel angetreten, durch Abschaffung der Leibeigenschaft in allen ihren Spielarten eine Klasse freier und mobiler Landwirte zu schaffen. Doch weil nur die wenigsten Bauern in der Lage waren, sich die Befreiung von feudalen Verpflichtungen zu erkaufen, blieben die meisten von ihnen bis 1848 in einem Abhängigkeitsverhältnis zu ihren Grundherren. Die Bauern in den dynastischen Stammlanden Badens hatten zu den Freiesten in Mitteleuropa gehört, obwohl rückständige Methoden, eine zu hohe Bevölkerungsdichte und verstreut liegende Parzellen dafür sorgten, daß viele badische Bauern unter dem Existenzminimum litten. Die Einführung des »Code Napoléon« im neuen Großherzogtum Baden änderte an dieser Situation nichts Grundlegendes. Die Bauern durften sich nun zwar als selbständige Grundeigentümer fühlen, aber das brachte ihnen nicht notwendigerweise mehr Produktivität und Wohlstand. Anders als in Baden hatte es in Württemberg nie Ansätze zu einer Landwirtschaftsreform gegeben. Noch in den neunziger Jahren des 18. Jahrhunderts hatten die württembergischen Herzöge allen Forderungen nach Korrekturen am bestehenden System der Grundherrschaft eine Absage erteilt. Unter König Friedrich sorgten der zunehmende Finanzbedarf des Staates und die Reformfreudigkeit des Monarchen für einige rechtliche Verbesserungen, die jedoch nicht zu nennenswerten Fortschritten im Lebensstandard der Bauern führten. Im Grunde kam die Emanzipation der Bauern in Württemberg erst nach dem Tod Friedrichs 1816 in Gang, und auch 1848 war sie noch keineswegs vollendet.

In der Geschichte Bayerns, Badens und Württembergs während der napoleonischen Ära fallen immer wieder die Diskrepanzen zwischen Gewolltem und Erreichtem auf. Die durch den Zusammenbruch des Reiches entstandene Lage schien Reformen zwar zu begünstigen, wenn nicht gar erforderlich zu machen, doch die um sich greifende Krisen- und Umbruchstimmung erleichterte es keineswegs, eine klar definierte und konsequente Politik zu formulieren. Wenn man das historische Umfeld in Rechnung stellt, in dem die Reformer sich bewegten, erreichten sie sogar eine Menge. Sie errichteten administrative Grundstrukturen für Staaten, die gleichsam mit heißer Nadel aus heterogenen Gebietsteilen zusammengestrickt worden waren. Sie verkündeten die Ideale der Rechtsgleichheit und der Freiheit des Bürgers und vermochten diese in Ansätzen zu verwirklichen. Wenn man sie nach dem beurteilt, was sie versprachen, könnte man Montgelas, Reitzenstein und den anderen einen allenfalls mittelmäßigen Erfolg bescheinigen; doch wenn man sich vergegenwärtigt, wie unzulänglich sie ausgestattet waren, welcher Außendruck auf ihnen lastete und mit wieviel Widerstand im Inneren sie konfrontiert waren, haben sie Beeindruckendes vollbracht.

Außer den drei Satelliten und den drei Mittelstaaten umfaßte der Rheinbund

33 – nach den Annexionen von 1810 noch 29 – Mitgliedstaaten. Hessen-Darmstadt und Nassau waren kleinere Ebenbilder der neu zugeschnittenen Staaten im Südwesten. Wie ihre Nachbarn hatten diese beiden Fürstentümer sich mit Frankreich verbündet, durch Einverleibung von Reichsfürstentümern und Kirchengütern territorial abgerundet und danach eine Reihe innerer Reformen eingeleitet. Nassau avancierte unter Führung des talentierten Hans von Gagern zum bestfunktionierenden unter jenen Kleinstaaten, die aus dem einen oder anderen Grund die Umverteilungen von 1803 und 1806 unversehrt überstanden hatten. In dieselbe Kategorie gehörten die sächsischen Herzogtümer wie Weimar, Eisenach und Coburg, ferner Anhalt, Schwarzenburg, die beiden Reußschen Kleinfürstentümer, Waldeck, Lippe-Detmold und Schaumburg-Lippe. Im Norden hatten sich die beiden Mecklenburgs ihre Souveränität bewahrt und damit eine Widerstandsfähigkeit gegen politische Reformen bewiesen, durch die sie sich noch über ein Jahrhundert lang auszeichnen sollten. Nicht unerwähnt bleiben darf das Kurfürstentum Sachsen. Es hatte zwar 1806 auf der Verliererseite gestanden, doch dank seiner direkten Grenzen zu Preußen und den Erblanden der Habsburger stellte es für Frankreich einen wertvollen strategischen Bündnispartner dar. Napoleon machte daher aus dem Kurfürstentum ein Königreich, rundete es durch einige von Preußen abgetrennte Gebietsteile ab und kürte seinen Monarchen zum Titularfürsten seines polnischen Satelliten, des Herzogtums Warschau. Das dankbare Sachsen wurde zu einem der zuverlässigsten deutschen Verbündeten Frankreichs, obwohl seine politischen und gesellschaftlichen Verhältnisse weitgehend unverändert blieben.

Aus dem Fall Sachsen kann man eine Faustregel ableiten, nach der sich eine gewisse Ordnung in die politische Vielgestaltigkeit der Rheinbund-Staaten bringen läßt. In der Mitte und im Norden des alten Reiches, wo keine nennenswerte Veränderung bestehender Grenzen stattfand, konnten Staaten wie Sachsen und die beiden Mecklenburgs ihre hergebrachten konstitutionellen Strukturen beibehalten. Im Süden und Westen hingegen erzeugten territoriale Umgestaltungen eine neue politische Landschaft und zogen zwangsläufig institutionelle Reformen nach sich. Bei beiden Varianten waren diplomatische und militärische Gesichtspunkte untrennbar mit konstitutionellen und administrativen Zielsetzungen verknüpft. Die Feststellung von Eberhard Weis, Montgelas' vorrangiges Interesse habe der Außenpolitik gegolten, trifft ebensogut auf von Reitzenstein, König Friedrich, von Gagern und viele ihrer Zeitgenossen zu. Zur Bewältigung der Revolution bedurfte es der Fähigkeit, auf dem schmalen Grat zwischen Innen- und Außenpolitik zu wandeln, ohne die gefährlichen Zusammenhänge zwischen beiden aus dem Auge zu verlieren.

Österreich: Agonie und Überlebenskampf

Nicht anders als in München, Karlsruhe und Stuttgart, mußte auch in Wien die Regierung mit den von der Revolution freigesetzten Kräften fertig werden. In die innenpolitische Verfassung des weitläufigen Reiches der Habsburger wirkten die internationalen Vorgänge und Beziehungen nicht weniger stark hinein, als dies in Bayern, Baden oder Württemberg der Fall war. In den Jahren nach 1792 wurden die österreichischen Politiker und Militärs in etliche unerwartete und ungleiche Kämpfe gegen neue Feinde verwickelt, die aufgrund ihrer Siege in der Lage waren, den Habsburgern wertvolle Gebiete wegzunehmen und schmerzliche Lasten aufzubürden. Österreich war groß genug und von militärischen Brennpunkten weit genug entfernt, um den drastischen Umwälzungen zu entgehen, wie sie den konsolidierten Staaten des Rheinbundes aufgezwungen wurden. Dennoch mußte es, um in dieser unheilvollen Zeit überleben zu können, nicht nur menschliche und materielle Ressourcen in nie gekanntem Ausmaß einsetzen, sondern auch seine Institutionen reformieren. Während der Preis für das Überleben hoch war, erwiesen sich die erhofften Vorteile als illusorisch: Am Ende der Revolutionsepoche konnte die Monarchie weder eine gestärkte internationale Position noch eine nennenswerte Verbesserung der inneren Lage als Lohn ihrer teuer erkauften Siege vorweisen.

In den ersten Phasen der Revolution hatten sich die meisten Österreicher durch näherliegende Sorgen von den Ereignissen in Frankreich ablenken lassen: durch den Krieg im Osten und die Proteste gegen die Reformen Josephs II. So groß war die allgemeine Abneigung gegen den Kaiser, daß sein Bruder und Thronerbe, Erzherzog Leopold, es ablehnte, nach Wien zu kommen, solange Joseph noch am Leben war. »Aber das sage ich Euch«, erklärte Leopold seiner Schwester, »daß ich fest entschlossen bin, mich nie... in die Geschäfte einzumischen. Es würden das Volk und die fremden Höfe zur Ansicht kommen, daß ich dieselben Grundsätze und Systeme vertrete wie der Kaiser.« Als Leopold 1790 schließlich seine Reise gen Norden antrat, um die Krone zu akzeptieren, traf er unterwegs vielerorts mit Notabeln seines Reiches zusammen, die ihm alle möglichen Klagen vortrugen, die sich im Laufe von Josephs langer und schwieriger Regierungszeit angesammelt hatten. Nach seiner Ankunft in der Hauptstadt zog sich der neue Kaiser in die Abgeschiedenheit zurück, die Stapel von Verwaltungsakten und Dokumenten einsehend, die die Provinzen seines Reiches in großer Fülle lieferten. Ein paar Wochen später tauchte er wieder auf, entschlossen, die Fehler zu korrigieren, die, so schien es, die Habsburger an den Rand des Abgrunds geführt hatten.

Leopold II. litt zwar nicht an der pathologischen Gefühllosigkeit seines Bruders, war aber ebenfalls ein wenig liebenswerter Charakter. Mißtrauisch bis an die Grenze zur Paranoia, zu Anfällen von Depression und anderen Unpäßlichkeiten neigend, war er ein fordernder Herrscher. In der Toskana hatte er sich dennoch den Ruf eines tatkräftigen und aufgeklärten Monarchen erworben. Anders als die meisten Herrscher, die mit dem Etikett »aufgeklärt« versehen worden sind, war er kein nur an der Vermehrung seiner eigenen Macht als erster Diener des Staates interessierter Absolutist. Vielmehr hatte er erkannt, daß jede monarchische Autorität durch die Imperative der Vernunft und den Einfluß legitimer, in der Gesellschaft vorhandener Interessen begrenzt werden mußte. »Ich glaube«, schrieb er wenige Wochen vor seiner Krönung, »daß es in jedem Lande ein Grundgesetz als Vertrag zwischen Volk und Herrscher geben soll, welches die Autorität und die Befugnis des letzteren begrenzt; ...daß die Exekutive dem Herrscher, die Legislative aber dem Volke und seinen Vertretern zusteht.« In Anbetracht dieser Überzeugungen verwundert es nicht, daß Leopold II. dem aufgeklärten Absolutismus Josephs II. seit langem kritisch gegenübergestanden hatte und daß er sogleich begann, den Unmut, der überall in seinem Reich zu spüren war, zu entschärfen.

Nachdem er eine Annäherung mit Preußen herbeigeführt und so die Opposition im Land ihres mächtigsten äußeren Verbündeten beraubt hatte, ging er daran, mit Hilfe einer geschickten Mischung aus Versprechungen und Drohungen nicht zuletzt die kritischen Geister für sich zu gewinnen. Er bestätigte die Zugeständnisse, die Joseph widerwillig an die aufmüpfige ungarische Aristokratie gemacht hatte, anerkannte die Sonderrolle Ungarns innerhalb der Monarchie, lehnte es jedoch ab, seine monarchische Autorität relativieren zu lassen. Indem er in der Folge andere in Ungarn lebende Volksgruppen zur Bildung organisierter Vertretungen ermunterte, setzte er den magyarischen Adel in Budapest unter Druck und zwang ihn, von seinen radikalsten Forderungen abzurücken und ein Arrangement mit Wien zu suchen. Die böhmischen Stände, die Joseph II. mit seiner Politik ebenso gegen sich aufgebracht hatte wie die Ungarn, nutzten die Chance seines Todes, um die Wiederherstellung ihrer ständischen Privilegien und grundherrlichen Rechte zu verlangen. Auch ihnen kam Leopold II. mit einigen Zugeständnissen entgegen. Er machte die verhaßten Steuerreformen von 1789 rückgängig, nicht jedoch das »Bauernpatent« von 1781. Er ließ sich in Prag zum böhmischen König krönen, ohne dem böhmischen Adel weitergehende Rechte zu verleihen, als sie 1764 bestanden hatten. Mit einer ähnlichen Kombination aus Kompromißbereitschaft und Entschiedenheit trat er gegenüber den Vertretern seiner österreichischen Stammlande auf. Während er die Zügel, die sein Bruder den Lehrern und Geistlichen angelegt hatte, etwas lockerte, ließ er keinen Zweifel daran, daß die staatliche Oberaufsicht über Schulen und Kirchen fortbestehen würde. Und während er einigen Mönchsorden die Rückkehr gestattete und eine gemäßigte Reform des Eherechts versprach, bekräftigte er das von Joseph II. verkündete »Toleranzpatent«. Einen eindeutig versöhnlichen Kurs hatte Joseph gegenüber der österreichischen Aristokratie gesteuert. Nachdem er 1790 eine Versammlung der Provinzialstände gebilligt hatte, auf der diese ihre Klagen vorbringen konnten, hob Leopold die Steuergesetze des Jahres 1789 auf und verlagerte die Lasten der Staatsfinanzierung wieder dorthin, wo sie sich stets befunden hatten: auf den Rücken der Bauernschaft.

Hätte Leopold länger und in ruhigeren Zeiten regiert, wäre es ihm vielleicht gelungen, die habsburgische Monarchie in einen konstitutionellen Staat umzuwandeln. Einige faszinierende Anzeichen deuten darauf hin, daß er im Begriff stand, weitreichende Reformen zu vollziehen, als er im März 1792 plötzlich starb, gerade fünfundvierzig Jahre alt. Damals machten sich in den westlichen Besitzungen der Habsburger bereits die Auswirkungen der Französischen Revolution bemerkbar. Jegliche konstitutionellen Experimente innerhalb der Monarchie wären unter diesen Umständen sehr bald zu einem riskanten Spiel geworden. Fürst Kaunitz, dessen lange Karriere im habsburgischen Staatsdienst sich dem Ende zuneigte, scheint geahnt zu haben, was in der Luft lag. Als eine Besucherdelegation ihn fragte, wie der Sohn und Erbe Leopolds in seinem offiziellen Bildnis dargestellt werden sollte, erwiderte Kaunitz, man male ihn in Marschallsuniform und Rüstung, den Himmel rötlichblau und lasse im Hintergrund Truppen aufmarschieren. Franz II. werde, gegen seinen Willen und sein besseres Wissen, in Kriege verwickelt werden.

Franz war vierundzwanzig, als er 1792 den Thron bestieg. Ein Jahr älter als Napoleon und Wellington, gehörte er zu jenen Männern seiner Generation, die eine führende Rolle auf der politischen Bühne übernahmen. Von seinem Naturell und seiner Ausbildung her war Franz allerdings nicht für ein so belastendes Amt prädestiniert. Phantasielos, engstirnig und auf peinliche Weise schüchtern, hatte er unter den erzieherischen Bemühungen seines Vaters gelitten und die ihm von seinem Onkel, Kaiser Joseph II., erwiesene Aufmerksamkeit als bedrückend empfunden. Zeitgenossen beschrieben ihn als einen eigentümlich farblosen Menschen ohne Tugenden oder Laster, ohne jegliche Leidenschaft. Das einzige, das Franz daran hinderte, in Apathie zu verfallen, dürfte sein stark ausgeprägtes Pflichtgefühl gewesen sein, das ihn veranlaßte, stundenlang über Stapeln amtlicher Papiere zu brüten oder zahllose Bittsteller zu empfangen. Die Geschichten über seinen Fleiß sind Legion. So soll er auf einer Reise in seine italienischen Länder zwanzigtausend Untertanen empfangen haben; in Wien waren es durchschnittlich achtzig in der Woche. Es scheint, als glaubte er, Regierungskunst sei die Summe aus der Lösung administrativer Detailfragen und der Anhörung möglichst vieler Einzelstimmen. Vielleicht schöpfte er aus seiner Fleißarbeit auch das Gefühl, einer Aufgabe gewachsen zu sein, deren wirkliche Dimension seine Vorstellungskraft überstieg. In das tägliche Geschäft des Regierens vertieft, besaß er kein Gespür für die großen historischen Kräfte, die um ihn herum am Werk waren, keine Vision des weitläufigen Netzes von Institutionen und Loyalitäten, dessen Zentrum er selbst zu sein hatte. Der Übergang des habsburgischen Erbes von Leopold II. auf Franz II. war, wie der Thronwechsel in Preußen von Friedrich II. auf Friedrich Wilhelm II., ein Anzeichen dafür, daß die große Zeit der Monarchien zu Ende ging. Die Ära Friedrich Wilhelms I. und Friedrichs II., Maria Theresias und Josephs II., Karl Eugens von Württemberg und Karl Augusts von Weimar wurde abgelöst von einer Periode fast ununterbrochener monarchischer Mittelmäßigkeit.

Weil Kaiser Franz, wie er am ersten Tag seiner Regierungszeit etwas weinerlich schrieb, so jung und so unerfahren war, klammerte er sich an die, zu denen er in seiner Jugend aufgeschaut hatte, an die weisen alten Männer, in deren Obhut sein Vater ihn gegeben hatte. Der führende Kopf unter jenen Ratgebern war Franz de Paula, Reichsgraf von Colloredo, der, einst Privatlehrer des späteren Kaisers, nun zum Chef des kaiserlichen Staatsrates avancierte. Der Aristokrat mit dem makellosen Stammbaum wirkte über ein Jahrzehnt lang im engsten Umkreis des Thrones, beriet den jungen Kaiser, bestärkte ihn in seinen Hoffnungen und kontrollierte den Zugang zu seiner Person. Die historischen Urteile über Colloredo gehen auseinander: Seine Anhänger porträtieren ihn als ehrlichen, hart arbeitenden Staatsmann, seine Kritiker sprechen andeutungsweise von Korruption und moralischen Defiziten. Niemand zeiht ihn der Intelligenz oder der politischen Raffinesse. Nur ein einziger Neuling von Bedeutung tauchte im Kreis des Kaisers auf: Johann Amadeus von Thugut, der im März 1793 die Leitung der auswärtigen Angelegenheiten übernahm. Ohne erlesenen Stammbaum oder Beziehungen hatte er sich bis ins Zentrum der Macht hochgearbeitet, mit Energie, Geschick und einem feinen Gespür für das, was ihm nützte. Auf seinem Weg nach oben hatte er sich überall Feinde gemacht, nicht nur weil er ein Emporkömmling war, sondern auch weil er mit seiner Prinzipienlosigkeit selbst die zynischsten Wiener Höflinge schockierte. Ein Kleinstaat hätte in friedlichen Zeiten mit einem Monarchen wie Franz und mit Staatsmännern wie Colloredo und Thugut vielleicht gut fahren können, aber für das Reich der Habsburger waren sie in dieser geschichtlichen Situation ein fatales Trio. Karl Otmar von Aretin hat wohl recht, wenn er schreibt, daß die »verhängnisvolle Apathie« des Kaisers, die »praktische Unfähigkeit Colloredos« und die »Immoralität« Thuguts sich zu einer der ganz besonders unglücklichen politischen Konstellationen in der Geschichte addierten.

Thugut bezeichnete 1795 seine eigene Regierung als ein Babel, in dem jede Spur von Ordnung in einem Gewirr einander übertönender Stimmen untergehe. »Wir wären verloren«, notierte er, »wenn unsere Feinde die ganze Ausdehnung des Übels und den beklagenswerten Zustand kennen würden, in den die Monarchie geraten ist.« Aus der Erörterung der internationalen Beziehungen zwischen 1793 und 1805 sind einige der Folgen bekannt, die diese politische Schwäche zeitigte: die Übertragung der Kommandogewalt an einen Stümper wie General Mack auf Kosten begabter Militärs wie Erzherzog Karl; die Nachgiebigkeit der österreichischen Diplomatie in kritischen Augenblicken, der allgemeine Rückgang des habsburgischen Einflusses im gesamten deutschsprachigen Raum. Eine derart unheilvolle außenpolitische Entwicklung wirkte sich zwangsläufig auf das Innenpolitische aus. Ehrgeizige, eigensüchtige Männer konnten mit Erfolg ihren Vorteil suchen, während lautere, ihrem Land ergebene Beamte zu verzweifeln begannen. »Wer regiert Österreich«, fragte der Autor einer Streitschrift. Um die Jahrhundertwende war sich niemand dessen sicher. Unglücklicherweise hielt Franz II., je schlimmer die Situation wurde, desto verbissener an seinen alten Ratgebern fest, sträubte sich gegen Veränderungen und ließ sich von den Alltagsgeschäften dahintreiben. In seinen Augen waren innere und außenpolitische Probleme Grund genug, die Dinge so zu belassen, wie sie waren, sich die Qual der Wahl zu ersparen und zu bewahren, was sich bewahren ließ. Das seiner Persönlichkeit eigene konservative Verhalten hielt er für vollauf berechtigt, als Mitte 1794 die Umtriebe angeblich revolutionärer Kräfte in seiner eigenen Hauptstadt ruchbar wurden.

Im Juli 1794 berichtete ein österreichischer Polizeibeamter, ein junger Heeresoffizier namens Franz von Hebenstreit mit hohem Interesse für Literatur habe ihm von einer Verschwörung zum Sturz der Monarchie erzählt. Prompt kam es zu einer Welle von Verhaftungen, zunächst in Wien, dann in Budapest. Die Beschuldigten bildeten einen Querschnitt durch die politische Öffentlichkeit: Schriftsteller, Lehrer, Offiziere, ein paar Zivilbeamte, Geschäftsleute. Einige von ihnen hatten an den Verfassungsprojekten Leopolds II. mitgewirkt, aber alle waren vom neuen Kaiser enttäuscht, dessen persönliche Eigenschaften und politische Wertmaßstäbe die Gewähr für das Ende der jahrzehntelangen Politik der Reform von oben zu bieten schienen. Einer der Bekanntesten unter den Verschwörern war Andreas Freiherr von Riedel, der einmal mit der undankbaren Aufgabe betraut war, dem künftigen Kaiser die Grundlagen der Mathematik beizubringen, was sicherlich seinen Glauben an die monarchische Weisheit nicht zu festigen vermochte. Riedel und seine Mitverschwörer – in Wien umfaßte die Gruppe rund achtzig Personen – zählten zu einem lockeren Kreis von Lesegesellschaften und Debattierklubs, in denen verbotene Literatur zirkulierte, umstürzlerische Thesen ausgetauscht und vielleicht sogar Aktionspläne erörtert wurden. Doch eine reale Bedrohung für die bestehende Ordnung ging von diesen Leuten nicht aus. Selbst innerhalb der dünnen Gesellschaftsschicht, der sie angehörten, bildeten sie eine Minderheit. Dennoch machten die Aufdeckung ihrer Aktivitäten, der Prozeß gegen sie und ihre Aburteilung einen nachhaltigen Eindruck auf den jungen Kaiser, der sich daraufhin noch stärker von den fortschrittlichen Programmen und Beratern distanzierte, mit denen sein Onkel und sein Vater sympathisiert hatten.

In der wachsenden Überzeugung, daß sich überall in seinem Reich gefährliches Gedankengut regte, nahm Franz II. zu einer Verschärfung der staatlichen Aufsicht über die Bürger Zuflucht. Die Staatsmacht in Gestalt des Polizisten und des Zensors griff immer stärker in das Leben der Gesellschaft ein. Das Agenten- und Spitzelnetz, in dem sich der unglückliche Leutnant von Hebenstreit verfangen hatte, wurde noch dichter geknüpft. Vereine, Geheimgesellschaften, ja selbst manche religiösen Organisationen wurden verboten. Vor allem aber wurde der Kleinkrieg gegen jedes oppositionelle Denken verschärft. Äußerungen, die auch nur eine entfernte Sympathie mit der Französischen Revolution anklingen ließen, waren ausdrücklich untersagt. Über laufende Gesetzesvorhaben durfte öffentlich nicht diskutiert werden. Schließlich wurde der Besitz von Büchern, die außerhalb Österreichs gedruckt worden waren, genehmigungspflichtig. 1801 wurde die Zensurbehörde in die Zuständigkeit der Polizei überführt, die Zensur selbst ausgeweitet. Sogar Spielsachen und Schnupftabakdosen wurden auf verdächtige Bemalungen oder Aufschriften überprüft. 1803 kontrollierte eine Kommission alle Bücher, die in den voraufgegangenen zwei Jahren trotz Zensur erschienen waren, mit der Folge, daß weitere 2.500 Titel auf die Verbotsliste kamen. Nicht daß dieses Polizeistaatsregime auch nur annähernd an die Bösartigkeit der Diktatoren des 20. Jahrhunderts herangekommen wäre; dazu fehlten ihm die Mittel sowie der Wille. Die meisten der wegen umstürzlerischer Vergehen Angeklagten erhielten faire Prozesse und, mit Ausnahme der Jakobiner von 1794, verhältnismäßig kurze Gefängnisstrafen. Der Handel mit verbotenen Druckerzeugnissen ging im übrigen weiter; wer sich umtat, konnte alle bekommen. Gleichwohl verfehlte die Politik der Repression nicht ihre Wirkung. Sie wurde zur Grundlage für das Klischee vom reaktionären Österreich und machte die Donau-Monarchie vielen Deutschen und Österreichern verhaßt. Dazu kam, daß die Zensur und das Spitzelwesen die Entfaltung eines offenen politischen Diskurses hemmten, die informierte Öffentlichkeit ausdünnten und die Österreicher von der Entwicklung im übrigen Europa isolierten. Treffend stellte ein englischer Besucher 1805 fest: »Das öffentliche Bewußtsein (in Österreich) ist dumpf und erstarrt, oder vielmehr: es existiert kein öffentliches Bewußtsein.« Das reaktionäre Klima der neunziger Jahre machte diejenigen rat- und mutlos, die die josephinische Tradition weiterführen wollten. Dazu gehörten die Mitglieder der mit der Ausarbeitung eines neuen Gesetzbuches betrauten Kommission. Sie sahen sich in einen erbitterten Konflikt mit den Beratern von Kaiser Franz über die Funktion des geschriebenen Rechtes in der Gesellschaft hineingezogen. Als Karl Anton von Martini 1794 den Kommissionsentwurf für eine Neufassung des Gesetzbuches dem Kaiser vorlegte, rief dieser eine neue Kommission ins Leben, die die Arbeit der alten begutachten sollte. Am Ende trat das neue Gesetzbuch nur in Galizien in Kraft, dem österreichischen Beuteanteil aus der jüngsten polnischen Teilung; hier herrschte ein so dringlicher Bedarf an einem gesetzlichen Fundament, daß keine Zeit für Diskussionen oder Veränderungen blieb. Die Debatte darüber, ob und wie das Gesetzbuch auch in den übrigen Teilen der Monarchie eingeführt werden sollte, schleppte sich hin. Konservative Rechtsgelehrte nahmen es derweil Artikel für Artikel unter die Lupe, um sicherzugehen, daß es die monarchische Autorität nicht in Frage stellte. Im Juni 1811 wurde das »Allgemeine Bürgerliche Gesetzbuch« schließlich verkündet, trat mit Beginn des darauffolgenden Jahres in Kraft und blieb in den deutschen Erblanden der österreichischen Monarchie bis zu deren Untergang gültig. In der endgültigen, unter Leitung von Franz Edler von Zeiller abgefaßten Version war der gesetzlich normierte Bereich stark eingeengt; eine Auflistung der Natur- oder Menschenrechte fehlte ebenso wie Bestimmungen, die die Macht des Staates einschränkten. Der Grundsatz der Rechtsgleichheit war erhalten geblieben, sollte jedoch nur für Beziehungen zwischen Privatpersonen gelten. In den öffentlichen Angelegenheiten müsse es, so erklärte Zeiller, bei rechtlichen Differenzierungen nach Rang und Funktion bleiben.

Der Umstand, daß Kaiser Franz sich auf die Auseinandersetzung mit neuen Gegnern in seinen Territorien und im Ausland konzentrierte, veranlaßte ihn zu einem Umdenken in der Frage der inneren Reform des österreichischen Staates. Seine Großmutter und, noch sehr viel entschiedener, sein Onkel sind bestrebt gewesen, die Machtvollkommenheit des Staates gegenüber konkurrierenden oder zwischengeschalteten Obrigkeiten, namentlich gegenüber der Aristokratie und der Kirche, stärker zur Geltung zu bringen. Franz II. hingegen schien bereit zu sein, in seinem Kampf gegen jakobinische Subversion und französische Aggression mit diesen Gruppen zusammenzuarbeiten. Er brachte die seit Jahrzehnten laufenden Bemühungen, der Praxis der Grundherrschaft den Boden zu entziehen und die Bauern zu unmittelbaren Untertanen des Staates zu machen, zum Stillstand. Im bürgerlichen Gesetzbuch von 1811 hieß es mithin, die gesellschaftlichen Beziehungen auf dem Lande gehörten zu den öffentlichen Angelegenheiten und unterlägen damit nicht dem Grundsatz der Rechtsgleichheit. Der Aristokratie war das bei weitem nicht genug. Sie war enttäuscht darüber, daß der Kaiser die Reformen seiner Vorgänger nicht rückgängig machte, willigte jedoch in die Partnerschaft ein, die er ihr anbot. Sie rückte von ihren extremsten Forderungen ab und beschloß, die ihr verbliebenen Privilegien und Machtbefugnisse zu genießen. In der Ära Franz' II. wurde sich der Adel, wie es scheint, seiner sozialen Stellung bewußter, entwickelte ein elitäreres Bewußtsein und richtete sich zufrieden in seiner eigenen, geschlossenen Welt ein. Gleichzeitig änderte sich das Bild, das die übrige Gesellschaft sich von der Aristokratie machte. Anstelle bitterer kritischer Äußerungen zur Verschwendungssucht und Dekadenz des Adels, wie man sie noch in den Schriften aufgeklärter Autoren wie Joseph von Sonnenfels findet, begegnet man nunmehr bewegenden Plädoyers für adlige Tugenden, verfaßt von Konservativen wie Adam von Müller, für den die Aristokratie eine unverzichtbare Garantin der Stabilität und Ordnung war.

Von der Suche des Kaisers nach Verbündeten profitierte auch die Kirche. Anstelle des säkularen Zeitgeistes und des toleranten Klimas der josephinischen

Ära wurde wieder mehr Nachdruck auf Frömmigkeit und Orthodoxie gelegt. Die unter Franz durchgeführten bildungspolitischen Reformen wiesen dem Religionsunterricht einen zentralen Platz im Lehrplan zu. Die Priesterschaft wurde mit der Aufgabe betraut zu überwachen, was an den Schulen vor sich ging, und sicherzustellen, daß die Jugend Österreichs nicht von gefährlichen westlichen Ideen infiziert würde. Die Partnerschaft, die die Monarchie der Kirche anbot, blieb nichtsdestotrotz eine einseitige Angelegenheit. Die Geistlichkeit erhielt zwar Kontrollvollmacht über das Denken der Gläubigen, aber die Kirche nicht mehr Selbständigkeit in ihrem Verhältnis zum Staat. Nicht weniger als seine Vorgänger, sah Franz in den Priestern Diener des Staates. Er untersagte ihnen direkte Kontakte mit ihrer Obrigkeit in Rom und räumte ihnen nicht einmal das Recht ein, frei über ihr Eigentum zu verfügen. In mancherlei Hinsicht verstärkte sich die Macht des Staates über die Kirche nach 1792, nicht zuletzt weil ein steiler Rückgang in der Qualität und Quantität der Anwärter auf den Priesterberuf die Regierung veranlaßte, Reformen in der theologischen Ausbildung und in der Führung von Priesterseminaren durchzusetzen.

Unter Franz II. galt, wie unter seinen drei Vorgängern, daß die Bürokratie das Fundament des habsburgischen Regimes war. Der neue Kaiser und seine Ratgeber versuchten zwar, den Staatsapparat in eine andere Richtung zu lenken, grundlegend verändern konnten und wollten sie ihn jedoch nicht. Die Kritiker mochten den habsburgischen Staatsapparat als eine »Maschine, die mit enormem Krach läuft, sich aber nie bewegt« bezeichnen, doch in Wirklichkeit funktionierte dieser Apparat auf den unteren und mittleren Ebenen relativ gut, weil dort Männer arbeiteten, die in die Traditionen der aufgeklärten Verwaltung hineingewachsen waren. Die Schwachpunkte der österreichischen Politik lagen am oberen Ende, wo die Regierenden, unfähig, ihrer Politik eine eindeutige Richtung zu geben, Dekrete in verwirrender Fülle verkündeten und dazu eine Vielzahl von Sonderregeln, die selbst der engagierteste Beamte nicht klar genug verstehen konnte, um seine Aufgaben richtig zu erfüllen.

Die Finanzen waren und blieben das heikelste innenpolitische Problem der Habsburger, Ursache und zugleich Symptom ihrer Unfähigkeit, die reichen Ressourcen auszuschöpfen, die ihnen zur Verfügung standen. In den Jahren um 1790 lag das jährliche Haushaltsdefizit Österreichs bei rund 27 Millionen Gulden, die Staatsverschuldung bei fast 400 Millionen. Die Regierung hatte, um ihren finanziellen Verpflichtungen nachkommen zu können, zu dem unverantwortlichen Mittel gegriffen, neues Geld drucken zu lassen; das war der erste Schritt auf dem Weg in zunehmend ernstere inflationäre Turbulenzen. Leopold II. hatte es geschafft, die jährlichen Defizite zu verringern, doch die Kosten der Kriege gegen Frankreich machten diesen Erfolg bald wieder zunichte. Da Franz II. gegen neue Steuern Bedenken hatte, zog er es vor, seine fiskalischen Probleme durch das Drucken von immer mehr Papiergeld und durch immer neue Staatsanleihen zu lösen. Zwischen 1795 und 1796 erhöhte sich die Menge des in Österreich umlaufenden Papiergeldes von etwas über 35 auf fast 47 Millionen Gulden. Im Gefolge der erlittenen militärischen Rückschläge schwand das Vertrauen zur Regierung, und die Nachfrage nach Staatspapieren ging stark zurück. Im Frühjahr 1797, als die Besetzung Wiens durch die Franzosen bevorzustehen schien, mußte die Garantie für den Umtausch von Banknoten in Silber aufgehoben werden. Zugleich führte die Abschnürung Österreichs von seinen westlichen Märkten dazu, daß wichtige steuerliche Einnahmequellen wegfielen und der Zugang zu den Frankfurter Privatbankhäusern und den von ihnen vermittelten Anleihen blockiert wurde. Die Habsburger waren jetzt in einem hoffnungslosen Teufelskreis gefangen: Die militärischen Rückschläge zehrten an ihrer Finanzkraft, und die Schwäche ihrer Staatsfinanzen machte eine erfolgreiche Kriegführung immer schwieriger.

Schließlich ließ Franz II. sich dazu herbei, die Notwendigkeit von Reformen einzuräumen. In Reaktion auf inständige Bitten seines Bruders Karl errichtete er 1801 ein Staats- und Konferenz-Ministerium, das im Bereich der Außen- und Staatspolitik die Arbeit dreier großer Ministerien – für Auswärtiges, Verteidigung und Inneres – koordinieren und damit ermöglichen sollte, daß »die ganze Staatsverwaltung von selbst, als ein wohleingerichtetes Uhrwerk, wenn sie einmal in gehörigen Gang gesetzt ist, fortlaufe«. Genau das war realiter nicht gegeben. Als der Kaiser begriff, daß die neue Konstellation zwar eine verbesserte Koordinierung von Politik und Strategie brachte, jedoch auf Kosten seiner eigenen Bewegungsfreiheit, begann er, einzeln mit den Chefs aller Ministerien zu beratschlagen und sich an die Empfehlung desjenigen zu halten, der ihn am meisten beeindruckte. Erzherzog Karl, der beharrlichste und wirksamste Fürsprecher einer Reform an Haupt und Gliedern, wurde an den Rand gedrängt. Man ließ ihm weder die Zeit noch gestand man ihm die Mittel zu, die er benötigt hätte, um die Streitkräfte zu modernisieren.

Des Kaisers verspätete und halbherzige Reformanläufe verblassen im Vergleich mit den tiefgreifenden Veränderungen, die der Monarchie von außen aufgezwungen wurden. Napoleon entriß den Habsburgern ihre Besitzungen im Westen und schwächte ihre Autorität im Reich. Österreich hatte sich an den Gedanken zu gewöhnen, daß es sich, wenn es als Großmacht fortbestehen wollte, zu einem zusammenhängenden Territorialstaat konsolidieren mußte, anstatt sich auf die Beherrschung verstreuter dynastischer Besitzungen zu versteifen. Zu einer wichtigen symbolischen Anerkennung dieser Einsicht kam es im August 1804, als Franz sich zum Kaiser der habsburgischen Stammlande, Ungarns und Galiziens proklamierte. Der unmittelbare Anlaß für diese Proklamierung war die Selbstkrönung Napoleons im Mai; denn die Habsburger konnten es nicht zulassen, daß eine dahergelaufene Familie korsischer Abenteurer sie in den Schatten stellte. Ein ebenso wichtiges Motiv war jedoch der Wunsch der Regierung, eine Konsolidierung »des vereinigten österreichischen Staatskörpers« zu erreichen. Den meisten Zeitgenossen war klar, daß eine solche Konsolidierung nur auf Kosten des Heiligen Römischen Reiches gehen konnte. Die Ausrufung des neuen kaiserlichen Titels, schrieb Friedrich Gentz an Metternich, gleiche einer »namenlosen Erbärmlichkeit ... Ein ›Kaiser von Österreich‹ ist an und für sich ein wahrer politischer Solözismus; denn Österreich ist eine dem Reiche ... untergebene Provinz, und man könnte ebensogut ein Kaiser von Österreich sein.« Die Repräsentanten des Reiches, an solche Demütigungen seit langem gewöhnt, legten keinen Protest ein. Als der schwedische Vertreter die Frage nach der Vereinbarkeit des neuen Herrschertitels mit den alten Pflichten des Kaisers stellte, vertagte sich der Reichstag sogleich. Zwei Jahre später legte Franz die Reichskrone nieder und bekannte sich zu seiner vorrangigen dynastischen Identität als »Franz I., durch Gottes Gnade Kaiser von Österreich«.

Die vernünftigen unter den österreichischen Politikern mußten zu diesem Zeitpunkt begriffen haben, daß es mehr als bloß eines neuen Herrschertitels bedurfte, um ihren Staat lebensfähig zu erhalten. Die militärische Katastrophe von Austerlitz, die demütigenden Bestimmungen des Preßburger Vertrages, die Bildung des Rheinbundes, die Niederlage Preußens und das Zustandekommen einer französisch-russischen Entente, all dies addierte sich zu einer erheblichen Schwächung der internationalen Position Habsburgs. Die kaiserlichen Berater waren sich zwar einig, daß Reformen notwendig und unaufschiebbar seien, nicht aber darüber, in welche Richtung diese Reformen zielen sollten. Der Innenminister, Graf Sinzendorff, wollte eine absolutistische Lösung: effizientere Verwaltung, stärkere Zentralisierung, straffere staatliche Aufsicht über soziale und kulturelle Belange. Für die Zeit, bis solche Reformmaßnahmen greifen würden, empfahl Sinzendorff die Zusammenarbeit mit Napoleon, dessen Vorherrschaft in Mitteleuropa unanfechtbar zu sein schien. Die Hauptgegner dieses Standpunkts waren Erzherzog Karl und der neue Außenminister, Philipp Graf Stadion. Stadion, dessen Zugehörigkeit zum Reichsadel und dessen Laufbahn den Vergleich mit seinem preußischen Kollegen, dem Freiherrn vom und zum Stein, nahelegen, hatte zwar in einem absolutistischen System Karriere gemacht, aber stets an die Notwendigkeit repräsentativer Institutionen geglaubt. Wie Stein strebte er eine Erneuerung von Staat und Gesellschaft durch eine Wiederbelebung der Stände an, in der Hoffnung, so eine Versöhnung zwischen Regierung und Gesellschaft herbeiführen zu können. Im Unterschied zu Sinzendorff wollte Stadion Dezentralisierung und mehr regionale Autonomie. Außerdem hielt er eine Verständigung mit Napoleon für ausgeschlossen: »Napoleon will unsere Vernichtung. Er will sie, weil unsere Existenz nach Prinzipien und Gebietsumfang unvereinbar ist mit einer universellen Vorherrschaft.«

Wie die preußischen Reformer nach Jena und Auerstedt, gedachten auch Stadion und Erzherzog Karl, die Waffen der Revolution gegen Frankreich kehren zu können. Der Erfolg ihrer Bemühungen hielt sich in Grenzen. Die österreichische Polizei bildete einen Staat im Staat, die Zensur bestimmte weiterhin das Klima, die Bürokratie blieb allmächtig. Die Verwaltungsreform von 1808 schwächte womöglich sogar die Kompetenzen repräsentativer Körperschaften zugunsten der Zentrale. Einzig im militärischen Bereich, wo Reformen am dringlichsten und unvermeidlichsten zu sein schienen, konnte Karl unter Nutzung seines neuen Amtes als Oberkommandierender einige bedeutsame organisatorische Verbesserungen durchsetzen, unfähige Offiziere entlassen und die Kommandostruktur straffen. 1808 überredete Stadion seinen Kaiser, eine auf allgemeiner Wehrpflicht beruhende Miliz ins Leben zu rufen und so auch in der Monarchie die Vision des »Staatsbürgers als Soldaten« anzupeilen, die den militärischen Reformern überall in Europa sehr am Herzen lag. Da die Miliz aus zahlreichen lokalen Einheiten bestand, führte ihr Aufbau auch zu der angestrebten Wiederbelebung ständischer Vertretungen in vielen Teilen des habsburgischen Reiches. Der Kaiser war von diesen Neuerungen nicht begeistert; er trug sie höchst widerwillig mit, nur weil er spürte, daß es keine Alternative gab. Viele dem Thron nahestehende Männer teilten die Angst ihres Monarchen vor Veränderungen: »Die Wahrheit ist: man kämpft für die feudale Sozietät gegen die Revoluzion«, schrieb ein hoher Beamter 1807 und fragte: »Was gewinnt man bei dem Kampf, wenn man die Revoluzion selbst in die Gesellschaft einführt?«

Das ganze Jahr 1808 hindurch versuchten die Reformer, ein Klima des patriotischen Überschwangs zu erzeugen, um so die Voraussetzungen für den siegreichen Krieg zu schaffen, den sie gegen Frankreich führen zu können hofften. In Zeitschriften wie den »Vaterländischen Blättern für den österreichischen Kaiserstaat« oder dem »Österreichischen Plutarch« sowie in Dutzenden von Pamphleten, Gedichten und Liedern wurden die habsburgischen Untertanen aufgefordert, ihre Vaterlandsliebe unter Beweis zu stellen, indem sie sich dem Kampf gegen den französischen Despotismus anschlossen. Aus Anlaß der Heirat von Franz mit seiner Cousine, der schönen Maria Ludovica, brachte die österreichische Elite, die Madame de Staël an »den alten teutonischen Adel« erinnerte, ihre Hingabe an die nationalen Werte dadurch zum Ausdruck, daß sie demonstrativ auf jede französische Mode verzichtete und sich in einem Stil, den sie für deutsch hielt, kleidete. Überall im Reich meldeten sich junge Männer zur Miliz; allein in Wien konnten sechs Freiwilligenbataillone aufgestellt werden. Doch so echt und eindrucksvoll jene patriotischen Gefühle gewesen sein mögen, so wenig läßt sich die geläufige Auffassung akzeptieren, hier habe sich für Österreich die Chance geboten, die Führung in einem nationalistischen Kreuzzug zu übernehmen. Zum einen steht keineswegs fest, was genau Stadion und seine Mitstreiter unter der deutschen Nation verstanden – wahrscheinlich hatte das, was ihnen vorschwebte, mehr Ähnlichkeit mit dem alten Reich als mit einem Nationalstaat des 19. Jahrhunderts –, und zum zweiten hatten die patriotischen Gefühle keine Breitenwirkung in der Gesellschaft. Was im Volk an Kriegsbegeisterung vorhanden war, kam vorwiegend aus entlegeneren Provinzen wie Tirol, wo die Menschen eher um lokale Autonomie und religiöse Freiheit kämpften als für ein »Deutschland«, von dem sie wenig wußten und noch weniger erwarteten. »Wir kämpfen, um die Selbständigkeit der österreichischen Monarchie zu behaupten – um Deutschland die Unabhängigkeit und die Nationalehre wieder zu verschaffen, die ihm gebühren... Unsere Sache ist die Sache Deutschlands.« Diese Worte, die Erzherzog Karl verkündete, als er im Frühjahr 1809 seine Truppen über den Inn führte, waren Ausdruck seiner Hoffnung, die im Rheinbund vereinten Opfer und Verbündeten Napoleons würden sich zur Unterstützung der Habsburger zusammentun. Zum Unglück für die Österreicher hatten ihre fieberhaften diplomatischen Aktivitäten die Herrscher der deutschen Staaten nicht dazu animiert, die Fronten zu wechseln. In Berlin gab es zwar eine Kriegspartei, doch Preußen war noch zu schwach zum Kämpfen, und Rußland war vorerst nicht bereit, sich von seinem bisherigen französischen Bündnispartner loszusagen. Stadion hoffte allerdings weiterhin, er könne über die Köpfe der Regierenden hinweg die Bevölkerung aufrütteln und Volksbewegungen ähnlich denen, die in Spanien den Guerillakrieg anheizten, in Gang setzen.

Außer in Tirol gab es nirgendwo große Resonanz auf dieses Buhlen. Als Karl an der Spitze seiner Truppen im April unweit von Regensburg auf die Streitmacht Napoleons traf, blieben die Österreicher auf sich allein gestellt. Nach einem höchst verlustreichen Waffengang zog Karl sich ostwärts zurück und öffnete den Franzosen einen hindernislosen Weg nach Wien, das sie im Mai besetzten. Wenig später schlug jedoch Karl Napoleon bei Aspern an der Donau und zwang ihn, seine Truppen auf die Insel Lobau zurückzuziehen. Karl versäumte es, konsequent zu verfolgen und den Gegner zu vernichten. Statt dessen gab er durch sein Zögern Napoleon Zeit, sich neu zu formieren und Verstärkungen heranzuholen. Dieselbe Unentschlossenheit charakterisierte das Verhalten des Erzherzogs in der Schlacht bei Wagram im Juli. Hier blies er zum Rückzug und bot Verhandlungen an, als der Ausgang der Schlacht noch längst nicht absehbar war. Während der gesamten Feldzugssaison scheute sich Karl, für einen möglichen durchschlagenden Sieg seine Streitmacht aufs Spiel zu setzen, vielleicht weil er erkannte, daß ungeachtet aller patriotischen Rhetorik letzten Endes das Militär die entscheidende Stütze des österreichischen Staates war. Eine einzige verlorene Schlacht, schrieb er im Juni 1809, könne das Todesurteil für die Monarchie und die regierende Dynastie bedeuten. Derartige Überlegungen könnten durchaus richtig gewesen sein: Zwar brachte der im Oktober 1809 ratifizierte Vertrag von Wien wiederum herbe Bedingungen für Österreich – den Verlust weiterer Gebiete, hohe Reparationszahlungen und die Verpflichtung, das Heer zu verkleinern –, doch die Monarchie und die Dynastie überlebten.

Wagram markierte das Ende der Ära des nationalen Idealismus, wie Stadion und Karl ihn verkörpert hatten: Beide räumten 1809 das Feld. Zum neuen Kopf der österreichischen Politik wurde Klemens von Metternich, der noch während der Kampfhandlungen von seinem Botschafterposten in Paris ins kaiserliche Hauptquartier zurückgerufen worden war. Mit sechsunddreißig Jahren übernahm Metternich die mächtige und einflußreiche Stellung, die er vier Jahrzehnte lang innehaben sollte. Wie die Stadions und die Steins, waren auch die Metternichs eine Familie des Reichsadels. Ihr Stammsitz lag an der Mosel, zwischen Koblenz und Trier. Klemens' Vater Franz Georg ist ein typischer Rokoko-Mensch gewesen: leichtlebig, sinnlich, ein Hansdampf, der sich darin gefiel, an den Höfen der kleinen kirchlichen Fürstentümer des alten Regimes eine große Rolle zu spielen. Sein Sohn wuchs in einer Atmosphäre auf, in der die Vergnügungen des aristokratischen Gesellschaftslebens zwanglos mit den intellektuellen Errungenschaften der französischen Aufklärung einhergingen. Metternich blieb in vieler Hinsicht den in seiner Jugend erworbenen Ansichten und Wertmaßstäben treu. Nach außen hin als Verfechter konservativer Ideologie und religiöser Orthodoxie auftretend, ließ er sich in seinem Handeln stets von einer leidenschaftslosen, berechnenden und entschieden weltlichen Ratio leiten. Als schlauer Praktiker der Machtpolitik zelebrierte er zeitlebens die hohe höfische Schule des gesellschaftlichen Rituals samt der Vergnügungen in Ballsaal und Boudoir. Sein ganzes Leben lang benahm er sich, wie ein schockierter englischer Besucher berichtete, »Frauen gegenüber auf unziemlichste Weise scham- und hemmungslos«. Wie Bismarck, der einzige vergleichbare deutsche Staatsmann des 19. Jahrhunderts, verstand es Metternich, die Vorzüge seiner Herkunft zu nutzen, ohne in die damit verbundenen Fallen zu tappen. Ebenso wie Bismarck immer mehr war als der rauhbeinige Junker, für den er sich manchmal ausgab, war Metternich stets mehr als der elegante Dandy, den er mit seinem tadellosen Auftreten der Welt vorspielte. Metternich wußte sehr gut, daß die Politik ein gefährliches und gewalttätiges Spiel war, nicht ein Austausch höflicher Gesten und geschliffener Phrasen. Er haßte die Revolution, hatte aber, wenngleich unter beträchtlichen Kosten, seine Lektionen aus ihr gelernt.

Zum ersten Mal war er mit dem frischen Wind der Revolution eine Woche nach dem Sturm auf die Bastille in Berührung gekommen, als er als Student in Straßburg miterlebte, wie eine wütende Menschenmenge das Rathaus stürmte, den städtischen Weinkeller ausräumte und plündernd durch die Straßen zog, bis Truppen dem Spuk ein Ende bereiteten. Als er im Jahr darauf der Krönung Leopolds II. beiwohnte, kehrte die Erinnerung an jenes Erlebnis zurück und machte ihm drastisch den Gegensatz bewußt zwischen den Werten des alten Regimes und der zerstörerischen Wut des Neuen, zwischen Ordnung und Chaos, Etikette und Gewalt. Als zwei Jahre später Franz II. zum Kaiser gekrönt wurde, teilte Metternich die allgemeine Überzeugung, die Truppen des Braunschweigers würden die politische Pest, die sich in Paris ausgebreitet hatte, ausrotten. Als statt dessen die französischen Waffen siegten, bedeutete das für die Familie Metternich eine persönliche Katastrophe. Ihre Güter wurden besetzt, ihr Besitz beschlagnahmt, ihre Auftritte an den rheinischen Fürstenhöfen gehörten der Vergangenheit an. So blieb Franz Georg von Metternich und seinem Sohn nichts anderes übrig, als ihr Glück in Wien zu versuchen. Der junge Klemens trug seinen Teil dazu bei, indem er eine Enkelin des Fürsten Kaunitz heiratete und damit eine Verbindung zu einer der mächtigsten Familien des habsburgischen Staates stiftete. Es schien freilich, als sei die Revolution drauf und dran, mit ihrer destruktiven Kraft die Welt der Metternichs zu zerstören. »Über nichts erstaunt«, beklagt Klemens den Verlust »seines Vaterlands« am linken Rhein-Ufer und sieht, daß »Europa in seinen Grundfesten erschüttert werden« wird.

Die administrative Reorganisation, die im Anschluß an den Vertrag von Lunéville eingeleitet wurde, eröffnete den Förderern Metternichs die Chance, ihm eine geziemende Stellung zuzuschanzen. 1801 wurde er zum Botschafter in Sachsen ernannt, nach drei Jahren erhielt er den Botschafterposten in Berlin, und weitere drei Jahre später übernahm er die Aufgabe, die Habsburger in der wichtigsten und schwierigsten Hauptstadt Europas zu vertreten: in Paris. Seine Mission begann wenig verheißungsvoll. Bei seinem Grenzübertritt am 14. Juli 1806 wurde er festgehalten und gezwungen, in Straßburg zu bleiben, bis die Verhandlungen über die Gründung des Rheinbundes abgeschlossen waren. Als er schließlich Paris erreichte, weigerten sich die Franzosen, sein Beglaubigungsschreiben, das ihn als Gesandten des Heiligen Römischen Reiches auswies, zu akzeptieren; sie akkreditierten ihn lediglich als österreichischen Botschafter. In den Monaten danach mußte Metternich ohnmächtig zusehen, wie Napoleons Stern immer höher stieg: militärische Siege über Preußen und Rußland, die Entente mit dem Zaren, der Friede von Tilsit, die stetige Ausweitung des französischen Einflusses auf die deutschen Staaten. Metternich war angeekelt vom Verhalten der deutschen Bündnispartner Napoleons und erschrocken über die Brutalität und den unermeßlichen Ehrgeiz des Korsen. Er kam zu dem Schluß, daß ein revolutionäres Regime nicht friedensfähig war, ganz gleich ob es von einem Robespierre beherrscht wurde oder von einem Bonaparte. Er tendierte daher von Natur aus zur kriegerischen Fraktion um Stadion. Im Dezember 1808 trugen seine Denkschriften, in denen er die militärische Schwäche Frankreichs und die Instabilität der Lage in Deutschland hervorhob, dazu bei, dem Kaiser begreiflich zu machen, daß die Zeit für einen neuen Krieg reif sei.

Sechs Monate später kehrte Metternich nach Österreich zurück, um nach der verheerenden Niederlage gegen Napoleon die Scherben zusammenzukehren. Die Entwicklungen von 1809 – die diplomatische Isolation Österreichs, das völlige Ausbleiben einer nationalen Erhebung, die militärische Unbesiegbarkeit Frankreichs – überzeugten ihn davon, daß die habsburgische Monarchie nicht mehr in der Lage war, einen unabhängigen Weg zu gehen. »Welches immer die Bedingungen des Friedens sein werden«, schrieb er im August 1809 an Kaiser Franz, »das Resultat wird immer darauf hinauslaufen, daß wir unsere Sicherheit nur in unserer Anschmiegung an das triumphierende französische System suchen können.« Deswegen müsse der Kaiser bereit sein, das napoleonische Kontinentalsystem zu unterstützen, die Gebietsforderungen der Franzosen zu akzeptieren und generell eine Politik zu betreiben, die sich »auf ausschließendes Lavieren, auf Ausweichen, auf Schmeicheln« beschränkt. Als Metternich im Oktober Außenminister wurde, ging er daran, seine Strategie in die Tat umzusetzen. Sah er darin lediglich einen vorübergehenden Ausweg, notwendig nur so lange, wie Frankreich stark und Österreich schwach war? Oder glaubte er, daß die Waage der Macht sich endgültig auf die Seite Frankreichs geneigt hatte? Diese seit langem erörterte Frage läßt sich nicht eindeutig beantworten; am wahrscheinlichsten ist, daß er selbst im Zwiespalt darüber war, was die Zukunft bringen würde. Fest steht jedenfalls, daß Metternich sich 1809 daran machte, Rußland aus der Rolle des wichtigsten französischen Verbündeten zu verdrängen. Zu seiner Strategie gehörte neben anderen entgegenkommenden Gesten die Verehelichung der österreichischen Kaisertochter Maria Louise mit Napoleon. Als sich 1811 das französisch-russische Verhältnis zu verschlechtern begann, ergriff Metternich die Partei der Franzosen, und als Anfang 1812 der Krieg zwischen den beiden Mächten unabwendbar erschien, unterzeichnete er einen Pakt mit Napoleon: Ein österreichisches Truppenkontingent, wenngleich ein relativ kleines, marschierte mit der Grande Armée nach Rußland.

Während Metternich um eine neue Rolle für Österreich auf der internationalen Bühne rang, bemühten sich die innenpolitischen Berater des Kaisers, den chronischen politischen Schwächen der Monarchie abzuhelfen. Es war nichts Neues, daß die Dinge vor allem im Bereich der Staatsfinanzen im argen lagen. O'Donnell, der seit 1808 als Finanzminister amtierte, erkannte, was not tat, konnte aber nicht entsprechend handeln. Der Kurs der österreichischen Währung fiel ständig weiter, die Preise galoppierten, die wirtschaftliche Aktivität lag darnieder. Eine tatenlose Regierung, ein nachlassendes Vertrauen der Öffentlichkeit und die Kosten der Wiederaufrüstung führten im Zusammenwirken 1809 zu einer Beschleunigung der Inflation, die seit der Jahrhundertwende allmählich an Tempo gewonnen hatte. Die Kosten von Krieg und Niederlagen brachten den Staat an den Rand des wirtschaftlichen Chaos. Im Dezember 1809 sah sich die Regierung gezwungen, alle ihre Untertanen, mit Ausnahme der ungarischen, zur Ablieferung ihres Silbers aufzurufen, damit die französischen Forderungen beglichen werden konnten. Das trug keinen Deut zur Stützung der Papierwährung bei, deren Wertverlust unvermindert anhielt. Joseph Graf Wallis, der energische, obwohl unerfahrene Beamte, der 1810, nach dem Tod O'Donnells, die Leitung der Finanzgeschäfte übernahm, griff zu drastischen deflatorischen Maßnahmen. Kraft seines »Finanzpatents« von Februar 1811 ersetzte er die bisherige Papierwährung, die »Bankozettel«, durch neue Banknoten und leitete eine umfassende Umschichtung und Verlängerung der öffentlichen und privaten Schulden ein. Dies nahm der Inflation die Spitze und kam vermutlich einigen gesellschaftlichen Gruppen zugute, doch viele Österreicher wurden durch die Deflationspolitik ruiniert, in der sie, nicht ohne Grund, einen verdeckten Staatsbankrott sahen. Schon wenige Wochen später wurde die neue österreichische Währung auf den europäischen Finanzmärkten mit kräftigen Abschlägen gehandelt, was vom Ausland mit einiger Genugtuung registriert wurde.

Die Periode von 1790 bis 1812, zwischen dem Tod Josephs II. und dem Rußland-Feldzug Napoleons, bildet ein düsteres Kapitel in der Geschichte Österreichs. Geführt von einem Monarchen ohne Ideen und Ausstrahlung und von Staatsmännern ohne Tatkraft, auf dem Schlachtfeld besiegt und im Inneren verzagt und frustriert, taumelte das Reich der Habsburger von einer Krise in die andere. Und doch sollte alles, was die Monarchie in jener unglücklichen Zeit an Ungeschick produzierte, nicht den Blick auf ihre eine große Leistung verstellen: Sie überlebte und konnte sich am Ende der Epoche der Revolution wieder zu einer der führenden Mächte der europäischen Politik aufschwingen.

Preußen: Demütigung und Erneuerung

Das Einzigartige an der Auseinandersetzung Preußens mit der Revolution ist von patriotischen Historikern so oft hervorgehoben worden, daß es angebracht erscheint, einmal darauf hinzuweisen, inwieweit die Hohenzollern-Monarchie das Schicksal ihrer Nachbarn teilte. Wie die anderen deutschen Staaten war Preußen abwechselnd Opfer und Bündnispartner Frankreichs. 1793/94 geschlagen, 1795 bis 1806 neutral, 1806/07 wiederum besiegt und 1807 bis 1813 Juniorpartner des französischen Kaiserreiches, waren die Hohenzollern in ihrem Bemühen, sich der Revolution entgegenzustemmen, um keinen Deut erfolgreicher als die Habsburger oder die Wittelsbacher. Und auch für sie ging das militärische Scheitern einher mit politischen Erschütterungen, territorialen Umschichtungen und fiskalischem Niedergang. Nichts deutet darauf hin, daß Preußen bei dem Versuch, diese Situation zu meistern, fortschrittlichere Mittel einzusetzen vermochte als die Staaten des Rheinbundes. In mehr als einer wichtigen Hinsicht gingen Montgelas und Reitzenstein weiter und bewerkstelligten mehr als Stein und Hardenberg. Es sollte vermieden werden, einen allzu krassen Gegensatz zwischen preußischen Leistungen und österreichischen Fehlern zu konstatieren. Wenn die Reformer in Berlin nachhaltigere und besser abgestimmte Maßnahmen in Kraft setzten als die Verantwortlichen in Wien, so lag das nicht zuletzt an der außerordentlich verzweifelten Situation, in der Preußen sich nach dem Tilsiter Frieden befand. Die preußischen Reformer hatten damals die Chance, ihren Staat in eine neue Richtung zu lenken, weil sechzehn Kriegsmonate Preußen an einen Punkt gebracht hatten, den Österreich selbst nach sechzehn Kriegsjahren noch nicht erreicht hatte: an den Rand des Ausscheidens aus dem Kreis der maßgeblichen europäischen Mächte.

Mit dem Tod Friedrichs des Großen endete, wie mit dem seines Bewunderers Joseph II. vier Jahre später, eine Glanzzeit der Monarchie. Aber während Friedrichs Bewunderer im Ausland seinen Abgang tief betrauerten, reagierten viele seiner preußischen Untertanen darauf mit Erleichterung, fast sogar mit Jubel. Sie hatten schließlich den Preis für seinen militärischen Ruhm gezahlt, und die Kälte, die er in seinem öffentlichen Auftreten verbreitete, hatte sie ebenso vor den Kopf gestoßen wie die antireligiöse Atmosphäre an seinem Hof. Da Friedrich – noch eine Parallele zu Joseph – kinderlos blieb, ging der Thron an seinen Neffen, Friedrich Wilhelm II. Wie so oft in der Geschichte der Hohenzollern, fallen auch hier die Unterschiede zwischen Vorgänger und Nachfolger ins Auge. Ist Friedrich introvertiert, berechnend und rational gewesen, so gab sich der neue Monarch jovial, liebenswürdig und offenbarte eine Neigung zum Mystizismus. Während der Onkel sich nicht für Frauen interessiert hatte, umgab sich der Neffe mit Mätressen, von denen er zwei heiratete, beide in bigamistischer Ehe. Leicht beeinflußbar, ohne politische Begabung und alles andere als fleißig, verspielte Friedrich Wilhelm rasch den Sympathievorschuß, den die Preußen ihm zu Beginn seiner Regierungszeit gegeben hatten. Er geriet zunehmend stärker unter den Einfluß seiner Ratgeber, insbesondere des Johann Rudolf von Bischoffwerder und des Johann Christoph Wöllner, die wie ihr König dem Orden der Rosenkreuzer angehörten. Bischoffwerder, sächsischer Adliger und preußischer Offizier, spielte eine wichtige Rolle in der Entourage des Thronfolgers Friedrich Wilhelm, seit die beiden einander 1778 zum ersten Mal begegneten. Er bekleidete kein Regierungsamt, übte aber erheblichen Einfluß auf den König aus, namentlich im außenpolitischen Bereich. Wöllner war eine kompliziertere und begabtere Persönlichkeit. Aus bescheidenen Verhältnissen stammend, hatte er, wie andere vor und nach ihm, die in Preußen vorgegebenen sozialen Aufstiegshilfen genutzt, als Stipendiat studiert, es zum Privatlehrer und Pfarrer gebracht, schließlich die Tochter seines Gönners geheiratet und sich auf einem Landgut niedergelassen. Sein Einfluß auf Friedrich Wilhelm resultierte aus dem Gleichklang ihrer Ansichten über die Gesellschaft und die Religion. Wie der König pflegte Wöllner die Vision eines gehorsamen und frommen Volkes, das vor verwirrenden Ideen und unsittlichen Versuchungen geschützt werden mußte. Unter Wöllners Federführung wurde die tolerante und permissive Religionspolitik Friedrichs des Großen ins Gegenteil verkehrt, die Bevölkerung unter einen wachsenden Orthodoxie- und Konformitätsdruck gesetzt. Einer von denen, die den Stachel der Zensur und den drohenden Zeigefinger der Repression zu spüren bekamen, war der größte lebende deutsche Philosoph, Immanuel Kant.

Ein unsicherer König, eine hochwohlgeborene graue Eminenz und ein talentierter, aber instabiler Emporkömmling, das Gespann aus Friedrich Wilhelm, Bischoffwerder und Wöllner war, wie das Trio aus Kaiser Franz, Colloredo und Thugut, nicht sehr gut für die Aufgabe gerüstet, ein Staatsschiff durch die Epoche der Revolution zu steuern. Nachdem Berlin die Turbulenzen im Westen zunächst ignoriert hatte, entschlossen sich Friedrich Wilhelm und seine Ratgeber zur bedingungslosen Unterstützung der unglücklichen Feldzüge von 1792. Protestbewegungen im eigenen Staat beantworteten sie mit menschenverachtender Repression. Religiöse Orthodoxie, Untertanenmentalität und brutale Gewalt waren die Waffen erster Wahl gegen alle Regungen von Unzufriedenheit. Je unruhiger die Menschen in Preußen wurden, desto notwendiger war es, sie von gefährlichen Ideen abzuschotten. Der schlesische Oberpräsident reagierte auf Gesellendemonstrationen in Breslau mit der Anordnung, jeden sofort zu verhaften, der auch nur erwähnte, daß in Frankreich eine Revolution vor sich ging. Während Unterdrükkung und Zensur einen brüchigen Frieden im Inneren aufrecht erhielten, vermochte die preußische Armee draußen die Revolution nicht zu besiegen. Je stärker der von Frankreich ausgehende militärische und diplomatische Druck wurde, um so unübersehbarer wurden die Schwächen der Regierung in Berlin. »Angesichts der schäbigen und schmutzigen Intrigen, die diesen Hof beherrschen«, schrieb der britische Botschafter 1793, »wird die Abwicklung aller Geschäfte von Tag zu Tag schwieriger.«

Manche Historiker haben, ebenso wie manche zeitgenössische Beobachter, versucht, die Probleme Preußens auf persönliche Faktoren zurückzuführen. »Mit einem Worte«, schrieb Honoré Graf Mirabeau anläßlich des Todes Friedrichs des Großen, »alles ist ins Kleine zusammengeschrumpft, wie alles sich ins Große entfaltet hatte.« Zweifellos verfügte Friedrich Wilhelm nicht über die außerordentlichen Geistesgaben und die Willensstärke seines Onkels, aber die Gründe für die Schwäche Preußens in den neunziger Jahren reichen tief in die politischen Strukturen hinein, die Friedrich II. selbst mit aufgebaut hatte. So hatte der oft beklagte Kompetenzwirrwarr in der politischen Zentrale seine Ursache nicht einfach bloß in der Inkompetenz des Königs und seiner Rosenkreuzerbrüder, sondern auch in der anhaltenden Tendenz zur administrativen Aufsplitterung, der er Vorschub geleistet hatte, indem er seinen eigenen Beraterkreis dazu benutzte, die Ambitionen der regulären Verwaltungsbehörden zu konterkarieren. Daß es den Hohenzollern lange Zeit nicht gelang, die Ressourcen des Landes für ein erfolgreiches militärisches Auftreten zu mobilisieren, rührte nicht zuletzt von ihren Kompromissen mit der grundbesitzenden Elite her, deren privilegierte Stellung sich in der Regierungszeit Friedrichs II. noch gefestigt hatte.

Als Friedrich Wilhelm II. im November 1797 starb, bestieg sein Sohn Friedrich Wilhelm III. den Thron. Er sollte Preußen die nächsten dreiundvierzig Jahre regieren. In mancher Hinsicht unterschied sich der neue König von seinem Vater wie Friedrich Wilhelm II. von Friedrich dem Großen. Persönlich bescheiden und zurückhaltend, führte er ein in seiner nüchternen Häuslichkeit viktorianisch anmutendes Leben. Keine Mätressen bevölkerten seinen Hof, keine exotischen Rosenkreuzerrituale störten die Stille und Schönheit des Charlottenburger Schloßgartens. Bischoffwerder ließ sich als Offizier pensionieren und zog sich aus dem öffentlichen Leben zurück, Wöllner wurde aus dem Amt gedrängt. Unglücklicherweise bestanden die Unterschiede zwischen Vater und Sohn vorwiegend im Bereich des Geschmacks, des Stil- und Moralempfindens. Als König war Friedrich Wilhelm III. nicht besser als sein Vater: politisch gleichfalls unbedarft und genauso langsam und unentschlossen, wenn es galt, Entscheidungen zu treffen. Er war ein Durchschnittsmensch, dem höchste Verantwortung in einer außergewöhnlichen Epoche zufiel. In seiner Amtszeit, die in dem Jahr begann, in dem Napoleon seine ersten großen Siege feierte, wäre es fast so weit gekommen, daß die Hohenzollern ihren Rang als eine der führenden deutschen Herrscherfamilien eingebüßt hätten.

Unter den Ratgebern Friedrich Wilhelms III. waren Männer, die begriffen hatten, welche Gefahren Preußen drohten und daß Reformen not taten. »Die heilsame Revolution«, erklärte der königliche Minister Johann von Struensee dem französischen Geschäftsträger 1799, »die Ihr von unten nach oben gemacht habt, wird sich in Preußen langsam von oben nach unten vollziehen. Der König ist Demokrat auf seine Weise: er arbeitet unablässig an der Beschränkung der Adelsprivilegien und wird darin den Plan Josephs II. verfolgen, nur mit langsamen Mitteln. In wenig Jahren wird es in Preußen keine privilegierte Klasse mehr geben.« Dies war zum nicht geringen Teil Fabuliererei, um den Franzosen zu imponieren, zum Teil auch Wunschdenken, mit dem Struensee sich selbst Mut machen wollte; aber ein wenig verwies seine Äußerung auch auf die reformerischen Kräfte, die sich um die Jahrhundertwende in Berlin regten. Sie blieben nicht ganz ohne Wirkung. Der König erklärte sich in der Tat bereit, die wirtschaftliche Lage der auf seinen eigenen ausgedehnten Domänen ansässigen Bauern zu verbessern. Zwischen 1799 und 1805 entließ er seine Leibeigenen in die Freiheit, in der Hoffnung, dies werde den übrigen grundbesitzenden Adel zur Nachahmung anregen. Unter Leitung der königlichen Berater begann zudem eine Reform der Verwaltung und des Steuerwesens. Ferner bemühten sich Scharnhorst und andere, die preußischen Streitkräfte zu modernisieren und für eine neue Art der Kriegführung zu rüsten. Bis 1806 blieben diese Reformansätze jedoch Stückwerk. Das lag teilweise an dem, was Otto Hintze in seiner richtungweisenden Abhandlung über das Thema als die »Unentschlossenheit des Monarchen, bei der subalternen Stellung seiner Gehilfen, bei der Verkümmerung der Tatkraft und des Verantwortlichkeitsgefühls der Minister, zu der sie führte«, bezeichnet hat. Eine nicht weniger wichtige Rolle spielten die mächtigen gesellschaftlichen Kräfte, die gegen Reformen auf den Plan traten, am Hof, innerhalb der Aristokratie und im Staatsapparat selbst.

Während die Machthaber in Berlin sich mit dem schwierigen Problem innerer Reformen herumschlugen, versuchten sie sich aus den militärischen und politischen Erschütterungen herauszuhalten, von denen das übrige Mitteleuropa gebeutelt wurde. Selbst noch als Napoleon den Preis der preußischen Neutralität erhöhte, legte der König eine fast pathologische Untätigkeit an den Tag, die, im Verein mit dem heillosem Kompetenzgerangel innerhalb des politischen Apparates, jede wirksame diplomatische Reaktion praktisch unmöglich machte. Das Resultat war, daß Preußen 1806 im ungünstigsten Augenblick in den Krieg eintrat. Wie sogleich deutlich wurde, krankte das Heer an denselben Schwächen wie die Regierung: an halbherzig durchgeführten und unzureichenden Reformen, schlechter Führung, einer zerfledderten Kommandostruktur und einem Übermaß an Sonderrechten. Das vielleicht auffälligste Merkmal des preußischen Offizierskorps von 1806 war seine Altersstruktur. Die Hälfte der 142 Generale war über 60, 13 waren über 70, 4 über 80 Jahre alt. Fast alle höheren Offiziere waren adliger Herkunft. Nicht-Adligen standen gewöhnlich nur unattraktive Kommandoposten in Garnisonen, im technischen Bereich oder bei Versorgungseinheiten offen. Von wenigen Ausnahmen abgesehen, schöpften die betagten, hochgeborenen Veteranen der Kriege Friedrichs des Großen ihr militärisches Wissen eher aus der Erinnerung an frühere Glanztaten als aus einer Analyse der jüngsten französischen Triumphe. Und manche von denen, die die Gründe für die Siege der Franzosen begriffen, wiesen den Gedanken, von ihnen zu lernen, weit von sich. »Es wäre gefahrvoll«, schrieb ein Beamter 1794, »wenn man den gemeinen Mann aus seiner häuslichen Ordnung bringt und unter Waffen setzen will, zumal gegen einen Feind, der so leicht sein gefährlichster Verführer werden kann.« Die meisten preußischen Offiziere zogen es vor, ein Heer aus Söldnern und langjährig Dienenden zu führen, die nicht für Ruhm oder Vaterland kämpften, sondern weil sie, wie Friedrich der Große gesagt hatte, ihre Offiziere mehr fürchteten als den Feind. Einst das Instrument und Symbol der Stärke Preußens, war das Heer 1806 zur gefährlichsten politischen Achilles-Ferse des Königreiches geworden.

»Der König hat eine Schlacht verloren – Ruhe ist die erste Bürgerpflicht.« Dieser Satz, der in einer nach den katastrophalen Niederlagen von 1806 herausgekommenen Proklamation enthalten war, brachte die Zuversicht zum Ausdruck, daß über die Zukunft des Staates nicht die Launen des Kriegsglückes entscheiden würden. Was im Zeichen der begrenzten Kabinettskriege des alten Regimes plausibel gewesen sein mochte, war eine anachronistische Hoffnung in der Epoche der Revolution, als der Krieg eine Größenordnung erreicht hatte, die sowohl das Instrumentarium der Kriegführung als auch die Einsätze, um die es ging, völlig veränderte. Wie nicht anders zu erwarten, folgten auf das militärische Debakel Preußens territoriale Amputationen, wirtschaftliche Einbrüche und der finanzielle Ruin. Der König, dessen Unentschlossenheit zur innen- und außenpolitischen Lähmung in den Jahren bis 1806 beigetragen hatte, mußte jetzt zugeben, daß Reformen unausweichlich waren, wenn sein Staat überleben sollte. Die Reformgegner in Aristokratie, Armee und öffentlichem Dienst befanden sich in der Defensive. In einer derart verzweifelten Situation konnten die Männer, die bis dahin von Außenseiterpositionen in Verwaltung und Offizierskorps aus Reformen angemahnt hatten, ins politische Entscheidungszentrum aufrücken. In den Monaten nach der Niederlage von Jena lernte Friedrich Wilhelm III. dem Rat Karl August von Hardenbergs zu vertrauen, eines energischen und fähigen Beamten, der auf fortdauernden Widerstand gegen die Franzosen drängte. Als Napoleon daraufhin die Entlassung Hardenbergs forderte, wurde dieser durch Friedrich Karl Freiherr vom und zum Stein ersetzt, der etwas über ein Jahr lang als leitender Minister amtierte, ehe er ebenfalls auf französischen Druck hin entlassen wurde. Nach einer Interimsregierung unter Friedrich Ferdinand Graf Dohna und Karl von Altenstein kehrte Hardenberg 1810 an die Schalthebel zurück und führte den Staat durch die heiße Phase der Reform und die Periode ihres allmählichen Auslaufens. Konzipiert wurden die preußischen Reformen von Männern, die ihre Ausbildung unter dem alten Regime erhalten hatten und sich auf Ideen stützten, die von fortschrittlich denkenden Verwaltungsfachleuten seit langer Zeit vertreten wurden. Der entscheidende Anstoß für die Reform und der wichtigste Grund für ihren Erfolg lag jedoch in den unwiderstehlichen Zwängen, die sich im Gefolge des Debakels von Jena aufbauten. Kurzfristig ermöglichte die Reform, besonders die des Militärwesens, Preußen das Überleben als Großmacht. Langfristig trugen die Leistungen der Reformer – und vielleicht noch mehr ihre publizistische Verklärung durch die Historiker – dazu bei, den Anspruch Preußens auf die Rolle der führenden Macht in Deutschland zu untermauern.

»Wo bleibt denn Stein?« fragte Königin Luise 1807. »Dies ist noch mein letzter Trost. Großen Herzens, umfassenden Geistes, weiß er vielleicht Auswege, die uns noch verborgen liegen.« Es gibt keinen schlagenderen Beweis für die verzweifelte Lage, in der Preußen sich befand, als die Tatsache, daß der König die Anregung seiner Frau aufgriff und im Oktober 1807 einen so schwierigen und eigenwilligen Mann wie Stein zu seinem leitenden Minister machte. 1757 als Sprößling einer alten Reichsritterdynastie mit verstreuten Besitzungen entlang der Lahn geboren, war Stein 1780 in den preußischen Staatsdienst eingetreten. Nachdem er zunächst in den westlichen Besitzungen der Hohenzollern tätig gewesen ist, hatte er von 1804 an als preußischer Finanz-, Wirtschafts- und Handelsminister amtiert, bis er im Januar 1807 wegen Insubordination entlassen worden war. Was er neun Monate später in sein neues, verantwortliches Amt mitbrachte, war die Erkenntnis, daß Preußen nur durch eine Erneuerung seiner politischen und gesellschaftlichen Ordnung die Fähigkeit erlangen würde, die demütigenden Scharten der Niederlage auszuwetzen. Stein war weder ein systematischer noch ein origineller Denker; seine Reformideen waren das Resultat tief wurzelnder persönlicher Überzeugungen, eklektischer Anleihen bei zeitgenössischen Theoretikern sowie jahrzehntelanger praktischer Erfahrung. Im Fundus seiner Persönlichkeit schlummerten zwei Jahrhunderte Familiengeschichte, die Tradition eines stolzen und unabhängigen Aristokratentums, das Selbstbewußtsein einer Dynastie, die vielen Herrschern gedient und sich allen ebenbürtig gefühlt hatte. Hieraus erwuchsen sein Selbstvertrauen, sein Mut, seine moralische Erhabenheit, aber auch seine Willkür, Unflexibilität und Taktlosigkeit.

Als Student in Göttingen war Stein unter den Einfluß einer Mixtur aus Ideen geraten, wie sie damals an diesem kontinentalen Vorposten britischen Denkens im Schwange gewesen sind: der klassischen Volkswirtschaftslehre, eines aristokratischen Liberalismus nach Whig-Manier und einer tiefen Anhänglichkeit an ständische Institutionen. Die Erfahrungen Steins als Beamter in Westfalen bestätigten ihn in seinem Glauben an die Stände, die hier noch sinnvoll funktionierten, lange nachdem in den östlichen Stammlanden der Hohenzollern ihr Stern erloschen war. Nicht weniger wichtig als seine gesellschaftspolitischen Ansichten war jedoch der Umstand, daß Stein mehr als ein Vierteljahrhundert lang im Zuge seiner Beamtentätigkeit Detailkenntnisse auf dem Gebiet des Bergbaus, des Steuerwesens, der Lokalverwaltung und der Staatsfinanzen gesammelt hatte. Ungeachtet seiner häufigen sarkastischen Äußerungen über seine eigene Berufsgruppe war er Bürokrat mit Leib und Seele, einer, der sich durch die Verwaltungshierarchie nach oben gearbeitet hatte und für den feststand, daß der Staat das probate Instrument zur Förderung des gesellschaftlich und moralisch dringend notwendigen Fortschritts war.

Welche zentrale Rolle der Staatsapparat in der Steinschen Politikauffassung spielte, kommt in den beiden Denkschriften klar zum Ausdruck, die er am Vorabend der Reformära verfaßte. Die erste entstand im April 1806, als er noch Wirtschaftsminister war, die zweite im Juni 1807, als er von seinem Landsitz in Nassau aus den militärischen Untergang Preußens beobachtete. Die Stoßrichtung der April-Denkschrift wird bereits aus ihrer direkt auf den Punkt gebrachten Überschrift deutlich: »Darstellung der fehlerhaften Organisation des Kabinetts und der Notwendigkeit der Bildung einer Ministerialkonferenz.« Das Kabinett lasse zu, so Steins Darstellung, daß inkompetente Günstlinge des Königs außerordentlich viel Macht ausübten, ohne »gesetzliche Verfassung, Verantwortlichkeit, genaue Verbindung mit den Verwaltungsbehörden und Teilnahme an der Ausführung«. Hinter dieser Kritik am Kabinett als Institution steckte eine weit schwerer wiegende Attacke auf die Fundamente der monarchischen Autorität selbst. Stein monierte, die Ratgeber des Königs hätten »alle Gewalt, die endliche Entscheidung aller Angelegenheiten, die Besetzung aller Stellen, aber keine Verantwortlichkeit, da die Person des Königs ihre Handlungen sanktioniert«.

Das Schlüsselwort lautete hier »Verantwortlichkeit«. Für Stein war ein verantwortlicher Minister jemand mit einem klar definierten Platz innerhalb eines ge-

Der »Fürstentag« zu Erfurt im Herbst 1808

Zeitgenössischer Faksimileschnitt
Privatsammlung

Das Fürstentreffen in Erfurt fand vom 27. September bis 14. Oktober 1808 statt. Zwei Tage vor Beendigung des Kongresses schlossen Napoleon I. und Alexander I. einen französisch-russischen Allianzvertrag. In ihm gestand Napoleon zu, daß die Donau-Fürstentümer Moldau und Walachei sowie Finnland an Rußland fallen sollten, das sich verpflichtete, Frankreich beizustehen, falls Österreich ihm den Krieg erkläre. An England wollte man ein gemeinsames Friedensangebot erneuern. Mit der Türkei hatte man vor, weiter zu verhandeln, um die vollständige Teilung ihrer europäischen Besitzungen zu klären. Diese Vereinbarung erlangte keine praktische Wirkung, doch sie verriet, daß die im Tilsiter Frieden vom 7. und 9. Juli 1807 vorgenommene Neuordnung Mittel- und Osteuropas die französische Machtposition nachhaltig gestärkt hatte. Gerade dadurch kamen die Völker Europas nicht zur Ruhe.

Die Österreicher folgten dem Beispiel, das die Spanier 1808 gegeben hatten, indem sie sich gegen die napoleonische Fremdherrschaft erhoben, und die antifranzösische Haltung erfaßte auch Tirol, Italien, Preußen und Westfalen, allerdings zunächst ohne die erhoffte breite Volksbewegung. Nach der Kriegserklärung vom 9. April 1809 brachte Erzherzog Karl den Franzosen am 21./22. Mai bei Aspern eine Niederlage bei. Dennoch mußte Österreich im Schönbrunner Frieden vom 14. Oktober 1809 eine Demütigung hinnehmen. Salzburg, Berchtesgaden und das Inn-Gebiet verlor es an Bayern, Teile Kärntens, Görz, Friaul und Triest an Frankreich, Ostgalizien an Rußland, Westgalizien an das Großherzogtum Warschau. Noch in den langwierigen Verhandlungen des Wiener Kongresses erlebte Frankreich eine relativ milde Behandlung.

1. Kaiser von Frankreich	7. König von Bayern	13. Herzog von Mecklenburg	**Congreß zu Erfurt**	19. Fürst v. d. Leihe	25. Graf von Romanzow	31. A. Sec. Maret
2. Kaiser von Rußland	8. König von Württemberg	14. Herzog von Oldenburg	**im September**	20. Fürst von Neuchatel	26. Graf Dolstov	32. General Boyer
3. Fürst Constantin	9. Leibmameluck d. Kaisers	15. Fürst von Dessau	**1808**	21. Fürst von Reuß-Lobenstein	27. Graf von Poser	33. Musik
4. Prinz Wilhelm von Preußen	10. Herzog von Weimar	16. Fürst von Waldeck		22. Prinz von Hohenlohe	28. Graf von Baust	34. Mundschenken
5. König von Westfalen	11. Herzog von Gotha	17. Fürst Primas		23. Prinz von H. Homburg	29. Graf von Vinzent	
6. König von Sachsen	12. Herzog von Viecenza	18. Fürst Kuratin		24. Prinz von Mecklenburg	30. Graf v. d. Golz	

(Deutscher Bilderbogen. 1808.)

setzlich sanktionierten Verwaltungsapparates. Dem König ergeben zu sein und dessen Vertrauen zu genießen, genügte nicht. In seiner berühmten »Nassauer Denkschrift« vom Juni 1807 weitete Stein diesen analytischen Ansatz auf andere verwaltungsinterne Probleme aus, namentlich auf provinzieller und lokaler Ebene. Im Kontext der Erörterung von Reformmöglichkeiten in der Provinzial- und Kommunalverwaltung sprach er grundsätzliche Fragen an wie die der öffentlichen Partizipation, in der er eine Quelle wertvoller Kenntnisse und Erfahrungen für den Staat und ein Mittel zur Förderung des Patriotismus und des Selbstbewußtseins der Bürger erblickte. Auch wenn die »Nassauer Denkschrift« manchmal als Beweis dafür zitiert wird, daß Stein ein Anhänger repräsentativer Regierungsformen gewesen sei, findet sich darin wenig oder nichts über eine institutionell verankerte Mitwirkung auf nationaler Ebene oder gar über Volkssouveränität. Stein sprach sich aus funktionellen und pädagogischen Gründen für Mitwirkungsmöglichkeiten auf lokaler Ebene aus; sie könne auf der einen Seite zu Kosteneinsparungen und größerer Effektivität in der Verwaltung führen, auf der anderen die Menschen zu loyalen und engagierten Staatsbürgern erziehen.

Steins Wunsch, die willkürliche und unverantwortliche Herrschaft königlicher Günstlinge von einer ordentlichen und verantwortlichen Ministerialregierung abgelöst zu sehen, entsprach dem Bedürfnis vieler begabter und ehrgeiziger preußischer Beamten, denen die für die Regierung der beiden Friedrich Wilhelms charakteristische politische Inkompetenz den Nerv raubte. Der König selbst hatte durch die Ernennung Hardenbergs zu seinem Chefberater 1807 stillschweigend die Notwendigkeit klarerer Verantwortungsstrukturen anerkannt. Als Stein im Oktober desselben Jahres die Verantwortung übernahm, versuchte er zunächst für klare Zuständigkeiten zu sorgen, die Karriere fähiger Beamten zu fördern und die politische Leitung zu erneuern. Es bedurfte einer monatelangen intensiven Diskussion, ehe der König sich von Stein endlich dazu überreden ließ, seinen Kreis persönlicher Ratgeber aufzulösen. Im November 1808 erging eine königliche Verordnung, die die Einrichtung eines zentralen Entscheidungsgremiums vorsah, bestehend aus fünf Ministern, deren jeder ein nach Sachaufgaben definiertes Ressort leiten sollte. Die Minister hatten das Recht, dem König persönlich Vortrag zu halten, bezogen jedoch ihre Autorität aus ihrer Stellung im Verwaltungsapparat. Theoretisch blieb der König absoluter Herrscher; in der Praxis wurde seine Herrschaft durch das Monopol der Minister auf die Formulierung und den Vollzug der Politik beschränkt. Damit war genau die Situation geschaffen, vor der die großen Monarchen des 18. Jahrhunderts gewarnt hatten: Die Umwandlung der absoluten in eine bürokratische Monarchie, wie Otto Hintze es ausgedrückt hat, stand bevor.

Für Stein und seine Mitstreiter war der Umbau der Staatsspitze die Vorbedingung dafür, daß der Staat zu einem wirksamen Instrument des gesellschaftlichen Wandels werden konnte. Das Ideal einer freien, fortschrittlichen und produkti-

ven Gesellschaft faszinierte viele Beamte seit langem, und die vom Krieg ange-
richteten Verwerfungen, verschlimmert durch die Folgelasten der Niederlage,
machten ohnehin ein gewisses Maß an gesellschaftlicher Erneuerung notwendig.
Schon vor der Berufung Steins zum leitenden Minister hatte eine Gruppe von
Beamten mit der Ausarbeitung verschiedener Pläne begonnen, die auf soziale
Emanzipation und wirtschaftliche Entwicklung abzielten. Diese Planungen wurden zur Grundlage für das »Edikt den erleichterten Besitz und den freien Gebrauch des Grundeigentums so wie die persönlichen Verhältnisse der Land-Be-
wohner betreffend«, das der König am 9. Oktober 1807 verkünden ließ. Diese
Verordnung ging, wie es in ihrer Präambel hieß, von der Überzeugung aus, daß
es jedem Menschen freistehen müsse, sich soviel Wohlstand zu erwerben, wie
seine Fähigkeiten es zuließen. Solches Denken regierte in den darauffolgenden
drei Jahren die Maßnahmen, die der Gesetzgeber ergriff, um die Zünfte zu entmachten und die für viele wirtschaftliche Aktivitäten noch geltenden Beschränkungen zu reduzieren. Zusammengenommen förderten alle diese unterschiedlichen Reformen die im »Allgemeinen Landrecht« niedergelegten Staatsziele:
Rechtsgleichheit der Bürger, soziale Mobilität, wirtschaftliche Freiheit. Mit dem
»Landrecht« hatten die Reformen freilich die Tatsache gemein, daß es ihnen
nicht an inneren Widersprüchen und einschränkenden Klauseln fehlte. Das dich-
te Netz von Herrschaftsverhältnissen, das als Erbschaft der alten Ordnung über-
kommen war, wurde erheblich ausgedünnt, aber nicht völlig zerrissen. Obwohl
die Reformen viele alte Privilegien und Gewohnheitsrechte stark einschränkten
oder drastisch umdefinierten, blieben Restbestände der traditionellen Gesellschaftsordnung weiterhin ein Teil der preußischen Wirklichkeit.

»Nach dem Martini-Tage 1810« werde es im Königreich Preußen »nur freie
Leute geben«, wie das Edikt vom 9. Oktober vollmundig versprach. Das war ein
bemerkenswertes, aber auch zwiespältiges Versprechen. Was bedeutete »Freiheit« in der ländlichen Welt Preußens im frühen 19. Jahrhundert? Welche Vorteile würde sie bringen? Wer sollte ihren Preis bezahlen? Kurz gesagt, wie würde
sich »Freiheit« mit jener komplexen Mixtur aus Rechten und Verpflichtungen
versöhnen lassen, die traditionell die Grundlage der sozialen und wirtschaftlichen Beziehungen auf dem Lande war? Die Reformer selbst waren sich in der
Beantwortung dieser Fragen nicht einig. Friedrich Leopold von Schroetter, Pro-
vinzialminister für Ostpreußen, sprach sich für eine konsequente Politik der wirtschaftlichen Freiheit aus, mit dem Ziel, sämtliche mit Grunddienstbarkeiten und
Pachtverhältnissen zusammenhängenden Fragen zum Gegenstand freier Vereinbarungen zwischen Grundherren und Pächtern zu machen. Theodor Heinrich
Schön, Mitglied der Immediatkommission, die das Feld für das Wirken Steins
bereitete, erkannte, daß der Plan Schroetters den Grundherren die Möglichkeit
eröffnen würde, ihre bisherigen Leibeigenen zu landlosen Taglöhnern zu machen. Er drängte daher auf eine Verankerung des Rechts der Bauern, auf ihren

Parzellen zu bleiben und sie zu bebauen. Darüber fand sich jedoch in der Schluß-fassung des Oktober-Edikts kaum ein Wort. Die Bauern wurden zwar von allen persönlichen Dienstbarkeiten, Fronpflichten und Naturalabgaben an die Grund-herren befreit und erhielten das uneingeschränkte Recht, Grund und Boden zu erwerben und zu besitzen, aber sie wurden damit den Marktkräften preisgegeben und zudem verpflichtet, ihren Grundherren eine Entschädigung für die entfalle-nen Dienstpflichten und Abgaben zu bezahlen. Das führte dazu, daß nur die wenigsten bisherigen Leibeigenen es schafften, zu selbständigen Landwirten auf einer konsolidierten Betriebsfläche zu werden; die meisten waren zwar de jure frei, aber wirtschaftlich und sozial nach wie vor abhängig.

Das Oktober-Edikt verhieß Gleichberechtigung und Freiheit. Es hob alle Ein-schränkungen für den Kauf und Verkauf adliger Güter auf und öffnete den Zu-gang zu allen Berufen für jedermann, ob adlig oder nicht: »Jeder Edelmann ist, ohne allen Nachteil seines Standes, befugt, bürgerliche Gewerbe zu treiben; und jeder Bürger oder Bauer ist berechtigt, aus dem Bauer- in den Bürger- und aus dem Bürger- in den Bauerstand zu treten.« Damit wurde der faktisch bereits ein Stück weit fortgeschrittene Einbruch der Marktkräfte in die ländliche Welt Preußens gesetzlich legitimiert. Handel und Spekulation mit Grund und Boden sowie das Eindringen wohlhabender Bürgerlicher in die Domäne der Junker konnten nun ohne Einschränkungen und in aller Offenheit stattfinden. Etliche adlige Grundherren vermochten, ihres letzten gesetzlichen Privilegienschutzes und der wohlfeilen Arbeitskraft ihrer Leibeigenen beraubt, ihre Familiengüter nicht mehr zu halten. Doch als gesellschaftliche Gruppe überlebten die Junker, teilweise weil es ihnen in der Folge gelang, einige der ihnen aberkannten Privile-gien zurückzuerlangen, teilweise weil sie von der neuen wirtschaftlichen Betäti-gungsfreiheit profitierten. Einer Schätzung zufolge gingen in den Jahren nach 1807 rund 4 Millionen Morgen Land in den Besitz preußischer Gutsbesitzer über, sei es als Entschädigungsabtretungen, durch direkten Kauf oder durch ge-waltsame Aneignung. Die Gleichheit vor dem Gesetz erwies sich, wie die Freiheit, als ein schwer zu verwirklichendes Ziel. Selbst nach dem Verlust ihres rechtlich sanktionierten Sonderstatus blieb die preußische Aristokratie wohlhabend, pri-vilegiert und mächtig.

Den Reformern war klar, daß sie, wenn sie eine Nation freier Bürger schaffen wollten, nicht allein für Freiheit und Gleichheit sorgen, sondern den Menschen auch Möglichkeiten der Teilhabe an der politischen Willensbildung eröffnen mußten. Anders als die Kameralisten, die Reform gewöhnlich in wirtschaftlichen und sozialen Kategorien definiert hatten, erkannten Stein und seine Mitstreiter, daß es notwendig war, die Menschen politisch ein Stück weit an ihre Nation zu binden, damit sie befähigt würden, für sie zu kämpfen und zu sterben. Auch hier herrschte in den Reihen der Reformer große Uneinigkeit. Wieviel Teilhabe war nötig, und wie konnte sie am besten institutionell verankert werden? Stein selbst äußerte sich höchst überzeugend zu den Vorteilen einer breiten Partizipation, blieb aber konkrete Vorschläge über deren praktische Umsetzung schuldig. Er bezog seine Ideen aus zwei völlig verschiedenen Begriffswelten, einmal aus dem berufsständischen Bereich, in dem es berufs- oder rangbezogene Vertretungskörperschaften gab, zum anderen aus der Praxis der »Selbstverwaltung«, die er in seiner »Nassauer Denkschrift« als ein Mittel für wohlhabende Bürger beschrieb, sich in die Verwaltung ihrer lokalen Angelegenheiten einzuschalten. Nach seiner Rückkehr in den Staatsdienst im Oktober 1807 arbeitete Stein an Plänen für eine nationale Vertretungskörperschaft, die von den Ständevertretungen im Königreich indirekt gewählt werden sollte. Eine solche Versammlung sollte das Recht bekommen, Gesetzesvorhaben zu erörtern, möglichst sogar zu initiieren; ihre Kontrollbefugnisse gegenüber der Regierung waren jedoch knapp bemessen. Das Projekt wurde nie verwirklicht. Stein mußte sich mit zwei partizipatorischen Institutionen anderer Art begnügen: Im Dezember 1807 berief die Regierung die preußischen Provinzialstände ein, damit sie Steuererhöhungen beschließen konnten, und im November 1808 veranlaßte Stein, kurz vor seinem Ausscheiden aus dem Amt, den König, eine Städteordnung in Kraft zu setzen, die Bestimmungen für die Wahl leitender Beamten und repräsentativer Körperschaften vorsah. Nichts davon wurde in der Weise verwirklicht, wie die Reformer es erhofft hatten. Die Provinzialstände entpuppten sich als Forum für die reaktionären Reformgegner, und für die durch die Ständeordnung neu geschaffenen Organe konnte sich die Bevölkerung nicht erwärmen.

Die unentschiedene Haltung der Reformer in der Frage der politischen Teilhabe und der Umstand, daß sie es versäumten, funktionsfähige Vertretungskörperschaften ins Leben zu rufen, zeugten von dem geringen Rückhalt, den die Reformbewegung in der preußischen Gesellschaft hatte. Die Reformer sprachen zu einer und für eine Nation, die nicht existierte. Es gab für sie zwar ein gewisses Maß an Unterstützung in der aufgeklärten Öffentlichkeit, aber die überwältigende Mehrheit der Preußen bekam nicht so recht mit, wofür da in ihrem Namen gestritten wurde. Wenn königliche Edikte Freiheit und gleiches Recht für alle verkündeten, empfanden das die Bauern auf einem pommerschen Landgut oder die Bürger im besetzten Berlin als wenig hilfreich für die Lösung ihrer akuten Alltagsprobleme. In gewissem Sinne verlieh aber gerade die Trägheit, mit der die preußische Gesellschaft auf die Bemühungen der Reformer reagierte, ihrem Wirken ein zusätzliches Moment der Dringlichkeit. Zugleich machte ihre gesellschaftliche Isolation die Reformer verwundbar für die Angriffe ihrer Gegner bei Hofe, in den Reihen der Aristokratie und in der Verwaltung selbst.

Wie in den anderen deutschen Staaten brachte auch in Preußen der Konflikt zwischen den Reformern und ihren Gegnern die Fortsetzung eines seit langem anhaltenden Ringens zwischen den Befürwortern eines souveränen Staates und den Verteidigern der »herrschaftlichen« Welt. In den Augen der Gegner war die

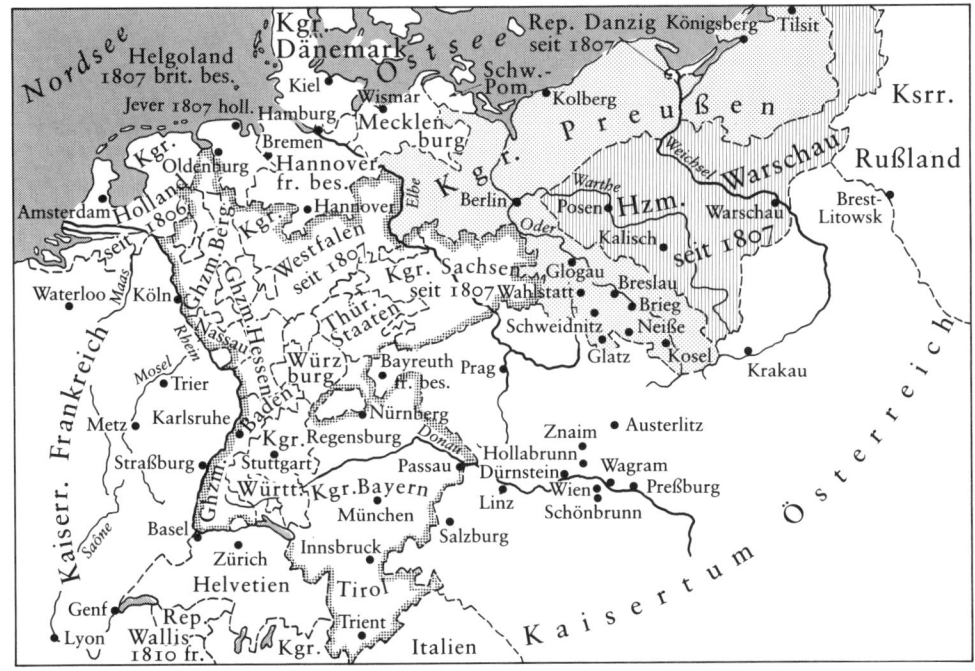

Rheinbund

Reformbewegung eine Gefahr für Religion, Eigentum und Autorität. Friedrich August Ludwig von der Marwitz, der das »Allgemeine Landrecht« als eine rechtliche Äußerungsform der Revolution verurteilt hatte, war der festen Überzeugung, die Steinschen Reformen im ländlichen Bereich würden lediglich ein mißverstandenes liberales Klima erzeugen, also genau das angestrebte Ziel verfehlen, nichts Neues aufbauen, aber Gewohntes zerstören. Männer vom Schlage eines Marwitz hatten sich nach den Katastrophen von 1806/07 vorübergehend zurückgezogen, besetzten danach aber allmählich wieder Positionen, von denen aus sie einen Zermürbungskrieg gegen die Reformer führten. Sie machten sich ihren Einfluß in den Provinzialständen zunutze, unterstützten Publikationen, die ihnen genehme Meinungen verbreiteten, und ließen keine Gelegenheit aus, den König und seine Entourage vor den angeblich drohenden Gefahren zu warnen. In einer Hinsicht waren ihre Argumente von einfacher und direkter Logik: Monarchie und Aristokratie gehörten zusammen; an der einen zu rütteln, bedeutete die andere in Frage zu stellen. »Wenn Ew. Königliche Hoheit mir und meinen Kindern ihre Rechte nehmen«, fragte Ludwig Yorck von Wartenburg den Prinzen Wilhelm, »worauf beruhen dann die Ihrigen?« Neben Hinweisen auf gemeinsame Interessen versuchten die Reformgegner, die Argumente für die Wahrung ihrer eigenen wirtschaftlichen Interessen und gesellschaftlichen Privilegien in eine komplizierte ideologische Rechtfertigung der feudalen Welt als Ganzer hineinzuweben. Das Ergebnis war eine bedeutsame Klärung der Fronten der politischen Auseinandersetzung in Deutschland.

Viele von Steins junkerlichen Gegnern jubelten, als er 1808 seines Amtes enthoben wurde. Nachdem Agenten Napoleons Dokumente abgefangen hatten, die Verbindungen Steins zu Propagandisten eines neuen Krieges gegen Frankreich offenbarten, nahm der Kaiser dies zum Vorwand, die im Frieden von Tilsit vereinbarten, ohnehin erheblichen Reparationszahlungen noch einmal aufzustocken. Stein wollte Wien für einen gemeinsamen nationalen Kreuzzug zur Befreiung Mitteleuropas von der Fremdherrschaft gewinnen. Friedrich Wilhelm III. beurteilte die Chancen eines solchen Unternehmens mit gutem Grund pessimistisch, weil es ohne die Unterstützung Rußlands mit höchster Wahrscheinlichkeit zum Scheitern verurteilt war. Im November 1808 entließ der König Stein und berief an seiner Stelle Dohna und Altenstein, zwei fähige, aber nicht gerade energische Beamte. Napoleon ließ sich zu dem bemerkenswerten Akt hinreißen, Stein zum internationalen Verbrecher erklären zu lassen, seine Besitzungen zu konfiszieren und seine sofortige Verhaftung anzuordnen. Stein floh, erst nach Österreich, dann nach Rußland, wo er sich einer Gruppe anschloß, die Pläne gegen die französische Vorherrschaft schmiedete. Steins Sturz bedeutete jedoch nicht, wie seine Feinde gehofft hatten, das Ende der Reformära. Dohna und Altenstein setzten seine Politik teilweise fort, führten mit einem wichtigen Dekret die Trennung zwischen Verwaltung und Justiz durch und sanktionierten einige Veränderungen im Bildungsbereich und in der Militärverwaltung. Sie verfügten freilich nicht über die Führungsqualitäten und die Ausstrahlung, die zur Durchsetzung einer konsequenten Reformpolitik vonnöten gewesen wären. Friedrich Wilhelm III., zaghaft und risikoscheu, wie er noch immer war, brauchte, um den Weg der Reformen weitergehen zu können, eine entschlossene, auf einen klaren Kurs festgelegte Persönlichkeit.

Als der König im Juni 1810 Karl August von Hardenberg an die Spitze des Finanz- und des Innenministeriums berief und ihm den neuen Titel eines Staatskanzlers verlieh – womit er ihn faktisch zum ersten Premierminister Preußens machte –, empfanden die Anhänger der Reformbewegung dies allgemein als gutes Vorzeichen. 1750 als Sproß einer Familie mit weitläufigen Ländereien im Hannoverschen geboren, hatte Hardenberg in Göttingen studiert, ein kurzes Gastspiel am Reichskammergericht zu Wetzlar gegeben und danach als Beamter in Hannover, Braunschweig und schließlich Preußen gedient. In preußischen Diensten hatte er die Verwaltung der von den Hohenzollern erworbenen Markgrafschaft Ansbach-Bayreuth geleitet. Spätestens um die Mitte der neunziger Jahre war Hardenberg einer der wichtigen Berater Friedrich Wilhelms II. in Berlin. Unter dem neuen König, Friedrich Wilhelm III., gewann er weiter an Einfluß und Prestige, und 1798 berief man ihn ins Generaldirektorium. Dort wurde er schließlich mit der Leitung der auswärtigen Angelegenheiten betraut und hatte in dieser Funktion die Aufgabe, nach den Niederlagen von 1806 diplomatische Schadensbegrenzung zu erreichen. Nach seinem erzwungenen Rücktritt 1807 wartete er hinter den Kulissen ungeduldig auf seine Wiederberufung, zu der es drei Jahre später kam.

Hardenberg war ein stets sorgfältig gekleideter Mann mit eleganten Umgangsformen, einem gelegentlichen Flirt nicht abgeneigt; sein Lebensstil ähnelte mehr dem der Höflinge wie Montgelas oder Metternich als dem des asketischen Disziplinmenschen Stein. Was Hardenberg fehlte, waren der moralische Fanatismus und der leidenschaftliche Idealismus Steins. Seine Bewunderer lobten ihn als flexibel und realistisch, seine Kritiker hielten ihn für verschlagen und prinzipienlos; wahrscheinlich steckt in beiden Charakterisierungen ein Stück Wahrheit. Sicher ist, daß Hardenberg viel eher ein Mann nach dem Geschmack des Königs war als der launische Stein, der mit seiner Hartnäckigkeit und Offenheit den Monarchen nervte. Doch wichtiger als das Gegensätzliche der beiden führenden preußischen Reformer im Individuellen waren die Unterschiede in ihren politischen Auffassungen. Hardenberg stand der Tradition des aufgeklärten Absolutismus des 18. Jahrhunderts wesentlich näher. Er ging die Politik eher kühl und rational an und befrachtete sie nicht mit moralischen Überhöhungen und idealistischen Metaphern. Im Gegensatz zu Stein konnte Hardenberg mit ständischen Vertretungsorganen wenig anfangen. Er hatte sich unter anderem mit der Entmachtung des örtlichen Adels in Ansbach einen Namen gemacht, und es sollte sich zeigen, daß das eine Art Generalprobe für die endgültige politische Ausschaltung des Reichsadels nach 1803 war. Da Hardenberg sich weniger Sorgen um die Auflösung lokaler Bindungen und die drohende Isolation des Einzelnen machte, trat er auch konsequenter für die Idee der gesellschaftlichen und wirtschaftlichen Freiheit ein, als Stein es vor ihm getan hatte.

Die beste Zusammenfassung der politischen Ansichten Hardenbergs findet sich in einer längeren Denkschrift, die er im Sommer 1807 verfaßte, kurz nach seinem eigenen Rücktritt und kurz vor der Ernennung Steins. Dieses Dokument, die sogenannte Rigaer Denkschrift, gehört zusammen mit der von Montgelas aus dem Jahr 1796 und den beiden Steinschen Denkschriften von 1806 und 1807 zu den wichtigsten Zeugnissen des politischen Denkens und Wollens der deutschen Reformer in der Revolutionsepoche. Nachdem er einleitend die überragende Bedeutung der Entwicklung in Frankreich gewürdigt und die Notwendigkeit eingeräumt hatte, Lehren aus ihr zu ziehen, definierte Hardenberg den Sinn und Zweck der angestrebten Reformen wie folgt: »Also eine Revolution im guten Sinn, gerade hinführend zu dem grossen Zwecke der Veredelung der Menschheit, durch Weisheit der Regierung und nicht durch gewaltsame Impulsion von innen oder aussen – das ist unser Ziel, unser leitendes Prinzip. Demokratische Grundsätze in einer monarchischen Regierung: dieses scheint mir die angemessene Form für den gegenwärtigen Zeitgeist.« Wenn er den Begriff »demokratisch« gebrauchte, bezog er ihn auf wirtschaftliche Freiheit und soziale Emanzipation, auf die Chance freier Berufs- und Laufbahnwahl für alle Befähigten, auf religiöse Toleranz und bürgerliche Gleichberechtigung für die Juden, auf Meinungs- und Lehrfreiheit. Zu den partizipatorischen Aspekten der »Demokratie« hatte er weit weniger zu sagen. Abgesehen von der Aussage, daß die öffentliche Meinung wichtig sei und daß die Bürger sich in Verwaltungsangelegenheiten einmischen sollten, schien er nur verschwommene Vorstellungen von der Gestaltung repräsentativer Einrichtungen zu haben, zumindest wenig Interesse daran. Im Kontext der »Rigaer Denkschrift« bedeutete die Formel »demokratische Grundsätze in einer monarchischen Regierung« Freiheit für den Einzelnen im wirtschaftlichen und gesellschaftlichen Bereich und praktisch unbegrenzte Machtbefugnisse für den Staat in der Leitung der öffentlichen Angelegenheiten.

Der unmittelbare Anlaß für die Zurückberufung Hardenbergs war die Finanzkrise Preußens aufgrund der anschwellenden Staatsschulden und der unaufhörlichen französischen Forderungen nach Reparationszahlungen. Seit 1807 hing das Damokles-Schwert finanzieller Probleme über der preußischen Regierung und zwang sie, Steuern zu erhöhen, Papiergeld zu drucken und zu hohen Zinsen Geld von Berliner Bankiers zu leihen. Keine dieser Maßnahmen brachte ausreichende Abhilfe. Als Dohna und Altenstein den Vorschlag machten, zur Tilgung der Schulden Gebiete in Schlesien abzutreten, ersetzte der König sie durch Hardenberg, der sich für die Bezahlung der Reparationen an Frankreich in voller Höhe und für eine totale Reform der preußischen Staatsfinanzen verbürgte. Der Kanzler führte neue Steuern ein und sorgte für erhöhte Zolleinnahmen, doch auch er war nicht in der Lage, die Abhängigkeit des preußischen Staates von privaten Darlehen zu beenden und der Inflation Einhalt zu gebieten. Die Staatsverschuldung, die vor dem Krieg von 1806 bei 53 Millionen Gulden gelegen hatte, kletterte bis 1810 auf rund 100 Millionen, lag 1811 bei 112 Millionen und vier Jahre später bei 206 Millionen Gulden. Die Bemühungen Hardenbergs um eine Bewältigung der Finanzkrise mündeten jedoch in einige Gesetzeswerke, die von bleibender Bedeutung für die politische und gesellschaftliche Entwicklung Preußens sein sollten.

Mit einer Reihe von Edikten, die im Oktober 1810 zur Anwendung kamen, suchte Hardenberg die finanzielle Lage des Staates zu verbessern, indem er etwa Steuerbefreiungen aufhob und Hemmnisse für die wirtschaftliche Betätigung beseitigte. Das »Finanzedikt« vom 27. Oktober versprach eine gerechtere Umverteilung der Steuerlasten, die Einführung der Gewerbefreiheit, eine Reform des Zollwesens, die Säkularisierung der Kirchengüter und den Verkauf weiterer königlicher Domänen. Ein am folgenden Tag in Kraft getretenes Edikt führte eine allgemeine Gewerbesteuer ein. Erstmals wurde es jedem, der in Preußen ein Gewerbe betrieb oder betreiben wollte, zur Pflicht gemacht, dafür eine staatliche Genehmigung einzuholen. Damit ging die Befugnis zur Regulierung der wirtschaftlichen Aktivität von den Zünften und Rathäusern auf den Staat über. Zwei Tage später erklärte die Regierung den Grundbesitz sowohl der katholischen als auch der evangelischen Kirche zu Staatseigentum und übernahm die Kontrolle über sämtliche kirchlichen Einrichtungen. Im März 1812, als Hardenberg bereits einen großen Teil seiner Reformenergien verausgabt hatte, ergänzte er die bisherigen Reformschritte durch ein Edikt, das die besonderen Beschränkungen und Privilegien, die für gesellschaftliche und wirtschaftliche Betätigung der Juden galten, aufhob und sie zu »Inländern und Staatsbürgern« erklärte. Welchen politischen Inhalt die Ernennung der Juden zu Staatsbürgern hatte, blieb offen; in Artikel Neun des Edikts hieß es, über die Frage des Zugangs der Juden zu öffentlichen und staatlichen Ämtern werde zu einem späteren Termin entschieden.

Die politische Bedeutung der Staatsbürgerschaft, die in bezug auf die Juden undefiniert blieb, war für die übrigen Bürger Preußens ebenfalls mit Unsicherheiten behaftet. Der König hatte versucht, den Schock der Bürger aufgrund des »Finanzedikts«, das ihnen zusätzliche finanzielle Lasten auferlegte, dadurch abzumildern, daß er die Bildung von Vertretungskörperschaften »sowohl für die Provinzen als auch für den Staat als Ganzen« gefordert hatte, die Empfehlungen geben und sich künftig an den finanzpolitischen Diskussionen beteiligen könnten. Hardenberg versuchte 1811, die zunehmende Opposition gegen seine Politik durch Einberufung einer Versammlung von Notabeln zu entschärfen, in der Hoffnung, ein Gegengewicht gegen die reformfeindlichen, von den Junkern beherrschten Stände zu schaffen. Als die sechzig von diversen maßgeblichen gesellschaftlichen Gruppen nominierten Vertreter sich im Februar im Hardenbergschen Palais zusammenfanden, rief er sie auf, sich als Vertreter der gesamten Nation zu fühlen und an der Schaffung einer freien und gleichberechtigten Gesellschaft mitzuwirken. Da die Versammlung jedoch seinem Anliegen nicht freundlich gesonnen war, löste er sie bei erster Gelegenheit auf. An ihre Stelle trat eine sogenannte interimistische Landesrepräsentation, gewählt von Vertretern der Kommunalverwaltungen, die in Berlin zusammentrat, erstmals 1812 und dann noch einmal 1814. Doch wie die Versammlung der Notabeln, besaß auch dieses Gremium, das die Regierung beraten sollte, kaum praktische Bedeutung. Unter Hardenberg wie unter Stein erwiesen sich die partizipatorischen Aspekte der Reform de facto als unrealisierbar. Die Gründe waren beide Male dieselben: Weder Hardenberg noch Stein fanden es zweckmäßig, einer Nation demokratische Vertretungen zuzugestehen, die entweder apathisch waren oder ihren Reformzielen sogar feindselig gegenüberstanden.

Im Vergleich zu Stein war Hardenberg eher bereit, sich dem Druck zu beugen, den mächtige gesellschaftliche Gruppen auf ihn ausübten. Schon im September 1811 kam der Kanzler den Junkern entgegen, indem er viele der im Oktober des

Vorjahres abgeschafften Steuerbefreiungen für Adlige wiederherstellte. Sodann versuchte er, in einem Edikt zur ländlichen Eigentumsproblematik, die im Zuge der Steinschen Reformen weitgehend ungelöst geblieben war, die Grundbesitzer auf Kosten der Bauern zufriedenzustellen. Besonders gravierend war schließlich, daß der Kanzler sich gezwungen sah, die vorhandenen Ansätze zur Klärung und Zentralisierung der staatlichen Zuständigkeiten bis in den lokalen Bereich hinein zu bremsen. Das »Gendarmerie-Edikt« vom Juli 1812 hatte noch einen Versuch signalisiert, die Verbindung zwischen den Landräten und lokalen Interessengruppen zu kappen und ein bürokratisiertes ländliches Verwaltungssystem nach französischem Vorbild zu schaffen. Aber der Aufschrei der Junker war so laut, daß die Regierung zu dem Schluß kam, das Edikt sei nicht durchsetzbar, und es 1814 zur Gänze unter den Tisch fallen ließ.

Was Hardenberg und seine Mitstreiter in ihren Konflikten mit den Reformgegnern aufrecht erhielt, war die Zuversicht, daß ein Erfolg ihrer Bemühungen Preußen in die Lage versetzen würde, wieder die Rolle einer europäischen Großmacht zu spielen. Wie Montgelas und die anderen Reformer im Süden und Westen Deutschlands, war Hardenberg in erster Linie Diplomat und auf das Ziel fixiert, sein Land von der französischen Fremdherrschaft zu befreien und in die Unabhängigkeit zurückzuführen. Erst die Niederlagen auf dem Schlachtfeld hatten Reformen möglich, weil unausweichlich gemacht. Die Notwendigkeit, alle Kräfte zu mobilisieren, stand als treibendes Motiv hinter der Gesellschafts-, Wirtschafts- und Finanzpolitik Hardenbergs ebenso wie zuvor hinter der Steins. Deshalb war die Reform der Militärorganisation allen Reformern ein großes Anliegen; in einer mit neuem Leben und neuer Kraft erfüllten Armee lag in ihren Augen der Schlüssel zur nationalen Wiedergeburt.

Wie bei den Reformern in zivilen Bereichen handelte es sich bei den Heeresreformern um eine Gruppe Gleichgesinnter, die schon früher gegen die institutionellen Unzulänglichkeiten und Schwächen angekämpft hatten, welche die Verteidigungsfähigkeit ihres Staates untergraben und ihre persönlichen Ambitionen frustriert hatten. Zu dieser Gruppe gehörten viele Mitglieder der altehrwürdigen preußischen Elite, doch die führenden Köpfe kamen, wie Stein und Hardenberg, von auswärts. Gerhard von Scharnhorst, der Sohn eines hannoverschen Bauern, der kurz nach der Jahrhundertwende in den preußischen Militärdienst eintrat, wurde rasch zur treibenden Kraft hinter den Reformbestrebungen. Neidhardt von Gneisenau stammte aus einer Familie, die Juristen und kleine Beamte hervorgebracht hatte. Sein Vater, ein Subalternbeamter in Diensten des Bischofs von Würzburg, hatte sich seinen Adelstitel unter Berufung auf ein fragwürdiges Verwandtschaftsverhältnis zu einem aristokratischen Haus gesichert. Gneisenau hatte mehreren deutschen Fürsten gedient, ehe er ins preußische Heer eintrat. 1806 war er ein nicht mehr ganz junger Hauptmann mit ungewöhnlichen geistigen Interessen und ohne große Karriereaussichten. Doch im selben Jahr wurde er durch ein militärisches Husarenstück – die erfolgreiche Verteidigung Kolbergs gegen eine überwältigende Übermacht von Belagerern – schlagartig berühmt und nutzte in der Folge seine Prominenz, um wirksam für militärische Reformen zu werben; später zeichnete er sich als einer der besten preußischen Feldherren aus.

Die ursprüngliche Wirkungsstätte der Militärreformer war die vom König im Sommer 1807 ins Leben gerufene Militär-Organisations-Kommission. Von dieser institutionellen Machtbasis aus betrieben sie zunächst die Abhalfterung all derer, die das preußische Heer in die Katastrophe geführt hatten. Innerhalb eines Jahres mußten 208 Offiziere, darunter 17 Generale, ihren Hut nehmen. Die nächste Aufgabe war die Überwindung der institutionellen Desorganisation, die die militärische Kommandostruktur ebenso schwerfällig und ineffektiv gemacht hatte wie auf der zivilen Seite den politischen Entscheidungsapparat. Wie ihre Gesinnungsfreunde auf zivilem Sektor wollten auch die Heeresreformer klare Verantwortungsebenen und Befehlsstränge, nicht zuletzt um den Einfluß der Busenfreunde des Königs zu bannen und die militärische Befehlsgewalt wieder in die Hände von Fachleuten zu legen. Im Dezember 1808 veranlaßten sie den König, ein Kriegsministerium mit Verfügungsgewalt über sämtliche militärischen Bereiche einzurichten. Obwohl es bis 1814 dauerte, ehe der erste Kriegsminister sein Amt antrat, verlieh die neue Struktur Scharnhorst und seinen Mitarbeitern die Autorität, die sie benötigten, um die Heeresorganisation durchgängig zu verbessern und etliche Neuerungen im Militärwesen einzuführen.

Um ein fähiges Offizierskorps zu bekommen, mußten nach Überzeugung der Reformer alte Privilegien und unzweckmäßige Beschränkungen abgeschafft werden. Ihr Ziel, niedergelegt in einer Weisung vom August 1808, war die Öffnung der militärischen Laufbahn für alle dafür Begabten: »Einen Anspruch auf Offiziersstellen sollen von nun an in Friedenszeiten nur Kenntnisse und Bildung gewähren, in Kriegszeiten ausgezeichnete Tapferkeit und Überblick.«

Um das gesteckte Ziel zu erreichen, lösten die Reformer die alten Kadettenschulen auf und begründeten Ausbildungseinrichtungen, an denen in neunmonatigen Lehrgängen künftige Offiziere herangezogen werden sollten. Eine Akademie für die militärische Führungselite wurde in Berlin ins Leben gerufen. Hier sollten vielversprechende junge Offiziere in einer dreijährigen Ausbildung das Rüstzeug für Stabs- und Führungsaufgaben erhalten. Wichtiger noch als diese Bemühungen um eine Qualitätsverbesserung im Personalbereich war der Kampf der Reformer um das, was Scharnhorst als innigere Verbundenheit der Streitkräfte mit der Nation bezeichnete. Im Zusammenwirken sollten gesellschaftliche, wirtschaftliche, politische und militärische Reformen einen Typus des freien, unabhängigen, wohlhabenden und patriotischen Bürgers hervorbringen, der bereit und fähig sein würde, sich für seinen Staat voll und ganz einzusetzen. Scharnhorst schrieb im September 1807: »Man muß der Nation das Gefühl der Selbständigkeit einflößen, man muß ... die alten Formen zerstören, die Bande des

Vorurteils lösen, die Wiedergeburt leiten, pflegen und sie in ihrem freien Wachstum nicht hemmen, weiter reicht unser hoher Wirkungskreis nicht.« Am Ende dieses Prozesses sollte idealerweise die »bewaffnete Nation« stehen, ein Bürgerheer, kommandiert von den begabtesten Berufssoldaten, die das Land hervorbrachte. Dem König jagte die Vorstellung eines solchen Massenheeres Angst ein; er hielt es für gefährlich, zu teuer, fürchtete, es werde die Franzosen provozieren und die innere Ordnung Preußens ins Wanken bringen. Weder er noch Hardenberg hatten jenes Zutrauen zum Volk, von dem Scharnhorst und seine idealistischen Mitstreiter beseelt waren. So zeigte sich die Regierung lediglich bereit, einige Korrekturen an den bisherigen Rekrutierungsverfahren zuzulassen; der Forderung der Militärreformer nach einer Mobilisierung des Volkes erteilten sie eine Absage.

1812 standen die Reformer mit fast leeren Händen da, verstimmt durch den Widerwillen des Königs gegen eine Volksarmee, entsetzt über die Entwicklung der preußischen Außenpolitik. Überzeugt, daß das Volk zur Erhebung bereit sei, und ohne Verständnis für das in ihren Augen viel zu vorsichtige diplomatische Lavieren ihrer Regierung, brannten die Soldaten auf einen neuen Waffengang gegen Napoleon. Doch der König blieb bei seiner defensiven Politik. Die österreichische Niederlage von 1809 hatte ihn darin bestärkt, daß es richtig gewesen sei, die Stimmen zu ignorieren, die gefordert hatten, Preußen solle sich dem nationalen Kreuzzug Stadions anschließen. 1810 hatte sich Friedrich Wilhelm III. nach dem plötzlichen Tod seiner Frau aus dem öffentlichen Leben zurückgezogen, seinem Kummer überlassen und Trost im Gebet gesucht. Hardenberg hatte gleichfalls Bedenken gegen einen aggressiven Kurs. Er wollte zwar die Unabhängigkeit Preußens zurückgewinnen, war aber nicht überzeugt, daß ein nationaler Befreiungskrieg das richtige Mittel dazu sei. Zumindest schien die Zeit dafür noch nicht reif zu sein. Mit einem besiegten Österreich als Nachbarn, das offenbar bereit war, sich mit Frankreich zu arrangieren, einem Rheinbund, der voll unter französischer Kontrolle stand, und einem England, das mit Preußen noch eine Reihe wirtschaftlicher und politischer Rechnungen zu begleichen hatte, waren keine Bündnisse gegen Napoleon möglich. Die Kriegspartei witterte in der 1811 einsetzenden Verschlechterung der französisch-russischen Beziehungen eine großartige Chance und drängte auf einen sofortigen Bündnispakt mit dem Zaren. Hardenberg hatte jedoch kein Bedürfnis, die französische Hegemonie gegen eine russische einzutauschen. Außerdem wollte er nicht riskieren, daß sein Land zum Schauplatz eines Entscheidungskampfes zwischen den beiden Großmächten würde. Nachdem Hardenberg mit beiden Kaisern Verhandlungen geführt und festgestellt hatte, daß keiner willens war, Preußen etwas Lohnendes anzubieten, entschied er sich für den, wie er glaubte, ungefährlicheren Weg: Ende Februar 1812 unterzeichnete Preußen eine neue Vereinbarung mit Napoleon, in der es dem Kaiser unbeschränkte Unterstützung im Falle eines Krieges gegen Rußland zusagte.

Dies konfrontierte die Reformer mit der Aussicht, daß die von ihnen so mühsam wieder aufgebaute preußische Armee aufgerufen würde, Napoleon bei der Beseitigung der letzten großen Bastion gegen die französische Hegemonie auf dem Kontinent zu helfen. Stein, der mittlerweile am Hof in St. Petersburg wirkte, warf die Frage auf, ob nicht die französisch-preußische Allianz jeden Bürger Preußens in einen Loyalitätskonflikt gegenüber seinen eigenen Staat stürze. Offenbar bewegten Scharnhorst ähnliche Gedanken, als er einem Offizier, der ins russische Heer eingetreten war, erklärte: »Ich kann Ihren Entschluß nicht mißbilligen, weil jeder zuerst darauf sehen muß, mit sich in Übereinstimmung zu bleiben.« Mehrere Reformer reichten in der ersten Jahreshälfte 1812 ihren Rücktritt ein. Scharnhorst, der auf Druck Napoleons 1810 sein militärisches Amt hatte räumen müssen, zog sich völlig aus dem öffentlichen Leben zurück. Clausewitz, Scharnhorsts begabtester Schützling, stieß in St. Petersburg zu Stein, Hermann von Boyen und einigen anderen dorthin verschlagenen Patrioten. Die Ära der Reform war allem Anschein nach zu Ende, ihre Mission auf halbem Weg steckengeblieben und aufgegeben.

Das Ende der napoleonischen Hegemonie

Im Frühjahr 1812, als etliche preußische Patrioten, tief enttäuscht darüber, daß ihr Reformwerk nicht wirklich zu greifen vermochte, die Koffer packten und ihre Dienste auswärtigen Regierungen anboten, befand sich ihr Erzfeind Napoleon auf dem Gipfel seiner Macht. Verwandte von ihm saßen auf Herrscherthronen in vielen Ländern des Kontinents. Entlang der weit nach Osten vorgeschobenen Grenzen Frankreichs regierten in Staaten, die Napoleon selbst umgeformt oder geschaffen hatte, Herrscher von seinen Gnaden. Preußen und Österreich hatte er so weit in die Knie gezwungen, daß sie seine Bündnispartner geworden waren. Wenn der Kaiser sein Imperium durchquerte, setzten sich die Bewohner ganzer Dörfer in Marsch, um ihn zu erblicken. »Reiche und Arme, Adelige und Bürgerliche, Freunde und Feinde, alles strömte herbei«, schrieb Philippe de Ségur, einer der Adjutanten Napoleons. »Mit aufmerksamer Neugierde drängte sich diese Masse in Straßen, Wegen und öffentlichen Plätzen, ganze Tage, ja selbst Nächte lang die begierigen Blicke auf die Fenster und Tore seines Palastes heftend.« Das Objekt der Begierde der Massen war nicht der Kaiser als Amts- oder Würdenträger, nicht das gekrönte Haupt, sondern der Mensch Napoleon Bonaparte. Die Leute wollten einen Heroen sehen, eine bedeutende Persönlichkeit, eine historische Gestalt, »das Bild seiner Züge in die Seele sich prägen, um ihren minder glücklichen Kindern und Mitbürgern sagen zu können, daß sie Napoleon gesehen«. Seinen Erfolg verdankte Napoleon hauptsächlich seinen persönlichen Charaktereigenschaften und seiner Intelligenz, und dasselbe galt für seinen späteren Niedergang und Sturz. »Eure auf den Thron geborenen Fürsten können sich zwanzigmal besiegen lassen und in ihre Hauptstadt zurückkehren«, sagte Napoleon einmal zu Metternich. »Meine Herrschaft wird den Tag nicht überleben, an dem ich aufhöre, stark zu sein und deshalb gefürchtet zu werden.«

Im Mai 1812, als die Grande Armée mit dem Aufmarsch für die Eroberung Rußlands begann, beorderte Napoleon seine deutschen Statthalter und Verbündeten nach Dresden, und alle kamen; es sollte die letzte große Zurschaustellung seiner imperialen Strahlkraft sein. Franz von Österreich erhielt den Ehrenplatz zugewiesen, nicht so sehr wegen seines kaiserlichen Ranges und der Erlauchtheit seiner Dynastie als wegen der Tatsache, daß er Napoleons Schwiegervater und der Großvater des kurz zuvor geborenen französischen Thronfolgers und Königs von Rom war. Franz und Metternich, Friedrich Wilhelm III., Hardenberg, die Herrscher und Regierungschefs etlicher weiterer Staaten wurden zu Zeugen einer spektakulären Heerschau der französischen Macht, die ihr Gastgeber sorgfältig inszeniert hatte. Wie gewohnt, versetzte Napoleon die Verführbaren unter seinen deutschen Statthaltern und Günstlingen in eine Stimmung aus Habgier und Ehrfurcht. Christian von Voigt, ein Minister des Herzogs von Weimar, sah den Dresdener Ereignissen mit »Erstaunen und Bewunderung« entgegen: »Welche Heroen und Heroinen sind dort versammelt. Welche Diplomatiker! O gewiß wird alles in den weltbeglückendsten Staatsverträgen enden! Ägypten, Griechenland, der Archipel werden unser gehören, und wenn der große Kaiser jedem der Bundesfürsten eine Insel verehrt, welche soll ich mir aussuchen?« In Wirklichkeit verfügte Napoleon über keine Gebiete, mit denen er seine Verbündeten hätte beglücken können. Alles, was er seinen Gästen zu bieten vermochte, waren schmeichelhafte Gunstbezeigungen und üppige Galadiners. Metternich, der an solchen Festen zwar seine helle Freude hatte, sich aber von ihnen nicht blenden ließ, erkannte, daß in Dresden eine Veranstaltung ohne politischen Gehalt stattfinden würde. Er wußte, daß es in Europa nicht zu weitreichenden Veränderungen kommen würde, ehe nicht die Kraftprobe zwischen Frankreich und Rußland entschieden war.

Der Kongreß von Dresden endete am 28. Mai. Die deutschen Fürsten kehrten in ihre Hauptstädte zurück, Napoleon stieß zu seinen Truppen. Falls er gehofft haben sollte, der Zar werde von Dresden so beeindruckt sein, daß er Napoleons Bedingungen für ein Leben in einem französisch beherrschten Europa akzeptiere, so mußte er eine Enttäuschung verbuchen. Daraufhin blieb keine andere Wahl als ein Kriegszug von nie dagewesenen Ausmaßen. Am 24. und 25. Juni überschritt Napoleons Streitmacht den Njemen. Unter den 600.000 Mann befanden sich 180.000 Deutsche, darunter 20.000 Preußen unter Yorck und 30.000 Österreicher unter Schwarzenberg. Napoleon hoffte, den Krieg in seiner typischen Art mit einem schnellen und totalen Sieg über das russische Heer, wenn möglich noch auf polnischem Boden, zu entscheiden. Doch die Russen stellten sich gar nicht zum Kampf; sie zogen sich immer tiefer in ihr Land zurück, mit der Folge, daß die Nachschublinien der Invasoren zunehmend länger wurden, die Kampfmoral der Soldaten sank und ihre anfängliche furchteinflößende zahlenmäßige Überlegenheit nach und nach abbröckelte. Monate vergingen, ohne daß es zu einer Entscheidungsschlacht kam, und Krankheit, Fahnenflucht und beständige Schikanen russischer Kommandotrupps forderten einen schrecklichen Tribut, besonders in den Reihen der schlecht ausgebildeten und nicht sehr motivierten Soldaten, die die Bündnispartner Napoleons bereitgestellt hatten. So waren zum Beispiel von den ursprünglich 16.000 Württembergern nach drei Monaten nur noch knapp 1.500 übrig. Clausewitz mit seinem untrüglichen Gespür für die Ironien des Kriegsverlaufs merkte später an: »Die höchste Weisheit hätte also keinen besseren Kriegsplan angeben können, als derjenige war, welchen die Russen unabsichtlich befolgten.« Die Früchte der russischen Strategie sind bekannt. Nach einem »kleinen« Sieg bei Borodino im September führte Napoleon seine Truppen nach Moskau, das jedoch vor deren Ankunft von seinen Bewohnern verlassen und angezündet wurde. Ohne Vorräte und Unterkünfte dem russischen Winter ausgesetzt, mußten die Invasoren einen langen, schmerzhaften Rückzug antreten. Als sich die letzten französischen Infanteristen im Dezember über den Njemen schleppten, bestand die Grande Armée nur noch aus 40.000 verzweifelten Überlebenden, der traurige Rest dessen, was einmal die furchterregendste Streitmacht in der Kriegsgeschichte der Neuzeit gewesen war.

Das russische Debakel versetzte dem Regime Napoleons einen schweren, wenngleich nicht tödlichen Schlag. Dem Kaiser, der im Dezember im Eilmarsch nach Paris zurückgekehrt war, war es gelungen, seine politische Stellung zu konsolidieren, bevor das volle Ausmaß seines Scheiterns im Osten offenkundig wurde. Die Russen hatten ebenfalls einen hohen Preis für ihren Sieg bezahlt. Mit ihrem ausgelaugten Heer, ihren zerrütteten Staatsfinanzen und ihrem verwüsteten Land hatten sie keine Aussichten, aus eigener Kraft weit nach Westen vorstoßen zu können; ihnen wären dieselben logistischen Probleme erwachsen, die der Grande Armée zum Verhängnis geworden waren. Somit war klar, daß das weitere Schicksal Napoleons von den deutschen Staaten abhing. Blieben sie loyal, so mußte es ihm möglich sein, in Frankreich und Deutschland genug Unterstützung und Ressourcen zu mobilisieren, um jede militärische Drohung der Russen abzuwehren. Stellten sich die Deutschen jedoch gegen ihn, dann hatte er es mit einer formidablen Koalition von Gegnern zu tun, die zu fürchten war, so daß er sie verhindern mußte.

In den deutschen Hauptstädten hatten die Nachrichten aus Rußland großes Aufsehen erregt, aber keine Klarheit über den künftig zu steuernden Kurs gebracht. Die Machthaber in den meisten Rheinbund-Staaten waren mit Napoleon viel zu eng verbunden, als daß sie eine eigenständige Entscheidung zu treffen wagten. Friedrich Wilhelm III. von Preußen war wieder einmal unschlüssig; vielleicht dachte er daran, daß auf die Niederlage Napoleons bei Aspern im Mai 1809 sein Sieg bei Wagram zwei Monate später gefolgt war. Metternich war bestrebt, sich alle Optionen offenzuhalten, nicht bloß weil sich die militärischen Kraftverhältnisse kaum einschätzen ließen, sondern auch weil er einen russischen Siegeszug nicht weniger fürchtete als den Fortbestand der französischen Vorherrschaft. Während in den Hauptstädten der deutschen Staaten abwartend taktiert wurde, agitierte die deutsche Kolonie am russischen Zarenhof für einen allgemeinen europäischen Befreiungskrieg. Stein hatte bald nach seiner Ankunft in St. Petersburg einen Ausschuß für deutsche Angelegenheiten gebildet, dann sogar eine deutsche Legion für den Kampf gegen die Franzosen. Nach dem Debakel Napoleons vertrat Stein die Auffassung, falls der Zar an die Spitze eines bewaffneten Kreuzzuges zur Befreiung Europas von seinem korsischen Unterdrücker träte, würde das deutsche Volk sich erheben und ihm helfen, diese Mission zu erfüllen. Auf der Suche nach Mitteln und Wegen, sich an die Deutschen über die Köpfe ihrer ängstlichen und kurzsichtigen Herrscher hinweg direkt zu wenden, schickte Stein sich ein weiteres Mal an, die Waffen der Revolution gegen ihre französischen Erfinder zu kehren. Ähnlich den Dekreten, die 1792 aus Paris ergangen waren, ließen die Steinschen Proklamationen zwei Jahrzehnte später erkennen, wie groß die Bereitschaft mancher Zeitgenossen war, die konventionelle Trennung zwischen Außen- und Innenpolitik zu ignorieren.

Der erste große Erfolg der deutschen Patrioten in russischen Diensten war der Frontenwechsel des Generals von Yorck Ende Dezember 1812. Yorck war es gelungen, 14.000 preußische Soldaten aus der russischen Hölle herauszuführen. Schon lange ein scharfer Kritiker Napoleons, hatte er seit September mit den Russen in Kontakt gestanden. In der Schlußphase des Rückzuges der französischen Hauptmacht unter Marschall Macdonald befand sich Yorck in einer Schlüsselposition: Mit seiner Unterstützung hätte Macdonald versuchen können, die russischen Verfolger am Njemen zu stoppen; ohne Yorck gäbe es keine Alternative zum weiteren bedingungslosen Rückzug. Am Weihnachtstag traf sich Yorck mit dem Befehlshaber der russischen Vorhut. Der Vermittler jener Unterredung war Clausewitz, zu dieser Zeit Stabsoffizier in russischen Diensten; er hat eine dramatische Schilderung der Ereignisse hinterlassen. Yorck hoffte anfänglich, seine Vorgesetzten in Berlin würden ihm erlauben, die Front zu wechseln, doch als keine diesbezüglichen Befehle eintrafen, beschloß er, auf eigene Faust seinen Treueid zu brechen. Am Abend des 29. Dezember teilte er dem hoch erfreuten Clausewitz seine Entscheidung mit. Einen Tag später unterzeichnete Yorck in der Poscheruner Mühle bei Tauroggen eine Erklärung, in der er sich von seinen französischen Befehlshabern lossagte. Wenige Tage danach hatten die Russen den Njemen überschritten und standen auf preußischem Gebiet. Für Stein und seine Mitarbeiter war der Umstand, daß sie Yorck auf ihre Seite gezogen

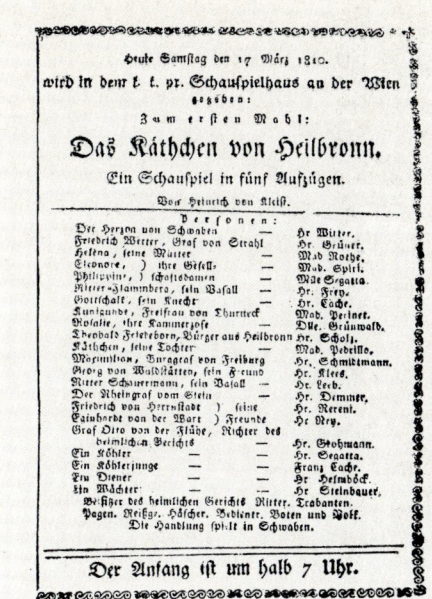

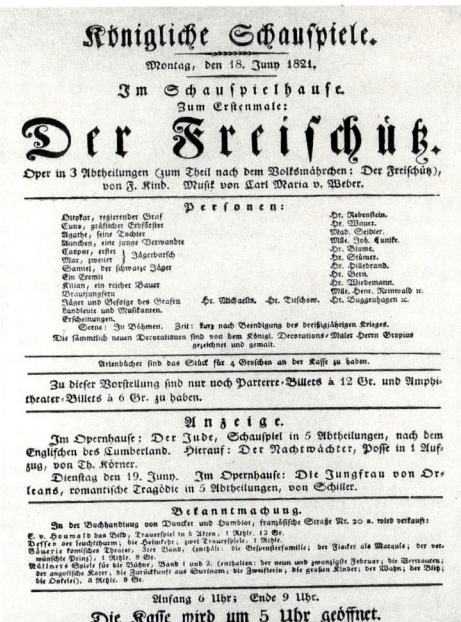

Heinrich von Kleists historisches Ritterschauspiel. Theaterzettel für die Uraufführung am 17. März 1810 im Schauspielhaus an der Wien. Privatbesitz. – Carl Maria von Webers große Volksoper. Theaterzettel für die Uraufführung am 18. Juni 1821 im Berliner Schauspielhaus am Gendarmenmarkt. Berlin-Museum. – Franz Schuberts Komposition »Die Befreier Europas in Paris«. Autograph vom 16. Mai 1814. Wien, Stadt- und Landesbibliothek

Dem Manne,

der

an deutscher Tugend

und

am deutschen Vaterlande

nie verzweifelt hat,

dem Reichsfreiherrn Karl vom Stein,

weihet diese Blätter

der Verfasser.

Godwi
oder
Das steinerne Bild der Mutter.

Ein verwilderter Roman
von
Maria.

Bremen
bei Friedrich Wilmans 1801.

Ernst Moritz Arndts Widmung seiner 1813 in Berlin erschienenen Schrift »Grundlinien einer deutschen Kriegsordnung«. Berlin, Bibliothek der Humboldt-Universität. – Clemens Brentanos Jugendwerk. Titelseite des 1801 in Bremen erschienenen ersten Bandes. Frankfurt am Main, Freies Deutsches Hochstift, Goethe-Museum. – Chamisso-Schlemihls Reise zum Nordpol. Zeichnung von E. T. A. Hoffmann, 1816. Verschollen

hatten, ein wichtiger psychologischer Erfolg, der ihnen half, in den schwierigen Wochen, die nun folgten, ihren Weg entschlossen weiterzugehen.

Als die Nachricht vom Abfall Yorcks in Berlin eintraf, enthob Friedrich Wilhelm III. den General seines Kommandos und ordnete seine sofortige Verhaftung an. Der General kümmerte sich nicht darum, sondern betätigte sich sogleich als aktiver Waffenbruder der Russen. »Jetzt oder niemals ist der Zeitpunkt, Freiheit und Ehre wieder zu erlangen«, erklärte er am 13. Januar 1813. »Mit blutigem Herzen zerreiße ich die Bande des Gehorsams und führe den Krieg auf meine eigene Hand.« Stein, der zusammen mit den russischen Truppen in Königsberg eingetroffen war, griff auf seine Weise jetzt ebenfalls zu den Waffen. Er rief die ostpreußischen Stände zusammen und überredete sie, als Verstärkung für die Truppen Yorcks eine Landwehr aufzustellen. Der König zögerte derweil noch immer, während Hardenberg, der erkannt hatte, daß es an der Zeit war, die Fronten zu wechseln, lediglich noch das Bedenken hatte, ein verfrühtes Losschlagen könnte wirksame französische Gegenmaßnahmen provozieren. Am 22. Januar entzog sich der König dem Einflußbereich der französischen Garnison in Berlin, indem er mit seinem Hof nach Breslau umzog, wo ihn die Vertreter der Kriegspartei vollauf in Beschlag nahmen. Er richtete eine von Scharnhorst geleitete Rüstungskommission ein und erließ am 9. Februar ein Edikt, das sämtliche Befreiungen vom Wehrdienst »für die Dauer des Krieges« aufhob. Darauf folgten wenige Wochen später Verordnungen zur Aufstellung einer preußischen Landwehr und eines Reserveheeres, des sogenannten Landsturms. Hardenberg war unterdessen mit den Russen in Verhandlungen über die Konditionen eines Bündnisses eingetreten. Nach hartem Hin und Her einigten sich Friedrich Wilhelm III. und Alexander I. darauf, die militärische Befreiung Europas gemeinsam in Angriff zu nehmen. Am 17. März ließ der König eine Proklamation verkünden, in der er versprach, daß seine Soldaten »für unsere Unabhängigkeit und für die Ehre des Volkes« kämpfen. »Gesichert aber werden beide nur werden, wenn jeder Sohn des Vaterlandes diesen Kampf für Freiheit und Ehre theilt!« Wie seine Formulierungen zeigen, hatte Friedrich Wilhelm sich unter dem Druck der Ereignisse dazu herabgelassen, der Rhetorik der Reformer zu folgen. Das sollte jedoch nicht darüber hinwegtäuschen, daß sich der König und sein Erster Minister weiterhin von den traditionellen Werten und Zielen der Staatskunst leiten ließen. Grundlage des Bündnisses mit Rußland war das gemeinsame Interesse an der Niederringung Frankreichs. Darüber hinaus beinhaltete der Pakt eine Reihe territorialer Vereinbarungen. Friedrich Wilhelm trat die von Preußen annektierten polnischen Gebiete gegen die Zusicherung von Gebietserwerbungen im Norden und Osten ab. So verbanden sich in diesem Befreiungskrieg von Anfang an Geheimdiplomatie und öffentliche Proklamationen, konventionelles Eintreten für staatliche Machtinteressen und nie dagewesene Appelle an die Bereitschaft zum patriotischen Kampf.

Während Friedrich Wilhelm und Hardenberg, wiewohl eher widerwillig, zu Schirmherren der nationalen Befreiung wurden, blieben Franz und Metternich in Deckung. Zu ihrer Strategie gehörte es, mit allen Parteien zu verhandeln und sich nach Möglichkeit an keine Seite zu binden. Diejenigen, für die aus deutscher Sicht einzig ein kompromißloser Anti-Napoleon-Kurs in Frage kam, waren über das Taktieren Metternichs empört. Von seiner Warte betrachtet, erschien die Wiener Politik jedoch äußerst zweckmäßig, und zwar auch noch nach dem russischen Debakel Napoleons. Frankreich war schließlich nach wie vor Großmacht und hatte weite Teile Europas in scheinbar sicherem Griff, Rußland hingegen war ein unberechenbarer, potentiell gefährlicher Verbündeter, als Sieger ebenso mit Vorsicht zu genießen wie als Verlierer. Dazu kam, daß Metternich das deutsche Volk, dessen Rolle als Rückgrat des angestrebten Befreiungskrieges die Reformer unterstrichen, mit größtem Argwohn beäugte. Das höchste und unveränderlichste aller Interessen Österreichs sei das an seiner Unabhängigkeit, schrieb er im Januar 1813. Er verwarf sowohl die preußischen als auch die russischen Bündnisangebote. Andererseits begann er, sich behutsam Schritt für Schritt von Frankreich zu lösen. Im April kündigte er die förmliche Allianz mit Napoleon auf und erklärte Österreich zum neutralen, bewaffneten Vermittler, bereit, alle Seiten bei der Herbeiführung eines Friedens zu unterstützen. Er gab trotzdem nie die Hoffnung auf, den französischen Kaiser von der Notwendigkeit von Zugeständnissen überzeugen und eine Beendigung des Krieges ohne einen entscheidenden Sieg für die eine oder die andere Seite herbeiführen zu können. So würde eine Konstellation entstehen, die Metternich als die bestmögliche ansah: ein starkes, aber nicht mehr übermächtiges Frankreich als gleichwertiges Gegengewicht zu Rußland, mit viel Bewegungsspielraum für Österreich zwischen den beiden Großmächten.

Es stand nicht in der Macht der deutschen Juniorpartner Napoleons, sich gegen ihn zu stellen; andererseits fürchteten sie jetzt, er werde bald nicht mehr stark genug sein, sie zu schützen. Kaum nötig zu sagen, daß sie das Vordringen der russischen und preußischen Truppen mit Schrecken beobachteten, besonders nachdem am 25. März eine »Proclamation an die Deutschen« veröffentlicht worden war, unterzeichnet vom Oberbefehlshaber der russischen Truppen in dessen Hauptquartier in Kalisch und verkündet im Namen von Zar Alexander und König Friedrich Wilhelm. In diesem bemerkenswerten Dokument, das sich sowohl an die Regierungen als auch an die Bevölkerung der deutschen Staaten richtete, versprach General Kutusow die Wiederherstellung von »Ehre und Freiheit« und äußerte die Hoffnung, daß »jeder Deutsche, der des Namens noch würdig seyn will, rasch und kräftig sich anschließen« möge. Was denen drohte, die das Angebot ausschlugen, ging bei aller Vagheit der Formulierung aus dem Text der Deklaration doch unmißverständlich hervor: Der König und der Zar hofften, so der Wortlaut, daß kein Fürst die Gelegenheit, der deutschen Sache zu dienen, von sich weisen und damit seinen eigenen Ruin »durch die Kraft der öffentlichen Meinung und durch die Macht gerechter Waffen« riskieren werde. Mit Ausnahme Mecklenburgs, dessen Herzog ein Verwandter des Zaren war, reagierte kein deutscher Staat zustimmend auf diese Mixtur aus Versprechungen und Drohungen. König Friedrich von Sachsen, dessen Land in besonderem Maße zum Objekt russischer und preußischer Ambitionen prädestiniert war, fand in Österreich Zuflucht vor den einrückenden Befreiern. In einem am 20. April in Prag geschlossenen Vertrag sicherte er sich die volle Unterstützung Österreichs gegen jedwede Annexionsversuche. Bayern beschritt, obwohl noch nicht unmittelbar militärisch bedroht, einen ähnlichen Weg. Am 25. April verkündete die Regierung in München ihre Neutralität und traf Vorkehrungen für den Abschluß eines Paktes mit Österreich. Die Wittelsbacher, die 1807 bei der Neuverteilung ehemals preußischer Gebiete eifrig zugelangt hatten, hatten allen Grund, sich für den Fall eines preußischen Sieges über Frankreich Sorgen zu machen. Metternich setzte unterdessen seine Versuche fort, zwischen den kriegführenden Parteien zu vermitteln, Preußen aus der Umarmung mit Rußland herauszulösen und näher an Österreich heranzuziehen.

Solange die Unterstützung Österreichs und/oder der kleineren deutschen Staaten ausblieb, würden die preußischen und russischen Waffen den gemeinsamen Kampf gegen Napoleon bestreiten müssen; wie gewohnt, würden sie dabei auf die Hilfe der See- und Wirtschaftsmacht England rechnen können. Zu Beginn der Frühjahrsoffensive im April 1813 konnten die Preußen 80.000 Mann aufbieten, die wesentlich besser ausgebildet, motiviert und geführt waren als die Armee, über die Napoleon sieben Jahre vorher einen leichten Triumph errungen hatte. Die Russen führten eine Streitmacht von 110.000 Mann ins Feld, darunter 30.000 berittene Kosaken, die bereits seit Jahresbeginn an vorderster Front den zurückweichenden Franzosen mit Nadelstichen zusetzten. Im Norden standen eine schwedische Armee unter Jean Baptiste Bernadotte und ein kleines englisch-deutsches Kontingent bereit, den Kreis der Belagerer Napoleons zu schließen. Doch dieser hatte die Hoffnung auf einen Endsieg noch nicht aufgegeben, trotz seiner Schmach in Rußland, der kritischen Zuspitzung der Lage in Spanien und der schmerzhaften Auswirkungen der britischen Blockade. Er nutzte die ersten Monate des Jahres 1813, um die menschlichen und materiellen Reserven Frankreichs noch einmal gründlich auszuscharren und seine Streitmacht wieder aufzufüllen. Im April konzentrierte er seine Truppen im Herzen Deutschlands, zwischen Saale und Elbe, und hielt Ausschau nach einer Gelegenheit, seine Feinde zu isolieren und zu vernichten, bevor sie ihre Kräfte sammeln und vereinigen konnten. Am 2. Mai bei Lützen und drei Wochen später bei Bautzen konnte er den Verbündeten Niederlagen beibringen. Unter dem Eindruck jener Siege ihrer französischen Schutzherren scharten sich die deutschen Kleinfürsten schnell wieder um ihn. Friedrich von Sachsen kehrte seinen neuen österreichischen Verbündeten den Rücken, und Max Joseph von Bayern brach die Verhandlungen mit Wien ab. Die beiden Siege Napoleons waren jedoch nicht so durchschlagend, daß sie den Feldzug entschieden hätten. Beide Seiten willigten unter diesen Umständen Anfang Juni in einen Waffenstillstand ein.

Während der Kampfpause betätigte sich Metternich als ein von beiden Seiten respektierter Vermittler. In der Überzeugung, daß ein entscheidender Sieg sei es Napoleons, sei es seiner Gegner nicht im Interesse Österreichs lag, drängte er auf Ausgleich, Versöhnung und Frieden. Obwohl er die Folgen einer französischen Niederlage fürchtete, war ihm klar, daß Österreich nicht mehr sehr lange abseits stehen konnte. Die wachsende militärische Stärke der Verbündeten und der Triumph Wellingtons über Joseph Bonaparte in Spanien ließen darauf schließen, daß die Gewichte sich zu Ungunsten Frankreichs verschoben hatten und weiter verschieben würden. Einerseits ließ Metternich nicht in seinen Anstrengungen nach, Napoleon davon zu überzeugen, daß er kompromißbereit sein mußte, wenn er überleben wollte, andererseits sicherte er sich durch einen am 27. Juni unterzeichneten Vertrag mit den verbündeten Mächten ab. Erst nach dem Scheitern aller seiner Bemühungen, Napoleon Zugeständnisse abzuringen, erklärte Metternich Frankreich am 12. August den Krieg. Wenige Tage später begannen die Kontrahenten, ihre Truppen für die Schlacht in Stellung zu bringen, die, wie sie wohl wußten, die Entscheidung über die Zukunft Europas bringen würde.

Der Eintritt Österreichs in den Krieg bescherte den Verbündeten ein zusätzliches Kontingent von 127.000 Mann. Auf preußischer Seite kam dank der neuen Wehrpflichtbestimmungen und der unermüdlichen Arbeit der Militärreformer bis August eine Streitmacht von 228.000 Mann Infanterie, 31.000 Mann Kavallerie und 13.000 Mann Artillerie mit 376 Geschützen zusammen. Der Tod Scharnhorsts im Mai beraubte das preußische Heer zwar seines besten Soldaten, doch Gneisenau, dessen Fähigkeiten als Feldherr gerade erst sichtbar wurden, vertrat ihn gut. Gebhard Leberecht von Blücher, Preußens bekanntester Truppenführer, war mit seinen siebzig Jahren ein unverwüstlicher Haudegen, dessen Haß auf Napoleon und unbändiger Kampfeswille den Verbündeten Tatkraft und Zielstrebigkeit vorgab. Im August befehligte Blücher die in Schlesien zusammengezogene Armee, die mit ihren 90.000 Mann südlich von Breslau stand. Im Norden hatten 110.000 Schweden und Preußen unter dem Kommando Bernadottes Berlin eingenommen, und im Süden, an der oberen Elbe, führte Schwarzenberg eine gemischtnationale Streitmacht. Gegen seine Feinde trat Napoleon mit einem Heer von 442.000 Kombattanten an, darunter zahlreichen unzulänglich ausgebildeten, frisch einberufenen Wehrpflichtigen. Entgegen seinen Neigungen mußte er aus politischen Erwägungen einen erheblichen Teil seiner Truppen in Garnisonen stationiert lassen, wie in Dresden, wo König Friedrich August I., der unklugerweise ins französische Lager zurückgekehrt war, militärischen Schutz benötigte.

Napoleon hatte den Vorteil, von einem Zentrum aus gegen einen Ring von Feinden operieren zu können, die in bezug auf ihre Fähigkeit zur strategischen und taktischen Zusammenarbeit keine ermutigenden Referenzen aufzuweisen hatten. Nachdem der Kaiser aus einer erbittert geführten Schlacht bei Dresden Ende August als Sieger hervorgegangen war, versuchte er, seine Kräfte nochmals zu konzentrieren und anzugreifen, bevor die Gegner ihre Armeen zusammenführen konnten – eine klassische napoleonische Strategie. Dieses Mal ging seine Rechnung nicht auf. Am 16. Oktober mußte er sich bei Leipzig zum Kampf stellen. Drei Tage lang tobte die Schlacht auf einem weitläufigen Gelände um die Stadt herum. An Truppenzahl und Artillerie unterlegen, blieb Napoleon am Ende nichts anderes als der Rückzug, so daß die Verbündeten sich als Sieger dieses Waffenganges fühlen konnten, der in die Mythologie des Befreiungskrieges als die »Völkerschlacht« eingegangen ist.

Doch der Preis des Sieges war hoch. Die Verbündeten hatten 54.000 Tote und Verwundete zu beklagen, 5.000 Soldaten waren im Verlauf der Schlacht zu den Franzosen übergelaufen. Die Franzosen hatten über 38.000 Mann auf dem Schlachtfeld verloren und weitere 30.000 auf dem Rückzug; sie waren in Gefangenschaft geraten, als ein in Panik geratener Pionier durch vorzeitige Zündung einer Sprengladung der gesamten französischen Nachhut den letzten Fluchtweg abgeschnitten hatte. Napoleon mußte außerdem über 300 Kanonen und einen großen Teil seiner Transportmittel und Vorräte zurücklassen. Noch Tage später waren die Felder und Wiesen um Leipzig mit Leichen übersät, ein makaberer Anblick, den Wilhelm von Humboldt seiner Frau in einem Brief vom 20. Oktober zu schildern versuchte: »Es liegen noch eine große Menge von Toten darauf, die meisten halb oder ganz nackt ausgezogen, oft mehrere übereinander. Die meisten lagen mit ausgestreckten Armen auf dem Gesicht, wo man erst das Homerische ›die Erde mit den Zähnen nehmen‹ recht versteht und einsieht. Ein armer Hund suchte immer an einer Stelle herum und war nicht wegzubringen… Er hatte gewiß irgendeine Spur seines Herrn.« In der Stadt ließ sich wenig tun, um das Los der Verwundeten in den Spitälern, Kirchen und Schulen zu erleichtern, und wie gewöhnlich folgten Seuchen. Bald breitete sich im von Menschen überquellenden Leipzig Typhus aus, todbringend für die Verwundeten und ansteckend für die sie Pflegenden. Unter den Opfern der Seuche war Friedrich Wagner, ein pflichtbewußter Polizeibeamter, der eine Frau und einen sechs Monate alten Sohn namens Richard hinterließ.

Die Völkerschlacht markierte zweifellos das Ende der napoleonischen Vorherrschaft in Europa. Wenngleich der Kaiser in einem meisterhaft organisierten Rückzug entlang seiner wichtigsten Nachschublinien Anfang November unversehrt den Rhein erreichte, war sein Imperium nur noch eine Fiktion. Überall zerfielen seine Satellitenregime, kaum daß die französischen Garnisonen kapituliert hatten. Fragen nach der künftigen politischen Gliederung der deutschen

Länder ließen sich jetzt nicht mehr vermeiden. Was sollte mit den deutschen Statthaltern Napoleons geschehen? Welche Organisationsform sollte an die Stelle des Rheinbundes treten? Konnte das Reich oder etwas Ähnliches wiedererstehen? Wie ließ sich verhindern, daß die politischen Umgestaltungen von 1803 und 1806 ganz oder teilweise rückgängig gemacht würden? Wie würden die Ansprüche der siegreichen Verbündeten erfüllt werden und auf wessen Kosten? Was würde aus der österreichisch-preußischen Allianz werden, wenn die napoleonische Gefahr gebannt war? Vom Herbst 1813 an bis zum endgültigen Friedensschluß in Wien fast zwei Jahre später schlugen sich die siegreichen Mächte mit solchen Fragen herum. Ihre Bündnisse und ihre Zusammenarbeit drohten daran zu zerbrechen, und zeitweise gerieten sie darüber so in Streit, daß Krieg drohte. Wie an den Befreiungskrieg selbst knüpften sich an die Zukunft Deutschlands leidenschaftliche patriotische Appelle und eiskalte staatspolitische Interessenabwägungen, die Träume von Reformern wie Stein und die Berechnungen von Diplomaten wie Metternich.

Stein genoß 1813 und 1814 die unschlüssige und vielleicht kontraproduktive Unterstützung des Zaren Alexander, der sich scheinbar der Sache der nationalen Befreiung verschrieben hatte. Stein, der nicht mehr in den preußischen oder irgendeinen anderen deutschen Staat eingebunden war, konnte nach freiem Ermessen ein neues, vereintes, reformiertes und mächtiges Deutschland ausmalen. Für die Verwirklichung dieser Vision war er bereit, die »sechsunddreißig Kleindespoten« zu opfern, die ihre Legitimität als Herrscher verspielt hatten, da sie sich am Tisch des Tyrannen hatten aushalten lassen. Eine Zeitlang zog er sogar die Möglichkeit einer Auflösung Preußens in Betracht. »Ich habe nur ein Vaterland, das heißt Deutschland«, schrieb er im Dezember 1812. »Mir sind die Dynastien in diesem Augenblicke der großen Entwicklung vollkommen gleichgültig... Setzen Sie an die Stelle Preußens, was Sie wollen.« Als erst Preußen und dann Österreich in den Krieg eintraten, mußte Stein seine Ansichten revidieren, denn jetzt ging es um Verbündete des Zaren, nicht Napoleons. Im Herbst 1813 war er so weit, daß er sich drei »Deutschländer« vorstellen konnte, die sich zu einem Militärbündnis zusammentun würden: die westlichen Gebiete aus der Erbmasse des Rheinbundes, Österreich und Preußen. Der Zentralverwaltungsrat, den Stein im März 1813 ins Leben rief, sollte die Fundamente für dieses neue Deutschland legen, indem er die aus der französischen Herrschaft befreiten Gebiete unter seine Fittiche nahm. Stein hoffte, dieser Ausschuß könnte die bestehenden politischen Strukturen zerschlagen und die Bevölkerung für die Fortführung des Kampfes gegen Napoleon mobilisieren.

Für spätere Generationen deutscher Nationalisten war die Steinsche Vision einer geeinten deutschen Nation ein gerne beschworenes Vorbild für ihre eigenen politischen Entwürfe. Doch in der Situation der Jahre 1813 und 1814 fand Stein damit wenig Anklang; die Kühnheit seiner Pläne war in gewissem Sinne sogar ein Ergebnis seiner Isoliertheit. Der Freiherr konnte sich zwar eine vollständige Umgestaltung Mitteleuropas vorstellen, befand sich aber nicht in der Lage, irgendetwas in diese Richtung zu bewegen. Die Folge war, daß der große Patriot immer wieder herbe Enttäuschungen mit der Apathie des Volkes erlebte, das er aufrütteln wollte, und mit der Sturheit der Staatsmänner, die nicht bereit waren, ihre handfesten Interessen einer fernen Vision zu opfern. So unterschiedlicher Meinung sie in vielen Dingen waren, so einig waren sich Hardenberg und Metternich darin, daß die Steinschen Pläne unannehmbar seien. Beide Männer waren schließlich Diener ihres Staates, wußten um die Rivalitäten in der Vergangenheit, lauerten auf aktuelle Chancen und fürchteten künftige Nachteile. Nachdem Österreich in den Krieg eingetreten war, hatten sie ein gemeinsames Ziel, vergaßen jedoch nie, daß jede Friedensregelung ein Potential für künftige Konflikte in sich barg.

Am 9. September 1813 trafen sich die Herrscher Österreichs, Preußens und Rußlands, während ihre Soldaten sich für die Entscheidungsschlacht gegen Frankreich rüsteten, in Teplitz und unterzeichneten mehrere Verträge, in denen sie sich verpflichteten, bis zur endgültigen Niederlage Napoleons zu kämpfen sowie Österreich und Preußen wieder zur Größe und zum Status des Jahres 1805 zu verhelfen. Ferner einigten sich die drei Herrscher darauf, den Rheinbund aufzulösen, jedoch unter Wahrung der Großmachtinteressen. Eine derart unbestimmte Formulierung sollte die Meinungsverschiedenheiten zwischen Hardenberg und Metternich kaschieren. Ersterer sah in den kleineren deutschen Staaten potentielle Objekte preußischer Gebietserwerbungen. Er war bereit, für einen massiven preußischen Macht- und Gebietszuwachs im Norden und Osten österreichische Zugewinne im Süden zu tolerieren. Metternich steuerte einen vorsichtigeren, defensiven Kurs. Noch hatte er nicht die Hoffnung aufgegeben, eine Friedensregelung aushandeln zu können, die Frankreich als Gegengewicht zu Rußland bestehen lassen würde und in der die kleineren Staaten die Rolle nützlicher Puffer zwischen Ost und West spielen würden. Er unterband daher, so gut er konnte, alle Versuche, die Bevölkerung der westlichen Staaten gegen ihre Herrscher aufzuwiegeln.

Am 8. Oktober erzielte Metternich einen äußerst folgenreichen diplomatischen Erfolg, als Fürst Henry von Reuß, Befehlshaber der österreichischen Donau-Armee, und Karl Philipp Graf von Wrede, Kommandeur des bayerischen Kontingents, in Ried eine Vereinbarung unterzeichneten. Als Gegenleistung für den Austritt aus dem Rheinbund, die Bereitstellung von mindestens 36.000 Soldaten für die verbündete Sache und das Versprechen, keinen Separatfrieden mit Frankreich zu schließen, garantierte der österreichische Kaiser in seinem eigenen Namen sowie in dem seiner Verbündeten dem bayerischen Staat die volle und uneingeschränkte Souveränität. Gegen diesen Vertrag protestierten preußische Patrioten, die durch ihn den preußischen Bewegungsspielraum erheblich beschnitten sahen, und Stein, der ihn als Verrat an der deutschen Sache brandmark-te, sogar einige österreichische Politiker, die das Abkommen als ein Präjudiz gegen ein Zurückholen der westlichen Besitzungen Habsburgs deuteten. Doch Metternich konnte sich durchsetzen. Mehr noch: Er schloß im Laufe des Novembers und Dezembers ähnliche Unterstützungs- und Garantieabkommen mit Württemberg, Hessen-Darmstadt, Baden, Nassau, Sachsen-Coburg und Hessen-Kassel ab. Wenn diese Staaten in ihrer von Napoleon geschaffenen Gestalt bestehen blieben, konnten die Reichsfürstentümer der Äbte, Bischöfe, Grafen und Ritter nicht wiedererstehen, und das bedeutete, daß das napoleonische Deutsch-land die Niederlage seines Schöpfers überleben würde, das alte Reich hingegen bereits erloschen war.

Während es Metternich gelang, die westlichen deutschen Staaten vor einer Zerschlagung zu bewahren, konnte er den Sturz Napoleons nicht verhindern. Nach dem Sieg in der Leipziger Völkerschlacht nahm der Kanzler seine Vermitt-lungsbemühungen erneut auf; sie erhielten jetzt eine Dringlichkeit durch das wachsende Interesse Alexanders I. an einer Ausweitung des russischen Einflusses in Europa. Napoleon wollte jedoch die Zugeständnisse, die nötig gewesen wären, um die Verbündeten zufriedenzustellen, nicht machen, auch nicht, als ihre Trup-pen bereits französischen Boden betreten hatten. Zum Weiterkämpfen entschlos-sen, konnte Napoleon noch einige kleine Siege erringen, die angesichts der er-schöpften Veteranen und Rekruten, die er in die Schlacht führte, recht bemer-kenswert waren. Doch zu mehr als einem Hinauszögern des Unvermeidlichen reichte es nicht. Am 30. März 1814 vereinigten sich Truppen Blüchers und Schwarzenbergs auf den Höhen des Montmartre und nahmen nach einem kurzen Scharmützel die Kapitulation von Paris aus den Händen der beiden Brüder des Kaisers, der Ex-Könige Joseph und Jérôme, entgegen. Tags darauf ritten die verbündeten Monarchen im Triumph durch die Straßen von Paris und brachten damit die lange Reise, die zweiundzwanzig Jahre zuvor unter völlig anderen Vorzeichen begonnen hatte, zu Ende. Napoleon unternahm einen verzweifelten Versuch, die rückwärtigen Verbindungen Schwarzenbergs zu kappen und ihn dadurch zur Umkehr zu zwingen, doch der Erfolg blieb aus. Am 6. April dankte der Kaiser ab und ergab sich den Briten. Der Waffenstillstandsvertrag, den die Verbündeten am 30. Mai mit den restaurierten Bourbonen schlossen, verpflich-tete die kriegführenden Parteien, zur Aushandlung eines umfassenden Friedens einen Kongreß nach Wien einzuberufen.

Ein letzter Akt des napoleonischen Dramas sollte sich anschließen, ein letztes Aufflackern eines verzehrenden Ehrgeizes und eines unbändigen Willens: Ende Februar 1815 entkam Bonaparte aus dem Exil auf Elba, landete in Südfrankreich und begann nordwärts gen Paris zu marschieren. Die verbündeten Regierungen, die sich in Wien versammelt hatten, erklärten ihn für vogelfrei und gelobten, ihn zu vernichten. In Frankreich wurde Napoleon hingegen als Held begrüßt. Die ihm mit dem Auftrag, ihn zu verhaften, entgegengeschickten Truppen liefen zu ihm über, und die Repräsentanten der frisch restaurierten Monarchie flohen in Panik. Kaum hatte sich Napoleon wieder in den Tuilerien etabliert, verlangte er von seinem Volk eine neue Armee, und noch einmal erhielt er sie. Innerhalb von acht Wochen kamen so viele Veteranen, junge Freiwillige, dazu ein Sammelsurium von Zollbeamten, Polizisten und anderen zusammen, daß er 280.000 Mann ins Feld führen konnte. Napoleon wußte, daß er zuschlagen mußte, bevor die Verbündeten mit der vollen Wucht ihrer vereinigten Streitmächte gegen ihn vorgehen konnten. Anfang Juni marschierte er mit seinen Truppen nach Holland, wo er Wellington und Blücher stellen wollte. Tatsächlich traf er auf die Preußen Blüchers und brachte ihnen am 16. Juni bei Ligny eine empfindliche Niederlage bei. Dann machte er kehrt, um Wellington den Weg abzuschneiden und ihn tags darauf zu vernichten. Es dauerte bis zum 18., ehe die beiden Armeen aufeinandertrafen, doch dann tobte der Kampf den ganzen Tag über entlang einer vierhundert Meter langen Front zwischen dem Dorf La Belle Alliance und dem Kamm des Mont Saint Jean unmittelbar südlich von Waterloo. Es wurde eine der legendärsten Schlachten der Kriegsgeschichte, und entschieden wurde sie letzten Endes durch die außerordentliche Disziplin von Wellingtons Berufssoldaten und die rechtzeitige Ankunft der Preußen, die Blücher nach der Niederlage von Ligny rasch wieder gesammelt und in Marsch gesetzt hatte. Am Abend befand sich die gesamte französische Streitmacht auf der Flucht, verfolgt von der Kavallerie Blüchers. Die Ära Napoleons war endgültig zu Ende.

Fast ein Vierteljahrhundert lang hatten die größten Armeen, die je in der europäischen Geschichte ins Feld gezogen waren, auf deutschem Boden gekämpft. Die Truppen der Revolution hatten hier 1793/94 ihre ersten Siege errungen, und Napoleon hatte bei Leipzig die entscheidende Niederlage erlitten, die ihn über den Rhein zurückzwang. Kein Lebensbereich in Deutschland war von der Gewalt und den Erschütterungen jener Jahre unberührt geblieben. Das Heilige Römische Reich, das zu Beginn dieser Ära noch den Rahmen und die Grundlage aller Politik in Deutschland gebildet hatte, war verschwunden. Ebenso waren Dutzende von Kleinfürstentümern untergegangen, oft ohne eine Spur zu hinterlassen. Eine Anzahl neuer Staaten, zugeschnitten vom französischen Eroberer in Zusammenarbeit mit alteingesessenen Dynastien, war an die Stelle des Flickenteppichs reichsunmittelbarer Kleinfürstentümer im Süden und Westen getreten. Die beiden deutschen Großmächte Österreich und Preußen überlebten die revolutionäre Ära, wenngleich mit veränderten Grenzen und Institutionen. Weniger deutlich sichtbar, aber vielleicht nicht weniger bedeutsam als diese grundlegenden Veränderungen der politischen Geographie und der institutionellen Strukturen waren die Umwälzungen, die sich während der revolutionären Epoche in der kulturellen Sphäre vollzogen, wo sich neue Orientierungen in Literatur, Philosophie und Kunst sowie neuartige individuelle Sensibilitäten und öffentliche Erwartungen Bahn brachen.

Kultur in der Epoche der Revolution

Am Neujahrstag des Jahres 1792, als die politische Druckwelle der französischen Revolution gerade erst begonnen hatte, östlich des Rheins spürbar zu werden, erschien im »Aachener Zuschauer« ein Aufsatz von Franz Dautzenberg über den »Geist unserer Zeit«, als dessen grundlegendes Motiv er den »fast allgemein gewordenen Drang zu einer neuen Existenz« bezeichnete. Es gebe, fuhr er fort, »kaum einen Staat auf dem weiten Erdrunde, wo nicht der leidige Kitzel nach Aenderung der bürgerlichen Verhältnisse sich mehr oder minder... geäußert hat«. Acht Jahre später begrüßte ein evangelischer Pfarrer das neue Jahrhundert mit ähnlichen Empfindungen: »Reges, treues Aufstreben zu etwas Neuem und Besserem ist... der unverkennbare Charakter unseres Jahrhunderts.« Und 1804 leitete Hermann von Boyen, damals Leutnant in der preußischen Infanterie, seine preisgekrönte Abhandlung über taktische Fragen mit dem Bekenntnis ein, das höchste, heiligste Gebot des menschlichen Geistes sei das unermüdliche Streben nach Fortschritt.

In dem Vierteljahrhundert nach 1789 ließ eine politische Aufbruchstimmung die Herzen vieler aufgeweckter Menschen in Europa höher schlagen, Menschen, die darauf brannten, diese, wie es schien, einmalige Chance zu nutzen und in das große Spiel um Macht, Reichtum und Ruhm einzugreifen. Auch in die individuelle Sphäre mancher Zeitgenossen zog ein neues Lebensgefühl ein, eine gesteigerte Intensität des Empfindens und Erlebens von Liebe und Verrat, Trauer und Freude, Erfolg und Scheitern. Wieder andere ließen sich zu hochfliegenden Träumen von kultureller Erneuerung und künstlerischem Aufbruch verleiten. In einem jungen Mann wie Hegel, der sich vorgenommen hatte, die Entwicklung des menschlichen Geistes von seinem Ursprung bis in die Gegenwart zu ergründen und zu deuten, brodelten Triebkräfte, die auf ihre Art nicht weniger himmelstürmend waren als jene, die einen unbekannten korsischen Leutnant zu seinen grandiosen Triumphen und Niederlagen trugen. Es war eine Epoche, die von ihren begabtesten und tatkräftigsten Zeitgenossen nichts Geringeres zu verlangen schien als Größe.

Größe hat immer ihren Preis, und ein grenzenloses Verlangen nach etwas Neuem und Besserem führt häufig zu einem tiefen Sturz. Die Lebensläufe herausragender Persönlichkeiten sind voller Tragik: unerträgliches Leid, unheilbare geistige Verwirrung, Krankheit, früher Tod. Was Wilhelm Dilthey über Friedrich Schlegel sagte – er habe sich mit seinen schrankenlosen Ansprüchen an das Leben in Stücke gerissen –, ließe sich über viele von Schlegels Zeitgenossen sagen, deren Existenz zermalmt wurde von den Anforderungen, die sie an sich selbst, ihre Nächsten und an die Welt, in der sie lebten, stellten. Es überrascht deshalb nicht, feststellen zu müssen, daß mit dem Verlangen nach Erneuerung eine Sehnsucht nach Synthese, Versöhnung und Sicherheit einherging. Ebenso leidenschaftlich, wie die Menschen sich eine bessere Welt herbeiwünschten, hofften sie, daß von irgendwoher neue Sicherheiten und Refugien kommen würden. Diese Hoffnungen fanden ihren Ausdruck etwa in dem für Friedrich Schlegel so wichtigen Begriff der organischen Einheit, in der »einigenden Kraft«, der Hegel wieder einen Platz im menschlichen Sein verschaffen wollte, oder in Adam Müllers Vorstellung von der in der politischen Ordnung der mittelalterlichen Welt waltenden Harmonie.

Kennzeichnend für die Kultur der revolutionären Epoche ist das Miteinander von Erneuerungsstreben und Friedenssuche, Rastlosigkeit und Heimweh, Aufbegehren und Versöhnung. Goethe, der Schöpfer des »Faust«, einer epischen Auseinandersetzung mit dem Ehrgeiz des Menschen, war auch der Autor von »Herrmann und Dorothea«, einer idyllischen Hymne auf den häuslichen Frieden. Schiller, der sich in seinen Dramen so oft mit den gewalttätigen Kämpfen der Menschen um Ruhm und Freiheit beschäftigte, wußte, daß diese Kämpfe meistens in Katastrophen münden. Sein »Pilger«, der die Geborgenheit des Vaterhauses verläßt, um in der Ferne seine Erfüllung zu finden, erkennt schließlich, daß seine Suche nie an ein Ziel führen wird:

>»Ach, kein Steg will dahin führen,
>Ach, der Himmel über mir
>Will die Erde nie berühren,
>Und das Dort ist niemals Hier.«

Und Hölderlin kannte die traurige Antwort auf die Frage, die er in seinem Gedicht »Die Heimath« stellte:

>»Ihr teuern Ufer, die mich erzogen einst,
>Stillt ihr der Liebe Leiden, versprecht ihr mir,
>Ihr Wälder meiner Jugend, wenn ich
>Komme, die Ruhe noch einmal wieder?«

Heimweh bedeutete für diejenigen, die in den Strudel der revolutionären Entwicklung hineingerissen wurden, die Suche nach einem stabilen Standort, nach etwas Authentischem, woran man glauben konnte, nach einer nährenden Gemeinschaft, der man angehörte. So grundverschiedene Denker wie Novalis und Hegel setzten Philosophie mit Heimweh gleich, in dem Wunsch, »überall zu Hause zu sein«.

Romantik

Nirgendwo kommen die widersprüchlichen Impulse innerhalb der Kultur der Revolutionszeit deutlicher zum Ausdruck als in den Lebensläufen und Werken jener Publizisten, Dichter und Maler, die der Romantik zugerechnet werden. Was die Romantik war, läßt sich deshalb nur schwer definieren, weil es ihr an einem autoritativen Zentrum, an transzendenten Zielen und an jener inneren Geschlossenheit fehlte, die es ermöglichen würden, den Wesenskern ihrer Auffassungen herauszuarbeiten und anhand dessen zu entscheiden, wer dazugehörte und wer nicht. Die Romantik war eine Bewegung, keine Schule; sie war wesensmäßig dynamisch, fragmentiert und multivalent. Sie strebte mehr nach stilistischer Erneuerung als nach Bekräftigung, eher nach dramatischer Entäußerung als nach sorgfältiger Pflege konventioneller Formen. Die Romantiker bezogen ihre Identität aus ihrer geschichtlichen Situation. Sie waren, um Hugh Honour zu zitieren, »vereint nur am Anfang ihres Weges«. Was sie miteinander teilten, waren Fragen und Sehnsüchte, nicht Antworten und erreichte Ziele.

Die Romantiker der ersten Generation wurden um 1770 herum geboren. Sie waren alt genug, um sich an die vorrevolutionäre Welt zu erinnern, aber zu jung, um in ihr schon einen festen Platz gefunden zu haben. Zu dieser Gruppe gehörten: August Wilhelm Schlegel (1767), Friedrich Hölderlin (1770), Friedrich Schlegel (1772), Novalis (1772), Ludwig Tieck (1773) und Wilhelm Heinrich Wackenroder (1773). Sie alle veröffentlichten ihre ersten wichtigen Werke gegen Ende der neunziger Jahre, als die historische Bedeutung der revolutionären Umwälzungen zunehmend deutlich wurde. Diese jungen Leute hatten untereinander vielfältige Kontakte. Tieck und Wackenroder studierten zusammen in Erlangen und arbeiteten gerade an einem gemeinsamen Roman, als Wackenroder starb. Tieck lernte später in Berlin Schlegel kennen, wo beide in denselben Salons verkehrten. August Wilhelm Schlegels Haus in Jena war 1799 ein Treffpunkt für seinen Bruder Friedrich, Tieck, Novalis, den Philosophen Schelling und einige führende geistige Köpfe. Eine zweite, manchmal als »Spätromantiker« bezeichnete Generation wurde ein rundes Jahrzehnt nach der ersten geboren: Clemens Brentano (1778), Achim von Arnim (1781), Adalbert von Chamisso (1781), Peter Cornelius (1783), Joseph von Eichendorff (1788), Franz Pforr (1788) und Johann Friedrich Overbeck (1789). Auch innerhalb dieser Gruppe bestand ein Netz von Beziehungen. Brentano, Arnim und Joseph Görres (1776) arbeiteten in Heidelberg gemeinsam an der Sammlung volkskundlicher Materialien, und Overbeck, Pforr und später auch Cornelius lebten in einem römischen Kloster und begründeten dort eine künstlerische Schule, die unter dem Namen »Nazarener« bekannt wurde.

Die meisten Romantiker übten keinen regulären Beruf aus und mußten ihren Lebensunterhalt aus kleinen Erbschaften, aus den Erträgen ihrer künstlerischen Arbeit oder aus wohltätigen Zuwendungen ihrer Freunde bestreiten. Die Förderung durch Mäzene, die im Leben von Männern wie Goethe, Schiller, Herder oder Lessing noch eine große Rolle gespielt hatte, verlor in der revolutionären Ära an Bedeutung; abgesehen davon, hätten die jungen Romantiker es kaum ertragen, auf den Willen eines Mäzens Rücksicht nehmen zu müssen. Als Heinrich von Kleist den Entschluß gefaßt hatte, sein Offizierspatent zurückzugeben, um sich ganz der Literatur und Philosophie zu widmen, erklärte er einem seiner ehemaligen Lehrer, es sei zwar nicht ausgeschlossen, daß er sich eines Tages um eine Stellung im Staatsdienst bemühen werde, er bezweifle es jedoch sehr. Er schätze sich so glücklich, seine »goldene Unabhängigkeit« zurückgewonnen zu haben, daß er ewig zurückscheuen werde, sie sich noch einmal abkaufen zu lassen. Immer bedürftig, fast immer unsicher und heimatlos, bezahlten die Romantiker einen hohen Preis für die künstlerische Selbständigkeit, die sie in ihren Arbeiten idealisierten.

Die Angehörigen der Romantikergeneration strebten nach neuen Freiheiten in ihrer persönlichen Lebensgestaltung. So wie sie es ablehnten, sich in konventionelle Laufbahnmuster einzugliedern, stellten sie die gültigen Moralbegriffe ihrer Umwelt und die formellen Regeln des gesellschaftlichen Umgangs in Frage. Sie wollten von allem mehr: mehr Befriedigung in der Arbeit, mehr Tiefe in der Freundschaft, mehr Leidenschaft in der Liebe, mehr Erfüllung in der Ehe. Manche fanden sich in Geheimzirkeln zusammen, wie dem Tugendbund, der etliche der begabtesten jungen Leute aus der Bildungselite Berlins anzog. Andere schlossen sich Künstlergruppen wie den Nazarenern an. In der Kunst wie im Leben machten die Romantiker aus der Freundschaft einen Kult, eine Beziehung zwischen zwei oder mehr Menschen, die dadurch angezeigt, vertieft und bekräftigt wurde, daß man sie besang und zelebrierte. Manchen Paaren gelang es, eine Ehe neuen Typs zu leben, bei der Freundschaft und sexuelle Liebe eine Einheit bildeten. Viele suchten vergeblich nach sexueller Erfüllung. Hölderlin, Kleist und Schleiermacher litten unter den Frustrationen unerwiderter Leidenschaft.

Dem Kreis der Romantiker gehörten einige wenige couragierte Frauen an, die ihr Schicksal selbst in die Hand zu nehmen versuchten. Caroline Michaelis träumte von lebenslanger Unabhängigkeit: »Ich würde, wenn ich ganz mein eigener Herr wäre«, schrieb sie als Achtzehnjährige, »und außerdem in einer anständigen und angenehmen Lage leben könnte, weit lieber gar nicht heiraten, und auf andre Art der Welt zu nutzen suchen.« Nach dem Tod ihres ersten Mannes ging sie eine Beziehung zu einem französischen Offizier ein, wurde als Freundin von Georg Forster 1793 in Mainz von preußischen Truppen in Haft genommen, heiratete später August Wilhelm Schlegel und ließ sich 1801 von ihm wieder scheiden, um Friedrich Wilhelm Joseph Schelling zu heiraten. Moses Mendelssohns Tochter Dorothea verließ nach zwanzig Jahren Ehe ihren Mann, einen Bankier, für Friedrich Schlegel, dem sie mit schriftstellerischen Arbeiten, die oft unter seinem Namen erschienen, beim Geldverdienen half. Dorothea Mendelssohn-Veit, Rahel Varnhagen von Ense, Tochter von Marcus Levin, Henriette Herz und andere begüterte und kultivierte junge Berliner Jüdinnen eröffneten in den neunziger Jahren Salons, die zu Treffpunkten für einige der aufgeschlossensten Bürger der preußischen Hauptstadt wurden und einen Hort romantischer

Geselligkeit darstellten. Für Friedrich Schleiermacher waren diese Salons Kleinodien, weil hier die hierarchischen Ordnungen von Familie und bürgerlicher Gesellschaft außer Kraft gesetzt waren und daher jedermann »Gesetzgeber« in eigener Sache sein konnte. August Varnhagen von Ense, Rahels Mann, erinnerte sich später an die Jahrhundertwende in Berlin als eine Zeit, in der die Regeln, denen das Leben in der Gesellschaft gehorchte, durch »Intelligenz, Talent und individuelle Leistungen« definiert worden seien.

Die persönlichen Beziehungen zwischen den Romantikern und den deutschen Schriftstellern der älteren Generation litten oft unter Eifersüchteleien und Mißverständnissen. So war Schiller entsetzt über die herausfordernde Intelligenz Caroline Schlegels, die in grellem Kontrast zu dem traditionellen Bild weiblicher Häuslichkeit stand, das er in Gedichten wie dem »Lied der Glocke« gezeichnet hatte. Goethe begegnete jungen und talentierten Leuten nicht eben freundlich. Er ignorierte Hölderlin und behandelte Kleist mit ausgesuchter Grausamkeit und Herablassung. Ungeachtet dessen waren die Romantiker sich bewußt, daß ihre Ideen auf den Leistungen ihrer Vorgänger aufbauten. Friedrich Schlegel bewunderte Goethe und arbeitete eine Zeitlang mit Schiller zusammen. Hölderlin und Kleist waren stark von Kant beeinflußt, dessen Bedeutung sie auch noch anerkannten, nachdem sie seine philosophischen Grundsätze für sich verworfen hatten. In den Schriften von Novalis und vielen anderen schlug sich unübersehbar der Einfluß des Pietismus nieder, und so hatten sie Anteil an dem lang währenden Prozeß, durch den die pietistische Empfindsamkeit nach und nach in das säkulare Denken eindrang. Das Interesse der Romantiker für die Volkskultur und ihre Bewunderung für unberührte Natur und primitive Gesellschaften wurzelten in den Ideen Hamanns und Herders. Ihr Bild vom rebellischen Helden ging auf Vorbilder in den Werken der Sturm-und-Drang-Autoren zurück. Die Vorstellungen der Romantiker von der Unabhängigkeit des Künstlers und der zentralen Bedeutung der Kunst hatten Goethe in seinem Aufsatz über die Gotik, Herder in seinen Schriften zur Poesie und Kant in seinen Betrachtungen zur Ästhetik vorweggenommen. Die Romantiker übernahmen von früheren Schriftstellergenerationen die Forderung nach moralischer und geistiger Erneuerung, eine Verpflichtung, der sie mit Blick auf die kritischen Entwicklungen ihrer eigenen Gegenwart eine neue, zeitgemäße Definition zu geben versuchten.

Das wichtigste Bindeglied zwischen den Romantikern und der moralischen Reformtradition des 18. Jahrhunderts lieferte Friedrich Schiller, dessen Aufsätze »Über die ästhetische Erziehung des Menschen« und »Über naive und sentimentalische Dichtung« eine unmittelbare und mächtige Wirkung entfalteten, als sie Mitte der neunziger Jahre erschienen. Der erstgenannte Aufsatz, zunächst als eine Folge von Briefen an den Herzog von Schleswig-Holstein verfaßt und in überarbeiteter Fassung 1795 in »Die Horen« veröffentlicht, bekräftigte den politischen Primat der Kultur und namentlich der Kunst, zumal angesichts der revolutionären

Umwälzungen. »Um jenes politische Problem in der Erfahrung zu lösen«, schrieb Schiller am Schluß des zweiten Briefes, müsse man »durch das ästhetische den Weg nehmen…, weil es die Schönheit ist, durch welche man zu der Freiheit wandert«. Seinen Darlegungen über den gesellschaftspolitischen Wert der Schönheit fügte Schiller seine vieldiskutierte Diagnose der Gebrechen der Gesellschaft, in der er lebte, hinzu. Wohin man auch blicke, schrieb er, sehe man sich mit Zwietracht und Zersplitterung konfrontiert: in Wissenschaft, Kunst und Gesellschaft, auch im Staat. Da diese Fehlentwicklung kulturelle Ursachen habe, müsse auch die Heilung im kulturellen Bereich ansetzen. Nur die Schönheit, so Schillers Überzeugung, könne der Menschheit die Kräfte zurückgeben, die sie in ihrem Urzustand besessen habe, ohne die im Kulturprozeß erreichten Verfeinerungen zu opfern. In dem Aufsatz »Über naive und sentimentalische Dichtung«, ebenfalls 1795 in »Die Horen« ediert, griff Schiller ein ähnliches Thema auf. Er stellte die Kraft und Spontaneität natürlicher, primitiver Schönheit der entwickelten Formensprache der modernen Ästhetik gegenüber und erklärte, zu wirklicher Kunst gehöre stets beides: primitive Kraftentfaltung und klassisch gestaltete Harmonie, natürliche Echtheit und meisterliche Künstlichkeit. Um sich aus der Sterilität und Zersplitterung der Gegenwart zu befreien, müsse die Menschheit die verlorengegangenen Teile ihres ursprünglichen Wesens zurückholen: »Unsere Kultur soll uns, auf dem Wege der Vernunft und der Freiheit, zur Natur zurückführen.« Immer wieder machten sich die Romantiker auf die Suche nach diesem Weg, von dem sie hofften, er werde sie zur Wiedervereinigung von Kultur und Natur, Gemeinschaft und Individualität, Kunst und Leben führen.

Die Schillerschen Aufsätze erschienen genau in dem Moment, da die Angehörigen der ersten Romantikergeneration dabei waren, ihre Ansichten über die Welt zu formulieren. Friedrich Schlegel war 1795 dreiundzwanzig Jahre alt und arbeitete fleißig an seinem Buch über die griechische Literatur. Schlegel entstammte einer angesehenen norddeutschen Familie. Sein Vater war Pfarrer und Gelehrter, sein Onkel Kritiker, Dramatiker und einer der ersten, die die deutsche Öffentlichkeit auf Shakespeare aufmerksam machten. Für Friedrich war, da die Familie davon ausging, daß sein älterer Bruder August Wilhelm die literarische Familientradition fortführen würde, eine kaufmännische Ausbildung vorgesehen. Als ihm diese jedoch nicht behagte, wandte er sich zunächst der Juristerei und dann der Literatur zu. Bald kam er mit jungen Leuten in Kontakt, die ähnliche ästhetische Interessen hatten, und 1797 war er bereits eine geachtete Persönlichkeit in den Berliner Salons. Friedrich war ein fleißiger Leser und ein fruchtbarer Autor. Er redigierte die bekannte Zeitschrift »Athenäum«, kannte alle interessanten Leute, verschrieb sich jedoch nie einem Anliegen oder Werk, das seiner Begabung angemessen gewesen wäre. Seine letzten fünfzehn Lebensjahre fristete er als bezahlter Publizist diverser reaktionärer Interessengruppen. Seine historische Wirksamkeit verdankte er vor allem dem Werk seines Bruders August Wilhelm, eines weniger originellen, aber systematischeren Denkers, dessen »Vorlesungen über dramatische Kunst und Literatur«, gehalten 1808 in Wien und in Buchform 1809 bis 1811 erschienen, zusammen mit »De l'Allemagne«, dem Hauptwerk seiner Freundin Madame de Staël, zur maßgeblichen Quelle für die europaweite Rezeption und Deutung der deutschen Romantik wurde.

Wie Schiller 1795, widmete sich auch Friedrich Schlegel der Aufgabe, die schmerzliche Zersplitterung zu überwinden, die er um sich herum erlebte. In seinen frühen Schriften deutete er an, daß Harmonie durch eine Wiedereingliederung der Vergangenheit in die Gegenwart, durch eine Vereinigung des essentiell Modernen mit dem essentiell Klassischen erlangt werden könne. Sein Buch »Über das Studium der griechischen Poesie« schloß er mit einer Hommage an Winckelmann und die anderen Klassizisten, die sich um ein wahres Verständnis der griechischen Literatur bemüht hatten. Seine Beschäftigung mit der Klassik wurde jedoch zunehmend von einem Interesse für die dynamischen Kräfte der Zukunft verdrängt, welche er in einer Bewegung walten sah, die er zuweilen als die »romantische« bezeichnete. Romantische Literatur, schrieb er in seinem berühmten Fragment von 1798, sei immer im Werden begriffen; es sei ihr eigentliches Wesen, »daß sie ewig nur werden, nie vollendet sein kann.« Die Aufgabe der Romantik bestehe, wie die Aufgabe der klassischen Ideale, darin, die zersplitterten Elemente des modernen Seins zusammenzufassen und so die Harmonie ins menschliche Leben zurückzubringen: »Die romantische Poesie ist eine progressive Universalpoesie. Ihre Bestimmung ist nicht bloß, alle getrennten Gattungen der Poesie wieder zu vereinigen und die Poesie mit der Philosophie und Rhetorik in Berührung zu setzen. Sie will und soll auch Poesie und Prosa, Genialität und Kritik, Kunstpoesie und Naturpoesie bald mischen, bald verschmelzen, die Poesie lebendig und gesellig und das Leben und die Gesellschaft poetisch machen.« In den Mittelpunkt des titanischen Kampfes um eine neue Einheit von Leben und Kunst stellte Schlegel den Künstler selbst, gekleidet in die Heldentracht des moralischen Gesetzgebers, die er für die Dauer des nächsten Jahrhunderts tragen sollte. Durch die Künstler, schrieb er 1799, »wird die Menschheit ein Individuum, indem sie Vorwelt und Nachwelt in der Gegenwart verknüpfen. Sie sind das höhere Seelenorgan, wo die Lebensgeister der ganzen äußeren Menschheit zusammentreffen und in welchem die innere zunächst wirkt.« Der Künstler müsse frei sein, wie es die Romantiker als ihren wichtigsten Grundsatz definierten. Schlegel hoffte freilich auf einen maßvollen Umgang der Künstler mit dieser Freiheit. Er setzte dabei auf das, was er als den künstlerischen Sinn für Ironie bezeichnete, die intellektuelle Fähigkeit, auf Distanz zu seinem Material zu gehen und seine Vorstellungskräfte im Zaum zu halten. In Wirklichkeit waren weder Schlegel noch seine Zeitgenossen imstande, den Widerspruch zwischen ihrem Glauben an die künstlerische Freiheit und ihrer Überzeugung von der gesellschaftlichen Mission der Kunst aufzulösen. Künstler, die sich zum romantischen

Caroline Schlegel. Gemälde von Friedrich August Tischbein, 1798. Privatbesitz. – Rahel
Varnhagen von Ense. Zeichnung von Wilhelm Hensel, 1822. Berlin, Staatliche Museen
Preußischer Kulturbesitz, Nationalgalerie. – August Wilhelm Schlegel: »Über dramatische
Kunst und Literatur«. Erste Seite des Manuskripts für den am 31. März 1808 in Wien
begonnenen Vorlesungszyklus. Stiftung Weimarer Klassik. – Novalis' Gedanken zur
Fortsetzung des Romans »Heinrich von Ofterdingen«. Eigenhändige, um 1800 entstandene
Ideenskizze mit der Verherrlichung der Dichtkunst und ihres romantischen Symbols, der
Blauen Blume. Berlin, Staatsbibliothek

Allegorie auf die Stiftung der Heiligen Allianz zur Bekämpfung von Liberalismus und Nationalismus in Europa am 26. September 1815: der Bund der Monarchen von Österreich, Rußland und Preußen. Gouache von Heinrich Olivier, 1815. Dessau, Staatliche Galerie

Selbstverständnis bekannten, sahen sich daher von nun an mit einer doppelten Bürde belastet: ihrer besonderen, unbedingten Hingabe an die eigene Vision und der allgemeinen Verantwortung, die sich aus der Verpflichtung ergab, die Menschheit voranzubringen.

Die Idealisierung des Künstlers verführte die Romantiker dazu, ihm eine zentrale Rolle in der literarischen Theorie und Praxis zu geben. Schlegel trug viel dazu bei, das Verhältnis zwischen Kunst und Künstler zu einem Hauptanliegen der Kunstkritik zu machen. Er war der erste, der literarische Arbeiten wie die Shakespeare-Sonette als biographische Informationsquellen behandelte. Zugleich stellten andere romantische Autoren den Künstler als Protagonisten in den Mittelpunkt ihrer Werke. Wackenroders »Herzensergießungen eines kunstliebenden Klosterbruders«, Tiecks »Franz Sternbalds Wanderungen«, Novalis' »Heinrich von Ofterdingen« und Hölderlins »Hyperion« schilderten allesamt die Suche des Künstlers nach Schönheit. Als Goethe es in »Wilhelm Meisters Lehrjahre« wagte, einen jungen Mann zu porträtieren, der der Kunst Lebewohl sagte, ziehen manche ihn der Ketzerei. Novalis bezeichnete den »Wilhelm Meister« als ein anrüchiges Buch, das den Untertitel »Wallfahrt zu einem Adelspatent« tragen sollte. Das glich einem Hieb gegen den frisch geadelten Frankfurter Bürgersohn, ausgeteilt von einem Aristokratensprößling; denn Novalis war das Pseudonym für Georg Friedrich von Hardenberg.

Für Novalis war der Künstler nicht nur Urheber von Kunst, sondern auch deren interessantester Gegenstand. Und was konnte individueller sein als die Selbsterfahrung des Dichters, die innere Welt, zu der er allein Zugang hatte und über die er allein herrschte? Goethes Werther wurde, als er in sich ging, um eine Welt zu finden, von seinem Schöpfer auf eine Reise in die Isolation, den Wahnsinn und den Tod geschickt. Für den romantischen Helden war die Wendung nach innen eine Hinwendung zu wahrem Gefühl und authentischem Leben. »Die Tiefen unseres Geistes kennen wir nicht«, schrieb Novalis. »Nach Innen geht der geheimnisvolle Weg.« Damit bezeichnete Novalis die Richtung, die fast alle romantischen Helden auf dem Weg zur Selbsterkenntnis einschlugen. Wie der Protagonist in einer von E. T. A. Hoffmanns Erzählungen, mußten sie tief in ihr Bewußtsein hinabsteigen, um dort das zu finden, was der Maler Caspar David Friedrich den einzigen Springquell wahrer Kunst genannt hat, »unser eigenes Herz«.

Verglichen mit dem Reich der Empfindungen, fanden viele Romantiker die sogenannte wirkliche Welt grau und uninteressant. So behauptete Friedrich Schlegel, daß »das beste in den besten Romanen nichts anders ist als ein mehr oder minder verhülltes Selbstbekenntnis des Verfassers«. Englische Bildungsromane waren seiner Meinung nach nur für denjenigen von Interesse, der etwas über Mode, Langeweile und die bei den Junglords zur Zeit beliebtesten Schimpfwörter erfahren wollte. »Richtige« Romane beschäftigten sich nicht mit Ereignissen, sondern mit Gefühlen, nicht mit dem Zustand der Gesellschaft, sondern mit dem des eigenen Bewußtseins. In Novalis' Roman »Heinrich von Ofterdingen« begibt sich der Held auf die Suche nach der »Blauen Blume«. Sie sollte zum überdauernden Symbol der romantischen Literatur werden. Sich in einer Art doppelter Traumwelt bewegend, verliert er bei seiner Rückberufung in die Welt der Arbeit und der Familie die kostbare Blume und muß sie dann, auf einer Reise voller Mythen und Fabeln, noch einmal suchen. Novalis lag nichts an der Darstellung der äußeren Wirklichkeit: »Indem ich dem Gemeinen einen hohen Sinn, dem Gewöhnlichen ein geheimnißvolles Ansehn, dem Bekannten die Würde des Unbekannten, dem Endlichen einen unendlichen Schein gebe, so romantisiere ich es.« Weitgehend dasselbe gilt für Eichendorffs »Ahnung und Gegenwart«. Der Roman gibt zwar vor, ein Bild der sturmgepeitschten Zeit zu zeichnen, verfällt aber allzu häufig aus der Gegenwart in die Ahnung, aus den Verhältnissen der Gegenwart in die Schilderung der Vorahnungen und Intuitionen, die das Seelenleben des Helden bevölkern. Er verrät wenig über die Jahre zwischen 1810 und 1812, viel hingegen über den Eindruck, den diese Jahre auf das Gefühlsleben eines jungen Mannes machten, der an der Schwelle zu einer ungewissen Zukunft stand.

Für viele Romantiker waren Natur- und Gesellschaftsschilderungen lediglich Mittel zur Artikulierung ihrer eigenen poetischen Gefühle. In Eichendorffs Gedicht »Zwielicht« verwischt die hereinbrechende Dunkelheit die Konturen des Waldes, bis dieser sich in eine Phantasielandschaft mit irgendwie bedrohlicher Ausstrahlung verwandelt. Dieselbe an Details uninteressierte Verschwommenheit charakterisiert Brentanos Dichtung »Oh kühler Wald«, in der die Aufmerksamkeit auf die Gefühle gelenkt wird, die der Wald im Dichter weckt. In der Landschaftsmalerei war der völlige Verzicht auf Detailzeichnung nicht möglich, doch die Gemälde von Philipp Otto Runge und Caspar David Friedrich vermitteln den Eindruck, daß sie vor allem Empfindungen illustrieren sollen. In seinen »Lebenserinnerungen« gibt Runge den geistigen Hintergrund der romantischen Landschaftsmalerei an: »Das, was um jene Zeit Schelling durch den Begriff der Weltseele auszusprechen suchte, es war recht eigentlich der Kardinalpunkt... Erst wenn man in der weiten großen Natur... das lebendige geistige Prinzip erkannt hat, bekommt ja alle Scenerei (sic!) der Landschaft einen höhern und mächtigern Sinn; erst von da aus verstehen und empfinden wir das geistige Band, welches die Regungen und Umgestaltungen des äußeren Naturlebens an die Gefühlsschwankungen unsers Innern mit dieser geheimen Gewalt fesselt.« Sein kurzes Leben hindurch suchte Runge vergeblich nach einem Weg, Landschaft und Gefühl, die Welt der Natur und die der Emotion miteinander zu verschmelzen. Auch Friedrich ordnete das Beobachtbare dem Empfundenen unter. In dem von Georg Friedrich Kersting gemalten Bildnis seines Freundes Friedrich sieht man den Künstler in einem ausblicklosen Raum auf seine Leinwand starren. Sein

Thema ist das eigene Ich. »Der Maler soll nicht bloß malen, was er vor sich sieht«, betonte Friedrich, »sondern auch, was er in sich sieht. Sieht er aber nichts in sich, so unterlasse er auch zu malen, was er vor sich sieht.« Anders als in der traditionellen Landschaftsmalerei, sind in den Bildern Friedrichs menschliche Figuren nicht dazu da, einen Größenmaßstab oder ein Gefühl für die Beherrschung der Natur durch den Menschen zu vermitteln; sie sind Beobachter, deren Verlorenheit die Empfindungen vorwegnimmt, die das Bild beim Betrachter auslösen soll.

Am reinsten ließ sich der Vorrang des Gefühls in der Musik verwirklichen, in jener Kunstform, die kaum Berührungspunkte mit den prosaischen Dingen des täglichen Lebens aufweist. Während ein Mann der Aufklärung wie Kant mit der Musik weniger anfangen konnte als mit den anderen Künsten, eben weil sie vorwiegend das Gefühl ansprach, war für die Romantiker die Musik die reinste Kunst, der sie in ihrer Lyrik und Prosa so nahe wie möglich zu kommen versuchten. Novalis schrieb einmal, Musik, bildende Kunst und Poesie seien Synonyme. E. T. A. Hoffmann sah in der Musik die »romantischste aller Künste«. Man könne sogar so weit gehen, sie als die einzig wahrhaft romantische Kunst zu bezeichnen, weil sie mit der sinnlich wahrnehmbaren Wirklichkeit nichts gemein habe. Für Hoffmann war der größte Romantiker Ludwig van Beethoven. Seine Musik öffne die Schleusen der Angst, des Grauens und des Schmerzes und rufe jene Sehnsucht nach dem Ewigen wach, die das Wesen der Romantik sei. Hoffmann hatte recht, sowohl was die Größe Beethovens als auch was die besondere Affinität der Musik zur Romantik betraf. Noch lange nachdem die meisten romantischen Dichter verstummt waren oder von ihren früheren Arbeiten nichts mehr wissen wollten, schufen romantische Komponisten Kunstwerke höchster Qualität. Wie Paul Robinson gezeigt hat, verleihen Franz Schuberts große Liederzyklen »Die schöne Müllerin« und »Winterreise«, komponiert in den zwanziger Jahren des 19. Jahrhunderts, auf vollkommene Weise jener Empfindsamkeit Ausdruck, »bei der die Innerlichkeit sowohl Gott als auch die Gesellschaft als wichtigstes Objekt künstlerischer und intellektueller Betrachtung verdrängt hat«.

Schriftsteller vermochten derart Sublimes aus Emotionalem nicht hervorzuzaubern, aber sie konnten dafür ihre Leser in unerforschte Bereiche des Denkens führen. Sie konnten sich zum Beispiel mit Themen befassen, die andere Künstler lange vernachlässigt hatten. Friedrich Schlegel tat das in seinem Roman »Lucinde«, der seine Zeitgenossen schockierte, nicht nur wegen der Offenheit, mit der der Autor über die Bedeutung der Sexualität sprach, sondern auch, weil die Handlung ersichtlich auf seine eigene Beziehung zu Dorothea Veit Bezug nahm. Weder die barocken Liebesromane aus dem höfischen Milieu noch die häuslichen Tugendbilder des 18. Jahrhunderts hatten die Menschen auf diese poetische Abhandlung Schlegels über die Möglichkeit sexueller Liebe, emotionaler Bindung und echter Freundschaft zwischen Mann und Frau vorbereitet. Schlegel und seine Zeitgenossen bereicherten, indem sie zu neuartigen sprachlichen Mitteln der Beschreibung von Begierde und Seelenqual, Kameradschaft und Haß, Liebesverheißung und Todeserwartung griffen, die von Männern wie Klopstock und Goethe geprägte Sprache poetischer Sensibilität. Sie kreierten eine gestaltenreiche private Mythologie von Symbolen, Metaphern und Allegorien, die bis heute mit der romantischen Weltsicht zu assoziieren sind: die Blaue Blume, den dunklen Wald, den geheimnisvollen Doppelgänger, die Höhle, den Bergwerksstollen und vieles andere. All dies addierte sich zu einem, wie S. S. Prawer es genannt hat, »nahezu schlüssigen System von teils erfundenen und teils adaptierten Geschichten, die von der Beziehung des Menschen zum Dämonischen und Göttlichen erzählen«.

Die Romantiker zahlten oft einen hohen persönlichen Preis für ihre Schöpfungen. Das Reich der Subjektivität, dessen Primat sie unaufhörlich behaupteten, war faszinierend und erschreckend, vertraut und tückisch zugleich. So sehr Novalis sich manchmal wünschte, in einer Innenwelt zu leben, die ihm »intim, privat... vaterländisch« genug war, so genau wußte er, daß es sich dabei um eine Traumwelt handelte, die trügerisch war, weil es in ihr keine klaren Trennlinien zwischen Vernunft und Irrationalität, Krankheit und Gesundheit gab. Novalis kam auf seiner Reise »nach innen« durch eine Landschaft voller Begierde und Grausamkeit, Krankheit und Tod. »Das Leben«, schrieb er, ein von vielen Denkern nach ihm variiertes Motiv vorwegnehmend, »ist eine Krankheit des Geistes.« Dieselben finsteren Kräfte, die bei Novalis walten, lauern auch unter der Oberfläche der scheinbar so friedlichen Szenerien, in denen die Erzählungen E. T. A. Hoffmanns spielen. In »Der Sandmann« zum Beispiel tritt die vertraute romantische Gestalt als »unheimlicher Gast« ins Leben einer Familie und richtet Chaos und Zerstörung an. Allerdings ist es, wie die Protagonistin der Geschichte verrät, in Wirklichkeit eine »dunkle psychische Macht«, die bedrohlich wirkt; »Es ist das Phantom unseres eigenen Ichs, dessen innige Verwandtschaft und dessen tiefe Einwirkung auf unser Gemüt uns in die Hölle wirft, oder in den Himmel verzückt.« Hoffmann kannte diese Kräfte aus erster Hand. Nachdem die Revolutionskriege ihn aus seiner Beamtenlaufbahn geworfen hatten, versuchte er, seinen Lebensunterhalt mit dem Schreiben zu verdienen. Nach außen hin blieb er ein konventioneller und respektabler Bürger, doch innerlich war er ein von Krankheiten, psychischen Störungen und turbulenten Liebesaffären gequälter Mensch.

Die Romantiker suchten die Abgeschiedenheit, die für ihre Kunst, wie sie wohl wußten, wesentlich war, litten aber auch oft an Einsamkeit, einem schwer erträglichen Gefühl der Entfremdung vom Rest der Gesellschaft. Um die Tiefen der eigenen Seele auszuloten oder die ganze Großartigkeit der äußeren Welt zu erfahren, mußte man sich von den unwesentlichen Dingen des Lebens frei machen. Man mußte sich vereinzeln, auf eigenen Füßen in der Welt stehen wie die einsame

Figur in Caspar David Friedrichs großartigem Gemälde »Der Wanderer über dem Nebelmeer«, die sich in den Anblick der Landschaft versenkt, einerseits fasziniert von ihrer Erhabenheit, andererseits davon distanziert. Wie in so vielen Werken der romantischen Malerei und Literatur, fällt in diesem Gemälde eine gewisse Ambivalenz in bezug auf die Pose des Wanderers ins Auge, etwa in der Art seines Dastehens, das seine Verwundbarkeit und Einsamkeit verrät. Die Schmerzen, die solche Einsamkeit bereitete, waren ein immer wiederkehrendes Thema der Romantiker, die mit Vorliebe einsame Helden in gefährlicher Mission, gefährdete Reisende in der Nacht, verlassene oder verstoßene Liebende porträtierten. Die Triebfeder hinter einem großen Teil der romantischen Kunst war, so scheint es, das Bedürfnis, die Qualen der Einsamkeit zu mildern und die Fesseln der Subjektivität zu sprengen.

Manche Romantiker entdeckten, in verstärktem Maße nach der Jahrhundertwende, die Religion als ein Mittel, das sich noch besser als die Kunst zur Linderung der Qualen der Subjektivität und als Sinn und Gemeinschaft stiftendes Band zu eignen schien. Beispielhaft für diese Tendenz sind ein weiteres Mal die Gebrüder Schlegel. Friedrichs »Gespräch über die Poesie«, 1800 erstmals erschienen, enthält einen Abschnitt über Mythologie, in dem er konstatierte, daß es in der modernen Welt keine ordnungsstiftende Mythologie mehr gebe. »Aber«, schrieb er, »wir sind nahe daran, eine zu erhalten, oder vielmehr es wird Zeit, daß wir ernsthaft dazu mitwirken sollen, eine hervorzubringen.« Während Schlegel zu diesem Zeitpunkt offenbar noch glaubte, die gesuchten neuen Mythen befänden sich in der Kunst, entdeckte er bald darauf, daß sie in der reichen religiösen Tradition des Orients zu suchen seien. 1808 aber, im selben Jahr, in dem er sein bahnbrechendes Werk über die indische Philosophie veröffentlichte, traten er und seine Frau in die römisch-katholische Kirche ein. Auch August Wilhelm Schlegel näherte sich der Religion an. Seine berühmten »Vorlesungen über dramatische Kunst und Literatur« leitete er mit der Feststellung ein, die Religion sei die Wurzel des menschlichen Wesens. Wenn die Religion verfälscht werde, wirke sich dies negativ auf das gesamte Gefühls- und Kulturleben der Menschheit aus; so sei es der antiken Welt vor dem Aufkommen des Christentums ergangen. Die erhabene und menschenfreundliche Religion habe die europäische Kultur erneuert und den Boden für die großen Errungenschaften des Mittelalters bereitet, denen Schlegel qualitative Ebenbürtigkeit mit dem besten klassischen Erbe bescheinigte. Die Rückwendung der Schlegels zum christlichen Mittelalter war ein Signal für ihren neuen politischen Konservatismus und ihr Bedürfnis, eine Heimat zu finden, die kulturelle Stabilität und Ordnung jenseits der ewig unerfüllten Verheißungen der romantischen Kunst versprach. »Die Gegenwart war ihm verhaßt, die Zukunft erschreckte ihn«, schrieb Heinrich Heine über Friedrich Schlegel, »und nur in die Vergangenheit, die er liebte, drangen seine offenbarenden Seherblicke.«

Einige Romantiker folgten den Schlegels in den Schoß der römischen Kirche nach. Andere spielten mit dem Gedanken, es zu tun. Clemens Brentano war katholisch erzogen worden, hatte sich aber als Jugendlicher von der Kirche losgesagt. Die Seelenqualen, die sein »Heidentum« ihm bereiteten, sprechen aus jeder Zeile seines Gedichtes »Frühlingsschrei eines Knechtes aus der Tiefe«:

> »Meister, ohne dein Erbarmen
> Muß im Abgrund ich verzagen,
> Willst du nicht mit starken Armen
> Wieder mich zum Lichte tragen.«

Brentano kehrte schließlich in die Kirche zurück. Sein Freund Joseph Görres entdeckte ebenfalls den Glauben seiner Väter wieder und benutzte ihn als Fundus für literarische Symbole und politische Wertungen. Eine wichtige Rolle spielte die Religion auch für Eichendorff, für den Romantik und Katholizismus zusammengehörten. Er charakterisierte die romantische Bewegung einmal als Ausdruck protestantischer Sehnsüchte nach einer Versöhnung mit der wahren Kirche. Selbst Autoren, die sich nicht bekehrten, äußerten sich häufig bewundernd über die mächtige integrative Kraft der Religion. Heinrich von Kleist erzählte seiner Verlobten in einem Brief, den er ihr am 21. Mai 1801 aus Leipzig schrieb, wie bewegend er eine katholische Feier gefunden hatte, bei der, anders als bei den Protestanten, »die Sinne angesprochen« worden seien. Die Art und Weise, wie die Musik und die anderen Künste zur Verschönerung in die Messe einbezogen wurden, gefiel Kleist, doch was ihn noch mehr beeindruckte, war das Phänomen des Glaubens selbst. »Mitten vor dem Altar, an seinen untersten Stufen, kniete jedesmal, ganz isoliert von den andern, ein gemeiner Mensch, das Haupt auf die höheren Stufen gebückt, betend mit Inbrunst. Ihn quälte kein Zweifel, er glaubt – Ich hatte eine unbeschreibliche Sehnsucht mich neben ihn niederzuwerfen, und zu weinen – Ach, nur einen Tropfen Vergessenheit, und mit Wollust würde ich katholisch werden.«

Der 1777 als Sprößling einer Familie mit erlauchter militärischer Tradition geborene Kleist trat mit fünfzehn in den Heeresdienst ein und blieb sieben Jahre dabei. Dann konnte er die abstumpfende Disziplin des Soldatenlebens nicht mehr ertragen und reichte seinen Abschied ein. Als er 1799 ein Studium an der kleinen Universität von Frankfurt an der Oder begann, tat er es mit dem Ziel, sein Schicksal in die eigenen Hände zu nehmen und sich nicht zur »Marionette am Faden des Schicksals« machen zu lassen. Kleist hatte jetzt die Freiheit, aber keinen Frieden. Vor dem turbulenten Hintergrund des revolutionären Europa fand er nirgendwo einen sicheren Hort, einen Platz, an dem er sich zu Hause gefühlt hätte, eine Aufgabe, der er sich bedingungslos verschreiben mochte, keinen Menschen, dem er Liebe und vollstes Vertrauen schenken konnte. Seine Hoffnungen und Pläne machten wilde Sprünge. Einmal wünschte er sich, nur ein Feld zu bebauen, einen Baum zu pflanzen und ein Kind zu zeugen, doch ebenso rasch verwarf er derart erdgebundene Ideen, um statt dessen nach künstlerischem Ruhm und politischem Einfluß zu streben. Wenngleich er sich meist als Religionsverächter gebärdete, fühlte er sich zum Katholizismus hingezogen. Daß er einmal den Eintritt in die französische Armee erwogen hatte, hinderte ihn später nicht daran, mit dem Gedanken an ein Attentat auf Napoleon zu spielen. Trotz seiner Sehnsucht nach Liebe und Freundschaft trennte er sich von seiner Verlobten und stritt sich mit allen, die ihm zu nahe kamen. Und obwohl er ein ausgesprochen privater Mensch war, ließ er sich auf eine Reihe eindrucksvoller, wenn auch kurzlebiger Gemeinschaftsprojekte ein.

Kleist, wie viele seiner Zeitgenossen, empfand die Philosophie der Aufklärung als befreiend und erschreckend zugleich. Kaum war ihm klar geworden, daß Kant durch die Ansiedlung allen Wissens im Bewußtsein des Wissenden die Möglichkeit einer absoluten Wahrheit offenbar ausgeschlossen hatte, da erlosch in ihm der Wunsch, sich der Naturwissenschaft zu verschreiben. »Wir können nicht entscheiden, ob das, was wir Wahrheit nennen, wahrhaft Wahrheit ist, oder ob es uns nur so scheint«, schrieb er 1801. »Ist das letzte, so ist die Wahrheit, die wir hier sammeln, nach dem Tode nicht mehr – und alles Bestreben, ein Eigentum sich zu erwerben, das uns auch in das Grab folgt, ist vergeblich.« Wenn es aber keine Wahrheit gab, dann gab es auch keine Möglichkeit, Mißverständnisse auszuschließen und sich wahrhaftig auszutauschen, keine Möglichkeit, daß »ich beim Dichten in meinen Busen fassen, meinen Gedanken ergreifen, und mit Händen, ohne weitere Zutat, in den deinigen legen könnte.« Die Vorstellung von der Subjektivität jeglicher Wahrnehmung fesselte Kleist und hat an vielen Stellen seines Werkes ihren Niederschlag gefunden. Am sichtbarsten dort, wo er mit Maskeraden, falsch aussagenden Zeugen, verdeckten Identitäten und ähnlichem arbeitete. Das sind nicht die Irrtümer und Intrigen, die seit der Antike den Stoff für Komödien geliefert haben, sondern Symptome der tragischen Entfremdung der Menschen voneinander, ihrer Unfähigkeit zu kommunizieren, ihrer Probleme, sich zu verständigen. Als Kleist das Gemälde »Der Mönch am Meer« von Caspar David Friedrich sah, erkannte er sofort, was der Maler damit zum Ausdruck bringen wollte: »Nichts kann trauriger und unbehaglicher sein, als diese Stellung in der Welt: der einzige Lebensfunke im weiten Reiche des Todes, der einsame Mittelpunkt im einsamen Kreis.«

Das Motiv, das in vielen Stücken und Erzählungen Kleists die Handlung vorantreibt, ist das verzweifelte Bemühen des Protagonisten, seine Isolation zu überwinden, sei es durch die Liebe, durch tätiges Mitgefühl für die Notlage eines Fremden oder durch das Ringen um die Wiedergutmachung eines Unrechts. Doch was der Held auch unternimmt, es mündet in die Katastrophe. In »Die Verlobung in St. Domingo« wird die Leidenschaft der Protagonistin dem Objekt ihrer Liebe letztlich zum tödlichen Verhängnis. In »Der Findling« wird eine gute Tat furchtbar bestraft. In »Michael Kohlhaas« gerät der Held im Zuge seines Kampfes um Gerechtigkeit in einen zerstörerischen Teufelskreis. Doch während Kleist seine Figuren ihre Kämpfe immer verlieren läßt, stellt er die Lauterkeit ihrer Gefühle nie in Frage. Liebe, Mitgefühl und leidenschaftlicher Gerechtigkeitssinn waren für Kleist bewunderungswürdige menschliche Motive. Zugleich erkannte er, daß in der Welt, wie sie war, solch edle Impulse leicht zerstörerische Wirkungen entfalten konnten. Wenn Liebe, Mitgefühl und Gerechtigkeit einen fruchtbaren Nährboden finden sollten, mußte eine neue gesellschaftliche Ordnung geschaffen werden. Der Wandel durfte sich nicht auf die Welt der Gefühle beschränken. Am schlüssigsten artikulierte Kleist diese Überzeugung in seinem letzten Drama, »Prinz Friedrich von Homburg«, in dem der Protagonist eine Entwicklung durchläuft, die vom Traum zur Wirklichkeit führt, von der Selbstversunkenheit zur Übernahme öffentlicher Verantwortung, von der isolationsbedingten Engstirnigkeit und Subjektivität zur Freiheit des aktiven Abwägens und Entscheidens. So gedeutet, übt das Stück Kritik an dem von so vielen Zeitgenossen Kleists noch hochgehaltenen Primat der persönlichen Gefühle.

Wie bei Kleist, verband sich auch bei Friedrich Hölderlin die Liebe zum wahren, echten Gefühl mit der Erkenntnis, daß dieses lediglich auf dem Boden einer neuen Gesellschaftsordnung gedeihen konnte. Als Schüler am Tübinger Stift dichtete Hölderlin eine »Hymne an die Freiheit« als Ausdruck seiner Begeisterung für die Revolution. Der in Lauffen Geborene war ein höchst untypischer Stiftszögling: Bar jeder Religiosität und aufsässig unter jedwedem Regiment, besuchte er das Tübinger Stift nur, weil er keine andere Chance sah, eine gute Ausbildung zu erhalten. Da er nicht Pfarrer werden wollte, ging er von der Schule in eine unsichere Zukunft ab. Er beschritt notgedrungen denselben steinigen Weg, den viele Intellektuelle seiner Generation gingen, und schlug sich recht und schlecht als Privatlehrer, Teilzeitstudent und Gelegenheitspublizist durch. Als ein Frankfurter Bankier ihn als Hauslehrer für seine Kinder engagierte, verliebte er sich in die junge Ehefrau seines Arbeitgebers, die als Diotima seine großen Liebesgedichte beseelt. Die Affäre, wenn man sie so nennen will, endete mit der Entlassung Hölderlins. Er kam danach in einigen weiteren Privathaushalten als Lehrer unter, zog zu Freunden, initiierte ein zum Scheitern verurteiltes verlegerisches Projekt und erhielt schließlich dank der guten Verbindungen einiger seiner Bewunderer eine sein Auskommen sichernde Stellung als Hofbibliothekar in Homburg, die er jedoch wegen seiner fortschreitenden geistigen Umnachtung aufgeben mußte.

Hölderlins unglückliche Karriere offenbart die charakteristischen Widersprüche seiner Zeit: zwischen subjektivem Wollen und objektiver Möglichkeit, zwischen Hoffnung und Erfüllung, Begabung und Anerkennung, zwischen der Verheißung romantischer Liebe und den unnachgiebigen Schranken der moralischen Konvention. Die Kraft, die in den Dichtungen Hölderlins steckt, resultiert zum größten Teil aus den bitteren Enttäuschungen, weder als Staatsbürger noch als Künstler noch als Mann seine Erfüllung zu finden.

>»Doch uns ist gegeben,
Auf keiner Stätte zu ruhn,
Es schwinden, es fallen
Die leidenden Menschen
Blindlings von einer
Stunde zur andern,
Wie Wasser von Klippe
Zu Klippe geworfen,
Jahr lang ins Ungewisse hinab.«

Aus dem, was ihn zutiefst peinigte, schuf Hölderlin eine Aussage über die moderne Kultur als Ganze. Wie Schiller, bedrückten auch ihn die Vereinzelung der Menschen unter den Verhältnissen seiner Zeit, die Gegensätze in der Gesellschaft, die Entfremdung der Menschen von ihrer eigenen Natur. Die Aufgabe des Dichters bestand darin, der Menschheit ein Zusammengehörigkeitsgefühl zurückzugeben, den »heiligen Pfad« zu kultureller Gesundung und gesellschaftlicher Erneuerung zu finden. Aus den großartigsten Elementen abendländischer Kultur – den Werken der griechischen Antike, dem Alten Testament, dem Christentum – setzte Hölderlin eine Vision von bestechender dichterischer Kraft zusammen. Damit war es jedoch, wie er wußte, nicht getan. In seinem Briefroman, dem »Hyperion«, entstanden zur gleichen Zeit, da auf dem Rastatter Kongreß die Zukunft Europas erörtert wurde und Hölderlin selbst vergeblich auf einen revolutionären Aufbruch im deutschen Südwesten wartete, fragt die Heldin ihren männlichen Antipoden: »Weißt du denn, woran du darbest, was dir einzig fehlt?« Und sie gibt selbst die Antwort: »Es ist eine bessere Zeit, die suchst du, eine schönere Welt.« Die Welt zu verbessern, sollte keine leichte Aufgabe sein. Der Versuch Hyperions, sein Volk zur Freiheit zu führen, mündet in Terror und Chaos. Am Ende der Erzählung ist er ganz allein und vermag nur noch in der Natur Trost zu finden. Die Versöhnung zwischen dem einzelnen und der Gesellschaft blieb, so schwer sie unter den Bedingungen der Gegenwart erreichbar erschien, Hölderlins Ideal.

Literaturkritiker könnten gegen die Einordnung Kleists und Hölderlins unter die Romantiker aus literarischen Gründen Einspruch erheben. Aus dem Blickwinkel des Historikers gehören sie jedoch in diesen Kreis. Ihren persönlichen Erfahrungen, ihrer geistigen Orientierung und ihrem künstlerischen Anliegen nach sind sie eng mit den anderen Denkern und Künstlern verwandt, die gemeinhin »Romantiker« genannt werden. Laut und deutlich wie sonst nur die allerbesten unter den Romantikern sprechen Kleist und Hölderlin durch den Nebel der Jahrhunderte bis in die Gegenwart, ihre Arbeiten wirken nach wie vor sinngebend. Beider Leben verlief unglücklich und nahm ein tragisches Ende. Hölderlin wurde 1806 zunächst in eine Irrenanstalt eingewiesen und kam dann als Pflegefall ins Haus eines Tischlers in Tübingen, wo er bis zu seinem Tod 1843 blieb. Hin und wieder brachten neugierige Besucher Abwechslung in den einsamen Tagesablauf des in hoffnungsloser Umnachtung Dahinvegetierenden. Kleists Leben endete plötzlicher, aber nicht weniger tragisch. Nach mehreren Rückschlägen und Enttäuschungen machte er sich am Morgen des 21. November 1811 in Begleitung einer unheilbar kranken Frau zum Wannsee auf. Dort schrieb er einige Stunden lang Abschiedsbriefe, dann erschoß er seine Gefährtin und sich selbst. Er war vierunddreißig Jahre alt. Jung starben auch: Wackenroder mit fünfundzwanzig, Novalis mit neunundzwanzig, Runge mit dreiunddreißig Jahren. Von denen, die länger lebten, büßten viele ihre einst schöpferischen Kräfte ein. Die engen persönlichen Bindungen, die in den Jahren ihres Aufbruchs in Berlin oder Jena zwischen ihnen bestanden hatten, lösten sich nach und nach auf. Die Schlegels, Tieck, Eichendorff, Brentano und andere gingen getrennte Wege, jeder auf der Suche nach einem eigenen Stil und eigener Sinnschöpfung. Die romantische Synthese, auf die Friedrich Schlegel hingearbeitet hatte, kam nie zustande. Im Gegenteil: Als die Hoffnungen und Träume der Revolutionsära den nüchternen Realitäten der europaweiten Restauration wichen, wurde aus der Romantik eine zunehmend zersplitterte, idiosynkratische und in sich widersprüchliche Bewegung.

Die Romantiker hinterließen keine universelle Poesie, keinen einheitlichen Stil, keinen Grundstock an Überzeugungen. Doch ihre Themen und Motive – die heilsame Kraft der Kunst, der Vorrang des Gefühls, die Qual der Einsamkeit, die Suche nach Gemeinschaft – beeinflußten so unterschiedliche Autoren wie Heinrich Heine, Richard Wagner und Thomas Mann. So tief die Romantiker in ihrer spezifischen historischen Erfahrung verwurzelt waren, so sehr besaßen sie eine »moderne« Qualität. Eingedenk dessen überrascht es nicht, daß Friedrich Nietzsche eine Vorliebe für Hölderlin hatte, Sigmund Freud Hoffmanns Erzählung »Der Sandmann« analysierte oder Franz Kafka ein großer Kleist-Verehrer war. Aber auch in allgemeiner Form gilt, daß Elemente aus der spezifisch romantischen Auseinandersetzung mit dem Zeitalter der Revolution von späteren Generationen deutscher Philosophen, Theologen und politischen Theoretikern aufgegriffen wurden: Hoffnungen, Forderungen und Ängste.

Philosophie und Religion

»Kant ist der Moses unserer Nation«, schrieb Hölderlin im Januar 1799, »der sie aus der ägyptischen Erschlaffung in die freie, einsame Wüste seiner Spekulation führt und der das energische Gesetz vom heiligen Berge bringt.« Nur wenige

Wochen später klagte er über Unbehagen und Niedergeschlagenheit, die seine philosophischen Studien ihm beschert hätten. Er sehne sich, sagte er seiner Mutter, nach der Poesie, wie ein schweizerischer Landsknecht in der Fremde sich nach den kühlen Wiesen seiner Heimat sehnen mochte. Diese Ambivalenz der Gefühle war bei den Intellektuellen der Hölderlin-Generation häufig anzutreffen. Viele von ihnen bewunderten ebenfalls die Intelligenz Kants, fanden aber den nüchternen Stil und die unnachsichtige Logik des Philosophen gefühlsleer und frustrierend. Nicht einmal diejenigen, die anerkannten, daß Kant wesentlich zur Befreiung der Deutschen aus der Knechtschaft einer unverstandenen Orthodoxie beigetragen hatte, vermochten dessen magere Spekulation gutzuheißen. Jüngere Philosophen begannen gegen die Jahrhundertwende die Fragen neu aufzuwerfen, die Kant schlüssig beantwortet zu haben glaubte, Fragen zum Verhältnis von Glauben und Vernunft, Gefühl und Geist, objektivem und subjektivem Wissen, deutscher Tradition und aufklärerischem Ideal. Die neue Generation hatte das Bedürfnis, eigene, einer Epoche des revolutionären Wandels angemessenere Antworten zu formulieren.

Wie es mit dem Kantschen Projekt weiterging, läßt sich mit besonderer Klarheit am Leben und Denken Johann Gottfried Fichtes ablesen. Wie Kant stammte Fichte aus bescheidenen Verhältnissen, wurde von einem großzügigen Förderer unterstützt, studierte Theologie und schlug sich danach mit diversen Privatlehrertätigkeiten durch. Als er 1790 zum ersten Mal etwas von Kant las, schrieb er an einen Freund, er habe eine neue Welt gefunden. Die Philosophie Kants befreite Fichte vom Glauben an die Determiniertheit allen Seins, der lange Zeit seinen Kopf und sein Herz beschwert hatte, und öffnete ihm das Tor zu einer rationalen, freien Morallehre. So groß war die von den Schriften Kants ausgehende Faszination, daß Fichte beschloß, nach Königsberg zu reisen und dort von dem großen Mann zu lernen. Kant zeigte zunächst wenig Interesse an dem verarmten Ex-Lehrer, der an seine Tür klopfte. Fichte, der gerade genug Geld mitgebracht hatte, um ein paar Wochen karg überleben zu können, schrieb eine philosophische Kritik der Offenbarung nieder, in der Hoffnung, auf diese Weise die Gunst des Meisters zu erringen. Kant zeigte sich schließlich zugänglicher, spendierte Fichte ein Essen und einige aufmunternde Worte, fand jedoch nicht die Zeit, mehr als ein paar Seiten der Abhandlung zu lesen, die später unter dem Titel »Versuch einer Kritik aller Offenbarung« veröffentlicht wurde. Gerade als Fichte sein Geld fast ganz aufgebraucht hatte, fand er mit Hilfe Kants einen Verleger für seinen »Versuch«, landete damit sogleich einen Erfolg und machte sich einen Namen. 1794 wurde er auf den Lehrstuhl für Philosophie an der Jenaer Universität berufen, den bis dahin Karl Leonhard Reinhold innegehabt hatte, ein großer Bewunderer Kants.

Bald nachdem Fichte sich in Jena etabliert hatte, begann er sich von Kant zu lösen. Doch selbst wenn man die Entwicklung seines Denkens nach 1794 als einen beständigen und zunehmend heftigeren Kampf gegen die kritische Philosophie deuten kann, blieb er auf dem Terrain, das Kant als das eigentliche Betätigungsfeld der Philosophie definiert hatte. Wie Kant sah auch Fichte in der Philosophie eine Grundlagenwissenschaft, deren Aufgabe darin bestand, zu bestimmen, was der Erkenntnis zugänglich ist und was nicht. Er übernahm von Kant die Betonung der Rolle des Erkennenden im Erkenntnisprozeß. Was er indes nicht übernahm, waren die von Kant präsentierten komplizierten Kompromisse zwischen Subjektivität und Objektivität, zwischen unserem Wissen von der Welt und dem Sein der Dinge an sich. Für Fichte war der Ort aller Wirklichkeit das Ich, das die Welt – die einzige, die es gab – zugleich wahrnahm und schuf. Heinrich Heine verglich das Fichtesche Ich mit einem »Affen, der am Feuerherde vor einem kupfernen Kessel sitzt und seinen eigenen Schwanz kocht. Denn er meinte: die wahre Kochkunst besteht nicht darin, daß man bloß objektiv kocht, sondern auch subjektiv des Kochens bewußt wird.« Kaum nötig zu sagen, daß Fichte sich über diese Zusammenfassung seiner Lehre nicht gefreut hätte. Daß seine Ideen in einen ausweglosen Subjektivismus hineinführten, bestritt er, indem er darauf hinwies, daß jedes Ich Teil einer größeren geistigen Sphäre sei. Gleichwohl lag es sehr nahe, Fichtes frühe Erkenntnistheorie, wie die von seinen der romantischen Bewegung angehörenden Freunden und Zeitgenossen verfaßten theoretischen Schriften zur Literatur und Poesie, als Hohelied auf die reine Subjektivität zu interpretieren. So scheint es jedenfalls Novalis aufgefaßt zu haben, der 1795 und 1796 die Vorlesungen Fichtes hörte und dessen hinterlassene Notizbücher zeigen, wie intensiv er sich bemüht hat, mit dem Denken Fichtes zu Rande zu kommen.

Für beide, Fichte wie Kant, hing die Erkenntnistheorie untrennbar mit der Morallehre zusammen. Fichte betrachtete das absolute Ich als moralische Instanz, als Quelle derjenigen Einsichten, die einen Menschen in die Lage versetzen, seine sozialen Verpflichtungen zu erkennen und ein sittliches Leben zu führen. In seiner Morallehre wie in seiner Erkenntnistheorie bemühte sich Fichte, den dem Kantianismus innewohnenden Kompromissen auszuweichen. Wo Kant ein Konfliktpotential zwischen der sittlichen Natur des Menschen und seinen Instinkten postuliert hatte, erklärte Fichte, unsere Instinkte seien selbst sittlicher Natur. Der das sittliche Verhalten beherrschende Imperativ sei der Drang zum vollkommenen Selbst und zur Freiheit um der Freiheit willen. Um moralisch handeln zu können, müsse der Mensch sich dieser Impulse bewußt werden. Wie Novalis richtete Fichte das Augenmerk nach innen, dorthin, wo Moral und Freiheit ebenso vorhanden waren wie wahre Erkenntnis. Aber anders als die Romantiker blieb Fichte stets dem von der Aufklärung hochgehaltenen Bekenntnis zur philosophischen Analyse als dem richtigen Weg zu Wissen und Moral treu. Bei allen gelegentlichen Ausflügen ins Mystische und trotz der subjektivistischen Tendenzen, die seiner stark auf das Ich zugeschnittenen Philosophie innewohnten, steckte im Denken Fichtes ein harter Kern an Rationalität.

In den Jahren 1794 bis 1799, in denen Fichte um die Formulierung der Grundlagen seines philosophischen Systems rang, suchte er nach Mitteln und Wegen, Einfluß auf eine breitere Öffentlichkeit zu nehmen. Kant hatte es für möglich gehalten, durch die schiere Macht des Gedankens eine Revolution der Philosophie herbeizuführen, Fichte hingegen erkannte, daß es hierzu eines gesellschaftlichen Rückhalts in der Öffentlichkeit bedurfte. Seine diesbezüglichen Aktivitäten zeugen in ihrer Breite und Tatkraft nicht nur von seiner außerordentlichen persönlichen Energie, sondern auch von dem Bestreben seiner Generation, die scheinbar grenzenlosen Möglichkeiten, die sich in einer revolutionären Epoche eröffneten, zu nutzen. 1794/95, zur selben Zeit, als Schiller seine Aufsätze über Ästhetik niederschrieb und Schlegel sein Werk über die griechische Literatur fertigstellte, hielt Fichte eine Vortragsreihe über die gesellschaftlichen Pflichten des Gelehrten. Darin vertrat er die These, die Gelehrten lebten, mehr als jede andere gesellschaftliche Gruppe, »durch und für die Gesellschaft«. Das Metier des Gelehrten sei »Geisteskultur« und »Charakterbildung«. Diese zeigten den Menschen Ziele für ihr eigenes Leben auf und würden dazu beitragen, Geist und Persönlichkeit zu formen. Die Akademie soll Wissen vermitteln, aber zugleich »eine Schule des Handelns« sein. Den jungen Menschen, die sich im größten Vortragssaal Jenas drängten, um Fichte zu hören, erschien er als moderner Prophet. Heinrich Steffens bescheinigte ihm, er sei »der mächtigste Konzentrationspunkt der Selbstbesinnung der Zeit«.

Fichte zog sich mit seiner philosophischen Botschaft den Argwohn der Obrigkeit zu. Schon vor seiner Ankunft in Jena hatten die dortigen Behörden besorgt seine Verteidigungsschriften für die Französische Revolution zur Kenntnis genommen. Was sie in der Folge noch mehr beunruhigte, waren der Anklang, den er mit seinen Vorträgen fand, und seine Gewohnheit, diese sonntagmorgens zu halten. 1798 kamen die die beamteten Gegner Fichtes zu dem Schluß, sie könnten wegen seiner Abhandlung »Über den Grund unseres Glaubens an eine göttliche Weltregierung« gegen ihn vorgehen, einer eher harmlosen Darlegung seiner Zweifel an den philosophischen Rechtfertigungen für den Glauben an die göttliche Vorsehung. Als der für Religion und Bildung zuständige sächsische Minister Fichte des Atheismus bezichtigte und einen Widerruf verlangte, erteilte ihm der Philosoph eine kompromißlose und taktisch unkluge Antwort: »Ich konnte nicht stillschweigen, ohne meinen ganzen Wirkungskreis aufzugeben. Ich bin Professor an der Landesuniversität... ich bin philosophischer Schriftsteller, der einige neue Ideen in das Publikum bringen zu können glaubt.« Ein Vergleich dieser Formulierungen mit der salbungsvollen Prosa, in der Kant ein Jahrzehnt zuvor seine in die gleiche Richtung gehenden Auffassungen verteidigt hatte, vermittelt einen Eindruck davon, wie sehr sich der Umgangston in der geistigen Öffentlichkeit Deutschlands mittlerweile verändert hatte. Auch der Ausgang, den die Kontroverse nahm, war ein anderer: Während Kant unbehelligt geblieben war, mußte

Fichte seinen Lehrstuhl räumen und Jena verlassen. Im Endstadium des Konflikts, als die Kräfte der Repression geschlossen den jungen Professor behelligten, rührten die großen Geister im benachbarten Weimar keinen Finger. Fichte wolle auf dem Scheiterhaufen verbrannt werden, witzelte Herder, doch das Holz sei derzeit zu teuer. Goethe, der in religiösen Fragen noch unorthodoxere Überzeugungen vertrat als Fichte, eiferte sich über dessen Mangel an Zurückhaltung. Er würde gegen seinen eigenen Sohn Stellung beziehen, schrieb der Geheimrat, wenn dieser sich gegenüber der Regierung eine solche Sprache herausnähme. Mehr Courage zeigten die Studenten: Zweimal protestierten sie mit Eingaben an den Herzog gegen die Entlassung Fichtes, doch vergeblich.

Zu den führenden Köpfen im Jena der neunziger Jahre gehörte Friedrich Wilhelm Joseph Schelling, der sich eine Zeitlang als Schüler Fichtes betrachtete. Auch in einem mit Wunderkindern so reich gesegneten Zeitalter stach Schelling als ein bemerkenswert frühreifer Kopf hervor. 1775 als Pfarrerssohn geboren, war er mit fünfzehn Mitschüler Hegels und Hölderlins am Tübinger Stift. Mit siebzehn Jahren schrieb er seine Dissertation, ein Jahr später veröffentlichte er seine ersten wissenschaftlichen Beiträge. Mit dreiundzwanzig war er Professor der Philosophie in Jena, verkehrte mit Fichte, den Schlegels, mit Novalis, Goethe und Schiller. 1803 heiratete er August Wilhelm Schlegels geschiedene Frau Caroline. Anders als vielen seiner Zeitgenossen war Schelling eine lange und erfolgreiche akademische Karriere beschieden, die ihn über die Stationen Würzburg, München, Erlangen und Stuttgart schließlich nach Berlin führte. In seinen mehr als sechzig Jahren als Philosoph schuf er ein umfangreiches und komplexes Werk, in dem jedes Stadium seiner geistigen Entwicklung sich über das voraufgegangene lagerte.

Die Weltanschauung, die Schelling in den Jahren des ausgehenden 18. Jahrhunderts skizzierte, sollte trotz unzähliger Wandlungen in Sprache und Akzentuierung bis ans Ende seiner Laufbahn Bestand haben. Den Mittelpunkt seiner Welt bildete das Absolute – das er in seinen späteren, orthodoxeren Arbeiten mit Gott identifizierte –, eine den Anfang und das Ende aller Wirklichkeit verkörpernde Entität. Die Geschichte bezeichnete er einmal als ein von Gott gedichtetes Epos, das von der Reise der Menschheit zum fernsten Punkt der Entfremdung und von ihrer Rückkehr zum göttlichen Mittelpunkt erzähle. Wie Schiller und viele Zeitgenossen, definierte auch Schelling den gegenwärtigen Zustand des Menschen als seine schmerzliche, aber unvermeidliche Entfremdung von Gott, Natur und Gesellschaft. Die Fähigkeit des Menschen zur Selbstreflexion habe zu dieser Entfremdung beigetragen, könne aber auch mithelfen, sie zu überwinden. Aufgabe der Philosophie sei es, die verlorengegangene Einheit des Lebens wiederherzustellen, die Menschheit mit ihrem Platz in der göttlichen, natürlichen und gesellschaftlichen Ordnung zu versöhnen.

Schon früh in seinem öffentlichen Wirken wies Schelling der Kunst eine bevorrechtigte Rolle im Kampf der Philosophie um das Verständnis des menschlichen Seins und um die Wiederherstellung seiner Einheit zu. Weil seiner Meinung nach die Welt ihre Existenz der Vorstellungskraft Gottes verdankte, konnten die Menschen kraft ihrer künstlerischen Phantasie Einblick in die Geheimnisse des Universums erhalten. Wie die Romantiker betrachtete Schelling die Kunst als etwas Erhabenes, nicht als Unterhaltung, Verschönerung oder Imitation der wirklichen Welt. Die Kunst sei »das einzige wahre und ewige Organon zugleich und Document der Philosophie, welches immer und fortwährend aufs neue beurkundet, was die Philosophie äußerlich nicht darstellen kann ... Die Kunst ist eben deswegen dem Philosophen das Höchste, weil sie ihm das Allerheiligste gleichsam öffnet, wo in ewiger und ursprünglicher Vereinigung gleichsam in Einer Flamme brennt, was in der Natur und Geschichte gesondert ist.« Zuweilen schien er sagen zu wollen, daß zwischen Kunst und Philosophie kein bedeutsamer Unterschied bestehe, da letztere erst in der Verschmelzung mit Mythos und Religion zu Wissen und Sinn hinleite. Die Religion war für Schelling das nächstliegende Thema der Kunst, das reichhaltigste Reservoir an Symbolen für den Einzelnen und die Gemeinschaft. Wie viele seiner Zeitgenossen sah er zunächst in der klassischen griechischen Kultur das wichtigste historische Beispiel für die Verschmelzung von Kunst und religiösen Werten. Nach der Jahrhundertwende schloß er sich jedoch der allgemeinen Rückbesinnung auf das Christentum an. Das Ich verlange nach einem Gott, der handle, Vorsehung ausübe und zur Kraft gegen die Realität des Sündenfalls werde. Die Aufklärung sei, besonders in der Auffassung durch Kant, eine »negative Philosophie«, nützlich zur Aufklärung von Irrtümern, aber nicht in der Lage, das Bedürfnis nach Wahrheit zu stillen. Ohne einen tätigen Gott könne es, so Schellings Überzeugung, keine Religion geben, denn sie setze eine konkrete Beziehung des Menschen zu Gott voraus. Kants kalter, unpersönlicher Schöpfer konnte Schellings Forderung nach einer emotional befriedigenden, kulturell nährenden Gottheit ebensowenig erfüllen wie der abstrakte Gott der absoluten Vernunft, die fernen Mythen der griechischen Antike oder die reichen, aber fremdartigen Religionen der östlichen Welt.

Ein ehemaliger Schulkamerad und langjähriger Freund Schellings, Georg Wilhelm Friedrich Hegel, geboren 1770 als Sohn eines württembergischen Beamten, ließ sich Ende Januar 1801 in Jena nieder und startete seine eigene Karriere als akademischer Philosoph. Am Tübinger Stift, an seinen ersten Wirkungsstätten als Privatlehrer in Bern und Frankfurt am Main und in seinen ersten Veröffentlichungen präsentierte er sich als intelligenter, aber in keiner Weise herausragender junger Mann. Vertieft man sich allerdings in seine unveröffentlichten Schriften aus dieser Zeit, so stößt man auf einen außerordentlich aktiven, unermüdlich neugierigen Menschen, der mit bemerkenswerter Sensibilität kulturelle und politische Entwicklungen registrierte und von dem tiefen Wunsch durchdrungen war, die Hoffnungen und Befürchtungen seiner Zeitgenossen zu begreifen. Seine frühe Begeisterung für die Revolution in Frankreich bewahrte er bis ans Ende seines Lebens. Zu ihr gesellten sich die für seine Generation charakteristische Verehrung für die griechische Klassik, christliche Werte, insbesondere in ihrer pietistischen Ausprägung, die Vision einer wirklichen Volksreligion nach dem Vorbild des »Alten Testaments« und das Interesse der Aufklärung an rationaler Erkenntnis. In einem aufschlußreichen Brief, den Hegel im Januar 1795 an Schelling schrieb, fließen viele dieser Motive zusammen. Er berichtet darin zunächst über sein Unbehagen an Kant, dessen Ideen ihm nur von theoretischem Interesse zu sein schienen, und erzählt sodann, er habe von Hölderlin Großartiges über Fichte gehört, einen Geistesriesen, der »für die Menschheit kämpfe und dessen Wirkungskreis gewis nicht innerhalb der Wände des Auditoriums bleiben werde«. Es folgte eine jener prägnanten Bekundungen der Hoffnung und Erwartung, zu der sich deutsche Intellektuelle seiner Zeit so häufig hinreißen ließen: »Das Reich Gottes komme und unsere Hände seyen nicht müßig im Schooße!... Vernunft und Freiheit bleiben unsere Losung und unser Vereinigungspunct die unsichtbare Kirche.« In diesem Geflecht aus aufklärerischen Überzeugungen und pietistischen Bildern sind die Ziele zu erkennen, die Hegel sein ganzes Leben über verfolgen sollte. Vernunft und Freiheit waren die Ideale, an denen er seinen Weg durch eine Welt festmachen wollte, die er immer mehr als äußerst irrational und unfrei erkannte.

Was den Zustand der Menschheit betraf, so machte sich Hegel die Diagnose zu eigen, die Schiller in seinen bedeutenden Abhandlungen von 1795 gestellt hatte. Philosophie erweise sich dann als notwendig, schrieb er einmal, wenn die zusammenhaltenden Kräfte aus dem menschlichen Leben verschwunden seien. Hegel erkannte jedoch klarer als Schiller und die meisten seiner Zeitgenossen, daß die Wiederherstellung der verloren gegangenen Harmonie eine sowohl geistliche als auch gesellschaftliche Aufgabe war. Von Anfang an lehnte Hegel den Subjektivismus in allen seinen empiristischen, rationalistischen, idealistischen und romantischen Spielarten ab. Der einzelne könne nicht isoliert existieren; ohne Umgang mit anderen könne er weder denken noch handeln, auch nicht über sein eigenes Sein reflektieren. Folgerichtig beschäftigte ihn stets die notwendige, aber problematische Beziehung zwischen dem einzelnen und den anderen, zwischen Liebenden und Geliebten, Herr und Knecht, Bruder und Schwester, Meister und Lehrling, Bürger und Herrscher. Er hörte nie auf, nach Wegen zu suchen, wie die Menschen zusammenleben könnten, ohne ihre Individualität aufzugeben, wie sie der Freiheit teilhaftig werden könnten, ohne im Chaos zu versinken, wie sie am Leben der Gemeinschaft teilnehmen könnten, ohne von den damit verbundenen Verpflichtungen erdrückt zu werden. In der ersten Phase seiner geistigen Entwicklung begab Hegel sich auf die Suche nach einem den Zeitverhältnissen angemessenen Glauben, einem Sinn und Orientierung stiftenden geistigen Elixier für den einzelnen und die Gemeinschaft. Obwohl er keines-

Populäres Huldigungslied auf Erzherzog Karl von Österreich, den Sieger über Napoleon I. in der Schlacht bei Aspern am 22. Mai 1809. Wiener Flugblatt, 1809. Wien, Heeresgeschichtliches Museum

Die Wiedereinnahme Hamburgs und seiner Umgebung durch die Franzosen im Jahr 1813:
Gefecht auf der Veddel am 12. Mai. Kolorierte Lithographie der Gebrüder Suhr. Hamburg,
Museum für Hamburgische Geschichte. – Die Völkerschlacht bei Leipzig: Kavallerieangriff der
Verbündeten am 18. Oktober 1813. Aquarell von Johann Adam Klein, 1814. Wien,
Graphische Sammlung Albertina

wegs ein orthodoxer Christ war, folgte er vorgegebenem religiösen Gedankengut. Wie er in der Einleitung zu einem 1793 verfaßten, Fragment gebliebenen Essay schrieb, hielt er die Religion für »das Wichtigste im Leben« Sie tröste den Einzelnen über persönliche Sorgen hinweg und schaffe Verbundenheit durch Rituale und gemeinsame Glaubensinhalte. Hegel wünschte sich eine »Volksreligion« mit verbindender Kraft, wie sie von den biblischen Hebräern überliefert war; zugleich sollte sie aber mit seinen Idealen der Vernunft und Freiheit vereinbar sein. Auf dem von Kant gelegten rationalen Fundament errichtet, sollte die neue Hegelsche Religion jene an das Herz und die Phantasie der Menschen appellierenden Qualitäten aufweisen, ohne die sie die Masse der Menschen nicht für sich zu gewinnen vermochte; und die Menschen sollten sich frei für sie entscheiden können, nicht durch tyrannischen Zwang, sondern durch die Überzeugungskraft eines Propheten zu ihr bekehrt werden. In den späten neunziger Jahren floß die Suche Hegels nach einem rationalen und freien Glauben mit seinem zunehmenden Interesse an der politischen Entwicklung zusammen. Wie die meisten anderen wachen Geister seiner Zeit, erkannte auch er, daß Krieg und Revolution dabei waren, das öffentliche Leben in Deutschland zu verändern. Vorübergehend hoffte er, Österreich könne eine Vorreiterrolle bei der Wiederherstellung der Freiheit und Unabhängigkeit Deutschlands spielen; doch dann setzte sich bei ihm die Erkenntnis durch, daß keine deutsche Macht stark genug war, den Franzosen zu trotzen. Infolgedessen drückte er seine religiösen und politischen Interessen zugunsten der Beschäftigung mit philosophischen Fragen zurück. Zwar gab er die Hoffnung nicht auf, einen neuen Glauben verwirklichen zu können, und blieb weiterhin von der Notwendigkeit einer politischen Umwälzung überzeugt, doch er verlegte sich nunmehr auf die philosophische Durcharbeitung dieser Aufgaben. In einem Brief an Johann Heinrich Voß, den großen deutschen Homer-Übersetzer, schrieb er, er wolle versuchen, »die Philosophie deutsch sprechen zu lehren. Ist es einmal so weit gekommen, so wird es unendlich schwerer, der Plattheit den Schein von tiefem Reden zu geben.« Als einer, der in der Wahl seiner selbstgesteckten Ziele nicht zimperlich war, nahm Hegel sich nichts Geringeres vor, als für die Philosophie zu tun, was Luther für die Bibel und Voß für die altgriechische Dichtung vollbracht hatten.

Im Frühjahr 1805 verschärfte sich angesichts des fortdauernden Niedergangs des Deutschen Reichs, der militärischen Niederlage Österreichs und der heraufziehenden Gefahr eines Krieges zwischen Frankreich und Preußen Hegels »apokalyptisches Gegenwartsbewußtsein«, wie einer seiner Biographen es genannt hat. Ein Jahr später hatte sich die kritische Lage weiter zugespitzt, und Hegel verkündete denen, die im Sommer 1806 seiner letzten Vorlesung in Jena beiwohnten: »Die ganze Masse der bisherigen Vorstellungen, Begriffe, die Bande der Welt, sind aufgelöst und fallen wie ein Traumbild in sich zusammen.« Kurze Zeit später kam es vor den Toren Jenas zur Entscheidungsschlacht zwischen Preußen und

Frankreich, und die Stadt, in der Hegel lebte, füllte sich mit Verwundeten und Eroberern. In den spannungsgeladenen Monaten zwischen Herbst 1805 und Frühjahr 1806 hatte Hegel fieberhaft an seinem ersten großen philosophischen Wurf gearbeitet, dem Buch, das seine akademische Karriere beflügeln sollte und bis heute zu den Glanzstücken abendländischer Philosophie gehört: »Die Phänomenologie des Geistes«, die 1807 ediert wurde. Hegel schloß die Niederschrift des Buches ab, bevor die Schlacht von Jena begann; ihn quälte die Angst, das Manuskript könne in den Kriegswirren beschädigt werden oder verlorengehen. Das geschah nicht, aber in dem Chaos, das auf die Schlacht folgte, endete sein Lehrauftrag, und er sah sich gezwungen, anderswo eine Wirkungsstätte zu finden.

Im Rahmen der zeitlos klassischen Werke der Philosophie zeichnete sich Hegels »Phänomenologie« durch den Hinweis aus, in einer besonders schwer zu dechiffrierenden »Geheimsprache« geschrieben zu sein. Tatsächlich stellt das Buch, das Hegel, der kein Meister eines leicht verständlichen Stils war, in großer Eile zu Papier brachte, enorme Anforderungen an seine Leser. Obwohl dem Wesen nach zutiefst historisch, ist Hegels Analyse arm an narrativen Strukturen, Namen und Daten. Man könnte das, was er geliefert hat, eher als eine Kartierung des geschichtlichen Entwicklungsgangs des Geistes von den Anfängen der Menschheit bis in die damalige Gegenwart bezeichnen, als einen Ansatz, der nach gleichsam geologischer Methode die diversen Erfahrungsschichten durchleuchtet, die sich unter der kulturellen Oberflächenformation jener Jahre verbergen. Um dies zu bewerkstelligen, mußte Hegel den Geist in all seinen Äußerungsformen analysieren: als Quelle von Erkenntnis und logischer Analyse, von persönlicher Emotion und öffentlichem Engagement, von religiösem Glauben und künstlerischer Leistung. Er mußte außerdem deutlich machen, wie das Absolute – der Weltgeist, das Göttliche – mit der Geschichte des menschlichen Denkens und der geistigen Entwicklung der Einzelnen interagiert. Das Bild, das sich bietet, ist komplex, weil der Geist sich nicht auf geraden Wegen vorwärts bewegt; er erleidet Rückschläge und Niederlagen, jeder Sieg ist lediglich ein vorläufiger, jede erreichte Bastion muß wieder zusammenstürzen. Die Geschichte läßt sich, so Hegels Erkenntnis, als eine Abfolge von Fehlschlägen deuten, wofür die Seiten der »Phänomenologie« sprechen, auf denen man von den Trümmern entwurzelter Glaubensüberzeugungen und zerstobener Hoffnungen erfährt. Hegel stellte sich die Aufgabe, das verborgene rationale Gerüst herauszuarbeiten, das dieser tragischen Geschichte Sinn verleiht und sie dadurch in eine Geschichte verwandelt, die vom Fortschritt des Geistes zu höheren Formen der Selbsterkenntnis erzählt.

Hegel teilte die Ansicht seiner Zeitgenossen, daß der Geist nunmehr in eine mit keiner früheren Epoche zu vergleichenden Entwicklung eingetreten war. Bis zum Beginn des 18. Jahrhunderts habe die Menschheit einen »Himmel mit weitläufigen Reichtümern von Gedanken und Bildern« gehabt. Dann habe die Aufklärung die Religion ausgetrieben und die Aufmerksamkeit der Menschen auf irdische Dinge gelenkt. Hieraus sei viel Gutes erwachsen, doch habe sich die Verneinung des Himmels durch die Aufklärung als ebenso unbefriedigend erwiesen wie zuvor die Verneinung der Erde durch die mittelalterliche Sicht. Ohne religiös fundierte Werte halte das Nützlichkeitsdenken Einzug in die menschlichen Beziehungen, und die Politik verkomme zur Negation, ja zum Terror. Somit habe die Aufklärung ungeachtet aller ihrer großen Errungenschaften der Menschheit die Fähigkeit vorenthalten, sich selbst zu verstehen und ihr Leben zu ordnen. Zu den Symptomen solcher Unfähigkeit zählte Hegel die Ideen der meisten Philosophen seiner Zeit, deren unklare und mystische Gedankenflüge vielleicht »Erbauung«, nicht aber wahre Erkenntnis bescheren konnten. Kein Wunder, daß für Schelling, der rascher als die meisten Gelehrten die Bedeutung von Hegels Buch erfaßte, die Lektüre der »Phänomenologie« zu einer tiefen Kränkung wurde.

Hegel sah in dem durch die Aufklärung in die Welt gekommenen Selbstbewußtsein die größte Bürde und zugleich die einzige Hoffnung der Menschheit. Sie sei dadurch verwundbar und befangen geworden, habe aber auch ein Bewußtsein dafür gewonnen, was verloren gegangen sei, und dadurch wiederum die Fähigkeit, eine neue Höhe des Bewußtseins zu erklimmen. Aus diesem Grund glaubte Hegel, obwohl er die Welt der klassischen Antike sehr bewunderte, an die potentielle Überlegenheit der zeitgenössischen Kultur. Die antike Welt sei mit sich selbst eins gewesen und habe ihre Werte aufs Schönste in künstlerische Formen gegossen. Dagegen habe die gegenwärtig herrschende Zersplitterung und Unordnung mit schrecklicher Klarheit den wesensmäßig problematischen Charakter aller Kunst offenbart.

Aus der »Phänomenologie« geht nicht hervor, wie sich eine Rückbesinnung vollziehen lasse. Trotz ihres großen Umfangs und ihrer Komplexität kam sie im Grunde über eine vorläufige Kartierung nicht hinaus; sie konnte insofern nur ein Vorspiel für systematischere Versuche sein, einen tragfähigen Glauben zu finden, jenseits von irrationalem Aberglauben und leerem Skeptizismus, jenseits von Mittelalternostalgie und steriler Rationalität.

Daß Hegel, Schelling, Fichte und die Romantiker ein und derselben Geistesgeneration angehörten, wird vielleicht am deutlichsten aus ihrer Einstellung zur Religion. Nur die wenigsten waren orthodoxe Christen; die meisten standen den religiösen Praktiken ihrer Zeit höchst kritisch gegenüber, doch sie alle anerkannten die gesellschaftliche Kraft und kulturelle Bedeutung religiöser Glaubenssysteme. Ihre religiösen Auffassungen hatten eine Intensität, wie man sie selbst in den Reihen der eher theologisch orientierten Aufklärer kaum antrifft. Anders als etwa Kant, der sich mit dem Minimum an religiösem Glauben begnügt hatte, das erforderlich war, um ein sittliches Leben zu gewährleisten, strebten diese jüngeren Männer nach einem Glauben, der Inspiration, Tröstung und Befriedigung versprach. Daher rührte das brennende Interesse vieler von ihnen für Mythologie, vergleichende Religionskritik und für Überlegungen zur ästhetischen Funktion der Gottesvorstellung. Hinzu kam, daß sie das Gefühl hatten, eine Verflachung der Religiosität werde unabsehbare Konsequenzen sowohl für das Innenleben der Einzelnen als auch für das öffentliche Leben der Gemeinschaft nach sich ziehen. Da die Angehörigen der Romantikergeneration sich ein Leben ohne Glauben nicht vorstellen konnten und wollten, wandten sich viele entweder einer der christlichen Konfessionen zu oder blieben auf der Suche nach einer Ersatzreligion. Nicht umsonst lobte Friedrich Schleiermacher selbst seine weltlichsten Zeitgenossen dafür, daß sie die Unverzichtbarkeit der Religion herausgestellt hätten. »Sehet da«, schrieb er 1799, »das Ziel Euerer gegenwärtigen höchsten Anstrengungen ist zugleich die Auferstehung der Religion!... ich feire Euch als die, wenn gleich unabsichtlichen Retter und Pfleger der Religion.«

Schleiermacher, der bedeutendste Theologe seiner Zeit, gehörte ebenfalls der Romantikergeneration an. 1768 als Sohn eines Militärkaplans in Breslau geboren, besuchte der junge Friedrich Schulen, die von pietistischer Frömmigkeit durchdrungen waren. Im Rückblick nannte er die Religion einmal die Gebärmutter, in deren heiliger Finsternis sein junges Leben genährt worden sei. Doch Einflüsse aus der säkularen Welt wirkten in die Ausbildung Schleiermachers ebenso hinein wie in die Hegels. Neben der Bibel und den antiken Klassikern lasen Schleiermacher und seine Mitschüler die Werke von Zeitgenossen wie Wieland, Goethe und Kant. Diese Lektüre stürzte den jungen Seminaristen in eine tiefe religiöse Krise, über die er seinem Vater in einem verzweifelten Brief vom 21. Januar 1787 berichtete: »Der Glaube ist ein Regale der Gottheit, schrieben Sie mir. Ach, bester Vater, wenn Sie glauben, daß ohne diesen Glauben keine, wenigstens nicht die Seligkeit in jenem, nicht die Ruhe in diesem Leben ist, ... o so bitten Sie Gott, daß Er mir ihn schenke, denn für mich ist er jetzt (!) verloren.« Schließlich fand er jedoch wieder zum Glauben zurück, erhielt seine Ordination und wurde Pfarrer, erst in einer Kleinstadt und dann, von 1796 bis 1802, an der Berliner Charité.

Schleiermacher lernte in seinen Berliner Jahren viele der führenden romantischen Schriftsteller kennen; eine Zeitlang teilte er eine Wohnung mit Friedrich Schlegel. Was für ein Erlebnis muß es für den empfindsamen jungen Geistlichen gewesen sein, in eine von romantischer Sensibilität gleichsam berstende Welt hineinzutauchen, gerade als diese in ihrer glanzvollsten und attraktivsten Blüte stand. Wie unendlich muß ihm der Abstand zwischen seinem Seminar, seiner Landgemeinde und dem Berliner Salonleben erschienen sein, in dem die Funken des Geistes stoben und junge Leute sich im Glanz ihrer Berühmtheit sonnten. Daß Schleiermacher sich den weltlichen Verlockungen nicht ganz zu verschließen vermochte, ersieht man aus seinen »Vertrauten Briefen über Lucinde«, einer Verteidigungsschrift für das Schlegelsche Skandalbuch, die so manchen frommen Bewunderer des Theologen in peinliche Verlegenheit gebracht hat. Schleiermacher gehörte indes zu den nicht seltenen Fällen, denen es leichter fiel, über romantische Liebe zu schreiben, als sie selbst zu erleben. Er hatte wenig Freude an seiner stürmischen Schwärmerei für Eleonore Grunow, die sich nicht dazu überwinden konnte, ihre unglückliche Ehe aufzulösen und Schleiermacher zu heiraten. Als er 1802 seine Stellung an der Charité zugunsten eines Predigeramtes im pommerschen Stolp aufgab, waren seine persönlichen Beziehungen zerrüttet und sein Verhältnis zu seinen Kirchenoberen schwer gestört.

Nachdem Schleiermacher aus diesen Prüfungen mit einem durch philosophische Zweifel geläuterten Glauben hervorgegangen war, charakterisierte er sich selbst als einen »Moravier höherer Ordnung«, der sowohl den Geist der Zeit vertrat als auch ein gläubiger Christ war. Selbst in seinen Berliner Jahren, in denen er den auf ihn einstürmenden säkularen Strömungen am stärksten ausgesetzt gewesen ist, hatte er sich den Glauben an den Vorrang der Theologie bewahrt und war seinen geistlichen Pflichten stets nachgekommen. Er war in der Philosophie gründlich bewandert, sah aber, anders als Fichte oder Hegel, in der philosophischen Erkenntnis nicht den Königsweg zur Wahrheit.

Literatur konnte ihn tief bewegen, doch er ging nicht so weit wie die Romantiker, Kunst und wahre Erkenntnis zu identifizieren. Die erkennende Vernunft sowie die Schönheit waren für ihn der Theologie untergeordnet, deren Botschaft er seinen Zeitgenossen zu überbringen versuchte – vor allem den »Gebildeten unter ihren Verächtern«, wie es im Untertitel seines ersten größeren Werkes »Über die Religion« hieß. Das sind diejenigen, wie Schleiermacher sie anspricht, bei denen »Menschheit und Vaterland, Kunst und Wissenschaft ... so völlig von Eurem Gemüthe Besitz genommen haben, daß für das ewige und heilige Wesen, welches Euch jenseits der Welt liegt, nichts übrig bleibt«. Um ein solches Publikum zu erreichen, bediente sich Schleiermacher der Sprache Fichtes und der Romantiker und verzichtete sowohl auf die kunstvollen Gedankengebilde des Wolffschen Rationalismus als auch auf die moralischen Argumente, die Kant in seiner zweiten »Kritik« herausgearbeitet hatte. »Sie (die Religion) begehrt nicht das Universum seiner Natur zu bestimmen und zu erklären wie die Metaphysik, sie begehrt nicht aus Kraft der Freiheit und der göttlichen Willkühr des Menschen es fortzubilden und fertig zu machen wie die Moral. Ihr Wesen ist weder Denken noch Handeln, sondern Anschauung und Gefühl.« Wer die Natur der Religion ergründen und damit den eigentlichen Gegenstand der Theologie finden wolle, müsse in die fromme Empfindsamkeit des Gläubigen eintauchen. Schleiermacher beabsichtigte mit seinem Appell an die Emotionalität, mit dem er die für die Romantik typische Blickrichtung »nach innen« vorgab, nicht etwa, eine Lanze für den Mystizismus oder den reinen Subjektivismus zu brechen. Es sei vielmehr so, daß derjenige, der sich auf die Suche nach sich selbst begebe, etwas über Gottes Universum erfahre: »Selbstanschauung und Anschauung des Universums sind Wechselbegriffe.« Schleiermacher hatte nicht vor, sich von der diessei-

tigen Welt abzuwenden; im Gegenteil: Er nahm äußerst regen Anteil am gesellschaftlichen Leben in allen seinen Formen und dachte vor allem gründlich über
das Verhältnis zwischen Volk und Staat nach.

Die Epoche der Revolution brachte keinen katholischen Theologen vom For-
mat Schleiermachers hervor. Die protestantische Vorherrschaft in der literarischen Kultur Deutschlands, die sich im 18. Jahrhundert bereits angebahnt hatte,
verstärkte sich im letzten Dezennium des 18. und im ersten Jahrzehnt des 19.
Jahrhunderts. Der Rückgang der Schaffenskraft der katholischen Intelligenz ist
merkwürdig, wenn man bedenkt, daß nach übereinstimmender Einsicht der meisten Gelehrten die Romantik den Einfluß des Katholizismus auf Literatur und
bildende Kunst neu belebte. Der kulturelle Aufschwung bewirkte jedoch nicht
zwangsläufig eine Wiederauferstehung der katholischen Philosophie. Das lag
teilweise daran, daß die romantische Vorliebe für Kunst, Mythos und Gefühl sich
viel leichter in ästhetische als in philosophische Schöpfungen übertragen ließ. Der
kategorische Antiklerikalismus der Revolution tat ein übriges, die Abneigung
vieler Kirchenführer gegen aufgeklärtes Gedankengut zu vertiefen und die Bindungen zwischen Kirchenhierarchie und reaktionären politischen Regimen zu
stärken. Diejenigen katholischen Institutionen, die den Prozeß der Säkularisierung überlebt hatten, verhielten sich oft intolerant gegenüber rationaler Analyse
und philosophischer Spekulation. Owen Chadwick hat diesen Rechtsruck der
Kirche den »dem Papsttum hinterlassenen Fluch der Revolution« genannt, weil
er viele Katholiken dem Gedankengut der Aufklärung entfremdete und damit
ihren Abstand zu den protestantischen Zeitgenossen weiter vergrößerte. Ein kurzer Blick auf die beiden interessantesten katholischen Denker um die Jahrhundertwende, Franz Xaver von Baader und Bernhard Bolzano, mag einen Eindruck
davon vermitteln, wie sehr die intellektuellen und institutionellen Hemmnisse die
philosophische Diskussion im katholischen Lager behinderten.

Baader kam 1765 als Sohn eines angesehenen Münchener Arztes auf die Welt.
Er hatte ursprünglich vor, in die Fußstapfen seines Vaters zu treten, stellte dann
aber fest, daß er es nicht ertragen konnte, seine Patienten leiden zu sehen, und
sattelte auf Bergbauingenieur um, womit er eine der gängigsten romantischen
Metaphern realisierte: das Hinabsteigen unter die Oberfläche sowohl der Erde
als auch der Psyche. Während eines vierjährigen Aufenthalts in England registrierte Baader die dortigen sozialen Probleme und war einer der ersten, die auf
die potentielle Gefahr hinwiesen, die vom »Proletariat«, wie er es nannte, drohte.
Nach seiner Rückkehr nach Bayern diente er in der Bergbauverwaltung, leitete
eine Glasmanufaktur, beteiligte sich an einer Reihe politischer Projekte und
schrieb über eine Anzahl theologischer und philosophischer Themen. Nach seinem Rückzug aus dem öffentlichen Dienst 1820 widmete er sich voll und ganz
der geistigen Arbeit, und 1826 wurde er auf den Lehrstuhl für spekulative Theologie an der Münchener Universität berufen.

Gleich auf den ersten Seiten des Tagebuches, das er von 1786 an führte, stellte Baader die Fragen, mit denen sich viele seiner Zeitgenossen abquälten: Wenn unser Bewußtsein des eigenen Selbst unsere erstrangige Erkenntnisquelle ist, wie gewinnen wir dann Erkenntnisse über die äußere Welt? »Hier liegt der Knoten, das größte, tiefste Geheimnis aller unserer Erkenntnis liegt hier, wie ich auch aus Kant sehe.« Baader fand für sich eine Lösung, die auf eigentümliche Weise naturwissenschaftliche Erkenntnisse mit religiösem Mystizismus verband. Diese Tendenz deutete sich bereits in seiner Dissertation zur Frage über den »Wärmestoff« an, in der er ein Problem der physikalischen Chemie zum Anlaß für Spekulationen über eine metaphysische Realität nahm. Damit begann seine Suche nach der »Weltseele«, eine, wie er formulierte, »elastische, allverbreitete, zarte und unsichtbare Materie, die in immerwährender Bewegung und Thätigkeit als Allgebieterin und Allzerstörerin auf und in unserem Erdballe... mit ihrem alles durchdringenden Hauche ihn überall durchströmt und alles belebt«. Ein halbes Jahrhundert suchte er nach diesem Einheit stiftenden Etwas, nach der verbindenden Grundlage, auf der die Menschheit wieder zu Harmonie und Ordnung zurückfinden konnte. Wie Hegel, den er in Berlin aufsuchte, und Schelling, mit dem er in München zusammenarbeitete, war Baader ein überzeugter Eklektiker im Denken, an mittelalterlichem Mystizismus ebenso lebhaft interessiert wie an moderner Naturwissenschaft. Was dabei herauskam, war eine seltsame Mixtur aus Wissenschaft und Alchimie, scharfsichtiger Gesellschaftsanalyse und exzentrischem Obskurantismus, Theosophie und Logik. Bei der Lektüre der Baaderschen Texte spürt man eine Aufnahmebereitschaft und Ambitioniertheit, die der Hegelschen nicht nachsteht, doch Baader fehlte die schöpferische, ordnende Intelligenz, die Hegel zur Errichtung seines herausragenden philosophischen Systems befähigte.

Wie die katholischen Philosophen des 18. Jahrhunderts vor ihm, stieß auch Baader im Verfolg seiner Spekulationen auf die mit der Organisierung von Religiosität zusammenhängenden Fragen. Da er den einzelnen für das vorrangige Subjekt der Religiosität hielt, hatte er wenig Respekt vor Kirchenhierarchien mit ihren Äußerlichkeiten und vor der weltlichen Macht der Päpste. Die wahre Kirche war in seinen Augen die unsichtbare Gemeinschaft der Gläubigen, die sich aufgrund einer Reihe unglücklicher historischer Fehlentwicklungen in unterschiedliche Konfessionen aufgespalten hatte. Baader hoffte, daß er, der Laie und Theologe, Naturwissenschaftler und gläubiger Christ war, imstande sein würde, das Fundament für ein wiedervereinigtes Christentum zu legen. Aber Baader war mit seinem ökumenischen Programm seiner Zeit um mehr als ein Jahrhundert voraus. Seine Bemühungen, die Konfessionen einander näherzubringen, blieben erfolglos, mit einer Ausnahme: Ironischerweise eignete Metternich sich Baaders Idee einer »Heiligen Allianz« des protestantischen Preußen mit dem katholischen Österreich und dem orthodoxen Rußland an, spannte sie allerdings für reaktionäre Ziele ein, die den Neigungen Baaders zuwiderliefen. Die katholischen Obrigkeiten nahmen Baader kaum zur Kenntnis. Seine Schriften wurden nicht auf den Index der verbotenen Bücher gesetzt und als Handlungsanweisungen für Reformen nicht ernst genommen. Die kirchlichen Machthaber scheinen überzeugt gewesen zu sein – zu Recht, wie sich herausstellte –, daß Baader zu exzentrisch und isoliert war, als daß er Schaden anrichten konnte. Daß die Kirche andererseits durchaus energisch gegen gefährliche Ideen und Einflüsse vorging, wenn sie es für nötig hielt, zeigt die Biographie von Bernhard Bolzano.

Bernhards Vater war ein gebürtiger Lombarde, der sich in Prag niedergelassen und dort die Tochter eines Kaufmanns geheiratet hatte. Als Kunsthändler zu einigem Wohlstand gelangt, erzog er seine Kinder zu Mitgliedern des aufgeklärten, deutschsprachigen Prager Bürgertums. Der 1781 geborene Bernhard war ein talentierter, aber aufgewühlter junger Mann, der in Mathematik ebenso brillierte wie in Philosophie und Theologie. Trotz eigener Bedenken und gegen die energischen Einwände seines Vaters ergriff er den Priesterberuf und erhielt schon bald eine Professur für Theologie an der Prager Universität, wo er in der Folge eine starke Wirksamkeit als Lehrer und Prediger entfaltete. Anders als Baader und viele Romantiker, stellte Bolzano die Mathematik in den Mittelpunkt seines naturwissenschaftlichen Interesses. Er nimmt einen kleinen, aber gesicherten Platz in der Entwicklungsgeschichte der Infinitesimalrechnung ein. Er beschränkte sich jedoch nicht auf das Interesse am abstrakten Denken, sondern versuchte stets, mittels philosophischer Analyse die moralischen und praktischen Fragen seiner Zeit auszuloten. Mit den Romantikern teilte er die Vorliebe für die emotionalen Aspekte des religiösen Lebens. Sein bekanntestes Werk, die »Athanasia«, ist ein Plädoyer für die Idee der Unsterblichkeit der Seele, geschrieben, um seine Haushälterin über den Tod ihrer jüngsten Tochter hinwegzutrösten. Auch wenn Bolzano bekennender Katholik blieb, hatte er für die institutionellen Strukturen der Kirche ebensowenig übrig wie Baader. Er bekannte sich offen zu seiner »Gegnerschaft zur weltlichen Herrschaft des Papstes im Kirchenstaat, überhaupt zu jeder irdischen Macht und Herrlichkeit des katholischen Priestertums«.

Mit solchen Ideen schuf sich Bolzano in den Reihen der kirchlichen und politischen Obrigkeit in Prag wenig Freunde. Nach der Verhaftung eines seiner Studenten 1819 wurde Bolzano die Lehrbefugnis entzogen, und nach mehreren Untersuchungen und Prozessen wurde er in den permanenten Ruhestand strafversetzt. Er lebte noch fast dreißig Jahre in ziemlicher Vereinsamung, gestützt auf eine kleine Pension und die Hilfsbereitschaft seiner Freunde. Es ist zum großen Teil der Forschertätigkeit Eduard Winters zu verdanken, wenn sich heute konstatieren läßt, daß die Ideen Bolzanos, ungeachtet seiner Kaltstellung, für die Entwicklung des Denkens im 19. Jahrhundert von beträchtlicher Bedeutung waren, insbesondere in den Ländern der Habsburger Monarchie. Winter hat eine eindrucksvolle Liste von Denkern zusammengestellt, die von den Schriften Bolzanos beeinflußt worden sind. In vielen Fällen war es allerdings ein indirekter Einfluß, der aus Rücksicht auf die Kräfte der politischen und religiösen Unterdrückung unkenntlich gemacht werden mußte. So gesehen, kann das Werk Bolzanos als Illustrationsbeispiel sowohl für die untergründig fortbestehende Vitalität des katholischen Denkens dienen als auch für die ernsten Probleme, denen katholische Denker ausgesetzt waren.

Die Intellektuellen und die Politik

Gegen Ende eines Gesprächs zwischen Napoleon und Goethe, das im Oktober 1808 stattfand, erklärte der Kaiser, die Zeit für Schicksalstragödien von Dichterhand sei vorüber. »Was«, sagte Napoleon dem Dichterfürsten, »will man jetzt mit dem Schicksal, die Politik ist das Schicksal.« Wohl nur wenige deutsche Intellektuelle hätten das Bedürfnis verspürt, dieser apodiktischen Feststellung des großen Machtpolitikers zu widersprechen: Seit nunmehr fast zwei Jahrzehnten brachen politische Schicksale über sie herein, die auf ihre Weise ebenso unbarmherzig waren wie die, unter denen Aischylos seine tragischen Helden hatte zerbrechen lassen. Es war die Politik der revolutionären Ära, die, sei es als in der Ferne spielendes Spektakel oder, der häufigere Fall, als gewaltsam in ihr Leben einbrechende Macht, die Zeitgenossen in ihren Bann schlug, in ihre private und berufliche Sphäre eingriff, ihre Zukunftsvisionen veränderte. Das gesteigerte Bewußtsein der Romantiker für die Macht der Gefühle war, wie die Suche der Philosophen nach einem anderen Glauben, eine Reaktion auf die politischen Leidenschaften und Parteilichkeiten, die von der französischen Rhein-Seite nach Mitteleuropa hereindrangen. Bedrohung oder Chance, Katastrophe oder Triumph, Anlaß zu Jubel oder Klage – in der Epoche der Revolution wurde die Politik jedermanns Schicksal.

Daß die revolutionäre Politik so beherrschend in den Vordergrund trat, bedauerte kein deutscher Intellektueller mehr als Goethe. Nachdem er sich durch seine »Flucht« nach Italien seinen lästig gewordenen politischen Pflichten entzogen hatte, kehrte er im Juni 1788 mit dem Vorsatz nach Weimar zurück, sich der Schriftstellerei, der naturwissenschaftlichen Forschung und anderen kulturellen Aktivitäten zu widmen. Obgleich er 1792 die Strapazen und Gefahren einer Frontvisite auf sich genommen hatte, war seine innere und äußere Anteilnahme an den kriegerischen Vorgängen geringer und halbherziger, als seine vielzitierte Bewertung der Kanonade von Valmy als Fanal einer Zeitenwende es suggeriert. Er hatte während des gesamten Feldzuges mehr Zeit in seinem Zelt mit dem Umdichten des »Reineke Fuchs« in Hexameterform verbracht als mit dem Beobachten der epochalen Ereignisse, die draußen vorgingen. Zwischen 1795 und

1805, als Weimar dank der im Vertrag von Basel vereinbarten Waffenstillstandslinie vom Krieg abgeschirmt war, vertiefte sich Goethe vollständig in seine persönlichen und künstlerischen Anliegen. Weder seine ausgiebige Korrespondenz
noch seine »Annalen« enthalten viele Hinweise darauf, daß er sich für das Ta-
gespolitische interessiert hätte. Seine Reaktion auf die Politik zeichnete sich allerdings eher durch Antipathie als durch Apathie aus. Er bekam von dem, was
vorging, so viel mit, wie er mitbekommen wollte, und das meiste davon mißbil-
ligte er. Radikale Umwälzungen waren seiner Auffassung nach gefährlich, Ideale
trügerisch, und die Volksmasse betrachtete er als einen wetterwendischen Pöbel.
Für sich selbst bevorzugte er die Position eines neutralen Beobachters, wie sie in
einem gut organisierten, menschenfreundlichen, autoritären Regime möglich
war, eine Position, die auf politische Neutralität hinauslief. Er nahm der Revolution bitter übel, daß sie mit ihren Verheißungen und Drohungen seine neutrale
Position gefährdete. Die Revolution riß die Menschen aus ihren privaten Lebens-
zusammenhängen und lenkte sie von dem ab, was wirklich wichtig war. »Was
das Luthertum war, ist jetzt das Franztum in diesen Letzten Tagen, es drängt
ruhige Bildung zurück« war in den »Xenien« zu lesen.

Für die Beschreibung seines emotionalen Verhältnisses zur Revolution fand
Goethe nie eine angemessene künstlerische Form. Zwar sind überall in seinem
Werk verstreute politische Randbemerkungen, Epigramme und Verse vorhanden, doch sein einziger ernsthafter Versuch, das Thema erschöpfend zu behan-
deln, ein Drama mit dem Titel »Die natürliche Tochter«, blieb unvollendet. Die
beste verfügbare Darstellung seiner politischen Auffassungen bleibt somit seine
1797 erschienene Versdichtung »Herrmann und Dorothea«, in der die von außen
eindringenden politischen Kräfte am Ende vertrieben werden, so daß die beiden
Protagonisten die süßen Früchte ihres privaten Glückes genießen können. Der
politische Grundton dieser Versdichtung war, wie Wilhelm Mommsen einmal
geschrieben hat, abwehrend und konservativ. Analog zum Denken Goethes war
der Tenor des Epos antipolitisch, ein Bekenntnis zum Vorrang der persönlichen
Erfüllung gegenüber eingreifenden äußeren Gewalten. Die Politik, überhaupt die
Geschichte interessierte Goethe weniger als das, was sich in der menschlichen
Sphäre an Empfindungen abspielte. Aus diesem Grund gefiel ihm, wie er Schiller
am 18. März 1799 brieflich anvertraute, das letzte Stück von dessen Wallenstein-
Trilogie am allerbesten: Es habe »den großen Vorzug, daß alles aufhört politisch
zu sein und bloß menschlich wird, ja das Historische selbst ist nur ein leichter
Schleier, wodurch das Reinmenschliche durchblickt«.

Schiller teilte Goethes Abneigung gegen die Vorgänge in Frankreich, beschäftigte sich aber sehr eingehend mit Politik und Geschichte. Während Goethe den
Pflichten des politischen Amtes entflohen war, hatte Schiller einst vor den Re-
pressionen der politischen Macht fliehen müssen. Weil er die Peitsche der Tyrannei zu spüren bekommen und die Qualen der Heimatlosigkeit erduldet hatte,

faszinierten ihn die Beschäftigung mit der Macht und die Angst vor deren Mißbrauch zutiefst. Aus diesem Grund findet sich in dem, was Schiller nach 1789
schrieb, nirgendwo der für Goethe typische selbstherrlich-olympische Dünkel
gegenüber den Niederungen der Politik. Nicht nur Schillers historische Arbeiten,
sondern auch mehrere seiner großen Gedichte und viele seiner Dramen, besonders der »Wilhelm Tell« und die Wallenstein-Trilogie, sind Auseinandersetzungen mit dem Thema »Macht und Freiheit«. Aber Schiller lehnte es ebenfalls ab,
der Politik den Vorrang zu geben, der ihr angesichts ihrer vordergründigen Bedeutung zuzustehen schien. Er war und blieb der Ansicht, daß moralische Würde
und innere Freiheit letzten Endes immer die höchsten Werte sein müßten. Deshalb bezeichnete er in seinen 1795 veröffentlichten Aufsätzen zur Ästhetik die
Kunst als die eigentliche Grundlage der menschlichen Freiheit. Ein gutes Staatswesen setzte vor allem moralisch intakte Menschen voraus. Aufgabe des Staates
mußte es sein, die Sittlichkeit zu fördern, nicht jedoch sie zu erzwingen.

Schiller teilte die Empfindung Goethes, daß die Politik, wenn sie in die Sphäre
der Kunst und Kultur eingriff, sich nur als ein unangenehmer Störfaktor auswir-
ke. In seinem Brief an Goethe vom 2. August 1799 verglich er die aktuellen
Vorgänge mit der puritanischen Revolution in England und merkte an: »Solche
Zeiten sind recht dazu gemacht, Poesie und Kunst zu verderben, weil sie den
Geist aufregen und entzünden, ohne ihm einen Gegenstand zu geben.« Schillers
Kritik an der Revolution erschöpfte sich nicht in dem Vorwurf, daß sie der Kräf-
tevergeudung Vorschub leiste. Er fürchtete darüber hinaus, ihre trügerischen
Ideale hätten tief wurzelnde destruktive Impulse freigesetzt, dunkle Instinkte, die
als gleichsam unsichtbare Begleiter den langen, gefahrvollen Weg der Menschheit
von der Barbarei zur Zivilisation mitgegangen waren. In seinem bemerkenswerten Gedicht »Der Spaziergang« von 1795 evozierte er die entlang dieser Wegstrecke lauernden Kräfte mittels einer Reihe verblüffender Naturbilder. Im fünf
Jahre später entstandenen »Lied von der Glocke« werden die Schrecken, die die
Revolution in sich birgt, ohne jede metaphorische Verkleidung an die Wand
gemalt. Als die Glocke durch ihr Schlagen die Ankunft von »Freiheit und Gleichheit« verkündet, füllen sich die Straßen mit einem bewaffneten und zornigen
Pöbel:

> »Da werden Weiber zu Hyänen
> Und treiben mit Entsetzen Scherz,
> Noch zuckend, mit des Panthers Zähnen
> Zerreißen sie des Feindes Herz.«

Diese aggressiven Zeilen zeigen, mit welcher Bitterkeit der schwerkranke Schiller,
dem die Hoffnung auf eine kulturelle Erneuerung abhanden gekommen war,
gegen die politischen Entwicklungen seiner Gegenwart andonnerte. In seinem
letzten, unvollendeten Drama »Demetrius« scheint der Held dazu verurteilt zu
sein, ein Schicksal zu erdulden, gegen das anzukämpfen ihm die Energie fehlt.

Das einzige, das dem Einzelnen letzten Endes bleibe, sei, so läßt Schiller an der Schwelle zum neuen Jahrhundert in einem traurigen Gedicht wissen, die Flucht in »des Herzens heilig stille Räume«, denn: »Freiheit ist nur in dem Reich der Träume, / Und das Schöne blüht nur im Gesang.«

Die bei Goethe und Schiller früh vorhandene Antipathie gegen die Revolution griff in den Reihen der deutschen Intellektuellen um sich, nachdem der erste Schwall ihrer Begeisterung verflogen war. Karoline Herder zum Beispiel, die einmal »die nahe, gesunde Luft, die jenseits des Rheins weht«, gelobt hatte, zog im April 1793 über »diese gesetzlosen, leidenschaftlichen, eitlen, intoleranten Menschen« los, die »uns allen einen unwiederbringlichen Schaden gebracht« und »die edelsten Nationen der Menschheit gebrandmarkt« hätten. Etwa um dieselbe Zeit schrieb Klopstock ein Gedicht mit dem Titel »Mein Irrthum«, in dem er darüber klagte, daß die Freiheit, in die er seine ganze Hoffnung gesetzt hatte, zum Schlachtruf für einen Angriffskrieg verkommen war:

>»Ach des goldenen Traums Wonn' ist dahin,
>Mich umschwebet nicht mehr sein Morgenglanz,
>Und ein Kummer, wie verschmähter
>Liebe, kümmert mein Herz.«

Was einmal allen wie der praktische Triumph der Aufklärung erschienen war, stellte sich nunmehr als finsteres und gefährliches Drama dar, zu dessen Hauptakteuren, wie ein Zeitgenosse es ausdrückte, die »unteren Klassen« geworden waren, Handwerker und Bauern, die »als Gruppe nur halbwegs menschlich« seien. Eroberung, Königsmord, Lästerung und Terror – das war in den Augen vieler deutscher Denker das wahre Antlitz dessen, was als Kampf um Freiheit, Gleichheit und Brüderlichkeit begonnen hatte.

Manche deutschen Intellektuellen reagierten auf das Fehlschlagen des französischen Experiments mit der Rückbesinnung auf ihr traditionelles Anliegen der moralischen Reform. In jene Richtung ging das Interesse von Männern wie den Schlegels, Novalis, Fichte und Schelling, die alle, jeder auf seine Weise, ein geistiges Heilmittel gegen das sich in Europa ausbreitende politische Gift zu finden suchten. Nur zu gerne versicherten sie sich und anderen, ihr Weg werde zu einer Revolution führen, die nicht weniger glanzvoll und folgenreich sein werde als die, aus der in Frankreich die Republik hervorgegangen sei. Diese Revolution werde sich jedoch im Reich des Geistes vollziehen. 1798, im selben Jahr, in dem der rheinische Journalist J. B. Geich dies verkündete, bezeichnete Friedrich Schlegel die Französische Revolution, die Erkenntnistheorie Fichtes und Goethes Roman »Wilhelm Meister« als die drei größten Errungenschaften seiner Gegenwart. Wer daran zweifle, wem »keine Revolution wichtig scheinen kann, die nicht laut und materiell ist, der hat sich noch nicht auf den hohen weiten Standpunkt der Geschichte der Menschheit erhoben«. 1807 schrieb sogar Hegel, der seine Sympathie für die Revolution nie zurücknahm, an einen Studenten: »Vaterland, Fürsten, Verfassung u. dgl. scheinen nicht die Hebel zu sein, das deutsche Volk emporzubringen, es ist die Frage, was erfolgte, wenn die Religion berührt würde.« Diese Äußerungen und viele andere, die sich zitieren ließen, machen deutlich, daß die moralische Reformtradition bis weit in die Revolutionsepoche hinein fortlebte. Selbst in der Konfrontation mit den unausweichlichen Realitäten der politischen Umwälzung hielten nicht wenige Deutsche daran fest, daß der Ausgangspunkt eines jeden Fortschritts – und für manche auch der Endpunkt – der menschliche Geist sei und daß es gelte, ihn unter dem Banner der Schönheit, der Philosophie oder der Religion auf den richtigen, zur wahren Freiheit führenden Weg zu bringen.

Der Aufenthalt in der Welt des Geistes gestaltete sich freilich nicht immer einfach in dieser Epoche der Revolution, in der die Gravitationskräfte des politischen Geschehens die Menschen in den Bannkreis der Aktion zogen und sie zwangen, Macht und Verantwortung zu übernehmen oder die Chancen der Einflußnahme zu suchen. Am Beispiel Wilhelm von Humboldts, seines Lebens und Denkens lassen sich die Gegensätzlichkeiten wie Geist und Macht, Kontemplation und Aktion klar nachzeichnen. Der 1767 geborene Humboldt wuchs in und um Berlin auf, mit allen materiellen Annehmlichkeiten und geistigen Entwicklungsmöglichkeiten, die eine wohlhabende und angesehene Familie ihren Kindern bieten konnte. Er hatte Zugang zu den höchsten Gesellschaftskreisen der preußischen Hauptstadt und spielte vorübergehend eine Rolle beim ersten Aufblühen jener Salonkultur, zu der sich später die Romantiker stark hingezogen fühlten. Zusammen mit Henriette Herz, Dorothea Veit und Carl Laroche gründete er eine Geheimgesellschaft, die sich der »Suche nach Glück durch Liebe« widmete, worunter, wohlgemerkt, eine reine, keusche Herzensbeziehung zu verstehen war. Die Mitglieder dieses »Tugendbundes«, wie die Gesellschaft sich nannte, achteten die konventionellen moralischen Normen genauso streng wie die sich zur Demokratie bekennenden Freimaurer die bestehenden gesellschaftlichen Hierarchien. Zu dem prominenten Freundeskreis, den Humboldt als Student an der Göttinger Universität fand, gehörten der Klassizist Christian Gottlob Heyne, dessen Tochter und Schwiegersohn, Therese und Georg Forster, sowie zwei interessante junge Frauen: Caroline von Beulwitz, die bald darauf Schillers Schwägerin werden sollte, und Karoline von Dacheröden, die spätere Frau Wilhelm von Humboldts.

Humboldt war Intellektueller aus Überzeugung, stand im Bann der griechischen Kultur, war belesen, vielseitig interessiert und ein Mann für leidenschaftliche Diskussionen bis weit nach Mitternacht. Im April 1790 betrat er die unterste Sprosse der Karriereleiter im öffentlichen Dienst Preußens, indem er eine Referendarstelle am Berliner Kammergericht erhielt. Die Arbeit dort empfand er bald als beengend, als eine ständige, schwer erträgliche Beleidigung seines Glaubens an die Unerschöpflichkeit und Heiligkeit des Individuums. Wie konnte er jemals, fragte er sich, ein Urteil über einen Menschen fällen, wie über die Frau, die vor ihm stand, weil sie des Säuglingsmords beschuldigt wurde? Wie konnte er sich ein Bild von ihren Gefühlen und Werten machen, da er nur ein lückenhaftes Dossier zu ihrem Fall vorliegen hatte? Nach etwas mehr als einem Jahr gab er die Stelle auf und verlegte sich auf ein Dasein als Privatgelehrter und Kulturbürger, zunächst auf dem Landsitz seiner Frau, dann in Jena und schließlich in Paris.

In den Monaten unmittelbar nach seinem Rückzug aus dem öffentlichen Dienst setzte Humboldt sich theoretisch mit der Spannung zwischen Politik und Kultur auseinander, die er gerade in seinem eigenen Leben zu bewältigen versuchte. In einem Essay, »Ideen über Staatsverfassung, durch die neue französische Constitution veranlasst«, einem Fragment, »Über die Gesetze der Entwicklung der menschlichen Kräfte«, und einem Büchlein, »Ideen zu einem Versuch, die Grenzen der Wirksamkeit des Staates zu bestimmen«, drehte und wendete er die Frage, wie eine zutiefst individualisierte Kultur am besten zu den Bedürfnissen des Staates beitragen und mit ihnen koexistieren könne. Als Ausgangspunkt seiner Überlegungen formulierte Humboldt: »Was im Menschen gedeihen soll, muss aus seinem Innren entspringen, nicht ihm von aussen gegeben werden, und was ist ein Staat, als eine Summe menschlicher wirkender und leidender Kräfte?« In seinen »Ideen zu einem Versuch…« sprach er sich dafür aus, der politischen Macht so enge Zügel wie möglich anzulegen, damit die Einzelnen ihr geistiges Potential voll zur Entfaltung bringen könnten.

Obwohl 1792 niedergeschrieben, erschienen die »Ideen zu einem Versuch…« erst nach dem Tod Humboldts und wurden dann sogleich als Beitrag zur Inschutznahme der Freiheit vor dem Staat verstanden und aufgegriffen. John Stuart Mill verwendete ein Humboldt-Zitat als Epigraph für sein Buch »On liberty«. Es war das eine durchaus legitime Deutung, da es Humboldt in der Tat um eine Kritik am bürokratischen Absolutismus des 18. Jahrhundert ging, der unter Friedrich Wilhelm II. gerade in eine neue Phase der Intoleranz und Repression eingetreten war. Andererseits deckte sich Humboldts politisches Ideal nicht mit einem Staat der Art, wie Mill ihn erstrebenswert gefunden hätte. »An sich«, schrieb er am 7. Dezember 1792 an Schiller, »scheinen mir freie Konstitutionen und ihre Vorteile ganz und gar nicht so wichtig und wohltätig. Eine gemäßigte Monarchie legt vielmehr der Ausbildung des einzelnen meist weniger einengende Fesseln an.« Für Humboldt war die Wahrung der persönlichen Interessen gegenüber den öffentlichen ebenso wichtig wie die Behauptung der Rechte des Einzelnen gegenüber dem Staat. Er stand daher dem für das 18. Jahrhundert kennzeichnenden Anliegen einer moralischen Reform noch weit näher als den liberalen politischen Positionen des 19. Jahrhunderts. Bildung – die moralische, geistige und ästhetische Verfeinerung der Persönlichkeit – war für ihn das höchste Ziel, nach dem der Einzelne streben und an dem das Handeln des Staates gemessen werden sollte.

Bestärkt wurde Humboldt in seinem kämpferischen Engagement für die Bildung durch die enge Beziehung zu Schiller, die sich nach seinem Umzug nach Jena 1794 entwickelte. In den Jahren danach, die für die geistige Entfaltung des Dichters von entscheidender Bedeutung waren, sahen er und Humboldt sich fast täglich, beschäftigten sich mit den Entwürfen für Schillers Abhandlungen, erörterten seine neuen Ideen und labten sich gemeinsam am energiespendenden kulturellen Klima Weimars. Seine Dankesschuld gegenüber dem Weimarer Dichterfürsten trug Humboldt ab, indem er, von Paris aus, wohin er 1797 mit seiner Familie umgezogen war, eine ausführliche Analyse von Goethes »Herrmann und Dorothea« veröffentlichte. Schon die Tatsache, daß Humboldt gleich nach seiner Ankunft in der politischen Regiezentrale der europäischen Welt seine Zeit und Energie auf das Studium eines Werkes verwandte, das dem politischen Handeln eine Absage erteilte, läßt Rückschlüsse auf seine Prioritäten zu. Für ihn war »Herrmann und Dorothea« ein Epos für die neue Zeit, homerisch in seiner Anmut und Einfachheit, gleichwohl zeitgenössisch in seinem Werben für ein, wie er es nannte, bürgerliches Leben. Unter einer bürgerlichen Existenz verstand Humboldt offenbar ein um das Private kreisendes Leben ohne Teilnahme an den öffentlichen und politischen Dingen – obwohl gerade die letzteren in den unpoetischen Zeiten, in denen man lebte, die Zuwendung des Dichters erforderten. In einer Passage, die an die Schillerschen Aufsätze von 1795 anknüpfte, leitete Humboldt aus seiner Analyse den Ruf nach einer neuen Ästhetik ab: Es sei »nie nöthiger« gewesen, »die innren Formen des Charakters zu bilden und zu befestigen, als jetzt, wo die äussern der Umstände und der Gewohnheit mit so furchtbarer Gewalt einen allgemeinen Umsturz drohen«. Das bedeute allerdings nicht, daß Kunst einen politischen Zweck erfüllen müsse; sie solle vielmehr eine autonome Kraft bleiben, eine schöpferische Tätigkeit, an die ausschließlich ästhetische Maßstäbe angelegt werden dürften. Die Kunst müsse, wie die Bildung, jenseits der Politik existieren.

Für Humboldt selbst kam jedoch eine Existenz außerhalb der politischen Welt nicht in Frage. Nach einem Jahrzehnt der Vertiefung ins Private war er bereit, erneut in den Dienst seines Staates zu treten. Und dieses Mal fand er eine Wirkungsstätte, die besser zu ihm paßte als das Berliner Kammergericht: 1802 wurde er zum preußischen Botschafter in Rom ernannt. Dieses Amt füllte er mit großem Geschick und viel Vergnügen aus, nicht zuletzt weil er in Rom seine diplomatischen Pflichten mit wissenschaftlichen und künstlerischen Studien verbinden konnte. Aus der relativen Ruhe und Abgeschiedenheit der preußischen Botschaft heraus beobachtete er das Destruktive der französischen Eroberungen, die nicht nur den Staat, dem er diente, zu bedrohen schienen, sondern die ganze Kultur, die er bewunderte. Es sei traurig, erklärte er im August 1808 Madame de Staël, mit ansehen zu müssen, wie es in allen Bereichen krisele. Kaum hatte Humboldt dies geschrieben, da holte ihn die Krise auch schon ein: Im Oktober 1808 trat er die Heimreise aus Rom an, weil er sich um einige lange vernachlässigte Geschäftsangelegenheiten kümmern mußte, die seine Besitzungen und die seiner Frau betrafen. Bald nach seiner Ankunft in Berlin wurde er, wie er es befürchtet hatte, in die Projekte der Reformer hineingezogen. Das Gefühl, seiner Ehre und seinem Ruf etwas schuldig zu sein, das Bewußtsein einer vielleicht nie wiederkehrenden Chance und der Wunsch, sich in der Arena des politischen Handelns zu bewähren, machten es ihm unmöglich, die königliche Berufung zum Leiter der Referate für Kultur-, Unterrichts- und Kirchenangelegenheiten im reorganisierten preußischen Innenministerium abzulehnen. Im Verlauf der nächsten beiden Jahre wirkte Humboldt maßgeblich an einer Reihe grundlegender Reformen auf allen Ebenen des preußischen Ausbildungswesens mit, versuchte die Grundschulen im Sinne der humanistischen und ethischen Grundsätze Johann Heinrich Pestalozzis umzugestalten, schuf für einen reformierten Typus der weiterführenden Schule, das Gymnasium, einen am klassischen Erbe orientierten Lehrplan und gründete in Berlin eine neue Universität, die fast weltweit zum Vorbild für die akademische Ausbildung werden sollte. Humboldts Ringen um eine Bildungsreform floß ebenso rasch wie vollständig in den politischen Überlebenskampf seines Staates ein. Im geschichtlichen Kontext eines mit der Revolution konfrontierten Mitteleuropa und als Diener eines Staates mit den Problemen und Traditionen Preußens konnte Humboldt der Versuchung nicht widerstehen, für die Verwirklichung seiner kulturellen Ideale bürokratische Macht zu mobilisieren und einzusetzen. Das führte dazu, daß sich unter seiner Ägide eine Vermählung von Staat und Bildung vollzog, deren Folgen in der deutschen Politik, Kultur und Gesellschaft noch lange nachwirken sollten.

Eine andere Variante des aktiven Teilnehmens am politischen Geschehen erprobte Humboldts Freund aus Göttinger Studientagen, Georg Forster. Obwohl erst vierunddreißig Jahre alt, als er im Hause seines Schwiegervaters Humboldt kennenlernte, hatte Forster schon ein erfülltes, an Abenteuern und Leistungen reiches Leben hinter sich. Sein Vater ist ein berühmter Weltreisender gewesen und hatte den jungen Georg zuerst auf eine lange Erkundungsreise die Wolga hinauf und etwas später auf Captain James Cooks zweite große Entdeckungsfahrt mitgenommen. Der Erlebnisbericht, den der gerade zwanzigjährige Forster über letztere Reise schrieb, machte ihn berühmt. Von schriftstellerischem Ruhm allein konnte man in damaliger Zeit jedoch nicht leben, und so mußte sich Forster nach einer angemessenen Stellung umsehen. 1788 trat er als Bibliothekar in die Dienste des Fürstbischofs von Mainz, dessen im Sinne der Aufklärung regierter Kleinstaat bald darauf ins Visier der westwärts marschierenden Revolutionstruppen geriet. Als Gegner jeder organisierten Religion neigte Forster zu radikaler politischer Opposition in dem für seine Zeit typischen, politisch unverbindlichen Stil, und so begrüßte er die Revolution, wie viele seiner Zeitgenossen, mit gleichsam abstrakter Begeisterung. Als aber die Truppen Custines sich Mainz näherten,

Volkstümliche Erinnerung an die Freiheitskriege: die Heerführer Sayn-Wittgenstein, Blücher, Schwarzenberg und Wellington, die Schlachten an der Katzbach am 26. August 1813, bei Leipzig vom 16. bis 19. Oktober 1813 und bei Belle-Alliance am 18. Juni 1815 sowie die kriegführenden Staaten und ihre Repräsentanten. Blaugrundige Tischdecke aus den Leinen-Produktionsstätten Schlesiens, um 1820. Berlin, Staatliche Museen Preußischer Kulturbesitz, Museum für Deutsche Volkskunde

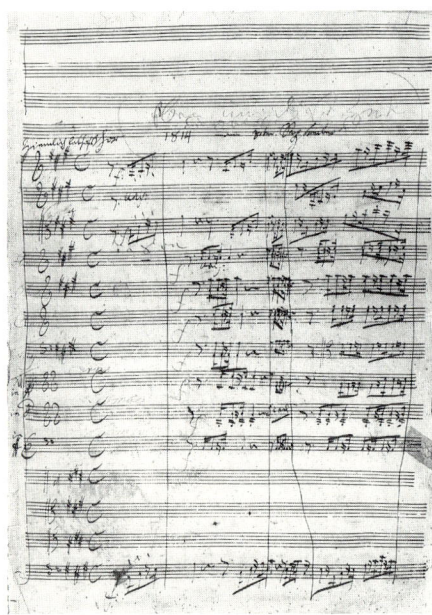

Appelle an die deutsche Nation zur Befreiung von der napoleonischen Fremdherrschaft: Aufruf des Königs von Preußen. Zwei Seiten der »Schlesischen privilegirten Zeitung« vom 20. März 1813. Privatbesitz. – Ludwig van Beethovens Chorkomposition auf die gegen Frankreich verbündeten Fürsten. Erste Seite der eigenhändigen Niederschrift vom 3. September 1814. Wien, Archiv der Gesellschaft der Musikfreunde. – Theodor Körners vaterländische Lieder. Titelseite der nach seinem Tod vom Vater 1814 in Berlin herausgegebenen Sammlung. Berlin, Staatsbibliothek Preußischer Kulturbesitz

mußte er einsehen, daß die Stunde der Entscheidung heranrückte und er gezwungen sein würde, Partei zu ergreifen. Er entschied sich schließlich zum Bleiben und schloß sich der Minderheit derer an, die die französischen Truppen willkommen hießen und sich bereit erklärten, in der von den Besatzern eingesetzten Verwaltung mitzuarbeiten. Es war eine schwierige Entscheidung, leicht zu bereuen, schwer rückgängig zu machen. Forster wußte, daß viele ihn verurteilen würden, auch jene, die es ihm übelnahmen, daß er an der Verwirklichung von Grundsätzen mitarbeitete, denen sie kurz zuvor noch selbst Beifall gezollt hatten. Bald geriet er auch in Auseinandersetzungen mit seinen französischen Arbeitgebern, denen es mißfiel, daß er ihre eigennützige und ausbeuterische Politik zu hintertreiben versuchte. Trotz allem stand er zu den einmal eingegangenen Verpflichtungen und scheute sich nicht, die Verantwortung für die getroffene Wahl zu übernehmen. Während er sich in Paris aufhielt, wo er Mainz im Konvent vertrat, eroberten deutsche Truppen die Stadt zurück, so daß Forster als unfreiwilliger Exilant in einer Stadt bleiben mußte, die gerade dabei war, im Strudel der Schreckensherrschaft zu versinken. Er starb im Januar 1794 in Paris, enttäuscht vom Gang der Dinge, aber nicht ohne Hoffnung, daß seine Ideen am Ende den Sieg davontragen würden.

Zum Zeitpunkt von Forsters Tod waren die meisten deutschen Intellektuellen von ihrer früheren Parteinahme für die Revolution abgerückt; sogar unter den deutschen Jakobinern gab es welche, die ihren Pakt mit den Eroberern in Frage zu stellen begannen. Wie T. C. W. Blanning so überzeugend nachgewiesen hat, war ein Grund für diese Distanzierung von der Revolution das Verhalten der Franzosen, die ihre Machtinteressen mit den Idealen der Revolution gleichsetzten und damit Ausbeutung und Unterdrückung Tür und Tor öffneten. Doch der Rechtsruck der öffentlichen Meinung in Deutschland war mehr als nur eine Reaktion auf französische Exzesse. Eine ebenso wichtige Ursache waren, besonders in den nicht unter französischer Besatzungsherrschaft stehenden Gebieten, die antirevolutionären Maßnahmen, die viele deutsche Regierungen ergriffen: Verschärfung der Zensur, Verhaftung von Bürgern, die revolutionärer Umtriebe verdächtig waren, Auflösung wirklich oder vermeintlich subversiver Organisationen. Diese Maßnahmen, die teilweise bereits vor 1789 angelaufen waren, hatten verständlicherweise ihre abschreckende Wirkung auf eine politische Öffentlichkeit, die ideologisch so unsicher und institutionell so instabil war wie die deutsche des ausgehenden 18. Jahrhunderts. Allerdings ließen sich die deutschen Regierungen als Reaktion auf die französische Gefahr mehr als nur polizeiliche Mittel einfallen. Friedrich Gentz schrieb im Januar 1806 an Metternich, daß »gegen einen Feind wie den, den die Revolution dem Zeitalter gebar, mit unserer Kriegskunst und mit unserer Staatskunst nicht mehr ausgereicht wird, und daß wir untergehen müssen und in ganz kurzer Zeit untergehen werden, wenn es uns nicht... gelingt, ganz neue Waffen auf den Kampfplatz zu bringen.« Was Gentz hier im Auge hatte, waren die ideologischen Waffen, die er selbst geschmiedet hatte und die er nur allzu gern im Kampf gegen die falschen Ideale der Freiheit, Gleichheit und Brüderlichkeit ins Feld geführt hätte.

1764 als Sohn einer erfolgreichen, aufstiegsorientierten preußischen Beamtenfamilie geboren, schien der junge Friedrich Gentz ein exemplarisches Kind der Aufklärung zu sein. Gebildet, mit dem Werk und der Person Kants vertraut, in der Berliner Gesellschaft bekannt und beliebt und in seinem Beamtenberuf vielversprechend, wurde Gentz zu einem der engsten Freunde und Gefährten Humboldts, kaum daß die beiden einander 1790 kennengelernt hatten. Zu dieser Zeit war Gentz ein Bewunderer der Französischen Revolution, deren freiheitliche Ziele seiner eigenen rastlosen Suche nach einer großen Aufgabe zu entsprechen schienen. 1791 las Gentz Edmund Burkes »Reflections on the Revolution in France«, zuerst mit Abscheu, dann mit wachsender Begeisterung, da die Radikalisierung des politischen Geschehens in Frankreich und die auf einen Krieg gegen die deutschen Staaten zulaufende Entwicklung die Kritik Burkes am revolutionären Radikalismus bestätigten. Die Tatsache, daß Gentz 1793 die »Reflections« übersetzte, trug dazu bei, ihm den Ruf eines antirevolutionären Publizisten einzutragen. Im Laufe des anschließenden Jahrzehnts profilierte sich Gentz als fruchtbarer Polemiker und Herausgeber mehrerer konservativer Zeitschriften. Wie viele Berliner Intellektuelle seiner Zeit, fühlte er sich in der Welt der literarischen Salons sehr wohl, suchte überall, wo er an einen Ausläufer der politischen Macht herankam, Einfluß zu gewinnen, und gab sich der Lust an intimen Freundschaften und kurzen Romanzen hin. Seinem Lebenswandel haftete etwas leicht Unseriöses an: Scheidung, Bankrott, Skandale, enttäuschte Hoffnungen. 1802 brach er seine Zelte in Berlin ab und ging nach Wien, wo er im Staatsdienst unterkam und später dank der Protektion Metternichs eine wichtige, wenngleich weisungsgebundene Stellung in der Staatsführung erlangte. Trotz seines Talents und seines Einflusses als Ideologe blieb er stets vom Wohlwollen seiner hochgestellten Freunde abhängig. Als Propagandist und Höfling in einer Person war er eine Figur des Übergangs.

Burkes Buch war weder die erste noch die populärste Attacke auf die Französische Revolution, trug aber auf lange Sicht mehr als jedes andere dazu bei, daß der deutsche Konservatismus seine althergebrachten Rezepte auf die unmittelbaren Probleme der Revolution anwandte. In mehr als einer bedeutsamen Hinsicht erinnerte Burke an Justus Möser. Beiden war eine pralle, emotional aufgeladene politische Vision eigen, beide hegten ein tiefes Mißtrauen gegen abstrakte Analysen und praxisferne Theoretiker, und beide setzten die historische Analyse als Mittel zur Verteidigung traditioneller Werte und organisch gewachsener Gemeinschaften ein. Die Vision Burkes zeichnete sich allerdings durch größere Intensität, Überzeugungskraft und politische Konkretheit aus. Für ihn und seinen Übersetzer waren die Wertmaßstäbe der alten Ordnung nicht einfach Anachronismen, deren Verschwinden Wehmut und Bedauern auslöste, sondern ein politisches Programm, für das man Menschen mobilisieren und Schlachten schlagen sollte. Die Ideen Burkes halfen, so gesehen, mit, eine neue ideologische Legitimation der alten Ordnung zu formulieren, die sich gegen die Revolutionäre in Frankreich und die Reformer im eigenen Land wenden ließ.

In Deutschland gelang die fundierteste, in sich geschlossenste und intellektuell überzeugendste Formulierung konservativer Positionen Adam Heinrich Müller, der mit Gentz befreundet und wie er ein Berliner Salonlöwe war. Müller war 1779 als Sohn eines kleinen preußischen Beamten geboren. Daß er über den gesellschaftlichen Stand seines Vaters hinauswachsen konnte, verdankte er einem Förderer, dem Vater seiner Stiefmutter. Dieser ermöglichte ihm den Besuch des berühmten Berliner Gymnasiums zum Grauen Kloster, wo er Zugang zu den Sprößlingen der Berliner Elite fand und lernte, durch den Einsatz seiner Geistesgaben das Handicap seiner niederen Herkunft wettzumachen. Nach dem Studium in Göttingen akzeptierte er eine ihm in Berlin angebotene Beamtenstellung. Ein Liebhaber der Künste, frequentierte Müller die Salons der besseren Berliner Gesellschaft und gab sich dort als eine Art Dandy, der über die neueste Mode ebenso zu plaudern verstand wie über das neueste Buch. Nach vier Jahren quittierte er den Staatsdienst und zog sich auf das Landgut eines Freundes zurück, wo er sein erstes größeres Werk schrieb: »Die Lehre von Gegensätzen«. 1805 trat er aus selbst für seine besten Freunde rätselhaften Motiven zum Katholizismus über, hielt dies jedoch vor den evangelischen Fürsten geheim, um deren Gunst er buhlte. Seine produktivste Zeit hatte Müller wohl in den Jahren 1806 bis 1809, als er in Diensten Sachsen-Weimars stand. Er hielt in dieser Zeit Vorträge über Philosophie, Literatur und Politik, gab zusammen mit Heinrich von Kleist eine Zeitschrift heraus und erteilte dem Thronerben Privatunterricht. Als Indiz für seine Wichtigkeit mag die Tatsache gelten, daß Madame de Staël ihn auf ihrer Wunschliste stehen hatte, als sie im Sommer 1808 in Begleitung August Wilhelm Schlegels eine Rundreise durch Deutschland unternahm, um den führenden Köpfen des Landes zu begegnen. 1809 zwangen französische Pressionen Müller, sich aus Dresden zunächst nach Berlin abzusetzen, wo er in der berühmten Christlich-Deutschen Tischgesellschaft mitmischte. Dann zog er nach Wien weiter, wo Metternich ihn in die Riege seiner konservativen Ideologen aufnahm. Nur wenige von denen, die Müller im Verlauf seiner langen Karriere kennenlernten, zweifelten an seiner großen Begabung, doch mißtrauten ihm selbst einige seiner Bewunderer. Karl August Varnhagen von Ense sagte über Müller einmal, er sei selbst dann unaufrichtig, wenn er die Wahrheit sage. Bei all seinen Begabungen und Leistungen wurde er nie ganz den Ruf los, mehr Ehrgeiz als Verantwortungsgefühl zu besitzen, sich manchmal an seinem eigenen Scharfsinn zu schneiden und sein Fähnchen allzu bereitwillig nach dem Wind zu richten.

Anders als Gentz und viele zeitgenössische Denker war Müller zu jung, um die anfängliche Begeisterung für die Revolution miterlebt zu haben. In seinen reiferen Jahren war die Revolutionseuphorie bereits abgeebbt. Dennoch kreisten seine Ideen stets um das, was er in seinem ersten Buch die geistigen und sozialen Revolutionen des gegenwärtigen Zeitalters nannte. Der destruktiven Kraft dieser Revolutionen setzte er das Bild einer organischen Gemeinschaft entgegen, aus deren fruchtbarem Boden wahre Harmonie und Ordnung wachsen könnten. So erklärte er der erlauchten Zuhörerschaft aus Staatsmännern, Diplomaten und Höflingen, die 1808 seiner Vortragsreihe über »Elemente der Staatskunst« lauschte: »Treffen nicht alle unglücklichen Irrthümer der Französischen Revolution in dem Wahne überein, der Einzelne könne wirklich heraustreten aus der gesellschaftlichen Verbindung, und von außen umwerfen und zerstören, was ihm nicht anstehe?« Es gebe keinen archimedischen Punkt, betonte Müller, von dem aus man die Welt bewegen könne, keinen Standort außerhalb der Gesellschaft. Man solle nach einem solchen auch nicht suchen; denn unser Menschsein beruhe auf unserer Zugehörigkeit zu Familien, Gemeinschaften und politischen Einheiten. Das Herzstück dieser Gemeinschaften, die sie alle zusammenhaltende und stützende Kraft, sei der Staat. Er verkörpere »die Totalität der menschlichen Angelegenheiten, ihre Verbindung zu einem lebendigen Ganzen«. Ohne staatliche Organisation sei die Menschheit undenkbar.

Müller war der ausgeprägteste Romantiker unter den bedeutenden politischen Theoretikern seiner Zeit. Mit seiner Religiosität, seiner emphatischen Vision einer organischen Gemeinschaft und seiner Bewunderung für mittelalterliche Lebensformen stand er jenen romantischen Dichtern, Denkern und Künstlern nahe, die sich nach der Jahrhundertwende dem Katholizismus zuwandten. Das von ihnen bevorzugte Vokabular, mit dem sie die Kunst, die Familie und die Liebe begriffen, übertrug er auf die Beschreibung politischer Sachverhalte. Müller artikulierte nicht bloß eine Reaktion gegen die Französische Revolution, sondern auch eine kritische Auseinandersetzung mit dem bürokratischen Absolutismus deutscher Art, für den der Staat vor allem ein Apparat war, der auf möglichst effiziente Weise die Voraussetzungen für materiellen Wohlstand und geistigen Fortschritt herstellen sollte. Müller und seine romantischen Zeitgenossen wollten keinen politischen Apparat; sie wünschten sich den Staat als liebende und schützende Familie, als Gemeinschaft der Gläubigen, als Kunstwerk. Sie wandten sich von der nüchtern-rationalen Staatsidee eines Justi oder eines Sonnenfels ab, aus denselben Gründen, deretwegen sie sich von der Theologie Kants und der klassischen Ästhetik Lessings losgesagt hatten. Solchen Manifestationen der Aufklärung fehlte es an der emotionalen Kraft und an jener Offenheit, die die Romantiker vom Leben erwarteten.

Auf dem Programm dieser Bewegung stand sowohl die Politisierung der Poesie als auch die Poetisierung der Politik. Ihr Verhältnis zum Staat zeichnete sich durch dieselbe emotionale Intensität aus wie ihre Auffassungen von Religion,

Freundschaft und sexueller Leidenschaft. Novalis brachte diese Ideen in seinem Essay »Glaube und Liebe« zum Ausdruck, den er 1797 veröffentlichte und dem neuen preußischen König, Friedrich Wilhelm III., und seiner Braut, Königin Luise, widmete. Zu lange sei der preußische Staat, behauptete Novalis, wie eine Fabrik geleitet worden. Jetzt sei es an der Zeit, ihn in ein Kunstwerk umzugestalten; dem Herrscher falle dabei die Rolle eines Künstlerprimus zu. In seiner zwei Jahre später entstandenen Schrift »Die Christenheit oder Europa« wandte sich Novalis dem Thema Religion zu und idealisierte das Mittelalter als »schöne glänzende Zeiten, wo Europa ein christliches Land war«. Friedrich Schleiermacher, der seine politischen Visionen nicht aus der katholischen Welt des Mittelalters schöpfte, sondern aus pietistischer Innerlichkeit, teilte gleichwohl Novalis' Überzeugung, daß der Staat nicht wie eine Fabrik oder eine Maschine funktionieren dürfe. In seinen 1800 publizierten »Monologen« übte er Kritik an der Auffassung vieler, selbst der beste Staat sei nicht mehr als ein »notwendiges Übel…, ein unentbehrliches Maschinenwerk«. Wo sei der Staat zu finden, fragte Schleiermacher, über den die Weisen des Altertums geschrieben hätten. »Wo ist die Kraft, die dieser höchste Grad des Daseins dem Menschen gibt, das Bewußtsein, das Jeder haben soll, ein Teil zu sein von seiner Vernunft und Phantasie und Stärke?«

Solchen vage formulierten Sehnsüchten nach einer transzendenten politischen Gemeinschaft verlieh Müller eine konkretere politische Form und Richtung und machte sie damit verfügbarer für den aggressiven Patriotismus, dem sich die deutschen Intellektuellen nach 1806 hingaben. So bezeichnete Müller den Krieg als einen unvermeidlichen Bestandteil der internationalen Politik, als notwendiges Begleitprodukt des Aufstiegs und Niedergangs von Staaten. Vom Krieg gingen auch segensreiche Wirkungen nach innen aus, denn in einem existentiellen Konflikt »wird das Wesentlichste und Schönste der National-Existenz, d.h. die Idee der Nation, allen Interessenten ihres Schicksals vernehmlich klar«. Mit »Nation« meinte Müller Staaten wie Preußen oder Österreich, nicht eine Kultur- und Sprachgemeinschaft wie das deutsche Volk. »Nationalgefühl« war für ihn das patriotische Zugehörigkeitsgefühl der Menschen zu ihrem Staat, ein Ausweg aus Vereinzelung und Egoismus, ein Zugang zu den Freuden wahrer Gemeinschaft. Obwohl Müller selbst bezweifelte, daß es jemals gelingen werde, die Deutschen aus ihren europäischen Vernestelungen herauszulösen, sollten sich sein Patriotismus-Begriff und seine Verknüpfung von Patriotismus und Krieg als wichtige Zwischenschritte auf dem Weg von den Gemeinschaftsschwärmereien der Romantik zum staatlichen Nationalismus des 19. Jahrhunderts erweisen.

Nationalismus: Ideen und Bewegungen

In der wissenschaftlichen Literatur zum Nationalismus herrscht eine so große Begriffsverwirrung, daß es angebracht erscheint, ein paar allgemeine Anmerkungen zu diesem Thema voranzustellen. Zum größten Teil rühren die Mißverständnisse von der tief wurzelnden Auffassung her, Nation und Nationalismus seien natürliche Phänomene, beruhend auf einer objektiven Gegebenheit, nämlich der Nation, und dem mehr oder weniger entwickelten Wissen der Menschen um sie und ihre Bedeutung. Daß dies ein aus der Geschichte nicht begründbarer Glaube ist, liegt gerade im Fall Deutschlands auf der Hand, weil dessen geographische, sprachliche, kulturelle und politische Grenzen jeden Versuch vereiteln, es als eine natürliche Nation zu definieren. Nationen sind Produkte bestimmter geschichtlicher Umstände und Bewegungen. Sie sind nicht Ausgangspunkt und Ursache einer nationalen Bewußtwerdung, sondern deren Produkte und Projektionen. Definiert werden Nationen normalerweise im Verlauf gesellschaftlicher, kultureller oder politischer Kämpfe, bei denen eine Seite sich mit »nationalen Werten« oder mit »der nationalen Sache« identifiziert und das zur Waffe gegen ihre inneren und äußeren Feinde macht. Einen bedeutsamen Aufschwung nahm das deutsche Nationalbewußtsein, als die Humanisten der Renaissance mit Tacitus-Zitaten den angeblich »teutonischen« Tugenden ihre eigene Erhabenheit über die korrupte römische Kirche und deren deutsche Verbündeten dartaten. Ähnlich verfuhren im 18. Jahrhundert diejenigen deutschen Schriftsteller, die die Authentizität und Tiefe ihrer Sprache und ihrer Werte der vermeintlichen Seichtigkeit und Künstlichkeit der französischen Kultur und deren Anhängern in den Reihen des höfischen Adels gegenüberstellten. In der Epoche der Revolution erfuhr der französisch-deutsche »Kulturkampf« eine Verschärfung und einen partiellen Charakterwandel. Zum ersten Mal meldeten sich in Deutschland Stimmen zu Wort, die die Wahrung nationaler Interessen mit der Errichtung eines Nationalstaates in Verbindung brachten. Das Bekenntnis zu nationalen Werten verließ jetzt die Sphäre der literarischen Kultur und verselbständigte sich zu einer zunächst noch unsicheren und unfertigen politischen Bewegung. Die Verwandlung des deutschen Nationalismus, auf der theoretischen wie auf der praktischen Ebene, in eine Bewegung vollzog sich, wiewohl auf nicht so dramatische und irreversible Weise, wie manche Historiker es wahrhaben wollen, im Verlauf des langwierigen Kampfes gegen das revolutionäre Frankreich.

Wie anderswo, bauten auch in Deutschland die Theoretiker der nationalen Identität ihr Bild von der Nation aus den Versatzstücken zusammen, die gerade vorhanden waren. Im 18. Jahrhundert geschah es oft mit sprachlichen und literarischen Elementen, zumal durch Persönlichkeiten, deren Selbstverständnis als Deutsche in ihrer Zugehörigkeit zur Kultur des gedruckten Wortes wurzelte. Sie hatte ihnen, um Justus Möser zu zitieren, ein literarisches Vaterland jenseits der gesellschaftlichen und politischen Beengtheit ihres Heimatstaates beschert. »Was mich an Deutschland knüpft«, schrieb Humboldt an Goethe, »was ist das anderes, als was ich aus dem Leben mit Ihnen, mit (Ihrem) Kreise schöpfte.« Im 18. Jahrhundert hatte der Begriff der Nation für viele Menschen im wesentlichen eine moralische oder kulturelle Bedeutung. Wenn zum Beispiel Friedrich Nicolai über die »Patrioten« schrieb, die er 1781 auf seiner Rundreise durch Mitteleuropa kennengelernt hatte, meinte er damit aufgeklärte, vernünftige Menschen, die sich dem Allgemeinwohl verpflichtet fühlten. Von der kulturellen Orientierung sollte man sich allerdings nicht über die potentielle politische Bedeutung hinwegtäuschen lassen, die dem Nationalbewußtsein bereits vor 1789 zukam. Für manche Deutsche war das Bekenntnis zum »Vaterland« ein Ausdruck des Widerstandes gegen die französierte aristokratische Oberschicht. Andere nutzten ihre literarische Begabung für Lobgesänge auf den einen oder anderen deutschen Einzelstaat, wie Thomas Abbt in seinem berühmten, 1761 erschienenen Werk »Vom Tode fürs Vaterland«, das vom Sterben für Preußen handelte.

Vor der Jahrhundertwende vertrat jedoch so gut wie niemand die Auffassung, die Existenz einer deutschen Nation erfordere auch die Errichtung eines deutschen Nationalstaates. Wieland wies im Mai 1793 darauf hin, daß man einen deutschen Patriotismus kaum irgendwo antreffe, nicht einmal nachdem französische Truppen östlich des Rheins auszuschwärmen begonnen hatten. »Es giebt ohne Zweifel Märkische, Sächsische, Baierische, Württembergische, Hamburgische, Nürnbergische Patrioten« schrieb Wieland 1793. »Aber Deutsche Patrioten, die das ganze Deutsche Reich als ihr Vaterland lieben...: Wo sind sie?« In einem Vaterland, das aus so heterogenen, lose verbundenen Teilen bestehe wie Deutschland, müsse schon ein »moralisches und politisches Wunder« geschehen, wenn ein nationaler Patriotismus entstehen solle. Nur durch die Gemeinsamkeit der Kultur, der Sprache und der Religion – also derselben Kräfte, die es den alten Griechen ermöglicht hätten, ihre Partikularität zu überwinden – könne es in Deutschland zu einer Einheitlichkeit des Denkens und Handelns kommen. Die Deutschen müßten daher, so Wielands Schlußfolgerung, auf ihre Dichter, nicht auf ihre Fürsten hören.

Da im Verlauf der beiden nachfolgenden Jahrzehnte die Voraussetzungen für eine Nationwerdung immer ungünstiger wurden, folgten manche Deutschen dem Rat Wielands und versuchten, sich wieder in die vertraute Kulturgemeinschaft zu versenken. In Schillers unvollendetem Gedicht »Deutsche Grösse« heißt es: »Deutsches Reich und deutsche Nation sind zweierlei Dinge.« Deutsche Größe sei »eine sittliche Grösse, sie wohnt in der Kultur u. im Character der Nation, der von ihren politischen Schicksalen unabhängig ist«. Und Johannes von Müller schrieb 1807, alles hänge nunmehr davon ab, daß die Deutschen sich ihre Sprache und eine von einem gesunden Geist erfüllte nationale Literatur bewahrten. Ein Jahr später rief Friedrich Immanuel Niethammer nach einem »National-

Buch«, einer »Auswahl des Vorzüglichsten aus dem reichen Schatze unserer classischen National-Schriftsteller«, die »einen wesentlichen Theil unserer öffentlichen National-Bildung« darstellen solle. Er hoffte, durch das Verfügbarmachen deutscher Klassiker das Nationalgefühl der Jugend zu stärken.

Der Konflikt mit Frankreich brachte manche Deutschen dem kulturellen Nationalverständnis näher, genauso wie die von der Revolution ausgehenden politischen Pressionen manche Intellektuellen zur Rückbesinnung auf die moralische Reformtradition des 18. Jahrhunderts veranlaßten. Es gab zudem Stimmen, die argumentierten, gerade das Fehlen übergreifender politischer Einrichtungen könne den Deutschen helfen, zu einer Nation von besonderer Reinheit und schöpferischer Kraft zu werden. Während das übrige Europa, bemerkte Novalis 1799, in »Krieg, Spekulation und Partei-Geist« verstrickt sei, hätten die Deutschen sich auf die Schaffung einer Kultur verlegt, die eine »Vielseitigkeit ohnegleichen, eine wunderbare Tiefe, eine glänzende Politur, vielumfassende Kenntnisse und eine reiche, kräftige Phantasie« vereinigt habe. Hölderlin meinte, die Tatsache, daß die Deutschen »arm an Taten, aber reich an Gedanken« seien, qualifiziere sie zur Übernahme der kulturellen Führungsrolle, die einst die Griechen innegehabt hätten:

> »Aber kommt, wie der Strahl aus dem Gewölke kommt,
> Aus Gedanken vielleicht, geistig und reif die Tat?
> Folgt die Frucht, wie des Haines
> Dunklem Blatte, der stillen Schrift?«

Noch deutlicheren Ausdruck fand der Gedanke einer kulturellen Mission Deutschlands in dem von Friedrich Schlegel im Jahr 1800 verfaßten poetischen Appell »An die Deutschen«, in dem es heißt:

> »Was Hellas schlau ersann, was Indien Blüte,
> German'scher Männer Lied wird's neu entfalten,
> Wie zornig blinder Pöbel gegenwüte.«

Die Notwendigkeit einer solchen Mission leitete Schlegel sowohl aus der Stärke der Deutschen als auch aus dem unglücklichen Niedergang ihrer Nachbarn ab:

> »Europas Geist erlosch; in Deutschland fließt
> Der Quell der neuen Zeit. Die aus ihm tranken,
> Sind wahrhaft deutsch.«

Nach der Jahrhundertwende war es Joseph Görres, der die kulturelle Mission Deutschlands noch aggressiver und politisch dezidierter postulierte. Der 1776 geborene Görres war in Koblenz aufgewachsen. Ein Bewunderer Kants und Rousseaus, begrüßte er die französischen Eroberer als Werkzeuge der Aufklärung und Vorboten der Befreiung Deutschlands aus Provinzialismus und papistischer Mißherrschaft. Sein 1798 verfaßtes Pamphlet »Der allgemeine Frieden, ein Ideal« legte er »auf den Altar des Vaterlandes«, womit er die französische Republik meinte. Doch bald darauf begann er zu ahnen, daß Frankreich wohl doch nicht sein Vaterland sei. Ein Paris-Besuch im Jahr 1799 hinterließ bei ihm ein tiefes Unbehagen an der Revolution: »Ich sah die Schauspieler entkleidet hinter den Coulißen. Die Leidenschaften, losgebunden von der Kette, in die der gesellschaftliche Anstand sie schlug, tummelten sich auf der leeren Bühne umher, und achteten wenig der unbefangenen Zuschauer, die verwundert dem Bachanale zusahen.« Görres fügte seiner Enttäuschung eine Reihe typischer nationaler Klischees hinzu. Die Franzosen seien heißblütig, flink, geistesgegenwärtig, aber auch unzuverlässig, wankelmütig und oberflächlich. Dagegen seien die Deutschen langsam, ausdauernd und tiefgründig. War ihm die Grenze zwischen Frankreich und Deutschland einst als eine künstliche Linie erschienen, auslöschbar durch gemeinsame politische Ideale, so empfand er sie nunmehr als durch grundlegende und unüberwindliche kulturelle Unterschiede bedingt. Politische Konsequenzen zog Görres aus seiner Ernüchterung über die Franzosen zunächst nicht. Im Jahr 1800 quittierte er die journalistische Laufbahn zugunsten einer Lehrerstelle für Naturwissenschaften am Gymnasium in Koblenz, wo er seine freie Zeit der Lektüre romantischer Literatur und idealistischer Philosophie widmete. Sechs Jahre später schloß er sich den Bemühungen Brentanos und Arnims um die Wiederentdeckung deutscher Volkskunst an. Seine »Teutschen Volksbücher« aus dem Jahr 1807 stellten einen wichtigen Beitrag zu diesem Unterfangen dar. Nach seiner Rückkehr ins Rheinland 1808 versank er zunehmend in Niedergeschlagenheit und Pessimismus. Die Deutschen hätten, klagte er 1811, nicht das Zeug zu heroischen Taten.

Als die Waagschale sich 1812 und 1813 zu Ungunsten Napoleons neigte, regte sich bei Görres die Hoffnung auf eine nationale Wiedergeburt, einen Volksaufstand, der »über alle Teile verbreitet, überall fördernd, antreibend, begeistigend wirken« werde. »Dann werden die anderen Völker nicht ferner mehr mit Unwillen und Abscheu zu ihm (Frankreich) als einem Herde immerwährender Unruhe und nie ablassender Rauflust hinübersehen; sie werden vielmehr in ihm eine der Hauptgrundfesten der europäischen Republik willig anerkennen.« 1814 wurde Görres zu einem einflußreichen Akteur der gegen die Franzosen und ihre deutschen Verbündeten angestrengten Propagandakampagne. Seine Zeitschrift, »Rheinischer Merkur«, nach Napoleons Ausspruch »die fünfte Großmacht«, stellte eine bemerkenswerte Mischung aus kultureller Romantik und nationalistischer Haßpropaganda dar. Während er auf der einen Seite die Schönheit der mittelalterlichen Welt und ihrer Ordnung rühmte, forderte er auf der anderen einen Krieg bis aufs Messer gegen Bonaparte. Das deutsche Volk existiere seit undenklicher Zeit, verkündete Görres 1814, und habe ein angestammtes Recht auf das von ihm seit jeher bewohnte Land. Das Volk sei stets dasselbe geblieben, fügte er hinzu, auch wenn seine Fürsten in den Dienst fremder Eroberer getreten seien, seine Aristokraten nach fremden Lorbeeren gelechzt, seine Geistlichen ihre Grundsätze verkauft und seine Gelehrten sich vor importierten Idolen verneigt hätten. Jetzt sei die Zeit gekommen, die echte nationale Identität durch übergreifende Institutionen und eine Verfassung, die als Klammer alle von alters her deutschen Länder zusammenhalten könnten, zu heiligen und zu schützen. Für die Staatsmänner, denen eine Mobilisierung der öffentlichen Meinung in Deutschland gegen Napoleon ins Konzept paßte, hatte Görres' Agitation einen gewissen Nutzen, aber nachdem der Eroberer besiegt war, wurde der Agitator ihnen lästig und schließlich sogar bedrohlich. Als Napoleon ausgeschaltet war, bedurfte man eines Görres nicht mehr. Die Behörden verboten seine Zeitschrift, konfiszierten seine Artikel und ließen ihm keine andere Wahl, als außer Landes, nach Straßburg, zu gehen und Zuflucht bei jenen zu suchen, deren Charakter er oft verschmäht hatte.

Wie Görres, ließ sich auch Johann Gottlieb Fichte von den Erfahrungen des Krieges und der Revolution zu einer politischen Konzeption anregen, bei der sich kulturelles Selbstbewußtsein mit praktischem Engagement verband. In der ersten Phase seiner geistigen Entwicklung, die ungefähr mit seiner Zeit in Jena zusammenfiel, war sein Politikverständnis ebenso individualistisch wie seine Ethik und seine Erkenntnistheorie. Die wichtigste philosophische Frage, schrieb er 1796, müsse lauten: Was ist notwendig, damit jedermann frei und ein Individuum sein kann? Der Staat mußte seiner Ansicht nach »innerhalb seiner Grenzen bleiben«. Die Politik gehöre nicht zu den absoluten Zwecken der Menschheit. Danach maß Fichte jedoch dem Staat allmählich eine zunehmende Bedeutung bei, und als er 1800 sein Werk »Der geschloßne Handelsstaat« veröffentlichte, hatte er sich dazu durchgerungen, dem politischen Überbau die volle Verantwortung für die Wohlfahrt der Bürger zu übertragen. »Es . . . läßt einen guten Sinn zu, wenn man sagt: der Staat habe nichts mehr zu tun, als nur jedem bei seinen persönlichen Rechten und seinem Eigentume zu erhalten und zu schützen . . . Im Gegensatz gegen diese Meinung würde ich sagen: es sei die Bestimmung des Staats, jedem erst das Seinige zu geben, ihn in sein Eigentum erst einzusetzen und sodann erst, ihn dabei zu schützen.« »Der geschloßne Handelsstaat« war keineswegs ein Ruf nach oder eine Rechtfertigung für staatlichen Despotismus. Der Staat, der Fichte vorschwebte, war kein bürokratischer Apparat wie das friderizianische Preußen, sondern eine Republik. Er war und blieb der Überzeugung, der Anspruch der Gemeinschaft auf die Lenkung des individuellen Verhaltens müsse auf dem Grundsatz der Kontrolle der politischen Institutionen durch die organisierte Gemeinschaft der Individuen beruhen.

Fichtes Besinnung auf das politische Gemeinwesen ging ursprünglich nicht mit Bekenntnissen zur Nation einher; ganz im Gegenteil: Seine unschönen Erfahrungen mit der Jenaer Obrigkeit hatten ihm die deutsche Politik vergällt und ihn in seiner Begeisterung für die Französische Revolution noch einmal bestärkt. Am 22. Mai 1799 ließ er Reinhold brieflich wissen: »Wenn nicht die Franzosen die ungeheuerste Uebermacht erringen, und in Deutschland, wenigstens einem beträchtlichen Theile desselben, eine Veränderung durchsetzen«, werde »in einigen Jahren in Deutschland kein Mensch mehr, der dafür bekannt ist, in seinem Leben einen freien Gedanken gedacht zu haben, eine Ruhestätte finden.« Zwei Dinge waren es, die ihn schließlich zu einem Sinneswandel gegenüber Frankreich veranlaßten. Das erste war der Aufstieg Napoleons, der in Fichtes Augen der Liquidator der Revolution war. Das zweite war die zunehmende geistige und persönliche Identifikation des Philosophen mit Preußen, dem Staat, in dem er nach seiner Entlassung aus Jena 1799 eine neue Heimat fand. Im Sommer 1806, als Frankreich und Preußen auf Krieg zusteuerten, räumte er zum ersten Mal die potentielle Gleichwertigkeit des Patriotismus und des Kosmopolitismus ein. Bei ersterem führe der Weg zur Menschlichkeit über eine konkrete nationale Gemeinschaft, bei letzterem über die Liebe zur Menschheit als Ganzer. Als der Krieg begann, zog Fichte sich aus Erlangen nach Berlin zurück, erlebte mit Verdruß die Besetzung der Stadt durch französische Truppen, ging in Begleitung des Hofes nach Königsberg und kehrte bald darauf wieder in die Hauptstadt zurück, wo er während des Wintersemesters 1807/08 im Amphitheater der Berliner Akademie seine »Reden an die deutsche Nation« hielt. In den Augen einiger der patriotisch gesinnten Männer und Frauen, die damals für die Reform und Wiederbewaffnung Preußens arbeiteten, verkörperte Fichte den Patriotismus in seiner reinsten und geistig wirksamsten Form. Clausewitz zum Beispiel apostrophierte Fichte als den »großen Philosophen, den Priester dieser heiligen Flamme (der Wahrheit), dem durch ein schönes Vorrecht der Zutritt offen steht zu dem Innersten – zu dem Geiste jeder Kunst und Wissenschaft«. 1810 wurde Fichte auf den Lehrstuhl für Philosophie und zugleich zum ersten Rektor der neuen Berliner Universität berufen. Den endgültigen Triumph seines Adoptivstaates über Napoleon sollte er jedoch nicht mehr miterleben. 1814 erkrankte seine Frau bei der Pflege verwundeter Frontsoldaten an Typhus. Fichte steckte sich an ihrem Krankenbett an und war wenig später tot.

Fichtes »Reden« zeitigten nicht die unmittelbare Wirkung, die eine patriotische Legendenbildung ihnen später zugeschrieben hat, aber sie verdienen Aufmerksamkeit, weil sie einen lebendigen Eindruck von den diversen Elementen vermitteln, aus denen sich das deutsche Nationalbewußtsein konstituierte. Wie Herder und so mancher Theoretiker des 18. Jahrhunderts, hielt auch Fichte die Sprache für das wichtigste einheitstiftende Element. Da die Sprache den Schlüssel zur Identität des Menschen liefere, sei sie das erhabenste Kriterium der Zugehörigkeit zu einer Gemeinschaft. Für eine »lebendige Sprache«, erklärte Fichte seinen Zuhörern, ist die Dichtung eines Volkes »das vorzüglichste Verflösungsmittel der erlangten geistigen Ausbildung in das allgemeine Leben«. Auf diesem sprachlichen und kulturellen Fundament errichtete Fichte ein Denkgebäude, das mehr Anklänge an die Romantik als an die Denksysteme des 18. Jahrhunderts aufwies. So beschrieb er beispielsweise das Erlebnis der Nationwerdung in ausgesprochen emotionalen Kategorien. Die neue nationale Elite, die ihm vorschwebte, war eine Elite der Sensibilität. Des weiteren hatte Fichte sich die Vorstellung zu eigen gemacht, daß Deutschland die Aufgabe zufalle, zum Heilsbringer der Menschheitskultur zu werden. Obwohl diese Mission Sache aller Völker sein mochte, mußte sie den Deutschen ganz besonders am Herzen liegen, weil sie das Land ihrer Vorfahren, ihre traditionellen Wertbegriffe und ihre Muttersprache zu verteidigen hatten. In einem Augenblick, da der Fortbestand deutscher Politik und Kultur als solcher in Frage gestellt zu sein schien, hatte Fichte den Mut, die Kontinuität und den Zusammenhalt seiner Nation zu feiern. Die Deutschen hätten ihren Charakter und ihre Stärke durch die von Tacitus beschriebenen Germanen. »Ihnen verdanken wir, die nächsten Erben ihres Bodens, ihrer Sprache und ihrer Gesinnung, daß wir noch Deutsche sind, daß der Strom ursprünglichen und selbständigen Lebens uns noch trägt.«

Was freilich die konkrete politische Zukunft Deutschlands anging, so war sich Fichte deren nicht sicher. In seinen »Reden« sprach er sich gegen eine zentrale Staatsgewalt aus und pries die bestehende Staatenvielfalt. Die Forderung nach einer politischen Einigung Deutschlands sei, so schrieb er 1813, ein allgemeines Konzept für die Zukunft. Darüber lasse sich vorerst nichts sagen, als daß die Einheit der Verwirklichung der Freiheit dienen werde. Die unmittelbaren Belastungen durch Fremdherrschaft und Krieg zwangen Fichte jedoch, die Bedeutung des Staates als des Garanten von Freiheit und kultureller Kontinuität anzuerkennen. Wie Humboldt, sah er in der Übermacht Frankreichs eine potentielle Gefahr für die kulturelle Existenz Deutschlands. Bei anhaltender politischer Unmündigkeit könnten die Deutschen, warnte er 1808, ihre Sprache und damit die Grundlage ihrer Identität verlieren. Gleichzeitig übertrug Fichte dem Staat die Aufgabe, Schulen zu bauen und die Menschen über das Wesen ihrer Nation und über ihre Pflichten aufzuklären. In seiner »Staatslehre« von 1813 erklärte er es für legitim, daß ein Despot mit machtpolitischen Mitteln für die Verbreitung aufklärerischen Denkens sorge. »Einsicht des Rechten ... läßt sich nicht hervorbringen ohne einen Zwang, ohne Beschränkung der äußeren Naturfreiheit ... Dieser Zustand der Ruhe nun, in der die Belehrung über das Leben an Erwachsene kommen kann, ist der innerliche Friede und Rechtszustand; der Zwangsstaat darum eigentlich die Schule für das Reich aus der Einsicht aller.« Die Tatsache, daß ein so sehr an die Freiheit glaubender Mann wie Fichte einen solchen despotischen Reformismus akzeptabel fand, unterstreicht den erhöhten Stellenwert des Staates in der politischen Theorie und Praxis.

Das Erlebnis der Napoleonischen Kriege und Umwälzungen führte auch bei vielen Zeitgenossen Fichtes zu einem Orientierungswandel, weg vom aufgeklärten Weltbürgertum und hin zu einer heftigen Nationalbegeisterung. Heinrich von Kleist zum Beispiel hatte sich in den neunziger Jahren kaum für politische Angelegenheiten interessiert, doch seit der Jahrhundertwende ließ ihn die Politik nicht mehr in Ruhe. Nachdem er 1806 Königsberg verlassen hatte, um in Preußens Hauptstadt den geschichtlichen Ereignissen näher zu sein, wurde er als angeblicher Spion vor Berlin gefangengenommen und dann in Frankreich verhaftet. Selbst sein größter Erfolg als Schriftsteller, die Aufführung seiner Komödie »Der zerbrochene Krug« in Wien, wurde von dem Umstand überschattet, daß der feierliche Anlaß für die Premiere die Hochzeit Napoleons mit einer habsburgischen Prinzessin war. 1808 hatte sich Kleist in einen unbändigen Haß auf Napoleon hineingesteigert, der sich in seinem Drama »Hermannsschlacht« Luft machte, einem schlimmen Propagandastück, das vordergründig den Kampf der alten Germanen gegen Rom behandelte, aber voller offenkundiger Parallelen zum Gegenwartsgeschehen steckte. Mit einer Sprachgewalt, die heute bösartig erscheinen muß, forderte Kleist einen Krieg bis aufs Messer, in dem die Feinde wie wilde Tiere abgeschlachtet und die Flüsse mit Leichen aufgestaut werden sollten. Kleist war aber immerhin imstande, die fortschrittliche Seite des Patriotismus aufzuzeigen. In seinem 1809 geschriebenen Essay »Über die Rettung Österreichs« schrieb er: »Jede große und umfassende Gefahr gibt, wenn ihr wohl begegnet wird, dem Staat, für den Augenblick, ein demokratisches Ansehn.« Die Enttäuschung Kleists über die österreichische Niederlage von 1809, seine Erbitterung über die außerordentlich vorsichtige Außenpolitik Preußens unter Hardenberg und sein eigenes Scheitern als politischer Publizist trugen dazu bei, daß er in jene depressive Stimmung verfiel, die 1811 zu seinem Selbstmord führte.

Auch Schleiermacher wurde von den Stürmen des Krieges entwurzelt und umhergetrieben. 1806 mußte er Halle verlassen, wo er Zuflucht gefunden hatte, nachdem er dem pommerschen Dorf, seiner ersten Station nach der Vertreibung aus Berlin, den Rücken gekehrt hatte. Schließlich tauchte er wieder in der preußischen Hauptstadt auf, wo er bald Kontakte zu den patriotischen Intellektuellen und reformorientierten Beamten knüpfte, die sich der Erneuerung des preußischen Staates verschrieben hatten. Nachdem er einen Lehrauftrag an der Berliner Universität erlangt hatte, widmete er sich der Aufgabe, um breite Unterstützung für die nächste Runde im Krieg gegen Frankreich zu werben. Schleiermachers religiöse Gefühle und nationale Loyalitäten stammten aus ein und derselben Quelle und nahmen ein und dieselbe Richtung. Die Nation einem fremden Herrscher auszuliefern, erklärte er in einer im Januar 1808 gehaltenen Predigt, sei ein Verstoß gegen die göttliche Ordnung des Universums. Als der Befreiungskrieg im Juni 1813 in seine entscheidende Phase trat, war Schleiermacher zu der Überzeugung gelangt, die Deutschen könnten nun sogar versuchen, eine Art neues Reich zu erschaffen, ein integriertes politisches Gemeinwesen, in dem sich kulturelle Identität mit einem staatsbezogenen Patriotismus verbinden würde. »Darum ist nach der Befreiung«, schrieb er an Friedrich Schlegel, »mein höchster Wunsch auf Ein wahres deutsches Kaisertum, kräftig und nach außen hin allein das ganze deutsche Volk und Land repräsentierend, das aber wieder nach innen den einzelnen Ländern und ihren Fürsten recht viele Freiheit läßt, sich nach ihrer Eigentümlichkeit auszubilden und zu regieren.«

Den wirkungsvollsten Versuch, eine nationale Konzeption zu entwerfen, die auf die Verschmelzung von Kultur und Politik abzielte, unternahm Ernst Moritz Arndt, dessen Engagement für ein geeintes Deutschland das halbe Jahrhundert zwischen den Napoleonischen Kriegen und der Revolution von 1848 umspannte. Als Bauernsohn auf der Insel Rügen geboren und aufgewachsen, die damals zu Schweden gehörte, schwankte Arndt als Jugendlicher zwischen dem Wunsch, Schriftsteller zu werden, und der Angst vor dem Verlust der Sicherheit, die das väterliche Zuhause bot. So kehrte er nach dem Theologiestudium in Greifswald und Jena nach Rügen zurück, half bei der Feldarbeit und unterrichtete seine jüngeren Brüder. Als ihm zwei Jahre später eine Lehrerstelle angeboten wurde, verließ er Rügen endgültig. Persönliche Schicksalsschläge – seine Frau starb ein Jahr nach ihrer Hochzeit im Kindbett – und seine Rastlosigkeit ließen ihn zum Wanderer werden. Obwohl Arndt ein starkes Bedürfnis nach Sicherheit und Engagement hatte, hielt er es selten lange an einem Ort aus, und nie gelang es ihm, eine dauerhafte Stellung zu finden. Seine seelische Verfassung war über Jahre hinweg so unstet wie sein Berufsweg. Zunächst ein Anhänger der Aufklärung, wandte er sich bald gegen den Rationalismus, den bürokratischen Absolutismus und die Französische Revolution. Wie Hegel und etliche, brachte auch Arndt in seine ersten Schriften das Gefühl einer kulturellen Krise und einer persönlichen Entfremdung ein, wofür er die zunehmende Abspaltung des modernen Geistes von der Welt verantwortlich machte. In dem ersten, 1807 edierten Band »Geist der Zeit« ist zu lesen: »Geschieden stehen die zwei Welten, geschieden auf immer, wie es scheint, die geistige unten, welche der Geist nun verlassen hat, und die himmlische oben, welche die untere erleuchten und beseligen sollte.« Anders als Hegel, unternahm Arndt jedoch nicht den Versuch, die Entfremdung durch eine neue Synthese von Glauben und Vernunft zu überwinden. Für ihn lag das Heil in der Emotionalität.

Arndt war sich nicht von Anfang an sicher, daß das Reich, über das sein Herz regieren sollte, Deutschland war. 1799 fühlte er sich noch als Schwede; drei Jahre später, in seinem Buch »Germanien und Europa«, zählte er die Skandinavier zu den germanischen Völkern. Als 1806 die Truppen Napoleons in Pommern eindrangen, floh Arndt nordwärts und verbrachte die nächsten drei Jahre in Schweden. Dort erst entwickelte er, wie es Leuten im Exil häufig passiert, ein Gefühl für seine unveräußerliche deutsche Nationalität. Inmitten der persönlichen Opfer, die das Exil ihm abforderte, und der Verwerfungen, deren Zeuge er im Anschluß an die preußische Niederlage wurde, entdeckte Arndt ein Objekt für seine unerfüllten Liebesgefühle und eine neue Lebensaufgabe. Endlich hatte er eine Heimat gefunden, die ihm den väterlichen Hof zu ersetzen vermochte, von dem seine Rastlosigkeit ihn weggelockt hatte, und einen Glauben, dem er sich in den letzten Jahrzehnten seines langen Wirkens verschreiben konnte. Arndts Begriff der Nation enthält eine Reihe vertrauter Definitionsmerkmale. Wie Herder, hielt er die Sprache für das eigentlich grundlegende Element der Nation: Sprachgrenzen seien, erklärte er, die einzig legitimen Grenzen. Den Anspruch auf die moralische Führerschaft der Deutschen leitete er aus demselben Glauben an die Reinheit und Kontinuität der deutschen Kultur ab, auf den auch Fichte großen Wert legte: »Die Deutschen sind nicht durch fremde Völker verbastardet... Sie sind mehr als viele andere Völker in ihrer angeborenen Reinheit geblieben und haben sich aus dieser Reinheit ihrer Art und Natur nach den stetigen Gesetzen der Zeit langsam und still entwickeln können.« Die Deutschen hätten das Glück, ein authentisches Volk zu sein. Mit Schleiermacher teilte Arndt die Überzeugung, der Dienst an der Nation sei eine ebenso heilige Sache wie der Glaube an Gott.

Viel klarer als die meisten seiner Zeitgenossen erkannte Arndt die politischen Folgerungen, die sich aus solchen nationalen Empfindungen ergaben. Schon in »Germanien und Europa« hatte er vage Anspielungen auf die Einheit von Volk und Staat gemacht. Als die Napoleonischen Kriege in ihre Endphase traten, hatte er ein fertig ausgearbeitetes Programm für die nationale Einheit Deutschlands in der Schublade. 1814 unter dem Titel »Über die künftigen ständischen Verfassungen in Teutschland« veröffentlicht, forderte dieses Programm einen deutschen Einheitsstaat in Gestalt einer konstitutionellen Monarchie mit eigenen Streitkräften, Gesetzen und Vertretungskörperschaften. Da er eher Berlin als Wien zutraute, Brennpunkt für die »modernen« nationalen Energien zu werden, übertrug er Preußen die Schrittmacherrolle für ein neues Deutschland, das auch die Länder der anderen deutschen Fürsten umfassen würde. Arndt hielt gleichwohl an einem im Grunde genommen populistischen Nationenbegriff fest: »Gegen sein Vaterland und gegen sein Volk hat der Mensch frühere und unverbrüchlichere Pflichten als gegen die Fürsten«, formulierte er 1813. »Denn die Fürsten sind nur Diener und Verwalter des Vaterlandes und des Volkes... nicht ist ein Land und ein Volk, damit Fürsten seien.« Die Nation müsse auf einem demokratischen Fundament ruhen. Demokratie, wie er sie verstehe, habe jedoch nichts mit Pöbelherrschaft gemein: »Das Volk ist ebenso heilig, als der Pöbel unheilig ist.« Bei Arndt stellte die Nation die vollständige Überwindung des Gegensatzes zwischen Herrschern und Beherrschten dar, weil die Loyalität zur Nation erstere vor der Despotie und letztere vor der Unvernunft bewahre. Er hatte damit etwas formuliert, das zu einem idealistischen Topos der deutschen Liberalen werden sollte: die Vision eines Nationalstaates, in dem gerechte Herrschergewalt und rationale Demokratie koexistieren, da die gemeinsame Orientierung am Wohl des Volkes ihr Konfliktpotential entschärfe.

Die Wirksamkeit, die Arndt entfaltete, gründete in seiner bemerkenswerten Sensibilität für die geistige und emotionale Atmosphäre in den kulturellen Zentren Deutschlands und seiner Fähigkeit, gängige Ideen und Sehnsüchte in direkter, dramatischer und verständlicher Sprache zu formulieren. Bei weitem kein so begabter Kopf wie Fichte oder Schleiermacher, verstand Arndt es doch auf geniale Weise, der nationalen Sache Worte zu verleihen, besonders von dem Augenblick an, als sich das Schwergewicht von der Poesie zur Propaganda, vom Frieden zum Krieg, von der Behauptung einer kulturellen Mission zur Forderung nach einem nationalen Vergeltungskreuzzug zu verschieben begann. Sehr deutlich wird jene Verschiebung an Arndts berühmtem »Vaterlandslied« von 1812, das eine völlig andere Stimmung intoniert als die Hymnen, die Hölderlin und Schlegel ein Dutzend Jahre vorher an die Deutschen gerichtet hatten:

>>O Deutschland, heil'ges Vaterland!
O deutsche Lieb' und Treue!
Du hohes Land! Du schönes Land!
Dir schwören wir aufs neue:
Dem Buben und dem Knecht die Acht!
Der füttre Krähn und Raben!
So ziehn wir aus zur Hermannsschlacht
Und wollen Rache haben.<<

Arndt verstand genug von der Psychologie des Nationalgefühls, um zu wissen, daß poetische Appelle und Propaganda allein nicht ausreichten, die Menschen zu mobilisieren. Er war einer der ersten, die neue Rituale und Symbole für die Artikulierung und Bekräftigung nationaler Empfindungen kreierten, Ideen für festliche Zeremonien, Gedenkstätten, sogenannte germanische Trachten und anderes, das geeignet war, die Menschen immer wieder an ihre Zugehörigkeit zu Volk und Nation zu erinnern.

In seinen Bemühungen um die Mobilisierung einer nationalen Bewegung wurde Arndt von Friedrich Ludwig Jahn unterstützt, einem Pfarrerssohn, der sich der patriotischen Sache angeschlossen hatte, nachdem er 1809 nach Berlin gekommen war, um eine Stelle als Lehrer anzutreten. Wie viele Nationalisten der ersten Stunde, stammte auch Jahn aus einem frommen, pietistischen Milieu. Er studierte Theologie, fand aber seine wahre Berufung darin, das deutsche Volk zu missionieren, zu befreien und mit religiöser Inbrunst zu besingen: »Mit dem Staate, durch ihn, für ihn und in ihm wird der Bürger fühlen, denken und handeln; er wird mit ihn, und dem Volke Eins sein im Leben, Leiden und Lieben.« In seinem 1810 veröffentlichten Pamphlet »Deutsches Volkstum« nahm Jahn dem Begriff der Nation die letzten humanitären und kosmopolitischen Bezüge, die er in den Schriften Fichtes und Schleiermachers noch aufgewiesen hatte. Das Volk war für ihn eine durch einen verborgenen Identitätskern zusammengehaltene Gemeinschaft, die leiden, aber nicht untergehen konnte. Ihre heiligste Stunde würde kommen, wenn sie die fremden Elemente aus ihrer Mitte vertrieb, sich zu ihrer Reinheit bekannte und die Vorbedingungen für ihre Unabhängigkeit herstellte. Was Jahn predigte, war ein mystisch, ja rassistisch ange-

Die »Nibelungen«

Siegfrieds Hochzeit, seine Rückkehr aus dem Krieg gegen die Sachsen,
Unterwerfung Brunhildes; Kampf in der brennenden Halle, Abschied und
Tod Siegfrieds; unten Mitte: König Etzel mit Dietrich und Hildebrand
Lavierte Zeichnung von Peter Cornelius, 1817
Frankfurt am Main, Städelsches Kunstinstitut

Peter Cornelius, geboren 1783 in Düsseldorf, gestorben 1867 in Berlin, den die Kunstgeschichte als Romantiker, Nazarener und für seine letzten Jahre als Klassizist im Widerspruch zum Realismus einordnet, gehörte zu den Künstlern, die in ihrer Zeit berühmt gewesen sind und mittlerweile wieder hochgeschätzt werden.

Sein Interesse an der Historienmalerei wurde durch die zeitgenössische Geschichtsschreibung wenn nicht geweckt, so doch wesentlich gesteigert. Er ließ sich vor allem von der Dichtung inspirieren und nahm für die Freskenaufträge das Bildschema der Renaissance zum Vorbild. Seit 1808 schuf er die später wiederholt reproduzierten Illustrationen zu Goethes »Faust« und 1809 mit dem Gemälde »Athene beim Lehren des Webens« einen bildnerischen Nachvollzug der Schillerschen ästhetischen Erziehung des Menschen. Den Enthusiasmus der Stürmer und Dränger für die große Vergangenheit Deutschlands, mit dem sie die Wiederbelebung verschollener altdeutscher Werte bis hinein in die Sprache förderten und damit eine Tendenz in Gang brachten, die in der Phase der Romantik manches mittelalterliche Gedankengut wachgerufen hat, wurde von den bildenden Künstlern auf ihrer Suche nach Innerlichkeit geteilt, zumal von denen, die sich in einer Bruderschaft zusammenfanden.

Die 1809 in Wien nach dem Patron der Maler, dem hl. Lukas, gegründete Bruderschaft, die 1810 unter Führung von Friedrich Overbeck und Franz Pforr nach Rom zog und der sich unter anderen Peter Cornelius, Philipp Veith und Wilhelm von Schadow anschlossen, lebte nach einem Programm, das Wilhelm Heinrich Wackenroder in seinen »Herzensergießungen eines kunstliebenden Klosterbruders« bereits 1797 umrissen hatte. Die Brüder versammelten sich regelmäßig im Haus des Theologen Pietro Ostini. Das Konvertieren einiger Mitglieder war für Johann Christian Reinhart der Grund, ihnen und ihren Nachfolgern den Spottnamen »Nazarener« zu geben.

Bei den abendlichen Vorlesungen der Lukasbrüder lernte Cornelius das um 1200 entstandene »Nibelungenlied« kennen, das Friedrich Heinrich von der Hagen 1810 nach den Handschriften in neuhochdeutscher Übersetzung ediert hatte. Das Thema faszinierte Cornelius, und er nahm die entstandenen Zeichnungen 1819 nach München mit, in der Hoffnung, den Auftrag für die Ausmalung im Königsbau der neuen Residenz zu erhalten. Kronprinz Ludwig wollte zwar die deutsche mittelalterliche Welt in monumentalen Bildern um sich haben, doch er betraute damit Schnorr von Carolsfeld, so daß Cornelius keine Gelegenheit erhielt, den Stoff der Nibelungen in Fresken zu gestalten.

Das starke Interesse der Gebildeten in Deutschland an diesem Thema, in dem sich Treue, Verrat und Rache verdichtet finden, bezeugt einiges vom Zerfall des alten Reiches: von der Diskrepanz zwischen kulturellem Selbstgefühl und tragischer Untergangssituation, in der sich widerstreitende Strömungen und Parteien formierten.

hauchtes »Volkstum« eindeutig politischer Natur: »Staat ist das Grundgestell des Volks, die stehende äußere Befriedigung vom Volkstum.« Wie Arndt, versuchte Jahn die Ausbreitung nationaler Gefühle und die Mobilisierung des Widerstandsgeistes gegen Frankreich durch die Organisation von Massenbewegungen zu fördern. 1811 fand auf der Berliner Hasenheide die Gründungsversammlung einer von ihm ins Leben gerufenen Turngesellschaft statt. In ihr verbanden sich paramilitärischer Drill und pseudoteutonische Symbole mit dem klassischen Ideal der Körperertüchtigung.

Im Verlauf des Jahres 1813 ließen sich immer mehr Autoren in den Bann der nationalen Sache ziehen. Patriotische Gedichte und Artikel machten sich in Zeitungen und Zeitschriften breit. Lesegesellschaften und andere kulturtreibende Vereine überlegten sich, wie sie den Kampf gegen Frankreich am besten unterstützen konnten. An der Jenaer Universität wurde Heinrich Ludens Vorlesungsreihe über »Die Geschichte des deutschen Volkes«, die eine Zeitlang wegen Hörermangels unterbrochen werden mußte, so beliebt, daß die Studenten sich auf dem Korridor vor dem überfüllten Hörsaal drängten. In Breslau schwärmte Heinrich Steffens einer aufgeregten studentischen Zuhörerschaft etwas von der Verteidigung des Vaterlandes vor und meldete sich dann freiwillig an die Front. Selbst ein seine Interessen so vernünftig abwägender Mann wie Varnhagen von Ense kam zu der Einsicht, daß es nunmehr an der Zeit sei, sich persönlich zu engagieren. Sein Rausch hinderte ihn nicht daran, den Befreiungskrieg ausgiebig zu seinem persönlichen Fortkommen zu nutzen. Nachdem er sich einen Posten als Adjutant eines russischen Obersten gesichert hatte, leistete er seinen Beitrag zum Sieg in Form einer Reihe offener Briefe, in denen er die patriotischen Leistungen etlicher ranghoher Amtsträger aller verbündeten Regierungen hervorkehrte.

Abenteuerlustige junge Männer, Romantiker, die es nach praktischer Erfahrung dürstete, aufrichtige Patrioten, die bereit waren, für die Nation Opfer zu bringen, Karrieristen, die sich beeilten, ihr Engagement für den Staat unter Beweis zu stellen – sie alle eilten 1813 zu den Fahnen, um am letzten Akt der nationalen Befreiung mitzuwirken. Manche fanden ihren Platz im Freikorps des preußischen Offiziers Adolf Freiherr von Lützow. Diese Truppe wurde zum Aufhänger für eine der wichtigsten Legendenbildungen des Jahres 1813. Der Held dieser Legende war Theodor Körner, der eine vielversprechende literarische Karriere aufs Spiel setzte, um mit dem Freikorps in den Kampf zu ziehen. Bevor er auf einem unbedeutenden Nebenkriegsschauplatz in Mecklenburg fiel, dichtete er mehrere patriotische Verse über die Tugend der soldatischen Kameradschaft:

> »Doch Brüder sind wir allzusamm'
> Und das schwellt unsern Mut,
> Uns knüpft der Sprache heilig Band,
> Uns knüpft ein Gott, ein Vaterland,
> Ein treues, deutsches Blut.«

Über derart konventionelle Beschwörungen hinaus erlag der Dichter einer besorgniserregenden Todesfaszination, die einerseits an die morbidesten Aspekte der Romantik anknüpfte und andererseits einige der unheilvollsten Aspekte deutscher politischer Rhetorik vorwegnahm. Als er seiner Geliebten brieflich den bevorstehenden Abmarsch seiner Truppe ankündigte, setzte er hinzu: »Soeben marschieren wir; in zwei Tagen erwarten wir die Todeshochzeit.« Körner sah, so schien es, im Tod nicht ein Risiko, das man tapfer in Kauf nehmen mußte, sondern etwas, dem man sich mit offenen Armen entgegenwarf, wie einer ungeduldigen Braut.

Es gab unter den deutschen Intellektuellen einige, denen die heftige patriotische Leidenschaft von 1813 nicht geheuer war. Goethe hatte kein Verständnis dafür, daß ein talentierter junger Mann wie Körner seine Zeit damit verschwenden wollte, durch die Gegend zu reiten und Soldat zu spielen. Als die nationalistische Begeisterung nach der Völkerschlacht von Leipzig ihren Höhepunkt erreichte und an Goethe die Bitte um Mitarbeit an einer neuen nationalen Zeitschrift herangetragen wurde, reagierte er halbherzig. Er blieb bei seiner bereits 1799 geäußerten Meinung, für einen unparteiischen Kopf, der imstande sei, sich über seine Zeit zu erheben, sei das Vaterland »nirgendwo – und überall«. Auch Hegel ließ sich von den nationalen Leidenschaften nicht anstecken. Wie Goethe war er ein Bewunderer Napoleons, des »Weltgeists zu Pferde«, dessen militärisches Genie er 1806 erlebt hatte. Solange es möglich war, vertrat Hegel den Standpunkt, der Kaiser der Franzosen sei unbesiegbar. Als ihn die Nachricht von der Abdankung Bonapartes erreichte, schrieb er an einen Freund: »Es ist ein ungeheures Schauspiel, ein enormes Genie sich selbst zerstören zu sehen ...; die ganze Masse des Mittelmäßigen mit seiner absoluten bleyernen Schwerkraft, drückt ohne Rast und Versöhnung, so lang bleyern fort, bis es das Höhere herunter, auf gleichem Niveau oder unter sich hat.« Wieviele Deutsche den Standpunkt Goethes und Hegels teilten, läßt sich nicht feststellen. Bekannt ist lediglich, daß das Bild von den zu den Fahnen eilenden und mit Lützow in die Schlacht reitenden Studenten und Intellektuellen reine Legende ist. Wie die von Rudolf Ibbeken zusammengetragenen Daten beweisen, waren die Mitglieder des Freikorps Lützow in ihrer überwältigenden Mehrheit Handwerker und Taglöhner; höchstens zwölf Prozent von ihnen waren Studenten und Akademiker. Daß der Eindruck entstehen konnte, deren Anteil sei höher gewesen, liegt daran, daß viele von ihnen Berichte über ihre Erlebnisse hinterlassen haben.

Realiter dürften die meisten Menschen im deutschsprachigen Europa gegenüber der nationalistischen Agitation Arndts, Jahns und anderer unempfänglich geblieben sein. Die Frau eines preußischen Gutsherrn berichtete, eine anrückende Landwehrabteilung sei von der einheimischen Bevölkerung nicht freundlich begrüßt worden: »Was aber hatte das mit unserem stillen Landvolk gemein, welches eben acht Jahre hindurch dieselben Franzosen, die es nun vertilgen sollte, mit gastfreundlicher Gewissenhaftigkeit bewirtet hatte?« In den meisten Städten betrachteten Beamte, Kaufleute und Zunftobere die Aushebung einer Bürgermiliz als ein wirtschaftlich belastendes und sozial destabilisierendes Unterfangen. Gewiß gab es Leute, die für die Finanzierung des Krieges eifrig ihr Tafelsilber spendierten, aber viele hielten sich so bedeckt, wie sie nur konnten. Eine reservierte Haltung war auch in den bäuerlichen Regionen Hessens, im Tal der Weser und im Harz die Regel, wo Blücher und Wittgenstein mit ihrer Kavallerie auf wenig Sympathie stießen.

Dort, wo eine antifranzösische Stimmung herrschte, scheint sie im wesentlichen nicht Ausdruck nationaler oder patriotischer Gefühle gewesen zu sein. Im Oldenburgischen wehrten sich die Bewohner der Küstenorte gegen die Besatzer, weil sie unter der Zollpolitik Napoleons direkt zu leiden hatten und weil ihre Söhne zum Dienst auf französischen Schiffen zwangsrekrutiert wurden. Anderswo konnte es vorkommen, daß sowohl katholische als auch evangelische Gemeinden ihre Kirchen gegen den französischen Antiklerikalismus verteidigten. Mancherorts kam es zu Konflikten, wenn Einwohner ihre Habseligkeiten vor dem Zugriff unersättlicher französischer Quartiermeister oder disziplinloser Soldaten zu schützen versuchten. Außer in Tirol brachen aber nur ganz vereinzelt spontane Aufstände gegen die Besatzer aus. Die entscheidenden Schlachten wurden von Truppen gewonnen oder verloren, die aus denselben Gründen kämpften, aus denen Soldaten immer schon gekämpft haben: aufgrund einer Kombination aus diffuser Loyalität zu Staat und Herrscher, zur Gewohnheit gewordener Disziplin und Angst vor Strafe. Wenn die preußischen Truppen 1813 besser kämpften als 1806, dann weil sie besser ausgebildet und ausgerüstet waren und besser geführt wurden, nicht weil sich ihrer plötzlich die nationale Leidenschaft bemächtigt hätte. Es steckt mehr als ein Körnchen Wahrheit in Heines sarkastischer Bemerkung über das Verhalten der Deutschen während der Befreiungskriege: »Man befahl uns den Patriotismus und wir wurden Patrioten; denn wir tun alles, was uns unsere Fürsten befehlen.«

Gewiß bemühte sich Preußen 1813, wie Österreich es 1808 getan hatte, patriotische Leidenschaften zu wecken und in den Dienst des Krieges zu stellen. Die Reformkräfte in beiden Staaten waren bekanntlich davon überzeugt, daß Patriotismus ein wesentliches Element der Kriegführung in der Epoche der Revolution sei. Friedrich Wilhelm III. hatte in seinen Verlautbarungen vom Februar und März 1813 Volk und Vaterland als die Werte benannt, um die die Preußen sich jetzt scharen sollten. Er hatte dabei jedoch unmißverständlich zu und von »meinem Volk« gesprochen, also von den Untertanen der preußischen Krone, nicht von der Kulturgemeinschaft aller Deutschen, die Arndt oder Jahn auf ihre Fahnen geschrieben hatten. Wenn der König eine Zeitlang die breiter gezielten patriotischen Appelle Steins zu billigen schien, tat er es in der widerwilligen Erkenntnis, daß sich auf diese Weise die noch mit Napoleon verbündeten deutschen

Fürsten unter Druck setzen ließen, aber nicht weil er etwa an die Spitze einer nationalen politischen Bewegung hätte treten wollen. 1813 galt, wie noch oft in der Geschichte des modernen Nationalismus, daß Mißverständnisse und falsche Hoffnungen das Verhältnis zwischen Staat und Nation verunstalteten.

Die Rolle, die das deutsche Volk bei seiner Befreiung spielte, war allenfalls zweitrangig. Napoleon wurde von regulären Truppen besiegt, nicht von patriotischen Poeten und Turnern in teutonischer Tracht. Über Jahre hinweg gelang es jedoch den Aposteln des Nationalismus, die geschichtliche Erinnerung an diese Befreiung nachträglich ihrem eigenen Wunschdenken anzupassen. »Das waren Tage, ja, das waren herrliche Tage«, schrieb Ernst Moritz Arndt rückblickend, »die junge Lebens- und Ehrenhoffnung sang und klang durch alle Herzen, sie klang und sang auf allen Gassen und tönte begeistert von Kanzel und Katheder.« In Memoiren und Erlebnisberichten, auf Bildern und Gedenkfeiern, in Liedern und Geschichtsbüchern wuchs dem Krieg gegen Frankreich unversehens eine Schlüsselrolle in der Entwicklung des deutschen Nationalbewußtseins zu. In der Stunde der Not hätten sich, so lernten es die Menschen glauben, Staat und Volk zum vereinten Kampf zusammengetan, erfüllt von denselben Idealen und Seite an Seite kämpfend, bis der Sieg errungen war. Die Liberalen entwickelten die wirkungsvollste Version dieser Legende, indem sie sowohl die Leistungen der staatlichen Reformer feierten als auch die breite Welle vaterländischer Begeisterung, die durch die Reformen erst möglich geworden sei. Die Helden ihres Geschichtsepos waren Lützow mit seinen Freiwilligen oder Männer wie Joachim Nettelbeck, ein Einwohner Kolbergs, der geholfen hatte, seine Heimatstadt gegen französische Belagerer zu verteidigen. Wie es patriotischen Mythen eigen ist, manifestierte sich die historische Erinnerung an die Befreiung in vielfältiger Gestalt und brachte zahlreiche Helden hervor. In manchen Versionen erschien die Befreiung als ein Triumph traditioneller preußischer Werte, personifiziert durch Blücher, den ergrauten Veteranen aus den Tagen Friedrichs des Großen, der die Niederlage Napoleons bei Waterloo besiegelt hatte. Einer anderen Deutung zufolge handelte es sich um einen Triumph deutscher Kultur über die Aufklärung. In solcher Sichtweise erschienen die Ideen Arndts und Jahns als Waffen, die sich gegen den oberflächlichen Rationalismus des westlichen Denkens ins Feld führen ließen. Als Exempel liberaler Reform und Emanzipation, traditioneller militärischer Tugend und Staatsmacht oder xenophobischer antiwestlicher Ressentiments ging die Periode der Befreiung in das deutsche Geschichtsbewußtsein ein.

In den meisten seiner vielfältigen Erscheinungen verdunkelte der Geschichtsmythos der Befreiung die eigentliche Bedeutung der Revolutionsepoche für die deutsche Geschichte. Zum einen war die Rolle, die Frankreich bei der Umgestaltung der deutschen Staaten spielte, wesentlich komplizierter, als die Rhetorik der Befreiung es glauben machen wollte. Für die Rheinbund-Staaten ist Frankreich Bündnispartner und manchmal auch Initiator wichtiger politischer Reformen gewesen. Und selbst in Österreich und Preußen, wo Selbsterhaltungstrieb und das Streben nach Vergeltung die auslösenden Motive für Reformen gewesen sind, hatten die Reformer sich bemüht, von den Franzosen politisch zu lernen, um sie militärisch besiegen zu können. Das wichtigste Ergebnis der Revolutionsepoche war nicht die Mobilisierung des Volkes, sondern die Reform und Reorganisation der Staatsapparate. 1815 beherrschten Preußen, Österreich und die deutschen Mittelstaaten das politische Aktionsfeld in Deutschland. Sie hatten einen eindeutigen, obwohl noch nicht vollständigen Triumph über die konkurrierenden Machtinstanzen des Reiches und der herrschaftlichen Welt errungen.

Politik der Restauration (1815–1830)

Nach seiner Rückkehr aus dem Krieg, den er als Freikorpskämpfer mitgemacht hatte, malte Heinrich Olivier eine Allegorie auf die von Österreich, Rußland und Preußen geschlossene Heilige Allianz. Im Vordergrund sieht man die Kaiser Franz I. und Alexander I. und den König Friedrich Wilhelm III. stehen, die sich mit dem Ausdruck feierlicher Solidarität die Hände reichen, zum Gedenken an ihren gemeinsam errungenen Sieg über Napoleon und zur Bekräftigung ihrer Entschlossenheit, künftige Friedensstörer mit vereinten Kräften niederzuhalten. Der Künstler hat die drei Monarchen in die martialischen Turnierrüstungen des späten Mittelalters gesteckt, Ritterkreuze schmücken ihre Roben, und ein klotziger gotischer Altar befindet sich hinter ihnen. Ein Katholik, ein Orthodoxer und ein Protestant haben hier einen Pakt geschlossen, dessen Symbole an das ihnen gemeinsame christliche Erbe erinnern sollen. Oliviers »Heilige Allianz« ist keine sehr gute Gouache, aber sie illustriert, mit welchen mittelalterlichen Bezügen Menschen im Europa des Jahres 1815 ihren Widerwillen gegen den revolutionären Zeitenwandel zum Ausdruck zu bringen versuchten. In Architektur und Kunstgewerbe, in der Sujetauswahl von Romanautoren und Malern, in der Denkmalsgestaltung und in den Themenschwerpunkten der historischen Forschung, überall schlug sich die neue Hinwendung zum Mittelalter nieder. Gewiß handelte es sich dabei in manchen Fällen nur um eine zeitweilige Flucht vor den Problemen der Gegenwart in die scheinbar überschaubarere und friedlichere Welt des Rittertums und der Kathedralen. Wilhelm IX. von Hessen-Kassel wollte mit dem Bau seiner pseudomittelalterlichen Burg wohl ein Wolkenkukkucksheim für diesen Eskapismus schaffen, und auch die unter Franz I. in der Nähe von Wien erbaute Franzenburg paßt in dieses Schema, doch man sollte in den Trend zur nostalgischen Kostümierung nicht allzuviel hineininterpretieren. Sicher gab es in Europa einige, für die die mittelalterliche Welt mehr war als ein Wolkenkuckucksheim, nämlich ein Vorbild, an dem die Unzulänglichkeiten der gegenwärtigen Welt gemessen werden konnten, ein Fundus von Symbolen, an denen sich Sehnsüchte festmachen ließen, ein Modell für eine scheinbar organisch gewachsene Gesellschaft und Kultur. Durch den Nostalgiefilter betrachtet, erschien das Mittelalter als eine Zeit, in der der Glaube der Menschen ebenso unerschüttert gewesen ist wie die gesellschaftliche Hierarchie, in der die Menschen gottesfürchtig gelebt und den weltlichen Autoritäten gehorcht haben. Gerade für diejenigen, die sich nach der Welt vor der Revolution von 1789 zurücksehnten, bedeutete das Bild Oliviers mit seinen mittelalterlichen Requisiten die Hoffnung, daß die Menschen eines Tages wieder lernen würden, ohne das ansteckende Streben nach Veränderung zu leben.

Den rationaler denkenden Europäern war natürlich von Anfang an klar, daß die beginnende Ära der Restauration keine Rückkehr zur vermeintlich einfacheren und organischeren Welt des Mittelalters bringen würde. Sie wußten, daß die Revolution nicht bloß ein Unglück der Geschichte gewesen ist, sondern daß sie bis auf weiteres ein Faktor des politischen Lebens bleiben würde. Hegel, einst enthusiastischer Parteigänger der Französischen Revolution und mittlerweile auf dem besten Weg, zum, allerdings nicht unkritischen, Exponenten des preußischen Beamtenstaates zu werden, vertraute 1819 einem Freund an: »Ich bin gleich 50 Jahre alt, habe 30 davon in diesen ewig unruhvollen Zeiten des Fürchtens und Hoffens zugebracht und hoffte, es sei einmal mit dem Fürchten und Hoffen aus. Nun muß ich sehen, daß es immer fortwährt, ja, meint man in trüben Stunden, immer ärger wird.« Und Metternich, der Mann, der gleichsam den Vorsitz über die Restauration führte und sie mehr als jeder andere verkörperte, klagte 1820, er sei entweder zu früh oder zu spät geboren worden. Früher hätte er einfach das Leben genießen, später vielleicht am Aufbau einer neuen Gesellschaft mitwirken können. Heute aber müsse er sich der Aufgabe widmen, morsche Gebäude abzustützen. »Mein geheimster Gedanke ist«, schrieb er ein paar Monate danach, »daß das alte Europa am Anfange seines Endes ist. Ich werde – entschlossen, mit ihm unterzugehen – meine Pflicht zu tun wissen. Das neue Europa ist anderseits noch im Werden; zwischen Ende und Anfang wird es ein Chaos geben.« Hoffnungen und Ängste, das einschneidende Empfinden einer nicht mehr rückzuschraubenden Veränderung und eine Phobie vor dem Chaos – aus diesen Gefühlszuständen setzte sich der Zeitgeist der Restaurationsära zusammen.

Der Wiener Kongreß und die »deutsche Frage«

»Die Geschichte lehrt uns – und wir werden es nie begreifen –, daß Koalitionen in dem Augenblick zu zerfallen beginnen, da die ihnen gemeinsam drohende Gefahr abgewendet ist.« Harold Nicolson schrieb diese Zeilen im Sommer 1945. Er hatte dabei nicht nur die europäischen Friedensregelungen nach den napoleonischen Kriegen im Auge, sondern auch seine persönlichen Erfahrungen als Friedensunterhändler 1919, und diese Beispiele flößten ihm ein wachsendes Unbehagen angesichts der sich anbahnenden Nachkriegsentwicklung ein. Nicolson wußte, daß jede Großmacht in eine Koalition ihre je eigenen Interessen einbringt und daß der »Vorrat an Eifersucht, Rivalität und Mißtrauen, der sich im Verlauf eines langwierigen Krieges zwischen den Mitgliedern eines Bündnisses ansammelt, Giftstoffe erzeugt, die von Arterien, die durch kriegerische Überbeanspruchung ihre Elastizität verloren haben, nicht mehr abgeführt werden können«. Mit seiner beachtlichen Arbeit über den Wiener Kongreß wollte er zeigen, daß eine siegreiche Koalition zusammenhalten kann, selbst wenn ihre Mitglieder sich der divergenten Interessen völlig bewußt sind.

Daß die Vertreter Großbritanniens, Rußlands, Österreichs und Preußens mit ganz unterschiedlichen Vorstellungen nach Wien kamen, daran konnte für politische Köpfe kein Zweifel sein. Robert Stewart Castlereagh, der Repräsentant von Napoleons hartnäckigstem Gegenspieler, wollte einen Kontinent ohne Hegemonialmacht, Sicherheit für die britischen Überseebesitzungen und das für die bedeutenden Handels- und Industrieunternehmen seines Landes erforderliche Maß an wirtschaftlicher Freiheit. Zar Alexander I. verfolgte Ziele, die sich großartig und erhabener anhörten, aber an Konkretheit und Konsistenz zu wünschen übrig ließen. Er sah sich als Befreier Europas und war überzeugt, daß auf seinen Sieg über Napoleon eine massive Ausdehnung der russischen Einflußsphäre nach Westen folgen müsse. Gerade das fürchtete Metternich mehr als alles andere. Der österreichische Kanzler hatte sogar gehofft, Napoleon im Sattel halten zu können, damit Frankreich ein wirksames Gegengewicht gegen Rußland bliebe und Österreich sich, beide gegeneinander ausspielend, eine starke Mittelstellung bewahren könnte. Metternich wollte in Mitteleuropa keine instabile Lage einreißen lassen, die den Zaren in seinen Expansionsbestrebungen ermutigte. Hardenberg erblickte in der Schwäche der kleineren deutschen Staaten eine günstigere Voraussetzung für eine starke Stellung Preußens. Wiewohl er die Notwendigkeit einer Zusammenarbeit mit Österreich akzeptierte, war ihm klar, daß er, um Preußen weiterhin einen Großmachtstatus zu sichern, versuchen mußte, aus dem momentanen Status Preußens als Siegermacht möglichst viel Kapital in Form territorialer und machtpolitischer Zugewinne zu schlagen. Wie das zu bewerkstelligen sei, darüber bestanden allerdings heftige Meinungsverschiedenheiten, nicht allein zwischen Preußen und seinen Alliierten, sondern auch innerhalb des preußischen Lagers.

Die Suche nach einem Frieden wurde 1814 dadurch erschwert, daß keineswegs klar war, wer an den Verhandlungen darüber teilnehmen sollte. Die ursprünglichen Vereinbarungen zur Beendigung der Kampfhandlungen waren von den vier Siegermächten, aber auch von Frankreich und von Spanien unterzeichnet worden. Im Sommer 1814 hatten sich dann Vertreter der großen Vier in London getroffen, es aber nicht geschafft, eine Formel zu finden, die eine Beilegung ihrer eigenen Differenzen und eine Regelung der Ansprüche der anderen Betroffenen möglich erscheinen ließ. So herrschte zwischen den politischen Führern der Großmächte nach wie vor Unstimmigkeit, als sie sich in Wien versammelten, um sich der Schar der Fürsten und Bevollmächtigten zu stellen, die in die österreichische Hauptstadt geströmt war. Aus den Staaten des gewesenen Rheinbundes kamen Monarchen und Möchtegern-Monarchen, die kurz zuvor noch Bündnispartner Napoleons waren, jetzt aber darauf brannten, einen Platz am Tisch der Sieger zu ergattern. Die Repräsentanten des Reichsadels, dessen Besitzungen in diesen Staaten aufgegangen waren, erhoben Ansprüche auf einen Sonderstatus oder gar auf Wiederherstellung ihrer früheren Privilegien. Einer ihrer Sprecher war der alte Franz Georg Metternich, Vater des österreichischen Kanzlers, vertriebener Reichsgraf und ehemaliger höfischer Diplomat. Insgesamt rund fünfzig Generalbevollmächtigte vertraten die unterschiedlichsten Interessengruppen, von der katholischen Kirche in Deutschland bis zur Handelskammer der Stadt Mainz, von dem Interessenverband der deutschen Buchhändler, den jüdischen Gemeinden mehrerer Großstädte bis zum Deutschritterorden.

Für Generationen fortschrittlich denkender Europäer galt es als ausgemacht, daß die vielzitierte Bemerkung des Fürsten von Ligne, daß der Kongreß tanze und nicht marschiere, das Geschehen in Wien am treffendsten charakterisierte. In der Tat wurden die Kongreßteilnehmer und ihr Anhang mit einem außerordentlichen Aufwand verköstigt und unterhalten: Bankette und Bälle, private Diners und öffentliche Konzerte, Feuerwerke und Paraden nahmen den Herbst und Winter über einen beträchtlichen Raum im Arbeitspensum der Teilnehmer ein. Die Skala reichte dabei vom Erhabenen zum Lächerlichen: von einer Galaaufführung der »VII. Sinfonie opus 92 A dur« Beethovens in Gegenwart des Komponisten bis zu einem Jagdausflug, bei dem sechshundert wilde Eber in den Linzer Tiergarten getrieben wurden und die ihrer Rangfolge entsprechend aufgestellten Würdenträger so viele Tiere abschießen konnten, wie sie wollten. Zusätzlich zu den öffentlichen Vergnügungen leisteten sich viele Kongreßteilnehmer diverse heimliche Abenteuer. Die Gräfin Aurora de Marasse, die ebenso arm wie schön war, empfing in ihrer Dachbodenwohnung Botschafter, Beamte und Höflinge, und eine Liebesdienerin eroberte sogar das Herz des dänischen Königs Friedrich VI., als er einen seiner nächtlichen Streifzüge durch Wien unternahm. Sehr zum Mißvergnügen der Wiener Polizei nannten ihre Freunde und Nachbarn sie bald nur noch »die Königin von Dänemark«. Zusammen mit Fiakern, Weinhändlern und Luxusgüterlieferanten waren diese »Königinnen der Nacht« vielleicht die eigentlichen Nutznießer der Wiener Kongreßdiplomatie.

Es wäre indes ein Fehler, den offiziellen Festlichkeiten des Kongresses oder den persönlichen Schwächen einzelner Teilnehmer zu viel Gewicht beizumessen. Von den Hauptakteuren war lediglich der Zar ein unermüdlicher Salonlöwe, stets bereit, das Tanzbein zu schwingen oder eine neue amouröse Eroberung zu machen. Franz von Österreich und Friedrich Wilhelm von Preußen waren ernste Naturen ohne Hang zu vergnüglichem Überschwang. Hardenberg war zum Tanzen zu taub, König Friedrich von Württemberg zu dick. Humboldt, der eine Vorliebe für Kurzromanzen mit Frauen aus der Unterschicht hatte, versuchte den Spitzen der Gesellschaft aus dem Weg zu gehen, die er »nichtiger, leerer und einförmiger als je« fand. Metternich genoß normalerweise die geselligen Aspekte der Diplomatie, war aber wegen seiner zentralen Rolle in den Verhandlungen und seiner krisenanfälligen Beziehung zur launischen Wilhelmina von Sagan stark in Beschlag genommen. Alle diese Männer betrachteten jedoch das gesellschaftliche und zwischenmenschliche Ambiente des Kongresses, so sehr oder so wenig sie sich persönlich daran beteiligten, als einen wesentlichen Bestandteil der Veranstaltung. Niveauvolle, sorgfältig durchdachte Vergnügungen lieferten einen Rahmen, innerhalb dessen informelle Gespräche möglich wurden, hielten die vielen Kongreßteilnehmer, die von den wichtigen Entscheidungsprozessen ausgeschlossen blieben, bei Laune und gaben allen Beteiligten Gelegenheit, Wohlstand und Prestige zu demonstrieren, die mit politischer Macht naturgemäß einhergingen. Die Schwierigkeiten jedenfalls, die die Unterhändler 1814 und 1815 bei der Friedenssuche bewältigen mußten, ergaben sich nicht aus übermäßiger Vergnügungssucht oder moralischer Nachlässigkeit, sondern aus den tiefgreifenden politischen und persönlichen Gegensätzen zwischen den Vertretern der Großmächte, aus Art und Umfang ihrer divergierenden Interessen und aus der Komplexität der enormen Aufgabe.

Unter den Problemen, mit denen der Kongreß konfrontiert war, kam der künftigen Gestaltung des deutschsprachigen Raumes besondere Bedeutung zu. Hier liefen 1814/15, wie auch 1919 und 1945, die Interessen der Großmächte zu einem vielfach verschlungenen Knoten zusammen. Über die »deutsche Frage« ereiferte man sich in Wien lange und heftig. Nachdem aber eine Kompromißlösung für das deutsche Problem in Sicht war, fanden die Diplomaten auch in den anderen Streitfragen Kompromisse. Zuvor hatten sie über den Status der von Napoleon vorgenommenen Umgestaltungen debattiert. Da das französische Imperium zerfallen war, was würde von seiner Struktur übrigbleiben? Falls die politischen Grenzen neu gezogen würden, nach welchen Grundsätzen sollte es erfolgen? Welchen Stellenwert hatte Legitimität in einem so mitgenommenen und umgewühlten politischen Umfeld wie dem mitteleuropäischen, und wie war sie zu definieren? Zum Zeitpunkt der Eröffnung des Kongresses boten sich nur einige wenige Fingerzeige für die Beantwortung dieser Fragen an. Klar war zum Beispiel, daß die von Frankreich annektierten Teile des Rheinlandes in deutsche Hände zurückfallen und die Satellitenstaaten des Westens und Nordens nicht weiterbestehen würden. Keineswegs klar war jedoch, wem diese Gebiete zugeschlagen wurden. Ebensowenig klar war, was mit dem Königreich Sachsen geschehen würde, dessen Herrscher nach den französischen Siegen des Frühjahrs 1813 ins Lager Napoleons zurückgekehrt war und sich seit der Schlacht bei Leipzig im Gewahrsam der Sieger befand. Die übrigen Mittelstaaten hatten sich durch ihr Überlaufen zur Anti-Napoleon-Koalition im Herbst 1813 ein gewisses Maß an Protektion gesichert. Doch genügte das gegen die territorialen Ansprüche der Großmächte und die Restaurationsforderungen der diversen in diesen Staaten aufgegangenen Duodezfürstentümer? Der interaktive Prozeß der Kompensierung und Annexion, von dem die Mittelstaaten unter Napoleon profitiert hatten, konnte von einem österreichisch-preußischen Zweckbündnis leicht gegen sie gekehrt werden.

Eng verbunden mit der Frage der künftigen politischen Grenzziehungen in Deutschland war die Diskussion darüber, welche übergreifende politische Organisationsform das deutsche Mitteleuropa erhalten sollte. Die von zwei Jahrzehnten Krieg hinterlassene Trümmerlandschaft zeichnete sich auch in dieser Beziehung durch eine gefährliche Instabilität aus. Das alte Reich, so viel wußten die allermeisten, war für immer dahin. Der Rheinbund, dessen Zusammenhalt stets äußerst brüchig gewesen ist, hatte sich nach dem Sturz seines Schirmherrn sogleich in nichts aufgelöst. Somit stellten sich am Vorabend des Wiener Kongresses erneut die alten Fragen bezüglich der Verfassung Deutschlands. Wie sollte das empfindliche Gleichgewicht aus einzelstaatlicher Vielfalt und gesamtdeutscher Kooperation einen adäquaten institutionellen Ausdruck finden? Wie konnte den kleineren Staaten Sicherheit und den größeren Raum zur Verwirklichung ihrer Ziele gegeben werden? Wer sollte mit Protektion rechnen, und von wem? Würden zum Beispiel die Staaten die Interessen des Reichsadels und der Kirchen wahrnehmen? Oder würde sich die Einsicht durchsetzen, daß die Mittelstaaten, die Napoleons Geschöpfe und ehemalige Bündnispartner waren, für eine neue politische Ordnung in Deutschland geeignet seien? Wie würde die Rivalität zwischen Berlin und Wien, die dem Reich in seiner letzten Phase arg zugesetzt hatte, den politischen Charakter seines Nachfolgegebildes beeinflussen?

Seit dem sich abzeichnenden Niedergang Napoleons im Herbst 1813 bis zum Beginn des Wiener Kongresses ein Jahr später versuchten einige deutsche Politiker, Möglichkeiten für die praktische Beantwortung solcher Fragen zu erarbeiten. Stein, der die »deutsche Frage« aus der Warte des Zarenhofes sah, faßte ursprünglich eine völlige Neuordnung Mitteleuropas ins Auge. Nach dem Eintritt Preußens und Österreichs in den Krieg schlug er vor, die Rheinbund-Staaten zu einem »dritten Deutschland« zusammenzuschmelzen, das getrennt von den beiden deutschen Großmächten existieren, aber eng an sie angeschlossen sein sollte. Wilhelm von Humboldt, seit 1810 preußischer Botschafter in Wien, machte die Ideen Steins im Dezember 1813 zum Gegenstand einer ausführlichen Denkschrift. Deutschland müsse frei und stark sein, schrieb Humboldt, wenn es seine Existenz als Nation sicherstellen wolle. Allerdings könne es Freiheit und Stärke erst in einem allmählichen Prozeß erringen. Einheit lasse sich nicht erzwingen, und althergebrachte Gewohnheiten und Unterschiede dürften nicht unberücksichtigt bleiben. Für den Augenblick empfahl Humboldt einen freiwilligen Zusammenschluß dergestalt, daß die daran beteiligten Staaten ihre militärischen Ressourcen für eine gemeinsame Verteidigungspolitik zur Verfügung stellten und im Rahmen von Verträgen ihre Innenpolitik koordinierten. Humboldt war nicht sicher, ob Preußen allein das Zeug habe, dem neuen deutschen Staatenverband Gestalt zu verleihen. Demgemäß sprach er sich für eine feste und beständige Vertragsgemeinschaft und Freundschaft zwischen Österreich und Preußen aus. Nur sie könne, erklärte er, der Eckstein eines deutschen Staatenbaues sein. Das traf im Hinblick sowohl auf die langfristige politische Entwicklung in Deutschland als auch auf die unmittelbaren deutschen Probleme des Jahres 1814 sicherlich zu. Solange sich Österreich und Preußen nicht einig waren, würde die Zukunft Deutschlands so ungewiß und verschwommen bleiben wie jene Bestimmung des Vertrages von Paris, die lautete: »Les états de l'Allemagne seront indépendants et unis par un lien fédératif.«

Hardenberg machte in einer Denkschrift, die er im Sommer 1814 in Fühlung mit Stein und anderen abfaßte, den Versuch, im Ansatz zu konkretisieren, was unter Unabhängigkeit und föderativer Struktur zu verstehen war. Heraus kamen dabei die »Einundvierzig Artikel«, die das Bestreben des preußischen Kanzlers offenbarten, einen Kompromiß zwischen den Interessen der einzelnen Staaten und dem Wunsch Steins nach einem integralen Nachfolgegebilde für das alte Reich zu finden. Was Hardenberg vorschlug, war die Schaffung eines »Ewigen Bundes« deutscher Staaten, aufgeteilt in sieben Kreise, an deren Spitze jeweils ein Fürst stehen würde, in manchen Fällen auch deren zwei. Der Bund sollte zwei Organe bekommen: einen Rat der Oberhäupter der sieben Kreise unter gemeinsamer Leitung Preußens und Österreichs und eine Versammlung, in der alle Staaten und der mediatisierte Reichsadel Sitz und Stimme bekämen. Während dieses Denkmodell Preußen und Österreich erheblichen Einfluß auf die Regelung der Angelegenheiten des Bundes einräumte, sah es zugleich vor, daß bedeutsame Teile beider Staaten außerhalb der Bundesgrenzen bleiben sollten. Schon aus diesem Grund war höchst unklar, wieviel Einfluß der Bund auf seine beiden mächtigsten Mitglieder würde ausüben können. Letztlich bot Hardenberg den Österreichern als Gegenleistung dafür, daß sie Preußen als gleichrangigen Partner auf der politischen Bühne Deutschlands akzeptierten, eine gemeinsame Hegemonie über die kleineren deutschen Staaten an.

Ein solches Arrangement war für die betroffenen Staaten nicht akzeptabel. Sie fürchteten die vereinte Macht Wiens und Berlins mehr als die Vorherrschaft des einen oder des anderen. Einige der deutschen Mittelstaaten hatten sich, nachdem sie ihres Beschützers Napoleon beraubt waren, nach anderen Verbündeten umgesehen. Württemberg konnte dabei auf die Trumpfkarte dynastischer Beziehungen zu Rußland setzen, für Hannover galt dasselbe in bezug auf England. Noch wertvoller wurden solche Auslandsbeziehungen, als Metternich verkündete, die endgültige Regelung der deutschen Angelegenheiten solle Sache der sechs großen Mächte sein: Großbritannien, Rußland, Österreich, Preußen, Frankreich und Spanien. Sie sollten sich von einem deutschen Ausschuß, bestehend aus Vertretern Österreichs und Preußens sowie Bayerns, Württembergs und Hannovers beraten lassen und in ständigen Konsultationen mit den versammelten deutschen Fürsten und ihren Vertretern stehen. Hätten die Großmächte an einem Strang gezogen, so wären sie mit einem solchen Modell in die Lage versetzt worden, die Friedensregelung hinter verschlossenen Türen auszuhandeln und sie nach Belieben durchzusetzen. Doch bald wurden Interessengegensätze zwischen den großen Sechs deutlich, die den kleineren Staaten beträchtliche Einwirkungsmöglichkeiten eröffneten.

Metternich bekam die »Einundvierzig Artikel« Hardenbergs im September zu Gesicht, kurz nach Ankunft der preußischen Delegation in Wien. Ohne Rücksprache mit den Bevollmächtigten der anderen deutschen Staaten versuchte der österreichische Kanzler daraufhin, in Abstimmung mit Humboldt, dem hannoverschen Vertreter Ernst Graf Münster und ein paar Beratern, die Hardenbergschen Vorschläge in eine akzeptablere Form zu bringen, in der sie nicht zwangsläufig den Widerstand der Mittelstaaten herausfordern mußten und dennoch den Interessen der Habsburger Monarchie entsprachen. Das Ergebnis waren die »Zwölf Artikel«, die am 12. Oktober zu Papier gebracht und zwei Tage später den deutschen Delegationen vorgestellt wurden. Das Modell Metternichs bewahrte zwar Grundzüge des von Hardenberg skizzierten Bundes, sah aber einige bedeutsame Änderungen vor: Sämtliche deutschen Territorien Österreichs und Preußens sollten dem Bund angehören, die Präsidentschaft sollte allein in österreichischer Hand liegen, und die Machtbefugnisse der Kreise beziehungsweise ihrer Oberhäupter wollte man ausweiten. Die meisten der in Wien weilenden deutschen Staatsmänner waren nicht erfreut, als sie Näheres über den Plan Metternichs erfuhren. Schon im deutschen Ausschuß selbst erhoben die Delegierten Bayerns und Württembergs Einspruch gegen die Fesseln, die man der Souveränität ihrer Staaten anzulegen gedachte. König Friedrich von Württemberg wies seinen Vertreter an, deutlich zu machen, daß »an keine Schmälerung oder Beschränkung der Allerhöchst Denselben bis jetzt zugestanden, auf Tractaten und Anerkenntnissen beruhenden Souveraine Rechte gebracht würde«. Bittere und unproduktive Diskussionen markierten die Tätigkeit des deutschen Ausschusses, bis Metternich ihn Mitte November auflöste. In jenen Wochen wurden die Auseinandersetzungen in diesem Gremium bereits von dem viel schwerer wiegenden Konflikt völlig überschattet, der zwischen den Großmächten in der Frage der Zukunft Sachsens und Polens ausgebrochen war.

1806 hatte Napoleon, um seinen Einfluß auf Sachsen zu festigen, dieses zum Königreich erhoben und den König in Personalunion zum Regenten des Herzogtums Warschau bestellt. Nach der Niederlage der Franzosen im Oktober 1813 rückten Sachsen und Polen sogleich in das Blickfeld russischer und preußischer Gebietsansprüche. Die Preußen brannten darauf, das Königreich zu annektieren, als in ihren Augen bestmögliche Kompensation für den Verlust westdeutscher Besitzungen an die neuen Mittelstaaten sowie polnischer Gebietsteile, die sie an Rußland abzutreten bereit waren. Hardenberg sprach Metternich mehrere Male auf dieses Thema an, erhielt von ihm stets Zustimmung, doch keine verbindliche Antwort. Als sich im Oktober 1814 das Gefeilsche um die künftige politische Struktur Deutschlands zuspitzte, schien der österreichische Kanzler bereit zu sein, Hardenberg sehr weit entgegenzukommen und den preußischen Wunsch zu einer gemeinsamen antirussischen Front zu honorieren. Auch Castlereagh war in diesem Moment willens, Preußen den Rücken zu stärken, falls es im Gegenzug die Briten bei der Vereitelung russischer Ansprüche in Polen unterstütze. Aber diese Front war nicht stark genug, der Wut des Zaren standzuhalten. Metternich sah sich gezwungen, seine Zusage bezüglich Sachsens zurückzuziehen, und beschwor damit eine Krise herauf, die den Friedensprozeß als Ganzen zu gefährden drohte. »Jeden Tag«, schrieb Castlereagh Mitte Dezember, »werde ich Zeuge der erstaunlichen Zähigkeit, mit der alle Mächte sich an den kleinsten Zipfel ihrer Sonderinteressen klammern.« Das politische Klima verschlechterte sich derart, daß in Wien Kriegsgerüchte umgingen und in Berlin patriotische Kreise die Parole auszugeben begannen, es sei nunmehr an der Zeit, daß Preußen seine Rechte mit Gewalt wahrnehme. Als dann aber Österreich, England und Frankreich feste Stellung gegen Preußen und Rußland bezogen, konnte zu Beginn des Jahres 1815 eine Kompromißregelung erreicht werden. Hardenberg mußte sich mit dem nördlichen Teil Sachsens zufrieden geben. Für den Verzicht auf den Rest des Königreiches wurden Preußen erhebliche Gebiete im Westen zugesagt. Auch der Zar mußte Abstriche machen. Er bekam nicht, wie gewünscht, das ganze wiedervereinigte polnische Königreich, sondern nur einen Teil, der sich mit dem bisherigen Herzogtum Warschau deckte; aus ihm wurde »Kongreßpolen«, ein nominell unabhängiger Staat unter russischer Kontrolle.

Metternich war unterdessen wieder in Verhandlungen mit den Mittelstaaten eingetreten, um sie zu einem Konsens bezüglich seiner Bundes-Vorstellungen zu bewegen. Die Verhandlungen hierüber waren noch im Gang, als im März die Nachricht über Napoleons Rückkehr von der Insel Elba den gesamten Kongreß in Frage stellte beziehungsweise dessen Teilnehmer unter einen beträchtlichen Kompromißdruck setzte, dank dessen endlich im Mai eine Einigung zustande kam. Die Vereinbarungen über die territoriale Gliederung und die föderativen Strukturen der deutschen Staaten wurden von den meisten Regierungen am 8. Juni gebilligt und waren Bestandteil des Abkommens, das die europäischen Großmächte am 9. Juni unterzeichneten, zehn Tage vor der Schlacht von Waterloo. Ungeachtet der Versuche des preußischen Militärs, den Franzosen nach der endgültigen Niederlage Napoleons einen Straffrieden zu diktieren, wurde das Abkommen vom Juni bestätigt, als die verbündeten Mächte sich zur Unterzeichnung eines zweiten Friedensvertrages am 20. November in Paris versammelten. Zwei Bündnisverträge, am selben Tag abgeschlossen, unterstrichen die Solidarität der Verbündeten: die von der neu entdeckten Religiosität des Zaren inspirierte »Heilige Allianz« der christlichen Mächte und die von Castlereagh als Garantin des Status quo ins Leben gerufene Quadrupel-Allianz.

Die politische Karte Deutschlands, wie sie 1815 gezeichnet wurde, hatte, abgesehen von einigen kleineren, zwischen 1815 und 1819 vorgenommenen Abänderungen, bis 1866 und in vielen wichtigen Aspekten sogar bis 1919 Bestand. Unter den deutschen Staaten ragte Preußen als der große Gewinner heraus. Die Hohenzollern erhielten zwei Fünftel Sachsens mit rund 850.000 Bewohnern, ein Stück polnischen Territoriums um Danzig herum, das bis dahin schwedische Pommern, einschließlich der Insel Rügen, wo Arndt geboren war, einen großen Teil des Gebietes, das sie im Vertrag von Tilsit hatten abtreten müssen, und ausgedehnte Gebietsteile im Rheinland und in Westfalen. Gerade die rheinischen und westfälischen Zugewinne, von den Preußen zunächst nur widerwillig als Kompensation für ihre nicht eingelösten Ansprüche auf Sachsen akzeptiert, erwiesen sich auf lange Sicht als besonders bedeutsam, weil sie Berlin in die Lage versetzten, seinen Einfluß entlang eines territorialen Bogens auszudehnen, der sich von den traditionellen Hohenzollern-Bastionen im Osten zu den reichen und modern orientierten Provinzen im Westen erstreckte. Bayern bekam Berchtesgaden, Ansbach und Bayreuth, Würzburg und Aschaffenburg, nicht aber, wie die Staatsführung in München gehofft hatte, die wichtige Festung Mainz, die auch auf der Wunschliste Preußens gestanden hatte, schließlich aber an Hessen-Darmstadt gefallen war, oder gar die ganze Kurpfalz. Hannover, nunmehr als Königreich anerkannt, aber dynastisch nach wie vor mit Großbritannien verbunden, rundete sein Territorium mit einigen einst preußischen Gebietsteilen und etlichen ehemals selbständigen norddeutschen Kleinstaaten ab. Sachsen mußte zwar eine empfindliche Gebietsabtretung hinnehmen, blieb jedoch Königreich und behielt seinen wirtschaftlichen Kernbereich um Leipzig. Baden und Württemberg blieben im wesentlichen unverändert. Ihr Erfolg lag darin, daß sie den Kongreß in ihrer neuen, unter Napoleon gewonnenen Gestalt überstanden. Österreich hatte ursprünglich Ansprüche auf einige Territorien in Westdeutschland angemeldet, nutzte diese Gebiete aber schließlich als Kompensationsmasse im Zuge der territorialen Tauschgeschäfte, die mit dem sogenannten Territorialrezeß vom Juni 1819 ihren Abschluß fanden. Die Hauptziele der Habsburger waren die Konsolidierung ihrer eigenen dynastischen Stammlande und die Stärkung ihres Einflusses in Norditalien. Metternich war zu der Einsicht gelangt, daß Österreich seinen Einfluß auf die deutsche Politik besser mittels einiger diplomatischer Vorkehrungen sichern könne als durch territoriale Bastionen zwischen Donau und Rhein.

In der Schlußphase des Kongresses, als die Truppen der Kriegsgegner in den Niederlanden und Belgien Stellung bezogen, hatte Metternich in aller Eile einen Vorschlag für eine Neugliederung Deutschlands ausgearbeitet, den er, mit Rükkendeckung Preußens, den Mittelstaaten am 23. Mai zur Zustimmung vorlegte. In leicht abgewandelter Fassung wurde dieser Text zum Herzstück der sogenannten Bundesakte, die am 8. Juni von siebenunddreißig Regierungen und einige Wochen später auch von Baden und Württemberg unterzeichnet wurde. Verglichen mit den früher von Stein, Humboldt, Hardenberg und Metternich vorgelegten Modellen, wirkte die verabschiedete Variante einfach und in sich konsequent. Kein Wort mehr davon, welche Teile des österreichischen und preußischen Staatsgebietes höchstenfalls in den Bund einbezogen werden durften, kein Wort mehr über die Kreise, die Gegenstand so langwieriger und zäher Verhandlungen gewesen sind, kein Wort mehr über die Exekutive, die zweigliedrige Vertretungskörperschaft, das Gerichtswesen und viele der anderen Einrichtungen, die als einheitstiftende Klammern hätten dienen sollen. Die »souveränen Fürsten und freien Städte Deutschlands« schlossen sich nicht zu einem Bundesstaat zusammen, sondern allenfalls zu einem Staatenbund, einer Föderation selbständiger politischer Gemeinwesen.

Zu den neununddreißig Urmitgliedern des Deutschen Bundes gehörten Preußen und Österreich – genauer gesagt diejenigen Teile Preußens und Österreichs, die früher zum Heiligen Römischen Reich gehört hatten –, die Königreiche Sachsen, Bayern, Hannover und Württemberg, das Kurfürstentum Hessen, die Großherzogtümer Baden und Hessen, etliche kleinere Herzog- und Fürstentümer und die vier freien Städte Lübeck, Frankfurt, Bremen und Hamburg. Die meisten Mitgliedstaaten waren ziemlich klein: 1818 hatten nur sieben Mitglieder des Deutschen Bundes mehr als eine Million Einwohner, einundzwanzig dagegen weniger als 100.000 und dreizehn sogar nicht einmal 50.000; das kleinste Mitglied, das Fürstentum Liechtenstein, zählte nur etwas mehr als 5.000 Einwohner. Da viele der kleineren Fürstentümer von einem größeren Staat umschlossen waren, war es mit ihrer Unabhängigkeit, namentlich im außenpolitischen und wirtschaftlichen Bereich, nicht weit her. Während der Dauer des Deutschen Bundes fusionierten mehrere Fürstentümer, so daß die Mitgliederzahl 1866 lediglich noch vierunddreißig betrug.

Der Deutsche Bund hatte nur ein satzungsgemäßes Organ, die Bundesversammlung, zu der die Regierungen weisungsgebundene Abgeordnete entsandten. Die Bundesversammlung, später Bundestag genannt, konnte entweder in Gestalt eines verkleinerten Ausschusses zusammentreten, bestehend aus Vertretern der elf größten Bundesmitglieder – Österreich, Preußen, Bayern, Sachsen, Hannover, Württemberg, Baden, Kurhessen, Großherzogtum Hessen, Dänemark und die Niederlande – und Bevollmächtigten, die das Stimmrecht der übrigen Mitglieder in sechs gewichteten Gruppen wahrnahmen, oder aber in voller Zahl. Letzteres war immer dann vonnöten, wenn Entscheidungen anstanden, die mit dem Charakter oder der Verfassung des Bundes selbst zu tun hatten. In diesen Fällen bedurfte ein Beschluß einer Zweidrittelmehrheit, in den wichtigsten Dingen sogar der Einstimmigkeit. Da Österreich, Preußen, Hannover, Württemberg, Sachsen und Bayern jeweils vier Stimmen hatten, konnten die großen Sechs niemals von einer Einheitsfront der kleineren Staaten überstimmt werden, ebensowenig wie sie allein ihre kleineren Nachbarn zu überstimmen vermochten. Österreich stellte den Präsidenten der Bundesversammlung, der jedoch lediglich als Versammlungsleiter fungierte, nicht etwa als Regierungschef. Im Grunde war die

Der Wiener Kongreß: die Delegierten während einer Verhandlungspause im Palais am Ballhausplatz in Wien. Lavierte Zeichnung von Jean Baptiste Isabey, 1815. Paris, Musée du Louvre

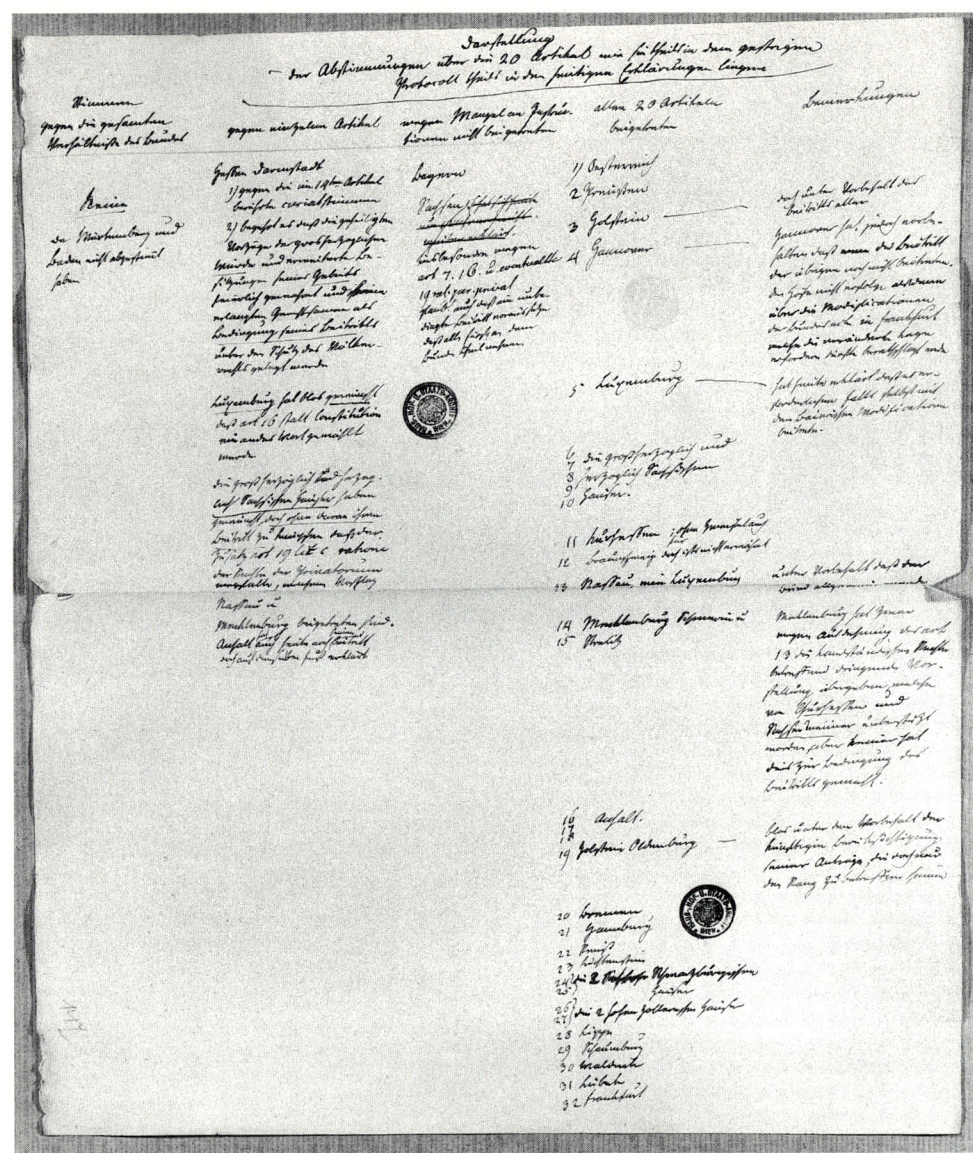

Das fehlende Einvernehmen über die zukünftige Gestalt Deutschlands. Abstimmungsergebnis im deutschen Ausschuß des Wiener Kongresses über die »Zwanzig Punkte«, den Entwurf zur Bundesverfassung. Wien, Haus-, Hof- und Staatsarchiv

deutsche Einheit nicht viel weiter gediehen als bis zu jenem »Lien fédératif«, der als vages Versprechen im Text des Pariser Friedens vom Mai 1814 gestanden hatte. Von den Dingen, die als Fundament eines zukünftigen Einheitsstaates hätten dienen können – gemeinsame Vorkehrungen für die Landesverteidigung, eine einheitliche Wirtschaftspolitik, ein übergreifendes Rechtswesen, gemeinschaftliche Regelungen für die Gleichstellung der Juden, die Rechtsposition des mediatisierten Adels und eine Reihe anderer ungelöster Probleme –, war fast nichts umgesetzt worden. Alles blieb der künftigen Erörterung und Beschlußfassung durch die Bundesversammlung überlassen.

Die Mehrzahl derer, die im Juni 1815 die »Bundesakte« unterzeichneten, tat es ohne große Begeisterung. Die Vertreter der meisten kleinen Staaten fühlten sich von den Entscheidungsprozessen ausgeschlossen und beklagten, daß keine ausreichende Debatte stattgefunden habe, und die Befürworter eines engeren Bundes waren enttäuscht, daß es nur für eine so lose und undefinierte Konföderation gereicht hatte. Humboldt zum Beispiel schrieb seiner Frau, es sei bloß »ein Schatten« dessen entstanden, was er sich gewünscht habe. Er erkannte allerdings, daß der Deutsche Bund ein Entwicklungspotential in sich barg. Im September 1816, nachdem er ein Jahr lang als Vertreter Preußens der Bundesversammlung angehört hatte, schrieb er in einem Bericht an Hardenberg, der Deutsche Bund könne sich trotz seiner Unzulänglichkeiten von einem Staatenbund zu einem Bundesstaat entwickeln. Preußen solle auf dieses Ziel hinarbeiten, müsse dabei zwar immer ein Auge auf feindliche Koalitionen haben, aber auch alle Möglichkeiten erkennen und nutzen, andere Staaten durch »Würde, Gerechtigkeit und Festigkeit« zu beeinflussen. Humboldt war überzeugt, daß die Deutschen auf lange Sicht zwangsläufig zu mehr Einheit finden würden.

Es gab freilich mächtige Kräfte, die der Tendenz zu mehr Einheit entgegenwirkten. Da war zum einen die Tatsache, daß dem Deutschen Bund, wie dem alten Reich, ausländische Fürsten angehörten: der König von England in seiner Eigenschaft als König von Hannover, der König von Dänemark als Souverän von Holstein, der König von Holland als Herrscher von Luxemburg; ihre engere Einbindung in einen Bundesstaat hätte potentielle Konflikte aufgrund ihrer Doppelrolle heraufbeschworen. Ein zweiter und sehr wichtiger Faktor war der, daß die kleineren Staaten, so froh sie über die Anerkennung ihrer Souveränität und den ihnen durch den Bund gewährten Schutz waren, fürchteten, jede Stärkung der Bundesbefugnisse werde zu ihren Lasten gehen. Diese Staaten richteten in den Jahren nach 1815 ihre Energien und Ressourcen auf die innere Integration, nicht auf die Kooperation mit ihren Bundesgenossen. Ein dritter Aspekt war, daß Metternich kein Interesse an einem verbindlicheren Zusammenhalt hatte. Seit Beginn der Abrechnung mit Napoleon hatte er die Strategie verfolgt, zur Stabilisierung der politischen Verhältnisse in Mitteleuropa die Souveränität der gewichtigeren Mittelstaaten zu bewahren; seit 1813 war keine Entwicklung eingetreten, die ihn zum Umdenken veranlaßt hätte. Für Metternich war der Deutsche Bund ein regionales Sicherheitssystem, darauf angelegt, Preußen durch Anbindung an die übrigen deutschen Staaten unter Kontrolle zu halten. Dieses Kontrollinstrument sollte dann seinerseits durch eine Reihe von Abkommen mit den europäischen Mächten international eingebunden werden.

Für Humboldt war der Deutsche Bund ein Fundament, auf dem künftige nationale Institutionen errichtet werden konnten. Für die Fürsten der kleineren Staaten war er ein Garant ihrer auf schwachen Beinen stehenden Souveränität. Für Metternich war er ein Element innerhalb einer weiterreichenden Strategie, die auf eine aus Sicht der österreichischen Interessen wünschenswerte europäische Ordnung abzielte. Für die deutschen Patrioten, denen die Rhetorik eines Arndt und eines Jahn zu Kopf gestiegen war, stand der Deutsche Bund für den reaktionären Partikularismus, dem sie den Garaus machen wollten. Nach dem erregenden Erlebnis des Krieges fanden diese Enthusiasten den Frieden lähmend. Arndt hatte 1814 einen Versuch gemacht, die heilige Flamme des Nationalismus durch eine Feier zum Jahrestag der Völkerschlacht von Leipzig am Brennen zu halten. Doch er hatte feststellen müssen, daß das Klima umgeschlagen war: Die Regierungen zeigten kein Wohlwollen mehr, patriotische Energie war nicht mehr gefragt. Als Caspar David Friedrich um Ideen zu einem Denkmal für den großen Scharnhorst gebeten wurde, reagierte er mit Enttäuschung über den allgemeinen Verlust an glühendem Einsatz für das deutsche Vaterland. Nicht lange, und die Bilder Friedrichs begannen diese politische Stimmung zu reflektieren: In »Die gescheiterte Hoffnung« von 1821 zum Beispiel verunzieren Trümmerteile eines gestrandeten Schiffes eine Landschaft, die so eisig und öde wirkt, wie der Künstler die Gegenwart und Zukunft seines Landes sah. »Wo ist das Deutschland«, fragten die aus dem Krieg zurückgekehrten jungen Männer, »das unseres gemeinsamen Kampfes würdig war?«

Ein kleine Minderheit in Deutschland, die sich vor allem aus Studenten und Intellektuellen rekrutierte, zog aus der Verflüchtigung ihrer politischen Hoffnungen die Konsequenz, sich selbst zur personifizierten deutschen Nationalidee zu stilisieren. Seine institutionelle Ausformung fand solches nationale Sendungsbewußtsein in der Burschenschaftsbewegung, die im Juni 1815 in Jena geboren wurde, als einige Studenten sich traditionelle deutsche Trachten – oder was sie dafür hielten – überstreiften, mit Wimpeln im Schwarz-Rot-Gold des Freikorps Lützow umherzogen und feierlich gelobten, sich für die von Arndt und anderen patriotischen Überzeugungsdichtern verkündeten Ideale einzusetzen. Die Jenaer Burschenschaft zählte bald zwischen 500 und 650 Mitglieder, und innerhalb weniger Monate bildeten sich an anderen Universitäten gleichartige Gruppierungen. Die Burschenschaftler sagten sich von den gewohnten, feuchtfröhlichen Vergnügungen des Studentenlebens los und bemühten sich, die landsmannschaftliche Orientierung der bisherigen studentischen Verbände zu überwinden. Sie wollten deutsch sein, im Geist und im äußeren Habitus, mit Herz und Seele. Sie hielten sich für die Besten, für die Verkörperung der Zukunft Deutschlands. Wie Heinrich von Gagern seinem Vater erklärte, der auf dem Wiener Kongreß die Interessen der deutschen Kleinstaaten vertreten hatte, wende sich die Burschenschaftsbewegung an die Elite der deutschen Jugend und offeriere ihr einen fruchtbaren Nährboden. Die treibende Kraft ihres Handelns sei ihre Liebe zum Vaterland, erläuterte von Gagern weiter: »Wir wünschen unter den einzelnen Staaten Deutschlands größeren Gemeinsinn, größere Einheit in ihrer Politik und ihren Staatsmaximen; keine eigne Politik der einzelnen Staaten, sondern das engste Bundesverhältnis; überhaupt, wir wünschen, daß Deutschland ein Land und das deutsche Volk als ein Volk angesehen werden könne.«

Der erste öffentliche Fanfarenstoß der Burschenschaftsbewegung war das Wartburgfest, das im Oktober 1817 zur Feier des vierten Jahrestages der Völkerschlacht von Leipzig und des dreihundertsten Jahrestages der Reformation veranstaltet wurde. Man feierte die Befreiung der Nation von ausländischer Vorherrschaft ebenso wie die Befreiung des Denkens aus den Fesseln religiöser Dogmatik. Es waren 468 deutsche Studenten, die sich auf der Burg versammelten, auf der Luther die Bibel ins Deutsche übersetzt hatte. An dieser heilig gehaltenen Geburtsstätte der deutschen Schriftsprache lauschten die Festgäste Rednern, die sie aufforderten, sich als Vorhut der deutschen Nation zu fühlen, den Partikularismus zu überwinden und der Reaktion zu trotzen. »Macht euch klar«, sagte man ihnen, »daß in dem Augenblick, wo ihr euch zum Studieren entschließet, euch ganz Deutschland geöffnet ist.« Als Erben der deutschen literarischen Kultur des 18. Jahrhunderts suchten diese Jungakademiker nach Symbolen und Institutionen, an denen sie ihr Engagement für eine politisch geeinte Nation hätten festmachen können, doch sie fanden keine. Bei aller emotionalen Leidenschaft und allem rhetorischen Elan, den die deutsche Nationalbewegung auf dem Wartburgfest entfaltete, litt sie offenkundig an Unsicherheit und Gespaltenheit. Konnten Symbole nationaler Einheit glaubwürdig an einem Ort kreiert werden, der für die Spaltung Deutschlands in zwei Konfessionen stand? Wie würde jene Mehrheit in Deutschland, die nach wie vor loyal zur römischen Kirche stand, auf das von Friedrich Forster gedichtete Festlied reagieren?: »Dreht uns der Papst die Nase nicht, / So giebt's noch manchen Lumpenwicht, / Den wir darnieder schlagen.« Zudem waren sich die Burschenschaftler keineswegs einig, welche ihrer Organisationen für die Praxis geeignet wäre. Einige, wie Heinrich von Gagern, waren überzeugt, sie hätten die erzieherische Aufgabe, ihren Mitgliedern Ideale so zu vermitteln, daß die Gesellschaft als Ganze dafür gewonnen werden könne. Andere sprachen sich für einen aktivistischeren Kurs aus; sie hofften, durch rasche und gewaltsame Taten Einzelner gegen die Feinde der Nation Signale setzen zu können.

Der radikalste Flügel der Nationalbewegung bildete sich unter Führung Karl

Follens in Gießen. Je größer bei Follen der Verdruß über die Provinzialität des öffentlichen Lebens in den Herzogtümern Hessen und Nassau wurde, desto radikaler gestaltete sich seine Vision einer freien, geeinten christlichen Nation. 1818 übersiedelte Follen von Gießen nach Jena, in der Hoffnung, dort größeren Einfluß auf die Burschenschaften gewinnen zu können. Es gelang ihm jedoch zu keinem Zeitpunkt, mehr als zwei Dutzend exzentrische Anhänger um sich zu scharen, und er wäre vermutlich längst vergessen, hätte nicht ein Mitläufer seiner Gruppierung, Karl Sand, im März 1819 August von Kotzebue erstochen, einen Dramatiker, reaktionären Publizisten und zeitweiligen politischen Agenten, der damals in den Diensten der russischen Gesandtschaft in Mannheim stand. Karl Sand war 1819 dreiundzwanzig Jahre alt, hatte als Jugendlicher in den napoleonischen Kriegen mitgekämpft, war Mitglied einer Burschenschaft und Student der Theologie. Er zweifelte nicht daran, daß die Ermordung Kotzebues ihn unsterblich machen werde. »Ich danke dir, mein Gott, für den Sieg«, rief er, bevor er sich einen zweiten Dolch in den eigenen Leib rammte. Er behielt in gewissem Sinn sogar Recht, da seine Tat ihm wirklich einen Platz in den Geschichtsbüchern sicherte, ungeachtet dessen, daß seine postum veröffentlichten Schriften ihn als einen politisch verworrenen, seelisch instabilen und künstlerisch unbegabten Kopf entlarvten. Sein Selbstmordversuch schlug fehl, und er wurde gesund genug, um gerichtlich abgeurteilt und hingerichtet zu werden. Unter der Mordtat Sands mußten alle leiden, deren Lebensweg er gekreuzt hatte. Follen zum Beispiel wurde, obwohl ihm keinerlei Beteiligung an dem Anschlag nachgewiesen werden konnte, von der Polizei gejagt, seines Postens an der Universität enthoben und ins Exil getrieben. Er wanderte schließlich in die Vereinigten Staaten aus und starb dort 1840. Es gab zwar den einen oder anderen Versuch, Sand zu einem Helden der politischen Romantik zu stilisieren, aber die meisten von denen, die sich mit seiner Tat auseinandersetzten, verurteilten sie mit ehrlichem Abscheu. Nach Überzeugung Steins unterstrich der Mord an Kotzebue die Notwendigkeit eines energischen Vorgehens gegen den Radikalismus. Im Juli 1819 schrieb er an Görres: »Es ist die Pflicht jedes religiös sittlichen Mannes, dahin zu wirken, daß diese verruchte Sekte bestraft und ein Gegenstand des öffentlichen Abscheus werde.«

Metternich erkannte sogleich die Chance, Angst und Wut, die der Kotzebue-Mord geweckt hatte, zu einer bundesweiten Kampagne gegen den Radikalismus zu nutzen und im selben Anlauf die süddeutschen Verfassungsbestrebungen einzudämmen sowie die preußischen Reformen abzublocken. Am 1. August 1819 traf sich Metternich in Teplitz mit Friedrich Wilhelm III., um sich seiner Kooperation zu versichern, ehe er in den mondänen Kurort Karlsbad weiterreiste, wo vom 6. bis 31. August ein großes, von Vertretern zehn deutscher Staaten besuchtes Konklave stattfand. Die in Karlsbad ausformulierten Beschlüsse wurden anschließend der deutschen Bundesversammlung, die Ende September in Frankfurt zusammentrat, vorgelegt und von ihr einstimmig verabschiedet. Der erste Artikel kündigte eine strengere Überwachung der Universitäten im gesamten Bundesgebiet an. Die Regierungen sollten sicherstellen, daß alle Hochschullehrer, die »durch Mißbrauch ihres rechtmäßigen Einflusses auf die Gemüter der Jugend, durch Verbreitung verderblicher, der öffentlichen Ordnung und Ruhe feindseliger oder die Grundlagen der bestehenden Staatseinrichtungen untergrabender Lehren ihre Unfähigkeit zur Verwaltung des ihnen anvertrauten wichtigen Amtes unverkennbar an den Tag gelegt haben«, rigoros aus ihren Ämtern entfernt und in keinem Bundesstaat wieder angestellt werden. Ein anderer Artikel forderte eine strengere Aufsicht über die Presse durch Schaffung einer die Zensur in allen Staaten des Deutschen Bundes vereinheitlichende und vollziehende Zentralkommission. Dazu gesellte sich schließlich das sogenannte Untersuchungsgesetz, das so etwas wie eine Bundespolizei ins Leben rief, die sich um Fälle von revolutionärer Agitation kümmern sollte, wie sie in verschiedenen Mitgliedstaaten festgestellt worden waren.

Im November 1819 zementierte Metternich die reaktionäre Politik des Deutschen Bundes, indem er Minister aus den Mitgliedstaaten zu einer Konferenz nach Wien rief. Nach sechsmonatiger Verhandlungsdauer verabschiedeten die Teilnehmer die sogenannte Wiener Schlußakte, eine überarbeitete Fassung der vier Jahre zuvor ebenfalls in Wien verkündeten Bundesverfassung. Von der Bundesversammlung im Juli 1820 formell in Kraft gesetzt, beraubte die »Schlußakte« den Deutschen Bund endgültig aller potentiell fortschrittlichen Impulse, die in seiner ursprünglichen Satzung enthalten waren. So war jetzt keine Rede mehr von der Gleichstellung der Juden, von religiöser Toleranz oder wirtschaftlichen Reformen. Die institutionellen Hemmnisse, die die Kräfte des Wandels innerhalb der föderativen Strukturen fesseln sollten, wurden verstärkt. In der Vollversammlung sollte nur noch abgestimmt, nicht mehr diskutiert werden, und für Entscheidungen in wichtigen Fragen wurde Einstimmigkeit zur Bedingung gemacht. Was die »Schlußakte« weitgehend bewahrte, war die Fürsorgepflicht des Deutschen Bundes für die Unabhängigkeit und Souveränität seiner Mitglieder. Was sie weitgehend unterband, war die Möglichkeit institutioneller Reformen innerhalb der deutschen Staaten. Artikel 26 ließ keinen Zweifel daran, daß der Deutsche Bund das Recht hat, sich in die inneren Angelegenheiten eines Mitgliedstaates einzuschalten, wenn ihm dies im Interesse der öffentlichen Ordnung notwendig erschien, namentlich wenn die Regierung des betreffenden Staates den Eindruck machte, der Lage nicht gewachsen zu sein. Artikel 58 untersagte es den deutschen Fürsten ausdrücklich, sich auf eine Verfassung zu einigen, die sie an der Erfüllung ihrer Pflichten gegenüber dem Bund hindern könnte. Somit entwickelte sich der Deutsche Bund, von dem Humboldt einst gehofft hatte, er könne zu einem Vehikel der politischen Reform und des nationalen Zusammenhalts werden, letztlich zu so etwas wie einer gegenrevolutionären Dachgesellschaft, als deren Vorstandsvorsitzender Metternich das Vorgehen der einzelnen Teilhaber gegen ihre politischen Gegner koordinieren konnte. Statt die Bürger vor dem Mißbrauch staatlicher Macht zu schützen, sorgte der Deutsche Bund dafür, daß selbst relativ fortschrittliche Regierungen bei der Unterdrückung aller oppositionellen Bestrebungen in die Pflicht genommen wurden.

Nur in einer Hinsicht bewahrte sich der Deutsche Bund einen Rest jenes nationalen Potentials, das sich die Patrioten von ihm erhofft hatten: Artikel 2 definierte den Bund als »eine in politischer Einheit verbundene Gesammt-Macht«. Daß dies aber praktisch nicht viel zu bedeuten hatte, wurde deutlich, als die Mitgliedstaaten sich an die Formulierung einer gemeinsamen Militärpolitik machten. Die Kriegsverfassung, die von den Bundesstaaten im April 1821 verabschiedet und im Juli 1822 revidiert wurde, forderte für den Kriegsfall die Schaffung einer einheitlichen Streitmacht unter einem vom Bund einzusetzenden Oberbefehlshaber. Zusammensetzen sollte sich die Armee aus den Kontingenten, die die einzelnen Mitgliedstaaten gemäß einer festzulegenden Formel aufbieten mußten. Da die Kontingente jedoch unter dem souveränen Kommando der einzelnen Staaten bleiben würden, solange nicht der formell erklärte Fall eines Bundeskrieges eintrat, bestand kaum ein Anreiz für eine gemeinsame oder koordinierte Militärplanung. In Wirklichkeit hatte niemand großes Interesse an der Schaffung übergreifender militärischer Organisationsformen. Die kleineren Staaten, verschuldet, wie sie waren, und in ständiger Angst vor ihren größeren Nachbarn, hielten ihre Militärausgaben niedrig und ihre Truppen gleichsam unter Verschluß. Nur die wenigsten österreichischen oder preußischen Offiziere waren bereit, für den Dienst in einem nebulösen deutschen Bundesheer ihre altehrwürdige Tradition und ihre besondere gesellschaftliche Rolle aufzugeben. Lediglich in fünf Festungen des Deutschen Bundes taten Soldaten aus mehreren Staaten gemeinsam Dienst.

Nachdem die territorialen Regelungen von 1815 und die Bundesverfassung in ihrer jeweils revidierten und endgültigen Fassung 1819 und 1820 von den deutschen Staaten sanktioniert worden waren, wurde der Deutsche Bund rasch zu einem wenig beachteten Randfaktor des nationalen Lebens. Gewiß, die Bundesversammlung tagte weiterhin unter beengten Verhältnissen im gemieteten Palais der Familie Thurn und Taxis in der Eschenheimer Gasse in Frankfurt am Main. Sie erledigte ihre amtlichen Aufgaben gemächlich, mit einem kleinen Stab von siebenundzwanzig Sekretären, Schreibern und anderen Bürokräften. Die Abgeordneten der Mitgliedstaaten pflegten oft ein reges gesellschaftliches Leben. Ihre offiziellen Pflichten waren nicht sehr umfangreich, da die Bundesversammlung selten zu Plenarsitzungen zusammentrat und die Sitzungen der kleineren Gremien besonders nach der Berufung des Grafen Joachim Eduard Münch-Bellinghausen zum Präsidialgesandten seit 1823 zunehmend langweiliger, berechenbarer und belangloser wurden. Abgesehen von einigen wenigen Angelegenheiten wie dem Abkommen über die Binnenschiffahrt, umgingen die meisten Regierungen die Bundesversammlung und arbeiteten mit bilateralen Verträgen, dynastischen Heiraten und wechselnden Bündnispartnerschaften, um ihre Beziehungen zu den deutschen Staaten zu regeln. Selbst die Zensur- und Repressionsmaßnahmen, mit denen der Deutsche Bund vor allem identifiziert wurde, waren in einer Reihe von Sondersitzungen kleinerer Gremien formuliert worden, ehe man sie der Bundesversammlung zur Verabschiedung vorgelegt hatte. Auf das Leben der meisten Deutschen hatte der Deutsche Bund somit kaum Einfluß; sie konnten ruhig all das ignorieren, was, nach Heinrich von Treitschkes geringschätzigem Urteil, in der Eschenheimer Gasse an »geschäftiger Untätigkeit« vor sich ging.

Daß der Deutsche Bund nicht das Fundament war, auf dem sich langfristig ein nationales deutsches Gemeinwesen entfalten konnte, ist klar ersichtlich, aber man kann darüber diskutieren, ob er es nicht hätte werden können. Immerhin vereinigte er in sich die drei Elemente, die für eine wirksame Lösung der »deutschen Frage« wesentlich waren. Zunächst einmal war der Deutsche Bund Bestandteil einer internationalen Friedensregelung, durch die Großmächte des Ostens und Westens in seinem Bestand garantiert. Er konnte daher als, wie Paul Schroeder es formuliert hat, »Übergangskörper« fungieren, mit der Kompetenz, die deutschen Angelegenheiten zu ordnen und zugleich die Großmächte davon abzuhalten, sich hier einzumischen. Zum zweiten stellten seine Institutionen einen Ausgleich zwischen dem Unabhängigkeitsstreben der deutschen Großmächte und dem Sicherheits- und Schutzbedürfnis der kleineren Staaten her. Das von Metternich verkündete Ziel der »Einigkeit ohne Einheit« hätte die Bundesversammlung unter Umständen verwirklichen können. Zum dritten beinhaltete das Arrangement von 1815 in seiner ursprünglichen Form die Anerkenntnis, daß zu einer befriedigenden nationalen Existenz ein Mindestmaß an gemeinsamen sozialen, wirtschaftlichen und kulturellen Institutionen gehörte. In diesem Punkt war das Versagen des Deutschen Bundes am offenkundigsten und folgenschwersten: Indem Metternich und seine Helfer die 1815 in Aussicht gestellten Reformen zu den Akten legten und die Institutionen des Bundes zu Instrumenten der Reaktion machten, rissen sie eine Kluft zwischen dem Bund und den fortschrittlicheren Kräften in der deutschen Politik und Gesellschaft auf. Die dadurch begünstigte Gleichsetzung des Deutschen Bundes mit der politischen Reaktion ermunterte viele Deutsche dazu, künftig den Fortschritt mit dem Nationalstaat und die innere Freiheit mit der nationalen Vereinigung zu identifizieren.

»Wichtiger«, schrieb Friedrich Christoph Dahlmann 1815, «ist von allen weltlichen Dingen nichts, als was des Vaterlands Verfassung angeht.« Dahlmann redete hier nicht von der politischen Verfaßtheit der deutschen Nation; sein »Vaterland« war Holstein, wo zwischen den Ständen und dem dänischen König ein heftiger Verfassungskonflikt entbrannt war. Dieser Machtkampf im nördlichsten Zipfel Deutschlands gehörte aber durchaus in den Rahmen der »deutschen Frage«. Wie die auf dem Wiener Kongreß Versammelten, versuchten auch die Menschen in Holstein und in den meisten anderen deutschen Staaten die Umschichtungen und Umverteilungen der politischen Macht, die sich in den von Revolution und Krieg geprägten Jahrzehnten vollzogen hatten, in den Griff zu bekommen. Fürsten, die um des politischen Überlebens willen mit Napoleon taktiert hatten, überprüften nunmehr ihre Optionen, sahen sich nach neuen Beratern um, trafen politische Abwägungen. Eliten, die unter dem Druck der Ereignisse stumm geblieben waren, hofften, sich wieder ihrer alten Privilegien und Positionen bemächtigen zu können. Reformorientierte Beamte, die von den unruhigen Jahren am meisten profitiert hatten, bemühten sich verzweifelt, im Amt zu bleiben und ihre schwer errungenen Bodengewinne zu verteidigen. Die von diesen Gruppen aufgeworfenen Macht- und Streitfragen spielten häufig in die Diskussionen der in Wien über die Zukunft Deutschlands Konferierenden hinein. Verteidiger der einzelstaatlichen Souveränität, mediatisierte Adlige mit Ansprüchen auf Sonderprivilegien, Monarchen, die eifersüchtig ihre Prärogativen hüteten, sie alle suchten sicherzustellen, daß ihre Sonderinteressen in den abschließenden Vereinbarungen zur Geltung kämen. Am Ende brachte die »Bundesakte« von 1815 jedoch in allen diesen Fragen, wie in manchen anderen, nur Kompromißformeln, die freilich vage genug klangen, um in vielen Lagern Hoffnungen zu wecken. So hieß es zum Beispiel in Artikel 13 lakonisch, in jedem Bundesstaat werde es eine »landständische Verfassung« geben.

Um die Verfassungsdiskussionen jener Zeit verstehen zu können, sollte man sie nicht anachronistisch rezipieren, also im Licht späterer Debatten zwischen liberalen Konstitutionalisten und ihren Gegenspielern. 1815 kamen die Befürworter einer konstitutionellen Regierung aus zwei verschiedenen, wenngleich manchmal sich überschneidenden Lagern. Einmal waren da die Verteidiger des traditionellen Ständesystems, der »altständischen Verfassung«. Sie sahen in einer konstitutionellen Regierung und in Vertretungskörperschaften Werkzeuge für die Verteidigung ihrer Stellung gegen die Übergriffe des bürokratischen Staates. Eine maßgebliche Rolle in dieser Gruppe spielten die Angehörigen des ehemaligen Reichsadels, die »Standesherren«. Sie bildeten die Spitze derjenigen, die vom Wiener Kongreß verlangten, er solle sich für die Stände stark machen. In zweiter Linie gab es die Propagandisten der einzelstaatlichen Souveränität. Für sie waren

Verfassungen Instrumente, die eine Integration und Konsolidierung der neu arrondierten politischen Einheiten ermöglichen würden. In dieser Gruppe bestimmten die Repräsentanten der ehemaligen Rheinbund-Staaten den Ton, sekundiert von vielen Veteranen der preußischen Reformbewegung. Jene Leute plädierten für Vertretungskörperschaften, weil sie überzeugt waren, diese ließen sich eher für den Abbau von Privilegien und lokalen Eigenständigkeiten instrumentalisieren als für deren Verteidigung. Wilhelm von Humboldt glaubte, eine richtig zusammengesetzte Volksvertretung werde die Menschen einerseits selbständiger machen und sie andererseits fester an den Staat binden. Der liberale Konstitutionalismus traf keine Wahl zwischen den beiden Positionen; er holte sich Anregungen aus beiden und verwob sie miteinander.

Grob gesprochen, hatten die Befürworter der alten Ständeverfassungen ihr Gros im nördlichen und mittleren Deutschland. Dort hatten sich vielerorts ständische Institutionen bis zum Ende des 18. Jahrhunderts erhalten, und auch die napoleonische Herrschaft hatte hier nicht so tiefe Umwälzungen gebracht wie in den meisten Staaten des Südwestens. So blieben diese Staaten, obwohl sie 1815 durch preußische Gebietserwerbungen dezimiert wurden, Hochburgen der alten Stände. Nirgendwo galt das mehr als in den beiden mecklenburgischen Fürstentümern, wo der 1755 geschlossene sogenannte Erbvergleich zwischen den Fürsten und den Ständen 1815 wieder in Kraft gesetzt wurde, ohne daß sich an der vorherrschenden Stellung des grundbesitzenden Adels etwas änderte. Ähnlich lagen die Verhältnisse in Braunschweig, wo im Gefolge einer 1820 erlassenen revidierten »Landschaftsordnung« die Ständevertreter, die seit den siebziger Jahren des 18. Jahrhunderts die politische Macht ausgeübt hatten, in leicht reformierter Form wieder auf den Plan traten. Als Hannover 1815 als selbständiges Fürstentum wiedererstand, konnten sich seine traditionellen Eliten unter dem Schutz ihres Herrschers in absentia, des Königs von England, zu neuer Blüte entfalten. 1819 rief der Prinzregent durch Erlaß eines königlichen Patents eine Legislative in zwei Kammern ins Leben: die Allgemeine Stände-Versammlung. Deren obere Kammer war fest in aristokratischer Hand. Auch der sächsische Landtag behielt seine ständische Struktur bei. Die Mitgliedschaft in seiner ersten Kammer war Angehörigen des hohen Klerus und des Hochadels vorbehalten, in der zweiten saßen Grundeigentümer und einige wenige Stadtbürger; die Bauern waren überhaupt nicht vertreten. In den vier freien Städten, die den Untergang des Reiches überlebt hatten, waren ebenfalls die überkommenen ständischen Strukturen weitgehend intakt. In Hamburg, Bremen, Lübeck und Frankfurt konsolidierte 1814/15 das Patriziertum seine traditionelle Machtstellung und blieb in den Vertretungskörperschaften fast ausschließlich unter sich.

Nicht ohne weiteres ließ sich eine »altständische Verfassung« in den Staaten durchsetzen, die mit französischer Hilfe einen drastischen Größenzuwachs erlebt hatten. Jeder ernsthafte Versuch, in Bayern oder Baden die alten Stände wieder-

KGR. DÄNEMARK

Nordsee

Schleswig

Ostsee

Holstein

Lübeck

Mecklenburg
-Schwerin

Mecklenburg-
Strelitz

NIEDERLANDE

Olden
burg

Hamburg

Bremen

Elbe

Hannover

U

Schaumburg-
Lippe

Oder

KGR.

BELGIEN

P

Lippe

Braunschweig

R

E

Anhaltinische Staaten

Schwarzburg-
Sondershausen

Sachsen-
Altenburg

Sachsen

K

Waldeck

G

Kurhessen

R.

Sachsen-
Meiningen

Weimar-
Eisenach

Schwarzburg-
Rudolstadt

Rhein

Nassau

Hessen-Homburg

Luxemburg

Frankfurt

Hessen-
Darmstadt

Sachsen-
Hildburghausen

Sachsen-
Coburg

Reußische
Staaten

Eger

Böhmen

Main

Moldau

Württemberg

Donau

FRANKREICH

Baden

Hohenzollern-
Hechingen

Kgr. Bayern

Ober-

Österreich

Hohenzollern-
Sigmaringen

Steiermark

SCHWEIZ

Liechtenstein

Tirol

Kärnten

Drau

KGR. ITALIEN

Verfassungen im Deutschen Bund

	Staaten, die im Deutschen Bund nach 1815 eine Verfassung erhalten:

Baden 22.8.1818
Bayern 26.5.1848
Braunschweig 25.4.1820, geändert 12.10.1832
Hannover 7.12.1819, geändert 26.9.1833,
aufgehoben 1.11.1837,
neue Verfassung 6.8.1840
Hessen-Darmstadt 17.12.1820
Liechtenstein 9.11.1818
Nassau 1./2.9.1814
Sachsen-Coburg 8.8.1821
Sachsen-Hildburghausen 19.3.1818
Sachsen-Meiningen 4.9.1824
Sachsen-Weimar-Eisenach 5.5.1816
Schaumburg-Lippe 15.1.1816
Schwarzburg-Rudolstadt 8.1.1816
Waldeck 19.4.1816
Württemberg 25.9.1819

	Nach der Revolution von 1830 folgen:

Hohenzollern-Sigmaringen 11.7.1833
Holstein 28.5.1831
Kurhessen 5.1.1831
Lippe 6.7.1836
Luxemburg 12.10.1841
Sachsen 4.9.1831
Sachsen-Altenburg 29.4.1831
Schwarzburg-Sondershausen 24.9.1841

	Ständische Stadtverfassungen, die unter der napoleonischen Herrschaft aufgehoben worden waren, werden wiederhergestellt in:

Bremen 20.3.1816 bis 11.12.1818
Frankfurt 19.7. bis 18.10.1816
Hamburg 27.5.1814
Lübeck 19.3.1813

	Ohne landständische Verfassungen bleiben bis 1848:

Hessen-Homburg
Österreich, aber die einzelnen Länder der Monarchie erhalten Landtage
Oldenburg
Preußen

	Ständische Verfassungen, die den längst überwundenen Zuständen im alten Reich entsprechen, bleiben mit gewissen Veränderungen erhalten in:

drei Anhaltinischen Staaten 1625
Hohenzollern-Hechingen 1796
Mecklenburg-Schwerin 1755
Mecklenburg-Strelitz 1755
den Reußischen Staaten 1668

---- Grenze des Deutschen Bundes

zubeleben, hätte dort die gesamte politische Ordnung in Gefahr gebracht. Die Regierungen dieser Staaten wünschten sich daher Verfassungen, die ihren Anspruch auf Souveränität über das gesamte Staatsgebiet, einschließlich der neu erworbenen Teile, bekräftigen und legitimieren sowie ein zentralisiertes System politischer und rechtlicher Institutionen schaffen würden. So gesehen, waren die Verfassungsbestrebungen im Süden und Westen eine Fest- und Fortschreibung dessen, was die in der napoleonischen Ära eingesetzten Reformregierungen auf den Weg gebracht hatten. In den Jahren nach 1815 verschoben sich jedoch die Machtverhältnisse in jenen Staaten; das politische Klima schlug um, und bei den Regierungen wuchs die Bereitschaft zu Kompromissen mit den alten Eliten. Als Folge davon gesellte sich zu dem, was in der Reformära an bürokratischer Integration erreicht worden war, eine ständische Komponente, gewöhnlich in Gestalt von Vertretungskörperschaften, die gewisse aristokratische Privilegien anerkannten, sie aber zugleich der Souveränität des Staates unterstellten.

Die politische Geschichte Bayerns in den Jahren nach 1815 illustriert diesen Prozeß am klarsten. 1808 hatte König Max I. Joseph auf Anraten Napoleons eine Verfassung erlassen, die seinen Untertanen bestimmte Grundrechte und Freiheiten gewährte, religiöse Toleranz garantierte und eine zentralisierte Regierung und Verwaltung sanktionierte. Die Verfassung erwähnte Vertretungskörperschaften, rief sie jedoch nicht ins Leben, vermutlich weil ein Verwaltungsreformer wie der Graf Maximilian von Montgelas dem Gedanken der politischen Teilhabe wenig abgewinnen konnte. Bürgerliche Freiheiten seien für jedermann lebensnotwendig, schrieb er einmal, aber »wie wenige Menschen gibt es in einem Staate, welche die Rechte der politischen Freiheit genießen, ja selbst nur verstehen können?« Die einfachen Menschen, deren Interessen Montgelas zur Richtschnur seiner Politik machte, waren in seinen Augen zu unwissend, um politisch mitreden zu können; die traditionellen Eliten hingegen hätten politische Mitwirkungsrechte zur Bekämpfung der Reformkräfte mißbraucht. Nach 1814 wurde jedoch einer wachsenden Zahl bayerischer Beamten klar, daß bürokratische Integration allein nicht genügte. Eher widerwillig ließ Montgelas sich zur Mitarbeit an der Erarbeitung einer neuen Verfassung herbei, die allerdings erst nach seiner Entlassung 1817 fertiggestellt wurde. In ihrer endgültigen, vom König im Mai 1818 in Kraft gesetzten Fassung war die Konstitution ein von einem Ministerausschuß, in dem Kronprinz Ludwig und Georg Friedrich von Zentner, ein altgedienter Bürokrat, den Ton angaben, in großer Eile heimlich zusammengestoppeltes Dokument.

Die bayerische Verfassung von 1818 rief eine Vertretungskörperschaft ins Leben, die ihrem Charakter und ihrer Zusammensetzung nach offenkundig von den Entwicklungen in den Staaten des deutschen Südwestens inspiriert war. Mit ihrem Namen »Stände-Versammlung« rief sie Erinnerungen an die ständischen Organe der alten europäischen Ordnung wach. Dabei war sie durchaus als Vertreterin des gesamten Staates gedacht, nicht etwa nur einer bestimmten Region oder bestimmter gesellschaftlicher Gruppen; sie war ein universelles Organ, eine »Allgemeine Versammlung der Stände«. Die Legislative bestand aus zwei Kammern. Die Mitgliedschaft in der oberen Kammer, der der Reichsräte, war erblich – nämlich für die Mitglieder der königlichen Familie und die Oberhäupter reichsadliger Dynastien –, amtsgebunden – für die beiden katholischen Erzbischöfe Bayerns und bestimmte königliche Beamte – oder durch königliche Gnade verliehen. In allen drei Kategorien war die Aristokratie führend vertreten. Die Mitglieder der Abgeordnetenkammer wurden von Wahlmännern delegiert, die ihrerseits nach einem Klassenwahlrecht gewählt wurden. Es umfaßte fünf Klassen von Wählern: Grundbesitzer, Akademiker, Geistliche, Vertreter von »Märkten und Städten« und Grundbesitzer, die nicht in die erste Kategorie fielen. Während das Wahlsystem von ausgesprochen ständischem Zuschnitt war, fungierte die Abgeordnetenkammer selbst wie ein modernes Parlament: Sie trat zu Debatten zusammen, und die Abgeordneten konnten individuell abstimmen.

Die bayerische Verfassung enthielt einen Katalog von Grundrechten, wie die deutschen Verwaltungsreformer sie seit dem Ende des 18. Jahrhunderts angeregt hatten. Die Verankerung dieser Rechte würde nach Überzeugung der Reformer bestehende Privilegien aufheben und damit die Souveränität des Staates stärken, Hemmnisse für die Handels- und Gewerbetätigkeit beseitigen und so den wirtschaftlichen Wohlstand fördern. Durch die Verheißung gleicher Rechte und bürgerlicher Freiheiten käme dem Staat die Zustimmung der Menschen zugute. Doch hinter papierenen Garantien für Freiheit und Gleichheit verbarg sich eine beträchtliche Ratlosigkeit in der Frage, wie eine solche Verheißung verwirklicht werden könnte. Die Verfassung garantierte zum Beispiel allen Bürgern »Gewissensfreiheit«, aber gemäß Artikel 9, Absatz IV sollte die Frage der rechtlichen Gleichstellung der Juden erst im Rahmen einer künftigen gesetzlichen Regelung gelöst werden. Ähnlich lag der Fall in bezug auf die Gleichheit vor dem Gesetz, die von der Verfassung zwar postuliert, jedoch an anderer Stelle, in einem Abschnitt über »Sonderrechte und Privilegien«, gleich wieder eingeschränkt wurde. Hier war der Fortbestand der Patrimonialgerichtsbarkeit sowie bestimmter Prärogativen des Adels garantiert. In so gewichtigen Fragen schließlich wie der Kommunalverfassung, oder konkreter: des Rechts der Städte und Gemeinden, über die Zuerkennung von Bürgerrechten zu entscheiden, begnügte sich die Verfassung mit dem unverbindlichen Versprechen, den Kommunen das Recht zur Regelung der sie angehenden Angelegenheiten zu gewähren; offen blieb jedoch, wer darüber entscheiden würde und auf welche Angelegenheiten sich dieses Versprechen bezog.

Drei Monate, nachdem Max Joseph seine neue Verfassung dekretiert hatte, setzte der Großherzog von Baden ein ähnliches Dokument in Kraft. Baden war der zerbrechlichste und verwundbarste der neuen Mittelstaaten. Die Herzöge von Baden-Durlach waren erst seit drei Jahrzehnten im Besitz ihres Kernlandes, als Napoleon ihnen die Chance eröffnet hatte, ihr Staatsgebiet mittels einer Reihe von Erwerbungen entlang der französischen Ostgrenze zu vervierfachen. Mit einer reformorientierten Politik hatte das badische Regime in der Rheinbund-Ära mit beträchtlichem Erfolg die Integration dieser Territorien vorangetrieben, doch das Werk war 1814 keineswegs vollendet. Die Regierung in Karlsruhe mußte jetzt nicht nur mit den typischen unmittelbaren Nachkriegsproblemen wie Finanzkrise und administrativer Konfusion fertig werden, sondern sah sich darüber hinaus in eine erbitterte Auseinandersetzung mit Bayern über die Pfalz verwickelt und dadurch mit der Möglichkeit einer Anfechtung der Thronfolge konfrontiert. In dieser gefährlichen Situation gelang es einer kleinen Gruppe von Beamten unter Führung Sigismund von Reitzensteins und seines Zöglings Karl Nebenius, einen ohne nennenswerte Einmischung seitens anderer gesellschaftlicher Gruppen formulierten konstitutionellen Konsens zu erzielen. Deshalb war die im August 1818 wirksam gewordene badische Verfassung die bei weitem modernste auf deutschem Boden. Sie sah, wie auch die bayerische Verfassung, für die Legislative ein Zweikammersystem vor, mit einem hauptsächlich dem traditionellen Adel vorbehaltenen Oberhaus. Doch im Unterschied zu allen anderen deutschen Abgeordnetenkammern jener Zeit wurden die dreiundsechzig Mitglieder des badischen Unterhauses von der Gesamtheit der Wahlberechtigten gewählt, und wahlberechtigt war jeder, der die wirtschaftlichen und rechtlichen Bedingungen für den Status eines Bürgers erfüllte. An die Stelle des vom gesellschaftlichen Status abhängigen Grades der politischen Teilhabe trat somit in Baden ein egalitäres, wenngleich an bestimmte wirtschaftliche und rechtliche Voraussetzungen geknüpftes Wahlrecht.

Im Unterschied zu Baden, dessen Herrscher einen Staat aufbauen mußten, ohne in nennenswertem Ausmaß auf Traditionen aufbauen zu können, mußte in Württemberg die Regierung Mittel und Wege finden, ihre Bestrebungen mit der historischen Erinnerung an das »gute alte Recht« in Übereinstimmung zu bringen. König Friedrich I. hatte 1805 und 1806 die historische Chance genutzt, seine Macht auf Kosten der Stände zu erweitern. 1814 sah er sich jedoch mit einer Gegenoffensive des mediatisierten Adels konfrontiert, so daß es einer Verfassung bedurfte, um den Angriff abzuschlagen. Im Januar 1815 kündigte der König Wahlen zu einem Landtag an, in dessen einziger Kammer die »Standesherren« gegenüber den gewählten Vertretern der übrigen Gruppen der württembergischen Gesellschaft hoffnungslos in der Minderzahl sein mußten. Zu Friedrichs großer Enttäuschung weigerte sich das neugewählte Parlament, seine Verfassung zu verabschieden; es forderte vielmehr ein Mitspracherecht bei der Festlegung seiner künftigen Aufgaben und seiner Zusammensetzung. Im Verlauf dieser Kontroverse machten Angehörige des alten Adels, denen es um die Rückeroberung verlorener Privilegien ging, gemeinsame Sache mit jungen Liberalen wie Friedrich

List, die hofften, in einem Zweckbündnis mit den Ständen eine fortschrittlichere Verfassung erkämpfen zu können. Doch wie schon so oft in der Geschichte Württembergs, konnte auch dieses Mal die Regierung aus der Zerstrittenheit ihrer Gegner Kapital schlagen, indem sie sich erst mit der Linken und dann mit der Rechten verbündete. Schließlich schloß Friedrichs Nachfolger Wilhelm I. einen Kompromiß mit dem konservativen Flügel der Opposition. Die Verfassung von 1819, von der Krone verkündet und vom Landtag gebilligt, beruhte auf einem Interessenausgleich zwischen dem bürokratischen Staat und der privilegierten Aristokratie. Ein Zweikammersystem sorgte dafür, daß die Stellung der grundbesitzenden Elite nicht angetastet werden konnte, während auf der anderen Seite die universellen Grundrechte, in der Verfassung garantiert, durch Sonderklauseln eingeschränkt und als generell relativierbar eingestuft wurden.

Obwohl der württembergischen Verfassung, wie auch der bayerischen und badischen, langwierige Debatten und komplizierte Verhandlungen vorausgingen, wurde sie durch königlichen Erlaß verkündet. Alle drei Verfassungen bezogen ihre Gültigkeit, zumindest in der Theorie, allein aus der Autorität des Monarchen, der seine Macht aus der »Gnade Gottes« herleitete. Das Volk war nicht beteiligt, außer als dankbarer Empfänger eines königlichen Geschenks. Zudem enthielten alle Verfassungen die ausdrückliche Feststellung, daß die Macht des Fürsten ungeteilt und ungemindert bleibe. »Der König«, hieß es in der bayerischen Verfassung, »ist das Oberhaupt des Staates, vereiniget in sich alle Rechte der Staatsgewalt, und übt sie unter den von Ihm gegebenen in der gegenwärtigen Verfassungs-Urkunde festgesetzten Bestimmungen aus.« Der letzte Absatz beinhaltete immerhin die Anerkenntnis, daß gewisse Beschränkungen der monarchischen Autorität in einem konstitutionellen System unvermeidlich waren. Wenngleich es noch viele Fragezeichen gab, steckten diese Dokumente ein autonomes, entpersönlichtes politisches Terrain ab, einen Rahmen, der künftig allein unter Rückgriff auf die Verfassung selbst verändert werden konnte. So gesehen, waren diese Verfassungen ein wichtiger Schritt zu einem Ziel, für das bereits die Reformer des 18. Jahrhunderts gekämpft hatten: die Überwindung der Willkür, die ein immanenter Bestandteil der persönlichen monarchischen Herrschaft war.

Ebenso bedeutsam war, daß die süddeutschen Verfassungen eine neue Variable in die politische Gleichung einführten: parlamentarische Vertretungen. Gewiß waren deren Befugnisse sehr eng definiert; die Ausgestaltung der Ministerien, die Außen- und Militärpolitik sowie die Kontrolle über den Staatsapparat lagen nach wie vor ausschließlich in der Obhut des Herrschers. Gleichwohl hatten die Vertretungskörperschaften einige beachtliche Einflußmöglichkeiten erhalten. Vor allem im Bereich der Staatsfinanzen verfügten sie über weitgehende Kontroll- und Steuerungskompetenzen. Eine ihrer wesentlichen Aufgaben bestand darin, die Erschließung der neuen Einkommensquellen abzusegnen, die die Staaten sich angesichts ihrer prekären finanziellen Lage ausgedacht hatten. Die Verfassungen schrieben vor, daß neue Steuern nicht ohne Zustimmung der Parlamente einge-führt werden durften, und räumten den Kammern Befugnisse im Bereich der Haushaltsgestaltung ein. Die Parlamente hatten des weiteren das Recht, über Gesetze abzustimmen. In Bayern und Württemberg schränkten die Verfassungen dieses Recht allerdings auf solche Gesetze ein, die die Freiheits- oder Eigentums-rechte des einzelnen Bürgers betrafen. Schließlich hatten die Parlamente die Mög-lichkeit, Minister für ein verfassungswidriges Verhalten zur Rechenschaft zu zie-hen. Dieses Recht bot eine gewisse Gewähr dafür, daß die Regierung sich an die von der Verfassung gezogenen Grenzen ihrer Macht hielt. Es war für die Vertre-tungskörperschaften sicher nicht einfach, mit den ihnen jetzt an die Hand gege-benen Macht- und Einflußinstrumenten umzugehen, doch ungeachtet dessen wa-ren sie und die Verfassungen, denen sie ihre Existenz verdankten, Ausdruck und Bestandteil einer neuen Philosophie der politischen Legitimität. Noch verfügte auch in den konstitutionellen Staaten der König über ein Machtmonopol, aber um seine Macht im Rahmen der Legitimität auszuüben, mußte er sich an die in der Verfassung niedergelegten Grundregeln halten und den Konsens mit den parlamentarischen Körperschaften suchen.

Niemand erkannte die potentielle Bedeutung dieser Verfassungen klarer als Metternich, der die politischen Entwicklungen im Südwesten Deutschlands mit wachsendem Unbehagen beobachtete. Für ihn war jede Art politischer Opposi-tion, ob gemäßigte Parlamentarier, radikale Agitatoren, respektable Journalisten oder fanatische Jakobiner, ein Greuel. Er fürchtete daher, parlamentarische Kör-perschaften würden gefährlichen Ideen ein Forum bieten, von dem aus sie sich über ganz Europa verbreiten könnten. Außerdem schwante ihm, daß von funk-tionierenden konstitutionellen Modellen in den deutschen Mittelstaaten Impulse ausgehen könnten, die in den anderen Mitgliedstaaten des Deutschen Bundes den Ruf nach Reformen auslösen würden. Für Österreich, das Gentz nicht lange zuvor als die letzte vornehme Bastion des alten politischen Systems bezeichnet hatte, konnte daraus nur Unheil entstehen. In den weitläufigen und sehr unter-schiedlichen Ländern der Habsburger Monarchie würde jede Verkündung von Grundrechten, davon war Metternich zutiefst überzeugt, dem Chaos Vorschub leisten. Hinzu kam der Gesichtspunkt, daß in einem hauptsächlich durch dyna-stische Loyalität zusammengehaltenen Staatswesen jede konstitutionelle Ein-schränkung der monarchischen Autorität das gesamte politische System in Frage stellen würde. Carl Friedrich Kübeck von Kübau schrieb 1808: »Der österreichi-sche Staat ist ein föderatives Staatensystem. Jeder Bestandtheil desselben, ist wieder ein eigener Staat, der mit den übrigen ohne Vertrag, oder gemeinsame Konstituzion nur allein, durch das gemeinschaftlich regierende Haus verbunden oder konföderirt ist.«

Die zentrale Frage der österreichischen Innenpolitik in der unmittelbaren Nachkriegsperiode lautete: Wie konnten und sollten die Verwaltung neu organi-

Lebensmittelpreise im oberbayerischen Traun-Viertel im Hunger- und Teuerungsjahr 1817.
Kolorierte Lithographie aus der Traunsteiner Werkstatt von A. Miller, 1817. Rosenheim,
Heimatmuseum

Feuerrede Ludwig Roedigers auf der Wartburg am Abend des 18. Oktober 1817.
Federzeichnung eines Unbekannten, 1817. Eisenach, Wartburg-Stiftung

siert, wie die Gebietserwerbungen integriert und konsolidiert, wie die chronischen finanziellen Probleme der Monarchie gelöst werden, ohne daß dafür Opfer in Form konstitutioneller Zugeständnisse gebracht werden mußten? In den von den Habsburgern 1815 neu erworbenen oder zurückgewonnenen Gebieten förderte Metternich die Bildung von Ständen, regionalen Vertretungskörperschaften, die in seinen Augen auf angemessene Weise der sprachlichen, kulturellen und »moralischen« Vielfalt der habsburgischen Besitzungen entsprachen. Er wünschte sich für jedes Land eine eigene, »vom Monarchen verliehene ständische Verfassung«. Oberhalb der Ebene des einzelnen Landes wollte er jedoch nur administrativ und nicht konstitutionell regieren. 1814 hatte Kaiser Franz den vom Kanzler vorgeschlagenen Staatsrat endlich akzeptiert, ein dem napoleonischen Conseil d'état nachempfundenes Gremium hoher Amtsträger, das die Entscheidungsprozesse auf eine breitere Basis stellen und für eine bessere regierungsinterne Abstimmung sorgen sollte. Drei Jahre später legte Metternich einen Plan für eine ehrgeizigere Reform der obersten Staatsverwaltung vor: Vier territorial definierte Ministerien sollten einem »Obersten Kanzler« zuarbeiten. Dieses Modell wurde nie umgesetzt. Metternich versuchte auch die fiskalischen Probleme mit administrativen Mitteln zu lösen. 1814 wurde eine Kommission unter Vorsitz von Johann Philipp Graf Stadion gebildet, der die herkulische Aufgabe oblag, eine Währungsreform zu bewerkstelligen. Stadion wurde anschließend zum Leiter einer neuen, für die Staatsfinanzen verantwortlichen Ministerialabteilung berufen. Nach mehreren falschen Anläufen konnte er schließlich eine Staatsbank schaffen, die von privatem Kapital getragen wurde, aber unter staatlicher Aufsicht arbeitete. Es gelang, den Geldwert einigermaßen zu stabilisieren, allerdings unter hohen Opfern für viele Österreicher, und die Staatseinnahmen allmählich zu steigern. Gleichwohl plagten die Habsburger weiterhin finanzielle Probleme.

Bei Metternich waren Innen- und Außenpolitik immer untrennbar verbunden. Für den Fall, daß sich der konstitutionelle Virus in den deutschen Staaten weiter ausbreitete, rechnete er nicht bloß mit Gefahren für die innere Ordnung Österreichs, sondern auch mit einer Schwächung seiner internationalen Position. Er wollte Österreich nicht als absolutistische Insel inmitten eines Bundes konstitutioneller Monarchien sehen, selbst wenn es möglich erschien, die konstitutionelle Bewegung an den österreichischen Grenzen zu stoppen. Er unternahm daher 1817 und 1818 Versuche, deutsche Regierungen von ihren Verfassungsüberlegungen abzubringen. Er verbuchte es als Erfolg, daß Bayern, Württemberg und Preußen ihre jeweils eigenen Versionen eines Staatsrates ins Leben riefen, hatte er ihnen doch ein solches Gremium als Ersatz für ein Parlament empfohlen. Aber als im Frühjahr und Sommer 1818 zunächst Bayern und dann Baden eine Verfassung verkündeten, schürte das die Angst Metternichs vor einer Isolation Österreichs von neuem. In dieser Situation kam alles auf Preußen an: Wenn die konstitutionelle Bewegung in Berlin Schiffbruch erlitte, könnte man die südwestdeutschen Staaten bedrängen und ihre Verfassungen aushebeln; schloß sich Preußen hingegen dem konstitutionellen Lager an, würde dies dem Einfluß Metternichs sowohl im Innern als auch nach außen starken Abbruch tun.

Mitte 1818 schienen sich die Anzeichen dafür zu häufen, daß Preußen dem Beispiel Bayerns und Badens folgen wolle. In Berlin gab es Beamte, die, wie zuvor ihre Kollegen in München und Karlsruhe, erkannten, daß eine Verfassung ihnen helfen würde, die Errungenschaften der jüngsten Reformen zu konsolidieren und die neu erworbenen Gebiete zu integrieren. Hardenberg hatte 1811, 1812 und 1815 den Versuch gemacht, sich durch die Zusammenarbeit mit Vertretungskörperschaften Rückhalt für seine Politik zu verschaffen. Wie einer seiner Mitarbeiter 1815 den interimistischen Versammlungen erklärte, vertrat Hardenberg folgende Auffassung: »Durch die Repräsentation verschwindet der Provinzialismus, verschmelzen die verschiedenen Stände zu einer kräftigen Gesamtheit, es wird eine Nationalität gegründet.« In den Kreisen der preußischen Patrioten hoffte man außerdem, Preußen werde als konstitutioneller Staat mehr Einfluß auf die anderen deutschen Staaten gewinnen. In nicht geringerem Maße als Metternich war auch Gneisenau der Ansicht, daß verfassungsrechtliche Fragen eine innen- sowie eine außenpolitische Dimension hatten: »Wird eine gute Konstitution für die neu wieder erbaute und vergrößerte preußische Monarchie bald entworfen, und vom Könige dem Volke geschenkt, so ist selbige das beste Band, um die neuen Erwerbungen fest an die alten Staaten zu knüpfen; die andern deutschen Staaten werden Vergleichungen zwischen ihrem Zustand und dem unsrigen anstellen, und der Wunsch, mit uns vereinigt zu seyn, wird demnach erwachen, folglich der Weg gebahnt werden, neue Erwerbungen, und zwar weniger durch Gewalt der Waffen als durch Liberalität der Grundsätze zu machen.« Das schrieb Gneisenau am 15. Mai 1814 an Hardenberg.

Der enttäuschende Ausgang des Wiener Kongresses schien weitere Reformen in Preußen um so unaufschiebbarer zu machen. Stein zum Beispiel, der die Ausgestaltung des Deutschen Bundes deprimierend fand, richtete sich an dem »Beispiel« auf, »welches mehrere Fürsten, besonders Preußen, geben zu wollen scheinen, indem sie ihren Untertanen eine weise und wohltätige Verfassung erteilen«. König Friedrich Wilhelm hatte schon 1810 in seinem Finanzedikt erstmals eine Verfassung in Aussicht gestellt, die Vertretungskörperschaften einschließe. Am 22. Mai 1815, als die verbündeten Armeen zur letzten Schlacht gegen Napoleon aufmarschiert waren, hatte er eine »Verordnung über die zu bildende Repräsentation des Volkes« verkünden lassen. Sie sah die Bildung einer Verfassungskommission vor, die »ohne Verzug« ein entsprechendes Dokument erarbeiten sollte. Die Abgeordneten für das zu schaffende Parlament sollten in den Kernprovinzen Preußens von den dort bereits bestehenden Ständen, in den neu erworbenen Gebieten von noch zu bildenden Volksvertretungen gewählt werden. Manchen Reformern war die Verknüpfung zwischen gesamtstaatlicher und provinzieller

Vertretungsebene ein Dorn im Auge; andere, zum Beispiel Humboldt, meinten, es könne von Vorteil sein, wenn Repräsentanten aus der Provinz ins Zentrum entsandt würden. Niemand erkannte jedoch in voller Klarheit, daß die scheinbar eindeutige Sprache der Mai-Verordnung im Grunde zwei ganz verschiedene Formen der Repräsentation miteinander verquickte: eine ständische Kategorie, bei der die gewählten Abgeordneten einer jeweils vordefinierten Statusgruppe entstammten und weiterhin angehörten, und einer parlamentarischen, bei der die Abgeordneten als Repräsentanten des gesamten Staatswesens fungierten. Wie sich im weiteren Verlauf zeigte, gelang es den preußischen Konstitutionalisten nicht, die Sympathie des Königs für status- und berufsgruppenbezogene lokale Stände mit ihren eigenen Hoffnungen auf ein echtes Nationalparlament auf einen Nenner zu bringen.

Nach 1815 schwächten sich die konstitutionellen Neigungen Friedrich Wilhelms, die nie sehr leidenschaftlich waren, merklich ab. Der Sieg über die Franzosen hatte die Reformer ihres besten Argumentes beraubt. Die 1815 erfolgreich zu Ende gebrachten Friedensverhandlungen verminderten den politischen Reformdruck zusätzlich. Zur gleichen Zeit verstärkten die Gegenspieler Hardenbergs am königlichen Hof – Männer wie Friedrich Ancillon, der Privatlehrer des Kronprinzen, oder Wilhelm Fürst zu Sayn-Wittgenstein, der Polizeiminister – ihre Bemühungen, den König in ihrem Sinn zu beeinflussen. Im Sommer 1815 bekam Friedrich Wilhelm von einem dieser Reaktionäre ein dünnes Pamphlet in die Hand gedrückt, das Professor Theodor Schmalz verfaßt hatte, Mitglied der juristischen Fakultät der Berliner Universität und deren Rektor. Hinter dem harmlos klingenden Titel «Richtigstellung eines Punktes in der Bredow-Venturi-Chronik für 1808» verbarg sich eine Schmähschrift gegen den Tugendbund, eine Geheimgesellschaft, von der Schmalz behauptete, sie ziehe überall im Königreich ihre Fäden. In einer weiteren, im Verlauf der Verfassungsdebatte veröffentlichten Streitschrift versuchte Schmalz den Patriotismus der Reformer gegen ihre eigenen Bestrebungen zu wenden. Verbale Attacken solcher Art markieren eine Etappe in der Geschichte deutscher Rhetorik, die festgehalten zu werden verdient: Wie viele nach ihm, wollte Schmalz politische Reformideen dadurch diskreditieren, daß er sie Ausländern, Revolutionären und Intellektuellen in die Schuhe schob. Im Oktober 1815 verlieh sein dankbarer Monarch ihm eine Verdienstmedaille.

Ernster zu nehmen als Intriganten wie Ancillon oder Propagandisten wie Schmalz waren die Verfassungsgegner in den Reihen des grundbesitzenden Adels. Die Junker hatten die Reformpolitik Steins und Hardenbergs heftig bekämpft. Sie empfanden sowohl die Aufhebung der Leibeigenschaft als auch die stärkere Zentralisierung des Verwaltungsapparates und die Einführung neuer Steuern als bedrohlich für ihre politische, gesellschaftliche und wirtschaftliche Autorität. Nach 1815 intensivierten sie ihre auf ein Ende der Reformpolitik abzielenden Kampagnen. In ihren Bemühungen um Einflußnahme auf die Regierungspolitik konnten die preußischen Adligen von einer wesentlich günstigeren Position aus operieren als etwa die grundbesitzenden Eliten im Süden oder Westen Deutschlands. Anders als diese, die sich als Außenseiter mit ihrem Staat anlegten, stolz auf ihre einstige Souveränität und voller Verachtung für die Staatsgebilde, zu deren unfreiwilligen Bewohnern sie geworden waren, hatten die preußischen Junker dem Haus Hohenzollern seit mehr als einem Jahrhundert gedient. Sie konnten ihrem König etwas sagen, was die meisten Aristokraten in Bayern, Baden oder Württemberg nicht behaupten konnten: Dies ist unser Staat; wir haben unseren Platz in ihm mit Blut erkauft, wir stehen für seine würdigsten Traditionen. Nicht ohne Berechtigung konnten die Junker sogar den Sieg über Napoleon auf ihr Konto buchen, hatten sie doch, von Yorcks patriotischem Verrat bis zu Blüchers entscheidendem Eingreifen bei Waterloo, maßgeblich zur Wiederauferstehung der preußischen Militärmacht beigetragen.

Mit der aristokratischen Opposition konfrontiert, versuchte Hardenberg zunächst einen seinem Naturell entsprechenden gemäßigten Kurs zu steuern. 1816 trug er mit einer Wende in der Landwirtschaftspolitik einigen junkerlichen Beschwerden Rechnung. Gleichzeitig konzentrierte er seine konstitutionellen Bemühungen auf eine Reihe bürokratischer Reformen, die in der Bildung eines preußischen Staatsrates im März 1817 gipfelten. Bei alledem gab er nicht die Hoffnung auf, daß der König seine konstitutionellen Zusagen einhalte. Nach der lange erwarteten ersten Sitzung der Verfassungskommission im Juli 1817 – es sollte ihre einzige bleiben – brachten Beauftragte der Regierung den Rest des Jahres damit zu, die Provinzen zu bereisen, Informationen über die bestehenden Institutionen zu sammeln und Meinungsbilder zu den geplanten Veränderungen einzuholen. Im Februar 1818 versicherte Hardenberg den anderen Mitgliedern des Deutschen Bundes, da die vorbereitenden Arbeiten getan seien, stehe der Weg zu einer Nationalvertretung offen. Er täuschte sich. Der König, der vorher nicht zu Rate gezogen worden war, erteilte seinem Kanzler wegen dessen Erklärung einen scharfen Verweis und ließ ihn wissen, daß von einem Fahrplan zur Einführung einer Verfassung nicht mehr die Rede sein dürfe. Die Waagschale der Macht neigte sich eindeutig auf die Seite der Reformgegner.

Eine kritische Phase in den Auseinandersetzungen über die Zukunft des preußischen und damit des deutschen Konstitutionalismus waren die Monate zwischen der Verkündung der bayerischen und der badischen Verfassung im Frühjahr und Sommer 1818 und der Verabschiedung der Karlsbader Beschlüsse nach der Ermordung Kotzebues im Sommer 1819. In jener Phase verfolgte Hardenberg seine Pläne weiter, offenbar nach wie vor in der Hoffnung, seinen stets wankelmütigen Herrscher noch dafür gewinnen zu können. Im Januar 1819 wurde Humboldt zum Minister für ständische Angelegenheiten ernannt. Wenige Monate später legte er Friedrich Wilhelm III. eine Denkschrift vor, in der er das Prinzip der repräsentativen Institutionen beredt verteidigte. Unglücklicherweise

waren Hardenberg und Humboldt heftig verfeindet; ihre persönlichen Animositäten gegeneinander hinderten sie daran, um gemeinsamer politischer Ziele
willen zusammenzuarbeiten. Noch stärker als die Unschlüssigkeit und Zerstrittenheit der Reformer fiel die äußerst wirksame Kampagne ins Gewicht, die Metternich vom Zaun brach, kaum daß die süddeutschen Verfassungen verkündet
worden waren. Auf dem Europäischen Kongreß in Aachen vom 29. September
bis 21. November 1818 warnte der österreichische Kanzler vor einer neuen Welle
revolutionärer Gewalt, gegen die die Kräfte der Ordnung sich mit vereinten Kräften stemmen müßten. In den anschließenden Monaten hob er häufig den angeb-
lichen Zusammenhang zwischen radikalen Umsturzversuchen und konstitutionellen Bestrebungen hervor. So erklärte er in zwei Denkschriften, die er im November 1818 an die preußische Regierung beziehungsweise an König Friedrich
Wilhelm schickte: »Die Central-Repräsentation durch Volksdeputierte ist die
Auflösung des preußischen Staates … weil sich eine ähnliche Neuerung in keinem
großen Staate ohne Revolution einführen läßt, aber zur Revolution führt.« Die
geographische Lage und Zusammensetzung Preußens sei, so fuhr er fort, unvereinbar mit einem zentralen Parlament, vor allem weil Preußen »einer freien und
gediegenen militärischen Kraft bedarf, und diese nie neben einem reinen Reprä-
sentativ-System bestehen kann und wird«. Auch hieraus spricht der Versuch, die
Reformer mit ihren eigenen Waffen zu attackieren. Militärische Stärke, so versuchte Metternich den König zu überzeugen, sei von Grund auf unvereinbar mit
fortschrittlichen politischen Reformen und nicht etwa deren zwangsläufiges
Nebenprodukt.

Die Ermordung Kotzebues durch Sand betrachtete Metternich als ein Gottes-
geschenk. Im Juli 1819 eilte er nach Teplitz, wo Friedrich Wilhelm Ferien machte, und wiederholte seinen Standpunkt, eine repräsentative Verfassung sei lediglich der erste Schritt zur Revolution. Nun fand er die volle Zustimmung des
Königs. Dieser ließ Hardenberg kommen und befahl ihm, zusammen mit Metternich ein Kommuniqué herauszugeben, das den formellen Verzicht auf alle
Versuche erkläre, eine »allgemeine Vertretung des Volkes« einzuführen, da eine
solche mit der territorialen und politischen Struktur seines Herrschaftsgebietes
unvereinbar sei. Damit stand der preußische König endgültig auf der Seite der
Reaktion. Er wies die preußische Regierung an, die »Karlsbader Beschlüsse«
vom 20. September 1819 konsequent zu vollziehen. Im Herbst blockierte er
Bemühungen Hardenbergs, den konstitutionellen Prozeß wieder in Gang zu
bringen. Bis Dezember hatten Humboldt und mehrere Veteranen der Reformpolitik, darunter General Hermann von Boyen, ihren Abschied eingereicht. Metternich hatte gesiegt.

Metternich besiegelte seinen Triumph über die konstitutionellen Kräfte mit der
»Wiener Schlußakte« vom 15. Mai 1820, die im Gegensatz zur »Bundesakte«
von 1815 auf die Machtvollkommenheit des Monarchen abhob. Nur widerstre-

bend akzeptierte Metternich eine Klausel, die einräumte, daß der Herrscher »durch eine landständische Verfassung nur in der Ausübung bestimmter Rechte an die Mitwirkung der Stände gebunden werden« könne. Er setzte durch, daß dieser Bestimmung ein Artikel vorangestellt wurde, der das politische Machtmonopol des Herrschers bekräftigte: »Da der deutsche Bund, mit Ausnahme der freien Städte, aus souverainen Fürsten besteht, so muß dem hierdurch gegebenen Grundbegriffe zufolge die gesammte Staats-Gewalt in dem Oberhaupte des Staats vereinigt bleiben.« In einem nachfolgenden Artikel hieß es, kein Fürst dürfe durch eine Verfassung daran gehindert werden, seine Pflichten gegenüber dem Bund zu erfüllen. Am Ende der Schlußakte stand die Mahnung, es müsse verhindert werden, daß die Parlamente zu Zentren der politischen Agitation würden. Artikel 59 besagte, daß weder von den Verhandlungen noch von den Veröffentlichungen eines deutschen Parlamentes Gefahren für die innere Ordnung irgendeines deutschen Staates oder des Deutschen Bundes als Ganzen ausgehen dürften. Stellte man daneben die Drohungen gegenrevolutionärer Intervention, die in anderen Artikeln enthalten waren, so wurde klar, daß diese Aussagen über die Unantastbarkeit der Herrschermacht als Warnung an die Adresse der süddeutschen Staaten gemeint waren, die politischen Möglichkeiten, die ihre Verfassungen ihnen eröffneten, nicht allzu weidlich zu nutzen. Für Gentz war die Inkraftsetzung dieser Artikel »eines der größten und würdigsten Resultate der Verhandlungen unserer Zeit, ein Tag wichtiger als der bei Leipzig«.

Jetzt, da der konstitutionelle Weg verbarrikadiert war, mußte die preußische Regierung auf der Suche nach Lösungen für ihre fiskalischen und administrativen Probleme notgedrungen dem österreichischen Beispiel folgen. Die Staatsfinanzen wurden 1820 in Berlin zum Thema Nummer eins, denn Preußen war, wie die meisten anderen deutschen Staaten, tief verschuldet. Kriege, Reparationen und Aufrüstung hatten die Staatsverschuldung von 48 Millionen Talern 1799 auf 100 Millionen Taler 1810 und über 200 Millionen Taler 1815 anschwellen lassen. Die Suche nach Auswegen aus dieser mißlichen Lage ist immer eines der wichtigeren Motive für die konstitutionellen Vorstöße Hardenbergs gewesen. 1820 erließ der König eine Reihe fiskalischer Verordnungen, die die Staatsschulden konsolidierten, einen Fahrplan für ihre Tilgung aufstellten und das Steuersystem reformierten. Hardenberg schaffte es, Friedrich Wilhelm das Versprechen abzuringen, vor der Aufnahme neuer Schulden die Stände zu konsultieren, doch der Impetus der preußischen Finanzpolitik hatte sich eindeutig von einer konstitutionellen zu einer administrativen Lösung hin verlagert. In Preußen wie in Österreich waren es nicht Vertreter der Stände oder des Volkes, von denen die Initiative für die Lösung der staatlichen Finanzprobleme ausging, sondern Minister und Bankiers.

Als Hardenberg 1822 starb, war die konstitutionelle Bewegung in Preußen verebbt. Im Jahr darauf führte der König den Reformprozeß, der dreizehn Jahre zuvor begonnen hatte, zu seinem formellen Ende, indem er in mehreren Verordnungen Provinzialstände ins Leben rief, die sich, wie es ausdrücklich hieß, an den Geist der alten deutschen Verfassungen anlehnen sollten. Berufsständisch geprägt, verfügten sie über eng begrenzte Zuständigkeiten, und die Mitgliedschaft in ihnen war an hochgesteckte Bedingungen geknüpft. Damit niemand auf die Idee kam, es handle sich dabei um das Einleiten einer Art von Volksvertretung, die er in seinem Erlaß vom Januar 1815 versprochen hatte, verneinte der König unmißverständlich jeden Zusammenhang zwischen den Provinzialständen und der Diskussion über ein Nationalparlament.

Die konstitutionellen Konflikte, die zwischen 1815 und 1820 die deutschen Staatsmänner in Atem hielten, trugen zur Klärung der Unterschiede zwischen ständischen und repräsentativen Vertretungskörperschaften bei, die in früheren Formulierungen wie Dahlmanns »Ein Wort über Verfassung«, Friedrich Wilhelms Erklärung vom Januar 1815 oder in Artikel 13 der »Bundesakte« verwischt geblieben waren. Die Reformgegner, allen voran Metternich, versuchten nach 1815 einen Kontrast zwischen legitimen, konservativen Verfassungen und solchen der illegitimen, subversiven Art zu konstruieren. Gentz zum Beispiel sprach sich in seiner Abhandlung »über den Unterschied zwischen den landständischen und Repräsentativ-Verfassungen«, geschrieben als Leitfaden für die Diskussionen auf der Karlsbader Konferenz von 1819, für die Einberufung von Ständen aus, die »auf der natürlichen Grundlage einer wohlgeordneten bürgerlichen Gesellschaft« ruhen. Sie würden, so seine Überzeugung, auf berufsständische Rechte und Beziehungen Rücksicht nehmen, sich per Gesetz den Zeitverhältnissen anpassen lassen und »ohne Verletzung der wesentlichen landesherrlichen Rechte bestehen«. Der letzte Gesichtspunkt war für Gentz und seine Gleichgesinnten der wesentlichste. Ihnen kam es viel mehr auf die Befugnisse repräsentativer Körperschaften an als auf ihre Zusammensetzung. Sie gaben regionalen, berufsständischen Vertretungen den Vorzug, weil sie glaubten, von ihnen gehe keine Gefahr für die monarchische Autorität aus.

Die Konsolidierung des Beamtenstaates

»Freiheit«, schrieb Barthold Georg Niebuhr 1815, beruhe »ungleich mehr auf der Verwaltung als auf der Verfassung.« Obwohl Niebuhr mit »Verwaltung« offenbar eher die »Selbstverwaltung« meinte, wie Stein sie auf kommunaler Ebene angestrebt hatte, wurde seine Bemerkung von den Zeitgenossen rasch aufgegriffen und wird seither immer wieder von Historikern als Beispiel für den deutschen Glauben an die Überlegenheit der bürokratischen gegenüber der konstitutionellen Regierung zitiert. Daß die Bürokratie im deutschen politischen Denken und

Handeln eine zentrale Rolle gespielt hat, ist unstrittig. Allerdings standen in den ersten drei Jahrzehnten des 19. Jahrhunderts bürokratische und konstitutionelle Entwicklungen nicht im Gegensatz zueinander. Beide galten als Mittel zur Konsolidierung der fürstlichen Macht und des staatlichen Zusammenhalts, zur Begrenzung von Herrscherwillkür und zur Eindämmung der noch bestehenden Privilegien alter Eliten und Institutionen. Montgelas sah einen der Vorzüge der bayerischen Verfassung darin, daß sie die Untertanen in eine engere Beziehung zu den Verwaltungsbehörden treten ließ. Zwischen 1815 und 1820 gaben sich mehrere deutsche Staaten, vor allem im Südwesten, sowohl Verfassungen als auch Gesetze, die die Rechte und Privilegien der Beamtenschaft garantierten. Nach einem Jahrzehnt, in dem sich in beiden Bereichen relativ wenig tat, schlug in den frühen dreißiger Jahren eine andere Gruppe von Staaten ähnliche Wege ein. Von den restlichen, darunter Preußen, entschieden sich die meisten unter dem Eindruck der Revolution von 1848 für eine Verfassung und ein verwaltungsrechtliches Gerüst. Die Herausbildung konstitutioneller Regierungssysteme und die Festigung bürokratischer Macht waren Bestandteil ein und desselben geschichtlichen Prozesses, vorangetrieben vielfach von denselben Leuten, behindert und bekämpft von denselben Gegnern, ausgerichtet auf dieselben Ziele.

Nirgendwo läßt sich die Verzahnung zwischen Verwaltung und Verfassung besser beobachten als am Beispiel Badens, des deutschen Staates mit der am höchsten entwickelten Bürokratie und der ausgeprägtesten konstitutionellen Struktur. Artikel 7 der badischen Verfassung verlieh den Staatsministern und dem gesamten öffentlichen Dienst die Verantwortung für »die genaue Befolgung der Verfassung«. Artikel 24 gewährleistete dem öffentlichen Dienst einen rechtlichen Sonderstatus, der wenig später im »Beamtenedikt« von 1819 klarer definiert wurde. Das »Beamtenedikt« schuf eine privilegierte Klasse von Staatsdienern, die sich im Status von anderen öffentlichen Bediensteten wie Geistlichen, Höflingen oder Soldaten sowie von den niederen Chargen im Staatsdienst wie Schreibern, Boten, Pförtnern und dergleichen abhob. Diesen Beamten, die die Elite des staatlichen Verwaltungspersonals bildeten, garantierte das »Edikt« von 1819 Arbeitsplatzsicherheit, Unabhängigkeit und ein außerordentliches Maß von Autonomie. Artikel 1 bestimmte, daß sie nach fünfjähriger Tätigkeit unkündbar sein sollten. Nur auf gerichtlichem Weg – das heißt, wenn sie von ihren eigenen Standeskollegen verurteilt wurden – konnten Beamte ihre Stelle und den damit verbundenen Status einbüßen, während der Souverän sie lediglich von einem bestimmten Posten entfernen konnte, nicht aber aus dem öffentlichen Dienst selbst. Das »Beamtenedikt« rief zugleich ein kompliziertes System von Regeln ins Leben, die das Verfahren für Ernennungen und Beförderungen regelten. Aus- und Weiterbildungsprogramme, regelmäßige Prüfungen und sonstige genau definierte Prozeduren sorgten im Zusammenwirken dafür, daß die Kontrolle über Nachwuchs und Laufbahn fest in der Hand der Bürokraten selbst blieb.

In Baden und in anderen konstitutionellen Staaten des deutschen Südwestens nutzten die Beamten die Macht, die sie sich im Verlauf der Reformära verschafft hatten, zur Absicherung ihres eigenen Sonderstatus. In Bayern hatte Montgelas schon 1805 eine Verordnung, die »Hauptlandespragmatik über die Dienstverhältnisse der Staatsdiener, vorzüglich in Bezug auf ihren Stand und Gehalt«, erlassen. Die bayerische Verfassung von 1818 garantierte, wie die badische, den Beamten ihre gesellschaftliche Position in einem die »Dienstverhältnisse und Pensionsansprüche« regelnden Artikel. Eine Neufassung des Erlasses von 1805, die der Verfassung als Zusatz angefügt wurde und unter anderem Verhaltensmaßregeln für bayerische Beamte enthielt, blieb bis ins 20. Jahrhundert hinein gültig. In Württemberg wurde die Diskussion über die Rechtsstellung der Beamten in den Verfassungskonflikt zwischen König und Ständen hineingezogen und avancierte so zum integralen Bestandteil der am Ende erzielten Vereinbarung. In Abschnitt 4 der Verfassung von 1819 wurde den württembergischen Beamten derselbe Grad an Arbeitsplatzsicherheit und institutioneller Selbständigkeit gewährt wie ihren Kollegen in Baden und Bayern. In allen drei Staaten war somit die konstitutionelle Einführung repräsentativer Körperschaften eng mit der Verwandlung der Bürokratie aus einem Werkzeug des Herrscherwillens in ein selbständiges Organ des Staates verknüpft.

Obwohl in Preußen erst zu Beginn der fünfziger Jahre des 19. Jahrhunderts eine umfassende Verwaltungs- und Beamtengesetzgebung in Kraft trat, gelang es den preußischen Beamten schon vorher, Stück für Stück das meiste von dem zu ergattern, was ihre Kollegen in Südwestdeutschland schon 1818 und 1819 erreicht hatten. Dabei hatten die Bediensteten des Hohenzollernstaates bereits um die Mitte des 18. Jahrhunderts begonnen, sich als eigenständige politische Elite zu verstehen, sehr zum Unwillen eines Willkürherrschers wie Friedrichs des Großen. Ein Prüfungssystem gab es in Preußen für die Justizlaufbahn seit den fünfziger Jahren, für die Verwaltungslaufbahn seit den siebziger Jahren des 18. Jahrhunderts. Das »Allgemeine Landrecht« von 1794 verlieh den Staatsbeamten einen Sozialstatus, der direkt unter dem des traditionellen Adels lag, und erkannte ihnen in einer Sprache, die der später in der Gesetzgebung verwendeten schon sehr nahe kam, eine herausragende politische Bedeutung zu.

Nach der Jahrhundertwende machten sich die preußischen Beamten diese gesetzlichen Bestimmungen zunutze, um sich, zusätzlich gestützt auf die in der Reformära wirksam gewordenen Neuregelungen, zu unangefochtenen Herren im eigenen Hause aufzuschwingen. Es bedurfte von da an komplizierter interner Disziplinarverfahren, bis ein Angehöriger der Bürokratie entlassen werden konnte. Prüfungen und Kolloquien waren Voraussetzungen für Einstellung und Beförderung. Pensionsberechtigung und steuerliche Vergünstigungen sorgten für das materielle Wohlergehen der Beamtenschaft. Die Steinsche Verwaltungsreform von 1808 stärkte die zentrale Stellung der Bürokratie im politischen System, indem sie die Hierarchie systematisierte, die innere Organisation vereinfachte und der Verwaltung generell eine stärkere Position gegenüber dem König und seinen Beratern sicherte.

In der politischen Diskussion in Preußen wurden die Probleme der Verwaltung ständig mit denen der Verfassung vermengt. Karl Friedrich von Beyme schrieb 1818, dank seines bürokratischen Apparates habe der preußische Staat im Geist einer repräsentativen Verfassung funktionieren und deren tatsächliches Nichtvorhandensein verschmerzen können. Der ein Jahr zuvor ins Leben gerufene Hardenbergsche Staatsrat ist als Vorspiel, vielleicht auch als Ersatz für eine formelle Verfassung gedacht gewesen. Mitglieder des Staatsrates waren die Prinzen des Königshauses und die höchsten Militärs, Beamten und Richter; sie setzten sich als gleichrangige Kollegen zusammen und erörterten die anstehenden Themen. Ein Zeitgenosse charakterisierte dieses Gremium als verwaltungsinternes Parlament. Der höchste preußische Provinzialbeamte, der Oberpräsident, vereinte in seinem Amt repräsentative und bürokratische Funktionen. Er führte den Vorsitz in den Provinzialversammlungen, koordinierte die Tätigkeit der Provinzialbehörden und vermittelte die Kommunikation zwischen Provinz und Zentralregierung. Nachdem die Idee eines Nationalparlamentes in der Versenkung verschwunden war, wurde der Oberpräsident zum wichtigsten Sprecher der Sonderinteressen der einzelnen Provinzen, die er zuweilen gegen den politischen Willen seiner ministeriellen Vorgesetzten in Berlin verteidigte. »In der verfassungsmäßigen Ordnung der Verwaltung liegt die Kraft des Staates«, erklärte Eduard Gans 1832. Desgleichen beruhe die bürgerliche Freiheit auf einer rechtlich geordneten Verwaltung. In Preußen, fuhr er fort, ständen sich Verwaltungsbeamter und Untertan nicht wie Antagonisten gegenüber; »da sie nur die Organe des Gesetzes sind, und sich als solche bewegen, so stellen sie ebensogut die Verwalteten dar, und sind als Repräsentanten desselben zu betrachten«. Beamte könnten deshalb in diese Vertreterrolle schlüpfen, weil sie, wie einer von ihnen es ausdrückte, »in ihrem freien Wirken für die Interessen des Staats die Höhe der Einsicht ... repräsentieren, zu welcher das gesellschaftliche Leben durch die fortschreitende Bewegung der Geister vorgedrungen ist«. So verstand sich die preußische Verwaltung als Inkarnation der idealen Interessen der Gesellschaft, als ein Organ, das in Preußen dieselbe Aufgabe der Versöhnung zwischen Gesellschaft und Regierung erfüllte wie in den Staaten des Südwestens die Verfassungen von 1818 und 1819.

Die österreichische Staatsverwaltung war, wie ihr preußisches Gegenstück, ein Produkt des monarchischen Staatsaufbaus im 18. Jahrhundert. Unter Maria Theresia, noch nachdrücklicher unter Joseph II., hatten die habsburgischen Staatsdiener an der Ausweitung ihrer Machtkompetenzen über die Gesellschaft, an der Zurückdrängung lokaler Autoritäten und an der Schaffung der Grundlagen für ein modernes, effizient funktionierendes Staatswesen gearbeitet. Allerdings erlangte der öffentliche Dienst in Österreich, obschon er zu einer wichtigen politischen Kraft avancierte, nicht einen so hohen Grad an Autonomie wie der Beamtenapparat anderswo. In Österreich blieb die Beamtenschaft der Aufsicht und den Eingriffen des Monarchen und seiner Berater unterworfen. Diese machten sich die komplizierten und disparaten Verwaltungsstrukturen zunutze, um einen Verwaltungszweig oder eine Gruppe gegen andere auszuspielen. Die Befehlshierarchien innerhalb der Verwaltung blieben undurchsichtig, die Beförderungskriterien unterschiedlich, der Einstieg und die Ausbildung ungeregelt. In Österreich war daher eine Beamtenlaufbahn nicht so abgesichert wie in vielen anderen Staaten. Entsprechend zeigten österreichische Beamte weniger Selbstbewußtsein und Souveränität in ihrer Amtsführung. Ein den österreichischen Verhältnissen nicht wohlgesonnener Beobachter gewann folgenden Eindruck: »Tiefer Pessimismus lähmte die Arbeitsfreude gerade der fähigsten Beamten, formale Routine und Verantwortungsscheu beherrschten das Feld.«

Daß es der österreichischen Beamtenschaft nicht gelang, sich als Gruppe abzusichern und institutionell autark zu werden, hing aufs engste mit der Unfähigkeit der Regierung zusammen, Aufgaben und Zuständigkeiten innerhalb der Verwaltung vernünftig zu organisieren. Während in vielen deutschen Staaten im Zuge von Reformen das Ressortsystem eingeführt wurde, beharrten die Habsburger auf ihren aus dem 18. Jahrhundert stammenden Organisationsformen, bei denen sich territoriale und funktionale Zuständigkeiten überschnitten. Dieselben Kräfte, die eine Verfassungsreform verhinderten, bremsten einen organisatorischen Umbau der Verwaltung. Sie empfanden beides als bedrohlich für die dynastische Hegemonie, die die eigentliche Legitimationsgrundlage des Reiches der Habsburger zu sein schien. In keinem anderen deutschen Staat war die Aussage »Der Staat ist der Hof« zutreffender als in Österreich. Und nirgendwo anders kennzeichnete ein Monarch den Charakter seines Staates deutlicher, als Kaiser Franz I. es 1813 tat, indem er in einem Manifest für sein Volk das Wort »Vaterland« durchstrich und durch »Kaiser« ersetzte. Metternich, der erkannte, daß eine Reform des Staatsapparates nottat, war dennoch überzeugt, daß der Kaiser der einzig legitime Träger staatlicher Macht war. Eine unabhängige Bürokratie war für ihn ebenso inakzeptabel wie eine Verfassung, weil sie dem Monarchen womöglich diese Exklusivität streitig machen würde.

In den meisten deutschen Ländern hatten sich die internen Machtverhältnisse nach 1815 eindeutig zu Lasten des Herrschers und zu Gunsten einer professionalisierten öffentlichen Verwaltung verschoben. Zwar war und blieb die Autorität des Souveräns überall ein sowohl in der Theorie als auch in der Praxis bedeutsamer Faktor, aber die Herausbildung wohldefinierter ministerieller Zuständigkeitsbereiche machte es für ihn zunehmend schwieriger, mit seinen persönlichen Beratern an der Verwaltung vorbeizuregieren. Die sich verstärkt durchsetzende Erfordernis ministerieller Gegenunterschriften wirkte ebenfalls Alleingängen des Monarchen entgegen. Zudem machte es ihm eine strenger wer-

dende Systematik der Eignungsprüfungen, Einstellungs- und Beförderungsricht-
linien schwerer, unqualifizierte Günstlinge in hohe Ämter zu berufen. Die Tendenz ging immer mehr dahin, daß der Monarch mit seinen Ministern und durch
sie regierte, sich auf ihre Informationen und Ratschläge stützte und nur in den
ganz großen Fragen über sie hinwegsetzte. Jene Entwicklung hat Max Weber ein
Jahrhundert später trefflich beschrieben: »Auch der absolute Monarch... ist der
überlegenen bürokratischen Fachkenntnis gegenüber machtlos... Unter der
Herrschaft des Fachwissens kann eben der reale Einfluß des Monarchen Stetig-
keit nur noch erlangen durch den stetigen, von der zentralen Spitze der Demokratie planvoll geleiteten Verkehr mit den Chefs der letzteren.« Die politischen
Denker des frühen 19. Jahrhunderts brauchten nicht lange, um die Bedeutung
der Abhängigkeit des Herrschers von seinen Beamten zu erfassen. Die Verwaltung war, wie ein Zeitgenosse es 1842 ausdrückte, zum eigentlichen Souverän
geworden, während der Monarch die Souveränität lediglich noch repräsentierte.
Friedrich Murhard, ein einflußreicher Mann der liberalen Opposition, äußerte,
die Bürokratie sei zur einzigen aktiven Kraft im Leben des Staates geworden.

Zum mächtigsten und einflußreichsten Prediger der politischen Dominanz der
Bürokratie avancierte Hegel, der 1818 eine Professur für Philosophie an der
Berliner Universität erhielt und sich bald den Ruf erwarb, der geistige Paladin
des preußischen Staates zu sein. Eingedenk seines Werdeganges und seiner Erfahrungen war er eigentlich nicht prädestiniert, zu einem Sprachrohr Preußens
oder seines Staatsapparates zu werden; daß er es dennoch wurde, zeugt davon,
welche Anziehungskraft Preußen und seine Institutionen auf das politische Denken und Handeln in Deutschland ausübten. Zwischen seiner Flucht aus dem
kriegsumtobten Jena 1806 und seiner Ankunft in der preußischen Hauptstadt
zwölf Jahre später hatte Hegel mehrere berufliche Stationen durchlaufen: als
Journalist in Bamberg, als Gymnasialrektor in Nürnberg und schließlich, im
Alter von sechsundvierzig Jahren, als Professor in Heidelberg. Während der turbulenten Zeit hatte er keine nennenswerte Sympathie für den Staat der Hohenzollern oder die ihn regierenden Männer bekundet. Er hatte wegen der Niederlage von Jena keine Tränen vergossen, die Reformbewegung unter Stein und
Hardenberg nach allem, was bekannt ist, ignoriert und sich geringschätzig über
die »Kosaken, Baschkiren, preußischen Patrioten« und dergleichen Befreier geäußert, die sich zur Vernichtung Napoleons zusammengetan hatten. Noch
schlechter war Hegel auf diejenigen zu sprechen, die die alte Ordnung wieder-
herstellen zu können hofften. Aus diesem Grund ergriff er 1817 Partei für den
württembergischen König Friedrich in seinem Konflikt mit den Ständen. Der
Monarch repräsentierte nach Hegels Auffassung das Allgemeinwohl und die
Zukunft, während die Stände für Sonderinteressen und unzeitgemäße Tradition
standen. In seiner Berliner Antrittsvorlesung am 22. Oktober 1818 übertrug er
diese Sicht der Dinge auf Preußen, dem er bescheinigte, es habe sich dank geisti-

ger Überlegenheit gerettet und präsentiere sich als ein Staat, in dem »die Bildung und die Blüte der Wissenschaften eines der wesentlichen Elemente im Staatsleben selbst« seien. Werkzeug und Nutznießer der Verschmelzung von Geist und Politik war die Bürokratie.

1821, drei Jahre nach seinem Amtsantritt in Berlin, veröffentlichte Hegel sein Werk »Grundlinien der Philosophie des Rechts«, ein außerordentlich reichhaltiges und subtiles Manifest seiner politischen Überzeugungen. Gegenstand seiner Überlegungen war nicht das geschriebene Recht im engeren Sinn, sondern das Recht als allumfassende philosophische Kategorie, die das praktische Funktionieren von Gesetzgebung und Rechtsprechung ebenso einschloß wie das Walten rechtlicher Grundsätze im privaten, gesellschaftlichen und politischen Leben. Im Rahmen seiner Analyse der europäischen Verhältnisse aus dieser Perspektive erarbeitete Hegel ein zusammenhängendes System sozialer, politischer und philosophischer Argumente für die Dominanz des bürokratischen Staates. »In dem Mittelstande, zu dem die Staatsbeamten gehören«, erklärte er, »ist das Bewußtsein des Staates und die hervorstechendste Bildung. Deswegen macht er auch die Grundsäule desselben in Beziehung auf Rechtlichkeit und Intelligenz aus.« Da Beamte ihr Einkommen unabhängig vom Markt bezögen, sei ihr Handeln nicht von materiellem Eigeninteresse bestimmt. Sie seien sich der Bedürfnisse der Gesellschaft bewußt, ohne sich durch deren Gegensätze korrumpieren zu lassen. Die Tatsache, daß die Beamten eine abgehobene Schicht bildeten, über den gesellschaftlichen Interessengruppen stehend und sie zugleich repräsentierend, befähige sie, das Allgemeinwohl zu definieren und zu vertreten. In der modernen Gesellschaft sei diese politische Rolle der Beamtenschaft von besonderer Bedeutung gegenüber der Dynamik der »bürgerlichen Gesellschaft«, der Sphäre der wirtschaftlichen Interessen und Marktbeziehungen. Die »bürgerliche Gesellschaft« berge stets die Gefahr des Chaos: »Die Besonderheit für sich, einerseits als sich nach allen Seiten auslassende Befriedigung ihrer Bedürfnisse, zufälliger Willkür und subjektiven Beliebens, zerstört in ihren Genüssen sich selbst.« Diese selbstzerstörerischen Kräfte könne am besten der Staat in Schach halten, nicht nur weil dessen Diener über der Gesellschaft stünden, sondern auch weil sie die wahre Vernunft verkörperten. Aus philosophischer Warte betrachtet, habe das staatliche Rechtssystem, die Gesamtheit der Gesetze, deren Ausdruck und ausführendes Organ die Bürokratie sei, Vorrang vor den im Gefühl verankerten Regeln des Familienlebens oder den egoistischen Interessenabwägungen der bürgerlichen Gesellschaft. Anders als die Familie, die durch Liebe Unterordnung erzwinge, oder der Markt, der über Konflikt und Wettbewerb Zusammenarbeit herstelle, handle der Staat als Sachwalter dessen, was recht und billig für alle Bürger sei. Deswegen seien seine Gesetze vernünftig, und deshalb sei es Ausdruck der größtmöglichen Freiheit, ihnen zu gehorchen.

Die Frage liegt nahe, wie viele Leser sich wohl durch das komplizierte Labyrinth von Argumenten und Analysen arbeiteten, das Hegel mit seiner »Philosophie des Rechts« hingestellt hatte. Trotzdem gehört das Buch zu den für die politische Entwicklung in Deutschland wichtigsten Texten, weil darin die Axiome ausformuliert sind, auf denen der Machtanspruch des bürokratischen Staates beruhte. Das zentrale Argument für die Prätention der Bürokratie, das Leben der Gesellschaft zu steuern, war ihre angebliche Neutralität. Da sie selbst dank ihrer von der Verfassung garantierten Stellung für politische Stabilität stand, konnte sie glaubhaft den Anspruch vertreten, die Gesellschaft vor der ihr immanenten Neigung zu Konflikt und Chaos zu schützen. Die Rationalität des bürokratischen Handelns war die letztinstanzliche Rechtfertigung für ihre Prätention auf Legitimität in einer Zeit, in der religiöse Werte und dynastische Rechte nicht mehr zu zählen schienen.

Die meisten Zeitgenossen mußten nach 1815, ob sie es gut fanden oder nicht, einräumen, daß die Bürokratie zur beherrschenden politischen Kraft in Deutschland geworden war. Friedrich Bülau schrieb, die Beamten seien »die wichtigste Bürgerklasse für den Gang der öffentlichen Angelegenheiten« geworden. Der junge Otto von Bismarck klagte 1838 nach einem kurzen, enttäuschend verlaufenen Gastspiel im öffentlichen Dienst: »Bei uns aber muß man, um an den öffentlichen Angelegenheiten teilnehmen zu können, besoldeter und abhängiger Staatsdiener sein; man muß vollständig der Beamtenklasse angehören.« Einem englischen Besucher erschien die bürokratische Allmacht in Deutschland besonders bemerkenswert: »Die politische Gewalt des Staates über das private, freie Wirken ist die Grundlage aller gesellschaftlichen Einrichtungen in Deutschland.« Um eine eingehendere Vorstellung davon zu erhalten, was es mit dieser bürokratischen Macht auf sich hatte, bedarf es einer ausführlicheren Beschäftigung mit der Rolle des Staatsapparates im politischen und gesellschaftlichen Leben der Deutschen.

Es liegt nahe, mit dem Aspekt zu beginnen, den man als die abschöpfende Funktion der Bürokratie bezeichnen könnte. Die wichtigste Aufgabe der Staatsverwaltung hatte seit ihren ersten Anfängen darin bestanden, die Mittel zu beschaffen, die der Herrscher für seine militärischen, politischen und kulturellen Vorhaben brauchte. Die typischen Staatsdiener der ersten Stunde waren Steuereinnehmer, Zöllner und sonstige Mitarbeiter des Fiskus, denen die Fürsten das Geldeintreiben für die Staatskasse anvertraut hatten. Die meisten Staaten konnten schon unter den Bedingungen des alten Regimes ihre Einnahmen steigern, doch waren ihre Mittel und Systeme der Staatsfinanzierung improvisiert, lückenhaft und ineffizient. Sie stützten sich auf Einnahmequellen wie die privaten Domänen des Herrscherhauses, staatliche Handelsmonopole, sporadisch erhobene Sondersteuern oder hochverzinsliche Darlehen von Privatbankiers. Angesichts der Herausforderungen des Krieges in der revolutionären Epoche erwiesen sich solche fiskalischen Werkzeuge als ebenso unzeitgemäß wie die militärischen und

dem preußischen Zollsystem
angeschlossene Gebiete,
Zolleinheit seit 1818 (PZ)

Gebiete des Handelsver-
trages vom 27. Mai 1829

Bayerisch-Württembergischer
Zollverein 1828 (BWZ)

Grenze des Deutschen
Zollvereins vom 1. Januar 1834

Mitteldeutscher
Handelsverein 1828 (MH)

Grenze des Deutschen
Bundes 1815

staatspolitischen Strategien des alten Regimes. Um ihre kostspieligen Rollen als
Gegner oder Verbündete Napoleons spielen zu können, experimentierten die
deutschen Staaten mit neuen Systemen der Staatsfinanzierung. Zu deren Legitimation bedurfte es in vielen Fällen neuer Verfassungen, zu deren Umsetzung in
die Praxis einer reformierten Verwaltung. Der aus königlichen Domänen, Han-
delsmonopolen und Kreditaufnahmen resultierende Anteil der Staatseinnahmen
ging relativ stark zurück. In Preußen entfielen im Haushaltsjahr 1821 über 70
Prozent der staatlichen Einkünfte auf Steuern und Zölle. Die Aufstellung eines
alljährlichen Etats, die Kontrolle der Staatsausgaben und die Erwirtschaftung
und Verwaltung der Staatseinnahmen waren die wichtigsten Aufgaben der Bü-

rokratie und zugleich wirksame Werkzeuge für die Steuerung gesellschaftlicher Prozesse.

Der Geldbedarf der Staaten war ursächlich für viele ihrer Aktivitäten. So läßt sich der Zollverein, die vielleicht berühmteste bürokratische Errungenschaft der Restaurationsepoche, als Instrument der Fiskalpolitik deuten, dessen Geburtsstunde 1818 schlug, als Preußen in dem Bemühen, höhere Staatseinnahmen zu erzielen und seine territorialen Neuerwerbungen zu integrieren, ein neues Zollgesetz in Kraft setzte. Die fiskalische Rechnung scheint laut der Belege aufgegangen zu sein. Schon 1821 flossen über 15 Millionen Taler Zolleinnahmen in die Staatskasse, der bei weitem größte Einzelbeitrag zum preußischen Budget. Durch die Einführung von Zöllen und, genauso wichtig, durch ihre praktische Durchsetzung übte Berlin beträchtlichen wirtschaftlichen Druck auf seine Nachbarstaaten aus, unter denen es einige von preußischem Territorium umschlossene Enklaven gab. Da zwischen dem Kernland und den westdeutschen Landesteilen Preußens keine Landverbindung bestand, setzte die wirtschaftliche Integration dieser Gebiete Handelsvereinbarungen mit anderen Staaten voraus. Das preußische Zollgesetz von 1818 löste eine Kettenreaktion von Vorstößen, Gegenmaßnahmen und Verhandlungen aus, die zu einzelnen Abkommen zwischen Preußen und benachbarten Staaten führten und in weiterer Folge in eine Zollunion, der um die Mitte der dreißiger Jahre Preußen, die deutschen Mittelstaaten und die meisten ihrer kleineren Enklaven und Nachbarn angehörten. Obwohl die Geschichte des Zollvereins häufig in den Kontext der Entwicklung Deutschlands zum Nationalstaat gestellt wird, erscheint es angemessener, ihn im Rahmen des einzelstaatlichen Ringens um größere Finanzkraft und wirtschaftliche Konsolidierung zu sehen.

In den Jahren nach 1815 erhöhte sich der relative Anteil der Verwaltungskosten und der Sozialausgaben an den Staatsausgaben. Gewiß galt für das 19. Jahrhundert, daß die Militärausgaben wie im Jahrhundert zuvor den größten Einzelposten in den Haushalten der größeren Staaten ausmachten. In Preußen entfiel 1821 fast die Hälfte des Staatshaushaltes auf den Unterhalt der Streitkräfte. Während die absoluten Ausgaben für den Militärsektor in etwa gleich blieben – in Preußen lagen sie 1821 bei 22,8 Millionen, 1847 bei 25,8 Millionen Talern –, nahm ihr relativer Anteil am Gesamthaushalt ab. Entsprechend stieg der Anteil der für zivile Zwecke verwendeten Mittel – im Falle Preußens von 13,2 Millionen Talern 1821 auf 23,9 Millionen Taler 1847. In diesen Zahlen schlägt sich eine schleichende Revolution im Verhältnis zwischen Staat und Gesellschaft nieder, die letzten Endes nicht weniger wichtig war als die konstitutionellen Entwicklungen und Parteienkonflikte, mit denen sich die politische Geschichtsschreibung vorwiegend beschäftigt und mit denen jene Revolution in engem Zusammenhang stand. Unter dem alten Regime hatte der Staatsapparat aus der Gesellschaft so viele Mittel abgezogen, wie zur Finanzierung der höfischen Vergnügungen des

Die Karlsbader Beschlüsse vom 31. August 1819. Letzte Seite des Schlußprotokolls mit den Unterschriften der Minister von Österreich, Preußen, Hannover, Sachsen, Mecklenburg, Bayern, Baden, Nassau und Württemberg. Wien, Haus-, Hof- und Staatsarchiv

Anspielung auf die deutsche Kleinstaaterei in der Epoche der Restauration: die regierenden Fürsten und Fürstinnen ohne die königlichen Häupter. Neuruppiner Bilderbogen von Gustav Kühn. Neuruppin, Heimatmuseum

Monarchen, seiner militärischen Ambitionen und seiner kulturellen Errungenschaften erforderlich waren. Im 19. Jahrhundert zeigte sich der Staat zunehmend erfinderischer und unerbittlicher bei der Erschließung von Einnahmequellen, aber auch zunehmend effektiver und ehrgeiziger bei der Zumessung von Gegenleistungen.

In den Augen derjenigen, die das Fundament für den Beamtenstaat gelegt hatten, gab es für den Staat keine wichtigere Aufgabe als die Ausbildung der nachwachsenden Generation. Wie die Wehr- und die Steuerpflicht, gehörten Erziehung und Ausbildung zu den neuen Rechten und Pflichten, die die Staaten ihren Bürgern übertrugen. In einem bayerischen Dokument aus dem Jahr 1806 hieß es, Lehrer müßten die »Bildung der Nation und Aufklärung des Volkes über seine heiligsten und wichtigsten Angelegenheiten« leisten. Ein solches Programm erforderte den Aufbau eines Verwaltungsapparates für die Zuständigkeit und den Bau von Schulen, die Ausbildung von Lehrern und die Erarbeitung von Lehrplänen. Die Verwirklichung schritt langsamer voran, als offizielle Absichtserklärungen es suggerieren mochten. Preußen zum Beispiel gab 1821 für den gesamten Bereich der Kirchen- und Schulpflege gerade einmal 2 Millionen Taler aus; 1847 waren es knapp 4 Millionen. Dennoch wirkten um die Jahrhundertmitte an preußischen Schulen 29.000 Lehrer, und über 80 Prozent der Kinder im Schulalter nahmen an einem irgendwie gearteten Unterricht teil. Die meisten anderen Staaten waren noch nicht so weit, doch bekannte sich fast überall der Staat zu seiner Verantwortung für die Ausbildung der Untertanen und hatte die institutionellen Grundlagen für die Erfüllung dieser Aufgabe geschaffen.

Auch in der Gesundheitspflege begannen die Staaten größere Verantwortung zu übernehmen. Daß die Verwaltung sich um die Volksgesundheit kümmern müsse, war schon eine Grundthese der kameralistischen Lehre gewesen. So hatte Peter Frank in den Jahren nach 1779 mit der Publizierung seines sechsbändigen Klassikers »System einer vollständigen medizinischen Policey« begonnen, in dem er alles abzuhandeln versprach, was »von der Erzeugung an bis zum Tode und zur Beerdigung der Sterblichen die öffentliche Gesundheitsverwaltung betrifft«. Es dauerte aber noch bis weit ins 19. Jahrhundert hinein, ehe die Staaten die notwendigen akademischen und strukturellen Grundlagen geschaffen hatten, um in Angriff zu nehmen, was Frank und andere theoretisch skizziert hatten. Schrittweise konnten die Staaten Erfolge im Kampf gegen Krankheiten und Seuchen erzielen. Es wurden Gesundheitsbezirke mit einem verantwortlichen Beamten an der Spitze eingerichtet, Gesetze über den Einsatz von Medikamenten verabschiedet, Zulassungskriterien und -verfahren für verschiedene Kategorien medizinischer Praktiker beschlossen, statistische Daten über Krankheit und Sterblichkeit gesammelt, Mittel für die Seuchenforschung bereitgestellt und Verbesserungen der hygienischen Verhältnisse und der Wasserversorgung eingeleitet. Der vielleicht erste klare Durchbruch auf dem Gebiet der vorbeugenden Medizin in dieser Epoche gelang mit der Entdeckung eines Impfstoffes gegen die Windpocken, der in einigen Teilen Deutschlands schon seit den fünfziger Jahren des 18. Jahrhunderts erprobt worden war. Nachdem im Verlauf der ersten Jahrzehnte des 19. Jahrhunderts viele Staaten diese Impfung bindend vorgeschrieben hatten, sank die Zahl der durch Windpocken verursachten Todesfälle drastisch, in Preußen von rund 40.000 auf 3.000 pro Jahr.

Bekanntermaßen hatte schon die kameralistische Theorie und Praxis dem Staat eine wichtige wirtschaftliche Rolle zugeschrieben. Im 19. Jahrhundert betätigten sich die Staaten weiterhin als Grundeigentümer, gewerbliche Unternehmer und als monopolistische Produzenten und Anbieter bestimmter Produkte wie Salz. Mancherorts förderten staatliche Behörden den Transfer technischer Kenntnisse und unterstützten geschäftliche Unternehmungen, die sie als förderungswürdig erachteten. Wie sehr oder wie wenig diese Aktivitäten die wirtschaftliche Entwicklung vorantrieben, darüber wird zur Zeit unter den Historikern heftig debattiert, doch scheint sicher zu sein, daß die meisten deutschen Wirtschaftshistoriker die Bedeutung des Staates als Wirtschaftsfaktor überschätzt haben. Staatliche Unterstützung für private Wirtschaftstätigkeit war wahrscheinlich dort am effektivsten, wo sie in indirekter Form, und oft genug unbeabsichtigt, gewährt wurde. Die Schaffung einheitlicher Rechtsverhältnisse zum Beispiel trug dazu bei, daß größere Märkte für Güter, Arbeitskräfte und Kapital entstanden. Auch der unter staatlicher Regie vorangetriebene Bau von Überlandstraßen und Eisenbahnen trug zur Entstehung einer das wirtschaftliche Wachstum begünstigenden Infrastruktur bei. Zudem kamen Straßen und Eisenbahnen der politischen und militärischen Macht des Staates zugute. Wie Max Weber geschrieben hat, spielten diese neuen Verkehrswege für den Ausbau der bürokratischen Herrschaft »eine ähnliche Rolle wie im alten Orient etwa die Kanäle Mesopotamiens und die Nilregulierung«.

Überall, wo Staaten Dienstleistungen erbrachten, führten sie Kontrollen ein. Um Einfluß auf die Qualität des Schulunterrichts nehmen zu können, mußten die Regierungen Ausbildungsstätten für Lehrer schaffen, sowohl Lehrer als auch Schüler gelegentlichen Prüfungen unterwerfen und sich um die Lehrpläne kümmern. Um die Segnungen einer Schulausbildung so vielen Bürgern wie möglich anbieten zu können, mußte der Staat bereit sein, Eltern notfalls zu zwingen, ihre Kinder in die Schule zu schicken. Ähnlich stellte sich die Lage auf dem Gesundheitssektor dar, wo Regulierung wie Zwang unerläßlich waren. Was im sozialen und wirtschaftlichen Bereich von den bürokratischen Reformern an neuen Freiheiten versprochen wurde, machte sich zunächst oft als eine Vorschrift bemerkbar. Wenn zum Beispiel im Zuge einer Reform in einem Staat die Gewerbefreiheit eingeführt wurde, bedeutete das nicht nur, daß der Staat diese Errungenschaft gegen den Widerstand der Zünfte durchsetzen mußte, sondern auch, daß er

Genehmigungs- und Aufsichtsbehörden einzurichten hatte. Das zeigte sich am unmittelbarsten bei den meist eher planlosen staatlichen Bemühungen um ein Mindestmaß von Arbeitsschutz und Sicherheitsvorkehrungen an gewerblichen Arbeitsplätzen, die sogleich einen Wust von Verordnungen und den Aufbau einer Kontrollbehörde nach sich zogen. Was ein englischer Besucher über die preußische Wirtschaftspolitik schrieb, galt bis zu einem gewissen Grad für das gesamte Spektrum bürokratischer Tätigkeitsbereiche: »Der Monarch«, schrieb Thomas Hodgskin 1820, »befreite die Wirtschaft aus den Fesseln altüberlieferter Gewohnheitsrechte und spannte sie vor seinen eigenen Karren... Durch die Abschaffung all der alten Vorschriften erweiterte der Herrscher seine eigene Macht und seinen Einfluß erheblich.«

Im religiösen Bereich kamen auf die Staaten als Folge der von Napoleon durchgesetzten politischen Neuordnung etliche Verantwortlichkeiten zu. Die Aufhebung der alten kirchlichen Fürstentümer, die Säkularisierung des kirchlichen Grundbesitzes und der Zusammenbruch der Institutionen des Reiches hatten den deutschen Katholizismus in eine existentielle Krise gestürzt. Viele der im alten Reich verfügbar gewesenen religiösen Pfründen und Einflußmöglichkeiten waren dahin, die Zahl der regierenden katholischen Fürsten war erheblich reduziert. Millionen von Katholiken lebten als Minderheiten in protestantischen Staaten. Die alten Diözesangrenzen hatten ebenfalls ihre Bedeutung verloren. Auf dem Wiener Kongreß hatten einige katholische Führer versucht, deutschlandweite Lösungen für diese Probleme zu finden, doch ein Bündnis aus kleineren Staaten und dem Vatikan hatte ihre Bemühungen zu Fall gebracht. Die »Bundesakte« von 1815 enthielt keine kirchenpolitischen Aussagen, abgesehen von der knappen Feststellung, die Angehörigen aller christlichen Konfessionen seien politisch gleichberechtigt. Wie so vieles, überließ der Deutsche Bund auch die Bewältigung der kirchlichen Probleme den einzelnen Staaten, die in der Folge darangingen, sie in bilateralen Vereinbarungen mit dem Heiligen Stuhl zu regeln.

Als erster deutscher Staat schloß Bayern 1817 ein Konkordat mit Rom, das, wie andere kirchenpolitische Verordnungen, als Bestandteil der konstitutionellen Regelungen von 1818 in Kraft trat. Dem Vertrag zufolge anerkannte der bayerische Staat die Autorität der Kirche in religiösen Fragen, erlaubte die Wiedereröffnung einiger im Zuge der Säkularisierung geschlossenen Einrichtungen und ließ die direkte Kommunikation zwischen den Bischöfen und dem Papst erneut zu. Im Gegenzug akzeptierte der Heilige Stuhl die Vermögenseinbußen der katholischen Kirche, verpflichtete sich, die Diözesangrenzen mit den Staatsgrenzen in Einklang zu bringen, verlegte einen Bischofssitz von Freising nach München und erklärte sich bereit, die Ernennung von Bischöfen der Regierung zu überlassen. Im Verlauf des anschließenden Jahrzehnts kamen ähnliche Konkordate zwischen Rom und anderen deutschen Staaten zustande, nach häufig intensiven und komplizierten Verhandlungen. Jene Vereinbarungen unterschieden sich zwar in vielen Detailregelungen, räumten aber durchweg den Regierungen Mitsprache in innerkirchlichen Angelegenheiten ein und machten den einzelnen souveränen Staat zur primären Organisationseinheit auch für die deutschen Katholiken. All das lief darauf hinaus, daß die Staaten erheblich mehr Einfluß auf die kirchlichen Belange gewannen und religiöse in politische Konflikte umschlugen.

Der politische Umbau Deutschlands stellte die Staaten vor die Notwendigkeit, sich auf eine Politik gegenüber ihren jüdischen Minderheiten festzulegen. Unter dem alten Regime hatten unterschiedlichste lokale Gewohnheitsrechte und althergebrachte Einschränkungen den gesellschaftlichen und politischen Status der Juden bestimmt. In manchen Gegenden und Städten waren Juden geduldet, in anderen nicht; manche Berufe durften sie ausüben, von anderen waren sie ausgeschlossen. Seit jeher hatten Herrscher, wo es ihren Interessen dienlich war, Juden bestimmte Privilegien zugestanden. Im großen und ganzen waren die Juden aber eine benachteiligte Randgruppe. Vereinzelt bemühten sich deutsche Regierungen in den letzten Jahrzehnten des 18. Jahrhunderts um die Entwicklung einheitlicher, in sich folgerichtiger Maßstäbe für die Behandlung der Juden. Solche Bestrebungen intensivierten sich im Verlauf der Revolutionsepoche, als die größeren deutschen Staaten sich in ihren hinzuerworbenen Gebieten mit einer verwirrenden Vielfalt »judenrechtlicher« Bestimmungen konfrontiert sahen. In mehreren Staaten sorgten Reformkräfte für die Aufhebung einiger der die Juden am stärksten einengenden Gesetze. Nach 1815 verlangsamte sich jedoch die Entwicklung zugunsten einer rechtlichen Gleichstellung der Juden, teils wegen konservativer Bremser innerhalb der Regierungen, teils wegen lokaler Widerstände aufgrund einer ausgeprägten Judenfeindlichkeit. Die folgenden Jahrzehnte brachten nur langsame und ungleichmäßige Fortschritte. Sowohl die Befürworter als auch die Gegner einer rechtlichen Emanzipation der Juden erwarteten Unterstützung vom Staat. Wie so vieles in Deutschland, war auch die Judenfrage zu einer Staatsangelegenheit und damit zu einer politischen Frage geworden.

Die Bemühungen der Staaten des frühen 19. Jahrhunderts, Ressourcen abzuschöpfen, Dienstleistungen zur Verfügung zu stellen und regulierend in die Gesellschaft einzugreifen, litten unter einem schmerzlichen Mangel an qualifiziertem Personal. Preußen beschäftigte 1820 nur rund 600 höhere politische Beamte, und während des folgenden Jahrzehnts wurde aus Kostengründen diese Zahl sogar noch reduziert. Einer ungefähren Schätzung zufolge kamen in Preußen 1846 auf je 1.000 Bewohner bloß 7,1 Staatsbeamte. Bis 1913 verdoppelte sich diese Quote nahezu. Einen anschaulicheren Eindruck von der Größenordnung des Verwaltungsapparates vermag das Beispiel Marienwerders zu vermitteln, eines preußischen Verwaltungsbezirks mit einer Grundfläche von etwas über 800 Quadratkilometern und 330.000 Einwohnern im Jahr 1816. Das Bezirksamt in Marienwerder, Verwaltungszentrum für die Region, war 1826 mit 59 Personalstellen ausgestattet; die meisten Mitarbeiter waren Boten, Schreiber und sonstige

Angestellte. Nur eine Handvoll Fachbeamte mit Universitätsstudium standen für die Verwaltung des Bezirks zur Verfügung. Dazu kam in jedem der 21 Kreise, in die der Bezirk Marienwerder eingeteilt war – und von denen manche bis zu 36.000 Einwohner hatten –, ein Landrat. Der Landrat konnte zur Aufrechterhaltung der Ordnung die Gendarmerie einsetzen, aber da es im gesamten Königreich Preußen lediglich rund 1.300 dieser ländlichen Ordnungshüter gab, entfielen auf einen durchschnittlichen Kreis höchstens 3 oder 4.

Bei einer so dünnen Personaldecke blieb dem Staat keine andere Wahl, als die Aufrechterhaltung der Ordnung, die Führung von Akten und die Aufsicht über Wirtschaft und Handel in Zusammenarbeit mit traditionellen Eliten und Institutionen zu bewerkstelligen. Daher fielen überall in Deutschland adligen Grundherren und ihren Vertretern nach wie vor wichtige hoheitliche Aufgaben zu. In Bayern und anderswo fungierten höhere Geistliche als Schulinspektoren und eroberten so der Kirche etwas von dem Einfluß zurück, den sie durch die Zunahme staatlicher Schulen verloren hatte. In großen Teilen des Südwestens erhielten die alten Autoritäten in den ehemals freien Städten wieder ein Stück ihrer alten Autonomie, weil die neuen Herrscher die verschlungenen lokalen Verhältnisse nicht in den Griff bekamen und lokale Widerstände nicht zu überwinden vermochten. Bei allem Eifer, mit dem die Reformer die Steuerung des wirtschaftlichen und gesellschaftlichen Geschehens unter staatliche Regie zu zwingen versuchten, konnten sich vielerorts die Zünfte erhebliche Befugnisse bewahren. Es gelang den Staaten auch nicht auf Anhieb, die im ersten Jahrzehnt des Jahrhunderts hinzuerworbenen Gebiete zu integrieren. In Preußen, Bayern und Hessen-Darmstadt gab es Gebietsteile, die ihre französisch geprägten Gesetze und Einrichtungen beibehielten. Lokale Privilegien und Ausnahmeregelungen fand man auch zuhauf in Regionen wie dem ehemals schwedischen Pommern oder in Städten wie Stralsund. Selbst in unmittelbarer Nähe des Kernlandes waren Kreise und Städte möglich, in denen althergebrachte Loyalitäten und Besonderheiten sich der administrativen Kontrolle und dem einebnenden Zugriff der Zentrale widersetzten. »Wir sind nicht bloß eine Provinz«, erfuhr ein Reisender, der um die Mitte des Jahrhunderts Ostpreußen besuchte. »Wir sind ein Land.« In den meisten deutschen Staaten standen die administrativen Strukturen, wie die konstitutionellen Regelungen, weiterhin im Zeichen zahlreicher taktischer Kompromisse zwischen bürokratischer Macht und traditionellen Trägern von Autorität.

Im Vergleich zu den imposanten Verwaltungsapparaten, die sich später entwickeln sollten, waren die Verwaltungen in den deutschen Staaten des frühen 19. Jahrhunderts klein und mager ausgestattet. Gleichwohl hatte sich der Beamtenstaat unübersehbar durchgesetzt; sein jahrzehntelanger Kampf gegen die Kräfte der »herrschaftlichen Welt« näherte sich dem Ende. Fast überall im deutschsprachigen Raum nahm der Einfluß des Staates im schulischen und kirchlichen Bereich stetig zu. Im Südwesten fuhr die Beamtenschaft in ihrem Bemühen fort, die

Autonomie lokaler Gemeinwesen und berufsständischer Organisationen zu beseitigen. Selbst die preußischen Junker, deren Prestige und Privilegien tief in der Geschichte ihres Staates wurzelten, mußten erleben, wie ihre Autorität im lokalen Umfeld abbröckelte. Doch während die Bürokratie ihre Vorherrschaft über die traditionellen Träger von Autorität ausbaute, sah sie sich mit einer Garde neuer Widersacher konfrontiert, bei denen es sich zuweilen, wie im Fall der Kirche und der Aristokratie, um alte Widersacher in neuer Kampfrüstung handelte. Der Grund dafür war die Tatsache, daß mit dem Fortschritt der Verwaltungsbürokratie überall eine Tendenz zu stärkerer öffentlicher Teilhabe an der politischen Willensbildung einherging. Die engere Verbindung zwischen Untertan und Staat, die Reformer wie Montgelas angestrebt hatten, erwies sich als reziprok: Je unmittelbarer der Staat in das Leben der Menschen eingriff, desto stärker wurde das Bedürfnis der Menschen, Einfluß auf die staatliche Politik zu nehmen. Bis in die dreißiger Jahre hinein waren die auf Teilhabe drängenden Kräfte freilich eine vernachlässigbare Größe, denn ihre Organisationen standen auf ebenso wackeligen Beinen wie ihre ideologischen Programme. Manche Bürokraten waren überzeugt, diese Kräfte restlos unterdrücken zu können, andere, fortschrittlicher denkende Beamte hofften, die Verwaltung könne mit ihnen leben oder sie vielleicht sogar absorbieren. Wenn es den drei ersten Jahrzehnten des 19. Jahrhunderts gebührt, als frühe Blütezeit des Beamtenstaates eingestuft zu werden, dann nicht nur weil die Bürokratie damals entscheidende Siege über ihre alten Feinde errang, sondern auch weil ihre künftigen Widersacher sich noch nicht formiert hatten.

Energien für eine politische Teilhabe

Die meisten modernen Theoretiker sehen in der politischen Partizipation ein integrales Element der Volkssouveränität, ein Werkzeug, das den Menschen die Möglichkeit gibt, einen gewissen Einfluß auf das zu nehmen, was ihre Regierung tut. Institutionen, die eine solche Partizipation organisieren – Parteien, Organe der Meinungsbildung, Interessenverbände sowie, allen voran, parlamentarische Vertretungen –, dienen, so die Theorie, als Bindeglieder oder Kommunikationskanäle zwischen Bürger und Staat, Gesellschaft und Politik. Damit sie ihre so definierte Aufgabe erfüllen können, müssen sie frei von illegitimen Eingriffen, etwa durch Zensur oder Korruption, bleiben und für alle Bürger offen sein. Außerdem muß gewährleistet sein, daß der Staat die durch solche Kanäle übermittelten Meinungs- und Willensäußerungen zur Kenntnis nimmt und auf sie eingeht. Nicht nur in Deutschland, sondern auch in anderen europäischen Ländern ging es in den meisten konstitutionellen Auseinandersetzungen, die sich während des 19. Jahrhunderts entwickelten, um die Frage, wie eine so konzipierte politische Teilhabe in der Praxis funktionieren sollte. Welche Organisationsformen kamen dafür in Frage, wer sollte sich in ihnen engagieren? Mit welchen formellen Rechten gegenüber den anderen Staatsorganen sollten sie ausgestattet werden?

In Deutschland waren 1815 allenfalls erste theoretische und praktische Ansätze für Modelle einer politischen Partizipation vorhanden. Die meisten Deutschen interpretierten die damit zusammenhängenden Fragen damals noch im Rahmen des anhaltenden Ringens zwischen den Verteidigern lokaler Herrschaftstraditionen und den Vorkämpfern staatlicher Souveränität und zentraler Verwaltung. Jede Seite hatte ihre eigenen Vorstellungen vom Wesen und Sinn der Beteiligung am politischen Geschehen. Die Anhänger ständischer Institutionen waren der Meinung, sie solle auf lokaler Ebene, innerhalb organisierter Gruppen oder überschaubarer Gemeinwesen, stattfinden und damit deren Existenzberechtigung sichern. Aus der Warte dieser Leute war sie nicht ein unveräußerliches politisches Recht, sondern Bestandteil eines historisch gewachsenen Bündels konkreter, fest umschriebener »Freiheiten«. »Bürger« waren im Rahmen dieser Konzeption nur diejenigen, die innerhalb eines Gemeinwesens eine besondere Rolle spielten. Für die Vorkämpfer des Staates hingegen war jeder, der in einem Land lebte, per se als Staatsbürger definiert, und diese seine Eigenschaft hatte Vorrang vor allen seinen sonstigen Loyalitäten gegenüber Stadt, Dorf oder Zunft. Ähnlich wie staatliche Steuern, allgemeiner Wehrdienst und allgemeine Schulbildung, sollte auch die politische Partizipation den Menschen ein neues Zugehörigkeitsgefühl vermitteln, indem sie direkte Bezüge zwischen den Bürgern und ihrem Staat herstellte. Repräsentative Einrichtungen könnten, schrieb Karl von Rotteck 1818, einer zusammengewürfelten Gruppe von Menschen helfen, zu einem »lebendigen Ganzen« zu werden, zu einem Volk mit einem Zusammengehörigkeitsgefühl und einer übergreifenden Loyalität, die stärker wäre als lokale Bindungen und Gruppenzugehörigkeiten. Als Bürger Badens, des »künstlichsten« und heterogensten der neuen deutschen Staaten, wußte Rotteck, wie schwierig es sein würde, eine homogene Gemeinschaft von Staatsbürgern heranzuziehen.

Unter den repräsentativen Vertretungen, die es in deutschen Landen gab, fanden sich Beispiele für jedes der beiden kontrastierenden Modelle zu einer politischen Mitwirkung. Die »Landstände« in einigen Staaten waren nach Berufs- und Statusgruppen organisierte Körperschaften mit restriktiven Zulassungskriterien. Sie entsprachen ebenso dem traditionellen Modell wie die Provinzialstände, die in Preußen als Verfassungsersatz ins Leben gerufen wurden. In den konstitutionellen Staaten des Südwestens hingegen wiesen die Vertretungen eindeutige Merkmale des Kampfes um staatliche Souveränität und zentrale Verwaltung auf. In Baden zum Beispiel mußte jeder Abgeordnete des Landtages die folgende Eidesformel sprechen: »Ich schwöre Treue dem Großherzog, Gehorsam dem Gesetze, Beobachtung und Aufrechthaltung der Staatsverfassung, und in der Ständeversammlung nur des ganzen Landes allgemeines Wohl und Bestes, ohne Rücksicht auf besondere Stände oder Classen.«

In dem durch die »Karlsbader Beschlüsse« heraufbeschworenen reaktionären Klima war kein Staat, auch nicht Baden, bereit, zuzulassen, daß seine Parlamentarier nur ihren »inneren Überzeugungen« gehorchten. Überall taten die Regierungen in den zwanziger Jahren, was in ihren Kräften stand, um die Tätigkeit der Vertretungskörperschaften sorgfältig zu kontrollieren und deren Einfluß auf die Öffentlichkeit zu begrenzen. So bestand in den unteren Kammern der meisten Staaten die Vorschrift, jedem Abgeordneten einen festen Sitzplatz zuzuweisen, womit die Bildung von Fraktionen verhindert werden sollte. Die Debatten fanden unter strenger Aufsicht statt, Sitzungs- und Redeprotokolle wurden selten der Öffentlichkeit zugänglich gemacht. Minister versuchten die Aufmerksamkeit der Parlamentarier von politisch heiklen Angelegenheiten abzulenken und aus den Kammern Akklamationsorgane für die Regierung zu machen. Die 1823 eingerichteten preußischen Provinzialstände waren so zugeschnitten, daß sie nicht zu Zentren politischer Agitation werden konnten. Diese Körperschaften, die von einem staatlichen Amtsträger einberufen wurden und deren Sitzungen, von einem Angehörigen des Hochadels geleitet, oft in einem der königlichen Schlösser stattfanden, waren dazu ausersehen, der Regierung mit Rat und Hilfe beizustehen.

Wahlen, die später zum wichtigsten ritualisierten Verfahren der politischen Partizipation werden sollten, liefen bis 1848 unter strenger staatlicher Kontrolle ab. Mit Ausnahme Badens galt überall ein Klassenwahlrecht. Das bedeutete, daß einzelne Gruppen der Gesellschaft ein je eigenes Abgeordnetenkontingent wählten. Und selbst in Baden galt ein indirektes Wahlrecht, so daß zwischen den wahlberechtigten Bürgern und ihren Vertretern ein Gremium von Honoratioren stand. Das Wahlrecht hatten in allen deutschen Staaten lediglich erwachsene Männer, die bestimmte rechtliche und wirtschaftliche Voraussetzungen erfüllten. In vielen Fällen war eine Wahl eher ein Ritual zur Bestätigung der bestehenden Ordnung als ein Akt öffentlicher Willensäußerung. Wenn Wahlen unter aufmerksamer Beobachtung und Anleitung von Staatsbeamten, in einem Klima der Zensur und nach einem Modus stattfanden, der die Inhaber von Vermögen und angesehenen Namen begünstigte, war es nicht verwunderlich, daß die Wähler häufig mit Apathie und Unverständnis auf die Errungenschaft reagierten. In Königsberg erschienen zu einer lokalen Wahl im Jahr 1816 von fast 4.000 Wahlberechtigten nur 203 zur Stimmabgabe, und in Württemberg mußte eine Nachwahl ausfallen, weil die notwendige Mindestzahl von Wählern nicht erreicht wurde.

Mit einer repressiven Obrigkeit im Nacken und einer apathischen Bevölkerung vor Augen, waren nach 1819 nur noch wenige Deutsche bereit, das Risiko einer direkten Konfrontation mit ihrer Staatsführung auf sich zu nehmen. Die studentischen Burschenschaften, die nie mehr als das Sprachrohr einer kleinen, obschon leidenschaftlich engagierten Minderheit gewesen sind, ließen sich von den reaktionären »Karlsbader Beschlüssen« schnell den Schneid abkaufen. An den Universitäten, wo studentische Vereinigungen fortbestanden, waren die euphorischen Erwartungen, die in den Jahren nach 1814 die Gemüter einiger Vorkämpfer der nationalen Bewegung beseelt hatten, verflogen. Die Jahnschen Turnerbünde waren von den preußischen Behörden bereits vor der Ermordung Kotzebues aufgelöst worden. Görres und mancher Publizist waren entweder ins Ausland geflohen oder hüllten sich vorsichtigerweise in Schweigen. In den Parlamenten Südwestdeutschlands meldeten sich einige Tapfere zu Wort und forderten ein Ende der Zensur, der Adelsprivilegien und der Herrschaft ohne Rechenschaftspflicht. Aber da sie damit gewöhnlich keine Resonanz bei ihren Parlamentskollegen oder in der breiten Öffentlichkeit fanden, waren ihre Vorstöße für die Regierenden allenfalls ein wenig lästig. Als der badische Landtag 1823 mit knapper Mehrheit den Militärhaushalt ablehnte, brach der Großherzog die Sitzung einfach ab. Bei der Neuwahl zwei Jahre später sorgte die Regierung durch vielfältige Druckmittel dafür, daß bloß eine Handvoll der »Rebellen« in den Landtag zurückkehrte. Die selbstzufriedene Einschätzung eines württembergischen Staatsbeamten, der seinem König erklärte, der Landtag habe sich als der »sicherste Weg zur Beruhigung und zur Beglückung der Unterthanen« erwiesen, hätte sich auf die meisten Abgeordnetenkammern im Deutschland der zwanziger Jahre übertragen lassen.

Angesichts blockierter politischer Handlungsmöglichkeiten gab es in den Augen vieler Deutscher kaum eine andere Wahl, als sich erneut dem literarischen Leben zuzuwenden, jener, nicht ungefährlichen Sphäre der Öffentlichkeit, in der die politische Diskussion in Deutschland erstmals in Gang gekommen war. In den turbulenten Jahren zwischen 1789 und 1815 hatten sich die Horizonte der Diskussion erweitert und qualitativ beträchtlich verbessert, obwohl ihr institutionelles Fundament nicht stabiler geworden war. Die Erfahrungen von Krieg und Revolution hatten die losen Bande, die das literarische Publikum des 18. Jahrhunderts zusammengehalten hatten, eher brüchiger gemacht, als sie zu festigen. Nach 1815 und namentlich nach 1819 sagten überall im Deutschen Bund reaktionäre Regierungen der politischen Diskussion den Kampf an. Nachdem es Metternich gelungen war, die Bundesgenossen gegen angeblich subversive öffentliche Meinungen zu mobilisieren, mußte bei jeglicher öffentlichen Aktivität mit dem Eingreifen von Polizei und Zensur gerechnet werden. Vereinigungen und Debattierklubs wurden argwöhnisch beobachtet, Veröffentlichungen aufmerksam nach jedem Anflug politischer Kritik oder Opposition durchsucht.

Begrenzt wurden die polizeistaatlichen Ambitionen der Staaten allenfalls durch Mangel an Personal. Die Handhabung der Zensur erfolgte willkürlich, die polizeiliche Überwachung ungleichmäßig. An manchen Orten zogen schon geringfügige Regelverstöße amtliche Sanktionen nach sich. So wurde in Österreich ein Beamter polizeilich vorgeladen, weil seine Tochter unbekannte Musikstücke gespielt und ohne Genehmigung getanzt hatte. In anderen Fällen zeigten sich die Behörden überraschend nachsichtig. Die Zensur kümmerte sich im allgemeinen nicht um teure Bücher und wissenschaftliche Zeitschriften, in der Annahme, daß sie für und von Angehörigen der Oberschicht geschrieben waren. Dagegen bekamen die Verleger billiger Pamphlete und Zeitungen, bei denen eine Breitenwirkung und direkte Einflüsse auf das politische Geschehen zu befürchten waren, die volle Härte des Gesetzes zu spüren. Für die zwanziger und dreißiger Jahre galt, daß in den meisten deutschen Staaten die Veröffentlichung von Nachrichten, die Meinungsäußerung und Diskussion über das aktuelle Tagesgeschehen und die Verbreitung politischer Ideen – durchweg wesentliche Voraussetzungen für die Entstehung einer politisch informierten Öffentlichkeit – erheblich behindert wurden. Wer sich über die aktuelle politische Entwicklung informieren wollte, mußte sich oft mit der Lektüre theoretischer Abhandlungen begnügen, sich auf das Studium des politischen Geschehens in anderen Ländern verlegen oder aber mit dem belanglosen Tratsch Vorlieb nehmen, den Hoffmann von Fallersleben in seiner sarkastischen Ode auf den Journalismus seiner Zeit aufs Korn nahm:

>>Was haben wir heute nicht alles vernommen!
Die Fürstin ist gestern niedergekommen,
Und morgen wird der Herzog kommen,
Hier ist der König heimgekommen,
Dort ist der Kaiser durchgekommen –
Bald werden sie alle zusammenkommen –
Wie interessant! Wie interessant!
Gott segne das liebe Vaterland!<<

Beobachter waren sich darin einig, daß sich die unheilvollen Auswirkungen der Zensur am deutlichsten in Metternichs Österreich zeigten, wo sie nach dem Urteil eines Zeitgenossen eine >>Verkrüppelung der nationalen Kräfte<< erzeugten. Für einen fruchtbaren Dramatiker und Dichter wie Franz Grillparzer brachte der Überwachungsstaat Frustrationen und Demütigungen. 1819 wurde er persönlich zu Joseph Graf Sedlnitzky einbestellt, der ihm mitteilte, wie sehr sein Gedicht >>Campo Vaccino<< dem Kaiser mißfallen habe. Grillparzer hatte darin das Verblassen von Roms Größe beklagt. Vier Jahre später wurde seine Tragödie >>König Ottokars Glück und Ende<< von der Zensur verboten. Als es Grillparzer endlich gelang, den für das Verbot verantwortlichen Beamten zur Rede zu stellen, erfuhr er zu seiner Überraschung, daß an dem Stück eigentlich nichts auszusetzen sei. >>Man könne jedoch nie wissen.<< Dabei war Grillparzer alles andere als ein Rebell. Er wollte durchaus ein loyaler Untertan dessen sein, was eine Figur in einem seiner Dramen als eine von Gott eingesetzte, weise Ordnung, von den Menschen Staat genannt, bezeichnete. Doch sein Staat machte es ihm nicht leicht, loyal zu sein. »Ein östreichischer Dichter sollte höher gehalten werden als jeder andere«, schrieb Grillparzer 1829 in sein Tagebuch. »Wer unter solchen Umständen den Mut nicht ganz verliert, ist wahrlich eine Art Held.« Er verlor nie den Mut, mußte aber für sein Beharrungsvermögen einen hohen Preis bezahlen. Der Untertanengeist, klagte er einmal, habe seine Jugend zerstört.

Durch die Zensur von Informationen über ihre ureigenen Belange abgeschnitten, durch formelle Beschränkungen und informelle Einschüchterung an bedeutsamer politischer Mitwirkung gehindert, brauchten die Deutschen verständlicherweise lange, um eine klare Vision politischer Ziele und Alternativen zu entwickeln. William Jacob, der 1819 Berlin besuchte, war verblüfft darüber, welche Unsicherheit und Unklarheit der Zielvorstellungen er in den Reihen »jener gebildeten Männer, die sich das Etikett des Liberalen angeheftet haben«, antraf. Als er sie eindringlich nach ihren Lösungsvorschlägen für die politischen Probleme fragte, mußte er feststellen: »Die Antworten, die ich erhielt, brachten mich zu der Überzeugung, daß diejenigen, die am vehementesten für Veränderungen eintraten, am wenigsten über die Beschaffenheit dessen, was sie wollten, nachgedacht hatten.«

Wenn es in den ersten Jahrzehnten des 19. Jahrhunderts in Deutschland überhaupt Orte gab, an denen Menschen zusammenkamen, um über die öffentlichen Angelegenheiten zu diskutieren, waren es zumeist Kaffeehäuser und Weinstuben, Leihbüchereien oder Versammlungsstätten von Vereinen und Lesegesellschaften. Die Gespräche, die dort geführt wurden, wiesen aber oft wenig Bezüge zu den eigentlichen politischen Fragen auf und wurden zu einer leichten Beute von Satirikern wie Hoffmann von Fallersleben, der in seinem Gedicht »Café National« die politische Szene so porträtierte:

> »Und sie plaudern, blättern, suchen,
> Endlich kommt ein Resultat:
> Noch ein Stückchen Apfelkuchen!
> Zwar der Kurs steht desolat.«

Ungeachtet dessen erfüllten Klubs und Cafés einen wichtigen politischen Zweck. Die Menschen stöberten dort in entspannter Atmosphäre die Zeitungen nach Neuigkeiten durch, erörterten allgemeine politische Fragen und bauten ein Netz von Beziehungen auf, das zur Grundlage für künftiges politisches Handeln werden konnte.

Diejenigen Kräfte in Deutschland, die über die rein informelle Sphäre hinaus eine politische Öffentlichkeit herstellen und sie beeinflussen wollten, mußten ihr politisches Anliegen in der Regel hinter einer unverfänglichen Fassade verstecken. In vielen Fällen ließen sich die Behörden jedoch nicht einlullen. Als Friedrich List 1819 seinen Deutschen Handels- und Gewerbeverein ins Leben rief, um ein Sammelbecken für fortschrittliche politische und wirtschaftliche Initiativen zu schaffen, verurteilte Metternich solche Umtriebe »praktischer Revolutionäre«, die vordergründig auf eine Reform des Zollwesens, in Wirklichkeit aber auf Subversion aus seien. Mit Argusaugen beobachteten die Regierungen auch die in den zwanziger und dreißiger Jahren gegründeten Kulturvereine, die es sich zur Aufgabe machten, das Vermächtnis dieses oder jenes bedeutenden Deutschen zu pflegen, der ihrer Ansicht nach nationale Tugenden und Bestrebungen vorbildlich verkörperte. Die Schiller-, Luther-, Gutenberg- oder Dürer-Vereine mußten sich nach außen hin unpolitisch geben, doch ihr Bemühen ging eindeutig dahin, die Ideale der Burschenschaftsbewegung am Leben zu halten und auf eine nationale Einigung hinzuarbeiten. Neben einigen Berufsverbänden und wirtschaftlichen Interessengruppen waren es jene Vereine, die Pionierarbeit für erste, wenn auch noch dünnmaschige und informelle Netze leisteten, die politisch interessierten Deutschen die Chance eröffneten, Meinungen auszutauschen und sich über das eigene Gemeinwesen hinaus zu profilieren. Für die meisten Deutschen blieb die Politik in den Jahren nach 1820 jedoch lokalen Dimensionen verhaftet, durch staatliche Repression und gesellschaftliche Zersplitterung an der Erschließung weiterer Horizonte gehindert. Das Fehlen eines nationalen Zentrums, der Mangel an wirkungsvollen Vertretungskörperschaften, die Provinzialität einer zensierten Presse und der rudimentäre Zustand der Nachrichten- und Verkehrsverbindungen, all das wirkte lähmend auf die Entfaltung nationaler Bewegungen. Während die weithin bekannten politischen Persönlichkeiten aus der Reformära in den Ruhestand gingen oder verstummten, gab es in den Reihen ihrer Nachfolger nur wenige, deren Namen außerhalb der Mauern ihrer eigenen Stadt geläufig waren.

Die politische Öffentlichkeit der zwanziger Jahre des 19. Jahrhunderts stützte sich im großen und ganzen auf dieselbe gesellschaftliche Basis, die im letzten Drittel des 18. Jahrhunderts der Nährboden für eine literarische Öffentlichkeit gewesen war: auf eine Elite aus Angehörigen der gebildeten und wohlhabenden Schichten, in der Unternehmer, Beamte, Akademiker und Publizisten den Ton angaben. Die soziale Zusammensetzung der politischen Öffentlichkeit konnte von Region zu Region sehr stark schwanken. In einem Wirtschaftszentrum wie Leipzig und in den gewerblich fortgeschrittenen Städten am Rhein spielten Unternehmer eine wichtige Rolle. In den kleineren Marktorten des Nordostens dominierten eher Pfarrer, Ärzte, Apotheker oder Kaufleute. Bezeichnenderweise hatten in etlichen Vertretungskörperschaften staatliche Beamte das Sagen. Ebenso wie »Verwaltung« und »Verfassung« in den Augen vieler bürokratischer Reformer zusammengehörten, galt es den meisten als legitim, den Beamtenberuf mit der Rolle des Meinungsführers zu assoziieren. Wie tiefgreifend die politische Struktur Deutschlands vom Beamtenstaat geprägt war, zeigte sich vielleicht nirgendwo deutlicher als in der Tatsache, daß in den politischen Oppositionsbewegungen Beamte herausragten.

Richter und Zivilbeamte, Lehrer und Akademiker, Industrielle und Kaufleute tauchten in die politische Sphäre ein, weil sie überzeugt waren, mit ihren Interessen und Meinungen die politische Zukunft ihres Landes zu gestalten. Sie wollten die Kleinräumigkeit des gesellschaftlichen Lebens ebenso überwinden wie die sinnlose Gängelung der öffentlichen Meinung, die sinnlosen Privilegien einer anachronistischen Elite und die unverantwortliche Machtvollkommenheit inkompetenter Herrscher. In einer freien Gesellschaft würden sie den Sieg davontragen. Unter den Bedingungen der Meinungsfreiheit würden sich ihre Anschauungen durchsetzen. In einem nach den Grundsätzen der Vernunft regierten Staat würden sie eine unangefochtene Stellung innehaben. In diesem Sinne glaubten sie nicht bloß eine Meinung zu vertreten, sondern die nach Vernunftmaßstäben einzig mögliche Meinung. Denn die öffentliche Meinung war schließlich, wie ein Zeitgenosse es ausdrückte, nichts anderes als »die entwickelte und in Tätigkeit gesetzte Vernunft«.

In den frühen zwanziger Jahren waren viele, die sich der politischen Öffentlichkeit Deutschlands zurechneten, dazu übergegangen, sich als »Liberale« zu sehen. Den aus dem zeitgenössischen spanischen Sprachgebrauch entlehnten Begriff eigneten sich fortschrittliche Kräfte in allen europäischen Ländern an. Von Anfang an bedeutete »Liberalismus« allerdings für unterschiedliche Gruppen Unterschiedliches, wenngleich sich alle darin einig waren, daß liberal sein bedeutete, der Partei der Bewegung anzugehören, die Tyrannei zu hassen und die Freiheit zu lieben, Irrationalität zu verabscheuen und die Vernunft über alles zu stellen, gegen die Reaktion zu kämpfen und den Fortschritt zu fördern. In einer der ersten Darstellungen zur Geschichte des Liberalismus, 1823 von Wilhelm Traugott Krug herausgegeben, stand zu lesen, daß das, was »Liberalismus« genannt werde, aus dem Ringen zwischen den Verteidigern des Status quo und »dem Entwicklungstriebe der Menschheit, der eben nichts anderes ist als ein Streben nach Befreiung von örtlichen und zeitlichen Schranken«, hervorgegangen sei. Liberalismus sei Bewegung, Fortschritt, Emanzipation; seine Vorkämpfer stünden auf seiten der geschichtlichen Entwicklung.

Die überwältigende Mehrheit der Deutschen hatte mit der liberalen Bewegung nichts zu tun. Sie hörte nicht die gedämpften Stimmen, die in irgendwelchen Parlamentskammern über abgehobene Themen debattierten, sie las nicht die hochgestochenen Darstellungen, die den Inhalt der meisten Bücher und Zeitschriften bildeten, sie ging nicht in den Salons ein und aus und gehörte nicht den kulturtreibenden Vereinen an, in denen fortschrittliche Honoratioren über Politik diskutierten. Dennoch wäre es ein Fehler, diese »schweigende Mehrheit« für passiv oder unpolitisch zu halten. Ihr politisches Bewußtsein war sicher ein anderes als das der sich konstituierenden liberalen Öffentlichkeit, aber für die Geschichte der politischen Partizipation von nicht geringerer Bedeutung.

Für die meisten Deutschen war und blieb politische Teilhabe bis zur Mitte des

19. Jahrhunderts etwas, das sich im Kontext traditioneller Gemeinschaften und Gewohnheiten abspielte. Während die Liberalen ihre Energien auf den Kampf um eine bessere Zukunft richteten, ging es dem Gros der einfachen Menschen darum, altehrwürdige Normen zu verteidigen. In ihren Augen fand politisches Handeln im und für das unmittelbare Umfeld statt, im überschaubaren Raum des Dorfes, des Wohnviertels, der Zunft oder der Kirchengemeinde. Die Rechtfertigung für politisches Handeln lag für sie in Gewohnheitsrechten und überkommenen moralischen Normen, und nicht so sehr in irgendwelchen abstrakten Rechten und ideologischen Grundsätzen. Aus heutiger Warte gesehen, haftet diesem Politikverständnis etwas Unfaßbares an. Es fand seinen Niederschlag nicht in bedeutsamen theoretischen Aussagen, verabschiedeten Gesetzen oder Verfassungen. Sichtbar in Erscheinung trat es überhaupt nur in Zeiten der Krise, wenn die Gemeinschaft, durch irgendein außergewöhnliches Ereignis aufgeschreckt, zu kollektivem Handeln schritt, damit ein Eingreifen des Staates veranlaßte und so überhaupt erst den politischen Vorgang aktenkundig machte. Zielscheiben solcher politischen Aktionen waren fast immer Außenseiter, Personen oder Gruppen, die das Gleichgewicht und den kulturellen Zusammenhalt zu stören drohten, auf denen das Gemeinwesen beruhte.

Ein Beispiel für diese Art von Politik waren die Proteste in den Hungerjahren nach den napoleonischen Kriegen. Das ganze Jahr 1816 hindurch erschütterten Unruhen, das Treiben von Räuberbanden und andere Formen sozialer Gewalt etliche Teile Westeuropas. Bis zum Ende des Jahres griffen solche Turbulenzen auf die deutschen Staaten über. In Regensburg, Augsburg und München kam es zu Aufläufen zorniger Einwohner. In Mainz mußten im darauffolgenden Frühjahr Truppen zur Wiederherstellung der Ordnung eingesetzt werden. In vielen ländlichen Gegenden sah sich die Bevölkerung von Vagabunden und bewaffneten Banditen bedroht. Der Form nach ähnelten die Gewaltakte den Hungerunruhen, die unter dem alten Regime immer dann ausgebrochen waren, wenn Versorgungskrisen zu einer Verteuerung und Verknappung der Lebensmittel geführt hatten; dann hatten empörte hungernde Menschen Kaufleute, Bäcker und dergleichen angegriffen, die nach ihrer Ansicht aus der Krise Kapital schlugen.

1819 wurden die Juden zur Zielscheibe von Protesten überall im Westen Deutschlands. Die Bewegung nahm ihren Anfang an der Universität Würzburg, wo Studenten – unter dem alten Regime immer eine für Unruhe sorgende Gruppe – einen Professor attackierten, der sich in seinen Schriften für die Rechte der Juden eingesetzt hatte. Persönliche Übergriffe gegen Juden schlossen sich rasch an und weiteten sich auf mehrere Städte aus, vor allem auf Frankfurt, wo die Tumulte eine Größenordnung erreichten, die den Einsatz von Truppen des Deutschen Bundes notwendig erscheinen ließ. Im Zuge dieser »Hepp-Hepp«-Unruhen – benannt nach den Kommandos, mit denen man den Juden Beine machte – ließen sich Studenten, Handwerker und Bauern zu einer Welle irrationaler Gewalt hinreißen, deren treibendes Motiv eine Kombination aus uralten sozialen und religiösen Ressentiments und den unmittelbaren Problemen der Nachkriegsjahre war. Metternich fand 1819 jene »Ausbrüche der vulgären Masse« zutiefst beunruhigend.

Trotz aller staatlichen Unterdrückungsversuche gingen die Massenproteste das ganze nächste Jahrzehnt hindurch weiter. Richard Tilly hat allein aufgrund der Berichte in der »Augsburger Allgemeinen Zeitung« für die Zeit zwischen 1820 und 1829 nicht weniger als 29 größere Vorfälle gezählt. An 13 Tumulten waren Studenten beteiligt; bei 9 handelte es sich um religiöse Konflikte; bei 3 um soziale und wirtschaftliche Fragen; bei 4 konstatiert Tilly eine politische Veranlassung. Eine solche Klassifizierung hat zwangsläufig etwas Willkürliches, da sich die meisten Unruhen in Gemeinwesen ereigneten, die keine klare Unterscheidung zwischen gesellschaftlichem Zusammenhalt, religiöser Identität und politischem Interesse machten; ihr kollektives Handeln speiste sich oft aus allen derartigen Quellen.

Wie für vieles in der ersten Hälfte des 19. Jahrhunderts, galt auch für die Beteiligung am politischen Geschehen in den deutschen Ländern, daß sie eine Mixtur aus herkömmlichen und modernen Elementen war. Es fanden sich in ihr sowohl späte Äußerungsformen eines traditionellen Gemeinsinnes als auch erste Anzeichen eines ideologischen Bewußtseins. Bis zum Ende der zwanziger Jahre stellte indes keine Form der politischen Partizipation eine ernsthafte Bedrohung für die bestehende Ordnung dar. Äußerungen öffentlichen Protestes blieben sporadisch und regional isoliert. Wo es eine ideologisch motivierte Opposition gab, war sie in der Gesellschaft kaum verankert und hatte kein institutionelles Profil. Dies begann sich seit 1830 zu ändern, dem Jahr, in dem eine neue Welle von Unruhen die Grenzen der Restaurationspolitik aufzeigte. Das Jahrzehnt nach den Revolutionen von 1830 brachte eine erhebliche Stärkung der auf Teilhabe drängenden Kräfte. Die Äußerungen des Protestes wurden heftiger. Die politische Öffentlichkeit gewann an Selbstvertrauen und Durchschlagskraft.

Wachstum und Stagnation in der deutschen Gesellschaft

Friedrich Engels wuchs in seiner Geburtsstadt Barmen auf, einem schnell wachsenden Industriezentrum im Tal der Wupper, nicht weit östlich von Düsseldorf. Die Vorfahren der Familie hatten seit dem 16. Jahrhundert in der Gegend gelebt, erst als Bauern, dann als erfolgreiche Textilfabrikanten. Wie viele ihrer Nachbarn, waren sie fromme Calvinisten und verbanden geschäftlichen Fleiß mit intensiver Religiosität. Das Familienunternehmen Engels unterhielt ein wirtschaftliches Beziehungsnetz, das weit über das Wupper-Tal hinausreichte. Auf der Suche nach Rohstoffen, Märkten und Kapital knüpfte es Kontakte nach Holland, Großbritannien und Übersee. 1837 eröffnete Friedrichs Vater eine Spinnerei in Manchester, dem Epizentrum der neuen industriellen Ordnung. Der junge Friedrich wurde hier, nach mehreren Fehlstarts im engeren Umkreis Barmens, 1842 im väterlichen Geschäft tätig. Seine Beobachtungen in Manchester bildeten die Grundlage für sein 1845 veröffentlichtes Buch »Die Lage der arbeitenden Klassen in England« und für sein lebenslanges Bestreben, die Emanzipation der Arbeiterklasse zu fördern.

Aus der Perspektive des Industrielandes Großbritannien gesehen, empfand Engels das gesellschaftliche und wirtschaftliche Leben in Deutschland als bedrückend rückständig. In einem Aufsatz über den »Status quo in Deutschland«, den er im Frühjahr 1847 schrieb, bemängelte er, daß in allen deutschen Staaten das Land über die Städte und die Landwirtschaft über Handel und Gewerbe herrsche. Die zur Verfügung stehenden Indikatoren bestätigen Engels' Einschätzung der deutschen Rückständigkeit. Exemplarisch sei das an einigen Produktions- und Verbrauchsgrößen gezeigt: Nimmt man den jeweiligen britischen Vergleichswert mit 100 an, so lag die deutsche Roheisenproduktion 1830 bei 10, 1850 bei 6, die Erzeugung von Baumwollgarn 1840 bei 5, 1850 bei 7, die von Wollgarn 1830 bei 15, 1850 bei 29, und die von Kohle 1820 bei 6, 1850 bei 7.

Diese pauschalen Werte vermitteln einen recht guten Eindruck davon, wie die britische und die deutsche Volkswirtschaft sich in der ersten Hälfte des 19. Jahrhunderts zueinander verhielten. Das Leben der Menschen läßt sich freilich mit Pauschalzahlen nicht beschreiben; es spielt sich innerhalb konkreter Gemeinschaften ab, deren jede ihre eigene Mischung aus Innovation und Rückständigkeit aufweist. Aus nächster Nähe betrachtet, offenbaren die sozialen und wirtschaftlichen Gegebenheiten in Deutschland einen sehr viel komplexeren Charakter. In der Nahsicht auf die lokalen Verhältnisse fällt nicht so sehr die Rückständigkeit ins Auge als das Nebeneinander dynamischer und stagnierender Regionen, Gruppen und Wirtschaftsunternehmen. Die Engels' mit ihrer Fabrik in Manchester und ihren internationalen Kontakten lebten Tür an Tür mit Nagelschmieden und Eisenwarenhändlern, die ihre Produkte lediglich innerhalb des

Eröffnung der ersten Zwei-Kammer-Ständeversammlung Bayerns am 4. Februar 1819.
Lithographie von Lorenz und Domenico Quaglio, 1819. München, Stadtmuseum

Zuschauer der Parade des Kürassierregiments des russischen Großfürsten Nikolaus vor seinem
Schwiegervater Friedrich Wilhelm III. auf dem Opernplatz zu Berlin im Jahr 1822: der
Theaterfriseur Warnecke neben dem Sänger Blume und seiner Begleiterin vor den Herren
Schadow, Schinkel und Rauch. Aus dem Gemälde von Franz Krüger, 1824–1829. Berlin,
Staatliche Museen Preußischer Kulturbesitz, Nationalgalerie

eigenen Gemeinwesens verkauften. Kapitalistisch wirtschaftende Landwirte, die auf Ertragssteigerung und Export aus waren, koexistierten mit Kleinbauern, die kämpfen mußten, um ihrem Boden das Notwendige für ihre Existenz abzutrotzen. In den hoch über dem Rhein-Tal gelegenen Dörfern arbeiteten die Menschen in den Weinbergen, wie sie es schon vor Jahrzehnten getan hatten, während drunten auf dem Fluß die ersten Dampfschiffe die kommende Revolution im Transportwesen ankündigten. Berlin gehörte zu den am schnellsten wachsenden Städten Europas, während in anderen deutschen Städten noch jeden Abend die Stadttore verriegelt wurden und die Bewohner sich gegen die Außenwelt abschirmten. Engels war scharfsichtig genug zu erkennen, daß diese Kontraste einen Teil dessen ausmachten, was er die »Misere des deutschen Status quo« nannte. Sie bestehe »hauptsächlich darin, daß keine einzige Klasse bisher stark genug gewesen ist, ihren Produktionszweig zum nationalen Produktionszweig par excellence, und damit sich selbst zur Vertreterin der Interessen der ganzen Nation aufzuwerfen. Alle Stände und Klassen, die seit dem zehnten Jahrhundert in der Geschichte aufgetaucht sind, Adel, Leibeigne, Fronbauern, freie Bauern, Kleinbürger, Gesellen, Manufakturarbeiter, Bourgeois und Proletarier, existieren neben einander.«

Ein solches Maß an sozialer Vielfalt ist sicher in der Geschichte nicht einmalig. Zu jeder Zeit und in jeder Gesellschaft koexistieren alte und neue Gruppen und Institutionen; zu fortschrittlichen Impulsen gesellen sich stets auch Kräfte der Stagnation. Es gibt aber geschichtliche Zeiträume, in denen das Mit- und Gegeneinander von alt und neu eine besondere Intensität zu gewinnen scheint, in denen alle Dinge – Werte, Ideen, Sitten und Gebräuche, Institutionen – in den Sog zweier entgegengesetzter Schwerefelder zu geraten scheinen. In solchen Zeiten beklagen manche Leute den Niedergang einer alten Welt, während andere sehnlichst die Niederkunft einer neuen erwarten. Dann fühlen sich die Hüter der Tradition besonders bedroht, sind die Vorkämpfer des Neuen zutiefst frustriert. In dieser Verfassung befand sich Deutschland zwischen der napoleonischen Ära und den Revolutionen vor der Jahrhundertmitte.

Leben im Wandel

Bei Autoren des 19. Jahrhunderts findet man oft eine Gegenüberstellung: einerseits die Stabilität der traditionellen Gesellschaft, andererseits das turbulente Geschehen in der Welt um sie herum. In Wirklichkeit ist die traditionelle Gesellschaftsordnung alles andere als stabil gewesen: Marodierende Truppen, Seuchen, Mißernten und private Katastrophen aller erdenklichen Art bedeuteten Gefahren, denen die Menschen wehrlos ausgesetzt waren. Über weite Strecken der europäischen Vergangenheit mußten die Menschen mit Risiken leben, die für Bürger einer modernen Gesellschaft westlichen Typs unfaßbar erscheinen. Der entscheidende Unterschied zwischen der traditionellen und der modernen Welt bestand nicht in größerer oder geringerer Stabilität, sondern in den Größenordnungen. In modernen Staaten entwickelt sich alles in schnellerem Tempo, sind die Dimensionen des Wandels breiter und umfassender. Streitkräfte, Großstädte, Industrieunternehmen, Universitäten, Behörden wuchsen im Verlauf des 19. Jahrhunderts so rasant, daß daraus etwas wurde, das sich qualitativ von der jeweiligen prämodernen Vorform unterschied. Zugleich veränderten sich die Institutionen und die ihnen zugrundeliegenden Ideen und Gewohnheiten rascher als je zuvor. Die Veränderungen und ihre Folgen ließen nichts im Leben unbeeinflußt. In den traditionellen europäischen Gesellschaften hatten die Menschen in einer Welt voller Bedrohlichkeiten, aber auch voller langfristiger Kontinuität gelebt, und wenn sie überlebten, konnten sie davon ausgehen, daß die Zukunft ziemlich genau so sein würde wie die Gegenwart. Für die Bürger moderner Gesellschaften gilt das Umgekehrte. In einem allmählichen, schmerzhaften Prozeß errangen sie ein gewisses Maß an Kontrolle über ihr individuelles Dasein, lebten aber in einer Welt, in der sich permanent grundlegende, unausweichliche Veränderungen vollzogen. Es ist kein Zufall, daß das 19. Jahrhundert die große Ära historischer Analysen war, in bezug sowohl auf die Erforschung der Menschheits- als auch auf das Studium der Naturgeschichte.

Ein zentraler Faktor für die explodierenden Größenordnungen in der modernen Gesellschaft war die demographische Revolution, die um die Mitte des 18. Jahrhunderts einsetzte. Mit Blick auf eine derart bedeutsame Entwicklung gerät man bei der Frage nach Ursache und Wirkung in ein Labyrinth. Die in der Geschichte ihresgleichen suchende europäische Bevölkerungsexplosion war zugleich Resultat grundlegender Veränderungen des gesellschaftlichen und wirtschaftlichen Lebens und treibende Kraft für weitere Umwandlungsprozesse. Von der anschwellenden demographischen Flut unterspült, begannen die introspektiven Institutionen der traditionellen Gesellschaft einzuknicken. Auf den Schlachtfeldern, innerhalb der Mauern ihrer Städte und in berufsständischen Organisationen wie den Zünften mußten die Europäer mit dem Ansturm von weit mehr Menschen fertig werden, als sie nach gewohnten Regeln sicher unterbringen konnten. Die Folge war eine grundlegende Neuorientierung der institutionellen Strukturen in allen Teilen der gesellschaftlichen und politischen Ordnung.

Die deutschen Kernlande – bestehend aus dem Deutschen Bund von 1815 und den außerhalb seiner Grenzen gelegenen preußischen Provinzen –, die 1816 rund 32,7 Millionen Einwohner hatten, wuchsen bis 1865 auf 52,2 Millionen; das war eine Zunahme von etwa 60 Prozent. Im selben Zeitraum erhöhte sich die Bevölkerungsdichte, gemessen in Einwohnern pro Quadratkilometer, in Preußen von 38 auf 71, in den Staaten des Deutschen Bundes, ohne Österreich, von 49 auf 78 und in Österreich von 47 auf 71. Für die Gesamtheit der Gebiete, die 1871 zum Deutschen Reich zusammengeschlossen werden sollten, läßt sich errechnen, daß sie zwischen 1817 und 1865 in jedem Jahr einen Überschuß der Geburten über die Todesfälle verzeichneten, der jedoch stark variierte: zwischen einem Maximum von 17,9 vom Tausend 1821 und einem Minimum von 4,1 im Jahr 1855. Die durchschnittliche jährliche Wachstumsrate der Bevölkerung für den Deutschen Bund, einschließlich ganz Preußens, lag bei 0,94 Prozent. Solche Wachstumsraten waren schon früher in der europäischen Geschichte erreicht worden, jedoch ohne langfristig anzudauern. Michael Flinn hat erkannt: »Das Neue am 19. Jahrhundert war nicht so sehr das hohe Niveau der Wachstumsrate als die Tatsache, daß es praktisch ungehindert wirksam werden konnte.«

Daß die demographische Revolution nicht auf einer einzigen Ursache beruhte, kann nicht überraschen. In demographische Daten fließen schließlich die Entscheidungen und Schicksale von Millionen Menschen ein. Man sollte daher solchen Erklärungen mit Mißtrauen begegnen, die sehr stark auf politische Ereigniszusammenhänge wie die preußischen Reformen abheben, oder auch auf bestimmte sozioökonomische Prozesse wie die Industrialisierung. Demographische Trends lassen sich unter den Bedingungen der Moderne nur als Resultat vielgliedriger, kumulativer Entwicklungen im Ernährungs- und Gesundheitswesen, im Produktions- und Distributionsbereich sowie in Politik und Kultur interpretieren. Für sich allein führten Fortschritte in jedem dieser Bereiche allenfalls zu einer geringfügigen Steigerung der Lebens- und Reproduktionschancen, doch zusammen bewirkten sie einen durchgreifenden Wandel in der Lebensqualität und im Charakter der Gesellschaft.

Gemessen am Standard des 20. Jahrhunderts war die Lebenserwartung im 19. Jahrhundert niedrig. Mißernten wie die von 1816 oder Versorgungs- und Handelskrisen wie die von 1846/47 konnten für hohe Ausschläge der Sterblichkeitsrate nach oben sorgen, Seuchen nach wie vor ohne Vorwarnung hereinbrechen. Die Cholerawelle, die 1831 Hegel und Clausewitz dahinraffte, erfaßte vielleicht ein Prozent der Gesamtbevölkerung Mitteleuropas. In Wien infizierten sich zwischen dem Sommer 1831 und dem darauffolgenden Frühjahr rund 4.300 Personen, und fast 2.200 von ihnen starben an der Seuche. Das gesamte 19. Jahrhundert war reich an erschütternden Geschichten über vom Tod heimgesuchte Familien. So bekamen die Eltern des Komponisten Michael Dierner nach ihrer Eheschließung im Jahr 1861 sieben Kinder; davon starben zwei im Säuglingsalter und zwei an Diphtherie, eines mit drei und eines mit neun Jahren. Der 1840 geborene August Bebel verlor erst seinen Vater, dann seine Mutter und seinen Stiefvater, die alle drei Opfer der Schwindsucht wurden. Seine Schwester starb kurz nach ihrer Geburt, ein Bruder mit drei, ein anderer mit achtzehn Jahren. Ludwig Windthorst und seine Frau hatten acht Kinder, vier von ihnen starben als Säuglinge, eines mit elf Jahren, zwei in ihrem dritten Lebensjahrzehnt; nur eines ihrer Kinder erreichte wenigstens ein mittleres Alter. Die durchschnittliche Säuglingssterblichkeit bot ein erschütterndes Bild.

*Todesfälle im ersten Lebensjahr pro tausend Lebendgeburten 1821–1850
(nach Fischer, Arbeitsbuch)*

	Preußen	Sachsen	Bayern
1821–1830	174	–	284
1831–1840	183	266	296
1841–1850	186	261	297

So schleppend die Fortschritte im Kampf gegen Seuchen und Kindersterblichkeit waren, gab es doch hier und da kleinere Erfolge. In einigen Ländern tat die Verwaltung erste tastende Schritte in Richtung auf eine Verbesserung der medizinischen Versorgung und der hygienischen Verhältnisse. Fortschritte in Grundlagenforschung und klinischen Verfahren versetzten die Ärzte in die Lage, die eine oder andere Infektionskrankheit zu diagnostizieren und zu therapieren. Die Zahl der verfügbaren Krankenhausbetten stieg. Man sollte keiner dieser Entwicklungen zu viel Gewicht beimessen, aber jede von ihnen dürfte einen kleinen Beitrag zur Stabilisierung der Sterblichkeitsraten geleistet haben. Nach 1800 führten selbst die schwersten Krisen und Katastrophen nicht mehr zu einer Umkehrung des demographischen Wachstumsprozesses. Die in den Jahren 1816, 1831 und 1847 erreichten Gipfel in der Sterblichkeitsstatistik blieben hinter denen zurück, die Pestausbrüche und Hungersnöte vor 1750 bewirkt hatten. Die Sterblichkeitsziffern verringerten sich zumindest in manchen Regionen merklich: im Hannoverschen zum Beispiel von 29,4 Todesfällen im Jahr pro 1.000 Bewohner am Ende des 18. Jahrhunderts auf 26,3 in den dreißiger Jahren des 19. Jahrhunderts. Hand in Hand damit ging ein allmählicher Anstieg der durchschnittlichen Lebenserwartung: Während ein 1816 in Preußen geborener Knabe eine statistische Lebenserwartung von 26,5 Jahren, ein Mädchen von 28,7 Jahren hatte, lagen die entsprechenden Durchschnittswerte 1865–1867 bereits bei 32,4 beziehungsweise 34,9 Jahren.

Die meisten Forscher sind sich darüber einig, daß der Rückgang der Sterblichkeitsrate in stärkerem Maße als Veränderungen der Fruchtbarkeit für das Bevölkerungswachstum im 19. Jahrhundert verantwortlich war. Aus den von W. R. Lee ausgewerteten lokalen Untersuchungen geht hervor, daß die Anzahl der Geburten sich zwischen der Mitte des 18. und der Mitte des 19. Jahrhunderts nicht erhöhte. Wie die Tabelle zeigt, gab es in dieser Zeit keine nennenswerte Veränderung in bezug auf die durchschnittliche Kinderzahl pro Ehe. In Preußen ging der Anteil der Verheirateten an der Gesamtbevölkerung zwischen 1816 und 1861 von 36,2 auf 32,8 Prozent zurück. Das Heiratsalter blieb weiterhin hoch. In Preußen lag in den späten sechziger Jahren des 19. Jahrhunderts das Durchschnittsalter der Erstheiratenden bei 27,9 Jahren. Dabei bestanden einige ausgeprägte regionale Abweichungen vom Durchschnitt, doch im großen und ganzen scheint die Kinderzahl pro Ehe ziemlich konstant geblieben zu sein.

Durchschnittliche Kinderzahl pro Ehe in den vierziger und fünfziger Jahren des 19. Jahrhunderts (nach Harnisch, Probleme)

	1841–1850	1851–1860
Württemberg	5,1	5,4
Bayerische Pfalz	4,9	4,8
Baden	4,6	4,8
Pommern	4,2	4,4
Ostpreußen	3,8	4,2

Die drastischste Veränderung, die sich in Deutschland wie im übrigen Europa hinsichtlich der Fruchtbarkeit vollzog, war der Anstieg der unehelichen Geburten auf ein nie gekanntes Maß. Nach den Erkenntnissen von acht lokalen Untersuchungen sind vor 1750 nur 2,5 Prozent aller lebend geborenen Kinder unehelich gewesen; bis 1790 stieg dieser Anteil auf 3,9 und bis 1820 auf 11,9 Prozent. Die zusammengefaßten Zahlen für das Gebiet des Deutschen Bundes deuten darauf hin, daß der hohe Anteil unehelicher Geburten bis zum Jahrhundertende konstant blieb. Im Jahr 1841 waren von 1.151.794 lebend geborenen Kindern 128.713, also 11,2 Prozent unehelich; 1866 waren es 184.075, also 12,6 Prozent von 1.456.707. Kaum nötig zu erwähnen, daß diese Entwicklung viele Beobachter mit Besorgnis erfüllte. Ein Beamter im Oberfränkischen äußerte 1833 die Klage, daß auf dem Lande ein Mädchen, das sich seine jungfräuliche Unschuld bis zum zwanzigsten Lebensjahr bewahre, als Sonderfall gelte und von seinen Mitmenschen dafür keineswegs besondere Achtung erwarten könne. Die Gründe für den scheinbaren Niedergang der Sexualmoral suchten die Deutschen, je nach Wertesystem und politischer Sympathie, in der Verstädterung, der Industrialisierung, der Säkularisierung oder der Demokratie. In Wirklichkeit ging ein großer Teil der unehelichen Geburten auf das Konto der rechtlichen und materiellen Heiratserschwernisse, mit denen sich viele junge Menschen konfrontiert sahen. Es besteht eine eindeutige Korrelation zwischen dem Anteil unehelicher Geburten und dem Vorhandensein rechtlicher Hindernisse für Heiratswillige, wie mehrere Staaten sie in dem vergeblichen Bemühen errichtet hatten, das Bevölkerungswachstum im Griff zu behalten. Eine nicht unbeträchtliche Anzahl der unehelichen Kinder wuchs daher wohl in ziemlich stabilen familiären Verhältnissen auf, mit Eltern, die nicht gesetzlich heiraten konnten, aber einen gemeinsamen Hausstand zu führen versuchten. In den Fällen, bei denen die Eltern nicht fähig oder nicht willens waren, für unehelich geborene Kinder zu sorgen, drohte den Neugeborenen, wie aus den Daten über ihre Sterblichkeitsquote deutlich hervorgeht, ein bitteres Los. Die durchschnittliche Säuglingssterblichkeit bei unehelich geborenen Kindern lag in den siebziger Jahren des 19. Jahrhunderts bei 345 pro 1.000 Geburten, gegenüber 192 bei ehelich Geborenen. Betrachtet man die größeren Städte für sich allein, in die sitzengelassene und mittellose schwangere Frauen oft abwanderten, um ihr Kind in der Anonymität auszutragen, so erscheinen die Zahlen noch schockierender. In Berlin überlebte fast die Hälfte der unehelich geborenen Knaben und Mädchen das erste Lebensjahr nicht.

Für die Zeit nach dem Wiener Kongreß bis in die Revolutionsjahre gilt, daß alle demographischen Indikatoren starke Schwankungen von Region zu Region zeigen. Die Diversität offenbart sich insbesondere auch in der Bevölkerungsentwicklung der einzelnen Staaten. Diese Daten zeugen von einer Umverteilung der Einwohnerschaft Deutschlands aus den nordwestlichen, südlichen und südöstlichen Gebieten in den Nordosten und ins Rheinland. Sie deuten auf eine augenfällig werdende Entwicklung: auf die relative Zunahme der wirtschaftlichen Kraft und der Bevölkerung Preußens innerhalb des deutschsprachigen Raumes und namentlich gegenüber den Mittelstaaten des Südwestens sowie gegenüber der Habsburger Monarchie.

Bevölkerungswachstum in 1.000 in den deutschen Staaten 1816 und 1865
(nach Köllmann/Kraus, Quellen)

	1816	1865	Wachstum in Prozent
Baden	1.005,8	1.429,2	42
Bayern	3.560,0	4.814,7	35
Württemberg	1.410,3	1.752,0	24
Kurhessen	567,8	754,1	33
Hessen-Darmstadt	587,9	854,3	45
Hannover	1.328,3	1.927,8	45
Sachsen	1.192,7	2.354,0	97
Preußen	10.349,0	19.445,0	88

Bevölkerungswachstum (in 1.000) in den einzelnen Regionen 1816 und 1865 (nach Köllmann/Kraus, Quellen; Elster, Handwörterbuch; Nipperdey, Geschichte)

	1816	1865	Wachstum in Prozent
Deutscher Bund	30.446,0	47.689,0	56
Preuß. Gebiete	8.093,0	14.785,0	83
Österr. Gebiete	9.290,0	13.865,0	49
Bayern, Baden, Württemberg	5.976,1	7.995,9	34
Hessen-Darmstadt, Kurhessen, Nassau, Waldeck, Frankfurt	1.557,9	2.225,3	43
Thüring. Fürstentümer, Sachsen, Anhalt	2.013,1	3.585,2	78
Hannover, Braunschweig, Mecklenburg, Hamburg, Bremen, Lübeck	2.166,8	3.297,1	52
Königreich Preußen	10.349,0	19.445,0	88
Habsburger Monarchie (mit Angaben für 1810 und 1860)	25.500,0	34.790,0	36

Während die regionalen Verschiebungen mit Sicherheit politische Auswirkungen zeigten, steht nicht fest, ob sie politische Ursachen hatten. Da gab es zum einen Diskrepanzen innerhalb der Staaten, die oft ebenso gravierend waren wie die zwischen ihnen. In Preußen beispielsweise, dessen Gesamtbevölkerung zwischen 1816 und 1865 um rund 88 Prozent wuchs, verbuchte die Provinz Westpreußen eine Zuwachsrate von 121 Prozent, die Provinz Westfalen hingegen nur 57 Prozent. Noch ausgeprägter waren die regionalen Unterschiede im Königreich Sachsen. Als sich gegen Mitte des 18. Jahrhunderts in den südwestlichen Teilen des Staates, in der Umgebung von Glauchau, Chemnitz und Zwickau und in der südlichen Oberlausitz ein ländliches Manufakturwesen entwickelte, führte das zu einem erheblich dynamischeren Bevölkerungsanstieg in diesen Landesteilen als in den übrigen, weiterhin rein agrarisch geprägten Gebieten Sachsens. Dieses Verteilungsmuster blieb bis weit ins 19. Jahrhundert hinein erhalten, mit der Folge, daß etwa der Bezirk Glauchau 1834 mit 177 Einwohnern pro Quadratkilometer eine mehr als dreimal so große Bevölkerungsdichte aufwies wie die Bezirke Großenhain und Kamenz; damit kam er erheblich über den sächsischen Durchschnittswert von 106 Einwohnern pro Quadratkilometer. Manche regionalen Diskrepanzen resultierten aus Unterschieden in den Fruchtbarkeits- und Sterblichkeitsraten. So lag zum Beispiel der durchschnittliche Überschuß der Geburten über die Todesfälle zwischen 1816 und 1840 in ganz Preußen bei 11,9, in Westpreußen bei 13,6, in Westfalen bei 9,5 und in Berlin bei 3 pro Tausend. Für kürzere Zeiträume aufgeschlüsselt, erscheinen die Unterschiede noch krasser.

Zwischen 1821 und 1825 betrug der Geburtenüberschuß für Preußen als Ganzes 16,32, für Westpreußen 22,98, für Westfalen 12,92 und für Berlin 6,42 pro Tausend. Je genauer man die unmittelbare Lebensumwelt der Menschen in Augenschein nimmt, desto deutlicher erkennt man, auf welche Weise bestimmte soziale, wirtschaftliche und politische Bedingungen die Bereitschaft und Fähigkeit zu Heirat und Fortpflanzung beeinflußten.

Demographische Trends (jährlich pro 1.000 Einwohner) in fünf preußischen Verwaltungsbezirken 1801–1855 (nach Harnisch, Probleme)

	Geburten durch Mütter zwischen 15 und 45 Jahren	Todesfälle
Münster		
1803/04	28,1	22,6
1816–1828	31,1	23,5
1829–1840	30,0	25,4
1841–1855	29,5	24,0
Aurich		
1801–1805	36,0	23,3
1826–1828	31,7	24,7
1829–1840	31,5	20,9
1841–1855	31,6	19,1
Lüneburg		
1826–1828	32,3	21,7
1829–1840	30,2	22,5
1841–1855	30,6	22,2
Osnabrück		
1826–1828	33,3	22,5
1829–1840	32,8	23,0
1841–1855	29,8	22,1
Köslin		
1816–1828	44,2	25,0
1829–1840	40,4	25,5
1841–1855	40,0	24,7

Ein weiterer Faktor, der den Bevölkerungsanstieg erheblich beeinflußte, war die Zu- beziehungsweise Abwanderung. Die Städte brauchten nach wie vor Neubürger, um im Wachstum mit den ländlichen Gebieten Schritt zu halten. So waren von den 26.000 Einwohnern, um die Köln zwischen 1835 und 1849 wuchs,

14.000 anderswo geboren. Die Zahlen für Berlin verraten, daß die Zuwanderung ihre relative Bedeutung für das Wachstum der Stadt auch dann noch behielt, als die natürliche Bevölkerungsentwicklung sich günstiger gestaltete. Im Gesamtdurchschnitt verzeichneten die preußischen Städte in den fünfziger Jahren des 19. Jahrhunderts ein jährliches Wachstum in Höhe von 1,55 Prozent; davon resultierten 0,74 Prozent aus dem Geburtenüberschuß, 0,63 Prozent aus der Zuwanderung und 0,24 Prozent aus der Eingemeindung angrenzender Kommunen. Mindestens bis zur Mitte des 19. Jahrhunderts galt, daß die Migration zwischen ländlichen Gebieten eine nicht weniger wichtige Rolle spielte als die Abwanderung vom Land in die Städte. In Preußen entfielen vor 1850 einige der größten Zuwanderungsgewinne auf die agrarischen Provinzen Ostpreußen, Westpreußen und Schlesien, die auf Umsiedler eine ähnlich hohe Anziehungskraft ausübten wie Berlin.

Zuwanderung (in 1.000) in drei preußischen Provinzen und in Berlin 1816–1852 (nach Fischer, Arbeitsbuch)

	1816–1825	1826–1834	1835–1843	1844–1852
Ostpreußen	+ 73	+ 1	+ 62	− 9
Westpreußen	+ 38	+ 31	+ 55	+ 13
Schlesien	+ 75	+ 37	+ 162	− 7
Berlin	+ 12	+ 36	+ 74	+ 61

Die Untersuchungen Karlheinz Blaschkes zu Sachsen zeigen, wie die Migrationsbewegungen mit anderen Entwicklungen in Wechselwirkung traten. Wirtschaftlich fortgeschrittene Gebiete zogen Zuwanderer an, zumeist aus den rein agrarischen Regionen Sachsens, Preußens oder Österreichs, aber in Zeiten wirtschaftlichen Rückgangs kehrten viele dieser Migranten in ihre Heimat zurück. Betrachtet man das gesamte deutschsprachige Europa, so ergibt sich, daß die bedeutsamsten Abwanderungsverluste die »überfüllten« bäuerlichen Landstriche Südwestdeutschlands trafen, in denen sich keine ländlichen oder städtischen Gewerbestrukturen entwickelten, die es ermöglicht hätten, den Bevölkerungsdruck zu kompensieren. Baden sowie Württemberg verzeichneten zwischen 1826 und 1865 beträchtliche Wanderungsdefizite; sie erreichten ihren Höhepunkt zu Beginn der fünfziger Jahre mit einer durchschnittlichen jährlichen Abwanderungsrate von 14,85 Prozent in Baden und 20,38 Prozent in Württemberg.

Der Südwesten bestritt auch den relativ größten Teil der deutschen Auswanderung nach Übersee. Die Daten zur Auswanderung sind für die Zeit bis 1830 zwar sehr lückenhaft, doch es steht fest, daß nach der Mißernte von 1816, die die Lebensmittelpreise in die Höhe trieb, Tausende Deutsche, zumal aus Baden und

Die durchschnittliche jährliche Auswanderung nach Übersee 1816 bis 1850 (Jutta Wietog nach Marschalck 1973 und 1984, Köllmann 1965 und 1980, von Hippel)

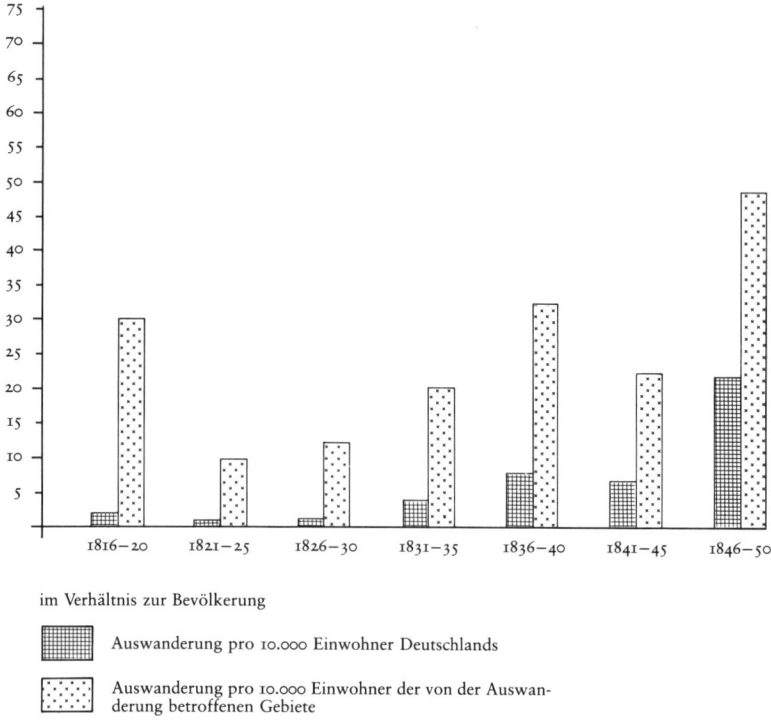

im Verhältnis zur Bevölkerung

Auswanderung pro 10.000 Einwohner Deutschlands

Auswanderung pro 10.000 Einwohner der von der Auswanderung betroffenen Gebiete

Württemberg, den Weg in die Emigration wählten; die meisten versuchten es, indem sie sich rheinabwärts nach Amsterdam durchschlugen, in der Hoffnung, dort eine Überfahrt nach Amerika zu ergattern. Einer Schätzung zufolge gelangten von den 50.000 Badenern, die 1816/17 gen Übersee aufbrachen, rund 15.000 nach Nordamerika, mithin 1,66 Prozent der badischen Bevölkerung. Der Mehrzahl der frühen Auswanderer war ein trauriges Los beschieden. Betrogen und ausgenützt, kehrten etliche von ihnen in schlechterer Verfassung zurück, als sie aufgebrochen waren. Von denen, die es bis Nordamerika geschafft hatten, endeten viele als quasi-leibeigene Pächter oder armselige Hilfsarbeiter. Als sich deren Schicksal herumsprach und gleichzeitig die wirtschaftliche Lage in der Heimat besserte, führte dies in den frühen zwanziger Jahren zu einem merklichen Rückgang der Auswanderung nach Übersee. Gegen Ende des Jahrzehnts nahmen die Auswandererzahlen jedoch wieder zu und gingen bis Mitte der fünfziger Jahre weiter nach oben, obwohl mit ungleichmäßiger Tendenz. Wie für alle anderen bedeutsamen demographischen Trends, gilt auch für die Auswanderung, daß sie nicht auf einer einzelnen Ursache beruhte. Mißernten und steigende Lebensmit-

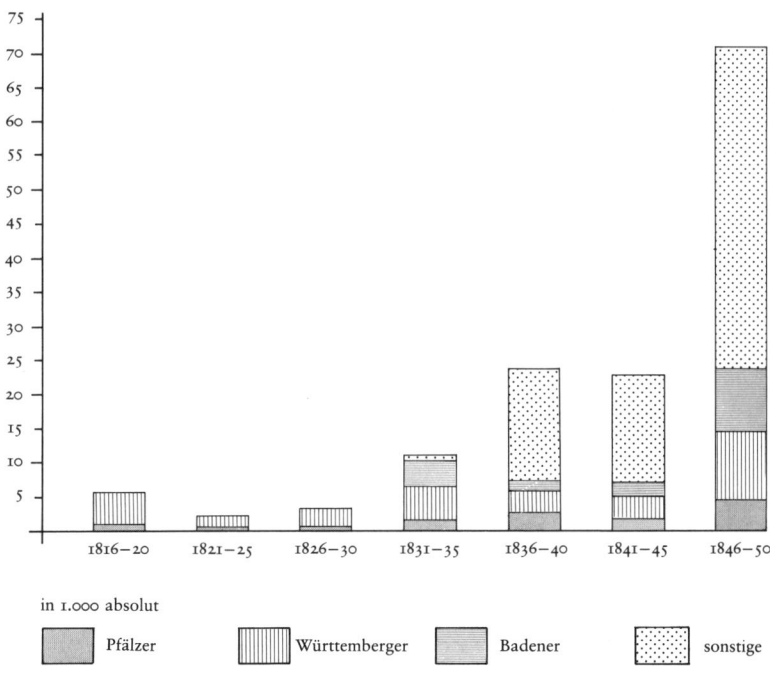

75 —
70 —
65 —
60 —
55 —
50 —
45 —
40 —
35 —
30 —
25 —
20 —
15 —
10 —
5 —

1816–20 1821–25 1826–30 1831–35 1836–40 1841–45 1846–50

in 1.000 absolut

Pfälzer   Württemberger   Badener   sonstige

telpreise lieferten sicher wichtige Anstöße, doch sie entfalteten ihre Wirkungen oft nicht unmittelbar, sondern erst im Zusammenwirken mit anderen Faktoren. In dem Maße, wie sich die Verkehrs- und Transportverhältnisse verbesserten und das Wissen über die Neue Welt zunahm, befaßten sich mehr und mehr Menschen mit dem Gedanken, Europa den Rücken zu kehren. Der typische deutsche Auswanderer jener Jahre war von mittlerem Stand, verfügte über wenig Eigentum, aber etliche Fertigkeiten und nahm gewöhnlich seine Familie mit auf die Reise. Er strebte, wie Mack Walker es treffend formuliert hat, weniger danach, »etwas Neues zu errichten als etwas Altes zurückzugewinnen und zu konservieren«.

Auswanderungswellen hatte es schon früher gegeben. Unter dem alten Regime waren viele Menschen vor Katastrophen geflohen oder hatten in der Ferne ein sichereres Auskommen gesucht; in allen europäischen Gesellschaften stieß man auf eine nicht unbeträchtliche Minderheit dauerhaft heimatloser Menschen, die als Vagabunden, Bettler oder Diebe unterwegs waren. Was sich im 19. Jahrhundert änderte, war nicht der relative Anteil der Entwurzelten, sondern der erheblich erweiterte Spielraum, in dem sie sich bewegten. Laut Charles Tilly gibt es keine handfesten Belege dafür, daß die »Industrialisierung im großen Maßstab zu einer erhöhten Häufigkeit von Wohnsitzwechseln führte. Was sich enorm vergrößerte, waren die Entfernungen, die die Menschen zurücklegten.« Die zunehmenden Distanzen bedeuteten nicht nur eine quantitative, sondern auch eine qualitative Veränderung; denn der Ortswechsel war häufig gleichbedeutend mit dem Eintritt in eine andere soziale Welt. Unter dem alten Regime gab es keine Migrationsbewegung, die der massiven Auswanderung nach Übersee im 19. Jahrhundert oder der Abwanderung in die Städte und von den Werkstätten in die Fabriken entsprochen hätte.

Einen weiteren Unterschied zwischen den Wanderungsbewegungen in der traditionellen und denen in der modernen Gesellschaft verkörperte der Tourist, jene vertraute Figur, der man in Deutschland in der ersten Hälfte des 19. Jahrhunderts erstmals begegnete. Vor 1800 hatten lediglich die ganz Reichen und die Tollkühnsten Reisen ohne zwingenden Grund unternommen. Der Reiz der in Aristokratenkreisen beliebten Grand Tour oder der Abenteuerreise lag nicht zuletzt darin, daß nur sehr wenige sich ein solches Unternehmen leisten konnten. Im 19. Jahrhundert änderte sich dies so grundlegend, daß Karl Immermann sich zu der Klage bemüßigt fühlte, das Zuhausebleiben sei zur seltenen Ausnahme geworden. Er hatte den Eindruck, die meisten Leute reisten, »um zu reisen. Sie wollen der Qual des Einerlei entfliehen, Neues sehen, gleichviel was.« Damit übertrieb Immermann natürlich. Das Reisen zum Vergnügen blieb beschwerlich und teuer, war mithin für die meisten Menschen unerschwinglich. Doch die Minderheit derer, die sich eine Reise, wenn nicht in einen eleganten Kurort oder in eine sehenswerte Landschaft, so doch in eine Nachbarstadt oder an eine nahe Meeresküste leisten konnten, wuchs. In Baden-Baden, Ems, Karlsbad und in anderen in Mode kommenden Badeorten errichteten risikofreudige Unternehmer Hotels für immer mehr Gäste, die sich an den Mineralquellen laben und in den Spielkasinos vergnügen wollten, die einst die exklusiven Reviere von Königen und Aristokraten waren. Bescheidenere Einrichtungen entstanden an Orten wie Helgoland, wohin jedes Jahr einige Tausend Menschen kamen, um im Meer zu baden. Einer der ersten, die erkannten, welche wirtschaftlichen Chancen der Tourismus bot, war ein junger Koblenzer Verleger namens Karl Baedeker. Er erwarb 1828 die Lizenzrechte an einem Buch mit dem Titel »Rheinreise von Mainz bis Cöln, Handbuch für Schnellreisende«, überarbeitete es und brachte es 1835 heraus. Dieser Führer für die Sehenswürdigkeiten entlang des Mittelrheins schlug so gut ein, daß Baedeker eine Serie gleichartiger Bücher auflegte. Als er 1859 starb, lagen »Baedeker« für Belgien, Holland, Paris, die deutschen Staaten und Österreich vor. Einige Jahre später begannen die Gebrüder Stangen Pauschalreisen nach Italien und in den Nahen Osten anzubieten. Die Teilnehmer konnten sich in Venedig auf organisierte Gondelfahrten auf dem Canal Grande oder in Ägypten auf Kamelritte zu den Pyramiden freuen.

Touristen auf der Fahrt zu einem Badeort, Auswanderer auf dem Weg in die Neue Welt, Handelsreisende unterwegs zu potentiellen Kunden und Taglöhner auf der Suche nach Arbeit, sie alle waren Teil eines anschwellenden Stromes von Deutschen, die sich von hier nach da, von da nach dort bewegten. Dank der Fortschritte im Verkehrs- und Transportwesen, die sich im Verlauf des 19. Jahrhunderts vollzogen, wurde das Reisen für sie billiger, bequemer und schneller. Die Folge war eine Neubestimmung der räumlichen Ausmaße der Lebenswelt des einzelnen, die keine geringere Bedeutung hatte als die demographische Revolution. In dem Maße, in dem die durch räumliche und zeitliche Restriktionen gegebenen Hemmnisse für die Expansion staatlicher Institutionen allmählich überwunden wurden, veränderte sich nicht nur das Verhalten der wirtschaftenden Subjekte, sondern auch der Charakter der politischen Gewalt, der militärischen Strategie und der persönlichen Beziehungen. Die Folgen der umwälzenden Fortschritte im Verkehrswesen machten sich zwar überall im Europa des 19. Jahrhunderts bemerkbar, doch scheint es, als seien sie in Deutschland besonders durchschlagend gewesen, dem Land, dessen Geographie und Politik so lange die gesellschaftliche und wirtschaftliche Zersplitterung perpetuiert hatten.

Wie aus zeitgenössischen Schilderungen hervorgeht, war das Reisen in den ersten Jahrzehnten des 19. Jahrhunderts nach wie vor ein teures, mühseliges und langsames Vergnügen. Ludwig Börnes »Monographie der deutschen Postschnekke« war die Quintessenz aus einer sechsundvierzigstündigen Postkutschenfahrt von Frankfurt nach Stuttgart. Ausländische Deutschland-Reisende wußten von ihren je eigenen unangenehmen Erfahrungen zu berichten. »Kaum hatten wir die Tore Hannovers hinter uns gelassen«, schrieb John Russell 1828, »als die Räder schon bis zum Achsschenkel im Sand versanken; trostlos für das Auge und tödlich für die Geduld des Reisenden, mit der zusätzlichen Irritation, daß er Wegezölle entrichten muß für die Erlaubnis, den bequemsten Weg zu befahren, den sein Postillon durch den Nadelwald zu finden vermag.« Murrays 1836 erschienenes Standardhandbuch für Deutschland-Reisende beschrieb die Landstraßen in Bayern als »sehr schlecht«; auf ihnen lasse sich keine höhere Reisegeschwindigkeit erreichen als eine deutsche Meile pro Stunde. Um die Jahrhundertmitte hatten sich die Verhältnisse jedoch gebessert, am auffallendsten in Preußen, wo die Gesamtlänge der befestigten Straßen von 3.800 Kilometern im Jahr 1816 auf 7.300 Kilometer 1830, auf 12.800 im Jahr 1845 und auf 16.600 im Jahr 1852 anwuchs. Ebenso bedeutsam wie der Ausbau der Straßenverbindungen waren die Veränderungen in der Einstellung der Menschen zum Reisen. Noch 1816 hatte ein Zeitgenosse aus Westfalen geschrieben, viele Einwohner dieser Provinz seien gegen den Bau besserer Straßen, da sie befürchteten, das werde zu verstärkten Truppenbewegungen führen und die Gastwirte ihres Lebensunterhalts berauben. Doch 1835 konnte Heinrich von Gagern verkünden: »Niemand spricht mehr von Heerstraßen als Mitteln der Unterdrückung, des Krieges und der Verwüstung; Straßen werden jetzt häufig die Puls- und Lebensadern der Staatskörper genannt.« Gagern glaubte, daß Straßen Freiheit und Unabhängigkeit, Frieden und Wohlstand mit sich brächten.

Auch die Verkehrsverhältnisse zu Wasser verbesserten sich nach 1800 erheblich. Lange Zeit hatte die Binnenschiffahrt in Deutschland unter natürlichen Hindernissen, Zollgrenzen und ähnlichen Einschränkungen gelitten, wie dem Recht einiger Städte, das Umladen aller ihren Hafen passierenden Güter auf andere Schiffe zu verlangen. Unter zunächst napoleonischer und später preußischer Regie wurden Hemmnisse zumindest entlang des Rheins allmählich abgebaut, was den Transport von Gütern und Menschen auf dieser Strecke wesentlich erleichterte. Die Verfügbarkeit der Dampfmaschine befreite die Flußschiffe aus ihrer bisherigen Abhängigkeit von tierischer oder menschlicher Muskelkraft bei der Fahrt stromaufwärts. 1846 verkehrten auf deutschen Flüssen bereits 180 Dampfkähne. Gleichzeitig war ein Netz von Kanälen entstanden, das, ausgehend von Flüssen wie Donau, Weser und Elbe, wichtige Wasserwege miteinander verband.

Trotz dieser Fortschritte konnte die Binnenschiffahrt längerfristig nicht mit der Eisenbahn konkurrieren, die schnell zum bedeutendsten Träger der Revolution des Transportwesens wurde. Die erste deutsche Eisenbahnstrecke, die Nürnberg mit Fürth verband, weihte man 1835 mit Böllerschüssen und Blasmusik ein. Auf der eingleisigen, 6 Kilometer langen Strecke fuhren zunächst nur bei Tageslicht Züge. Sie erfreuten sich jedoch großen Zuspruches und warfen auch Gewinn ab. Viele Fahrgäste waren Juden, die in Nürnberg arbeiteten, dort aber nicht wohnen durften. Drei Jahre später lagen in Deutschland bereits 141 Kilometer Eisenbahnschienen; 1840 waren es 462, 1850 sogar 5.875 und 1860 stattliche 11.157 Kilometer. Die ersten deutschen Eisenbahnlinien waren lediglich Städteverbindungen, etwa zwischen Berlin und Potsdam, Augsburg und München oder Wien und Brünn. Doch von der Jahrhundertmitte an begann man allmählich mit der Vernetzung dieser Strecken. Wie für so viele andere Aspekte der gesellschaftlichen und wirtschaftlichen Entwicklung Deutschlands galt auch für das Eisenbahnwesen, daß es nicht auf ein Zentrum zugeschnitten war. In Berlin liefen zwar mehrere Linien zusammen – von Hamburg und Stettin im Norden, von Breslau im Osten, von Hannover und Braunschweig im Westen –, aber jede endete in einem eigenen Bahnhof. Im Südwesten verband eine in der Rhein-Ebene verlaufende Linie Freiburg mit Karlsruhe und Frankfurt, ein Abzweig führte nach Stuttgart. Eine in bayerischer Regie gebaute Linie verlief von München nach Bamberg und weiter über Hof nach Plauen. Wien erhielt Eisenbahnverbindungen nach Prag, Budapest und Oderberg, doch es dauerte bis in die fünfziger Jahre, ehe von Wien aus durchgehende Strecken zu den meisten anderen bedeutenden deutschen Verkehrszentren bestanden. In dem Maße, wie das Eisenbahnnetz ausgebaut wurde, vergrößerte sich der Wettbe-

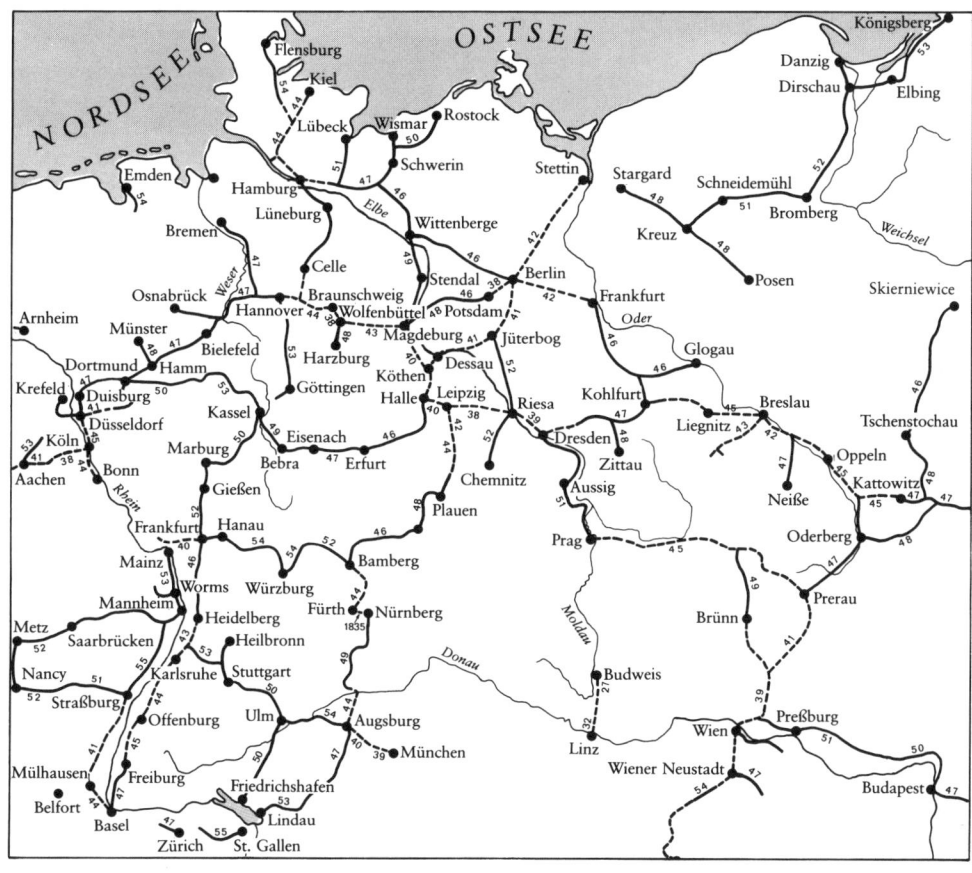

- - - - - - - - - bis 1845 eröffnet ——————— 1846–1855 eröffnet

werbsvorteil der Eisenbahn gegenüber den anderen Verkehrsmitteln. Während das Transportaufkommen der Binnenschiffahrt 1850 noch dreimal so hoch war wie das der Eisenbahnen, konnte die Bahn zwanzig Jahre später ein fast viermal größeres Volumen als die Schiffahrt bewältigen. Die Kosten für den Transport von Gütern auf der Schiene waren stark gesunken, von geschätzten 18 Pfennig pro Tonnenkilometer 1840 auf weniger als 10 Pfennig 1850, und 7 Pfennig 1860. Die Preissenkung ging mit einer ebenso drastischen Erhöhung sowohl des Passagier- als auch des Frachtaufkommens einher. »Die jüngere Welt wird es bald vergessen haben«, schrieb Carl Gustav Carus in seinen Memoiren, »wie sonderbar fremdartig und geradezu dämonisch dieses große Verkehrsmittel damals ins Leben trat.«

Die Eisenbahn übte große Faszination auf die Deutschen aus. Wer zum ersten

Mal eine Lokomotive zu Gesicht bekam, die, Rauch und Dampf speiend, durch die Landschaft tuckerte, vertraute dieses Erlebnis ebenso dem Tagebuch an wie die ängstliche Erregung, die die erste Eisenbahnfahrt auslöste. Karl Beck bemühte sich, in seinem Gedicht »Die Eisenbahn«, geschrieben zur Erinnerung an die Eröffnung der Linie Leipzig–Dresden im Jahr 1837, die Anblicke, Geräusche und eigentümlichen Rhythmen des neuen Verkehrsmittels in Worte zu fassen:

> »Rasend rauschen rings die Räder,
> Rollend, grollend, stürmisch sausend,
> Tief im innersten Geäder
> Kämpft der Zeitgeist freiheitsbrausend.
> Stämmen Steine sich entgegen,
> Reibt er sie zu Sand zusammen,
> Seinen Fluch und seinen Segen
> Speit er aus in Rauch und Flammen.«

Vertreter jeder politischen Richtung erkannten, daß diese Maschinen keine Facette des Lebens unverändert lassen würden. Metternich zum Beispiel äußerte die Überzeugung, die durch die Eisenbahn bewirkten Veränderungen würden tief in die Gesellschaft hineinwirken und eine Umwälzung der politischen und auch der gesellschaftlichen Verhältnisse fördern. Gewiß teilten nicht alle diese Meinung. So erklärte Friedrich Wilhelm III., er könne keinen großen Vorzug darin erblicken, von Berlin nach Potsdam eine Stunde weniger zu brauchen. Nikolaus Lenau gehörte zu denen, die von der Eisenbahn nichts Gutes erwarteten; sie war für ihn ein »schlimmer Gast«, der die Schönheit der Landschaft zunichte mache:

> »Mitten durch den grünen Hain,
> Ungestümer Hast,
> Frißt die Eisenbahn herein,
> Dir ein schlimmer Gast.
>
> Bäume fallen links und rechts,
> Wo sie vorwärts bricht;
> Deines blühenden Geschlechts
> Schont die rauhe nicht.«

Doch die meisten Deutschen begrüßten die Eisenbahn als leuchtendes Beispiel für den Erfindungsgeist des Menschen und als Bannerträgerin des Fortschritts. »Unsere Freude«, schrieb Heinrich Brüggemann anläßlich der Einweihung einer neuen Linie, »ist eine liberale Freude, sie ist die Freude über einen neuen Triumph und einen neuen, neue Triumphe verbürgenden Machtzuwachs der liberalen und humanen Prinzipien.« Friedrich List, Vorkämpfer des wirtschaftlichen Fortschritts, feierte die Eisenbahn als einen Herkules, der die Völker von den Geißeln des Krieges, der Teuerung, der Hungersnot, des Nationalhasses, der Erwerbslosigkeit und der Unwissenheit erlösen werde. In vielen Publikationen zählte er

Berlins Straße Unter den Linden im ausgehenden 18. Jahrhundert: links das Palais des
Kronprinzen Friedrich und das Opernhaus, rechts das Zeughaus und das Palais des Prinzen
Heinrich. Kolorierter Kupferstich von Johann Georg Rosenberg, 1780. Berlin, Staatliche
Museen Preußischer Kulturbesitz, Kupferstichkabinett. – Die Neugestaltung der Berliner
Prachtstraße durch Schinkels Neue Wache zwischen dem Palais des Prinzen Heinrich, der
Universität, und dem Zeughaus. Gemälde von Wilhelm Brücke, 1842. Hannover,
Niedersächsische Landesgalerie

Münchens Altstadt: der Viktualienmarkt. Gemälde von Domenico Quaglio, 1824. München, Stadtmuseum. – Münchens klassizistisches Neubauviertel: die südliche Ludwigstraße mit dem von Klenze erbauten Kriegsministerium (links) und dem unter seiner Leitung entstandenen Herzog-Max-Palais (rechts). Aquarell von Johann Baptist Kuhn, vor 1840. München, Stadtmuseum

detailliert die materiellen und geistigen Vorzüge des neuen Verkehrsmittels auf. Er begann damit, daß er die Eisenbahn und den Deutschen Zollverein als siamesische Zwillinge bezeichnete, die zusammen auf die Welt gekommen und untrennbar seien und die gemeinsam die Grundlage für materielle Zusammenarbeit und wirtschaftlichen Fortschritt schaffen würden. Darüber hinaus war die Eisenbahn für List noch viel mehr: ein Werkzeug der nationalen Selbstverteidigung, ein Mittel zur Förderung der Kultur, ein Tonikum für den Nationalgeist und für die Industrie »zuletzt gar die Pforte des himmlischen Reichs«. All das habe Deutschland in besonderem Maße nötig, weil frühere Zerwürfnisse es fast sämtlicher Attribute der Nationalität beraubt hätten und es daher dringend einer inneren Verbindung seiner Glieder bedürfe.

Nach Gründung des Bismarck-Reiches hoben patriotische Historiker den Zusammenhang zwischen den Eisenbahnen und der nationalen Einigung hervor. Wilhelm Raabe schrieb, das Deutsche Reich sei »mit dem Bau der ersten Eisenbahn« geschaffen worden. Da die Eisenbahn einen Beitrag zur Steigerung der gesellschaftlichen, wirtschaftlichen und militärischen Macht Preußens leistete, trug sie tatsächlich zu dem Triumph der Hohenzollern im Jahr 1866 bei. Daraus folgt jedoch keineswegs, daß die Eisenbahn das Bismarck-Reich zu einer natürlichen oder zwangsläufigen politischen Implikation gemacht hätte. Wenn man das mitteleuropäische Eisenbahnnetz der sechziger Jahre des 19. Jahrhunderts ansieht, erhält man den Eindruck, daß alle erdenklichen politischen, sozialen, wirtschaftlichen und kulturellen Verbindungen möglich gewesen wären. Doch man sollte sich auch darüber im klaren sein, daß, wenngleich List in seiner Euphorie dies nicht sah, ein Verkehrssystem ebenso trennen wie vereinen kann. Schienenwege verbinden einige Regionen miteinander und isolieren andere; sie können nicht nur für Zusammengehörigkeit sorgen, sondern auch für die Vergrößerung regionaler Unterschiede.

Auf jeden Fall war die Eisenbahn eine zu wichtige Errungenschaft, als daß man sie ausschließlich im engen Kontext der deutschen Nationwerdung abhandeln sollte. Einigen aufmerksamen Zeitgenossen entging nicht, daß die Eisenbahn in einer Reihe mit den epochalsten Entdeckungen früherer Zeitalter stand. Eduard Beurmann zum Beispiel schrieb 1837, die Eisenbahnen seien in ihrer historischen Wirksamkeit ebenso hoch einzuschätzen wie die Erfindung des Buchdrucks. »Die vermittelte die Ideen, jene werden das Leben vermitteln; diese belehrte Völker über einander, jene werden sie zu einander führen.« Die Eisenbahn war der Inbegriff einer modernen Errungenschaft. Zunächst einmal unterschied sie sich qualitativ von den diversen geringfügigen Verbesserungen im Verkehrswesen, die in den voraufgegangenen Jahrhunderten erzielt worden waren. Bis zum Anbruch des Eisenbahnzeitalters waren die Menschen in Europa nicht schneller und kaum bequemer gereist als ihre Vorfahren in römischer Zeit. Das änderte sich von der Mitte des 19. Jahrhunderts an grundlegend. Der Eisenbahnbau hatte zudem

Auswirkungen, die sich in weiten Bereichen der gesellschaftlichen und politischen Ordnung bemerkbar machten. Die Eisenbahn förderte die wirtschaftliche Aktivität, einmal direkt, indem sie eine Nachfrage nach Produkten wie Kohle erzeugte, einmal indirekt, indem sie den Warenhandel erleichterte. Die Eisenbahn hatte Einfluß auf das Wachstum der Städte, veränderte deren wirtschaftliche Rolle und sogar deren äußeres Bild. Sie vergrößerte den Aktionsradius politischer Institutionen und veränderte die Kriegführung radikal. Sie gab Impulse für die Entwicklung anderer Kommunikationsmittel wie des Telegraphen, der erst zu einem leistungsfähigen System wurde, als der Bahnverkehr einer raschen Übermittlung von Signalen bedurfte. Die Eisenbahn schien der Beweis dafür zu sein, daß Naturwissenschaft und Intelligenz vollbracht hatten, was die Schwarze Magie versprochen, aber nicht gehalten hatte: den Menschen die Chance zu geben, die Begrenzungen ihrer Körperkräfte zu überwinden. Kein Wunder, daß diejenigen, die diese Errungenschaft feierten, in der Eisenbahn eine Metapher des Fortschritts erblickten.

Landwirtschaft und ländliche Gesellschaft

Zu Anfang des 19. Jahrhunderts waren die meisten Deutschen noch davon abhängig, was ihnen natürlicherweise zur Verfügung stand. Wer sich fortbewegen wollte, konnte dies nur zu Fuß, mit Hilfe von Pferd und Wagen oder im Kahn tun. Die Menschen beheizten ihre Häuser mit Holz, erhellten sie mit Kerzenschein, düngten den Boden mit tierischem Mist und nutzten zum Antrieb der wenigen Maschinen, die es gab, tierische Muskelkraft. Sie lebten in Gebäuden, die in altbewährter Bauweise errichtet worden waren und sich zu Dörfern gruppierten oder hinter den Mauern kleiner Städte befanden. Der Lauf der Sonne und der Jahreszeiten bestimmte ihren Lebensrhythmus, das Maß der Zeit war das Läuten der Kirchenglocken, das Maß aller Entfernungen die Wegstrecke, die ein Mensch an einem Tag zurücklegen konnte. Wenn es möglich gewesen wäre, einen Deutschen aus dem 16. Jahrhundert auf eine Zeitreise ins Jahr 1800 zu schicken, hätte er sicher über die politischen und kulturellen Verhältnisse in Deutschland sehr gestaunt, aber die gesellschaftliche und wirtschaftliche Ordnung als ziemlich vertraut empfunden. Staaten waren entstanden und verschwunden, neue Ideen wurden allerorten diskutiert, doch an der Art und Weise, wie die Menschen ihren Lebensunterhalt verdienten, hatte sich seit den Tagen Luthers nicht viel geändert.

Während der ersten Hälfte des 19. Jahrhunderts blieb das deutschsprachige Europa eine überwiegend ländlich geprägte Welt. Rund 75 Prozent ihrer Bewohner lebten im Jahr 1800 auf dem Land und von ihm. Im Verlauf der nachfolgenden Jahrzehnte ging die Zahl derer, die im landwirtschaftlichen Sektor arbeiteten, zwar zurück, doch der Anteil der Landbewohner bleib ziemlich konstant. Lebten 1816 73 Prozent der Einwohner Preußens auf dem Land, so waren es 1840 72 Prozent und 1852 71 Prozent. Die Daten, die Hartmut Harnisch zusammengetragen hat, zeigen, wie dieser Trend sich in einigen ausgewählten Verwaltungsbezirken manifestierte. In Österreich war das Übergewicht zugunsten des ländlichen Raumes sogar noch stärker. Über 84 Prozent der österreichischen Untertanen der Habsburger lebten 1830 in Gemeinden mit weniger als 2.000 Einwohnern; 1851 waren es noch immer 81 Prozent. Überall blieben ländliche Elemente auch im städtischen Leben wichtig. Städtische Handwerker bebauten, wo immer es möglich war, wenigstens ein kleines Stück Land, und als Stadtbewohner hielt man sich Geflügel oder gar Vieh. Noch in den dreißiger Jahren des 19. Jahrhunderts flossen in Preußen fast 60 Prozent allen Investitionskapitals auf das flache Land.

Relativer Bevölkerungszuwachs in sieben Verwaltungsbezirken 1816–1859 (nach Harnisch, Probleme)

		1816	1831	1849	1859
Preußen	städtisch	1.000	1.249	1.590	1.817
	ländlich	1.000	1.269	1.461	1.672
Königsberg	städtisch	1.000	1.221	1.374	1.582
	ländlich	1.000	1.396	1.681	1.835
Gumbinnen	städtisch	1.000	1.154	1.329	1.505
	ländlich	1.000	1.549	1.867	1.965
Danzig	städtisch	1.000	1.228	1.588	1.749
	ländlich	1.000	1.468	1.925	2.107
Marienwerder	städtisch	1.000	1.366	1.810	2.098
	ländlich	1.000	1.407	1.952	2.142
Köslin	städtisch	1.000	1.366	1.810	2.098
	ländlich	1.000	1.393	1.911	2.116
Oppeln	städtisch	1.000	1.396	1.808	2.022
	ländlich	1.000	1.390	1.847	2.060

In vielen Situationen, in die Deutschland während der ersten Jahrhunderthälfte geriet, zeigte sich seine Abhängigkeit von der Landwirtschaft. In der ersten Dekade des Jahrhunderts fielen die landwirtschaftlichen Preise, was den Landwirten das Leben schwermachte, den Verbrauchern jedoch eine reale Kaufkraftzunahme bescherte. Das änderte sich 1816 grundlegend und rasch. Fast überall fuhren die Bauern in jenem Jahr Mißernten ein. Der April war regenreich und der Mai so kalt, daß die Böden gefroren. Zwischen Juni und September regnete es unaufhörlich und manchmal so stark, daß ganze Obstgärten weggeschwemmt und die wenigen Feldfrüchte, die zu sprießen begonnen hatten, faul wurden. Zur Erntezeit im Oktober hielten bereits wieder strenger Frost und starke Schneefälle Einzug. Nachdem im Frühjahr 1817 die Landwirte das Wenige, das sie hatten einfahren können, zu hohen Preisen verkauft hatten, befanden sich viele Menschen in einer erbärmlichen Lage. Die Überbevölkerung, die in Teilen des deutschen Südwestens herrschte, machte die Not dort besonders drückend. Sowohl in Baden als auch in Württemberg stiegen die Großhandelspreise für Getreide zwischen 1815 und 1817 um mehr als das Doppelte.

John D. Post hat in seiner eingehenden Studie der »letzten großen Hungersnot in der westlichen Welt«, wie er sie nennt, die Auffassung vertreten, die »heftige Fluktuation der landwirtschaftlichen Produktivität und in ihrem Gefolge der Lebensmittelpreise« hätten »einen bestimmenden Einfluß auf die gesamte westliche Wirtschaftsentwicklung« ausgeübt. Weil so viel von der Landwirtschaft abhing, insbesondere vom Getreideangebot, führten schlechte Ernten zu hohen Preisen, einem Rückgang der Kaufkraft und zu Versorgungsengpässen bei Nahrungsmitteln wie bei wichtigen Rohstoffen. Aber auch üppige Ernten konnten Probleme bringen. Die hervorragenden Ernten zum Beispiel, die auf die Katastrophenjahre 1816/17 folgten, drückten auf die Preise, ruinierten einige Landwirte und riefen starke Verwerfungen in Handel und Gewerbe hervor. Solange der Agrarsektor das Fundament für die Volkswirtschaft als Ganze war, mußte letztere Kräften unterworfen bleiben, die schwer steuer- und noch schwerer vorhersehbar waren.

Während in Deutschland das Land über die Stadt weiterhin dominierte, veränderte sich der Charakter des Lebens auf dem Land erheblich. Wie die demographische Revolution, war auch der Strukturwandel in der Landwirtschaft das Ergebnis sich allmählich aufbauender Kräfte, deren kumulierte Wirkung am deutlichsten wird, wenn man ziemlich lange Beobachtungszeiträume zugrunde legt. Die Entwicklungen, die sich im landwirtschaftlichen Bereich vollzogen, waren – abermals eine Analogie zu den demographischen Prozessen – lokal bedingt und regional unterschiedlich. Sämtliche für die agrarische Gesellschaft wichtigen Variablen wiesen beträchtliche Schwankungsbreiten von Ort zu Ort auf: Bodenbeschaffenheit, Klima, ländliche Eigentums- und Pachtverhältnisse, die Organisationsform des Gemeinwesens. Wie stark und wirksam innovative Impulse waren, hing hauptsächlich vom Charakter des jeweiligen lokalen Marktes und von den örtlichen Sozialstrukturen ab. Bis die vielen einzelnen »Schauplätze« durch ein leistungsfähiges Verkehrsnetz verbunden wurden, entwickelten sie sich getrennt voneinander.

Zwei epochale Kräfte hatten gegen Ende des 18. Jahrhunderts begonnen, das Mosaik landwirtschaftlich geprägter Mikrokosmen großflächiger werden zu lassen: der Staat, der sich anschickte, das ländliche Leben so zu ordnen, daß er möglichst viel Kapital aus den Ressourcen des Landes herausholen konnte, und der Markt, der Grundeigentümern und Pächtern die Chance eröffnete, ihre Erträge zu maximieren und sich einen höheren Lebensstandard zu verschaffen. Wie Staat und Markt das Leben auf dem Land veränderten, hing von mehreren miteinander verzahnten Bedingungen ab, die man in ihrer Gesamtheit als das Agrarsystem bezeichnen kann: von der Art und Weise, wie die Verfügung über Grund und Boden geregelt war, von den Betriebsgrößen, vom technischen Stand der Bodenbearbeitung und von den Produkten selbst, von der Qualität der regionalen Märkte für die Erzeugnisse der Landwirtschaft und vom erreichbaren Kapital. Unter den Bedingungen der traditionellen Ordnung hatten sich die miteinander verknüpften Elemente des Systems in der Regel sowohl internen als auch äußeren Veränderungsimpulsen widersetzt. Als aber der Wandel eingesetzt und ein Element innerhalb des Systems ergriffen hatte, mußte auf diesen Einbruch das System als Ganzes reagieren, sei es mit neuen rechtlichen Festlegungen hinsichtlich der Besitz- und Pachtformen, mit der Einführung neuer Produkte oder mit einer Reform der Felderbewirtschaftung. Jede derartige Veränderung setzte Umwandlungsprozesse in der ländlichen Gesellschaft und Wirtschaft sowie im politischen Überbau in Gang. Der zeitliche Ablauf und der Charakter solcher Umwälzungen variierten, doch auf lange Sicht war ihre Zielrichtung überall dieselbe: In den Machtverhältnissen vollzog sich ein Wandel von persönlicher Herrschaft zu staatlicher Autorität, in den Arbeitsverhältnissen ein Übergang von persönlicher Unterordnung zu wirtschaftlicher Abhängigkeit. Deutsche Historiker bringen die politischen und wirtschaftlichen Aspekte dieses Prozesses typischerweise unter dem Etikett der »Bodenreform« oder der »Bauernbefreiung« zusammen, doch das sind Begriffe, die Gültigkeit nur beanspruchen können, wenn man sie als Chiffren für eine komplizierte und langwierige Abfolge von Veränderungen versteht, und zwar in bezug auf die Art und Weise der Verfügung über den Boden, die Technik seiner Bearbeitung und die sozialen Verhältnisse und Beziehungen derer, die auf ihm lebten und ihn bearbeiteten.

Früher und schneller als anderswo wurde die Bodenreform im Reich der Habsburger in Angriff genommen. Um die Entwicklung einer Schicht freier, wohlhabender und produktiver Landwirte zu fördern, hatten Maria Theresia und Joseph II. sich bemüht, die rechtliche Stellung des Bauern zu verbessern, die Verpflichtungen, die er gegenüber seinem Grundherrn hatte, verbindlich festzulegen, seinen Pächterstatus rechtlich abzusichern und ihn vor Vertreibung und unbilliger Ausbeutung zu schützen. Doch als Joseph II. starb, bewegten sich die österreichischen Bauern nach wie vor in einem Netz feudaler Abhängigkeiten, wenngleich sie keine Leibeigenen mehr waren und vom Staat ein gewisses Maß an Schutz erwarten konnten. Die Nachfolger Josephs brachten den Reformprozeß zum Stillstand, begruben seine ehrgeizigen Pläne, das gesamte Steuersystem zu erneuern, und distanzierten sich von den Fürsorgepflichten des Staates. So hieß es zum Beispiel in einem Edikt von 1798, den Umfang von Grunddienstbarkeiten müßten Grundherr und Pächter in freien Verhandlungen festlegen, in Verhandlungen, die natürlich aus höchst ungleichen Positionen geführt wurden. Gleichwohl blieb von der josephinischen Hinterlassenschaft genug erhalten, um den Freiherrn vom Stein zu der Überzeugung zu bringen, daß in Österreich »unendlich mehr für den Bauern getan« worden sei als in Preußen, selbst unter Berücksichtigung des preußischen Edikts vom 9. Oktober 1807.

Zwischen dem Ende der Regierungszeit Josephs II. und 1848 erfolgten in Österreich keine das Leben auf dem Land einschneidend verändernde Reformen mehr. Die von der Regierung initiierte, aufwendige Bestandsaufnahme aller besteuerbaren Vermögenswerte wurde zwar 1843 zu guter Letzt abgeschlossen, verschwand dann aber ungenutzt in der Schublade. Die kaiserlichen Verordnungen vom April und Dezember 1846, verkündet als Reaktion auf schwere Unruhen in Galizien und anderen Teilen der Monarchie, beinhalteten kaum mehr als die Auflistung bestehender Rechte und Verpflichtungen. Die meisten österreichischen Bauern waren daher bis zur Mitte des 19. Jahrhunderts weiterhin zu nicht unwesentlichen Dienstleistungen für ihre Grundherren verpflichtet. Im österreichischen Teil Schlesiens mußten Bauernfamilien dem Grundherrn jedes Jahr für 108 bis 144 Arbeitstage mit einem Ochsen- oder Pferdegespann zur Verfügung stehen, ferner mehrere weitere Tage für andere Aufgaben; dazu kamen diverse Zahlungen in Geld oder Naturalien. Im Durchschnitt hatte ein Bauer damit zu rechnen, rund ein Drittel seines Einkommens an seinen Grundherrn und an den Staat abzuführen.

Unter der Oberfläche rechtlicher Kontinuität und fortbestehender feudaler Dienstbarkeiten waren jedoch Kräfte des Wandels am Werk. Die staatliche Bürokratie baute ihre Eingriffsmöglichkeiten in örtliche Belange weiter aus und spielte eine immer stärkere Rolle im Alltag der Menschen. Hans Kudlich, Sohn eines schlesischen Bauern, erinnerte sich in seinen Memoiren daran, wie die Leute in seinem Heimatdorf über die großen Entfernungen geschimpft hatten, die sie zurücklegen mußten, um Holz für den Grundherrn herbeizuschaffen. Sie gingen schließlich gegen diese Praxis mit einer gerichtlichen Klage vor, die sie nach mehreren Rückschlägen gewannen, und erzwangen damit eine Neuregelung wenigstens dieser Obliegenheit. Zur selben Zeit reagierten immer mehr adlige Grundeigentümer auf die neuen wirtschaftlichen Chancen, indem sie versuchten, ihre Produktion zu steigern und ihre Erzeugnisse auf einem internationalen Markt anzubieten. Da viele der fortschrittlichen Agrarproduzenten die Fronarbeit von Leibeigenen für ineffektiv und unwirtschaftlich hielten, waren sie oft sehr daran interessiert, Dienstbarkeiten in Geldleistungen umzuwandeln und mit dem so gewonnenen Kapital Arbeitskräfte in Tagelohn anzuheuern.

Weil die Hohenzollern im 18. Jahrhundert mit ihren Bemühungen um eine Neuordnung der ländlichen Gesellschaft vergleichsweise wenig Erfolg gehabt hatten, steckte, als der preußische Staat 1806 zusammenbrach, vieles von dem, was die Österreicher unter Maria Theresia und Joseph II. erreicht hatten, in Preußen noch in den Anfängen. Während der ganzen Dauer der Reformära war die Frage der sozialen, wirtschaftlichen und politischen Strukturen auf dem Land Gegenstand erbitterter Auseinandersetzungen zwischen fortschrittlich denkenden Bürokraten und einer Kaste adliger Grundeigentümer, die ihre Privilegien, ihren Wohlstand und ihre Vormachtstellung zu verteidigen versuchte. Das Resultat war ein Sammelsurium von Kompromissen, die ermöglicht wurden, nachdem die Regierung von ihren ehrgeizigsten Vorhaben abgerückt war und die Interessen der Bauernschaft geopfert hatte. Der Staat verband, wie ein Historiker es ausgedrückt hat, Wohltätigkeitsmaßnahmen für die Großgrundbesitzer mit einer Politik des strikten Laisser-faire gegenüber der Bauernschaft.

Eine zusätzliche Verschärfung erfuhr die politische Auseinandersetzung über die preußische Agrarpolitik durch das wirtschaftliche Klima, in dem sie sich abspielte. Zu dem Zeitpunkt, da die Reformära begann, war die außergewöhnliche Wachstums- und Wohlstandsperiode, die im späten 18. Jahrhundert für die preußische Landwirtschaft angebrochen war, einer langwierigen Krise gewichen. Die Habgier und das Spekulationsfieber, die um die Jahrhundertwende viele Grundeigentümer befielen, machten die Folgen der Krise für ihre Opfer noch schmerzhafter. Als die Preise für Grund und Boden sowie für Agrarerzeugnisse fielen, konnten zahlreiche Gläubiger ihren Schuldendienst nicht mehr leisten. Hypotheken wurden eingelöst, das Schreckgespenst des finanziellen Ruins wurde zur Realität. Als infolge der Mißernten und Versorgungsnöte von 1816 und 1817 die Preise hochschnellten, verschaffte das den Erzeugern etwas Luft, aber in den zwanziger Jahren verschlechterte sich ihre Lage wieder. 1825 waren die Getreidepreise auf rund ein Viertel des Höchststandes gefallen, den sie acht Jahre zuvor erreicht hatten. Die Bodenpreise lagen in manchen Gegenden bis in die achtziger Jahre unter dem Niveau des späten 18. Jahrhunderts. Für die preußischen Reformer war es ein großes Pech, daß ihre Bemühungen um die Öffnung des Agrarsektors für das freie Spiel der wirtschaftlichen Kräfte mit einer Periode chronischer Instabilität auf dem internationalen Markt zusammenfielen.

Die Landreform in Preußen wollte die Aufhebung der persönlichen Erbuntertänigkeit, die Umwandlung von Dienstbarkeiten in Geldzahlungen und die Abschaffung der überkommenen Bestimmungen, die bis dahin den Kauf und Verkauf von Grund und Boden auf dem Land erschwert hatten. In einigen Regionen zeitigten jene Schritte die von den Reformern erhoffte Wirkung: Aus bäuerlichen Untertanen wurden rechtlich freie, selbständige Landwirte, mit ausreichenden Betriebsgrößen, um rationell wirtschaften zu können. Doch nur eine kleine Minderheit der preußischen Bauern hatte die Chance, sich diesem Ideal zu nähern. Gemäß dem Wortlaut des Edikts von 1816 mußte ein Bauer, um sich als Eigentümer seines Grund und Bodens eintragen zu lassen, nachweisen, daß er »spannfähig« war, das heißt, daß er die Mittel hatte, ein Gespann von Zugtieren zu unterhalten. Wer diese Voraussetzung nicht erfüllte – und das traf fast überall auf die Mehrheit zu –, stand jetzt sowohl ohne den minimalen Schutz da, den das grundherrliche System gewährt hatte, als auch ohne die natürlichen und betrieblichen Ressourcen, die unerläßlich waren, um aus der nunmehr uneingeschränkten Verfügungsgewalt über sein Eigentum etwas machen zu können. Die vielen nicht oder kaum dazu fähigen Bauern waren zumeist gezwungen, irgendein vertragliches Arrangement mit ihren ehemaligen Grundherren zu suchen, in dessen Rahmen sie sich etwa verpflichteten, bestimmte Dienstleistungen zu erbringen. Dafür erhielten sie Wohn- und Nutzungsrecht für ein Haus und einen Garten, vielleicht noch das Recht, im Wald Holz zu sammeln. Die Bauernbefreiung änderte somit eher etwas an der Form als an der Substanz sozialer Abhängigkeit. Hinzu kam, daß es, als die Einwohnerzahl der östlichen Landesteile zunahm, immer mehr im Interesse der dortigen Grundbesitzer lag, kurzfristig Taglöhner zu beschäftigen, anstatt ansässige Bauern langfristig an sich zu binden. Das führte zu einem wachsenden Bevölkerungsanteil besitzloser Landarbeiter, die von den Launen des Marktes völlig abhängig waren.

Während die Masse der unterkapitalisierten Bauern die Hauptleidtragenden der preußischen Reformen waren, stellten sich vielen von denen, die eine Chance hatten, sich zu freien selbständigen Landwirten aufzuschwingen, ernsthafte Hindernisse in den Weg. Oft mußten sie, um unanfechtbare Eigentümer ihres Grund und Bodens zu werden, Ablösezahlungen an ihren ehemaligen Grundherrn leisten, gewöhnlich in Form festgesetzter Raten, die über einen langen Tilgungszeitraum liefen. Als in den zwanziger Jahren des 19. Jahrhunderts die Agrarpreise einbrachen, erwiesen sich derartige Zahlungen im Zusammenwirken mit eventuellen weiteren Obliegenheiten in vielen Fällen als ruinös. Die Regierung, die mit Krediten an Großgrundbesitzer in der Regel großzügig war, zeigte sich nur selten bereit, kleinen Landwirten unter die Arme zu greifen. So blieb es nicht aus, daß etliche befreite Bauern das eben erst erworbene Land bald wieder verloren. In Magdeburg schrumpfte die Zahl der bäuerlichen Landwirte zwischen 1816 und 1851 um rund 8 Prozent, von 15.272 auf 14.244. Den offiziellen Statistiken zufolge wurde in diesem Zeitraum fast jeder vierte Bauernhof in Preußen verkauft, zumeist an andere Bauern, manchmal aber auch an Großgrundbesitzer.

Die Wissenschaft ist sich heute darin einig, daß die grundbesitzende Elite die Hauptnutznießerin der Reform gewesen ist; strittig bleibt lediglich noch, wie groß der Gewinn war, den sie daraus zog. In ihrer grundherrlichen Eigenschaft erhielt sie Entschädigungen für die ihr durch die Bauernbefreiung verlorenen Dienstleistungen. Die Abtretung von Eigentumstiteln an ehemals untertänige Bauern ließ sie sich mit einem Stück Land oder mit langfristigen Ablösezahlungen honorieren, und wenn Areale, die sich bis dahin im Gemeinbesitz befunden hatten, aufgeteilt wurden, hatte sie oft den meisten Nutzen davon. Da die Reform den Kauf und Verkauf bäuerlichen Landes von allen Restriktionen befreite, konnten Gutsherren zuweilen ihren Grundbesitz zu günstigen Preisen abrunden. In der Summe kaufte der adlige Großgrundbesitz rund 4 Millionen Morgen bäuerlichen Landes auf, dazu einen überproportionalen Anteil an den privatisierten Gemeinflächen. Doch selbst diese Vorteile reichten nicht in allen Fällen aus, um Aristokraten vor den Folgen eigener Mißwirtschaft oder negativer Marktentwicklungen zu schützen. Während die grundbesitzende Elite insgesamt ihre relative Stellung verbessert haben dürfte, erging es vielen Grundbesitzern und auch mancher Region schlecht. Von den 594 Gütern, die auf der Schuldnerliste der ostpreußischen Hypothekenbank standen, mußten zwischen 1815 und 1826 98 zwangsversteigert werden. Einer Quelle zufolge verdoppelte sich die Gesamtverschuldung des preußischen Adels im Verlauf der ersten Jahrhunderthälfte.

Wie Preußen, verabschiedeten auch die Staaten im Westen und Süden Deutschlands in der ersten Hälfte des 19. Jahrhunderts eine Reihe von Landreformgesetzen. Die Beweggründe der Reformer in Stuttgart oder München waren dieselben wie die ihrer Kollegen in Berlin. König Wilhelm von Württemberg kleidete sie in seinem Erlaß von 1817 in die folgende Formulierung: Da die Wohlfahrt des Staates auf dem Eigentum an Grund und Boden und auf dessen zweckmäßiger Nutzung beruhe, müsse zum Wohl der Menschen eine friedliche Basis zwischen Grundbesitzern und Bauern in Übereinstimmung mit dem Recht geschaffen werden. Nirgendwo jedoch bekamen es die Reformer mit so mächtigen und hartnäckigen Gegenspielern zu tun, wie die Junker es in Preußen waren. Hinzu kam, daß die im Westen verbreiteten Formen der Grundherrschaft sich als wesentlich leichter reformierbar erwiesen als die östlich der Elbe verbreitete Gutsherrschaft. Im Falle der Gutsherrschaft erforderte die Emanzipation eine teilweise Umverteilung des Bodens und einen grundlegenden Wandel in der Art und Weise, wie Taglöhner eingestellt und für ihre Arbeit entlohnt wurden. Dagegen mußte im Bereich der Grundherrschaft lediglich neu festgelegt werden, was der bisherige Pachtbauer seinem bisherigen Grundherrn für die Nutzung des Bodens schuldete. Dennoch gingen die Reformmaßnahmen auch im Westen nicht ohne Animositäten und Konflikte vonstatten. Trotz aller Entschädigungsregelungen büßte der Adel als Folge der Emanzipation 10 bis 20 Prozent seiner Einkünfte ein. Auf der anderen Seite sahen sich die Bauern noch auf lange Zeit mit Abgaben und Schulden belastet und grollten über die Reste an Feudalherrschaft, die in vielen Staaten erhalten blieben.

In großen Teilen Deutschlands gingen, so scheint es, von demographischen Faktoren mächtigere Impulse für die Veränderung der ländlichen Lebensverhältnisse aus als von politischen Reformen. Im Südwesten zum Beispiel führten demographische Trends zu einer immer stärkeren Zersplitterung des Grundeigentums, was die Zahl unterkapitalisierter Bauern erhöhte, die selbst in besten Zeiten kaum das Überlebensnotwendige erwirtschaften konnten und denen der

Ruin drohte, sobald die Produktionspreise sanken oder eine Ernte schlecht ausfiel. Um die Entwicklung zu einer, wie Friedrich List es nannte, »Zwergwirtschaft« zu stoppen, wurden in einigen Staaten, so in Baden, Nassau, Sachsen und Bayern, Versuche unternommen, die Aufteilung bäuerlichen Grundbesitzes im Erbfall gesetzlich zu beschränken. Doch auch dort, wo Gesetz oder Tradition eine Zersplitterung verhinderten, stieg die Zahl derer an, die als Inhaber von Zwergparzellen oder als landlose Taglöhner auf Gelegenheitsarbeiten angewiesen waren oder sich nach einem nicht-agrarischen Lebensunterhalt umsehen mußten. Der Staat konnte wenig tun, um ihre Lage langfristig zu verbessern. Nur eine erhöhte landwirtschaftliche Produktivität verhieß den deutschen Bauern auf Dauer ein qualitätvolleres Leben. Durch politische Reformen allein war ein nachhaltiger Aufschwung der Landwirtschaft nicht zu erreichen. Das Beste, das man von solchen Reformen erwarten konnte, war, daß sie Bedingungen manifestierten, unter denen man einen solchen Aufschwung zu erreichen vermochte.

Die letzten Dekaden des 18. Jahrhunderts hatten einen allmählichen Anstieg der landwirtschaftlichen Produktivität gebracht. Die Getreideerzeugung in Preußen stieg von 4,6 Millionen Tonnen 1816 auf 5,9 Millionen Tonnen 1831 und 6,8 Millionen Tonnen 1840, um bis 1846 wieder auf 4,8 Millionen Tonnen abzusinken. Das durchschnittliche Gewicht eines preußischen Ochsen erhöhte sich von 250 Kilogramm 1802 auf 274 Kilogramm 1842, das einer Milchkuh von 164 auf 185 Kilogramm. Gemäß den fundierten Schätzungen Gertrud Hellings schrumpften die Erntemengen für Getreide und Kartoffeln in Preußen, Sachsen, Bayern und Württemberg zwischen 1800 und 1818, wuchsen im Laufe der zwanziger Jahre um rund 16 Prozent und in den dreißiger Jahren um weitere 10 Prozent an. Die verfügbaren Daten über Fleisch, Geflügel, Milch, Eier und Wolle deuten auf einen ähnlichen Wachstumsverlauf hin. Auch die Kennzahlen für die Arbeitsproduktivität weisen einen gemäßigten Aufwärtstrend aus.

Arbeitsproduktivität in der deutschen Landwirtschaft 1800–1850
(nach Helling, Entwicklung)

	Gesamterzeugung (in 1.000 Tonnen Getreide)	Arbeitskräfte (in 1.000)	Durchschnitt	Index
1800–1810	22.055	9.525	2,32	100
1811–1820	22.992	9.530	2,41	104
1821–1825	27.240	10.100	2,70	116
1826–1830	28.797	10.300	2,80	120
1831–1835	34.115	10.600	3,22	139
1836–1840	37.057	11.057	3,35	144
1841–1845	40.544	11.662	3,48	150
1846–1850	43.874	11.424	3,84	165

Die Produktivitätsfortschritte in der Landwirtschaft waren zudem der zunehmenden Ausbreitung wissenschaftlicher Erkenntnisse und Methoden zu verdanken. Benedikt Webers 1809 veröffentlichtes »Handbuch der ökonomischen Literatur« verzeichnete rund 6.000 Arbeiten über landwirtschaftliche Themen, darunter 230 praktische Ratgeber. Johann Heinrich von Thünen kaufte 1810 in Mecklenburg 460 Hektar Land und begründete darauf einen fortschrittlichen landwirtschaftlichen Betrieb, der zu einem Vorbild an Innovation wurde. Die ganze erste Jahrhunderthälfte hindurch entstanden von Landwirten, Akademikern oder Beamten gegründete Vereine, die sich dem Fortschritt und der Aufklärung in der Landwirtschaft widmeten; allein 360 von ihnen gab es 1852 in Preußen. Im Jahr 1837 stifteten Mitglieder solcher Vereine und Gesellschaften die Tradition, sich einmal jährlich zu treffen. Die Anwendung naturwissenschaftlicher Erkenntnisse auf die landwirtschaftliche Praxis wurde stark gefördert durch Justus von Liebigs 1840 ediertes Lehrbuch »Die organische Chemie in ihrer Anwendung auf Agrikulturchemie und Physiologie«. Der Autor versuchte zu zeigen, wie ein besseres Verständnis chemischer Vorgänge Landwirten helfen konnte, ihre Produktivität zu steigern. Seit der Jahrhundertmitte setzten sich bei den deutschen Bauern technisch verbesserte Geräte durch. An die Stelle der Sichel trat zunehmend die Sense, die eine Vervierfachung der Arbeitsleistung des Schnitters erlaubte, und die schweren alten Holzpflüge wichen den leichteren, dennoch stabileren und mobileren Pfluggeräten aus Metall.

Ein weiterer Grund für die Zunahme der Agrarproduktion war die Ausweitung des urbaren Bodens. Diese Expansion vollzog sich auf dreierlei Weise: einmal durch Landgewinnung, zum Beispiel in der oberrheinischen Tiefebene, in Dithmarschen und in der Lüneburger Heide; zum zweiten durch die schrittweise Urbarmachung bis dahin landwirtschaftlich nicht genutzter Brach-, Wald- und Wiesenflächen; drittens durch die Bepflanzung wenig fruchtbarer Böden mit Grünfutter, was die Haltung zusätzlicher Viehbestände ermöglichte, oder mit Gemüsekulturen, die atmosphärischen Stickstoff banden und ihn dem Boden zuführten. In manchen Gebieten konnten Produktivitätsfortschritte auch dadurch erzielt werden, daß bislang verstreut gelegene Parzellen durch Flächentausch zu leistungsfähigeren betrieblichen Einheiten zusammengefügt wurden. Agrarreformer wie Albrecht Thaer sprachen sich leidenschaftlich für solche Flurbereinigungen aus, die jedoch nur langsam und unter vielen Querelen in Gang kamen, zunächst in Mecklenburg und Schleswig-Holstein, dann nach 1821 in Preußen und schließlich in Teilen Süd- und Westdeutschlands, wo der Prozeß noch bis weit in die zweite Hälfte des 19. Jahrhunderts hinein andauerte. Eine wichtige Rolle für die Veränderung der Wirtschaftsweise spielten zudem Verbesserungen in der Transporttechnik, die es dem einzelnen Landwirt ermöglichten, sich zu spezialisieren. Da die Notwendigkeit, sich mit allem selbst zu versorgen, entfallen war, konnten die Landwirte auf den Anbau von Hanf, Flachs, Kräutern und Färbepflanzen verzichten und statt dessen auf die Früchte setzen, die unter den örtlichen Boden- und Klimaverhältnissen am ehesten gediehen und sich gut vermarkten ließen. Ganze Regionen begannen sich auf eine bestimmte Produktgruppe wie Getreide, Tabak, Obst oder Reben zu konzentrieren und ihre Erzeugnisse mit Hilfe der Eisenbahn auf einem größeren Markt anzubieten. Eine rasch wachsende Beliebtheit gewannen überall in Mitteleuropa Rüben und Wurzelfrüchte. Insbesondere die sehr nahrhafte und auch in sandigen Böden gut gedeihende Kartoffel, mit deren Anbau die deutschen Bauern seit Ende des 18. Jahrhunderts experimentiert hatten, begann einen bemerkenswerten Siegeszug. In Preußen verfünffachte sich die Menge der geernteten Kartoffeln zwischen 1816 und 1840. So groß wurde die Abhängigkeit der Menschen von diesem Nahrungsmittel, daß es, als 1842 erste Fälle von Kartoffelfäule ruchbar wurden, in vielen Gebieten zu Panikreaktionen kam. Der mehrmalige Ausfall der Kartoffelernte gegen Ende der vierziger Jahre stürzte breite Kreise der Bevölkerung ins Elend und rief Unruhen hervor.

Da die ländliche Gesellschaft ein System aus ineinandergreifenden Teilen war, mußte eine Veränderung, die sich in einem Lebensbereich vollzog, zwangsläufig Verschiebungen in sämtlichen Bereichen mit sich bringen. So führte zum Beispiel der Gebrauch der Sense zu einer Produktivitätssteigerung im Ackerbau, ließ aber auch die Nachfrage nach landwirtschaftlichen Arbeitskräften sinken; außerdem blieben auf einem mit der Sense gemähten Feld weniger Ähren zurück, zum Nachteil für diejenigen, denen das Recht, sie aufzulesen, traditionell zustand. Die Zusammenlegung verstreuter Felder zu größeren Einheiten erleichterte den Einsatz neuer Techniken, beseitigte allerdings ein wichtiges Element kommunaler Solidarität. Die Aufteilung ehemaliger Gemeinflächen brachte Ertragssteigerungen, beraubte jedoch eine Anzahl minderbemittelter Familien ihrer letzten Rechte und Privilegien. Sogar ein Wechsel zum Anbau anderer Feldfrüchte konnte tiefgreifende Veränderungen im Hinblick auf die Struktur von Familie und Gemeinschaft zeitigen. So erforderte beispielsweise der Getreideanbau schweren und konzentrierten körperlichen Einsatz in der Phase der Aussaat und der Ernte, aber wenig Arbeit in der Zeit dazwischen. Dagegen mußten Gemüsepflanzen mit einem gleichbleibenden Aufwand gehegt und gepflegt werden. In dem Maße, wie der Gemüseanbau populärer wurde, gingen die Frauen dazu über, das ganze Jahr auf den Feldern zu arbeiten, anstatt nur zur Erntezeit, während die Männer eher dem saisonalen Arbeitsrhythmus, wie er dem Getreideanbau entsprach, verhaftet blieben. Das führte in manchen Fällen zu neuartigen Spannungen innerhalb der bäuerlichen Haushalte. Die Frauen fühlten sich von den vielen Aufgaben, die ihnen abverlangt wurden, überfordert, und die Männer beklagten das in ihren Augen nachlassende Interesse der Frauen an ihren häuslichen Pflichten.

Über die Entwicklung der materiellen Lebensbedingungen der deutschen Bauern in der ersten Hälfte des 19. Jahrhunderts lassen sich keine generellen Aussagen machen. An einem Ende der Skala standen die Besitzer der fruchtbaren Ackerböden im Rhein-Graben zwischen Karlsruhe und Baden-Baden, wo T. C. Banfield zumindest in den Häusern der größeren Bauern »Zeugnisse von Lebensgenuß, ja von Wohlstand« entdeckte, wenngleich das bäuerliche Aussehen und Betragen der Bewohner sie eher als Angehörige »einer ärmeren Klasse« charakterisierten. Weit weniger gut betucht waren die Männer und Frauen, von denen William Jacob 1820 auf dem Frankfurter Bauernmarkt angesprochen wurde: »Sie boten ihre Waren in sehr kleinen Mengen zum Verkauf an; einige hatten ein paar Äpfel, Zwetschgen, Birnen oder Trauben, die zusammen einen Wert von höchstens drei oder vier Groschen ausmachten.« Das schlechteste Los hatten die besitzlosen Taglöhner im Osten Deutschlands gezogen. Rechtlich zwar frei, blieben sie doch in den Fesseln von Armut und Unwissenheit gefangen, in einer Lage, die kaum beneidenswerter war als ihre frühere Leibuntertänigkeit. Diese Menschen, die in primitiven Hütten hausten und von der Hand in den Mund leben mußten, standen auf der untersten Stufe der sozialen ländlichen Hierarchie. Im Zuge des allgemeinen Bevölkerungswachstums nahm ihre Zahl zu, und ihre Situation verschlechterte sich weiter.

Was die wirtschaftliche Lage der Adligen betraf, so war sie von ebenso großer Vielfalt geprägt wie die der Bauernschaft. Das Aufkommen einer kommerzialisierten Landwirtschaft, der verstärkte Handel mit Grund und Boden aus Spekulationsgründen und die rechtlichen Auswirkungen der Bodenreform, all das führte dazu, daß die ländlichen Grundbesitzer viel stärker als bisher die Kräfte des Marktes zu spüren bekamen. »Unser ganzes Volk«, schrieb Georg Hanssen 1832, »hat sich vor dreißig, vierzig Jahren im Güterhandel einer Raserei hingegeben, wie sie jetzt nur anderswo im Staatspapierhandel stattfindet.« Von den Junkern, die Fritz Martiny in seine Untersuchung einbezog, verkaufte zwischen 1800 und 1805 jeder sechste seinen Grundbesitz. Während das Fieber der Bodenspekulation in den Jahren danach abflaute, blieb der Immobilienmarkt rege. Im Durchschnitt wechselte jedes preußische Rittergut, wie eine staatliche Studie ergab, zwischen 1835 und 1864 mehr als zweimal den Besitzer. In 60 Prozent aller Fälle war ein Verkauf der Grund für den Besitzerwechsel, in 34 Prozent ein Erbfall, in 5 Prozent eine Zwangsversteigerung. Unter den Verkäufern befanden sich zweifellos viele, die unter den schweren Marktbedingungen, mit denen die deutsche Landwirtschaft es bis zur Jahrhundertmitte zu tun hatte, keine Überlebenschance für ihren Betrieb sahen. Die betroffenen Familien konnten, hatten sie ihr Land verkauft, ihren Status oft nur noch durch Übernahme eines »standesgemäßen« Berufs, zumeist den eines Beamten, bewahren. Die Kommerzialisierung des ländlichen Wirtschaftslebens brachte aber nicht nur Gefahren mit sich, sondern auch Chancen. So kam zum Beispiel in Schlesien ein Gutsbesitzer namens von Keltsch dadurch zu Wohlstand, daß er auf wissenschaftlicher Grundlage mit neuen landwirtschaftlichen Techniken experimentierte und neben Viehzucht erfolgreich Roggen, Gerste- und Kleeanbau betrieb. Der Untersuchung Carl Brinkmanns über das im Brandenburgischen gelegene Gut Wustrau kann man entnehmen, wie Großlandwirte und ihre Gutsverwalter durch Anwendung fortschrittlicher Techniken und den Einsatz von Lohnarbeitern florierende Agrarbetriebe aufbauten.

Der grundbesitzende Adel konnte zwar nicht davon ausgehen, daß sein Wohlstand, seine Autorität und sein Prestige unantastbar waren, aber er bewahrte sich vorerst seine Privilegien und seine Vormachtstellung. Nicht alle grundherrlichen Rechte waren der Reformära zum Opfer gefallen. Der österreichische Adel konnte sich einige seiner Monopole bis weit nach der Jahrhundertmitte bewahren, und in Preußen folgten dem 1810 unternommenen Anlauf, Landgüter steuerpflichtig zu machen, keinerlei Taten, so daß das Vorhaben bis 1872 liegenblieb. Politische und rechtliche Befugnisse der ehemaligen Grundherren gegenüber ihren einstigen Untertanen blieben teilweise bestehen, nicht nur in Preußen, sondern auch in Bayern, Württemberg, Hannover und in anderen Kleinstaaten. In Mecklenburg nahmen die Adelsherren diese örtlichen Machtbefugnisse noch bis in die siebziger Jahre hinein wahr. Der Einfluß der lokalen Eliten bestand vielerorts sogar noch fort, als ihre Kompetenzen im Rahmen der örtlichen Institutionen formell auf den Staat übergegangen waren. Symbolisch für die weiterbestehende Vormachtstellung der Aristokratie auf dem Land war ihr exklusives Vorrecht zu jagen. Es war eine Reminiszenz an die frühere Rolle der Feudalherren als bewaffnete Beschützer ihrer Untertanen und zugleich ein Zeichen für die herausgehobene Position, die sie weiterhin einnahmen. »Ich will den Jagdrechten keine Lobrede halten«, erklärte Freiherr von Hornstein 1838, »allein ich glaube, daß der Adel als Stand betrachtet werden muß, und wenn er Stand ist, auch Standesbegriffe haben darf.« Würde der Adel, so fuhr der Freiherr fort, nicht mehr jagen, dann würde man, »wo jetzt die schönsten Dörfer und Städte blühen, die Bären hausen sehen«.

Viele Adlige mochten sich oder anderen einreden, ihr Vorrang leite sich nach wie vor aus ihrem Stammbaum ab und sei durch ihre Persönlichkeit legitimiert, doch wer nüchtern urteilte, konnte nicht daran zweifeln, daß sie den Fortbestand ihrer Macht und ihrer Privilegien dem Staat verdankten. Den Reichsadel, der so etwas wie ein unangreifbarer Garant für den Anspruch der gesamten Kaste auf persönliche Herrschaft gewesen ist, gab es nicht mehr. Verschwunden waren auch die unabhängigen kirchlichen Einrichtungen, vor allem jene Kirchenfürstentümer, die den bedeutenderen Adelsdynastien als Werkzeug für die Mehrung ihres Wohlstandes und ihrer politischen Macht gedient hatten. Auch dort, wo gesetzliche Bestimmungen und Verfassungsparagraphen die Sonderstellung des Adels absicherten, war es der Staat, der die Rolle der Aristokratie innerhalb seines Gefüges definierte. Viele Staaten neigten im übrigen dazu, die Zugehörigkeit zur grundbesitzenden Elite weniger an Namen und Stammbäume zu knüpfen als an aktuelle Vermögensverhältnisse. So machten etwa die Edikte, mit denen die preußischen Provinziallandtage ins Leben gerufen wurden, die Zugehörigkeit zur Ritterschaft – de jure, obwohl nicht immer de facto – nicht von der Abstammung des Betreffenden abhängig, sondern einzig davon, ob er Besitzer eines Rittergutes war oder nicht.

Der deutsche Adel reagierte auf seine Vereinnahmung durch den Staat in sehr unterschiedlicher Weise. In Westfalen hatte die Revolution den Hochadel seiner Selbständigkeit beraubt und die Institutionen zerstört, über die er zuvor seine kirchliche und politische Macht ausgeübt hatte. Als die Ländereien des westfälischen Adels von Preußen annektiert wurden, mußten deren Besitzer feststellen, daß ihnen ein Staat gegenüberstand, der wenig Rücksicht auf ihre gesellschaftliche Vorrangstellung oder ihre religiösen Loyalitäten nahm. Sie mußten es sich gefallen lassen, von einem autonomen Stand zu einer regionalen Elite mit örtlich begrenzter Macht hinabgestuft zu werden, die allenfalls noch ein Mandat besaß, ihre Provinz und ihre Kirche vor staatlichen Übergriffen zu schützen. Ganz anders stellte sich die Lage in den östlichen Provinzen Preußens dar, wo die Junker seit dem späten 17. Jahrhundert Hand in Hand mit dem Staat der Hohenzollern gearbeitet hatten. Die preußische Bodenreform war für die Junker lediglich eine weitere, jedoch besonders schmerzhafte Etappe auf einem langen geschichtlichen Weg. Wie kaum anders zu erwarten, schlugen sie nach wie vor größtmögliches Kapital aus ihren privilegierten Stellungen in Verwaltung und Militär. Damit nicht zufrieden, arbeiteten sie ständig auf neue Versionen des Paktes hin, den sie mit dem preußischen Staat schon so oft auf Kosten ihrer Untertanen geschlossen hatten. Im Gegensatz zu den meisten ihrer Standesgenossen im Westen verband sich bei der alten Elite Preußens weiterhin seigneurale Macht im lokalen Bereich mit Einfluß auf die zentralstaatlichen Institutionen.

Einen besonderen Rang innerhalb des grundbesitzenden Adels in Deutschland nahmen die sogenannten Standesherren ein, die Vorstände jener achtzig oder mehr Familien von Reichsgrafen und Reichsfürsten, die 1806 ihre Souveränität eingebüßt hatten. Nachdem der Wiener Kongreß ihre frühere unabhängige Position nicht wiederhergestellt hatte, mußten sie anderweitig zufriedengestellt werden. Das geschah durch die weitgehenden Versprechungen in Artikel 14 der »Bundesakte«, der ihnen die Ebenbürtigkeit mit den herrschenden Dynastien Deutschlands und dazu eine ganze Reihe von Rechten und Privilegien zusicherte, allerdings unter der Bedingung, daß dies durch staatliche Gesetze geregelt werden müsse und dem Ermessen der staatlichen Macht unterliege. Im Verlauf der darauffolgenden Jahrzehnte kämpften die Standesherren darum, einen Platz zwischen Herrscherhäusern und Staatsbürgern zu behaupten. Soweit sie es vermochten, hielten sie an den Insignien und Ritualen ihrer degradierten Fürstenhöfe fest, übten weiterhin Herrschaft über ihre ehemaligen Untertanen aus und beharrten auf den Sonderrechten, die sie als Angehörige der privilegiertesten Gruppe in der

Gesellschaft reklamierten. »Das Bewußtsein, Herr im Hause, Herrscher in der Grafschaft oder im Fürstentum zu sein, war bei vielen Standesherren stark ausgeprägt«, schrieb Heinz Gollwitzer. Am schwersten artikulierbar war dieses Bewußtsein in den kleineren Staaten des Südwestens, wo die meisten ihrer Besitzungen lagen und die Standesherren als potentielle Herausforderer der staatlichen Autorität galten. So verwundert es nicht, daß es gerade hier häufig zu langwierigen Rechtsstreitigkeiten zwischen Standesherren und Staat kam.

Der Mehrheit fortschrittlich denkender Deutscher erschienen sämtliche noch bestehenden Adelsprivilegien als unglückselige Hinterlassenschaften einer feudalen Vergangenheit. Im 18. Jahrhundert hatten die Kritiker der Aristokratie vor allem deren unmoralischen Lebenswandel, ihre Oberflächlichkeit und ihre kosmopolitische Ausrichtung beanstandet und dagegen die moralischen Ideale der Bildung und des Nationalbewußtseins ins Feld geführt. Derartige antiaristokratischen Ressentiments blieben auch nach der Jahrhundertwende virulent, aber der Tenor der Kritik verschob sich allmählich von moralischen zu sozialen Argumenten. Dem Adel wurde nunmehr die Rolle eines vorläufig noch vorhandenen Hindernisses für wirtschaftliche Fortschritte und gesellschaftliche Gleichberechtigung zuerkannt, eines zum Untergang verurteilten Überrests einer überwundenen Vergangenheit. Der Industrielle Friedrich Harkort schrieb in den vierziger Jahren des 19. Jahrhunderts, die Lokomotive sei der Leichenwagen, auf dem Absolutismus und Feudalismus zum Friedhof geführt würden. Ein paar Jahre später schilderte Karl Gutzkow in seiner Erzählung »Die Nihilisten«, wie eine Gruppe ostelbischer Aristokraten in ihrer Wut über den Bau einer Eisenbahn durch ihre heimatlichen Gefilde beschloß, mit dem Zug um die Wette zu reiten und das Dampfroß in Grund und Boden zu blamieren. Kaum nötig zu sagen, daß selbst ihre besten Pferde gegen die Kombination aus Dampfkraft und Stahl nicht bestehen konnten.

Manche Vorkämpfer der Marktwirtschaft weiteten ihre Kritik an der Aristokratie auf die ländliche Gesellschaft als Ganze aus. Friedrich List zum Beispiel vertrat die Ansicht, in einer agrarisch geprägten Gesellschaft sei »ein großer Teil der physischen und fast die Gesamtheit der moralischen Kräfte tot und gleich Null«. Nach Überzeugung Lists war die Industrie nichts Geringeres als »zugleich Mutter und Tochter der Wissenschaften und der Künste, der Literatur, der Aufklärung, der öffentlichen Freiheit, der nützlichen Institutionen, der Macht und der Unabhängigkeit einer Nation«. Daher mußten im Interesse der weiteren wirtschaftlichen Entwicklung Handel und Gewerbe auch auf dem Land immer mehr Fuß fassen, so daß es schließlich zu einer physischen wie wirtschaftlichen Verflechtung von Industrie und Landwirtschaft kommen würde. List hielt die traditionelle Bauernschaft für nicht mehr zeitgemäß; am liebsten hätte er das Wort »Bauernstand«, das er mit Untertänigkeit und Not assoziierte, ganz aus dem Sprachgebrauch verbannt. Besitzer wirtschaftlich lebens-

Eine Dampfmaschine der Königlichen Eisengießerei zu Berlin für die Tappertsche Spinnerei und die 1816 in der Eisengießerei fertiggestellte erste Lokomotive des Kontinents. Ausschnitte aus den »Neujahrskarten« der Königlichen Eisengießerei, 1815 und 1816. Berlin-Museum

Das Lendersdorfer Eisenwalz- und Hochofenwerk. Gemälde von Carl Schütz, 1838. Düren, Leopold-Hoesch-Museum. – Die Maschinenbau-Anstalt und Eisengießerei von Borsig an der Chausseestraße in Berlin. Gemälde von Karl Eduard Biermann, 1847. Berlin-Museum

fähiger Agrarbetriebe, ländliche Geschäftsleute mit engen Verbindungen zu den Märkten und zum industriellen Sektor, freie und selbständige Landwirte – so stellte List sich die Mitwirkenden in seinem »nationalen System der politischen Ökonomie« vor.

Nicht alle von Lists Zeitgenossen teilten seine Überzeugung, daß in der Industrie der Schlüssel zur Zukunft des ländlichen Raumes liege. Ernst Moritz Arndt zum Beispiel vertrat die Ansicht, die Bauernschaft müsse vor dem »Überfluß der Fabriken, den Reichtümern des Handels« sowie vor übertriebenen Bodenaufteilungen geschützt werden. Da der Bauer der Erde nahestehe und mit den Rhythmen der Natur lebe, sei er unverzichtbar für das moralische und politische Wohlergehen der Gesellschaft. Selbst ein Liberaler wie Karl von Rotteck sah in den Bauern den »beständig frischen Lebensquell, woraus die übrigen Klassen der Gesellschaft, welche die Neigung zu allmähliger Erschlaffung oder zum Verderbniß haben, ihre fortwährende Erfrischung oder Erneuerung schöpfen«. Autoren wie Jeremias Gotthelf und Karl Immermann propagierten in den vierziger Jahren ein literarisches Leitmotiv, das bald in aller Munde sein sollte: das Bild des schwer schuftenden, anständigen Bauern, der einen hoffnungslosen Kampf gegen die heraufziehenden Mächte der modernen Zeit führt. Je mehr Deutsche sich Sorgen über das Anwachsen der Städte und den Fortgang der Industrialisierung machten, desto größer wurde bei manchen von ihnen die Sehnsucht nach den Tugenden und der Stabilität, die die traditionelle ländliche Gesellschaft vermeintlich verkörperte.

Städte, Märkte, Gewerbe

In den Augen vieler ausländischer Besucher waren deutsche Städte bezaubernd, altmodisch und wunderlich. William Howitt schilderte 1842 ihre »malerischen weißen Giebelhäuser, alten Plätze und Märkte« und fügte hinzu, die Menschen liefen in Kleidern herum, die aus dem Mittelalter zu stammen schienen. Otto Bähr vermittelte im Zuge seines Überblicks über Jahrhunderte städtischen Lebens einen ähnlichen Eindruck von der Stadt, in der er aufwuchs. Kassel sei in den zwanziger Jahren des 19. Jahrhunderts, so erinnerte Bähr sich sechzig Jahre später, eine einfache Kleinstadt mit Häusern aus Holz und mit einem beschränkten Horizont gewesen. Die Isolation, in der solche Kommunen lebten, sei im Rückblick kaum mehr nachzuvollziehen. Otto Elben, der ungefähr um dieselbe Zeit in Stuttgart aufwuchs, schrieb in seinen Memoiren, das Leben sei in dieser Stadt »bescheidener und gemütlicher« gewesen als in einer modernen Großstadt. Wenn Deutsche die Hauptstädte oder Industriemetropolen Englands oder Frankreichs besuchten, reagierten sie verständlicherweise häufig mit Erschrockenheit über die Dimension und das Tempo des dortigen großstädtischen Lebens und über die bauliche Monotonie und Häßlichkeit.

In der ersten Hälfte des 19. Jahrhunderts kam die überwältigende Mehrzahl der Deutschen kaum oder gar nicht mit dem großstädtischen Leben in Berührung. 1816 lebten erst knapp 2 Prozent aller Einwohner Preußens in Berlin, das als einzige Stadt im Staat der Hohenzollern mehr als 100.000 Einwohner hatte. Nur etwas mehr als 4 Prozent aller Preußen waren in den 11 Städten mit 20.000 bis 100.000 Einwohnern zu Hause. Bis 1849 änderte sich an diesen Zahlen nichts Grundlegendes, abgesehen davon, daß Breslau mittlerweile neben Berlin in die höchste Klasse aufgerückt war, auf die jetzt 3,3 Prozent der Gesamteinwohnerschaft entfielen, während in den 18 Städten mit 20.000 bis 100.000 Einwohnern nun 4,8 Prozent aller Preußen lebten. Auch wenn man wesentlich bescheidenere quantitative Kriterien an den Begriff einer Stadt anlegt, vermochte das Bevölkerungswachstum in den Städten nur einigermaßen mit dem im Landesdurchschnitt mitzuhalten: Während 1816 25,4 Prozent der preußischen Bevölkerung Ortschaften mit mehr als 2.000 Menschen bewohnten, waren es 1849 26,7 Prozent. Von den übrigen deutschen Staaten wies lediglich Sachsen eine höhere Verstädterung auf als Preußen. Das Schlußlicht bildete in dieser Beziehung Bayern, wo 1852 bloß 6 Prozent der Bevölkerung in Städten mit über 20.000 Einwohnern und 13,4 Prozent in Gemeinden und Städten mit über 2.000 Einwohnern lebten.

Hinter diesen pauschalen Zahlen verbargen sich, wie immer, bedeutsame regionale Unterschiede. So bestand ein merklicher Kontrast zwischen dem schleppenden Urbanisierungstempo im deutschsprachigen Raum als Ganzem und dem raschen Wachstum der Stadt Berlin, deren Einwohnerzahl sich von 201.138 im Jahr 1819 auf 378.204 dreißig Jahre später erhöhte. Wien, das nach wie vor größer war als die preußische Hauptstadt, wuchs langsamer: von 260.224 Einwohnern 1821 auf 431.147 im Jahr 1850. Was die anderen deutschen Hauptstädte betraf, so stiegen die Einwohnerzahlen Münchens, Dresdens und Stuttgarts in einem über dem nationalen Durchschnitt liegenden Tempo, während dies für Karlsruhe, Braunschweig und Saarbrücken nicht galt. Hamburg behauptete sich als das dynamischste deutsche Handelszentrum, das es schon im 18. Jahrhundert gewesen ist; seine Einwohnerzahl nahm von 132.007 im Jahr 1811 auf 220.968 im Jahr 1851 zu. Auch Leipzig, Köln und Frankfurt zeigten überdurchschnittliche Wachstumsraten, im Gegensatz zu Königsberg, Danzig und Augsburg. Städtischen Auftrieb erlangten schließlich einige bis dahin weniger beachtete Kommunen. Zwar entwickelte sich keine von ihnen zu einer bedeutenden Metropole, doch zeichneten sich alle durch außerordentlich hohes Wachstum aus. Barmen zum Beispiel, die Heimatstadt von Friedrich Engels, wuchs zwischen 1810 und 1850 von 16.289 auf 41.463 Einwohner, und Essen, das noch zu Beginn des Jahrhunderts kaum mehr als ein Dorf gewesen ist, hatte

1850 knapp 10.000 Einwohner und sollte bis zum Jahr 1871 weitere 40.000 dazubekommen.

Ebenso ausgeprägt wie die Größenunterschiede der deutschen Städte war ihre Verschiedenartigkeit. Über Weimar schrieb Russell, der dort auf seiner Deutschland-Reise in den zwanziger Jahren des 19. Jahrhunderts Station machte, es verdiene kaum, eine Stadt genannt zu werden. Mehr als ein Viertel seiner Einwohner war im öffentlichen Dienst beschäftigt; ein weiteres Drittel bestand aus Dienstboten, der Rest aus Handwerkern, Geschäftsleuten und Gastwirten, von denen viele in völliger wirtschaftlicher Abhängigkeit vom Hof standen. Berlin hatte sich indessen zu einem bedeutenden Handels- und Produktionszentrum entwickelt, das auf Besucher nicht nur wegen seiner Größe und Vitalität Eindruck machte, sondern auch wegen der nüchternen Betriebsamkeit seiner Bewohner. Doch selten zeigten sich Reisende von der preußischen Hauptstadt so angetan wie etwa von Wien, über dessen Schönheit ein Zeitgenosse sagte, sie sei von der akademischen Kleinstadtatmosphäre Berlins so weit entfernt wie die Sonne von der Erde. Tatsächlich hatte die Wiener Altstadt, noch immer von den zur Abwehr der Türken erbauten Mauern umschlossen, mit ihren Parks, Palästen und Kaffeehäusern dem Besucher viele Genüsse zu bieten. Nicht weniger ausgeprägt als die Gegensätze zwischen Berlin und Wien waren die zwischen Hamburg und Frankfurt am Main oder zwischen Breslau und Köln. Wie in den Hauptstädten, sorgten auch in diesen Handelsmetropolen historische Traditionen sowie geographische und wirtschaftliche Faktoren für den Fortbestand eines unverwechselbaren Lokalkolorits.

Doch schon zerrten an diesem Muster urbaner Vielfalt dieselben Kräfte, deren einebnende Tendenzen auf dem Land sichtbar wurden: der Staat, der darauf aus war, die sich frei wähnenden Stadtbürger seinen Gesetzen zu unterwerfen und die wirtschaftlichen Ressourcen der Städte für sich zu erschließen, und der Markt, der Verbindungen zwischen den Städten und ihrem Umland sowie darüber hinaus innerhalb ganzer Regionen und zunehmend größer werdender Wirtschaftsräume knüpfte. Gewiß waren weder der Staat noch der Markt mächtig genug, um lokale Traditionen und Eliten über Nacht bedeutungslos zu machen, aber langfristig bewirkten sie einen tiefgreifenden Wandel sowohl der Binnenstrukturen der Städte als auch ihrer Beziehungen zur Außenwelt. Zunehmende regulierende Kompetenzen der Verwaltung und wachsende wirtschaftliche Aktivität addierten sich zu einer erodierenden Kraft, die das komplexe Gefüge aus Brauchtum, Gewohnheitsrechten und Freiheiten, das die Stadtgesellschaften zusammengehalten hatte, von innen und außen zersetzte. Was die Städte bislang an Autonomie und Autarkie besessen hatten, fiel diesen politischen und wirtschaftlichen Kräften zum Opfer; sie mußten ihre Tore für den Austausch von Gütern, Menschen und Ideen aus anderen Regionen öffnen. Unter dem alten Regime sind die meisten deutschen Städte geschlossene Gemeinwesen mit rigiden ständischen

Ordnungen gewesen; bis zum Ende des 19. Jahrhunderts entwickelten sich fast alle zu Bestandteilen einer größeren Verwaltungsstruktur und zu Schauplätzen eines offenen und mobilen Wirtschaftslebens.

Der wichtigste Versuch im 19. Jahrhundert, das Verhältnis zwischen Städten und Staat neu zu definieren, war die preußische »Städteordnung«, die im November 1808, gegen Ende der Amtszeit Steins, in Kraft trat. Wie viele der preußischen Reformen, hatte auch diese Regelung partizipatorische und bürokratische Komponenten. Auf der einen Seite gehörte sie in den Kontext der Bemühungen Steins, die Bürger für die öffentlichen Angelegenheiten zu interessieren; er hoffte, eine aktive Teilnahme der Menschen an den Belangen der Verwaltung werde das Gemeinschaftsgefühl stärken. Im Sinne dieses Ziels rief die Städteordnung repräsentative Bürgervertretungen ins Leben und gestand ihnen bedeutsame Kompetenzen zu. Auf der anderen Seite sorgte sie für eine straffere staatliche Gängelung der Städte, indem sie etliche noch bestehende Privilegien der ehemaligen freien Reichsstädte aufhob, die Kompetenzen städtischer Rechtsprechungsorgane beschnitt und polizeiliche Befugnisse auf die Staatsmacht übertrug. »Dem Staat«, hieß es in Artikel 1 der preußischen »Städteordnung«, »bleibt das oberste Aufsichtsrecht über die Städte, ihre Verfassung und ihr Vermögen, insoweit nicht in der gegenwärtigen Ordnung auf eine Theilname an der Verwaltung ausdrücklich Verzicht geleistet ist, vorbehalten.« Im Zuge der 1831 erfolgten Neufassung der »Städteordnung« wurden ihre partizipatorischen Elemente leicht abgeschwächt und die staatlichen Zuständigkeiten erweitert. In ihrer so revidierten Form wurde die »Städteordnung« dann in den Gebieten eingeführt, die Preußen 1815 hinzuerworben hatte, nicht jedoch in Pommern und im Rheinland. In letzterem blieb das in den Jahren der französischen Besatzungsherrschaft eingeführte System der Kommunalverwaltung bestehen, bis 1845 eine neue »Gemeindeordnung« in Kraft trat. Das französisch geprägte System machte keinen Unterschied zwischen Städten und Dörfern – während die preußische »Städteordnung« von 1808 und 1831 ausdrücklich auf diesen Unterschied abhob – und sah die Ernennung des obersten Kommunalbeamten durch den Staat anstelle seiner Wahl durch ein Kommunalparlament vor. Im Grunde war die rheinische »Gemeindeordnung« freilich ein ebenso ausdrückliches Manifest des staatlichen Vormachtanspruches wie die preußische »Städteordnung« von 1831.

Auch in einer Reihe anderer deutscher Staaten wurden im Laufe der ersten Jahrhunderthälfte gesetzliche Rahmenregelungen für die Kommunalverwaltung erlassen: in Bayern 1818, in Württemberg 1822, in Baden 1831, in Kurhessen 1834, in Sachsen 1838. Alle diese Gesetzeswerke zeichneten sich durch eine Mixtur aus partizipatorischen und bürokratischen Elementen aus. In vielen Staaten, namentlich in denen des Südwestens, war das Verhältnis zwischen Staat und Stadt jedoch vertrackter als in den preußischen Stammlanden. In letzteren hatten die meisten Städte während der ersten Etappen des Staatsaufbaus ihre Autonomie eingebüßt; auf die Möglichkeiten politischer Partizipation, die die preußischen Reformer ihnen eröffneten, reagierten sie zögerlich und ohne Enthusiasmus. Dagegen war den Bürgern der ehemals freien Reichsstädte die Erinnerung an ihre Selbstverwaltungstradition lieb und teuer, so daß sie darum kämpften, sich möglichst viel Autonomie zu bewahren. In ihren Augen war jeder Versuch der Staatsmacht, kommunale Institutionen zu oktroyieren, ein Frontalangriff auf ihre traditionellen Rechte und Privilegien. Darüber hat Mack Walker geschrieben: »Die politische Zielrichtung der kommunalen Selbstverwaltung war in Preußen entgegengesetzt zu der ... in Ländern mit Individualcharakter, weil die Ausgangspunkte unterschiedlich waren. In den preußischen Städten sind die Selbstverwaltungen zu schwach gewesen, um die Bevölkerung in die Politik einzubinden; in den ehemals freien Städten waren sie zu mächtig.« Trotz dieser unterschiedlichen Orientierungen entwickelten sich die Kommunalverfassungen der preußischen und der südwestdeutschen Städte in dem Maße aufeinander zu, wie beide sich darum bemühten, ein Gleichgewicht zwischen staatlicher Einwirkungsmacht auf der einen und verfaßter Bürgervertretung auf der anderen Seite zu finden.

Es gab im wesentlichen zwei deutsche Welten, für die jene Zustandsbeschreibung in den vierziger Jahren des 19. Jahrhunderts noch nicht galt: Österreich, wo die Kommunalverwaltung unter der Fuchtel der Staatsmacht stand, und jene verstreuten Regionen, in denen die alte städtische Autonomie überlebt hatte. In den Ländern der Habsburger war alles, was nach städtischer Selbstverwaltung ausgesehen hatte, dem Absolutismus des Kaisers Franz I. zum Opfer gefallen, unter dessen Regime die österreichischen Städte direkt der Staatsverwaltung unterstellt worden waren. Wien zum Beispiel wurde von einem Bürgermeister und einem »Magistrat der Königlichen und Kaiserlichen Hauptstadt und Residenz« regiert, die allesamt staatlich berufene Beamte waren. Eine noch weitgehend unversehrte städtische Selbstverwaltung fand sich lediglich in den vier verbliebenen freien Städten und in wenigen Landstrichen des deutschen Nordwestens. Frankfurt, Hamburg, Bremen und Lübeck hatten sich ihren Status als selbständige Stadtrepubliken, regiert von einem aus Kaufleuten und Anwälten zusammengesetzten Patriziertum, bewahrt. Die Städte im Königreich Hannover standen zwar unter staatlicher Vormundschaft, unterlagen aber keiner landeseinheitlichen Städteordnung und konnten ihre alten Institutionen und Privilegien zumindest teilweise behaupten. Dasselbe galt für die Städte in Schleswig-Holstein, Mecklenburg und jenen Teilen Pommerns, die Preußen 1815 von Schweden übernommen hatte. Doch im Grunde waren diese Bastionen städtischer Selbständigkeit lediglich Denkmäler einer untergegangenen Epoche, letzte Zeugen eines Zeitalters, in dem Mitteleuropa eine Ansammlung von Stadtstaaten gewesen ist, deren jeder stolz seine Identität gehütet und eifersüchtig seine souveränen Rechte verteidigt hatte.

In derselben Phase, in der die Städte in ein System staatlicher Rechtsordnungen und bürokratischer Kontrolle eingebunden wurden, gerieten etliche von ihnen in den Bannkreis eines Systems umfassenderer und dynamischerer Wirtschaftsbeziehungen. Die räumlichen Dimensionen des wirtschaftlichen Prozesses sind schwerer zu bestimmen als die der parallel dazu erfolgten politischen Einbindung. Denn die Marktkräfte nahmen keine Rücksicht auf staatliche Grenzen und gingen nicht von einem einzigen Verwaltungszentrum aus. Außerdem waren die Auswirkungen des Marktgeschehens auf die Entwicklung der Städte viel uneinheitlicher als die von der Bürokratisierung ausgehenden Effekte. Zwar wurde jede deutsche Stadt irgendwie vom wirtschaftlichen Wandel berührt, doch in welcher Weise es sich auswirkte, hing von der Lage der betreffenden Stadt, von ihrer Sozialstruktur und dergleichen ab. Manche Städte blühten auf, andere fielen zurück, manche wurden zu Weltstädten mit Verbindungen zu internationalen Märkten, andere blieben Kleinstädte von allenfalls regionaler Bedeutung oder wurden dazu.

Die Entwicklung der deutschen Küstenstädte im Norden liefert anschauliche Beispiele dafür, wie expandierende Märkte die Geschicke einer Stadt beeinflussen konnten. Im 18. Jahrhundert war der deutsche Nord- und Ostsee-Handel von rund einem Dutzend Häfen aus abgewickelt worden; in der Mehrzahl sind dies kleine Hafenstädte gewesen, über die Rohstoffe aus dem Hinterland aus- und Waren von fremden Küsten eingeführt wurden. Im Verlauf des 19. Jahrhunderts hatten die meisten dieser Hafenstädte einen relativen Niedergang erlebt, in manchen Fällen einfach deshalb, weil ihre Häfen für die größeren Schiffe, die unterdessen im internationalen Handel zum Einsatz kamen, zu klein waren, zuweilen auch, weil ihr Hinterland nicht groß und wohlhabend genug war, um ein wachsendes Handelsvolumen stützen zu können. Schließlich blieben einige wenige Großstädte als dominierende Plätze für den Überseehandel übrig. Hamburg und Bremen entwickelten sich stürmisch, während Papenburg an der Ems-Mündung und Brake in der Nähe der Weser-Mündung ebenso an Bedeutung verloren wie Lübeck, die einst stolze und gleichrangige Partnerin der anderen Hansestädte. Das 37 Kilometer von der Pregel-Mündung in die Ostsee entfernte Königsberg konnte mit günstiger gelegenen Umschlagplätzen für Getreide und Holz aus den Ostprovinzen nicht mehr mithalten. Zum Nachteil gereichte Königsberg auch, ebenso wie Danzig, seine große Entfernung von den rasch wachsenden Metropolen Preußens und Sachsens. Stettin hingegen profitierte von seiner Nähe zu Berlin, besonders nach Fertigstellung der Bahnstrecke zwischen den beiden Städten im Jahr 1843.

Von allen wirtschaftlichen Kräften, die auf die deutschen Städte einwirkten, war die Eisenbahn sicherlich die bedeutendste. Eine Stadt vermochte auf Schienenwegen ihren Fabriken direkten Zugang zu Kohle und Eisen, ihren Kaufleuten Zugriff auf neue Märkte für ihre Waren, ihren Verlegern verstärkte Zugänglichkeit zu Lesern und Autoren im gesamten deutschsprachigen Europa zu verschaffen. Die Eisenbahn konnte einer Binnenstadt Anschluß ans Meer bringen oder einer Hafenstadt die Möglichkeit, die in ihr umgeschlagenen Waren weit ins Binnenland hinein zu transportieren. Darüber hinaus wurde die Eisenbahn selbst zu einem wichtigen Wirtschaftsfaktor, insbesondere für die Hauptstädte, in denen zentrale Werkstätten für die Entwicklung, den Bau, die Wartung und die Reparatur der Schienenfahrzeuge entstanden. Unternehmen wie Borsig und Pflug in Berlin, Maffei in München oder Kessler in Karlsruhe schufen ein bedeutsames Potential von Arbeitsplätzen und Finanzkraft. Die Eisenbahn veränderte nicht zuletzt das Gesicht der Städte. Als 1838 die Strecke Leipzig–Berlin eröffnet wurde, schilderte eine Zeitung die Auswirkungen auf das Wohnviertel, in dem sich der neue Leipziger Bahnhof befand: »Die soliden massiven Gebäude erzittern unter den andauernden Erschütterungen, und ihre Bewohner, die einst geglaubt hatten, hier eine ruhige, schöne Wohnstraße gefunden zu haben, ... ziehen jetzt in die Stadt zurück, um dort die verlorene Idylle wiederzufinden.« Nicht mehr Stadtmauern, sondern Bahnhöfe galten jetzt als Merkmale dessen, was eine Stadt ausmachte; doch während Mauern und Türme für Schutz und Abschottung gestanden hatten, verhießen Bahnhöfe und Gleise Öffnung und Anschluß nach draußen.

Dieselben Faktoren, die das Verhältnis der Städte zu ihrem politischen und wirtschaftlichen Umfeld veränderten, brachten auch in ihrem Innenleben vieles durcheinander. Besonders anschauliche Beispiele hierfür finden sich wiederum in den Bestimmungen der Steinschen Gemeindereform. In Artikel 15 der preußischen »Städteordnung« hieß es, das Bürgerrecht stehe jedem Bewohner einer Stadt zu, der auf ihrer Gemarkung ein Geschäft betreibe oder eine Immobilie besitze. Wer diese Bedingung nicht erfüllte, galt, ganz gleich ob er Staatsminister war oder Stallknecht, als »Schutzverwandter« ohne die Berechtigung, an den städtischen Angelegenheiten mitzuwirken. Indem der preußische Gesetzgeber den Besitz zum einzigen Kriterium für das aktive Bürgerrecht machte, beseitigte er mit einem Federstrich all die Sonderrechte, Privilegien und Freiheiten, mit denen die Städte bis dahin willkürlich bestimmt hatten, wer dazugehörte und wer nicht. Die »Kommerzialisierung« der städtischen Gemeinwesen wurde durch die revidierte »Städteordnung« von 1831 noch weiter vorangetrieben, die den »Schutzverwandten« das Recht auf Immobilienerwerb einräumte. In der rheinischen »Gemeindeordnung« von 1845 erhielt dieser Nexus von Besitz und Bürgerrecht eine neue – und wie sich später zeigen sollte, ausstrahlungskräftige – Formulierung, indem die wahlberechtigten Einwohner einer Stadt nach Maßgabe ihrer Steuerkraft in drei Wählerklassen eingeteilt wurden. Wie kaum anders zu erwarten, hielten sich ständische Kriterien für die Zugehörigkeit zur Bürgerschaft in den meisten Staaten des deutschen Südwestens länger als anderswo. Die Städte kämpften hier hartnäckig darum, die Kontrolle über die Zuweisung des

Bürgerrechts in den Händen zu behalten, die zum Kernbestand der kommunalen Selbstverwaltung gehörte. Jahrzehntelang lieferten die Verfechter der lokalen Selbstverwaltung den Kräften des Zentralstaates Rückzugsgefechte über diese Frage, sowohl in den Staatsparlamenten als auch im alltäglichen Verwaltungsablauf. Zwar verzeichneten beide Seiten im Verlauf des Ringens Etappensiege und Niederlagen, schlossen Kompromisse, setzten Regelungen durch oder umgingen sie, aber auf lange Sicht saßen die Staaten am längeren Hebel.

Der Dauerkonflikt zwischen Stadt und Staatsgewalt in Sachen Bürgerrecht hing untrennbar mit einem Knäuel von strittigen Fragen im Bereich des Gewerberechts zusammen. Auch hier stechen die Unterschiede zwischen Preußen und den meisten Mittelstaaten ins Auge. Gegen die Zünfte und ihre einengenden Regularien war die preußische Regierung bereits das ganze 18. Jahrhundert hindurch vorgegangen. Im Rheinland und in Westfalen brachte die napoleonische Herrschaft das Ende der Zünfte. In Preußen hörten, als im Zuge der Reformen des frühen 19. Jahrhunderts die Städte zu reinen Verwaltungseinheiten degradiert wurden, die Zünfte auf, Symbole ständischer Identität und Instrumente sozialer Kontrolle zu sein, und wurden zu wirtschaftlichen Interessenverbänden. In den Teilen Deutschlands hingegen, in denen Kommunen und Zünfte eine stärkere Stellung gehabt hatten, bewahrten sie sich noch eine Zeitlang die Macht, darüber zu bestimmen, wer ein Handwerk ausüben, ein Geschäft eröffnen oder eine Familie gründen durfte.

Der Siegeszug der Gewerbefreiheit begann, wie die Reform der Rechtsverhältnisse auf dem Land, im 18. Jahrhundert und zog sich, von vielen Zäsuren, Vorstößen und Rückschlägen begleitet, über die ersten zwei Drittel des 19. Jahrhunderts hin. Hinter dem sich sowohl in der Landwirtschaft als auch in der gewerblichen Produktion vollziehenden Aufbruch gewohnter Kontrollen stand eine Kombination aus politischen, gesellschaftlichen und wirtschaftlichen Kräften. Im großen und ganzen galt, daß die Zünfte am ehesten in Staaten mit erhalten gebliebener kommunaler Selbstverwaltung, in Regionen, wo vergleichsweise schwache demographische und wirtschaftliche Kräfte wirkten, und in Branchen, in denen sich der technische Wandel nur schleppend vollzog, fortbestehen konnten. Am stärksten gefährdet waren sie dort, wo die gegenteiligen Voraussetzungen gegeben waren: bürokratische Zentralisierung, starke Zunahme der Bevölkerung und der wirtschaftlichen Aktivität, zügige Einführung neuer Produktionsmittel und -methoden. Da die meisten deutschen Staaten, Regionen und Gewerbezweige irgendwo zwischen beiden Extremen verharrten oder pendelten, ergab sich im Hinblick auf die Entwicklung der Zünfte, ihres Niedergangs beziehungsweise Überlebens ein vielschichtiges Bild. Der Siegeszug der Gewerbefreiheit verlief langsam und ungleichmäßig. In Württemberg waren 1835 zwar nur noch rund 17 Prozent aller Gewerbebetriebe nach Zunftrichtlinien organisiert, aber diese Unternehmen beschäftigten zusammen rund 80 Prozent aller Meister und Lehrlinge. Eine im selben Jahr erstellte Liste der Bürger Fuldas zeigt, daß fast die Hälfte von ihnen, nähmlich 497 von 1.176, »zünftige« Handwerker oder Gastwirte waren. Selbst in Berlin, wo die Mitgliederzahlen der Zünfte offenbar stark zurückgingen, gehörten damals noch 80 Prozent aller Bäckermeister und 65 Prozent aller Schneider – dagegen nur noch 19 Prozent der Schuhmacher und 14 Prozent der Klempner – einer Zunft an.

Obwohl Zünfte in manchen Regionen und in bestimmten Gewerbezweigen lebensfähig blieben, scheint klar zu sein, daß sie, genau wie die autonomen städtischen Gemeinwesen, von denen sie ein sehr wichtiger Teil gewesen sind, immer stärker an Boden verloren gegenüber der ausgreifenden Kontrollmacht des Staates, dem unwiderstehlichen demographischen Wachstumsdruck und dem Wettbewerbsdruck der Industrie. Ein unübersehbares Anzeichen des Niedergangs war die Tatsache, daß Lehrlinge und Gesellen sich zunehmend schwerer taten, die Meisterwürde zu erlangen. Zwischen 1816 und 1849 stieg die Zahl der in Preußen zugelassenen Meister um 65 Prozent, die der Lehrlinge und Gesellen jedoch um 124 Prozent. Waren 1816 auf 100 Meister noch rund 56 Lehrlinge gekommen, waren es 1843 deren 76. In den vierziger Jahren war es so weit, daß im Baugewerbe und in manchen Zweigen des Textilhandwerks viele Lehrlinge keine Chance hatten, jemals Meister zu werden. In anderen Branchen verhielt es sich umgekehrt, namentlich in den Handwerken, die Güter für den alltäglichen Verbrauch erzeugten, wie Brot, Schuhe oder Kleider. Hier konnten sich Meister häufig keine Lehrlinge leisten und arbeiteten lieber alleine oder unter Mithilfe von Familienangehörigen. Nicht überall war die Lage gleich düster. Viele einzelne und manche Branchen florierten trotz Bevölkerungs- und Konkurrenzdruck oder vielleicht gerade deswegen. Es gab Handwerksmeister, die reich wurden, sich mehrere Häuser leisteten und ein Dutzend Lehrlinge beschäftigten. Und es gab Branchen, zumal im Baubereich, in Teilen des metallverarbeitenden Gewerbes und in einigen Dienstleistungssektoren, die auf Expansion setzten, um neue Märkte zu erschließen. Die Lockerung oder Aufhebung von Zunftregeln konnte für Lehrlinge ein Segen sein, weil sie dadurch in die Lage kamen, unbevormundet ihr eigenes Leben zu gestalten, zu heiraten und eine bessere Entlohnung zu fordern. Doch trotz solcher positiven Aspekte malten die Zeitgenossen kein rosiges Bild von der Lage der Handwerkerschaft. Spätestens in den vierziger Jahren des 19. Jahrhunderts ging bei immer mehr Deutschen die Sorge um, es könne ein gefährliches Proletariat heranwachsen, gespeist aus den Reihen derjenigen, die in der ständischen Ordnung keinen gesicherten Platz mehr fanden.

Die gesellschaftlichen Gruppen, aus denen sich in den Augen der Zeitgenossen das »Proletariat« rekrutierte, waren keine neuen Erscheinungen. Es gehörten dazu sehr viele Männer und Frauen, die zwar hart arbeiteten, aber nicht über das Geschick oder die Mittel verfügten, um sich eine gesicherte Existenz zu verschaffen: Hilfs- und Gelegenheitsarbeiter aller Art wie Schauerleute, Kellner, Boten,

Stallburschen, Haushaltshilfen oder Laufburschen, dazu Wander- und Heimarbeiter, Handwerksgesellen ohne Perspektive und dergleichen. Unterhalb dieser ebenso breiten wie heterogenen Schicht fand sich der Bodensatz der großstädtischen Gesellschaft, eine Schattenwelt, bevölkert von Schicksalsgeschlagenen sowie von denen, die unfähig oder unwillig waren, zu arbeiten: Behinderten, Geisteskranken, Kriminellen. Zwischen dem oberen und dem unteren Rand dieser Schicht bestand ein beträchtlicher sozialer Abstand, beispielsweise zwischen einem ungelernten Arbeiter, der seine Familie mit Mühe und Not über die Runden zu bringen versuchte, und einem Empfänger öffentlicher Almosen. Von außen betrachtet, schienen jene Gruppen ineinander überzugehen, vereint im Schicksal der sozialen Ausgrenzung und der materiellen Entbehrung. Im Einzelfall konnten wirtschaftliche Rückschläge oder persönliche Unglücksfälle – ein plötzlicher Nachfragerückgang oder ein Beinbruch – leicht dazu führen, daß eine Familie den Kampf um ihr Existenzminimum verlor und in die völlige Armut abrutschte.

In vielen größeren deutschen Städten traf man im Verlauf der ersten Hälfte des 19. Jahrhunderts auf eine sich neu formierende gesellschaftliche Gruppe, die Vorläuferin dessen, was bald darauf als die »Arbeiterklasse« definiert werden sollte. Der Kern dieser Gruppe bestand aus Lohnarbeitern, typischerweise solchen, die in Großbetrieben beschäftigt waren, wo sie mehr oder weniger mechanische, nach festen Regeln ablaufende Arbeitsvorgänge ausführen mußten. Es ist wichtig, sich zu vergegenwärtigen, daß sie eine sehr heterogene Gruppe war. Ihr Spektrum reichte von Bautrupps, die schienenlegend über die Lande zogen, über Bergleute, die nebenbei noch ein Stückchen Land besaßen und bebauten, Maschinisten in einer Lokomotivwerkstatt bis zu Kindern, die mechanische Webstühle bedienten. Sie alle ließen sich als »Arbeiter« charakterisieren, doch sie bekleideten in der Gesellschaft ganz unterschiedliche Stellungen. Glasbläser, Schmiede und Weber mochten in einer »Fabrik« arbeiten, büßten aber deswegen nicht notwendigerweise ihren Status als Facharbeiter oder Handwerksmeister ein. Überhaupt waren und blieben die begrifflichen Schablonen, in die die Zeitgenossen die im Entstehen begriffene Industriearbeiterschaft zu pressen versuchten, verschwommen und unsicher. Der Ausdruck »Fabrik« wurde auf betriebliche Einrichtungen unterschiedlichen Typs angewandt, das Wort »Arbeiter« bezog sich gleichermaßen auf gelernte wie ungelernte industrielle Arbeitskräfte, Aushilfskräfte und Taglöhner sowie auf nominell selbständige Heimarbeiter. Es verwundert daher nicht, daß es relativ lange dauerte, bis sich bei den Gruppen von Lohnempfängern ein Bewußtsein für die Gleichartigkeit ihrer Lage und ihrer Interessen herausbildete. Ihr »Klassenbewußtsein« formte sich in politischen und sozialen Konflikten, die sich nicht immer und unbedingt an den Arbeitsbedingungen oder an der wirtschaftlichen Lage entzündeten, darin allerdings ihre Ursachen hatten. Eine wichtige Rolle für die Herausbildung eines gemeinsamen »proletarischen« Wertesystems bei Arbeitern aus unterschiedlichen Bereichen der Wirtschaft spielten außerdem familiäre Verhältnisse, die aus nachbarschaftlichen Beziehungen resultierenden sozialen Bindungen und das gemeinsame Erlebnis politischer Unterdrückung und sozialer Ungerechtigkeit.

Die ersten Arbeiterviertel entstanden zumeist außerhalb der historisch gewachsenen Kernstädte, in denen zunächst noch herkömmliche Handwerksstrukturen und etablierte Eliten dominierten. Manchmal siedelte man Arbeiter konzentriert an der Peripherie einer Großstadt an, in Industrievororten, die in der Folgezeit von den expandierenden Kernstädten absorbiert wurden. Moabit zum Beispiel war zu Beginn des 19. Jahrhunderts eine ländliche Gemeinde, in der Leute aus dem nahegelegenen Berlin vielleicht ein Wochenendhäuschen besaßen. Doch 1850 hatten sich in Moabit zwei große Maschinenfabriken und etliche Zulieferbetriebe angesiedelt und den Charakter des Ortes vollständig verändert. In Leipzig befanden sich um diese Zeit 38 innerstädtische Fabrikbetriebe, während sich in den Vororten der Stadt deren 23 niedergelassen hatten: einige der größten und besonders rasant wachsenden Unternehmen, darunter zwei Textilfabriken mit über 300 Mitarbeitern, ein mit Dampfkraft betriebenes Walzwerk und ein Gaswerk, ferner der Rangierbahnhof und eine Fabrik für Güterwaggons. Arbeitersiedlungen fanden sich jedoch nicht nur in Industrievororten, sondern zuweilen auch weit weg von den Städten, etwa dort, wo ganze Dörfer sich der Textilerzeugung widmeten oder wo in unmittelbarer Nähe von Kohlevorkommen beziehungsweise anderen Bodenschätzen einschlägige Industrien entstanden waren. Solche Arbeitersiedlungen konnten mit der Zeit städtische Merkmale entwickeln, ohne je Städte im traditionellen Sinn gewesen zu sein. Angesichts der Ausdehnung der Städte über ihr angestammtes, ummauertes Gebiet hinaus und der Entstehung urbaner Siedlungszentren neuer Art bereitete die Definition dessen, was eine Stadt war, zunehmend größere Schwierigkeiten.

In gleichem Maße wie das städtische Leben veränderte sich das Verhältnis zwischen den Städten und ihrem Umland. Bei der Mehrzahl der Städte blieb eine gewisse Abhängigkeit vom umliegenden ländlichen Raum für die Versorgung mit Lebensmitteln, insbesondere mit Gemüsen und Milchprodukten, bestehen. Andererseits versorgten die meisten Städte ihr Umland mit etlichen Gebrauchsgütern, die mittlerweile nicht mehr auf Märkten oder Messen feilgeboten, sondern zumeist in Läden verkauft wurden. In der Beziehung zwischen der städtischen und der ländlichen Wirtschaft ging die dominierende Rolle zunehmend von der Konsumtion auf die Produktion über. In industrialisierten Regionen lieferte das Umland den Städten in wachsendem Umfang nur noch Rohstoffe und Arbeitskräfte, während die Lebensmittel von anderswo herbeigeschafft wurden. Entsprechend verlief in Agrargebieten die Entwicklung dahin, daß die lokalen Produkte an weiter entfernte Märkte geliefert und die Fabrikwaren, die man benötigte, dort gekauft wurden, wo sie am billigsten zu bekommen waren. Die sich verdichtenden Wirtschaftsbeziehungen zwischen Städten, Regionen und expandierenden Märkten bewirkten nicht etwa eine zunehmende Einförmigkeit der wirtschaftlichen Verhältnisse, im Gegenteil: Einzelne Regionen spezialisierten sich auf bestimmte Produktbereiche und entwickelten sich auseinander. In industrialisierten Gegenden dehnten sich Städte und Vorstädte in ein bis dahin agrarisch gewesenes Umland hinein aus. In Agrargebieten wurden unrentable Fabrikations- oder Bergbaubetriebe aufgegeben. Demzufolge waren sowohl die Industrialisierung als auch die Agrarisierung eigendynamische, sich selbst verstärkende Prozesse. Während sie den Charakter ganzer Regionen veränderten, blieb deren relativer wirtschaftlicher Rang davon unberührt. Sind die Regionen früher als Einheiten bedeutsam gewesen, weil viele von ihnen abgeschlossene, weitgehend autarke Wirtschaftsräume dargestellt hatten, so beruhte ihr Wert nunmehr auf ihrer wirtschaftlichen Spezialisierung und ihrer daraus resultierenden Funktion innerhalb der Volkswirtschaft. Jede Region spielte jetzt, um Sidney Pollard zu zitieren, im Verhältnis zum Rest der Wirtschaft eine ähnliche Rolle wie »ein Organ innerhalb des Körpers«.

Die Bemühungen Napoleons um die Schaffung eines kontinentalen Wirtschaftsraumes als Rückhalt für seine Eroberungspolitik hatte die regionale Vielfalt in Deutschland eher verstärkt als verringert. Gelitten hatten unter seiner Politik vor allem Gebiete, die sich auf die Erzeugung von Leinenstoffen spezialisiert hatten, Handelszentren, die auf den Austausch mit Großbritannien oder Übersee angewiesen waren, und Betriebe mit schwacher Rentabilität, die der französischen Konkurrenz nicht standzuhalten vermochten. Auf der anderen Seite profitierten die Zentren der deutschen Baumwollweberei, namentlich im Nordwesten und in Sachsen, von der Ausschaltung der englischen Konkurrenz, desgleichen manche Betriebe der metallverarbeitenden Industrie und des Maschinenbaus im Westen. Eine Folge dieser Verwerfungen war, daß sich der Schwerpunkt der mitteleuropäischen Industrie landeinwärts verlagerte, weg von den Küsten, in eine Zone hinein, die sich etwa zwischen Seine und Elbe über den Nordwesten des europäischen Festlandes erstreckte. In der Bilanz zeitigten die zwei Jahrzehnte französischer Vorherrschaft wohl mehr positive als negative Auswirkungen, selbst wenn am Ende die meisten deutschen Industrien denen in England auffallend hinterherhinkten, die aus dem Zeitalter der Revolution als unangefochtene globale Marktführer hervorgingen. Das englische Beispiel und der Konkurrenzdruck seitens der englischen Industrie waren über weite Strecken des 19. Jahrhunderts die markantesten von außen auf die deutsche Wirtschaft einwirkenden Kräfte.

Als deutsche Unternehmer und Bürokraten erkannt hatten, welch große Rolle die Technik für die wirtschaftliche Vorherrschaft Englands spielte, bemühten sie sich um die Anwerbung technischer Experten für ihre eigenen Firmen beziehungsweise Verwaltungsapparate. Nach 1815 wurde es in Deutschland Mode, englische Mechaniker zu engagieren, englische Maschinen zu importieren oder sich auf Studienreise jenseits des Ärmelkanals zu begeben, um in einer der neuen Industriemetropolen in den Midlands die Geheimnisse des industriellen Erfolges zu ergründen. Viele deutsche Staaten stellten Fördergelder für die technische Ausbildung bereit, gründeten Schulen für Maschinenbauer und Ingenieure und bezuschußten Investitionen in neueste Techniken. Obwohl der britische Staat es zu verhindern versuchte, verbreitete sich britisches Technik-Know-how samt britischer Maschinen rasch über den ganzen Kontinent. So einfach es war, die Technik zu importieren, so schwierig erwies es sich, sie erfolgreich anzuwenden. Am besten bewährte sich englische Technik in den Zonen, die dem industriellen Kernland Englands am ähnlichsten waren. Die Industrialisierung durchdrang somit nicht von England her kontinuierlich den Kontinent, sondern »sprang«, wie Pollard geschrieben hat, »von einer Industrieregion zur anderen, allerdings in einer generellen Richtung… Die übersprungenen Gebiete sollten, wenn überhaupt, erst viel später industrialisiert oder wenigstens modernisiert werden.«

Die größte Nutznießerin der neuen Technik war in der ersten Hälfte des 19. Jahrhunderts die Textilindustrie. Die gewerbliche Textilproduktion hatte bereits im Verlauf des 18. Jahrhunderts beträchtliche Fortschritte gemacht, namentlich dort, wo sich außerhalb der Einflußsphäre von Zünften und Stadtverwaltungen proto-industrielle Unternehmen angesiedelt hatten. Während der Mitte des 19. Jahrhunderts stellten die verschiedenen Branchen der Textilindustrie die bei weitem größte Zahl an Arbeitsplätzen außerhalb des Agrarsektors bereit. In Österreich entfielen zwischen 1841 und 1865 über 40 Prozent der gesamten Industrieproduktion auf Textilien und Konfektion. »Das allmähliche aber kumulative Fortschreiten des westeuropäischen Kapitalismus«, hat Herbert Kisch geschrieben, »spiegelte sich zu einem großen Teil in der Entwicklung der Textilgewerbe. Sie trugen als erste die Keime wirtschaftlichen Wandels in den erstarrten Bereich des konservativen Zunftwesens, und in der Folge erwiesen sie sich aufs neue als Wegbereiter des entstehenden Fabriksystems.« Nach 1800 trat jedoch in der Textilproduktion ein Strukturwandel ein. Das für die Proto-Industrie charakteristische System der Heimarbeit wich allmählich einer zentralisierten, fabrikmäßigen Produktion in größeren Einheiten. Dieser Prozeß ging mit einem relativen Niedergang der Leinen- und Wollweberei und einem dramatischen Siegeszug der Baumwolle einher; der Verbrauch an Rohbaumwolle in den Ländern des Deutschen Zollvereins stieg zwischen 1834 und 1850 von 7.500 auf über 17.000 Tonnen. Auch wenn in fast allen Teilen Europas gesponnen und gewoben wurde, beschränkten sich die dynamischsten und technisch fortgeschrittensten Produktionsstätten auf einige wenige Regionen. Im Gegensatz zur Metallindustrie und zum Maschinenbau faßte die Textilindustrie am ehesten dort Fuß, wo eine relativ entwickelte Proto-Industrie für einen ausreichenden Vorrat an qualifizierten Arbeitskräften und unternehmerischen Begabungen gesorgt hatte. Da außerdem Textilhersteller, zumal wenn sie Baumwolle verarbeiteten, auf kurze Wege zu den

Umschlagplätzen ihrer importierten Rohstoffe sowie zu großen Märkten für ihre Fertigware angewiesen waren, bevorzugten sie Gebiete, die einerseits in der Nähe von Hafenstädten lagen und andererseits dicht bevölkert waren. Hinzu kam, daß die mechanisierte Textilproduktion große Mengen Wasser verschlang, nicht nur für das Färben und andere Bearbeitungsvorgänge, sondern, zumindest bis zur Einführung der Dampfkraft, auch für den Antrieb der Maschinen.

Solche Voraussetzungen waren im Rheinland erfüllt: eine funktionierende vorindustrielle Textilindustrie, Nähe zu den holländischen Seehäfen und Zugang zu den westeuropäischen Märkten. Wie die meisten deutschen Textilregionen, aber anders als die englischen, umfaßte die rheinische mehrere Zweige des Textilgewerbes: Die Wollweberei dominierte im Aachener Raum, Krefeld war das Zentrum der Seidenindustrie, Wuppertal das der Leinenweberei. Wie anderswo in Europa, gewann auch im Rheinland die Baumwolle zunehmend an Bedeutung. In Städten wie Barmen verdrängte sie das Leinen, in Mönchengladbach wurde sie zum Ausgangspunkt für die Entfaltung einer neuen Industrie. Gleichzeitig entstanden in der Region immer mehr moderne Textilfabriken, errichtet von risikofreudigen Unternehmern wie Friedrich Engels senior, der den Produktivitätsvorsprung der Engländer aufzuholen versuchte. Innerhalb des vielstufigen Herstellungsprozesses auf dem Weg zum fertigen Kleidungsstück blieb oft Raum für ein Nebeneinander von Heimarbeit und industrieller Produktion. Die Bonner Firma Weerth richtete 1804 in einem säkularisierten Kloster eine mechanische Spinnerei ein, verschickte das dort gesponnene Garn jedoch weiterhin, und zwar bis in die vierziger Jahre hinein, an Heimweber im nahegelegenen Köln und in zahlreichen Eifel-Dörfern. Für bestimmte Arbeitsvorgänge von hohem Schwierigkeitsgrad blieben proto-industrielle Fertigungsweisen sogar noch länger sehr gefragt.

In Metallurgie und Bergbau ist traditionell das relativ kleine und einfach strukturierte Unternehmen die vorherrschende Betriebsform gewesen. Die Eisenerzeugung zum Beispiel, für die man Eisenerz und Holzkohle brauchte, hatte typischerweise dort stattgefunden, wo Bergwerke und Wälder in der Nähe waren. Wenn die Rohstoffquellen erschöpft waren, hatten die Betriebe sich neue Standorte gesucht. In den dreißiger und vierziger Jahren des 19. Jahrhunderts sorgte eine Reihe miteinander verflochtener Entwicklungen für einen grundlegenden Wandel in der metallbearbeitenden Industrie. Zunächst einmal vervielfachte sich die Nachfrage nach Metallen, insbesondere nach Eisen und Stahl, vor allem wegen des Eisenbahnbaus. Hatte ein Kilometer Gleisstrecke in den dreißiger Jahren 35 Tonnen Eisen verschlungen, so brauchte man zwanzig Jahre später aufgrund verbesserter Schienenqualität 59 Tonnen. Zum zweiten veränderte sich die Produktionstechnik selbst. Steinkohle verdrängte die Holzkohle und ermöglichte die Herstellung höherwertiger Stähle. Im Bergbau trat an die Stelle der Ausbeutung kleiner, verstreut liegender Vorkommen die systematische, mechanisierte Erschließung reichhaltiger, hochwertiger Lagerstätten. Für die »Raumpolitik« der Metallindustrie war mithin weniger das Vorhandensein geschulter Fachkräfte oder die Nähe zu einem Absatzmarkt ausschlaggebend als vielmehr die Nähe zu Erz- und Kohlevorkommen. Daher konzentrierte sich die metallurgische Industrie schließlich dort, wo hochwertige Steinkohle gefördert werden konnte: an der Ruhr, in Oberschlesien und im Saar-Gebiet. Die sächsischen Eisenhütten mit ihrer auf Holzkohle basierenden Technik gerieten um die Jahrhundertmitte in ernste Schwierigkeiten. Österreich hinkte, was die Förderung und den Verbrauch von Steinkohle betraf, hinter den genannten Revieren im Westen her, wenngleich es in der Roheisenerzeugung mit 8,8 Kilogramm pro Kopf der Bevölkerung seinen Vorsprung vor den Ländern des Zollvereins mit ihren 7,3 Kilogramm behaupten konnte.

Bis weit ins 19. Jahrhundert hinein wurden Werkzeuge und Utensilien ganz überwiegend von ortsansässigen Handwerkern hergestellt. Einige Städte oder Gegenden spezialisierten sich früh auf bestimmte hochwertige Waren, zum Beispiel Solingen auf Messer und Bestecke, Remscheid auf Feuerwaffen. Betriebe, die Draht, Nägel, Nadeln und Ähnliches herstellten, verteilten sich großräumig auf die Flußtäler Westdeutschlands. Größere und komplexere Maschinen wurden zumeist importiert. Von den 12 Lokomotiven, die 1840 auf deutschen Eisenbahnstrecken verkehrten, stammten 11 aus England. Allmählich jedoch holte die deutsche Industrie auf: 1850 standen 11 importierten Lokomotiven 42 aus deutscher Produktion gegenüber. Die Zahl der Maschinenbaubetriebe in Berlin stieg zwischen 1837 und 1852 von 3 auf 30, ihre Belegschaft von 72 auf fast 900 Mann. Ähnliche Entwicklungen vollzogen sich in anderen größeren deutschen Städten, in denen dank der Eisenbahn Fabriken und gewerbliche Dienstleistungsbetriebe entstanden. Der deutsche Maschinenbau war zwar, verglichen mit dem englischen und dem belgischen, noch unterentwickelt, aber die Grundlagen für sein Wachstum waren eindeutig vorhanden.

Die fortschreitende Industrialisierung erwies sich für viele Firmen, Gewerbezweige und Regionen als negativ. Kleinbetriebe, die in handwerklicher Technik Draht zogen oder Nägel schmiedeten, blieben, wenn sie mit Konkurrenzware aus der Fabrik konfrontiert wurden, auf der Strecke. Die aufkommende Dampfschiffahrt bedrohte die Existenz der Bootsleute auf dem Rhein, und die Dampfschiffbetreiber sahen sich ihrerseits alsbald durch den Siegeszug der Eisenbahnen bedroht. Drucker, die die neuen mechanischen Druckmaschinen ablehnten oder sie sich nicht leisten konnten, hatten es schwer, im Geschäft zu bleiben. Doch bei den meisten proto-industriellen Gewerben erfolgte der Niedergang eher allmählich als in Form eines dramatischen Zusammenbruchs. Meist mußten die betroffenen Handwerker und Heimarbeiter schrittweise Einkommensverluste verkraften, die ihnen irgendwann keine andere Wahl ließen, als sich auf einige wenige hochqualifizierte, arbeitsintensive Tätigkeiten wie die Spitzenklöppelei oder die

Holzschnitzerei zurückzuziehen. Solche Deklassierungsprozesse waren dort besonders einschneidend, wo sie ganze Regionen betrafen, wie in Schlesien, das eine Hochburg der proto-industriellen Textilerzeugung gewesen ist. Nach 1800 ging die Nachfrage nach schlesischem Leinenstoff kontinuierlich zurück, der Absatz von Wollgeweben stagnierte, und was es an lokalen Baumwollerzeugnissen gab, war nur wegen der außerordentlich niedrigen Arbeitskosten wettbewerbsfähig. Die Konkurrenz durch effizienter arbeitende Unternehmen im Rheinland und anderswo stürzte die schlesische Textilindustrie in eine Dauerkrise, die im berühmt gewordenen Weberaufstand von 1844 gipfelte. Im deutschen Südwesten hieß das Problem nicht Niedergang, sondern Stagnation. Da sich dort weder die Landwirtschaft noch die Industrie schnell genug entfalteten, um eine rasch wachsende Bevölkerung ernähren zu können, wurde es auf den Bauernhöfen und in vielen Gewerben eng. Unterbeschäftigung machte sich breit, und die Gefahr der Verelendung rückte immer näher.

Die stagnierende Wirtschaft des deutschen Südwestens bildete den Hintergrund, vor dem Friedrich List seine Auffassungen zu Wachstum und Entwicklung, die große Resonanz finden sollten, erstmals darlegte. 1789 als Sohn eines Gerbereibesitzers und angesehenen Bürgers in der Reichsstadt Reutlingen geboren, verlebte er seine Jugendjahre eingebettet in die ständischen Traditionen einer typischen deutschen Kleinstadt. Nach einem Verwaltungspraktikum studierte er einige Zeit an der Tübinger Universität, mischte im württembergischen Verfassungskonflikt mit, nahm eine akademische Lehrtätigkeit in Tübingen auf und errang einen Sitz im Landtag. Als einer der Leidtragenden der politischen Repression, die 1819 in den Ländern des Deutschen Bundes Einzug hielt, wurde List der subversiven Betätigung bezichtigt, verlor seine Stellung und sah sich gezwungen, auszuwandern. Von 1825 bis 1831 lebte er in den Vereinigten Staaten, wo er sich geschäftlich betätigte und an der öffentlichen Diskussion über die amerikanische Schutzzollpolitik teilnahm. Nach der Rückkehr nach Europa fungierte er in mehreren deutschen Städten als amerikanischer Konsul, warb für den Eisenbahnbau und publizierte vieles über wirtschaftliche, soziale und politische Themen; seine Abhandlungen, Briefe und Reden füllen zwölf dicke Bände. 1841 kam sein Buch »Das nationale System der politischen Ökonomie« heraus und wurde zu einem durchschlagenden Erfolg. List litt jedoch darunter, daß keines seiner Projekte ihm den Ruhm und die Sicherheit eintrug, nach denen er strebte; enttäuscht, erschöpft und gesundheitlich angeschlagen, nahm er sich 1846 das Leben.

Auch wenn List in erster Linie als Kritiker der klassischen Wirtschaftstheoretiker hervortrat, sollte man nicht übersehen, daß er viele ihrer Auffassungen teilte. Wie sie, sah er in der Wirtschaft ein den Gesetzen von Angebot und Nachfrage gehorchendes produktives System. Wirtschaftspolitik sollte seiner Überzeugung nach das Ziel verfolgen, dieses System so zu fördern, daß es möglichst

Unterricht an einer Volksschule. Kolorierte Radierung von Johann Michael Voltz, 1819.
Nördlingen, Stadtarchiv. – Zeichenunterricht für adelige junge Damen in der Münchner
Residenz. Aquarell von Franz Xaver Nachtmann, 1832. Grünwald bei München, Galerie Peter
Griebert

Verspottung des naturwissenschaftlichen Disputs während eines öffentlichen Examens im alten juristischen Kolleg zu Köln im Jahr 1807. Kolorierte Radierung nach der Zeichnung eines G., 1807. Köln, Stadtmuseum

produktive Wirkungen entfaltete und so einer immer größeren Zahl von Menschen zu Wohlstand verhelfen konnte. Im Gegensatz jedoch zu denen, die an eine »kosmopolitische Ökonomie« glaubten, sprach List sich dafür aus, daß Nationen, die in ihrer wirtschaftlichen Entwicklung unterschiedlich weit waren, eine jeweils eigene, ihrer Entwicklungsstufe angemessene Wirtschaftspolitik betreiben müßten. Einsichten, die den britischen Wirtschaftstheoretikern als allgemeingültige Gesetzmäßigkeiten erschienen waren, spiegelten nach Lists Meinung lediglich die besondere Stellung Großbritanniens als weltweit dominierende Wirtschaftsmacht wider. Um Deutschland zu mehr Wirtschaftswachstum zu verhelfen, mußten diese Prinzipien revidiert werden, was ihre grundsätzliche Geltung keineswegs schmälerte. List hielt zum Beispiel Schutzzölle für erforderlich, um deutschen Herstellern eine Entwicklungschance zu eröffnen, doch sei eine solche protektionistische Maßnahme »nur insoweit nützlich und vernünftig...,, als (sie) die Errichtung einer internationalen Handelsfreiheit von weitester Ausdehnung unterstützen und vorbereiten kann«.

So sehr List schützende Zollmauern für die sich entfaltenden deutschen Industrien befürwortete, so unermüdlich kämpfte er gegen die im Innern Deutschlands bestehenden Zollschranken. In einer Denkschrift für die Bundesversammlung, die er 1819 im Namen einer Gruppe von Kaufleuten und Fabrikanten aufsetzte, die sich auf der Frankfurter Messe versammelt hatte, forderte er die Abschaffung aller innerdeutschen Zölle und Abgaben und die Bildung einer Zollunion, um deutsche Unternehmen vor unfairer ausländischer Konkurrenz zu bewahren. Zu der Zeit, als List diese Denkschrift abfaßte, befand sich die deutsche Wirtschaftspolitik im Umbruch. Schon während der Revolutionsepoche waren einige Zollschranken abgetragen worden; die Franzosen hatten die Rhein-Schiffahrt von allen Hemmnissen befreit und viele der 1.800 innerdeutschen Zollgrenzen beseitigt. Zwischen 1807 und 1812 hatten sich mehrere Rheinbund-Staaten, darunter Bayern, Württemberg und Baden, zu einem Wirtschaftsverbund mit einheitlichen Zollsätzen zusammengeschlossen. Dennoch hemmten weiterhin zahlreiche Barrieren den Warenverkehr. »Es gibt entlang der Weser zwischen Münden und Bremen nicht weniger als zweiundzwanzig Zollstellen«, schrieb Thomas Hodgskin 1820, »von denen sieben dem Fürsten von Hannover gehören... An jeder Zollstelle wird jedes Schiff angehalten und seine gesamte Ladung überprüft... Die Ladung des Floßes, auf dem ich von München nach Wien fuhr, bestand aus nichts weiter als Baumstämmen, Brettern und drei Ballen Handelsware; dennoch wurden wir sowohl in Bayern als auch in Österreich häufig stundenlang aufgehalten, damit alles durchsucht werden konnte.«

Die Wiener »Bundesakte« hatte eine Zollreform unter den künftig zu lösenden Aufgaben aufgeführt, doch wie in so vielen Dingen überließ der Deutsche Bund auch hier die Initiative den Einzelstaaten. Preußen schloß 1818 seine alten und neuen Provinzen zu einer Freihandelszone zusammen, die auf etliche seiner klei-

Deutscher Zollverein
1. Januar 1834

Steuerverein 1834–1836

Beitritt zum Deutschen
Zollverein bis 1854

Beitritt zum Deutschen
Zollverein 1866–1870

Zahlen geben das Jahr
des Beitritts an

Orte mit Freihafenbezirken
sind kursiv gesetzt

Grenze des Deutschen
Bundes bis 1866

Grenze des Norddeutschen
Bundes 1867

neren Nachbarn, darunter auf einige vom preußischen Territorium eingeschlos-
sene Enklaven, eine unwiderstehliche Anziehungskraft ausübte. Bayern und
Württemberg unterzeichneten 1828 ein zweiseitiges Zollabkommen. Etwas später gründeten Preußen, Hessen-Darmstadt und mehrere kleinere Staaten den mitteldeutschen Handelsverein. Nachdem sich so zwei Wirtschaftsblöcke geformt
hatten, wuchs der Druck auf die restlichen deutschen Staaten, sich einzubringen.
1833 einigten sich schließlich der von Preußen dominierte Handelsverein und die
süddeutschen Staaten auf den Zusammenschluß zum Deutschen Zollverein, der
mit dem Neujahrstag des Jahres 1834 ins Leben trat und ein Gebiet von über
400.000 Quadratkilometern mit 23,5 Millionen Einwohnern umfaßte. Baden

und Nassau traten dem Zollverein ein Jahr später bei, Frankfurt 1836, Braunschweig 1841, Hannover 1851 und Oldenburg 1852. Von den Mitgliedstaaten des Deutschen Bundes blieben letzten Endes bloß die beiden Mecklenburgs, die drei Hansestädte und die Habsburger Monarchie dem Zollverein fern.

Es gab Deutsche, die der Überzeugung waren, erst der Zollverein habe der Bevölkerung des deutschsprachigen Europa Wohlstand ermöglicht und sie gelehrt, national zu denken. Sie feierten daher die Gründung des Zollvereins als entscheidende Ursache für den Aufstieg Deutschlands zur Industriemacht und zum Nationalstaat. Hoffmann von Fallersleben leitete sein 1842 entstandenes Gedicht über den Zollverein mit einer Aufzählung von Handelswaren ein: »Schwefelhölzer, Fenchel, Bricken, / Kühe, Käse, Krapp, Papier, / Schinken, Scheren, Stiefel, Wicken, / Wolle, Seife, Garn und Bier« hatten seiner Ansicht nach mehr für die deutsche Einheit bewirkt als Ideen oder diplomatische Verhandlungen:

> »Und ihr andern deutschen Sachen,
> Tausend Dank sei euch gebracht!
> Was kein Geist je konnte machen,
> Ei, das habet ihr gemacht:
> Denn ihr habt ein Band gewunden
> Um das deutsche Vaterland,
> Und die Herzen hat verbunden
> Mehr als unser Bund dies Band.«

Wilhelm Roscher hat in einer Diktion, die auf bezeichnende Weise die Vorliebe deutscher Historiker für das Zusammenschweißen von Nationalökonomie und Nationalpolitik demonstriert, den Zollverein als das nicht bloß nützlichste, sondern auch größte Ereignis in der deutschen Geschichte zwischen Waterloo und Königgrätz bezeichnet. W. O. Henderson bekannte sich zu dieser Tradition in der deutschen Geschichtsschreibung, als er in der Einleitung zu einer Neuausgabe seiner klassischen Abhandlung über den Zollverein schrieb, es gehe ihm darum, »zu zeigen, daß die Gründung des Zollvereins – im Verein mit anderen wirtschaftlichen Entwicklungen – mithalf, den Boden für die spätere politische Einigung Deutschlands zu bereiten«.

Es gibt gute Gründe, dieser Einschätzung der Rolle des Zollvereins in der wirtschaftlichen und politischen Geschichte Deutschlands skeptisch gegenüberzutreten. Gewiß kam die Schaffung eines größeren Marktes einigen Wirtschaftssektoren zugute und wirkte sich für bestimmte Unternehmen segensreich aus, aber seine Folgen für die deutsche Wirtschaft als Ganze sind schwer zu bewerten. Frank Tipton hat darauf hingewiesen, daß die verfügbaren statistischen Daten keine »einschneidende Trendwende erkennen lassen, die mit der Gründung des Zollvereins zusammenhängen könnte«. Das Weitestgehende, das man sagen kann, ist, daß der Zollverein in Verbindung mit anderen Errungenschaften wie dem Eisenbahnbau zur Förderung des wirtschaftlichen Wachstums beitrug. Demgegenüber ist es wichtig, sich zu vergegenwärtigen, daß erhebliche Handelshemmnisse auch nach Gründung des Zollvereins fortbestanden. Da dessen Mitglieder sich nicht über die Besteuerung staatlicher Monopolwaren wie Tabak, Wein und Branntwein einig wurden, war ein freier grenzüberschreitender Handel mit solchen Waren weiterhin nicht möglich. In den einzelnen Mitgliedsländern des Zollvereins galten nach wie vor unterschiedliche Gewichte, Maße und Währungen. In Süddeutschland war bis in die fünfziger Jahre hinein bevorzugt österreichisches Geld im Umlauf. Der Zollverein vermochte zudem wenig Wirkungsvolles gegen bestehende Handelsverbindungen zwischen deutschen und überseeischen Märkten. So bezog Berlin den größten Teil seiner Kohle weiterhin aus dem Ausland. Und die Barmener Textilindustrie machte zwar auf dem deutschen Markt erheblich Boden gut, blieb aber unmittelbar vom internationalen Marktgeschehen abhängig. Weiter westlich erhielten sich die engen Verflechtungen der rheinischen Textilfabrikanten mit holländischen Unternehmen. Auch an der dominierenden Rolle, die britische Fertigwaren, Rohstoffe und Investitionsgüter fast überall in Deutschland spielten, änderte sich kaum etwas. Man kann berechtigterweise sagen, daß der Zollverein die Grundlagen für einen gemeinsamen deutschen Markt, nicht aber für eine nationale deutsche Volkswirtschaft geschaffen hat.

Noch fragwürdiger als das Überzeichnen der wirtschaftlichen Tragweite des Zollvereins sind die Behauptungen über seine Vorreiterrolle für die nationale Einigung Deutschlands. Der Zollverein war ein Geschöpf von Bürokraten, denen es viel mehr um fiskalische Straffung und administrative Konsolidierung ging als um die nationale Sendung Deutschlands. Daß der Zollverein die ihn gesetzten fiskalischen und administrativen Hoffnungen erfüllte, unterliegt keinem Zweifel. Die Aufhebung innerer Zollschranken führte sicher zu einer Stärkung der strukturellen Bindungen zwischen den beteiligten Einzelstaaten, und Tatsache ist, daß die Brutto-Zolleinnahmen des Vereins zwischen 1834 und 1850 von 14,8 auf 22,9 Millionen Taler stiegen. Die führende Rolle Preußens bei der Gründung des Zollvereins stand im Einklang mit seinem langfristig angelegten Bemühen um die Konsolidierung und Integration seines vergrößerten Staatsgebietes und um die Ausweitung seines Einflusses auf die benachbarten norddeutschen Länder. In der historischen Rückschau schien der Zollverein perfekt in die Saga von der »nationalen Mission« Preußens als des Vollenders der deutschen Einigung zu passen. In Wirklichkeit hatte er jedoch wenig mit der deutschen Nation, dafür eine Menge mit den vielen deutschen Staaten zu tun, deren stetig vorangetriebene Konsolidierung und Stärkung das große Leitmotiv der in diesem Band behandelten geschichtlichen Periode zu sein scheint.

Aristokraten, Unternehmer und Beamte

Obwohl viele Nachrufe – manche trauernd, andere mit Genugtuung vermischt – den gegenteiligen Eindruck erweckten, fiel der deutsche Adel den revolutionären Kräften der Moderne keineswegs zum Opfer. Bis weit ins 20. Jahrhundert hinein fuhren überall in Deutschland aristokratische Eliten fort, ihre Zeitgenossen zu faszinieren oder zu verärgern. Immer wieder unternahmen es Dichter, die sich verändernde Rolle des Adels in der Gesellschaft künstlerisch zu gestalten, sei es mit reservierter Bewunderung wie Goethe, offener Feinseligkeit wie Gutzkow oder wehmütiger Ironie wie Fontane. Theoretiker, die so unterschiedlichen Epochen und Vorstellungswelten entstammten wie Christian Garve und Max Weber, versuchten den aristokratischen Charakter zu analysieren und seine Bedeutung in der Gesellschaft zu definieren. Der Freiherr vom Stein, Leo von Caprivi und andere deutsche Staatsmänner mußten feststellen, wie kostspielig es werden konnte, gegen die Interessen der Aristokratie anzugehen. Auch wenn sich das Wesen und das relative Gewicht ihrer Stellung, ihrer Vermögenswerte und ihres Einflusses im Laufe der Zeit veränderten, blieben die deutschen Adligen im Besitz eines überproportionalen Anteils an der gesellschaftlichen, wirtschaftlichen und politischen Macht. Lange nachdem die herrschaftliche Welt untergegangen war, behaupteten die adligen Herrschaften ihre Vorrangstellung. »Man kann die Deutschen grob in zwei Klassen einteilen«, schrieb John Lothrop Motley 1833 aus Berlin: »die mit ›von‹ und die ohne ›von‹.«

Was die Bewunderer der Aristokratie am meisten beeindruckte und ihre Kritiker besonders störte, war das Prestige, das die Adligen nach wie vor genossen. Ein Adelstitel, zumal wenn er alt und ehrwürdig klang, verlieh seinem Träger eine Aura, die durch die Tatsache, daß der Betreffende für sein Adligsein nichts konnte oder dessen vielleicht sogar unwürdig war, überhaupt nicht geschmälert wurde. Als Essensgast oder Geschäftspartner oder künftiger Schwiegersohn übte der Träger eines Adelstitels auf viele gemeine Bürger eine unwiderstehliche Anziehung aus. Sie beruhte auf dem exklusiven Auftreten, das Leute aus aristokratischem Haus pflegten, aber selbst der langweiligste und ungeschickteste Aristokrat konnte mit dem Pfund potentieller Verbindungen zum Fürstenhof wuchern, der in allen deutschen Staaten der gesellschaftliche Mittelpunkt der herrschenden Elite blieb. Von ihren Vorgängern unter dem alten Regime unterschieden sich die Fürstenhöfe des 19. Jahrhunderts durch eine wesentlich größere Vielfalt. Das Spektrum reichte von der protokollmäßigen Strenge und Vornehmheit, die in Wien nach wie vor hochgehalten wurde, über den relativ nüchternen, militarisierten Charakter Berlins bis zu der künstlerisch und geistig anregenden Atmosphäre, die die Wittelsbacher in München geschaffen hatten. Doch ungeachtet solcher Unterschiede behauptete an allen deutschen Höfen die Aristokratie ihren Platz direkt an der Seite des Monarchen. Es waren Adlige, die ihm als Berater und Gefährten zur Seite standen und die Hauptrolle in den ermüdenden Ritualen spielten, die die höfische Gesellschaft anläßlich von Geburten, Hochzeiten und Todesfällen immer wieder durchexerzierte. Solange der Monarch fortfuhr, die symbolische Zentralfigur des Staates und die höchste Machtinstanz in ihm zu sein, konnte die Aristokratie sich ihrer besonderen Stellung sicher sein.

Auch wenn die Aristokraten des 19. Jahrhunderts weiterhin die Plätze an der Spitze der Statushierarchie unter sich ausmachen konnten, hatte sich der Charakter ihrer Privilegierung gewandelt. Unter den Bedingungen der traditionellen Ordnung ist Adel etwas gewesen, das durch Gewohnheitsrecht definiert, vom Gesetz geschützt und durch eine Reihe äußerlicher Attribute zum Ausdruck gebracht worden war. Ein Adelstitel haftete an der Person seines Trägers, der ihn an seine Nachkommen weitergab. Nach 1800 lösten sich jedoch allmählich die alten und juristischen Verankerungen des adligen Standes; seine äußeren Insignien – Schwerter, besondere Garderobe, separate Plätze in Kirche und Theater – verloren an Bedeutung. Der Status reduzierte sich auf das, was Max Weber einen wirksamen Anspruch auf gesellschaftliche Achtung genannt haben würde. Das Schlüsselwort dabei ist »Anspruch«: Ein Anspruch ist kein Anrecht, kein Besitztitel, kein Faktum; ein Anspruch muß erhoben werden, man muß etwas dafür tun, und er kann eingelöst, aber auch negiert werden. Wenn der aristokratische Status also wirksam bleiben sollte, mußte seine immaterielle, erbliche Komponente sich mit Wohlstand oder weltlicher Macht verbinden.

Der Adel ist schon immer eine aus wirtschaftlich ganz unterschiedlich gestellten Menschen zusammengesetzte Gruppe gewesen. An einem Ende des Spektrums fanden sich bedeutende Fürstenfamilien wie die Liechtensteins oder die Schwarzenbergs, die sich dank einträglicher Besitzungen eine ähnlich aufwendige Hofhaltung wie einige der herrschenden Familien erlauben konnten. Ein typischerer Vertreter des Adels war aber sicher ein Mann wie Leopold von Hoverbeck, der sich einen Namen als liberaler Parlamentarier machen sollte. Nachdem sein Großvater die Familie an den Rand des Ruins geführt hatte, heiratete sein Vater die Tochter eines Bürgerlichen, der als Verwalter königlicher Ländereien reich geworden war. Abgesichert durch die Finanzkraft seiner Schwiegerleute, brachte Ernst von Hoverbeck es zum erfolgreichen Agrarunternehmer und war schließlich in der Lage, seinem Sohn ein eigenes Landgut zu kaufen. Weniger gut erging es der Familie Moltke. Friedrich von Moltke trat nach mehreren fehlgeschlagenen Versuchen, sich als Landwirt zu etablieren, ins dänische Heer ein, in dem bereits Vertreter seiner Familie gedient hatten. Da er seine große Familie nur mit knapper Not über Wasser zu halten vermochte, schickte er seinen Sohn Helmuth schon mit elf Jahren in die Kadettenschule. Helmuth von Moltke war noch als Mitglied des preußischen Offizierskorps so knapp bei Kasse, daß er seinen Sold durch etliche Nebentätigkeiten aufbessern mußte; unter anderem übersetzte er Gibbon ins Deutsche. Verarmte, um ihren Grundbesitz gekommene

Adelsfamilien wie die Moltkes waren so zahlreich, daß viele Zeitgenossen bereits fürchteten, sie könnten zu einer schweren Belastung für den Staat werden. Stein war überzeugt, daß dem grundbesitzenden Adel eine wichtige Aufgabe im öffentlichen Leben zukam; er wollte jedoch den adligen Status auf jene begrenzt wissen, die über Vermögen verfügten. Alle anderen sollten wieder in die Gemeinschaft der gewöhnlichen Bürger zurückfallen. Doch die Zahl der Aristokraten, die genug Land besaßen, um davon leben zu können, oder genug Vermögen, um finanziell unabhängig zu sein, wurde merklich kleiner. Immer mehr Aristokraten leiteten ihren Anspruch auf gesellschaftliche Achtung mittlerweile weniger aus ihrem Vermögen als betonter aus einem von ihnen bekleideten Amt oder Rang ab.

Für viele Aristokraten war ein aktives Kommando als Offizier die begehrteste und standesgemäßeste Garantie für gesellschaftliches Ansehen und finanzielle Sicherheit. Um Posten im Dienst der Habsburger Monarchie bewarben sich nach wie vor Adlige aus ganz Europa. Ein Drittel von denen, die in den vierziger Jahren des 19. Jahrhunderts einen Generalsrang im österreichischen Heer bekleideten, stammte aus dem nicht-österreichischen Teil Deutschlands. In allen Diensträngen innerhalb des österreichischen Offizierskorps dominierten Adlige: Unter 125 Generalmajoren waren nur 20, unter 216 Obersten nur 39 Bürgerliche. Kritiker des Militärs bemängelten, daß für eine Offizierskarriere adlige Geburt und familiäre Beziehungen wichtiger seien als Befähigung und Tapferkeit. Ein beliebter Witz erzählte von einem jungen Mann, der mit seinem Vater und einigen hochgestellten Freunden der Familie dinierte und nach der Suppe Kadett, nach dem Hauptgang Leutnant und nach dem Dessert Hauptmann war. In Preußen hatten die Militärreformer den überproportionalen Einfluß der Aristokratie abzustellen versucht, indem sie die Offizierslaufbahn für begabte junge Männer aus allen Gesellschaftsschichten öffneten. Bis 1818 sank der Anteil der Aristokraten im preußischen Offizierskorps auf nur noch etwas mehr als die Hälfte. Doch nachdem die wichtigsten Reformer aus dem Amt gedrängt waren und der Reformelan erlahmt war, eroberte sich die preußische Elite verlorenes Terrain zurück. Wiewohl sie die vorherrschende Position, die ihnen Friedrich der Große eingeräumt hatte, nicht wiedererlangten, konnten die Aristokraten in Uniform ihre Dominanz über die angesehensten Regimenter bewahren und den Zugang insbesondere zu den höheren Diensträngen kontrollieren, wo ihre Konzentration mit steigender Rangstufe zunahm. Im Jahr 1860 waren von den preußischen Offizieren im Rang eines Obersten oder darüber nur 14 Prozent nicht-adlig. Auch im öffentlichen Dienst konnten Aristokraten standesgemäße Anstellungen finden. Wie beim Militär wirkten sich hier ein adliger Name und gute Familienverbindungen förderlich auf den Ein- und Aufstieg in einflußreiche Ämter aus. So kam es zum Beispiel der diplomatischen Karriere des Friedrich von Blittersdorff, des Sprößlings einer verarmten, aber mit guten Beziehungen ausgestatteten Familie, sehr zugute, daß sich sein Onkel, Freiherr von Marschall, für ihn verwendete. Je höher einer aufstieg, desto nützlicher konnten gute Verbindungen zum Hof und zu den Spitzen der Gesellschaft sein. In Österreich waren 1829 rund 70 Prozent aller Spitzenbeamten Träger eines Adelstitels, und 1847 waren es sogar 80 Prozent. Das bayerische Staatskabinett bestand 1817 vornehmlich aus Adligen. 18 der 30 Minister, die zwischen 1806 und 1848 in München amtierten, waren blaublütig. In Preußen lagen die Dinge nicht viel anders, wenngleich hier der Anteil der Aristokraten in den einzelnen Zweigen des öffentlichen Dienstes unterschiedlich hoch war. Bei den Oberlandesgerichtspräsidenten erhöhte sich der Anteil der Bürgerlichen zwischen 1820 und 1847 von 32 auf 58 Prozent, während er sich bei den Regierungspräsidenten von 32 auf 16 Prozent reduzierte. In den östlichen Teilen des Landes war und blieb das Amt des Landrats eine Domäne der Aristokratie; so waren im Bezirk Marienwerder zwischen 1818 und 1848 mehr als drei Viertel aller Landräte Träger adliger Namen.

Man sollte aus diesen Zahlenverhältnissen keine vorschnellen Schlüsse ziehen. Das Prädikat »von« vor dem Namen eines Amtsträgers verriet nicht immer sehr viel über seinen familiären Hintergrund oder seine gesellschaftliche Stellung. In allen deutschen Staaten befanden sich unter denen, die hohe Ränge in Militär oder Verwaltung bekleideten, auch Männer, die für ihre dienstlichen Leistungen geadelt worden waren. Bei ihnen war der Titel also nicht der Ausgangspunkt, sondern die Krönung ihres beruflichen Aufstieges. Wenn ein Mitglied einer etablierten Adelsdynastie in den öffentlichen Dienst oder ins Militär eintrat, war es im übrigen durchaus möglich, daß sich bei ihm eine Loyalität zum Amt herausbildete, die stärker war als seine Verpflichtungen gegenüber Familie und Stand. Sowohl Offiziere als auch Beamte durchliefen einen intensiven Prozeß der beruflichen Sozialisierung, mit dem Ziel, sie zu einem Ethos der Hingabe an die Institution zu erziehen. Wer als Jugendlicher in eine Kadettenschule eintrat und von da an in einer hermetisch abgeschlossenen militärischen Welt lebte, fühlte sich danach wahrscheinlich in erster Linie als Soldat und erst in zweiter Linie als Aristokrat. Desgleichen empfand sich ein Beamter, der die langjährige anspruchsvolle Ausbildung durchlaufen hatte, die für seine Tätigkeit erforderlich war, in der Regel seinen Kollegen stärker verbunden als den Mitgliedern seiner angestammten Kaste. So wichtig es sicher ist, den fortbestehenden Einfluß der Aristokratie in der Militär- und Verwaltungshierarchie im Auge zu behalten, so falsch wäre es, außer acht zu lassen, daß sowohl das Militär als auch die Verwaltung ihr je eigenes Ethos und Zugehörigkeitsgefühl entwickelten.

Die Tatsache, daß die Dominanz der Aristokratie in gewissen Bereichen bestehen blieb, war für manche Zeitgenossen und viele Historiker Anlaß genug, die Unvollständigkeit und Ungleichmäßigkeit des Modernisierungsprozesses in Deutschland zu beklagen. Es ist durchaus etwas Wahres an dem Argument, daß adlige Eliten in den deutschen Staaten wie in vielen anderen Teilen Europas zum Weiterleben traditioneller Werte und Institutionen beitrugen. Allerdings gelang ihnen die Konservierung dieser Werte und Institutionen nur, wenn sie die Elemente und Kräfte der modernen Zeit für ihre Zwecke einspannten. Im Gegensatz zu manchen aristokratischen Eliten im südlichen und östlichen Europa verschlossen die deutschen Adligen nicht die Augen vor den Entwicklungen in ihrem Zeitalter. Selbst wenn sie das, was um sie herum vorging, verabscheuen mochten, waren sie überall in Deutschland klug genug, in enger Fühlung sowohl zum Markt als auch zum Staat zu bleiben. Wie die übrigen Eliten mußten sich die Aristokraten in einer Welt einrichten, in der Status, Wohlstand und Macht nicht mehr zwangsläufig zusammenfielen. In jener dynamischen, instabilen gesellschaftlichen Situation konnte der Adlige nicht mehr erwarten, als daß der Anspruch auf besondere gesellschaftliche Achtung, den er aus seinem Stammbaum ableitete, seine Chancen, es zu Wohlstand und Macht zu bringen, erhöhte. Die Adligen des 19. Jahrhunderts waren Produkte ihres Zeitalters, nicht Überbleibsel einer verflossenen Epoche.

Für das Bürgertum galt ebenso wie für den Adel, daß nach dem Untergang des alten Regimes eine Disjunktion von Status, Wohlhabenheit und politischer Macht einsetzte. Schon im Laufe der zweiten Hälfte des 18. Jahrhunderts war das traditionelle deutsche Bürgertum von zwei Seiten unter Druck geraten: Im politischen Bereich hatte die Staatsgewalt den bisherigen städtischen Eliten die Kontrolle über das kommunale Geschehen streitig gemacht, und die wirtschaftliche Entwicklung hatte eine Klasse von Unternehmern hervorgebracht, die außerhalb der herkömmlichen Zunftstrukturen operierten, ja diese zuweilen aktiv bekämpften. Die Beschleunigung dieser Entwicklungen im 19. Jahrhundert ließ eine neue Unternehmerelite heranwachsen. Sie war alles andere als ein Relikt aus einer früheren Epoche. Die Bankiers, Fabrikanten und Kaufleute, aus denen sie sich zusammensetzte, wurden in den Augen ihrer Bewunderer wie ihrer Kritiker zur Verkörperung der Welt der großen Städte, des entfesselten Kapitalismus, der industriellen Expansion. Was sie auf die Beine stellten, übertraf, wie Marx in einer berühmten Passage des »Kommunistischen Manifests« schrieb, die ägyptischen Pyramiden, die römischen Aquädukte und die gotischen Kathedralen bei weitem.

Die erste Hälfte des 19. Jahrhunderts war eine Zeit, in der Vermögen darauf warteten, gemacht zu werden. Karl Mez, ein Mann von außerordentlicher Tatkraft, der geschäftlichen Spürsinn mit technischer Beschlagenheit verband, machte die familieneigene Seidenweberei zu einem gigantischen Unternehmen, dessen Erzeugnisse in ganz Europa verkauft wurden und das auf der Suche nach Rohstoffen seine Fühler bis nach Südostasien ausstreckte. August von der Heydt und David Hansemann tätigten Bank-, Handels- und Versicherungsgeschäfte und spielten zugleich eine führende Rolle in der Entwicklung des deutschen Eisenbahnwesens. Auch Ludolf Camphausen investierte in den Eisenbahnbau, widmete sich aber in erster Linie dem Aufbau einer Dampfschiffahrts-Gesellschaft, die später den gesamten Frachtverkehr auf dem Rhein beherrschen sollte. August Borsig erwarb sich im Anschluß an eine Zimmermannslehre und den Besuch einer staatlichen Technik-Fachschule rasch einen Ruf als hervorragender Mechaniker und gründete später eine eigene Maschinenfabrik. Er lieferte zunächst Dampfmaschinen für Zuckerfabriken und nahm dann den Wettbewerb mit den englischen Lokomotivenherstellern auf. Als Borsig 1854 starb, hatten seine Berliner Werke bereits 500 Lokomotiven ausgeliefert. Werner Siemens legte den Grundstein für sein späteres Industrieimperium 1847, als er mit geliehenem Kapital und jugendlicher Technikbegeisterung einen Betrieb für die Herstellung telegraphischer Apparaturen gründete.

Mit Ausnahme Borsigs, dessen Vater Handwerker war, stammte keiner dieser Männer aus einfachen Verhältnissen. Einige kamen sogar aus ziemlich wohlhabendem Hause. Mez beispielsweise erbte von seinem Vater eine gutgehende Textilfirma; der Vater hatte allerdings als einfacher Weber begonnen. Heydt hatte Zugriff auf ein erhebliches, durch mehrere Generationen von Bankiers in der Textilstadt Elberfeld zusammengetragenes Vermögen. Friedrich Harkort, ein Unternehmer mit weitgespannten Beteiligungen an metallverarbeitenden Firmen, entstammte einer vornehmen westfälischen Grundbesitzerdynastie. Diese Männer und viele andere mehrten nur ein bereits vorhandenes beträchtliches Vermögen, entweder durch den Ausbau des bestehenden Familienunternehmens oder indem sie ihr Kapital in neue Industrien investierten. Es ist jedenfalls nicht sehr sinnvoll, von ihnen als Vertretern einer »aufsteigenden« sozialen Gruppe zu sprechen. Es gab freilich auch Unternehmer, die von der Peripherie oder sogar aus der unteren Schicht der Gesellschaft kamen. David Hansemann, dem sein Vater, ein nicht gerade wohlbestallter Pastor, keinerlei finanzielle Unterstützung gewährte, begann seine aufsehenerregende Karriere mit vierzehn Jahren als Kaufmannslehrling. Camphausen war der Sohn eines Ladeninhabers, der starb, als der Knabe zehn Jahre alt war.

Die sporadischen Statistiken, die es zur sozialen Herkunft deutscher Unternehmer gibt, bestätigen den von diesen Beispielen vermittelten Eindruck. Einer Erhebung von Hartmut Kaelble zufolge waren von 124 in den mittleren Jahrzehnten des 19. Jahrhunderts aktiven Berliner Unternehmern 97, oder 78 Prozent, Söhne von Bankiers, Kaufleuten und Fabrikanten; 12, also 10 Prozent, waren Söhne von Handwerkern, Gastwirten und Landwirten; 15, mithin 12 Prozent, Beamten-, Lehrers- und Pastorensöhne. Wie nicht anders zu erwarten, gab es in bezug auf die soziale Herkunft von Unternehmern Unterschiede nach Branchen und Regionen. In verhältnismäßig neuen, technisch orientierten Industriezweigen wie dem Maschinenbau hatten handwerklich begabte Leute wie Borsig eine bessere Chance, zum Zuge zu kommen, als etwa im Bankwesen. In Handelsstädten war es gewöhnlich die Kaufmannschaft, die das verfügbare Investitionskapital kontrollierte, während in Schlesien der grundbesitzende Adel in die Unternehmerrolle schlüpfte. Das Hineinwachsen in die wirtschaftliche Elite spielte sich im allgemeinen innerhalb eines ziemlich schmalen Ausschnitts aus dem sozialen Schichtspektrum ab. Während die Elite sich gegen die ärmsten und minder gebildeten Gruppen der Gesellschaft praktisch ganz abschottete, öffnete sie ihre Türen einigen wenigen hochbegabten Männern aus dem Handwerkermilieu. Am offensten war sie jedoch für Angehörige angesehener, wohlhabender Familien. Eltern, die über ein gewisses Vermögen verfügten, konnten ihren Söhnen sowohl die Ausbildung und Motivation als auch das Kapital und die Verbindungen bieten, die sie brauchten, um wirtschaftlich erfolgreich zu sein.

Solche familiären Verbindungen waren in der ersten Hälfte des 19. Jahrhunderts noch besonders wichtig, da eine entwickelte Infrastruktur für die Prüfung und Finanzierung wirtschaftlicher Vorhaben erst in Ansätzen existierte. Für einen aufstrebenden Unternehmer waren die eigenen Eltern, Geschwister oder Schwiegerleute die verläßlichsten Geldgeber, wenn es darum ging, eine Firma zu gründen oder sie am Leben zu erhalten. Familienbande boten eine gewisse Gewähr für ein Vertrauensverhältnis zwischen Handelspartnern oder zwischen unterschiedlichen Geschäftsbereichen eines Unternehmens. Sowohl Mez als auch Siemens spannten, als sie ihre Geschäftätigkeit geographisch ausdehnten, Mitglieder ihrer Familie ein, und viele andere weiteten ihren wirtschaftlichen Einfluß durch Einheirat in ebenbürtige Familien aus. Das Wechselspiel von Geschäft und Familie war in Handelsstädten wie Hamburg seit Jahrhunderten ein Merkmal des gesellschaftlichen Lebens. Jetzt machte es sich auch in den neuen Wirtschaftszentren breit. Von 7 führenden Leipziger Unternehmern der vierziger Jahre des 19. Jahrhunderts waren 5 Söhne von Müttern, die ihrerseits einer Unternehmerfamilie entstammten; und wiederum 5 dieser 7 Unternehmer heirateten Unternehmertöchter.

Wenn Personen aus dem Kreis der wirtschaftlichen Elite öffentliche Ämter bekleideten, konnte das einerseits die Folge guter Beziehungen sein, andererseits neue Beziehungen schaffen. In den alten Hansestädten lag die Leitung der städtischen Angelegenheiten nach wie vor in den Händen von ein paar namhaften Familien, die die Schlüsselstellungen in der Verwaltung und in den kirchlichen, wohltätigen und kulturellen Einrichtungen unter sich aufteilten. Im Rheinland und in Westfalen nutzte die Wirtschaftselite die unter der französischen Besatzungsherrschaft eingeführten Institutionen zur politischen Einflußnahme: Handelskammern, Schiedskommissionen und die anderen Organe der wirtschaftlichen Selbstverwaltung. Auch nach der Übernahme der beiden Provinzen durch Preußen blieben jene Institutionen intakt und für Angehörige der wirtschaftlichen Elite interessant. Gleichartige Institutionen nahmen allmählich in anderen deutschen Staaten ebenfalls Gestalt an, vorangetrieben vom Interesse der wirtschaftlich Tätigen, sich zu organisieren, um so größeren Einfluß auf die Politik nehmen zu können. Aus demselben Grund strebten Angehörige der Wirtschaftselite in zunehmender Zahl in die lokalen Vertretungskörperschaften und nutzten sie als Foren für die Darlegung ihrer politischen Auffassungen und die verstärkte Einflußnahme auf die öffentlichen Angelegenheiten. Geschäftsleute fühlten sich im allgemeinen in lokalen oder regionalen Institutionen, wo die sie unmittelbar berührenden Probleme zur Sprache kamen und die Mitarbeit nicht mit langen Abwesenheiten von daheim verbunden war, besser aufgehoben als in höher angesiedelten Organen. Wenn ein Unternehmer mit einer staatlichen Stelle in Kontakt treten mußte, tat er es gewöhnlich ohne Einschaltung einer Zwischeninstanz. David Hansemann verhandelte zum Beispiel, als es um den Eisenbahnbau im Rheinland ging, direkt und persönlich mit den zuständigen Ministerien in Berlin.

Bis zur Mitte des Jahrhunderts zerfiel die deutsche Wirtschaftselite noch in zahlreiche Gruppen von jeweils deutlicher landsmannschaftlicher Eigenart. In Hamburg, Bremen und Lübeck blieb die alteingesessene Kaufmannschaft das dominierende Element. Sie nahm zwar neue Kräfte in ihre Reihen auf, sozialisierte diese jedoch gemäß ihrer hergebrachten Werte und Institutionen. Frankfurt am Main wurde von einer zwieträchtigen Koalition aus wohlhabenden Handwerksmeistern, Kaufleuten und Juristen regiert. Die wirtschaftliche Elite Leipzigs hingegen reflektierte bereits die sich rapide entwickelnde Industrie der Stadt. In Barmen gaben tatkräftige Textilfabrikanten wie die Engels wirtschaftlich, gesellschaftlich und politisch den Ton an. In Hauptstädten wie Wien und Berlin spielten Vertreter bedeutender Banken, Stahlwerke und ähnlicher mit der Eisenbahn zusammenhängender Industrien eine wichtige Rolle. Im Zuge des Anwachsens der Großstädte wandelten viele Unternehmerfamilien ihre innerstädtischen Häuser in Läden oder Büros um und ließen sich außerhalb des Stadtzentrums eine Villa bauen. Dörfer wie Charlottenburg entwickelten sich so zu vornehmen Vorstädten.

Überlagert wurden die regionalen Besonderheiten von einem Gewirr gesellschaftlicher und wirtschaftlicher Unterschiede innerhalb der deutschen Unternehmerschaft. Während der Leipziger Verleger Friedrich Brockhaus es sich leisten konnte, eine Villa zu kaufen und seine Töchter mit adligen Offizieren zu verheiraten, lebten viele Fabrikanten in Einkommensverhältnissen und Umständen, die sich nicht erkennbar von denen eines erfolgreichen Handwerksmeisters unterschieden. Natürlich gab es auch in den Reihen der Unternehmer wirtschaftliche Interessengegensätze. Die Fabrikanten und Kaufleute Frankfurts zeichneten sich zwar durch das gemeinsame Bemühen um das Wohlergehen ihrer Stadt aus, stritten aber ständig über die richtige Wirtschaftspolitik. In Köln gab es Konflikte zwischen der traditionellen Kaufmannschaft, die den Rhein als die Lebensader der Stadt betrachtete, und Eisenbahn-Befürwortern, die der Stadt mit dem Anschluß an das neue Verkehrsmittel wirtschaftlichere Dimensionen erschließen wollten. Während Fabrikanten, die auf Rohstoffimporte oder auf Absatzmärkte im Ausland angewiesen waren, typischerweise für den Freihandel votierten, kämpften diejenigen, die in direkter Konkurrenz mit überlegenen ausländischen Unternehmen standen, um Schutzzölle. Bergbauunternehmer und Eisenfabrikanten drängten auf mehr Investitionen in den Eisenbahnbau, Gastwirte und Schiffsbauer hatten daran kein Interesse.

Die Vielfalt der Interessen und Erscheinungsformen innerhalb der Wirtschaftselite war keine deutsche Besonderheit. Überall in Europa sorgten regionale, gesellschaftliche und wirtschaftliche Eigenarten dafür, daß innerhalb der Unternehmerschaft Gruppen mit unterschiedlichen, manchmal gegensätzlichen Interessen entstanden. Die Herausbildung einer sich als Klasse begreifenden »Bourgeoisie« war in allen europäischen Staaten ein schleppender, ungleichmäßiger und unabgeschlossener Prozeß. In Deutschland gesellten sich zu der normalen gesellschaftlichen und wirtschaftlichen Vielfalt tief verwurzelte geographische und institutionelle Verschiedenheiten zwischen den einzelnen Regionen und Staaten. Die im öffentlichen Leben Deutschlands bis zur Jahrhundertmitte allgegenwärtige politische Repression tat ein übriges, um die Entwicklung zu mehr Zusammenarbeit und Konsens innerhalb der Wirtschaft zu hemmen. Von einer »Klasse« sollte man erst dann sprechen, wenn eine gesellschaftliche Gruppe sich ihrer Identität bewußt wird und ihre Angehörigen beginnen, solidarisch ihre gemeinsamen Interessen und Werte zu vertreten und zu verteidigen. Chancen und institutionelle Strukturen für ein dieser Definition entsprechendes Handeln waren unter dem »System Metternich« in Deutschland schwer zu finden.

Ein weiterer Faktor, der die Entwicklung einer einheitlichen deutschen Bourgeoisie hemmte, war der fortbestehende Gegensatz zwischen den besitzenden und gebildeten Eliten. Für das Bildungsbürgertum waren Amt und Rang, nicht so sehr materieller Besitz, wichtig für Prestige, politischen Einfluß und wirtschaftliche Sicherheit. Weil für Leute mit abgeschlossenem Studium der Staat der attraktivste Arbeitgeber war, nahm er bestimmenden Einfluß auf Lehrpläne und Prüfungsinhalte. Anders als in England, wo die staatliche Bürokratie klein blieb und die akademischen Berufe von semi-autonomen Standesorganen beaufsichtigt wurden, zogen in Deutschland staatliche Stellen immer mehr Kompetenzen im Bereich der Ausbildung, der Zulassung und der Laufbahngestaltung an sich. Das galt hauptsächlich für die juristischen, medizinischen, erzieherischen und kirchlichen Berufe. Mit der im preußischen »Allgemeinen Landrecht« verankerten Forderung, daß niemand ein Amt ausüben dürfe, ohne sein Fachwissen und seine Eignung dafür nachgewiesen zu haben, war schon früh die grundsätzliche Entscheidung gefallen, daß der Staat die Kontrolle darüber beanspruchte, nach welchen Kriterien Qualifikationen definiert und unter Beweis gestellt werden sollten.

Vielen von denen, die sich in der Reformzeit für eine neue Qualität des Ausbildungswesens einsetzten, schwebte das Ideal der universellen Bildung vor, aus der sich Fortschritt und Gleichheit wie von selbst ergeben würden. Das hauptsächliche Resultat, in das ihre Bemühungen mündeten, war jedoch eine Qualitätsverbesserung der Eliteschulen und deren Abschottung von der überwältigenden Mehrheit der Bevölkerung. Gewiß kam es im Verlauf der ersten Jahrzehnte des 19. Jahrhunderts zunächst in Preußen und dann in mehreren deutschen Staaten zum Aufbau eines einheitlichen Schulwesens. Die meisten Kinder besuchten vom 6. bis etwa zum 13. Lebensjahr die Schule, um danach entweder ins Arbeitsleben einzutreten, eine Lehre zu absolvieren oder auf eine der weiterführenden Schulen überzuwechseln, die es mittlerweile in nahezu allen Städten gab. Ein für höhere akademische Weihen bestimmtes Kind besuchte normalerweise nach drei oder vier Volksschuljahren ein Gymnasium und wurde dort neun Jahre lang in diversen Fächern, vorrangig aber in den klassischen Sprachen, unterrichtet. Am Ende der Gymnasialzeit stand die Abiturprüfung, die dem, der sie bestand, das Universitätsstudium erlaubte. Ein Universitätsstudium aufzunehmen, ohne daß man das Abitur vorweisen konnte, wurde zunehmend schwieriger; die preußischen Universitäten nahmen ab 1834 praktisch keine Bewerber ohne Abitur mehr auf. Während in die Volksschulen nur wenig investiert wurde, stellten die meisten Staaten für die Ausbildung ihrer Eliten erhebliche finanzielle und menschliche Ressourcen zur Verfügung. Nach Berechnungen eines Forschers kostete ein Gymnasiast die Gesellschaft 260mal soviel wie ein Volksschüler. Mit der Mittelbewilligung gingen die Vorschriften einher. Die Staaten behielten sich die Entscheidung darüber vor, welche Schulen das Abiturzeugnis ausstellen durften; sie kontrollierten die Lehrpläne und die Prüfungsergebnisse. Fritz Ringer hat die institutionelle Geschichte des deutschen Gymnasial- und Hochschulwesens im 19. Jahrhundert als einen »Prozeß der bürokratischen Rationalisierung« charakterisiert.

In dem Maße, in dem die Wege zur höheren Bildung eindeutiger und strenger reguliert wurden, wurden sie schmaler und beschwerlicher. Es bestand eine breite Kluft zwischen den Gymnasien und Hochschulen einerseits, den Volks- und den sich an sie anschließenden weiterführenden Schulen andererseits. Das begann bereits bei der Lehrerausbildung: Während die Gymnasiallehrer von der Universität kamen, erhielten die Volksschullehrer ihre Ausbildung in pädagogischen Fachschulen. Für Schüler war der Übergang zum Gymnasium nur nach der vierten oder fünften Volksschulklasse möglich, später nicht mehr. Die wichtigste Entscheidung über die Bildungszukunft eines jungen Menschen fiel also spätestens in seinem elften Lebensjahr. Kaum nötig zu sagen, daß diese Eigenart des deutschen Schulwesens vor allem jenen Familien zugute kam, die in der Lage waren, ihre Kinder frühzeitig zum Lernen zu motivieren, ihnen bei den Hausaufgaben zu helfen und während der langen Dauer der schulischen Ausbildung ihren Lebensunterhalt zu bestreiten. Das ganze 19. Jahrhundert hindurch blieb die Anzahl der aus unteren Schichten stammenden Kinder, die ein Gymnasium besuchten und studierten, äußerst gering; entsprechend hoch war der Anteil von Kindern aus dem Bildungsbürgertum.

Gleichwohl war das Bildungsbürgertum keine geschlossene Gesellschaft. Es herrschte ein recht hoher, aber nicht überwältigend hoher Grad an Selbstreproduktion. An den Berliner Gymnasien zum Beispiel, die Detlef Müller untersuchte, waren zwischen 1832 und 1836 nahezu 30 Prozent aller Schüler Söhne von Kaufleuten oder Handwerksmeistern; 18 Prozent waren Unternehmersöhne. Margret Kraul kam bei ihrer Studie von sechs Gymnasien in den preußischen Westprovinzen zu folgenden Ergebnissen: 19 Prozent der Schüler stammten aus Familien der Oberschicht und der oberen Mittelschicht, 36 Prozent aus solchen der mittleren Mittelschicht, 42 Prozent waren Kinder der unteren Mittelschicht, 3 Prozent entstammten der Unterschicht. Bei den Universitätsstudenten war, da das Hochschulstudium mit noch weitergehenden akademischen Leistungsanforderungen und finanziellen Belastungen verbunden war, das soziale Spektrum etwas enger. Im großen und ganzen spiegelt sich in den zusammengestellten Daten, was bereits aus den Aussagen über die deutsche Wirtschaftselite deutlich wurde: Sowohl das Besitz- als auch das Bildungsbürgertum schotteten sich gegen die am wenigsten begünstigten Gruppen der Gesellschaft weitgehend ab, waren für Aufsteiger aus der Mittelschicht relativ offen, reproduzierten sich aber überwiegend aus den eigenen Reihen.

Herkunftsmilieu der Studenten der Universität Halle 1770–1852
(nach Ringer, Education)

Beruf des Vaters	1770	1821	1834	1852
Akademiker	55	46	38	49
Offizier	1	2	1	2
Kleiner Beamter, Lehrer	14	17	21	19
Grundbesitzer	4	4	4	5
Kleinbauer	4	7	8	6
Industrieller	–	2	2	2
Ladenbesitzer, Gastwirt	8	8	11	7
Handwerker	12	14	12	8
Arbeiter, Dienstbote	1	1	2	1
Rentner	1	1	1	1

Die Reformen, die zuerst von Wilhelm von Humboldt und seinen Mitarbeitern in Berlin verwirklicht wurden und in der Folge vielen deutschen Regierungen als Vorbild dienten, hauchten den deutschen Universitäten neues Leben ein und trugen dazu bei, daß sie zum Maßstab für reformierte Hochschulen überall auf der Welt wurden. Doch trotz dieses offenkundigen Erfolges seiner Reformen erreichte Humboldt mit ihnen nicht das, was er erhofft hatte. Anstatt zu Stätten für das »Lernen um seiner selbst willen« zu werden, blieben die deutschen Universitäten in teilweise recht enger Zweckbestimmung, Ausbildungsstätten für Theologen, Mediziner, Juristen und höhere Beamte. Gewichtsverschiebungen bei den Zulassungszahlen reflektierten daher überwiegend Schwankungen im Nachwuchsbedarf dieser Berufsgruppen. Nach einem deutlichen Rückgang in der Zeit der napoleonischen Kriege schnellte die Zahl der deutschen Universitätsstudenten nach 1815 sogleich wieder nach oben. 1830 erreichte sie mit rund 0,52 Promille einen Zwischengipfel, um danach, als die Nachfrage nach Akademikern zurückging und sie während des gesamten zweiten Jahrhundertdrittels niedrig blieb, auf 0,35 Promille zu fallen. Zwischen 1830 und 1860 bestand die deutsche Studentenschaft im Durchschnitt zu 30 Prozent aus Theologen, gleichfalls zu 30 Prozent aus Juristen, zu 15 Prozent aus Medizinern und zu ebenfalls 15 Prozent aus Studenten der humanistischen Disziplinen; nur 5 Prozent studierten naturwissenschaftliche Fächer, die restlichen 5 Prozent verteilten sich auf andere Studiengänge. Da die Zahl der von der Kirche zu vergebenden Ämter mit der Zeit schrumpfte, ging auch die Zahl der Theologiestudenten zurück, von einem Maximum von 6.000 im Jahr 1831 auf knapp über 3.000 im Jahr 1845. Dagegen nahm die Zahl der Studierenden in den künstlerischen und naturwissenschaftlichen Fächern nach 1850 zu, weil die Nachfrage nach Lehrern wuchs.

Die Theologie blieb trotz ihres Rückgangs in den dreißiger und vierziger Jahren an vielen deutschen Universitäten bis nach der Jahrhundertmitte die größte Fakultät. In Halle zum Beispiel entfiel zwischen 1817 und 1860 über die Hälfte aller Einschreibungen auf das Theologiestudium. Nach wie vor war dieses Studium unter anderem ein Vehikel des sozialen Aufstiegs. Auch wenn zahlreiche künftige Geistliche aus Pfarrersfamilien stammten, nämlich 41 Prozent, befand sich unter den Theologiestudenten eine überproportional hohe Zahl von jungen Männern aus bescheidenen Verhältnissen: Söhnen von kleinen Beamten, Lehrern, Landwirten, Handwerkern. Rechtlich waren die Geistlichen den Staatsbeamten gleichgestellt. Protestantische Theologen mußten nach Abschluß ihres Studiums ein Staatsexamen ablegen, um sich für ein kirchliches Amt zu qualifizieren. Die Aufsicht über Ernennungen und spätere Beförderungen lag bei staatlichen Stellen. In einigen Regionen hatten sich allerdings alteingesessene Standesherren das Recht bewahrt, den Pastor für »ihre« Kirche zu berufen. In manchen Fällen mußten Kompromisse ausgearbeitet werden zwischen der staatlichen Diensthoheit und der gemeindlichen Selbstkontrolle, die für calvinistische Kirchengemeinden von großer Bedeutung war, und das bereits seit der Ausprägung jenes eigenen Typs protestantischer Frömmigkeit.

In die Ausübung der ärztlichen Tätigkeit teilten sich zu Beginn des 19. Jahrhunderts eine Minderheit akademisch ausgebildeter Ärzte – von denen viele als Militärärzte oder Gesundheitsbeamte in staatlichen Diensten standen – und eine

Verlegung der Hochschule von Landshut nach München: Zug der Professoren und Studenten
zur Michaelskirche aus Anlaß der Eröffnung der Ludwig-Maximilians-Universität im
ehemaligen Jesuitenkolleg am 15. November 1826. Lithographie von Joseph Kirchmair, nach
1826. München, Stadtmuseum

»Das gelehrte Berlin« mit Georg Wilhelm Friedrich Hegel, August Wilhelm Neander, Friedrich Schleiermacher, Carl Ritter, Christoph Wilhelm Hufeland, Alexander von Humboldt, Wilhelm von Humboldt. Lithographie von Julius Schoppe. Berlin-Museum. – Die auf Geheiß des Königs Ernst August von Hannover am 14. Dezember 1837 ihrer Ämter enthobenen sieben Göttinger Professoren: Wilhelm und Jakob Grimm, Wilhelm Albrecht, Christoph Dahlmann, Georg Gottfried Gervinus, Wilhelm Weber, Heinrich Ewald. Lithographie aus der Werkstatt von E. Bümüller. Göttingen, Archiv der Stadt

bunte Mehrheit von Praktikern wie Badern, Hebammen, Apothekern oder Heil-kundlern. Der ausgebildete Arzt nahm gegenüber den Vertretern der traditionel-len Heilberufe keine Vorrangstellung ein, weder fachlich noch gesellschaftlich. Es schien kaum ein Zusammenhang zwischen formaler Ausbildung und berufli-cher Kompetenz zu bestehen. Eine wünschenswert gute medizinische Betreuung war bei Männern wie dem Vater von Adolf Kußmaul zu bekommen, der seine Kunst in der täglichen Praxis erlernt hatte und um die Jahrhundertwende ein angesehener Landarzt war. In den zwanziger Jahren setzte jedoch ein Wandel hinsichtlich der Wissensgrundlagen und der institutionellen Verankerung der ärztlichen Tätigkeit ein. Das hatte vor allem damit zu tun, daß die Qualität der wissenschaftlichen Forschung und Ausbildung an den deutschen Universitäten sich drastisch verbesserte, oft dank der Arbeit von Forschern, die an einer der medizinischen Fakultäten Deutschlands studiert hatten. Leistungsfähige Mikro-skope versetzten die Mediziner in die Lage, nach Krankheitskeimen zu suchen. Neue Untersuchungspraktiken wie das Abklopfen ermöglichten, bei der Diagno-se mehr Symptome als früher zu berücksichtigen. Die Verfügbarkeit neuer Er-kenntnisse und Geräte verschaffte den akademisch ausgebildeten Ärzten gegen-über den Nicht-Akademikern eine gewisse Rechtfertigung, qualifiziertere ärztli-che Hilfe leisten zu können. Praktisch wirksam wurde dieser Anspruch freilich erst, als er von den Regierungen bejaht und durchgesetzt wurde. Das geschah mittels einer Reihe von Gesetzen, die den führenden Rang der Schulmediziner in der Hierarchie der Heilberufe festschrieben und die Aufgaben der anderen me-dizinischen Praktiker eingrenzten. Zur Mitte des Jahrhunderts war der Anteil der direkt in staatlichen Diensten stehenden Ärzte gesunken – in Preußen von 49 Prozent 1827 auf 36 Prozent 1842 –, während zugleich der Staat seine Kompe-tenzen im Bereich der medizinischen Versorgung erheblich ausgeweitet hatte.

Wie die Ärzte, erlebten auch die Professoren den Übergang zu einer neuen beruflichen Identität und Führungsrolle als Resultat staatlichen Handelns. Die Universität des 19. Jahrhunderts war eine staatliche Anstalt, geleitet von und bestückt mit staatlichen Beamten, beaufsichtigt von einer staatlichen Ministeri-albürokratie. Die Lehrkörper hatten zwar ein verbrieftes Recht auf Mitsprache bei der Berufung von Professoren, aber der staatliche Einfluß war erheblich. In Preußen wurde zwischen 1817 und 1840 ein Drittel aller Vollprofessoren an der juristischen Fakultät entweder ohne Absprache mit dem Lehrkörper oder gegen dessen aktiven Widerstand eingesetzt. Aufgewogen wurde der teilweise Verlust an Autonomie durch ein erhöhtes Maß an finanzieller Sicherheit und gesell-schaftlichem Prestige. Die deutschen Professoren des 19. Jahrhunderts verdien-ten genug Geld, um sich voll und ganz dem Forschen und Lehren widmen zu können. Ihre geistige Führungsrolle als Hüter der Tradition, Schöpfer neuen Wissens und Erzieher der künftigen Elite wurde allgemein anerkannt. Der Weg in eine akademische Laufbahn führte unmittelbar durch die Universität: Studium, Dissertation, anschließend Habilitation, mit der man sich die »Venia legendi« erwarb, das Recht zu lehren. Die zunehmende Bedeutung der Forschung lieferte den Fakultäten schärfere Kriterien für die Auswahl der besonders vielversprechenden und kooperativen Jungakademiker und für ihre Berufung zu Privatdozenten oder außerordentlichen, das heißt weisungsgebundenen und nicht-beamteten Professoren. Wie die meisten Berufsgruppen, bemühte sich auch die Professorenschaft, ihre Exklusivität zu bewahren. Im Verlauf der ersten beiden Drittel des Jahrhunderts nahm die Zahl der Vollprofessoren nur langsam zu, während die der rangniedrigeren Fakultätsmitglieder erheblich erhöht wurde, um den sich aus den steigenden Studentenzahlen ergebenden Anforderungen gerecht zu werden.

So direkt das Verhältnis von Geistlichkeit, Ärzte- und Professorenschaft zum Staat war, so war es doch das Jurastudium, das die engste Verknüpfung zwischen Bildungsbürgertum und Staat aufwies. Gewiß gab es Juraabsolventen, die sich als freie Anwälte niederließen, und andere, die sich als Rechtsberater bei einem Unternehmen oder einer Institution verdingten. Ludwig Windthorst zum Beispiel stand als Rechtsberater in den Diensten der Ritterschaft seiner nahegelegenen Heimatstadt Osnabrück, ehe er zum prominenten Parlamentarier wurde. Doch die bestimmende Kraft in der juristischen Sphäre war die Staatsbürokratie als der künftige Arbeitgeber für die Mehrheit der Jurastudenten. Im Gegensatz zu den kameralistischen Studiengängen, die einst als die bestmögliche Vorbereitung auf den Verwaltungsdienst gegolten hatten, war die juristische Ausbildung im 19. Jahrhundert nicht sehr praxisbezogen. Künftige Bürokraten lernten in ihren neun Jahren am humanistischen Gymnasium und während der drei Studienjahre an der Universität sehr wenig, das einen direkten Bezug zu den Verwaltungsaufgaben in einem modernen Staatswesen hatte. Das Ziel der Beamtenausbildung war nicht das Heranziehen verwaltungstechnisch versierter Experten, sondern offenbar die Reproduktion einer mit den klassischen Rechtslehren und Sprachen vertrauten politischen Elite, die das geistige Rüstzeug besitzen sollte, das Staatswohl zu definieren und zu fördern. Schule und Universität sollten dem künftigen Beamten bei der Ausbildung seines Geistes und seiner Persönlichkeit helfen und ihn dazu bringen, sich bestimmte Werte zu eigen zu machen. Der Lehrstoff war oft genug langweilig und demotivierend. Nach der Häufigkeit zu urteilen, mit der es vorkam, daß Studenten von ihren Eltern zu mehr akademischer Disziplin ermahnt wurden, scheint das große Interesse des jungen Otto von Bismarck an außeruniversitären Dingen kein Einzelfall gewesen zu sein. Aber man wußte auch auf staatlicher Seite, daß die Vergnügungen des Studentenlebens für die Zurichtung brauchbarer Beamten fast ebenso wichtig waren wie Vorlesungen und Prüfungen. In den Burschenschaften und Bierkellern von Heidelberg oder Göttingen erwarben die künftigen Staatslenker und dem Staat Dienenden Wertmaßstäbe und knüpften Kontakte, die ihnen im gesamten Verlauf ihrer Karriere zustatten kommen würden.

Der Sozialisationsprozeß, der am Gymnasium anfing und sich an der Universität fortsetzte, trat in seine intensivste Phase, wenn ein Beamtenanwärter die lange Lehrzeit begann, die alle künftigen Staatsdiener zu durchlaufen hatten. In Preußen mußte sich ein Anwärter auf einen Spitzenposten in der Verwaltung zunächst eineinhalb bis vier Jahre lang als Auskultator bewähren und anschließend als Referendar auf lokaler oder regionaler Verwaltungsebene dienen. Im Verlauf dieser Jahre lernte er die praktischen und rechtlichen Probleme des Verwaltungsalltags kennen, ebenso aber auch die ungeschriebenen Gesetze und formellen Vorschriften, die das Beamtendasein regelten. Während die Beamtenanwärter fachlichen Schliff in Amtsstuben oder Gerichtssälen erhielten, spielten sich ihre sozialen Kontakte häufig im Kreis ihrer Kollegen ab. Rudolph von Delbrück schrieb rückblickend über seine Jahre als Nachwuchsbeamter im Berlin der vierziger Jahre: »So geschah es, daß die Beamtenkreise zwischen der fest geschlossenen Hofgesellschaft auf der einen und der bürgerlichen Gesellschaft auf der anderen Seite ein Leben unter sich führten.« Die Sozialisation der Beamten gemäß den gruppenspezifischen Kultur- und Wertbegriffen der Bürokratie fand nicht nur in der Dienst-, sondern auch in der Freizeit statt.

Angesichts der hohen Ausbildungskosten und der langen, schlechtbezahlten Lehrzeit, die der Aufnahme in das Beamtenkorps vorausging, kam dieser Berufsweg nur für Leute in Frage, die über hinreichend finanzielle Mittel verfügten. Man mußte als Beamtenanwärter nicht reich, durfte aber auch nicht arm sein. In Preußen mußten die Eltern eines jungen Mannes, der die Beamtenlaufbahn einschlagen wollte, den Nachweis erbringen, daß ihr Sohn sich während der Dauer seiner Ausbildung eine ordentliche Lebensführung würde leisten können. Kaum weniger wichtig als finanzieller Rückhalt war ein Mindestmaß an Kultiviertheit, wie man sie am zwanglosesten im Elternhaus erwarb. Von daher wird verständlich, weshalb sich die Bürokratien des 19. Jahrhunderts durch einen so hohen Grad an Selbstreproduktion auszeichneten. Es überrascht, so gesehen, auch nicht, daß in Baden, dem deutschen Staat mit der entwickeltsten Bürokratie, die Selbstreproduktion besonders augenfällig war. Nicht weniger als vier Fünftel der Männer, die hier zwischen 1815 und 1848 hohe Verwaltungsposten bekleideten, waren als Söhne badischer Beamten zur Welt gekommen. Von Haus aus mit den Werten und Haltungen des Beamtenkorps vertraut, mit den richtigen Schul- und Hochschulzeugnissen in der Tasche und mit den nötigen Verbindungen, um bei Bedarf Verwandte oder Freunde der Familie um Rat und Hilfe angehen zu können, hatte der Sprößling einer Beamtenfamilie einige offenkundige Startvorteile auf seiner Seite.

Friedrich von Motz, der es bis zum preußischen Finanzminister brachte, entstammte einer angesehenen Kasseler Beamtenfamilie, trat in den preußischen Staatsdienst ein, heiratete die Tochter eines Landrats und wurde noch vor dem großen Staatsexamen zum Nachfolger seines Schwiegervaters bestellt. Einem kritischen Beobachter wie Friedrich von Blittersdorff erschien es, als schickten sol-che Beamtendynastien sich an, eine neue Aristokratie im Lande zu bilden, die den Staat als ihre Domäne betrachtete. Blittersdorff gehörte zu den Repräsentanten einer älteren Form der Patronage, bei der vornehme Bluts- und Wahlverwandt-schaften mehr gezählt hatten als Ämter und Ränge.

Von ihren Kritikern wurde der Bürokratie immer wieder vorgeworfen, sie isoliere sich von der Gesellschaft. Stein sagte einmal, Beamte seien »bezahlte Bücherwürmer ohne Eigentum oder Interessen«. Friedrich von der Marwitz be-zeichnete sie als einen »Orden der Heimatlosen«, und der junge Bismarck sprach von der »bürokratischen Kaste«, in der für individuelle Meinungen oder Verhal-tensweisen kein Platz sei. Bezeichnenderweise wurde die Beamtenschaft sogar von ihren eloquentesten Fürsprechern in ein ganz ähnliches Licht gerückt. In deren Augen waren es gerade die gruppenspezifischen Werte, die frei schwebende gesellschaftliche Stellung und die Nicht-Eingebundenheit in Sonderinteressen, die die Bürokratie auszeichneten und legitimierten. So vertrat etwa Hegel die Auffassung, die Stellung der Beamtenschaft außerhalb der »bürgerlichen Gesell-schaft« mache sie zu einem universellen »Stand«, der in der Lage sei, das Allge-meinwohl zu erkennen und zu fördern. Hegel billigte die Selbstreproduktion der Bürokratie, gerade weil sie bewirkte, daß die Beamten den Turbulenzen und Versuchungen des gesellschaftlichen Lebens entrückt blieben, also mithalf, die bürokratische Neutralität zu sichern. Diese Neutralität war natürlich ein My-thos. Weit davon entfernt, »über« der Gesellschaft zu stehen – was immer das bedeuten mochte –, war die Bürokratie aufs engste in die sozialen Prozesse ein-bezogen. Sicher scheint zu sein, daß die meisten Beamten des 19. Jahrhunderts ehrlich und nicht auf persönlichen Gewinn aus waren. Doch sie alle griffen in das gesellschaftliche Leben ein, im Namen von Interessen, Institutionen und In-dividuen, deren Ziele ihrer eigenen Vorstellung vom Gemeinwohl nahekamen. Da es innerhalb der Verwaltung keinen Konsens etwa über die richtige Gesell-schaftspolitik gab, keine von allen geteilte Interpretation des Gemeinwohls, zeig-ten die staatlichen Interventionen nach Charakter und Richtung eine breite Va-rianz von Staat zu Staat, Region zu Region, Kreis zu Kreis, Jahrzehnt zu Jahr-zehnt. Manche Beamten blockierten die Industrialisierung, andere trieben sie voran; manche waren für Freihandel, andere für Schutzzölle, und dergleichen mehr. Welche Auffassungen zu solchen Fragen sich innerhalb der Bürokratie durchsetzten, entschied sich in einem komplizierten Prozeß, in dem nicht zuletzt die Wertmaßstäbe, Interessen und Erfahrungen der Beamten selbst den Aus-schlag gaben.

Auch wenn der Staat das Ziel verfolgte, die Wertvorstellungen, Interessen und Erfahrungen seiner Beamten zu prägen, waren diese doch zwangsläufig aufnah-mebereit für Einflüsse von anderer Seite: aus der Familie, von Freunden und Nachbarn. Die Grenzen zwischen Bürokratie und Gesellschaft waren immer durchlässig. In den preußischen Ostprovinzen gehörte der Landrat stets auch der lokalen Grundbesitzerelite an, auf deren praktische Unterstützung und deren Gesellschaft er angewiesen war. Die Beamten im Rheinland oder in Westfalen lebten in einer ganz anderen, von Kaufleuten und Industriellen bevölkerten gesellschaftlichen Umwelt. Von den deutschen Beamten, die Hansjoachim Henning zum Gegenstand seiner Studie machte, hatten über 50 Prozent eine aus einer Beamtenfamilie stammende Frau geheiratet, eine nicht unbeträchtliche Minderheit von 16 Prozent eine Unternehmerstochter. In Zeiten, in denen sich wachsende wirtschaftliche Chancen boten, quittierten manche Beamten den Staatsdienst und versuchten ihr Glück in der Privatwirtschaft. So trat Hans Viktor von Unruh, ein preußischer Generalssohn, in eine Eisenbahngesellschaft ein, weil die schlechte Bezahlung und der langweilige Dienst in der preußischen Verwaltung ihn nicht befriedigten. Die machtvollen gesellschaftlichen und wirtschaftlichen Kräfte, die im Europa des 19. Jahrhunderts am Werk waren, gingen an der Bürokratie somit nicht spurlos vorbei. Zwar bildeten die Zivilbeamten sicherlich eine homogenere und identitätsbewußtere Gruppe als die Wirtschaftseliten, doch galt auch für sie, daß sie Affinitäten zu einem bunten Spektrum wetteifernder Interessengruppen und Koalitionen entwickelten, von der traditionellen Grundbesitzeraristokratie bis zu den fortschrittlichsten industriellen Unternehmern.

Weil sowohl die Besitz- als auch die Bildungselite Deutschlands die für eine Epoche des Übergangs, wie die Mitte des 19. Jahrhunderts eine war, charakteristische Vielgestaltigkeit aufweist, haben sich die Historiker immer schon schwer damit getan, eine Terminologie zu finden, die elastisch genug wäre, die ganze Bandbreite der in den deutschen Mittelschichten versammelten sozialen Erfahrungen wiederzugeben. In der Tat würde jeder einzelne für die Beschreibung dieser Gruppe benutzte Terminus ihre Vielgestaltigkeit verdecken und eine Homogenität vorspiegeln, die sie nicht besaß. Schon viele Zeitgenossen hatten ihre Probleme mit der Einordnung des Bündels gesellschaftlicher Gruppen. So warnte Metternich 1831 vor der »Auflösung der bürgerlichen Gesellschaft«, da die »Mittelklasse«, politisch nicht mehr von der Arbeiterschaft geschieden, einen »Angriff... gegen den Thron und die höheren Stände« führe. Goethe sprach von einem »Mittelstand« und subsumierte darunter eine verwirrende Vielzahl von Gruppen, etwa »die Bewohner kleiner Städte... alle Beamten und Unterbeamten daselbst, Handelsleute, Fabricanten, vorzüglich Frauen und Töchter solcher Familien, auch Landgeistliche« und dergleichen mehr. Da diesem gesellschaftlichen Gemenge sowohl der von oben aufgezwungene Zusammenhalt des traditionellen Bürgertums als auch das politische Bewußtsein einer Klasse fehlte, war bei ihm keine Basis für eine einheitliche Wahrnehmung gegeben. Die begriffliche Nicht-Erfaßbarkeit jener Gruppen hat ihre Ursache in ihrer tatsächlichen historischen Disparität.

»Auf den Mittelklassen«, schrieb Friedrich Harkort 1842, »beruhen Macht und Ansehen des Staates.« Daß Harkort den Pluralausdruck »Mittelklassen« benutzte, läßt darauf schließen, daß er sich bei allem Glauben an ihre zentrale Rolle doch ihrer Vielgestaltigkeit bewußt war. Für ihn und viele andere Liberale bildeten die Mittelschichten den Kern der Gesellschaft und nicht bloß ein Reservoir zwischen den Rändern. Zur Bezeichnung der abgegrenzten Gemeinschaft gesellschaftlicher Gruppen verwendeten sie Begriffe wie »Mittelstand«, »Mittelstände«, »Mittelklasse«, »Mittelklassen« oder manchmal auch »Bürgertum«. Obwohl sie sich nicht immer darin einig waren, wer zu welcher Gruppe gehörte und wer nicht, stimmten sie in dem Bemühen überein, dieses Amalgam gebildeter und vermögender Gruppen als die treibende Kraft des gesellschaftlichen Fortschritts, als den eigentlichen Träger der politischen Vernunft und als das natürliche Vehikel des Allgemeinwohls hinzustellen.

Die kulturelle Elite und ihre Kritiker

Franz Kugler, Sohn eines Stettiner Kaufmanns, erwarb sich seinen Ruf als Gelehrter mit einflußreichen Schriften über griechische Bildhauerei, europäische Malerei und preußische Geschichte. 1835 wurde er, erst siebenundzwanzig Jahre alt, Professor an der Berliner Kunstakademie. Acht Jahre später übernahm er die Leitung der Kunstabteilung im preußischen Kultusministerium. 1847 regte er in einem Aufsatz über Kunst als Verwaltungsaufgabe eine Reihe staatlich zu fördernder kultureller Projekte an, darunter die Gründung von Kunstschulen, die Einführung eines gesetzlichen Urheberrechtsschutzes, die Auslobung von Preisen für künstlerische Leistungen, den Bau von Museen und Denkmälern und die Renovierung und Erhaltung geschichtlich bedeutsamer Bauten. »Wie die Wissenschaft dazu berufen ist, den Menschen geistig frei zu machen«, schrieb Kugler, »so ist es die Bestimmung der Kunst, ihm das Gepräge des geistigen Adels zu geben. Es wird mithin die Staatsregierung, wenn es überhaupt zu ihren Pflichten gehört, die Bildung des Volkes zu fördern und zu leiten, diese Sorge nicht bloss der Wissenschaft, sondern auch der Kunst zuzuwenden haben.« So sehr Kugler die Notwendigkeit staatlicher Initiativen im Bereich der Kunstförderung betonte, so klar erkannte er, daß auf diesem Feld noch eine andere, nicht weniger machtvolle Kraft am Werk war. Die Kunst war nämlich nicht nur Gegenstand administrativer Aufgaben, sondern auch Objekt kaufmännischer Spekulation. Nicht daß Kugler etwas daran auszusetzen gehabt hätte; ein »frisch bewegter Handelsverkehr« gehörte seiner Meinung nach zu einem gesunden nationalen Leben und hatte seinen Platz in der Sphäre des künstlerischen Schaffens. Doch Kugler teilte die Befürchtung vieler deutscher Liberalen, daß die Kräfte des Marktes, sich selbst überlassen, Chaos und Korruption heraufbeschwören würden, und empfahl daher ein Bündel staatlicher Maßnahmen, um die Reinheit und Würde der Kunst vor dem »unermüdlichen Treiben der mercantilen Speculation« zu schützen.

Staat und Markt, die beiden grundlegenden Triebkräfte der gesellschaftlichen Entwicklung im 19. Jahrhundert, lieferten die institutionelle Matrix für die Kultur dieses Jahrhunderts. Als Bauherr, Aufsichtsinstanz und Erzieher des Volkes hatte der Staat großen Einfluß darauf, was gebaut und gestaltet, gelehrt und studiert, veröffentlicht und aufgeführt wurde. Museumsdirektoren und öffentlich bestallte Architekten, Professoren und Forscher, Zensoren und Publizisten, alle versuchten den Geschmack, die Einstellungen und Meinungen der Bürger zu lenken. Doch kein Staat im 19. Jahrhundert war in der Lage oder willens, die Produktion von Kunst und Ideen vollständig zu kontrollieren. Im kulturellen Leben zeitigten, wie in der Wirtschaft, staatliche Eingriffe nur selten so durchschlagende Wirkungen, wie ihre Befürworter es behaupteten oder ihre Kritiker es befürchteten. Selbst in den repressivsten Jahren der Restaurationsepoche wurde subversive Literatur geschrieben und gelesen. Professoren und Lehrer standen zwar unter erheblichem Konformitätsdruck, legten aber manchmal eine bemerkenswert unabhängige Haltung an den Tag. Unter den Künstlern und Dichtern gab es ein paar, die sich um Weisungen von oben nicht kümmerten, sondern ihrer eigenen Vision folgten. Doch diejenigen, die den Mut hatten, außerhalb des vom Staat erzwungenen Rahmens, oft gegen ihn, zu arbeiten, sahen ihre künstlerische Autonomie unverhofft von einer anderen Seite bedroht. Ein Künstler, der weder ein öffentliches Amt bekleidete noch die Unterstützung eines Mäzens hatte, war von Sammlern abhängig, die seine Werke kauften, ein Schriftsteller von seinen Lesern, ein Journalist von den Zeitungsverlegern. Die Launenhaftigkeit des Publikumsgeschmacks, das Hin und Her der öffentlichen Meinung und der schmale Markt für ernsthafte Kunst und Literatur waren Faktoren, die im Zusammenwirken die Einflußmöglichkeiten vieler schöpferischen Deutschen begrenzten oder sie ihrer künstlerischen Unabhängigkeit beraubten.

Öffentliche Kultur, privates Kulturmilieu

Die Architektur, unter den Künsten die am wenigsten autonome Gattung, ist von jeher eine gesellschaftliche Angelegenheit gewesen, ein Geschöpf der Politik, eine Dienerin des Reichtums, ein Vehikel kultureller Wertvorstellungen. Die charakteristischen Bauten eines Zeitalters, seien es Pyramiden, Tempel, Kathedralen oder Paläste, verraten, was die Machthaber der betreffenden Zeit für verehrens- und erhaltenswert hielten. Im 19. Jahrhundert traten öffentliche Bauten in den Brennpunkt des architektonischen Schaffens und der öffentlichen Investitionen: jene Museen, Theater, Bibliotheken, Bahnhöfe und Universitäten, die bis heute das Antlitz vieler europäischer Großstädte prägen. Solche kulturellen Einrichtungen waren »öffentlich« in zweierlei Hinsicht: Sie waren gewöhnlich vom Staat in Auftrag gegeben und finanziert, und sie standen, mindestens in der Theorie, jedem Mitglied der Gesellschaft offen, waren also für die Öffentlichkeit bestimmt.

Im Verlauf des 19. Jahrhunderts verdrängten staatliche Instanzen die Monarchen und ihre Höfe weitgehend als Kunstmäzene und Schiedsrichter in Geschmacksfragen. Gewiß förderten einzelne Herrscher nach wie vor die Künste, doch sie standen nur noch selten im Mittelpunkt der kulturellen Aktivität. Weder ihrer äußeren Erscheinung noch ihrer Funktion nach spielten die im 19. Jahrhundert erbauten fürstlichen Residenzen dieselbe Rolle wie die Paläste der Barockzeit; sie umrahmten nicht länger die Person des Herrschers, der ohnehin nicht mehr im Zentrum der gesellschaftlichen und politischen Ordnung stand. Dieselben sozialen und politischen Kräfte, die einen regierenden Fürsten zwangen, sich bei der Machtausübung im Rahmen der Verfassung zu bewegen und sich eines nach gesetzlichen Regeln arbeitenden bürokratischen Apparates zu bedienen, veranlaßten ihn dazu, sich bei der Ausübung seiner kulturellen Autorität mit den Symbolen und Institutionen des Staates zusammenzutun. Wie in der Politik, war der Monarch auch im kulturellen Bereich die oberste Instanz, aber nur noch als erster Diener des Staates.

Die Kontroverse über ein geplantes Denkmal für Friedrich den Großen liefert ein frühes Beispiel dafür, wie ein abstraktes Staatsideal symbolisch die persönliche Autorität des Monarchen zu verdrängen vermochte. Bald nach dem Tod des Königs 1786 legten mehrere Künstler und Architekten Pläne für ein Denkmal vor, das an seine historischen Leistungen erinnern sollte. Den bemerkenswertesten Entwurf schuf 1797 Friedrich Gilly, eines jener zahlreichen außergewöhnlichen jungen Talente, die in der Epoche der Revolution und Romantik kurz und hell aufleuchteten. Der äußeren Form nach neoklassizistisch, eignete der Konzeption Gillys ein zutiefst romantischer Geist. Wie so viele Künstler seiner Zeit, spielte er mit den Grenzen des Möglichen, erprobte neue Formen und versuchte, Emotionen von ungewohnter Intensität wachzurufen. Mit einem monumentalen tempelartigen Mausoleum, errichtet auf einem Areal um das Leipziger Tor in Berlin und erreichbar über einen von Bäumen gesäumten Weg, schwebte Gilly ein Schrein vor, ausgestattet mit Symbolen, die über das Leben der einzelnen Gestalt hinausweisen sollten. Der König selbst sollte lediglich der Anlaß für das Bauwerk sein und nicht sein Thema; denn der Künstler wollte beim Betrachter nicht Bewunderung für die Ruhmestaten eines Mannes oder einer Dynastie hervorrufen, sondern ein Gefühl der Zugehörigkeit zum politischen Gemeinwesen.

Der Entwurf Gillys wurde nie verwirklicht, aber seine Ideen wirkten, gezähmt und auf bescheidenere ästhetische und finanzielle Maßstäbe zurückgestutzt, impulsgebend für viele nach der Jahrhundertwende begonnenen architektonischen Projekte. Im Gefolge der Umwälzungen, die Mitteleuropa in der Epoche der Revolution erlebte, erschien es den Staatsmännern nötig, im Interesse der Konsolidierung neugeschaffener Staaten entsprechende politische Wertvorstellungen und Loyalitäten zu begründen. Gebäude und Denkmäler konnten dabei eine wichtige Rolle spielen. »Es ist unser Wille«, erklärte der bayerische König 1808, »daß der wohltätige Einfluß der schönen Künste auf das Gesamtvolk mehr als bisher zur Geltung komme und daß durch dieses mächtige Bildungsmittel mit den anderen zusammen unmittelbar die Nationalgeschicklichkeit erhöht, mittelbar aber der Geist und die Sitten des Volkes veredelt werden.« Die Kunst konnte für die Nation ebenso förderlich sein wie für den Staat. Schon 1807 begann der bayerische Kronprinz Ludwig Pläne für einen großen nationalen Schrein zu schmieden, der später, von 1830 bis 1842, in der Nähe von Regensburg durch Leo von Klenze errichtet wurde: die Walhalla. Anläßlich ihrer Einweihung brachte König Ludwig I. seine Hoffnung zum Ausdruck, daß beim Anblick dieses Bauwerks »so wie diese Steine ... alle Deutschen kräftig zusammenhalten«. Trotz der Unklarheit ihrer politischen Implikationen und der Seichtheit ihres Symbolismus ließ sich die Walhalla als Verkörperung eines weit verbreiteten Gefühls deuten, daß die Staaten neue Wege finden mußten, ihre Bürger an sich zu binden und deren Loyalität und Gefühle zu kanalisieren.

Solche Zielvorstellungen standen hinter den großen städtebaulichen Projekten, die das Äußere vieler mitteleuropäischen Hauptstädte im 19. Jahrhundert veränderten. Architekten wie Friedrich Weinbrenner in Karlsruhe, Georg Friedrich Laves in Hannover, Leo von Klenze in München, Karl Friedrich Schinkel in Berlin und Gottfried Semper in Dresden suchten nach Mitteln und Wegen, den städtischen Raum neu zu organisieren, Schauplätze für politische Rituale zu schaffen und patriotische Gefühle zu wecken. Diese Architekten arbeiteten gewöhnlich unter dem Patronat eines Monarchen, doch ihre Entwürfe und Pläne entstanden in enger Abstimmung mit staatlichen Stellen und kompetenten Fachleuten. Königliche Architekten waren jetzt nicht mehr Günstlinge des Fürstenhofes, sondern Auftragnehmer des Staates, mit der Aufgabe, Bauwerke zu errichten, durch die der Staat seine Macht demonstrieren und überhöhen konnte.

Der fruchtbarste und einflußreichste Mann aus dieser Generation von Architekten und Stadtplanern war Karl Friedrich Schinkel. Als Pastorensohn in der preußischen Garnisonsstadt Neuruppin geboren, erhielt er seine Schulausbildung von 1794 bis 1798 in Berlin am Gymnasium zum Grauen Kloster. Der Besuch einer Ausstellung der Gilly-Entwürfe für das Friedrich-Denkmal entzündete in ihm die Leidenschaft für die Architektur, woraufhin er in das Atelier von Gillys Vater David eintrat, einer etablierten Persönlichkeit der Berliner Architekturszene. Als David Gilly im Jahr darauf mit einer Lehrtätigkeit an der Berliner Bauakademie begann – wo neben ihm Koryphäen lehrten wie Heinrich Gentz, der Architekt der Königlichen Münze, in der die Bauakademie untergebracht war, und Carl Gotthard Langhans, dessen Brandenburger Tor zum berühmtesten Bauwerk der Epoche wurde –, nahm er Schinkel in seine erste Klasse auf. Seit 1803 bereiste Schinkel Italien, um die klassischen Stätten zu sehen und sich weiter künstlerisch auszubilden. Als er zwei Jahre später nach Berlin zurückkehrte, hatte die heraufziehende Kriegsgefahr die öffentliche Bautätigkeit zum Stillstand gebracht. In den nächsten zehn Jahren gab es für Architekten kaum Arbeit. David Gilly starb 1808 mittellos, Schinkel hielt sich mit Gelegenheitsarbeiten über Wasser, unter anderem als Bühnenbildner. Nach dem Sieg über Napoleon brach jedoch in Berlin eine neue Ära des öffentlichen Bauens an. Schinkel begann 1816 mit der Arbeit an der Neuen Wache, seinem ersten wichtigen Auftrag. Von da an folgte ein großes Bauprojekt nach dem anderen; nur einige seien erwähnt: das Schauspielhaus am Gendarmenmarkt (1819–1821), die Renovierung der Humboldt-Villa in Tegel (1824), der Neue Pavillon in Charlottenburg (1825), die Villa Charlottenhof bei Potsdam (1826/27), das Prinz-Karl-Palais (1827/28), das später sogenannte Alte Museum (1824–1828) und das neue Gebäude der Bauakademie (1832–1835). 1830 wurde Schinkel zum Geheimen Oberbaudirektor ernannt und damit zum ranghöchsten Baumeister im Königreich. Als er 1841 starb, erteilte König Friedrich Wilhelm IV. Anweisung, alle seine Zeichnungen, Gemälde und Entwurfsskizzen aufzukaufen, damit die Chance bestand, seine Arbeiten in einer ständigen Ausstellung der Öffentlichkeit zu präsentieren, als leuchtendes Beispiel für künftige Generationen.

Aus dem Vermächtnis Schinkels ragen die architektonischen Meisterwerke, die in Berlin erhalten geblieben oder wiedererrichtet worden sind, besonders heraus. Diese Bauwerke bezeugen die Weite seines künstlerischen Horizonts. Das Spektrum reicht von der monumentalen Eleganz des Alten Museums zur verhaltenen Harmonie des Neuen Pavillons, von der ornamentalen Pracht des Schauspielhauses zur klar gegliederten Symmetrie der Neuen Wache. Zwar lassen sich diese Bauten als neoklassizistisch kennzeichnen, doch man sollte die klassischen Elemente im künstlerischen Empfinden Schinkels nicht überschätzen. So verraten zum Beispiel seine Briefe aus Italien, daß es nicht so sehr die architektonischen Leistungen der Alten Welt waren, die sein Interesse weckten, als vielmehr die Gefühle, die die Ruinen in ihm wachriefen. »Allein der Anblick dieser Werke in der Natur«, schrieb er 1804 aus Sizilien, »hat etwas Überraschendes, was nicht sowohl von ihrer Größe, als von der malerischen Zusammenstellung herkommt.« Seine Gemälde aus dieser Zeit wirken in ihrer Stimmung romantisch, in ihrer Malweise hingegen gotisch. Sogar auf dem Höhepunkt seiner neoklassizistischen Kunst entwarf Schinkel weiterhin gotische Bauwerke und malte düsterromantische Landschaften. Worauf es ihm ankam, war nicht die Perfektionierung eines bestimmten Stils, sondern die Gestaltung von Erlebnisräumen, die geeignet waren, bestimmte Emotionen und Aktivitäten zu beflügeln. Als Baumeister, als Bühnenbildner für das Theater und als Schöpfer riesiger Panoramagemälde war Schinkel stets bestrebt, kongeniale optische Umfelder und Hintergründe für die öffentlichen und privaten Ereignisse seines Zeitalters zu liefern: Museen, in denen die Kunst zum Erlebnis wurde, Bühnen, auf denen Opera und Dramen zu einem Kunstgenuß werden konnten, öffentliche Gebäude und Plätze, die den Rang des preußischen Staates unterstrichen. Um dieses Ziel zu erreichen, war er durchaus bereit, sich der von seinem jeweiligen Auftraggeber gewünschten Stilmittel zu bedienen.

Wenn Schinkel bei der Verwirklichung seiner Visionen stilistischen Eklektizismus walten ließ, so galt das noch mehr für seinen bayerischen Kollegen Leo von Klenze, der eine Zeitlang sein Mitschüler im Berliner Atelier David Gillys gewesen ist. Der Sohn einer vermögenden mecklenburgischen Beamtenfamilie studierte in Braunschweig, Berlin und Paris, verdiente zehn Jahre lang als Hofarchitekt in Kassel gutes Geld und stand am Ende der napoleonischen Ära nicht wie viele andere mit leeren Händen da, sondern mit einem kleinen Vermögen und einem neuen Mäzen an der Hand, dem Kronprinzen Ludwig von Bayern. Von 1816 bis zu seinem Tod 1864 diente Klenze den Wittelsbachern als Hofbauintendant. Unter seiner Leitung entstanden siebzehn große öffentliche Gebäude und Dutzende kleinerer Privathäuser. Außerdem betrieb Klenze archäologische Forschungen, reiste viel und beschäftigte sich intensiv mit dem Kanal- und Eisenbahnbau. Von Ludwig beraten und ermuntert, erarbeitete Klenze das städtebauliche Konzept Münchens, das bis weit ins 20. Jahrhundert hinein für die Entwicklung der Stadt bestimmend blieb. Selbst Heinrich Heine, der in der bayerischen Hauptstadt ansonsten keine sehr erfreulichen Erfahrungen sammelte, äußerte sich bewundernd über die »heiteren Kunsttempel und edlen Paläste des großen Meisters«. In der Theorie war Klenze ein überzeugter Klassizist. »Die griechische Baukunst, aus der Notwendigkeit der Sache entwickelt, ist wie eine andere Natur, die menschlichen Zwecken dient. Deshalb war und ist die griechische die Architektur aller zivilisierten Völker geworden.« Die Glyptothek, das erste Projekt, das er von 1816 bis 1831 in München verwirklichte, gehörte sicher zu den gefeiertsten klassischen Entwürfen des 19. Jahrhunderts. Doch in seinem Innern finden sich schmückende Elemente aus zahlreichen Stilepochen. Viele von Klenzes Bauten weisen dieselben eklektischen Züge auf, vor allem die Stadtvillen, die er für die bayerische Elite errichtete, aber auch die Alte Pinakothek (1826–1836), die er ungeachtet ihres griechischen Namens im modifizierten Stil der Renaissance gestaltete, der seiner Überzeugung nach den denkbar würdigsten Rahmen für eine Sammlung bedeutender Gemälde bildete.

Für Klenze, wie für viele seiner Zeitgenossen, war die Architekturgeschichte ein umfassender Katalog, den man auf der Suche nach Ideen oder Stilelementen durchblättern konnte. »Haben wir nun die griechische, römische und byzantinische Baukunst für uns zu gewinnen gesucht«, heißt es in einem Aufsatz, der 1834 in der Zeitschrift »Museum« erschien, »dürfen wir anderen nationalen Baustylen ausnahmsweise Anwendung gestatten.« Wenige Jahre später forderte der Autor eines Lehrbuches angehende Architekten auf, sich mit ägyptischen, altindischen, persischen, römischen, byzantinischen, arabischen, neugotischen und neo-griechisch-römischen Baustilen zu befassen. Die Botschaft war deutlich zu vernehmen: Alle diese Stilarten hatten potentiell bedeutsame Anregungen zu bieten, alle hatten ihren Platz im Repertoire des modernen Baumeisters, keine durfte als besonders bevorzugt oder als unzeitgemäß gelten. Peter Collins hat den in der Architekturgeschichte einzigartigen Revivalismus des 19. Jahrhunderts so charakterisiert: »Er betrieb die Wiedererweckung mehrerer Architekturen zur gleichen Zeit, von denen keine je dominierend oder modisch genug wurde, um ihre Mitbewerber auszustechen oder auch nur die Bauweise zu verdrängen, die vorher im Schwange war.« Während manche Architekten dem Historismus des 19. Jahrhunderts einen unerschöpflichen Reichtum an inspirierenden Ideen attestierten, fanden andere seine stilistische Vielfalt verwirrend und seinen epigonalen Charakter deprimierend. Heinrich Hübsch verurteilte in seiner berühmten, 1828 erschienenen Streitschrift »In welchem Style sollen wir bauen?« das gedankenlose Imitieren früherer Baustile und forderte seine Zeitgenossen auf, sich mehr an den spezifischen Erfordernissen, Techniken und Verhältnissen der Gegenwart zu orientieren.

Diese Kritik am Historismus machte sich Gottfried Semper zu eigen, der 1834 die Leitung der Architekturabteilung an der Dresdener Kunstakademie übernahm. In seiner Antrittsvorlesung erklärte er, die deutschen Städte blühten derzeit wie ein Strauß aus tausend Blüten, gewachsen in allen Zeiten, auf allen Plätzen, so daß es erlaubt sei, das eigene Jahrhundert zu vergessen. An den staatlichen Bauherren und Baumeistern seiner Zeit ließ Semper kaum ein gutes Haar. Wie sein Zeitgenosse und zeitweiliger Kampfgefährte Richard Wagner strebte Semper eine neue Synthese an, die zur Überwindung der herrschenden Beliebigkeit in der Kunst führen würde. Mit seinen eigenen Bauten vermochte er jedoch, so kraft- und schwungvoll sie gerieten, keine überzeugende Alternative zum Historismus aufzuzeigen. Klenze, dem klar war, daß er einer der Hauptadressaten von Sempers geharnischter Kritik war, hatte sicherlich recht, als er ihm vorhielt, es gebe etwas noch Schlimmeres als den gegenwärtigen Stand der Dinge in der Kunst, so deprimierend man diesen auch finden möge, nämlich den Versuch, eine neue Architektur aus der Abstraktion und der Theorie heraus zu schaffen. Semper mußte am Ende einsehen, daß eine Erneuerung der Architektur nur das Ergebnis einer politischen und kulturellen Umwälzung sein konnte, für die er sich mit großem Mut, aber geringem Erfolg 1848 und 1849 engagierte.

Der eklektische Historismus in der deutschen Architektur erreichte seinen Höhepunkt mit der Anlage der Wiener Ringstraße, einem der letzten und größten städtebaulichen Projekte des 19. Jahrhunderts. Als die österreichische Regierung zu Beginn der fünfziger Jahre beschloß, den Gürtel aus Befestigungsmauern und Türmen, der die Wiener Innenstadt umschloß, abzureißen und zu einem Prachtboulevard umzubauen, rief das Vorhaben eine Vielzahl öffentlicher und privater Interessenten auf den Plan. Der erste Bau, der 1856 begonnen wurde, war bezeichnenderweise die ornamentale Votivkirche, errichtet zum Gedenken an das Scheitern eines Attentats auf den Kaiser und damit implizit an den Triumph der Dynastie über die Revolutionen der Jahrhundertmitte. Ein Heeresmuseum und einige Kasernen an absichtsvoll gewählten Standorten dienten ebenfalls der symbolischen Verkörperung der Gegenrevolution, einem Leitmotiv der fünfziger Jahre. Bestimmend für den ästhetischen und gesellschaftlichen Charakter der Ringstraße wurde jedoch eine Reihe öffentlicher Gebäude, errichtet für die Elite der Stadt: das Rathaus, dessen gotischer Baukörper an die städtischen Freiheiten im Mittelalter erinnerte, ein barockes Theater, eine Universität im Stil der Neorenaissance und die monumentalen neoklassizistischen Parlamentsgebäude. In

deren Nachbarschaft entstanden Wohnblocks, die äußerlich den großen Stadt-
palais der österreichischen Aristokratie glichen. Mit ihrer unverwechselbaren
Mixtur aus monarchischem Glanz, staatlicher Machtentfaltung, bürgerlichen
Wirtschaftsinteressen und einem ungehemmten architektonischen Historismus
stellte sich die Ringstraße wie ein Panoptikum der öffentlichen Kultur des 19.
Jahrhunderts dar. Kein Wunder, daß sie in besonderer Weise zum negativen Vor-
bild wurde, gegen das eine neue Generation ihre ästhetischen Alternativen zum
Historismus entwickelte.

Museen waren, in Wien wie anderswo in Europa, ein wichtiges Element in den
städtebaulichen Konzepten des mittleren 19. Jahrhunderts. Oft als dauerhafte
Heimstätten für bereits bestehende Sammlungen errichtet, reflektierten Museen
die im 19. Jahrhundert um sich greifende Auffassung, daß Kunstwerke – ebenso
wie Bibliotheken, botanische Gärten und Tiergärten – nicht mehr der ausschließ-
lichen Erbauung des Monarchen und seiner Höflinge dienen, sondern der All-
gemeinheit zugänglich gemacht werden sollten. Museen müßten, so erklärte
Klenze, für Besucher jeder Art offenstehen, damit alle Menschen die Chance
bekämen, Kunst in ihr Leben zu holen. Zweifellos brachten Museen die Kunst
den Menschen näher, aber zugleich lösten sie die Kunstwerke aus Lebenszusam-
menhängen heraus, in die sie zuvor eingewoben waren. Ein Madonnenbild, ursprünglich eine religiöse Ikone, die in den Kontext von Frömmigkeit und Ritual
gehörte, wurde nun zu einem Gemälde, das man nach rein künstlerischen Kriterien beurteilte. Indem das Museum ein Kunstwerk von dem Zweck trennte, für
den es einmal geschaffen worden war, propagierte es implizit die Vorstellung, daß
die Kunst in einer autonomen Sphäre existierte, die etwas Heiliges sei. Schinkel
bezeichnete sein Museum in Berlin als ein »Heiligtum«, und dessen Ähnlichkeit
mit einem Tempel mußte wohl bei den Besuchern den Eindruck erwecken, sie
beträten einen Schrein, in dem es galt, der Göttin der Schönheit zu huldigen. Oft
genug war jedoch nicht die Schönheit der Kunstwerke der Grund für die Anbe-
tung, sondern das Können und die gesellschaftliche Aura der neuen politischen
und akademischen Tempelwächter der Kunst. Obwohl die Museen des 19. Jahrhunderts öffentliche Einrichtungen waren, bot ihr sakraler Charakter die Gewähr dafür, daß sie der überwältigenden Mehrheit der Bevölkerung verschlossen
bleiben würden.

Nicht bloß Kunstsammlungen und Bibliotheken, sondern auch Theater- und
Musikaufführungen verlagerten sich im Laufe der ersten Hälfte des 19. Jahrhunderts in die öffentliche Sphäre. Fürstliches Mäzenatentum spielte natürlich weiterhin eine wichtige Rolle, besonders für Komponisten. Wagner, Brahms und
sogar noch Richard Strauss waren auf die Unterstützung eines königlichen Wohl-
täters angewiesen. Doch wie in der Architektur, war auch in den darstellenden
Künsten ein Prozeß der Abnabelung von monarchischer Willkür unübersehbar.
Opernhäuser wurden nicht mehr auf königlichen Befehl gebaut, mit Hofmusi-

kern ausstaffiert und von Angehörigen des königlichen Gefolges besucht. Sie wurden in zunehmendem Maße zu öffentlichen oder privatwirtschaftlichen Unternehmen mit einem professionellen Mitarbeiterstab und mit zahlender Kundschaft. Als in München 1818 das Hoftheater abbrannte, wurde es nach seiner Wiedererrichtung als »Hof- und Nationaltheater« eingeweiht, ein Hinweis auf ein gewandeltes Verständnis. Noch aufschlußreicher war der Gegensatz zwischen dem alten Berliner Schauspielhaus, das Langhans gegen Ende des 18. Jahrhunderts am Gendarmenmarkt erbaut hatte, und dem von Schinkel drei Jahrzehnte später an gleicher Stelle errichteten Neubau. Das Langhanssche Bauwerk hatte äußerlich mehr Ähnlichkeit mit einem Palast als mit einem Theater; sein auffälligstes Element war das bei feierlichen Anlässen benutzte Königsportal. Was Schinkel errichtete, war hingegen ein Musentempel, ein zwar sakraler, aber säkularer Raum, vergleichbar seinem einige Jahre später entstandenen Museum im Lustgarten. Auch die Inneneinrichtung der Theater änderte sich. Während im typischen Hoftheater der Zuschauerraum so gestaltet war, daß die Besucher flanieren und sich präsentieren konnten, waren im öffentlichen Theater alle Plätze zur Bühne hin orientiert, auf der professionelle Schauspieler, unterstützt von einem kunstvollen Bühnenbild, die volle Aufmerksamkeit des Publikums beanspruchten. Für eine gleichartige Aufführungssituation wurde auch die Musik des neuen Zeitalters komponiert: Die Sinfonie hatte, anders als liturgische Werke oder Kammermusik, keine dienende Funktion. Sie verlangte, daß man ihr um ihrer selbst willen lauschte.

Die darstellenden Künste schlugen in der ersten Hälfte des 19. Jahrhunderts viele Deutsche in ihren Bann. Wenn ein Zeitgenosse behauptete, der Direktor des Schauspielhauses sei der zweitwichtigste Mann in Berlin gewesen, war das vermutlich übertrieben, aber zweifellos konnten sich Regisseure, Schauspieler, Schauspielerinnen und Theaterdichter eines besonders hohen Grades an Verehrung und Ruhm sicher sein. Für keine andere Stadt galt dies mehr als für Wien, wo es mehrere bedeutende Theater gab, vom ruhmreichen Burgtheater, das Joseph II. 1776 gegründet hatte, bis zu einer Reihe bescheidenerer Häuser, in denen populäre, oft bodenständige Dramen zur Aufführung kamen. Schauspieler und Musiker gehörten nicht mehr zum höfischen Gesinde oder wanderndem Volk, sondern erfreuten sich der Aufmerksamkeit und Ehrerbietung, die anerkannten Künstlern bis heute entgegengebracht wird. Der Geigenvirtuose Niccolò Paganini faszinierte das Publikum durch seine legendäre Spielkunst auf der G-Saite sowie durch seine extravagante Persönlichkeit und sein gerüchteumwobenes Privatleben. Fanny Elßler war berühmt für ihre Interpretationen spanischer und slawischer Tänze, ebenso aber auch wegen ihrer Liebesaffäre mit Friedrich Gentz, dem ergrauten Apostel der Reaktion. Henriette Sontag, die weithin als die schönste Sängerin ihrer Zeit galt, wurde von ihren Bewunderern mit Briefen und Gedichten überschüttet. Überliefert ist die denkwürdige Geschichte von einer

Gruppe ihrer Fans von der Göttinger Universität, die eine Kutsche, in der die Sontag gefahren war, im Fluß versenkte, auf daß die Polster, auf denen sie gesessen hatte, niemals mehr von den Hinterteilen Unwürdiger entweiht würden.

Friedrich Nietzsche kritisierte an der Kultur des 19. Jahrhunderts, daß sie die Zuschauer ebensosehr voneinander isoliere, wie sie sie vom schöpferischen Prozeß distanziere. Er verurteilte den »Wahnwitz der Kunstgalerien und Konzertsäle«, die den Menschen die Gewohnheit aufgezwungen hätten, Kunst in der Vereinzelung zu genießen anstatt als Bestandteil des Lebens der Gemeinschaft. Wie so oft bei Nietzsche war das eine bemerkenswert tiefsinnige, trotzdem nicht ganz richtige Beobachtung. Es stimmt, daß die kulturellen Institutionen des 19. Jahrhunderts ihre Rezipienten individualisierten, im Kontrast sowohl zur Volks- als auch zur höfischen Kultur wurde das Element der Geselligkeit aus den Theatern und Museen verbannt und das Publikum auf formalisierte und ritualisierte Reaktionen auf das Gebotene gleichsam dressiert. Andererseits stützte sich die öffentliche Kultur auf ein ausgedehntes Netz von Organisationen, in denen sich Leute zusammenfanden, um die verschiedensten künstlerischen, literarischen oder musikalischen Projekte zu unterstützen oder durch ihren regelmäßigen Besuch zu fördern. Die Berliner Singakademie begann als Gesangsschule für kultivierte junge Damen und entwickelte sich zu einer großen und angesehenen Einrichtung unter dem Dach eines imposanten Gebäudes. Die wachsende Beliebtheit und Professionalisierung konzertanter Musik schuf Anreize für die Gründung von Chorvereinigungen, die zu Begegnungsforen für Musikliebhaber und Musiker wurden. Kunstvereine, deren Zwecksetzung darin bestand, das künstlerische Schaffen zu unterstützen und den Kunstgeschmack des Publikums zu heben, begannen ihre Tätigkeit gegen Ende des 18. Jahrhunderts und verbreiteten sich danach über ganz Mitteleuropa. Zusammen mit Publikationen wie dem Stuttgarter »Kunstblatt« und anderen vielgelesenen Zeitschriften wandten sich die Kunstvereine an Menschen, die mehr über Kunst erfahren und möglicherweise Kunstwerke erwerben wollten. Natürlich beschränkte sich die Klientel dieser Vereine auf diejenigen, die über das nötige Mindestmaß an Bildung und Geld verfügten. Die öffentliche Kultur war offen für alle, aber nicht alle fanden Zugang zu ihr.

Orchestervereinigungen und Singgemeinschaften gehörten, wie die etwas älteren Lese- und Diskussionszirkel, die die Öffentlichkeit des 18. Jahrhunderts ausgemacht hatten, zu einem vielschichtigen Vereinswesen. Manche Vereine dienten im Grunde nur der Pflege der Geselligkeit, wie der Nürnberger Feinschmecker-Verein, vor dem Gustav Blumröder 1838 seinen berühmten Vortrag über die kulinarischen Künste hielt. Andere verbanden Geselligkeit mit Kulturgenuß oder auch mit politischer Betätigung. Eine gelungene Vorstellung von der Atmosphäre solcher Vereinstreffen vermittelt das 1828 entstandene Gemälde »Eine Tabakgesellschaft« von Wilhelm Ferdinand Bendz. Es zeigt eine fröhliche Schar von Män-

Die als nationales Erbe im Sinne der Romantik restaurierte Marienburg. Blick in den
Sommerremter mit den Dekorationen aus der frühen Zeit Theodors von Schön. Gemälde von
Domenico Quaglio, 1835/36. Karlsruhe, Staatliche Kunsthalle

Die Walhalla bei Regensburg, das im Auftrag König Ludwigs I. von Bayern erbaute deutsche
Nationaldenkmal. Federzeichnung des Baumeisters Leo von Klenze, zwischen 1832 und 1840.
München, Staatliche Graphische Sammlung

nern, die rauchen und musizieren. Ihre langen Pfeifen, die auf den ersten Blick wie Holzblasinstrumente aussehen, signalisieren Zufriedenheit und Entspannung. Welchen Zweck auch immer ein Verein sich gesetzt haben mochte, er war nicht zuletzt ein Gebilde, um verwandte Seelen zu treffen, Abstand von den Problemen des Alltags zu gewinnen und sich gut zu unterhalten. Ein Verein war eine zugleich öffentliche und private Einrichtung, zugänglich, aber wählerisch in der Auswahl seiner Mitglieder, öffentlich registriert, aber unabhängig vom Staat, gesellig, aber nicht intim. Er fungierte als Mittelglied zwischen der öffentlichen und der privaten Sphäre, zwischen Außenwelt und Zuhause, Gesellschaft und Familie.

Im Unterschied zur öffentlichen Kultur zeichnete sich die Privatsphäre durch Überschaubarkeit anstelle von Riesenhaftigkeit, Geschlossenheit anstelle von Offenheit, Introvertiertheit anstelle von Expansivität aus. Wenn Künstler etwas für die private Sphäre schufen, entstanden keine Sinfonien, sondern Klavierkonzerte, keine öffentlichen Paläste, sondern Villen, keine Großplastiken, sondern Familienporträts. Es war eine häusliche Welt, möbliert mit Wandschränkchen und bequemen Sesseln, versehen mit Nippes und Stickereien, eingerahmt von rituellen Höhepunkten wie Geburtstags- und Weihnachtsfeiern, in sentimentalen Liedern und rührseligen Geschichten idealisiert. Wir wissen über diese Welt eine Menge. Sie ist in zahllosen Gemälden, Photographien, Erzählungen, Romanen und Memoiren überliefert. Ihre materiellen Hinterlassenschaften sind noch unter uns, manche auf Dachböden verstaubend, andere als kostbare Antiquitäten zur Schau gestellt. Doch trotz der Vielzahl der überlieferten Zeugnisse scheint die häusliche Welt des mittleren 19. Jahrhunderts einer fernen Vergangenheit mit einem fremdartig anmutenden, schwer nachvollziehbaren Lebensgefühl anzugehören.

Fast alles an dieser Welt ist problematisch, angefangen mit dem Namen, der sich für sie eingebürgert hat: Biedermeier. Der Begriff wurde in den fünfziger Jahren des 19. Jahrhunderts geprägt, als Adolf Kußmaul und Ludwig Eichrodt ein Gedichtbändchen in die Hände fiel, das ein obskurer Dorfschullehrer namens Samuel Friedrich Sauter, der 1846 gestorben war, im Selbstverlag publiziert hatte. Kußmaul und Eichrodt erkannten die unfreiwillige Komik der Sauterschen Poesie, die sicherlich zum Schlechtesten gehört, das jemals in irgendeiner Sprache gedichtet worden ist, und veröffentlichten Proben davon unter dem erfundenen Autorennamen Gottlieb Biedermeier in der führenden humoristischen Zeitschrift jener Tage, den »Fliegenden Blättern«. Das ursprünglich einmal positiv besetzt gewesene Wort »bieder« besaß zu dieser Zeit bereits seine heutige, leicht herablassende Färbung. So wurde die Kennzeichnung einer ganzen Periode mit dem Wort »Biedermeier« zunächst bei denen populär, die sich, wie Kußmaul und Eichrodt, von einer Kultur distanzieren wollten, der sie mindestens mit sanfter Ironie gegenüberstanden. Bis zum Ende des 19. Jahrhunderts streifte der Begriff jedoch seine ironischen Konnotationen ab. Lebensstil und Wertvorstellungen des Biedermeier wurden zu Objekten der Nostalgie. Für diese Tendenz bietet das Werk Ludwig Richters die vielleicht anschaulichsten Beispiele. Seine Graphiken und Gemälde zeigen glücklich lächelnde Kinder beim Spiel in einer Welt voller Geborgenheit, in die die Kräfte des sozialen Wandels und des politischen Kampfes noch nicht eingebrochen sind. In ihrer Sehnsucht nach einer einfacheren, geordneteren Zeit entwickelten die Menschen das Bedürfnis, sich etwas von dem zu bewahren, was ihnen im Rückblick als eine heile häusliche Welt erschien.

Wie die Figuren in Friedrich von Amerlings Gruppenbild »Rudolf von Arthaber mit seinen Kindern«, richteten die Kulturschaffenden des Biedermeier den Blick nach innen, weg vom Staat und vom Markt. In ihrem Zentrum stand die häusliche Welt, deren Sicherheit und Geborgenheit in Gedichten wie dem nachfolgenden gefeiert wurde, das aus Leopold Schefers Zyklus »Hausreden« stammt:

> »Drum ist das Haus der heiligste der Orte!
> Der Liebe Altar und des Himmels Tempel
> Aufs schönste Feier aller seiner Wunder,
> Zum seligsten Genuß all seiner Zauber,
> Und sei das Haus die ärmste kleinste Hütte.«

Daß der Autor in der letzten Gedichtzeile ausgiebigen Gebrauch von der dichterischen Freiheit gemacht hat, liegt auf der Hand. In irgendwelchen kleinen Hütten war für eine typische Biedermeieridylle sicherlich kein Raum. Es bedurfte dafür schon der wohlgeordneten Achtbarkeit eines bürgerlichen Hauses. Ein solches Haus – nicht grandios, aber gediegen, nicht luxuriös, aber komfortabel – wurde zum Behausungsideal des späten 19. Jahrhunderts. Aus der Einrichtung der Privatgemächer der Familie Hohenzollern läßt sich schließen, daß selbst königliche Hoheiten einen Hang zu diesem bürgerlichen Ambiente hatten. Ihre Wohnungen waren eindeutig dazu bestimmt, Orte häuslicher Geselligkeit und nicht etwa großartiger monarchischer Rituale zu sein. Die von Schinkel erbaute Villa Charlottenhof war zwar luxuriös eingerichtet, ließ aber jeden Zug zum Grandiosen vermissen.

Das Wohnzimmer bildete den Mittelpunkt des Heims. Hier spielte sich der kollektive Teil des Familienlebens ab. Zu bedauern war derjenige, der das Pech hatte, alleine zu wohnen. Bei Sauter in einem seiner unnachahmlich mißglückten Verse liest sich das so: »Einsam schlafen, nichts daneben, / nichts vom gleichen Fleisch und Bein, / Traurig ist es, einsam sein.« Die in sich ruhenden Einzelpersonen auf den Bildern Georg Friedrich Kerstings haben mit den in kosmischer Einsamkeit verharrenden Gestalten, die Caspar David Friedrich in manche seiner Landschaften stellte, nichts gemein. Obwohl sie mitunter alleine zu sehen sind, erscheinen sie nicht einsam; sie befinden sich in einer geordneten, familiären Szenerie, in der sich jederzeit ein Ehepartner oder ein Kind zu ihnen gesellen könnte. Das Wohnzimmer war der Ort, wo das Familienleben stattfand. An den

Wänden demonstrierten Porträts den Stammbaum der Familie, wenn auch meist nur eine oder zwei Generationen zurück. Kinderspielzeug in der Ecke verwies auf die Zukunft der Familie. Abgesehen von bequemen Lehnstühlen und gepolsterten Sofas, bestanden die oft freigestellten Möbel aus Holz: ein Schreibsekretär für die private, nicht die geschäftliche Korrespondenz, eine Vitrine, in der wertvolle Sammelobjekte oder Erinnerungsstücke aufbewahrt und zur Schau gestellt wurden, ein Tisch, an dem sich ein größerer Kreis zum Plaudern, Kaffeetrinken oder Kartenspielen versammeln konnte. Blumen und Topfpflanzen zeugten von der Liebe zur Natur wie von der Fähigkeit, sie zu domestizieren. Das Biedermeier war im großen und ganzen eine nach innen gekehrte Welt, die die zeitgenössischen Künstler am liebsten als abendliche Szenerie wiedergaben, da sie so die künstlichen Lichtquellen nutzen konnten, um Menschen und Dinge in einen warmen Glanz zu tauchen. Es war eine Kultur der Zufriedenheit mit den kleinen Freuden des Lebens, die sich vielleicht am treffendsten mit dem Begriff der Gemütlichkeit charakterisieren läßt, die J. P. Stern einmal so definiert hat: »eine eigentümliche und einzigartige Mischung aus altehrwürdigen Gepflogenheiten, üppigen Mahlzeiten, alten oder zumindest altmodischen Möbeln, robusten Wollstoffen und ebenso robusten moralischen Grundsätzen«.

Die zentrale Rolle des Wohnzimmers dokumentiert, daß für die meisten Bürgerlichen die Familie unterdessen in erster Linie eine emotionale und reproduktive, nicht mehr so sehr eine wirtschaftliche und produktive Einheit war. Während im bäuerlichen Milieu und in den Häusern vieler Handwerker und Ladeninhaber die Familie nach wie vor mit Lehrlingen und Hauspersonal zusammenlebte und -arbeitete, war dies in wachsendem Maße für das Bürgertum und die Bildungselite – Beamte, Lehrer, Anwälte, Ärzte – nicht mehr die Norm, zumal immer mehr Männer außer Haus arbeiteten. Natürlich wurde auch weiterhin im Haushalt gearbeitet. Den Frauen fiel ein enormes Pensum an Aufgaben zu. In zeitgenössischen Darstellungen sieht man sie häufig Tee einschenken, nähen oder die Kinder unterweisen. Frauen stellten, selbst wo keine wirtschaftliche Notwendigkeit sie zwang, nach wie vor vieles von dem, was im Haushalt gebraucht wurde, selbst her: das Brot, die Obstkonserven, Kopfbedeckungen und Kinderkleider. Nahezu jede bürgerliche Familie war auf die Mitarbeit mindestens einer Haushaltshilfe angewiesen, die kochte, putzte und sich um die Kinder kümmerte. Doch anders als in der traditionellen Gesellschaft, wo Gesinde und Lehrlinge voll in den Hausstand integriert gewesen sind, wurden sie im 19. Jahrhundert zu gleichsam unsichtbaren »dienstbaren Geistern«; auf zeitgenössischen Familienporträts waren sie nicht mit abgebildet, in Erzählungen und Memoiren kamen sie allenfalls am Rande vor. Franz Grillparzer beschrieb in seinen Erinnerungen den himmelweiten gesellschaftlichen Abstand, der zwischen ihm und dem Hausmädchen seiner Eltern bestand, das selbst ein Kind hatte; die beiden erschienen ihm wie »Bewohner einer anderen Welt«.

Die Geselligkeit der Biedermeierfamilie beschränkte sich auf den Familienkern selbst und ein paar enge Verwandte oder Freunde, wobei letztere nahezu denselben Status hatten wie Brüder und Schwestern oder Onkel und Tanten. Diese Leute waren die rechtmäßigen Insassen des Wohnzimmers und die treuen Hüter der Wertvorstellungen. Erinnerungsbücher aus dem späten 19. Jahrhundert schwelgen in der Darstellung familiärer Idyllen: liebender Mütter, pflichtbewußter Väter, weiser Großeltern, freundlicher Onkel. Das war die heile Welt, die sich in Bildern wie Richters »Der Abend, das Beste« wiederfindet, die in Erzählungen beschworen und in den für das Biedermeier typischen Schnulzen wie »Schön ist die Jugend« oder »Freut euch des Lebens« gesungen wurde. Die heute übliche Art, Weihnachten zu feiern mit Christbaum, Weihnachtsmahl und Geschenken, ist eine Erfindung des Biedermeier, dem damit das Kunststück gelang, das Wunder der Menschwerdung Gottes in einen Kult des häuslichen Glücks umzumünzen. »Stille Nacht«, das berühmteste der in der ersten Hälfte des 19. Jahrhunderts entstandenen Weihnachtslieder, zaubert eine Aura der Friedfertigkeit und Ruhe herbei und vermittelt damit eine ähnliche Botschaft wie jene volkstümlichen Darstellungen der Geburt Christi, die selbst noch den Stall von Bethlehem als gemütliches Heim anschaulich machen. In der Theorie war die dominierende Figur eines Biedermeierhaushalts dessen ältestes männliches Mitglied. Als Ehemann und Vater besaß er nach wie vor bestimmte gesetzlich verankerte Rechte und Vollmachten gegenüber seinen Angehörigen sowie über das Eigentum der Familie. Da der Mann außerdem oft der einzige in der Familie war, der sich im öffentlichen Leben betätigte, fungierte er für sie als Bindeglied zur Welt der Politik und Wirtschaft. Waren Söhne da, so führte der Vater sie früher oder später in diese Welt ein, in der sie dann selbst ihren Platz suchten und schließlich einen eigenen Hausstand gründeten. Hegel brachte diese gesellschaftlich vorherrschende Sicht der Dinge in seiner »Philosophie des Rechts« auf die folgende, für ihn typische komplizierte und philosophisch reiche Formel: »Der Mann hat daher sein wirkliches substantielles Leben im Staate, der Wissenschaft und dergleichen, und sonst im Kampfe und der Arbeit mit der Außenwelt und mit sich selbst, so daß er nur aus seiner Entzweiung die selbständige Einigkeit mit sich erkämpft, deren ruhige Anschauung und die empfindende subjektive Sittlichkeit er in der Familie hat, in welcher die Frau ihre substantielle Bestimmung und in dieser Pietät ihre sittliche Gesinnung hat.«

Die Frauen beschränkten sich in der Praxis nicht immer auf die familiäre Sphäre. Ein paar außergewöhnliche Vertreterinnen ihres Geschlechts wagten sich als Schriftstellerinnen oder politische Wortführerinnen in die Öffentlichkeit, und viele mischten im Wirtschaftsleben mit, sei es Seite an Seite mit dem Ehemann oder Vater, sei es an dessen Stelle. Die schrumpfende Bedeutung des Haushalts als wirtschaftliche Produktionseinheit und die damit einhergehende zunehmende Privatisierung des Familienlebens schmälerten jedoch das Spektrum der Aktivitäten, zu denen Frauen zwanglos Zugang finden konnten. Von den künstlerischen und literarischen Hervorbringungen der Zeit diente ein großer Teil der Propagierung der häuslichen Tugenden der Frau. Im »Neuruppiner Bilderbogen«, den Gustav Kuhn in den zwanziger und dreißiger Jahren des 19. Jahrhunderts publizierte, erschienen Rubriken wie »Die sieben Bitten der Ehemänner an ihre Ehefrauen« und »Die sieben Bitten der Ehefrauen an ihre Männer«. In diesen illustrierten Moralpredigten wurden die Männer ermahnt, liebe- und verständnisvoll zu sein, die Frauen hingegen zu Fleiß und Gehorsam aufgefordert. »Laß deinem Manne immer das letzte Wort, und sey desto freundlicher, je später er nach Hause kommt«, lautete eine der Empfehlungen an die Adresse der Frauen. In einem »Nürnberger Bilderbogen« aus den dreißiger Jahren finden sich ähnliche, eine moralische Botschaft transportierende illustrierte Verse; so heißt es in der Unterschrift zu einem Bild, das zwei fleißig arbeitende junge Frauen zeigt: »Gar lieblich ist es anzuschaun, / Wenn waschen, bögeln die Jungfrauen; / Die schönste Zierde, daß ihrs wißt, / Ist, wenn das Mädchen reinlich ist.« Eine Frau oder Tochter aus wohlhabendem Haus brauchte nicht selbst zu waschen und zu bügeln, hatte aber ihre Strick- und Häkelnadeln stets in Reichweite. Sich allzeit fleißig zu betätigen, auch wenn damit kein erkennbarer wirtschaftlicher Nutzen verbunden war, galt als eine wichtige soziale Tugend, wertvoll um ihrer selbst willen, außerdem insofern zweckmäßig, als junge Frauen dann nicht auf dumme Gedanken kamen. In einem Haushalt, wo die gesamte Alltagsarbeit von Dienstboten verrichtet wurde, bestand die Gefahr, daß die jungen Leute zu viel Zeit für Müßiggang hatten, der zu Extravaganz, Disziplinlosigkeit und, schlimmer noch, zu Abenteuerlust und Lasterhaftigkeit führen konnte. Wie Hegel und viele Zeitgenossen betonten, war für eine Frau die sexuelle Ehre überaus wichtig. Eheliche Untreue wog bei ihr viel schwerer als beim Mann, denn wenn eine Frau außereheliche Sexualbeziehungen aufnahm, verstieß sie gegen die Regeln der einzigen Sphäre, in der sie eine moralische und gesellschaftliche Entfaltungsperspektive hatte.

Die Kultur des Biedermeier hatte zu den erotischen Aspekten des Lebens ein eher verklemmtes Verhältnis. Manche sahen in der Sexualität eine nicht domestizierbare Kraft. Franz Grillparzer verschob seinen Heiratstermin beständig, in der Befürchtung, seine Liebe zu Katharina Fröhlich werde durch die körperliche Intimität im Eheleben erstickt. Katharina gelangte nach fast fünfzigjähriger Verlobungsdauer zu der vernünftigen Einsicht, daß eine Heirat nun nicht mehr den Aufwand lohnte. Es waren offenbar nicht wenige davon überzeugt, daß auch in der Ehe die sexuellen Triebe bezähmt werden müßten. »Die Todtengräber des häuslichen Glücks«, tönte Friedrich Jahn, seien »Unmäßigkeit, Verlassen der Natur, Schamvergessenheit, Mangel an Herzensreinheit, Verlust der Keuschheit durch unmenschliche Neugier und thierische Geschmacklosigkeit.« Für Männer, die ihre Triebe nicht zu bremsen vermochten, gab es Bordelle für jeden Geschmack und Geldbeutel, dazu eine Schar junger Frauen in aussichtsloser Lage, die für kurzfristige Liebschaften oder langfristige Ausbeutungsverhältnisse zu haben waren. Doch die dunkle Seite des männlichen Sexualverhaltens hatte im idyllischen Bild vom bürgerlichen Heim ebensowenig Platz wie die politische und wirtschaftliche Realität. »Blamier mich nicht, mein schönes Kind«, schrieb Heinrich Heine an eine verstoßene Geliebte, »und grüß' mich nicht unter den Linden.«

Die Sexualität als einen Lebensbestandteil bestritten freilich die wenigsten Deutschen. Der Philosoph Arthur Schopenhauer nahm mit dem hohen Stellenwert, den er den sexuellen Triebkräften einräumte, Sigmund Freud vorweg, und der Dichter Nikolaus Lenau nannte Don Juan den »Beherrscher der Welt«. Die offizielle Morallehre mahnte jedoch zum Mißtrauen gegenüber allem Erotischen. Einschlägige Literatur wurde prompt aus dem Verkehr gezogen, wie der junge Karl Gutzkow 1835 feststellen mußte, als er die Briefe Schleiermachers über Schlegels »Lucinde« wiederveröffentlichte und seinen eigenen Roman »Wally, die Zweiflerin« herausbrachte. Die leidenschaftlichen Triebkräfte und Impulse, die die Dichter der Romantik faszinierend gefunden hatten, wurden von der Kultur des Biedermeier tabuisiert. Diejenigen, die die Maßstäbe für die Häuslichkeit der Biedermeierwelt setzten, wollten die wilde Sexualität in zahme eheliche Liebe kanalisieren, gegen die Vereinzelung des Individuums den geselligen Verband der Familie setzen und die Kräfte der Natur in eine gestaltete Landschaft aus Gärten und Topfpflanzen überführen. Die sichtbarste Leistung des Biedermeier bestand darin, daß es die angst- und qualvollen Momente des Romantischen verdrängte, so daß von ihnen lediglich ein vages Gefühl der Bedrohtheit und der aufregende Kitzel des Verbotenen übrigblieben. Eines der in dieser Hinsicht typischsten Werke des Biedermeier ist Carl Maria von Webers Oper »Der Freischütz«, die nach der Premiere in Schinkels neuem Schauspielhaus im Jahr 1821 eine außerordentlich hohe Popularität erreichte. Wie die Weberschen Protagonisten bemühten sich die Schöpfer der Biedermeierkultur, die Mächte der Finsternis zu bändigen oder zumindest Refugien einzurichten, zu denen jene Mächte keinen Zutritt hatten.

Es hat immer Kritiker gegeben, die die Kultur des Biedermeier eher erstickend als erbaulich, mehr repressiv als anregend, eher heuchlerisch als aufrichtig fanden. Immerhin gehören zu den Darstellungen des deutschen Familienlebens in der Mitte des 19. Jahrhunderts auch die witzigen Karikaturen Wilhelm Buschs, die auf ihre Weise ebenso überzeichnet sind wie die sentimentalen Pastellidyllen Ludwig Richters. Von großer Aussagekraft ist in diesem Zusammenhang nicht zuletzt der immense Erfolg, den Heinrich Hoffmann mit seinem erstmals 1845 publizierten Kinderbuch »Der Struwwelpeter« hatte. Hoffmann predigte darin genau dieselben häuslichen Tugenden, die in Publikationen wie dem »Nürnberger Bilderbogen« gepriesen wurden, doch er unterstrich seine Lektionen mit Strafandrohungen, die er mit geradezu genüßlicher Grausamkeit an abschreckenden Beispielen illustrierte: Kinder, die ihre Suppe nicht essen, verhungern, Daumen-lutscher werden verstümmelt, Ungehorsam produziert häusliche Katastrophen. So witzig der »Struwwelpeter« womöglich gemeint war, man kann sich der Ein-schätzung Peter Gays nicht verschließen, daß er eine dunkle Seite des Familienle-bens und der Kultur seiner Zeit zum Vorschein brachte. Ebenso wie die großen baulichen Monumente der öffentlichen Kultur es letzten Endes nicht vermochten, Loyalität zu erzwingen und politische Unzufriedenheit im Keim zu ersticken, konnte das Biedermeier mit seinem Kult der häuslichen Tugenden weder private Konflikte eindämmen noch persönliche Frustrationen aus der Welt schaffen.

Der Triumph der Geschichte

Die Beschäftigung mit der Geschichte gehörte das ganze 19. Jahrhundert hin-durch zu den öffentlichen wie privaten Hauptanliegen der Deutschen. In der Wahl von Baustilen und Malsujets, in der Errichtung von Museen und der flä-chendeckenden Gründung antiquarischer Gesellschaften, in der zunehmenden Popularität von Geschichtsbüchern und der gesellschaftlichen Aufwertung des Historikerberufs, in alledem zeigte sich, wie wichtig in fast allen Kultursparten die Aufarbeitung der Geschichte genommen wurde. Die wissenschaftliche Ge-schichtsschreibung revolutionierte die Theologie, beherrschte das philosophische Denken und wurde zur Grundlage für die literarische Exegese. Selbst Naturwis-senschaftler griffen auf der Suche nach Lösungen für die Rätsel der biologischen oder geologischen Evolution zu geschichtswissenschaftlichen Methoden. Nie zu-vor hatten sich Gebildete mit solcher Leidenschaft auf das Studium der Vergan-genheit geworfen, nie so viel Zeit und Mühe in die Sichtung und Analyse histo-rischer Texte und Materialien investiert. Jakob Burckhardt konnte 1851 in Basel seinen Studenten versichern, die geschichtswissenschaftliche Art der Weltbe-trachtung sei die Quintessenz »unserer gesamten kulturellen Bildung«. Daß die Hinwendung zur Geschichte sich gleichzeitig mit einer umfassenden Demontage traditioneller Wertvorstellungen und Institutionen vollzog, war, wie Franz Schnabel einmal bemerkt hat, ein für das Verständnis der Kultur und Gesellschaft des 19. Jahrhunderts zentral wichtiges Paradoxon. Vielleicht war die Geschichts-wissenschaft in Deutschland deswegen von besonderer Bedeutung, weil hier die Spannung zwischen bewahrenden und zerstörerischen Kräften besonders kraß war.

Das Geschichtsbewußtsein des 19. Jahrhunderts hatte seine Wurzeln in der Aufklärung. Viele deutsche Intellektuelle des 18. Jahrhunderts hatten sich inten-siv mit der Vergangenheit befaßt. Winckelmann hatte sich in den sechziger Jahren um die Reanimierung der Welt der klassischen Antike bemüht, in der Hoffnung, darin auch für seine Zeit gültige Maßstäbe für das Wahre und Schöne zu finden. Von einer ganz anderen Warte aus hatte Justus Möser die Geschichte seiner Heimatstadt Osnabrück rekonstruiert, in dem Bestreben, dem zersetzenden Einfluß des Zeitenwandels entgegenzuwirken. Herder, dem an historischer Detailforschung nicht viel gelegen war, hatte nichtsdestoweniger eine durchschlagende philosophische Rechtfertigung für die Bedeutung der Geschichtswissenschaft als eines Schlüssels zum Verständnis menschlichen Denkens und Handelns geliefert. Lessing, der personifizierte Inbegriff der deutschen Aufklärung, hatte die letzten produktiven Jahre seines Lebens damit verbracht, »Die Erzeugung des Menschengeschlechts« zu schreiben, eine Gesamtschau der Geschichte, anhand derer er die zunehmende Einkehr der Vernunft in das Handeln der Menschheit zu demonstrieren suchte. Schiller hatte 1788, nachdem er sich bereits einen Namen als Dramatiker und Lyriker gemacht hatte, eine »Geschichte des Abfalls der vereinigten Niederlande« veröffentlicht, die ihm seine Berufung als Professor nach Jena eintrug. »Es ist keiner unter Ihnen allen, dem Geschichte nicht etwas Wichtiges zu sagen hätte; alle noch so verschiedenen Bahnen Ihrer künftigen Bestimmung verknüpfen sich irgendwo mit derselben; aber eine Bestimmung teilen Sie alle auf gleiche Weise miteinander, diejenige, welche Sie auf die Welt mitbrachten – sich als Menschen auszubilden – und zu dem Menschen eben redet die Geschichte.«

Was die Deutschen nach 1789 erlebten, verlieh ihrem Geschichtsbewußtsein neue Tiefe und Dringlichkeit. Für romantische Dichter wie idealistische Philosophen, konservative Theoretiker wie patriotische Publizisten war die Vergangenheit eine bedeutungsvolle Quelle von Inspiration und universeller Wahrheit, politischer Orientierungshilfe und gegenrevolutionärer Propagandaargumente, nationaler Identitätsfindung und sozialen Zusammenhalts. Arnim und Brentano, Hegel und Schelling, Gentz und Müller, Görres und Arndt wandten sich dem Studium geschichtlicher Entwicklungen zu, um Probleme der Gegenwart besser verstehen und bewältigen zu können. Was Lord Acton über die Romantiker geschrieben hat, gilt im großen und ganzen für alle diese Männer, die »gegenwärtige Not mit den reichhaltigen Schätzen anderer Zeitalter linderten und dabei den Willen und das Bewußtsein der Lebenden dem Willen und Bewußtsein der Toten unterwarfen«.

So wichtig wie die geistigen Impulse, die das Geschichtsbewußtsein durch die Erfahrung der Revolution erhielt, waren die in der Ära der politischen Reform und Umgestaltung geschaffenen Institutionen. Auch hier sollte man die Kontinuität zwischen dem 18. und dem 19. Jahrhundert nicht übersehen. August Ludwig von Schlözer hatte seine Stellung als Professor in Göttingen schon lange vor der Wende zum 19. Jahrhundert zur Förderung historischer, auf gewissenhaft kritischen Methoden basierender Forschungen genutzt, und auch andere Gelehrte

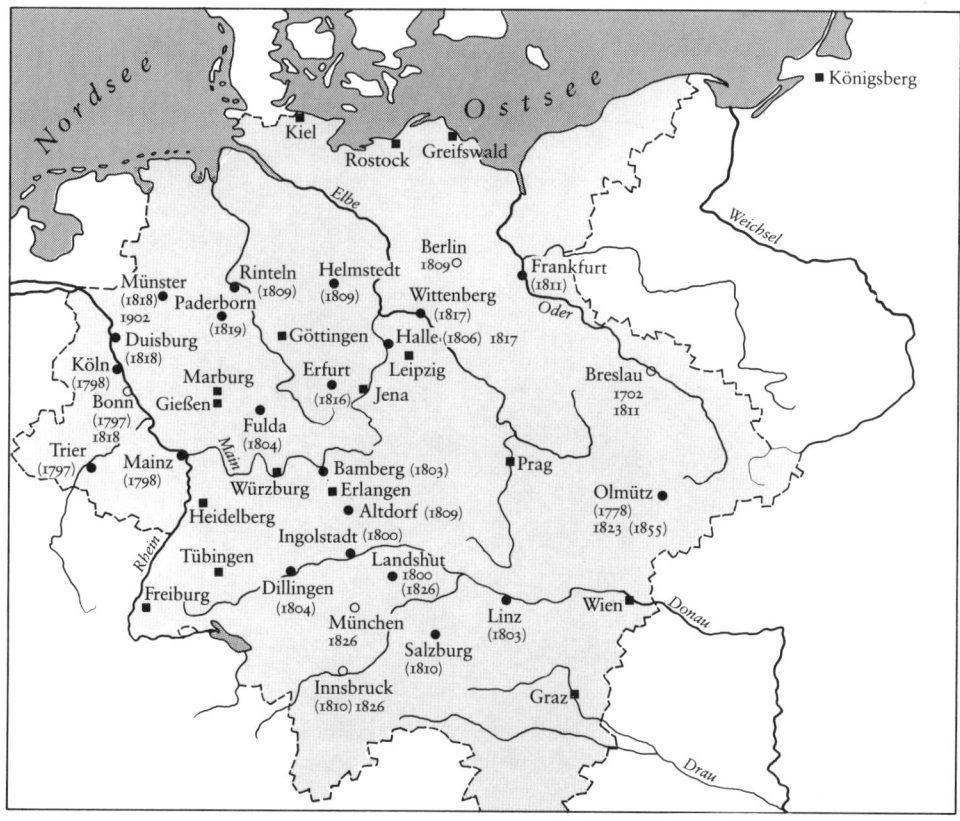

● um 1800 aufgehobene Universitäten

○ nach 1800 um- oder neugegründete Universitäten

■ ältere Universitäten, die bis in die Gegenwart fortbestehen

Die Jahreszahlen bedeuten das Jahr der Gründung, in Klammern gesetzte Daten das Jahr der Schließung.

hatten an Akademien oder im Auftrag akademischer Gesellschaften Materialien zusammengetragen, Quellen ausgewertet und fundierte Rekonstruktionen historischer Vorgänge veröffentlicht. Gleichwohl galt, daß der Neubeginn im Bereich der höheren Bildung, zu dem die Gründung der Berliner Universität das Signal gab, eine erhebliche Stärkung der institutionellen Grundlagen für die wissenschaftliche Forschung bedeutete. Die deutschen Universitäten entwickelten sich in den darauffolgenden Jahrzehnten zu Zentren der Forschung. Die Arbeit in ihren Seminaren und Laboratorien, den beiden charakteristischen akademischen Errungenschaften dieser Epoche, fußte auf der Überzeugung, daß Lehre und Forschung zusammengehörten. Hier wie dort sollte der Professor seine Studenten zur eigenständigen Arbeit an Projekten anleiten, die von den Beiträgen aller anderen profitieren würden. Was zuweilen der »Imperativ der Forschung« genannt wurde, nahm seinen Ausgang an den Universitäten und drang von dort aus in die verschiedensten akademischen Gemeinschaften ein, in denen Menschen wissenschaftlich arbeiteten, deren gemeinsamer Nenner eine bestimmte Disziplin oder Forschungsmethode war. Diese Gemeinschaften organisierten sich gewöhnlich zu Fachvereinigungen und kommunizierten über Fachzeitschriften. Die Geschichte gehörte, zusammen mit der Philologie, zu den ersten Disziplinen, die solche Strukturen entwickelten. Sich aus ihrer bisherigen Rolle als Hilfswissenschaft für Fächer wie Theologie und Jurisprudenz lösend, etablierte sich die Geschichtswissenschaft als eigenständige Disziplin mit einer spezifischen didaktischen Konzeption, eigenen Leitfiguren, Standardlehrbüchern und Zeitschriften.

Zu den Männern, in denen sich der Aufstieg der Geschichtswissenschaft im 19. Jahrhundert exemplarisch verkörperte, zählte Barthold Georg Niebuhr, dessen Vorlesungsreihen über römische Geschichte in den Wintersemestern 1810 und 1811 an der Berliner Universität sich großer Popularität erfreuten. Niebuhr gehörte, wie die Romantiker, der Generation an, die unter dem Eindruck der Revolution groß geworden war, ein Ereignis, seiner Überzeugung nach »der Mittelpunkt in der Zeit der letzten vierzig Jahre; sie gibt dem Ganzen die epische Einheit«. Niebuhr betonte, die Triebkraft und Inspiration für das Studium der Vergangenheit müßten notwendigerweise aus der Gegenwart kommen: »Eine wahre Geschichtsschreibung, Historie, findet aber nur für Das statt, was wir selbst erlebt haben; für die Vergangenheit kann man höchstens dahin gelangen, daß, wenn wir eine Gegenwart mit einer gewissen Anschaulichkeit erlebt haben, wir diese Anschauungen auf frühere Zeiten übertragen.« Im Rückblick auf die Zeitumstände, unter denen er 1810/11 seine Vorlesungen über römische Geschichte gehalten hatte, schrieb Niebuhr in einem Brief an seinen Freund Lieber, die böse Zeit von Preußens Erniedrigung hätte an der Entstehung seiner »Römischen Geschichte« einen wesentlichen Anteil. Man habe kaum etwas anderes tun können, als inbrünstig auf bessere Zeiten zu hoffen und sich auf sie vorzubereiten. Er sei zu einem großen Volke der Antike zurückgekehrt, um sich und seine Hörer zu stärken. Bei aller Sympathie, die Niebuhr für das einfache Volk, einst und gegenwärtig, hegte, verabscheute er doch soziale Unruhen und politische Erschütterungen. Wie viele Deutsche, erschrak er zutiefst über die neue Flut von Revolutionen, die Europa 1830 überrollte und den Kontinent, so fürchtete er, erneut in ein Chaos stürzen würde, wie er es als junger Mann erlebt hatte.

Obwohl Niebuhr sich der unauflöslichen Zusammenhänge zwischen Gegenwart und Vergangenheit bewußt war, galt sein ganzes Bestreben der Suche nach der geschichtlichen Wahrheit. Er schrieb einmal, der Historiker müsse, wenn er die Feder niederlege, in der Lage sein, vor Gott und sich selbst sagen zu können, daß er nicht wissentlich etwas Unwahres geschrieben habe. Er wußte, daß diese Maxime eine äußerst sorgfältige Prüfung aller Quellen voraussetzte und daß der

Historiker sich dazu der kritischen Instrumentarien bedienen mußte, die von der klassischen Philologie und Literaturkritik entwickelt worden waren. Er schärfte seinen Studenten ein, »die alte Geschichte hauptsächlich als einen Bestandteil der Philologie, als eine philologische Disziplin, als ein Mittel der Interpretation und der philologischen Kenntnisse« zu betrachten. Allein durch gründliches Studium der Sprachgeschichte und des Sprachgebrauches könne der Historiker einer zeitgemäßen Deutung seines Quellenmaterials nahekommen und so die Kluft zwischen ihm und seinem Gegenstand überbrücken. Das sei jedoch nur der erste Schritt. Nach Abwägung und Deutung aller aus den Quellen geschöpften Erkenntnisse müsse er sich auf die Suche nach den großen Zusammenhängen begeben und versuchen, aus den einzelnen überlieferten Bruchstücken ein vollständiges Bild zu rekonstruieren. Sowohl mit seiner Gewissenhaftigkeit in der Analyse jedes noch so kleinen historischen Anhaltspunktes als auch mit seinem Bemühen um das Herausarbeiten der großen geschichtlichen Bewegungen wurde Niebuhr zum Vorbild mehrerer Generationen deutscher Historiker.

Niebuhr war ein beliebter Autor und einflußreicher Hochschullehrer, doch er war nicht das, was man sich unter einem gelernten Historiker vorstellt. Er hatte eine unsystematische und eklektische Ausbildung genossen; das meiste von dem, das er über die Geschichte wußte, hatte er sich in der gut bestückten Privatbibliothek seines Vaters angeeignet. Seine erste größere Arbeit, eine Untersuchung zur römischen Agrarpolitik, schrieb er neben seiner Arbeit als Beamter in dänischen Diensten. 1806 wechselte er in die preußische Staatsverwaltung über, wo er bis 1810 im Umkreis Steins und der anderen Reformer tätig war. Dann ernannten ihn die Hohenzollern zu ihrem amtlichen Geschichtsschreiber. Von 1816 bis 1823 wirkte er als preußischer Gesandter beim Heiligen Stuhl, und schließlich erhielt er eine Professur an der Bonner Universität, wo er lehrte und an einer Reihe bedeutsamer Forschungsprojekte mitwirkte. Niebuhr war somit eine Persönlichkeit des Übergangs, mit der Geschichtsschreibung als wissenschaftlicher Disziplin zwar verbunden, aber keiner ihrer klassischen Vertreter.

Dem neuen Ideal des akademischen Forschers und Lehrers näher kam August Boeckh. Er lehrte nach seinem Studium in Halle kurze Zeit in Heidelberg, wo er die Bekanntschaft Brentanos und anderer Romantiker machte, und wechselte 1811 nach Berlin. Bis zu seiner Pensionierung mehr als fünf Jahrzehnte später schrieb und lehrte Boeckh über zahlreiche Aspekte der griechischen Geschichte und Literatur. Seine Untersuchung zur politischen Ökonomie Athens, »Die Staatshaushaltung der Athener«, war eine bahnbrechende Analyse der gesellschaftlichen und wirtschaftlichen Verhältnisse im alten Athen und blieb mehrere Jahrzehnte lang das Standardwerk zum Thema. Seine Wirkung als Lehrer beruhte jedoch in allererster Linie auf einer Vorlesungsreihe, die er sechsundzwanzig Mal hielt und die nach seinem Tod unter dem Titel »Encyclopedie und Methodologie der philologischen Wissenschaften« veröffentlicht wurde. Wie diese

Wortwahl nahelegt, teilte Boeckh die Auffassung Niebuhrs, daß philologische Methoden zum grundlegenden Handwerkszeug des Historikers gehören. Die Philologie half dem Historiker, das Wissen einer früheren Epoche zu erfassen; ihr Anliegen war nicht die Entdeckung, sondern etwas, das Boeckh »Anagignoskei« nannte, einen Prozeß des Wiedererkennens und Deutens. Wenn ein Historiker philologisch lese, versuche er, den Text durch eine möglichst getreue Rekonstruktion der Situation, in der er ursprünglich geschrieben wurde, verständlich zu machen. Ziel eines solchen Vorgehens sei es, ein vollständiges Bild der Vergangenheit zu gewinnen, ein lückenloses Wissen über die gesamte Entwicklung eines Volkes und »aller Aspekte seiner Kultur«.

Während Niebuhr und Boeckh der Erforschung der antiken Welt neues Leben einhauchten, machten sich ihre Zeitgenossen Karl Friedrich Eichhorn und Friedrich Karl von Savigny um die Grundlegung der Geschichte des Rechtswesens verdient. Wie die klassischen Historiker, konnten sich auch Eichhorn und Savigny auf die Leistungen mehrerer Generationen von Juristen und Philologen stützen, deren Vorarbeiten sie mit neuem Elan und mit einem geschärften politischen Sinn fortführten. Stark beeinflußt von den Ideen und den »kultischen« Bestrebungen der Romantiker, teilten beide Männer die politischen Hoffnungen und nationalen Ideale, die in der Zeit der napoleonischen Kriege aufgekommen waren. Ebenso wie die politischen Bewegungen der Gegenwart als Leitmotive in die Arbeit eines Historikers wie Niebuhr eingegangen waren, wurden sie auch für Eichhorn und Savigny zu Leitgedanken ihrer Suche nach einer Rechtsgeschichte mit Nutzwert.

Eichhorn, 1781 geboren, wuchs in Göttingen auf, wo sein Vater als Autorität für alttestamentarische Studien wirkt. Zwei bekannte Göttinger Gelehrte, Gustav Hugo und Johann Pütter, die Pionierarbeit bei der Anwendung kritischer Methoden in der Rechtswissenschaft geleistet hatten, lenkten das Interesse des Studenten Eichhorn auf die Rechtsgeschichte. Im Alter von nur siebenundzwanzig Jahren veröffentlichte er 1808 den ersten Band seiner »Deutschen Staats- und Rechtsgeschichte«, einer der einflußreichsten Abhandlungen zur deutschen Rechtskunde, die jemals geschrieben worden sind. Unter dem Eindruck der ringsum zu beobachtenden Verwerfungen infolge von Krieg und Eroberung und überwältigt vom Tempo und Ausmaß des Wandels, gelangte Eichhorn zu der Ansicht, es sei »wichtiger als je, den Blick auf die Vergangenheit zu richten, und sich mit dem Geist unserer ehemaligen Verhältnisse vertraut zu machen«. Wie Fichte und viele Patrioten wollte er den Deutschen helfen, in der ungebrochenen Kette rechtlicher und sprachlicher Überlieferung, die sie mit ihren Vorfahren sowie untereinander verband, ihre gemeinsame Vergangenheit zu erkennen. Die Methoden Eichhorns mochten streng empirisch sein, sein Respekt vor dem Material der Geschichte groß und seine Arbeitsweise kritisch, doch sein eigentliches Ziel bestand darin, die wahre Natur des Volkes zu ergründen, das, was Mack Walker einmal metaphorisch mit dem innersten Kern einer Zwiebel verglichen hat, deren äußere Schalen »die durch die Zeitläufte bedingten Zufälle und Abspaltungen waren«.

In den Dienst der Suche nach einem einheitlichen Kern unter der Schale historisch entstandener Vielgestaltigkeit stellte auch Savigny sein berufliches Leben. 1779 als Sprößling einer wohlsituierten Juristen- und Beamtenfamilie geboren, verbrachte er einen Teil seiner Jugend in Wetzlar, wo er vor dem Hintergrund des verblassenden Glanzes des alten Regimes erste Erfahrungen mit Recht und Gesetz sammelte. Er gehörte zu den im Zeitalter unbegrenzter geistiger Entwicklungschancen gar nicht so seltenen Wunderkindern, denen in jungen Jahren große Würfe gelangen, in seinem Fall ein Werk über das Eigentumsrecht, das er als Einundzwanzigjähriger veröffentlichte. 1810 war Savigny unter den ersten, die Humboldt in sein Berliner Team von Koryphäen berief. In der Folge brachte Savigny nicht nur eine Reihe wichtiger wissenschaftlicher Werke heraus, sondern reüssierte auch als Hochschullehrer, aktiver Mitstreiter in der Politik und unermüdlicher akademischer Polemiker. Als Schwager von Clemens, Bettina und Christian Brentano, Freund Achim von Arnims und Förderer der Gebrüder Grimm bewegte sich Savigny bis zur Jahrhundertmitte dicht an den Brennpunkten des deutschen Kulturlebens. Als Gelehrter war er nicht begabter oder origineller als Eichhorn, doch aufgrund seiner persönlichen Beziehungen, seiner Rednergabe und seiner körperlichen Vitalität avancierte er zum führenden Vertreter der historischen Rechtsschule.

Am klarsten formulierte Savigny sein programmatisches Motto 1814 in einer Entgegnung auf den von Anton J. Thibaut vorgelegten Plan, ein neues Gesetzbuch für die deutschen Staaten zu erarbeiten. In einem Aufsatz mit dem Titel »Vom Beruf unserer Zeit für Gesetzgebung und Rechtswissenschaft« attackierte Savigny die These Thibauts, die reiche Vielfalt deutscher Gesetze und Institutionen lasse sich per Regierungserlaß vereinheitlichen. Wie aussichtslos ein solches Unterfangen sei, habe der Versuch der Franzosen gezeigt, den »Code Napoléon« zu oktroyieren, der noch immer »wie ein Krebs« die deutschen Staatseinrichtungen zerfresse. Reformer täten gut daran, erklärte Savigny, die politische Vielfalt in der deutschen Gegenwart zu akzeptieren und sich in der deutschen Vergangenheit nach Elementen umzusehen, die als Grundlage künftiger Gemeinsamkeit dienen könnten. Die »Zeitschrift für geschichtliche Rechtswissenschaft«, die Savigny und Eichhorn 1815 gründeten, verfolgte vorrangig dieses Ziel. Es werde dort, schrieb Savigny, »in dem Mannichfaltigen, welches die Geschichte darbietet, die höhere Einheit aufgesucht, das Lebensprincip, woraus diese einzelnen Erscheinungen zu erklären sind«. Das könne nur mit einem retrospektiven Ansatz erreicht werden, durch eine Reise in die Vergangenheit, um »das Gegebene aufwärts durch alle seine Verwandlungen hindurch bis zu seiner Entstehung aus des Volkes Natur, Schicksal und Bedürfniß zu verfolgen«. Die Methode Savignys war empirisch, aber sein Programm wurzelte in der Erkenntnis, daß im tiefsten

Innern der Geschichte eines Volkes ein spezifischer Wesenskern zu finden sei, »eine nicht bloß zufällige, sondern wesentliche und nothwendige, durch seine ganze Vorzeit begründete Individualität«.

Unter den aufmerksamsten Zuhörern Savignys war Jacob Grimm, der zunächst in Marburg seine Vorlesungen besuchte. Grimm studierte dort mit Widerwillen Jura und nebenbei mit Begeisterung Literatur. Nach seinem Abgang von der Universität fand er 1808 eine Anstellung als Bibliothekar des westfälischen Königs Jérôme, der ihn gut bezahlte und ihm so viel freie Zeit zugestand, daß er beginnen konnte, seine berühmte Sammlung von Volksmärchen zusammenzutragen, deren erster Band 1812 erschien. Im Verlauf des folgenden halben Jahrhunderts schuf Jacob Grimm, zeitweise allein, zeitweise in Zusammenarbeit mit seinem Bruder Wilhelm, ein enormes Volumen an Arbeiten über Volkssagen, Mythologie, Recht und Sprache. Gleichzeitig engagierte er sich im öffentlichen Leben, machte als Mitglied der hessischen Delegation den Wiener Kongreß mit, gehörte 1837 zu den berühmten »Göttinger Sieben« und war Mitglied des Frankfurter Paulskirchen-Parlaments. Wissenschaft und Politik waren für ihn zwei Aspekte ein und desselben Anliegens: Volksmärchen zu sammeln, die Herkunft von Volksbräuchen zu erforschen und ein historisches Wörterbuch zusammenzustellen, betrachtete er als ebenso wertvolle Beiträge zur Entwicklung einer nationalen Identität wie politische Agitation und parlamentarische Debatten. Wie Eichhorn und Savigny hielt er es für die Hauptaufgabe der historischen Forschung, die verborgene Einheit unter der Oberfläche der gegenwärtigen Vielgestaltigkeit zu entdecken. An die deutsche Sprache ging Grimm daher mit demselben Ansatz heran wie die Rechtshistoriker an die deutsche Gesetzeswirklichkeit. Aus sorgfältig zusammengetragenen Hinweisen auf Bedeutungsvarianten im gegenwärtigen Sprachgebrauch versuchte er die Ursprünge zu erschließen und daraus den »Volksgeist« zu destillieren, jenes unergründliche Etwas, aus dem sich die gesprochene und geschriebene Sprache ebenso ableitet wie die Institutionen des Rechts.

Die Geisteswissenschaften stehen in der Schuld jener deutschen Gelehrten des 19. Jahrhunderts, die den Grundstein für das legten, was man heute über die Institutionen der Griechen und Römer, die Entwicklung des europäischen Rechtswesens und die Entfaltung der Sprachen weiß. Die historische Methode der Geschichtsbetrachtung, wie Burckhardt sie genannt hat, strahlte aber auch auf viele andere Fächer aus. So setzte in der Geographie Carl Ritter mit seiner meisterlichen »Erdkunde im Verhältnis zur Natur und Geschichte des Menschen« (1816) neue Maßstäbe. Franz Kugler nahm sich mit seinem erstmals 1842 erschienenen und danach oftmals neu aufgelegten, äußerst einflußreichen »Handbuch der Kunstgeschichte« nichts Geringeres vor, als eine Grundlage für das historische Verständnis der Kunst aller Völker der Welt zu schaffen. 1843 veröffentlichte Wilhelm Roscher, damals Professor in Göttingen, seinen »Grundriß zu Vorlesungen über die Staatswirtschaft nach geschichtlicher Methode«, in der Hoffnung, damit für die Volkswirtschaftslehre dasselbe zu vollbringen, was Eichhorn und Savigny für die Rechtswissenschaft vollbracht hatten. Gleichzeitig begannen in Tübingen und anderswo Theologen die »Heilige Schrift« nach den Methoden einer quellenkritischen historischen Forschung zu durchleuchten. Und auch die Philosophen gingen, oft unter dem Einfluß der Hegelschen Vision von der Entwicklung des Geistes, dazu über, ihre Anliegen in historische Begriffe zu kleiden. Dazu hat Lord Acton formuliert: »Die Geschichte marschierte weiterhin in andere Provinzen des Wissens ein, Systeme in Prozesse auflösend und der Philosophie den Rang ablaufend – für die Lebenszeit einer Generation.«

Den Schlußstein im Bogen der Historisierung des deutschen Denkens bildete die politische Analyse. Gewiß war das Interesse der Historiker an der Politik oder an den Staatsmännern der Vergangenheit nicht neu; beides ist so alt wie die Geschichtsschreibung selbst. Im 18. Jahrhundert hatten Historiker wie Justus Möser an der Begründung einer Disziplin namens »Vaterlandsgeschichte« mitgewirkt, und diverse Monarchen, darunter Friedrich der Große, hatten amtliche Darstellungen ihrer Regierungszeit in Auftrag gegeben. Aus einer anderen Richtung kommend, hatte Herder versucht, den Manifestationen des Volkes in Recht, Sprache und Brauchtum nachzuspüren. Derartige historische Projekte wurden auch nach 1800 weiterverfolgt, doch sie standen spätestens seit den dreißiger Jahren im Schatten von Werken, die der Geschichte von Staaten gewidmet waren. Was Staaten den Historikern zu bieten hatten, waren faszinierende Themen, unerschöpfliches Quellenmaterial und vor allem ein mächtiger institutioneller Rückhalt. Es war ein großartigeres und zwingenderes Unterfangen, die Geschichte eines Staates zu schreiben als die einer Stadt oder eines einzelnen Monarchen. Außerdem war die Vergangenheit eines Staates faßbarer und empirisch zugänglicher als die Suche nach dem verborgenen Kern des Volksgeistes. Unter den vielen Historikern, die einen Beitrag dazu leisteten, den Staat in den Brennpunkt des historiographischen Interesses zu rücken, war keiner von größerer Bedeutung als Leopold von Ranke, der mit seinen Werken ein neues Kapitel in der Entwicklung der deutschen Geschichtswissenschaft aufschlug.

Die in der fruchtbaren thüringischen Senke ansässigen Rankes hatten seit Generationen Geistliche und Juristen hervorgebracht. Der 1795 geborene Leopold war eine Generation jünger als die Romantiker und wurde in die großen Geschehnisse der Revolutionsepoche nicht mehr hineingezogen. Während über Deutschland Kriege hinwegrollten, lernte Ranke hinter den schützenden Mauern der Fürstenschule in Schulpforta die alten Sprachen. Als 1815 seine Heimat aus dem Besitz Sachsens in den Preußens überging, studierte er in Leipzig Theologie und Philologie. Nach Abschluß seines Studiums trat er eine Lehrerstelle an einem Gymnasium in Frankfurt an der Oder an. Dort begann er mit der Arbeit an seinem Werk »Geschichte der romanischen und germanischen Völker von 1494 bis 1514«, das 1824 erschien und so viel Beachtung fand, daß Ranke einen Ruf an die Berliner Universität erhielt. In der preußischen Hauptstadt blühte der junge Mann auf: Regelmäßig in den besten Salons verkehrend, mit den Reichen und Mächtigen auf vertrautem Fuß stehend, erfreute er sich bald der Förderung durch Friedrich Wilhelm IV. von Preußen und Maximilian I. Joseph von Bayern, dem er eine Reihe privater Vorlesungen gab. Bis zur Jahrhundertmitte avancierte Ranke zu einem der berühmtesten Historiker Europas. Trotz aller öffentlichen Verpflichtungen und privaten Probleme, einer strapaziösen Lehrtätigkeit und eines zunehmenden altersbedingten Kräfteabbaus hörte er nie auf, an neuen Projekten zu arbeiten. Er suchte sich Themen aus unterschiedlichen Zeitaltern, wandte sein Augenmerk nacheinander mehreren Nationen zu und setzte seine Erkenntnisse unermüdlich in Bücher um; seine gesammelten Werke umfassen 57 engbedruckte Bände. Als er 1865 geadelt wurde, ließ er sich ein Wappen mit der passenden Inschrift »Labor ipse voluptas« anfertigen.

Die Worte, die engstens mit dem Namen Rankes verbunden sind, erschienen im Vorwort zu seinem ersten Buch: »Man hat der Historie das Amt, die Vergangenheit zu richten, die Mitwelt zum Nutzen zukünftiger Jahre zu belehren, beigemessen. So hoher Ämter unterwindet sich gegenwärtiger Versuch nicht; er will bloß sagen, wie es eigentlich gewesen.« Diese Worte ermunterten Generationen von Historikern, sich der archivalischen Forschung, der Textkritik und der strengen Quellenprüfung zu verschreiben. Der Anhang zu Rankes erstem Buch, in dem er seine Forschungsmethoden darlegte, erlangte größere Berühmtheit als das Buch selbst. Immer wieder betonte er, wie unerläßlich es sei, die faktische Wahrheit herauszuarbeiten, die durch persönliche Voreingenommenheiten zustande gekommenen Verzerrungen sowohl in den zeitgenössischen Quellen als auch im Kopf des Historikers selbst zu beseitigen. Von dem romantischen Drang nach Introspektion wollte Ranke nichts wissen. Die Wahrheit sei außerhalb des Individuums zu finden, in den von den wirklichen historischen Prozessen hinterlassenen Zeugnissen. Ranke distanzierte sich ausdrücklich von Hegel und dessen Anhängern, mit denen ihn geistig und persönlich nichts verband. Von den beiden Denkschulen, die er bei seiner Ankunft in Berlin vorfand, der historischen und der philosophischen, verwarf er ohne Zögern die letztere zugunsten der ersteren.

Das Bild von Ranke als einem wissenschaftlich arbeitenden Historiker ist zutreffend, aber unvollständig. Für das Verständnis seiner Ideen und seines Einflusses nicht weniger wichtig ist eine Geistesverwandtschaft mit den Romantikern und Idealisten, die von Rankes positivistischen Bewunderern oft unterschätzt wird. So glaubte Ranke wie viele deutsche Philosophen und Dichter der Revolutionsepoche vor ihm an ein Bedeutungsschema hinter allen Ereignissen, an eine Sinnquelle, aus der Zusammengehörigkeit und Verständnis flossen. Er nannte dies die »Mär der Weltgeschichte« und verstand darunter eine göttliche Ordnung der Dinge. »In aller Geschichte wohnt, lebt, ist Gott zu erkennen. Jede Tat zeugt

Bürgerliches Ambiente: Konversation mit dem Privatlehrer im Wohnzimmer. Aquarell des Monogrammisten E. W., zwischen 1815 und 1820. Nürnberg, Germanisches National-museum. – Milieu der Stadtarmen: Schusterfamilie in ihrer Einraumwohnung. Feder-lithographie von Theodor Hosemann, 1845. Berlin, Märkisches Museum

Berliner Biedermeierzimmer des Hoftheatermalers Carl Wilhelm Gropius mit Blick auf den optischen Telegraphen in der Dorotheenstraße 64. Aquarell von Carl Wilhelm Gropius, um 1835. Berlin, Märkisches Museum

von ihm, jeder Augenblick predigt seinen Namen, am meisten aber der Zusammenhang der großen Geschichte.« Wie für Niebuhr und Savigny, galt auch für Ranke, daß erst sein Glaube an eine höhere Ordnung verständlich machte, welche Faszination die deutsche Vielfalt auf ihn ausübte. Wie Hegel und Schelling wollte er den Menschen das Walten Gottes erklären, doch nicht mit spekulativen Gedanken, sondern durch das Einfangen von Situationen. Nicht die Philosophie oder die Poesie, sehr wohl aber die Geschichte lieferte den besten Schlüssel für die Entzifferung der von Gott in den Zeitenlauf eingestreuten kryptischen Botschaften. Diesen Schlüssel zu gebrauchen, war die heilige Mission des Historikers, die Ranke ausdrücklich mit der des Priesters verglich.

Auch seinen Nationalbegriff schöpfte Ranke aus dem kulturellen Klima der Romantik. »Unser Vaterland«, schrieb er, »ist vielmehr mit uns, in uns... Wir beruhen darauf von Anfang an und können uns nicht emanzipieren. Dieses geheime Etwas, das den Geringsten erfüllt wie den Vornehmsten – diese geistige Luft, die wir aus- und einatmen – geht aller Verfassung vorher.« Daß das Nationale in der modernen Welt eine große politische Hebelkraft besaß, war Ranke klar. Doch er erkannte ebenso, daß das Verhältnis zwischen Nationalprinzip und Politik ein komplexes war, besonders in Deutschland, wo es ein artikuliertes politisches Selbstverständnis als Nation noch nicht einmal in Ansätzen gab. »Die Nationen haben eine Tendenz, Staat zu sein; doch wüßte ich keine einzige, die es wirklich wäre... Der Staat ist seiner Natur nach bei weitem enger geschlossen als die Nation; er ist eine Modifikation wie des menschlichen so auch des nationalen Daseins.« Trotz seines positiven emotionalen Verhältnisses zum Volk beurteilte Ranke daher die Chancen für die Entstehung eines deutschen Nationalstaates skeptisch und lehnte die meisten Vorschläge, die auf eine größere politische Einheit im deutschsprachigen Raum zielten, ab. Für ihn bildete nicht die Nation die Basis des öffentlichen Lebens, sondern der Staat. Er sah in den Staaten die eigentlichen »Ideen Gottes«, die sich wie Himmelskörper durch die geschichtliche Ordnung bewegten. Von göttlicher Herkunft und von kosmischer Bedeutung, waren Staaten in seinen Augen Wesen von zutiefst individuellem Charakter. »Jeder selbständige Staat hat sein eigenes ursprüngliches Leben, das auch seine Stadien hat und zugrunde gehen kann, wie alles, was lebt, aber zunächst seinen ganzen Umkreis erfüllt und beherrscht und mit keinem anderen gleich ist.« Die vorrangige Aufgabe eines jeden Staates sei die Verteidigung seiner Individualität, die Behauptung der eigenen Existenz in der gefährlichen, gewalttätigen Welt der internationalen Politik. Diesem Ziel der Selbsterhaltung müßten alle anderen politischen Zwecke untergeordnet werden. Indem Ranke so sakrale und profane Motive vermischte, verlieh er dem Ringen des Staates um Macht und Selbsterhaltung einen historischen Sinn und eine politische Legitimation. Die Aufwertung und Heiligsprechung des »Machtstaates« zum eigentlichen Subjekt der Geschichte und zum Thema des Historikers durch Ranke – der dazu durch seine

Begeisterung für Preußen und durch die politischen Erfahrungen seiner Zeit beflügelt wurde – war, wie Helmut Berding geschrieben hat, der entscheidende Schritt in der Entwicklung des deutschen historischen Denkens.

Der Einfluß Rankes reichte weit über den deutschsprachigen Raum hinaus. »Wir begegnen ihm auf Schritt und Tritt«, schrieb Lord Acton, der keineswegs zu den unkritischen Ranke-Verehrern gehörte. »Er hat mehr für uns getan als jeder andere.« Weil sich in den Schriften Rankes empirischer Tiefgang sehr schön mit stilistischer Anmut verband, wuchs ihnen eine große Leserschaft zu. Außerdem fanden seine methodologischen Arbeitsanweisungen Anklang bei jenen Historikern, die die Geschichte in den Rang einer »naturwissenschaftlichen Disziplin« erheben wollten. Und nicht zuletzt prägte Ranke mehrere Generationen junger Leute, die nach Berlin kamen, um bei ihm zu studieren. »Als ich die ersten Stunden bei Ranke, Droysen und Boeckh gehört hatte, machte ich große Augen«, schrieb Burckhardt 1840. »Ich sah, es war mir bisher ergangen, wie jenen Rittern im Don Quixotte mit ihren Damen, ich hatte meine Wissenschaft auf Hörensagen hin geliebt, und nun trat sie plötzlich in gigantischer Größe vor mich.« Sechsundvierzig Jahre später befand sich unter denen, die dem Sarg Rankes durch die Berliner Luisenstraße folgten, Friedrich Meinecke, der drei Tage zuvor seine Doktorprüfung bestanden hatte. Ranke hatte sich zwar schon einige Jahre früher zur Ruhe gesetzt, aber Meinecke sah in ihm seinen Lehrer und trauerte über seinen Abgang. Die flüchtige Überschneidung zwischen diesen beiden Karrieren, von denen die eine in die napoleonische Zeit zurückreichte, während die andere die Epoche des deutschen Nationalstaates von Bismarck bis zu Hitler und darüber hinaus umspannte, könnte als Verbindungslinie zwischen Ranke und den geschichtswissenschaftlichen Strömungen unserer Zeit gedeutet werden. Wissenschaftliche Schulen können nicht nur außerordentlich fruchtbare Instrumente der Erkenntnisgewinnung sein, sondern ebenso eindrucksvolle Wirkungen als Garanten für die Kontinuität gemeinschaftlicher Wertvorstellungen entfalten, was nicht allein auf deutsche Sicht zutrifft.

Religion und Radikalismus

Wenn die Deutschen, schrieb Heinrich Heine 1833, den Franzosen auf dem Weg zur politischen Freiheit folgen wollten, sei der erste Schritt, den sie tun müßten, die Erkämpfung der Religionsfreiheit. Zehn Jahre später erklärte Karl Marx die Kritik der Religion zur Vorbedingung jeder Kritik schlechthin. Im Gegensatz zu den meisten späteren Historikern, die das 19. Jahrhundert als ein ausgesprochen weltliches Zeitalter dargestellt haben, gehörte für die meisten Zeitgenossen die Religion zu den Themen, die im Zentrum der kulturellen und politischen Auseinandersetzungen standen. Unter den Intellektuellen wogte ein leidenschaftlicher Streit um die Rolle der Religion im öffentlichen und privaten Leben, und die meisten einfachen Leute schöpften aus dem Glauben nach wie vor persönliche Befriedigung und soziale Identität. So unübersehbar der Vormarsch der Säkularisierung war, so unleugbar war die fortbestehende Präsenz des Religiösen in Politik und Kultur des 19. Jahrhunderts. Die Säkularisierung löschte die Religiosität nicht aus, sondern machte die Religion zu einem diskussionsbedürftigen Thema, einem zu lösenden Problem, einer Sache, für die Loyalität mobilisiert oder manipuliert werden konnte. Geschichts- und Naturwissenschaft trugen durch die Infragestellung alter Gewißheiten dazu bei, daß eine verschärfte Suche nach neuen Grundlagen für den religiösen Glauben einsetzte. Der Staat provozierte, indem er traditionellen Institutionen den Boden entzog, Fragen nach der inneren Struktur der Kirchen und ihrer politischen Verantwortung stellte. Prozesse des gesellschaftlichen Wandels bedrohten bestehende Gemeinschaften und zwangen die Menschen damit, ihre Bindungen an die Kirche zu überdenken oder zu lösen.

Der deutsche Katholizismus war, so schien es, der Hauptleidtragende der Säkularisierung. Die Einrichtungen und Vermögenswerte der katholischen Kirche wurden im Laufe der Revolutionsepoche schwer getroffen. Die Zerschlagung der kirchlichen Fürstentümer, der Zerfall des Reiches, das auch ein religiöses Gebilde gewesen ist, die politische Neuordnung mit der Folge, daß ganze katholische Landstriche in gemischt-konfessionelle Staaten, oft mit protestantischer Mehrheit, eingegliedert wurden, all das hinterließ eine politisch verwundbare und kulturell geschwächte Kirche. Im Kreis der katholischen Führer begann nach 1815 eine Diskussion darüber, wie der Fortbestand der Kirche unter den neuen Bedingungen zu sichern sei. Manche suchten, sich an den von der katholischen Aufklärung gewiesenen Wegen orientierend, nach gemeinsamen Nennern mit den Kräften der Moderne, während andere den Standpunkt vertraten, in der modernen Welt könne die Religion nur überleben, wenn sie die Gläubigen von den korrumpierenden Versuchungen dieser Welt abschirme, was durch eine energische neue Geltendmachung der kirchlichen Autorität und der altbewährten katholischen Dogmen erreicht werden könne.

Johann Michael Sailer war ein beachtenswerter Mittler zwischen den Idealen der Aufklärung und den Anforderungen des nachrevolutionären Zeitalters. Er mußte im Verlauf seiner langen Laufbahn oft Nachteile hinnehmen, weil er in dem Ruf stand, Rationalist zu sein. In den neunziger Jahren des 18. Jahrhunderts betrieben seine Kollegen an der Universität Dillingen mit Erfolg seine Entlassung. Zwei Jahrzehnte später verhinderten seine Gegner in Rom seine Berufung zum Bischof von Augsburg. Andererseits sicherte ihm gerade die ihm nachgesagte geistige Unabhängigkeit und Toleranz die Sympathie der reformistischen politischen Kräfte, die nach 1800 in Bayern ans Ruder kamen, und seine Frömmigkeit und persönliche Integrität trugen ihm die besondere Gunst des Kronprinzen Ludwig ein. In seinem letzten Lebensjahrzehnt bekleidete Sailer mehrere wichtige Stellungen in der bayerischen Kirche und nutzte sie, um seine Ideen über Kirchenreform, religiöse Erziehung und Seelsorge zu verbreiten. Er war Reformer, aber im Grunde kein Rationalist. Es ging ihm weniger um eine Modernisierung der Kirche als um eine Rückkehr zur einfachen Ursprünglichkeit der frühchristlichen Kirche. Er betrachtete das, was er als theatralische Selbstbeweihräucherungssucht des Barock empfand, ebenso als Fehlentwicklung wie die blutleere Haarspalterei der Scholastiker. Er blieb offen für neue Ideen und suchte den Kontakt zu anregenden Geistern aller Art. Zu seinen Freunden und Korrespondenten gehörten viele Größen des deutschen Geisteslebens, darunter die Gebrüder Brentano, Bettina von Arnim und Savigny.

Wenn Sailer jene Tendenzen innerhalb des deutschen Katholizismus verfocht, die auf eine tolerante, offene Kirche hinarbeiteten, so vertrat Georg Hermes am besten das Bemühen um eine rational verankerte Synthese von Theologie und Philosophie. Der 1775 geborene Hermes wuchs in einer Zeit auf, als der Einfluß Kants sich auf seinem Höhepunkt befand. Nachdem die Lektüre Kants und Fichtes ihn zunächst in eine Selbstverständniskrise gestürzt hatte, gewann er in der Folge die Überzeugung, daß ein Miteinander von Vernunft und Religion möglich sei. 1819 veröffentlichte er seine »Philosophische Einleitung in die Christkatholische Theologie«. Im Jahr darauf erhielt er einen Ruf als Professor nach Bonn und begründete dort eine nach ihm benannte Schule der rationalen Theologie. Hermes erhielt großen studentischen Zulauf und fand innerhalb der deutschen Kirchenhierarchie einige hochgestellte Gönner. Seine Ideen wirkten auch nach seinem plötzlichen Tod 1831 weiter. Doch der Vatikan entschied sich schließlich, Hermes und seine Auffassungen zu ächten. 1835 wurden seine Bücher auf den Index der verbotenen Werke gesetzt. Dasselbe Los wurde seinem österreichischen Zeitgenossen Anton Günther zuteil, dessen wichtigstes theologisches Anliegen die Versöhnung der katholischen Lehre mit dem Denken Hegels war. Günther hatte zwar keine akademische Stellung inne, fand aber mit seinen Büchern beträchtliche Resonanz, nicht zuletzt bei einigen bedeutenden Kirchenführern. In den vierziger Jahren überflügelte der Einfluß Günthers den von Hermes, auch deswegen, weil die preußische Regierung die Karriere von mehreren seiner Schüler förderte. Allerdings hatte Günther auch hochgestellte Gegner, und denen gelang es 1857, die Verbannung seiner Werke durchzusetzen.

Ein bedeutendes Zentrum geistiger Vitalität innerhalb des deutschen Katholizismus war die Universität Tübingen, an der eine akademische Gruppierung sich an einer Synthese von Geschichtswissenschaft und Theologie versuchte. Begründer der später als »Tübinger Schule« bekannt gewordenen Bewegung war Johann Sebastian von Drey, der auf die Weiterentwicklung der katholischen Glaubenslehre eine romantische, an organischem Wachstum und historischer Kontinuität orientierte Sichtweise anwandte. Wenn die Kirchen wachsen und gesund bleiben wollten, mußten, so lautete Dreys Credo, ihre Führer zwischen echten Glaubensüberzeugungen und Institutionen und illegitimen, zufälligen Ideen und Praktiken zu unterscheiden lernen. Die Arbeiten Dreys beeinflußten Johann Adam Möhler, der neue Maßstäbe für strenge Wissenschaftlichkeit und leidenschaftliche Intellektualität in der Religionsgeschichtsschreibung setzte. Er fand in der Entwicklung der Kirche Hinweise sowohl auf göttliche Eingebung als auch auf Handreichungen für künftige Entscheidungen. Als prominente Gegner Möhlers seine Berufung nach Tübingen verhinderten, ging er nach München und half dort mit, ein neues Zentrum katholischer Intelligenz aufzubauen. Die treibende Kraft war hier Ignaz von Döllinger, der im Alter von nur siebenundzwanzig Jahren 1826 eine Professur erhielt und rasch zum einflußreichsten katholischen Historiker seiner Zeit aufstieg. Sein 1836 und 1838 in zwei Bänden erschienenes »Lehrbuch der Kirchengeschichte« steht in einer Reihe mit anderen bedeutenden Lehrbüchern, die in so unterschiedlichen Wissensgebieten wie Kunst, Literaturgeschichte, Philosophie oder Naturwissenschaft den Beginn der systematischen Vermittlung wissenschaftlicher Erkenntnisse signalisierten. Döllingers ein Jahrzehnt später veröffentlichte dreibändige Sammlung von Dokumenten zur Reformation wurde als die katholische Antwort auf Rankes »Deutsche Geschichte im Zeitalter der Reformation« gefeiert.

Kirchenhistoriker wie Möhler und Döllinger konnten sich der Diskussion über die päpstliche Autorität nicht entziehen, der vielleicht explosivsten Frage, mit der sich der deutsche Katholizismus im 19. Jahrhundert konfrontiert sah. Da sich an etlichen Stellen ihrer Schriften der Schluß aufdrängte, daß der päpstliche Machtanspruch auf etwas unsicheren historischen Fundamenten ruhte, wurden Möhler und Döllinger von denjenigen, die die bischöfliche Hausmacht gegen Rom zu verteidigen versuchten, sogleich als Kronzeugen in Anspruch genommen. Entsprechend waren umgekehrt die deutschen Befürworter eines päpstlichen Absolutismus überzeugt, daß Möhler und Döllinger gefährliche Zweifel an einem für die Existenz der Kirche lebenswichtigen Dogma säten. Für sie stand fest, daß allein eine rigorose Zentralisierung der religiösen Autorität die Institutionen der katholischen Kirche vor staatlicher Einmischung bewahren und die katholische Glaubenslehre vor dem Eindringen weltlicher Elemente zu schützen vermochte. Obwohl die Entscheidung in der Frage der Autorität auf Petri Stuhl erst mit der Verkündung des Dogmas von der päpstlichen Unfehlbarkeit 1870 fiel, hatten sich innerhalb der deutschen Kirche die Gewichte schon in den vierziger Jahren eindeutig zugunsten der Ultramontanen verschoben. Selbst in den habsburgischen Ländern, wo die Opposition gegen Rom eine lange, eingefleischte Tradition hatte, ließen sich die Staatsmänner zu Kompromissen mit dem Heiligen Stuhl herbei. Zum ersten Mal seit der Regierungszeit Josephs II. erlaubte die österreichische Regierung wieder, daß künftige Priester in Rom studierten, wo sie dem Einfluß der stärker werdenden ultramontanen Bewegung ausgesetzt waren. In dem Maße, wie die geistliche Autorität aus den Händen der deutschen Bischöfe in die der römischen Kurie überzugehen begann, verlagerten sich die Zentren des katholischen Geisteslebens in Deutschland von Universitäten wie Tübingen und München nach Mainz und zu anderen Stätten der Priesterausbildung, an denen keine Gefahr des Infizierens mit weltlichen Ideen zu bestehen schien.

Im Verein mit den institutionellen Veränderungen innerhalb der Kirche wandelte sich das geistige Klima. Mit wachsendem Eifer gingen die kirchlichen Autoritäten nun gegen alle Versuche vor, Glaubenslehre und Aufklärung miteinander zu versöhnen. Sie unterdrückten die Austragung philosophischer Meinungsverschiedenheiten in Glaubensfragen und untergruben die ökumenische Zusammenarbeit mit protestantischen Kirchen. Dieser Aufmarsch gegen die Modernität, der in der Verkündung des »Syllabus errorum« durch Papst Pius XI. 1864 gipfelte, ging einher mit der Wiederauffrischung mystischer Dogmen wie desjenigen von der unbefleckten Empfängnis der Jungfrau Maria, was zwangsläufig zu einer Verbreiterung der Kluft zwischen Katholiken und anderen Christen führte. Von der Jahrhundertmitte an versuchten konservative katholische Kreise sich auch an einer Wiederbelebung der Scholastik, deren Loblied Zeitschriften wie »Der Katholik«, Kirchenführer wie der Münchener Erzbischof Karl August Graf von Reisach und der Wiener Kardinal Joseph Othmar von Rauscher und Theologen wie Joseph Kleutgen und Franz Jakob Clemens sangen. Kurz: Die auf eine Modernisierung drängenden Energien, die sich im späten 18. und frühen 19. Jahrhundert im katholischen Denken gezeigt hatten, waren verflogen und hatten einer Ära des geistigen Rückzuges und der kulturellen Restauration Platz gemacht. Was Franz Schnabel über katholische Kunst geschrieben hat, ließe sich auch auf das kirchliche Geistesleben als Ganzes übertragen: »Die katholische Bewegung war stark genug, die alten Formen und die Hingabe an ihre Werte wiederzubeleben: zu einer neuen und großen Kunst reichte sie nicht aus.«

Daß der Triumph des päpstlichen Absolutismus, die Renaissance der scholastischen Philosophie und der Rückzug in den Antimodernismus den deutschen Katholizismus noch weiter als bisher zum kulturellen Paria machte, kümmerte die konservativen Kirchenvertreter kaum. Sie interessierten sich nicht sehr für Kunst und Philosophie, sondern wollten vor allem das einfache Volk auf den Weg des rechten Glaubens zurückführen. Die vordringliche Aufgabe, die die Kirche in den Augen dieser Verteidiger der Orthodoxie und der päpstlichen Autorität hatte, bestand darin, dem katholischen Fußvolk Führung und geistliche Orientierung zu geben. Sie waren Praktiker, die sich um die alltäglichen Fragen der Organisation und Pädagogik kümmerten, um die Abfassung neuer Katechismen, mit denen die katholische Lehre wirkungsvoller unters Volk zu bringen war, um die Wiederbelebung eingeschlafener Rituale wie der Wallfahrten, um die Schaffung eines Netzes von Vereinigungen zur Untermauerung der traditionellen Gemeindearbeit. Eines dieser Projekte war der von Adolf Kolping gegründete und nach ihm benannte Gesellenverein. Solche Organisationen sollten den materiellen und geistlichen Bedürfnissen bestimmter gesellschaftlicher Gruppen gerecht werden, für die die alten Methoden der gemeindlichen Seelsorge nicht mehr zeitgemäß waren.

Es gibt Anhaltspunkte dafür, daß jene Kampagne tatsächlich zur Revitalisierung des Katholizismus beitrug, indem sie die Menschen zu mehr Frömmigkeit und Kirchentreue erzog. In Bayern nutzte die Kirche, wie Werner K. Blessing in einer Studie gezeigt hat, mit aktiver Unterstützung der Regierung Ludwigs I., Missionen, Wallfahrten und neuere liturgische Formen, um einen Rückgang in der Zahl der sich aktiv am Gemeindeleben beteiligten Kirchenmitglieder zu stoppen und den Trend umzukehren. Jonathan Sperber weist in seinem Buch über das Rheinland auf einen ähnlichen Phänomenkreis hin. Hier ging die Initiative für die Wiederbelebung volksreligiöser Elemente allerdings zuweilen von kirchlichen Amtsträgern aus, die unabhängig von der weltlichen Macht, oft genug sogar in Opposition zu ihr agierten. Es läßt sich nicht mit Sicherheit sagen, wie typisch diese Fälle waren. Ebensowenig läßt sich feststellen, wie fest und dauerhaft der religiöse Glaube der einfachen Leute war. In manchen Teilen Bayerns, wo die Gottesdienste außerordentlich gut besucht waren, herrschte eine Analphabetenrate, die zu den höchsten in Europa gehörte. Die Teilnahme an einer Wallfahrt konnte Ausdruck religiöser Inbrunst sein, aber auch eine Gelegenheit zum Ausleben entschieden weltlicher Bedürfnisse und Aktivitäten. Die volkstümliche Religiosität entwickelte sich regional so unterschiedlich und zeitlich so ungleichmäßig, daß verläßliche Erkenntnisse darüber wohl nicht zu gewinnen sein werden. Angesichts der problematischen Beweislage überrascht es nicht, daß die Geschichte des Volksglaubens durch die Historiker von ideologischen Positionen her interpretiert wird: Diejenigen, die sich mit der Aufklärung identifizieren, bedauern die Renaissance von Kultelementen, Wallfahrten und Spielarten des Aberglaubens, während diejenigen, die eher mit dem ultramontanen Katholizismus sympathisieren, in solchen Phänomenen einen Ausdruck echter Religiosität und wahren christlichen Gemeinschaftsgeistes sehen.

Wie immer man diese Entwicklungen deuten mag, Hugh McLeod hat sicher recht mit seiner Feststellung, daß es den Katholiken weitaus besser als den Protestanten gelang, »Formen der Religionsausübung zu entwickeln, die zugleich populär und orthodox waren, um rivalisierende Ideologien in Schach zu halten«. Die bekannten Daten deuten darauf hin, daß bei den protestantischen Kirchen die Mitgliederzahlen im Verlauf des Jahrhunderts fast überall stark schrumpften. Es überrascht kaum, daß der Rückgang in den Großstädten besonders ausgeprägt war, wo eine zunehmend mobiler werdende Bevölkerung den Kontakt zu herkömmlichen Glaubensinhalten und etablierten kirchlichen Institutionen verlor. Gleichwohl bestand keine lineare Beziehung zwischen Säkularisierung und Verstädterung. Zu den Kirchengemeinden mit dem vergleichsweise niedrigsten Kirchenbesuch in ganz Deutschland gehörten drei ländliche Bezirke in Mecklenburg, in denen die alten Sozialstrukturen allem Anschein nach relativ intakt geblieben waren.

Auch im Protestantismus gab es einige, die auf den deutlichen Rückgang des Gottesdienstbesuchs mit dem Rückzug auf orthodoxe Positionen reagierten. Diese konservativen Theologen wandten sich gegen die Moderne in allen ihren Erscheinungsformen. Das schlug sich jedoch auf der protestantischen Seite in ganz anderen institutionellen Entwicklungen nieder. Von den Katholiken ist bekannt, daß ihre Kirchenführung in sämtlichen Ländern ein problematisches Verhältnis zur Regierung hatte, auch dort, wo, wie im Österreich Metternichs, Kirche und Staat sich in ihrem Abscheu vor den Kräften der Revolution einig waren. Für Protestanten hingegen war der Staat ein natürlicher und notwendiger Bundesgenosse: natürlich aufgrund der historischen Verbindungen zwischen dem Protestantismus und der weltlichen Macht, notwendig, weil der Protestantismus keine staatenübergreifenden Machtzentren hatte. So kam es, daß der Kampf der Protestanten gegen die Kräfte der Moderne in den meisten deutschen Staaten zu einer engeren Zusammenarbeit mit den weltlichen Mächten führte, allerdings auch zu größerer Abhängigkeit von ihnen. Nur mit Unterstützung der Staatsmacht und ihrer Agenturen, der Zensur, der Polizei, der Schulen, konnten die protestantischen Kirchen hoffen, ihre Schäfchen vor bösen Einflüssen und ansteckenden Meinungen zu bewahren.

Die größte Bedeutung erlangte die Allianz von protestantischer Orthodoxie und politischer Macht in Preußen, wo ein ausländischer Besucher den Eindruck gewann, die Religion habe sich in eine »staatliche Maschine« verwandelt. König Friedrich Wilhelm III. war ein tiefreligiöser Mensch mit besonderem Interesse an liturgischen Fragen. Wie seine Vorfahren Calvinist, hatte er den Wunsch, eine Versöhnung zwischen seiner Konfession und der lutheranischen Mehrheit herbeizuführen. Er bewerkstelligte dies 1822 mit einem Erlaß, der den Zusammenschluß der Lutheranischen und der Reformierten Kirche zu einem streng hierarchisch gegliederten, hochgradig verbürokratisierten Gebilde vorschrieb. Kaum waren die vorgesehenen Institutionen geschaffen, da nutzten die Wortführer des protestantischen Konservativismus ihre neuen Machtpositionen, um gegen Abweichler aller Art vorzugehen, unter anderem gegen Theologen, die an den Universitäten angeblich Irrlehren verbreiteten, und gegen widerspenstige Sekten wie die sogenannten Alten Lutheraner in Schlesien. In Berlin tat sich Ernst Wilhelm Hengstenberg, Professor und Herausgeber der »Evangelischen Kirchenzeitung«, mit anderen konservativen Theologen zusammen, um systematisch abweichende Auffassungen zu unterdrücken. Unter Friedrich Wilhelm IV. konnten die Prätorianer der Orthodoxie ihren Einfluß auf Regierung und Verwaltung noch verstärken. Daraus erwuchsen verschärfte Konflikte über Struktur und Selbstverständnis des preußischen Protestantismus.

Der Pietismus, der einen sehr starken Einfluß auf die deutsche Kultur des 18. Jahrhunderts gehabt hatte, spielte noch in der ersten Hälfte des 19. Jahrhunderts eine gravierende Rolle. Da er die direkte, gefühlsbeladene Beziehung zwischen dem einzelnen Gläubigen und Gott in den Mittelpunkt stellte, hatte der Pietismus nie ein institutionelles Gefüge entwickelt; er bestand aus zahlreichen kleineren Gemeinden in allen Teilen Deutschlands. Pietistische Gruppierungen fanden sich in der württembergischen Bauern- und Handwerkerschaft ebenso wie in den Patrizierviertln Hamburgs oder in einigen westfälischen Fabrikstädten. Auch manche preußischen Junkerfamilien fühlten sich zu dieser Bewegung hingezogen, zum Beispiel die Thaddens, auf deren pommerschem Rittergut der junge Bismarck einer besonders eindrucksvollen Mischung aus pietistischer Religiosität und aristokratischer Geselligkeit ausgesetzt war. Es kam hier und da vor, daß aus dem Pietismus politische Opposition erwuchs, aber im allgemeinen arrangierte er sich zunehmend mit dem theologischen und ideologischen Konservativismus. Spätestens ab Mitte der dreißiger Jahre machten viele Pietisten in Preußen und anderswo gemeinsame Sache mit der orthodoxen Amtskirche gegen die Kräfte des Rationalismus und der Reform.

Neben Orthodoxie und Pietismus existierte jene Tradition eines aufgeklärten Protestantismus, die ihre Wurzeln im 18. Jahrhundert gehabt und ihre größten theoretischen Exponenten in Schleiermacher und Hegel gefunden hatte. Beide hatten zwar darin übereingestimmt, daß es möglich sei, eine Synthese aus Theologie und Philosophie zu finden, aber sie hatten sich höchst gegensätzlich dazu geäußert, wie die Synthese beschaffen sein sollte. Bei Schleiermacher hatte sich eine intensive, gefühlsbetonte religiöse Sensibilität mit einem tiefen Respekt vor der Kultur der säkularen Welt verbunden. Er war und blieb überzeugt, daß Glaube und Vernunft, jeweils gepaart mit Wissen und Verstehen, nebeneinander existieren konnten. Demgegenüber hatte Hegel das problematische Verhältnis zwischen Glauben und Vernunft durch die These zu klären versucht, beide seien Bestandteil der Suche des Menschen nach Erkenntnis. »Der Gegenstand der Religion wie der Philosophie ist die ewige Wahrheit in ihrer Objektivität selbst, Gott und nichts als Gott«, erklärte er seinen Berliner Studenten. »Die Philosophie expliziert daher nur sich, indem sie die Religion expliziert, und indem sie sich expliziert, expliziert sie die Religion.« Wenngleich es fraglich bleiben muß, ob die Auffassungen Hegels in den Rahmen der Orthodoxie paßten, erschien in den zwanziger Jahren, als er in Berlin seine ausstrahlungsstarken Vorlesungen hielt, seine Synthese von Glauben und Vernunft mit konventionellen christlichen Lehren vereinbar. Für kurze Zeit schaffte es Hegel, orthodoxe Religiosität und aufgeklärte Rationalität, historische Einmaligkeit und ewige Wahrheit, »Heilige Schrift« und profane Analyse auf einen Nenner zu bringen.

Mit zunehmender Verbreitung der Lehren Hegels schaukelten sich die gegenläufigen Kräfte innerhalb seines Systems auf, und unter seinen Jüngern und Ex-Jüngern begann der Streit über die wahre Bedeutung der Weissagungen des Meisters. Die Auseinanderstrebenden innerhalb des Hegelianertums wurden härter, als nach dem Tod des Philosophen im Jahr 1831 sein Lehrstuhl an Georg Gabler ging, einen seiner weniger begabten Gefolgsleute. Die konservativen Hegelianer näherten sich jener expandierenden rechten Bewegung an, die die orthodoxen Aspekte in der Gedankenwelt Hegels hervorkehrte. Eine andere Gruppe begann das subversive Potential im Denken Hegels auszubauen, indem sie seine Plädoyers für Religion und Staat in eine radikale Kritik der herrschenden Ordnung umdeutete. Gewiß gab es auch noch etliche Philosophen, die den wesensmäßig synthetischen Charakter des Hegelianismus zu bewahren versuchten, doch ihre Positionen lichteten sich durch Abgänge nach links und durch Druck seitens der orthodoxen Rechten. Für die extremen Vertreter beider Richtungen war die Zeit der Kompromisse vorbei, die Synthese zwischen Glauben und Vernunft unhaltbar geworden.

Eine entscheidende Etappe in der Verschärfung der Konflikte zwischen den Hegel-Erben setzte im Jahr 1835 mit dem Erscheinen eines Buches ein: »Das Leben Jesu« von David Friedrich Strauß. Wie Hegel war Strauß ein Produkt des Tübinger Stifts, an dem er eine emotional turbulente Bekehrung zum Hegelianertum durchgemacht hatte. 1831 war er nach Berlin gegangen, um sich für die Entwicklung einer eigenen Synthese aus christlichem Glauben und aufgeklärter Philosophie Hilfe bei Hegel zu holen. Es kam jedoch bloß zu einer einzigen Begegnung zwischen den beiden, bei der sie Tee tranken und eine Stunde lang schwäbischen Tratsch austauschten. Wenige Tage später war der große Philosoph tot. Strauß kehrte nach einem Jahr in Berlin als Lehrer nach Tübingen zurück und begann dort mit der Niederschrift des Buches, das ihn zum »notorischsten« Theologen seiner Zeit machen sollte. Selbst wenn Strauß seinen Lesern am Ende versicherte, die übernatürliche Geburt Christi, seine Wundertaten, seine Auferstehung und Himmelfahrt blieben ungeachtet aller eventuellen Zweifel an ihrer historischen Faktizität »ewige Wahrheiten«, konnten die Implikationen des Versuches, die in den »Evangelien« erzählten Geschichten in den Kontext der Mythologien ihrer Entstehungszeit zu stellen und dadurch zu relativieren, niemandem verborgen bleiben. Sowohl den Verteidigern als auch den Kritikern der Religion war klar, daß die Grundfesten des christlichen Glaubens ins Wanken gerieten, wenn die Geschichte von Jesus sich als Biographie eines normalsterblichen Menschen erzählen ließ.

Die schlagende Wirkung, die Strauß mit seinem Werk erzielte, resultierte aus der Art und Weise, wie er darin eine Reihe zeitgenössischer geistiger Strömungen verschränkte: hegelianische Philosophie, Historismus, Bibelkunde, philologische Analyse. Sein einstiger Lehrer Ferdinand Christian Baur erklärte, Strauß habe sich verhaßt gemacht, weil der Zeitgeist es nicht habe ertragen können, daß Strauß ihm ein scharfkantig gezeichnetes Bild seiner selbst vorgehalten habe. Daß er Haß erntete, ist sicher; nach bitteren Attacken seitens sowohl der Hegelianer als auch der Hüter der theologischen Orthodoxie wurde er aus dem Tübinger Seminar abgeschoben und mußte schließlich den Lehrberuf ganz aufgeben. Da er trotz aller Bemühungen, seine Position abzuschwächen und zu relativieren, seine Kritiker nicht besänftigen konnte, geriet er in eine schwere persönliche und geistige Krise, aus der er mit der Erkenntnis hervorging, daß die Hegelsche Philosophie und der christliche Glaube in einem unversöhnlichen Gegensatz zueinander standen.

Darüber reflektierte Strauß im zweiten Band der Schrift mit dem Titel »Die christliche Glaubenslehre in ihrer geschichtlichen Entwicklung und im Kampfe mit der modernen Wissenschaft«, erschienen 1841. Im selben Jahr veröffentlichte Bruno Bauer seine »Kritik der evangelischen Geschichte der Synoptiker«. Dies war ebenfalls ein Versuch, mit hegelianischen Methoden gegen traditionelle Glaubenslehren anzugehen. Bauer war ein Handwerkersohn, der im Theologiestudium eine Chance für sozialen Aufstieg sah. Selbst nach seiner Bekehrung zum Hegelianer blieb er dem Christentum innig verbunden. Er stimmte in den Chor derer ein, die Strauß wegen seines vermeintlichen Verrats am Dogma der Vereinbarkeit von Religion und Rationalismus attackierten. Doch im intellektuell und politisch stürmischen Klima der dreißiger Jahre geriet Bauer prompt selbst in die Schußlinie der Gralshüter der Orthodoxie, die sein Buch verdammten und seine Bemühungen um eine feste akademische Anstellung torpedierten. Zögernd und widerstrebend rang er sich zu der Erkenntnis durch, daß die Verquickung von Philosophie und religiösem Glauben gelöst werden mußte. Die Wissenschaft, erklärte er 1841 seinem Freund und zeitweiligen Mitstreiter Arnold Ruge, müsse sicherstellen, daß sie sich von jedweder Beeinflussung freihalte. Der Bruch mit allen alten Begriffen habe unmißverständlich zu sein. Ebenfalls 1841 veröffentlichte er eine satirische Streitschrift mit dem Titel »Die Posaune des Jüngsten Gerichts über Hegel den Atheisten und Antichristen«, in der er den im tiefsten Grunde subversiven Charakter des Hegelschen Geschichtsverständnisses aufdeckte. Da die Hoffnungen Bauers auf eine akademische Karriere zu diesem Zeitpunkt zerronnen waren, brauchte er aus seinem Atheismus keinen Hehl mehr zu machen. Er war nunmehr überzeugt, die Hülle der religiösen Glaubenslehren müsse zertrümmert werden, wenn eine neue Menschennatur geboren werden sollte. Die Philosophie sei deshalb die eingeschworene Gegnerin der Religion. Über deren vernebelnde Illusionen müsse der »Terrorismus der reinen Theorie«, wie er es einmal nannte, triumphieren.

Die wichtigste Veröffentlichung des Jahres 1841 war Ludwig Feuerbachs Buch »Das Wesen des Christentums«. Feuerbach, 1804 geboren, gehörte einer jener Familien an, die erstaunliche Talente auf unterschiedlichen Betätigungsfeldern hervorbrachten. Sein Vater war ein bekannter Jurist und Vorkämpfer von Gesetzesreformen, seine Brüder brachten es mit juristischen, mathematischen und philologischen Arbeiten zu Ruhm und Anerkennung, ein Neffe von ihm erlangte als Maler Bedeutung. Ludwigs Jugendzeit wurde von der Zerrüttung der elterlichen Ehe überschattet. Deshalb suchte der Junge in der Religion und in der Romantik Zuflucht. Er begann ein Theologiestudium, ließ sich dann aber von einem Hegel-Schüler überreden, nach Berlin zu gehen, wo ihn die volle Wucht eines Bekehrungserlebnisses traf und zum Hegelianer machte. Hier, im »Bethlehem einer neuen Welt«, wie er es nannte, wandte Feuerbach sich von der Theologie ab und der Philosophie zu. Früher als die meisten seiner Zeitgenossen begriff er, daß das Christentum die analytischen Implikationen der Hegelschen Methode nicht überleben konnte. Als 1830 seine Urheberschaft an einem Werk, das die persönliche Unsterblichkeit leugnete, enttarnt wurde, fand seine akademische Laufbahn ein abruptes Ende. Es schloß sich ein langer und schmerzhafter Prozeß der Selbstkritik und der geistigen Reifung an, in dessen Verlauf er, zumeist allein und unter oft schwierigen persönlichen Umständen, mit dem Vermächtnis Hegels rang. Schließlich kam er durch die Heirat mit einer vermögenden Frau in die Lage, einigermaßen sorgenfrei arbeiten zu können. Nachdem »Das Wesen des Christentums« herausgekommen war, wurde er rasch zur Leitfigur für die wachsende Gruppe der Links-Hegelianer sowie für Freidenker überall in Europa. Friedrich Engels erinnerte später daran, wie er und seine Freunde, als sie das Buch lasen, sofort zu »Feuerbachianern« wurden.

Im »Wesen des Christentums« führte Feuerbach den philosophischen Umstülpungsprozeß konsequent zu Ende, der das Fundament des links-hegelianischen Denkens bildete. Sein Grundgedanke war ebenso kühn wie atemberaubend einfach: Da die Religion »der Traum des menschlichen Gemüts« sei, dürfe sie nicht »in der Leere des Himmels«, sondern müsse an ihrem eigentlichen Schauplatz studiert werden, auf der Erde nämlich, in der Sphäre der historischen Realität. Hatte Hegel erklärt, die menschliche Erfahrung lasse sich nur begreifen, wenn man sie als Ausdruck einer göttlichen Ordnung erkenne, so ging Feuerbach im Gegenteil davon aus, daß die Vorstellung des Göttlichen selbst ein Produkt der Menschheitsgeschichte sei. Die Geschichte sei nicht als Willensäußerung Gottes und Bestandteil seiner Selbstentfaltung anzusehen; es seien vielmehr die Menschen gewesen, die, ausgehend von ihrer Selbstwahrnehmung, eine Gottesvorstellung entwickelt hätten. Da die Mysterien der Religion nichts weiter seien als Abbilder der Mysterien der menschlichen Natur, müsse man den Versuch machen, zu verstehen, auf welche Weise kulturelle Wertbegriffe und gesellschaftliche Notwendigkeiten sich zu den Eigenschaften verdichteten, mit denen die Menschen ihre Götter ausstatteten. »Das göttliche Wesen ist nichts Anderes als das menschliche Wesen oder besser: das Wesen des Menschen, abgesondert von den Schranken des individuellen, d.h. wirklichen, leiblichen Menschen, vergegenständlicht, d. h. angeschaut und verehrt als ein anderes, von ihm unterschiedenes, eigenes Wesen – alle Bestimmungen des göttlichen Wesens sind darum Bestimmungen des menschlichen Wesens.«

Es ging Feuerbach nicht darum, die Religion zu erniedrigen, sondern die Menschheit zu erhöhen oder, wie er es ausdrückte, die Anthropologie zur Theologie zu adeln. Indem er den Wurzeln der religiösen Glaubenslehren und Rituale bis tief in den Boden des menschlichen Bewußtseins hinein nachspürte, entdeckte er, so seine Überzeugung, das Geheimnis der wahren Natur des Menschen, jenes Ensemble von Regungen des Wollens, Denkens und Fühlens, das uns zu dem macht, was wir sind. »Die Religion«, schrieb er zu Beginn des ersten Kapitels, »beruht auf dem wesentlichen Unterschiede des Menschen vom Thiere – die Thiere haben keine Religion.« Da die Religion aber diese grundlegenden menschlichen Regungen auf eine gleichsam auswärtige Sphäre lenke, entfremde sie den Menschen von dem Edelsten, das er in sich habe. »Die Religion ist die Entzweiung des Menschen mit sich selbst: er setzt sich Gott als ein ihm entgegengesetztes Wesen gegenüber.« Feuerbach hielt daran fest, »dass dieser Gegensatz, dieser Zwiespalt von Gott und Mensch, womit die Religion anhebt, ein Zwiespalt des Menschen mit seinem eigenen Wesen ist«. Wie so viele deutsche Intellektuelle, wollte auch Feuerbach dem menschlichen Leben eine verlorengegangene Einheit zurückgeben, die Menschen wieder zu sich selbst bringen. Im Sinne jenes Zieles rief er seine Leser auf, sich vom Glauben an den Heiligen Geist zu lösen, die illusionäre Vorstellung eines Himmels zu überwinden und sich mit der Wirklichkeit auf der Erde zu versöhnen. An der Schaffung solcher Menschen mitzuwirken, wurde Feuerbach für den Rest seines Lebens zur Verpflichtung, zum Ziel, das auch romantische Dichter und idealistische Philosophen propagiert hatten.

Denselben Weg von der Orthodoxie zur Kritik, den Strauß, Bauer und Feuerbach gegangen waren, beschritten in der zweiten Hälfte der dreißiger Jahre etliche junge Leute. Es war eine Entwicklung, die sich in vielen Teilen Deutschlands vollzog, am prägnantesten an einigen akademischen Brennpunkten des Hegelianertums, namentlich in Berlin, Halle und Tübingen. Arnold Ruge gründete 1838 eine neue Zeitschrift, die »Halleschen Jahrbücher«, gedacht als Alternative zu den zunehmend blutleeren und intoleranten »Jahrbüchern für wissenschaftliche Kritik«, die erstmals 1827 als halboffizielles Organ des Hegelianismus erschienen. Ruge und seine Mitarbeiter rechneten zunächst nicht damit, daß ihre Zeitschrift zu einem exklusiven Sprachrohr der Links-Hegelianer würde, doch in dem Maße, wie die Gruppe um die »Halleschen Jahrbücher« ins Kreuzfeuer immer heftigerer Attacken von rechts geriet, solidarisierte und radikalisierte sie sich. Nach dem Tod Friedrich Wilhelms III. und seines Kultusministers Karl von Altenstein 1840 schaltete die preußische Kulturpolitik auf Konfrontationskurs gegen alle Spielarten des Hegelianertums; die Zensur wurde verschärft, der Anpassungsdruck wuchs. Es war schon fast eine postume Schmähung Hegels, daß sein alter Intimfeind Schelling auf seinen Lehrstuhl berufen wurde, um, wie König Friedrich Wilhelm IV. es ausdrückte, »die Drachensaat des Hegelianismus auszumerzen«. Jetzt, da die preußische Kultusverwaltung in Feindeshände übergegangen war, schlossen sich für die Junghegelianer die Türen zur akademischen Laufbahn. Einer der davon Betroffenen war ein dreiundzwanzigjähriger Philosophiestudent namens Karl Marx, dessen Dissertation die Universität Jena im Frühjahr 1841 angenommen hatte.

Marx war in der alten Römerstadt Trier an der Mosel geboren und aufgewachsen. Das einstige kirchliche Fürstentum war in den neunziger Jahren des 18. Jahrhunderts unter französische Besatzung geraten und 1815 von Preußen annektiert worden; es hatte somit die Turbulenzen und Ungewißheiten der revolutionären Epoche exemplarisch durchlebt. Heinrich Marx, Karls Vater, entstammte einer Dynastie angesehener Rabbiner, war aber zum Protestantismus übergetreten, um auch unter preußischer Herrschaft weiterhin als Anwalt praktizieren zu können. Für ihn als einen Mann der Aufklärung bestand kein großer Unterschied zwischen einem nicht-praktizierenden Juden und einem »Protestanten à la Lessing«. Karl wuchs in einer weltlichen, aufgeklärten Atmosphäre und im Zeichen materiellen Wohlergehens und sozialer Aufstiegsorientierung auf. Ein Nachbar und Freund der Familie, der Baron Ludger von Westphalen, machte den jungen Mann mit den Dichtern der Romantik, mit Homer und Shakespeare bekannt, deren literarische Leistungen er bewunderte und denen er nacheifern wollte. In Bonn, wohin sein Vater ihn 1835 zum Jurastudium geschickt hatte, verbrachte Marx einen großen Teil seiner Zeit damit, Verse zu dichten, zu trinken, sich zu duellieren und zu vergnügen. Er wurde öfter in Bierkellern gesehen als in Hörsälen und Bibliotheken. Das war sicher nicht das Leben, das Heinrich Marx sich für seinen vielversprechenden Sprößling vorgestellt hatte. Nach einem Jahr zahlte er die Schulden des jungen Mannes und schickte ihn nach Berlin, in das, wie er hoffte, nüchternere geistige Klima. Karl traf dort im Oktober 1836 ein; zuvor hatte sein Vater ihn ermahnt, nicht über seine Verhältnisse zu leben, sich von schlechter Gesellschaft fernzuhalten und einzusehen, daß es besser war, ein bedeutender Jurist zu werden als ein unbedeutender Dichter.

Sein geistiges Erweckungserlebnis hatte Marx jedoch nicht im Hörsaal, sondern in dem Dorf Stralau bei Berlin, wo er sich im Herbst 1837 von einer Lungenreizung erholte. Hier erlebte er einen jener »Lebensmomente, die wie Grenzmarken vor eine abgelaufene Zeit sich stellen, aber zugleich auf eine neue Richtung mit Bestimmtheit hinweisen«. Aus einem bemerkenswerten Brief, den Marx in der Nacht vom 10. auf den 11. November 1837 an seinen Vater schrieb, läßt sich ersehen, daß er sich damals mitten in einem geistigen Umbruch befand, wie er öfter bei jungen Männern auftrat, die in den Bann des Hegelianismus gerieten. Marx war irritiert und verunsichert über die Faszination, die Hegel auf ihn ausübte. »Vor Ärger konnte ich einige Tage gar nicht denken, lief wie toll im Garten an der Spree schmutzigem Wasser... umher, machte sogar eine Jagdpartie mit meinem Wirte mit, rannte nach Berlin und wollte jeden Eckensteher umarmen.« Am Ende machte er dann doch seinen Frieden mit den Hegelschen Ideen, deren »groteske Felsenmelodie« ihn zunächst abgestoßen hatte. Die emotionale Intensität, mit der diese Hinwendung Marx' zum Hegelianismus vonstatten ging, deutet darauf hin, daß es sich dabei um mehr handelte als ein intellektuelles Aha-Erlebnis. Offenbar bewältigte der junge Mann, indem er sich Hegel in die Arme warf, ein ganzes Knäuel psychologischer, praktischer und philosophischer Konflikte zwischen Poesie und Juristerei, Romantik und Rationalität, den Plänen seines Vaters und seinem eigenen Gefühlsüberschwang. Sich auf die Philosophie und die erhabenen Wahrheiten des Hegelschen Systems zu werfen, war eine Chance, das Streben nach einer akademischen Laufbahn mit dem Einsatz für eine würdige Sache zu verbinden. Hinzu kam, daß er im »Doktorklub«, einem Diskussionszirkel, zu dessen tonangebendem Mitglied er rasch avancierte, eine ihm Rückhalt gewährende Gemeinschaft begabter junger Leute von ähnlicher Gesinnung und mit gleichgerichteten Zielen vorfand.

Doch unglücklicherweise bestand auf dem akademischen Markt keine Nachfrage nach Hegelianern. Nachdem Marx seine Dissertation fertiggestellt und eine Zeitlang in Bonn mit seinem Freund und ehemaligen Lehrer Bruno Bauer an einigen Projekten gearbeitet hatte, mußte er allmählich und widerstrebend erkennen, daß er keine Aussicht auf einen akademischen Posten hatte. Anfang 1841 hoffte er allem Anschein noch, die Gunst des neuen preußischen Kultusministers Johann Albrecht Friedrich Eichhorn gewinnen zu können, doch ein Jahr später, als auch Bauer seinen Lehrauftrag verlor und die »Halleschen Jahrbücher« in Preußen nicht mehr publiziert werden durften, mußte er der grimmigen Wahrheit ins Auge sehen. Seine persönliche Lage hatte sich unterdessen zum Schlechteren gewendet: Sein Vater war 1838 gestorben, und über die Finanzen der einkommenslos gewordenen Familie bestimmte Marx' Mutter, die für die philosophischen Ambitionen ihres Sohnes wenig Verständnis zeigte. Sie sah keinen Grund, weshalb ein so begabter und energiesprühender junger Mann wie ihr Karl es nicht in irgendeinem angesehenen Beruf zu etwas bringen konnte. Im Sommer 1842 stellte sie die Unterhaltszahlungen an ihn ein und sorgte dafür, daß er keinen Zugriff auf das väterliche Erbe bekam. Die Folge war, daß Karl die geplante Heirat mit Jenny von Westphalen verschieben mußte; dabei hatten die beiden schon eine lange Verlobungszeit hinter sich.

1842 trat Marx in die Redaktion der »Rheinischen Zeitung« ein, die von wohlhabenden Liberalen finanziert, aber von jungen Radikalen gemacht wurde. Unter seiner engagierten Führung konnte die Zeitung ihre Auflage binnen kurzer Zeit verdoppeln, und mit ihrer analytischen Schärfe erregte sie im gesamten deutschsprachigen Raum Aufsehen. Den jungen Philosophen selbst, der gerade seine Dissertation über Demokrit und Epikur für den Druck überarbeitet hatte, brachte die journalistische Tätigkeit in direkte Berührung mit der Alltagswirklichkeit: mit Zensur, Kommunalreform, Scheidungsrecht, repräsentativen Einrichtungen, Armut auf dem Lande, kurz mit den drängenden sozialen, wirtschaftlichen und politischen Problemen der Zeit. In seiner letzten wichtigen Artikelserie für die »Rheinische Zeitung« beschäftigte sich Marx mit dem illegalen Holzsammeln im Wald, einem Thema, für das der Gesichtspunkt traditioneller gemeinschaftlicher Gewohnheitsrechte ebenso eine Rolle spielte wie die Lage auf dem Brennholzmarkt und die Verarmung der Bauern. Was Marx dazu in seinem gewohnt scharfzüngigen Stil schrieb, war mehr, als der preußische Zensor zu akzeptieren bereit war. Die Staatsgewalt, vom wachsenden Erfolg der Zeitung alarmiert, verbot deren weiteres Erscheinen und machte damit ihren Chefredakteur wieder einmal arbeitslos. Offenbar, so schwante Marx, war in einem Staat wie diesem für ihn kein Platz. »In Deutschland kann ich nichts mehr beginnen«, schrieb er an Ruge. »Man verfälscht sich hier selbst.« Er nahm das Angebot wahr, an einer Zeitschrift mitzuarbeiten, die in Straßburg ins Leben gerufen werden sollte, heiratete Jenny von Westphalen im Juni 1843 und bereitete sich auf einen neuen Anfang im Ausland vor.

Noch vor seiner Abreise aus Deutschland trat Marx in einen Prozeß der intellektuellen Selbstkritik ein, der vier Jahre dauern und aus dem er als »Marxist« hervorgehen sollte. In einer Reihe schriftlicher Arbeiten, von denen einige veröffentlicht wurden und andere unbekannt blieben, bis Forscher sie im 20. Jahrhundert wiederentdeckten, ging Marx mit seiner eigenen hegelianischen Vergangenheit und anschließend mit seinen ehemaligen Gesinnungsgenossen aus dem Kreis der Junghegelianer ins Gericht. Beginnend mit einer Analyse der Hegelschen Rechtsphilosophie und kulminierend in einer Polemik gegen die »Deutsche Ideologie«, legen diese Schriften Zeugnis von seinem tastenden und psychologisch schwierigen Bemühen ab, aus dem, was er von Hegel gelernt hatte, ein Instrument für die politische und kulturelle Erneuerung zu schmieden. Man darf aber nicht verkennen, daß sich dieses Unterfangen noch weitgehend im Rahmen links-hegelianischer Denkschemata bewegte. »Unser Wahlspruch muß also sein«, teilte er im September 1843 Ruge mit: »Reform des Bewußtseins nicht durch Dogmen, sondern durch Analysierung des mystischen, sich selbst unklaren Bewußtseins.«

Entschlossen, seinen Beitrag zur Zuspitzung der Kämpfe und Sehnsüchte der Epoche zu leisten, übersiedelte Marx mit seiner schwangeren Frau nach Paris. Von hier aus begann er Ende 1843 seine Bindungen zur links-hegelianischen Bewegung zu kappen. In dem Artikel »Zur Judenfrage«, den er für die »Deutsch-Französischen Jahrbücher« schrieb, attackierte er heftig die von Bruno Bauer vertretene Auffassung, die Emanzipation der Juden sei »innerhalb der bisherigen Weltordnung« möglich. Eine wirkliche Emanzipation könne sich, so postulierte Marx nunmehr, nicht allein oder überwiegend im politischen oder kulturellen

Bereich vollziehen; sie müsse in der bürgerlichen Gesellschaft stattfinden, in der Sphäre der produktiven Beziehungen, in der die wirkliche Existenz der Menschen wurzele. In einer zweiten Abhandlung für die »Jahrbücher«, »zur Kritik der Hegelschen Rechtsphilosophie, Einleitung«, gab Marx erstmals einen kurzen Ausblick darauf, wo die »positive Möglichkeit der deutschen Emanzipation« zu suchen war, nämlich »in der Bildung einer Klasse mit radikalen Ketten, einer Klasse der bürgerlichen Gesellschaft, welche keine Klasse der bürgerlichen Gesellschaft ist, eines Standes, welcher die Auflösung aller Stände ist, einer Sphäre, welche einen universellen Charakter durch universelles Leiden besitzt«. Mit dem Erscheinen dieser Klasse, des Proletariats, waren die wesentlichen Elemente für die Marxsche Umstülpung der hegelianischen Ordnung beisammen. Für Hegel ist der Staat die bestmögliche Verwirklichung der universellen Idee gewesen, da seine Diener, die über der bürgerlichen Gesellschaft schwebten, ihre Vernunft im Sinne des Allgemeinwohls zur Geltung bringen konnten. Für Marx war das Proletariat das Werkzeug der universellen Vernunft, da es als das radikal ausgebeutete Element der Gesellschaft von derselben ausgeschlossen und gerade deshalb zum wahren Träger menschlicher Werte und zum historischen Werkzeug der revolutionären Umwälzung prädestiniert war.

Im Sommer 1844 wurde Marx im Café de la Régence in Paris mit Friedrich Engels bekanntgemacht, dem Mann, der für die nächsten vier Jahrzehnte sein Vertrauter, Förderer und Mitarbeiter bleiben sollte. Marx war sechsundzwanzig, Engels dreiundzwanzig Jahre alt. Beide stammten aus dem deutschen Westen, hatten mit ihrer Neigung zu jugendlichem literarischen Überschwang und Links-Hegelianismus ihre praktisch denkenden Väter enttäuscht und interessierten sich zunehmend für soziale Probleme. Auf Anhieb verstanden die beiden sich so gut, daß sie volle zehn Tage lang pausenlos diskutierten. Danach beschlossen sie, gemeinsam eine Schrift gegen Bauer – und das hieß im Grunde auch gegen ihre eigene geistige Vergangenheit – zu schreiben. Was dabei herauskam, war eine dreihundert Seiten starke Polemik, die 1845 unter dem Titel »Die heilige Familie, oder Kritik der kritischen Kritik« erschien. Marx machte auf dieser Linie zunächst allein mit seinen unveröffentlichten »Thesen über Feuerbach« weiter und danach mit »Die deutsche Ideologie«, an der wieder Engels mitarbeitete. Jene Werke liefen auf eine »Abrechnung mit unserem einstigen philosophischen Gewissen« hinaus, wie Marx es formulierte. Er vertiefte seine Gesinnungsgemeinschaft mit Engels und brach mit Feuerbach, dem er von allen Hegelianern die tiefste und längste Zuneigung entgegengebracht hatte. Marx war nun bereit, sein Leben ganz in den Dienst jener politischen Bewegung zu stellen, mit der sein Name unwiderruflich verbunden bleiben sollte. In seinen Schriften aus den Jahren 1844 und 1845 finden sich zum ersten Mal unmißverständliche Aussagen über die Rolle des Kommunismus als Schlüssel zur Lösung der Weltprobleme, als zwangsläufiges Produkt des revolutionären Verlaufes der Geschichte.

»Die Philosophen haben die Welt nur verschieden interpretiert«, schrieb Marx in seiner letzten These über Feuerbach. »Es kommt aber darauf an, sie zu verändern.« Diese Aussage, von den Anhängern Marx' oft genug zitiert, ist auf bezeichnende Weise unbillig; denn den meisten deutschen Philosophen war es nicht nur darum gegangen, die Welt zu interpretieren, sondern auch darum, sie zu verändern. Was Marx von ihrem Denken unterschied, war nicht sein Wunsch nach Veränderung, vielmehr seine Ansicht darüber, wie Veränderungen herbeigeführt werden konnten. Im Gegensatz zu dem, was vorangegangene Generationen deutscher Denker – von Lessing über Kant und Hegel bis zu Feuerbach – vertreten hatten, glaubte Marx nicht daran, daß geistige Aufklärung und moralische Reform die Vorbedingungen für gesellschaftliche Veränderungen waren. In seinen Augen konnte sich eine neue Moral nur im Gefolge einer gesellschaftlichen Umwälzung entfalten. Im Kontext der deutschen Geistesgeschichte stellte das Marxsche Gegenmodell zum Primat der geistigen und moralischen Reform mithin einen krassen Bruch mit der herkömmlichen, auf den Begriff der Bildung zugeschnittenen Reformbewegung dar. Diesem Bruch mit den eigenen geistigen Vorläufern standen jedoch, wie Marx hin und wieder selbst einräumte, zwei wichtige Kontinuitätslinien gegenüber. Zum einen war und blieb die analytische Methode, derer sich Marx bediente, hegelianisch. Wie Hegel betrachtete er die Geschichte als einen Einheitlichkeit und Sinn besitzenden Prozeß, der dialektisch begriffen werden mußte. Marx mag das Verhältnis zwischen Sein und Bewußtsein »vom Kopf auf die Füße gestellt« haben, aber er wich nie von der Maxime Hegels ab, daß es Aufgabe der Philosophie sei, unter die verwirrende Vielfalt an der Oberfläche des geschichtlichen Prozesses hinabzutauchen und die verborgenen Gesetzmäßigkeiten des revolutionären Wandels aufzudecken. Zum zweiten war und blieb Marx mit seinen Vorstellungen vom Ziel der menschlichen Entwicklung fest in der deutschen Kultur verwurzelt. Wie Hegel und etliche andere Philosophen und Dichter nahm er sich vor, die Entfremdung der Menschheit von sich selbst zu überwinden, die Menschen aus ihrem historischen Exil heimzuholen und jenen »ganzen Menschen« zu schaffen, nach dem so viele deutsche Denker ungeduldig Ausschau gehalten hatten.

Entfremdungs- und Bekenntnisliteratur

Die links-hegelianische Bewegung war nur eine von mehreren Formen, in denen sich nach 1830 in Deutschland kulturelle Opposition manifestierte, provoziert durch politische Unzufriedenheit, das Gefühl einer herannahenden Krise und einen grundlegenden Wandel des generationsbezogenen Selbstverständnisses in den Reihen der deutschen Intelligenz. Das Schicksal vieler radikaler Hegelianer, nämlich Entfremdung und Exil, wurde auch etlichen ihrer literarischen Zeitgenossen zuteil, die die Zustände in Deutschland ebenfalls als geistig und politisch strangulierend empfanden. Die drei Begriffe »Leben, Wirklichkeit und Zeit«, mit denen Jeffrey Sammons das »Junge Deutschland« identifizierte, waren auch Bestandteil des Vokabulars der Junghegelianer. Beiden Gruppen ging es darum, an die Stelle abgenutzter Ideale etwas Lebendiges zu setzen, die geistige Welt näher an die Wirklichkeit heranzurücken und der Gesellschaft eine zeitgemäße Kultur zu geben. »Die neue Zeit wird auch eine neue Kunst gebären«, schrieb Heine 1831, »die mit ihr selbst in begeistertem Einklang seyn wird, die nicht aus der verblichenen Vergangenheit ihre Symbolik zu borgen braucht, und die sogar eine neue Technik, die von der seitherigen verschieden, hervorbringen muß.«

Das für die Geschichte der deutschen Literatur im 19. Jahrhundert vielleicht wichtigste Datum ist der 22. März 1832. An diesem Tag starb der Mann, der, seit er sechzig Jahre zuvor Werke wie den »Götz« und den »Werther« veröffentlicht hatte, eine bestimmende Persönlichkeit des europäischen Kulturlebens geblieben war. Obwohl das Ansehen Goethes Schwankungen unterworfen gewesen ist und es ihm nie an Kritikern gefehlt hatte, war die Dimension seines Schaffens äußerst beeindruckend. Kein anderer deutscher Schriftsteller hatte ein Werk von vergleichbarer Fülle, Bandbreite und Qualität hervorgebracht. In den ersten Jahren nach der Jahrhundertwende erreichte sein Ruhm eine solche Höhe, daß sogar ein so nüchterner Besucher wie Henry Crabb Robinson in stummer Ehrfurcht erstarrte. »Hätte sich die Gelegenheit ergeben«, notierte er in sein Tagebuch, »so wäre ich wohl unfähig gewesen, eine Unterhaltung mit ihm anzufangen; so aber war es mir vergönnt, nur stillschweigend nach ihm zu gaffen.« In seinen letzten drei Lebensjahrzehnten schrieb Goethe einige seiner bedeutendsten Werke: »West-östlicher Divan«, »Wilhelm Meisters Wanderjahre« und vor allem den zweiten Teil des »Faust«, womit er das Projekt, an dem er so lange herumexperimentiert hatte, zu einem glanzvollen Abschluß brachte. Gleichzeitig hatte Goethe sich sorgsam um die Gestaltung seines eigenen Bildes für die Nachwelt bemüht, indem er seine Lebenserinnerungen, seine Aufzeichnungen über die Italien-Reise und den französischen Feldzug sowie seinen Briefwechsel mit Schiller veröffentlicht hatte. Er gestehe gern, schrieb er an Wilhelm von Humboldt, »daß in meinen hohen Jahren mir alles mehr und mehr historisch wird... ja ich erscheine mir selbst immer mehr und mehr geschichtlich«. Die Aufgabe, seinen komplizierten und durchaus nicht in jeder Beziehung bewunderungswürdigen Lebensweg zu einem historischen Juwel glattzuschleifen, fiel nach seinem Tod einer Schar von Anbetern zu, die eine ansehnliche Zahl langweiliger Hagiographien hervorbrachten, aber auch zwei Werke von bleibendem literarischen Interesse: Bettina von Arnims »Goethes Briefwechsel mit einem Kinde« von 1835 und Johann Peter Eckermanns »Gespräche mit Goethe« aus dem Jahr 1836.

In den Chor der Bewunderer mischten sich einige wenige kritische Stimmen.

Konservative wie der Theologe Ernst Wilhelm Hengstenberg brandmarkten Goethes unverhohlenes Heidentum, während patriotische Publizisten wie Wolfgang Menzel seinen unübersehbaren Mangel an nationaler Begeisterung rügten. Im Zusammenhang dieses Bandes interessiert hauptsächlich die Kritik seitens junger, liberaler Autoren, die die überragende Begabung Goethes anerkannten, ihm aber übelnahmen, was er damit angestellt hatte. Der besonders lautstarke unter den Kritikern war der literarische Journalist und politische Kommentator Ludwig Börne, der Goethe immer wieder seine persönliche Abgehobenheit, seine nach außen hin an den Tag gelegte Konformität, seinen vornehm zurückhaltenden Stil vorhielt: »Der Himmel gab Dir eine Feuerzunge, hast Du je das Recht verteidigt?« fragte Börne einmal. »Du hattest ein gutes Schwert, aber Du warst nur immer Dein eigener Wächter.« Börne glaubte, diese Ichbezogenheit sei der Grund dafür, daß es der Kunst Goethes an Leben und Kraft fehle. Heinrich Heine, der sich zu dem Thema längst nicht so verbissen und wiederkehrend äußerte, stimmte dem Urteil zu, daß Goethes Stil zu abgeklärt sei. 1830 verglich er einige jüngst erschienene Goethe-Werke mit den Standbildern im Louvre, die »nicht mit uns leiden und jauchzen können, ... keine Menschen sind, sondern unglückliche Mischlinge von Gottheit und Stein«.

Doch selbst die ärgsten Kritiker Goethes erkannten, daß sein Tod eine kulturelle Zeitenwende markierte, das Ende einer Ära, die für immer untrennbar mit seinem Namen verbunden bleiben würde. »Diese literarische Epoche«, schrieb Theodor Mundt 1833, »liegt hinter uns.«

Viele europäische Intellektuelle hatten in den darauffolgenden Jahren das Gefühl, das Ende einer Ära miterlebt zu haben und an der Schwelle zu einer neuen zu stehen. Ein solcher Eindruck ist nichts Ungewöhnliches: Auf junge Leute wirkt die Welt ihrer Altvordern meist völlig verstaubt. In mancher Hinsicht erinnerte die Generation derer, die in den dreißiger Jahren jung waren, an die jungen Romantiker vierzig Jahre früher. Man findet bei ihnen dieselben Ambitionen, dieselbe Rastlosigkeit und Energie. Doch die Unbeflecktheit der Hoffnungen und die Unbegrenztheit der Visionen, die die meisten Romantiker ausgezeichnet hatten, waren bei denen, die nach 1830 ins produktive Alter kamen, nur selten anzutreffen. In einer Weise, die angesichts heutiger Befangenheiten vertraut anmutet, schleppten die Nachgewachsenen die Last der Versäumnisse und Leistungen ihrer Vorgänger mit und fragten sich beständig, ob sie jemals das Ende des langen Schattens erreichen würden, den die Riesen der Vergangenheit über sie warfen.

Ein Buch, daß diese Stimmung sehr gut einfing, war Karl Immermanns »Die Epigonen« von 1836. Auf den ersten Blick schien Immermann in der Rolle eines Sprechers der Intellektuellen, die oft als Gegner der etablierten Ordnung galten, eine Fehlbesetzung zu sein. Der Waterloo-Veteran, Patriot und Konservative nach Naturell und Überzeugung blieb bis zu seinem Tod, der ihn 1840 im fünfundvierzigsten Lebensjahr ereilte, ein loyaler Diener des preußischen Staates. Aber er war auch ein fruchtbarer Autor, ein begabter Theaterdirektor, ein Freund Heines, ein Verteidiger von Opfern der Zensur und ein scharfsichtiger Beobachter des politischen und kulturellen Geschehens. Der Titel seines Romans läßt auf dessen Thema und Absicht schließen: »Die Epigonen, Familienmemoiren in neun Büchern, 1823–1835« sind die Geschichte einer Generation von Nachläufern aus der Perspektive einer Familie erzählt und in einer konkreten Zeit spielend. Im Mittelpunkt der Handlung stehen mehrere Vermächtnisse, biologische, geistige, soziale, mit denen die Protagonisten sich auseinandersetzen müssen. Der Roman endet zwar mit der Gründung einer utopischen Gemeinschaft, in der Vergangenheit und Gegenwart sich versöhnen, aber im großen und ganzen herrscht ein Klima der Spannung, des Unbehagens und der Exzessivität. 1830, fünf Jahre bevor Immermann die Niederschrift des Romans abschloß, erläuterte er seinem Bruder den Titel folgendermaßen: »Unsere Zeit, die sich auf den Schultern der Mühe und des Fleißes unserer Altvordern erhebt, krankt an einem gewissen geistigen Überflusse. Die Erbschaft ihres Erwerbs liegt zu leichtem Antritte uns bereit; in diesem Sinne sind wir Epigonen. Daraus ist ein ganz eigentümliches Siechtum entstanden.« Wie um das Leitmotiv zu unterstreichen, tätigte Immermann selbst heftige Anleihen bei Goethes »Wilhelm Meister«, dessen Einfluß in dem Roman allgegenwärtig ist, in seiner Struktur ebenso wie in seiner Substanz.

Das Selbstverständnis der jungen deutschen Generation der dreißiger Jahre war nicht bloß eine Sache der Stimmung und der Sensibilität. Ebenso ausschlaggebend waren Veränderungen in den sozialen und politischen Bedingungen des Geisteslebens, die die Chancen auf eine verläßliche Karriere erheblich schmälerten. Die Universitäten als Schauplätze kultureller Aktivität nahmen an Bedeutung zu. Schon 1816 galt, daß, wie Hegel einem Freund schrieb, ein Universitätslehrstuhl eine fast unerläßliche Vorbedingung für philosophischen Einfluß war. Nach einer kurzen Periode der akademischen Expansion wurde es jedoch zunehmend schwieriger, an einer Universität unterzukommen. Die Studentenzahlen erreichten gegen Ende der zwanziger Jahre einen Höhepunkt und gingen dann wieder zurück, weil offenbar viele Eltern der Meinung waren, eine Hochschulausbildung sei keine sinnvolle Investition mehr. Der öffentliche Dienst, die Kirchen und die Justiz sahen sich mit Bewerbungen überschwemmt, deren Erfolgschancen aufgrund eines europaweiten »Überschusses an studierten Leuten«, wie Lenore O'Boyle es formuliert hat, niedrig waren. Einer zeitgenössischen Aufstellung zufolge kamen in den frühen dreißiger Jahren auf jeweils 100 offene kirchliche Stellen 262 Bewerber, auf 100 freie Stellen im öffentlichen Dienst 230 Kandidaten. Samuel Laing wunderte sich in den vierziger Jahren über das Überangebot an qualifiziertem Personal. Er fand die Zahl »viel zu groß für die natürliche Nachfrage oder für das wirkliche Wohl des Landes, da die Stellungslosen doch im Grunde literarische Nichtstuer sind, die, abgeschnitten von den Pfaden produktiver Beschäftigung, in der Hoffnung auf bevorzugte Berücksichtigung müßig gehen«.

Abgesehen von denen, die über Vermögen verfügten, mußten freischwebende Intellektuelle ihren Lebensunterhalt mit den Einkünften aus ihrer Autorentätigkeit bestreiten, wenn sie nicht auf die Zuwendungen ihrer Freunde angewiesen sein wollten; die meisten brauchten beides. Diejenigen, die Laing »literarische Nichtstuer« nannte, hatten kein leichtes Leben. Der Buchmarkt machte zwar im frühen 19. Jahrhundert große Fortschritte, aber mit ernsthafter literarischer Tätigkeit Geld zu verdienen, war nach wie vor schwierig. Ein gesetzlicher Urheberrechtsschutz wurde erst in den späten dreißiger Jahren eingeführt, und so konnten selbst erfolgreiche Schriftsteller selten den vollen Ertrag ihrer Mühen ernten. Wenn ein Buch populär wurde, überschwemmten Raubdrucker den Markt mit billigen Kopien. Zudem gab es eine ebenso allgegenwärtige wie unberechenbare Zensur, die einem Autor den Zugang zu einem großen Teil seines potentiellen Publikums versperren konnte. Aus derartigen Gründen vermochten nur die wenigsten Intellektuellen von literarischer Tätigkeit allein auskömmlich zu leben. Wollten sie dies, so mußten sie bereit sein, ununterbrochen zu schreiben, und zwar über eine Vielzahl von Themen und in einem noch für schlichteste Gemüter verständlichen Stil. Die Frau von Theodor Mundt produzierte über zweihundertfünfzig Werke, die Jeffrey Sammons als »unverbesserlich triviale historische Romane« bezeichnet hat. Diejenigen, die ihre Arbeit ernst nahmen, sahen sich einem System ausgeliefert, in dem, wie Heine einmal klagte, die Muse wie eine Kuh gemolken werde, bis sie bloß noch klares Wasser gebe. Selbst Heine, der sich als Autor relativ großer Beliebtheit erfreute, schaffte es nicht, sich finanzielle Unabhängigkeit zu erschreiben. Er blieb auf Unterhaltszahlungen seiner Familie angewiesen und war bitter enttäuscht, als sein sagenhaft reicher Onkel ihm keine üppige Erbschaft hinterließ. Eine Zeitlang machte sich Heine, der eigentlich zu den »unprofessoralsten« Persönlichkeiten seiner Generation gehörte, Hoffnungen auf eine Berufung an die Münchener Universität und die damit verbundene materielle Absicherung. Als der Dichter Ferdinand Freiligrath 1844 aus politischen Gründen freiwillig auf seine staatliche Pension verzichtete, reagierte sein Freund, der einstige Demokrat Friedrich Dingelstedt, mit völligem Unverständnis: »Eine königliche Pension hinwerfen auf die Gefahr, daß der liberale Pöbel mit seinen zudringlichen Sammlungen und Subskriptionen bauernhochmütig Dir sein öffentliches Opfer darbringe? O Gott, Freiligrath, nur das nicht!«

Die radikalen Intellektuellen der dreißiger und vierziger Jahre des 19. Jahrhunderts litten, von wenigen Ausnahmen abgesehen, unter finanzieller Unsicherheit und gesellschaftlicher Ausgrenzung. Davon betroffen waren in erster Linie die Links-Hegelianer; keiner von ihnen fand eine feste Anstellung. Strauß, der sich von Jugend an auf eine Pfarrerslaufbahn vorbereitet hatte, verlor seinen Lehrauftrag am Tübinger Seminar und mußte seine Lehrtätigkeit schließlich ganz aufgeben. Bruno Bauer schlug sich fast ein Jahrzehnt lang als unbesoldeter Privatdozent in Berlin durch, erhielt schließlich eine vorübergehende Anstellung in Bonn, mußte aber die Hoffnung auf eine dauerhafte berufliche Existenz begraben. Auch Feuerbach verlor seinen Lehrauftrag und sah sich gezwungen, auf die finanzielle Unterstützung seiner Familie und später seiner Frau zurückzugreifen. Marx, dem zunächst eine Juristenlaufbahn vorgezeichnet gewesen ist, bevor er akademische Ambitionen entwickelte, landete in der unsicheren Existenz eines politischen Journalisten. Heine, von der Ausbildung her wie Marx zum Juristen bestimmt, endete im Exil, wo er seinen Lebensunterhalt mit der Feder zu verdienen versuchte. Gutzkow, der die Theologie für die Literatur im Stich ließ, kollidierte häufig mit der Zensur. Sein schriftstellerischer Erfolg war trotz der über fünfzig Stücke, die er schrieb, eher bescheiden; immerhin wurde er 1846 als Hausdramatiker an das sächsische Hoftheater in Dresden berufen. Georg Herwegh und Freiligrath lebten, wie Heine und Börne, im Exil. Christian Dietrich Grabbe praktizierte sporadisch als Anwalt, widmete aber den größten Teil seines kurzen Lebens einer ihm kaum gelohnten literarischen Tätigkeit; nur eines seiner Stücke wurde zu seinen Lebzeiten aufgeführt. Georg Büchner schließlich, der in seinen Arbeiten in einem frühreifen Vorgriff auf die Moderne die nervöse Aufbruchstimmung seiner Zeit einfing, schlug mehrere berufliche Wege ein und brach sie wieder ab, bevor er 1837 im Alter von dreiundzwanzig Jahren starb.

Büchners Erzählung »Lenz« ist eine kraftvolle künstlerische Wiedergabe der geistigen Situation des freischwebenden Intellektuellen. Ihr ständig wiederkehrendes Thema ist die Trennung des Helden von Gesellschaft, Familie, Freunden, schließlich auch von der natürlichen und göttlichen Ordnung. In der Eröffnungspassage steht Lenz auf einem Berg, und dort »wurde ihm entsetzlich einsam, er war allein, ganz allein«. Es schließen sich mehrere schmerzhafte Begegnungen an, in denen er keinen Kontakt findet und die ihn empfinden lassen, allen Gefühls und Glaubens beraubt zu sein. »Es war«, erzählt Büchner, »eine entsetzliche Leere in ihm, er fühlte keine Angst mehr, kein Verlangen; sein Dasein war ihm eine notwendige Last.« Historisch betrachtet, steht die Erzählung Büchners in der Mitte einer Entwicklungsreihe, die mit den Werken des Sturm-und-Drang-Dichters Jakob Michael Lenz beginnt und bis Bertolt Brecht reicht, der das Lenzsche Drama »Der Hofmeister« als Vorlage für eines seiner Stücke benutzte. Wichtiger ist jedoch, daß Büchners »Lenz«, wie J. P. Stern erkannt hat, »ein Akt der imaginativen Selbst-Identifizierung« ist, das Zeugnis eines Menschen, der wußte, was es hieß, gegen Einsamkeit und Verzweiflung anzukämpfen, und der, wie der Held der Erzählung, auf einem schmalen Grat wandelte, in stetiger Angst, in den Abgrund der Gemütskrankheit abzugleiten. Wie viele seiner Zeitgenossen litt Büchner unter seiner Vereinzelung und bemühte sich, sie zu überwinden. Als Naturkundler, Autor und politischer Aktivist wollte er in direkten Bezug zum Leben treten. »Ich verlange in Allem«, läßt er seinen Lenz ausrufen,

»Leben, Möglichkeit des Daseins, und dann ist's gut; wir haben dann nicht zu fragen, ob es schön, ob es häßlich ist, das Gefühl, daß Was geschaffen sei, Leben habe, stehe über diesen Beiden, und sei das einzige Kriterium in Kunstsachen.«

Im Jahr 1839 verfaßte Friedrich Engels ein jugendfrisches Gedicht mit dem Titel »Bücherweisheit«, in dem es heißt: »Der ist nicht weise der aus allen Schriften / Sich einen Schwall von Worten zugelegt, / Der wird auch nie des Daseins Schleier lüften, / Ob er auch schwer an Wissenschaften trägt.« Solche Ansichten finden sich bei den Links-Hegelianern, die dafür eintraten, die Philosophie auf die Erde herunterzuholen. Ähnlich dachte Heine, der seinen Landsleuten spöttisch vorhielt, sie begnügten sich mit der Herrschaft über die »luftige Welt der Träume«. Georg Gervinus erklärte in einer berühmten Passage des 1842 veröffentlichten letzten Bandes seiner Geschichte der deutschen Literatur: »Der Wettkampf der Kunst ist vollendet.« Es sei an der Zeit, daß die Deutschen ihre Energien auf politisches Handeln richteten. Doch so weit wollten nur die wenigsten Schriftsteller gehen. Ludolf Wienbarg schrieb 1834 in seinen »Ästhetischen Feldzügen«: »Die Dichter und ästhetischen Prosaisten stehen nicht mehr wie vormals allein im Dienst der Musen, sondern auch im Dienst des Vaterlandes, und allen mächtigen Zeitbestrebungen sind sie Verbündete.« Wienbarg wollte, wie Herwegh und viele andere, die Kunst mit dem Leben, die Literatur mit der Tat, die Poesie mit der Politik verbinden. Das war leichter gesagt als getan im Metternichschen Europa, wo jedes Buch, das in der Gegenwart spielte oder ein potentiell kontroverses Thema behandelte, von Polizei und Zensur mißtrauisch geprüft wurde. Es war jedoch gerade die Staatsmacht, die den sogenannten jungdeutschen Schriftstellern ihre kollektive Identität gab, als sie nach der Veröffentlichung von Karl Gutzkows »Wally, die Zweiflerin« im Jahr 1835 eine Reihe von Zensurgesetzen erließ, kulminierend in einem Edikt des Deutschen Bundes: Die Werke Gutzkows, Heines, Heinrich Laubes, Wienbargs und Mundts wurden verboten, ihre Verbreitungen in jedweder Form unter Strafe gestellt und die Behörden Hamburgs angewiesen, gegen den Verlag Hoffmann und Campe vorzugehen. Die besagten Literaten hätten, wie das Edikt ausführte, »eine literarische Schule gebildet…, deren Bemühungen unverholen dahin gehen, in belletristischen, für alle Classen von Lesern zugänglichen Schriften die christliche Religion auf die frechste Weise anzugreifen, die bestehenden socialen Verhältnisse herabzuwürdigen und alle Zucht und Sittlichkeit zu zerstören«.

Gutzkow war ein vierundzwanzigjähriger Journalist, als er mit seinem in dreiwöchiger intensiver Arbeit entstandenen Roman »Wally, die Zweiflerin« die bestehende moralische und politische Ordnung bedrohte. Ein junger Mann von außerordentlicher Arbeits- und Tatkraft, entstammte Gutzkow einer verarmten Familie – sein Vater war Knecht in den königlichen Stallungen –, studierte Theologie, wandte sich dann aber dem Journalismus und der Literatur zu. Nach einer kurzen und stürmischen Lehrzeit bei Wolfgang Menzels einflußreichem »Morgenblatt« wurde Gutzkow 1834 Kulturredakteur beim »Phönix«. Nach dem Vorgehen des Deutschen Bundes gegen die »Wally« verbrachte er mehrere Monate im Gefängnis, und auch in der Folge blieb ihm die Zensur beständig im Nacken, sogar noch, nachdem er 1843 einen »Treueid« abgelegt hatte. Sein Pech war, daß es ihm an jenen seelischen und geistigen Qualitäten mangelte, die literarische Größe ausmachen. E. M. Butler hat auf die eigentümliche Tragik hingewiesen, die darin liege, daß »jemand all die schwersten Strapazen unerkannter Größe auf sich nimmt, ... daß er der Blutsbruder (der Großen) im Leiden, aber nicht ihr Genosse in der Freude sein darf und, obwohl ihnen im Temperament ebenbürtig, an ihre Leistungen nicht heranreicht«. Den meisten heutigen Lesern dürfte es schwerfallen, zu verstehen, weshalb Wolfgang Menzel sich anläßlich der »Wally« bemüßigt fühlte, seinem ehemaligen Kollegen vorzuwerfen, er versuche »eine Religion der Lust« zu begründen, das Treiben in Bordellen zu preisen. Die erotischen Passagen des Buches sind eher blaß, und zwar keineswegs nur nach heutigen Maßstäben. Auch den Vorwurf, ein Plädoyer für den Skeptizismus zu sein, hat der Roman nicht verdient, weil für die Heldin ihr Mangel an Glaubensfestigkeit fatale Folgen hat und sie schließlich zu der »tiefen Überzeugung« gelangt, »daß ohne Religion das Leben des Menschen elend ist«. Vor dem Hintergrund des vom Biedermeier gepflegten Kultes der Häuslichkeit muß »Wally, die Zweiflerin« dennoch subversiv gewirkt haben. Als eine Frau mit Leidenschaften, die Heuchelei nicht ertragen kann und sich nicht mit politischen Platitüden und kulturellen Klischees abspeisen lassen will, verkörpert Wally alles, was eine bescheidene, fromme und gehorsame Biedermeierehefrau nicht sein und tun sollte. Mit ihrer Rastlosigkeit, ihrer nervösen Energie und ihrer inneren Zerrissenheit war sie das krasse Gegenbild zu den von der Biedermeierkultur gerühmten Tugenden der Ruhe und der Einheit mit sich selbst. Wie Sammons schreibt, war der Roman, weil er »einen Aufschrei des Schmerzes und des Unverständnisses für die Entfremdung des einzelnen und die Zersetzung haltgebender Werte in der Gesellschaft war, ein für das turbulente Jahr 1835 symptomatisches Ereignis«. Er ist bis heute trotz seines irritierenden Stils und seiner schlichten Handlung ein seltsam bewegendes Buch geblieben.

Die Männer, die von den Obrigkeiten des Deutschen Bundes mit Gutzkow gleichgesetzt wurden, bildeten in Wirklichkeit eine bunte Schar. Wienbarg, der in seinen »Ästhetischen Feldzügen« als erster den Ausdruck »Junges Deutschland« verwendet hatte, war ein fruchtbarer, aber nicht außergewöhnlich begabter Autor, der nach seiner Kollision mit den Behörden 1835, und vielleicht beschleunigt durch sie, auf einen selbstzerstörerischen Weg geriet, der in Alkoholismus und geistiger Verwirrung endete. Mundt leugnete entschieden jede Verbindung zu den Schriftstellern des Jungen Deutschland und namentlich zu Gutzkow, von dessen Kunst er nichts hielt. Man verwehrte ihm dennoch eine akademische Anstellung und unterwarf ihn diversen Schikanen, bis er mit gro-

ßer Erleichterung und Begeisterung das Angebot akzeptierte, seine Treue zum
Deutschen Bund zu beschwören. Laube, der im Juli 1834 wegen angeblich
staatsgefährdender Schriften eingesperrt worden war, distanzierte sich ebenfalls
beharrlich vom Jungen Deutschland, auch dann noch, als er aufgrund seiner
vermeintlichen Sympathien für diese Bewegung angeklagt wurde. Wie Mundt
machte Laube schließlich seinen Frieden mit der Obrigkeit und verbrachte seine
letzten achtzehn Lebensjahre als künstlerischer Direktor des Burgtheaters in der
Donau-Metropole.

Bei allen Unterschieden im Temperament, Charakter und Lebensweg zeichne-
ten sich die Vertreter des Jungen Deutschland – ebenso wie ein Dutzend weiterer
Autoren, die zuweilen in einem Atemzug mit ihnen genannt werden – durch die
Gemeinsamkeit bestimmter historischer Erfahrungen aus. Dies verlieh ihren um
die Mitte der dreißiger Jahre und danach entstandenen Arbeiten – Gutzkows
»Wally«, Wienbargs »Feldzügen«, Mundts »Modernen Lebenswirren« und
»Madonna«, Laubes »Das neue Jahrhundert« und »Das junge Europa« – eine
Ähnlichkeit der emotionalen Färbung und der kritischen Tendenz. Obwohl die
Jungdeutschen nie eine Schule oder gar eine Bewegung bildeten, gehörten sie
insofern zusammen, als sie alle ein starkes Unbehagen an der traditionellen Kultur und den herrschenden Wertvorstellungen verspürten. Gemeinsam ist ihnen
des weiteren, daß sie, mit einer einzigen, allerdings bedeutenden Ausnahme, keine literarischen Werke von hohem Rang schufen. »Ich finde in den Sachen der
besten unter ihnen viel Gutes, selbst Großes angedeutet«, schrieb Karl Immermann nach 1835, »aber nichts wird mit Ruhe ausgeführt... Ich fürchte, daß bei
allem Talent, was sie unleugbar besitzen, doch nur eine ephemere Wirkung von
ihnen ausgehen wird.« Sammons gelangte zu einer verblüffend ähnlichen Einschätzung: »Daß das Junge Deutschland in jeder erdenklichen Hinsicht versagt
hat, wird niemand bestreiten... Ihre realistischen Impulse verwandelten sich
unter ihren Händen in Plattheiten, ihr Idealismus in Resignation.«

Die eine Ausnahmeerscheinung in dem Ensemble künstlerischer Mittelmäßigkeit, der einzige aus dem Umkreis des Jungen Deutschland, der ein Werk von
bleibendem Rang schuf, war Heinrich Heine. Als der Deutsche Bund im Jahr
1835 seine Werke verbot, war Heine achtunddreißig Jahre alt und lebte seit vier
Jahren in Paris. Geboren war er als Sohn eines jüdischen Kaufmanns in Düsseldorf. Seine eigene Karriere als Geschäftsmann war kurz und erfolglos, trotz der
Förderung durch seinen reichen Onkel Salomon. 1819 begann Heine ein Jurastudium, zunächst in Bonn, dann in Göttingen, schließlich in Berlin. 1825 ließ er
sich taufen, diskret und ohne innere Überzeugung, offenbar nur, um die juristische Laufbahn einschlagen zu können. Schon in seinen Bonner Studententagen
hatte seine Lyrik das wohlwollende Augenmerk August Wilhelm Schlegels erregt.
Danach begann er sich ein bescheidenes, aber stetig anwachsendes Renommee
als Lyriker zu erwerben. Seine Kontakte zum literarischen Leben in Deutschland

erweiterten sich in seinen Berliner Jahren, in denen er im Varnhagenschen Salon verkehrte, eine lebenslange Freundschaft mit Immermann begründete und Aufsätze und Artikel zu aktuellen Themen veröffentlichte. 1827 trat er in ein Vertragsverhältnis mit dem Hamburger Verleger Julius Campe, der einen Band mit Gedichten Heines und die vollständige Fassung seiner »Harzreise« herausbrachte, der ersten seiner großartigen Reisebeschreibungen. Im Jahr darauf ging Heine nach München, um im Auftrag des bedeutenden Verlagshauses Cotta journalistisch zu arbeiten. Bei dieser Gelegenheit versuchte er, sich eine Stellung an der Universität zu verschaffen. Obwohl er weiterhin beachtenswerte Arbeiten publizierte, darunter ein dreiteiliges Werk über seine 1828/29 unternommene Italien-Reise, befand er sich ständig in Geldverlegenheiten und sah sich gezwungen, von den widerwillig gewährten Zuwendungen seiner reichen Verwandtschaft zu zehren. Frustriert von der Erfolglosigkeit seiner Bemühungen um finanzielle Absicherung, verärgert über den Geiz seines Onkels und entnervt von seinen zunehmenden Reibereien mit der preußischen Zensur, übersiedelte Heine 1831 nach Paris, wo er bis zu seinem Tod ein Vierteljahrhundert später blieb.

In seinen lyrischen Dichtungen behandelte Heine vertraute Themen wie Liebe und Natur. Unter seinen Essays befinden sich Beschreibungen von Land und Leuten sowie Betrachtungen über Religion, Kultur und Literatur. Doch das besonders Interessante, das sich wie ein roter Faden durch das weite Spektrum seiner Sujets zieht, ist die eigene Person. So fern Heine den Romantikern stehen mochte, so deutlich stellte er wie sie die eigenen Empfindungen in den Mittelpunkt seiner Kunst. Das Ich liegt, entweder unmittelbar oder als unsichtbarer Doppelgänger, wie eine Folie über vielem, das er geschrieben hat. Ironisch oder pathetisch, mit verspielter Distanz oder beunruhigender Offenheit macht er die eigene Persönlichkeit und Erfahrung zu seiner wichtigsten Quelle und Thematik. Nirgendwo wird das spürbarer als an seinen letzten Gedichten, die aus dem Erlebnis seines Siechtums lyrische Hymnen auf die Macht des Lebens und die Qual des Todes destillieren. »Aus seinen Opiumträumen und nächtlichen Visionen«, schreibt S. S. Prawer, »aus seiner Vorahnung des Todes und seinen Erinnerungen an das Leben, aus seinen körperlichen Schmerzen, seiner Seelenangst und seiner geistigen Wiedererweckung modellierte Heine seine großartigste und echteste Poesie.«

So dünn ist die Membrane, die das Leben Heines von seiner Kunst trennt, daß es selbst dem kenntnisreichsten Biographen mitunter schwerfällt zu erkennen, wo die Trennlinie verläuft. Trotz Heines weitgehender Fähigkeit zur Selbstoffenbarung – oder, wahrscheinlicher, gerade ihretwegen – ranken sich um sein Leben viele Rätsel. Sogar in der Frage seines Geburtsjahres gibt es Ungewißheiten und gelehrte Streitigkeiten. Sein unbändiger Hang zum Autobiographischen macht sein Werk schwer kategorisierbar. Die wenigsten seiner Prosastücke sind genau das, was sie zu sein vorgeben. »Nichts könnte irreführender sein als Heines

Werktitel«, warnt E. M. Butler, »nichts verwirrender als seine Technik. Biographie gleitet über in Autobiographie, löst sich in Vorwürfe auf und verschmilzt schließlich mit Mythologie. Ein Lampion kann bei ihm zu einer Vision entflammen.« Das einzig Einheitliche an diesem schillernden und fragmentarischen Werk ist das, was Butler die »große Ausgabe des Konflikts zwischen Poesie und Leben« genannt hat, das endlos faszinierende Schauspiel der Konfrontation Heines mit seinem gesellschaftlichen Umfeld, seiner historischen Situation und seinem inneren Selbst.

Bald nach seinem Umzug nach Paris wurde Heine zu einer bekannten Größe, zum Mitglied jener internationalen literarischen Elite, die sich damals in der Stadt versammelte, die Arnold Ruge »die Wiege des neuen Europa« nannte, »das große Laboratorium, in dem Weltgeschichte gemacht wird«. Heine sprach in seinen »Florentinischen Nächten« vom rosaroten Licht von Paris, das Tragödien abmildere, Schmerzen lindere, Wunden heile. Ein Fisch im Wasser, schrieb Heine an einen Freund, der gefragt werde, wie er sich fühle, werde antworten: »Wie Heine in Paris.« Dabei überwand er nie den Schmerz der Trennung von seiner Familie, von den Stätten seiner Kindheit und, wichtiger als alles andere, von seiner Sprache. In dem Gedicht »Anno 1839« schimmern die Leiden des Exildaseins unübersehbar durch, in den für ihn typischen ironischen Formulierungen:

> »O, Deutschland, meine ferne Liebe,
> Gedenk ich deiner, wein ich fast!
> Das muntre Frankreich scheint mir trübe,
> Das leichte Volk wird mir zur Last.
>
> Nur der Verstand, so kalt und trocken,
> Herrscht in dem witzigen Paris –
> O, Narrheitsglöcklein, Glaubensglocken,
> Wie klingelt ihr daheim so süß!«

So heimisch Heine sich in Frankreich auch fühlen mochte, seine besten Sachen schrieb er auf deutsch und über die Situation in Deutschland.

Um die Mitte der dreißiger Jahre, während die Jungdeutschen an den Büchern schrieben, die ihnen den Zorn der Obrigkeit eintragen sollten, arbeitete Heine an zwei thematisch verbundenen Abhandlungen, mit denen er die deutsche Kultur den Franzosen sowie den Deutschen selbst erklären wollte: »Die romantische Schule« und »Zur Geschichte der Religion und Philosophie in Deutschland«, erschienen in deutscher Sprache als getrennte Bücher, in Frankreich jedoch zusammen unter dem Titel »De l'Allemagne«, in bewußter Anlehnung an Madame de Staëls Werk von 1810. Im Gegensatz zur »Staëlschen«, wie Heine seine aristokratische Vorläuferin spöttelnd nannte, sah er in der Romantik einen unheilvollen Rückfall in überholte Denkweisen, eine illusorische Flucht in die Vergangenheit, begangen von Männern, die die Gegenwart haßten und die Zukunft fürchteten. Der Prototyp des Romantikers war für Heine August Wilhelm Schlegel, sein einstiger Lehrer und Förderer, mit dessen Denken und Persönlichkeit er besonders brutal ins Gericht ging. Wie die Junghegelianer identifizierte Heine den kulturellen Anachronismus, der in Deutschland herrschte, mit der historischen Zurückgebliebenheit des Landes. Für Franzosen sei die Beschäftigung mit dem Mittelalter ein Spleen oder ein Steckenpferd, doch für die Deutschen sei das Mittelalter nicht tot und begraben, es werde »vielmehr manchmal von einem bösen Gespenst belebt und tritt am hellen, lichten Tage in unsere Mitte und saugt uns das rote Leben aus der Brust«.

In seiner Abhandlung über Religion und Philosophie förderte Heine eine andere Seite der deutschen Kultur zutage: War die Romantik der reaktionäre, irrationale Ausdruck deutscher Rückständigkeit, so war die philosophische Tradition, die ihren Gipfelpunkt in Hegel und den Idealisten erreicht hatte, ein mächtiges, potentiell revolutionäres Werkzeug des Fortschritts. Richtig verstanden, konnte diese Tradition einen einschneidenden Bruch mit dem christlichen Glauben ermöglichen, indem sie die Grundlage für etwas schuf, das Heine vage als eine neue pantheistische Religion beschrieb. Auch hier erinnert Heine an die Junghegelianer, die ebenfalls Hegel vom Verteidiger der Orthodoxie zu ihrem Gegner ummodelten. Wiederum wie die Links-Hegelianer sagte Heine voraus, daß die philosophische Revolution in Deutschland nicht weniger welterschütternd sein werde, als die politische Revolution in Frankreich es gewesen ist. Früher oder später würden die Deutschen aus der Welt des Geistes in die Welt des Handelns übergehen: »Der Gedanke geht der Tat voraus, wie der Blitz dem Donner.« So träge der deutsche Donner sich auch fortbewegen möge, er werde unüberhörbar sein, wenn er ankomme. »Bei diesem Geräusche werden die Adler aus der Luft tot niederfallen, und die Löwen in der fernsten Wüste Afrikas werden die Schwänze einkneifen und sich in ihren königlichen Höhlen verkriechen.« Gegen das, was dann kommen werde, warnte Heine seine französischen Leser, werde sich ihre Revolution wie »eine harmlose Idylle« ausnehmen.

Nach 1840 entwickelte Heine eine Neigung zu radikaleren Ansichten und zum politischen Aktivismus. Etwa um dieselbe Zeit, als Marx den deutschen Philosophen eröffnete, es sei ihre Pflicht, die Welt zu verändern, übermittelte Heine eine ähnliche Botschaft den deutschen Dichtern:

> »Deutscher Sänger! sing und preise
> Deutsche Freiheit, daß dein Lied
> Unsrer Seelen sich bemeistre
> Und zu Taten uns begeistre
> In Marseillerhymnenweise.

Girre nicht mehr wie ein Werther,
Welcher nur für Lotten glüht –
Was die Glocke hat geschlagen,
Sollst du deinem Volke sagen,
Rede Dolche, rede Schwerter!«

Heine und Marx hatten einander kurz vor Weihnachten 1843 kennengelernt,
sich in den Monaten danach häufig gesehen und eine Zeitlang offenbar Pläne für
eine gemeinsame politische Tätigkeit geschmiedet. Heines Gedicht über die schlesischen Weber offenbarte denselben Geist der ungeduldigen Erwartung eines
gesellschaftlichen Erdbebens, der etwas später das »Kommunistische Manifest«
durchzog. Doch Heine war in seinem politischen Engagement unbeständig und
unzuverlässig. Er konnte über Gleichgesinnte wie Ludwig Börne ebenso rücksichtslos herziehen wie über Gegner, etwa Schlegel. An politisch engagierten
Dichtern wie Georg Herwegh ließ er kein gutes Haar. »Wir ... behaupten«,
schrieb er im März 1843 in der »Augsburger Allgemeinen Zeitung«, »das die
Künstler, welche die Freiheit selbst und die Befreiung zu ihrem Stoffe gewählt,
gewöhnlich von beschränktem, gefesseltem Geiste, wirklich Unfreie sind. Diese
Bemerkung bewährt sich heutigentages ganz besonders in der deutschen Dichtkunst, wo ... die zügellos trotzigsten Freiheitssänger, beim Licht betrachtet, meist
nur bornierte Naturen sind, Philister.« Im selben Jahr veröffentlichte er sein
satirisches Epos »Atta Troll«, eine messerscharfe Parodie sowohl auf die Politik
als auch auf die Dichtkunst seiner Zeit, wobei er bezeichnenderweise sich selbst
nicht schonte. In »Deutschland, ein Wintermärchen«, das 1844 erschien, machte
er sich wieder einmal über die deutsche Scheu vor der Tat lustig:

»Man schläft sehr gut und träumt auch gut
In unseren Federbetten.
Hier fühlt die deutsche Seele sich frei
Von allen Erdenketten.«

Darauf folgte ein, allerdings mit einem leicht ironischen Vorbehalt versehenes
Bekenntnis zur radikalen Linken:

Ich bin kein Schaf, ich bin kein Hund,
Kein Hofrat und kein Schellfisch –
Ich bin ein Wolf geblieben, mein Herz
Und meine Zähne sind wölfisch.«

Heine hatte ein zwiespältiges Verhältnis zu seiner öffentlichen Rolle und war
seiner politischen Sympathien nicht sicher. Zweifellos war und blieb er ein scharfer Kritiker und Gegner des Status quo. In seinem Widerstand gegen Zensur und
Repression, Chauvinismus und Intoleranz, Heuchelei und Angeberei ließ er nie
nach. Gleichbleibend heftig war auch sein Haß gegen die »Philister«, jene kleinkarierten bürgerlichen Krämerseelen, deren Schwächen der Bankier Gumpel in
»Die Bäder von Lucca« exemplarisch verkörpert. Doch wen und was Heine

wirklich schätzte, das läßt sich nicht so leicht bestimmen. Gewiß bewunderte er Napoleon und Rousseau, bekannte sich zu den Saint-Simonisten und den Jung-hegelianern, schloß Freundschaft mit Demokraten und Revolutionären, dennoch identifizierte er sich nie völlig mit einer Partei oder Bewegung. Heines politische Person war, wie jede seiner Inkarnationen, ein Produkt seiner durch und durch persönlichen Auseinandersetzung mit der Welt. Auf dem schwankenden Boden seiner privaten Frustrationen und Antagonismen konnte er ein eindrucksvolles Gebäude der Kritik an den bestehenden Verhältnissen errichten, nicht aber eine überzeugende Alternative aufzeigen. Zweifellos ist seine Kritik brillant, doch ihr Glanz diente, um eine seiner eigenen Metaphern auszuborgen, eher dazu, auf die ringsum herrschende Finsternis aufmerksam zu machen, als einen Weg zum Licht zu weisen.

Seine politischen Ansichten waren typisch für jemanden, der von den Mög-lichkeiten des politischen Handelns abgeschnitten war; er vertrat eine politische Philosophie des Exils und der Entfremdung. Wie so viele von denen, die in die Emigration getrieben oder mundtot gemacht wurden, stand Heine an der Peri-pherie der politischen Diskussion, von der Verantwortung, die das Handeln mit sich bringt, ebenso weit entfernt wie von den praktischen Zwängen zum Kom-promiß. Kein Wunder, daß er seine Meinungen ruckartig ändern und seine per-sönlichen Abrechnungen mit großer Schärfe vollziehen konnte, daß er diejeni-gen, die einen gangbaren Weg des Handelns zu finden versuchten, heute bewun-derte und morgen verdammte. Anders als Marx, der seine deutschen Erfahrun-gen internationalisierte und sich an übergreifenden Loyalitäten und Zielen orien-tierte, blieb Heine zu eng einer Nation verbunden, die nie die seine sein würde. »Die Franzosen adoptierten ihn, aber er adoptierte sie nicht«, schreibt Sammons. »Die Deutschen verstießen ihn, aber er blieb deutsch bis an sein Ende.«

Heine, der Verbannte par excellence, lieferte ein extremes Beispiel für die Entfremdung eines Schriftstellers von seiner Gesellschaft. Nach Ansicht Robert Minders war Entfremdung besonders häufig in Deutschland anzutreffen, dessen Dichter sich traditionell eher als »Bürger einer anderen Welt« denn als Mitge-stalter ihrer eigenen Gesellschaft verstanden. In dieser Hinsicht hatte der altern-de, überschwenglich gepriesene, aber weithin mißverstandene Goethe, wie Min-der meint, viel mit seinen schärfsten Kritikern vom Jungen Deutschland gemein. Heine selbst hatte sich am Beginn seiner Laufbahn Gedanken über die speziellen Probleme deutscher Schriftsteller gemacht, indem er ihre Lage mit der ihrer Berufskollegen in England und Frankreich verglich. Englische Schriftsteller könnten, so hatte er festgestellt, standesgemäß durch ihr Land reisen, die Sitten und Gebräuche, Leidenschaften und Taten ihrer Mitmenschen beobachtend und aufzeichnend. In Frankreich lebe der Schriftsteller »beständig in der Gesell-schaft, und zwar in der großen, mag er auch noch so dürftig und titellos sein«. Der deutsche Schriftsteller hingegen sei zu arm, um reisen zu können, und zu demütig, um von der Gesellschaft anerkannt zu werden. Deshalb müsse er in seiner einsamen Dachstube sitzen bleiben. Die Folge sei, daß, während die englische und französische Literatur sich mit der äußeren Wirklichkeit beschäftige, deutsche Bücher gerne in einer privaten, phantastischen, vom Autor selbst geschaffenen Innenwelt spielten. »Unter allen Nationen«, beklagt Heine, seien »wir Deutschen am meisten empfänglich für Mystik, geheime Gesellschaften, Naturphilosophie, Geisterkunde, Liebe, Unsinn und – Poesie!« Soviel die Gegenüberstellung der kulturellen und gesellschaftlichen Eigenarten der drei Völker zu wünschen übriglassen mag, so treffend erscheint die Beobachtung Heines insofern, als sie seinen tief empfundenen Schmerz über die Isoliertheit der deutschen Literatur von der Gesellschaft zum Ausdruck bringt, eine Entfremdung, gegen die er selbst und viele seiner Zeitgenossen unablässig, jedoch vergeblich ankämpften.

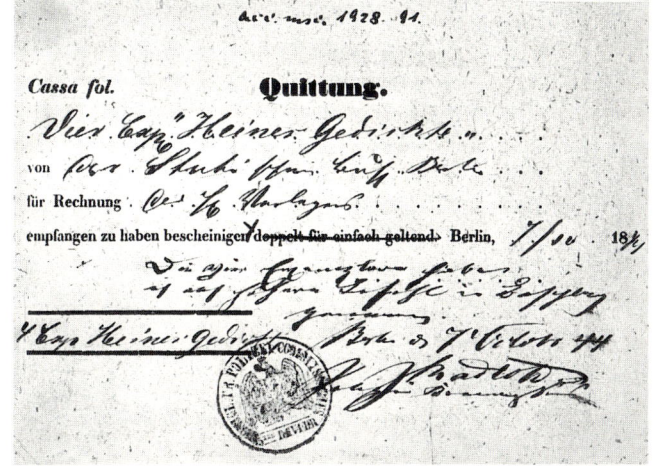

Bildsatire auf das Junge Deutschland: Theodor Mundt, Heinrich Laube, Hoffmann von
Fallersleben, Georg Herwegh und Karl Gutzkow. Lavierte Zeichnung von Johann Peter Lyser,
1842. Stiftung Weimarer Klassik. – Eine Sammlung vormärzlicher politischer Lyrik. Titelseite
der 1843 in Leipzig erschienenen Ausgabe. Privatsammlung. – Quittung über vier in der
Stuhrschen Buchhandlung zu Berlin beschlagnahmte Exemplare von Heinrich Heines 1844
erschienenen »Neuen Gedichten«. Krakau, Biblioteka Jagiellońska

König Maximilian I. Joseph von Bayern und seine Minister beim Schwur auf die konstitutionelle Verfassung vom 26. Mai 1818. Kupferstich von Carl Friedrich Heinzmann nach einem Wandgemälde von Dietrich Monten in den Münchner Hofgartenarkaden. München, Bayerische Staatsbibliothek. – Überreichen einer Bittschrift zur Einberufung der Landstände zwecks Ausarbeitung einer Verfassung für Kurhessen: der Kasseler Bürgermeister Carl Schomburg an der Spitze einer Deputation vor Kurfürst Wilhelm II. am 15. September 1830. Lithographie nach einer Zeichnung von Ludwig Emil Grimm. Kassel, Stadtarchiv

Politik im Vormärz

In seiner Vorbemerkung zur 1834 edierten Erstausgabe des »Staatslexikons« bezeichnete Karl Theodor Welcker seine Gegenwart als eine entschieden »politische Ära«. Nie zuvor, führte er aus, hätten die Bestrebungen der einzelnen und der Völker so konkrete politische Formen angenommen, nie habe der Parteienstreit das Denken und Handeln der Menschen so beherrscht. Das war sicherlich eine zutreffende Beobachtung. Das Interesse der Deutschen an den öffentlichen Angelegenheiten nahm im Verlauf der dreißiger und vierziger Jahre des 19. Jahrhunderts stetig zu. Nachrichten aus der Politik fanden, von der Zensur verstümmelt, aber nicht ausgemerzt, ihren Weg in die Tagespresse, politische Theorien und Meinungen wurden in Lexika und Hörsälen, in Zeitschriften und auf öffentlichen Versammlungen vorgetragen. Die geselligen, literarischen und wissenschaftlichen Vereinigungen, die das Rückgrat der Öffentlichkeit bildeten, erweiterten ihre Aktionsradien, vervielfältigten ihre Aufgaben und verbreiterten ihre gesellschaftliche Basis. »Die ganze Wirklichkeit des Menschen«, meinte Julius Froebel, »steht unter der Einheit der Politik.« Die Politik drohte sogar in die gemütliche häusliche Welt des Biedermeier einzubrechen.

Die Zunahme partizipatorischer Elemente in der Politik der deutschen Staaten war Bestandteil des geschichtlichen Prozesses, der zunächst durch die großen revolutionären Erschütterungen des späten 18. Jahrhunderts in Gang gesetzt und anschließend durch die gesellschaftlichen, wirtschaftlichen und kulturellen Entwicklungen weiter vorangetrieben wurde. Mehr und mehr Deutsche fühlten sich als Glieder dieses Prozesses, mit dem die einen die Hoffnung auf Befreiung und Fortschritt, die anderen die Angst vor Chaos und Zerstörung verbanden. Es war indes nicht allein das große europäische Drama des revolutionären Wandels, das die Deutschen zur Teilnahme am öffentlichen Leben ermunterte, sondern es spielten dabei auch banalere Gesichtspunkte eine Rolle. Die zunehmende Präsenz des Staates im Leben der Gesellschaft – als Steuereinnehmer und politische Kraft, als Schulmeister und Arbeitgeber, als Ordnungspolizist und zahlender Kunde – weckte bei einer Vielzahl gesellschaftlicher Gruppen politische Ambitionen und Frustrationen, die sich zu einem komplexen Gewebe verfilzten. Unternehmer, die auf den Bau einer neuen Bahnstrecke erpicht waren, Lehrer, die sich um ihren beruflichen Status sorgten, Handwerker, die sich vom technischen Wandel bedroht fühlten, sie alle lagen ihren Regierungen mit Bitten um Unterstützung in den Ohren. Aus individuellen Bestrebungen und gesellschaftlichen Gegensätzen erwuchsen auf vielfältige Weise politische Leidenschaften und Zweckbündnisse.

Politisches Denken und Handeln setzt voraus, daß die Menschen eine Verbindung zwischen ihrer persönlichen Situation und den öffentlichen Angelegenheiten ihres Gemeinwesens herstellen. Diese Verbindung ist zugleich intellektueller und institutioneller Art. Vorbedingungen dafür sind das Vorhandensein eines Weltbildes, das es den Menschen erlaubt zu erkennen, wie die unmittelbaren Realitäten ihres Lebens sich in einen größeren Zusammenhang einfügen, und das eines Ensembles von Institutionen, mit deren Hilfe sie ihren Bestrebungen zur Veränderung der Realität Nachdruck und Dauerhaftigkeit verleihen können. Es war für die Deutschen keineswegs leicht, sich die Ideen und Institutionen zu erarbeiten, derer sie für ein wirksames politisches Handeln bedurften. In der ersten Jahrhunderthälfte blieben die Kräfte der Repression übermächtig, und die traditionelle Bereitschaft, sich ihnen zu beugen, erwies sich als schwer zu überwinden. Doch Schritt für Schritt, oft zu einem erheblichen Preis, schufen die Deutschen sich die notwendigen Denksysteme und institutionellen Strukturen, um eine partizipatorische Politik durchsetzen zu können. Das führte zu einem grundlegenden Charakterwandel des öffentlichen Lebens. Politik drehte sich jetzt nicht mehr um das Verhältnis zwischen Herrschaft und Verwaltung, die politische Sphäre war nicht mehr das exklusive Revier von Vertretern der besitzenden und bürokratischen Eliten, und die Handlungsmöglichkeiten der breiten Masse beschränkten sich nicht mehr auf sporadische Proteste oder indirekte Druckausübung. Organisationen, Themen und Eliten neuer Art flößten den Deutschen das Gefühl ein, daß sie in einer Zeit neuer Bewegungen und Chancen lebten.

Konservativismus und Liberalismus

Clifford Geertz hat geschrieben, Ideologien seien kognitive Landkarten einer »problematischen gesellschaftlichen Realität«. Die Metapher aus der Kartographie erscheint besonders geeignet zur Beschreibung der alternativen Weltsichten, die im Deutschland der ersten Jahrzehnte des 19. Jahrhunderts skizziert wurden. Wie Landkarten die Erdoberfläche, vermögen Ideologien die geschichtliche Landschaft auf unterschiedliche Weise abzubilden, abhängig vom Zweck und mit mehr oder weniger großer Präzision. Solche ideologischen Abbilder können wirklichkeitsgetreu sein, sind aber, wiederum wie Landkarten, notwendigerweise unvollständig, vereinfacht und schematisiert. Indem Ideologien manche Merkmale der geschichtlichen Landschaft hervorheben und andere weglassen, bilden sie nicht nur etwas Reales ab, sondern prägen auch die Realitätswahrnehmung der Menschen. Schließlich geht sowohl der Formulierung von Ideologien als auch dem Zeichnen von Landkarten ein gewisses Maß an Distanzierung der Menschen von ihrer Lebenswelt voraus, die im Fall des Kartographen durch Ortsveränderung erfolgt, im Fall des Ideologen durch Veränderungen in der Zeit. Landkarten werden nicht für Stubenhocker gemacht, Ideologien nicht für Leute, die glauben oder wollen, daß alles so bleibt, wie es ist.

Die geschichtlichen Umwälzungen, auf die deutsche Ideologieschmiede reagieren mußten, sind in diesem Band bereits erörtert worden: die allmähliche Auflösung des alten Regimes im Verlauf der zweiten Hälfte des 18. Jahrhunderts, die Traumata von Krieg, Niederlage und territorialer Neuorganisation, die Herausforderungen von Reform und gesellschaftlicher Neugestaltung, schließlich das Unvermögen der Restauration, die Kräfte der politischen, wirtschaftlichen und kulturellen Erneuerung im Zaum zu halten. Die meisten politisch bewußten Deutschen sahen ein, daß auf dem geschichtlichen Weg, den sie eingeschlagen hatten, eine Umkehr nicht möglich war, so sehr sich manche von ihnen dies gewünscht hätten. Diejenigen, die das Rad der Geschichte am liebsten zurückdrehen wollten, und diejenigen, die ungeduldig in die Zukunft blickten, hatten zumindest eines gemeinsam: den Glauben an die Notwendigkeit einer Veränderung. Stillstand war keine Option.

Im Licht einer solchen Überzeugung erschienen die Ideen und Einstellungen, die für die politische Öffentlichkeit des 18. Jahrhunderts bestimmend gewesen sind, unzureichend. Die Auseinandersetzung mit Verfassungsfragen, der vorrevolutionäre Theoretiker kaum Aufmerksamkeit geschenkt hatten, waren mittlerweile unausweichlich geworden. Auch die Herausarbeitung konkreter politischer Alternativen, die bislang häufig im Nebel moralischer Reformrhetorik verborgen geblieben waren, erschien jetzt dringend geboten. Das Vermächtnis der politischen Diskurse aus dem 18. Jahrhundert blieb sicherlich bedeutsam, auch nach dem Untergang des alten Regimes. Die Ideen von Kameralisten wie Justi, von Aposteln der alten Ordnung wie Möser und von moralischen Reformern wie Lessing hallten im politischen Denken des 19. Jahrhunderts vielfach nach. Das war insofern nicht verwunderlich, als die meisten der Denker, die die ideologischen Alternativen der neuen Zeit formulierten, denselben gesellschaftlichen Gruppen entstammten, in ähnlich gearteten Organisationen aktiv waren und von denselben kulturellen Traditionen wie ihre Vorläufer zehrten.

Im typischen Fall verknoten Ideologien moralische Wertmaßstäbe, materielle Interessen und politische Überzeugungen zu einem System von Ideen, die wirklich oder vermeintlich in der Lage sind, historische Wandlungsprozesse zu erklären, das Handeln der Menschen in der Gegenwart zu steuern und sie einen Blick in die Zukunft tun zu lassen. Der Konservativismus zum Beispiel, wie er sich in den Ideen von Gentz oder Müller niederschlug, schuf eine aus romantischer Sensibilität, religiösen Aspekten, aristokratischen Interessen und persönlichen Bindungen an das alte Regime zusammengewobene Weltsicht. Mit solcher Ideologie als Leitfaden konnten konservative Autoren versuchen, den geschichtlichen Gang der Ereignisse zu verstehen und die Positionen zu rechtfertigen, die sie zum einen gegen revolutionäre Demokraten und zum anderen gegen bürokratische Reformer bezogen. Lange bevor der Konservativismus als Begriff durch Chateaubriands Werk »Le Conservateur« seine spezifisch politische Bedeutung erhielt, war er als Ideologie in der politischen Theorie und Praxis Deutschlands wirksam.

Der bedeutendste konservative Denker in den Jahren unmittelbar nach 1815 war Carl Ludwig von Haller. Wie Gentz und Müller, formulierte auch er seine Auffassungen in der Auseinandersetzung mit der Französischen Revolution, wobei er jedoch ein sehr ungewöhnliches Bündel von Erfahrungen und Ansichten in das konservative Programm einbrachte. 1768 als Sprößling einer alteingesessenen und angesehenen Berner Patrizierfamilie geboren, trat Haller mit achtzehn Jahren in den Verwaltungsdienst seiner Heimatstadt ein. Noch vor seinem dreißigsten Lebensjahr spielte er eine herausragende Rolle im verzweifelten Kampf Berns um seine Selbstbehauptung in den Stürmen von Krieg und Revolution. Als die Besetzung der Schweiz durch französische Truppen Hallers Laufbahn ein abruptes Ende setzte, schloß er sich einem Kreis gegenrevolutionärer Publizisten an. Später kehrte er nach Bern zurück, mußte aber bald wieder die Koffer packen, als sein Übertritt zum katholischen Glauben bekannt wurde. Nach einem kurzen Gastspiel in Diensten des letzten französischen Bourbonenkönigs verschrieb er sich für den Rest seines Lebens dem Dasein eines Privatgelehrten.

Das Renommee und der Einfluß Hallers resultierten aus seinem seit 1816 erschienenen sechsbändigen Werk »Die Restauration der Staatswissenschaften«, dessen Titel für eine ganze Ära namengebend wurde. Der Autor hatte sich vorgenommen, mit seiner Abhandlung dem politischen Denken eine neue geistige Grundlage zu geben. Sie sollte an die Stelle der von den Anhängern der Revolution verfochtenen Theorie vom Gesellschaftsvertrag treten, jene »falsche, unmögliche, sich selbst widersprechende Grille«, die nach Ansicht Hallers für die philosophischen Irrtümer und politischen Exzesse seiner Zeitgenossen verantwortlich war. An vielen Stellen seines restaurativen Werkes berief Haller sich auf Gott, in dem er den Schöpfer einer natürlichen Ordnung sah, an der der Mensch sich orientieren müsse, um Antworten auf die Rätselfragen der Politik zu finden. Haller war ein kühlerer, rationalerer, wissenschaftlicherer Denker als Müller. Er wollte ein System errichten, das sich an die Vernunft und Erfahrung seiner Leser wenden würde, nicht an ihren Glauben und ihr Gefühl. Seine Prämisse, daß alle sozialen Beziehungen sich durch eine fundamentale Ungleichheit auszeichneten, gründete er auf empirische Belege, auf Dinge, »wie wir sie täglich vor unsern Augen sehen«. Ungleichheit bestehe auf allen Ebenen der gesellschaftlichen Ordnung, weil überall die Schwachen auf die Starken angewiesen seien. Im Staat zum Beispiel seien die Untertanen vom Fürsten abhängig; dessen Unabhängigkeit sei »das höchste menschliche Glücksgut, das natürliche Produkt zufälliger relativer Macht«. Die Autorität des Fürsten sei deshalb unveräußerlich; sie gehöre ihm und unterliege ebensowenig irgendwelchen vertraglichen Beschränkungen wie die Autorität eines Vaters über seine Kinder. An einer Stelle behauptete Haller sogar, der Staat sei seinem innersten Wesen nach nichts anderes als ein »Hauswesen«, eine »Magna familia«.

Haller hinterließ ein zwiespältiges ideologisches Vermächtnis. Wie andere Konservative distanzierte er sich von den säkularen Abstraktionen der politischen Theorien der Aufklärung. Mit seiner Konversion und seinen persönlichen Beziehungen zu den französischen Legitimisten leistete er einen Beitrag zur Aufrechterhaltung des historischen Nexus zwischen Katholizismus und Konservativismus. Im übrigen ergriff Haller die Partei der politischen Autorität nicht mit völliger Unbedingtheit. Er erklärte zwar die Macht des Herrschers zu etwas Natürlichem und Grundlegendem, erblickte im Staat aber nicht eine sakrale Gemeinschaft, die sich grundsätzlich und qualitativ von anderen Institutionen der Gesellschaft unterschied. Vielmehr beruhten die Rechte und Machtbefugnisse des Staates auf denselben Grundsätzen wie die der Familie, des Standes oder der Kommune. Haller schloß auch nicht die Möglichkeit des Widerstandes gegen ungerechte Herrschaft aus und zog sich damit das dauerhafte Mißtrauen der österreichischen Regierung zu. Stolz auf seine Herkunft aus Bern, hörte er nie auf, das Ideal eines kleinen, selbständigen Gemeinwesens nach dem Muster der vorabsolutistischen Zeit hochzuhalten. »Kleinere Staaten«, schrieb er einmal, »sind die wahre, einfache Ordnung der Natur, auf welche sie durch verschiedene Wege am Ende allemal wieder zurückführt.« Ähnlich wie Rousseaus Bild von der Demokratie, war auch Hallers Bild vom patrimonialen Staat anfällig für Verzerrungen, sobald es von den kleinräumigen Dimensionen, auf die es ursprünglich zugeschnitten war, auf größere Einheiten übertragen wurde.

Alfred von Martin hat geschrieben, das hervorstechende Merkmal des deutschen Konservativismus im frühen 19. Jahrhundert sei seine »janusköpfige« Opposition sowohl gegen den bürokratischen Absolutismus als auch gegen die radikale Demokratiebewegung gewesen. Beide habe er als Bedrohung für religiöse Orthodoxie, lokale Autonomie und traditionelle gesellschaftliche Institutionen empfunden. In den Augen der Konservativen propagierten Bürokraten sowie Demokraten einen abstrakten, universellen Freiheitsbegriff, hinter dem zwangsläufig die Despotie lauerte. Beide strebten nach einer rechtlichen und sozialen Gleichstellung der Menschen, durch die der organische Zusammenhalt und die wesensmäßige Vielfalt der Gesellschaft zerstört würden. Die Konservativen selbst beteuerten, sie seien für Freiheit, doch die Freiheit, die sie sich wünschten, hatte mit der von der Aufklärung verheißenen Emanzipation wenig zu tun. Sie wollten vielmehr die »Libertät«, die in der herrschaftlichen Welt eine wesentliche Rolle gespielt hatte, ein Bündel von Rechten und Privilegien, definiert und geschützt durch Gewohnheit und gestützt auf ein kompliziertes Netz kleinräumiger, personaler Beziehungen. Zu der Zeit, als der Konservativismus sich als Denkschule konstituierte, waren von derartigen Freiheiten nur noch Restbestände vorhanden, in Form von verzweifelt um ihr Überleben ringenden Zünften,

Grundbesitzereliten, die sich an das klammerten, was von ihren Privilegien übriggeblieben war, und ständischen Vertretungsorganen, die vergeblich danach trachteten, sich von bürokratischem Einfluß und politischer Agitation freizuhalten. Kein Wunder, daß so mancher Konservativer den Blick rückwärts richtete, auf die Zeit vor der Ära des Absolutismus und der Revolution, und sich seine Ideale in einer aus Mythen rekonstruierten Vergangenheit suchte. Aber weder als Theoretiker noch als praktische Politiker konnten sich die Konservativen den in der Politik des 19. Jahrhunderts am Werk befindlichen Kräften entziehen. In nicht geringerem Maße als Liberale und Sozialisten bekamen sie das theoretische und praktische Einwirken sowohl der Bürokratie als auch der Demokratie zu spüren. Eine wichtige Etappe im Prozeß der ideologischen Anpassung verkörperte das Werk von Friedrich Julius Stahl.

Stahl gehörte einer anderen Generation an und wuchs in einer anderen Welt auf als Gentz, Müller und Haller. Er wurde 1802 geboren, zu spät, um noch unmittelbarer Zeitzeuge der Revolution zu sein. Sein Großvater, der ihn aufzog, war Vorsteher der kleinen jüdischen Gemeinde Münchens. Mit siebzehn trat Stahl zum Protestantismus über, änderte seinen Namen und verschrieb sich den patriotischen Idealen, die damals an den deutschen Universitäten besungen wurden. Als Rechtsgelehrter kam Stahl in Kontakt mit Schelling und anderen romantischen Denkern, die ihn in seiner Neigung zu religiöser Orthodoxie und politischem Konservativismus bestärkten. 1832 wurde er Professor in Würzburg, drei Jahre später in Erlangen, wo er rechtstheoretische Abhandlungen veröffentlichte und zum Delegierten der Universität beim bayerischen Landtag gewählt wurde. In den vierziger Jahren gehörte er zu den rechtslastigen Intellektuellen, die Friedrich Wilhelm IV. nach Berlin holte, in der Hoffnung, sie würden unter dem Banner des christlichen Dogmas das subversive Hegelianertum bekämpfen. Befreundet mit den Gebrüdern Gerlach und anderen aristokratischen Politikern, leistete Stahl einen maßgeblichen Beitrag zur Formulierung der ersten protestantischen Version einer konservativen Ideologie. Der christliche Glaube war der Fixpunkt, um den sich sein Leben und Denken drehte. Der Übertritt zum Christentum war bei ihm nicht, wie bei Heinrich Marx oder Heinrich Heine, aus Bequemlichkeit oder Opportunität erfolgt; er hatte dafür einen persönlichen Preis bezahlt, nicht nur neue religiöse Einsichten, sondern auch eine neue persönliche Identität und den Zugang zu einer neuen politischen Gemeinschaft erlangt. Politik und Religion gehörten seiner Überzeugung nach untrennbar zusammen. Politischer Konservativismus setzte religiöse Orthodoxie voraus, ja ohne christlichen Glauben war er nicht mehr als ein »Vis inertiae«. Es war Stahls lebenslanges Anliegen, eine Versöhnung von Macht und Offenbarung, Ideologie und religiösem Glauben, Staat und Kirche herbeizuführen; zu diesem Zweck entwickelte er eine politische Doktrin, die auf dem Protestantismus fußte. Obwohl ihm bestimmte Aspekte des Katholizismus sympathisch waren, hatte seine Frömmigkeit einen entschieden protestantischen Charakter. »Die evangelische Freiheit«, schrieb er, »bindet den Menschen an Gottes Gesetz als ein gegebenes; aber sie macht ihn dadurch frei, daß das Gesetz Kraft der Gnade zu seinem eigenen Willen und Wesen wird.« Eine so verstandene protestantische Freiheit bestehe »in dem freien Gehorsam des Volkes... Dem allgemeinen Priestertum entspricht ein allgemeines Staatsbürgertum.«

Trotz der zentralen Rolle, die die Religion für sein Selbstverständnis spielte, anerkannte Stahl, daß die Politik Menschenwerk war, hervorgebracht durch einen zwar göttlich inspirierten, aber säkular ablaufenden geschichtlichen Prozeß. Er sah auch die Notwendigkeit ein, bestehende Realitäten und historische Tendenzen ins Kalkül zu ziehen. Man müsse nicht nur das bedenken, was geschehen solle, sondern ebenso das, was geschehen werde. Umwälzungen, so schmerzlich und zuweilen gefährlich sie sein mochten, seien nötig, vielleicht sogar unvermeidlich. Die Vergangenheit lasse sich, auch wenn sie noch so reizvoll erscheine, nicht zurückholen. Er sei überzeugt, schrieb er 1834 an einen Freund, daß »die mittelalterlichen Prinzipien und die des Liberalismus beide Wahrheit haben und in meiner Konstruktion des Staates sie sich auch... verwebt haben«. Seinen wirksamsten Versuch, eine solche Synthese zustande zu bringen, unternahm Stahl in seiner kurzen, 1845 erschienenen Streitschrift »Das monarchische Princip«. Anders als Haller, der seine »Restauration« mit Ausführungen über den Charakter der gesellschaftlichen Ordnung eingeleitet hatte, stellte Stahl an den Anfang seiner Schrift eine geschichtsphilosophische Bewertung dessen, was er den »innersten Lebenstrieb des Zeitalters« nannte: »Der innerste Lebenstrieb des Zeitalters ist gerade die Überwindung jenes ältern Charakters des Ständewesens, der Fortschritt vom ständischen Partikularismus zur nationalen Einheit, vom patrimonialen Charakter der Verfassung zum staatlichen oder constitutionellen.« Diese Entwicklung sei unumkehrbar. »Jede gesunde Repräsentation in unserer Zeit muß die nationale Einheit und muß die ständische Gliederung repräsentieren..., ›das Land‹ und ›das Volk‹.«

Als Konservativer stehe man daher vor der Frage, wie man hindern könne, daß derartige Entwicklungen zu einem revolutionären Umsturz oder zu einer parlamentarischen Herrschaft führten. In seiner Antwort hob Stahl nicht so sehr auf das Prinzip der Souveränität als einer verbindlichen Definition legitimer Herrschaftsinstanzen ab denn auf die Realität der Macht. Das monarchische Prinzip war für ihn keine Doktrin, sondern eher die Beschreibung eines Ist-Zustandes, bei dem der Fürst das Recht und die Macht hatte, zu regieren. Für repräsentative Institutionen und eine konstitutionelle Regierung war dabei durchaus Platz: »Bei allen echten rechtständischen Verfassungen ist der Fürst genöthigt, Rücksicht auf die Stände zu nehmen, aber sie sind es nicht minder auf den Fürsten, es sind zwei Subjekte von selbständiger, wenn auch verschiedenartiger Macht.« Da aber der Fürst nicht vom Parlament abhängig sein dürfe, müsse es ihm weiterhin freistehen, Minister zu berufen, Gesetze einzubringen und die Einzelposten seines Haushalts festzulegen. Ohne die Bedeutung von Verfassungen zu bestreiten, wies Stahl darauf hin, daß für die Bewahrung der monarchischen Autorität Verfassungsparagraphen allein nicht genügten. Ein König brauche, um sich behaupten zu können, eine organische Verwaltung. In Wirklichkeit liege einer der Gründe dafür, daß das monarchische Prinzip in Deutschland sowohl notwendig als auch möglich sei, in der Existenz eines »intelligenten, ehrenhaften und unentfernbaren Beamtenstandes«. Kaum verwunderlich, daß die Ideen Stahls in den fünfziger Jahren des 19. Jahrhunderts besonders große Resonanz fanden, als bürokratische Repression an die Stelle revolutionärer Aufbruchstimmung trat.

Stahl unterschied sich von Müller und Haller nicht bloß dem Stil, sondern auch der Substanz nach in den Fragen, die er stellte, und den Antworten, die er gab. Das romantische Pathos Müllers war ebensowenig seine Sache wie die systematische Rationalität Hallers. Die scharfsichtigen Rechenexempel, die er anstellte, um schlußfolgern zu können, was notwendig und was möglich war, weisen in die Ära der »Realpolitik« voraus. Indem er das monarchische Prinzip in einen aus Verfassungen, Parlamenten und Bürokratien bestehenden Rahmen stellte, erweiterte er die Bandbreite der konservativen Meinungsbildung beträchtlich und erhöhte deren Relevanz für die zeitgenössische Öffentlichkeit. In zweierlei Hinsicht blieb Stahl freilich nahe an den Ursprüngen des traditionellen Konservativismus. Zum einen sorgte das starke religiöse Element in seinem Denken dafür, daß er dem frommen Beraterkreis um Friedrich Wilhelm IV. eng verbunden blieb. Zum zweiten erblickte er, wie die anderen konservativen Ideologen, seine vornehmste Aufgabe im Kampf gegen das, was er als die Partei des Umsturzes und des Unglaubens betrachtete, als eine subversive Koalition, bestehend aus liberalen Konstitutionalisten und radikalen Demokraten, gemäßigten Reformern und gewalttätigen Revolutionären. Aus der Überzeugung, daß sich im Grunde nur ein einziger Graben durch die Gesellschaft zog – der zwischen den Freunden und Feinden der Religion, zwischen den Kräften der Ordnung und denen der Unruhe, zwischen den Vorkämpfern der Wahrheit und denen des Irrtums –, holten sich alle Konservativen ihre Sinngebung und Identität.

Die Liberalen übernahmen von ihren konservativen Rivalen das dichotomische Bild der Gesellschaft. Sich selbst präsentierten sie als die Partei der Bewegung, des Fortschritts und der Zukunft, die sich in einem historischen Ringen mit den Kräften der Ordnung, der Reaktion und der Vergangenheit befand. Zur Revolution hatten die Liberalen allerdings ein komplizierteres Verhältnis als die Konservativen. Daß die Revolution emanzipatorische Ziele verfolgte, konnten Liberale nicht leugnen, und für Freiheit, Gleichheit und Brüderlichkeit traten auch sie ein. Doch für revolutionäre Gewalt und demokratische Agitation hatte nur eine Minderheit der Liberalen etwas übrig. Jakobinischen Terror verabscheuten und fürchteten sie nicht weniger als der eingefleischteste Konservative. Die

Ambivalenz gegenüber der revolutionären Demokratie paarte sich mit der ebenso ausgeprägten Ambivalenz der Liberalen gegenüber dem bürokratischen Absolutismus. Auf der einen Seite verurteilten Liberale, wie Konservative, Willkürherrschaft, staatlichen Despotismus und übermäßige Eingriffe der Verwaltung in private Angelegenheiten. Auf der anderen Seite war ihnen klar, daß der bürokratische Staat oft ein Werkzeug des Fortschritts und der Aufklärung in sozialen, kulturellen und rechtlichen Belangen gewesen ist. Früher noch als Konservative und Sozialisten, gerieten liberale Vordenker in das Kraftfeld des Staates, dessen Macht sie für die Durchsetzung ihrer eigenen Interessen und Ideale einspannen zu können hofften.

Im Liberalismus vereinigten sich von Anfang an etliche auseinanderstrebende Elemente. Die Liberalen waren sich nie sicher, wo die Grenzen ihrer Bewegung verliefen, wußten nie mit Bestimmtheit, wer dazu gehörte und wer nicht. Das Problem, den Liberalismus nicht eindeutig definieren zu können, das den Historikern der Bewegung seit jeher schwer zu schaffen gemacht hat, war für die Liberalen selbst nicht weniger irritierend. Natürlich waren alle Liberalen für »Freiheit im Innern und Unabhängigkeit nach Außen«. Mit diesen Worten resümierte Paul Pfizer in einem Essay aus dem Jahr 1832 die Ziele und Aufgaben des Liberalismus. Was dies bedeutete, ließ sich unschwer negativ umschreiben. Die meisten Liberalen waren sich darin einig, daß Freiheit ein Ende der Zensur und der politischen Repression, die Abschaffung überkommener Privilegien und die Überwindung des Despotismus und des Aberglaubens voraussetze. Während also in bezug auf das, wogegen man ankämpfen wollte, ein weitgehender Konsens herrschte, waren die Liberalen in der Frage nach dem Ausmaß, dem Charakter und den Implikationen der Freiheit zutiefst zerstritten: Viele forderten Gewerbefreiheit, manche waren dagegen; einige befürworteten die Ausweitung der politischen Freiheit auf alle männlichen Bürger, die meisten hatten Bedenken gegen eine solche Demokratisierung; manche bejahten ständische Vertretungskörperschaften, andere forderten Parlamente im westlichen Stil; für manche vertrug sich Freiheit mit einem starken Staat, andere wollten die Machtfülle des Staates beschnitten sehen. Die Freiheit, für die die Liberalen kämpften, hatte, kurz gesagt, viele Wurzeln, nahm zahlreiche Formen an und fand bei unterschiedlichen Gruppen der Gesellschaft aus ganz verschiedenen Gründen Anklang. Der Formenreichtum war mit ein Grund für den raschen Aufstieg des Liberalismus und die eindrucksvolle Stärke, die er erreichte, aber auch für seine inneren Konflikte und seinen schließlichen Niedergang.

Im Zentrum der liberalen Ideologie stand das Volk. Im Gegensatz zu den Konservativen, die sich noch immer mit regionalen Traditionen, Privilegien und ständisch gegliederten Rechten befaßten, sprachen die Liberalen von und zu einem universellen Wesen, dem Volk als Ganzem. Die Genealogie der liberalen Vorstellung vom Volk reicht zurück bis zu dem im 18. Jahrhundert verfochtenen

Konzept einer Kultur des ganzen Volkes. Im Gegensatz jedoch zu Männern wie Lessing und Herder verliehen liberale Theoretiker dem Volk eine konstitutionelle Funktion. Im Kontext ihrer Ideologie trat das Volk in den Brennpunkt ihrer Bestrebungen, wurde zum Fixpunkt ihrer Bewegung und zur Rechtfertigungsgrundlage für ihren Anspruch, den Weg Deutschlands in die Zukunft abzustekken. Die Liberalen wollten, wie Pfizer es ausdrückte, den Staat dorthin dirigieren, wo er der Gesamtheit seiner rationalen Interessen nach hin wolle oder hin wollen müsse. So verstanden, war der Liberalismus nicht »eine« Anschauung, sondern die einzig rationale Anschauung, nicht »eine« Partei, sondern die das Ganze, das Allgemeinwohl, das »wirkliche« Volk repräsentierende Partei.

Anders als im Denken der Kameralisten, in dem die Bürger lediglich als dankbare Empfänger staatlicher Gaben vorkamen, spielte im Denken der Liberalen das Volk keine nur passive Rolle. Alle Liberalen befürworteten einen gewissen Grad an politischer Partizipation und repräsentative Vertretungskörperschaften dieser oder jener Art. So schrieb Friedrich Christoph Dahlmann in seinem einflußreichen Buch »Die Politik«, es sei gut, wenn einer unter vielen zum Herrschen geboren würde, doch niemand solle zum Dienen geboren werden; die öffentliche Sphäre solle allen offenstehen. In ähnlichem Tenor schrieb Karl Rotteck, der Zweck des »Staatslexikons« sei »die möglichste Verbreitung oder Allgemeinmachung gesunder politischer Ansichten unter allen Klassen der Gesellschaft«. Die meisten Liberalen schränkten jedoch ihren Glauben an die künftige Möglichkeit eines homogenen, universellen Staatsvolkes mit mehreren praktischen Hinsichten ein. David Hansemann befürwortete zwar das Mehrheitsprinzip, glaubte aber nicht, daß es sich durch das Auszählen von Stimmen verwirklichen lasse; nur von denen, die über Bildung und Eigentum verfügten, könne man erwarten, daß sie die für das Regieren erforderlichen Fähigkeiten und Interessen mitbrächten. Für Hansemann lag in jenen Fähigkeiten und Interessen »die eigentliche Kraft der Nation« – eine Formulierung, die in den Diskussionen der Liberalen über Politik und Gesellschaft immer wieder auftauchte. Der Ausdruck »eigentlich« suggerierte dabei die Vorstellung, daß die Bevölkerungsmasse, wie sie war und wie sie von den Liberalen stets mit einer Mischung aus Angst und Geringschätzigkeit betrachtet wurde, das wirkliche Potential, das in ihr schlummerte, erst noch realisieren mußte.

Die Mehrzahl der Liberalen hätte die Aussage bejaht, daß der Mittelstand oder die Mittelklasse die »eigentliche« Verkörperung des Volkes sei, der »Kern der Bevölkerung« sei, wie Dahlmann es einmal ausdrückte. Das sei, fuhr Dahlmann fort, die gesellschaftliche Gruppe, auf die jede Regierung besonders achten müsse, »denn in ihm ruht gegenwärtig der Schwerpunkt des Staates, der ganze Körper folgt seiner Bewegung«. Die Zugehörigkeit zum Mittelstand setze Unabhängigkeit voraus, und sie wiederum, wie jedermann wisse, einen gewissen Grad an finanzieller Sicherheit und sozialer Autonomie. Doch genauso wichtige Voraussetzungen für die Eignung zur Teilhabe an den öffentlichen Angelegenheiten seien geistige Unabhängigkeit, Neutralität und Rationalität. Im Begriff »Mittelstand« flossen, wie so oft im liberalen Vokabular, wirtschaftliche, soziale und moralische Kategorien zusammen. Die mittleren Bevölkerungsgruppen standen irgendwie und irgendwo zwischen den ganz Reichen und den ganz Armen, der Aristokratie und der Masse, bildeten aber auch das moralische Zentrum der gesellschaftlichen Ordnung, das Herz und zugleich das Instrumentarium des Allgemeinwohls. Als moralische Kategorie bezeichnete »Mittelstand«, ähnlich wie »Volk«, etwas, das potentiell universellen Charakter hatte, obwohl seine Wortführer de facto davon ausgingen, daß die Zugehörigkeit auf Bürger mit Eigentum und Bildung beschränkt bleiben müsse. So wie das Volk auf das Niveau eines Pöbels absinken könne, könne der Mittelstand, warnte Dahlmann, seinen Anspruch auf moralische Überlegenheit verspielen, wenn er sich zur Masse aufblähe und sich in einen »bildungs- und vermögenslosen Pöbel« verwandle, eine »Canaille« ohne Kultur und Eigentum.

Wer sollte aktiv am öffentlichen Leben teilnehmen, wer sich mit einer passiven Rolle zufrieden geben? Nur die wenigsten Liberalen glaubten, daß Frauen, Kinder oder Dienstboten das nötige Maß an Unabhängigkeit für eine politische Betätigung besaßen. Andere hätten in die Liste noch Lohnarbeiter, Lehrlinge, Kleinbauern und Ladeninhaber aufgenommen. Oft genug konnten Liberale ihre Unsicherheit und Zerstrittenheit in jener Frage hinter einem Schwall moralischer Rhetorik verbergen, aber wo es um konkrete Fragen wie das Wahlrecht ging, war ein Ausweichen nicht möglich. Kein Wunder, daß Rotteck in der Wahlrechtsfrage das kniffligste verfassungsrechtliche Problem sah, mit dem die Liberalen sich auseinandersetzen mußten. In seinem Beitrag zum Thema »Census, insbesondere Wahlcensus« im »Staatslexikon« schlug er sich mit der Frage herum, wie es gelingen könne, politische Rechte auf diejenigen zu beschränken, die klugen Gebrauch davon machen würden. Es konnte, das erkannte er, keine Einzelfallprüfung geben; nur Gruppen konnten ein- oder ausgeschlossen werden. Rotteck entschied sich, die Linie zwischen denen zu ziehen, die sich durch »Selbständigkeit des Lebensunterhalts« auszeichneten, und denen, die ihr Leben mit unselbständiger Arbeit verbrachten. Andere, weniger demokratisch orientierte Liberale waren bereit, das Wahlrecht sogar an noch höhere wirtschaftliche Voraussetzungen zu knüpfen und das Recht zur Kandidatur für ein Amt von diversen zusätzlichen Qualifikationen abhängig zu machen, um sicherzustellen, daß politische Macht nicht in unwürdige Hände überging. Die Liberalen waren und blieben in der Wahlrechtsfrage gespalten, und ihre Streitigkeiten darüber schufen häufig Probleme und Selbstzweifel hinsichtlich ihres Verhältnisses zum Volk, für das sie doch zu sprechen behaupteten.

Uneinigkeit herrschte bei den Liberalen zudem in bezug auf das Verhältnis zwischen Volk und Staat. Fast alle Liberalen glaubten an die Notwendigkeit einer

Verfassung, die den Machtbefugnissen des Staates rechtliche Schranken setzen und sie in Richtung fortschrittlicher Ziele lenken würde. Karl Theodor Welcker erläuterte diese Staatsauffassung im »Staatslexikon« wie folgt: »Der Staat ist der souveräne, moralisch persönliche, lebendige freie Gesellschaftsverein eines Volkes, welcher nach dem gemeinschaftlichen Verfassungsgesetz im frei constituirten Volkskörper, unter Leitung einer verfassungsmäßigen und constitutionellen, selbstständigen Regierung die rechtliche Freiheit... und dadurch die Glückseligkeit aller Mitglieder erstrebt.«

Repräsentation war ein wesentliches Element in der politischen Theorie des Liberalismus. Ein Volk, das das Recht erringen wollte, sich frei zu nennen, mußte nach Überzeugung Heinrich von Gagerns fähig sein, sich durch gewählte Vertreter selbst Gesetze zu geben, allerdings in Übereinstimmung mit der Regierung. Ein solches System würde die Verwirklichung dessen ermöglichen, was Rotteck den »Gesamtwillen« genannt hatte. Doch so gut wie kein Liberaler, nicht einmal Rotteck, war der Meinung, daß die Volksvertreter der Regierung die Art und Richtung der Politik diktieren dürften. Wenn Liberale von »ministerieller Verantwortlichkeit« sprachen, meinten sie fast immer die Pflicht des Staates, im Einklang mit den Gesetzen zu handeln, nicht seine politische Verantwortung, den Willen der Mehrheit zu respektieren. Sie gingen, wie man den zitierten Formulierungen Welckers und Gagerns entnehmen kann, davon aus, daß die Vertreter des Volkes und die Regierung auf der Grundlage einer gemeinsamen Vision politischer Rationalität und sozialer Wohlfahrt zu einvernehmlichen Problemlösungen gelangen würden. Was geschehe, falls kein Einvernehmen zustande kam, darüber waren die Liberalen unschlüssig. Selbst Rotteck, der mehr als einmal verkündete, er halte die Republik für die beste Staatsform, glaubte, die Exekutive müsse eine gewisse Unabhängigkeit von der Legislative wahren, da andernfalls die republikanischen Institutionen zu Gefährlichkeit und Instabilität neigten. Mit Ausnahme einer Minderheit sprachen sich die Liberalen unumwunden dagegen aus, daß das Volk oder seine gewählten Vertreter die höchste Instanz der politischen Willensbildung ausmachen sollten. Droysen zum Beispiel, der den eher konservativen norddeutschen Liberalismus repräsentierte, votierte ausdrücklich gegen das Prinzip der Gewaltenteilung, das er als unsinnig und in der Praxis illusorisch bezeichnete, und gegen die Idee eines Vertrages zwischen Monarch und Volk.

Die Verfassungsdiskussion der deutschen Liberalen wurde insofern erheblich kompliziert, als sie neben ihrer innen- auch eine außenpolitische Dimension aufweisen mußte. Hinter Pfizers unschuldig klingendem Wort von der »innenpolitischen Freiheit und außenpolitischen Unabhängigkeit« verbargen sich viele offene Fragen hinsichtlich der geographischen Gestalt der Nation sowie ihres institutionellen Charakters. In den Augen der meisten Liberalen waren Innen- und Außenpolitik untrennbar verbunden. Innere Reformen waren ihrer Ansicht nach die notwendige Basis für nationale Macht, und eine nationale Erneuerung führe zwangläufig zu Fortschritten im Innern. Den Nährboden für die Innen- wie die Außenpolitik bildete jeweils das Volk, auf das die Liberalen ihren Anspruch sowohl auf die politische Macht im Innern als auch Deutschlands auf einen anerkannten Rang im Kreis der Nationen gründeten. Indem die Liberalen den deutschen Kampf um nationale Identität in einen ideologischen Kontext stellten, verliehen sie ihm eine neue politische Tendenz und Bedeutung.

Es gab unter den Liberalen fast keinen, der sich eine nationalistische Volksbewegung vorstellen konnte, die die bestehenden staatlichen Strukturen hinwegfegen würde, wiewohl mancher die kleineren Mitgliedstaaten des Deutschen Bundes für überflüssig hielt. Die Mehrheit stellte sich einen Dualismus von Staaten und Nation vor, vergleichbar dem konstitutionellen Dualismus von Monarch und Parlament. Welcker schlug den Deutschen vor, ein nationales Parlament und nationale Streitkräfte zu schaffen, die als Instrumente der Einheit den Bundestag des Deutschen Bundes ergänzen könnten. Einige wenige Liberale erkannten, daß es vielleicht notwendig sei, die Nation von oben her zu schaffen, gleichsam in einem Staatsakt. Pfizer war der Auffassung, daß es wesentlich leichter sein würde, von einem autoritär geeinten zu einem liberalen Nationalstaat zu kommen, statt von einer Ansammlung liberaler Kleinstaaten zu einer geeinten Nation. »Ob größere persönliche Freiheit in den konstitutionellen deutschen Staaten uns zur Einheit führen werde«, schrieb er, »ist immerhin zweifelhaft. Nicht zu bezweifeln ist dagegen, daß, wenn einmal die Einheit vorhanden ist, die Freiheit... nicht ausbleiben kann.« In einer solchen Position steckte, wie Pfizer klar erkannte, eine taktische Implikation. Die größte Hoffnung für ein geeintes Deutschland erblickte man in Preußen, dem einzigen deutschen Staat, der zumindest der Möglichkeit nach in der Lage war, eine nationale Lösung herbeizuführen. Einer von denen, die die Darlegungen Pfizers zustimmend zur Kenntnis nahmen, war der junge Johann Gustav Droysen, der für die Entwicklung der deutschen Geschichtsschreibung eine bedeutsame Rolle spielen sollte. Wie Pfizer sah Droysen in einer reformierten Hohenzollernmonarchie den natürlichen Kristallisationskern für eine neue deutschen Nation. Keiner der beiden Männer verstand das freilich als Argument für eine preußische Hegemonie, da beide sich eine Aufstückelung Preußens in Provinzen vorstellten, die dann zusammen mit den anderen deutschen Staaten die Einzelbestandteile des »preußischen Reiches«, wie Droysen es nannte, bilden würden.

Nur wenige Liberale der dreißiger und vierziger Jahre erkannten, daß sie womöglich eine Wahl zwischen Österreich und Preußen treffen würden, und keiner kam auf die Idee, daß die Deutschen sich einmal zwischen Einheit und Freiheit würden entscheiden müssen. Ebenso wie sie letztendlich an eine Harmonie zwischen Staat und Volk glaubten, hofften sie zuversichtlich auf die Herstellung eines Gleichgewichts zwischen Partikularismus und Einheit. »Denn die Freiheit«, schrieb Pfizer, »ist jetzt eine Nothwendigkeit geworden, und keine menschliche Gewalt darf hoffen, jene weltbewegenden Ideen zu ersticken, die ihren Weg durch alle Hemmnisse und Schranken finden werden, bis ihre Bahn, die eine höhere Hand gezeichnet hat, durchlaufen ist.« Der Triumph der Liberalen war in das Gewebe der Gegenwart eingeflochten. Die Zeit arbeitete für sie, oder, wie einer von ihnen es ausdrückte: »Wir sind die Zeit.« Nur zeitgleich machte sich ein unterschwelliges, aber unübersehbares Unbehagen bemerkbar, und zwar in bezug auf die Berechenbarkeit des Volkes, die Möglichkeiten politischen Handelns, die Gefahren der Revolution sowie letzten Endes in bezug auf die Legitimität ihrer eigenen Ansprüche. Bloß die wenigsten Liberalen glaubten an ein Recht auf Rebellion; die meisten mißtrauten der Demokratie, und fast alle fürchteten und verachteten den Pöbel, über den Welcker einmal schrieb, er sei dem Gemeinwesen »ein ärgerer Feind als alle andern vor ihm«. Beispielhaft für die nagenden Zweifel vieler Liberaler war die Forderung Pfizers, der Monarch müsse stark genug sein, die vom Volk ausgehende Gefahr jederzeit zu bannen. Liberale dürften, fuhr Pfizer fort, nicht mehr Freiheit fordern, als Staat oder Gesellschaft verkraften könnten: »Vielmehr ist Langsamkeit des Fortschrittes eine Eigenthümlichkeit der Freiheit.« Den inneren Kern dessen, was die Liberalen unter dem Begriff »Volk« verstanden, bildete also eine spezifische Mixtur aus Sendungsbewußtsein und Angst, Glaube und Furcht.

Das ideologische Spektrum links von den Liberalen zeichnete sich durch ein sich stetig vertiefendes Bekenntnis zum Volk einerseits und einen wachsenden Widerwillen gegen die Spielregeln der politischen Arbeit in den bestehenden Staaten andererseits aus. Demokraten wie Julius Froebel versuchten, das Zwiespältige in der Einstellung der Liberalen zu Volk und Staat zu überwinden. »Die Bewegung unserer Zeit im Großen«, schrieb er 1843, »geht auf immer entschiedenere Durchbildung der wahren Demokratie!« Die Demokratie sei daher nichts anderes als die politische Seite der sich vollziehenden Revolution. In der Tat waren für Froebel Staat und Demokratie sogar »austauschbare Begriffe«. Das Volk wollte er im institutionellen Zentrum des Staates sehen; es war für ihn die sowohl praktische als auch symbolische Quelle legitimer Macht. Das ideale politische Gemeinwesen konnte allein eine Republik dieser oder jener Art sein. Bei der Definition dessen, was unter »Volk« zu verstehen war, zeigte sich die demokratische Linke großzügiger als die meisten Liberalen. Wenn Robert Blum über das »wirkliche Volk« sprach, meinte er »Bürger, Handwerker und Arbeiter«. Die meisten Demokraten traten mithin für ein allgemeines Wahlrecht der Männer ein. Aus der radikaleren Sicht von Staat und Volk leitete sich eine Strategie der direkten Aktion und der politischen Konfrontation ab. Bei Demokraten war weitaus seltener als bei Liberalen der Glaube anzutreffen, der Staat lasse sich in ein zuverlässiges Reformwerkzeug umschmieden oder der Deutsche Bund eigne sich als Fundament für den Bau eines nationalen deutschen Einheitsstaates. Die

Demokraten waren willens, mit einer neuen, radikal anderen politischen Ordnung einen Neuanfang zu machen.

Auch wenn man im politischen Denken des Vormärz die Wurzeln für die späteren ideologischen Gegensätze zwischen Liberalen und Demokraten aufspüren kann, ist es wichtig, sich zu vergegenwärtigen, daß nur wenige Zeitgenossen die Gegensätze so klar erkannten, wie sie im Rückblick erscheinen. Mindestens bis zur Mitte der vierziger Jahre zeichnete sich die politische Opposition, die von gemäßigten Liberalen bis zu radikalen Demokraten reichte, durch eine gemeinsame Frontstellung gegen den Status quo aus, und oft hatten alle oppositionellen Gruppen gleichermaßen unter staatlicher Unterdrückung zu leiden. Letztere behinderte die Bildung partizipatorischer Institutionen auf nationaler Ebene und hemmte den freien Ideenaustausch – ein weiteres Moment, das die Menschen daran hinderte, ihre politischen Auffassungen zu klären. Der Grad der politischen Anteilnahme steigerte sich nach 1830 sicherlich, aber die Schauplätze waren in der Regel zersplitterte Institutionen, die jeweils eng mit einer bestimmten Region verbunden oder einem speziellen Anliegen verpflichtet waren. Die wichtigsten grenzüberschreitenden Kommunikationsmittel innerhalb Deutschlands waren Publikationen wie das »Staatslexikon« oder theoretische Abhandlungen wie Dahlmanns »Politik«, worin sich hinter abstrakten und moralischen Kategorien häufig fundamentale Auffassungsunterschiede und Unsicherheiten verbargen. Das sollte nicht überraschen. Denn die politische Sprache ist immer zweideutig genug, um Mißverständnisse einzuleiten; ideologische Positionen und Implikationen werden gewöhnlich durch praktische Parteinahme geklärt, nicht durch theoretische Debatten oder wissenschaftliche Dispute.

Das Selbstverständnis der politischen Opposition war das Spiegelbild einer Welt, in der die Formulierung von Ideen höher bewertet wurde als politisches Handeln. Die Zugehörigkeit zu einer Partei hatte für die meisten Liberalen mehr mit Meinungen und Gesinnungen zu tun als mit Organisation oder Aktivität. »Ich leugne nicht, Parteimann zu sein«, schrieb Heinrich von Gagern, »was heißt das anders, als eine Meinung haben, für diese werben und sie geltend zu machen suchen.« Rotteck machte einen Unterschied zwischen Partei und Fraktion. Die Zugehörigkeit zur ersteren war für ihn lediglich eine Frage der Gesinnung. Selbst in Baden, wo ein ungewöhnlich hohes Maß an Meinungsfreiheit herrschte und die politischen Debatten mit besonderer Heftigkeit geführt wurden, bildeten sich politische Organisationen und Frontlinien nur langsam und ungleichmäßig heraus. Ein liberaler Abgeordneter beschrieb die Situation gegen Ende der dreißiger Jahre so: »Die Verschiedenheit der Ansichten ... konnte wohl uns oft ... in Meinungsparthien spalten. Aber wie oft, ja ich möchte sagen, immer, hat sich bei allen wichtigen Fragen, die unser gesamtes Vaterland betreffen, die Einstimmigkeit gezeigt.« Das Bild einer einheitlichen Bewegung, die sich dem Allgemeinwohl verpflichtet fühlte und von ein und demselben Geist beseelt war, sollte in dem

Maße zerfließen, wie die Liberalen sich anschickten, ihre ideologischen Landkarten an den unwirtlichen Realitäten des Geländes zu messen, durch das sie sich fortbewegten.

Die Deutschen und die Revolution von 1830

Die Revolution von 1830 markierte einen bedeutsamen Wendepunkt in der Entwicklung des politischen Lebens in Deutschland. Während 1789 die meisten Deutschen die Nachrichten aus Paris gleichgültig oder verständnislos aufgenommen hatten, gingen vom Sturz der Bourbonen 1830 unmittelbare Wirkungen aus. Der aus den galanten Vergnügungen auf seinem Landsitz gerissene Metternich befürchtete, die Revolution werde in Europa alle Dämme brechen lassen. Hegel sprach von einer Krise, in der jedwedes Ding, das früher gegolten habe, problematisch zu werden drohe. Den fortschrittlich Denkenden erschien die Revolution als ein willkommenes Zeichen dafür, daß die blutleere Ära der Reaktion vielleicht bald zu Ende sein werde. Rotteck, der sich bereits als Wortführer der badischen Opposition einen Namen gemacht hatte, äußerte die Überzeugung, es habe noch nie ein Jahr von so unermeßlicher und weitreichender Bedeutung gegeben. Der junge Historiker Georg Gervinus hatte das Gefühl, die Welt um ihn herum öffne sich. Er kleidete seine Freude in Worte, die ein schönes Beispiel für die liberale Rhetorik jener Zeit abgeben: »Die langsam aber sicher gereifte Bildung in Europa trägt ihre Früchte; das geistige Streben drängt sich gewaltsam in die Begebenheiten und durchdringt sie.« Unter dem Gewicht der Geschichte und der Erfahrung müßten Despotismus und Obskurantismus klein beigeben. Die Tage der »Ultras« seien vorüber, schrieb der radikale Dichter August Graf von Platen:

> »Du rühmst die Zeit,
> In welcher deine Kaste
> Genoß ein ruhig Glück?
> Was aber, außer einer Puderquaste,
> Ließ jene goldne Zeit zurück?«

Es passierte 1830 und 1831 mehr als genug, um reaktionäre Ängste und liberale Hoffnungen zu schüren. Von der Iberischen Halbinsel bis zur russischen Grenze bedrohten soziale Konflikte und politische Demonstrationen die öffentliche Ordnung. In den Niederlanden, wo die Belgier um ihre Unabhängigkeit von den Holländern kämpften, und in Kongreßpolen, wo polnische Nationalisten gegen Rußland aufbegehrten, geriet das 1815 unter so großen Mühen zuwege gebrachte internationale Arrangement in Bedrängnis.

In den meisten deutschen Staaten flammten mehr oder weniger starke Unruhen auf. In Aachen hißten Bürger die Trikolore zum Zeichen ihrer Solidarität mit

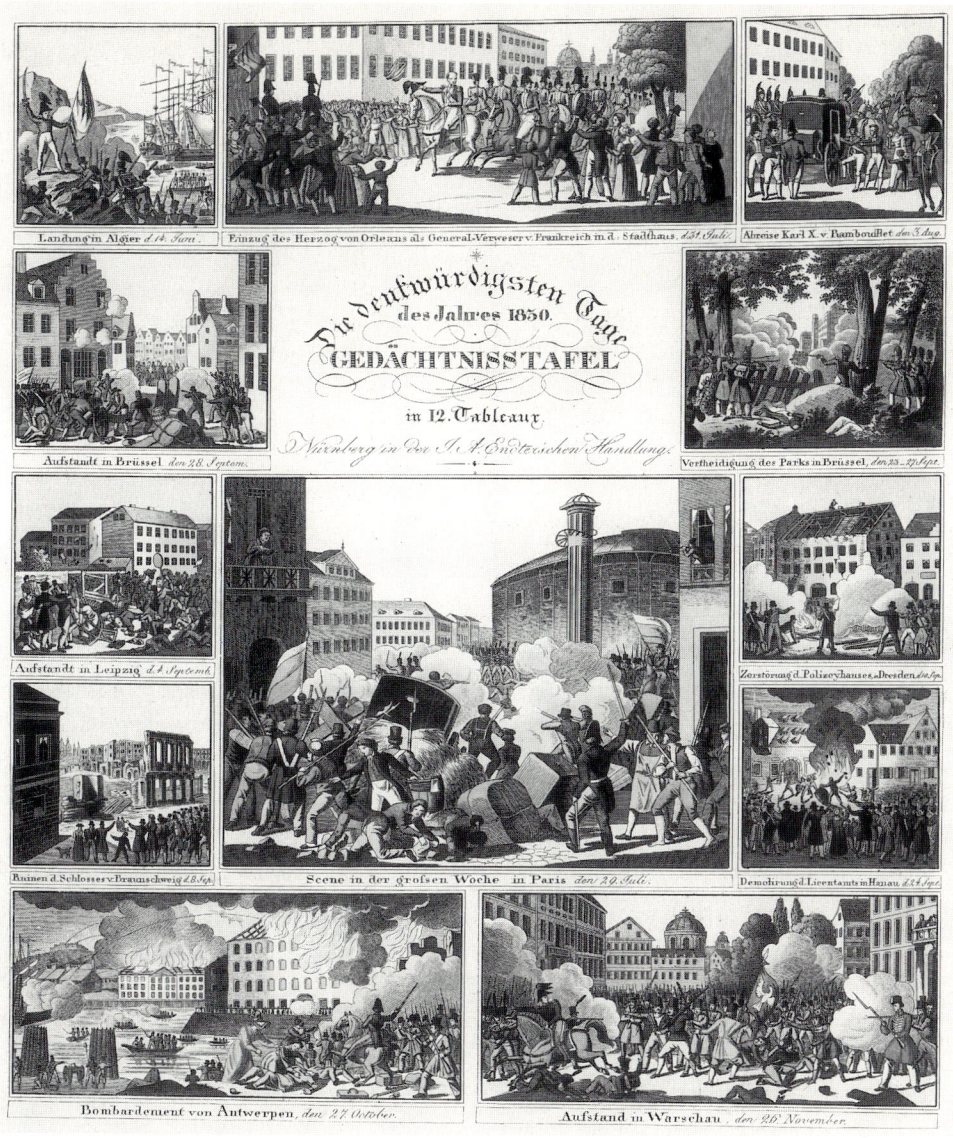

Ereignisse des Jahres 1830 auf einem Bilderbogen. Kolorierte Radierung aus einer Nürnberger Werkstatt, nach 1830. Nürnberg, Germanisches Nationalmuseum

Hambacher Tuch – ein Damenmodeartikel zur Demonstration freiheitlicher Gesinnung. Darstellung des Zuges zum Hambacher Schloß am 27. Mai 1832, der Personifikationen der Weisheit, Tapferkeit, Besonnenheit und Gerechtigkeit sowie führender Liberaler: Graf Ernst von Bentzel-Sternau, Heinrich Josef König, Johann Adam von Itzstein, Silvester Jordan, Philipp Jakob Siebenpfeiffer, Karl Theodor Welcker, Karl von Rotteck, Friedrich Schüler, Johann Philipp Abresch, Johann Jakob Schoppmann, L. von Hornthal, Wilhelm Joseph Behr, Johann Georg August Wirth, Ludwig Uhland, Ernst Emil Hoffmann, Georg Fein. Fabrikat der Firma Heim und Sohn in St. Gallen, 1832. Heidelberg, Kurpfälzisches Museum

den Franzosen. Antipreußische Ressentiments, Ärger über sinkende Löhne und steigende Preise und weitere Mißhelligkeiten hatten ein Klima der Nervosität geschaffen. Anfang September kam es zu Aufläufen von Handwerkern und Arbeitern, die die Anordnungen der Obrigkeit ignorierten und ihren Zorn schließlich am Eigentum einiger ungeliebter Fabrikanten ausließen. Erst als 2.000 preußische Soldaten in voller Montur aufmarschierten, konnte die Ordnung wiederhergestellt werden. Ähnliche Vorkommnisse erschreckten die bürgerliche Elite in Köln, Elberfeld, Frankfurt am Main, München, Chemnitz, Leipzig und vielen anderen Städten. In Kassel brachen Brotunruhen aus, und vielerorts in der hessischen Provinz übergaben Bauern Akten und Urkunden aus grundherrlichen Archiven dem Feuer und stürmten Zollstationen. Sogar in Wien und Berlin kam es zu kleineren Tumulten, doch in diesen Hauptstädten waren die Ordnungskräfte stark genug, um jede schwerwiegende Störung zu unterbinden.

Wie immer beim sorgfältigen Studium revolutionärer Situationen, wird auch hier deutlich, welche wichtige Rolle lokale Verhältnisse, konkrete Provokationen und das Tun und Lassen einiger Einzelpersonen spielten. Das galt für die Unruhen des Jahres 1830 vielleicht in besonderem Maße, weil es Motive unterschiedlichster Art waren, die die Menschen dazu brachten, den Schritt zur Rebellion zu tun. In Leipzig begannen die Unruhen am 2. September, nachdem sich Schmiedelehrlinge zusammengerottet hatten, um gegen die Verhaftung eines ihrer Kollegen zu protestieren. Am 4. September bliesen zornige Gesellen zum Angriff auf die Brockhaus-Druckerei und drohten mit der Zerstörung der Maschinen, die ihnen, so fürchteten sie, die Arbeit wegnehmen würden. Anderswo in der Stadt wurde die Gelegenheit genutzt, um alte Rechnungen zu begleichen. Der spätere kommunistische Wortführer Wilhelm Weitling, der die Vorgänge keineswegs ohne Wohlwollen beobachtete, schrieb seine Eindrücke von den Menschenmassen nieder, die in diesen Spätsommernächten durch die Straßen Leipzigs zogen: »Das Volk war in einer Nacht Meister in der Stadt und Umgegend und beschäftigte sich, weil es eben nichts anderes zu tun wußte, mit der Demolierung von einem Dutzend Häuser bis zum anderen Morgen. Jeder suchte seine Scharte auf seine Weise auszuwetzen. Die einen an dem Landhaus eines Lieferanten, welcher bedeutende Schlosserarbeiten auf Rechnung der Stadt außerhalb bestellt und so den Bürgern einen Verdienst entzogen hatte, andere fielen über die Möbel eines verhaßten Advokaten her, und die Handwerksburschen zogen in die Vorstadt und demolierten die Wohnung und Möbel eines auf dem Paßbüro angestellten und durch seine Strenge verhaßten Beamten.« Dieser Bericht legt Zeugnis sowohl von der geballten Kraft der Massen als auch von ihrer politischen Orientierungslosigkeit ab. Es ging den Rebellen um Rache an bestimmten Individuen und um das Stillen kurzfristiger Bedürfnisse, nicht um das Herbeiführen einer neuen Gesellschaftsordnung. Kaum verwunderlich, daß die Aufstände in Leipzig, wie in allen anderen deutschen Städten, bald und ohne große Mühe niedergeschlagen waren.

Nur wenige Liberale beteiligten sich an den Protesten. Die meisten verurteilten, wie Rotteck, das bloße Anprangern der »Gebrechen des Gemeindewesens ohne den weiteren Blick aufs Vaterland oder die Staatsverfassung«; deren »Antrieb und Werkzeug« seien nicht zuletzt »auch persönliche Leidenschaften, großenteils auch Rohheit, Unverstand, Raublust des Pöbels« gewesen. An einigen Orten gelang es freilich liberalen Wortführern unter Ausnutzung der sozialen Unruhen, einer momentan verunsicherten Regierung Reformen abzuringen. Das »Bündnis« zwischen der politischen und der sozialen Opposition, das oft zufällig zustande kam und immer mit einem tiefen Mißtrauen behaftet war, bewirkte 1830 gewichtige politische Veränderungen und lieferte einen Vorgeschmack auf jene Kräftekonstellation, die zum kurzlebigen Triumph der Liberalen achtzehn Jahre später führen sollte. In Braunschweig, wo die soziale und die politische Unzufriedenheit einen hohen Grad erreicht hatten, erzwang eine Gruppe von Honoratioren unter Führung eines Beamten namens Wilhelm Bode Verhandlungen über die Ablösung des diskreditierten Landesherrn, Herzog Karl II., durch seinen Bruder Wilhelm. Daß diese schwierigen Verhandlungen schließlich Erfolg hatten, lag zum einen an Bodes geschickten juristischen Winkelzügen und zum anderen daran, daß beide Seiten sich vor einem Volksaufstand fürchteten. Schließlich wurde der Grundsatz der Legitimität geopfert: Karl mußte abdanken, Wilhelm wurde Herzog. 1832 erklärte er sich bereit, an die Stelle der traditionellen ständischen Ordnung eine Verfassung mit repräsentativen Elementen nach süddeutschem Muster zu setzen.

Auch Hessen-Kassel ging aus den Unruhen von 1830 mit einer neuen Verfassung hervor. Wie viele seiner gekrönten Kollegen sah sich Kurfürst Wilhelm II. in seiner Hauptstadt mit wütenden Menschenmassen konfrontiert, nicht nur mit rebellischen Bauern, sondern auch mit einer beeindruckenden Ansammlung gebildeter und vermögender Männer, die auf seine peinlichen Versuche, seiner Geliebten zu einem Fürstentitel zu verhelfen, mit Empörung reagierten. Der Landtag, dessen fortschrittliche Fraktion von dem Marburger Juristen Silvester Jordan dirigiert wurde, vermochte dem Kurfürsten eine äußerst fortschrittliche Verfassung aufzuzwingen, die eine nur aus einer Kammer bestehende Legislative mit eindeutig definierten Befugnissen vorsah, einschließlich dem Recht, die fürstlichen Minister für ungesetzliches Handeln zur Rechenschaft zu ziehen. Selbst wenn die Verfassung den Grundsatz, daß die oberste Souveränität beim Fürsten lag, nicht antastete, verkörperte sie in bis dahin nicht gekannter Klarheit das Prinzip des Rechtsstaates, verstanden nicht nur als Instrument zum Schutz der Rechte des einzelnen, sondern auch als Garant gegen unverantwortliches Handeln der Regierenden. Verglichen mit Braunschweig und Hessen, erlebte Hannover einen ziemlich ruhigen Sommer 1830. Doch dann wurde im Januar 1831 die Universitätsstadt Göttingen zum Schauplatz einer von Studenten und Bürgern veranstalteten Minirevolution. Obwohl die Revolte nach drei aufregenden Tagen in sich zusammenbrach, gab sie den Anstoß zu einigen Reformen von oben, kulminierend in der Verkündung einer neuen Verfassung, die im September 1833 wirksam wurde. Allerdings setzte man sie nach vier Jahren wieder außer Kraft.

Unter gleichem Druck von Protesten und Unruhen, die die Fürsten von Braunschweig, Hessen und Hannover zu Zugeständnissen zwangen, gewährte der König von Sachsen seinem Staat eine geschriebene Verfassung. Die Lage war 1830 in Sachsen so brisant wie kaum anderswo in Europa. Der Wiener Kongreß hatte diesem Staat zwei Fünftel seines Territoriums und einen großen Teil seines internationalen politischen Gewichtes gekostet. Von der Reformära weitgehend unberührt, hatte er sich antiquierte ständische Strukturen bewahrt, deren tragende Säulen die Aristokratie, eine zerfledderte Verwaltung und repressive Feudalverhältnisse auf dem Land waren. Auf dem Thron saß 1830 Anton Klemens Theodor, ein Herrscher, der weder jung noch erfahren, dafür aber unpopulär war. Jenen erstarrten politischen Institutionen stand eine dynamische Wirtschaft gegenüber, die ihren Schwerpunkt in Leipzig hatte und sich auf einen aktiven industriellen Sektor in dessen ländlicher Umgebung stützte. Als 1830 die Unruhen einsetzten, zunächst in Leipzig, dann in anderen Städten und Dörfern Sachsens, wurde einer Gruppe fortschrittlich gesinnter Beamten rasch klar, daß ihr Staat reformiert werden mußte, wenn die Dynastie überleben sollte. Die drohende Gefahr eines Aufstandes als Hebel nutzend, konnten diese Männer die reaktionärsten Berater des Königs aus dem Amt drängen, die Ernennung des populären Thronfolgers Friedrich August II. zum Mitregenten erzwingen und die Ausarbeitung einer Verfassung durchsetzen. Nach einigen unter großen Mühen erreichten Kompromissen mit dem alteingesessenen Adel glückte es den Reformern schließlich im September 1831, die Verfassung in Kraft zu setzen.

Während in diesen nord- und mitteldeutschen Staaten die alte Ordnung Federn lassen mußte, brachten die Ereignisse von 1830 den verfaßten Staaten des Südens und Westens im öffentlichen Leben neue Vitalität. Am deutlichsten wurde das in Baden, wo das Jahr mit dem Amtsantritt eines neuen Herrschers begann, des Herzogs Leopold, der für fortschrittliche Ideen aufgeschlossen war und ein enges persönliches Verhältnis zu führenden liberalen Beamten wie Ludwig Winter pflegte. Bei den Landtagswahlen im Herbst 1830 schnitten die liberalen Kandidaten außerordentlich gut ab, so daß das Parlament, als es Anfang des Folgejahres zusammentrat, mehrheitlich aus Männern bestand, die gewillt waren, die bislang restriktiven Spielregeln für die öffentliche politische Diskussion zu liberalisieren, die Befugnisse des Parlaments klarer zu definieren und mehr Freiheit in allen Bereichen zuzulassen. Zu den ersten Früchten dieses neuen Geistes gehörte ein reformiertes Pressegesetz, das den Zensurrichtlinien des Deutschen Bundes trotzte und die Freiheit zur Äußerung politischer Meinungen garantierte. In allen größeren Städten Badens begannen daraufhin Zeitungen, in der Regel mit liberaler Ausrichtung, zu erscheinen.

Der König von Württemberg sperrte sich zwar das ganze Jahr 1830 über gegen Reformforderungen, konnte aber eine Politisierungswelle in der Bevölkerung nicht verhindern. Im Vorfeld der Landtagswahlen gründeten die Menschen Ausschüsse, in denen sie die politischen Ansichten der Kandidaten erörterten und Einfluß auf den Wahlausgang zu nehmen versuchten. Der »Hochwächter«, eine politisch orientierte liberale Zeitung, widmete sich der Mobilisierung fortschrittlicher Wähler. Als der neue Landtag Ende 1831 zusammentrat, wies er eine ansehnliche liberale Minderheit auf. Abgeordnete wie der Anwalt und ehemalige Beamte Paul Pfizer oder der Justizbeamte Friedrich Römer kämpften von 1831 bis 1833 darum, die Regierung dazu zu bringen, »das Urteil des Publikums zu achten und die Volksstimme zu berücksichtigen«.

Auch in Bayern brachten Neuwahlen eine große Zahl liberaler Geister in den Landtag, sehr zum Mißvergnügen des Königs Ludwig I., der Eduard von Schenk zum Chef einer politisch und religiös konservativen Regierung ernannt hatte. Als Studenten der Münchener Universität das Weihnachtsfest 1830 mit einer politischen Demonstration begingen, beschloß der König, durch Erlaß eines repressiven Pressegesetzes seine Autorität unter Beweis zu stellen. Dagegen regte sich im neuen Landtag, der im Februar 1831 zusammentrat, heftiger Widerstand. Die darauffolgenden Monate waren geprägt von Kontroversen zwischen Landtag und Regierung, zunächst über das Pressegesetz, dann über eine Reihe weiterer Streitpunkte. Eine Zeitlang erfochten die Fortschrittlichen erstaunliche Punktsiege: Im Mai erzwangen sie den Rücktritt Schenks, im Juni die Verabschiedung einer neuen Presseordnung. Doch im Dezember befand Ludwig I., das Maß sei voll. Er löste den Landtag auf und berief ein neues Ministerium unter Karl Philipp von Wrede, einem hartgesottenen, konservativen Offizier, der willens war, die Autorität des Königs wiederherzustellen. An diesem Punkt der Entwicklung verlagerte sich das Schwergewicht der politischen Aktivität vom Parlament auf die Straße und von München in die Pfalz.

Es gab mehrere Gründe, warum die Pfalz in der letzten Phase der revolutionären Unruhen von 1830 bis 1832 zum dynamischsten politischen Schauplatz in Deutschland wurde. Wie für viele Gebiete, in denen sich in der Ära des Vormärz starke Oppositionsbewegungen formierten, galt auch für die Pfalz, daß sie in der napoleonischen Epoche eine turbulente Entwicklung durchgemacht hatte, an deren Ende sie dem Königreich Bayern zugeschlagen wurde, einem Staat, dem die Pfälzer wenig Loyalität oder gar Zuneigung entgegenbrachten. In ihrer Enttäuschung und Erbitterung darüber, daß man sie aus ihren alten politischen Bindungen herausgelöst und der Herrschaft eines im Grunde fremden Regimes überantwortet hatte, waren viele Bewohner der Pfalz bereit, über Alternativen zum Status quo nachzudenken. Erschwerend gesellten sich wirtschaftliche Negativfaktoren hinzu: zunächst ein für die Pfalz nachteiliges Handelsabkommen, das Bayern 1829 mit Preußen, Hessen und Württemberg schloß, dann 1831 eine katastrophale Mißernte. Auf der anderen Seite diente die Pfalz, weil die Zensur hier nachsichtiger verfuhr als im bayerischen Stammland, als natürliche Zufluchtsstätte für liberale Journalisten, die aufgrund des reaktionären Umschwungs in der bayerischen Politik ihr Heil weiter nördlich suchten. An erster Stelle ist hier Johann Georg August Wirth zu nennen, ein dreiunddreißigjähriger Redakteur der »Deutschen Tribüne«, der zum Inbegriff der pfälzischen Protestbewegung werden sollte.

Wirth gründete im Januar 1832 den »Preßverein«, dessen Ziel die Verbreitung liberaler Ideale im deutschsprachigen Raum war. Der Verein wuchs mit erstaunlichem Tempo: Zwischen Februar und September 1832 gewann er 5.000 Mitglieder, von denen etwa die Hälfte aus der Pfalz kam, ein Drittel aus dem bayerischen Stammland und das restliche Sechstel aus anderen deutschen Staaten. Es waren Menschen aus den mittleren Schichten der Gesellschaft: Handwerker, Ladeninhaber und sonstige kleine Geschäftsleute, aber auch Studenten, Anwälte, Journalisten und Akademiker. Da den führenden Köpfen daran gelegen war, eine Organisation mit einer breiteren Basis, als ein Verein sie normalerweise hatte, zu schaffen, riefen sie im Verlauf des Jahres 1832 über 100 lokale Gliederungen ins Leben. Es gelang ihnen freilich nicht, die Aktivitäten des Gesamtvereins zu koordinieren oder auch nur die regelmäßigen inneren Konflikte in den Griff zu bekommen. Dazu kam, daß der Preßverein sich zwar ausdrücklich als politische Organisation verstand, die breite Unterstützung für ein konkretes Programm mobilisieren wollte, daß seine führenden Leute sich aber am liebsten mit den erzieherischen Bemühungen begnügt hätten, die für das öffentliche Leben in Deutschland charakteristisch waren. Sowohl von der Organisation als auch von der Taktik her verkörperte der Preßverein somit ein Übergangsstadium zwischen der herkömmlichen politischen Öffentlichkeit und den partizipatorischen Institutionen, die sich in den vierziger Jahren herauszubilden begannen.

Mitglieder des Preßvereins waren maßgeblich an der Planung des Ereignisses beteiligt, das gemeinhin als die Sternstunde des deutschen Frühliberalismus angesehen wird: des großen Volksfestes, das im Mai 1832 an einer alten Burgruine unweit des Städtchens Hambach gefeiert wurde. Feste zur Feier eines Anlasses oder zu Ehren einer Persönlichkeit gehörten natürlich seit Jahrhunderten zum europäischen Leben. Die französischen Revolutionäre hatten in den neunziger Jahren des 18. Jahrhunderts solchen traditionsreichen Festen ihren religiösen oder untertänigen Charakter genommen und sie in Demonstrationen säkularen Glaubens und politischer Solidarität verwandelt. Das Wartburg-Fest von 1817 war als deutsche Ausgabe solcher revolutionären Feste gedacht, als Tribut an das Volk und als Inspiration für künftige Taten. Nach 1830 gewannen politische Feste wieder an Popularität. Zumeist fanden sie in Form öffentlicher Bankette statt, wie sie in Frankreich die Opposition gegen die Bourbonen für ihre Zwecke genutzt hatte. Die Feier von Hambach war eine Fortsetzung und Erweiterung der liberalen Festlichkeiten, ein von den Repräsentanten des ganzen Volkes getragenes »Konstitutionsfest«. Größer, gesellschaftlich durchmischter und politisch reifer als das Wartburg-Fest, sollte das Hambacher Fest den neuen politischen Geist des Zeitalters würdigen und zugleich anspornen. Heine schrieb, auf einem von Ludwig Börne verfaßten Bericht fußend, daß auf dem Hambacher Fest »die moderne Zeit ihre Sonnenaufgangslieder« gejubelt habe, und habe man dort auch »viel Unvernünftiges« gesprochen, so »ward doch die Vernunft selber anerkannt als jene höchste Autorität«.

Am Morgen des 27. Mai versammelten sich 20.000 bis 30.000 Menschen vor dem Schießhaus in Neustadt und setzten sich, schwarz-rot-goldene Fahnen und ein Banner schwingend, das »Deutschlands Wiedergeburt« verkündete, in Richtung der Burgruine in Marsch. Aus vorliegenden biographischen Daten über 187 Teilnehmer aus der Pfalz wurden die in der Tabelle aufgelisteten Angaben über die soziale Zusammensetzung der Festbesucher extrahiert.

Pfälzische Besucher des Hambacher Festes nach einer von der bayerischen Regierung zusammengestellten Liste subversiver Elemente

Freiberufliche mit akademischer Bildung	29
Geschäfts- und Kaufleute	36
Bauern	6
Förster	1
Drucker und Buchhändler	10
Handwerker	34
Landarbeiter	4
Angestellte, Lohnarbeiter	10
Studenten	57

Wirth hielt die Begrüßungsansprache, die in Ton und Inhalt sowohl das rhetorische Spektrum als auch die unausgesprochenen weltanschaulichen Dogmen der frühen deutschen Oppositionsbewegung veranschaulichte. Die Deutschen müßten, postulierte er, für ihre Freiheit selbst etwas tun. Ausländische Interventionen im Namen der Freiheit, beispielsweise aus dem benachbarten Frankreich, seien abzulehnen. Das denkbar beste Instrument der Befreiung liege »in einem Bündnisse der Patrioten zum Zwecke der Belehrung des gesamten deutschen Volkes über die Art und Weise der notwendigen Reform Deutschlands«. Verwirrung, Spaltung und eine uneinheitliche Organisation könnten, so warnte er, der Opposition zum Verhängnis werden. Klarheit und Einigkeit hingegen würden sie unbezwingbar machen. Wenn nur »die reinsten, fähigsten und mutigsten Patrioten... sich verständigten..., wenn auch nur zwanzig, an Geist, Feuereifer und Charakter ausgezeichnete Männer... zu einem geregelten Zusammenwirken verbunden und von einem Manne ihres Vertrauens geleitet... in ihrer Sendung nie müde werden…, dann muß das große Werk gelingen, die verräterische Gewalt wird vor der Weihe der Vaterlandsliebe und der Allmacht der öffentlichen Meinung in den Staub sinken.« Für Wirth hatte politisches Handeln mehr mit Bildung als mit Macht zu tun. Um die Sache der Freiheit zu fördern, müsse man dem Volk die Wahrheit sagen, ihm die Augen für seine wirklichen Bedürfnisse öffnen, es zur Aufgeklärtheit hinführen. War das einmal geschafft, würde die der öffentlichen Meinung innewohnende Kraft den Rest besorgen. Der Gewalt oder des Blutvergießens bedürfe es dann nicht.

Zu den Rednern auf dem Hambacher Fest gehörten Philipp Jakob Siebenpfeiffer, ein Schneiderssohn, der es zum Beamten gebracht hatte, Daniel Ludwig Pistor, ein demokratisch gesinnter Anwalt und Mitglied des Münchener Preßvereins, Karl Heinrich Brüggemann, Jurastudent und Vertreter der verbotenen Burschenschaften, und viele weitere. Die Redner repräsentierten unterschiedliche Standpunkte und politische Strategien, doch sie betonten einträchtig die großen gemeinsamen Ziele einer Wiedergeburt Deutschlands »in Einheit und Freiheit«, der Volkssouveränität und der Freiheit der wirtschaftlichen Betätigung. Brüggemann drohte, für die radikale Linke sprechend, mit einem Aufstand, falls die Regierungen das Gesetz mit Füßen träten, doch auch ihm war klar, daß die Zeit zum »Losschlagen« noch nicht gekommen war. Die achtbaren und rechtschaffenen Bürger, die das Gros seiner Zuhörerschaft bildeten, stimmten dem gewiß zu; nur wenige hätten das Fest in eine direkte Konfrontation mit dem Deutschen Bund umfunktionieren wollen. So blieben als Resultat des Treffens von Hambach eine Neukonstituierung des Preßvereins, der den Namen »Reformverein« erhielt und die Beilegung einiger Differenzen zwischen rivalisierenden Journalisten. Die Männer, die sich in Hambach versammelten, wollten Zeitungen gründen, nicht Barrikaden errichten. Daß sie es nicht auf die Vernichtung ihrer Gegner abgesehen hatten, sondern auf deren Bekehrung, suggeriert eine zeitgenössische Lithographie, die zeigt, wie Reaktionäre in den Tempel der Aufklärung geschleppt werden; von einer Guillotine ist dabei nichts zu sehen.

Für Metternich war das Hambacher Fest bloß ein weiteres Glied in einer Kette beunruhigender Ereignisse, die alle den Interessen Österreichs zuwider zu laufen schienen. Die Aufstände von 1830 in Belgien und Polen hatten ihn erschüttert, nach Italien hatte er österreichische Truppen zur Mithilfe bei der Wiederherstellung der Ordnung entsandt. 1831 hatte er seine ganze diplomatische Kunst aufbieten müssen, um Bestrebungen zu torpedieren, die eine engere militärische Zusammenarbeit zwischen Preußen und den süddeutschen Staaten vorsahen. Die Fortdauer der demokratischen Agitation in der Pfalz über 1831 hinaus betrachtete er als Anzeichen dafür, daß die bayerische Regierung offenbar nicht in der Lage war, sich dem Ansturm des Radikalismus im eigenen Land entgegenzustemmen. Da dies die westliche Flanke des Deutschen Bundes dem unguten Einfluß liberaler Ideen aussetzen konnte, war es Zeit zum Eingreifen. Das Hambacher

Fest lieferte Metternich trotz seines geordneten Ablaufs und seiner bescheidenen Ergebnisse einen perfekten Vorwand, um die reaktionären Kräfte innerhalb des Deutschen Bundes um sich zu scharen. »Le libéralisme a cédé la place au radicalisme«, erklärte er am 10. Juni seinem Botschafter in Berlin. Da »les questions simples ont toujours un grand avantage sur celles compliquées«, sei es ihm viel lieber, sich mit Vorgängen wie dem Hambacher Fest auseinanderzusetzen, statt mit den Debatten, die in den diversen deutschen Landtagen vor sich gingen; bei ersterem seien die subversiven Kräfte hervorgetreten, in letzteren versteckten sie sich hinter einem Schleier der Heuchelei.

In den folgenden Wochen versuchte Metternich unter Berufung auf Hambach – genauso wie einst wegen des Mordes an Kotzebue –, seine Anhänger um sich zu scharen und seine Gegenspieler unter den deutschen Staatsmännern einzuschüchtern. Am 28. Juni verabschiedete der Bundestag die sogenannten Sechs Artikel, in deren Präambel die deutschen Staaten die Bemühungen Preußens und Österreichs um das Wohl des »deutschen Vaterlandes« mit »dankbarer Anerkennung« würdigten. Im übrigen bekräftigte das Dokument den Grundsatz der monarchischen Autorität. Eine Kommission wurde ins Leben gerufen, die sicherstellen sollte, daß die deutschen Staaten sich an die Vorgaben der »Sechs Artikel« hielten. Am 5. Juli verabschiedete der Bundestag ein erweitertes Paket, genannt die »Zehn Artikel«. Darin wurden die bestehenden Bestimmungen im Bereich der Zensur und der Überwachung politischer Organisationen und öffentlicher Aktivitäten im allgemeinen unterstrichen. Die Mitgliedstaaten versprachen, jedweder von aufständischen Kräften bedrohten Regierung militärischen Beistand zu schicken. Metternich hielt seine Offensive gegen die Revolution zwei Jahre lang aufrecht. Im Juni 1833 errichtete der Deutsche Bund ein Zentralbüro für politische Ermittlungen, das im Verlauf seines neunjährigen Bestehens über 2.000 verdächtige Personen überprüfte. Im September trommelte der Kanzler die Herrscher Österreichs, Preußens und Rußlands in Münchengrätz zusammen, wo sie feierlich gelobten, den Kräften der Revolution eisern zu widerstehen und die Probleme, die sich aus dem fortdauernden Niedergang des Osmanischen Reiches ergaben, gemeinsam zu lösen. Bewaffnet mit dieser Neuauflage der Heiligen Allianz, berief Metternich eine Ministerkonferenz nach Wien ein, die von Januar bis Juni 1834 dauerte und ein ausführliches Memorandum, genannt die »Sechzig Artikel«, über monarchische Autorität und die Notwendigkeit einer lückenlosen Überwachung jeglicher Opposition hervorbrachte. Auch wenn dieses Dokument die Drohung mit der Intervention als freundliches Hilfsangebot tarnte, war seine Botschaft an die Adresse der toleranteren deutschen Regierungen klar genug: Entweder sie sorgten für Ordnung im eigenen Land, oder sie mußten mit Repressalien seitens einer von den beiden deutschen Großmächten angeführten reaktionären Koalition rechnen.

Die meisten deutschen Fürsten folgten den Metternichschen Fingerzeigen nur allzu gerne. König Ludwig I. von Bayern, der in der ersten Jahreshälfte 1832 eine längere Italien-Reise unternommen hatte, kehrte am 18. Juni in seine Hauptstadt zurück und ernannte Fürst Wrede zum »außerordentlichen Hofkommissar« für die Pfalz. Mit 8.500 Mann – das war fast die Hälfte des bayerischen Heeres – unter seinem Befehl, stellte Wrede die aufmüpfige Provinz unter Kriegsrecht. Wirth, Siebenpfeiffer und mehrere, die auf dem Hambacher Fest als Redner in Erscheinung getreten waren, wurden verurteilt, schuldig gesprochen und ins Gefängnis gesteckt. Brüggemann wurde nach zweimaliger Verhaftung durch die badischen Behörden schließlich an Preußen ausgeliefert und dort zum Tode verurteilt, später aber begnadigt. Pistor und ein paar andere flohen über die Grenze nach Frankreich. Ähnliche Exempel wurden überall im Deutschen Bund statuiert. Der König von Württemberg hatte schon vor dem Hambacher Fest in einem Erlaß alle Vereine verboten, die sich mit parlamentarischen Angelegenheiten befaßten oder die Beeinflussung von Abgeordneten zum Ziel hatten. Anfang 1833 untersagte er der Presse jegliche Erwähnung von Dingen, die mit den Landtagswahlen zu tun hatten. Die badische Regierung ergriff erst unter dem Druck des Deutschen Bundes durchschlagende Maßnahmen gegen die liberale Opposition. Im Sommer 1832 erklärte der Bundestag das badische Pressegesetz für null und nichtig und setzte zugleich Rotteck und Welcker, die beiden prominentesten badischen Liberalen, auf die Liste der gesuchten Umstürzler. Der Herzog, der auf den Landtag ohnehin zunehmend schlechter zu sprechen war, wurde daraufhin aktiv. Die Regierung erklärte die Wahl Rottecks zum Bürgermeister von Freiburg für ungültig und begann gegen illoyale Beamte mit Parlamentsmandat vorzugehen. Mit noch größerer Wucht schlug die Reaktion in Hessen-Kassel, Hannover und Sachsen zu, wo sich erst kurz zuvor konstitutionelle Regierungen etabliert hatten. In Hessen zettelte der neue Kurfürst eine längere Kampagne gegen seinen Landtag an, die am Ende in die Verhaftung und Verurteilung des Landtagspräsidenten Silvester Jordan mündete. Auch die sächsische Regierung rollte das, was es an Reformansätzen gab, von hinten auf, verbot jede politische Agitation und verwandelte, wie ein Beobachter es kommentierte, den Landtag in ein »so köstliches Spektakel der Wohlanständigkeit und Biegsamkeit, wie eines Menschen Herz es sich nur wünschen möchte«.

Der reaktionäre Umschwung von 1832 löste Proteste aus, besonders in der Pfalz, wo die Menschen Petitionen unterzeichneten und die Zeitungen es wagten, der Regierung die Verletzung von Bürgerrechten vorzuwerfen. Doch nur wenige Deutsche waren bereit, deutlichere Zeichen zu setzen. In Frankfurt am Main gründeten einige Veteranen der Burschenschaftsbewegung eine Untergrundorganisation, von der sie hofften, sie könne ein neues Feuer der Rebellion entfachen. Aber als diese hoffnungslos unfähigen Verschwörer im April 1833 die Frankfurter Hauptwache erstürmten, wurden sie von den Ordnungskräften rasch überwältigt. Weder friedliche Proteste noch Aufstandsversuche vermochten die Regierungen von ihrem gegenrevolutionären Kurs abzubringen. Wrede befriedete mit seinen Truppen die Pfalz: Politische Organisationen wurden aufgelöst, und in den Parlamenten gaben wieder einmal biegsamere Leute den Ton an, hier wie anderswo. Die Kräfte der Reform, deren Vormarsch unaufhaltsam erschienen war, kapitulierten vor der bewaffneten Staatsmacht. Dieselbe politische Zersplitterung, die zuvor die Liberalen befähigt hatte, einzelnen Staatsregierungen Kompromisse aufzuzwingen, ermöglichte es nun den Kräften der Ordnung, die Opposition in den einzelnen Staaten zu isolieren und in die Knie zu zwingen.

Doch im Vergleich mit der Friedhofsruhe der Repression, die auf die »Karlsbader Beschlüsse« von 1819 gefolgt war, sollten sich die reaktionären Triumphe der dreißiger Jahre als unvollständig und kurzlebig erweisen. Daß Metternich den Deutschen Bund aufhetzte und in den meisten Staaten wieder die Reaktion regierte, änderte nichts daran, daß der politische Gärungsprozeß überall in deutschen Landen weiterging. Den Zensoren fehlte es an den Mitteln, manchmal auch an der Motivation, den Strom liberaler Bücher, Zeitschriften und Zeitungen auszutrocknen, der sich über den deutschsprachigen Raum ergoß. Gesellige Klubs und kulturelle Vereinigungen wurden zu Foren der politischen Diskussion. Wissenschaftliche Publikationen wie das berühmte vielbändige »Staatslexikon«, das von 1834 an erschien, gewannen an Bedeutung als Rezeptbücher für die politische Opposition. Immer mehr Deutsche nahmen aktiv an den öffentlichen Angelegenheiten teil und sahen darin nicht mehr eine ausschließliche Domäne der Staatsmänner. Daß es mit den Loyalitäten und Institutionen, auf die das alte Regime sich gestützt hatte, abwärts ging, wurde in den dreißiger Jahren unübersehbar. Passivität und Untertanengeist hörten auf, die typischen Merkmale der meisten Deutschen zu sein.

Zur vorrangigen Zielscheibe politischer Proteste wurde damals die Bürokratie. Für viele Menschen waren bürokratische Institutionen eine Quelle ständiger Frustration und Verbitterung. Die Zensur beschränkte die Verbreitung aufgeklärter Ansichten und notwendiger Kenntnisse, die Polizei schikanierte unschuldige Reisende, Beamte behinderten den Handel oder reglementierten die Geschäftstätigkeit, Truppen verschlangen Mittel, die mit größerem Nutzen für Schulbildung oder wirtschaftliche Entwicklung hätten ausgegeben werden können. »Das viele Regieren oder das Einmischen der Staatsverwaltungen in zu viele Gegenstände ist Regel geworden«, klagte David Hansemann 1840. »Den Beamten unbewußt, haben sie sich der Neigung hingegeben, die mannigfaltigsten Gegenstände, welche füglich dem Ermessen der Privatpersonen und Korporationen überlassen werden könnten, nach eigener Ansicht zu entscheiden.« Ein paar Jahre später schrieb Robert von Mohl: »Wir sehen vor lauter Papier das Leben gar nicht mehr, und wenn man eine Vereinfachung des Geschäftsganges verspricht, so kommt auch noch ein Dutzend unnötiger Berichte und Erlasse weiter dazu.« Otto Camphausen registrierte mit Bestürzung eine in seinen Augen fanatische Feindschaft gegen die Bürokratie. Camphausen, ein preußischer Beamter mit engen Verbindungen zur rheinischen Wirtschaftselite, befand sich in einer besonders günstigen Beobachterposition, um die antibürokratische Stimmung einschätzen zu können, zumal in jenen Gebieten, die im Zuge der nachrevolutionären Friedensregelung die »Staatszugehörigkeit« gewechselt hatten. Dort schürten regionale Antagonismen, wirtschaftliche Rivalitäten und religiöse Zwistigkeiten die Opposition gegen den Staatsapparat. Überall im deutschsprachigen Europa versuchte die politische Opposition, exzessive Bürokratenmacht zu beschneiden und die Regierungen dem rechtsstaatlichen Prinzip zu unterstellen. »Es ist eine entschiedene Grundansicht«, erklärte 1831 ein liberaler Abgeordneter des badischen Parlaments, »daß die Staatsregierung einseitig über ein privatrechtliches Verhältnis keine Verordnung erlassen darf, und daß sie kein Recht hat, den freien Gebrauch der physischen und intellektuellen Kräfte eines Bürgers zu beschränken.« In einer Verfassung sahen Liberale nicht ein Mittel zur Regulierung der Machtverhältnisse, sondern auch ein Hilfsmittel zur Definition zulässiger Bereiche und Fälle von Machtanwendung und zur Verhinderung ihres Mißbrauchs. Das liberale Konzept des Rechtsstaates, das für Theoretiker wie Mohl von großer Bedeutung war, stellte einen Versuch dar, Personen und Sachwerte vor unvernünftigen Reglementierungen und willkürlicher Einmischung zu bewahren.

Seinen dramatischsten Niederschlag in den dreißiger Jahren fand das liberale Bekenntnis zu Konstitutionalismus und Rechtsstaatlichkeit im Konflikt der sogenannten Göttinger Sieben mit der Hannoverschen Regierung. Der in Hannover 1833 zustande gekommene konstitutionelle Kompromiß war ein verspätetes politisches Nebenprodukt der revolutionären Unruhen von 1831/32. Vier Jahre später ging die jahrhundertelange Personalunion zwischen England und Hannover zu Ende, als Viktoria Königin wurde und die Hannoversche Krone gemäß den Bestimmungen des salischen Rechtes auf ihren Onkel Ernst August, den Herzog von Cumberland, überging. Der neue Monarch erklärte erst einmal die Verfassung 1833 für ungültig und forderte von allen Beamten die Ablegung eines Treueids. Sieben Mitglieder der Göttinger Professorenschaft – die Historiker Dahlmann und Gervinus, der Jurist Wilhelm Albrecht, der Philologe Heinrich Ewald, der Physiker Wilhelm Weber und die Literaturwissenschaftler Jacob und Wilhelm Grimm – weigerten sich, dem königlichen Verlangen Folge zu leisten, mit der Begründung, sie hätten bereits einen Eid auf die Verfassung geleistet, den sie nicht brechen dürften. Dahlmann formulierte es so: »Ich kämpfe für den unsterblichen König, den gesetzmäßigen Willen der Regierung, wenn ich mit den Waffen des Gesetzes das bekämpfe, was in der Verleitung des Augenblicks der sterbliche König im Widerspruch mit den bestehenden Gesetzen beginnt.« Doch der Widerstand der Sieben war vergeblich, Ernst August setzte seinen Willen durch: Die Verfassung wurde widerrufen, die sieben Aufrechten von der Universität verbannt und drei von ihnen sogar außer Landes getrieben. Sie fanden allerdings viel Zuspruch in den Reihen der deutschen Liberalen, die ihre Überzeugung teilten, daß der Staat und seine Gesetze nicht den Launen eines individuellen Herrschers ausgeliefert werden dürften.

Im selben Jahr 1837, in dem sich der Staatsstreich von Hannover ereignete, wurden im Rheinland Proteste anderer Art gegen den Mißbrauch staatlicher Macht laut. Seit diese Region als Rheinprovinz den Ländern der Hohenzollernmonarchie zugeschlagen worden war, herrschte zwischen der preußischen Obrigkeit und der katholischen Kirche ein gespanntes Verhältnis. Jedoch blieben, solange Ferdinand August Freiherr von Spiegel Graf von Desenberg Erzbischof von Köln war, Kompromisse zwischen kirchlichen und weltlichen Autoritäten möglich. Spiegel war zum Beispiel maßgeblich an einer Serie schwieriger Verhandlungen darüber beteiligt, wie Kinder aus religiösen Mischehen aufgezogen werden sollten – ein kniffliges Problem, für das schließlich in einem vertraulichen Abkommen von 1834 eine Lösung gefunden wurde. Doch nach dem Tod Spiegels 1835 veränderte sich die Lage zum Schlechteren. Der neue Erzbischof, Clemens August Freiherr von Droste-Vischering, distanzierte sich von dem Abkommen des Jahres 1834 und bekannte sich statt dessen zu dem wesentlich schrofferen Standpunkt, den der Vatikan zu den Fragen der religiösen Mischehe einnahm. Zugleich leistete Droste seinen Beitrag zu der Kontroverse um die Anhänger des Georg Hermes an der Bonner Universität. Unter Mißachtung des erklärten Willens der Regierung, die Hermesianer zu tolerieren, verbot der Erzbischof den katholischen Seminaristen, deren Vorlesungen zu besuchen, und verlangte, daß alle Anwärter auf das Priesteramt eine förmliche Erklärung unterschrieben, in der die Ideen Hermes' verurteilt wurden. Die Reaktion aus Berlin kam prompt: Droste wurde unter dem Vorwurf des Hochverrats gefangengesetzt und seine Diözese unter staatliche Verwaltung gestellt. Der Protest der deutschen Katholiken war eher verhalten. Droste war kein populärer Mann, und es gab nicht wenige, die meinten, er habe bekommen, was er verdiente. »Die Kölner«, berichtete Annette von Droste-Hülshoff ihrer Mutter, »sind trotz ihrer Frömmigkeit so froh, ihn los zu sein, daß sich keine Maus regt.« Doch allmählich kam der Widerstand gegen das Vorgehen der Regierung auf Touren. Zunächst in Koblenz, dann in Paderborn und in der Folge in weiteren Städten der Rheinprovinz versammelten sich Geistliche und Laien zum Protest gegen die Verhaftung des Erzbischofs. Als der Erzbischof von Posen ebenfalls den Konsens mit der Staatsmacht aufkündigte, wurde auch er verhaftet. Eine Flut polemischer Bücher und Streitschriften war die Folge. Joseph Görres zum Beispiel, der seit einiger Zeit als patriotischer Publizist nach rechts gerückt war, verfaßte unter dem Titel »Athanasius« eine berühmt gewordene antipreußische Philippika, von der unmittelbar nach ihrer Veröffentlichung im Januar 1838 über 7.000 Exemplare verkauft wurden. Der Konflikt köchelte drei Jahre lang weiter, bis er unter dem neuen König Friedrich Wilhelm IV. durch einen Kompromiß beigelegt wurde, der sich weitgehend auf der Linie der Kirche bewegte.

Die Frage der religiösen Mischehen war zwar nicht ohne praktische Bedeutung, besonders im Rheinland, wo Heiraten zwischen Katholiken und Protestanten häufig vorkamen, aber daß die »Kölner Wirren« eine so breite und dauerhafte Wirkung entfalteten, lag an der Tatsache, daß diese Kontroverse eine ganze Reihe weiterer konfliktträchtiger Probleme zutage förderte: zwischen Kirche und Staat, Katholiken und Protestanten, zwischen Befürwortern und Kritikern des päpstlichen Führungsanspruchs sowie, das vielleicht brisanteste Konfliktfeld, zwischen der Hohenzollernmonarchie und den Bewohnern ihrer neuerworbenen Gebiete. In den Augen derer, die der preußischen Obrigkeit ihr strenges Regime verübelten, war der im Gefängnis schmachtende Bischof ein Märtyrer, die lebendige Verkörperung tapferen Widerstandes gegen eine ungerechte Regierung.

Die Rivalen Preußens unter den deutschen Staaten beeilten sich, den Konflikt für ihre eigenen Zwecke zu nutzen. Zum Zentrum der Kampagne wurde München, wo König Ludwig I. eine katholische Gegenbastion zu Berlin aufzubauen versuchte. Die kurz vor Beginn der »Kölner Wirren« eingesetzte Regierung unter Karl von Abel ging zu einer rigoros prokatholischen Politik über, die schließlich die protestantische Minderheit in Bayern vor den Kopf stieß. Die religiösen Reibungen im Königreich verschärften sich, als der König 1838 einen Erlaß verkünden ließ, demzufolge die evangelischen Soldaten ebenso wie ihre katholischen Kameraden niederknien mußten, wenn das Heilige Sakrament vorbeigetragen wurde. Wiederum fällt auf, daß ein Konflikt sich an einer symbolischen Frage entzündete, seine Tragweite aber aus einem komplexen Gefüge religiöser, regionaler und politischer Potentiale erhielt. Ludwig I. wollte im Grunde, wie Friedrich Wilhelm III. von Preußen, einen christlichen Staat, in dem der Religion die Rolle eines Schutzschildes für die bestehende gesellschaftliche Ordnung zugewiesen werden konnte. Aber sowohl die Wittelsbacher als auch die Hohenzollern mußten in der Folge erfahren, daß ein solches Unterfangen eher die Gewähr für Konflikte als für Herrschaftssicherung bot.

Auch für viele Mitglieder der liberalen Opposition waren religiöse Fragen von beträchtlicher Bedeutung. Rotteck verurteilte in einer 1837 verfaßten Streitschrift die preußische Kirchenpolitik, und Heinrich von Gagern, selbst aus einer religiösen Mischehe hervorgegangen, stellte der von katholischer Seite unter Beweis gestellten Bereitschaft, gegen Tyrannei aufzutreten, die, wie er sich ausdrückte, »servile Staatsdienerei« der deutschen Protestanten gegenüber. Die meisten Liberalen konnten sich jedoch nur schwer mit der Idee anfreunden, für einen katholischen Würdenträger wie Droste Partei zu ergreifen, in dem sie den Sachwalter einer intoleranten, starren Orthodoxie sahen. Die Liberalen verurteilten zudem den mit zunehmend größerem Nachdruck geltend gemachten Autoritätsanspruch des Vatikans, mit dem sie Droste identifizierten. In ihren Augen war der Papst ein erklärter Gegner fortschrittlicher Ideen und der Inbegriff für den unzuträglichen Einfluß ausländischer Kräfte auf deutsche Belange. Der vielleicht wichtigste Gesichtspunkt war schließlich der, daß die Liberalen im Staat einen unverzichtbaren Bundesgenossen für die Abwehr der kulturellen und politischen Machtansprüche der Kirche sahen. Das bedeutete beispielsweise, daß die Liberalen für die staatliche Oberhoheit über das Bildungswesen waren, weil sie darin eine Gewähr für die Unabhängigkeit der Schulen von den Kirchen erblickten. Eine ähnliche Ambivalenz findet sich in den Reihen derjenigen Liberalen, die für die Gleichberechtigung der Juden eintraten. Während sie einerseits den Staat insoweit verurteilten, als er an der rechtlichen Diskriminierung der Juden festhielt, legten sie andererseits, wie Reinhard Rürup geschrieben hat, ein erstaunliches Zutrauen zur Fähigkeit und Bereitschaft des Staates an den Tag, das Versprechen der Emanzipation zu erfüllen.

Ein ungeklärtes Verhältnis zum Staat hatten auch die deutschen Unternehmer. Bei jeder Gelegenheit klagten sie heftig über die in ihren Augen unbilligen und unproduktiven Beschränkungen, die der Staat ihren Aktivitäten auferlegte. Fabrikanten warfen der Verwaltung vor, sie begünstige die Landwirtschaft, Bankiers beklagten sich über geschäftsschädigende Regularien, Kaufleute forderten einen freieren Zugang zu größeren Märkten. Als ein preußischer Beamter einer Abordnung von Unternehmern aus Barmen erklärte, die Industrie sei ein »Krebsgeschwür« der Gesellschaft, bestätigte er damit das in vielen deutschen Unternehmerköpfen vorhandene Klischee vom wirtschaftsfeindlichen, ewig-gestrigen preußischen Bürokraten. Neben dieser gleichsam natürlichen Animosität zwischen den selbsternannten Vertretern des praktischen Fortschritts und denen, die ein Wirtschaftsvertreter einmal abfällig als »Staatsexaminierte ohne Eigentum« bezeichnete, gab es allerdings einen nicht weniger starken Drang zur Zusammenarbeit. Genau wie diejenigen, die für Verbesserungen im Bildungswesen und für die Gleichstellung der Juden eintraten, waren auch die Unternehmer darauf angewiesen, daß der Staat ihnen Ressourcen zugänglich machte, althergebrachte Hemmnisse aus dem Weg räumte und sie im Kampf gegen rivalisierende Institutionen unterstützte. Die Zusammenarbeit zwischen Wirtschaft und Staat war, so spannungsreich sie sich zuweilen gestalten mochte, unerläßlich, besonders bei Großprojekten wie dem Eisenbahnbau, die sowohl enorme Kapitalinvestitionen als auch komplizierte rechtliche Klärungen notwendig machten. Rheinische Kapitalisten wie Gustav Mevissen und David Hansemann waren daher immer beides zugleich: dankbare Empfänger staatlicher Unterstützung und heftige Kritiker staatlicher Behinderung.

Die Ambivalenz der Liberalen gegenüber dem Staat läßt sich teilweise durch die soziale Zusammensetzung der politischen Opposition erklären, die Teile ihres Führungspersonals nach wie vor aus der Beamtenschaft rekrutierte. Die politische Öffentlichkeit in Deutschland ist seit ihren Anfängen im 18. Jahrhundert in starkem Maße von Angehörigen der Verwaltung durchsetzt und beeinflußt ge-

wesen. Deren maßgebliche politische Rolle setzte sich in den während der Reformära geschaffenen repräsentativen Institutionen fort. So bildeten Verwaltungs-
und Justizbeamte gewöhnlich die größte Berufsgruppe im badischen Landtag und
stellten sowohl Regierungsmitglieder als auch Oppositionsführer. Vielen
Deutschen erschien es ganz natürlich, sich von Beamten politisch repräsentieren
zu lassen, von denen ohnehin erwartet wurde, daß sie sich für das Gemeinwohl
einsetzten. Hinzu kam, daß in einer Gesellschaft, in der Kommunikation jeglicher Art noch mangelhaft funktionierte und nationale Institutionen wenig Kompetenzen besaßen, Beamte über einen breiteren Horizont und über reichere Beziehungen verfügten als die meisten anderen Eliten. Außerdem wirkten sich ein
paar praktische Vorteile zugunsten der Beamtenschaft aus: Es war für einen
öffentlich Bediensteten leichter als etwa für einen Unternehmer, eine parlamentarische Tätigkeit mit der Berufsausübung zu kombinieren. Daß viele Regierungen die parlamentarische Tätigkeit von Beamten mit beträchtlichem Unbehagen
beobachteten, bedarf kaum der Betonung. In den dreißiger Jahren des 19. Jahrhunderts war aus konservativem Munde häufig die Forderung nach disziplinari-
schen Maßnahmen gegen Beamte wegen Illoyalität oder gar nach ihrer straf-
rechtlichen Verfolgung wegen subversiver Tätigkeit zu hören. Gleichwohl gilt, so
paradox es auf den ersten Blick erscheinen mag, daß die maßgebliche Rolle von
Beamten in Oppositionsbewegungen gegen die Regierungen, die ihre Arbeitgeber
waren, ein gewichtiges Indiz für die zentrale Bedeutung der Bürokratie im öffentlichen Leben Deutschlands war.

Verglichen mit dem politischen Leben, wie es sich im England oder Frankreich
der dreißiger Jahre abspielte, waren die partizipatorischen Elemente in der deutschen Politik noch unterentwickelt; verglichen mit der Situation im Deutschland
der Jahrhundertwende, hatten sich jedoch bemerkenswerte Veränderungen vollzogen. Waren die großen Reformen der ersten Dekade des 19. Jahrhunderts noch
ohne nennenswerte Anteilnahme der Öffentlichkeit durchgeführt worden, so
pochten nunmehr viele Deutsche auf ihr Recht, zu erfahren und darauf Einfluß
zu nehmen, was ihre Regierung in politischen, religiösen oder wirtschaftlichen
Angelegenheiten anstellte. Gegen den Drang zu mehr Wissen und Einflußnahme
vermochte staatliche Repression nur noch jeweils kurzfristig etwas auszurichten,
wobei, wie die preußischen Behörden nach der Gefangensetzung des Erzbischofs
Droste feststellen mußten, Unterdrückungsmaßnahmen manchmal eine mächtige Gegenbewegung auslösten. Die auf politische Partizipation drängenden Energien ließen sich nach 1830 zwar noch hemmen oder ablenken, aber nicht mehr
vernichten. Johann Caspar Bluntschli schrieb: »Wird bei einem lebenskräftigen
Volke, wie das bis zur Mitte unseres Jahrhunderts in Deutschland geschehen ist,
der Trieb zu politischer Parteibildung durch Verbote und Strafen unterdrückt, so
zieht er sich aus dem politischen Leben zurück und flüchtet sich auf das religiöse
oder kirchliche Gebiet oder er treibt dann die wissenschaftlichen, die künstleri-

schen, die socialen Gegensätze schärfer heraus. Zwischen diesen nicht politischen und den politischen Parteien besteht eine gewisse Wahlverwandtschaft, um so eher können jene eine Zeit lang auch für diese als Ersatz dienen.«

Die Entwicklung einer politischen Opposition

Friedrich Wilhelm III., Herrscher über Preußen seit 1797, starb im Juni 1840. Wie so häufig am Ende einer langen, repressiven Regierungszeit setzten die Menschen große Hoffnungen auf den neuen König, Friedrich Wilhelm IV., der in intellektueller Ausstrahlung und Stil ganz das Gegenteil seines phlegmatischen Vaters zu sein schien. Als Friedrich Wilhelm einige politische Häftlinge begnadigte, Ernst Moritz Arndt wieder zum Lehramt zuließ und den alten Hermann von Boyen, einen ehemaligen Scharnhorst-Schützling, zum Kriegsminister machte, rechneten viele mit dem Beginn einer neuen Ära der Reform. »Nach einer langen Reihe von trüben, in dumpfem Harren verbrachten Jahren«, schrieb Ernst Dronke, »stieg endlich zu Anfang Juni 1840 ein langaufatmender Zug aus den Herzen der Preußen.«

Die Euphorie, die der Amtsantritt des neuen Monarchen auslöste, wurde durch die Erregung über eine internationale Krise im östlichen Mittelmeerraum noch gesteigert. 1839 hatte Mehmed Ali, der tatkräftige und ehrgeizige Khedive von Ägypten, wieder einmal den Fortbestand des Osmanischen Reiches in Frage gestellt. Großbritannien, Rußland, Österreich und Preußen hatten sich auf die Seite des Status quo und der Türken geschlagen, während Frankreich dem Unabhängigkeitsstreben Mehmed Alis einige Sympathie entgegenbrachte. Im Sommer 1840 erreichte die Krise ihren Höhepunkt, als die französische Regierung sich von den Versuchen der anderen Großmächte, den Khediven in die Schranken zu weisen, distanzierte und die Stimmung in Frankreich eine heftige antibritische und antideutsche Wendung nahm. In manchen Kreisen war sogar von einer Rückgewinnung der »natürlichen Grenze« Frankreichs entlang des Rheins die Rede. Das löste in Deutschland, insbesondere in den westlichen Landesteilen, einen Sturm der nationalen Begeisterung aus. Publikationen wie Cottas »Allgemeine Zeitung« brachten patriotische Artikel, in Liedern wie Max Schneckenburgers »Wacht am Rhein« und Hoffmann von Fallerslebens »Deutschland, Deutschland über alles« wurde die deutsche Sache besungen, und Geschäftsleute wie Ludolf Camphausen hoben die nationale Bedeutung der Dampfschiffahrt auf dem Rhein hervor. Die Eröffnung der neuen Mannheimer Hafenanlagen im Oktober 1840 gestaltete sich zu einer patriotischen Großkundgebung, auf der Camphausen aus Nikolaus Beckers Gedicht »Der deutsche Rhein« zitierte:

Eine Sitzung der Deputiertenkammer in Stuttgart im Jahr 1833. Lithographie aus einer Stuttgarter Werkstatt, 1833. Stuttgart, Stadtarchiv

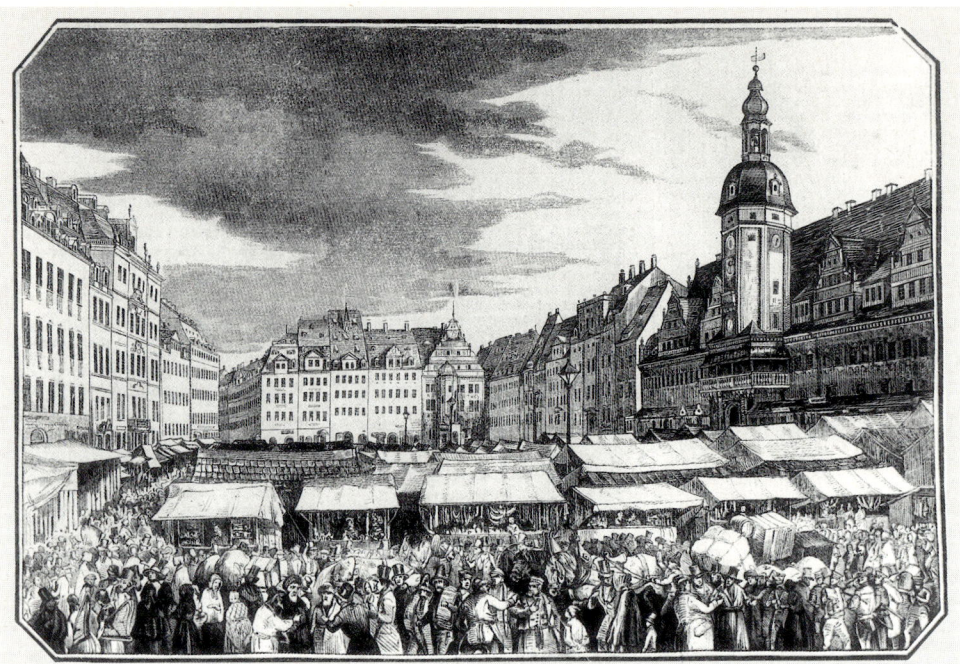

Messebetrieb auf dem Marktplatz zu Leipzig. Holzstich eines Unbekannten in der »Illustrierten Zeitung«, 1844. Dresden, Sächsische Landesbibliothek. – Die Eisenbahn als neues Verkehrsmittel neben der Postkutsche und dem Schiff. Blick auf den Ludwigskanal bei Erlangen. Holzstich eines Unbekannten in der »Illustrierten Zeitung«, 1844. Berlin, Staatsbibliothek Preußischer Kulturbesitz

»Sie sollen ihn nicht haben
Den freien deutschen Rhein,
Bis seine Flut begraben
Des letzten Manns Gebein!«

Vor dieser Kulisse aus nationalistischem Pathos gingen die Staatsmänner daran, die Situation im Nahen Osten zu stabilisieren und in stiller Diplomatie die französischen Ambitionen zu stutzen. Die Krise verklang schließlich, ein paar neue Lieder und bei vielen deutschen Patrioten die Überzeugung hinterlassend, daß das nationale Interesse ihres Landes nach einer neuen institutionellen Basis verlangte.

Die dynastischen und diplomatischen Ereignisse von 1840 unterstrichen die Sonderstellung, die Preußen im Denken vieler deutscher Patrioten einnahm. Diejenigen, die ohnehin von Berlin eine Vorreiterrolle in der nationalen Politik erwarteten, fühlten sich durch die scheinbar fortschrittliche Politik des neuen Monarchen samt seiner Bemühungen um eine Reform der militärischen Strukturen des Deutschen Bundes ermutigt. Außerdem hatte Metternich 1840 wieder einmal die offenbare Unfähigkeit oder Nicht-Bereitschaft Österreichs zur Zusammenarbeit mit der Nationalbewegung demonstriert. Deutschlands Hoffnung, schrieb ein Mitarbeiter der »Badischen Zeitung« im Mai 1841, ruhe auf Preußen. Doch um ihr gerecht zu werden, müsse Preußen in den Kreis der konstitutionellen Staaten eintreten, also versuchen, auf den Weg zurückzufinden, der ihm in der Zeit der großen Reformen gewiesen worden sei. Angesichts des hohen Stellenwerts, den die Ära der Reform bei den Bewunderern Preußens hatte, war es nur folgerichtig, daß einer der ersten Versuche, Friedrich Wilhelm IV. zur Festlegung auf eine fortschrittliche Politik zu bewegen, von Theodor von Schön ausging, einem ehemaligen Mitarbeiter Steins, der somit ein lebendes Verbindungsglied zu jener heroischen Zeit verkörperte. 1840 war Schön Oberpräsident in Ostpreußen, ein enger Freund des neuen Monarchen und Sprachrohr einer Gruppe liberaler Aristokraten, zu deren Mitgliedern der Oberbürgermeister von Königsberg, Rudolf von Auerswald, dessen Bruder Alfred und Ernst von Saucken-Tarputschen gehörten. Kurz nachdem Friedrich Wilhelm den Thron bestiegen hatte, überreichte Schön ihm eine kleine, auf eigene Kosten gedruckte Schrift mit dem Titel »Woher und Wohin?«, die ihn hochachtungsvoll ersuchte, die konstitutionellen Versprechungen, die sein Vater vor fünfundzwanzig Jahren gemacht hatte, zu erfüllen. »Nur durch Generalstände«, so war Schön überzeugt, »kann in unserem Lande ein öffentliches Leben entstehen und gedeihen.« Die Antwort Friedrich Wilhelms fiel schroff und negativ aus. Mit Worten, die künftig in seinen öffentlichen Äußerungen immer wieder vorkommen sollten, verwahrte er sich entschieden gegen die Zumutung, ein »Stück Papier« zwischen sich und seine Untertanen schieben zu lassen. Es sei die natürliche Pflicht eines deutschen Fürsten, ein patriarchalisches Regiment aufrechtzuerhalten, und für ein solches bedürfe es keiner Verfassungsgarantien oder künstlichen Volksvertretungen. Als Schöns Broschüre 1842 einem liberalen Verleger in die Hände fiel, der sie, ohne um Erlaubnis zu fragen, abdruckte, mußte Schön zurücktreten.

Zu diesem Zeitpunkt dämmerte es den Untertanen Friedrich Wilhelms, daß das, was sie für guten Willen und fortschrittliche Ansätze gehalten hatten, in Wirklichkeit ein Ausdruck rhetorischer Verwirrung und politischer Unsicherheit gewesen ist. Der König war nicht nur weit davon entfernt, eine neue Ära der Reform einzuleiten, sondern zeigte sich noch starrsinniger als sein Vater. Für die Liberalen war er eine Enttäuschung, für die Radikalen ein Ärgernis. Der junge Marx, den seine Zusammenstöße mit den Zensoren des Königs ins Exil getrieben hatten, nannte Preußen ein »Narrenschiff«, das vom Wind der Geschichte dem Untergang entgegengetrieben werde. Heinrich Heine lieferte in dem Gedicht »Der neue Alexander« eine klassische Formulierung der gespaltenen Persönlichkeit des Königs:

>»Ich ward ein Zwitter, ein Mittelding,
>Das weder Fleisch noch Fisch ist,
>Das von den Extremen unsrer Zeit
>Ein närrisches Gemisch ist.
>
>Ich bin nicht schlecht, ich bin nicht gut,
>Nicht dumm und nicht gescheute,
>Und wenn ich gestern vorwärts ging,
>So geh ich rückwärts heute.«

Auch die Bewohner der preußischen Hauptstadt machten den neuen König alsbald zur Zielscheibe des für die Berliner charakteristischen schneidenden Humors. Der Geist Friedrichs des Großen spuke im Schloß Sanssouci umher, witzelten sie, aber ohne Kopf.

Die allgemeine Enttäuschung ließ schnell Äußerungen der Unzufriedenheit aufkommen, so zum Beispiel Johann Jacobys Pamphlet »Vier Fragen, beantwortet von einem Ostpreußen«, das nach seiner Veröffentlichung im Februar 1841 sogleich zum Tagesgespräch wurde. Jacoby, Sohn eines jüdischen Geschäftsmannes, dessen Einkommen gerade ausgereicht hatte, den Sohn auf das berühmte Königsberger Friedrichs-Kollegium zu schicken und ihm ein Medizinstudium zu ermöglichen, hatte sich als gesundheitspolitischer Aktivist und führendes Mitglied eines örtlichen politischen Klubs, der sich einmal wöchentlich in Siegels Konditorei traf, einen Namen gemacht. Wie bei vielen seiner jüngeren Kollegen in der Ärzteschaft, war es auch bei Jacoby die alltägliche Berührung mit menschlichem Elend und administrativer Unzulänglichkeit, die ihn zu politischem Engagement bewogen hatte. Seine Erfahrungen beim Kampf gegen die Cholera hatten ihn zu der Erkenntnis gebracht, daß solche Seuchen erst dann besiegt werden konnten, wenn es gelang, die Menschen von der Angst, Unwissenheit und Unterdrückung zu befreien, die derartigen Krankheiten den Boden bereiteten. Hinzu kam, daß Jacoby als Jude besonders empfindsam auf Veränderungen im politischen Klima reagierte. Er wußte, daß reaktionäres Denken und Antisemitismus häufig verquickt waren, ebenso wie umgekehrt Reformpolitik und Toleranz. Andererseits war er, wie er einem christlichen Freund schrieb, überzeugt, daß von einem Sieg der Freiheit in der Gesellschaft alle profitieren würden, denn: »Wir schmachten alle insgesamt in einem großen Gefängnisse; ihr dürft darin fessellos umhergehen, während schwere Ketten mich und meine Glaubensgenossen an dem Boden festhalten.« Jacoby hatte seine »Vier Fragen« in einem gemäßigten Ton abgefaßt, darin aber unmißverständlich gefordert, daß »selbständige Bürger« die Chance erhalten müßten, in einer rechtlich geregelten Weise auf die Staatsangelegenheiten Einfluß zu nehmen. Was einst die Stände als eine Gnade erbeten hätten, müsse jetzt als »unveräußerliches Recht« gefordert werden. Friedrich Wilhelm IV. und seine Regierung konnten diese Herausforderung nicht unbeantwortet lassen: Das Pamphlet Jacobys wurde verboten, was nicht verhinderte, daß es illegal weiterhin zirkulierte, und er selbst unter dem Vorwurf des Hochverrats verhaftet. Es folgte eine Reihe von Gerichtsprozessen, die dafür sorgten, daß der Ruhm Jacobys sich über ganz Deutschland verbreitete. Er wurde zur liberalen Heldenfigur, überhäuft mit Lob und Zuspruch aus allen Gruppierungen der Opposition. Nach seinem Freispruch durch ein Appellationsgericht wurde ihm die Genugtuung zuteil, als Märtyrer verehrt zu werden, ohne das Los des Märtyrerdaseins voll ausgekostet zu haben.

Der Teil der preußischen Opposition, für den Jacoby stand, unterschied sich stark von den fortschrittlichen Junkern um Präsident von Schön. Wohl noch bedeutsamer als die ideologischen Inkongruenzen war die gesellschaftliche Distanz zwischen ihnen: Während Schön immerhin einer Elite entstammte, die seit langem im öffentlichen Leben Preußens maßgeblich gewirkt hatte, war Jacoby ein unbeschriebenes Blatt, einer, der als öffentliche Figur noch eine Generation zuvor undenkbar gewesen wäre. In der Tatsache, daß Jacoby überhaupt auf den Gedanken kommen konnte, die Befriedigung seines »Lebenshungers«, wie er es selbst nannte, auf dem Feld der Politik zu suchen, zeigte exemplarisch die Erweiterung des Kreises derer, die sich zu sozialer Verantwortung und politischer Aktivität berufen fühlen durften – eine Entwicklung, die das politische Geschehen im Deutschland der dreißiger und vierziger Jahre des 19. Jahrhunderts veränderte. Politisches Engagement konnte, wie Jacoby wohl wußte, ein riskantes Unternehmen sein. Doch für diejenigen, die genug Mut und Stärke aufbrachten, waren Möglichkeiten der Partizipation vorhanden, sei es an informellen Treffpunkten wie Siegels Konditorei, in Parlamenten und lokalen Vertretungskörperschaften oder in Vereinen und wirtschaftlichen Interessenverbänden.

Die Erregung, mit der Protestaktionen wie die von Jacoby begrüßt wurden, verriet, daß in den Adern des öffentlichen Lebens in Preußen frisches Blut floß.

Die Presse zeigte nach 1840 mehr politisches Engagement. Neue Zeitschriften tauchten auf, und immer häufiger erschienen politische Pamphlete, so daß sich das Pensum der königlichen Zensoren innerhalb weniger Jahre vervielfachte. Ein großer Teil der neuen politischen Energie fand ein Ventil in örtlichen Klubs und Vereinigungen wie der »Donnerstags-Gesellschaft«, die aus Jacobys altem Siegel-Kreis hervorging, oder der »Bürgergesellschaft«, die sich in Magdeburg gründete, oder der »Ressource« in Breslau. Oft wurde die politische Agitation mit kulturellen Aspekten getarnt. So stufte die preußische Regierung zum Beispiel den »Verein der Dombaufreunde« in Köln als Tummelplatz für die Diskussion politischer Fragen ein. Ebenso nutzten Hunderte, die in die Weingärten von Halle strömten, um gastierende Vortragsredner zu hören, die Gelegenheit, um aktuelle Dinge zu erörtern.

Religiöse Fragen sorgten auch in den vierziger Jahren für politischen Zündstoff. Die Versuche Friedrich Wilhelms IV., durch Druck von oben eine Rückkehr zur Orthodoxie zu erzwingen, stießen auf den heftigen Widerspruch liberaler Protestanten. 1841 versammelte sich eine Gruppe fortschrittlicher Theologen zum gemeinsamen Protest gegen die Politik der Regierung. Sie fand rasch Zulauf und Unterstützung aus der Laienschaft und rief zusammen mit diesen Anhängern den »Verein der Lichtfreunde« ins Leben. Innerhalb weniger Jahre faßte die Bewegung der Lichtfreunde in mehreren preußischen Städten Fuß. Ein buntes Spektrum von Gruppen schloß sich in loser Form zu »Freien Gemeinden« zusammen, die für eine liberale Theologie und für mehr Demokratie innerhalb der Kirche eintraten. Weder den Lichtfreunden selbst noch ihren orthodoxen Gegenspielern blieb verborgen, daß den religiösen Aktivitäten politische Implikationen innewohnten. »Durch die Agitation für eine freiere Gestaltung des Kirchlichen Lebens«, schrieb Rudolf Haym, »war gleichsam der Boden bereitet für die Antheilnahme am Oeffentlichen überhaupt. Der Kirchliche Liberalismus war die Uebungsschule für den politischen gewesen.«

Das katholische Gegenstück zu den Lichtfreunden und den Freien Gemeinden war die »Bewegung der Deutschen Katholiken«. Sie bildete sich 1844 als Reaktion auf einige vom Bischof von Trier organisierte Wallfahrten zu Ehren einer Reliquie, von der es hieß, sie sei der »Heilige Rock« Jesu Christi. Aufgeklärte Katholiken sahen in dieser Reliquienverehrung ein Überbleisel aus dem Mittelalter, mit dem die Gläubigen im Zustand unwissenden Gehorsams gegenüber der Obrigkeit gehalten werden sollten. Angeführt von ehemaligen Geistlichen und liberal gesinnten Laien, konnten die Deutschen Katholiken die Gründung von mehr als 200 Gemeinden mit zusammen rund 60.000 Mitgliedern verzeichnen. Sie traten für religiöse Toleranz, institutionelle Reformen und Unabhängigkeit von Rom ein. Ebenso wie die liberalen Protestanten hatten sie erkannt, daß Religion und Politik nicht zu trennen waren. Robert Blum war überzeugt, daß die Feinde der Aufklärung in Kirche und Staat Hand in Hand arbeiteten, um den

Geist zu versklaven. Ähnlich wie ein fortschrittlich denkender Arzt wie Johann Jacoby keine Trennlinie zwischen Verbesserungen im öffentlichen Gesundheitswesen und politischen Reformen zu ziehen vermochte, wußten diese Vorkämpfer eines fortschrittlichen Christentums, daß eine freie Kirche einen freien Staat voraussetzte. Fortschritt, Freiheit und Aufklärung gehörten untrennbar zusammen, waren etwas Notwendiges für alle Bereiche des gesellschaftlichen Lebens und fanden sich einer Einheitsfront aus Reaktionären, Tyrannen und Obskuranten gegenüber.

Unter dem Eindruck des auf allen Ebenen der preußischen Gesellschaft zunehmenden Interesses am öffentlichen Geschehen politisierten sich erstmals auch lokale Vertretungskörperschaften. Bis in die vierziger Jahre hinein hatten in den meisten der durch die Steinsche »Städteordnung« geschaffenen Kommunalparlamente die ineffektiven Vertreter eines schlafmützigen Wahlvolkes gesessen. In Berlin, wo erschöpfte Ratsmitglieder während der vormittäglichen Sitzungen oft einnickten, verkündete ein Witzbold, im Rathaus in der Breiten Straße seien Schlafplätze zu vermieten. Im Verlauf der vierziger Jahre entwickelten sich die Organe der kommunalen Selbstverwaltung jedoch zu Plattformen für politische Debatten und zu Instrumenten politischen Handelns, zuerst in den Großstädten des Ostens wie Königsberg und Breslau, dann auch anderswo im Königreich. Mit Eingaben ersuchten Stadtparlamente den König um die Einberufung einer verfassunggebenden Versammlung, protestierten gegen reaktionäre politische Maßnahmen und organisierten Feierstunden für altgediente Liberale. Genauso wichtig war es, daß die Gemeinderäte, ähnlich wie Vereine und religiöse Organisationen, einen Rahmen schufen, in dem Menschen einander kennenlernen, potentielle Führungspersönlichkeiten sich profilieren und Gleichgesinnte in den langwierigen Prozeß der Durcharbeitung und Klärung anstehender Fragen eintreten konnten. So wurden solche Gremien, wie Eduard von Simson in seinen Erinnerungen schrieb, zu Volksschulen für das parlamentarische Leben.

Eine besondere Intensität erreichte die politische Betätigung in den westlichen Provinzen Preußens, wo regionale Loyalitäten, fortbestehende konfessionelle Gegensätze und allgemeine Ressentiments gegen die staatliche Wirtschaftspolitik ein brisantes Gemisch ergaben, aus dem sich eine breite Oppositionsbewegung speiste. Der Regierungspräsident von Köln, der die Unruhen in seinem Zuständigkeitsbereich begreiflicherweise herunterzuspielen versuchte, mußte seinen Vorgesetzten gegenüber im November 1842 eingestehen, daß »sich auch hier mehr und mehr der Wille kundgibt, möglichst teilzunehmen an der Gesetzgebung und der Verwaltung«. Die Kommunalwahlen von 1846 zeigten, in welch hohem Grad oppositionelle Gruppen sich in die politischen Abläufe im Rheinland eingeklinkt hatten. In der Folgezeit ließen Gemeinderäte in allen Teilen des Rheinlandes und Westfalens keine Gelegenheit aus, um sich zu nationalen Tagesfragen zu äußern und Widerstand gegen die Regierungspolitik zu mobilisieren.

Im Februar 1847 versuchte Friedrich Wilhelm IV. die gärende Unruhe in seinem Königreich durch die Einberufung einer Sitzung aller Provinziallandtage zu entschärfen. Gemeinsam sollten Anleihen zugunsten des Eisenbahnbaus in den östlichen Landesteilen bewilligt werden. Was folgte, war eine verkürzte Wiederholung jener Sequenz aus Hoffnung und Enttäuschung, die sich an die Thronbesteigung Friedrich Wilhelms angeschlossen hatten. Der königliche Erlaß zur Einberufung des sogenannten Vereinigten Landtages vermied zwar sorgfältig jeden Hinweis auf die Verfassungszusage aus der Reformzeit, doch es war offensichtlich, daß der König hoffte, die liberale Opposition werde die ständisch organisierte, höchst selektiv zusammengesetzte Körperschaft als ein ihren Anforderungen genügendes Parlament anerkennen. Als die Landtagsabgeordneten sich im April in Berlin einfanden, taten sich einige von ihnen zu losen politischen Bündnissen zusammen, obwohl der König erklärt hatte, er wolle keinem Parlament vorsitzen, in dem man Meinungen vertrete. Keiner Macht der Erde, versicherte er den Deputierten, solle es je gelingen, »mich zu bewegen, das natürliche, gerade bei uns durch seine innere Wahrheit so mächtig machende Verhältnis zwischen Fürst und Volk in ein konventionelles, konstitutionelles zu wandeln«. Damit enttäuschte der König all jene zutiefst, die gehofft hatten, der Vereinigte Landtag könne vielleicht das Vorspiel zu einer wirklichen Verfassungsreform sein. Selbst Wilhelm von Kügelgen, ein konservativer Preußen-Verehrer und dem Liberalismus nicht sehr zugetan, war überzeugt, daß Friedrich Wilhelm IV. einen schweren taktischen Fehler begangen hatte. Die eher fortschrittlich Gesinnten unter den Abgeordneten äußerten, im Einklang mit dem gemäßigten Spektrum der landesweiten öffentlichen Meinung, ihre Empörung über die Taubheit der Regierung für den gebieterischen Wunsch der Gesellschaft nach einer Verfassungsreform. Als ihr Ersuchen, den Sitzungen des Landtages Regelmäßigkeit zu verleihen, verworfen wurde, lehnte die Mehrheit der Abgeordneten es ab, für die Regierungsvorlagen über eine Steuerreform und neue Kredite zu stimmen. Verärgerung und Mißstimmung blieben für den Rest des Jahres hochgradig. Nachdem den Kommunalparlamenten in Preußen im Dezember das Recht zugestanden worden war, öffentlich zu tagen, überfluteten liberale Aktivisten die Rathäuser, ignorierten das Verbot der politischen Agitation und nutzten jede Gelegenheit, um Petitionen mit Reformforderungen an den Mann zu bringen.

Metternich beobachtete die Entwicklung in Preußen mit großer Sorge. Er hatte Friedrich Wilhelm IV. vor der Gefahr gewarnt, die mit der Einberufung des Vereinigten Landtages verbunden war: »E. M. werden das Plenum der acht landständischen Körper zusammenstellen, und dieselben werden als Reichsstände wieder nach Hause kehren.« Nun war es sogar noch schlimmer gekommen, als er befürchtet hatte. Doch damit nicht genug: Metternich sah sich 1847 in seiner Besorgnis bestätigt durch die mächtig an Dynamik gewinnenden Reformforderungen, die ihm aus der Habsburger Monarchie selbst entgegenschlugen. Hatte die konservative Solidarität der beiden deutschen Großmächte 1819 und 1830 noch der Reaktion zum Sieg verholfen, so drohte jetzt beiden Staaten Gefahr. Wie in Preußen, förderte auch in Österreich die Persönlichkeit des Monarchen die Neigung zu politischer Opposition. Der Unterschied bestand darin, daß Friedrich Wilhelm IV. eine Enttäuschung, Ferdinand I. aber, der geistig zurückgebliebene Erbe des habsburgischen Thrones, ein Debakel war. Dessen Präsenz als gekröntes Haupt war, so schien es, zugleich Symptom und Ursache für die Gebrechen des Kaiserreiches. Daß man die Thronfolge Ferdinands überhaupt zugelassen hatte, offenbarte bereits, wie groß die Angst der Monarchie vor jeder Veränderung war. Seine völlige Untauglichkeit zum Herrscheramt – er vermochte lediglich seinen Namen zu schreiben, und das nur mit Mühe –, war ein greller Beleg für den Preis dynastischer Immobilität. Eine absolutistische Monarchie zu betreiben, ohne einen Monarchen zu haben, wäre selbst unter günstigsten Umständen eine schwierige Aufgabe gewesen. Im Reich der Habsburger, wo die Dynastie sich von jeher als die das ganze Gebäude zusammenhaltende Kraft verstanden und dargestellt hatte, mußte eine solche Situation Gefahren heraufbeschwören. Das Vakuum im Zentrum der Macht eröffnete mehreren Gruppen die Chance, in einen Wettstreit um die Verfügungsgewalt über den schwerfälligen Staatsapparat einzutreten. Innerhalb der Staatskonferenz, die eine Art Regentschaftsrat war, bestehend aus den Brüdern und wichtigsten Ratgebern des Kaisers, lieferte sich Metternich Machtproben mit seinem Rivalen, Franz Anton Graf Kolowrat. Derweil verschlimmerten sich die chronischen finanziellen Probleme der Regierung, die wirtschaftliche Zerrüttung schritt weiter fort, und die sozialen Konflikte verschärften sich.

Die politische Unzufriedenheit in Österreich schaukelte sich nach der Thronbesteigung Ferdinands im Jahr 1835 allmählich hoch. Dichter und Pamphletisten trommelten für mehr Freiheit, dabei stets bemüht, durch die Maschen der Zensur zu schlüpfen und der Verhaftung zu entgehen. Immer mehr gebildete Österreicher waren in den vierziger Jahren der Meinung, daß ohne Reformen die Monarchie zum Untergang verurteilt war. »Flicke, flicke, flicke zu«, dichtete Grillparzer sarkastisch, »aus dem Stiefel ward ein Schuh, / willst du nicht nach neuem Leder sehen, / mußt du endlich barfuß gehen.« Die Stimmung in Österreich war umgeschlagen. Die Menschen seien erwachsen geworden, schrieb ein Beobachter 1843. »Sie glauben nicht mehr an die Unfehlbarkeit der Behörden; sie denken, zählen, vergleichen.« Zwei Jahre später richteten neunundneunzig Schriftsteller und Gelehrte, darunter fast alle großen Namen der österreichischen Kulturszene, eine Bittschrift an die Regierung, in der sie eine Änderung der Zensurrichtlinien anmahnten. Angesichts der anschwellenden Flut von Kritik gerieten die Verteidiger des Systems in Panik. In einem auf Metternichs Geheiß verfaßten Pamphlet versuchte der Freiherr von Hügel das Recht des Staates auf die Zensierung gefährlicher Ideen zu begründen, doch seine Schrift blieb fast unbeachtet.

Das vielleicht wirkmächtigste politische Werk aus dieser Periode war »Österreich und dessen Zukunft«, ein Buch, das 1841 Leopold Freiherr von Andrian-Werburg herausbrachte, ein achtundzwanzigjähriger Verwaltungsbeamter, der, wie Schön und Jacoby in Preußen, von der Notwendigkeit eines grundlegenden Wandels überzeugt war. »Wir stehen – das ist nicht zu leugnen – am Vorabende großer Ereignisse«, lautete einer der einleitenden Sätze des Buches. Überall um sich herum beobachtete Andrian-Werburg Auflösungsprozesse: in den diversen Volksgruppen, aus denen sich das Kaiserreich zusammensetzte, im Kreis der Eliten und auch in der Unterschicht. Was hatte Österreich diesen Prozessen entgegenzusetzen, fragte er: »Oesterreich ist ein rein imaginärer Name, welcher kein in sich geschlossenes Volk, kein Land, keine Nation bedeutet.« Seine Bürokratie, auf die sich die vorhandene Ordnung stütze, sei korrupt und verdummend, eine der Ursachen des Problems und nicht dessen Lösung. Es gab nach Überzeugung des Autors nur einen Ausweg, und der bestand in der Förderung eines »Gemeinsinns«, wie man ihn beispielhaft in England vorfinde, in der »besten aller bestehenden Staatsverfassungen«. In Österreich werde der Gemeinsinn, wie in England, ein Produkt der Freiheit und des Rechts auf Mitwirkung in repräsentativen Institutionen sein, von der kommunalen Körperschaft bis zum nationalen Parlament.

Andrian-Werburgs Abneigung gegen die Bürokratie, seine Bewunderung für England und sein Glaube an repräsentative Institutionen waren bezeichnend für ein Denken, wie es bei vielen liberalen Adligen der niederösterreichischen Stände anzutreffen war. Unter der Führung von Aristokraten mit so ehrwürdigen Namen wie von Schmerling oder von Dobelhoff forderten die Stände von der Regierung in Wien landwirtschaftliche Reformen, eine Ausweitung des Repräsentationsprinzips auf andere gesellschaftliche Gruppen und die Einrichtung eines Staatsparlaments. In einer von Baron Dobelhoff, Baron Tinti und Graf Breuner abgefaßten Denkschrift wurde die Notwendigkeit von Reformen damit begründet, daß der Staat in seiner gegenwärtigen Verfassung einfach nicht mehr überlebenstauglich sei. Die Alternative zur Reform sei die Revolution.

Die Stände unterhielten Verbindungen zu gebildeten Bürgern in allen Teilen der Monarchie, die Berichte über ihre Debatten im »Grenzboten« lesen konnten, einer von einem Exil-Österreicher herausgegebenen und in Leipzig gedruckten Zeitschrift. Liberale Aristokraten engagierten sich aktiv in den meinungsbildenden Vereinigungen, die im Verlauf der vierziger Jahre entstanden. Im Gewerbeverein zum Beispiel kamen aktive Bürger aus den Reihen sowohl des Adels als auch des Bürgertums zusammen und wirkten gemeinsam auf die Förderung des Wirtschaftswachstums sowie auf politische Reformen hin. Derselbe Querschnitt durch die Gesellschaft kennzeichnete den Juristischen Leseverein, der einige der prominentesten Leute der Monarchie in seinen Bann zog. Hinter einer Fassade der Geselligkeit und der Beschäftigung mit Kultur diente der Leseverein als Zentrum für den Austausch abweichender politischer Meinungen. Ein empörter Beamter machte seine Vorgesetzten 1846 darauf aufmerksam, daß diese Organisation eine »Pflanzschule für Zwecke der Propaganda« sei.

Die Opposition war in Österreich sicherlich schwächer als in vielen anderen deutschen Staaten, doch ihr weltanschauliches Spektrum und die institutionellen Strukturen, in denen sie operierte, ähnelten denen in weiten Teilen Deutschlands. Es war daher nicht verwunderlich, daß ein österreichischer Liberaler wie Andrian-Werburg sich den Ereignissen jenseits der Grenze innerlich verbunden fühlte: »Jedes Wort, das in Deutschland gesprochen wird, jeder Vor- und Rückschritt dieses Landes findet in Oesterreich tausendfachen Anklang und Wiederhall.« Umgekehrt begannen Liberale diesseits der Grenze zu Österreich die Ereignisse in den Ländern der Habsburger Monarchie mit neu erwachtem Interesse zu verfolgen. Die deutschen Liberalen hatten, wie es 1848 in einem Kommentar der »Deutschen Monatsschrift« hieß, die österreichischen Deutschen beinahe schon abgeschrieben, »bis die neuesten Symptome einer liberalen Erregung der Gemüther... die Gemüther in Deutschland wieder den österreichischen Ländern zuwendete«. Im Rückblick läßt sich erkennen, daß die Österreicher nicht nur der Bewegung des deutschen Liberalismus angehörten, sondern auch ein Verhältnis zu den nationalen Bewegungen innerhalb der Monarchie finden mußten, die jeweils eigene politische Ziele verfolgten. Die meisten liberalen Deutsch-Österreicher glaubten zu jener Zeit jedoch, sie könnten ihre Ziele verwirklichen, ohne an die Grundfesten des habsburgischen Systems zu rühren. Nur eine kleine Minderheit vermochte sich eine Situation vorzustellen, in der man zu entscheiden gezwungen sei, ob man einem vereinten Deutschland angehören oder Österreicher bleiben wolle.

Die politische Krise, in die Österreich geraten war, verschlimmerte sich 1846/47 in jeder Beziehung. Überall im Kaiserreich brachen soziale Konflikte auf. In Galizien tobte sogar ein Bauernaufstand, und in der gebildeten Öffentlichkeit wurde die oppositionelle Stimmung zusehends vehementer. Am Wiener Hof arbeitete die Erzherzogin Sophie, die ehrgeizige und hartgesottene Schwägerin des Kaisers, hinter den Kulissen daran, ihren Sohn, den späteren Kaiser Franz Joseph, auf den Thron zu bringen. Andrian-Werburg, der den öffentlichen Dienst quittiert hatte und sich ganz der Arbeit für die Stände widmete, veröffentlichte einen zweiten Band seines Buches »Österreich und dessen Zukunft«, in dem er die Warnung aussprach: »Wir stehen jetzt da, wo Frankreich im Jahre 1788« gestanden hat.

In München war das politische Klima ebenso unsicher wie in Wien oder Berlin. Auch hier hatte die Willkür des dynastischen Prinzips mitgeholfen, aus einer schwierigen Situation eine den Bestand des Regimes bedrohende Krise zu machen. Der bayrische König Ludwig I. war wie sein preußischer Kollege Friedrich Wilhelm IV., ein begabter und interessanter Mensch, dem es jedoch an politischem Gespür und persönlicher Disziplin fehlte. Sein größter Ehrgeiz galt kulturellen Dingen, einer Vorliebe, die ihren Niederschlag in jener glanzvollen Architektur fand, die die bayerische Hauptstadt bis heute prägt. Doch nach den Unruhen der frühen dreißiger Jahre gesellte sich zu dem Drang nach kultureller Entfaltung eine entschlossene Hinwendung zur politischen Reaktion. Ludwig wollte zum monarchischen Absolutismus zurückkehren und damit eine jahrzehntelange politische Entwicklung ungeschehen machen. Deshalb verfügte er 1836, daß nicht mehr von der Staatsregierung die Rede sein dürfe, sondern nur noch von der Regierung des Königs, und nicht mehr von Staatsbürgern, sondern von Untertanen. In Wirklichkeit besaß Ludwig weder die Stärken noch die Schwächen eines Tyrannen. Nach 1837 überließ er die Steuerung des Staatsschiffes Karl von Abel, einem Berufsbeamten, der seine Erfüllung darin fand, die Interessen der katholischen Kirche zu fördern. Mit seinem Anachronismus aus bürokratischem und klerikalem Paternalismus schaffte es das Abel-Regime, spätestens um die Mitte der vierziger Jahre alle fortschrittlichen Elemente in der bayerischen Gesellschaft gegen sich aufzubringen.

1846 wurde das öffentliche Leben Bayerns durch das Auftauchen einer Frau durcheinandergebracht: durch Lola Montez, eine Tänzerin und eine große Schönheit von allerdings dubioser Herkunft. Sie schaffte es bald, die Zuneigung des Königs zu gewinnen und ihn schließlich völlig zu umgarnen. Ein Urteil in der viel diskutierten Frage, ob die Beziehung zwischen Ludwig und Lola wirklich so keusch war, wie beide behaupteten, soll hier nicht gesucht werden. Von größerem Interesse für den Historiker sind die fatalen politischen Folgen, die die Affäre nach sich zog. Zunächst einmal mißfiel die Präsenz der Lola Montez dem katholischen Establishment Bayerns, da sie in antiklerikalen Kreisen bei Hofe und in der Gesellschaft Verbündete gefunden hatte. Zum zweiten wurde der König aufgrund seines zunehmend exzentrischen Auftretens – von dem Vermögen ganz zu schweigen, das er ausgab, um seiner Lola jeden Augenblickswunsch zu erfüllen – zum Gespött vieler Untertanen. Freiheiten, wie sie sich ein Rokokofürst vielleicht hätte herausnehmen können, waren nicht mehr akzeptabel in einer Zeit, die wenn nicht Keuschheit, so doch zumindest Diskretion verlangte. Veit Valentin hat das so formuliert: »König Ludwig hatte sich und sein Jahrhundert vergessen.« Im Februar 1847 verlor Abel endgültig die Lust, der königlichen Regierung weiter vorzustehen. In seinem Rücktrittsschreiben versuchte er Ludwig klarzumachen, es sei »nicht bloß der Ruhm und das Glück Ew. Kgl. Majestät, es ist die Sache des Königtums, die auf dem Spiele steht; daher das Frohlocken jener, die auf den Umsturz der Throne hinarbeiten... Dabei liegt es außer dem Bereich menschlicher Kräfte, auf die Länge zu verhüten und zu verheimlichen, daß die Rückwirkung dessen, was vorgeht, nicht mehr und mehr auch auf die bewaffnete Macht übergehe, und wo soll noch Hülfe sein, wenn auch dieses ungeheure Übel eintrete, wenn auch dieses Bollwerk wankte?« Dieses Dokument stellt etwas

Besonderes unter den Jeremiaden dar, die in dem unheilvollen Jahr 1847 in großer Zahl geschrieben wurden, denn Abel benannte darin zwei Grundtatsachen des politischen Lebens am Vorabend der Revolution: das zunehmende Gewicht der öffentlichen Meinung und die wesentliche Rolle der Streitkräfte als Stütze der bestehenden Ordnung.

Mit der bemerkenswerten Tragikomödie in Bayern konnte zwar kein anderer deutscher Staat konkurrieren, aber soziale Unruhen und politische Spannungen waren fast überall vorhanden. In Württemberg hatte König Wilhelm I., wie sein bayerischer Nachbar, seinen absolutistischen Neigungen dadurch zu frönen versucht, daß er die Verfassung ausgehebelt und jede öffentliche Kritik unterdrückt hatte. Als es im Mai 1847 in Ulm und Stuttgart aufgrund wirtschaftlicher Not zu Tumulten kam, machte der König dafür auswärtige Agitatoren verantwortlich und ignorierte alle Reformforderungen. Am Ende des Jahres hatte sich unter Führung Friedrich Römers eine aktive Opposition formiert, die sich der Loyalität fortschrittlicher Gruppen aus dem ganzen Staat sicher sein konnte. In Hessen-Darmstadt errang die hier fest im Sattel sitzende liberale Bewegung unter Heinrich von Gagern bei der Landtagswahl vom September 1847 imposante Zugewinne. Doch in der Folge sorgten langwierige Debatten über ein neues Zivilgesetzbuch dafür, daß die Opposition nicht vorankam und die Konflikte zwischen der Regierung und ihren Kritikern sich verschärften. Hessen-Kassel war nie in die Lage gekommen, die Früchte seiner modellhaften Verfassung zu ernten, da sie von Anfang an vom Regenten und seinen reaktionären Beratern unterlaufen worden war. »Vertagungen, Auflösungen, Protestaktionen, Reserven, Auflagen, Prinzipienerklärungen« – so sah die politische Krisenlitanei aus, mit der der preußische Botschafter fünfzehn Jahre hessischer Verfassungsentwicklung resümierte. 1847 ging in Kassel die Furcht um, daß es nach dem Tod des im Exil lebenden Kurfürsten zu einer neuen kritischen Zuspitzung kommen werde, da der Regent oft genug gedroht hatte, er wolle nach seiner Thronbesteigung die Verfassung ändern. In Hannover hatte König Ernst August 1837 getan, was der hessische Kurfürst seit langem als seine Absicht kundtat. Allerdings hatte Ernst August seine absolute Macht nie genutzt; alt und müde geworden, hatte er sein Interesse an den Staatsangelegenheiten verloren. In gleichem Maße hatte sich die Opposition gegen seine Herrschaft verstärkt.

Auch wenn infolge des Zusammenwirkens sozialer, konstitutioneller und dynastischer Faktoren die politische Unruhe überall in Deutschland zunahm, war die oppositionelle Strömung nirgends so kraftvoll wie in Baden, das nach wie vor über das am weitesten entwickelte und am wenigsten zensierte öffentliche Leben im deutschsprachigen Europa verfügte. 1839 versuchte das reaktionäre Ministerium des Freiherrn von Blittersdorff den badischen Landtag von seinen wichtigsten liberalen Wortführern zu säubern, indem es bestimmten Beamten die Urlaubszeiten verweigerte, die sie für die parlamentarische Tätigkeit benötigten.

Darüber entspann sich der sogenannte Urlaubsstreit, in dessen Verlauf liberal gesinnte Beamte aus dem ganzen Staat die öffentliche Meinung gegen die Regierung aufstachelten. Bei den Wahlen von 1843 verliefen die Fronten entlang relativ klar definierter politischer Linien. Es fanden Wahlkampfversammlungen statt, und vielerorts wurden die Kandidaten aufgefordert, sich zu einem liberalen Programm zu bekennen. Als der neue Landtag zusammentrat, beschlossen die liberalen Abgeordneten, einen Sitzblock zu bilden und so ihren Kooperationswillen auch optisch zum Ausdruck zu bringen. Das war ein völlig ungewohnter Schritt, der, wie Robert von Mohl erkannte, ein neues Niveau der politischen Verbindlichkeit und Gemeinsamkeit in das parlamentarische Leben Deutschlands einführte: »Es kann durch eine bloße Wendung des Körpers, durch einen Blick... eine Herausforderung gegeben, ein Sturm heraufbeschworen werden. Schon der erste Schritt eines Mitgliedes in den Ort der Versammlung hat wenigstens den Schein eines vollständigen politischen Glaubensbekenntnisses... Ein späterer Platzwechsel sieht wie Apostasie aus... Schließlich besinnt sich gar leicht ein schwächerer Charakter, eine gelegentliche Abweichung von der Meinung seiner örtlichen Umgebung kundzugeben und er stimmt also mit seinen Nachbarn, nicht weil er denkt wie sie, sondern weil er sitzt wie sie.« Als die badischen Liberalen 1846 einen grandiosen Wahlsieg errangen, blieb Großherzog Leopold nichts anderes übrig, als einen gemäßigt liberalen Beamten namens Johann Baptist Bekk zum Chef eines neuen Ministeriums zu machen und der Opposition eine Reihe von Zugeständnissen anzubieten.

In den meisten deutschen Staaten spielte sich die politische Aktivität immer noch weitgehend im Rahmen bestehender staatlicher und kommunaler Institutionen ab. An einigen Orten allerdings hatten oppositionelle Aktivisten begonnen, größere organisatorische Netze zu knüpfen. So bauten sowohl die Lichtfreunde als auch die Deutschen Katholiken überörtliche Verbünde auf. Wissenschaftliche und berufsständische Vereinigungen erweiterten ihren Mitgliederkreis und verbesserten ihre Organisation. Die »Deutsche Zeitung«, in Heidelberg von Georg Gervinus herausgegeben, wurde von preußischen und süddeutschen Liberalen unterstützt, die das gemeinsame Anliegen einer nationalen, freiheitlichen Vereinigung der deutschen Staaten verfolgten. Im Laufe der vierziger Jahre tauchten sogar ein paar explizit politische Organisationen auf, die einen größeren Bereich abdeckten als die örtlichen Vereine oder die parlamentarischen Gruppierungen. Es waren in der Regel zunächst nur informelle und unsystematisch arbeitende Kreise, bestehend aus Korrespondenten oder Leuten, die aufgrund gleichartiger politischer Ansichten oder erbrachter Leistungen aufeinander aufmerksam geworden waren und sich gelegentlich trafen. Ein Beispiel hierfür war eine Gruppe von Liberalen aus mehreren deutschen Staaten, die unter der Schirmherrschaft des Johann Adam von Itzstein in dessen Landhaus in Hallgarten tagten.

Einigen Zeitgenossen entging es nicht, daß die Intensivierung der politischen Aktivität mit einer verstärkten Tendenz zum internen politischen Meinungsstreit einherging. So stellte ein Autor der »Mannheimer Abendzeitung« im Dezember 1846 fest: »Die verschiedenen Seiten unseres politischen Lebens fangen endlich an, sich schärfer auszubilden und reiner darzustellen... die alten Bezeichnungen von ›liberal‹ und ›servil‹, ›rechts‹ und ›links‹, ›oppositionell‹ und ›ministeriell‹ haben sich als zu allgemein erwiesen. Es sind vielerlei Spaltungen entstanden... und man kann deutlich die Parteien in der Partei unterscheiden.« In Baden ließ sich jener Prozeß besonders gut beobachten, weil dort die Opposition nach dem liberalen Wahlsieg von 1846 in zwei Lager zerfallen war: Die einen wollten das vom Großherzog unterbreitete Angebot zur Zusammenarbeit annehmen, die anderen für radikale Veränderungen kämpfen. Während des Jahres 1847 schälten sich in anderen deutschen Staaten ebenfalls »Parteien innerhalb der Parteien« heraus, da sich die Meinungsverschiedenheiten über Ziele und Strategien nicht mehr hinter programmatischen Allgemeinplätzen verbergen ließen.

Die spaltenden Kräfte innerhalb der Opposition gingen sowohl vom linken als auch vom rechten Rand des Spektrums aus. Bei den Vertretern des demokratischen Lagers wuchs die Enttäuschung über das Ausbleiben wirklicher Fortschritte in politischen Fragen ebenso wie das Unbehagen über die sozialen Probleme, mit denen sie in ihrer Umgebung konfrontiert waren. Diese Leute – Journalisten, stellungslose Akademiker, Anwälte, Ärzte – zweifelten immer mehr daran, daß sich mit einer gemäßigten Politik die gesteckten Ziele erreichen ließen. »Die Klage über die Zerfahrenheit des Liberalismus ist sehr allgemein und sie ist es darum,... weil alle Welt der schönen Reden und fertigen Klageformeln satt ist, sich vielmehr nach den Thaten der liberalen Partei sehnt«, erklärte Arnold Ruge schon 1843. Und Hoffmann von Fallersleben stellte in seinem Gedicht »Der gute Wille« einen Zusammenhang zwischen liberaler Ohnmacht und dem Übergewicht der Beamten in den liberalen Führungsriegen her:

> »Gern will ich sein ein Rater,
> Verlangt nur keine Tat.
> Ich bin Familienvater
> Und auch Geheimerat.
>
> Ja freilich, beides bin ich,
> Das macht mir viele Pein,
> Ich bin gewiß freisinnig,
> Wie's einer nur kann sein.«

Gustav von Struve, der als führender Kopf der badischen Radikalen ein Lied von liberalen Geheimräten singen konnte, bezeichnete sie einmal als »Kammermandarine, Paradehelden, Maulliberale« und tat die Abgeordnetenkammer verächtlich als eine Versammlung von »dreiundsechzig Hasen« ab. Im Verein mit dem

Sachsen Robert Blum und dem Preußen Johann Jacoby forderte Struve einen energischeren Kampf um das allgemeine Wahlrecht, die Aufstellung einer Miliz, mehr Chancengleichheit im Bildungswesen, Reformen im Steuerwesen, die Aufhebung gesellschaftlicher Privilegien und einen strukturellen Umbau des öffentlichen Dienstes.

Gemäßigte Liberale empfanden solche radikalen Zielsetzungen als bedrohlich für ihre Interessen und Wertvorstellungen. Liberal gesinnte Beamte wünschten sich ein aufgeklärtes politisches System, wollten aber von einem Abbau des Beamtenapparates nichts wissen. Liberale Unternehmer wollten mehr Freiheit, jedoch nicht unbedingt gesellschaftliche und wirtschaftliche Chancengleichheit. Überall gab es liberale Kräfte, die zur Zusammenarbeit mit ihrer Regierung bereit waren, wenn es ihren Interessen dienlich erschien. Ihr theoretisches sowie praktisches Ideal war die Einheit von Volk und Staat und deren einvernehmliches Hinwirken auf eine aufgeklärte Politik. Wenn diese Männer sahen, welche rebellischen Kräfte in der Gesellschaft schlummerten, löste das bei ihnen eher den Wunsch aus, mit der Regierung zusammenzuarbeiten als gegen sie zu streiten. Eine württembergische Zeitung brachte das im November 1847 auf die Formel: Die »politische Hebung des Bürgertums und Verschmelzung seiner Interessen mit den Interessen der Regierung ist die beste und sicherste Schutzwehr gegen das Andringen des Proletariats«.

Im Herbst 1847 unternahmen mehrere radikale und gemäßigte Gruppen den Versuch, ein politisches Programm auszuarbeiten, mit dem sich breite Unterstützung mobilisieren ließ. Am 10. September traf sich in Offenburg der linke Flügel der badischen Opposition mit Abgesandten aus den benachbarten Staaten. Man einigte sich auf eine dreizehn Punkte umfassende Verlautbarung, die eine Reihe von Reformforderungen enthielt, darunter die nach Einführung einer Volksvertretung für den Deutschen Bund. Die Deutschen wollten, so die Begründung, ein Vaterland und ein Mitspracherecht in dessen Angelegenheiten. Einen Monat später versammelte sich eine Gruppe von Gemäßigten in Heppenheim, um ein eigenes Reformprogramm zu verabschieden. Ausgangspunkt hierfür war der Deutsche Zollverein, der mit weiterreichenden politischen Befugnissen und repräsentativen Institutionen ausgestattet werden sollte. So in seinem Charakter verändert, würde »der deutsche Verein eine unwiderstehliche Anziehungskraft für den Beitritt der übrigen deutschen Länder üben, endlich auch den Anschluß der österreichischen Bundesländer herbeiführen und somit eine wahre deutsche Macht begründen«.

Man sollte sich klarmachen, daß die Fraktionierungen innerhalb der Opposition im Rückblick deutlicher zu erkennen sind, als sie es für die Zeitgenossen und die Beteiligten waren. Sowohl das Offenburger als auch das Heppenheimer Programm waren derart unbestimmt formuliert, daß bedeutsame Gegensätze nicht offenbar wurden. Die parlamentarische Fraktionsbildung wurde in den meisten

Staaten noch durch rechtliche Beschränkungen, eingefahrene Denkgewohn-
heiten und die gemeinsame Frontstellung gegen die Reaktion behindert. Selbst
in Baden, wo Gemäßigte und Radikale bereits in aller Offenheit getrennt um
Anhänger warben, konnte staatlicher Druck bewirken, daß sie wieder zusam-
menrückten. Anderswo sprachen viele Liberale nach wie vor von einer gemeinsamen Gesinnung und versuchten gar nicht erst, in kontroversen Fragen eine
Klärung herbeizuführen. Einige von denen, die die schlummernden Gegensätze
am klarsten erkannten, sprachen sich dafür aus, sie zugunsten der unmittelbaren
Bedürfnisse des gemeinsamen Kampfes zunächst ruhen zu lassen. Otto Lüning
etwa, der 1847 die Existenz zweier »lebendiger, lebenskräftiger und vernünftiger
Parteien« konstatierte, empfahl im gleichen Atemzug, die beiden sollten, solange
sie einen gemeinsamen Gegner zu bekämpfen hatten, gemeinsam marschieren.
So wenig man die Eindeutigkeit oder Konsistenz der in den vierziger Jahren
zwischen Radikalen und Gemäßigten bestehenden Gegensätze überschätzen
sollte, so wichtig ist es festzuhalten, daß sich schon vor der Revolution politische
Frontlinien abzuzeichnen begannen. Je besser die Organisationsformen, je enger
die Beziehungsnetze und je eindeutiger die Programme wurden, desto stärker
wurde die Tendenz zur Aufspaltung in politisch konkurrierende Gruppen.

Die Krise der Gesellschaft

Die politische Opposition in Deutschland umfaßte nach den Worten eines Zeitgenossen, der sich ihr zugehörig fühlte, »alle Talente, alle freien und unabhängigen Geister, namentlich des ganzen dritten Standes«. Die Art und Weise, in der
C. H. Alexander Pagenstecher soziale und moralische Kategorien durcheinander-
warf, war Ausdruck einer unter liberalen Geistern weit verbreiteten Überzeugung, für die Gesellschaft als Ganze zu sprechen. In den vierziger Jahren des 19.
Jahrhunderts war es tatsächlich so, daß die Reihen der Opposition sich mit
tatkräftigen und fähigen Menschen aus ganz verschiedenen gesellschaftlichen
Gruppen füllten: Neben Unternehmern wie David Hansemann und Ludolf
Camphausen gab es Ärzte wie Carl d'Ester und Johann Jacoby, Professoren wie
Robert von Mohl und Karl Biedermann sowie viele aus dem Besitz- und Bildungsbürgertum der Vormärz-Gesellschaft. Außerdem hatte die Opposition Zulauf aus dem Milieu der Ladeninhaber und Handwerker, Landwirte, Lehrer und
kleinen Beamten, ja selbst aus der Gruppe der Facharbeiter. Es waren oft Leute
von bescheidener Herkunft, die sich vielleicht im Rahmen der Freien Gemeinden
oder der Deutschen Katholiken für religiöse Reformen engagierten, ihre Unterschrift unter Petitionen zugunsten einer konstitutionellen Regierung setzten oder
Feste besuchten, die zu Ehren nationaler Persönlichkeiten wie Schiller und Dürer

veranstaltet wurden. Die Opposition konnte glaubhaft behaupten, die große Mehrheit derer, die sich im politischen Leben engagierten, auf ihrer Seite zu haben. Da aber die allermeisten Deutschen sich noch immer nicht um politische Themen und Anliegen kümmerten, bildete die Opposition, gemessen an der Gesamtbevölkerung, eine kleine Minderheit. Die Freien Gemeinden und die Deutschen Katholiken zum Beispiel stießen schnell an die Grenzen des Menschenpotentials, das sie ausschöpfen konnten, denn die übergroße Mehrheit der Protestanten und Katholiken ignorierte deren Aufruf zu theologischer Erneuerung und Kirchenreform. Entsprechend war es ein zwar aktiver, aber kleiner Teil der Bevölkerung, der die politischen Forderungen der Opposition unterstützte. Die Bürger von Königsberg, die die ihnen kostenlos angebotenen Exemplare von Jacobys »Vier Fragen« verschmähten, waren typischere Vertreter des Volkes als die, die auf die Straße gingen, um Meinungsfreiheit einzufordern.

Obwohl lediglich eine Minderheit die politischen Anliegen verstand, um die es Männern wie Jacoby ging, wurden wesentlich mehr Menschen von der allgemein krisenhaften Entwicklung erfaßt, unter der in den vierziger Jahren große Teile Deutschlands zu leiden hatten. Für diejenigen, denen es an Arbeit, Unterkunft oder Essen mangelte, und für die vielen, die befürchteten, bald in eine solche Lage zu geraten, waren verfassungsrechtliche und kirchenpolitische Fragen von allenfalls nebensächlichem Interesse. In ihren Augen war das Wichtigste die Schaffung einer gesellschaftlichen Ordnung, die ihnen und ihren Kindern die Chance gab, ein einigermaßen würdiges und gesichertes Dasein zu führen. Die sozialen Mißstände und Forderungen speisten eine breite, urwüchsige Bewegung, deren Spektrum von gemäßigten Selbsthilfe-Genossenschaften bis zu revolutionären Banden reichte. Der politischen Opposition erwuchs aus dieser Bewegung Hoffnung, aber zugleich Angst: Zum einen verlieh sie ihren Reformprogrammen besondere Dringlichkeit und potentielle Hebelkraft, zum anderen weckte sie Vorstellungen von unbezähmbarer Gewalttätigkeit und politischem Chaos.

Die soziale Krise der vierziger Jahre resultierte im Grunde aus einer Verschärfung der Probleme, an denen große Teile Europas seit Jahrzehnten krankten. Die Produktionskapazitäten stiegen nicht schnell oder gleichmäßig genug, um eine rasch wachsende Bevölkerung versorgen zu können. Auch wenn es hier und da eine regionale Insel der Wohlhabenheit gab, wenn bestimmte Industrien eine bemerkenswerte Dynamik aufwiesen und die Wirtschaft insgesamt vorankam, hatte das Auseinanderklaffen von Entwicklung und Demographie eine Situation entstehen lassen, in der eine beachtliche Minderheit der Deutschen in dauerhafte Armut geraten war, eine große Zahl am Rand des Existenzminimums lebte und Millionen sich ernstlich gefährdet fühlten. Nach mehreren mageren Jahren trat 1846 eine dramatische Zuspitzung ein, als ein Tief im Konjunkturzyklus die Nachfrage nach Gütern schrumpfen ließ, die Zahl der Arbeitslosen nach oben trieb und viele Kleinunternehmen aufgeben mußten. In Köln zum Beispiel stieg

Im Zeichen des Pauperismus: Sturm hungernder Arbeiter und Handwerker auf das Backhaus am Neumarkt in Breslau im Mai 1846. Gemälde von Philipp Hoyoll, 1846. Regensburg, Museum Ostdeutsche Galerie

Erhebung der Schlacht- und Mehlsteuer zu Lasten der Armen an einem Kölner Stadttor im Jahr 1847. Gemälde von Wilhelm Kleinenbroich, 1847. Köln, Stadtmuseum, Dauerleihgabe an das Oberlandesgericht

die Anzahl der Konkurse – betroffen waren meist Gaststätten, Druckereien und sonstige Kleinbetriebe – von 45 in den Jahren 1845/46 auf 70 in den Jahren 1846/47. Während Unternehmensgewinne und Löhne sanken, schnellten die Lebensmittelpreise in die Höhe, mancherorts bis zu 400 Prozent. Eine Kartoffelkrankheit führte zur Verknappung des Angebots an einer Ware, die im Verlauf der ersten Jahrhunderthälfte für viele Menschen zu einem festen Bestandteil des Speiseplans geworden war. Die Getreideerträge lagen um ein Drittel unter der Normalmenge, mit direkten Auswirkungen auf den Brotpreis. Kurz: Europa sah sich, wie Eric Hobsbawm geschrieben hat, mit einer »landwirtschaftlich bestimmten Wirtschaftskrise alten Stils (konfrontiert), dem letzten und vielleicht schlimmsten wirtschaftlichen Kollaps des alten Regimes«.

Selbst da, wo die Krise am ärgsten zuschlug, erfaßte sie nicht alle Bereiche. Manche Branchen und Unternehmen florierten weiterhin. So zeigte die Kohle- und Eisenförderung sowohl in Österreich als auch in Preußen während der gesamten vierziger Jahre eine steigende Tendenz, nicht zuletzt dank des technischen Wandels im Bergbau, der teilweise durch die Einführung neuer Geräte, namentlich der Dampfmaschine, und teilweise durch das Auftreten neuer Abnehmer wie der Eisenbahnen bedingt war. In manchen von der Krise betroffenen Branchen waren die nachteiligen Auswirkungen ungleich verteilt. Es kamen beispielsweise diejenigen, die mit der Herstellung von Baumwollgeweben befaßt waren, wesentlich gelinder davon als diejenigen, die in der Leinenindustrie arbeiteten. Doch die der Krise innewohnenden Ungleichmäßigkeiten machten sie für die Betroffenen nicht erträglicher. Vielleicht trug das Wissen darum, daß es Branchen gab, die prosperierten, sogar zur Verschärfung der Unzufriedenheit bei, nicht nur weil dadurch Konflikte zwischen Habenden und Habenichtsen geschürt wurden, sondern weil die teilweise verbliebene Kaufkraft den Konkurrenzkampf um knappe Güter verschärfte. So betrachtet, hatte die Hochkonjunktur kapitalintensiver Industrien wie des Eisenbahnbaus durchaus einen destabilisierenden Effekt auf die Volkswirtschaft als Ganze.

Besonders schmerzlich war das für die benachteiligten gesellschaftlichen Randgruppen. Die ärmsten Familien mußten selbst in guten Zeiten den größten Teil ihres Einkommens für Lebensmittel ausgeben. Wenn die Preise dafür stiegen, vermochten sie weniger zu kaufen, weniger zu essen und wurden so anfällig für Typhus, Gelbfieber und all die Infektionen, die sich in jenen Jahren in Deutschland austobten. Wohl 50.000 Menschen starben allein in Oberschlesien, das zu den besonders stark betroffenen Gebieten gehörte, an hungerbedingten Seuchen. Die Anzahl derer, die in irgendeiner Form von der öffentlichen Wohlfahrtspflege lebten, stieg enorm an, erreichte in Hamburg einen Anteil von 10, in Köln von fast 20 Prozent. In den Teilen Nordhessens, die Bruno Hildebrand in seine die Jahre 1846/47 umfassende Studie einbezogen hat, organisierten Beamte regelrechte Bettelprozessionen durch die Wohngegenden der wirtschaftlich besser Gestellten. In jener Region, die vorwiegend aus übervölkerten Bauernhöfen und darniederliegenden Handwerksbetrieben bestand, war fast ein Drittel der Bevölkerung nicht mehr in der Lage, für den eigenen Lebensunterhalt zu sorgen. Für diejenigen, die ihn notdürftig aufrechtzuerhalten vermochten, bedeutete die zunehmende Zahl der Mittellosen eine ständig präsente Bedrohung, die für einige von ihnen zur schrecklichen Realität wurde. Ein preußischer Beamter vermerkte in einem Bericht über die Verhältnisse in Köln um die Jahreswende 1845/46, ein Teil der lohnabhängigen Klasse und der armen Einwohner sei bereits in echte Not geraten. Sechs Monate später berichtete er, die ständig weiter gestiegenen Preise hätten dazu geführt, daß Familien der unteren Schicht gezwungen gewesen seien, ihre spärliche Habe zu veräußern.

Am äußersten Rand der Gesellschaft, in den Reihen derer, die weder Arbeit noch Ersparnisse noch marktgängige Fertigkeiten besaßen, sah man sich oft vor die Wahl gestellt zu stehlen, zu betteln oder zu verhungern. Dirk Blasius, der sich mit der Entwicklung der Kriminalität in dieser Periode befaßt hat, konnte einen statistischen Zusammenhang zwischen der Häufigkeit von Diebstählen und den Fluktuationen des Roggenpreises aufzeigen. Die Kurven für beide zeigen einen ähnlichen Verlauf und erreichen in den Jahren 1846/47 einen parallelen Höhepunkt. Der Zusammenhang zwischen Armut und Kriminalität entging auch den Zeitgenossen nicht. In einem Buch mit dem Titel »Diebe in Berlin«, geschrieben zwischen 1844 und 1846 und unter erheblichen Schwierigkeiten 1847 veröffentlicht, schilderte C. W. Zimmermann, wie der Armutsdruck zwangsläufig zu Demoralisierung, Kriminalität und Prostitution führte. Ernst Dronke, dessen Berlin-Porträt bis heute zu den gelungensten Analysen der damaligen sozialen Verhältnisse gehört, schätzte, daß nahezu ein Viertel der Einwohner Berlins potentiell jenem »Proletariat« angehörte, in dessen Reihen Kriminalität und Prostitution florierten. Viele der obdachlosen Herumstreuner und Prostituierten, die durch die populäre Literatur geisterten und die Phantasie ihrer wohlanständigen Zeitgenossen beflügelten, hatten keine andere Wahl, als ihr Heil außerhalb der Gesellschaft zu suchen. Solche Leute hatte es in Europa immer gegeben, doch zweifellos stieg ihre Zahl im Verlauf der vierziger Jahren in dem Maße, wie die Armut um sich griff. Aber nicht alle Vagabunden und Bettler waren sozial Ausgestoßene. In den Bettlerkarawanen, die täglich durch die Städte zogen, befanden sich oft ganze Familien einschließlich der Großeltern und Säuglinge, die gemeinsam betteln gingen und nach getaner Arbeit das miteinander teilten, was sie ergattert hatten. Holzdiebstahl, Wilderei und Kartoffelklau waren nicht das Werk von Berufsverbrechern, sondern das verzweifelte Tun von Männern und Frauen, die ihre Kinder wärmen und füttern und ihr Heim nicht verlieren wollten. Für solche Leute waren Bettelei und Diebstahl ein letztes Mittel, um am Leben zu bleiben, sich ihren Platz in einer Gemeinschaft zu bewahren, die ihnen zuweilen das Recht zugestand, zum Zweck des Überlebens derart zu handeln.

Bei den meisten gesetzestreuen Bürgern vermischte sich die Angst vor der Kriminalität mit der Furcht vor dem Pöbel. In letzterem sahen sie eine anarchische Ansammlung der Entwurzelten und Entfremdeten, einen zusammengewürfelten Haufen aus Angehörigen jenes Bodensatzes der Gesellschaft, der in den Elendsquartieren der Städte hauste. Wild dreinblickend und zerzaust, korrupt bis ins Mark und jederzeit gefährlich für Leib und Leben – in dieser Gestalt erschien der Pöbel auf den Seiten antirevolutionärer Pamphlete und populärer Romane und natürlich in den Alpträumen der Wohlhabenden. In den zugänglichen Quellen über die soziale Realität im Europa des mittleren 19. Jahrhunderts finden sich allerdings so gut wie keine Belege für die Existenz eines solchen Pöbels. Es waren in der Regel nicht die an den Rand der Gesellschaft Gedrängten, die sich durch kollektive Aktionen hervortaten. Wenn irgendwo ein »Pöbel« auf den Plan trat, setzte er sich zumeist aus Leuten zusammen, die einander kannten und bei der Verfolgung eines bestimmten Zieles nach gesellschaftlich akzeptierten Normen agierten. Diejenigen, die auf die Straße gingen, um für niedrigere Preise zu demonstrieren, gegen Maßnahmen der Regierung zu protestieren oder das Haus eines unpopulären Beamten zu attackieren, taten es im Rahmen und im Namen einer Gemeinschaft, deren Existenz sowohl die praktische Basis als auch die moralische Rechtfertigung für ihr Handeln lieferte. Die Aktionen solcher pöbelnden Horden richteten sich bezeichnenderweise meist gegen Personen, die als Außenstehende galten, oder gegen deren Agenten: gegen Steuereinnehmer, Gerichtsvollzieher, Kaufleute, Wildhüter, Auswärtige, Juden. Die Mitglieder einer Zunft, einer Kirchengemeinde oder die Bewohner eines Dorfes betrachteten solche Außenseiter häufig als Verursacher ihrer Probleme, als Eindringlinge in ein geschütztes Revier, als Regelverletzer, die gegen traditionelle Gepflogenheiten verstießen, als Vergifter einer Moral, auf der das Leben in der Gemeinschaft beruhte.

Die Häufigkeit kollektiver gewalttätiger Aktionen nahm im Laufe der vierziger Jahre stetig zu und erreichte 1846/47 ihren vorrevolutionären Höhepunkt. Daß ihre Kurve mit den Kurven für Lebensmittelpreise und Kriminalitätsrate parallel lief, sollte nicht verwundern. Tumulte waren in vielen Fällen die direkte Folge einer von den Verbrauchern als unbillig und unannehmbar empfundenen Erhöhung der Kosten für Dinge des täglichen Bedarfs. In Bayern, wo das Bier neben seiner geselligkeitsstiftenden Wirkung auch als Grundnahrungsmittel galt, reagierten die Menschen auf Bierpreiserhöhungen mit wütenden Demonstrationen, manchmal sogar mit regelrechten Sturmangriffen auf Brauereien oder Gaststätten. Im Verlauf des Frühjahrs und Frühsommers 1847, als die Auswirkungen der schlechten Ernte des Vorjahres in vollem Ausmaß spürbar wurden, flammten solche Proteste in ganz Europa auf. In Berlin mußten im April Garnisonstruppen herbeigerufen werden, um Tumulte zu ersticken, die sich aus einem gewalttätigen Zusammenstoß zwischen Kartoffelhändlern und ihren Kunden entwickelt hatten. Zwei Monate später fiel in Hamburg eine überwiegend aus Frauen und ihren Kindern bestehende Menschenmenge in Bäckereien ein, verwüstete die Einrichtung, schlitzte Mehlsäcke auf und forderte Brot zu bezahlbaren Preisen. Etwa gleichzeitig kam es in den Hafenstädten entlang der Elbe zu Protestdemonstrationen gegen Getreidehändler, deren Lagerhäuser angeblich bis unters Dach mit Ware für den Export gefüllt waren. Hinter allen Vorkommnissen dieser Art steckte die verbreitete Meinung, daß es für Grundnahrungsmittel so etwas wie einen gerechten Preis gebe, der sich nicht aus dem Verhältnis von Angebot zu Nachfrage oder aus der Nutzung von Marktchancen ergab, sondern aus dem Anspruch des Einzelnen auf das lebensnotwendige Minimum.

Neben den Verbraucherprotesten erlebte der Vormärz auch eine Menge Arbeiterunruhen. Bei manchen ging es um so »moderne« Streitpunkte wie Löhne, Arbeitszeiten und Arbeitsplatzsicherheit. Eisenbahnarbeiter wurden gut bezahlt, solange sie arbeiteten, aber wenn sie nach der Fertigstellung einer Strecke plötzlich ohne Beschäftigung dastanden, begehrten sie häufig auf. In traditionelleren Branchen konnten Probleme, die durch Überbelegung, schlechten Konjunkturverlauf oder das Auftauchen leistungsfähigerer Konkurrenten bedingt waren, zu Arbeitskämpfen führen. Wenn Handwerker die ihnen einst von den Zünften garantierten Monopolstellungen nicht mehr zu verteidigen vermochten, nahmen sie manchmal Zuflucht zur Androhung oder Ausübung von Gewalt, um sich weiterhin die Vorherrschaft zu sichern. Wenn Arbeit knapp wurde, erschienen zuwandernde Gesellen den einheimischen Arbeitern als lästige und unfaire Konkurrenten. Handgreifliche Machtproben zwischen den betreffenden Gruppen waren hier und da die Folge.

Auch die Religion konnte zur Ursache für Konflikte und Unruhen werden. Oft verlief dabei die Front ebenfalls zwischen einer Gemeinschaft und einer Gruppe mit Außenseiterstatus: katholische Kirchengemeinden gegen die Vertreter des säkularen Staates, protestantische Dorfgemeinschaften gegen Juden, Hüter traditioneller Frömmigkeit gegen Reformbefürworter. Religiöse Konflikte waren dort am heftigsten, wo sie mit politischen, sozialen oder wirtschaftlichen Antagonismen oder Mißständen zusammenfielen. Eine solche Konstellation bestand im Sommer 1845 in Leipzig, wo sich eine Menschenmenge zu einer Demonstration gegen den Kronprinzen zusammenfand, dessen Unpopularität ihn zur Zielscheibe sowohl religiöser als auch politischer Ressentiments machte. Ähnlich lagen die Dinge in Köln, wo die Polizei mehrere junge Leute verhaftete, die während der Martinskirchmesse von 1846 Feuerwerkskörper gezündet hatten. Für die wütende Menge, die sich daraufhin zusammenrottete, um gegen die Verhaftungen zu demonstrieren, war das polizeiliche Eingreifen ein weiterer Beleg dafür, daß die Staatsmacht keinerlei Respekt vor lokalen Traditionen hatte. Die Unruhen von Leipzig und Köln in den Jahren 1845 und 1846 glichen einander in ihrem Verlauf: Lang schwelende Animositäten hatten sich verschärft und entzündeten sich dann an einem einzelnen Vorfall; daraufhin versammelte sich spontan eine große Menschenmenge zu einem Demonstrationszug und provozierte damit prompt das Eingreifen bewaffneter Ordnungskräfte. In der Regel ging ein größerer Teil der Gewalttätigkeiten auf das Konto der staatlichen Einsatzkräfte. Pöbelnde Menschenmengen richteten Beschädigungen und Zerstörungen an, bedrohten die Objekte ihres Hasses und griffen sie manchmal tätlich an, aber für Tote und Verletzte sorgten die Soldaten. Das war angesichts der institutionellen Realitäten im Deutschland des Vormärz nicht weiter verwunderlich. Die Polizei verfügte überall nur über schwache Kräfte, die ausreichten, um Vagabunden festzusetzen, Betrunkene aus dem Verkehr zu ziehen und Taschendiebe zu verfolgen, nicht aber für die Konfrontation mit einer wütenden Menge. Sobald die Behörden merkten, daß sie eine Situation nicht mehr zu kontrollieren vermochten, mußten sie sich an das Militär wenden. Doch bis Truppen am Ort des Geschehens eintrafen, hatten die Demonstranten oft Zeit genug, ihre Machtfülle zu erkennen. Die Mühelosigkeit, mit der sie über wehrlose Behördenvertreter triumphierten, bestärkte sie im Glauben an die Rechtmäßigkeit ihrer Sache. Dann wurden junge Soldaten, ungeübt in der Befriedung von Demonstrationen und befehligt von Offizieren, die für Zivilisten bloß Verachtung übrig hatten, in die Konfrontation mit einer aufgeputschten, sich stark fühlenden Masse geschickt. In solchen Situationen konnten ein paar Steinwürfe oder ein sich versehentlich lösender Schuß ein Blutbad provozieren, bei dem womöglich Dutzende verletzt oder getötet wurden. So praktiziert, kostete die Wiederherstellung der Ordnung einen hohen menschlichen und politischen Preis. Die auf Gegenseitigkeit beruhende Abneigung zwischen Militär und Gesellschaft sollte sich in der revolutionären Krise von 1848 heftig bemerkbar machen.

In vieler Hinsicht exemplarisch für das Wesen des sozialen Protests im Vormärz war der Aufstand der schlesischen Weber im Frühsommer 1844. Er geschah in einer Region, die von schwerer Arbeitslosigkeit, von Hunger und Krankheiten heimgesucht war, wobei die Weber allerdings nicht die Gruppe darstellten, der es am schlechtesten ging. Ihr Schicksal war deshalb von besonderer Brisanz, weil sie einst ziemlich wohlhabende, selbständige Handwerker gewesen sind. Im Verlauf der vierziger Jahre verschlechterte sich jedoch die wirtschaftliche Lage der Weber wegen des Nachfragerückgangs und der zunehmenden Konkurrenz durch technisch fortgeschrittenere Fabrikationsbetriebe. Das hatte zur Folge, daß die Weber in immer stärkere Abhängigkeit von den Händlern gerieten, die ihnen das Rohmaterial lieferten und das Endprodukt abnahmen. Manche Händler nutzten die Tatsache, daß sie wirtschaftlich am längeren Hebel saßen, um die Löhne der Weber an die Hungergrenze zu drücken. Als große Weberdörfer wie Langenbielau, Peterswaldau und Arnsdorf immer mehr verelendeten, kam es dort in wachsender Zahl zu Protestkundgebungen und Ausschreitungen. Versuche der Polizei, Rädelsführer festzunehmen, wurden zuweilen von der Gemeinschaft vereitelt.

Die Wut und Erbitterung gegenüber den Händlern steigerten sich dadurch, daß Berichte über ihren Reichtum und ihre dreiste Unehrlichkeit die Runde machten. Am 4. Juni tauchte vor dem Haus der Zwanzigers, einer reichen und besonders unbeliebten Familie, eine Menschenmenge auf. Es waren Weber, die bessere Bezahlung und, einem ganz alten Brauch beim Protestieren folgend, Geschenke als Entschädigung für erlittenes Leid forderten. Als ihr Ersuchen abgeschlagen wurde, stürmten sie das palastartige Anwesen der Zwanzigers und schlugen alles kurz und klein. Am nächsten Tag gingen die Ausschreitungen weiter, ungeachtet aller polizeilichen Versuche, die Ordnung wiederherzustellen. Als ein eingeschüchterter Händler sich gerade anschickte, der angetretenen Menge Geld zu übergeben, trafen Soldaten ein, und plötzlich verschob sich die Balance der Macht zu Ungunsten der Aufständischen. Eine Schützenbrigade eröffnete, ob aus Angst oder weil sie provoziert worden war, das Feuer auf die Menge; elf Tote und zahlreiche Schwerverwundete waren die Folge.

Diese Ereignisse illustrieren den Übergangscharakter, der das soziale Denken und Handeln im Vormärz weitgehend bestimmte. Die schlesischen Weber agierten als Arbeiter, nicht als Verbraucher oder Mitglieder einer Zunft. Sie forderten bessere Bezahlung für ihre Arbeitskraft, nicht »gerechte Preise« oder die Wiedereinsetzung in traditionelle Rechte. Gleichwohl handelten sie nicht als Angehörige einer Klasse. Wie aus zeitgenössischen Schilderungen hervorgeht, führten sie ihren Kampf aus der Mitte ihrer Gemeinschaft heraus, im Verein mit Freunden und Nachbarn und gegen einen als Außenseiter empfundenen Feind. Sie definierten den Feind nicht in Klassenbegriffen: Ihre Wut richtete sich gegen Einzelne, die das moralische Beziehungsgefüge vergiftet hatten. Wäre den Webern Wiedergutmachung für das ihnen zugefügte Unrecht zugestanden worden, so hätten sie sicher zurückgesteckt. Nichts weist darauf hin, daß sie eine andere gesellschaftliche Ordnung im Visier hatten; sie wollten lediglich, daß die alte Ordnung funktionieren sollte wie früher und ihnen ihre, wie sie es sahen, legitimen Bedürfnisse erfüllte.

Die Bedeutung der Weber lag mehr in ihrer symbolischen Rolle als in ihrem Gewicht als gesellschaftliche Kraft. In den Augen vieler Zeitgenossen war ihr blutiger Kampf ein Vorgeschmack auf künftige Katastrophen. Niemand drückte das treffender aus als Heinrich Heine, der in seinem großartigen Gedicht den Rhythmus des Webstuhls mit der historischen Notwendigkeit einer sozialen Revolution verknüpfte:

>»Im düstern Auge keine Träne,
>Sie sitzen am Webstuhl und fletschen die Zähne:
>Deutschland, wir weben dein Leichentuch,
>Wir weben hinein den dreifachen Fluch –
>Wir weben, wir weben!

Ein Fluch dem Gotte, zu dem wir gebeten,
Ein Fluch dem König, dem König der Reichen,
Ein Fluch dem falschen Vaterlande.

Das Schiffchen fliegt, der Webstuhl kracht,
Wir weben emsig Tag und Nacht:
Altdeutschland, wir weben dein Leichentuch,
Wir weben hinein den dreifachen Fluch –
Wir weben, wir weben!«

Der schlesische Oberpräsident kommentierte den Weberaufstand weniger poetisch, aber in ähnlichem Tenor. Er bezeichnete ihn als Teil eines »allgemeinen Angriffes der Armen gegen die Reichen«.

Im selben Jahr, in dem die lesende Öffentlichkeit von den Ereignissen in Schlesien erschüttert wurde, veröffentlichte August Braß seine »Mysterien von Berlin«, eines der vielen Imitate von Eugène Sues berühmtem Roman über die Pariser Unterwelt. Sues Werk war nach dem Urteil eines Zeitgenossen das ausstrahlungskräftigste Buch, das seit Goethes »Werther« in Deutschland erschienen war. Sue habe nicht die Absicht gehabt, schrieb Braß, in seinem Roman Geheimnisse zu enthüllen, die der Erfahrung des Normalbürgers entzogen seien; die »Mysterien«, die er geschildert habe, seien vielmehr ohne weiteres beobachtbar. Braß wollte, indem er sich den großen Reiz, den das Milieu der Verbrecher und Herumstreuner auf viele Menschen ausübte, zunutze machte, seinen Mitbürgern die verborgenen Aspekte ihrer Welt zeigen und sie damit zwingen, sich mit dem menschlichen Elend und Leid auseinanderzusetzen, vor dem sie gewöhnlich die Augen verschlossen. Andere Autoren wiesen auf künftige Gefahren hin, indem sie die Aufmerksamkeit auf soziale Probleme in fortgeschritteneren Ländern wie England und Frankreich lenkten. Manche setzten auf traditionelle christliche Mitmenschlichkeit als Mittel, um Sympathie für und Sorge um das Los der Armen zu wecken. Immer mehr von denen, die sich in den vierziger Jahren zur sozialen Frage äußerten, erklärten, die »Mysterien« der Gesellschaft dürften nicht länger im Verborgenen bleiben. Zu lange schon, meinte der Autor eines Aufsatzes über die »Verbreitung des Pauperismus«, habe die Gesellschaft das in ihr wuchernde Krebsgeschwür ignoriert, zu lange habe sie sich vor der Notwendigkeit gedrückt, wirksame Lösungen zu finden. Doch Tatsachen seien Tatsachen, und sie würden bald auch dem unsensibelsten Beobachter unmißverständlich vor Augen treten.

Die sozialen Tatsachen wurden höchst unterschiedlich gedeutet. Konservative und Radikale, Christen und Atheisten, Bildungsreformer und politische Agitatoren, Intellektuelle und Unternehmer suchten und fanden ihre je eigenen Erklärungen für die scheinbare Instabilität der Welt, in der sie lebten. Entsprechend vielgestalt war das sozialpolitische Denken in den vierziger Jahren, unsicher und provisorisch in seinem Vokabular, unausgereift und zweideutig in seinen Reformvorschlägen. Das Tempo, mit dem sich die Welt verändere, schrieb Wilhelm Heinrich Riehl, bringe Tag für Tag Neuerungen hervor, und mit ihnen tauchten neue Wörter oder neue Bedeutungen für alte Wörter auf. Doch hinter aller Begriffsverwirrung, die in der Tat herrschte, stand die von allen geteilte Überzeugung, die moderne Welt sei in ein neues und gefährliches Entwicklungsstadium eingetreten, in dem die Zivilisation von Kräften bedroht werde, die unter Kontrolle gebracht oder eingedämmt werden müßten.

Zwei Begriffe, die in den überlieferten Versuchen der Zeitgenossen, diese Kräfte zu begreifen, immer wieder auftauchen, sind »Pauperismus« und »Proletariat«. Ersterer war gemäß der Brockhaus-Real-Encyklopädie von 1853 ein »Zustand..., wo sich eine weitverbreitete Verarmung (Massenarmuth) unter einer Bevölkerung zeigt, nicht vorübergehend in Folge politischer, physischer oder elementarer Ursachen..., auch nicht in Folge administrativer oder legislativer Beschränkung der Arbeitsgelegenheit oder Minderung des Arbeitsverdienstes..., sondern lediglich in Folge des anscheinend unabwendbaren, durch die Fortschritte der Cultur und die freie Entwicklung des gewerblichen Lebens vielmehr geförderten als geheilten Misverständnisses zwischen der täglich massenhafter anwachsenden Bevölkerung und den nicht in gleichem Maße vermehrten Mitteln des Erwerbs und Unterhaltes für diese Bevölkerung.« Ursächlich für den Pauperismus war, anders gesagt, eine strukturelle Krise, die nicht nur unglückliche Einzelne bedrohte, sondern die gesellschaftliche Ordnung als Ganze. Falls es nicht gelinge, diese Entwicklung zu stoppen, würde ein immer größerer Teil der Bevölkerung davon erfaßt und entweder ins Elend gestürzt oder zur Rebellion getrieben. Schon 1835 hatte Franz Xaver von Baader die durch den Pauperismus gefährdeten Bevölkerungteile mit einem Ausdruck, der Erinnerungen an die barbarischen Pöbelhorden im alten Rom weckte, als »Proletariat« bezeichnet. Fünf Jahre später gebrauchte Theodor von Schön in seiner Denkschrift zur politischen Reform den Begriff als Synonym für Menschen ohne Heim oder Eigentum – eine ausladende und diffuse Definition, die in der Folge von vielen Autoren übernommen wurde. Heinrich Wilhelm Bensen unterschied in seinem 1847 veröffentlichten Werk »Die Proletarier« sieben verschiedene Elemente dieser Gruppe, von den Fabrikarbeitern bis zu Kriminellen, Prostituierten und Wohlfahrtsempfängern. Ungeachtet ihrer unterschiedlichen materiellen Lage wiesen die zum Proletariat gezählten Gruppen bestimmte moralische und psychologische Gemeinsamkeiten auf: Sie waren zum Beispiel wurzellos und besitzlos und hatten daher kein materielles Interesse am Fortbestand der gesellschaftlichen Ordnung; sie waren abhängig von Löhnen, öffentlichen Almosen oder individueller Wohltätigkeit und daher unzuverlässig und leicht manipulierbar. Anders jedoch als der traditionelle Bodensatz der Armen und Erniedrigten, war das Proletariat sich seiner Lage bewußt. Mittellos und ohne Ausbildung, politisch und gesellschaftlich flatterhaft, war das Proletariat zu allem bereit – ein Reservoir für gesetzlose Banden, großstädtischen Pöbel und revolutionäre Bewegungen.

Robert von Mohl war der erste deutsche Theoretiker, der die materielle und moralische Verfassung des Proletariats mit der Industrialisierung in Zusammenhang brachte. In einem Aufsatz über die Nachteile des Fabriksystems, den er 1835 veröffentlichte, wies er darauf hin, daß der Fabrikarbeiter, anders als der Lehrling, nicht einmal die Hoffnung habe, einmal Meister zu werden, und daher dazu bestimmt sei, ein Unfreier zu bleiben, »ein Knecht, wie Ixion an sein Rad geschmiedet«. Da er für Arbeit und Lohn auf seinen Arbeitgeber angewiesen sei, unterscheide er sich kaum mehr von den Maschinen, an denen er arbeite und die einem anderen gehörten. Ohne die Maschinen sei er nicht imstande zu arbeiten oder zu leben. Es sei verständlich, daß eine solche Situation Haß, Neid und Aggression gebäre, »jede Art von Unsittlichkeit«. Doch nicht nur die Arbeiter selbst seien die Leidtragenden. Das Fabriksystem zerstöre außerdem das Familienleben, indem es die Männer von zu Hause weghole und auch noch ihre Frauen und Kinder in Arbeit setze. »Wo aber alle Bande des Familienlebens so ganz zerrissen sind und seine tausend Anlässe und Gewohnheiten die Sittlichkeit nicht unterstützen, da muß die höchste Verwilderung einreißen.«

Um diese »Verwilderung« der Gesellschaft zu bekämpfen, schlug Mohl eine Reihe von Maßnahmen vor, die eine Verbesserung der materiellen und geistigen Lebensbedingungen der Arbeiter zum Ziel hatten. Alles Erdenkliche, erklärte er, müsse getan werden, um wieder ein Klima des Vertrauens zwischen Arbeitern und Arbeitgebern herzustellen. Nötig seien Gesetze zum Schutz der Arbeiter und ihrer Familien vor den schlimmsten Auswüchsen des Fabriksystems. Mohl wollte aber nicht nur das Los der Arbeiter verbessert sehen, sondern regte auch Hilfen für diejenigen an, die aus dem Fabrikleben auszuscheiden vorhatten. Seiner Ansicht nach konnte die Gründung von Genossenschaften und Sparvereinen dazu beitragen, den Arbeitern Hoffnung und Zuversicht auf eine allmähliche Besserung ihrer Lage hinsichtlich einer gewissen persönlichen Unabhängigkeit einzuflößen. Das alles wollte Mohl im Rahmen einer liberalen gesellschaftlichen Ordnung verwirklicht sehen. Doch als in den vierziger Jahren die vom Pauperismus und Proletariat ausgehenden Gefahren unübersehbar zunahmen, begann er drastischere Mittel zum Schutz der Gesellschaft vor dem drohenden Chaos in Erwägung zu ziehen. Er ging einmal sogar so weit, gegen die Überbevölkerung Zwangsabschiebungen in die Emigration oder eine Quotierung des Rechts auf Eheschließung für praktikabel zu halten. Mohl befürchtete, daß ohne ein energisches Durchgreifen des Staates womöglich das Überleben der Gesellschaft bedroht war.

Wie die meisten Sozialreformer, war auch Mohl der Meinung, daß die für die moderne Gesellschaft charakteristische zunehmende Zersplitterung durch staatliches Handeln allein nicht überwunden werden konnte. Wenn die Proletarier vollwertige Staatsbürger werden sollten, bedurfte es neuer Formen des Zusammenhalts. Verbundenheit und Liebe müßten, wie ein Beobachter es 1845 ausdrückte, an die Stelle von Uneinigkeit und Haß treten. An besten könne das durch verschiedene Organisationsformen erreicht werden: Genossenschaften, Bildungsvereine, Selbsthilfe-Organisationen. Solche Vereinigungen würden sowohl eine materielle als auch eine moralische Wirkung zeitigen. Sie würden den Menschen helfen, ihre Fähigkeiten auszubilden, ihr Geld zusammenzuhalten und Disziplin, Zusammenarbeit und Mäßigung zu lernen. »Das Vereinswesen«, schrieb Johannes Fallati, »ist die wahre Schule des Gemeinsinnes,... um in freierem Sinne unserer Tage die Schäden zu bessern, die Lücken auszufüllen, die unsere gesellschaftliche Organisation... erlitten hat.« Vereine in allen ihren Spielarten sollten die verlorengegangenen Bindungen der Menschen untereinander und an die Gesellschaft ersetzen, der Entfremdung entgegenwirken und den Gemeinsinn fördern. Wie die ständischen Institutionen der traditionellen Gesellschaft sollten die neuen Organisationsformen den Menschen eine Heimat bieten und sie so an die bestehende gesellschaftliche Ordnung binden. Am häufigsten war der in der Unterschicht angesiedelte Verein zur Zeit des Vormärz an ein bestimmtes Gewerbe oder eine einzelne Firma gebunden. Die meisten Vereine waren lokal verwurzelt und praktisch ausgerichtet. Sie erfüllten einige der Aufgaben, die früher die Zünfte wahrgenommen hatten, orientierten sich aber auch an den Bedürfnissen der neuen gesellschaftlichen Gruppen. Sie stellten beispielsweise Unfall- oder Begräbnisversicherungen zur Verfügung, gewährten Unterstützung in Zeiten der Erwerbslosigkeit oder verwalteten die gesammelten Ersparnisse ihrer Mitglieder. Manchmal wurden diese Vereine von Arbeitgebern unterstützt, manchmal von lokalen Behörden oder wohltätigen Einrichtungen. Überall wurden sie freilich mit Argwohn beobachtet und standen unter sorgsamer Aufsicht des Staates.

Eine andere Organisationsform diente allgemeineren Zwecken. Die Bildungsvereine wandten sich an Arbeiter und Handwerker aus allen Gewerben und bemühten sich, wie es in der Satzung eines 1844 in Köln gegründeten Vereins dieser Art hieß, um »im Wege des gemeinsamen Wirkens im allgemeinen Wohlstand und Bildung in einem höheren Grade zu befördern, als dies dem einzelnen möglich ist, und insbesondere der geistigen und leiblichen Not derjenigen Abhilfe zu verschaffen, die von ihrer Hände Arbeit leben«. In dem Maße, wie die Öffentlichkeit im Laufe der vierziger Jahre auf die sozialen Probleme aufmerksam wurde, wuchs die Zahl solcher Bildungsvereine. In Sachsen beispielsweise brachte es der »Verein für die Verbreitung von Volksschriften«, der Bildungsvorträge und Anleitungen zur Lektüre für aufstiegswillige Arbeiter anbot, auf nahezu 250 lokale Gliederungen und insgesamt mehr als 7.500 Mitglieder. Der »Verein für die deutsche Volksschule und für die Verbreitung gemeinnütziger Kenntnisse im Leben« erfüllte ähnliche Aufgaben in den westlichen Provinzen Preußens. Der »Centralverein für das Wohl der arbeitenden Klassen«, 1845 in Berlin gegründet, hatte eine kleinere und ausgesuchtere Mitgliederschaft, pflegte aber ebenfalls Diskussionen über Lösungen der sozialen Probleme.

In ihrer Theorie und ihrer Praxis wollten die Bildungsvereine Mitglieder der Unterschicht ermuntern, von denen, die es weiter gebracht hatten, zu lernen. Die gebildeten und vermögenden Elemente in den Vereinen waren sich darin einig, daß es dafür keiner demokratischen Struktur bedürfe. Ein rheinischer Unternehmer regte sich darüber auf, daß in seinem Verein jeder »Lump«, solange er seinen Beitrag zahlte, in den Vorstand gewählt werden könne. »Nein, so soll die Mitwirkung nicht verstanden werden! Vertrauen sollen die Proletarier haben, ... aber nicht mitreden!« Wenn mit »Lumpen« die Ärmsten der Armen gemeint waren, dann waren wohl nur die wenigsten von ihnen willens und in der Lage, in einem Verein mitzuarbeiten. Tatsächlich rekrutierten die Vereine ihre Mitglieder vorwiegend im mittleren Bereich der Gesellschaft. Unter den ersten 168 Mitgliedern des 1843 in Sachsen gegründeten Vereins für Handel und Gewerbe waren 73 Kaufleute, 52 Handwerksmeister, 16 Fabrikanten, 14 Brauer und Schnapsbrenner, 3 Apotheker und eine Handvoll Beamte und Akademiker. Die emsige organisatorische Aktivität, die in den vierziger Jahren um sich griff, führte also vorwiegend zur Ausweitung und Intensivierung der Beziehungen zwischen den einzelnen Elementen des Mittelstandes, ohne viel zur Verbesserung der wirtschaftlichen oder geistigen Situation derer beizutragen, die die Hauptleidtragenden der wirtschaftlichen und sozialen Krise jener Jahre waren.

Trotz der aufmerksamen Beobachtung, die die Behörden ihnen angedeihen ließen, entwickelten sich einige dieser Vereine während der vierziger Jahre zu Zentren politischer Aktivität. Die sich über Deutschland ausbreitende Krisenstimmung lenkte das Augenmerk der Arbeiter und Handwerker, die gemeinsam in den verschiedenen sozialen Hilfsvereinen tätig waren, naturgemäß auf politische Themen. In den Bildungsvereinen machten sich Menschen aus unterschiedlichen Lebensbereichen nicht nur miteinander, sondern auch mit den wichtigen politischen Tagesfragen vertraut. Der »Berliner Handwerkerverein«, der 1847 rund 3.000 Mitglieder zählte, widmete sich nominell der Veranstaltung erbaulicher Vorträge und Unterhaltungsabende. Seine Finanziers, zumeist politisch gemäßigte Geschäftsleute und fortschrittliche Beamte, wären wohl empört gewesen, wenn sie erfahren hätten, daß der Handwerkerverein nebenbei als, wie Stephan Born es genannt hat, »Ausbildungslager für angehende Revolutionäre« diente, als ein Ort, an dem junge Leute ein Gefühl für soziale Solidarität und politische Orientierung vermittelt bekamen.

Welches latente Potential an politischer Radikalität in den Bildungsvereinen steckte, wurde am Beispiel der Organisationen deutlich, zu denen sich deutsche Handwerker und Intellektuelle außerhalb der Bundesgrenzen zusammenschlossen. Das freiheitlichere Klima in Frankreich, Belgien und England nutzend, wurden solche Vereine zu Treffpunkten von Gesellen, Arbeitern und ins Exil getriebenen Intellektuellen. Allerdings war selbst die berühmteste dieser Gruppierungen, der 1836 in Paris gegründete »Bund der Gerechten«, verhältnismäßig klein; er zählte nie mehr als rund 100 Mitglieder. Wie die Bildungsvereine innerhalb des Deutschen Bundes, verbanden auch die Exilorganisationen häufig ihre Aktivitäten mit politischer Diskussion. Sie teilten die für den Vormärz typische Überzeugung, die Reform des öffentlichen Lebens sei im wesentlichen ein geistiger Prozeß. Wie auch immer, diese Organisationen waren die Arenen, in denen viele spätere Arbeiterführer erstmals ihre Ideen über politisches Handeln und Klassenbewußtsein formulierten und feinschliffen.

Fast alle Vormärz-Organisationen ermunterten Handwerker und Lohnarbeiter dazu, ein Bewußtsein ihrer gemeinsamen Interessen zu entwickeln. Allmählich, aber ungleichmäßig begannen manche der in solchen Vereinigungen Aktiven sich als Arbeiter zu begreifen und nicht mehr in erster Linie als Gewerbetreibende, Meister, Gesellen oder Beschäftigte einer bestimmten Firma. Als Arbeiter teilten sie ein gemeinsames Schicksal; ihre Interessen und ihre Feinde waren dieselben: »Was einer zu Hause kaum im Stillen gedacht«, vertraute ein Eisenbahnarbeiter 1844 Wilhelm Wolff an, »das sprechen wir jetzt unter uns laut aus, daß wir die eigentlichen Erhalter der Reichen sind, und daß wir nur zu wollen brauchen, so müssen sie von uns ihr Stück Brot betteln oder verhungern. Sie können's glauben, wenn die ›Weber‹ nur länger ausgehalten hätten, es wäre bald sehr unruhig unter uns geworden. Der Weber Sache ist im Grunde auch unsere Sache.« So viel klassenbewußte Solidarität war sicher selten. Selbst in den Großstädten waren nach wie vor alte Loyalitäten wirksam und behinderten die Entwicklung kollektiver Loyalitäten und Aktionen. In der Welt des Vormärz, wie Stephan Born sie kannte, hatte seiner Erinnerung nach der Begriff »Klassengegensatz«, gemessen an den tatsächlichen Verhältnissen in Deutschland, »kaum eine Berechtigung... Der Meister war in der Regel nicht viel mehr als ein ehemaliger Geselle. Es gab zwei Generationen, nicht aber zwei Klassen.«

Die Karriere des Wilhelm Weitling illustriert, wieviel Unausgereiftheit und Ungeklärtheit in der Theorie und Praxis der deutschen Arbeiterbewegung der ersten Jahrhunderthälfte steckte. Der 1808 geborene Weitling war ein Schneidergeselle, dem es nicht gelungen war, Meister zu werden. Nach mehrjähriger Wanderschaft durch ganz Mitteleuropa versuchte er sein Glück in Frankreich, wo er jedoch statt der erhofften Arbeit den Zugang zu radikalen politischen Kreisen fand. 1837 trat er dem »Bund der Gerechten« bei, für den er sein erstes und berühmtestes Werk verfaßte, »Die Menschheit, wie sie ist und wie sie sein sollte«. Zum Revolutionär und Sozialisten gewandelt, sah Weitling nunmehr in der Abschaffung des Privateigentums das probate Mittel zur Rettung der Menschheit. Wenn er über diese Rettung predigte, tat er es mit einem Pathos, das sich aus unmittelbarer eigener Erfahrung speiste. Anders als viele Sozialisten konnte Weitling sich eins fühlen mit dem »Volk in Blusen, Jacken, Kitteln und Kappen,

… die zahlreichsten und nützlichsten und kräftigsten Menschen auf Gottes weiter Erde«. Weitling war sowohl Pionier als auch Figur des Übergangs. Sein Denken und seine Erfahrung wurzelten tief in der traditionellen deutschen Kultur und Gesellschaft. Er fühlte sich als das Sprachrohr des französischen Radikalismus, ließ sich aber zugleich vom Evangelium und von der christlichen Botschaft inspirieren. Er bezeichnete sich als Revolutionär, sprach jedoch häufig von geistiger Erneuerung und utopischer Zufriedenheit. Er gehörte zu den frühen Propagandisten des Klassenbewußtseins der Arbeiter, sah die Welt aber weiterhin durch die Brille seiner eigenen Handwerkervergangenheit und hatte wenig Einblick in die Situation der Industriearbeiterschaft.

Zwei Kapitel in der Geschichte der deutschen Arbeiterbewegung überlappten sich für einen Moment, als Weitling Anfang 1846 in Brüssel Marx in dessen Haus kennenlernte. Der Abend verlief nicht eben harmonisch. Marx und seine Freunde hörten mit wachsendem Unbehagen zu, wie Weitling ein leidenschaftliches Plädoyer für den Kampf gegen die Armut hielt. Marx erachtete das Ausmalen utopischer Zustände und das Verbreiten einer diffusen Begeisterung als Unsinn gefährlichster Art. Die Aufgabe des radikalen Intellektuellen bestehe nicht darin, wortreiche Schilderungen des sozialen Elends zu geben, sondern eine Wissenschaft des sozialen Handelns zu entwickeln, die geeignet war, die Arbeiterklasse zum Sieg zu führen. »Niemals noch hat die Unwissenheit jemandem genützt«, herrschte er Weitling schließlich an. Marx war 1846 im Begriff, zur beachteten Größe innerhalb der intellektuellen Linken Europas zu werden. Nachdem er mit seiner eigenen hegelianischen Vergangenheit und seinen links-hegelianischen Landsleuten abgerechnet hatte, war er daran gegangen, den Sozialismus von seinen utopischen und unwissenschaftlichen Zutaten zu befreien. Das erforderte noch einmal eine Abkehr von bisher vertretenen Überzeugungen. Seinen Tribut an jene, die ihn beeinflußt hatten, entrichtete er, wie gewohnt, dadurch, daß er seine persönlichen und philosophischen Bindungen an sie löste. Sein polemischer Stil war bitter und brillant zugleich. Kein Irrtum, der einem seiner Gegenspieler unterlief, blieb ungerügt, keine persönliche Schwäche unausgeleuchtet. Das Spektrum seiner Opfer reichte von unbekannten linken Journalisten wie Hermann Kriege, den Marx mit einer so giftigen Attacke überzog, daß Weitling davon krank wurde, bis zum Star des französischen Sozialismus, Pierre Proudhon aus bäuerlichem Milieu.

Zur Zeit seiner Mission als Säuberer der sozialistischen Theorie befand Marx sich auf der Suche nach einer geeigneten Operationsbasis. 1846 nahm er Kontakt zu einer kleinen, aber fest verankerten Gruppe deutscher Exilanten in London auf, die sich zum sogenannten Kommunistischen Bund zusammengeschlossen hatten. Marx gründete sogleich einen Brüsseler Ableger dieses Bundes. Nachdem er im November 1847 an der zweiten Generalversammlung des Bundes teilgenommen hatte, kehrte er mit dem Vorsatz nach Hause zurück, dessen Ziele und

Strategien zu Papier zu bringen. Das Ergebnis seiner Bemühungen, in aller Eile aus mehreren von anderen Bund-Mitgliedern geschriebenen Entwürfen zusammengestückelt, darunter einer wichtigen Fassung aus Engels' Feder, ging Anfang 1848 in Druck und erschien im März gerade rechtzeitig zum Beginn der revolutionären Ereignisse. Das »Kommunistische Manifest« fand kaum unmittelbare Beachtung, sollte sich jedoch als eines der einflußreichsten Pamphlete erweisen, die je geschrieben worden sind. Wie die meisten Werke dieser Kategorie, zeichnet sich das »Manifest« nicht durch besondere Originalität aus. Die wichtigsten in ihm enthaltenen theoretischen Einsichten hatten Marx und Engels im Verlauf der zurückliegenden Jahre entwickelt; viele seiner Grundgedanken sowie einige seiner berühmtesten Formulierungen waren aus anderen Schriften übernommen, so daß es sich eigentlich, wie S. S. Prawer geschrieben hat, um einen Palimpsest von Bezügen auf Literatur, Theorie und Journalismus der jüngsten Vergangenheit handelte. Doch wenn das »Manifest« eine Synthese war, war es eine höchst geniale, mit bemerkenswerter geistiger Kraft und stilistischer Energie bewerkstelligte. Es war vieles zugleich: eine Theorie der Geschichte, eine Beschreibung der gegenwärtigen Gesellschaft, eine Vision der Zukunft, eine Strategie für politische Veränderungen und eine Kritik konkurrierender Theorien, vor allem aber wohl ein Ausbruch moralischer Entrüstung und politischer Leidenschaft. Wie Sue und anderen Analytikern ging es Marx darum, die »Mysterien« der zeitgenössischen Wirklichkeit zu enthüllen, indem er dem Gespenst, das in Europa umging, Leben einhauchte. Er hatte freilich mehr im Sinn als nur Enthüllung. Indem er dem Proletariat zur Erkenntnis seiner wahren Interessen verhalf, wollte er ihm die geistigen Waffen an die Hand geben, die es brauchte, um eine neue Gesellschaftsordnung zu bauen. Dieser bedeutsame Augenblick war seiner Meinung nach bald zu erwarten: »Indem wir die allgemeinsten Phasen der Entwicklung des Proletariats zeichneten, verfolgten wir den mehr oder minder versteckten Bürgerkrieg innerhalb der bestehenden Gesellschaft bis zu dem Punkt, wo er in eine offene Revolution ausbricht und durch den gewaltsamen Sturz der Bourgeoisie das Proletariat seine Herrschaft begründet.«

Mit der Lage in Deutschland befaßte sich Marx in der Schlußpassage des »Manifests«. In den deutschen Staaten werde der Verlauf der Revolution, so sagte er voraus, von besonderem Interesse für die Kommunisten sein, weil sie sich hier unter einzigartig fortgeschrittenen Bedingungen vollziehen werde. Anders als das Bürgertum im England des 17. oder im Frankreich des 18. Jahrhunderts werde die deutsche Bourgeoisie sich gegen die alte Ordnung erheben, während zugleich bereits ein Proletariat in der Kulisse wartete. Daraus folge, daß »die deutsche bürgerliche Revolution... nur das unmittelbare Vorspiel einer proletarischen Revolution sein kann«. Wie sich zeigen sollte, war Marx als Prophet nicht ganz so brillant wie als Analytiker. Er erfaßte mit unheimlicher Klarsicht die eigentümlich brisante Mischung aus sozialen und politischen Spannungen, die Deutschland zum Hauptschauplatz der Revolutionen der Jahrhundertmitte machen sollte. Doch diese Spannungen mündeten nicht in die Art von Revolution, wie Marx sie erwartete. Von Anfang an verhielten sich deutsche Bourgeoisie und deutsches Proletariat anders, als er es vorhergesagt hatte: Nachdem die letzten Flammen der Revolution ausgetreten waren, zeigte sich, daß weder die eine noch das andere den Sieg davongetragen hatte.

Nachbetrachtung

Die Revolution von 1848/49

Wenn es um Revolutionen geht, sind Historiker in besonderem Maße anfällig für das, was Henri Bergson die »Illusionen eines retrospektiven Determinismus« genannt hat. So, wie sie deren Ablauf gewöhnlich schildern, scheinen Revolutionen tatsächlich einem vorgegebenen Verlaufsmuster zu folgen: Zuerst greift massenhafte Unzufriedenheit um sich, die sich dann zu einer alle Energien mobilisierenden Krise steigert; es folgt eine heroische Phase des Aufbegehrens gegen die Autorität, die mit einem zumindest vorläufigen Sieg der Revolutionäre endet. Sowohl Zeitgenossen als auch Historiker bedienen sich häufig geologischer oder medizinischer Metaphern, wenn sie über Ursachen und Verlauf von Revolutionen reden. Der Vergleich mit Erdbeben, Vulkanausbrüchen oder Epidemien wird häufig bemüht, weil es den Anschein hat, als würden Revolutionen von Naturkräften regiert, als folgten sie organischen Gesetzen. In einem einst vielgelesenen Buch bemühte sich der Historiker Crane Brinton, das herauszuarbeiten, was er die »Anatomie der Revolution« nannte. In jüngerer Zeit hat eine kleine Schar von Sozialwissenschaftlern den Versuch unternommen, allgemeine Gesetzmäßigkeiten aufzustellen, um zu erklären, weshalb Menschen rebellieren, und was geschieht, wenn sie es tun.

Die Revolution von 1848/49 fordert schon wegen ihrer enormen Breiten- und Tiefenwirkung den Vergleich mit einem Naturereignis heraus. Nach dem ersten erfolgreichen Aufstand im Januar 1848 auf Sizilien flammten in weiten Teilen Europas Unruhen auf, die in einer Art Kettenreaktion Hunderte von Gemeinwesen zwischen der russischen Grenze und dem Ärmelkanal erfaßten. Regierungen stürzten, Monarchen flohen aus ihren Hauptstädten, Besitzende und Behörden beugten sich dem Willen wütender Menschenmengen. Die Revolution ereignete sich am Ende eines Jahrzehnts voller Unruhen, inmitten einer schweren Wirtschaftskrise und nur einige Monate nach vielen politischen Spannungen. War sie unvermeidlich? Vielleicht nicht. Im Rückblick läßt sich erkennen, daß die Situation sich um die Jahreswende 1847/48 stabilisierte. Eine gute Ernte hatte für ein üppigeres und preisgünstigeres Angebot an Lebensmitteln gesorgt. In manchen Gegenden schien der allgemeine Unmut abzukühlen. Viele Zeitgenossen waren und blieben jedoch überzeugt, daß etwas in der Luft lag, das die Erde beben, den Vulkan ausbrechen, die Epidemie plötzlich da sein lassen werde. Vielleicht war es das unvermeidbar Scheinende, daß zuletzt den Ausschlag gab, denn es war ein Ansporn für diejenigen, die eine Veränderung wollten, während es ihre Gegner verzagen ließ. Die Tatsache, daß viele Menschen eine Revolution erwarteten, herbeiwünschten oder fürchteten, machte sie kaum verhütbar.

So gering die Chance gewesen sein mag, den Ausbruch schwerer Unruhen zu verhindern, so sicher erscheint es, daß der Art und Weise, wie die Revolution sich über Europa ausbreitete, nichts Unausweichliches eigen war. Hätten die Machthaber in Paris, Wien und Berlin entschlossener gehandelt, hätten sie den Triumph der Revolutionäre zumindest hinauszögern und so für ein anderes Ergebnis sorgen können. Davon abgesehen, sollte man nie die ungeheure Vielgestaltigkeit dieser Revolution aus dem Auge verlieren; sie offenbarte sich von Stadt zu Stadt, von Dorf zu Dorf jeweils anders. Natürlich hingen die einzelnen Gewaltausbrüche irgendwie zusammen, denn Revolutionen haben etwas Ansteckendes. Doch im Unterschied zu Epidemien folgen Revolutionen bei ihrer Ausbreitung von Ort zu Ort nicht ein und demselben Muster von Kausalität und Verlauf. Was sich ausbreitet, ist der Impuls zu handeln, gegen bestehende Ungerechtigkeiten zu protestieren und eine bessere Zukunft zu suchen. Aber in den Aktionsformen, die die Menschen wählen, gibt es ebenso weit aufgefächerte Kontraste wie in den Motiven ihrer Unzufriedenheit oder in der Beschaffenheit ihrer Zukunftsvisionen. Solange den Revolutionären ein gemeinsamer Feind gegenübersteht, können die Unterschiede latent bleiben; sobald der Feind besiegt ist, treten sie zutage und werden zu Faktoren, die die Zukunft der Revolution mitbestimmen.

Die Revolution von 1848/49 war von Anfang an, wie Mack Walker es formuliert hat, eine »Revolution der entgegengesetzten Erwartungen«. Kaum gelangte die Nachricht von den Straßenkämpfen in Paris nach Deutschland, da kam es hier zu politischen Demonstrationen, Massenkundgebungen und sozialen Unruhen, zuerst im Südwesten, dann in rascher Folge auf alle anderen Teile Deutschlands übergreifend. Arbeiter, Handwerker, Bauern, Studenten, Beamte, Geschäftsleute beteiligten sich, manchmal friedlich, manchmal in gewaltsamer Konfrontation mit der Staatsmacht. In den Hauptstädten der einzelnen Staaten willigten sämtliche Monarchen früher oder später in die Forderungen der gemäßigten Revolutionäre ein und beriefen eine Reformregierung. In Wien und Berlin folgten die Ereignisse dem herkömmlichen Aufstandsszenarium: Barrikaden, Straßenkämpfe, revolutionäres Märtyrertum. Anderswo konnten ohne Blutvergießen Reformen durchgesetzt werden, wenn ein Herrscher erkannte, daß ihm keine andere Wahl blieb, als entweder die maßvollen Forderungen zu akzeptieren oder sich einen sehr gefährlichen Gegner zu schaffen. Außer dem glücklosen bayerischen König Ludwig I., der zugunsten seines Sohnes abdanken mußte, verlor kein deutscher Monarch seinen Thron. Nirgendwo geriet die Monarchie als Institution mit ihrem ganzen Anhang von Autoritätsinstanzen ernsthaft in Gefahr. Zwei Dinge trugen dazu bei, daß die Revolution in ihrer ersten Phase zu einem gemäßigten Ergebnis führte: die rasche Bereitschaft der Regierungen, Reformkompromisse zu schließen, und das Ausbleiben jeder Intervention von außen. Ersteres beugte einem langwierigen Machtkampf vor, letzteres dem Ausbruch eines Krieges, und beides hat einen Radikalisierungseffekt in Revolutionen.

Doch während die gemäßigten Revolutionäre Ministerien beriefen und politische Reformpläne zu schmieden begannen, ging draußen die Revolution weiter. Die Zahl der Gewaltakte scheint sich nach dem Sieg der Gemäßigten sogar erhöht zu haben. Zwischen dem 1. April und dem 1. Juni berichtete die »Augsburger Allgemeine Zeitung« über 53 gewalttätige Zwischenfälle, während es in den drei Monaten davor nur 42 gewesen sind. Auf dem Lande fuhren marodierende Bauern, die die Abschaffung grundherrlicher Abgaben und Dienstbarkeiten forderten, fort, Akten und Dokumente zu »beschlagnahmen«, Grundherren zu bedrohen und hin und wieder ein Herrenhaus abzubrennen. Dorfbewohner strömten in angrenzende Wälder und ließen sich durch keine Verbote mehr davon abhalten, Holz zu sammeln. Anderswo rissen sie die Verfügungsgewalt über ehemalige Gemeinschaftsflächen an sich und verteilten sie neu. In den Städten kamen alte Streitigkeiten, beispielsweise über Steuern, Lebensmittelpreise, das Verhalten von Truppen, rasch wieder zum Vorschein. Handwerker demolierten Maschinen, von denen sie ihren Lebensunterhalt bedroht sahen, Lehrlinge forderten von ihren Meistern eine freundlichere Behandlung, Heimarbeiter eine bessere Bezahlung. In den Reihen derer, die ihre Forderungen anmeldeten und ihre Interessen verteidigten, war die Industriearbeiterschaft, das Proletariat, von Marx und Engels als die eigentlich revolutionäre Klasse dargestellt, gewöhnlich stark unterrepräsentiert.

Die anhaltende Protestbereitschaft in der Bevölkerung verschärfte die Spannungen innerhalb der politischen Opposition. Die Gemäßigten, die das Chaos fürchteten und mit dem, was im März erreicht worden war, weitgehend zufrieden waren, wollten behutsame Reformen innerhalb der schützenden Strukturen der bestehenden Ordnung. Die Alternative bestand darin, die Macht dem Pöbel zu überantworten, dessen destruktives Potential seit dem jakobinischen Terror von 1793/94 ins historische Gedächtnis der Menschheit eingebrannt war. Die Radikalen sahen die Situation völlig anders. Für sie barg das Anhalten der revolutionären Unruhe die Verheißung noch tiefgreifenderer Umwälzungen, an deren Ende sie als die wahren Interessenvertreter des Volkes Anspruch auf die politische Macht erheben konnten, die ihnen so lange vorenthalten worden war. In vielen Teilen Deutschlands begannen daher radikale Kräfte mit der Schaffung organisatorischer Voraussetzungen für die Mobilisierung und Kanalisierung der revolutionären Energien. In Sachsen zum Beispiel kündigte der radikale Flügel der Opposition die Partnerschaft mit den Gemäßigten auf und gründete Vaterlandsvereine, in denen nur »fortschrittliche, entschlossene Männer« willkommen waren. Radikale Aktivisten waren auch in der Pfalz am Werk, wo Veteranen der Reformbewegung von 1830 bis 1832 allerorten demokratische Vereinigungen gründeten. Am schärfsten und gewaltsamsten vollzog sich der Bruch zwischen Gemäßigten und Radikalen jedoch in Baden, wo letztere im April zum bewaffneten Aufstand gegen die liberale Regierung aufriefen. Aber die Staatsmacht bekam die Lage sehr schnell unter Kontrolle.

Den Anstoß für den badischen Aufstand hatte die Erfahrung gegeben, daß die Radikalen nicht in der Lage waren, entscheidend bei den Vorbereitungen für die landesweiten Wahlen mitzureden, die begonnen hatten, als das sogenannte Vorparlament am 31. März in Frankfurt zusammengetreten war. Dieses Organ, bestehend aus politischen Honoratioren aus allen Teilen Deutschlands, verabschiedete eine, wie sich rückblickend erkennen läßt, typische Kompromißregelung. Auf der einen Seite forderte es eine Wahl auf nationaler Ebene, aus der eine verfassunggebende Versammlung hervorgehen sollte, mit der Aufgabe, eine neue politische Ordnung für Deutschland auszuarbeiten. Auf der anderen Seite anerkannte es die fortbestehende Macht der Einzelstaaten und räumte ein, daß deren Regierungen, zumindest vorläufig, die einzigen legitimen Machtinstanzen seien. Wie diejenigen, die in die Reformregierungen eingetreten waren, wollte auch die gemäßigte Mehrheit im Vorparlament eine Revolution im Konsens mit der etablierten Ordnung machen und nicht gegen sie.

Das Frankfurter Vorparlament verabschiedete ein Wahlrecht, das bestimmte, daß alle »volljährigen, unabhängigen Bürger« wahlberechtigt seien. Es war nicht nötig, eigens zu erwähnen, daß lediglich die männlichen Bürger gemeint waren, denn fast jedermann setzte dies als selbstverständlich voraus. Das Attribut »unabhängig« interpretierten die einzelnen Staaten unterschiedlich, manche so, daß allen männlichen Erwachsenen das Wahlrecht zustand, manche so, daß ein bestimmtes Minimum an Eigentum dafür die Voraussetzung war. Die meisten Staaten entschieden sich für ein indirektes Wahlsystem, das die letzte Entscheidung in die Hand eines Gremiums von Wahlmännern legte. Angesichts der Kürze des Wahlkampfes, des Fehlens entwickelter politischer Organisationen und der Unerfahrenheit der Wählerschaft überrascht es nicht, daß es sich bei den gewählten Kandidaten zumeist entweder um landesweit bekannte Persönlichkeiten handelte oder, öfter noch, um lokale Honoratioren, die prominent genug waren, um das Vertrauen der Wähler zu genießen, zudem wirtschaftlich unabhängig genug, um sich für eine unbestimmte Zeit ins öffentliche Leben zu begeben. In der Nationalversammlung dominierte somit dieselbe Bildungs- und Besitzelite, die seit dem 18. Jahrhundert den Kern des öffentlichen Lebens in Deutschland dargestellt hat: Beamte als die bei weitem größte einzelne Gruppe, Professoren und Lehrer, Anwälte, Unternehmer, Großgrundbesitzer, dazu einige Schriftsteller und Journalisten. Die Wahlergebnisse reflektierten die Vielfalt an Meinungen und Gruppierungen, wie sie für die politische Szenerie der vorrevolutionären Ära charakteristisch gewesen ist. In der Pfalz mit ihrer starken Radikalismustradition wurden eher Leute mit ausgeprägt demokratischen Anschauungen gewählt, in der preußischen Rheinprovinz spielten kirchliche Einflüsse eine wichtige Rolle, in ein paar Wahlbezirken dominierten konservative Gruppen. Im großen und ganzen hatten diejenigen Honoratioren die besten Chancen, gewählt zu werden, die mit der gemäßigten liberalen Opposition identifiziert wurden.

Am 18. Mai traten die neugewählten Delegierten in der Frankfurter Paulskirche zu ihrer ersten Sitzung zusammen. Für die meisten von ihnen blieb diese Stätte bis zur Schlußabstimmung über die Verfassung zehn Monate später ihr täglicher Arbeitsplatz. Die Protokolle der Debatten in der Paulskirche gehören zu den bemerkenswertesten politischen Dokumenten des 19. Jahrhunderts, nicht nur wegen der Vielfalt der erörterten Themen und zum Ausdruck gebrachten Meinungen, sondern auch weil sie beispielhaft deutlich machen, wie schwer die Umsetzung von Theorien in die Praxis sein kann. Innerhalb einer verhältnismäßig kurzen Frist mußten die Mitglieder der Nationalversammlung lernen, Prinzipien und Wertvorstellungen in Aussagen über grundlegende Bürgerrechte und politische Institutionen umzusetzen, lernen, wie Gesetze gemacht, Koalitionen zustande gebracht und Kompromisse erreicht werden konnten. Bei aller Streitlust und Naivität, die den Frankfurter Parlamentariern nachgesagt wird, ist festzuhalten, daß sie ihre Lektionen erstaunlich schnell und gut lernten. Sie scheiterten nicht, weil sie das, was sie sich vorgenommen hatten, nicht geschafft hätten, sondern weil zu dem Zeitpunkt, als sie damit fertig waren, ihre Aufgabe irrelevant geworden war.

Vor welchen Problemen die Abgeordneten standen, wurde rasch deutlich, als sie sich den »Grundrechten« zuwandten, deren Festlegung sie zur Grundlage der neuen verfassungsmäßigen Ordnung machen wollten. Relativ leicht fiel ihnen die Einigung auf die Meinungs- und Versammlungsfreiheit, auf die Vereinigungsfreiheit, also das Recht jedes einzelnen, sich mit anderen zusammenzuschließen, und das Recht auf Unverletzlichkeit der Wohnung und der Person. Verhältnismäßig schnell einigten sie sich auch darauf, das Gebot der Gleichheit vor dem Gesetz aufzunehmen, das die Abschaffung aller Privilegien des Adels und aller rechtlichen Benachteiligungen etwa religiöser Gruppen wie der Juden zum Inhalt hatte. Als die Debatte sich jedoch dem Problem des Verhältnisses zwischen Kirche und Staat zuwandte, gerieten die Abgeordneten in schwere Turbulenzen. Was bedeutete Religionsfreiheit? Für die Radikalen vor allem staatlich verordnete Beschränkungen der Macht der Kirche, die Menschen zu manipulieren, für die Katholiken dagegen das Recht der Kirche, ihre Angelegenheiten autonom zu regeln. Die gefundene Kompromißlösung, die der Kirche ihre Autonomie garantierte, dem Staat aber die Rolle eines Oberaufsehers zusprach, stellte keine Seite zufrieden. Ähnliche Auseinandersetzungen entbrannten über die Frage der Staatsbürgerschaft und der Gewerbefreiheit. Sollte es dem einzelnen freistehen, sich niederzulassen, wo er wollte, und jedes Gewerbe seiner Wahl auszuüben? Oder sollte es Gemeinden oder Zünften erlaubt sein, die Zahl derer, die sie bei sich aufnehmen wollten, zu begrenzen? In den Meinungsverschiedenheiten darüber kamen zwei für die Entwicklung zum modernen politischen Gemeinwesen grundlegende Konzepte zum Ausdruck: Freiheit und Staatsbürgerschaft. Von ihrem Empfinden und ihrer Erfahrung her neigte die Mehrheit der in Frankfurt Versammelten eher

Das Wahlergebnis für das deutsche Parlament in den einzelnen Bundesländern

Schleswig, Holstein und Lauenburg

Rechtes Zentrum	8
Linkes Zentrum	5
nicht ermittelt	1
	14

Hamburg, Bremen, Lübeck

Rechte	2
Rechtes Zentrum	3
Linkes Zentrum	1
nicht ermittelt	1
	7

Mecklenburg-Schwerin und -Strelitz

Rechtes Zentrum	1
Linkes Zentrum	6
Linke	1
parteilos	1
nicht ermittelt	2
	11

Oldenburg

Rechte	1
Rechtes Zentrum	2
Linkes Zentrum	1
Linke	1
	5

Ost- und Westpreußen

Rechte	2
Rechtes Zentrum	30
Linke	1
parteilos	7
nicht ermittelt	6
	46

Pommern

Rechte	2
Rechtes Zentrum	10
Linkes Zentrum	1
parteilos	3
nicht ermittelt	3
	19

Brandenburg

Rechte	6
Rechtes Zentrum	12
Linkes Zentrum	7
Linke	2
parteilos	7
nicht ermittelt	2
	36

Provinz Sachsen

Rechte	2
Rechtes Zentrum	15
Linkes Zentrum	3
Linke	5
parteilos	2
	27

Posen

Rechte	2
Rechtes Zentrum	7
Linkes Zentrum	1
Linke	1
parteilos	5
nicht ermittelt	2
	18

Schlesien

Rechte	6
Rechtes Zentrum	14
Linkes Zentrum	6
Linke	11
parteilos	10
nicht ermittelt	8
	55

Hannover

Rechte	4
Rechtes Zentrum	16
Linkes Zentrum	10
parteilos	2
nicht ermittelt	4
	36

Braunschweig

Rechtes Zentrum	5

Lippe-Detmold und Schaumburg-Lippe

Rechtes Zentrum	1
Linkes Zentrum	1
	2

Westfalen

Rechte	5
Rechtes Zentrum	6
Linkes Zentrum	4
parteilos	12
nicht ermittelt	2
	29

Rheinprovinz	
Rechte	4
Rechtes Zentrum	11
Linkes Zentrum	17
Linke	5
parteilos	9
nicht ermittelt	4
	50

Königreich Sachsen	
Rechtes Zentrum	2
Linkes Zentrum	4
Linke	23
nicht ermittelt	7
	36

Sächsische Herzogtümer in Thüringen	
Rechtes Zentrum	4
Linkes Zentrum	5
Linke	4
parteilos	1
nicht ermittelt	1
	15

Anhaltische Herzogtümer	
Rechtes Zentrum	1
Linkes Zentrum	1
nicht ermittelt	3
	5

Fürstentümer Reuß und Schwarzburg	
Linkes Zentrum	3
Linke	5
	8

Kurhessen und Waldeck	
Rechtes Zentrum	5
Linkes Zentrum	6
Linke	2
nicht ermittelt	1
	14

Nassau	
Rechtes Zentrum	3
parteilos	2
nicht ermittelt	1
	6

Luxemburg	
Rechtes Zentrum	1
parteilos	2
nicht ermittelt	1
	4

Niederländische Provinz Limburg	
Linkes Zentrum	1
parteilos	1
	2

Frankfurt	
Linkes Zentrum	1
	1

Hessen-Darmstadt und -Homburg	
Rechtes Zentrum	2
Linkes Zentrum	6
Linke	7
	15

Württemberg	
Rechte	2
Rechtes Zentrum	3
Linkes Zentrum	12
Linke	7
parteilos	7
nicht ermittelt	8
	39

Baden	
Rechtes Zentrum	3
Linkes Zentrum	1
Linke	12
parteilos	3
nicht ermittelt	2
	21

Hohenzollern-Sigmaringen und Hechingen	
Linke	1
nicht ermittelt	3
	4

Oberbayern	
Rechte	5
Rechtes Zentrum	5
Linkes Zentrum	2
nicht ermittelt	2
	14

Niederbayern	
Rechte	5
Rechtes Zentrum	2
Linkes Zentrum	2
parteilos	1
nicht ermittelt	1
	11

Das Wahlergebnis für das deutsche Parlament in den einzelnen Bundesländern

Schwaben

Rechte	2
Rechtes Zentrum	1
Linkes Zentrum	6
	9

Mittelfranken

Rechtes Zentrum	7
Linkes Zentrum	3
nicht ermittelt	1
	11

Oberfranken

Rechtes Zentrum	1
Linkes Zentrum	5
Linke	1
nicht ermittelt	7
	14

Unterfranken

Rechtes Zentrum	5
Linkes Zentrum	2
parteilos	2
nicht ermittelt	1
	10

Oberpfalz

Rechtes Zentrum	1
Linkes Zentrum	4
parteilos	2
nicht ermittelt	2
	9

Pfalz

Linke	10
nicht ermittelt	3
	13

Liechtenstein

parteilos	1
nicht ermittelt	1
	2

Oberösterreich

Rechte	4
Rechtes Zentrum	2
Linkes Zentrum	3
parteilos	11
nicht ermittelt	4
	24

Niederösterreich

Rechte	2
Rechtes Zentrum	7
Linkes Zentrum	6
Linke	6
parteilos	4
nicht ermittelt	8
	33

Steiermark

Rechte	1
Rechtes Zentrum	2
Linkes Zentrum	3
Linke	2
parteilos	11
nicht ermittelt	7
	26

Tirol und Vorarlberg

Rechte	2
Rechtes Zentrum	1
Linkes Zentrum	3
Linke	2
parteilos	5
nicht ermittelt	11
	24

Böhmen

Rechte	1
Rechtes Zentrum	1
Linkes Zentrum	10
Linke	3
parteilos	5
nicht ermittelt	8
	28

Mähren und österr. Schlesien

Rechtes Zentrum	1
Linkes Zentrum	5
Linke	8
parteilos	9
nicht ermittelt	9
	32

Kärnten und Krain

Rechte	1
Rechtes Zentrum	1
Linkes Zentrum	1
parteilos	8
nicht ermittelt	3
	14

Adriatisches Küstenland (Dalmatien)

Rechte	1
parteilos	2
nicht ermittelt	2
	5

den Grundsätzen der Gleichberechtigung und Universalität zu als einer pragmatischen Lösung mit beschränkten Rechten und kommunaler Autonomie, doch Hunderte von Petitionen, eingereicht von Städten und Zünften, ließen den Schluß zu, daß die meisten Deutschen darüber anders dachten. Die Folge war, daß die Nationalversammlung in jenen kritischen Fragen zu keinem befriedigenden Ergebnis gelangte. Das Frankfurter Parlament ließ letztlich viele Fragen im Zusammenhang mit den Grundrechten offen oder versuchte, verbleibende Meinungsgegensätze mit allgemeinen Aussagen zu kaschieren. In der zentralen staatsrechtlichen Problematik, mit der es sich konfrontiert sah, war jedoch ein Lavieren oder Ausweichen nicht möglich. Hier mußte der mühsame Schritt von der Theorie zur Praxis getan werden.

Wie so oft in der deutschen Geschichte, bestand auch 1848/49 ein unentflechtbarer Zusammenhang zwischen innenpolitischen Problemen und außenpolitischen Problemen. Die Frankfurter Abgeordneten mußten entscheiden, wie das neue Deutschland aussehen und wie es regiert werden sollte. Die Frage der Nationwerdung erwies sich als besonders schwierig. Zum einen waren die geographischen Grenzen eines deutschen Nationalstaates nicht überall klar vorgegeben, beispielsweise im Osten zwischen deutschen und polnischen Siedlungsgebieten oder in Schleswig-Holstein zwischen Deutschland und Dänemark. Die meisten Menschen traten für nationale Selbstbestimmung ein. Aber wie sollten sie sich verhalten, wenn die nationale Selbstbestimmung der Polen oder der Dänen in Widerspruch zum nationalen Interesse der Deutschen geriet? Noch kniffliger war das Problem Österreich. Hier war ein deutscher Staat, der jedoch fest in ein multinationales Reich eingebunden war. Viele Abgeordnete, vor allem Katholiken und Süddeutsche, wollten Österreich nicht ausschließen, da sonst ein mehrheitlich protestantisches, von Preußen dominiertes Deutschland entstehen würde. Doch just aus diesen Gründen favorisierten Protestanten und Preußen die sogenannte kleindeutsche Lösung, also ein Deutschland ohne Österreich.

Anfang 1849 geriet die Nationalversammlung an einen toten Punkt. Der Vorstoß der propreußischen Partei in Richtung auf einen monarchischen Staat ohne Österreich wurde von einer Koalition aus Radikalen, Konservativen und Katholiken abgewehrt, zwischen denen es allerdings keinen Konsens und damit keine Mehrheit für ein alternatives Modell gab. Unmißverständlich machte die österreichische Regierung deutlich, daß sie unter keinen Umständen einem deutschen Nationalstaat beitreten werde. Damit war als einzig verbleibende Option der Weg zu einem »Kleindeutschland« vorgezeichnet. Es gelang den Befürwortern dieser Lösung, durch Kompromisse mit der Linken in Verfassungsfragen eine Mehrheit zustande zu bringen. Man einigte sich unter anderem auf eine Einschränkung der monarchischen Machtbefugnisse und ein demokratisch zu wählendes Nationalparlament. Ende März wählte das Parlament mit knapper Mehrheit den preußischen König Friedrich Wilhelm IV. zum deutschen Kaiser. Anfang

Erfüllung der liberalen Märzforderungen durch König Ludwig I. von Bayern. Erlaß vom 6. März 1848 mit den Unterschriften des Königs sowie der Staatsräte. München, Bayerisches Hauptstaatsarchiv

Kampf um die große Barrikade auf Berlins Alexanderplatz in der Nacht vom 18. zum
19. März 1848. Kolorierte Lithographie von Anton Klaus, 1848. Berlin, Staatliche Museen
Preußischer Kulturbesitz, Kupferstichkabinett und Sammlung der Zeichnungen

Sitzung der Nationalversammlung unter ihrem Präsidenten Heinrich von Gagern in der Frankfurter Paulskirche im September 1848. Kolorierte Lithographie nach einer Zeichnung von Paul Bürde. Frankfurt am Main, Historisches Museum. – Die provisorische sächsische Regierung im Dresdener Rathaus im Mai 1849. Kolorierter Holzstich eines Unbekannten, 1849. Dresden, Stadtmuseum

Die von der Frankfurter Nationalversammlung am 21. Dezember 1848 als Reichsgesetz
beschlossenen Grundrechte des deutschen Volkes. Lithographie von Adolf Schroedter, 1849.
Frankfurt am Main, Historisches Museum

April reiste eine parlamentarische Delegation nach Berlin, um ihm die Krone anzubieten. Die Nationalversammlung hatte ihre Arbeit getan.

Von Anfang bis Ende ihrer Mission hatte die Frankfurter Versammlung sich auf die Macht der deutschen Einzelstaaten stützen müssen. Das Vorparlament hatte deren Autorität bestätigt und ihnen die Durchführung der Wahlen vom Mai übertragen. Zwar hatte die Versammlung zu Beginn ihrer Sitzungsperiode ein Vollzugsorgan geschaffen, sie jedoch mit keiner einzigen der Vollmachten ausgestattet, die eine Regierung haben muß, um arbeiten zu können, wozu Besteuerungshoheit, Rechtsprechungshoheit, Militärhoheit gehört hätten. Im September 1848 wurden die Folgen auf schmerzhafte Weise deutlich, als die Versammlung sich zunächst nicht in der Lage sah, die preußische Politik in Schleswig-Holstein zu korrigieren, und dann um den Einsatz von Truppen bitten mußte, um in Frankfurt die Ordnung aufrechtzuerhalten. Die Restauration monarchischer Macht und die Bildung konservativer Regierungen zunächst in Wien, dann in Berlin führte zu einer weiteren Entfremdung zwischen der Versammlung und den Spitzen der wirklichen Macht und bereitete den Boden zu dem für sie niederschmetternden letzten Akt, der damit begann, daß König Friedrich Wilhelm IV. die ihm angebotene deutsche Kaiserkrone kategorisch zurückwies, das preußische Parlament auflöste und mit einem gewaltsamen Vorgehen gegen die Frankfurter Versammlung drohte.

Der gute Glaube der Parlamentarier, sich auf die Unterstützung der Staaten verlassen zu können, resultierte aus ihrer Einschätzung, für das Volk zu sprechen. Im Sommer und Herbst 1848 geriet ihr zentrales Axiom allerdings ins Wanken, denn viele Deutsche wandten sich von der Frankfurter Nationalversammlung ab, manche sogar gegen sie. Was sich in Deutschland 1848 und in der ersten Jahreshälfte 1849 vollzog, war eine enorme »Partizipations-Revolution«: Millionen traten in politische Organisationen ein, protestierten und demonstrierten, unterzeichneten Petitionen und besuchten Versammlungen. Das politische Leben an der Basis war jetzt wesentlich intensiver, besser organisiert und klarer artikuliert als in der vorrevolutionären Ära. Andererseits blieb die politische Szene in Deutschland heterogen und zersplittert, wie sie war, ohne ein institutionelles Zentrum oder einen nationalen Brennpunkt.

Viel Energie floß weiterhin in Auseinandersetzungen über soziale und wirtschaftliche Fragen ein. Handwerker, Arbeiter und andere Berufsgruppen gründeten Organisationen für die Vertretung ihrer Interessen. Derartige Organisationen waren manchmal in sich zerstritten oder spalteten sich sogar auf. Als zum Beispiel im Sommer 1848 ein nationaler Handwerkerbund in Frankfurt eine Versammlung abhielt und eine gesetzliche Beschränkung der Rechte der Gesellen forderte, gründeten die Gesellen prompt einen eigenen Verband. Auch religiöse Streitfragen mobilisierten in der Bevölkerung nach wie vor erhebliche Energien. Die katholischen Pius-Vereine für religiöse Freiheit, im März 1848 in Mainz gegründet, unterhielten im Oktober bereits 400 lokale Gliederungen in ganz Deutschland. Sie bombardierten die Frankfurter Versammlung mit 1.142 Petitionen, unter denen mehr als eine Viertelmillion Unterschriften standen. Im Oktober 1848 fand der erste Deutsche Katholikentag statt. Auf ihm wurden die organisatorischen Voraussetzungen für eine Koordinierung katholischer Aktivitäten auf nationaler Ebene geschaffen. Auch wenn diese und andere religiöse und wirtschaftliche Interessengruppen durchaus eigenes politisches Gewicht in die Waagschale warfen, standen sie oft gleichsam quer zu den herkömmlichen politischen Fronten und trugen damit tendenziell zur Schwächung derjenigen politischen Bewegungen bei, die auf Massenunterstützung angewiesen waren.

Alle bedeutenderen politischen Bewegungen, von den konservativen Hütern von Thron und Altar bis zu den radikalen Vorkämpfern einer republikanischen Ordnung, bemühten sich, eine breite Anhängerschaft für sich zu mobilisieren. Am erfolgreichsten operierte in dieser Hinsicht der linke, demokratische Flügel der politischen Opposition. Die treibenden Kräfte für seine Aktivität waren die demokratischen Werte und Zielvorstellung seiner Parteigänger sowie in gewissem Sinne auch der Umstand, daß sie keinen Zugriff auf andere Machtquellen besaßen. Die Demokraten zogen ein alle deutschen Staaten überspannendes, dichtes Netz von Klubs und Ortsgruppen auf und versuchten, deren Tätigkeit zentral zu koordinieren und zu dirigieren. Ihren wichtigsten Rückhalt hatten sie in der städtischen Mittelschicht, bei Akademikern, Handwerkern, Ladeninhabern. Sie verbuchten aber ebenfalls Mobilisierungserfolge bei Arbeitern, Bauern und mancherorts auch bei Frauen, einer Bevölkerungsgruppe, die während der Revolution von 1848/49 ihr Debüt auf der politischen Bühne Deutschlands gab.

Die Demokraten stellten den aktivsten Teil der breiten Protestbewegung, die sich in spontaner Reaktion auf die Ablehnung der Frankfurter Verfassung durch König Friedrich Wilhelm IV. formierte. Überall in Deutschland wurde die Entscheidung des Königs mit wütenden Reden, Demonstrationszügen und teilweise mit bewaffnetem Widerstand gegen die Staatsgewalt quittiert. Wie zwei Jahre später in Frankreich, ereigneten sich die heftigsten Proteste außerhalb der politischen Zentren. Während es in Berlin und Wien verhältnismäßig ruhig blieb, rissen in Sachsen, in der Pfalz und in Baden demokratische Gruppen die Gewalt an sich, überwältigten die örtlichen Statthalter der Macht und errichteten revolutionäre Regime. Aber so tapfer sie sich schlugen und so beträchtlich ihr Rückhalt in der Bevölkerung war, für die preußischen Truppen, die prompt und mit Entschlossenheit gegen sie vorgingen, waren sie keine Gegner. Die sächsische Revolution währte nur ein paar Tage, die Regime in Baden und der Pfalz einige Wochen. Als am 23. Juli 1849 in Rastatt die letzte revolutionäre Garnison kapitulierte, war ganz Deutschland befriedet.

Die gleichsam unwirkliche Pathetik der Revolution von 1848/49 gründete in dem Kontrast zwischen ihrem frühen, fast mühelosen Triumph und ihrer völligen Niederlage nur sechzehn Monate später. Zwischen beiden bestand ein kausaler Zusammenhang. Die leicht errungenen Anfangserfolge der Revolution begünstigten eine Verschiebung des entscheidenden Machtkampfes, von dessen Ausgang das Schicksal jeder Revolution letzten Endes abhängt. Als der unvermeidliche Machtkampf einsetzte – in Österreich und Preußen schon im Herbst 1848, in Sachsen, dem Rheinland und Baden sodann im Frühjahr und Frühsommer 1849 –, waren die Revolutionäre bereits in sich zerstritten und unschwer isolierbar, während ihre Feinde den Selbstbehauptungswillen und die Handlungsfähigkeit wiedergewonnen und Verbündete im In- und Ausland auf ihre Seite gezogen hatten. In der Konfrontation mit den enormen militärischen Kräften ihrer Gegner blieb den Revolutionären auf lange Sicht keine realistische Erfolgschance mehr.

Revolutionen und die deutsche Geschichte

Der wahrscheinlich berühmteste Nachruf auf die gescheiterten revolutionären Hoffnungen von 1848 stammt von Friedrich Engels: »Der Liberalismus in der Politik«, kommentierte er bitter, »die Herrschaft der Bourgeoisie, gleichviel ob unter monarchischer oder republikanischer Regierungsform, ist fortan in Deutschland unmöglich.« Engels sah klar, daß die deutsche Bourgeoisie, entgegen seinen und Marx' Erwartungen, die ihr zugedachte revolutionäre Rolle nicht gespielt hatte. Anstatt den Staatsapparat an sich zu reißen, wie es in Frankreich nach 1789 gelungen war, und damit den Boden für eine proletarische Revolution zu bereiten, hatte das deutsche Bürgertum seine potentiellen Verbündeten verraten und dem Triumph der Reaktion Vorschub geleistet. Viele Historiker, auch solche, die die Analyse von Marx und Engels im Detail nicht akzeptiert haben, sind im Hinblick auf die Bedeutung der Revolution von 1848/49 zu ähnlichen Schlüssen gelangt. Gewiß interpretieren Nicht-Marxisten das Scheitern der Revolution normalerweise nicht in Begriffen wie »Verrat« oder »Klasseninteresse«, sondern neigen eher dazu, die Revolutionäre als politisch einfältig oder als Opfer unglücklicher geschichtlicher Konstellationen darzustellen. Dennoch stimmen sie mit Marx und Engels darin überein, daß 1848 eine Chance vertan wurde, die nie wiederkehrte. In den Augen nationalistischer Historiker war die Gelegenheit versäumt worden, die nationale Einheit Deutschlands zu schmieden, in den Augen ihrer liberalen Kollegen die Chance, ein wahrhaft fortschrittliches Deutschland zu schaffen. Marxisten, Nationalisten und Liberale sind sich einig, daß das Scheitern der Revolution den Weg für eine spätere »Revolution von oben« ebnete. In ihr wiederum sehen sie, je nach ihrer zeitlichen oder ideologischen Perspektive, entweder die Voraussetzung für die Bismarcksche Reichsgründung oder aber die eigentliche Ursache für die kapitalen politischen Fehlleistungen der Deutschen im 20. Jahrhundert.

Kein Zweifel: Die Revolution von 1848/49 mündete nicht in die »Herrschaft der Bourgeoisie« – was immer man sich darunter vorstellen mag – oder in die Begründung eines Nationalstaates oder einer demokratischen politischen Ordnung. Worin dann? Wie fügt sich diese Revolution in den Gang der deutschen Geschichte ein? Eine erste Antwort ergibt sich vielleicht durch die simple Feststellung, daß Revolutionen politische Phänomene sind. Sie mögen soziale und kulturelle Ursachen und Folgen haben, aber das ändert nichts daran, daß, wie Charles Tilly unlängst in Erinnerung gerufen hat, »der Charakter, die Schauplätze und der Ausgang revolutionärer Situationen in systematischer Abhängigkeit von der Organisationsform von Staaten oder Staatensystemen variieren«. Um die geschichtliche Bedeutung der deutschen Revolution von 1848/49 zu verstehen, bedarf es daher der Ergründung des Staatsaufbaus und des Staatensystems.

Auf den ersten Blick erscheint der Einfluß der Revolution auf das Staatensystem minimal. Anders als ihre Vorläuferin von 1789 löste sie nicht unmittelbar eine internationale Krise aus; anders als ihre Nachfolgerin von 1917 resultierte sie auch nicht direkt aus einer solchen. Die europäische Ordnung schien 1850 weitgehend dieselbe zu sein wie vor der Revolution. Und doch hatte die Revolution mindestens zwei substantielle Auswirkungen auf das Staatensystem. Zum einen schied Frankreich infolge des Sturzes seiner Monarchie und der Errichtung des Zweiten Kaiserreiches aus dem Kreis der Status-quo-Staaten aus, was dem Großmächtekonsens, auf dem das 1815 getroffene internationale Arrangement beruhte, weitgehend den Boden entzog. Zum anderen war der Deutsche Bund betroffen, der 1850 seine Restauration erlebte. Er ging aus den Ereignissen von 1848/49 – vor allem wegen der Mobilisierung der öffentlichen Meinung zugunsten eines deutschen Nationalstaates und der Verschärfung der preußisch-österreichischen Rivalität – erheblich geschwächt hervor. Nach 1850 klammerten sich die konservativen Regierungen der mittelgroßen Staaten zwar an den Deutschen Bund als den bestmöglichen Garanten ihrer Souveränität, aber sogar sie sahen die Notwendigkeit einer Bundesreform ein. In den Rahmen der langfristigen Weiterentwicklung der europäischen Ordnung gestellt, erscheint die Revolution als Mittelglied zwischen den relativ stabilen und friedlichen Jahren nach 1815 und der turbulenten Periode zwischen dem Krim-Krieg von 1854 und dem preußischen Sieg über Frankreich 1870.

Die Revolution von 1848/49 führte außerdem zu einigen bedeutsamen Veränderungen in den innerstaatlichen Strukturen. Auch wenn die gemäßigten Liberalen am Ende als Verlierer dastanden, blieben einige ihrer wichtigsten Errungenschaften bestehen. So verschwanden die letzten Überreste feudaler Herrschaftsverhältnisse im deutschsprachigen Raum fast völlig. Ebenso wichtig war es, daß in Preußen die Verfassung gültig blieb, die Friedrich Wilhelm IV. im Dezember

1848 bewilligt hatte. Sie veränderte selbst noch in ihrer verwässerten, weniger progressiven Form das politische Leben in Preußen tiefgreifend, und indem sie Österreich isolierte, half sie mit, den Boden für die preußische Vorherrschaft innerhalb des deutschen Staatensystems zu bereiten.

Eine weitere Auswirkung der Revolution bestand darin, daß sie die Regierungen veranlaßte, effektivere Methoden zur Überwachung und Befriedung unruhiger Volksmassen zu entwickeln. In mehreren Staaten wurde die Polizei reorganisiert und verstärkt, mit dem Ziel, den Einsatz von Heerestruppen zur Aufrechterhaltung der Ordnung überflüssig zu machen. In Berlin zum Beispiel stellte der neue Polizeipräsident Carl Ludwig von Hinckeldey eine uniformierte, halbmilitärische Polizeitruppe auf, deren Mitglieder als Ordnungshüter und Regulatoren des sozialen Zusammenlebens fungieren sollten, dazu ein Korps verdeckter Ermittler zur Bekämpfung subversiver Aktivitäten. Gleichzeitig wurde den staatlichen Verwaltungsbehörden, die langsam an Umfang und Kompetenzen zulegten, mehr Disziplin und Einheitlichkeit verordnet. Natürlich hatten die Staaten noch längst nicht die enormen bürokratischen Apparate, wie sie heute existieren, aber immerhin konnte der Volkswirtschaftler Adolph Wagner schon 1863 eine Gesetzmäßigkeit formulieren, die die zwangsläufig zunehmende Rolle der staatlichen Bürokratie im sozialen und wirtschaftlichen Bereich beschrieb. In der langen Geschichte der deutschen Staatswerdung hat die Revolution von 1848/49 sicher ein maßgebliches Kapitel mitgeschrieben.

Anfänglich schien es so, als würde die Ausweitung der staatlichen Machtsphäre der Entwicklung partizipatorischer Elemente entgegenwirken. Zu Beginn der fünfziger Jahre herrschten in Deutschland Verzagtheit, Enttäuschung und Unterdrückung, die das öffentliche Leben lähmten. Aber dabei blieb es nicht lange. Zum Ende des Jahrzehnts lebte die politische Aktivität allerorten wieder auf. Wahlkämpfe wurden mit neu erwachter Energie geführt, neue politische Zeitschriften erschienen, und eine Reihe partizipatorischer Institutionen wurde geschaffen. Viele solcher Initiativen stützten sich auf personelle und institutionelle Verbindungen, die 1848 und 1849 geknüpft worden waren. Das Tempo und der Schwung, mit denen die Deutschen wieder nach politischer Teilhabe drängten, wären anders denn als Vermächtnis der Revolution unerklärlich.

Die offenkundigsten Nutznießer und Vollstrecker dieses Erbes waren die Liberalen, die rasch zur dynamischsten politischen Kraft in Deutschland aufstiegen. Viele führende Köpfe des deutschen Liberalismus hatten sich ihre ersten Sporen während der Revolution verdient; sie hatte ihnen das nationale Umfeld und die nationale Erfahrung beschert, die ihnen vor 1848 gefehlt hatten. Die demokratische Linke erholte sich langsamer und nicht so vollständig; sie hatte die Wucht der 1849 einsetzenden Repression zu spüren bekommen, die viele ihrer Wortführer ins Exil getrieben hatte. Gleichwohl lebten demokratische Traditionen fort, entweder in eigenständigen Organisationen wie der in Württemberg aktiven Volkspartei oder auf dem linken Flügel liberaler Gruppierungen wie der preußischen Fortschrittspartei. Es ist falsch, wenn manchmal zu lesen ist, die Revolution habe zum Verschwinden von Liberalen und Demokraten aus dem öffentlichen Leben geführt oder gar sie alle plötzlich zu »realistischen« Parteigängern des Staates gemacht. Im Gegenteil: Für das restliche Jahrhundertdrittel blieb der Liberalismus die erfolgreichste politische Bewegung, nicht nur auf der Ebene der Kommunen und Staaten, sondern auch im nationalen Parlament. Es ist mithin ein Fehlschluß, den Niedergang des Liberalismus am Ende des Jahrhunderts in einen engen Zusammenhang mit seiner 1849 erlittenen Niederlage zu stellen.

Bedeutsam war die Revolution von 1848/49 auch für die Entwicklung anderer politischer Bewegungen, die nach 1850 auf der Bildfläche erschienen. Dabei ist vielleicht die Rolle dieser Revolution für die Entstehung der Sozialdemokratie bisher überschätzt worden. Wie Jonathan Sperber gezeigt hat, waren 1848 im allgemeinen diejenigen Arbeiter politisch am aktivsten, die das geringste Klassenbewußtsein aufwiesen. Andererseits begannen viele spätere sozialdemokratische Führer, zum Beispiel Ferdinand Lassalle, ihre politische Karriere auf dem radikalen Flügel der revolutionären Opposition. Am anderen Rand des politischen Spektrums mußten die deutschen Konservativen ihre erste bittere Lektion in partizipatorischer Politik lernen, als sie versuchten, eine Opposition gegen die Revolution zu mobilisieren. Das spätere Zentralorgan des deutschen Konservativismus, die »Kreuzzeitung«, wurde 1848 in Berlin gegründet. Der politische Katholizismus schließlich, der in den sechziger Jahren mit bemerkenswerter Plötzlichkeit als selbständige Kraft auf den Plan trat, lebte sicher auch von den organisatorischen Begabungen und Erfahrungen, dank derer die Pius-Vereine zu einer ernstzunehmenden Gruppierung geworden waren.

In den meisten Darstellungen der deutschen Geschichte wird der Einfluß der Revolution auf die Entwicklung partizipatorischer Elemente von dem Schatten, den der Riese Otto von Bismarck wirft, verdunkelt. Bismarck wurde im September 1862 preußischer Ministerpräsident und suchte in seiner Politik von Anfang an bewußt den Kontrast zur politischen Einstellung der gescheiterten Revolutionäre, wie er in seiner berühmten Äußerung vor dem Haushaltsausschuß des preußischen Parlaments am 30. September 1862 exemplarisch klar machte. »...nicht durch Reden und Majoritätsbeschlüsse werden die großen Fragen der Zeit entschieden – das ist der große Fehler von 1848 und 1849 gewesen –, sondern durch Blut und Eisen.« In gewissem Sinne waren es die Triumphe Bismarcks, die das Schicksal der Revolution besiegelten: seine Triumphe über die liberale Mehrheit im preußischen Parlament ebenso wie über seine internationalen Gegenspieler. Er ließ seine innenpolitischen Rivalen nie vergessen, daß er, nicht sie, das vereinte Deutschland geschaffen hatte, das die Männer von der Frankfurter Paulskirche vergeblich auf ihre Fahnen geschrieben hatten.

Nichts ließe sich gewinnen, wenn man die Augen vor dem Offenkundigen verschlösse, nämlich vor der Tatsache, daß der deutsche Nationalstaat durch das diplomatische Geschick Bismarcks im Zusammenwirken mit der militärischen Stärke des preußischen Heeres geschaffen wurde. Man sollte sich jedoch vor einer zu engen Sichtweise seiner »Revolution von oben« hüten. Bismarck wäre schließlich nie zum Ministerpräsidenten ernannt worden, hätte es nicht eine »von unten« herbeigeführte politische Krise gegeben: die Weigerung des preußischen Parlaments, die von der Regierung vorgelegte Militärreform zu verabschieden. Außerdem: Bismarck war sich, ungeachtet seiner abfälligen Bemerkung über »Reden und Majoritätsbeschlüsse«, stets der Wichtigkeit der öffentlichen Meinung und der partizipatorischen Elemente in der Politik bewußt und pflegte zu ihnen eine intensive, obgleich häufig antagonistische Beziehung. Die Bismarcksche Revolution zog neben anderem eine dramatische Zunahme der politischen Partizipation nach sich, angeregt durch die Schaffung eines demokratisch gewählten nationalen Parlaments. So wie »Revolutionen von unten« oft in eine Zentralisierung der Macht münden – so war es sicherlich 1789 und 1917 –, stimulieren »Revolutionen von oben« häufig die Mobilisierung demokratischer Gegenkräfte.

Es war nicht das Fehlen einer »erfolgreichen« Revolution, einer dramatischen Umwälzung wie der großen Französischen Revolution von 1789, das Deutschland auf einen geschichtlichen Sonderweg abdrängte. Wie in anderen europäischen Ländern, verbanden sich auch im politischen Leben Deutschlands Kräfte »von oben« mit solchen »von unten«. Sowohl bürokratische als auch partizipatorische Institutionen trugen ihren prägenden Teil dazu bei. Und in Deutschland galt, wie anderswo, daß diese Institutionen in ihrem Kräfteverhältnis zueinander und ihrer Interaktion miteinander einem Muster folgten, das durch geschichtliche, soziale und wirtschaftliche Faktoren und kulturelle Wertesysteme bedingt war. Aus jener Perspektive betrachtet, war das, worin sich Deutschland von den meisten europäischen Staaten unterschied, nicht so sehr die dominierende Rolle des Staatsapparates als vielmehr die Koexistenz bürokratischer Macht mit ernstzunehmenden partizipatorischen Institutionen. Diese Koexistenz sollte etwas sehr Wesentliches im politischen Dasein des Bismarckschen Deutschlands bleiben, die Quelle mancher seiner Stärken und vieler seiner Schwächen.

Bibliographie

Personen- und Ortsregister

Quellennachweise der Abbildungen

Vorbemerkung

Um leichterer Übersichtlichkeit willen folgen die Angaben der Literatur, die zu vertieftem Studium Anregung geben mag, dem Alphabet ihrer Verfasser, ohne die einzelnen Kapitel zu berücksichtigen; dies hätte sehr viele Wiederholungen erforderlich gemacht. Gesondert, ebenfalls in alphabetischer Anordnung, sind die zeitgenössischen Werke aufgeführt, aus denen die Zitate stammen, die Herr Gregor Strick dankenswerterweise ermittelt hat.

Abkürzungen

AfK	=	Archiv für Kulturgeschichte
AfS	=	Archiv für Sozialgeschichte
AHR	=	American Historical Review
AJS	=	American Journal of Sociology
CEH	=	Central European History
CEHE	=	Cambridge Economic History of Europe
CSSH	=	Comparative Studies in Society and History
DVLG	=	Deutsche Vierteljahrsschrift für Literaturwissenschaft und Geistesgeschichte
DSB	=	Dictionary of Scientific Biography
DV	=	Deutsche Vierteljahrs-Schrift
EGK	=	Europäischer Geschichtskalender
EHQ	=	European History Quarterly
GGB	=	Geschichtliche Grundbegriffe
GuG	=	Geschichte und Gesellschaft
HJ	=	Historical Journal
HJb	=	Historisches Jahrbuch
Huber	=	E. R. Huber, Deutsche Verfassungsgeschichte, 4 Bde, Stuttgart 1957–1969
Huber, Dokumente	=	E. R. Huber, Dokumente zur deutschen Verfassungsgeschichte, 3 Bde, Stuttgart 1961–1966
HWSG	=	Handbuch der deutschen Wirtschafts- und Sozialgeschichte
HZ	=	Historische Zeitschrift
IASL	=	Internationales Archiv für Sozialgeschichte der deutschen Literatur
IRSH	=	International Review of Social History
JbbNs	=	Jahrbücher für Nationalökonomie und Statistik
JbG	=	Jahrbuch für Geschichte
JbGMO	=	Jahrbuch für die Geschichte Mittel- und Ostdeutschlands
JbW	=	Jahrbuch für Wirtschaftsgeschichte
JCEA	=	Journal of Central European History
JEH	=	Journal of Economic History
JHI	=	Journal of the History of Ideas
JMH	=	Journal of Modern History
JSH	=	Journal of Social History
PJbb	=	Preußische Jahrbücher
PP	=	Past and Present
PV	=	Politische Vierteljahrsschrift
RV	=	Rheinische Vierteljahrsblätter
SH	=	Social History
SJb	=	Schmollers Jahrbuch
StL	=	Staatslexikon
SR	=	Studies in Romanticism
VSWG	=	Vierteljahrsschrift für Sozial- und Wirtschaftsgeschichte
ZBL	=	Zeitschrift für bayerische Landesgeschichte
ZfG	=	Zeitschrift für Geschichtswissenschaft
ZGO	=	Zeitschrift für Geschichte des Oberrheins
ZGS	=	Zeitschrift für die gesamte Staatswissenschaft

W. ABEL, Massenarmut und Hungerkrisen im vorindustriellen Deutschland, Göttingen 1972; DERS., Geschichte der deutschen Landwirtschaft vom frühen Mittelalter bis zum 19. Jahrhundert, Stuttgart ³1978; DERS., Agricultural fluctuations in Europe, From the thirteenth to the twentieth centuries, New York 1980; K. ABRAHAM, Der Strukturwandel im Handwerk in der ersten Hälfte des 19. Jahrhunderts und seine Bedeutung für die Berufserziehung, Köln 1955; M. H. ABRAMS, The mirror and the lamp, Romantic theory and the critical traditional, London, New York 1953; DERS., Natural supernaturalism, Tradition and revolution in romantic literature, New York 1971; P. ABRAMS, E. A. WRIGLEY (Hgg.), Towns in societies, Essays in economic and historical sociology, New York 1978; W. ACHILLES, Vermögensverhältnisse braunschweigischer Bauernhöfe im 17. und 18. Jahrhundert, Stuttgart

1965; E. Ackerknecht, Rudolf Virchow, Doctor, statesman, anthropologist, Madison, Wis., 1953; W. Altgeld, Das politische Italienbild der Deutschen zwischen Aufklärung und europäischer Revolution von 1848, Tübingen 1984; E. N. Anderson, Nationalism and the cultural crisis in Prussia 1806–1815, New York 1939; M. L. Anderson, Piety and politics, Recent work on German catholicism, in: JMH 53/4, Dezember 1991, 681–716; V. v. Andrian-Werburg, Österreich und dessen Zukunft, 2 Bde, Hamburg 1847–1849; E. Angermann, Robert von Mohl 1799–1875, Leben und Werk eines altliberalen Staatsgelehrten, Neuwied 1962; H. Arendt, Rahel Varnhagen, The life of a Jewish woman, New York, London 1974; K. O. v. Aretin, Heiliges Römisches Reich 1776–1806, Reichsverfassung und Staatssouveränität, 2 Bde, Wiesbaden 1967; Ders., Bayerns Weg zum souveränen Staat, Landstände und konstitutionelle Monarchie 1714–1818, München 1976; Ders., Vom Deutschen Reich zum Deutschen Bund, Göttingen 1980; Ders. (Hg.), Der aufgeklärte Absolutismus, Köln 1974; R. Aris, History of political thought in Germany from 1789 to 1815, London 1936; W. Artelt, W. Rüegg (Hgg.), Der Arzt und der Kranke in der Gesellschaft des 19. Jahrhunderts, Stuttgart 1967; R. Aubert u. a. (Hgg.), The church between revolution and restauration, New York 1982; S. Avineri, Hegel's theory of the modern state, Cambridge 1972; P. Ayçoberry, Cologne entre Napoléon et Bismarck, La croissance d'une ville rhénane, Paris 1981.

J. Bab, W. Handl, Wien und Berlin, Vergleichendes zur Kulturgeschichte der beiden Hauptstädte Mitteleuropas, Berlin 1918; O. Bähr, Eine deutsche Stadt vor sechzig Jahren, Leipzig ²1886; F. Balser, Die Anfänge der Erwachsenenbildung in Deutschland in der ersten Hälfte des 19. Jahrhunderts, Stuttgart 1959; F. M. Barnard, Zwischen Aufklärung und politischer Romantik, Eine Studie über Herders soziologisch-politisches Denken, Berlin 1964; I. Bátori, Die Reichsstadt Augsburg im 18. Jahrhundert, Verfassung, Finanzen und Reformversuche, Göttingen 1969; F. Baumgart, Die verdrängte Revolution, Darstellung und Bewertung der Revolution von 1848 in der deutschen Geschichtsschreibung vor dem ersten Weltkrieg, Düsseldorf 1976; R. J. Bazillion, Urban violence and the modernization process in pre-march saxony, in: Historical Reflections 12/2, 1985, 279–303; U. A. J. Becher, Politische Gesellschaft, Studien zur Genese bürgerlicher Öffentlichkeit in Deutschland,

Göttingen 1978; L. W. Beck, Early German philosophy, Kant and his predecessors, Cambridge 1969; J. Becker u. a. (Hgg.), Badische Geschichte, Vom Großherzogtum bis zur Gegenwart, Stuttgart 1979; H. Beenken, Das 19. Jahrhundert in der deutschen Kunst, München 1944; E. Behler, The origins of the romantic literary theory, in: Colloquia Germanica, I/1, 1968, 109–126; I. Beidtel, Geschichte der österreichischen Stadtverwaltung 1740–1848, 2 Bde, Innsbruck 1896; R. Bendix, Province and metropolis, The case of eighteenth-century Germany, in: J. Ben-David, Terry Clark (Hgg.), Culture and its creators, Essays in honor of Edward Shils, Chicago, London 1977, 119–149; G. Benecke, Ennoblement and privilege in early modern Germany, in: History, Oktober 1971, 360–370; Ders., Society and politics in Germany 1500–1750, London, Toronto 1974; R. M. Berdahl, Prussian aristocracy and conservative ideology, A methodological examination, in: Social Science Information 15/415, 1976, 583–599; H. Berding, Leopold von Ranke, in: H.-U. Wehler (Hg.), Deutsche Historiker, 8 Bde, Göttingen 1971–1982, Bd 1, 7–24; Ders., Napoleonische Herrschafts- und Gesellschaftspolitik im Königreich Westfalen 1807–1813, Göttingen 1973; Ders., Die Emanzipation der Juden im Königreich Westfalen 1808–1813, in: AfS, 23, 1983, 23–50; Ders. u. a. (Hgg.), Vom Staat des Ancien Regime zum modernen Parteienstaat, Festschrift für Theodor Schieder, München, Wien 1978; H. Berding, H. P. Ullmann (Hgg.), Deutschland zwischen Revolution und Restauration, Königstein, Düsseldorf 1981; C. Berg u. a., Handbuch der deutschen Bildungsgeschichte, 3 Bde, München 1987 ff.; B. Bergsträsser (Hg.), Das Frankfurter Parlament in Briefen und Tagebüchern, Ambrosch, Rümelin, Hallbauer, Blum, Frankfurt a. M. 1929; L. Berkner, The Stem family and the Developmental cycle of the peasant household, An eighteenth-century Austrian example, in: AHR, 77/2, April 1972, 398–418; I. Berlin, Against the current, Essays in the history of ideas, New York 1980; A. Berney, Reichstradition und Nationalstaatsgedanke 1789–1815, in: HZ, 140/1, 1929, 57–86; R. Berthold, Die Veränderungen im Bodeneigentum und in der Zahl der Bauernstellen, der Kleinstellen und der Rittergüter in den preußischen Provinzen Sachsen, Brandenburg und Pommern während der Durchführung der Agrarreformen des 19. Jahrhunderts, in: JbW, Sonderband 1978, 9–116; Ders., Bevölkerungsentwicklung und Sozialstruktur im Regierungsbezirk Magdeburg und in den vier Börde-Kreisen 1816–1910, in:

H. J. Rach, B. Weissel (Hgg.), Landwirtschaft und Kapitalismus, Berlin 1979, 91–362; v. Bibl, Der Zerfall Österreichs, 2 Bde, Wien 1922–1924; K. Biedermann, Mein Leben und ein Stück Zeitgeschichte, 2 Bde, Breslau 1886; Ders., Deutschland im 18. Jahrhundert, 4 Bde, Repr. Aalen 1969; R. Bigler, The politics of German Protestantism, The rise of the protestant church elite in Prussia 1815–1848, Berkeley, Los Angeles, London 1972; K. Birker, Die deutschen Arbeiterbildungsvereine 1840–1870, Berlin 1973; O. v. Bismarck, Die gesammelten Werke, 15 Bde, Berlin 1923–1933; E. Blakkall, The emergence of German as a literary language 1700–1775, Cambridge 1959; D. Blackbourn, G. Eley, The peculiarities of German history, Bourgeois society and politics in nineteenth-century Germany, Oxford 1984; F. Blaich (Hg.), Entwicklungsprobleme einer Region, Das Beispiel Rheinland und Westfalen im 19. Jahrhundert, Berlin 1981; T. C. W. Blanning, Reform and revolution in Mainz 1743–1803, Cambridge 1974; Ders., The French revolution in Germany, Occupation an resistance in the Rhineland 1792–1802, Oxford 1983; Ders., The origins of the French revolution wars, London, New York 1986; K. Blaschke, Zur Bevölkerungsgeschichte Sachsens vor der industriellen Revolution, in: Beiträge zur deutschen Wirtschafts- und Sozialgeschichte im 18. und 19. Jahrhundert, Berlin 1962, 133–169; D. Blasius, Bürgerliche Gesellschaft und Kriminalität, Zur Sozialgeschichte Preußens im Vormärz, Göttingen 1976; Ders., Bürgerliches Recht und bürgerliche Identität, Zu einem Problemzusammenhang in der deutschen Geschichte des 19. Jahrhunderts, in: H. Berding u.a. (Hgg.), Vom Staat des Ancien Regime zum modernen Parteienstaat, Festschrift für Theodor Schieder, München, Wien 1978, 213–224; Ders., Kriminalität und Alltag, Zur Konfliktgeschichte im 19. Jahrhundert, Göttingen 1978; Ders., Bürgerliche Gesellschaft und bürgerliche Angst, Der Irre in der Geschichte des 19. Jahrhunderts, Eine Skizze, in: Sozialwissenschaftliche Informationen für Unterricht und Studium, 8/2, 1979, 88–94; W. Bleek, Von der Kameralausbildung zum Juristenprivileg, Studium, Prüfung und Ausbildung der höheren Beamten des allgemeinen Verwaltungsdienstes in Deutschland im 18. und 19. Jahrhundert, Berlin 1972; H. Bleiber, Zwischen Reform und Revolution, Lage und Kämpfe der schlesischen Bauern und Landarbeiter im Vormärz 1840–1847, Berlin 1966; W. K. Blessing, Staat und Kirche in der Gesellschaft, Konstitutionelle Autorität und mentaler Wandel in Bayern

während des 19. Jahrhunderts, Göttingen 1982; J. Blum, The end of the old order in rural Europe, Princeton 1978; H. Boberach, Wahlrechtsfrage im Vormärz, Die Wahlrechtsanschauung im Rheinland 1815–1849 und die Entstehung des Dreiklassenwahlrechts, Düsseldorf 1959; H. Bock, Die Illusion der Freiheit, Deutsche Klassenkämpfe zur Zeit der französischen Julirevolution 1830–1831, Berlin 1980; E.-W. Böckenförde, Die Einheit von nationaler und konstitutioneller politischer Bewegung im deutschen Frühliberalismus, in: Ders. (Hg.), Moderne deutsche Verfassungsgeschichte 1815–1918, Köln 1972, 27–39; Ders. (Hg.), Moderne deutsche Verfassungsgeschichte 1815–1918, Köln 1972; R. Böckh, Der Deutschen Volkszahl und Sprachgebiet in den europäischen Staaten, Eine statistische Untersuchung, Berlin 1869; M. v. Boehn, Biedermeier, Deutschland 1815–1847, Berlin 1923; Ders. (Hg.), Die Reichsgründung, München 1967; G. Böhmer, Die Welt des Biedermeier, München 1968; W. Boldt, Die Anfänge des deutschen Parteiwesens, Fraktionen, politische Vereine und Parteien in der Revolution von 1848, Paderborn 1971; Ders., Konstitutionelle Monarchie und parlamentarische Demokratie, Die Auseinandersetzung um die deutsche Nationalversammlung in der Revolution von 1848, in: HZ 216/3, Juni 1973, 553–622; B. Bolognese-Leuchtenmüller, Bevölkerungsentwicklung und Berufsstruktur, Wien 1978; K. Borchardt, The industrial revolution in Germany 1700–1914, in: C. Cipolla (Hg.), The Fontana economic history of Europe, Glasgow 1972–1976; S. Born, Erinnerungen eines Achtundvierzigers, Leipzig 1898, Repr. Berlin, Bonn 1978; P. Borscheid, H. Teuteberg (Hgg.), Ehe, Liebe, Tod, Zum Wandel der Familie, der Geschlechts- und Generationsbeziehungen in der Neuzeit, Münster 1983; M. Botzenhart, Deutscher Parlamentarismus in der Revolutionszeit 1848–1850, Düsseldorf 1977; J. Boyer, Some reflections on the problem of Austria, Germany, and Mitteleuropa, in: CEH, 22/3/4, September 1989, 301–315; N. Boyle, Goethe, the poet and his age, The poetry of desire 1749–1790, Oxford 1991; E. K. Bramstedt, Aristocracy and the middle classes in Germany, Social types in German literature 1830–1900, bearb. Auflage, Chicago, London 1964; H. H. Brandt, Der österreichische Neoabsolutismus, Staatsfinanzen und Politik 1848–1860, 2 Bde, Göttingen 1978; H. Brandt, Landständische Repräsentation im deutschen Vormärz, Politisches Denken im Einflußfeld des monarchischen Prinzips, Neuwied 1968; Ders., Gesellschaft, Parlament, Regierung in Württemberg 1830–1840, in: G. A. Ritter (Hg.), Gesellschaft, Parlament und Regierung, Zur Geschichte des Parlamentarismus in Deutschland, Düsseldorf 1974, 101–118; Ders., Parlamentarismus in Württemberg 1819–1870, Anatomie eines deutschen Landtags, Düsseldorf 1987; M. Braubach, Die kirchliche Aufklärung im katholischen Deutschland im Spiegel des »Journal von und für Deutschland« 1784–1792, in: HJb 54, 1934, 1–63, 178–220; Ders., Maria Theresias jüngster Sohn, Max Franz, Letzter Kurfürst von Köln und Fürstbischof von Münster, Wien, München 1961; F. Braudel, Die Geschichte der Zivilisation, 15.–18. Jahrhundert, München 1971; Ders., Capitalism and material life 1400–1800, New York 1973; W. J. Brazill, The young Hegelians, New Haven, Conn., 1970; Ders., Georg Herwegh and the aesthetics of German unification, in: CEH 5/2, Juni 1972, 99–126; J. Brederlow, »Lichtfreunde« und »Freie Gemeinde«, Religiöser Protest und Freiheitsbewegung im Vormärz und in der Revolution von 1848/49, München 1978; J. Breuilly (Hg.), The state of Germany, The national idea in the making, unmaking and remaking of a modern nation state, London 1992; F. R. Bridge, The Habsburg monarchy among the great powers 1815–1918, Oxford, New York, München 1990; C. Brinkmann, Wustrau, Wirtschafts- und Verfassungsgeschichte eines brandenburgischen Ritterguts, Leipzig 1911; Ders., Der Nationalismus und die deutschen Universitäten im Zeitalter der deutschen Erhebung, Heidelberg 1932; R. Brinkmann (Hg.), Romantik in Deutschland, Stuttgart 1978; W. H. Bruford, Theatre, drama, and audience in Goethe's Germany, London 1950; Ders., Culture and society in classical Weimar 1775–1806, Cambridge 1962; Ders., Germany in the eighteenth century, The social background of the literary revival, Cambridge 1965; Ders., The German tradition of self-cultivation, »Bildung« from Humboldt to Thomas Mann, Cambridge 1975; O. Brunner, Land und Herrschaft, Grundfragen der territorialen Verfassungsgeschichte Südostdeutschlands im Mittelalter, Brünn, München, Wien [3]1943; Ders., Adeliges Landleben und europäischer Geist, Salzburg 1949; Ders., Neue Wege der Verfassungs- und Sozialgeschichte, Göttingen [2]1968; H. Brunschwig, Enlightenment and romanticism in eighteenth-century Prussia, Chicago, London 1974; J. Bryce, The holy roman empire, New York 1904; M. Bullik, Staat und Gesellschaft im hessischen Vormärz, Wahlrecht, Wahlen und öffentliche Meinung in Kurhessen 1830–1848, Köln, Wien 1972; C. Burney, An eighteenth-century musical tour in Central Europe and the Netherlands 1775, hg. v. P. A. Scholes, Oxford 1959; W. Bussmann, Zwischen Preußen und Deutschland, Friedrich Wilhelm IV., Eine Biographie, Berlin 1990; E. M. Butler, The Saint Simonian religion in Germany, A study of the young German movement, Cambridge 1926; Ders., The tyranny of Greece over Germany, A study of the influence exercised by Greek art and poetry over the great German writers of the eighteenth, nineteenth, and twentieth centuries, Cambridge 1935; H. Butterfield, Man on his past, The study of the history of historical scholarship, Cambridge 1955.

Cambridge Economic History of Europe, Bd 5–7, Cambridge 1965–1978; F. L. Carsten, The origins of Prussia, Oxford 1954; Ders., Princes and parliaments in Germany from the fifteenth to the eighteenth century, Oxford 1959; G. Casanova, Geschichte meines Lebens, 12 Bde, Berlin, Frankfurt am Main, Wien 1964–1967; E. Cassirer, The philosophy of the enlightenment, Boston 1951; O. Chadwig, The Secularization of the European mind in the nineteenth century, Cambridge 1975; Ders., The popes and European revolution, Oxford 1981; D. Chandler, The campaigns of Napoleon, New York 1966; Ders., Napoleon, London 1973; K. Christ, Barthold Georg Niebuhr, in: H.-U. Wehler (Hg.), Deutsche Historiker, 8 Bde, Göttingen 1971–1982, Bd 6, 23–26; C. Cipolla (Hg.), The Fontana economic history of Europe, 6 Bde, Glasgow 1972–1976; R. Clark, Herder, His life and thought, Berkeley, Los Angeles 1955; W. Conce, Die Wirkungen der liberalen Agrarreformen auf die Volksordnung in Mitteleuropa im 19. Jahrhundert, in: VSWG 38/1, 1949, 2–43; Ders., Möglichkeiten und Grenzen der liberalen Arbeiterbewegung in Deutschland, Das Beispiel Schulze-Delitzschs, Heidelberg 1965; Ders., Vom »Pöbel« zum »Proletariat«, Sozialgeschichtliche Voraussetzungen für den Sozialismus in Deutschland, in: H.-U. Wehler (Hg.), Moderne deutsche Sozialgeschichte, Köln, Berlin 1966, 111–136; Ders. (Hg.), Staat und Gesellschaft im deutschen Vormärz 1815–1848, Stuttgart 1962; Ders. (Hg.), Sozialgeschichte der Familie in der Neuzeit Europas, Stuttgart 1976; W. Conze, U. Engelhardt (Hgg.), Arbeiterexistenz im 19. Jahrhundert, Stuttgart 1981; W. Conze, J. Kocka (Hgg.), Bildungsbürgertum im 19. Jahrhundert, Stuttgart 1985; F. Copleston, A history of philosophy, Bd 7: Modern philosophy, Teil 1: Fichte to Hegel, Garden City, New York 1965; G. A. Craig, The politics of the Prussian army 1640–1945, New York, Oxford 1956; DERS., Problems of coalition warfare, The military alliance against Napoleon 1813/14 (The Harmon Lectures, Nr 7), Colorado Springs 1965; DERS., Command and staff problems in the Austrian army 1740–1914, in: M. HOWARD (Hg.), The theory and practice of war, New York 1966, 43–68; DERS., The end of Prussia, Madison, Wis., 1984; D. CREW, Town in the Ruhr, A social history of Bochum 1860–1914, New York 1979; H. CROON, Die Einwirkungen der Industrialisierung auf die gesellschaftliche Schichtung der Bevölkerung im rheinisch-westfälischen Industriegebiet, in: RV 20/3, 1955, 301–316.

O. DANN, Die Anfänge politischer Vereinsbildung in Deutschland, in: U. ENGELHARDT u. a. (Hgg.), Soziale Bewegung und politische Verfassung, Stuttgart 1976, 197–232; DERS., Geheime Organisierung und politisches Engagement im deutschen Bürgertum des frühen 19. Jahrhunderts, Der Tugendbund-Streit in Preußen, in: P. C. LUDZ (Hg.), Geheime Gesellschaften, Heidelberg 1979; DERS. (Hg.), Lesegesellschaften und bürgerliche Emanzipation, München 1981; I. DEÁK, The lawful revolution, Louis Kossuth and the Hungarians 1848/49, New York 1979; DERS., Beyond nationalism, A social and political history of the Habsburg officer corps 1848–1918, New York 1990; H. DELBRÜCK/G. H. PERTZ, Das Leben des Feldmarschalls Grafen Neidhardt von Gneisenau, 5 Bde, Berlin 1880; K. DEMETER, Großdeutsche Stimmen 1848/49, Briefe, Tagebuchblätter, Eingaben aus dem Volk, Frankfurt am Main 1939; DERS., Das deutsche Offizierskorps in Gesellschaft und Staat 1650–1945, Frankfurt am Main 1965; J. DEVRIES, The economy of Europe in an age of crisis 1600–1750, Cambridge 1976; DERS., European Urbanization 1500–1800, Cambridge 1984; R. E. DICKINSON, Germany, A general and regional geography, London, New York 1961; P. DICKSON, Finance and government under Maria Theresia 1740–1780, 2 Bde, Oxford 1987; Dictionary of scientific biography, hg. v. C. C. GILLISPIE, 15 Bde, New York 1970ff.; J. DIEFENDORF, Businessmen and politics in the Rhineland 1789–1834, Princeton 1980; W. DILTHEY, Gesammelte Schriften, 18 Bde, Leipzig 1914ff.; DERS., Das 18. Jahrhundert und die geschichtliche Welt, in: Gesammelte Schriften, Bd 3, Leipzig, Berlin 1927, 210–275; DERS., Das Leben Schleiermachers, in: Gesammelte Schriften, Bd 13, Göttingen 1970; L. DITTMER, Beamtenkonservatismus und Modernisierung, Untersuchungen zur Vorgeschichte der Konservativen Partei in Preußen

1810–1848/49, Stuttgart 1992; V. DOTTERWEICH, Heinrich von Sybel, Geschichtswissenschaft in politischer Absicht 1817–1861, Göttingen 1978; H. DREITZEL, Ideen, Ideologien, Wissenschaften, Zum politischen Denken in Deutschland in der frühen Neuzeit, in: Neue politische Literatur 25/1, 1980, 1–25; F. DREYFUS, Sociétés et mentalités à Mayence dans la seconde moitié du XVIIIe siècle, Paris 1968; J. G. DROYSEN, Geschichte der preußischen Politik 1855–1886, 5 Bde, Leipzig [2]1868–1886; DERS., Vorlesungen über das Zeitalter der Freiheitskriege, 2 Bde, Gotha [2]1886; DERS., Briefwechsel, hg. v. R. HÜBNER, 2 Bde, Stuttgart 1929; DERS., Politische Schriften, hg. v. F. GILBERT, München, Berlin 1933; DERS., Historik, Historisch-kritische Ausgabe, hg. v. P. LEYH, Stuttgart, Bad Cannstadt 1977; J. DROZ, Le libéralisme Rhénan 1815–1848, Contribution à l'histoire du libéralisme Allemand, Paris 1940; DERS., Le romantisme Allemand et l'ètat, Résistance et collaboration dans l'Allemagne Napoléonienne, Paris 1966; D. DÜDING, Organisierter gesellschaftlicher Nationalismus in Deutschland 1806–1847, Bedeutung und Funktion der Turner- und Sängervereine für die deutsche Nationalbewegung, München 1984; CH. DUFFY, The army of Frederick the Great, London 1974; DERS., The army of Maria Theresa, New York 1977; M. DUNCKER, Politischer Briefwechsel aus seinem Nachlaß, Stuttgart, Berlin 1923.

E. M. EARLE (Hg.), Makers of modern strategy, Military thought from Machiavelli to Hitler, New York 1966; P. EARLE (Hg.), Essays in European economic history, Oxford 1974; E. EDLER, Eugène Sue und die deutsche Mysterienliteratur, Berlin 1932; DERS., Die Anfänge des sozialen Romans und der sozialen Novelle in Deutschland, Frankfurt am Main 1977; N. ELIAS, The civilizing process, 2 Bde, New York 1978–1982; R. ELROD, Bernhard von Rechberg and the Metternichian tradition, The dilemma of the conservative statecraft, in: JMH 56/3, September 1984, 430–455; L. ELSTER u.a. (Hgg.), Handwörterbuch der Staatswissenschaften, Jena [4]1924; E. ENGELBERG, Bismarck, Urpreuße und Reichsgründer, Berlin 1985; U. ENGELHARDT (Hg.), Handwerker in der Industrialisierung, Lage, Kultur und Politik vom späten 18. bis ins frühe 20. Jahrhundert, Stuttgart 1984; U. ENGELHARDT, V. SELLIN, H. STUKE (Hgg.), Soziale Bewegung und politische Verfassung, Stuttgart 1976; F. ENGEL-JANOSI u.a. (Hgg.), Fürst, Bürger, Mensch, Untersuchungen zu politischen und soziokulturellen Wandlungsprozessen im vorrevolutionären Europa,

München 1975; Ch. Engeli, W. Haus (Hgg.), Quellen zum modernen Gemeindeverfassungsrecht in Deutschland, Stuttgart 1975; R. Engelsing, Das häusliche Personal in der Epoche der Industrialisierung, in: Jahrbuch für Sozialwissenschaft 20, 1969, 84–121; Ders., Zur Sozialgeschichte deutscher Mittel- und Unterschichten, Göttingen 1973; Ders., Der Bürger als Leser, Lesergeschichte in Deutschland 1500–1800, Stuttgart 1974; K. Epstein, Die Ursprünge des Konservativismus in Deutschland, Berlin 1973; G. Erning, Das Lesen und die Lesewut, Beiträge zu Fragen der Lesergeschichte, Bad Heilbrunn 1974; R. J. W. Evans, The making of the Habsburg monarchy 1550–1700, New York 1979; R. J. Evans, Death in Hamburg, Society and politics in the cholera years 1830–1910, Oxford 1987; Ders., The German peasantry, Conflict and community in rural society from the eighteenth to the twentieth centuries, London, Sidney 1986; R. J. Evans, W. R. Lee (Hgg.), The German family, Essays on the social history of the family in nineteenth- and twentieth-century Germany, London 1981; F. Eyck, The Frankfurt Parliament 1848/49, London 1968; Ders. (Hg.), The revolutions of 1848/49, New York 1972.

F. Falkson, Die liberale Bewegung in Königsberg 1840–1848, Breslau 1888; A. Fauchier-Magnan, The small German courts in the eighteenth century, London 1958; E. Fehrenbach, Traditionelle Gesellschaft und revolutionäres Recht, Die Einführung des Code Napolèon in den Rheinbundstaaten, Göttingen 1974; Dies., Zur sozialen Problematik des rheinischen Rechts im Vormärz, in: H. Berding u. a. (Hgg.), Vom Staat des Ancien Regime zum modernen Parteienstaat, Festschrift für Theodor Schieder, München, Wien 1978; Dies., Verfassungs- und sozialpolitische Reformen und Reformprojekte in Deutschland unter dem Einfluß des napoleonischen Frankreich, in: HZ 228/2, 1979, 288–316; F. Fischer, Der deutsche Protestantismus und die Politik im 19. Jahrhundert, in: HZ 171/3, Mai 1951, 473–518; W. Fischer, Handwerksrecht und Handwerkswirtschaft um 1800, Studien zur Sozial- und Wirtschaftsverfassung vor der industriellen Revolution, Berlin 1955; Ders., Der Volksschullehrer, Zur Sozialgeschichte eines Berufsstandes, in: Soziale Welt 12/1, 1961, 37–47; Ders. u.a., Sozialgeschichtliches Arbeitsbuch, I: Materialien zur Statistik des Deutschen Bundes 1815–1870, München 1982; W. Fischer, G. Bajor, Die soziale Frage, Neuere Studien zur Lage der Fabrikarbeiter in den Frühphasen der Industriali-

sierung, Stuttgart 1967; M. Flinn, The European demographic system 1500–1820, Baltimore 1981; B. Flohr, Arbeiter nach Maß, Die Disziplinierung der Fabrikarbeiterschaft während der Industrialisierung Deutschlands im Spiegel von Arbeitsordnungen, Frankfurt am Main 1981; Th. Fontane, Von Zwanzig bis Dreißig, in: Werke, Bd 9, München 1967; É. François, La population de Coblence au XVIIIᵉ siècle, in: Annales de démographie historique, 1975, 291–341; Ders., Koblenz im 18. Jahrhundert, Zur Sozial- und Bevölkerungsstruktur einer deutschen Residenzstadt, Göttingen 1982; G. Franz, Liberalismus, Die deutschliberale Bewegung in der habsburgischen Monarchie, München o. J. (1955); R. Fremdling, Eisenbahnen und deutsches Wirtschaftswachstum 1840–1879, Dortmund 1975; U. Frevert, Krankheit als politisches Problem 1770–1880, Soziale Unterschichten in Preußen zwischen medizinischer Polizei und staatlicher Sozialversicherung, Göttingen 1984; Dies., Frauen-Geschichte zwischen bürgerlicher Verbesserung und neuer Weiblichkeit, Frankfurt am Main 1986; G. Freytag, Bilder aus der deutschen Vergangenheit, in: Gesammelte Werke, Bd 17–21, Leipzig 1897/98; D. Fricke u.a. (Hgg.), Die bürgerlichen Parteien und andere bürgerliche Interessenorganisationen vom Vormärz bis zum Jahre 1945, 2 Bde, Berlin 1970; R. Friedenthal, Goethe, Sein Leben und seine Zeit, München 1963; Ch. Friedrichs, Urban society in an age of war, Nördlingen 1580–1720, Princeton 1979; C. Friedrichs-Friedlaender, Architektur als Mittel politischer Selbstdarstellung im 19. Jahrhundert, Die Baupolitik der bayerischen Wittelsbacher, München 1980; H. Fries, G. Schwaiger (Hgg.), Katholische Theologen Deutschlands im 19. Jahrhundert, 3 Bde, München 1975; J. F. C. Fuller, The decisive battles of the Western World, Bd 2: From the defeat of the Spanish Armada to the battle of Waterloo, London 1955.

W. Gagel, Die Wahlrechtsfrage in der Geschichte der deutschen liberalen Parteien 1848–1919, Düsseldorf 1958; J. Gagliardo, From pariah to patriot, The changing image of the German peasant 1770–1840, Lexington 1969; Ders., Reich and nation, The holy roman empire as idea and reality 1763–1806, Bloomington 1980; M. Gailus, Zur Politisierung der Landbevölkerung in der Märzbewegung von 1848, in: P. Steinbach (Hg.), Probleme politischer Partizipation im Modernisierungsprozeß, Stuttgart 1982, 88–113; L. Gall, Benjamin Constant, Seine politische Ideenwelt und der deut-

sche Vormärz, Wiesbaden 1963; Ders., Das Problem der parlamentarischen Opposition im deutschen Frühliberalismus, in: K. Kluxen, W. J.
Mommsen (Hgg.), Politische Ideologien und nationalstaatliche Ordnung, Festschrift für Theodor
Schieder, München, Wien 1968, 153–170; Ders.,
Der Liberalismus als regierende Partei, Das Großherzogtum Baden zwischen Restauration und
Reichsgründung, Wiesbaden 1968; Ders., Bismarck, Der weiße Revolutionär, Berlin, Frankfurt
am Main, Wien 1980; Ders. (Hg.), Stadt und Bürgertum im 19. Jahrhundert, München 1990; F.
Gause, Die Geschichte der Stadt Königsberg in
Preußen, 2 Bde, Köln 1965–1968; P. Gay, The enlightenment, An interpretation, 2 Bde, New York
1966–1969; Ders., The bourgeois experience, 2
Bde, New York, Oxford 1984–1986; H. Geb-
hardt, Revolution und liberale Bewegung, Die nationale Organisation der Konstitutionellen Partei in
Deutschland 1840–1849, Bremen 1974; W. Geis-
meier, Biedermeier, Das Bild vom Biedermeier, Zeit
und Kultur des Biedermeier, Kunst und Kunstleben
des Biedermeier, Leipzig 1979; D. Gerhard (Hg.),
Ständische Vertretung in Europa im 17. und 18.
Jahrhundert, Göttingen 1969; U. Gerhard, Verhältnisse und Verhinderungen, Frauenarbeit, Familie und Rechte der Frauen im 19. Jahrhundert,
Frankfurt am Main 1978; W. Gerloff, Der Staats-
haushalt und das Finanzsystem Deutschlands
1820–1827, in: Ders. (Hg.), Handbuch der Fi-
nanzwissenschaft, Tübingen 1929, 1–69; B. A.
Gerrish, A prince of the church, Schleiermacher
and the beginnings of modern theology, Philadelphia 1984; K. Gerteis, Bildung und Revolution,
Die deutschen Lesegesellschaften am Ende des 18.
Jahrhunderts, in: AfK 53/1, 1971, 127–139; H.
Gerth, Die sozialgeschichtliche Lage der bürgerlichen Intelligenz um die Wende des 18. Jahrhunderts, Ein Beitrag zur Soziologie des deutschen
Frühliberalismus, Frankfurt am Main 1935; G. G.
Gervinus, Leben von ihm selbst, Leipzig 1893;
Ders., Einleitung in die Geschichte des 19. Jahrhunderts, hg. v. W. Boehlich, Frankfurt am Main
1967; Geschichtliche Grundbegriffe, Historisches
Lexikon zur politisch-sozialen Sprache in Deutschland, hg. v. O. Brunner u. a., Stuttgart 1972 ff.; F.
Gilbert, Johann Gustav Droysen und die preu-
ßisch-deutsche Frage, München 1931; J. R. Gil-
lies, The Prussian bureaucracy in crisis 1840–
1860, Origins of an administrative ethos, Stanford
1971; H. Glaser, The German mind of the nineteenth century, New York 1981; D. V. Glass, D. E.
C. Eversley (Hgg.), Population in history, Essays

in historical demography, London 1965; H. Gollwitzer, Die Standesherren, Die politische und gesellschaftliche Stellung der Mediatisierten 1815–
1918, Stuttgart 1957; Ders., Ludwig I. von Bayern,
Königtum im Vormärz, München 1986; Th. v. d.
Goltz, Geschichte der deutschen Landwirtschaft,
2 Bde, Stuttgart 1902/03; G. P. Gooch, Germany
and the French revolution, London 1920; Ders.,
History and historians in the nineteenth century,
Boston 1959; D. Good, The economic rise of the
Habsburg empire 1750–1914, Berkeley, Los Angeles, London 1984; J. Goody (Hg.), Family and in-
heritance, Rural society in Western Europe 1200–
1860, Cambridge 1976; F. W. Graf, Die Politisie-
rung des religiösen Bewußtseins, Die bürgerlichen
Religionsparteien im deutschen Vormärz, Das Beispiel des Deutschkatholizismus, Stuttgart 1978; H.
Gross, The holy Roman empire in modern times,
Constitutional reality and legal theory, in: J. A.
Vann, S. W. Rowan (Hgg.), The old Reich, Essays
on German political Institutions 1495–1806, Brüssel 1974, 1–29; D. Grosser, Grundlagen und
Struktur der Staatslehre Friedrich Julius Stahls,
Köln 1963; W. D. Gruner, Die deutschen Einzel-
staaten und der Deutsche Bund, in: A. Kraus (Hg.),
Land und Reich, Stamm und Nation, München
1984, Bd 3, 19–36; Ders., Die deutsche Frage, Ein
Problem der europäischen Geschichte seit 1800,
München 1985; G. Grünthal, Parlamentarismus
in Preußen 1848/49–1858, Preußischer Konstitutionalismus, Parlament und Regierung in der Reak-
tionsära, Düsseldorf 1982; K. Guggisberg, Karl
Ludwig von Haller, Frauenfeld, Leipzig 1938.

R. Haass, Die geistige Haltung der katholischen
Universitäten Deutschlands im 18. Jahrhundert,
Freiburg 1952; J. Habermas, Strukturwandel der
Öffentlichkeit, Untersuchungen zu einer Kategorie
der bürgerlichen Gesellschaft, Neuwied 1962; H. J.
Haferkorn, Zur Entstehung der bürgerlichen lite-
rarischen Intelligenz und des Schriftstellers in
Deutschland zwischen 1750 und 1800, in: U.
Dzwonek u. a. (Hgg.), Deutsches Bürgertum und
literarische Intelligenz 1750–1800, Stuttgart 1974;
H. W. Hahn, Geschichte des deutschen Zollvereins,
Göttingen 1984; M. Haines, Agriculture and deve-
lopment in Prussian Upper Silesia 1846–1913, in:
JEH 42, 1982, 355–384; J. Hajnal, European mar-
riage patterns in perspective, in: D. V. Glass, D. E.
C. Eversley (Hgg.), Population in history, Essays
in historical demography, London 1965, 101–143;
U. Haltern, Politische Bildung und bürgerlicher
Liberalismus, Zur Rolle des Konversationslexikons

in Deutschland, in: HZ 223/1, 1976, 61–97; M.
HAMBURGER, Reason and energy, Studies in German literature, New York 1957; T. S. HAMEROW,
The elections to the Frankfurt Parliament, in: JMH
33/1, März 1961, 15–32; N. HAMMERSTEIN, Das
politische Denken Friedrich Carl von Mosers, in:
HZ 221/2, 1971, 316–338; DERS., Aufklärung und
katholisches Reich, Untersuchung zur Universitäts-
reform und Politik katholischer Territorien des
Heiligen Römischen Reiches Deutscher Nation im
18. Jahrhundert, Berlin 1977; Handbuch der deutschen Wirtschafts- und Sozialgeschichte, hg. v. H.
AUBIN, W. ZORN, 3 Bde, Stuttgart 1971–1976; J.
HANSEN, Quellen zur Geschichte des Rheinlandes
im Zeitalter der Französischen Revolution 1780–
1801, 4 Bde, Bonn 1933; DERS., Rheinische Briefe
und Akten zur Geschichte der politischen Bewegung 1830–1845, 1919, Repr. Osnabrück 1967; H.
HANTSCH, Die Geschichte Österreichs, 2 Bde, Graz,
Wien 1951–1953; W. HARDTWIG, Studentische
Mentalität, politische Jugendbewegung, Nationalismus, Die Anfänge der deutschen Burschenschaft,
in: HZ 242/3, 1986, 581–628; H. HARNISCH, Vom
Oktoberedikt des Jahres 1807 zur Deklaration von
1816, Problematik und Charakter der preußischen
Agrargesetzgebung zwischen 1807 und 1816, in:
JbW Sonderband, 1978, 231–293; DERS., Bevölke-
rungsgeschichtliche Probleme der industriellen Revolution in Deutschland, in: K. LARMER (Hg.), Studien zur Geschichte der Produktivkräfte, Deutschland zur Zeit der industriellen Revolution, Berlin
1979; H. S. HARRIS, Hegel's development, Toward
the sunlight 1770–1801, Oxford 1972; DERS., Hegel's development, Night thoughts (Jena 1801–
1806), Oxford, New York 1983; N. HARTMANN,
Die Philosophie des deutschen Idealismus 1923–
1929, Berlin ²1960; H. HASSINGER, Der Stand der
Manufakturen in den deutschen Erbländern der
Habsburger Monarchie am Ende des 18. Jahrhunderts, in: F. LÜTGE (Hg.), Die wirtschaftliche Situation in Deutschland und Österreich um die Wende
vom 18. zum 19. Jahrhundert, Stuttgart 1914,
110–176; K. HAUSEN, Familie als Gegenstand historischer Sozialwissenschaft, Bemerkungen zu
einer Forschungsstrategie, in: GuG 1/2/3, 1975,
171–209; H. HAUSHOFER, Die deutsche Landwirtschaft im technischen Zeitalter, Stuttgart 1972; W.
HÄUSLER, Von der Massenarmut zur Arbeiterbewegung, Demokratie und soziale Frage in der Wiener Revolution von 1848, Wien, München 1979;
R. HAYM, Aus meinem Leben, Erinnerungen (Aus
dem Nachlaß), Berlin 1902; DERS., Herder nach
seinem Leben und seinen Werken, 2 Bde, Berlin

1958; F. HEER, Der Kampf um die österreichische
Identität, Wien 1981; H. HEFFTER, Die deutsche
Selbstverwaltung im 19. Jahrhundert, Geschichte
der Ideen und Institution, Stuttgart 1950; K. HELF-
FERICH, Georg von Siemens, Ein Lebensbild aus
Deutschlands großer Zeit, 3 Bde, Berlin 1921–
1923; G. HELLING, Zur Entwicklung der Produktivität in der deutschen Landwirtschaft im 19. Jahrhundert, in: JbW 1, 1966, 129–191; W. O. HEN-
DERSON, The Zollverein, Cambridge 1939; W.
HENNIES, Die politische Theorie August Ludwig
von Schlözers zwischen Aufklärung und Liberalismus, München 1985; F.-W. HENNING, Bauernwirtschaft und Bauerneinkommen in Ostpreußen im
18. Jahrhundert, Würzburg 1969; DERS., Die Be-
triebsgrößenstruktur der mitteleuropäischen Landwirtschaft im 18. Jahrhundert und ihr Einfluß auf
die ländlichen Einkommensverhältnisse, in: Zeitschrift für Agrargeschichte und Agrarsoziologie,
17/2, 1969, 171–193; DERS., Dienste und Aufgaben der Bauern im 18. Jahrhundert, Stuttgart 1969;
DERS., Bauernwirtschaft und Bauerneinkommen
im Fürstentum Paderborn im 18. Jahrhundert, Berlin 1970; H. HENNING, Die deutsche Beamtenschaft
im 19. Jahrhundert, Zwischen Stand und Beruf,
Wiesbaden 1984; J. HERMAND, M. WINDFUHR
(Hgg.), Zur Literatur der Restaurationsepoche
1815–1848, Stuttgart 1970; G. HERMANN, Das Biedermeier im Spiegel seiner Zeit, 1913, Repr. Oldenburg 1965; F. HERRE, Nation ohne Staat, Die Entstehung der deutschen Frage, Köln 1967; DERS.,
Kaiser Franz Joseph von Österreich, Köln 1978; U.
HERRMANN (Hg.), Die Bildung des Bürgers, Wein-
heim 1982; W. HERRMANN, Deutsche Baukunst des
19. und 20. Jahrhunderts, 1932, Repr. Basel, Stuttgart 1977; M. HETTLING, Reform ohne Revolution,
Bürgertum, Bürokratie und nationale Selbstverwaltung in Württemberg 1800–1850, Göttingen 1990;
O. HINTZE, Die Hohenzollern und ihr Werk, Berlin
1916; DERS., Gesammelte Abhandlungen, 3 Bde,
Göttingen ²1962–1967; W. v. HIPPEL, Friedrich
Landolin Karl von Blittersdorff 1792–1861, Stutt-
gart 1967; E. J. HOBSBAWM, The age of revolution
1789–1848, Cleveland, New York 1962; W. HOCK,
Liberales Denken im Zeitalter der Paulskirche,
Droysen und die Frankfurter Mitte, Münster 1957;
W. HOFFMANN, The take-off in Germany, in: W. W.
ROSTOW (Hg.), The economics of take-off into su-
stained growth, New York 1963, 95–118; DERS.,
Das Wachstum der deutschen Wirtschaft seit der
Mitte des 19. Jahrhunderts, Berlin, New York
1965; H. HOFMANN, Adelige Herrschaft und sou-
veräner Staat, Studien über Staat und Gesellschaft

in Franken und Bayern im 18. und 19. Jahrhundert, München 1962; DERS., Die Entstehung des modernen souveränen Staates, Köln 1967; P. HOHENBERG, L. LEES, The making of urban Europe 1000–1950, Cambridge 1985; P. U. HOHENDAHL, Literarische Kultur im Zeitalter des Liberalismus 1830–1870, München 1985; H. HONOUR, Romanticism, New York 1979; M. HOWARD, War in European history, London, Oxford 1976; W. HUBATSCH (Hg.), Grundriß zur deutschen Verwaltungsgeschichte 1815–1945, Marburg 1975; W. HUBBARD, Familiengeschichte, Materialien zur deutschen Geschichte seit dem Ende des 18. Jahrhunderts, München 1983; E. R. HUBER, Deutsche Verfassungsgeschichte, 4 Bde, Stuttgart 1957–1969; DERS., Dokumente zur deutschen Verfassungsgeschichte, 3 Bde, Stuttgart 1957–1960; R. E. HUBER, W. HUBER (Hgg.), Staat und Kirche im 19. und 20. Jahrhundert, Bd 2: Vom Ausgang des alten Reichs bis zum Vorabend der bürgerlichen Revolution, Berlin 1973; DIES. (Hgg.), Staat und Kirche im 19. und 20. Jahrhundert, Bd 2: Staat und Kirche im Zeitalter des Hochkonstitutionalismus und des Kulturkampfes 1848–1890, Berlin 1976; G. HUCK (Hg.), Sozialgeschichte der Freizeit, Wuppertal 1980; H.-G. HUSUNG, Kollektiver Gewaltprotest im norddeutschen Vormärz, in: W. J. MOMMSEN, G. HIRSCHFELD (Hgg.), Sozialprotest, Gewalt, Terror, Stuttgart 1982, 47–63.

R. IBBEKEN, Preußen 1807–1813, Köln 1970; G. G. IGGERS, The German conception of history, The national tradition of historical thought from Herder to the present, Middletown 1968; A. ILIEN, U. JEGGLE, Leben auf dem Dorf, Opladen 1978; A. E. IMHOF, Einführung in die historische Demographie, München 1977; DERS., Die gewonnenen Jahre, Von der Zunahme unserer Lebensspanne seit dreihundert Jahren oder von der Notwendigkeit einer neuen Einstellung zu Leben und Sterben, München 1981; DERS. (Hg.), Historische Demographie als Sozialgeschichte, Gießen und Umgebung vom 17. zum 19. Jahrhundert, 2 Bde, Darmstadt 1975; DERS. (Hg.), Mensch und Gesundheit in der Geschichte, Husum 1980; U. IMHOF, Das gesellige Jahrhundert, Gesellschaft und Gesellschaften im Zeitalter der Aufklärung, München 1982.

H. JÄGER (Hg.), Probleme des Städtewesens im industriellen Zeitalter, Wien 1978; H. JAHNKE, M. OTTE (Hgg.), Epistemological and social problems of the science in early nineteenth century, Dordrecht 1981; C. JANTKE, Der vierte Stand, Die gestaltenden Kräfte der deutschen Arbeiterbewegung im 19. Jahrhundert, Freiburg 1955; C. JANTKE, D. HILGER (Hgg.), Die Eigentumslosen, Armutsnot und Arbeiterschicksal in Deutschland in zeitgenössischen Schilderungen und kritischen Beobachtungen bis zum Ausgang der Emanzipationskrise des 19. Jahrhunderts, München 1965; O. JÁSZI, The dissolution of the Habsburg monarchy, Chicago 1929; U. JEGGLE, Kiebingen, Eine Heimatgeschichte, Zum Prozeß der Zivilisation in einem schwäbischen Dorf, Tübingen 1977; K.-E. JEISMANN, Das preußische Gymnasium in Staat und Gesellschaft, Die Entstehung des Gymnasiums als Schule des Staates und des Gebildeten 1787–1817, Stuttgart 1974; H. JESSEN (Hg.), Die deutsche Revolution 1848/49 in Augenzeugenberichten, Düsseldorf 1968; R. E. JOERES, M. J. MAYNES (Hgg.), German women in the enlightenment and nineteenth centuries, A social and literary history, Bloomington, Indiana 1986; H. JOHNSON, Frederick the Great and his officials, New Haven, London 1975; H. JUNG-STILLING, Lebensgeschichte, München 1968.

S. A. KAEHLER, Wilhelm von Humboldt und der Staat, Göttingen ²1963; H. KAELBLE, Berliner Unternehmer während der frühen Industrialisierung, Herkunft, sozialer Status und politischer Einfluß, Berlin 1972; DERS., Sozialer Aufstieg in Deutschland 1850–1914, in: VSWG 90/1, 1973, 41–71; DERS., Historical research on social mobility, Western Europe and the USA in the nineteenth and twentieth centuries, New York 1981; G. KAISER, Pietismus und Patriotismus im literarischen Deutschland, Ein Beitrag zum Problem der Säkularisation, Frankfurt am Main ²1973; DERS., Gottfried Keller, Frankfurt am Main 1981; R. KANN, The multinational empire, Nationalism and national reform in the Habsburg monarchy 1848–1918, 2 Bde, New York 1959; F. KAPP, Vom radikalen Frühsozialisten des Vormärz zum liberalen Parteipolitiker des Bismarckreichs, Briefe 1843–1884, hg. v. H.-U. WEHLER, Frankfurt am Main 1969; W. KASCHUBA, Volkskultur zwischen feudaler und bürgerlicher Gesellschaft, Zur Geschichte eines Begriffs und seiner gesellschaftlichen Wirklichkeit, Frankfurt am Main, New York 1988; W. KASCHUBA, C. LIPP, Dörfliches Überleben, Zur Geschichte materieller und sozialer Reproduktion ländlicher Gesellschaft im 19. und frühen 20. Jahrhundert, Tübingen 1982; J. KATZ, Out of the Ghetto, The social background of Jewish emancipation 1770–1870, Cambridge, Mass. 1973; P. J. KATZENSTEIN, Disjoined partners, Austria and Germany since

1815, Berkeley, Los Angeles, London 1976; K. H. KAUFHOLD, Umfang und Gliederung des deutschen Handwerks um 1800, in: W. ABEL u. a. (Hgg.), Handwerksgeschichte in neuer Sicht, Göttingen 1978, 26–64; E. KEHR, Der Primat der Innenpolitik, Gesammelte Aufsätze zur preußisch-deutschen Sozialgeschichte, hg. v. H.-U. WEHLER, Berlin 1965; R. KEIL, R. KEIL, Die burschenschaftlichen Wartburgfeste von 1817 und 1867, Jena 1868; H. KELLENBENZ, Germany, in: CH. WILSON, G. PARKER (Hgg.), An introduction to the sources of European economic history 1500–1800, Ithaca 1977; A. KEMILÄINEN, Auffassungen über die Sendung des deutschen Volkes um die Wende des 18. zum 19. Jahrhundert, Helsinki 1956; H. KIESEL, P. MÜNCH, Gesellschaft und Literatur im 18. Jahrhundert, Voraussetzungen und Entstehung des literarischen Markts in Deutschland, München 1977; H. KISCH, Growth deterrents of a medieval heritage, The Aachen area woollen trades before 1790, in: JEH 26, Dezember 1964, 517–537; DERS., Prussian merkantilism and the rise of the Krefeld silk industry, Variations on an eighteenth-century theme, Philadelphia 1968; DERS., Die Textilgewerbe in Schlesien und im Rheinland, Eine vergleichende Studie zur Industrialisierung, in: P. KRIEDTE u. a., Industrialisierung vor der Industrialisierung, Gewerbliche Warenproduktion auf dem Land in der Formationsperiode des Kapitalismus, Göttingen 1977, 350–386; R. KISZLING, Fürst Felix zu Schwarzenberg, Der politische Lehrmeister Kaiser Franz Josephs, Graz, Köln 1952; E. KLEIN, Johann Heinrich Gottlob Justi und die preußische Staatswirtschaft, in: VSWG 42/2, 1961, 145–202; C. KLESSMANN, Zur Sozialgeschichte der Reichsverfassungskampagne von 1849, in: HZ 218/2, April 1974, 283–337; E. KLESSMANN, Napoleons Rußlandfeldzug in Augenzeugenberichten, Düsseldorf 1964; DERS. (Hg.), Die Befreiungskriege in Augenzeugenberichten, Düsseldorf 1966; G. KLINGENSTEIN, Staatsverwaltung und kirchliche Autorität im 18. Jahrhundert, Das Problem der Zensur in der theresianischen Reform, München 1970; DIES., Der Aufstieg des Hauses Kaunitz, Studien zur Herkunft und Bildung des Staatskanzlers Wenzel Anton, Göttingen 1975; O. KLOPP, Der König Friedrich II. von Preußen und seine Politik, Schaffhausen [2]1867; P. KLUCKHOHN, Die Idee des Volkes in Schriften der deutschen Bewegung von Moser und Herder bis Grimm, Berlin 1934; DERS., Das Ideengut der deutschen Romantik, Halle 1941; K. KLUXEN, W. J. MOMMSEN (Hgg.), Politische Ideologien und nationalstaatliche Ordnung, Festschrift für Theodor

Schieder, München, Wien 1968; R. KOCH, Demokratie und Staat bei Julius Fröbel 1805–1893, Liberales Denken zwischen Naturrecht und Sozialdarwinismus, Wiesbaden 1978; DERS., Die Agrarrevolution in Deutschland 1848, in: Die deutsche Revolution von 1848/49, Darmstadt 1983, 262–294; DERS., Staat oder Gemeinde? Zu einem politischen Zeitkonflikt in der bürgerlichen Bewegung des 19. Jahrhunderts, in: HZ 283/1, 1983, 73–96; J. KOKKA, Unternehmungsverwaltung und Angestelltenschaft am Beispiel Siemens 1847–1914, Zum Verhältnis von Kapitalismus und Bürokratie in der deutschen Industrialisierung, Stuttgart 1969; DERS., The study of social mobility and the formation of the working class in the nineteenth century, in: Mouvement Social, Bd 3, April-June 1980, 97–117; DERS., The entrepreneur, the family and capitalism, Some examples from the early phase of industrialization in Germany, in: German yearbook on business history, 1981, 53–82; DERS., Lohnarbeit und Klassenbildung, Arbeiter und Arbeiterbewegung in Deutschland 1800–1876, Berlin 1983; DERS. (Hg.), Bürger und Bürgerlichkeit im 19. Jahrhundert, Göttingen 1987; DERS., Weder Stand noch Klasse, Unterschiede um 1800, Bonn 1990; DERS., Arbeitsverhältnisse und Arbeiterexistenzen, Grundlagen der Klassenbildung im 19. Jahrhundert, Bonn 1990; B. KOEHLER, Ästhetik der Politik, Adam Müller und die politische Romantik, Stuttgart 1980; T. KOHL, Familie und soziale Schichtung, Zur historischen Demographie Triers 1730–1830, Stuttgart 1985; L. KOLAKOWSKI, Main currents of marxism, Oxford 1978; W. KÖLLMANN, Sozialgeschichte der Stadt Barmen im 19. Jahrhundert, Tübingen 1960; DERS., Bevölkerung und Arbeitskräftepotential in Deutschland 1815–1865, Ein Beitrag zur Analyse der Problematik des Pauperismus, in: Landesamt für Forschung Nordrhein-Westfalen, Jahrbuch 1968, 209–254; DERS. (Hg.), Bevölkerung in der industriellen Revolution, Göttingen 1974; W. KÖLLMANN, A. KRAUS (Hgg.), Quellen zur Bevölkerungs-, Sozial- und Wirtschaftsstatistik Deutschlands 1815–1875, Bd 1: Quellen zur Bevölkerungsstatistik Deutschlands 1815–1875, Boppard 1980; J. KOMLOS, The Habsburg monarchy as a customs union, Princeton 1983; H. KOOPMANN, Das Junge Deutschland, Analyse seines Selbstverständnisses, Stuttgart 1970; F. KOPITZSCH, Hamburg zwischen Hauptrezeß und Franzosenzeit, in: W. RAUSCH (Hg.), Die Städte Mitteleuropas im 17. und 18. Jahrhundert, Linz 1981, 181–210; R. KOSELLECK, Preußen zwischen Reform und Revolution, Allgemeines Landrecht, Verwaltung und soziale Bewegung 1791–1848, Stuttgart 1967; DERS., Kritik und Krise, Ein Beitrag zur Pathogenese der bürgerlichen Welt, Freiburg, München 1973; DERS. (Hg.), Studien zum Beginn der modernen Welt, Stuttgart 1977; W. KOSCHATZKY (Hg.), Maria Theresia und ihre Zeit, Eine Darstellung der Epoche 1740–1780 aus Anlaß der 200. Wiederkehr des Todestages der Kaiserin, Salzburg 1979; K. KOSZYK, Geschichte der deutschen Presse, Bd 2: Deutsche Presse im 19. Jahrhundert, Berlin 1966; E. E. KRAEHE, Metternich's German policy, 2 Bde, Princeton 1963–1984; H. KRAMER, Fraktionsbindungen in den deutschen Volksvertretungen 1819–1849, Berlin 1968; M. KRAUL, Gymnasium und Gesellschaft im Vormärz, Neuhumanistische Einheitsschule, städtische Gesellschaft und soziale Herkunft der Schüler, Göttingen 1980; DIES., Das deutsche Gymnasium 1780–1980, Frankfurt am Main 1984; A. KRAUS, »Antizipierter Ehesegen« im 19. Jahrhundert, Zur Beurteilung der Illegitimität unter sozialgeschichtlichen Aspekten, in: VSWG 46/2, 1979, 174–215; P. KRIEDTE, H. MEDICK, J. SCHLUMBOHM (Hgg.), Industrialization before industrialization, Cambridge 1981; L. KRIEGER, An Essay on the theory of enlightened despotism, Chicago, London 1975; The German idea of freedom, History of a political tradition, Boston 1957; R. KRONER, Von Kant bis Hegel, Tübingen ²1961; H. KUDLICH, Rückblicke und Erinnerungen, 3 Bde, Wien, Pest, Leipzig 1873; W. v. KÜGELGEN, Lebenserinnerungen des alten Mannes, Stuttgart 1951; A. KUSSMAUL, Jugenderinnerungen eines alten Arztes, Stuttgart 1919.

P. LAHNSTEIN (Hg.), Report einer »guten alten Zeit«, Zeugnisse und Berichte 1750–1805, Stuttgart 1970; D. S. LANDES, The unbound Prometheus, Technological change and industrial development in Western Europe from 1750 to the present, Cambridge 1969; D. LANGEWIESCHE, Liberalismus und Demokratie in Württemberg zwischen Revolution und Reichsgründung, Düsseldorf 1974; DERS. Die Anfänge der deutschen Parteien, Partei, Fraktion und Verein in der Revolution von 1848/49, in: GuG 4/3, 1978, 324–361; DERS., Die deutsche Revolution von 1848/49, Darmstadt 1983; DERS., Reich, Nation und Staat in der jüngeren deutschen Geschichte, in: HZ 254/2, April 1992, 341–382; DERS., Europa zwischen Restauration und Revolution 1815–1849, München 1993; W. C. LANGSAM, Francis the Good, The education of an emperor 1768–1792, New York 1949; A. LAVOPA, Prussian schoolteachers, Profession and offi-

ce 1763–1848, Chapel Hill 1980; DERS., Grace, talent and merit, Poor students, clerical careers and professional ideology in eighteenth-century Germany, Cambridge 1988; J. J. LEE, Aspects of urbanization and economic development in Germany 1815–1914, in: Towns in societies, Essays in economic history and historical sociology, New York 1978, 279–294; L. E. LEE, Liberal constitutionalism as administrative reform, The Baden constitution of 1818, in: CEH 8/2, June 1975, 91–112; DERS., The politics of harmony, Civil service, liberalism, and social reform in Baden 1800–1850, Newark 1980; W. R. LEE, Population growth, economic development, and social change in Bavaria 1750–1850, New York 1977; DERS., Germany, in: DERS. (Hg.), European demography and economic growth, New York 1979, 144–195; A. LEES, Cities perceived, Urban society in European and American thought, New York 1985; R. LEMPP, Die Frage der Trennung von Kirche und Staat im Frankfurter Parlament, Tübingen 1913; F. LENGER, Zwischen Kleinbürgertum und Proletariat, Studien zur Sozialgeschichte der Düsseldorfer Handwerker 1816–1878, Göttingen 1986; W. LEPPMANN, The German image of Goethe, Oxford 1961; F. LEWALD, Meine Lebensgeschichte (1861/62), hg. v. G. BRINKER-GABLER, Frankfurt am Main 1980; M. LINDEMANN, Patriots and paupers, Hamburg 1712–1830, New York 1990; G. LIST, Historische Theorie und nationale Geschichte zwischen Frühliberalismus und Reichsgründung, in: B. FAULENBACH (Hg.), Geschichtswissenschaft in Deutschland, München 1974, 35–53; P. C. LUDZ (Hg.), Geheime Gesellschaften, Heidelberg 1979; F. LÜTGE, Geschichte der deutschen Agrarverfassung vom frühen Mittelalter bis zum 19. Jahrhundert, Stuttgart ²1967; DERS. (Hg.), Die wirtschaftliche Situation in Deutschland und Österreich um die Wende vom 18. zum 19. Jahrhundert, Stuttgart 1964; H. LUTZ, Zwischen Habsburg und Preußen, Deutschland 1815–1866, Berlin 1985; H. LUTZ, H. RUMPLER (Hgg.), Österreich und die deutsche Frage im 19. und 20. Jahrhundert, München 1982; R. R. LUTZ, The German revolutionary student movement 1819–1833, in: CEH 4/3, September 1971, 215–241.

F. MAASS, Der Josephinismus, Quellen zu seiner Geschichte in Österreich 1760–1790, 5 Bde, Wien 1951–1961; C. A. MACARTNEY, The Habsburg empire 1790–1918, London 1968; DERS., The Habsburg and Hohenzollern dynasties in the seventeenth and eighteenth centuries, New York 1970; E.

MAI, S. WAETZOLDT (Hgg.), Kunstverwaltung, Bau- und Denkmalpolitik im Kaiserreich, Berlin 1980; J. C. v. MANNLICH, Rokoko und Revolution, Lebenserinnerungen, Stuttgart 1966; F. MARQUARDT, A working class in Berlin in the 1840s?, in: H.-U. WEHLER (Hg.), Sozialgeschichte heute, Festschrift für H. Rosenberg, Göttingen 1974, 191–210; DERS., Sozialer Aufstieg, sozialer Abstieg und die Entstehung der Berliner Arbeiterklasse 1806–1848, in: GuG 1/1, 1975, 43–77; P. MARSCHALCK, Deutsche Überseewanderung im 19. Jahrhundert, Ein Beitrag zur soziologischen Theorie der Bevölkerung, Stuttgart 1973; DERS., Bevölkerungsgeschichte Deutschlands im 19. und 20. Jahrhundert, Frankfurt am Main 1984; W. MARTENS, Die Botschaft der Tugend, Die Aufklärung im Spiegel der deutschen moralischen Wochenschriften, Stuttgart 1968; A. v. MARTIN, Weltanschauliche Motive im altkonservativen Denken, in: P. WENTZCKE (Hg.), Deutscher Staat und deutsche Parteien, Festschrift für Friedrich Meinecke, Berlin 1922, 342–384; F. MARTINI, Von der Aufklärung zum Sturm und Drang, in: H. O. BURGER (Hg.), Annalen der deutschen Literatur, Stuttgart 1952, 405–464; DERS., Deutsche Literatur im bürgerlichen Realismus 1848–1898, Stuttgart 1962; G. MASUR, Friedrich Julius Stahl, Geschichte seines Lebens, Aufstieg und Entfaltung 1802–1840, Berlin 1930; H. MATIS, Österreichs Wirtschaft 1848–1913, Konjunkturelle Dynamik und gesellschaftlicher Wandel im Zeitalter Franz Josephs I., Berlin 1972; H. MATZERATH, Von der Stadt zur Gemeinde, Zur Entwicklung des rechtlichen Stadtbegriffs im 19. und 20. Jahrhundert, in: Archiv für Kommunalwissenschaften 13/1, 1974, 17–46; H. MAUERSBERG, Wirtschafts- und Sozialgeschichte zentraleuropäischer Städte in neuer Zeit, Göttingen 1960; DERS., Die Wirtschaft und Gesellschaft Fuldas in neuer Zeit, Eine städtegeschichtliche Studie, Göttingen 1969; DERS., Wirtschaft und Gesellschaft Fürths in neuerer und neuester Zeit, Göttingen 1974; A. MAYHEW, Rural settlement and farming in Germany, New York 1973; M. J. MAYNES, Schooling for the people, Comparative local studies of schooling history in France and Germany 1750–1850, New York, London 1985; CH. MCCLELLANDS, The German historians and England, A study in nineteenth-century views, Cambridge 1971; DERS., State, society, and university in Germany 1700–1914, Cambridge 1980; D. MCLELLAN, Karl Marx, His life and thought, New York 1973; H. MCLEOD, Religion and the people of Western Europe 1789–1970, Oxford 1981; F. MEINECKE, Das

Leben des Generalfeldmarschalls Hermann von Boyen, 2 Bde, Stuttgart 1896–1899; DERS., Das Zeitalter der deutschen Erhebung 1795–1815, Bielefeld 1906; DERS., Radowitz und die deutsche Revolution, Berlin 1913; DERS., Weltbürgertum und Nationalstaat, in: DERS., Werke, hg. v. H. HERSFELD u.a., München 1962, Bd 5; DERS., Historicism, The rise of a new historical outlook, London 1972; DERS., The age of German liberation 1789–1815, Berkeley, Los Angeles, London 1977; E. MELTON, Gutsherrschaft in East Elbian Germany and Livonia 1500–1800, A critique of the model, in: CEH 21/4, Dezember 1988, 315–349; J. VAN HORN MELTON, Absolutism and the eighteenth-century origins of compulsory schooling in Prussia and Austria, Cambridge 1988; F. MENDELS, Proto-industrialization, The first phase of the industrialization process, in: JEH 32/1, März 1972, 241–261; A. MENHENNET, Order and freedom, Literature and society in Germany from 1720 to 1805, London 1973; B. MILSTEIN, Eight eighteenth century reading societies, A sociological contribution to the history of German literature, in: German Studies in America, Bern, Frankfurt am Main 1972; A. S. MILWARD, S. B. SAUL, The economic development of continental Europe 1780–1870, London 1973; R. MINDER, Kultur und Literatur in Deutschland und Frankreich, Frankfurt am Main 1962; M. MITTERAUER, Familiengröße, Familientypen, Familienzyklus, Probleme quantitativer Auswertung von österreichischem Quellenmaterial, in: GuG 1/2/3, 1975, 226–255; DERS., Sozialgeschichte der Jugend, Frankfurt am Main 1986; M. MITTERAUER, R. SIEDER, Vom Patriarchat zur Partnerschaft, München 1977; DIES., The European family, Patriarchy to partnership from the middle age to the present, Oxford 1982; K. MÖCKL, Der moderne bayerische Staat, Eine Verfassungsgeschichte vom aufgeklärten Absolutismus bis zum Ende der Reformepoche, München 1979; DERS., Die bayerische Konstitution von 1808, in: EBERHARD WEIS (Hg.), Reformen im rheinbündischen Deutschland, München 1984, 51–67; R. G. MOELLER (Hg.), Peasants and lords in modern Germany, Recent studies in agricultural history, Boston 1985; R. MOHRMANN (Hg.), Frauenemanzipation im deutschen Vormärz, Texte und Dokumente, Stuttgart 1978; H. MÖLLER, Die kleinbürgerliche Familie im 18. Jahrhundert, Verhalten und Gruppenkultur, Berlin 1969 H. MÖLLER, Aufklärung in Preußen, Der Verleger, Publizist und Geschichtsschreiber Friedrich Nicolai, Berlin 1974; W. J. MOMMSEN, Johannes Miquel, Bd 1: 1828–1866, Berlin 1928; DERS., Die politischen Anschauungen Goethes, Stuttgart 1848; DERS., Deutsche Parteiprogramme, München ²1964; K. P. MORITZ, Anton Reiser, Berlin 1973; R. MORSEY, Wirtschaftliche und soziale Auswirkungen der Säkularisation in Deutschland, in: R. VIERHAUS, M. BOTZENHART (Hgg.), Dauer und Wandel der Geschichte, Münster 1966, 361–383; W. E. MOSSE u. a. (Hg.), Revolution und Evolution, 1848 in German-Jewish history, Tübingen 1981; E. C. MOSSNER, The life of David Hume, Edinburgh 1954; H. E. MUELLER, Bureaucracy, education and monopoly, Civil service reforms in Prussia and England, Berkeley 1984; A. MÜLLER, Die Elemente der Staatskunst, hg. v. J. BAXA, 4 Bde, Wien, Leipzig 1922; DERS., Schriften zur Staatsphilosophie, hg. v. R. KOHLER, München o. J.; D. MÜLLER, Sozialstruktur und Schulsystem, Aspekte zum Strukturwandel des Schulwesens im 19. Jahrhundert, Göttingen 1977; F. MÜLLER, Korporation und Assoziation, Eine Problemgeschichte der Vereinigungsfreiheit im deutschen Vormärz, Berlin 1965; P. MÜNCH, Lebensformen in der frühen Neuzeit 1500–1800, Berlin, Frankfurt am Main 1992; R. MÜTH, Studentische Emanzipation und staatliche Repression, Die politische Bewegung der Tübinger Studenten im Vormärz, insbesondere von 1825 bis 1837, Tübingen 1977; A. MUTTON, Central Europe, A regional and human geography, London ²1968.

W. NAHRSTEDT, Die Entstehung der Freizeit, Göttingen 1972; D. NICKEL, Die Revolution 1848/49 in Augsburg und Bayerisch-Schwaben, Augsburg 1965; H. NICOLSON, The congress of Vienna, A study in allied unity 1812–1822, London 1946; L. NIETHAMMER (Hg.), Beiträge zur Geschichte des Alltags in der bürgerlichen Gesellschaft, Wuppertal 1979; TH. NIPPERDEY, Verein als soziale Struktur in Deutschland im späten 18. und frühen 19. Jahrhundert, in: H. BOOCKMANN u. a. (Hgg.), Geschichtswissenschaft und Vereinswesen im 19. Jahrhundert, Göttingen 1972, 1–44; DERS., Nationalidee und Nationaldenkmal in Deutschland im 19. Jahrhundert, in: Gesellschaft, Kultur, Theorie, Gesammelte Aufsätze zur neueren Geschichte, Göttingen 1976, 133–174; DERS., Deutsche Geschichte 1800–1866, Bürgerwelt und starker Staat, München 1983; P. H. NOYES, Organization and revolution, Working class associations in the German revolutions of 1848/49, Princeton 1966.

H. OBENAUS, Finanzkrise und Verfassungsgebung zu den sozialen Bedingungen des frühen deutschen Konstitutionalismus, in: G. A. RITTER, Gesellschaft, Parlament und Regierung, Düsseldorf 1974, 57–76; DERS., Anfänge des Parlamentarismus in Preußen bis 1848, Düsseldorf 1984; K. OBERMANN, Die deutschen Arbeiter in der Revolution von 1848, Berlin ²1953; DERS., Die Volksbewegung in Deutschland 1844–1846, in: ZfG 5/3, 1957, 503–525; DERS., Wirtschafts- und sozialpolitische Aspekte in der Krise 1845–1847 in Deutschland, insbesondere in Preußen, in: JbG 8, 1972, 143–174; L. O'BOYLE, The image of the journalist in France, Germany and England 1815–1848, in: CSSH 10/2, 1968, 290–315; DIES., The problem of an excess of educated men in Western Europe 1800–1850, in: JMH 42/4, 1970, 471–495; DIES., Learning for its own sake, The German university as nineteenth-century model, in: CSSH 25/1, 1983, 3–25; G. OESTREICH, Geist und Gestalt des frühmodernen Staates, Berlin 1969; D. OLSEN, The city as a work of art, London, Paris, Vienna, New Haven 1986; H. ONCKEN, Rudolf von Bennigsen, Ein deutscher liberaler Politiker, 2 Bde, Stuttgart, Leipzig 1910; W. J. ORR, East Prussia and the revolution of 1848, in: CEH 13/4, 1980, 303–331.

C. H. A. PAGENSTECHER, Lebenserinnerungen, 3 Bde, Leipzig 1913; E. PANKOKE, »Sociale Bewegung, Sociale Frage, Sociale Politik«, Grundfragen der deutschen »Socialwissenschaft« im 19. Jahrhundert, Stuttgart 1970; P. PARET, Yorck and the era of Prussian reform 1807–1815, Princeton 1966; DERS., Clausewitz und der Staat, Der Mensch, seine Theorien und seine Zeit, Bonn 1993; L. PARISIUS, Deutschlands politische Parteien und das Ministerium Bismarck, Berlin 1878; DERS., Leopold Freiherr von Hoverbeck, Ein Beitrag zur vaterländischen Geschichte, 2 Bde, Berlin 1897–1900; G. PARRY, Enlightened government and its critics in eighteenth-century Germany, in: HJ 6/2, 1963, 178–192; R. PASCAL, The German novel, Studies, Toronto 1965; J. PASCHEN, Demokratische Vereine und preußischer Staat, Entwicklung und Unterdrückung der demokratischen Bewegung während der Revolution von 1848/49, München, Wien 1977; G. PEDLOW, The survival of the Hessian nobility 1770–1870, Princeton 1988; H. V. PETERSDORF, Friedrich von Motz, Berlin 1913; G. PFEIFER, The quality of peasant livin in Central Europe, in: W. L. THOMAS (Hg.), Man's role in changing the face of the earth, Chicago 1956, 240–277; P. PFIZER, Gedanken über das Ziel und die Aufgabe des deutschen Liberalismus, 1832, in: Deutsche Literaturdenkmale 144, Berlin 1911; O. PFLANZE, Bismarck and the development of Germany, The period of unification 1815–1871, Princeton 1963; M. PHAYER, Religion und das gewöhnliche Volk in Bayern in der Zeit von 1750 bis 1850, München 1970; K. S. PINSON, Pietism as a factor in the rise of German nationalism, New York 1934; H. PLAUL, The rural proletariat, The everyday life of rural labourers in the Magdeburg region 1830–1880, in: R. J. EVANS, W. R. LEE (Hgg.), The German peasantry, Conflict and community in rural society from the eighteenth to the twentieth centuries, London, Sydney 1986, 102–128; L. POLIAKOV, The aryan myth, A history of racist and nationalist ideas in Europe, New York 1971; S. POLLARD, European economic integration 1815–1870, London 1974; DERS., Peaceful conquest, The industrialization of Europe 1760–1970, Oxford 1981; S. POLLARD, C. HOLMES (Hgg.), Documents of European economic history, Bd 1: The process of industrialization 1750–1870, London 1968; J. D. POST, The last great subsistence crisis in the Western World, Baltimore 1977; F. A. POTTLE (Hg.), Boswell on the grand tour, Germany and Switzerland 1764, New York 1953; N. J. G. POUNDS, An historical geography of Europe 1500–1840, Cambridge 1979; DERS., An historical geography of Europe 1800–1914, Cambridge 1985; S. S. PRAWER, German lyric poetry, A critical analysis of selected poems from Klopstock to Rilke, London 1952; DERS., Heine, The tragic satirist, A study of the later poetry 1827–1856, Cambridge 1961; DERS. (Hg.), The romantic period in Germany, London 1970; V. PRESS (Hg.), Städtewesen und Merkantilismus in Mitteleuropa, Köln 1983; CH. PRIGNITZ, Vaterlandsliebe und Freiheit, Deutscher Patriotismus 1750–1850, Wiesbaden 1981; H. G. PUNDT, Schinkels Berlin, Berlin 1981.

W. RAABE, Sämtliche Werke, Bd 6: Der Hungerpastor, Freiburg 1953; J. v. RADOWITZ, Nachgelassene Briefe und Aufzeichnungen zur Geschichte der Jahre 1848–1853, hg. v. W. MORING, 1922, Repr. Osnabrück 1967; L. v. RANKE, The theory and practice of history, hg. v. G. IGGERS, K. v. MOLTKE, Indianapolis, New York 1973; R. J. RATH, The Viennese revolution 1848, Austin 1957; W. RAUSCH (Hg.), Die Städte Mitteleuropas im 17. und 18. Jahrhundert, Linz 1981; DERS. (Hg.), Die Städte Mitteleuropas im 19. Jahrhundert, Linz 1983; H. RAYNOR, A social history of music, From the middle age to Beethoven, London 1972; B. REARDON, Religion in the age of romanticism, Studies in early nineteenth-century thought, Cambridge 1985; J. REDLICH, Das österreichische Staats- und Reichsproblem, Geschichtliche Darstellung der inneren Politik der habsburgischen Monarchie von 1848 bis zum Untergang des Reiches, 2 Bde, Leipzig 1920–1926; DERS., Emperor Francis Joseph of Austria, London 1929; T. J. REED, The classical centre, Goethe and Weimar 1775–1832, New York, London 1980; N. REEVES, Heine and the young Marx, in: Oxford German Studies 7, 1972/73, 44–97; H. REIF, Westfälischer Adel 1770–1860, Vom Herrschaftsstand zur regionalen Elite, Göttingen 1979; H. REISS, The political thought of the German romantics 1793–1815, Oxford 1955; R. RENGER, Landesherr und Landstände im Hochstift Osnabrück in der Mitte des 18. Jahrhunderts, Göttingen 1965; K. REPGEN, Märzbewegung und Maiwahlen der Revolutionsjahre 1848 im Rheinland, Bonn 1955; J. REULECKE, Geschichte der Urbanisierung in Deutschland, Frankfurt am Main 1985; DERS. (Hg.), Die deutsche Stadt im Industriezeitalter, Wuppertal 1978; J. REULECKE, W. WEBER (Hgg.), Fabrik - Familie - Feierabend, Beiträge zur Sozialgeschichte des Alltags im Industriezeitalter, Wuppertal 1978; M. RICHARZ (Hg.), Jüdisches Leben in Deutschland, Selbstzeugnisse zur Sozialgeschichte 1780–1871, New York 1976; M. RIEDEL, Vom Biedermeier zum Maschinenzeitalter, Zur Kulturgeschichte der ersten Eisenbahnen in Deutschland, in: AfK 43/1, 1961, 100–123; W. H. RIEHL, Kulturgeschichtliche Charakterköpfe, Aus der Erinnerung gezeichnet, Stuttgart 1892; DERS., Die bürgerliche Gesellschaft, 1851, Stuttgart [9]1897; DERS., Kulturstudien aus drei Jahrhunderten, Stuttgart [6]1903; DERS., Die bürgerliche Gesellschaft, hg. v. P. STEINBACH, Frankfurt am Main 1976; J. RIESSER, The great German banks and their concentration in connection with the economic development of Germany, Washington 1911; F. RINGER, Education and society in modern Europe, Bloomington 1979; G. RITTER, Stein, Eine politische Biographie, Stuttgart [3]1958; DERS., Friedrich der Große, Ein historisches Profil, Leipzig 1936; A. G. RITTER (Hg.), Gesellschaft, Parlament und Regierung, Zur Geschichte des Parlamentarismus in Deutschland, Düsseldorf 1974; J. RITTER, Hegel und die Französische Revolution, Köln 1957; D. ROHR, The origins of social liberalism in Germany, Chicago, London 1963; R. RORTY, Philosophy and the mirror of nature, Princeton 1980; C. M. ROSE, The issue of parliamentary suffrage at the Frankfurt national assembly, in: CEH 5/2, Juni 1972, 127–149; H. ROSENBAUM, Formen der Familie, Untersuchungen zum Zusammenhang von Familienverhältnissen, Sozialstruktur und sozialem Wandel in der deutschen Gesellschaft des 19. Jahrhunderts, Stuttgart 1982; H. ROSENBERG, Bureaucracy, aristocracy, and autocracy, The Prussian experience 1660–1815, Cambridge, Mass., 1958; DERS., Probleme der deutschen Sozialgeschichte, Frankfurt am Main 1969; DERS., Politische Denkströmungen im deutschen Vormärz, Göttingen 1972; F. ROSENZWEIG, Hegel und der Staat, 2 Bde, München 1920; H. RÖSSLER, Zwischen Revolution und Reaktion, Ein Lebensbild des Reichsfreiherrn Hans Christoph von Gagern 1766–1852, Göttingen 1958; E. ROTHACKER, Savigny, Grimm, Ranke, Ein Beitrag zur Frage nach dem Zusammenhang der Historischen Schule, in: HZ 128, 1923, 413–445; G. ROTHENBERG, Napoleon's great adversaries, The Archduke Charles and the Austrian army 1792–1814, Bloomington 1982; H. ROTHFELS (Hg.), Bismarck und der Staat, Ausgewählte Dokumente, Stuttgart ²1953; H. RUMPLER, Die deutsche Politik des Freiherrn von Beust 1848–1850, Zur Problematik mittelstaatlicher Reformpolitik im Zeitalter der Paulskirche, Wien 1972; H.-J. RUPIEPER, Die Sozialstruktur der Trägerschichten der Revolution von 1848/49 am Beispiel Sachsen, in: H. KAELBLE u.a., Probleme der Modernisierung in Deutschland, Opladen 1978, 80–109; R. RÜRUP, Die Judenemanzipation in Baden, in: ZGO 114, 1966, 241–300; DERS., Kontinuität und Diskontinuität der »Judenfrage« im 19. Jahrhundert, Zur Entstehung des modernen Antisemitismus, in: H.-U. WEHLER (Hg.), Sozialgeschichte heute, Festschrift für H. Rosenberg, Göttingen 1974, 388–415; DERS., Emanzipation und Antisemitismus, Göttingen 1975; DERS., Deutschland im 19. Jahrhundert 1815–1871, Göttingen 1984.

D. SAALFELD, Bauernwirtschaft und Gutsbetrieb in der vorindustriellen Zeit, Stuttgart 1960; D. W. SABEAN, Property, production, and family in Neckarhausen 1700–1870, Cambridge 1990; E. SAGARRA, Tradition and revolution, German literature and society 1830–1890, New York 1971; DERS., A social history of Germany 1648–1914, New York 1977; J. SAMMONS, Six essays on the young German novel, Chapel Hill 1972; DERS., Heinrich Heine, A modern Biography, Princeton 1979; R. SANDGRUBER, Österreichische Agrarstatistik 1750–1918, München 1978; DERS., Die Anfänge der Konsumgesellschaft, Konsumgüterverbrauch, Lebensstandard und Alltagskultur in Österreich im 18. und 19. Jahrhundert, München 1982; R. SCHENDA, Volk ohne Buch, Studien zur Sozialgeschichte der populären Lesestoffe 1770–1910, Frankfurt am Main 1970; DERS., Die Lesestoffe der kleinen Leute, Studien zur populären Literatur im 19. und 20. Jahrhundert, München 1976; P. SCHERER, Reichsstift und Gotteshaus Weingarten im 18. Jahrhundert, Ein Beitrag zur Wirtschaftsgeschichte der südwestdeutschen Grundherrschaft, Stuttgart 1969; K. SCHIB, Die staatsrechtlichen Grundlagen der Politik Karl von Rottecks, Ein Beitrag zur Geschichte des Liberalismus, Mühlhausen 1927; TH. SCHIEDER, Friedrich der Große, Berlin 1983; W. SCHIEDER, Anfänge der deutschen Arbeiterbewegung, Stuttgart 1963; DERS., Der rheinpfälzische Liberalismus von 1832 als politische Protestbewegung, in: H. BERDING u.a. (Hgg.), Vom Staat des Ancien Regime zum modernen Parteienstaat, Festschrift für Theodor Schieder, München, Wien 1978, 169–196; DERS. (Hg.), Liberalismus in der Gesellschaft des deutschen Vormärz, Göttingen 1983; G. SCHILFERT, Sieg und Niederlage des demokratischen Wahlrechts in der deutschen Revolution 1848/49, Berlin 1952; H. SCHISSLER, Preußische Agrargesellschaft im Wandel, Wirtschaftliche, gesellschaftliche und politische Transformationsprozesse 1763–1847, Göttingen 1978; W. SCHIVELBUSCH, The railway journey, Theories and travels in the nineteenth century, New York 1979; J. SCHLUMBOHM, Freiheit, Die Anfänge der bürgerlichen Emanzipationsbewegung in Deutschland im Spiegel ihres Leitwortes, Düsseldorf 1975, S. SCHMIDT, Robert Blum, Vom Leipziger Liberalen zum Märtyrer der deutschen Demokratie, Weimar 1971; G. SCHMOLLER, Zur Geschichte des deutschen Kleingewerbes im 19. Jahrhundert, Halle 1870; F. SCHNABEL, Deutsche Geschichte im 19. Jahrhundert, 4 Bde, Freiburg ³1949–1959; H. SCHNÄDELBACH, Philosophy in Germany 1831–1933, Cambridge 1984; F. SCHNEIDER, Pressefreiheit und politische Öffentlichkeit, Studien zur politischen Geschichte Deutschlands bis 1848, Neuwied 1966; J. SCHOBER, Die deutsche Spätaufklärung 1770–1790, Frankfurt am Main 1975; H.-J. SCHOEPS, Das andere Preußen, Konservative Gestalten und Probleme im Zeitalter Friedrich Wilhelms IV., Berlin ⁵1981; O. SCHOLZ, Arbeiterselbstbild und Arbeiterfremdbild zur Zeit der industriellen Revolution, Ein Beitrag zur Sozialgeschichte des Arbeiters in der deutschen Erzähl- und Memoirenliteratur um die Mitte des 19. Jahrhunderts, Berlin 1980; E. SCHRAEPLER, Handwerkerbunde und Arbeitervereine 1830–1853, Die politische Tätigkeit deutscher Sozialisten von Wilhelm Weitling bis Karl Marx, Berlin 1972; P. E. SCHRAMM, Hamburg,

Deutschland und die Welt, München 1943; DERS.,
Neun Generationen, Dreihundert Jahre deutscher
»Kulturgeschichte« im Lichte der Schicksale einer
Hamburger Bürgerfamilie, 2 Bde, Göttingen
1963/64; E. SCHULIN, Traditionskritik und Rekon-
struktionsversuch, Studien zur Entwicklung von
Geschichtswissenschaft und historischem Denken,
Göttingen 1979; R. SCHULTE, Sperrbezirke, Tu-
gendhaftigkeit und Prostitution in der bürgerlichen
Welt, Frankfurt am Main 1979; H. SCHULZE-DE-
LITZSCH, Schriften und Reden, hg. v. F. THORWART,
5 Bde, Berlin 1909–1913; C. SCHURZ, Lebenserinnerungen, 3 Bde, Berlin 1912–1930; R. SCHÜTZ,
Preußen und die Rheinlande, Studien zur preußischen Integrationspolitik im Vormärz, Wiesbaden
1979; F. Sengle, Biedermeierzeit, Deutsche Literatur im Spannungsfeld zwischen Restauration und
Revolution 1815–1848, 3 Bde, Stuttgart 1971–
1980; A. SHARLIN, Social structure and politics, A
social history of Frankfurt am Main 1815–1864,
Diss., Wisconsin 1976; DERS., From the study of
social mobility to the study of society, in: AJS 85/2,
September 1979, 338–360; J. J. SHEEHAN, Conflict
and cohesion among German élites in the nineteenth century, in: R. BEZUCHA (Hg.), Modern European social history, Lexington, Mass., 1972, 3–
27; DERS., Liberalism and society in Germany
1815–1848, in: JMH 45/4, Dezember 1973, 583–
604; DERS., German liberalism in the nineteenth
century, Chicago 1978; DERS., What is German history?, in: JMH 53/1, 1981, 1–23; DERS., Some reflections on liberalism in comparative perspective,
in: H. KÖHLER (Hg.), Deutschland und der Westen,
Berlin 1984, 44–58; DERS., The problem of nation
in German history, in: O. BÜSCH, J. J. SHEEHAN
(Hgg.), Die Rolle der Nation in der deutschen Geschichte und Gegenwart, Berlin 1985, 3–20; E.
SHORTER, The making of the modern family, New
York 1975; R. SIEDER, Sozialgeschichte der Familie, Frankfurt am Main 1987; W. SIEMANN, Die
deutsche Revolution von 1848/49, Frankfurt am
Main 1985; E. SILBERNER, Johann Jacoby, Politiker
und Mensch, Bonn 1976; W. M. SIMON, The failure
of the Prussian reform movement 1807–1819, Cor-
nell 1955; E. v. SIMSON, Erinnerung seinem
Leben, Leipzig 1900; A. SKED, The survival of the
Habsburg Empire, Radetzky, the imperial army,
and the class war 1848, London 1979; B. H. SLI-
CHER VAN BATH, The agrarian history of Western
Europe, 500–1850, London 1963; A. SMALL, The
cameralists, The pioneers of German social policy,
Chicago 1909; DERS., Origins of sociology, Chicago 1924; N. SMART u. a. (Hgg.), Nineteenth century

religious thought in the West, 3 Bde, Cambridge
1985; C. U. M. SMITH, The problem of life, An
essay in the origins of biological thought, New
York, Toronto 1976; C. T. SMITH, A historical geography of Western Europe before 1800, New York
1967; J. L. SNELL, The democratic movement in
Germany 1789–1914, hg. v. H. SCHMITT, Chapel
Hill 1976; G. SOLIDAY, A community in conflict,
Frankfurt society in the seventeenth and early
eighteenth centuries, Hanover, N. H., 1974; J. SOL-
TA, Die Bauern der Lausitz, Eine Untersuchung des
Differenzierungsprozesses der Bauernschaft im Kapitalismus, Bautzen 1986; W. SOMBART, Die deutsche Volkswirtschaft im 19. Jahrhundert, Berlin
[2]1909; L. SOMMER, Die österreichischen Kameralisten in dogmengeschichtlicher Darstellung, 2 Bde,
Wien 1920–1925; E. SOMOGYI, Vom Zentralismus
zum Dualismus, Der Weg der deutsch-österreichi-
schen Liberalen zum Ausgleich von 1867, Wiesbaden 1983; D. SORKIN, Wilhelm von Humboldt, The
theory and practice of self-formation (Bildung)
1791–1810, in: JHI 44/1, Januar 1983, 55–73;
DERS., The transformation of German jewry 1780–
1840, New York 1987; J. SPERBER, Popular catholicism in nineteenth-century Germany, Princeton
1984; DERS., Rhineland radicals, The democratic
movement and the revolution of 1848/49, Princeton 1991; DERS., The European revolutions 1848–
1851, Cambridge 1994; H. SPIEL (Hg.), Der Wiener Kongreß in Augenzeugenberichten, Düsseldorf
1965; M. SPINDLER (Hg.), Handbuch der bayerischen Geschichte, Bd 4: Das neue Bayern 1800–
1870, 2 Bde, München 1974/75; R. SPREE, Soziale
Ungleichheit vor Krankheit und Tod, Zur Sozialgeschichte des Gesundheitsbereichs im Deutschen
Kaiserreich, Göttingen 1981; A. SPRINGER, Geschichte Österreichs seit dem Wiener Frieden 1809,
2 Bde, Leipzig 1863–1865; H. v. SRBIK, Metternich,
Der Staatsmann und der Mensch, 3 Bde, München
1925–1954; DERS., Geist und Geschichte vom
deutschen Humanismus bis zur Gegenwart, 2 Bde,
München, Salzburg 1950/51; Staatslexikon, hg. v.
C. v. ROTTECK, K. TH. WELCHER, 15 Bde, Altona
1846–1848, 12 Bde, Altona [2]1845–1848, 14 Bde,
Leipzig [3]1856–1866; R. STADELMANN, W. FISCHER,
Die Bildungswelt des deutschen Handwerks um
1800, Berlin 1955; H. STEFFENS, Was ich erlebte,
München 1956; D. STEGMANN u.a. (Hgg.), Deut-
scher Konservatismus im 19. und 20. Jahrhundert,
Bonn 1983; H. STEIN, Pauperismus und Assozia-
tion, Soziale Tatsachen und Ideen auf dem westeu-
ropäischen Kontinent vom Ende des 18. bis zur
Mitte des 19. Jahrhunderts, unter besonderer Be-

rücksichtigung des Rheingebiets, in: IRSH 1/1, 1936, 1–20; P. STEINBACH (Hg.), Probleme politischer Partizipation im Modernisierungsprozeß, Stuttgart 1982; G. STEINHAUSEN, Geschichte des deutschen Briefs, 2 Bde, Berlin 1889–1891; E. STERLING, Judenhaß, Die Anfänge des politischen Antisemitismus in Deutschland 1815–1850, Frankfurt am Main 1969; J. P. STERN, Re-interpretations, Seven studies in nineteenth-century German literature, London 1964; DERS., Idylls and realities, Studies in nineteenth-century German literature, London, Southampton 1971; M. STOLLEIS, Geschichte des öffentlichen Rechts in Deutschland, Bd 1: Reichspublizistik und Policeywissenschaft 1600–1800, München 1988; H. STRAKOSCH, State absolutism and the rule of law, The struggle for the codification of civil law in Austria 1753–1811, Sydney 1967; J. STREISAND (Hg.), Studien über die deutsche Geschichtswissenschaft, 2 Bde, Berlin 1963–1968; E. SÜSS, Pfälzer im Schwarzen Buch, Ein personengeschichtlicher Beitrag zur Geschichte des Hambacher Festes, des frühen pfälzischen und deutschen Liberalismus, Heidelberg 1956; M. SWALES, The German Bildungsroman from Wieland to Hesse, Princeton 1978; P. SWEET, Wilhelm von Humboldt, 2 Bde, Columbus, Ohio, 1978–1980.

V. L. TAPIÉ, The rise and fall of the Habsburg monarchy, London 1971; H.-J. TEUTEBERG, Der Einfluß der Agrarreformen auf die Betriebsorganisation und Produktion der bäuerlichen Wirtschaft Westfalens im 19. Jahrhundert, in: F. BLAICH (Hg.), Entwicklungsprobleme einer Region, Das Beispiel Rheinland und Westfalen im 19. Jahrhundert, Berlin 1980, 167–276; H.-J. TEUTEBERG, A. BERNHARD, Wandel der Kinderernährung in der Zeit der Industrialisierung, in: J. REULECKE, W. WEBER (Hgg.), Fabrik, Familie, Feierabend, Wuppertal 1978, 177–214; H.-J. TEUTEBERG, G. WIEGELMANN, Der Wandel der Nahrungsgewohnheiten unter dem Einfluß der Industrialisierung, Göttingen 1972; P. THIELEN, Karl August von Hardenberg 1750–1822, Köln 1967; CH. TILLY (Hg.), The formation of nation states in Western Europe, Princeton 1975; DERS. (Hg.), Historical studies of changing fertility, Princeton 1978; DERS. u. a. (Hgg.), The rebellious century 1830–1930, Cambridge, Mass., 1975; R. TILLY, Financial institutions and industrialization in the Rhineland 1815–1870, Madison 1966; DERS., Los von England, Probleme des Nationalismus in der deutschen Wirtschaftsgeschichte, in: ZGS 134/1, 1968, 179–196; DERS.,

Popular disorders in nineteenth-century Germany, A preliminary survey, in: JSH 4/1, 1970, 1–40; DERS., Kapital, Staat und sozialer Protest in der deutschen Industrialisierung, Gesammelte Aufsätze, Göttingen 1980; F. TIPTON, The national consensus in German economic history, in: CEH 7/3, September 1974, 195–224; DERS., Regional variations in the economic development of Germany during the nineteenth century, Middletown, Conn., 1976; J. E. TOEWS, Hegelianism, The path toward dialectical humanism 1805–1841, Cambridge 1980; C. TRÄGER (Hg.), Die Französische Revolution im Spiegel der deutschen Literatur, Frankfurt am Main 1975; DERS. (Hg.), »... ihr seid dabeigewesen«, Deutsche Schriftsteller zur Französischen Revolution, Leipzig 1989; H. V. TREITSCHKE, Bundesstaat und Einheits-Staat, 1864, in: Aufsätze, Reden und Briefe, hg. v. K. SCHILLER, Meersburg 1929, Bd 3, 9–146; K. TRIBE, Cameralism and the science of government, in: JMH 56, Juni 1984, 163–184; DERS., Governing economy, The reformation of German economic discourse 1750–1840, Cambridge 1988; R. S. TURNER, The growth of professorial research in Prussia 1818–1848, Causes and context, in: R. McCORMACK (Hg.), Historical studies in the physical sciences, Philadelphia 1971, 137–182; DERS., University reformers and professorial research in Germany 1760–1806, in: L. STONE (Hg.), The university in society, Princeton 1974, Bd 2, 495–531; DERS., The Prussian professoriate and the research imperative 1790–1840, in: H. N. JAHNKE, M. OTTE (Hgg.), Epistemological and social problems of the sciences in the early nineteenth century, Dordrecht 1981, 109–122.

H. ULLMANN (Hg.), Denkwürdigkeiten aus dem Dienstleben des hessen-darmstädtischen Staatsministers Freiherrn du Thil 1803–1848, Stuttgart 1921; H.-P. ULLMANN, Die öffentlichen Schulden in Bayern und Baden 1780–1820, in: HZ 242/1, 1986, 31–68.

V. VALENTIN, Geschichte der deutschen Revolution 1848/49, 2 Bde, Berlin 1930/31; DERS., Das Hambacher Fest, Berlin 1932; F. VALJAVEC, Die Entstehung der politischen Strömungen in Deutschland 1770–1815, München 1951; M. VAN CREVELD, Supplying war, Logistics from Wallenstein to Patton, Cambridge 1977; DERS., Command in war, Cambridge 1985; R. VAN DÜLMEN, Kultur und Alltag in der frühen Neuzeit, Bd 1: Das Haus und seine Menschen, München 1990; J. A. VANN, The making of a state, Württemberg 1593–1793, Ithaca, London 1984; J. A. VANN, S. W. ROWAN (Hgg.), The old Reich, Essays on German political institutions 1495–1806, Brüssel 1974; R. VIRCHOW, Briefe an seine Eltern 1839–1864, hg. v. M. RAHL (geb. Virchow), Leipzig [2]1907; R. VIERHAUS, Ranke und die soziale Welt, Münster 1957; DERS., Deutschland vor der Französischen Revolution, Habil., Münster 1961; DERS., Politisches Bewußtsein in Deutschland vor 1789, in: Der Staat 6/2, 1967, 175–196; DERS., Eigentumsrecht und Mediatisierung, Der Kampf um die Rechte der Reichsritterschaft 1803–1815, in: DERS. (Hg.), Eigentum und Verfassung, Zur Eigentumsdiskussion im ausgehenden 18. Jahrhundert, Göttingen 1972, 229–257; DERS., Bildung, in: GGB, 1972, Bd 1, 508–551; DERS., Aufklärung und Freimaurerei in Deutschland, in: R. v. THADDEN u. a. (Hgg.), Das Vergangene und die Geschichte, Festschrift für R. Wittram, Göttingen 1973, 23–41; DERS., Ranke und die Anfänge der deutschen Geschichtswissenschaft, in: B. FAULENBACH (Hg.), Geschichtswissenschaft in Deutschland, München 1974, 17–34; DERS., Deutschland im Zeitalter des Absolutismus 1648–1763, Göttingen 1978; DERS., Staaten und Stände, Vom Westfälischen bis zum Hubertusburger Frieden 1648–1763, in: Propyläen Geschichte Deutschlands, Bd 5, Berlin 1984; H. J. DE VLEESCHAUWER, The development of Kantian thought, London 1962; B. VOGEL, Beamtenkonservatismus, Sozial- und verfassungsgeschichtliche Voraussetzungen der Parteien in Preußen im frühen 19. Jahrhundert, in: D. STEGMANN u. a. (Hgg.), Konservatismus im 19. und 20. Jahrhundert, Bonn 1983, 1–32; TH. v. LAUE, Leopold Ranke, The formative years, Princeton 1950; M. E. VOPELIUS, Die altliberalen Ökonomen und die Reformzeit, Stuttgart 1968; K. VORLÄNDER, Immanuel Kant, Der Mann und das Werk, 2 Bde, Leipzig 1924.

R. WAGNER, Gesammelte Schriften, hg. v. J. KAPP, 14 Bde, Leipzig o. J. (1914); M. WALKER, Germany and the emigration 1816–1885, Cambridge, Mass., 1964; DERS., German home towns, Community, state, general estate 1648–1871, Ithaca, N. Y., 1971; DERS., Johann Jakob Moser and the holy Roman empire of the German nation, Chapel Hill 1981; F. WALTER, Die österreichische Zentralverwaltung 1740–1792, 2 Bde, Wien 1938–1950; DERS., Österreichische Verfassungs- und Verwaltungsgeschichte 1500–1955, Wien 1972; A. WANDRUSZKA, The house of Habsburg, Six hundred years of a European dynasty, Garden City, N. Y.,

1965; F. WALTER, P. URBANITSCH (Hgg.), Die Habsburger Monarchie 1848–1918, 2 Bde, Wien 1973–1975; A. WARD, Book production, fiction and the German reading public 1740–1800, Oxford 1974; CH. WEBER, Aufklärung und Orthodoxie am Mittelrhein 1820–1850, Paderborn 1973; M. WEBER, Wirtschaft und Gesellschaft, Grundriß der Verstehenden Soziologie, Tübingen 1976; R. WEBER, Die Revolution in Sachsen 1848/49, Entwicklung und Analyse ihrer Triebkräfte, Berlin 1970; I. WEBER-KELLERMANN, Die deutsche Familie, Versuch einer Sozialgeschichte, Frankfurt am Main 1974; DERS., Die Familie, Frankfurt am Main 1977; H.-U. WEHLER, Deutsche Gesellschaftsgeschichte, Bd 1 und 2, München 1987; DERS. (Hg.), Deutsche Historiker, 8 Bde, Göttingen 1971–1982; DERS., Sozialgeschichte heute, Festschrift für H. Rosenberg, Göttingen 1974; P.-L. WEINACHT, Staat, Studien zur Bedeutungsgeschichte des Wortes von den Anfängen bis ins 19. Jahrhundert, Berlin 1968; K. WEINANDY, Die politischen Wahlen in den rechtsrheinischen Kreisen Sieg, Mülheim, Wipperfürth, Gummersbach und Waldbröl des Regierungsbezirkes Köln in der Zeit von 1849 bis 1870, Diss., Bonn 1956; E. WEIS, Der Durchbruch des Bürgertums 1776–1847, in: Propyläen Geschichte Europas, Bd 4, Berlin [2]1981; DERS., Montgelas' innenpolitisches Reformprogramm, Das Ansbacher Mémoire für den Herzog vom 30. September 1796, in: ZBL 33/1, 1970, 219–256; DERS., Montgelas, 1759–1799, Zwischen Revolution und Reform, München 1971; DERS. (Hg.), Reformen im rheinbündischen Deutschland, München 1984; R. WELLEK, A history of modern criticism 1750–1950, 4 Bde, New Haven 1955; P. WENTZCKE u. a. (Hgg.), Darstellung und Quellen zur Geschichte der deutschen Einheitsbewegung im 19. und 20. Jahrhundert, 10 Bde, Heidelberg 1957–1978; J. WHITMAN, The legacy of Roman law in the German romantic era, Historical vision and legal change, Princeton 1990; B. v. WIESE, Friedrich Schiller, Stuttgart 1963; TH. WILHELM, Die Idee des Berufsbeamtentums, Ein Beitrag zur Staatslehre des deutschen Frühkonstitutionalismus, Tübingen 1933; E. WINTER, Der Josephinismus, Die Geschichte des österreichischen Reformkatholizismus 1740–1848, überarb. Aufl., Berlin 1962; DERS., Frühliberalismus in der Donaumonarchie 1790–1868, Berlin 1968; DERS., Revolution, Neoabsolutismus und Liberalismus in der Donaumonarchie, Wien 1970; R. WIRTZ, »Widersetzlichkeiten, Excesse, Crawalle, Thumulte und Skandale«, Soziale Bewegung und gewalthafter sozialer Protest in Baden 1815–1848, Frankfurt am

Main 1981; G. Wollstein, Das »Großdeutschland« der Paulskirche, Nationale Ziele in der bürgerlichen Revolution 1848/49, Düsseldorf 1977; B. Wunder, Privilegierung und Disziplinierung, Die Entstehung des Berufsbeamtentums in Bayern und Württemberg 1780–1825, München 1978; Ders., Geschichte der Bürokratie in Deutschland, Frankfurt am Main 1986; H. Wutzmer, Die Herkunft der industriellen Bourgeoisie Preußens in den vierziger Jahren des 19. Jahrhunderts, in: H. Mottek u. a. (Hgg.), Studien zur Geschichte der industriellen Revolution in Deutschland, Berlin 1975, 145–163.

G. Ziebura, Anfänge des deutschen Parlamentarismus, Geschäftsverfahren und Entscheidungsprozeß in der ersten deutschen Nationalversammlung 1848/49, in: G. A. Ritter, G. Ziebura (Hgg.), Faktoren der politischen Entscheidung, Festschrift für E. Fraenkel, Berlin 1963, 185–236; J. Ziekursch, Hundert Jahre schlesischer Agrargeschichte, Breslau 1927; H. Zimmer, Auf dem Altar des Vaterlandes, Religion und Patriotismus in der deutschen Kriegslyrik des 19. Jahrhunderts, Frankfurt am Main 1971; W. Zorn, Typen und Entwicklungskräfte deutschen Unternehmertums im 19. Jahrhundert, in: VSWG 44/1, 1957, 57–77; Ders., Schwerpunkte der deutschen Ausfuhrindustrie im 18. Jahrhundert, in: JbbNs 173, 1961, 422–447; St. Zucker, Kathinka Zitz-Halein and female civic activism in mid-nineteenth-century Germany, Carbondale, Edwardsville, Ill., 1991; F. Zunkel, Der rheinisch-westfälische Unternehmer 1834–1879, Ein Beitrag zur Geschichte des deutschen Bürgertums im 19. Jahrhundert, Köln, Opladen 1962; H. Zwahr, Die Konstituierung des Proletariats als Klasse, Strukturuntersuchung über das Leipziger Proletariat während der industriellen Revolution, Berlin 1978; Ders., Zur Klassenkonstituierung der deutschen Bourgeoisie, in: JbG 18, 1978, 21–83.

Zeitgenössische Werke

E. M. Arndt, Erinnerungen 1769–1815, hg. v. D. Weber, Berlin 1985; Ders., Geist der Zeit, Berlin 1807–1818.

F. X. v. Baader, Vom Wärmestoff, seiner Vertheilung, Bindung und Entbindung, vorzüglich beim Brennen der Körper, in: Ders., Sämtliche Werke, 16 Bde, hg. v. F. Hoffmann u. a., Aalen 1963, Bd 3,

1–178; D. Baumgart (Hg.), Seele und Welt, Franz Baader's Jugendtagebücher 1786–1792, Berlin o. J.; R. Z. Becker, Noth- und Hülfs-Büchlein oder Lehrreiche Freuden- und Trauer-Geschichte der Einwohner zu Wildheim, Gotha 1799; L. Börne, Werke, 2 Bde, hg. v. H. v. Bock, W. Dietze, Berlin [5]1986; H. v. Boyen, Erinnerungen, hg. v. F. Rippold, 3 Bde, Leipzig 1889, Bd 1; Der Briefwechsel zwischen Schiller und Wilhelm von Humboldt, 2 Bde, Berlin 1962; G. Büchner, Lenz, in: Ders., Werke und Briefe, München 1985, 69–90; J. Burckhardt, Brief an Heinrich Schreiber vom 15. Januar 1840, in: Ders., Briefe, 10 Bde, hg. v. M. Burckhardt, Bd 1.

C. v. Clausewitz, Vom Kriege, Bonn [18]1973.

F. C. Dahlmann, Die Politik auf den Grund und das Mass der gegebenen Dinge zurückgeführt, [2]1847, Repr. Berlin 1924; Ders., Kleine Schriften und Reden, hg. v. C. Varrentrapp, Stuttgart 1886; R. v. Delbrück, Lebenserinnerungen 1817–1867, 2 Bde, Leipzig 1905; E. Dronke, Berlin, Frankfurt am Main 1846, Bd 1.

K. F. Eichhorn, Deutsche Staats- und Rechtsgeschichte, Göttingen [5]1843/44, Bd 1; F. Engels, Der Status quo in Deutschland, in: K. Marx, F. Engels, Historisch-Kritische Gesamtausgabe, Werke, Schriften, Briefe, hg. v. V. V. Adoratskij, 13 Bde, Glashütten 1970, Bd 6, 229–249.

L. Feuerbach, Das Wesen des Christenthums, in: Sämtliche Werke, 13 Bde, hg. v. W. Bolin, F. Jodl, Stuttgart 1960, Bd 6; J. G. Fichte, Der geschloßne Handelsstaat, in: Ders., Werke, Bd 3, 417–453; Ders., Reden an die deutsche Nation, in: Ebenda, 365–610; Ders., Die Staatslehre oder Über das Verhältnis des Urstaates zum Vernunftreiche, in: Ebenda, Bd 6, 417–625; Ders., Appellation an das Publikum, in: H. Lindau (Hg.), Die Schriften zu J. G. Fichtes Atheismus-Streit, München 1912, 92–150; G. Forster, Ansichten vom Niederrhein 1791, in: Werke, Bd 9, Berlin 1958; Ders., Im Anblick des großen Rades, Schriften zur Revolution, hg. v. R. R. Wuthenow, Darmstadt 1981; Freiligraths Werke in 6 Teilen, hg. v. J. Schwering, Berlin 1909.

H. v. Gagern, Deutscher Liberalismus im Vormärz, in: Ders., Briefe und Reden 1815–1848, Berlin 1959; F. v. Gentz, Briefe an Christian Garve 1789–1798, hg. v. Dr. Schönborn, Breslau 1857; A.

GLASSBRENNER, Unterrichtung der Nation, Ausgewählte Werke und Briefe, 3 Bde, Köln 1981; J. W. v.
GOETHE, Aus meinem Leben, Dichtung und Wahrheit, in: Werke, Hamburger Ausgabe, 14 Bde,
München 1981, Bd 9; DERS., Die Leiden des jungen
Werther, in: Ebenda, Bd 6, 7–124; DERS., Wilhelm
Meisters Lehrjahre, in: Ebenda, Bd 7; DERS., Campagne in Frankreich, in: Ebenda, Bd 10, 188–363;
J. GÖRRES, Politische Schriften der Frühzeit 1795–
1800, in: DERS., Gesammelte Schriften, Bd 1, Köln
1928; H. G. GRÄF, A. LEITZMANN (Hgg.), Der Briefwechsel zwischen Schiller und Goethe, Frankfurt
am Main, München, Zürich 1964; F. GRILLPARZER,
Sämtliche Werke, hg. v. P. FRANK, K. PÖRNBACHER,
4 Bde, München 1965; K. GUTZKOW, Vergangene
Tage (Wally, die Zweiflerin), in: DERS., Werke, Auswahl in 12 Teilen, hg. v. R. GENSEL, Berlin o. J., 4.
Teil, 65–184.

G. W. F. HEGEL, Phänomenologie des Geistes, in:
DERS., Werke, 20 Bde, Frankfurt am Main 1970,
Bd 3; DERS., Rede zum Schuljahresabschluß am 30.
August 1815, in: Ebenda, Bd 4, 368–376; DERS.,
Vorlesungen über die Philosophie der Religion, in:
Ebenda, Bd 16; DERS., Anrede an seine Zuhörer bei
Eröffnung seiner Vorlesungen in Berlin am 22. Ok-
tober 1818, in: Hegels Vorreden, hg. v. E. METZKE,
Heidelberg 1949, 109–113; DERS., Grundlinien der
Philosophie des Rechts oder Naturrecht und
Staatswissenschaft im Grundrisse; K. HEGEL (Hg.),
Briefe von und an Hegel, Leipzig 1887; H. HEINE,
Die romantische Schule, hg. v. H. WEIDMANN,
Stuttgart 1984; H. HEINE, Zur Geschichte der Re-
ligion und Philosophie in Deutschland, in: DERS.,
Sämtliche Schriften, hg. v. K. BRIEGLEB, München
1971, Bd 3, 505–642; DERS., Briefe aus Berlin, in:
Ebenda, Bd 2; DERS., Über Ludwig Börne, in: Eben-
da, Bd 2; DERS., Lutezia, Berichte über Politik,
Kunst und Volksleben, in: Sämtliche Werke, hg. v.
E. ELSTER, Leipzig, Wien o. J., Bd 6; J. G. HERDER,
Von der Ausbildung der Rede und Sprache in Kin-
dern und Jünglingen, in: Herders Sämmtliche Werke, hg. v. B. SUPHAN, 33 Bde, Berlin 1877–1913,
Bd 30, 217–226; DERS., Briefe zur Beförderung der
Humanität, in: Ebenda, Bd 17; DERS., Aus dem
deutschen Museum, Von Ähnlichkeit der mittlern
englischen und deutschen Dichtkunst, in: Ebenda,
Bd 9, 522–533; DERS., Abhandlung über den Ursprung der Sprache, in: Ebenda, Bd 5, 1–158;
DERS., Über die neuere deutsche Literatur, in: Ebenda, Bd 1, 131–532; DERS., Idee zum ersten patriotischen Institut für den Allgemeingeist Deutschlands,
in: Ebenda, Bd 16, 600–616; Herders Briefe, Aus-

gew. v. W. DOBBEK, Weimar 1959; T. HODGSKIN,
Travels in the North of Germany, 1820, Repr. New
York 1969; F. HÖLDERLIN, Gedichte, Hyperion
oder Der Eremit in Griechenland, Briefe, Berlin
1991; E. T. A. HOFFMANN, Der Sandmann, Das öde
Haus, Nachtstücke, hg. v. M. WACKER, Stuttgart
1984; W. v. HUMBOLDT, Ideen über Staatsverfas-
sung, durch die neue französische Constitution ver-
anlasst, in: DERS., Gesammelte Schriften, 15 Bde,
Berlin 1903 ff., Bd 1, 77–85; DERS., Ästhetische
Versuche, in: Ebenda, Bd 2, 113–323; Wilhelm und
Caroline v. Humboldt in ihren Briefen, hg. v. A. v.
SYDOW, 7 Bde, Berlin 1910.

K. L. IMMERMANN. Briefe, Textkritische Gesamtausgabe, 3 Bde, hg. v. P. HASUBEK, München 1978–
1987.

J. JACOBY, Vier Fragen beantwortet von einem Ostpreußen, Mannheim 1841.

I. KANT, Beantwortung der Frage: Was ist Aufklä-
rung?, in: Politische Schriften, hg. v. H. v. D. GA-
BLENZ, Köln 1965, 1–8; DERS., Kritik der reinen
Vernunft, in: Werke, 6 Bde, Darmstadt 1983;
DERS., Zum ewigen Frieden, Ein philosophischer
Entwurf, in: Ebenda, 191–251; DERS., Briefwech-
sel, hg. v. O. SCHÖNDÖRFFER, Hamburg ³1986; H.
v. KLEIST, Sämtliche Werke und Briefe, 2 Bde, hg. v.
H. SEMBDNER, München 1987; J. L. KLÜBER, Ak-
ten des Wiener Kongresses in den Jahren 1814 und
1815, 1815–1835, Repr. Osnabrück 1966; A.
KNIGGE, Über den Umgang mit Menschen, in:
Sämtliche Werke, hg. v. P. RAABE, 24 Bde, Repr.
München 1992, Bd 10; C. F. FRH. KÜBECK VON KÜ-
BAU, Tagebücher, hg. v. M. FRH. v. KÜBECK. 3 Bde,
Wien 1909; F. KUGLER, Kleine Schriften und Stu-
dien zur Kunstgeschichte, Bd 3, Stuttgart 1854.

S. LAING, Notes of a traveller..., London 1842; K.
H. RITTER v. LANG, Aus der bösen alten Zeit, Lebenserinnerungen, hg. v. V. PETERSEN, 2 Bde, Stuttgart ²1910–1913; DERS., Memoiren, Skizzen aus
meinem Leben und Wirken, meinen Reisen und
meiner Zeit, 2 Bde, Braunschweig 1842; F. LIST,
Das natürliche System der politischen Ökonomie,
Nach der französischen Urschrift erstmals hg. und
übers. v. E. SALIN. ARTUR SOMMER, in: Schriften,
Reden, Briefe, 10 Bde, hg. v. E. v. BECKERATH u. a.,
Berlin 1927–1937.

K. MARX, F. ENGELS, Gesamtausgabe (MEGA),
Berlin 1985, Bd I/3; J. MÖSER, Sämtliche Werke,

Bde 12/13: Osnabrückische Geschichte, Hamburg 1964–1971; DERS., Sämtliche Werke, Bd 9: Patriotische Phantasien und Zugehöriges, Hamburg 1958.

F. NICOLAI, Das Leben und die Meinungen des Herrn Sebaldus Nothanker, hg. v. B. WITTE, Stuttgart 1991; NOVALIS (F. v. HARDENBERG), Fragmente und Studien, Die Christenheit in Europa, hg. v. C. PASCHEK, Stuttgart 1984; DERS., Schriften, Die Werke Friedrich von Hardenbergs, 4 Bde, hg. v. P. KLUCKHOHN, R. SAMUEL, Darmstadt 1965.

J. OWEN, Travels into different parts of Europe in the years 1791 and 1792, London 1796.

L. v. RANKE, Über die Trennung und die Einheit von Deutschland, 1832, in: Sämmtliche Werke, Bd 19, Leipzig 1887, 134–172; DERS., Das politische Gespräch und andere Schriftchen zur Wissenschaftslehre, Halle/Saale 1925; G. F. REBMANN, Kosmopolitische Wanderungen durch einen Teil Deutschlands, hg. v. H. VOEGT, 1793, Repr. Frankfurt am Main 1968; J. C. RIESBECK, Travels through Germany in a series of letters, 3 Bde, London 1787; C. v. ROTTECK, Lehrbuch des Vernunftrechts und der Staatswissenschaften, 4 Bde, Stuttgart 1835, Repr. Aalen 1964; DERS., Gesammelte und nachgelassene Schriften mit Biographie und Briefwechsel, hg. v. H. v. ROTTECK, 5 Bde, Pforzheim 1841–1843; A. RUGE, Selbstkritik des Liberalismus, in: Sämtliche Werke, Bd 4, Mannheim 1847; P. O. RUNGE, Hinterlassene Schriften, 2 Bde, Hamburg 1840/41; J. RUSSELL, A tour in Germany and some of the southern provinces of the Austrian Empire in 1820, 1821, and 1822, Edinburgh [2]1828.

F. W. J. v. SCHELLING, System des transzendentalen Idealismus, in: DERS., Ausgewählte Schriften, Frankfurt am Main 1985, Bd 1, 395–702; F. SCHILLER, Was kann eine gute stehende Schaubühne eigentlich wirken?, in: Werke, 3 Bde, München 1966,

Bd 1, 719–729; DERS., Über die ästhetische Erziehung des Menschen in einer Reihe von Briefen, in: Ebenda, Bd 2, 445–520; DERS., Über naive und sentimentalische Dichtung, in: Ebenda, Bd 2, 540–606; DERS., Was heißt und zu welchem Ende studiert man Universalgeschichte? Eine akademische Antrittsrede, in: Ebenda, Bd 3, 9–22; DERS., Deutsche Größe, in: Werke, Nationalausgabe, begr. v. J. PETERSEN, Weimar 1983, Bd 1, 431–436; F. SCHLEGEL, Athenäums-Fragmente, in: DERS., Schriften zur Literatur, München 1985, 25–83; DERS., Gespräch über die Poesie, in: Ebenda, 279–331; DERS., An die Deutschen, in: DERS., Kritische Ausgabe, hg. v. E. BEHLER, München 1962, Bd 5, 298–301; F. D. E. SCHLEIERMACHER, Kritische Gesamtausgabe, 10 Bde, hg. v. H.-J. BIRKNER u.a., Berlin, New York 1992, Bd 5.1, 49–52; DERS., Über die Religion, Reden an die Gebildeten unter ihren Verächtern, in: Ebenda, Bd 2, 185–326; J. SCHOPENHAUER, Ihr glücklichen Augen, Jugenderinnerungen, Tagebücher, Briefe, Berlin 1978; H. SCHULZ (Hg.), J. G. Fichtes Briefwechsel, 2 Bde, Leipzig 1925; F. J. STAHL, Das monarchische Princip, Heidelberg 1845; K. FRH. V. STEIN, Briefe und amtliche Schriften, hg. v. E. BOTZENHART, W. HUBATSCH, Stuttgart 1957–1974, Bd 2.

A. D. THAER, Landwirtschaftliche Gewerbs-Lehre, Neudr. Celle 1967.

F. WALTER (Hg.), Maria Theresia, Briefe und Aktenstücke in Auswahl, Darmstadt 1968 (Ausgewählte Quellen zur deutschen Geschichte der Neuzeit, Bd 12); CH. M. WIELAND, Betrachtungen über die gegenwärtige Lage des Vaterlandes, in: Werke, 5 Bde, München 1967, Bd 3, 695–727; DERS., Über deutschen Patriotismus, Betrachtungen, Fragen und Zweifel, Mai 1793, in: Werke, hg. v. W. KURRELMEYER, Bd 15, Berlin 1930, 586–595.

J. ZEHBE (Hg.), Briefe an Kant, Göttingen 1971.

Personen- und Ortsregister

Aachen 104, 111, 195, 197, 234f., 389, 462, 560
Abbt, Thomas 164, 175, 343
Abel, Karl von 573, 586f.
Abtenau 73
Acton, Lord John Emerich Edward 504, 511, 514
Adelung, Johann Christoph 160
Afrika 541
Ägypten 206, 286, 428
– Khedive:
– Mehmed Ali 576
Albrecht, Wilhelm 571
Altenburg 136
Altenstein, Karl von 271, 278, 280, 525
Amerika 76, 114f., 188, 190, 426
Amerling, Friedrich von 498
Amsterdam 123, 426
Ancillon, Friedrich 387
Andernach 63
Andrian-Werburg, Leopold Freiherr von 584f.
Anhalt 250
Ansbach 225, 367
Ansbach-Bayreuth 29, 54, 278
– Friedrich I. von Ansbach-Bayreuth 53–55
Antwerpen 13
Aretin, Karl Otmar von 254
Aristoteles 13
Arndt, Ernst Moritz 22, 127, 153, 350–356, 367, 370, 449, 504, 576
Arnim, Achim von 300, 345, 504, 509
Arnim, Bettina von 516, 531
Arnsdorf 597
Aschaffenburg 195, 367
Aspem 262, 288
Athen 507
Auerstedt 214, 260
Auerswald, Alfred von 577
Auerswald, Rudolf von 577
Augereau, Pierre François 221

Augsburg 63, 65, 122, 131, 216, 222f., 239, 246f., 414f., 430, 450, 515, 610
Austerlitz 207, 213, 225, 260

Baader, Franz Xaver von 326ff., 600
Baden 219, 223, 228, 232, 239f., 242ff., 248, 251, 296, 367f., 377, 381f., 385f., 388, 392f., 407f., 425, 436, 442, 452, 465f., 483, 559, 563, 587, 589, 591, 610, 618
– Großherzog:
– Leopold 563, 588
– Kurfürst:
– Friedrich Wilhelm (Der Große Kurfürst) 55
Baden-Baden 239, 428, 445
Baden-Durlach 130, 382
– Markgraf:
– Karl Friedrich 239f.
Baedeker, Karl 428
Bähr, Otto 449
Bahrdt, Carl Friedrich 186
Baltimore 237
Balzac, Honoré de 178
Bamberg 223, 239, 396, 430
Banfield, T. C. 445
Barcelona 123
Barmen 106, 416, 450, 462, 468, 476, 574
Basel 204, 207, 213, 219f., 223, 330, 503
Bath, Slicher van 94
Bauer, Bruno 523, 525, 527ff., 535
Baur, Christian 522
Bautzen 291
Bayern 20, 29, 35, 42f., 51, 66, 85, 91, 109, 172, 176, 201, 206, 219, 222–225, 228, 232, 239–243, 245–249, 291f., 326, 364f., 367f., 377, 380ff., 384ff., 388, 393, 403, 405, 429,

442, 446, 450, 452, 465f., 515, 519, 564, 568, 573, 586f., 595
– Kurfürst:
– Karl Theodor 239, 241
– Könige:
– Ludwig I. 380, 489f., 492, 516, 519, 564, 568, 573, 585f., 609
– Maximilian IV. (I.) Joseph, Kurfürst und König 239, 241f., 292, 380f., 512
Bayreuth 225, 239, 367
Bebel, August 419
Becher, Johann Joachim 178f.
Beck, Christian August 46f.
Beck, Karl 432
Beck, Lewis White 165
Becker, Nikolaus 576
Becker, Rudolf Zacharias 189
Beethoven, Ludwig van 142, 307, 361
Bekk, Johann Baptist 588
Belgien 199, 202, 367, 428, 567, 603
Bendz, Wilhelm Ferdinand 496
Bennigsen, Familie 117
Bensen, Heinrich Wilhelm 600
Berchtesgaden 367
Berding, Helmut 514
Berg 232, 236, 245
Bergson, Henri 608
Berkner, Lutz 70, 77, 86
Berlichingen, Götz von 154
Berlin 21, 24, 52, 54, 57, 63, 67, 77, 100, 102, 104, 106f., 112ff., 122, 124, 142, 145, 150, 155, 164, 170, 176, 182, 199ff., 204, 210, 213, 217, 219f., 233, 262, 264, 266, 268ff., 276, 278, 281, 283, 288f., 292, 301ff., 314, 318, 324f., 327, 333, 335f., 338f., 347, 349, 351ff., 363f., 366f., 385ff., 390, 394,

396 f., 400, 411, 417, 422–
425, 430, 432, 441, 450 f.,
454 f., 457, 459, 463,
468 f., 474, 476, 479, 483,
487, 489 ff., 494 ff., 505 ff.,
512, 514, 520 ff., 524–527,
535, 538 f., 550, 561,
572 f., 577 f., 580 ff., 585,
594 f., 602 f., 609, 617 f.,
621 f.
Berlin, Isiah 169
Bern 319, 548 f.
Bernadotte, Jean Baptiste
291 f.
Beulwitz, Caroline von 333
Beurmann, Eduard 433
Beyme, Karl Friedrich von 394
Biedermann, Karl 88 f., 109,
162, 591
Biedermeier, Gottlieb siehe
Samuel Friedrich Sauter
Birtsch, Günter 62
Bischoffwerder, Johann Ru-
dolf von 267 ff.
Bismarck, Familie 130
Bismarck, Otto von 263, 398,
433, 482, 484, 514, 521,
619, 622 f.
Blackall, Eric 149
Blanning, T. C. W. 216, 337
Blaschke, Karlheinz 425
Blasius, Dirk 594
Blessing, Werner K. 519
Blickle, Peter 90
Blittersdorff, Friedrich von
471, 484, 587
Blücher, Gebhard Leberecht
von 292, 296 f., 355 f., 388
Blum, Jerome 92
Blum, Robert 558, 580, 590
Blumröder, Gustav 496
Bluntschli, Johann Caspar 575
Bock, Friedrich von 208
Bode, Wilhelm 562
Bodensee 240
Boeckh, August 507 f., 514
Böhmen 12, 17, 40, 63, 104,
222
Bolzano, Bernhard 326, 328 f.
Bonn 142, 462, 507, 516,
526 f., 535, 538
Bopfingen 27
Boppard 63, 195, 197, 222

Born, Stephan 603
Börne, Ludwig 429, 532,
535, 542, 566
Borodino 287
Borsig, August 474
Boswell, James 57, 63
Bourbonen 30, 296, 560, 565
Boyen, Familie 117
Boyen, Hermann von 192,
210, 214, 285, 298, 389,
576
Brahms, Johannes 494
Bräker, Ulrich 146, 155
Brandenburg 21, 65, 89 f.,
94, 119 f., 178, 217, 222
Brandenburg-Preußen 17, 20,
29, 34, 36, 52, 54, 90, 102
Braß, August 599
Braudel, Fernand 69, 96
Brauer, Johann Friedrich 243
Braunschweig 88, 94, 138,
194, 201 f., 207 f., 219,
278, 377, 430, 450, 467,
491, 562 f.
– Herzöge:
– Karl II. 562
– Wilhelm 562
Brecht, Bertolt 535
Breisgau 239
Bremen 222, 236, 368, 377,
453 f., 476
Brentano, Bettina von 509
Brentano, Christian von 509,
516
Brentano, Clemens von 300,
306, 310, 314, 345, 504,
507, 509, 516
Breslau 67, 268, 289, 292,
324, 353, 430, 450 f., 580 f.
Breuner, Graf 584
Brinkmann, Carl 446
Brinton, Crane 608
Brissot, Jacques Pierre 200
Brockhaus, Friedrich 476
Brüggemann, Karl Heinrich
432, 567, 569
Brünn 430
Brunner, Otto 24 f.
Brüssel 198, 605
Bryce, Lord 215
Büchner, Georg 535
Budapest 252, 255, 430
Bukowina 40

Bülau, Friedrich 398
Bülow, Heinrich Dietrich von
210 f.
Burckhardt, Jakob 503, 510,
514
Burg 123
Burke, Edmund 338 f.
Burney, Charles 108, 135,
139 f.
Busch, Wilhelm 502
Büsching, Anton 124
Butler, E. M. 537, 540

Cadiz 108
Caesar, Gaius Julius 68
Calenberg 86
Campe, Joachim Heinrich 194
Campe, Julius 539
Camphausen, Ludolf 473 f.,
576, 591
Camphausen, Otto 570
Campo Formio 206, 220, 234
Caprivi, Leo von 469
Carus, Carl Gustav 431
Casanova, Giacomo Girola-
mo, Chevalier de Seingalt
30, 63
Cassirer, Ernst 161, 169
Castlereagh, Robert Stewart
360, 366
Cervantes Saavedra, Miguel
de 153
Chadwick, Owen 326
Chamisso, Adalbert von 300
Charlottenburg 476, 490
Chateaubriand, François René
Vicomte de 547
Chemnitz 423, 561
Clausewitz, Carl von 124 f.,
210 ff., 214, 285, 287 f.,
347, 419
Clausewitz, Friedrich Gabriel
von 115
Clemens, Franz Jakob 518
Cleve 234
Coburg 25, 250
Cocceji, Samuel von 61
Coleridge, Samuel Taylor 149
Collins, Peter 492
Colloredo, Franz Reichsgraf
von 254, 268
Conring, Hermann 22
Cook, James 336

Cornelius, Peter 300
Cotta von Cottendorf, Johann Friedrich Freiherr 576
Custine, Adam Philippe 202 f., 336

Dahlmann, Friedrich Christoph 376, 391, 554 f., 559, 571
Dalberg, Karl Theodor von 227 f., 232
Dänemark 12, 108, 361, 368 f., 616
– König:
– Friedrich VI. 361
Dante 153
Danzig 13, 95, 123, 190, 367, 450, 454
Dautzenberg, Franz 298
Davout, Louis Nicolas 214, 236
Defoe, Daniel 149
Delbrück, Rudolph von 483
Demokrit 527
Dessau 164
d'Ester, Carl 591
Deutschland 12, 20 ff., 29, 40, 65 f., 76, 85, 92, 95 f., 114, 123 ff., 133, 141, 144, 148, 151 ff., 159 f., 171, 174 f., 179 f., 185, 187, 191, 193 f., 196–200, 203, 216 ff., 221 f., 225, 227–230, 233 f., 236, 238 ff., 245, 247 f., 262, 264, 271, 278, 282, 287, 291, 294, 296 f., 317, 321, 326, 337, 339, 342–348, 350 f., 357, 361, 363–368, 371, 376 f., 384, 388, 398, 400, 402, 404–407, 409, 411–414, 416 f., 421 f., 428 ff., 433–436, 441, 445, 447, 451, 456, 460, 465, 467, 468 f., 471, 473, 477, 481, 485, 503, 511, 513, 518, 520 f., 525, 528, 530 f., 537–543, 546, 548, 552, 554, 557, 559 f., 564–567, 574–577, 579, 585, 587 f., 591 ff., 597, 599, 603 f., 606 f., 609 ff., 616–619, 621 ff.
DeVries, Jan 110, 122

Dickens, Charles 18
Diderot, Denis 160
Dierner, Michael 419
Dillingen 515
Dilthey, Wilhelm 57, 62, 298
Dingelstedt, Friedrich 534
Dithmarschen 443
Dittersdorf, Karl Ditters von 139
Dobelhoff, Baron von 584
Dohm, Christian Wilhelm 100, 164, 188
Dohna, Friedrich Ferdinand Graf 271, 278, 280
Döllinger, Ignaz von 517
Dresden 30, 106, 217, 286, 292 f., 339, 432, 450, 490, 493, 535
Drey, Johann Sebastian von 516 f.
Dronke, Ernst 576, 594
Droste-Hülshoff, Annette von 572
Droysen, Johann Gustav 514, 556 f.
Duisburg 112
Dumouriez, Charles François 202 f.
Dürer, Albrecht 412, 591
Durlach 73
Düsseldorf 96, 416, 538

Eberhard, Johann August 168
Eckermann, Johann Peter 531
Ehrenbreitstein 220
Eichendorff, Joseph von 300, 306, 310, 314
Eichhorn, Johann Albrecht Friedrich 527
Eichhorn, Karl Friedrich 508–511
Eichrodt, Ludwig 497
Eichstätt 239
Eifel 235, 462
Eisenach 250
Eisenstein, Elisabeth 141
Elba 296, 366
Elben, Otto 449
Elberfeld 106, 474, 561
Elbing 95
Elsaß 216
Elßler, Fanny 495
Ems 428

Engels, Familie 476
Engels, Friedrich 416 f., 450, 524, 529, 536, 606, 610, 619
Engels, Friedrich sen. 462
Engelsing, Rolf 145
England 12, 21, 36, 148 f., 176, 182, 199, 206, 233, 236, 284, 291, 326, 331, 364, 366, 369, 377, 416, 449, 461, 463, 477, 543, 571, 575, 584, 599, 603, 606
– Königin:
– Elisabeth Tudor 42
Epikur 527
Erfurt 186, 228
Erlangen 300, 318, 347, 550
Erzgebirge 67
Essen 450
Esterházy, Familie 139
Eugen, Prinz von Savoyen 41
Europa 13, 23, 30, 40 ff., 53, 58, 65, 69 f., 76–79, 81, 84, 92, 94, 106, 123, 125, 127, 135, 137 f., 141, 143, 147, 155, 160 f., 170, 172, 174, 182, 189 f., 193, 198 f., 203, 207, 224, 231 ff., 242, 256, 261, 264, 286, 288 ff., 292 f., 298, 310, 313, 332, 341, 344, 358 ff., 384, 417, 421, 425, 427, 429, 433 f., 461 f., 464, 467, 471 ff., 477, 485, 494, 506, 512, 519, 536, 540, 560, 563, 571, 587, 592–595, 605 f., 608 f.
Evans, R. J. W. 43
Ewald, Heinrich 571

Fallati, Johannes 602
Febronius, Justinus siehe Johann Nikolaus von Hontheim
Feder, Johann Georg 179
Ferdinand I. 39
Feuerbach, Ludwig 523 ff., 529 f., 535
Fichte, Johann Gottfried 134, 315–318, 320, 323, 325, 332, 346 ff., 351 f., 508, 516
Fisher, H. A. L. 19

Fiume 40
Flensburg 87
Flinn, Michael 66, 419
Follen, Karl 371 f.
Fontane, Theodor 469
Forster, Edward Morgan 64
Forster, Friedrich 371
Forster, Johann Georg 63,
192 f., 196, 235, 301, 333,
336 f.
Forster, Therese 333
Fox, Edward 103
Francke, August Hermann
161
Frank, L. K. 134
Frank, Peter 401
Franken 26, 206, 245
Frankfurt am Main 18, 27 f.,
63, 104, 123, 140, 153,
155, 221 f., 228, 232, 236,
312, 319, 368, 372 ff., 377,
414, 429 f., 445, 450 f.,
453, 465, 467, 476, 510,
561, 569, 610 f., 616 ff.,
622
Frankfurt an der Oder 177,
310, 511
Frankreich 13, 20 f., 29 f., 43,
54, 87, 104, 148, 151, 161,
170, 189 ff., 194–198, 200–
205, 207 f., 212 ff., 217–
222, 227 f., 230, 232–235,
238–241, 245, 250 f., 258,
260 f., 264 ff., 268, 278 ff.,
284–287, 289–292, 295 f.,
320 ff., 330, 332, 338 f.,
342, 344 f., 347 ff., 353,
356, 360, 362, 364, 366,
449, 540 f., 543, 565 f.,
569, 575 f., 585, 599,
603 f., 606, 618 ff.
– Kaiser:
– Napoleon Bonaparte, als
Napoleon I. Kaiser der
Franzosen 59, 205 ff.,
209, 213 f., 220, 225,
227–230, 232 f., 236 ff.,
240, 245, 248, 250, 253,
259 f., 262, 264 ff., 269 ff.,
278, 284–288, 290–297,
311, 329, 345 ff., 349 f.,
354 ff., 358, 360, 362–
367, 369, 376, 380, 382,

386, 388, 396, 399, 403,
460, 490, 543
– Napoleon III. 232
– Kaiserin:
– Maria Louise 265
– Könige:
– Ludwig XIV. 20, 30
– Ludwig XVI. 203
Freiburg 171, 430, 569
Freiligrath, Ferdinand 534 f.
Freising 223, 239, 403
Freud, Sigmund 314, 502
Freytag, Gustav 134
Friedland 214
Friedrich, Caspar David
305 ff., 309, 311, 370, 498
Friese, Friedrich 136
Friesland 204
Froebel, Julius 545, 558
Fröhlich, Katharina 501
Fulda 97, 171, 457
Fuller, J. C. F. 202
Fürstenberg 239
Fürstenberg, Familie 116
Fürth 97, 430

Gabler, Georg 522
Gagern, Familie 117
Gagern, Hans von 241, 250
Gagern, Heinrich von 371,
429, 556, 559, 573, 587
Gagliardo, John 19
Galen 68
Galizien 40, 256, 259, 438,
585
Gans, Eduard 394
Garampi, Kardinal 170
Garve, Christian 192, 469
Gay, Peter 503
Geertz, Clifford 546
Geich, J. B. 332
Geissler, Christian Benjamin
196
Geldern 234
Gengenbach 240
Gentz, Friedrich 192 f., 260,
337 ff., 384, 390 f., 495,
504, 547 f., 550
Gentz, Heinrich 490
Gerlach, Gebrüder 550
Gervinus, Georg 536, 560,
571, 580
Gibbon, Edward 470

Giedion, Sigfried 158
Gießen 186, 372
Gilly, David 490 f.
Gilly, Friedrich 489 f.
Glauchau 423
Gleiwitz 112
Gneisenau, Neidhardt von
282, 292, 386
Goethe, Johann Wolfgang
von 18, 57, 63, 89, 118,
145, 147, 150, 153–160,
162, 167, 170, 173, 182 f.,
191 f., 202, 215, 220, 227,
299 f., 302, 305, 308, 318,
324, 329–332, 335, 343,
354, 469, 485, 531 ff., 543,
599
Gollwitzer, Heinz 448
Gönner, Nikolaus von 229
Görres, Joseph 221, 300,
310, 344 ff., 409, 504, 572
Görz-Gradisca 39
Göschen, Georg Joachim 142
Goslar 103
Gotha 130
Gotthelf, Jeremias 449
Göttingen 86, 119, 125–129,
170, 174, 177, 182, 272,
278, 336, 339, 482, 496,
504, 508, 510, 538, 562,
571
Gottsched, Johann Christoph
148, 150
Grabbe, Christian Dietrich
535
Greifswald 350
Greneck, F. J. 25
Griechenland 157 ff., 286
Grillparzer, Franz 410 f.,
499 f., 583
Grimm, Gebrüder 146, 509
Grimm, Jacob 510, 571
Grimm, Wilhelm 510, 571
Großbritannien 114, 161,
205, 360, 364, 367, 416,
460, 465, 576
Großenhain 423
Grunow, Eleonore 325
Günther, Anton 516
Gutenberg, Johannes 174, 412
Guttenzell 222
Gutzkow, Karl 448, 469, 535–
538

Habsburger 16, 20 ff., 26 f.,
  29, 39–45, 47, 51 ff., 55,
  59, 76, 94, 170, 173 f., 178,
  181, 199, 206, 217, 222,
  230, 239, 241, 250–255,
  258 ff., 262, 264, 266, 328,
  365, 367, 384 f., 395, 422,
  435, 437, 453, 467, 471,
  582, 585
Haderslebener Damm 85
Hagen, Ludwig von 129
Hajnal, J. 72
Halle 125–129, 161 ff., 165,
  168, 170, 174, 177, 349,
  480, 507, 525, 580
Haller, Carl Ludwig von 548–
  552
Halley, Edmond 67
Hallgarten 588
Hamann, Johann Georg 153,
  168 f., 302
Hambach 565–569
Hamberger, Georg Christoph
  143
Hamburg 27, 65, 103 f.,
  108 f., 121 ff., 176, 222,
  236, 368, 377, 430, 450 f.,
  453 f., 475 f., 521, 536,
  593, 596
Hannover 21, 29, 36, 79, 86,
  104, 106, 117, 122, 182,
  213, 223, 236, 278, 364,
  367 ff., 377, 420, 429 f.,
  446, 453, 465, 467, 490,
  562 f., 569, 571 f., 587
  – König:
  – Ernst August, Herzog von
    Cumberland 571, 587
  – Königin:
  – Viktoria 571
Hansemann, David 473 f.,
  476, 554, 570, 574, 591
Hanssen, Georg 445
Hardenberg, Georg Friedrich
  von 299 f., 302, 305–308,
  314, 316, 318, 332, 341,
  344
Hardenberg, Karl August Freiherr von 117, 204, 230 f.,
  266, 271, 273, 278–282,
  284, 286, 289 f., 295, 349,
  360 f., 364–367, 369, 386–
  390, 394, 396

Harkort, Friedrich 448, 474,
  485 f.
Harnisch, Hartmut 94, 435
Haugwitz, Friedrich Wilhelm
  Graf von 44 f.
Hausen 230
Haydn, Joseph 139
Haym, Rudolf 580
Hebenstreit, Franz von 255 f.
Hechenberber, Johann 77
Hegel, Georg Wilhelm Fried-
  rich 192 f., 221, 225,
  298 f., 318–325, 327, 332,
  350, 354, 359, 396 ff., 419,
  484, 500 f., 504, 511 ff.,
  516, 521–530, 533, 541,
  560
Heidelberg 171, 223, 300,
  396, 482, 507, 588
Heine, Heinrich 134, 191,
  309, 314, 316, 355, 492,
  502, 514, 531–536, 538–
  544, 550, 566, 578, 598
Heine, Salomon 538
Helgoland 428
Helling, Gertrud 442
Henderson, W. O. 467
Hengstenberg, Ernst Wilhelm
  520, 532
Henning, Friedrich W. 85, 88
Henning, Hansjoachim 485
Henry, Louis 66
Heppenheim 590
Herder, Johann Gottfried
  133, 146 f., 151–154,
  158 ff., 169, 173, 182,
  185 ff., 227, 300, 302, 318,
  347, 351, 504, 511, 554
Herder, Karoline 332
Hermes, Georg 516, 572
Hermes, Johann Timotheus
  64, 154
Herrnhut 162
Herwegh, Georg 535 f., 542
Herz, Henriette 301, 333
Hessen 66, 222, 355, 368,
  372, 564
Hessen-Darmstadt 130, 223,
  232, 250, 296, 367, 405,
  466, 587
Hessen-Kassel 219, 223, 296,
  562 f., 569, 587
  – Wilhelm IX. von Hessen-

  Kassel 358
  – Kurfürst:
  – Wilhelm II. 562
Heydt, August von der 473 f.
Heyne, Christian Gottlob 333
Hildebrand, Bruno 593
Hinckeldey, Carl Ludwig von
  621
Hintze, Otto 44, 131, 269,
  273
Hippel, Theodor von 188
Hirsch, David 122
Hitler, Adolf 514
Hobsbawm, Eric 593
Hochberg 87
Hodgskin, Thomas 403, 465
Hof 430
Hoffmann, Ernst Theodor
  Amadeus 305, 307 f., 314
Hoffmann, Heinrich 502
Hoffmann von Fallersleben,
  August Heinrich 410 f.,
  467, 576, 589
Hofmannsthal, Hugo von 42
Hohberg, Wolf Helmhard
  von 71
Hohenlinden 205, 221
Hohenlohe 222
Hohenzollern 21, 36, 38, 52–
  56, 76, 90, 102, 107, 117,
  130, 181, 199, 201, 204,
  215, 217, 266–269, 271 f.,
  367, 388, 393, 396, 433,
  438, 447, 450, 498, 507,
  557, 572 f.
Holbach, Paul Heinrich Diet-
  rich Baron von 161
Hölderlin, Friedrich 192 f.,
  220, 299–302, 305, 312–
  315, 318, 320, 344, 352
Holland 297, 369, 416, 428
Holstein 228, 369, 376
Homburg 312
Homer 159, 321, 526
Honour, Hugh 300
Hontheim, Johann Nikolaus
  von 172 ff., 227
Hörnigk, Philipp Wilhelm
  von 39, 178
Hornstein, Freiherr von 446
Hoverbeck, Ernst von 470
Hoverbeck, Leopold von 470
Howitt, William 449

Huber, Ernst Rudolf 222, 242
Hübsch, Heinrich 493
Hudaille, Jacques 66
Hügel, Freiherr von 583
Hugo, Gustav 508
Humboldt, Karoline von 333
Humboldt, Wilhelm von 293,
 333 ff., 336, 338, 343, 348,
 361, 363, 365, 367, 369 f.,
 373, 377, 387 ff., 479 f.,
 509, 531
Hume, David 104, 138,
 160 f., 165 f., 168

Ibbeken, Rudolf 354
Imhof, Arthur 72
Immermann, Karl 428, 449,
 532 f., 538 f.
Ingolstadt 176
Innsbruck 171, 174
Irland 117
Isny 27
Istrien 39
Italien 39, 50, 104, 117, 119,
 156, 158, 170, 183, 206 f.,
 228, 238, 329, 428, 490 f.,
 531, 539, 567 f.
Itzstein, Johann Adam von
 588
Iwerson, Ewer 85

Jacob, William 411, 445
Jacoby, Johann 578–581,
 584, 590 ff.
Jahn, Friedrich Ludwig 352,
 354 ff., 370, 409, 501
Jean Paul siehe Johann Paul
 Friedrich Richter
Jemappes 202
Jena 157, 209, 214, 260, 271,
 300, 314 f., 317 ff., 321 f.,
 334 f., 346 f., 350, 353,
 370, 372, 396, 504, 526
Jesus Christus 149, 580
Jordan, Silvester 562, 569
Joseph I. 41
Jülich 135, 140, 234
Jung-Stilling, Johann Hein-
 rich 155, 167
Justi, Johann Heinrich von
 31, 33, 38, 84, 178 f., 340,
 547

Kaelble, Hartmut 474
Kafka, Franz 314
Kalisch 290
Kamenz 150, 423
Kant, Immanuel 58, 143,
 146, 151, 160 f., 164–175,
 185 ff., 191 f., 194, 267,
 302, 307, 311, 314–317,
 319 ff., 323 ff., 327, 338,
 340, 344, 516, 530
Kanter, Johann Jakob 142
Karl I. der Große 228, 241
Karl V. 39
Karlsbad 372, 388 f., 391,
 408 f., 428, 570
Karlsruhe 239, 243, 251,
 382, 386, 430, 445, 450,
 455, 490
Kärnten 39, 44
Kassel 449, 483, 491, 561,
 587
Katte, Hans Hermann von 56
Kaunitz, Familie 117, 170
Kaunitz, Wenzel Anton von
 45 f., 48, 68, 115, 117, 127,
 170, 199, 253, 264
Keltsch, von (Gutsbesitzer)
 445
Kerner, Johann Georg 26
Kersting, Georg Friedrich
 306, 498
Kisch, Herbert 461
Kleist, Heinrich von 300 ff.,
 310–314, 339, 348 f.
Klenze, Leo von 489–494
Kleutgen, Joseph 518
Kleve 54
Klinger, Friedrich Maximilian
 155
Klopstock, Friedrich Gottlieb
 147, 149 f., 153, 159, 170,
 191, 308, 332
Knigge, Adolf Freiherr von
 63, 176, 197 f.
Knoblauch, Pfarrer 230
Koblenz 263, 344 f., 428, 572
Koch, Ignaz 45
Kolberg 283, 356
Köln 34, 36, 63, 104, 140,
 218, 222, 234, 424, 450 f.,
 462, 476, 561, 572 f.,
 580 f., 592 ff., 596, 602
– Erzbischöfe:

– Clemens August Freiherr
 von Droste-Vischering
 572 f., 575
– Ferdinand August Freiherr
 von Siegel Graf Desenberg
 572
– Kurfürst:
– Max Franz 217 ff.
Köln-Münster 27
– Bischof:
– Max Franz 27, 34
Kolowrat, Franz Anton von
 583
Kolping, Adolf 519
Kongreßpolen 560
Königgrätz 467
Königsberg 13, 95, 142 f.,
 151, 165, 167 f., 170 f.,
 177, 179, 192, 289, 315,
 347, 349, 408, 450, 454,
 577 f., 581, 592
Konstanz 223, 240
Kopenhagen 190
Körner, Theodor 353 f.
Kotzebue, August von 372,
 388 f., 409, 568
Krain 39
Kraul, Margret 479
Kraus, Christian Jakob 179
Krefeld 114, 131, 235, 462
Kriege, Hermann 605
Krieges Leonard 180
Kroatien 40
Krug, Wilhelm Traugott
 413
Kübeck von Kübau, Carl
 Friedrich 384
Kudlich, Hans 438
Kügelgen, Wilhelm von 582
Kugler, Franz 487, 510
Kuhn, Gustav 501
Kurhessen 368, 452
Kurpfalz 234, 367
Kußmaul, Adolf 481, 497
Kutusow, Michail I. 290

La Belle Alliance 297
Laing, Samuel 533 f.
Landsberg 129
Lang, Freiherr von 127
Lang, Karl Heinrich Ritter
 von 63, 220
Langenbielau 597

Langhans, Carl Gotthard 490, 495
Laroche, Carl 333
Lassalle, Ferdinand 622
Laube, Heinrich 536, 538
Laves, Georg Friedrich 490
Lee, W. R. 420
Lefebvre, Georges 204
Leibniz, Gottfried Wilhelm 162, 167
Leiden 172
Leiningen 34, 239
Leipzig 63, 104, 121, 123, 125, 127, 141, 149f., 153, 162, 186, 237, 292, 296f., 354, 362, 367, 370f., 390, 412, 432, 450, 455, 459, 475f., 511, 561, 563, 584, 596
Lenau, Nikolaus 432, 502
Lenz, Jakob Michael 155, 535
Leopoldt, Johann Georg 92
Lessing, Gotthold Ephraim 150ff., 155, 158, 160, 163f., 168, 170, 173f., 183, 300, 340, 504, 526, 530, 547, 554
Leuthen 59
Levin, Marcus 301
Lieber (Freund Niebuhrs) 506
Liebig, Justus von 443
Liebstadt 196
Liechtenstein 368
Liechtenstein, Familie 470
Ligne 361
Ligny 297
Lindau 239
Lintorf 112
Linz 361
Lippe 29
Lippe-Detmold 31, 250
List, Friedrich 382f., 411, 432f., 442, 448f., 464f.
Lobau 262
Locke, John 180
Lombardei 40, 50
London 53, 360, 605
Louvain 172
Löwenstein-Wertheim 240
Lübeck 104, 123, 222, 236, 368, 377, 453f., 476
Luden, Heinrich 353
Ludwigsburg 139f., 156

Lüneburg 236
Lüneburger Heide 443
Lunéville 205, 221, 225, 234, 264
Lüning, Otto 591
Luther, Martin 148, 174, 321, 330, 371, 412
Lützen 291
Lützow, Adolf Freiherr von 353f., 356, 370
Luxemburg 369

Macartney, C. A. 52
Macdonald, Marschall 288
Mack, Karl von 206f., 254
Magdeburg 440, 580
Mähren 40, 117
Mailand 123
Main-Franken 204
Maine, Henry Summer 84
Mainz 25, 27, 35, 37, 63, 96, 105, 107f., 124, 142, 146, 170, 192, 195ff., 201ff., 219ff., 222, 228, 234f., 336f., 361, 367, 414, 518, 617
– Erzbischof:
– Franz Ludwig 116
– Kurfürsten:
– Emmerich Joseph 36
– Friedrich Karl von Erthal 170, 228
– Max Franz 221
Manchester 416
Mann, Thomas 123, 162, 314
Mannheim 30, 106, 156, 220, 223, 372, 576, 589
Mannlich, Johann Christian von 139, 241
Mantua 40
Marasse, Aurora de 361
Marathon 202
Marbach am Neckar 156
Marburg 163, 510, 562
Marc Aurel 53
Marengo 221
Marienwerder 404f., 472
Mark 54
Marschall, Freiherr von 471
Martin, Alfred von 549
Martini, Karl Anton von 256
Martiny, Fritz 445
Marwitz, Friedrich August

Ludwig von der 182, 277, 484
Marx, Heinrich 526, 550
Marx, Karl 473, 514, 526–529, 535, 541ff., 578, 605ff., 610, 619
Maryland 237
Massenhausen 91
McLeod, Hugh 519
Mecklenburg 36, 291, 353, 443, 446, 453, 520
Mecklenburg-Güstrow 250, 467
Mecklenburg-Schwerin 250, 467
Meinecke, Friedrich 11, 153, 514
Meiningen 25
Melk 171, 174
Memel 64, 104, 154
Mendelssohn, Moses 150, 164, 168, 174, 187, 301
Mendelssohn-Veit, Dorothea 301, 307, 333
Menzel, Wolfgang 532, 536f.
Merck, Johann Heinrich 155
Mesopotamien 402
Metternich, Familie 263f.
Metternich, Franz Georg von 220, 263f., 361
Metternich, Klemenz Wenzel Fürst von 220, 241, 260, 263–265, 279, 286, 288, 290ff., 294ff., 327, 337ff., 359ff., 364f., 367, 369f., 372–375, 384ff., 389ff., 395, 409f., 412, 415, 477, 485, 520, 536, 560, 567f., 570, 577, 582f.
Meusel, Johann 143
Mevissen, Gustav 574
Mez, Karl 473ff.
Michaelis, Caroline 301
Mill, John Stuart 334
Miller, J. M. 71
Minder, Robert 543
Mirabeau, Honoré Graf 268
Mitteleuropa 13, 24, 27f., 34, 38, 43, 52f., 62f., 74, 78, 87, 90, 97, 103f., 107, 112, 114, 117, 122, 130, 141, 159, 161, 167, 173, 176, 181, 191, 195, 197,

214, 219, 221, 229, 237, 249, 260, 270, 278, 295, 329, 336, 343, 360, 363, 369, 419, 444, 453, 489, 496, 604

Moabit 459

Mohl, Robert von 570f., 588, 591, 601

Möhler, Johann Adam 517

Mohrungen 133

Molitor, Hansgeorg 236

Möller, Helmut 136

Moltke, Familie 470f.

Moltke, Friedrich von 470

Moltke, Helmuth Graf von 29, 117, 470

Mommsen, Wilhelm 330

Mönchengladbach 462

Mont Saint Jean 297

Montagu, Lady 63, 118

Montez, Lola 586

Montgelas, Maximilian Joseph Graf 223, 231, 240–244, 246f., 249f., 266, 279, 282, 380, 392f., 406

Montmartre 296

Moritz, Karl Philipp 75, 127, 155

Moser, Friedrich Karl von 169, 175, 181–183, 216

Moser, Johann Jakob 22, 130f., 180–183, 217

Möser, Justus 11, 24, 28, 75, 121, 152, 159, 170, 182f., 191f., 230, 338, 342, 504, 511, 547

Moses 314

Moskau 287

Motley, John Lothrop 469

Motz, Friedrich von 483

Mozart, Leopold 139

Mozart, Wolfgang Amadeus 139, 142, 176

Müller, Adam Heinrich Ritter von Nittersdorff 257, 299, 339ff., 504, 547f., 550, 552

Müller, Detlef 479

Müller, Johannes von 22, 216, 343

Münch-Bellinghausen, Joachim Eduard Graf 374

München 63, 106, 122, 170, 205, 241ff., 251, 291, 318,

326f., 367, 386, 403, 414, 430, 441, 450, 455, 465, 469, 472, 490, 492, 495, 517f., 534, 539, 550, 561, 564, 567, 573, 585

Münchengrätz 568

Münchhausen, Alexander von 127, 129

Mundt, Theodor 532, 534, 536ff.

Münster 236

Münster, Ernst Graf 365

Murat, Joachim 232

Muratori, Ludovico Antonio 171

Murhard, Friedrich 396

Murray 429

Nancy 241

Nassau 26, 223, 250, 272, 296, 372, 442, 467

Nassau-Weilung 28

Nebenius, Karl 382

Nettelbeck, Joachim 356

Neuenburg 58

Neuruppin 68, 210, 490

Neustadt 566

Newton, Isaac 165, 167

Nicolai, Friedrich 107, 142f., 145f., 150, 155, 163f., 175, 343

Nicolson, Harold 359

Niebuhr, Barthold Georg 182, 391, 506ff., 513

Niederlande 12, 39f., 50f., 54, 104, 114, 199–203, 206, 218, 239, 367f., 560
– König:
– Wilhelm I. 383

Niethammer, Immanuel 343

Nietzsche, Friedrich 149, 314, 496

Nordamerika 426

Norddeutschland 232

Nordhessen 593

Norditalien 367

Nördlingen 27f., 73, 97, 239

Nordsee 104

Novalis siehe Georg Friedrich von Hardenberg

Nürnberg 27, 54, 106, 109, 121f., 222, 239, 396, 430, 496

O'Boyle, Lenore 533

O'Donnell, Graf 265

Oberbayern 86

Oberfranken 421

Oberitalien 206

Oberlausitz 423

Oberschlesien 463, 593

Oderberg 430

Offenbach 142

Offenburg 240, 590

Oldenburg 223, 467

Olivier, Heinrich 358

Olmütz 26

Osnabrück 11, 182, 230, 236, 482, 504

Österreich 20f., 25, 39f., 42f., 45, 49, 54, 61, 66, 109, 125, 142, 172f., 178, 199f., 203–206, 215, 217–221, 224, 227f., 232, 234, 237, 251, 255f., 258–262, 264–267, 278, 284f., 290ff., 294f., 297, 321, 327, 341, 349, 355, 357f., 360, 363–368, 384f., 390, 394f., 410, 418f., 425, 428, 435, 438, 453, 461, 463, 465, 520, 557, 567f., 576f., 583ff., 593, 616, 619, 621
– Erzherzog:
– Karl 198, 205, 207, 209, 254, 259ff., 262ff.
– Erzherzogin:
– Sophia 585
– Kaiser:
– Ferdinand I. 583
– Franz I., als Herzog von Lothringen und Großherzog von Toskana Franz Stephan 42f., 46, 206, 358, 361, 385, 395, 453
– Franz II. 201, 205, 215, 221, 227, 230, 253–260, 263, 265, 268, 286, 290
– Franz Joseph 585
– Joseph II. 16, 18, 43, 46–52, 58, 61, 92f., 170, 173, 199, 245, 251–254, 266f., 269, 324, 437ff., 495, 517
– Leopold II. 199ff., 251ff., 255, 258, 263
– Kaiserin:

– Maria Ludovica 261
– Maria Theresia 27, 42–
   47, 49 f., 138, 170, 254,
   394, 437, 439
Ostpreußen 87, 90, 137, 274,
   405, 425, 577
Ostsee 76, 81
Overbeck, Johann Friedrich
   300
Owen, John 107

Paderborn 85, 87, 572
Paganini, Niccolò 495
Pagenstecher, C. H. Alexan-
   der 591
Pahl, Johann Gottfried 225
Papenburg 454
Paraguay 170
Paris 53, 123, 190, 192, 194,
   197, 200–203, 222, 239,
   264, 287 f., 296, 334 f.,
   337, 345, 364, 369, 428,
   491, 528 f., 538 ff., 560,
   604, 609
Parma 43
Passau 223, 239
Pergen, Johann Anton Graf
   von 48
Pestalozzi, Johann Heinrich
   336
Peterswaldau 597
Petrus 517
Pfalz 29, 54, 65, 223, 240,
   382, 564–570, 610 f., 618
Pfizer, Paul 553 f., 556 ff., 564
Pflaumloch 28
Pforr, Franz 300
Pfullendorf 27
Pillnitz 200
Pistor, Daniel Ludwig 567, 569
Pius XI. 518
Platen, August Graf von 560
Plauen 430
Pogwisch, Ottilie von 115
Polen 21, 54, 104, 199, 201,
   203 f., 366, 567
   – König:
   – Sigismund I. der Alte 54
Pollard, Sidney 460 f.
Pommern 65 ff., 77, 120,
   228, 350, 367, 405, 452 f.
Porbeck, Heinrich Philipp
   von 211

Posen 572
Post, John D. 436
Potsdam 30, 430, 432, 491
Prag 13, 252, 291, 328, 430
Prawer, S. S. 308, 539, 606
Preßburg 207, 260
Preußen 20 f., 23, 31 f., 34,
   37 f., 42 f., 46, 52, 54, 56 f.,
   61, 66 f., 76, 95, 107, 109,
   113, 117, 120, 122, 128,
   163, 173, 186, 199 f., 203–
   206, 212–215, 217–222,
   227 f., 232, 236, 250, 252,
   260, 262, 264, 266–272,
   274, 276, 278, 280 ff.,
   284 f., 288 f., 291 f., 294–
   297, 321 f., 327, 333, 336,
   341, 343, 346 f., 349, 351,
   355, 357 f., 360, 363–370,
   385 f., 389 f., 392 ff., 396,
   399–402, 404 f., 407, 418–
   425, 429, 433, 435, 438–
   444, 446 f., 450, 453 f.,
   456 f., 465 f., 468, 471 f.,
   475, 478, 481, 483, 506,
   511, 514, 520 f., 526 f.,
   557, 564, 567 ff., 573, 576–
   579, 581–584, 593, 602,
   616, 619 ff.
– Könige:
– Friedrich I., als Friedrich
   III. Kurfürst von Brandenburg 382 f.
– Friedrich II. (Friedrich der
   Große) 20, 22 f., 31, 34,
   46, 52, 56–62, 76, 79, 93,
   114, 120, 130, 155, 163,
   173, 178, 186, 199, 208 f.,
   230, 254, 267–270, 356,
   393, 471, 489 f., 511, 578
– Friedrich Wilhelm I. 46,
   55 ff., 61, 122, 254
– Friedrich Wilhelm II. 90,
   181, 199 f., 204, 212,
   267 ff., 273, 278, 334
– Friedrich Wilhelm III.
   212 ff., 254, 268 f., 271,
   273, 278, 284, 286,
   288 ff., 341, 355, 358,
   360 f., 372, 386–391, 432,
   520, 525, 573, 576
– Friedrich Wilhelm IV. 491,
   512, 520, 526, 550, 552,

572, 576–580, 582 f., 585,
   616 ff., 620
– Königin:
– Luise 271, 341
Probst, Johann 75
Proudhon, Pierre 605
Pufendorf, Samuel 13
Pütter, Johann 22, 508

Raabe, Wilhelm 433
Rambach, Johann Jacob 109
Ranke, Familie 511
Ranke, Leopold von 149,
   511–514, 517
Rastatt 30, 220 f., 225, 313
Rauscher, Kardinal Joseph
   Othmar von 518
Ravensberg 54
Rebmann, Georg Friedrich
   57, 104, 194
Reeds, T. J. 156
Regensburg 17, 20, 63,
   221 f., 239, 262, 414, 489
Regensburg-Aschaffenburg
   227
Reichard, Heinrich A. O. 143
Reichenbach, Familie 119
Reichenbach, Leopold Frei-
   herr von 119, 199
Reinhold, Karl Leonhard
   194, 315, 346
Reisach, Erzbischof Karl Au-
   gust Graf von 518
Reitzenstein, Freiherr Sigis-
   mund von 239, 241, 243,
   249 f., 266, 382
Remscheid 463
Resewitz, Friedrich Gabriel
   175
Reuß, Fürst Henry von 295
Reuß, Maternus 171
Reutlingen 464
Reventlow, Familie 119
Rheinland 26, 63, 65, 117,
   176, 195, 200, 203, 218,
   234 f., 345, 362, 367, 452,
   456, 462, 464, 476, 485,
   519, 572 f., 581, 619
Rheinsberg 57
Richter, Johann Paul Fried-
   rich 145
Richter, Ludwig 498, 500,
   502

Ried 295
Riedel, Andreas Freiherr von 255
Riehl, Wilhelm Heinrich 600
Riesbeck, Joseph 52
Riesman, David 141
Riga 151 f., 169
Ringer, Fritz 478
Ritter, Carl 510
Robespierre, Maximilian de 264
Robinson, Henry Crabb 531
Robinson, Paul 307
Rom 57, 172, 183, 258, 286, 335 f., 349, 403, 410, 515, 517, 580, 600
Römer, Friedrich 564, 587
Rorty, Richard 166
Roßbach 20, 59
Roscher, Wilhelm 467, 510
Rosenblum, Robert 158
Rostock 125
Rothenburg 239
Rotteck, Karl von 407, 449, 554 ff., 559 f., 562, 569, 573
Rousseau, Jean-Jacques 22, 58, 160, 167, 192, 344, 543, 549
Ruge, Arnold 523, 525, 528, 540, 589
Rügen 350, 367
Runge, Philipp Otto 306, 314
Rürup, Reinhard 574
Rußland 76, 199, 203–206, 208, 214 f., 230, 236, 262, 264 ff., 278, 284, 286 f., 289 ff., 295, 327, 358, 360, 364 ff., 560, 568, 576
– Kaiserin:
– Katharina II., die Große 42
– Zar:
– Alexander I. 214, 289 f., 294, 296, 358, 360
Russell, John Lord 429, 451

Saalfeld, Diedrich 88
Saarbrücken 195, 234, 450
Sachsen 21, 29, 32, 63 ff., 81, 85 f., 104, 154, 196 f., 213, 250, 264, 362, 366 ff., 423, 425, 442, 450, 452, 454, 460, 511, 563, 569, 602 f.,

610, 618 f.
– Könige:
– Anton Klemens Theodor 563
– Friedrich August I. 196, 212, 291
– Friedrich August II. 563
Sachsen-Coburg 203, 207, 296
Sachsen-Weimar 339
– Herzog:
– Karl August 31, 155 f., 202, 220, 254
Sagan, Wilhelmina von 361
Sailer, Johann Michael 515 f.
Salzburg 171, 220
Sammons, Jeffrey 531, 534, 537 f., 543
Sand, Karl 372, 389
Sattler, Benedikt 171, 174
Saucken-Tarputschen, Ernst von 577
Sauter, Samuel Friedrich 497 f.
Savigny, Friedrich Karl von 182, 508–511, 513, 516
Savoyen 241
Sayn-Wittgenstein, Wilhelm Fürst zu 387
Schad, Johann Baptist 72
Scharnhorst, Gerhard Johann David von 210 ff., 214, 231, 269, 282–285, 289, 292, 370, 576
Schaumburg-Lippe 151, 250
Scheel, Heinrich 235
Schefer, Leopold 498
Schelling, Friedrich Wilhelm Joseph von 192, 300 f., 306, 318 ff., 323, 327, 332, 504, 513, 526, 550
Schenk, Eduard von 564
Schiller, Friedrich von 145, 156 f., 159, 167, 170, 184 f., 187, 192, 227, 299 f., 302 ff., 313, 317 f., 320, 330–335, 343, 412, 504, 531, 591
Schiller, J. F. 179
Schinkel, Karl Friedrich 490 f., 494 f., 498, 502
Schlegel, August Wilhelm 300 f., 303 f., 309 f., 318, 339, 538, 541 f.

Schlegel, Caroline 302, 318
Schlegel, Friedrich 148, 298–305, 307, 309 f., 317 f., 324, 344, 349, 352, 502
Schleiermacher, Daniel 137
Schleiermacher, Friedrich 128, 301 f., 324 f., 341, 349, 351 f., 502, 521
Schleißheim 30
Schlesien 17, 40, 42 f., 59, 66, 91, 94, 104, 114, 120, 280, 292, 425, 438, 445, 464, 474, 520, 599
Schleswig 79, 85
Schleswig-Holstein 119, 302, 443, 453, 616 f.
Schlözer, August Ludwig 145, 175, 177, 182 f., 504
Schlüter, Andreas 53
Schmalz, Theodor 387
Schmerling, Anton Ritter von 584
Schmoller, Gustav 113
Schnabel, Franz 54, 503, 518
Schnabel, Johann Gottfried 149
Schneckenberger, Max 576
Schön, Theodor Heinrich von 274, 577 ff., 584, 600
Schönbrunn 30
Schopenhauer, Arthur 502
Schopenhauer, Johanna 190
Schottland 117
Schroeder, Paul 375
Schroetter, Friedrich Leopold von 274
Schubart, Christian Friedrich Daniel 149, 175
Schubart, Johann Christian 92
Schubert, Franz 307
Schüle, Familie 122
Schüle, Johann Heinrich 122
Schulpforta 149, 511
Schultze, Johanna 145
Schulze, Winfried 90
Schwaben 26, 28, 37, 206, 227, 240
Schwarzenberg, Familie 470
Schwarzenberg, Karl Philipp Fürst zu 286, 292, 296
Schwarzenburg 250
Schwarzwald 81, 86
Schweden 12 f., 52, 54, 117,

228, 350, 453
- König:
  - Gustav IV. Adolf 52
Schweiz 76, 234, 548
Sedlnitzky, Joseph Graf 410
Ségur, Philippe de 285
Semper, Gottfried 490, 493
Shakespeare, William 150,
  153, 159, 184, 303, 305,
  526
Siebenbürgen 40
Siebenpfeiffer, Philipp Jakob
  567, 569
Siemens, Werner 474 f.
Simmern 234
Simson, Eduard von 581
Sinzendorff, Graf 260
Sizilien 491, 608
Skandinavien 114
Smith, Adam 179
Soden, Karl von 225
Solingen 463
Sondershausen 128
Sonnenfels, Joseph von 178 f.,
  257, 340
Sontag, Henriette 495 f.
Sophokles 150, 159
Sorel, Albert 194, 232
Sorkin, David 164
Spanien 43, 117, 183, 235,
  238, 262, 291 f., 360, 364
  - König:
    - Joseph Bonaparte 292,
    296
Spener, Philip 161
Sperber, Jonathan 519, 622
Speyer 18, 170, 202, 223, 234
Sponheim 234
Sporck, Ferdinand Graf 171
St. Blasien 240
St. Petersburg 285, 288
Stadion, Familie 263
Stadion, Johann Philipp Graf
  von 227, 231, 260 ff., 264,
  284, 385
Staël, Anne Louise Germaine,
  Baronin von 53, 261, 304,
  335, 339, 540
Stahl, Friedrich Julius 550 ff.
Stang, Conrad 171
Stangen, Gebrüder 428
Steffens, Heinrich 190, 317,
  353

Steiermark 39, 91
Stein, Familie vom und zum
  26, 263
Stein, Heinrich Friedrich Karl
  Freiherr vom und zum 113,
  117, 182, 231, 241, 260,
  266, 271–279, 282, 285,
  288 f., 294 ff., 355, 363 f.,
  367, 372, 387, 391, 393,
  396, 438, 452, 455, 469,
  471, 484, 507, 577, 581
Steinbach, Erwin von 154
Stern, J. P. 499, 535
Stettin 430, 454, 487
Stockerau 73
Stolp 325
Strakosch, Henry 24
Stralau 526
Stralsund 405
Straßburg 154, 223, 240 f.,
  263 f., 346, 528
Strauß, David Friedrich
  522 f., 525, 534
Strauss, Richard 494
Struensee, Johann von 269
Struve, Gustav von 589
Stuttgart 106, 144, 156, 243,
  251, 318, 429 f., 441,
  449 f., 496, 587
Süddeutschland 136, 244,
  443, 468
Südfrankreich 296
Südostasien 473
Südwestdeutschland 240,
  393, 409, 425
Sue, Eugène 599, 606
Swieten, Gerard van 45

Tacitus 342, 348
Tarouca, Graf 45
Tauroggen 288
Tegel 490
Teplitz 295, 372, 389
Thadden, Familie 521
Thaer, Albrecht Daniel 92,
  94, 443
Thibaut, Anton J. 509
Thomasius, Christian 162 f.,
  180
Thugut, Johann Amadeus
  von 254, 268
Thünen, Johann Heinrich von
  443

Thüringen 85
Thurn und Taxis, Familie 374
Tieck, Ludwig 300, 305, 314
Tilly, Charles 427, 620
Tilly, Richard 415
Tilsit 214, 236, 264, 266,
  278, 367
Tinti, Baron von 584
Tipton, Frank 467
Tirol 39, 235, 262, 355
Tocqueville, Alexis de 231
Toggenburg 146
Toskana 252
Trattner, Johann Thomas Ed-
  ler von 142
Treitschke, Heinrich von 22,
  38, 375
Tribe, Keith 177
Trier 172, 195, 234, 263,
  526, 580
  - Erzbischof:
    - Klemens Wenzeslaus
    200
Triest 40
Tübingen 192, 312, 314,
  318 f., 464, 511, 516 ff.,
  522 f., 525, 534

Überlingen 27
Ulm 207, 225, 587
Ungarn 40, 50, 52, 199, 252,
  259
  - König:
    - Karl VI., als König von
    Ungarn Karl III. 41 f.
Unruh, Hans Viktor von 485

Valentin, Veit 586
Valmy 202, 329
Vann, James 37
Varnhagen von Ense, Karl
  August 302, 339, 353,
  539
Varnhagen von Ense, Rahel
  301 f., 539
Venedig 428
Vereinigte Staaten 372, 464
Versailles 20, 30 f.
Vierhaus, Rudolf 36
Vitruvius 68
Voigt, Christian von 286
Voltaire 57, 59, 192
Vorarlberg 39

Voß, Johann Heinrich 188, 321

Wackenroder, Wilhelm Heinrich 300, 305, 314
Wagner, Adolph 621
Wagner, Friedrich 293
Wagner, Richard 293, 314, 493 f.
Wagram 262, 288
Waldeck 250
Walker, Mack 19, 247, 427, 453, 508, 609
Wallenstein, Albrecht Eusebius Wenzel Herzog von 67, 115, 330 f.
Wallis, Joseph Graf 265
Warschau 250, 365 f.
Wartburg 371, 565 f.
Wasungen 25
Waterloo 208, 297, 356, 366, 388, 467, 532
Weber, Benedikt 443
Weber, Carl Maria von 502
Weber, Max 31, 33 f., 396, 402, 469 f.
Weber, Wilhelm 571
Wedel 104
Weidmann, Paul 183
Weimar 31, 118, 142, 151, 155 f., 192, 250, 286, 318, 329 f., 335, 451
Weinbrenner, Friedrich 490
Weingarten 91
Weis, Eberhard 250
Weishaupt, Adam 176
Weitling, Wilhelm 561, 604 f.
Welcker, Karl Theodor 545, 556 ff., 569
Wellington, Arthur Wellesley Herzog von 253, 292, 297
Westdeutschland 367, 443, 463
Westfalen 232, 236 ff., 242, 245, 272, 367, 423 f., 429, 447, 456, 485, 581
– König:
– Jérôme Bonaparte 232, 237, 239, 296, 510
Westphalen, Baron Ludger von 526
Westphalen, Jenny von 527 f.

Westpreußen 423 ff.
Wetzlar 18, 278, 509
Wieland, Christoph Martin 22, 155, 159, 175, 191, 193, 324, 343
Wien 18, 20 f., 41, 44, 49, 52 f., 63, 104, 106, 112, 118, 135, 138, 142, 170 ff., 178, 182 f., 195, 199 ff., 206 f., 215, 217, 219 f., 222, 227 f., 252–255, 259, 261 f., 264, 266, 278, 290, 292, 294, 296, 304, 338 f., 349, 351, 358–366, 371, 373, 376, 386, 389, 403, 417, 419, 422, 430, 447, 450 f., 453, 465, 476, 493 ff., 510, 538, 561, 563, 568, 584 f., 609, 617 f.
Wienbarg, Ludolf 536 ff.
Wilhelm von Oranien 199
Wilhelmina von Oranien 199
Winckelmann, Johann Joachim 146, 158 f., 304, 503
Windthorst, Ludwig 419, 482
Winter, Eduard 328
Winter, Ludwig 563
Wirth, Johann Georg August 565 ff., 569
Wittelsbacher 20 f., 223, 239, 241, 266, 291, 469, 492, 573
Wittgenstein, General 355
Wittgenstein, Ludwig 12
Wittola, Marcus Anton 171
Wolfenbüttel 150
Wolff, Christian 162 f., 165, 167 f., 170 ff., 180, 325
Wolff, Wilhelm 604
Wöllner, Johann Christoph 267 ff.
Worms 202, 234
Wraxall, Nathaniel 63
Wrede, Karl Philipp Graf von 295, 564, 569
Wuppertal 462
Württemberg 29 f., 36 f., 65, 68, 77, 130, 139, 181, 219, 222 f., 228, 232, 240, 243, 249, 251, 296, 364 f., 367 f., 382–385, 388, 393, 408, 425 f., 436, 442, 446, 452, 456, 465 f., 564, 569, 587, 621 f.

– Herzog:
– Karl Eugen 30, 37, 139 f., 156, 240, 254
– König:
– Friedrich I., als Herzog Friedrich II. 230, 240, 242, 248 ff., 361, 365, 391
– Wilhelm I. 441, 587
– Prinzessin:
– Katharina 237
Würzburg 25, 137, 171, 222 f., 228, 282, 318, 367, 414, 550
Wustrau 89, 446

Yorck von Wartenburg, Ludwig 277, 286, 288 f., 388

Zeiller, Franz Edler von 257
Zell 22, 240
Zentner, Georg Friedrich von 380
Zerbst 31
Zimmermann, C. W. 594
Zinzendorf und Pottendorf, Nikolaus Ludwig Reichsgraf von 162
Zwanziger, Familie 598
Zweibrücken 139, 218, 234, 241
– Herzog:
– Karl August II. 218
Zwickau 423

Quellennachweise der Abbildungen

Auf dem Schutzumschlag:
Scharmützel auf dem Marktplatz zu Cottbus während der Befreiungskriege. Aquarell von Karl Blechen, 3. August 1814. Berlin, Staatliche Museen Preußischer Kulturbesitz, Kupferstichkabinett.

Die Vorlagen für die Bilddokumente stammen von: Jörg P. Anders, Berlin 177, 336 oben rechts; Reiner Barthelmes, Wiehl 97 unten; Hans Joachim Bartsch, Berlin 129 oben links, 320 oben rechts, 321 unten, 448 oben und unten, 449 unten, 481 oben; Bethke, Kassel 545 unten; Klaus G. Beyer AFIAP, Weimar 385; Bildarchiv Preußischer Kulturbesitz, Berlin 432 oben, 577 unten; A. C. Cooper Ltd., London 145 links; Deutsche Fotothek, Dresden 577 oben, 617 innen unten; Deutsche Staatsbibliothek, Berlin 544 unten rechts; Documentation photographique, Paris 368; Ursula Edelmann, Frankfurt am Main, 321 oben rechts; Foto-Finck GmbH, Nördlingen 464 oben; Foto-Studio Arno Jacob, München 464 unten; Fotostudio Udo Otto, Wien 225 oben, 369, 400; Foto-Trux, Rosenheim 384; Foto-Wollscheid, Göttingen 481 unten; Giraudon, Paris 240; A. Haselmeier, Sigmaringen 225 unten; Richard Krauss, Nürnberg 208 oben; Kunsthistorisches Museum, Wien 32; Lichtbildwerkstätte »Alpenland«, Wien 289 unten, 320 unten; Pétremand, Paris 192 oben; Photohaus Hirsch, Nördlingen 193 unten; Otto Pilko, Mainz 193 oben; Rheinisches Bildarchiv, Köln 465, 593; Wolfram Schmidt, Regensburg 592; Erich Tischler, Salzburg 96; H. R. Wacker, Oldenburg 128 oben. – Alle übrigen Aufnahmen lieferten die in den Bildunterschriften und auf den Deckblättern erwähnten Archive, Bibliotheken, Museen und Sammlungen.

Die Erlaubnis zur Wiedergabe von Originalen erteilten freundlicherweise die in den Bildunterschriften, auf den Deckblättern und in den Fotonachweisen genannten Institutionen und privaten Sammler.

Die Deutsche Bibliothek – CIP-Einheitsaufnahme

Propyläen Geschichte Deutschlands
hrsg. von Dieter Groh unter Mitw. von Johannes Fried . . .
Berlin: Propyläen Verlag
NE: Groh, Dieter [Hrsg.]
Bd. 6 → Sheehan, James J.
Der Ausklang des alten Reiches. – 1994

Sheehan, James J.
Der Ausklang des alten Reiches : Deutschland seit dem Ende des Siebenjährigen Krieges bis
zur gescheiterten Revolution 1763 bis 1850 / James J. Sheehan.
Ins Dt. übertr. von Karl Heinz Siber. [Landkt. und Graph.: Erika Bassler]. –
Berlin: Propyläen Verlag, 1994.
(Propyläen Geschichte Deutschlands ; Bd. 6)
Einheitssacht.: German history 1770–1866 <dt.>
ISBN 3-549-05816-0